Das Strafgesetzbuch für die Preußischen Staaten und das Gesetz über die Einführung desselben,

erläutert
aus den Materialien, der Rechtslehre
und
den Entscheidungen des Königlichen Ober-Tribunals
durch

F. C. Oppenhoff,
Ober-Staats-Anwalt beim Königlichen Ober-Tribunal.

Dritte Ausgabe.

Berlin.
Druck und Verlag von Georg Reimer.
1861.

Vorrede
zur dritten Ausgabe.

Seit dem Erscheinen der zweiten Ausgabe dieses Kommentars hat der Text des Strafgesetzbuchs und des dazu gehörigen Einführungsgesetzes einige Abänderungen resp. Deklarationen durch die Gesetze vom 30. Mai 1859 und vom 22. Juni 1861, sowie durch das Einführungsgesetz zum Deutschen Handelsgesetzbuche vom 24. Juni 1861 erfahren, welche in dieser dritten Ausgabe an den geeigneten Stellen aufgenommen worden sind. Zwar wird die Wirksamkeit des Einführungsgesetzes zum Handelsgesetzbuche erst mit dem 1. März 1862 beginnen; gleichwohl mußte es als zweckdienlich erkannt werden, den Text in der Gestalt abzudrucken, wie er künftig definitiv Geltung haben wird, und in den Noten darauf hinzuverweisen, wo diese Geltung zeitweilig noch suspendirt ist; gleichzeitig ist dort die frühere Fassung zur Berücksichtigung bei älteren Fällen mitgetheilt worden.

Die Litteratur des Strafgesetzbuchs ist in den letzten drei Jahren nur durch ein größeres Werk: Berners Grundsätze des Preußischen Strafrechts, bereichert worden. Dasselbe ging dem Verfasser in dem Augenblicke zu, wo bereits die ersten Bogen dieser neuen Ausgabe abgezogen waren. Der höchst schätzbare Inhalt hat — soweit es die Kürze der Zeit gestattete — bei den folgenden Bogen noch die geeignete Berücksichtigung gefunden.

Die reichhaltigste Ausbeute für die Kommentirung bot dagegen auch jetzt wieder die Praxis des Königlichen Ober-Tribunals aus den letzten Jahren dar. Ihre umfassende Benutzung läßt auch diese dritte Ausgabe als eine wesentlich bereicherte und verbesserte erscheinen, so daß abermals eine Vermehrung der Bogenzahl nothwendig geworden ist.

Zum Schlusse möge hier noch darauf hingewiesen werden, daß die vom Verfasser seit dem Beginn des Jahrs 1861 herausgegebene

Rechtsprechung des Königlichen Ober-Tribunals in Strafsachen; Berlin, bei Reimer,

eine periodische Vervollständigung der Kommentarien zu dem Strafgesetzbuche, sowie zu den das Strafverfahren betreffenden Gesetzen darstellt. Bei jeder einzelnen der dort mitgetheilten Entscheidungen findet sich die Hinverweisung auf diejenige Stelle des einschlagenden Kommentars, wo die betr. Frage ihre Erörterung gefunden hat. Außerdem soll von jetzt an auch bei jeder neu sich darbietenden Frage diejenige Stelle bezeichnet werden, wo der ausgesprochene Satz in jenen Kommentarien nachgetragen werden kann, so daß jeder Praktiker in die Lage versetzt wird, seine Exemplare mit Leichtigkeit in fortlaufendem Zusammenhange mit der Praxis des höchsten Gerichtshofs zu erhalten.

Berlin, den 12. Sept. 1861.

D.

Inhalt.

I.

Gesetz über die Einführung des Strafgesetzbuchs für die Preußischen Staaten vom 14. April 1851.

II.

Strafgesetzbuch für die Preußischen Staaten vom 14. April 1851.

Erster Theil.

Von der Bestrafung der Verbrechen und Vergehen im Allgemeinen.

Zweiter Theil.

Von den einzelnen Verbrechen und Vergehen und deren Bestrafung.

Dritter Theil.
Von den Uebertretungen.

Erklärung der Abkürzungen.

Arnsb. Arch.	bezeichnet:	Neues Archiv für Preußisches Recht ꝛc. von Sommer und Böle. Arnsberg.
Berner Lehrb.	„	Berners Lehrb. des Strafrechts. Leipzig 1857.
Berner Grundſ.	„	Berners Grundsätze des Preußischen Strafrechts. Leipzig 1861.
Bes.	„	Beselers Kommentar über das Straf-Gesetzbuch. Leipzig 1851.
Beschl. (I., II., Pl.)	„	Beschl. des Ober-Tribunals, der ersten, zweiten oder der vereinigten Abtheilungen des Senats für Strafsachen.
Cass.	„	ein vernichtendes Erkenntniß des Pariser Kassationshofes.
Chauv. & Hel. Th. d. C. p.	„	Théorie du Code pénal par A. Chauveau & Hélie Faustin. 4 voll. Bruxelles. 1843.
Contra:	„	„Andrer Meinung sind" oder „im entgegengesetzten Sinne entschieden": . . . .
v. Daniels	„	v. Daniels Handbuch der für die ꝛc. Rheinprovinzen verkündigten Gesetze, Verordnungen und Regierungsbeschlüsse aus der Zeit der Fremdherrschaft. 8 Bände. Köln 1835—1845.
Gilb.	„	Les Codes annotés par Sirey, édition refondue par Gilbert.
G. Arch. (G. A.)	„	Goltdammers Archiv für Preußisches Strafrecht. Berlin 1853 fgg.
G. Matt. (G. M.)	„	Goltdammers Materialien zum Strafgesetzbuche. Berlin 1852 fgg.
Hälschn.	„	Hälschners System des Preuß. Strafrechts I. od. allg. Theil. Bonn 1858.
KB. I. (II.) K.	„	Bericht der Kommission der ersten (zweiten) Kammer.
K.-H. (Kass.-Hof.)	„	Kassations-Hof.
Koch	„	Allgemeines Land-Recht mit Kommentar in Anmerkungen von Dr. C. F. Koch. Thl. II. Bd. II; 2te Ausg. Berlin 1856. Die Nummern verweisen auf die zu den einzelnen §§ gehörenden Anmerkungen.
Mang. de l'act. publ.	„	Traité de l'action publique et de l'action civile en matière criminelle par Mangin. Paris.
Nr.	„	die Nummer des Textes des Gesetzbuchs.
n.	„	die Nummer der erläuternden Bemerkung.

Präj.	bezeichnet: Präjudiz. — Da, wo das Präjudiz wörtlich abgedruckt worden, ist dieses durch durchgehende Anführungszeichen am Anfange der Zeilen angedeutet worden.
RdO.	„ Rechtsprechung des Kgl. Ober-Tribunals in Strafsachen herausgegeben von Oppenhoff. Berlin 1861.
Rej.	„ Erkenntniß des Pariser Kassationshofs, durch welches ein Kassationsgesuch verworfen ward.
Rh. Arch.	„ Archiv für das Civil- und Criminalrecht für die Preuß. Rheinprovinzen. Köln 1820 ff.
Rh. S.	„ Rheinische Sache.
Rh. Samml.	„ Sammlung der in der Rheinprovinz ergangenen Gesetze ꝛc. von Lottner, Leitner und Marquardt. Berlin 1834 ff.
Sic:	„ „Derselben Meinung sind" oder „in demselben Sinne entschieden": . . . .
Sir.	„ Sirey (Devilleneuve) Récueil général des lois & des arrêts. Paris.
Sir. Coll. nouv. (C. N.)	„ Desselben Werks neue Ausgabe von Devilleneuve.
StRG.	„ Staatsrathsgutachten.
Strafverf.	„ Oppenhoff: die Preußischen Gesetze über das öffentliche und mündliche Verfahren in Strafsachen. Berlin 1860.
Strieth. Arch.	„ Striethorsts Archiv für Rechtsfälle ꝛc. Berlin 1851 fgg.
Temme Arch.	„ Temme: Archiv für die strafrechtlichen Entscheidungen der obersten Gerichtshöfe Deutschlands. 6 Bde. Erlangen 1854—1859.
Temme Gll.	„ Temme: Glossen zum Strafgesetzbuche. Breslau 1853.
Temme Lehrb.	„ Temme: Lehrbuch des Preußischen Strafrechts. Berlin 1853.
Tr. Ann.	„ Annalen für Rechtspflege ꝛc. in den Preußischen Rheinprovinzen. Trier 1843 fgg.
V. (I., II., Pl.)	„ Vernichtendes Erkenntniß des Ober-Tribunals (der ersten, zweiten, oder der vereinigten Abtheilungen des Senats für Strafsachen).
Vdn.	„ Verordnung.
Volkm.	„ Volkmar: die Jurisprudenz des Rheinischen Kassationshofs. Berlin 1848.
Z. (I., II., Pl.)	„ Erkenntniß des Ober-Tribunals, durch welches eine Nichtigkeitsbeschwerde zurückgewiesen, oder ein Kassations-Gesuch verworfen ward (der ersten, zweiten, oder der vereinigten Abtheilungen des Senats für Strafsachen).

Gesetz
über die Einführung des Strafgesetzbuchs für die Preußischen Staaten *)
vom 14. April 1851.

Wir Friedrich Wilhelm, von Gottes Gnaden, König von Preußen ꝛc. ꝛc.
verordnen mit Zustimmung der Kammern, was folgt:

Erster Abschnitt.
Allgemeine Bestimmungen.

Art. I. Das Strafgesetzbuch tritt im ganzen Umfange der Monarchie mit dem 1. Juli 1851 in Kraft.

[Entw. Art. I]. Vergl. Art. IV.

Art. I.

1. Nach dem Gesetze v. 30. Apr. 1851 § 1 (GS. s. 188) ist das StGB. nebst dem Einführungs-Gesetze in den Hohenzollernschen Landen bis zum 1. Jan. 1852 suspendirt geblieben.

2. In dem an den Regierungsbezirk Aachen anstoßenden, zwischen Preußen und Belgien gemeinschaftlichen s. g. neutralen Gebiete von Moresnet hat das StGB. keine Gesetzeskraft erlangt; Anklagen und Beschuldigungen sind daher nach den Bestimmungen des frühern Rheinischen Strafgesetzbuchs zu formuliren. Just.-Min.-Verf. v. 31. Dez. 1852 (Rh. Samml. 10. s. 532). Der Bewohner jenes Gebiets ist als Ausländer im Sinne des § 4 Nr. 1 des StGB. zu behandeln, und unterliegt wegen der dort gedachten Verbrechen den Bestimmungen dieses Gesetzbuchs.

3. Die Wirksamkeit des Einführungs-Gesetzes beginnt mit der des StGB. Z. 22. Okt. 1851 c. Kirchhoff; Temme GA. s. 19 Note 2.

---

*) Das Preußische Strafgesetzbuch ist (mit den nöthigen Abänderungen im Ausdrucke) als „Strafgesetzbuch für das Herzogthum Anhalt-Bernburg" unterm 22. Jan. 1852 verkündigt, und vom 31. März 1852 ab in Wirksamkeit getreten. Ebenso sind die Preußischen Gesetze vom 9. März 1853, vom 14. Apr. 1856 und vom 30. Mai 1859, durch welche einzelne §§ des Strafgesetzbuchs abgeändert wurden, in Anhalt-Bernburg durch die Gesetze vom 24. März 1853, vom 26. Juni 1856 und vom 1. Aug. 1859 eingeführt worden. — Das am 15. Mai 1855 verkündete, mit dem 1. Okt. 1855 in Kraft getretene „Strafgesetzbuch für die Fürstenthümer Waldeck und Pyrmont" stimmt ebenfalls im Wesentlichen mit dem Preußischen StGB. überein, indem nur einige §§ ausgeschieden, und in einzelnen §§ im Ganzen nicht sehr erhebliche Abänderungen vorgenommen worden sind; nur der dritte (von den Uebertretungen handelnde) Theil hat einige Zusatzparagraphen erhalten, welche sich im Preußischen Gesetzbuche nicht finden. Eine Uebersicht der Abweichungen enthält Weiskes Rechts-Lexikon 14. s. 62 ff. Erheblicher sind die Abweichungen der beiden Einführungs-Gesetze (des Anhalt-Bernburgschen vom 5. Febr. 1852 und des Waldeckschen vom 15. Mai 1855) vom Preußischen. — Auch dem Großherzoglich Oldenburgischen Strafgesetzbuche v. 3. Juli 1858 liegt das Preußische zum Grunde, wenngleich in demselben manche erhebliche Aenderungen vorgenommen worden sind.

Art. II. Mit diesem Zeitpunkte (Art. I.) werden außer Wirksamkeit gesetzt: alle Strafbestimmungen, die Materien betreffen, auf welche das gegenwärtige Strafgesetzbuch sich bezieht; namentlich der zwanzigste Titel des zweiten Theils des Allgemeinen Landrechts, das Rheinische Strafgesetzbuch, die gemeinen Deutschen Kriminalgesetze und das in dem Fürstenthume Hohenzollern-Sigmaringen rezipirte Großherzoglich Badische Strafgesetzbuch, nebst allen dieselben ergänzenden, abändernden und erläuternden Bestimmungen.

Art. II.

1. Unter „Materien" sind die strafbaren Handlungen, nicht aber die Strafgattungen (z. B. die Polizei-Aufsicht) zu verstehen. B. II. 10. Nov. 1853 c. Hagemann (JMBl. 1854 s. 136; G. Arch. 2. s. 115; vgl. n. 28.) *Sic*: Koch n. 1. Ebensowenig bezieht sich der Ausdruck „Materien" auf die Objekte, an welchen Verbrechen ꝛc. begangen, oder auf die Rechte, welche durch diese gekränkt werden können. B. I. 28. Sept. 1853 c. Grunwald; vgl. aber n. 3. 29.

2. Nur diejenigen Strafgesetze sind beseitigt, welche Materien betreffen, auf welche sich das StGB. bezieht, d. h. welche unter den Begriff der Handlungen fallen, die das StGB. zum Gegenstande seiner Bestimmungen gemacht hat; B. II. 19. Mai 1853 c. Roßbach (Rh. Arch. 48. 2. A. s. 60, vgl. § 274 n. 33); es kommt sonach darauf an, ob eine Handlung, abgesehen von der besondern Form ihrer Begehung, den allgemeinen Thatbestand einer im StGB. vorgesehenen Handlung enthält: Hälschner 1. s. 24; ähnlich: Z. (B.) II. 5. Jan. 1860 c. Spittman. Zu vergleichen ist im Allgemeinen das Französische Staatsraths-Gutachten v. 8. Febr. 1812 in Verbindung mit Code pén. Art. 484.

3. Wenn die frühere Gesetzgebung irgend einen speziellen Thatbestand, welcher an sich der allgemeinen Begriffsbestimmung eines im damals geltenden StGB. vorgesehenen Straffalles entsprach, ausgesondert und in einem Spezialgesetze mit einer andern Strafe bedroht hat, so ist, wenn das neue StGB. sich auf eine Wiederholung der allgemeinen Vorschrift beschränkt, und den betr. Begriff im Wesentlichen nicht abweichend von dem früher geltenden bestimmt hat, anzunehmen, daß jenes Spezialgesetz eine besondere „Materie" zum Gegenstand habe, und sonach auch jetzt in Kraft verblieben sei. Das gilt namentlich da, wo irgend ein rechtliches Verhältniß auch in seinen civilrechtlichen Beziehungen durch das betr. Spezialgesetz selbstständig regulirt ist, und im Zusammenhange damit auch die Strafbestimmungen ergangen sind. Ein Beispiel siehe n. 29. Noch weiter ging ein B. I. 10. Mai 1852 c. v. Heyden (JMBl. s. 262), welches nur diejenigen Bestimmungen eines ältern Spezialgesetzes für beseitigt erachtete, welche entweder durch spezielle Bestimmungen des StGB. aufgehoben werden sollten, oder mit solchen unvereinbar seien.

4. Wenn das StGB. Bestimmungen enthält, welche eine früher durch Spezialgesetze geregelte Materie berühren, diese neuen Bestimmungen aber auf besondere Kategorien von Personen (z. B. auf Gewerbtreibende) beschränkt sind, welche auch durch die frühere Gesetzgebung gesondert behandelt waren, so sind dadurch die letztern, insoweit sie sich noch auf andere Kategorien von Personen bezogen, nicht aufgehoben, zumal wenn bei diesen ein ganz anderer Thatbestand vorausgesetzt wird. B. I. 15. Apr. 1859 c. Kant (JMBl. s. 178; G. Arch. 7. s. 375); vgl. §. 348 n. 15.

5. Im Uebrigen sind auch particuläre Strafgesetze (das örtlich beschränkte Strafrecht) durch Einführung des StGB. in Bezug auf die durch letzteres vorgesehenen strafbaren Handlungen aufgehoben. B. I. 28. Sept. 1853 c. Grunwald; vgl. aber n. 29.

6. Die fortdauernde Gültigkeit gewisser Strafgesetze ist nicht auf frühere besondere Kompetenz-Bestimmungen auszudehnen; vgl. Art. XIV n. 3.

Dagegen bleiben in Kraft die besonderen Strafgesetze,[7] insoweit sie Materien betreffen, in Hinsicht deren das gegenwärtige Strafgesetzbuch nichts bestimmt, namentlich die Gesetze über die Bestrafung der Post-, Steuer- und Zoll-Kontravenienten, über den Mißbrauch des Vereins- und Versammlungsrechts, über die Bestrafung des Holzdiebstahls, über die Widersetzlichkeiten bei Forst- und Jagdvergehen und gegen Zollbeamte.

[Entw. Art. II]. Vergl. Art. III.

---

7. Eine Aufzählung in Geltung verbliebener Spezial-Gesetze enthält der Komm.-Ber. II. K. (s. 4 ff.), welcher aber selbst auf Vollständigkeit keinen Anspruch macht. Ein nach Materien geordnetes Verzeichniß enthält G. Arch. 2. s. 697.

8. Nicht aufgehoben sind: die Vorschriften der AGO. I, 7 § 41, die Bestrafung unrichtiger Insinuationsberichte betreffend. B. 17. Sept. 1852 c. Laser

9. ...... ebenso AGO. I, 23 § 52 Nr. 4 und 5; Tit. 24 § 40 a. E., frevelhaftes Leugnen im Prozesse betreffend; diese Gesetze enthalten aber „Prozeßvorschriften,“ auf welche nur vom Civil-Richter zu erkennen ist. Z. I. 12. Juli 1854 c. Klose (Präj. n. 102; Entsch. 28. s. 196). Das Letztere gilt auch von der zweiten Instanz. B. II. 18. Okt. 1855 c. Weinberg. (G. Arch. 3. s. 823). Daraus ist gleichwohl nicht zu folgern, daß die Gegen-Partei die betr. Entscheidungen durch Rechtsmittel angreifen könne; es bedarf daher der Zustellung eines von dieser Strafe freisprechenden Erkenntnisses an die Gegen-Partei nicht. Z. I. 5. Dez. 1860 c. Teßmar.

10. ...... ebenso AGO. III, 1 § 30. 31, das Queruliren betreffend. B. 26. Sept. 1851 c. Ruggeberg (JMBl. 1852 s. 180; Entsch. 22. s. 76); Z. I. 27. Apr. 1860 c. Matthes; B. II. 6. Dez. 1860 c. Brandt (RdO. 1. s. 169); u. ö.

11. ...... ebenso Anh. zur AGO. § 440; Z. 26. Nov. 1852 c. Ottschadly; Z. I. 16. März 1853 c. Gramm.

12. ...... ebenso ALR. II, 1 § 1010 die vorsätzliche Uebertretung eines Ehegesetzes betreffend. B. I. 11. Mai 1859 c. Fischer.

13. ...... ebenso Regl. v. 15. Sept. 1798 § 2 Nr. 4; die betr. Strafvorschrift ist auch auf die zum Kron-Fideicommiß gehörigen Forsten anwendbar. Erk. III. Civ.-Sen. 10. Sept. 1857 (Str. Arch. 26 s. 170). Vgl. ibid. 20. s. 179; 25. s. 157.

14. ...... ebenso Gesinde-Ordn. v. 8. Nov. 1810 § 31; B. 11. Juni 1852 c. Wilke. Vgl. Rh. Ges.-Ordn. v. 19. Aug. 1844 § 12 (GS. s. 41). *Contra*: wie es scheint: Wenzel Ergg. s. 367. 505.

15. ...... ebenso Vorfluths-Ges. v. 15. Nov. 1811 § 8. 9, betr. das Aufstauen des Mühlen-Wassers über die durch den Merkpfahl festgesetzte Höhe. B. I. 15. Juni 1855 c. Eschholz. (JMBl. s. 355).

16. ...... ebenso Steuer-Ordn. v. 8. Febr. 1819 § 62; Z. II. 18. Okt. 1855 c. Holzerland (vgl. Art. X n. 3).

17. ...... ebenso Steuer-Ordn. v. 8. Febr. 1819 § 88. 89; vgl. § 311 n. 17; § 89 n. 62.

18. ...... ebenso AKO. v. 13. Okt. 1824 Nr. 7, das unbefugte Tragen der National-Kokarde betreffend; Gltd. Matt. 2 s. 145 n. 5; vgl. § 105 n. 10.

19. ...... ebenso AKO. v. 20 Juni 1835, die Bestrafung eines Verbrechers betreffend, welcher wegen früherer Verbrechen bereits zu lebenslänglicher Freiheitsstrafe verurtheilt ist. Z. (B.) 8. Sept. 1852 c. Hening.

20. ...... ebenso AKO. v. 7. Febr. 1837, die Sonntagsfeier betreffend; vgl. § 340 n. 22.

21. ...... ebenso Ges. v. 8. Mai 1837 § 28, die Aufstellung einer zu hohen Brandentschädigungsforderung betreffend, mit der Maaßgabe, daß an die Stelle der dort bezogenen §§ des Tit. 20 Thl. II des ALR. jetzt die Vorschriften des StGB. über die Bestrafung des Betrugs getreten sind. Z. II. 19. Mai 1855 c. Elkan.

22. ...... ebenso Zoll-Str.-Ges. v. 23. Jan. 1838 § 25, das Geschenkgeben

an Zollbeamte betreffend. Z. II. 17. Apr. 1856 c. Wolters (JMBl. s. 175; Rh. Arch. 54. 2. A. s. 4; G. Arch. 4 s. 686).

23. ...... ebenso die Vrdn. v. 13. Mai 1840 § 1 (GS. s. 127), die Benutzung ungestempelter Maaße rc. beim Verkaufe betreffend, soweit sie sich auf Nichtgewerbtreibende bezieht; vgl. § 348 n. 15.

24. ...... ebenso die Vrdn. v. 22. Dez. 1843 (GS. 1844 s. 16), die Bestrafung des Spielens an der Spielbank zu Köthen betreffend; vgl. § 266 n. 16.

25. ...... ebenso die Strafbestimmungen der Gewerbe-Ordn. v. 17. Jan. 1845, insoweit nicht das StGB. in Betreff der Ausübung einzelner Gewerbe ausdrückliche Vorschriften enthält. Z. (V.) II. 21. Febr. 1856 c. Saligmann.

26. ...... ebenso das Ges. v. 5. Juli 1847 (GS. s. 261), so weit es das Spielen in auswärtigen Lotterien mit Strafe bedroht, und die AKO. v. 27. Juni 1837; vgl. § 268 n. 13.

27. ...... ebenso die Feld-Pol.-Ordn. v. 1. Nov. 1847 und das Rheinische Rural-Gesetz v. 28. Sept. — 6. Okt. 1791; Ges. v. 22. Mai 1852 Art. III. Eine Ausnahme tritt da ein, wo die betreffenden Bestimmungen in das StGB. übernommen, oder mit den Vorschriften des letztern unvereinbar sind. V. 10. Mai 1852 c. v. Heyden (JMBl. s. 262); Z. II. 14. Febr. 1856 c. Ehrlich.

28. ...... ebenso das Ges. v. 12. Febr. 1850 (GS. s. 49) über die Stellung unter Polizei-Aufsicht, soweit es sich auf Kontrebande und Zolldefraudationen bezieht. Nach § 9 dieses Gesetzes sind die Orts- resp. Gränzzoll-Behörden befugt, die wegen Zolldefraudation unter Polizei-Aufsicht gestellten Personen den dort genannten Beschränkungen zu unterwerfen. V. II. 10. Nov. 1853 c. Hagemann (JMbl. 1854 s. 136; G. Arch. 2 s. 115). Im Falle einer Zuwiderhandlung tritt aber jetzt die Strafe des § 116 ein, durch welche § 11 l. c beseitigt ist. Z. II 20. Sept. 1860 c. Bönnemann. *Contra:* cit. V. 10. Nov. 1853 (vgl. § 116 n. 5). Zu vergleichen ist Ges. v. 30. Apr. 1851 § 1 Nr. 4 (GS. s. 188) die Einführung des Gesetzes in den Hohenzollernschen Landen betr. Im Uebrigen ist aber das Ges. v. 12. Febr. 1850, namentlich die Bestimmungen der §§ 4 und 5 über die Dauer der Polizei-Aufsicht aufgehoben. Z. 20. Dez. 1852 c. Kawohl; vgl. § 26 n. 1.

29. ...... ebenso die Bestimmungen des Ost-Preußischen Provinzialrechts Zus. 228 die Eingriffe in das Bernstein-Regal des Staats betreffend; namentlich §. 8 l. c.: Z. Pl. 28. März 1859 c. Stolzke (Präj. n. 255; JMbl. s. 170; Entsch. 40. 2. s. 482; G. A. 7 s. 821); ebenso §. 9 (und 10): V. Pl. 25. März 1861 c. Bussas. *Contra* früher: Z. I 16. Feb. 1853 c. Pickarreck (JMbl. s. 447); V. I. 28. Sept. 1853 c. Grunwald; V. I 30. Okt. 1857 c. Adam; vgl. § 226 n. 9.

30. ...... ebenso die Vorschriften des (auf dem linken Rheinufer publizirten) Artikels 36 des französischen Gesetzes v. 21. germ. XI, durch welche das Ankündigen von Geheimmitteln verboten wird, indem § 345 Nr. 2 einen andern Gegenstand betrifft; eine solche Ankündigung unterliegt daher immer noch den Strafbestimmungen des Gesetzes v. 29. pluv. XIII. V. II. 3. Nov. 1855 c. Momma (Rh. Arch. 51. 2. A. s. 62; G. A. 4. s. 271); Z. II. 7. Mai 1857 c. Klug (Rh. Arch. 52. 2. A. s. 80); Z. II. 20. Sept. 1860 c. Baunscheidt. *Contra:* Erk. App. Hof Köln 1. März 1854 (Rh. Arch. 49. 1. s. 256).

31. Aufgehoben ist die Vorschrift des ALR. I, 9 § 73, nach welchem derjenige, welcher dem Richter gegenüber einen Fund ableugnete, als Dieb zu betrachten war. Z. II. 14. Okt. 1858 c. Trolsch.

32. ...... ebenso ALR. I, 11 § 740, nach welchem die Cession resp. Einklagung einer Dahrlehnsforderung, auf welche die Valuta ganz oder zum Theil nicht bezahlt worden, als Betrug bestraft werden sollte. Z. I. 13. Apr. 1855 c. Abrahamson (G. Arch. 3. s. 569). Es ist daher jetzt in jedem Falle zu untersuchen, ob die Begriffserfordernisse des § 241 vorliegen.

33. Ebenso sind aufgehoben: ALR. I, 14 § 463—465 (unrechtmäßig vorgenommene Pfändungen betreffend; vgl. F.-P.-O. v. 1. Nov. 1847 § 75 und den Anhang). V. 8 März 1852 c. Krieger; Z. 16. April 1852 c. Morave. Das gilt selbst dann, wenn die dort erwähnte Selbsthülfe mit Gewalt an Sachen verbunden war; Bestrafung kann daher nur dann eintreten, wenn ein nach dem StGB. strafbarer Thatbestand vorliegt. V. I. 9. Okt. 1857 c. Smolewski.

Art. III. Wo in irgend einem Gesetze auf Bestimmungen des bisherigen Strafrechts verwiesen wird, treten die Vorschriften des gegenwärtigen Strafgesetzbuchs an deren Stelle.

[Entw. Art. III]. Vergl. Art. II.

---

34. ...... ebenso Rheinisches BGB. Art. 298 und 308, die Ehebruchsstrafen betreffend; vgl. § 140 n. 26; siehe auch Rh. StGB. Art. 337.

35. ...... ebenso Crim.-O. v. 11. Dez. 1805 § 10, die Pflicht zu denunziiren betreffend, insoweit derselbe im Vergleiche mit § 39 des StGB. eine Ausdehnung dieser Pflicht in Beziehung auf gestohlene Sachen in sich schließt. B. I. 17. Nov. 1854 c. Wolff (G. Arch. 3. s. 130). Vgl. § 112. 211.

36. ...... ebenso Verordn. v. 14. Juli 1797 durch § 270 des StGB. B. II. 21. Apr. 1853 c. Straube; (vgl. § 270 n. 15.)

37. ...... ebenso die Steuer-Ordn. v. 8. Feb. 1819 § 93 d. B. Rh. Kass.-H. 28. Jan. 1852 c. Müller (Rh. Arch. 47. 2. A. s. 3; Tr. Ann. 7. s. 271; vgl. Art. XIV. n. 3.)

38. ...... ebenso die AKO. v. 9. Okt. 1833, die Verhängung des Strafminimums bei freiwilligem Eingeständniß betreffend: Z. II. 11. Mai 1854 c. Lütke-Maestrup (G. Arch. 2. s. 542.); Beschl. II. 8. Mai 1856 c. v. Feilitzsch.

39. Die nichtaufgehobenen Gesetze bleiben für ihre Materien auch in Beziehung auf etwaige besondre Anwendung allgemeiner Rechtsgrundsätze z. B. über Verjährung, Rückfall, Strafverwandlung in Kraft. Temme Gll. s. 21; id. Lehrb. s. 104; (Vgl. indessen § 17 n. 1 flg.) Es behält daher mit einer durch ein Spezial-Gesetz, z. B. das Rheinische Rural-Gesetz, bestimmten, durch das StGB. nicht aufgehobenen Strafandrohung, auch die mit der Strafandrohung in unmittelbarer Verbindung stehende durch das Spezial-Gesetz festgestellte besondre Verjährung (Rh. Rural-Gesetz v. 28. Sept. — 6. Okt. 1791 Tit. 1 Abschn. 7 Art. 8) ihre Gültigkeit. Z. II. 3. März 1852 c. Müller (G. Arch. 1. s. 233. 385); B. II. 22. Feb. 1855 c. Scheuern (Rh. Arch. 50. 2. A. s. 79). Vgl. § 48 n. 20.

40. Dasselbe gilt von der Vorschrift des § 62 des Zollstrafgesetzes v. 23. Jan. 1838, die fünfjährige Verjährung der Zollbefraudationen rc. betreffend: Z. II. 8. März 1855 c. van Büllem; B. I. 28. März 1855 c. Böckmann (Entsch. 31. s. 304); vgl. jetzt Ges. v. 22. Mai 1852 Art. V.

41. Enthält in den Fällen, welche die vorstehenden Nummern 39 und 40 unterstellen, das betreffende Spezial-Gesetz nicht auch besondre Vorschriften darüber, wie jene Verjährung unterbrochen wird, so sind hierfür die allgemeinen Vorschriften des StGB. maßgebend. B. II. 22. Feb. 1855 c. Scheuern (Rh. Arch. 50. 2. A. s. 79); vgl. § 48 n. 20.

42. Auch dann, wenn die in einem älteren Gesetze enthaltenen Strafbestimmungen durch das StGB. beseitigt sind, bleiben doch die in jenen Gesetzen enthaltenen anderweitigen Bestimmungen, insbesondere polizeiliche Anordnungen (z. B. das Verbot des Feuer-Anzündens in einer Heide nach der West-Preuß. Forst- und Jagd-Ordn. v. 8. Okt. 1805 Tit. 1. § 19, für welches Tit. 4. § 9. 10 die Strafandrohung enthält) in Kraft. Z. I. 18. Jan. 1860 c. Eisenstädt.

43. Im Uebrigen sind die allgemeinen Rechtsgrundsätze des StGB. auch auf die durch Special-Gesetze geregelten Materien anwendbar. vgl. Art. III. n. 1 flg.

Art. III.

1. Auf die in Kraft gebliebenen besondern Straf-Gesetze haben die allgemeinen Vorschriften des StGB. (über Versuch, Theilnahme, Rückfall rc.) insoweit einen modifizirenden Einfluß, als darin auf dergleichen Bestimmungen des älteren Strafrechts, an dessen Stelle das StGB. als allgemeines Strafrecht getreten ist, entweder ausdrücklich verwiesen, oder doch stillschweigend Bezug genommen ist, oder als einzelne Bestimmungen in jenen Gesetzen, mit den allgemeinen Grundsätzen des StGB. unvereinbar sind. Z. 19. Dez. 1851 c. Sudnmeki (JMBl. 52. s. 30); B. 24. Mai 1852 c. Fuchs; B. 22. Dez. 1852 c. Alesson. Vgl. Art. II n. 39—43. Beseler s. 602; Temme Lehrb. s. 104. 105; Hälschner 1. s. 25. Der Kommissionsbericht

Art. IV. **Die Strafbarkeit einer Handlung, welche vor dem 1. Juli 1851 begangen ist, wird nach den bisherigen Gesetzen beurtheilt. Ist aber eine solche Handlung in dem gegenwärtigen Strafgesetzbuche mit keiner Strafe, oder mit einer gelinderen, als der bisher vorgeschriebenen, bedroht, so soll diese Handlung nach dem gegenwärtigen Strafgesetzbuche beurtheilt werden. Ist es zweifelhaft, ob die Handlung vor dem 1. Juli 1851 begangen worden, so ist bei der Entscheidung das mildere Gesetz anzuwenden.**

]Entw. Art. IV]. Vergl. Art. V. VII; StGB. § 2.

---

der zweiten Kammer (s. 7) erachtete es für die Aufgabe der Praxis, vom jedesmaligen Standpunkte des besondern Gesetzes zu beurtheilen, ob die im StGB. enthaltenen allgemeinen Grundsätze z. B. über die Theilnahme, die Zurechnungsfähigkeit, bei Anwendung des erstern ausgeschlossen seien, und aus der Qualifikation der Handlungen, welche in den besonderen Gesetzen mit Strafe bedroht, sowie aus den Umständen und Voraussetzungen, unter welchen sie gegeben sind, festzustellen, ob und wieweit sie als ganz oder in einzelnen Bestimmungen durch das StGB. aufgehoben anzusehen.

2. Die neben dem Strafgesetzbuch in Kraft gebliebenen Steuer-Gesetze müssen unter Berücksichtigung der im StGB. enthaltenen allgemeinen Grundsätze angewendet werden. Z. I. 23. Febr. 1853 c. Lucht (Entsch. 24. s. 496; 25. s. 217; G. Arch. 1. s. 563). Beispiele siehe § 60 n. 7.

3. Daher ist Begünstigung einer Steuerdefraude, sobald diese als Vergehen zu betrachten, nach § 37 des StGB. strafbar, obgleich die Steuer-Gesetze eine Strafandrohung in Betreff ihrer nicht enthalten. Vgl. § 37 n. 3.

Art. IV. Inhalt.

1. Der Art. IV erkennt einen allgemeinen Grundsatz an, welcher das ganze Strafrecht beherrscht, insofern nicht einzelne Gesetze davon eine Ausnahme begründen; er findet sonach auch auf Strafverordnungen der Polizei-Behörden Anwendung. V. II. 18. Jan. 1855 c. Adrian (Präj. n. 134; JMBl. s. 106; Entsch. 29. s. 439; G. Arch. 3. s. 256). *Contra*: Hälschner 1. s. 42. Ein V. II. 24. Nov. 1853 c. Peppmeier (G. Arch. 2. s. 112) wollte diesen Grundsatz auf Zuwiderhandlungen gegen die Zollstrafgesetze nicht beziehen. Vgl. n. 3.

2. Der Grundsatz des Art. IV „bezieht sich nicht auf den Fall, wo eine nur „temporär, — sei es für einen von Anfang an in sich begränzten Zeitraum, sei „es bis zum Eintritte eines künftigen Ereignisses, oder bis zu der von vorne herein „in Aussicht gestellten Wiederaufhebung — erlassene Strafbestimmung diesen in ihr „selbst vorgesehenen, oder in Aussicht gestellten Ablauf erreicht;" vielmehr bleiben auch nach diesem Ablaufe solche temporären Strafbestimmungen für die Verfolgung der während ihrer Herrschaft begangenen Zuwiderhandlungen maaßgebend. V. II. 18. Jan. 1855 c. Adrian (Präj. n. 134; JMBl. s. 106; Entsch. 29. s. 439; G. Arch. 3. s. 256).

3. „Ebenso findet Art. IV keine Anwendung, wenn bei ungeändert bleibendem „Zollstrafgesetze, nach der Begehung einer Zolldefraudation hinsichtlich der Waa-

„rengattung, auf welche sie sich bezog, nur der Tarif geändert und deren zollfreie „Einfuhr gestattet (oder wenn eine einzelne Zollschranke, z. B. durch Anschluß eines „Nachbarstaats an den Zollverein, beseitigt) wird." B. II. 1. Dez. 1853 c. Hütteman (Präj. n. 70; G. A. 2. s. 112); B. II. 24. Nov. 1853 c. Peppmeier; B. II. 5. Okt. 1854 c. Christiani; B. II. 9. Juni 1855 c. Tiemann. Dadurch wird offenbar der Thatbestand der Zolldefraudation im Allgemeinen nicht für straflos erklärt.

4. Durch die Vdn. v. 27. Nov. 1857, welche zeitweise die Beschränkung des Zinsfußes aufhebt, ist die Strafbarkeit eines früher verübten Wuchers nicht aufgehoben. Z. (B.) Pl. 30. Nov. 1857 c. Mulert (JMBl. 58 s. 43; G. A. 5. s. 857); u. ö. Vergl. § 263 n. 68.

5. Hat zwischen der Begehung der That und ihrer Aburtheilung ein demnächst durch die Einführung des StGB. wieder aufgehobenes Strafgesetz gegolten, dessen Bestimmungen gelinder sind, als die des zur Zeit der That geltenden Gesetzes und die des StGB., und welches eine dem Inhalte des Art. IV ähnliche Vorschrift enthält, so hat dadurch der Angeklagte das Recht erlangt, daß seine Handlung nach diesem Gesetze beurtheilt werde. Z. II. 19. Okt. 1854 c. Würth. *Sic:* G. Matt. 1. s. 12; Cass. 9. Juli 1813 (Sir. Coll. nouv. 4. I. p. 391). *Contra:* Hälschner 1. s. 42.

6. Die Vorschrift des Art. IV bezieht sich nicht allein auf die Höhe der in beiden Gesetzgebungen angedrohten Strafen, sondern auch auf den Thatbestand selbst; ist dieser also im älteren Strafgesetze enger, oder doch mit Erfordernissen ausgedrückt, welche für den Angeklagten günstiger sind, als die des neuen Gesetzes, so ist jenes anzuwenden. B. I. 11. Dez. 1857 c. Juschkat.

7. Es ist unstatthaft, zunächst in abstracto zu prüfen, welche Gesetzgebung die mildere sei, und nach diesem allein die Feststellung zu treffen; es muß vielmehr mit Rücksicht auf jede Gesetzgebung untersucht werden, ob überhaupt eine Strafthat begangen, und in welchem Maaße sie strafbar sei, und dann erst kann die Vergleichung der angedrohten Strafen Platz greifen. B. I. 10. Okt. 1860 c. Grau. Vgl. Strafverfahren Art. 81 n. 25.

8. Die Frage, ob das ältere oder das neuere Strafrecht für eine bestimmte Gesetzesübertretung die gelindere Strafe androhe, kann nur nach der Gesammtheit der von jedem Rechte angedrohten Strafübel beurtheilt werden, und sind dann auch die Strafvorschriften des als milder anerkannten in ihrer Totalität zur Anwendung zu bringen. B. 24. Sept. 1851 c. Gerlach; B. 8. Okt. 1851 c. Unruh; B. 17. Okt. 1851 c. Mroß. Es ist sonach unzulässig, die Bestrafung derselben Handlung theils aus dem alten, theils aus dem neuen Strafrechte herzuleiten, also eine Strafe eintreten zu lassen, welche weder mit dem alten, noch mit dem neuen Strafrechte stimmt. B. 9. Juli 1851 c. Waldbrunn (JMBl. s. 276). Vgl. Art. V n. 2. 3. *Sic:* Hälschner 9. s. 43; *Contra:* Temme GU. s. 25; id. Lehrb. s. 121.

9. Ist daher auf Grund des ALR. II Tit. 20 wegen einer strafbaren Handlung auf Strafe zu erkennen, so muß die eventuell zu substituirende Gefängnißstrafe nach demselben ALR., nicht nach dem StGB. bemessen werden. B. 31. März 1852 c. Jacubowski.

10. Ueberhaupt sind, wenn das ältere Gesetz als das mildere anzuwenden ist, auch die allgemeinen Bestimmungen desselben maaßgebend. B. I 27. Jan. 1853 c. Schuhmacher; Hälschner 1. s. 44.

11. Wenn es sich darum handelt, für eine vor dem 1. Juli 1851 begangene Handlung zu bestimmen, ob die Strafe des älteren Rechts, oder die des StGB. die mildere sei, so darf bei Abmessung der nach älterem Rechte auszusprechenden Strafe auf die Vorschrift des § 60 des StGB. nicht gerücksichtigt werden. B. 17. Sept. 1851 c. Lippert; Z. (B.) 17. Dez. 1851 c. Jüttner; Z 6. April 1852 c. Amsel.

12. Es muß angenommen werden, daß bei dieser Uebergangsbestimmung der Gesetzgeber wesentlich von den Haupt-, nicht von den accessorischen Strafübeln ausgegangen sei. So: B. 9. Juli 1851 c. Waldbrunn. (JMBl. s. 276.) Vgl. aber § 55 n. 16.

13. Die härtere Strafart ist für strenger als die gelindere Strafart zu erachten, sollte ihre Dauer auch kürzer bemessen sein. G. Matt. 1. s. 12 nach Chauv. et Hél. Théor. I. p. 33 und Cass. 26. Juli 1811.

---

14. Im Zweifel ist diejenige Strafe als die strengere anzusehen, welche mehr als die andere eine Aufhebung oder Beschränkung der Ehre und der Ehrenrechte nach dem Gesetze oder nach der Volksanschauung mit sich führt. Temme Lehrb. s. 121; id. Gl. s. 25.

15. Mit Rücksicht auf § 18 des StGB. wird man eine Geldbuße im Vergleiche mit einer Freiheitsstrafe stets als die mildere Strafe ansehen müssen, ohne daß die Höhe derselben, und selbst die Dauer der zu substituirenden Freiheitsstrafe einen Unterschied hervorbringen könnten.

16. Ist die Strafe relativ (d. h. nach einem Maximum und Minimum) bestimmt und sind nicht zugleich Maximum und Minimum in dem einen oder anderen Gesetze höher oder niedriger, so will Hälschner (2. 1. s. 44) keins absolut als das mildere betrachten, sondern die Frage, welches als das mildere anzuwenden sei, nur im konkreten Falle nach Maaßgabe der grade verwirkten Strafe entschieden wissen.

17. Ist das neuere Strafgesetz als das mildere anzuwenden, so müssen auch die durch dasselbe vorgesehenen erschwerenden Umstände, welche das ältere Gesetz nicht kannte, in Betracht gezogen werden, um zu beurtheilen, in wie weit die an sich verwirkte Strafe des ältern Rechts zu ermäßigen sei. Z. Kass.-H. 9. Sept. 1851 c. Reiff.

18. Wird das mildere Strafgesetz erst nach Aburtheilung der That in den Instanzen wirksam, so kann der Nichtigkeitsrichter nicht vernichten, um jetzt jenes neue Gesetz zur Anwendung zu bringen. So: Z. I. 2. Juli 1856 c. Galeitzke; Z. I. 11. Juli 1856 c. Lichtenberg u. Gen.; Z. I. 18. Dez. 1857 c. Gerson; vgl. G. Matt. 1. s. 14 n. 8; Hälschner 1. s. 45. Gestattet daher das neue Gesetz (z. B. d. G. v. 9. März 1853) abweichend von dem frühern, Berücksichtigung von mildernden Umständen, so ist, wenn das Ober-Tribunal ein schwurgerichtliches Erkenntniß jedoch unter Aufrechthaltung des Wahrspruchs der Geschwornen vernichtet, kein Raum dazu, das Vorhandensein von mildernden Umständen jetzt noch festzustellen. B. II. 28. Mai 1853 c. Ritter. Wenn dagegen das Ober-Tribunal ein Erkenntniß vernichtet, und nun selbst zur Sache erkennt, so muß es auf das inzwischen wirksam gewordene mildere Strafgesetz rücksichtigen. B. I. 9. Juli 1856 c. Weitz (Köppen und Gen. G. Arch. 4. s. 689).

19. Wenn ein neues nach Aburtheilung einer Sache in erster Instanz verkündetes Gesetz, abweichend von den bisherigen gesetzlichen Bestimmungen, die Berücksichtigung von mildernden Umständen gestattet, so kann nunmehr der Appellationsrichter in Gemäßheit des Art. 101 des Ges. v. 3. Mai 1852 nicht ohne neue Beweisaufnahme derartige Umstände feststellen, und danach das Strafmaaß herabsetzen. B. I. 9. Dez. 1859 c. Sahnke (G. A. 8. s. 98). *Contra:* Z. II. 28. Mai 1853 c. Schnelle; Z. eod. c. Klein. Vgl. Strafverf. §. 126 n. 16. 20.

20. Insoweit auf die neben dem StGB. in Geltung gebliebenen besondern Strafgesetze überhaupt die Vorschriften des StGB. von modifizirendem Einflusse sind (vgl. Art. III n. 1), muß auch die Bestimmung des zweiten Absatzes des Art IV auf die nach solchen besondern Gesetzen zu beurtheilenden, vor dem 1. Juli 1851 begangenen Handlungen Anwendung finden. Z. 19. Dez. 1851 c. Suchumski (JMBl. 52. s. 30); B. 24. Mai 1852 c. Fuchs.

21. Kommt das ältere Strafgesetz auf eine vor dem 1. Juli 1851 begangene Handlung zur Anwendung, so ist (insofern es sich nicht von besondern Gesetzen handelt, welche auch neben dem StGB. in Kraft verblieben sind) stets auf die in jenem Strafgesetze selbst angedrohte Strafe zu erkennen; eine Umwandlung in die Strafgattungen des StGB. nach Art. IX und X findet nicht Statt. Min.-Verf. v. 24. Juni 1851 (JMBl. s. 237.)

22. Damit ein Zweifel darüber nicht aufkommen könne, unter der Herrschaft welches Strafgesetzes eine That begangen worden, ist der Zeitpunkt der Verübung in die thätsächliche Feststellung, sowie eventuell in die den Geschwornen vorzulegende Frage aufzunehmen, und wenn dieser Zeitpunkt nicht genau bestimmt werden kann, wenigstens ins Klare zu stellen, ob die That vor oder nach Einführung des neuen Strafgesetzes begangen worden. Die gleiche Rücksicht muß auf die Möglichkeit, daß die Verjährung seit der Verübung abgelaufen sein könnte, genommen werden. B. I. 7. Sept. 1854 c. Jasper (G. A. 3. s. 112); B. I. 9. März 1855 c. Schaff-

Art. V. Die Vollendung der Verjährung einer vor dem 1. Juli 1851 begangenen strafbaren Handlung wird nach den bisherigen Gesetzen oder nach dem gegenwärtigen Strafgesetzbuche beurtheilt, je nachdem das eine oder das andere dem Thäter am günstigsten ist.

[Entw. Art V]. Vergl. Art. IV; StGB. § 2.

---

rau (G. Arch. 3. s. 400); B. II. 19. Mai 1855 c. Schwers. Letzteres führte aus: zur Rechtfertigung der Anwendung des StGB. bedürfe es der Feststellung, daß die That unter seiner Herrschaft begangen worden, oder daß seine Strafbestimmungen milder seien, als die des Gesetzes, welches zur Zeit der That gegolten hatte. Ist indessen diesem Erforderniſſe genügt, so reicht auch eine allgemeine Zeitangabe hin. Z. I. 3. Febr. 1860 c. Albrecht. Auch kann es ausreichen, wenn die erforderliche Zeitbestimmung sich aus dem ganzen Zusammenhange der Feststellungen ergiebt, z. B. wenn sie in der den Hauptangeklagten betreffenden Frage sich findet, sollte sie auch in der auf den Theilnehmer bezüglichen nicht wiederholt sein. Z. II. 11. Dez. 1856 c. Lechtenfeld (Beckmann und Gen.). Vgl. Strafverf. Art. 31 n. 2; § 126 n. 17; Art. 81 n. 26. Aehnlich verhält es sich mit der Ortsangabe. Vgl. § 3 n. 16.

Art. V.

1. Anwendbarkeit dieses Grundsatzes auf Fälle, welche nicht nach dem StGB., sondern nach Spezial-Gesetzen zu beurtheilen sind. Vgl. Art. IV n. 1.

2. Die Grundsätze des ältern und des neuern Gesetzes über die Verjährung sind jedes derselben für sich genommen zur Anwendung zu bringen, und danach zu beurtheilen, welches System dem Angeklagten das günstigere ist. Ist hiernach die Verjährungsfrist des neuern Rechts abgelaufen, so ist Verfolgung unstatthaft, selbst wenn dieser Ablauf bereits vor Einführung dieses Rechts statt gefunden hätte. B. 25. Febr. 1852 c. Gemberg (G. A. 1. s. 67); B. 14. Nov. 1851 c. Bräuer; Z. I. 9. Dez. 1853 c. Sternsdorf. So hat auch die Kommission der ersten Kammer den Sinn des Art. V aufgefaßt, wie aus ihren Bemerkungen zum Art. XII § 1 hervorgeht. Dort war die Möglichkeit hervorgehoben, daß hiernach die Civilentschädigungsklage des Verletzten im Bezirke des Rheinischen Rechts durch die abgekürzte Verjährungsfrist bereits vor dem 1. Juli 1851 verloren gegangen sein könne; das darauf gegründete Bedenken ward aber durch die Seltenheit dieser Fälle, und die frühzeitige Verkündung des StGB., welche bis zu seiner Wirksamkeit noch immer eine Frist lasse, beseitigt. In gleichem Sinne hat sich auch die Praxis des Pariser Kassationshofs ausgesprochen. Mang. de l'act. publ. n. 295; Gilb. C. d'Instr. cr. Art. 637 n. 105.

3. Bei Beurtheilung der Frage, ob ein vor dem 1. Juli 1851 begangenes Vergehen wegen eingetretener Verjährung straflos bleiben soll, darf sonach keine Vermischung der verschiedenen Gesetzgebungen stattfinden. Es ist vielmehr zu prüfen, wann bei unbedingter Anwendung des alten Rechts sowohl, als bei unbedingter Anwendung des Strafgesetzbuchs im Ganzen die Verjährung abgelaufen sein würde, und die dem Angeklagten günstigere Vorschrift demnächst anzuwenden. B. 25. Febr. 1852 c. Gemberg (G. Arch. 1. s. 67); B. I. 13. April 1855 c. Abrahamson; Z. I. 19. Dez. 1855 c. Frick; Z. II. 26. Juni 1856 c. Mütbler; B. I. 26. Sept. 1856 c. Jabrigl (Domck u. Gen.); u. ö. Ein unter der Herrschaft des ALR. begangener Meineid verjährt daher jetzt mit Rücksicht auf § 125, 126 u. 46 des StGB. in zehn Jahren, obgleich § 1045 des ALR. denselben nur mit ein- bis dreijähriger Festungsstrafe, also mit einer Strafe bedroht, welche ihrer Höhe nach innerhalb der im zweiten Absatz des § 46 des StGB. bezeichneten Gränze fallen würde. Z. I. 14. Febr. 1855 c. Brandt.

4. Das unter n. 3 Gesagte greift auch da Platz, wo es sich von dem Anfangs-Punkte und der Unterbrechung der Verjährung handelt. So weit es auf das ältere Recht ankommt, sind nach demselben auch diese Fragen zu beurtheilen. Temme GA. s. 26 n. 2. Wenn aber die in diesem Punkte mildere neuere Gesetzgebung dazu führt, daß eine Verjährung (z. B. weil sie nach einmaliger Unter-

Art. VI. **Bei Anwendung der Strafe des Rückfalls macht es keinen Unterschied, ob die früheren Straffälle vor oder nach dem Eintritte der Gesetzeskraft des gegenwärtigen Strafgesetzbuchs vorgekommen sind, ob die frühere Strafe eine ordentliche oder außerordentliche war, ob die Strafe vollstreckt worden ist oder nicht.**

[Entw. Art. VI]. Vgl. Art. XXVI; StGB. §§ 58—60. 202. 203. 219. 233. 267. 269.

---

brechung in Gemäßheit des § 47 des StGB. wiederbegonnen und nicht abermals unterbrochen wurde) abgelaufen sei, so muß dieses dem Angeklagten zu Statten kommen, sollte im Uebrigen auch das ältere Gesetz das günstigere, und daher unter anderen Umständen anzuwenden gewesen sein. Z. I. 18. März 1859 c. Marewski (257. ind.).

5. Nach der Crim.-Ordn. (§ 597—599) konnte eine Strafthat, deren Begehung und Thäter dem Richter bekannt geworden waren, gar nicht mehr verjähren. Z. I. 18. März 1859 c. Marewski (257.).

6. Ueber die Verjährung einer unter dem alten Rechte abgeschlossenen, unter dem StGB. fortgeführten Doppelehe vgl. § 139 n. 4. 8.

7. Der Art. V handelt nur von der Verjährung der vor dem 1. Juli 1851 begangenen strafbaren Handlungen, nicht von der Verjährung der vor jenem Zeitpunkte rechtskräftig verhängten Strafen. Wenn also unter der Herrschaft der eine solche Verjährung zulassenden Rh. StPO. ein Strafurtheil gefällt, die Verjährungsfrist aber am 1. Juli 1851 noch nicht abgelaufen war, so kann mit Rücksicht auf § 49 des StGB. die Verjährung gar nicht mehr eintreten. Z. II. 27. Jan. 1853 c. Koenn. (Tr. Ann. 7. s. 225); G. Matth. 1. s. 441. *Contra:* Temme GU. s. 27 n. 3. Dieser Ansicht scheint die Kommission der I. Kammer gewesen zu sein; vgl. Komm.-Bericht s. 509.

Art. VI.

1. Die Frage nach der Rückfälligkeit ist immer nach dem jetzt auf den vorliegenden Fall anzuwendenden Gesetze zu beurtheilen; das gilt namentlich auch von der Verjährung des Rückfalls (§ 60). Z. II. 16. Okt. 1856 c. Scheuermann. Vgl. § 60 n. 1.

2. Eine Züchtigung nach ALR. II, 20 § 17 begründet die Rückfallsstrafe des StGB. nicht. B. 7. Jan. 1852 c. Kinscher (Entsch. 22. s. 68); B. 4. Juni 1852 c. Thiel; Z. 2. Juli 1852 c. Laack; B. I. 23. Febr. 1853 c. Spitzer.

3. Ist ein Angeklagter vor vollendetem sechszehnten, aber nach vollendetem vierzehnten Lebensjahre mit der ordentlichen Strafe des ALR. belegt worden, so begründet diese Bestrafung jetzt die Rückfallsstrafe. Z. 3. Dez. 1851 c. Hupp; Z. 25. Febr. 1852 c. Hensel.

4. Bei Prüfung der Frage, ob die früher bestrafte That dasselbe Verbrechen ꝛc. darstelle, wie die jetzt abzuurtheilende, ist ausschließlich die frühere Entscheidung zum Grunde zu legen, es ist daher lediglich zu fragen, welches Verbrechen ꝛc. hat der damalige Richter als vorliegend angenommen, und welches Strafgesetz hat er zur Anwendung gebracht. Z. II. 22. Okt. 1857 c. Gierlichs. B. I. 24. Okt. 1860 c. Schulz (Fürst u. Gen.). Auf eine Erörterung, ob dieses mit Recht geschehen, und ob auch nach der jetzigen Gesetzgebung die That in gleicher Weise zu qualifiziren sei, darf sich der Richter des neuen Falles nicht einlassen, zumal da er gar nicht in der Lage ist zu beurtheilen, ob einzelne im StGB., nicht aber im älteren Gesetze, für wesentlich erachtete Merkmale vorlagen oder nicht, indem der frühere Richter keine Veranlassung hatte, sie zu ermitteln und festzustellen. Diesen Grundsatz haben die unter n. 5—8 citirten Erkenntnisse anerkannt, wenn gleich sie theilweise sich (nicht ganz genau) dahin aussprechen, daß stets nur der Tenor des frühern Urtheils maaßgebend sein könne. Enthielte der Tenor, aus irgend einem Versehen, eine andere Bezeichnung des Verbrechens ꝛc., als nach den Gründen vom Richter wirklich angenommen und der Bestrafung zum Grunde gelegt ist, so dürfte nur die letztere,

Art. VII. Der §. 18. der Einleitung zum Allgemeinen Landrecht wird hierdurch aufgehoben.

[Entw. Art. VIII]. Vergl. Art. IV.

---

nicht die im Tenor enthaltene, als Anhaltspunkt dienen, sowie es denn auch unbedenklich ist, eine unbestimmte Bezeichnung des Tenors aus den Gründen zu erläutern. Z. I. 4. Okt. 1854 c. Schimorek. Vgl. Abh. G. Arch. 2. s. 386. Auch ist jedes frühere Urtheil nur für den damals zu entscheidenden Fall maaßgebend; wenn daher ein wiederholter Rückfall in Frage steht (§ 219), so genügt es zur Begründung desselben nicht, daß die letzte Vor-Entscheidung schon eine im Rückfalle begangene That feststellt; es muß vielmehr auf alle Vor-Entscheidungen zurückgegangen, und demgemäß selbstständig geprüft werden, ob wirklich jetzt wiederholter Rückfall vorliege. Vgl. §. 219 n. 4. — In Gemäßheit des oben aufgestellten Grundsatzes ward entschieden:

5. Eine unter der Herrschaft des ALR. verhängte Bestrafung wegen Wild-Diebstahls begründet jetzt die Rückfallsstrafe wegen Diebstahls, sollte die damals bestrafte Handlung jetzt auch als unbefugte Ausübung der Jagd zu ahnden sein. Z. 5. März 1852 c. Engelmann (G. Arch. 1. s. 75); B. 2. April 1852 c. Weiblich (G. Arch. 1. s. 75); Z. 7. April 1852 c. Weikert; B. 30. April 1852 c. Holler (G. A. s. 75); B. Pl. 9. Jan. 1854 c. Schulze (Präj. n. 87; JMB. s. 116; Entsch. 27. s. 108); B. II. 4. Juni 1859 c. Schlüter; u. ö.

6. Dasselbe gilt von einem unter der Herrschaft des ALR. bestraften Fischdiebstahle, sollte auch die That jetzt unter § 273 fallen. Z. 1. Okt. 1852 c. Kopp (G. Arch. 1. s. 75); B. I. 29. April 1853 c. Beyer.

7. Ebenso von einer früheren Verurtheilung wegen Diebstahls, selbst wenn die fragliche Handlung jetzt nach der Feldpolizei-Ordnung v. 1. Nov. 1847 zu ahnden sein würde. B. II. 10. März 1853 c. Gereke; B. I. 20. Okt. 1858 c. Scholz (824); u. ö.

8. Ebenso wenn es sich früher von einer Verurtheilung wegen eines Diebstahls an Borke im Walde handelte, welcher jetzt unter die Bestimmungen des Holzdiebstahlsgesetzes v. 2. Juni 1852 §§ 1. 16. fiele. B. I. 25. Okt. 1854 c. Lehmann gen. Schilka (G. Arch. 2. s. 827).

9. Hiernach ist es ganz gleichgültig, ob die früher bestrafte That sich jetzt nur als Uebertretung darstellen würde. Z. I. 18. März 1859 c. Stärke.

10. Eine unter der Herrschaft des ALR. verhängte Bestrafung wegen „Veruntreuung gegen die Dienstherrschaft" (II, 20 § 1350) begründet jetzt die Rückfallsstrafe des Diebstahls vgl. § 219 n. 14.

11. Dasselbe gilt von einer Vorbestrafung wegen Diebstahls aus Lüsternheit, vgl. § 219 n. 12. 13.

12. Eine Bestrafung nach § 1206. 1198. II, 20 des ALR. enthält eine Bestrafung wegen Straßenraubs. Z. II. 22. Okt. 1857 c. Gierlichs.

13. Eine unter der frühern Gesetzgebung begangene schriftliche Beleidigung begründet (mit Rücksicht auf § 152 des StGB.) jetzt die Rückfallsstrafe wegen einer neuerdings begangenen öffentlichen Beleidigung. Z. II. 7. Juli 1853 c. Paßman.

14. Eine Vorbestrafung wegen Versuchs nach dem ALR. begründet die Rückfallsstrafe selbst dann, wenn nicht festgestellt worden ist, daß der damalige Versuch den Voraussetzungen des § 31 des StGB. entsprochen hat. B. 17. Dez. 1851 c. Heise und Ruhle (Entsch. 22. s. 69; G. Arch. 1. s. 75); Z. II. 8. Sept. 1853 c. Wegener; Temme Lehrb. s. 942.

Art. VII.

1. ALR. Einl. §. 18 lautet: die Minderung der in einer ältern Verordnung festgesetzten Strafe kommt auch demjenigen Uebertreter zu Statten, an welchem diese Strafe zur Zeit der Publikation des neuern Gesetzes noch nicht vollzogen war.

2. Nähere Motivirung der Bestimmung des Art. VII siehe in einer Min.-Cirk.-Verf. v. 25. Mai 1851 (JMBl. s. 194). Eine Kritik derselben siehe bei Temme Gll. s. 27.

3. Die Aufhebung des § 18 steht einem auch jetzt erst angebrachten Antrage auf Herabsetzung der Strafe in Folge der (durch die Vdn. vom 18. Dez. 1848 er-

Art. VIII. Wenn in Materien, über welche das gegenwärtige Strafgesetzbuch keine Bestimmungen enthält (Art. II.), die Gesetze eine Freiheitsstrafe von mehr als fünf Jahren androhen, so ist die Handlung ein Verbrechen.

Ist die Handlung mit einer Freiheitsstrafe von mehr als sechs Wochen, jedoch nicht über fünf Jahre, oder mit einer Geldbuße von mehr als funfzig Thalern bedroht, oder ist auf den Verlust von Aemtern oder auf den Verlust des Rechts zum Gewerbebetriebe für immer oder auf Zeit, oder auf Stellung unter Polizei-Aufsicht zu erkennen, so ist die Handlung ein Vergehen.

Besteht die Strafe nur in einer Freiheitsstrafe bis zu sechs Wochen, oder in Geldbuße bis zu funfzig Thalern, oder ist die Strafe in den Gesetzen als eine willkührliche bezeichnet, so ist die Handlung eine Uebertretung. Es macht dabei keinen Unterschied, ob neben der eigentlichen Strafe noch auf die Konfiskation einzelner Gegenstände zu erkennen ist oder nicht.

[Entw. Art. VII a]. Vergl. Art. IX. X. XIII. XIV; StGB. § 1; Vdn. v. 3. Jan. 1849 § 27; Pol.-Ges. v. 11. März 1850 § 17 (GS. s. 268).

---

folgten) Aufhebung der Cirkular-Verordnung vom 26. Febr. 1799 nicht entgegen. B. 6. Febr. 1852 c. Steinike; Z. 20. Okt. 1852 c. Fischer.

Art. VIII.

1. Die Art. VIII bis X sind ein Zusatz der Kommission der zweiten Kammer.

2. Den „willkührlichen" Strafen (Abs. 3) sind die „nachdrücklichen," „verhältnißmäßigen," „angemessenen" Strafen gleichzustellen. Komm.-Ber. II. K. s. 13; Gltd. Matt. 1 s. 20. Temme GU. s. 31 n. 6; Koch n. 7a. Vgl. aber Just.-Min.-Verf. v. 7. Febr. 1815 (v. Kamptz Jahrbb. 5. s. 32).

3. Ueberläßt das in Kraft verbliebene Spezial-Gesetz die Strafe lediglich dem richterlichen Ermessen, so ist da, wo bisher das Strafrecht des ALR. galt, das Maaß des § 35. II, 20 l. c. (Gefängniß bis zu 6 Wochen, Geldbuße bis zu 50 Thlrn.) innezuhalten; dort aber, wo bisher das gemeine Recht Geltung hatte, ist die Praxis als entscheidend anzunehmen. Temme GU. s. 31 n. 7. Für den Bezirk des Appellationsgerichtshofs zu Köln bestimmte das Ressort Reglement vom 20. Juli 1818 im § 33 das Strafmaaß auf Geldbuße von 1 bis 5 Thlr. Vgl. § 335 n. 2.

4. Richtet sich die Höhe des Strafmaaßes nach dem Objekte der strafbaren Handlung im einzelnen Falle (wie bei den Zoll- und Steuer-Defrauden), so ist für den Begriff einer Uebertretung oder eines Vergehens nicht die unbestimmte Strafe, mit welcher die Handlung im Allgemeinen ihrer Gattung nach belegt werden kann, sondern die Strafe des einzelnen Falles maaßgebend; übersteigt diese das Maaß einer 6wöchentlichen Freiheitsstrafe, oder einer Geldbuße von 50 Thlrn. nicht, so ist die Handlung eine Uebertretung und der Polizei-Richter dafür kompetent. Z. Rh. Kass.-H. 6. Jan. 1852 c. Gielen (Rh. Arch. 46. 2. A. s. 119); ähnlich B. Rh. Kass.-H. 28. Jan. 1852 c. M. Müller (Rh. Arch. 47. 2. A. s. 3); B. I. 9. März 1853 c. Dumpich (JMBl. s. 209); B. I. 6. April 1853 c. Schmidt; B. I. 10. Juni 1853 c. Schmidt (G. A. 1. s. 555). Liegt ein Rückfall vor, so ist die Rückfallsstrafe, nicht die des ersten Falles maaßgebend. Z. (B.) II. 8. Okt. 1857 c. Mayland. Vgl. Art. XIII n. 7; Art. XIV n. 3—6.

5. Im Falle des § 4 des Zoll-St.-Ges. vom 23. Jan. 1838 liegt, wegen des angedrohten Verlusts des Rechts zum Gewerbebetriebe, stets ein Vergehen vor; Kom-

Art. IX. Auf Zuchthausstrafe (§§. 10. und 11. des Strafgesetzbuchs) soll nur bei Verbrechen (Art. VIII.) und nicht unter zwei Jahren, überall aber nur dann erkannt werden, wenn in den bisherigen besonderen Gesetzen Zuchthaus-, Arbeits- oder Festungsstrafe ausschließlich angedroht ist.

---

petenz und Umwandlung der Geldbuße in Freiheitsstrafe richten sich daher nach den für Vergehen geltenden Grundsätzen.

6. Richtet sich die Strafe nach der Höhe des Schadensersatzes, (wie bei mehreren nach dem Rh. Rural-Gesetze v. 28. Sept. – 6. Okt. 1791 zu ahndenden Freveln), so muß der verfolgende Staats-Anwalt (Civil-Partei) in der Vorladung zur Begründung der Kompetenz jenen Schadensersatz evaluiren, vorbehaltlich der demnächstigen definitiven Festsetzung und eventuellen Inkompetenzerklärung durch den befaßten Richter. *Contra:* Cass. 4. avr. 1823 (Sir. 7. 1. 219), welches hier stets den größtmöglichen Satz als maaßgebend, sonach also in allen Fällen die zuchtpolizeiliche Kompetenz für begründet crachtete. Vgl. Gilb. C. d'Instr. cr. Art. 179 n. 8. 9; Art. 137 n. 6 sq.

7. Bei den nach Art. VIII als Verbrechen oder Vergehen qualifizirten Handlungen finden auch die allgemeinen Grundsätze von der Theilnahme Anwendung. B. I. 7. Okt. 1857 c. Pincoffs u. Gen. Vgl. Thl. III Tit. 1 n. 7. 8.

8. Durch die Vorschrift des Art. VIII scheiden alle durch Spezialgesetze mit einer das Maaß des dritten Absatzes nicht übersteigenden Strafe bedrohten Handlungen aus der Zahl der Vergehen, zu welcher sie bis dahin etwa gehörten, aus. Hieraus hat das Ober-Tribunal gefolgert, daß Art. VIII mit der Kompetenz der Polizeigerichte (cf Art. XIV) auch die für Uebertretungen geltenden prozessualischen Vorschriften für sie eintreten lasse. Handelt es sich daher von einem in einem Staats-Walde in der Rheinprovinz begangenen Forst- oder Jagd-Frevel, für welchen die durch Art. 19 u. 182 der Rh. StPO. begründete zuchtpolizeiliche Kompetenz bereits durch § 4 und 11 der Vdn. v. 7. Juni 1821 beseitigt, und durch die des Polizeigerichts ersetzt war, so ist jetzt Berufung nur nach Maaßgabe des Art. 172 der Rh. StPO., mithin von freisprechenden Urtheilen gar nicht statthaft, während bisher die Praxis des Rheinischen Kassationshofs dieses Rechtsmittel im Hinblicke auf § 8 der cit. Vdn. vom 7. Juni 1821 unbedingt zugelassen hatte. So: Z. II. 27. Okt. 1853 c. Thyssen. (Rh. Arch. 49. 2. A. s. 54); Z. II. 5. Jan. 1860 c. Theiß. Vgl. über die frühere Praxis des Rheinischen Kassationshofes die im General-Register zum Rh. Arch. s. v. Forstfrevel n. 16 und s. v. Jagd n. 23 angeführten Urtheile. Siehe auch Art. XIV n. 3. 4; Art. XX n. 7.

9. Aus dem unter n. 8 Gesagten würde folgen, daß auch die besondern das Verfahren in Forstfrevel-Sachen betreffenden Vorschriften der für das rechte Moselufer erlassenen Oestreichisch-Bayerschen Administrationsverordnung v. 30. Juli 1814 n. 118 fgg. (Rh. Samml. 1. s. 264), soweit sie sich auf strafbare Handlungen beziehen, welche mit einer das Maaß des dritten Absatzes des Artikels VIII nicht übersteigenden Strafe bedroht sind, jetzt gänzlich beseitigt, und durch die Bestimmungen der Rh. StPO. ersetzt seien. Das würde namentlich auch von den die Berufung betreffenden Vorschriften der n. 122 fgg. der cit. Verordnung gelten. Gleichwohl haben B. II. 29. März 1855 c. Klein und B. II. 4. Apr. 1861 c. Zender jene das Verfahren betreffenden Vorschriften wenigstens indirekt als noch in Kraft bestehend anerkannt. Vgl. Art. XX n. 7. 8.

Art. IX.

1. Vgl. Art. VIII n. 1.

2. Dieser Art. IX bezieht sich (in Anschließung an Art. VIII) nur auf die nach Art. II bestehen gebliebenen besondern Gesetze; in Fällen also, wo das StGB. an sich Anwendung finden würde, wo aber die älteren Strafgesetze deshalb maaßgebend sind, weil die That unter ihrer Herrschaft begangen worden, ist Art. IX unanwendbar. B. II. 19. Okt. 1854 c. Würth.

3. Zuchthausstrafe und die Kompetenz der Schwurgerichte treten hier-

In allen anderen Fällen, so wie bei Vergehen, tritt Gefängnißstrafe oder Einschließung ein, auch wenn in den Gesetzen eine andere Art von Freiheitsstrafe angeordnet ist. Auch kann neben der Gefängnißstrafe auf zeitige Untersagung der Ausübung der bürgerlichen Ehrenrechte erkannt werden, wenn die angeordnete Freiheitsstrafe in Zuchthaus-, Arbeits- oder Festungsstrafe besteht. [Entw. Art. VII b]. Vgl. Art. VIII. X. XIII. XIV.

Art. X. In keinem dieser Fälle (Art. VIII. und Art. IX.) kann, wenn die Handlung nach dem 1. Juli 1851 begangen worden ist, auf andere Strafen, als sie in dem gegenwärtigen Strafgesetzbuche angedroht sind, erkannt werden. Insofern je-

---

nach nur da ein, wo die in den besondern Gesetzen ausschließlich angedrohte Zuchthaus-Arbeits- oder Festungsstrafe im höchsten Maaße fünf Jahre übersteigt. B. I. 22. Sept. 1854 c. Rose (G. Arch. 2. S. 820); Temme Gll. S. 32. n. 1; Koch n. 7 b. Vgl. aber n. 5.

4. Der Festungsstrafe stehen Festungs-Arbeit und Festungsbaugefangenschaft, nicht aber Festungsarrest gleich. Temme Gll. S. 32 Note 2.

5. Treten die Voraussetzungen des ersten Absatzes des Art. IX ein, so braucht der Richter nicht nothwendig auf Zuchthaus zu erkennen, er hat vielmehr die Befugniß unter Innehaltung der durch Art. IX und durch die §§ 10 und 14 des StGB. bestimmten Gränzen, und wenn von ihm Freiheitsstrafe von einer fünf Jahre nicht übersteigenden Dauer für angemessen erachtet wird, zwischen Gefängniß- und Zuchthaus-Strafe, wie sie das StGB. kennt, zu wählen. Z. I. 8. Juni 1853 c. Buttkowski; Temme Gll. S. 32 n. 1. Vgl. n. 6; Komm.-Ber. I. K. zu diesem Art.

6. Insbesondere ist aus Art. IX nicht herzuleiten, daß darin die Bestimmung eines Straf-Minimums für alle auf den Grund eines in Kraft verbliebenen Spezialgesetzes zu strafenden Verbrechen enthalten, und diese jetzt immer mindestens mit zweijähriger Zuchthausstrafe zu ahnden seien, obgleich das betr. Spezialgesetz auch ein geringeres Maaß der Zuchthausstrafe gestattet (z. B. Ges. v. 31. März 1837 § 1. 3. 5); der Richter muß nur, wenn er eine Strafe von kürzerer Dauer für angemessen erachtet, Gefängniß oder Einschließung verhängen. Z. I. 24. Jan. 1855 c. Knopick (G. Arch. 3. S. 257).

7. „Das Maaß einer nach Art. IX als Gefängnißstrafe oder Einschließung „statt der in den zutreffenden Strafgesetzen verordneten Zuchthaus-, Arbeits-, Fe„stungs- oder sonstigen Freiheitsstrafe zu erkennenden Strafe, ist nicht im Wege der „Umwandlung der in den Strafgesetzen vorgeschriebenen Strafart auf Grund der „Vorschrift des § 16 des StGB. zu finden, sondern lediglich nach der, in den Straf„gesetzen selbst vorgeschriebenen Dauer zu bestimmen," indem Art. IX eine solche Umwandlung nicht anordnet, [und § 16 in Verbindung mit § 57 Nr. 2 nur den Maaßstab für die Verwandlung der mildern in die strengere Freiheitsstrafe, nicht für das Umgekehrte bestimmt.] B. I. 7. Jan. 1853 c. Fendler. (Präj. n. 3; Entsch. 24. S. 453; G. Arch. 1. S. 233.)

8. Die Verhängung der zeitigen Untersagung der bürgerlichen Ehren-Rechte neben der an die Stelle der angeordneten Zuchthaus-, Arbeits- oder Festungsstrafe tretenden Gefängnißstrafe ist stets nur fakultativ. Das Ermessen dabei ist ganz frei, und nicht durch die Feststellung eines Mangels an ehrliebender oder patriotischer Gesinnung bedingt. Temme Gll. S. 33. n. 4 nach dem Komm.-Ber. II. K. S. 14; *Contra*: Koch n. 8 a.

Art. X.

1. Ist die nach einem in Kraft verbliebenen Spezialgesetze zu beurtheilende Handlung vor dem 1. Juli 1851 begangen worden, so ist nach dem Grundsatze des Art. IV (vgl. dort n. 21) stets auf die in jenem Gesetze angedrohten Strafen

doch in besonderen Gesetzen anstatt der Gefängnißstrafe oder der Geldbuße, Forst- oder Gemeinde-Arbeit angeordnet ist, behält es hierbei sein Bewenden.

[Entw. Art. VII c]. Vgl. Art. IV. VIII. IX.

Art. XI. **Die nachstehenden civilrechtlichen Bestimmungen des 20. Titels im zweiten Theile des Allgemeinen Landrechts §§. 1271. 1272. bleiben ferner in Kraft:**

Höhere Zinsen als die Gesetze verstatten (Theil I. Titel 11. §. 803 ff. Allgemeines Landrecht) können rechtsgültiger Weise weder versprochen noch gegeben werden.

Was über die gesetzmäßigen Zinsen gezahlt ist, kann binnen sechs Jahren nach völlig abgetragener Schuld annoch zurückgefordert werden.

[Entw. Art. VII d]. Vgl. Art. II.

Art. XII. **Im Bezirke des Rheinischen Appellationsgerichtshofes kommen folgende Bestimmungen zur Anwendung:**

§. 1. Die Verjährung der Civilklagen aus strafbaren Handlungen tritt in den nämlichen Zeiträumen ein, welche für die Verjährung der öffentlichen Klagen aus solchen Handlungen in dem gegenwärtigen Strafgesetzbuche bestimmt sind.

[Entw. Art. VIII § 1]. Vgl. StGB. §§ 6. 46—49. 339; Rh. StPO. Art. 637. 638. 640. 642.

---

ohne Umwandlung in eine Strafart des StGB. zu erkennen: KB. II. K. s. 15; G. M. 1. s. 22; Temme GA. s. 32 n. 2 u. s. 34 n. 1.

2. Die älteren Vorschriften, welche die Aberkennung der National-Kokarde betreffen, sind durch das StGB. aufgehoben, da dieses jene Strafe nur noch als Folge des Verlustes der bürgerlichen Ehre oder der Untersagung der Ausübung der betr. Rechte kennt.

3. Die Strafe des zeitweiligen Verlusts des Rechts zum Gewerbebetriebe (Steuer-Ordn. v. 8. Feb. 1819 § 62) ist durch das StGB. nicht beseitigt, da auch diesem jene Strafe bekannt ist (vgl. § 184. 202. 203; Einf.-Ges. Art. VIII): Z. II. 18. Okt. 1858 c. Holzerland.

4. Dasselbe gilt von der Strafe des Niederreißens eines zu nahe am Walde errichteten Gebäudes und der Konfiskation der Materialien (Kreuzn. Forst-Vdn. v. 30. Juli 1814 Nr. 4), da die Konfiskation als Strafe im Allgemeinen beibehalten und hier durch das Niederreißen bedingt ist: V. II. 29. März 1855 c. Kleine; Z. II. eod. c. Heiderich (Rh. A. 50. 2. A. s. 92).

Art. XI.

1. Andre Vorschriften des Tit. 20 Th. II. des ALR. sind nicht in Kraft geblieben: Gltd. Matt. 1. s. 5 und 23; Temme GA. s. 35; Beseler s. 601.

Art. XII. § 1.

1. Die Civil-Klage unterliegt auch dann, wenn sie vor dem Civil- und nicht vor dem Strafgerichte angestellt wird, derselben Verjährung wie die öffentliche Klage: Gilb. C. d'Instr. cr. Art. 637 n. 126 sq.

2. Das gilt selbst von der gegen den bürgerlich Verantwortlichen zu richtenden Civilklage: V. V. (Rh.) Civ.-Sen. 22. Feb. 1859 Pönsgen c. Gem. Blumenthal (Rh. A. 54. 2. A. j. 106).

Art. XII. Im Bezirke des Rheinischen Appellationsgerichtshofes kommen folgende Bestimmungen zur Anwendung:

§. 2.*) Kaufleute im Sinne des Handelsgesetzbuchs, welche ihre Zahlungen einstellen, können mit Gefängniß bis zu zwei Jahren bestraft werden:

1) wenn sie nach Dotalrecht oder mit vertragsmäßiger Gütertrennung verheirathet, die Vorschriften des Artikels 41. dieses Gesetzes nicht befolgt haben;

2) wenn sie nicht innerhalb der drei Tage nach Einstellung der Zahlungen die durch Artikel 440. des Rheinischen Handelsgesetzbuchs vorgeschriebene Erklärung abgegeben haben, oder wenn ihre Erklärung nicht die Namen aller solidarisch haftenden Gesellschafter enthält;

---

*) Fassung des mit dem 1. März 1862 in Geltung tretenden Einf.-Ges. z. D. HGB. v. 24. Juni 1861 Art. 52. Bis dahin gilt die alte Fassung, lautend:

§. 2. Fabrikbesitzer, Schiffsrheder und andere Handeltreibende, welche ihre Zahlungen einstellen, können mit Gefängniß bis zu zwei Jahren bestraft werden:

1) wenn sie nach Dotalrecht oder mit vertragsmäßiger Gütertrennung verheirathet, die Vorschriften des Art. 69. des Handelsgesetzbuchs nicht befolgt haben;

2) wenn sie nicht innerhalb der drei Tage nach Einstellung ihrer Zahlungen, die durch Art. 440. des Handelsgesetzbuchs vorgeschriebene rc. (wie oben);

3) (gleichlautend wie oben).

Die in den Artikeln 69., 586. bis 599. des Handelsgesetzbuchs enthaltenen Bestimmungen werden aufgehoben.

---

3. Die Verjährung der Civilklage wird durch die Verfolgung des Staats-Anwalts nicht unterbrochen, weil durch diese der Strafrichter mit jener nicht befaßt und der Verletzte nicht verhindert wird, seine Klage beim Strafrichter und selbst beim Civilrichter anzubringen, Art. 3 der Rh. StPO. vielmehr für diesen Fall nur eine Suspension des ferneren Verfahrens vorschreibt: Erk. AH. Köln 12. März 1861 Aachen-Münchener Feuervers.-Ges. c. Hochbein. *Contra:* Mang. de l'act. publ. n. 354; Cass. 15. avr. 1826 (Sir. C. N. 8. 1. 319).

4. Inwiefern die Handlungen der Civil-Partei die Verjährung der öffentlichen Klage unterbrechen, darüber vgl. § 48 n. 16.

5. Die Verfolgungen der Civil-Partei vor dem Civil-Richter unterbrechen die Verjährung der öffentlichen Klage nicht: Gilb. C. d'Instr. cr. art. 637 n. 80.

6. Durch die Verjährung der Civilklage erlöscht auch das Recht auf Rückgabe der durch die Strafthat entzogenen Sache; dagegen bleiben die Klagen aus den obligatorischen Verhältnissen, auf welche sich die That bezog, bestehen: Mang. l. c. n. 366—368.

7. Verjährung der Klage auf Erstattung wucherischer Zinsen; vgl. § 263 n. 65.

8. Der § 1 bezieht sich nicht auf die Verjährung der wegen einer Strafthat ausgesprochenen Civil-Verurtheilungen; für sie ist nur das Rh. BGB. maaßgebend; vgl. den (nicht aufgehobenen) Art. 642 der Rh. StPO.

Art. XII. § 2.

9. Die neue mit dem 1. März 1862 in Geltung tretende Fassung hat an dem materiellen Inhalt des § nichts Wesentliches geändert.

3) wenn sie sich ohne rechtmäßige Verhinderung in den festgesetzten Fällen und Fristen nicht bei den Agenten und Syndiken persönlich eingefunden, oder, nachdem sie ein freies Geleit erhalten, nicht vor Gericht gestellt haben.

Die in den Artikeln 69. und 586. bis 599. des Rheinischen Handelsgesetzbuchs enthaltenen Strafbestimmungen sind aufgehoben.

[Entw. Art. VIII § 2]. Vgl. Einf.-Ges. z. D. HGB. v. 24. Juni 1861 Art. 40—43 (G. S. s. 463); D. HGB. Art. 4; StGB. § 259—261; (Rh. HGB. Art. 587. 69. 70. 594. 479); (Rh. StGB. Art. 402. 404). Konk.-Ordn. v. 8. Mai 1855 § 116. 282. 307.

§. 3. *) Ein Gläubiger, welcher nach erlangter Kenntniß von der Zahlungseinstellung zu seiner Begünstigung und zum Nachtheil der übrigen Gläubiger einen besondern Vertrag mit dem Gemeinschuldner oder dessen Erben eingeht, oder welcher sich von demselben oder anderen Personen besondere Vortheile dafür gewähren oder versprechen läßt, daß er bei der Berathung und Beschlußnahme der Gläubiger in einem gewissen Sinne stimme, wird mit Gefängniß bis zu Einem Jahre bestraft.

Auch kann gegen denselben zugleich auf zeitige Untersagung der Ausübung der bürgerlichen Ehrenrechte erkannt werden.

[Entw. StGB. § 238]. Vgl. Konk.-Ordn. v. 8. Mai 1855 § 309. 308. 340. 341.

---

*) Fassung des mit dem 1. März 1862 in Geltung tretenden Einf.-Ges.

---

10. Ueber den Begriff eines Kaufmanns vgl. künftig D. HGB. Art. 4 (unten: s. 469), und in Beziehung auf die frühere Fassung § 259 n. 1—21.

11. Der Strafrichter hat die Qualität des Beschuldigten als Kaufmann, sowie die Frage der Zahlungseinstellung rc. selbstständig zu prüfen; er ist dabei an frühere Entscheidungen des Handelsgerichts in keiner Weise gebunden; auch ist die Annahme einer Zahlungseinstellung nicht durch eine vorgängige Fallierklärung bedingt; vgl. § 259 n. 22—31.

12. Ein besonderer Dolus, z. B. die Absicht Schaden zuzufügen, wird hier nicht verlangt; es soll die Nachlässigkeit bestraft werden: Chauv. et H. Th. d. C. p. 4 p. 76 (ed. Belge). Dagegen ist die Strafe fakultativ.

13. In der Nr. 1 beziehen sich die Worte: „dieses Gesetzes" auf das Einführungs-Ges. z. D. HGB., dessen Art. 41 die Vorschrift des Art. 69 des Rh. HGB. ersetzt hat; derselbe wiederholt die Strafandrohung des Art. XII § 1.

14. Der cit. Art. 41 bezieht sich auf die gerichtliche Gütertrennung nicht mit; für ihre Publizirung hat das Gesetz anderweitig gesorgt: Cass. 9. Sept. 1813 (Sir. 13. 1. 467).

15. Der Art. 479 des Rh. HGB., nach welchem derjenige, der sich bei der Wahl des Syndikus auf einen fingirten Titel stützt, als Theilnehmer am betrüglichen Bankerutt bestraft werden soll, ist, wenn auch nicht ausdrücklich aufgehoben, doch durch § 260 des StGB. ersetzt und beseitigt.

Art. XII. § 3.

16. Auch hier hat die neue, mit dem 1. März 1862 in Geltung tretende Fassung eine wesentliche Aenderung des Inhalts nicht vorgenommen.

Art. XII. Im Bezirke des Rheinischen Appellationsgerichtshofes kommen folgende Bestimmungen zur Anwendung:

§. 4. Civilstandsbeamte werden mit Geldbuße bis zu Einhundert Thalern oder mit Gefängniß bis zu sechs Monaten bestraft:

1) wenn sie ihre Urkunden anders als in die dazu bestimmten Register schreiben;
2) wenn sie die Heirathsurkunde einer schon verehelicht gewesenen Frau vor dem Ablaufe der in dem Artikel 228. des Civilgesetzbuchs festgesetzten Frist aufnehmen;
3) wenn sie in Fällen, in denen zur Gültigkeit der Ehe die Einwilligung der Eltern oder anderer Personen erforderlich ist, die Heirathsurkunde aufnehmen, ohne sich vorher von dem Dasein dieser Einwilligung überzeugt zu haben.

Die Anwendbarkeit der Bestimmungen in Nr. 2. und 3. ist nicht dadurch bedingt, daß die Gültigkeit der Ehe angefochten wird.

[Entw. StGB. § 125]. Vgl. Rh. StGB. Art. 192—195; Ges. v. 13. März 1854 § 3 (GS. s. 123); Ges. v. 21. Juli 1852 § 98.
Zu Nr. 1. Rh. BGB. Art. 40. 52; (Rh.) Ges. v. 20—25. Sept. 1792 Tit. 2 Art. 5.
Zu Nr. 3. Rh. BGB. Art. 73. 75. 148. 149. 150. 156. 182.

---

z. D. HGB. v. 24. Juni 1861 Art. 52. Bis dahin gilt die alte Fassung, lautend:

§. 3. Der Gläubiger, welcher nach Einstellung der Zahlungen zu seiner Begünstigung und zum Nachtheile der Gesammtheit der Gläubiger einen besonderen Vertrag mit dem Gemeinschuldner eingeht, oder sich von demselben zc. (wie oben).

Auch kann gegen denselben auf zeitige Untersagung der Ausübung der bürgerlichen Ehrenrechte erkannt werden.

---

17. Das oben n. 11 Gesagte gilt auch hier. Vgl. Gilb. C. d. comm. Art. 597. 598 n. 8—11.

18. Die Abschliessung eines Vertrags genügt zur Verwirkung der Strafe, sollte auch der Gläubiger bei der Berathung nicht im verabredeten Sinne gestimmt haben.

19. Der Abschließung eines solchen Vertrags steht die Annahme einer dafür geleisteten Zahlung gleich; vgl. Konk.-Ordn. § 308.

20. Auch derjenige unterliegt der Strafe des §, welcher nach geschlossenem Konkordat, gegen welches er Einspruch erhoben, sich die Zurücknahme seiner ungünstigen Abstimmung abkaufen läßt: Rej. 4. fevr. 1843 (Sir. 43. 1. 661).

21. Ob im Falle des § 3 der Fallit, welcher den betr. Vertrag mit einzelnen Gläubigern geschlossen hat, als Theilnehmer am Vergehen der letztern anzusehen sei, fällt der thatsächlichen Beurtheilung des Einzelfalls anheim; vgl. Konk.-Ordn. § 308. 340.

22. Die in Zuwiderhandlung gegen § 3 abgeschlossenen Verträge sind nichtig. arg.: Rh. BGB. Art. 1131. Vgl. das französische Gesetz v. 28. Mai 1838 Art. 598.

23. Im Uebrigen ist das franz. Ges. v. 28. Mai 1838 Art. 597 zu vergleichen.

Art. XII. § 4.

24. Zwei Staatsrathsgutachten vom 30. niv. — 4. pluv. XII und 28. Juni 1806 sprechen sich dahin aus, daß es zur Verfolgung eines Civilstands-Beamten

wegen der bei seiner Amtsführung begangenen Gesetzwidrigkeiten, der vorgängigen **Autorisation** des **Staatsraths**, welche Art. 75 der Verfassung vom 22. frim. VIII zum Behufe der Verfolgung der agents du gouvernement wegen der auf ihr Amt bezüglichen Handlungen erheischte, — nicht bedürfe. Dagegen erklärte ein ferneres Staatsrathsgutachten vom 31. Juli 1806 es für zweckmäßig, den Justiz-Minister zu ermächtigen, daß er das öffentliche Ministerium mit Anweisung versehe, wonach jede beabsichtigte Verfolgung dem Minister angezeigt werden solle, damit dieser die Verfolgung wegen minder schwerer Vernachlässigungen verhindern könne. Diese Anweisung erfolgte durch ein Ministerial-Cirkular vom 10. Sept. 1806, mit welchem ein älteres vom 22. brum. XIV (Philippi Civilstands-Gesetze s. 134 und 136; 2. Aufl. s. 138 und 140) zu vergleichen ist. Die Ertheilung der Ermächtigung zur Verfolgung ist durch die Ministerialverfügungen vom 13. Mai und 10. Juni 1836 (Rhein. Samml. 5. s. 373 u. 392) dem General-Prokurator zu Köln übertragen worden. Vgl. Ges. v. 13. Febr. 1854 § 7 Nr. 3. (Ges.-Samml. s. 86.)

24. Die im Rh. BGB. gegen Civilstands-Beamte angedrohten Strafen werden im Wege des gewöhnlichen **Civilprozesses** von den Civil-Gerichten ausgesprochen. StRG. v. 30. niv. — 4. pluv. XII; Minist.-Cirkular v. 22. brum. XIV. Das wurde aber auf die anderweitig, und namentlich auf die im Rh. StGB. angedrohten Strafen nicht ausgedehnt. (Vgl. Philippi Civilstandsgesetze zum Art. 50 des BGB. Note 2.) Um so weniger kann es zweifelhaft sein, daß die Verhängung der hier im Art. XII § 4 angedrohten Strafen den Zucht-Polizei-Gerichten zustehe. Vgl. Ges. v. 21. Juli 1852 § 98.

25. Das Gesetz will hier die blosse **Nachlässigkeit** bestraft wissen, Feststellung eines anderweitigen Dolus ist also nicht erforderlich. Chauv. et Hél. Th. du C. p. 2. p. 203 (ed. Belge).

26. Der Strafe unterliegen nur die Civilstands-Beamten selbst, nicht ihre **Gehülfen** oder **Sekretäre**, vielmehr tragen jene für diese die Verantwortlichkeit mit. Chauv. et Hél. l. c. Vgl. StRG. v. 2. Juli 1807.

27. Durch die Bestimmungen der Artt. 192 bis 195 des Rh. StGB. sind die Strafbestimmungen, welche das BGB. gegen Civilstands-Beamte wegen anderweitiger Gesetzwidrigkeiten bei Führung der betreffenden Register androht, nicht **aufgehoben**. Chauv. et Hél. l. c. 2. p. 205. Dasselbe gilt unbedenklich auch rücksichtlich des Art. XII § 4.

28. Die Vorschrift der Nr. 3 sieht, ebenso wie der Art. 193 des frühern Rh. StGB. nicht denselben Fall wie die Artt. 156 und 157 des BGB. vor, hat daher diese auch keineswegs beseitigt. Die letztern bedrohen den Mangel der **Erwähnung** der erforderlichen Einwilligungen mit Strafe, während der Art. 193 des Rh. StGB. (und Art. XII § 4 Nr. 3) dem Beamten zur Pflicht machen, sich vom wirklichen Vorhandensein dieser Einwilligungen zu überzeugen.

29. Ueber die Statthaftigkeit einer Dispensation von dem Verbote des Art. 228 des BGB. vgl. Gen.-Gouv.-Verordn. für Nied.- u. Mitt.-Rhein v. 14. Okt. 1814 Abschn. IV § 1—3 (Rh. Samml. 1. s. 185); AKO. v. 18. Mai u. 23. Juni 1817; Erl. d. Imm.-Just.-Komm. v. 6. Juni 1817 (Rh. Samml. 1. s. 463); Min.-Verf. v. 12. Aug. 1833 (Rh. Samml. 3. s. 665).

30. Die Vorschrift des Art. XII § 4 Nr. 3 ist nur da anwendbar, wo ein Mann vor zurückgelegtem fünf und zwanzigsten, ein Frauenzimmer vor zurückgelegtem ein und zwanzigsten Jahre zur Ehe schreitet, weil später die Einwilligung der Eltern oder anderer Personen zur „Gültigkeit der Ehe" nicht erfordert wird. Vgl. BGB. Art. 148. 151; Chauv. et Hél. l. c. 2. p. 204.

31. Die im § 4 vorgesehenen Handlungen sind **Vergehen**, und **verjähren** nach § 46 des StGB. in fünf Jahren. Ein Gleiches gilt nicht von den im Rh. BGB. mit Strafe bedrohten Dienstwidrigkeiten der Civilstandsbeamten, ihre Verfolgung vor den Civilgerichten (vgl. n. 2) wird nur durch die dreissigjährige Verjährung ausgeschlossen. Vgl. Gilb. Code civil Art. 50. n. 5.

Art. XII. **Im Bezirke des Rheinischen Appellationsgerichtshofes kommen folgende Bestimmungen zur Anwendung:**

§. 5. Geistliche und andere Religionsdiener, welche zu den religiösen Feierlichkeiten einer Heirath schreiten, ohne daß ihnen nachgewiesen ist, daß vorher eine Heirathsurkunde von dem Civilstandsbeamten aufgenommen worden sei, werden mit Geldbuße bis zu Einhundert Thalern, im zweiten Rückfalle mit Gefängniß bis zu drei Monaten bestraft.

[Entw. StGB. § 126]. Vgl. Rh. StGB. Art. 199. 200; Rh. BGB. Art. 165.

§. 6. Wer einer Entbindung beigewohnt oder ein neugeborenes Kind gefunden hat, und die ihm durch die Civilgesetze auferlegte Anmeldung nicht innerhalb der in denselben vorgeschriebenen Frist bewirkt, wird mit Geldbuße bis zu Einhundert Thalern oder Gefängniß bis zu sechs Monaten bestraft.

[Entw. Art. VIII § 3; StGB. § 127]. Vgl. Rh. StGB. Art. 346. 347; Rh. BGB. Art. 55. 56. 58; Bergische Gen.-Gouv.-Vdn. v. 17. Febr. 1814 §.1; Rh. Vdn. v. 9. Nov. 1843 (GS. S. 348; Rh. S. 8. S. 194).

Art. XII. §. 5.

32. Eine Gen.-Gouvernements-Verordnung v. 6. Sept. 1814 (Rh. Samml. 1. S. 72), und eine auf diese sich beziehende AKO. v. 23. Juni 1833 (Rh. Samml. 3. S. 662) hatten für den Bezirk des ehemaligen General-Gouvernements **Berg** vorgeschrieben, daß die priesterliche Trauung der bürgerlichen **Abschliessung** vorhergehen solle. Diese Bestimmungen sind aber durch die Verordnung vom 15. Apr. 1848 (GS. S. 104; Rh. Samml. 9. S. 296) vom 1. Mai 1848 ab aufgehoben und die Vorschriften des Bürgerlichen Gesetzbuchs wieder in Kraft gesetzt worden.

33. In Bezug auf die Strafbarkeit einer solchen priesterlichen Trauung ist es gleichgültig, ob die Brautleute Preussische oder Unterthanen eines andern Staats sind. Z. Kass.-H. 13. März 1844 c. Meier (Rh. Arch. 37. 2. A. S. 59.)

34. Die Strafe fällt weg, wenn die Heirathsurkunde vorher wirklich durch den Civilstands-Beamten aufgenommen war, sollte der betreffende Nachweis dem Geistlichen ꝛc. auch nicht geführt gewesen sein. Chauv. et Hél. Th. du C. p. 2. p. 214 (ed. Belge).

Art. XII. §. 6.

35. Auch hier wird die blosse Verabsäumung bestraft, eines anderweitigen Dolus bedarf es nicht. Chauv. et Hél. Th. du C. p. 3. p. 257 (ed. Belge).

36. Der Art. 56 des BGB. legt die Pflicht der Anzeige zunächst dem Vater, und in Ermangelung des Vaters (à défaut du père) denjenigen Personen auf, welche bei der Entbindung assistirt haben; in Betreff des Vaters ist daher jene Pflicht nicht dadurch bedingt, daß er der Entbindung beigewohnt habe; gleichwohl kann ihn die Strafe des Art. XII § 6 dann nicht treffen, wenn er nicht bei der Entbindung zugegen war. Vgl. n. 42; Gilb. C. pén. Art. 346 n. 4.

37. Die Worte „in Ermangelung des Vaters“ (à défaut du père) im Art. 56 sind dahin aufzufassen: wenn kein Vater da ist, welcher in der Lage ist, die Anzeige zu machen; ist daher der Vater zur Zeit der Niederkunft, und während der folgenden drei Tage abwesend, so tritt die eventuelle Anzeigeverpflichtung der Personen ein, welche bei der Geburt assistirt haben; war der Vater zur Zeit der Geburt abwesend, kehrt er aber vor Ablauf der drei Tage zurück, so ist es Gegenstand der thatsächlichen Beurtheilung, ob er noch in der Lage war, die Anzeige zu machen; die eventuell verpflichteten Personen haben in diesem Falle die Verbindlichkeit, sich zu vergewissern, ob die Rückkehr des Vaters so zeitig erfolgt, daß er im Stande sei,

Zweiter Abschnitt.

Bestimmungen über die Kompetenz und das Verfahren in Strafsachen.

Art. XIII. In den Landestheilen, in welchen die Verordnung über die Einführung des mündlichen und öffentlichen Verfahrens vom 3. Januar 1849 Gesetzeskraft hat, erfolgt die Untersuchung und Entscheidung:

in Ansehung der Uebertretungen:
durch Einzelrichter;
in Ansehung der Vergehen:
durch Gerichtsabtheilungen, welche aus drei Mitgliedern bestehen;
in Ansehung der Verbrechen:
durch die Schwurgerichtshöfe.

[Entw. Art. IX]. Vgl. Art. XIV. XV. XX—XXII; Ges. v. 6. März 1854 (Ges.-S. s. 96); Vdn. v. 3. Jan. 1849 § 27. 38 (161); Ges. v. 3. Mai 1852 Art. 120; Ges. v. 25. April 1853 (GS. s. 162).

---

die Anzeige zu machen; unterlassen sie dieses, und ergiebt sich später, daß der Vater nicht anzeigen konnte, so sind sie straffällig, wenn sie die Anzeige verabsäumten.

38. Aus dem unter n. 36 und 37 Gesagten folgt, daß leicht der Fall eintreten kann, wo die Verabsäumung der Anzeigepflicht straflos bleibt, wenn nämlich der Vater an seinem Wohnorte anwesend ist, der Geburt aber nicht beigewohnt hat.

39. In Ermangelung des Vaters haben alle Personen, welche bei der Geburt assistirt haben, die Pflicht, dieselbe anzuzeigen; wenn aber einer von ihnen dieser Pflicht genügt, so sind alle von der Verantwortlichkeit entbunden. Chauv. et Hél. Th. du C. pén. 3. p. 258 (ed. Belge).

40. Dagegen macht die Bestrafung des einen die übrigen nicht straflos. Chauv. et Hél. l. c.

41. Erfolgt die Niederkunft außerhalb der Wohnung der Mutter, so liegt die Pflicht der Anzeige nach Art. 56 cit. derjenigen Person ob, bei welcher die Niederkunft statt fand; hieraus hat der französische Kassationshof gefolgert, daß dann die Personen, welche der Geburt beigewohnt haben, jene Verbindlichkeit nicht haben. Vgl. Gilb. C. pén. Art. 346 n. 2; id. C. civ. Art. 56 n. 1. *Contra:* Chauv. et Hél. l. c.

42. Die Person, bei welcher die Geburt erfolgt ist, unterliegt der Strafe der Verabsäumung der Anzeigepflicht auch nur dann, wenn sie der Niederkunft beigewohnt hat. Chauv. et Hél. l. c. Vgl. n. 36.

43. Das BGB. Art. 58 enthält keine Fristbestimmung, binnen welche rein gesundenes neugebornes Kind angemeldet werden muß. Der Art. 347 des Rh. StGB. besagte daher auch von einer Frist Nichts. Man wird jetzt nach den Umständen zu prüfen haben, wann die Pflicht, welche Art. 58 auferlegt, als verabsäumt zu betrachten sei, und jedenfalls eine kurze Frist gewähren, wenn gleich die des Art. 55 nicht maaßgebend sein kann.

44. Was ein neugebornes Kind sei, ist eine thatsächliche Frage. Vgl. Komm.-B. II. K. s. 84.

45. Auch die Geburt eines todtgebornen Kindes muß angezeigt werden. Gilb. C. pén. Art. 346 n. 7.

46. Die Mutter selbst ist zur Anzeige nicht verpflichtet. Gilb. l. c. n. 5.

47. Die Anzeigende kann nicht dazu angehalten werden, den Namen der Mutter zu nennen. Gilb. l. c. n. 1.

Ges. v. 22. Mai 1852 (GS. s. 250).

Art. I. Bis zum Erlaß anderweiter gesetzlicher Bestimmungen findet folgende Ausnahme von den Vorschriften Art. XIII. des Gesetzes vom 14. April 1851 über die Einführung des Strafgesetzbuchs Statt:

§. 1. Die Untersuchung und Entscheidung wegen nachbenannter Verbrechen:

1) des schweren Diebstahls (Strafgesetzbuch § 218.), insofern nicht der § 58. oder § 219. a. a. O. zur Anwendung kommt;
2) des einfachen Diebstahls im Falle des § 219. a. a. O.;
3) der Hehlerei in den Fällen der §§ 238. u. 239. a. a. O.;
4) der einfachen Hehlerei im Falle des § 240. a. a. O.

erfolgt durch die Gerichtsabtheilungen.

§. 2. Hinsichtlich des Verfahrens kommen die für Vergehen bestehenden Vorschriften zur Anwendung.

§. 3. Andere als die im § 1. benannten Verbrechen können auch auf Grund der Konnexität nicht vor die Gerichtsabtheilungen gebracht werden.

§. 4. Die §§ 1. und 2. finden auf alle Fälle Anwendung, in denen zu der Zeit, wo dieses Gesetz in Kraft tritt, die definitive Versetzung des Angeschuldigten in den Anklagestand noch nicht erfolgt ist.

Art. IV. In Ansehung aller Verbrechen und Vergehen solcher Personen, welche zur Zeit der That das sechszehnte Lebensjahr noch nicht vollendet hatten, erfolgt die Untersuchung und Entscheidung durch die Gerichtsabtheilungen, beziehungsweise die Zuchtpolizeikammern, sofern nicht wegen Konnexität die Verweisung vor den Schwurgerichtshof auszusprechen ist.

Ges v. 14. April 1856 (GS. s. 208).

Art. I. Die Bestimmungen über die Kompetenz der Gerichte im Artikel XIII. des Gesetzes vom 14. April 1851 über die Einführung des Strafgesetzbuchs werden dahin abgeändert:

§. 1. Die Untersuchung und Entscheidung in Ansehung der nachbenannten Vergehen erfolgt durch Einzelrichter:

1) des unbefugten Tragens einer Uniform, einer Amtskleidung, eines Amtszeichens, eines Ordens oder Ehrenzeichens, der unbefugten Annahme von Titeln,

Würden oder Adels-Prädikaten und der Führung eines dem Angeschuldigten nicht zukommenden Namens (§ 105. des Straf-Gesetzbuchs);

2) der Landstreicherei, der Bettelei und der Arbeitsschen (§§ 117. bis 119. a. a. O.);

3) der gewerbsmäßigen Unzucht (§ 146. a. a. O.);

4) der Fischerei- und einfachen Jagdvergehen (§§ 273. 274. und 275. a. a. O.);

5) der Zuwiderhandlung gegen die durch Stellung unter Polizei-Aufsicht auferlegten Beschränkungen (§ 116. a. a. O.);

6) der in dem § 254. des Straf-Gesetzbuchs bezeichneten Urkundenfälschungen.

§. 2. Für das Verfahren in den Fällen des § 1. kommen die Bestimmungen in den §§ 28 — 35. und 37. der Verordnung vom 3. Januar 1849 (Ges.-Samml. s. 14) zur Anwendung.

Falls ein Angeschuldigter oder Zeuge der Deutschen Sprache nicht mächtig ist, bedarf es der Zuziehung eines Dolmetschers nicht, wenn der Richter oder der Gerichtsschreiber der fremden Sprache mächtig ist. (Art. 27. Absatz 2. des Gesetzes vom 3. Mai 1852.)

In Ansehung der Rechtsmittel gelten die für Vergehen bestehenden Vorschriften.

§. 3. Wenn sich in den Fällen der §§ 41. 42. und 43. der Feldpolizei-Ordnung vom 1. November 1847 oder des § 349. Nr. 3. des Strafgesetzbuchs nach Eröffnung der Untersuchung ergiebt, daß die Sachen, deren Wegnahme in diesen Gesetzen unter Strafe gestellt ist, in gewinnsüchtiger Absicht entwendet worden sind, so soll der Einzelrichter befugt sein, auf die Strafe des Diebstahls unter Anwendung der §§ 216. und 217. des Straf-Gesetzbuchs zu erkennen, insofern mildernde Umstände vorliegen und die von der Staats-Anwaltschaft beantragte und von dem Richter für angemessen erachtete Strafe nur in Gefängniß von höchstens drei Monaten besteht.

In Ansehung der Rechtsmittel gelten die für Vergehen bestehenden Vorschriften.

Art. II. Das Gesetz über das Verfahren in Wald-, Feld- oder Jagd-Frevelsachen bei Civil-Einreden vom

31. Januar 1845 (Ges.-Samml. S. 95) kommt fortan für den ganzen Umfang der Monarchie zur Anwendung.

Art. XIII.

1. Ausnahmen von den hier gegebenen Kompetenzbestimmungen begründet das Ges. v. 25. April 1853 betr. die Kompetenz des Kammergerichts zur Untersuchung und Entscheidung wegen der Staatsverbrechen und das dabei zu beobachtende Verfahren. Ausserdem ist zu vergleichen Ges. v. 6. März 1854 (siehe bei Art. XIX).

2. Der Grundsatz, daß Prozeßgesetze sofort und auch für früher vorgekommene Fälle maaßgebend sind, erleidet da keine Anwendung, wo nur unter Berücksichtigung und in Folge der Umgestaltung des materiellen Rechts neue Prozeßgesetze erlassen worden sind. Dieses gilt von den im Art. XIII gegebenen Kompetenzvorschriften, welche ebendeshalb bei den vor dem 1. Juli 1851 begangenen Handlungen unanwendbar sind, sollte auch ausnahmsweise die Strafe des neuen StGB. als die mildere Platz greifen. Für alle älteren Fälle ist daher die Kompetenzfrage nicht nach den Bestimmungen des StGB., sondern nach den Gesetzen, welche zur Zeit der begangenen That galten, zu entscheiden. Min.-Verf. v. 1. Juli 1851 (JMBl. S. 238. *Sic:* B. 24. März 1852 c. Höpfner; Z. 9. Juni 1852 c. Schrader; G. Matt. 1. S. 32. *Contra:* Temme Glossen S. 40 Note 2. Vgl. n. 3.

3. Das unter n. 2 Gesagte gilt nur von der Kompetenz; die Zulässigkeit der Rechtsmittel soll sich dagegen nach den Gesetzen, unter deren Herrschaft die Untersuchung eingeleitet ist, richten. So entschied Z. I. 19. Sept. 1854 c. Marcoll. Dasselbe muß noch unzweifelhafter von dem zu beobachtenden Verfahren gelten.

4. Alle Verbrechen strafunmündiger Personen sind jetzt in Beziehung auf Kompetenz und Verfahren als Vergehen zu behandeln; das gilt namentlich auch von der Voruntersuchung. Beschl. II. 9. März 1854 c. Degener. Dagegen ist in Beziehung auf die Verjährung nicht dasselbe anzunehmen. Vgl. § 43 n. 8.

5. Für alle nach dem dritten Theile des StGB. zu beurtheilenden strafbaren Handlungen (Uebertretungen) richtet sich das Verfahren bei der Untersuchung und Entscheidung in denjenigen Landestheilen, wo die Verordnung vom 3. Jan. 1849 Geltung erlangt hat, nach dem Abschnitt V dieser Verordnung; eine Unterscheidung, je nachdem die Uebertretung rein polizeilicher oder krimineller Natur ist, ist nach dem StGB. in keiner Weise zu rechtfertigen. Min.Verf. v. 6. Aug. 1851 (JMBl. S. 266). Vgl. Komm.-Ber. II. K. S. 18.

6. Eine Mehrheit von Uebertretungen derselben Art gehört auch dann zur Kompetenz der Polizei-Richters, wenn die zu kumulirenden Strafen zusammen das im § 1 Abs. 3 des StGB. bestimmte Maaß überschreiten. B. II. 1. Febr. 1855 c. Cahn (Rh. Arch. 50. 2. A. S. 77; G. A. 3. S. 411); B. I. 28. Sept. 1859. c. Lewin (G. A. 7. S. 805).

7. Die Kompetenzbestimmungen des Art. XIII finden auch bei Zuwiderhandlungen gegen die, die Erhebung von Abgaben und Gefällen betreffenden Gesetze Anwendung. Das Gesetz v. 3. Mai 1852 Art. 139 fgg. hat hierin Nichts geändert, indem die unbedingte Gestattung der Appellation durch Art. 142 des cit. Gesetzes eine Ausnahme von der dieses Rechtsmittel bei den Urtheilen des Einzelrichters ausschließenden Vorschrift des § 165 der Vdn. vom 3. Jan. 1849 darstellt, keineswegs aber dahin gedeutet werden darf, als sei nun in erster Instanz nothwendig vor der Gerichts-Abtheilung zu verhandeln. B. I. 9. März 1853 c. Dumpich (JMBl. S. 209); B. I. 6. April 1853 c. Schmidt; B. I. 10. Juni 1853 c. Schmidt (G. A. 1. S. 555); Vgl. Art. VIII n. 4. 5.

8. Auch die Begünstigung eines der im § 1 Art. I des Ges. v. 14. April 1856 erwähnten Vergehens gehört jetzt zur Kompetenz des Polizeirichters.

9. Die Verjährung der im § 1 Art. I des Ges. v. 14. Apr. 1856 erwähnten Vergehen richtet sich nach § 46 des StGB.

10. Mit Rücksicht auf § 3 Art. I des Ges. v. 14. Apr. 1856 erklärte eine Just.-Min.-Verf. v. 24. April 1857 es für zweckmässig, in allen Fällen, wo — von der gewinnsüchtigen Absicht abgesehen — die FPO. v. 1. Nov. 1857 (§ 41—43), oder § 349 Nr. 3 des StGB. anwendbar sein würde, die Anklage beim Polizei-Richter

Art. XIV. Im Bezirke des Rheinischen Appellationsgerichtshofes erfolgt die Untersuchung und Entscheidung:
in Ansehung der Uebertretungen:
durch die Polizeigerichte;
in Ansehung der Vergehen:
durch die Zuchtpolizei-Kammern der Landgerichte;
in Ansehung der Verbrechen:
durch die Schwurgerichtshöfe.

[Entw. Art. X]. Vgl. Art. XIII. XV. XX—XXII; Ges. v. 6. März 1854 (GS. S. 96).

---

zu erheben, und es ihm zu überlassen, ob er wirklichen Diebstahl annehmen wolle oder nicht. Es versteht sich dann aber von selbst, daß der Polizei-Anwalt die Anklage nicht auf einen in gewinnsüchtiger Absicht verübten Diebstahl richten darf, indem sich sonst der Polizei-Richter nothwendig inkompetent erklären müßte. Vgl. Strafverfahren Art. 7 n. 10.

11. Ueber die büreaumässige Behandlung der im § 1 Art. I den Polizeirichtern überwiesenen Untersuchungen wegen Vergehen vgl. Min.-Verf. vom 27. Sept. 1856 (JMBl. S. 283).

12. Alle im Wege des Civilprozesses verfolgten Ehrverletzungen und leichten Mißhandlungen gehören, selbst wenn es sich von einer einem Beamten in Ausübung seines Amtes oder in Beziehung auf dasselbe zugefügten Ehrenkränkung handelt, zur Kompetenz des Einzelrichters (Vdn. v. 2. Jan. 1849 § 22 Nr. 1; Ges. v. 22. Mai 1852 Art. II). Z. I. 23. Jan. 1856 Klima c. Michna.

13. In Betreff des Ges. v. 31. Jan. 1845 sind die Bemerkungen: Strafverfahren § 22 n. 77—82 zu vergleichen.

Art. XIV.

1. Kompetenz des Kammer-Gerichts für Staats-Verbrechen. Vgl. Art. XIII n. 1.

2. Die zu Art. XIII n. 2 erwähnte Min.-Verfügung vom 1. Juli 1851 kann im Bezirke des Appellations-Gerichtshofes zu Köln keine Anwendung finden, da hier die in jener Verfügung hervorgehobenen Inkonvenienzen aus dem Grunde nicht füglich eintreten konnten, weil die Grundsätze des StGB. über die Dreitheilung der strafbaren Handlungen sowie über die Kompetenz im Wesentlichen dieselben sind, wie die bisher in der Rheinprovinz geltenden. Vgl. n. 3. 4.

3. Die Kompetenzvorschriften dieses Artikels sollen selbst da maaßgebend sein, wo ein früheres im Uebrigen in Kraft verbliebenes Spezial-Gesetz die Kompetenz anders bestimmt haben möchte, da Art. 2 Abs. 2 nur die besondern Strafgesetze gewisser Materien, nicht aber auch frühere besondere Kompetenzbestimmungen fortbestehen lasse, daher sei § 93 d der Steuer-Ordnung vom 8. Febr. 1819 durch Art. VIII u. XIV dieses Einführungsgesetzes beseitigt und ersetzt. So: B. Rh. Kass.-H. (Int. des Gesetzes) 28. Jan. 1852 c. Math. Müller (Rh. Arch. 47. 2. A. S. 3; Tr. Ann. 7. S. 271). Alles dieses jedoch unbeschadet der Vorschrift des Art. XX. Vgl. Art. VIII. n. 4. 5; Art. XIII n. 7; Art. XX n. 7.

4. Mit der Kompetenz der hiernach berufenen Gerichte werden auch alle das Verfahren vor denselben regelnden Vorschriften auf die betreffenden Handlungen anwendbar. Vgl. Art. VIII n. 8. 9; Art. XX n. 7.

5. Die Entscheidung über ein Verbrechen muß auch dann durch den Schwurgerichtshof erfolgen, wenn die Vor-Untersuchung (z. B. bei einer Beschuldigung wegen Todtschlages ꝛc.) Umstände ergiebt, nach welchen der Beschuldigte zur That gereizt worden, und daher voraussichtlich nur eine Gefängnißstrafe verwirkt hat, weil die Anreizung ein das Verbrechen begleitender strafmildernder Umstand ist, über dessen Vorhandensein nur der für die Hauptthat kompetente Richter, d. h. also die Geschwornen zu entscheiden haben. B. (Kompetenz-Konfl.) II. 9. Febr. 1854 c. Boddenberg (Rh. S.). Vgl. Art. XXIV.

Ges. v. 22. Mai 1852 (G.S. S. 250).

Art. IV. (siehe oben bei Art. XIII.)

Ges. v. 4. Mai 1853 (G.S. S. 176).

Im Bezirke des Rheinischen Appellationsgerichtshofes zu Köln ist das Hauptverfahren wegen einfachen Diebstahls und einfacher Hehlerei im wiederholten Rückfalle (§ 219. Nr. 1. und § 240. Nr. 1. des Strafgesetzbuchs), sofern mildernde Umstände vorhanden sind, durch den Anklagesenat an das Zuchtpolizeigericht zu verweisen, welches sich blos aus dem Grunde, daß keine mildernde Umstände vorhanden seien, nicht inkompetent erklären darf.

Es tritt alsdann Gefängnißstrafe nicht unter sechs Monate ein und ist zugleich auf zeitige Untersagung der Ausübung der bürgerlichen Ehrenrechte, sowie auf Stellung unter Polizei-Aufsicht zu erkennen.

Art. XV. Die Gerichtsabtheilungen, welche aus drei Mitgliedern bestehen, sowie die Zuchtpolizei-Kammern der Landgerichte bleiben zur Untersuchung und Entscheidung in Ansehung der Vergehen auch dann kompetent, wenn wegen Rückfalls auf eine höhere als fünfjährige Gefängnißstrafe oder Einschließung erkannt werden kann.

Vgl. Art. XIII. XIV; StGB. § 1. 58.

---

6. Die Kompetenz der Polizeigerichte richtet sich nur nach der Natur der strafbaren Handlungen, d. h. also nach der Höhe der Strafe, nicht nach der des etwa geforderten Schadensersatzes; z. B. wenn gleichzeitig Unterdrückung eines polizeiwidrig angelegten Etablissements beantragt ist. Z. II. 6. Apr. 1854 c. Haas; Cass. 27. Juli 1827. (Sir. 27. I. 502.) Vgl. aber Art. VIII n. 6.

7. Ueber die Kompetenz im Falle der realen Konkurrenz mehrerer Uebertretungen vgl. Art. XIII n. 6.

8. In Betreff der Berufbarkeit der von den Rheinischen Polizeirichtern gefällten Entscheidungen ist das Ges. v. 22. Mai 1852 Art. VI zu vergleichen.

9. Im Ges. v. 4. Mai 1853 umfaßt der Ausdruck „einfacher Diebstahl" auch die Fälle des § 217, da auch § 219 nicht zwischen den Fällen dieses § und denen des § 215 unterscheidet. V. II. 5. Febr. 1857 c. Später.

10. Da die Zuchtpolizei-Kammer unter keiner Bedingung die ordentliche Strafe des § 219 Nr. 1 und des § 240 Nr. 1 (Zuchthaus) verhängen darf, so folgt aus der Bestimmung des Gesetzes vom 4. Mai 1853, daß dieselbe durch das Urtheil des Anklage-Senats dahin gebunden ist, daß sie immer nur die mildere Strafe verhängen kann, sollte sie auch das Vorhandensein der dieselbe an sich rechtfertigenden mildernden Umstände nicht annehmen. Z. II. 18. März 1858 c. Sieberts (ind.); Z. II. 12. Juli 1860 c. Grabler (275).

Art. XV.

1. Rücksichtlich der Gefängnißstrafe ergiebt sich der aufgestellte Satz aus den Artt. XIII. XIV und den §§ 1 und 58 des StGB. als selbstverständlich; nur in Betreff der Einschließung konnte derselbe mit Rücksicht auf § 1 Abs. 1 cit. zweifelhaft sein.

2. Da, wo der Rückfall mit Zuchthaus bedroht ist (StGB. § 219. 240.), findet Art. XV keine Anwendung. Gltd. Matt. I. S. 34.

Art. XVI. Wenn wegen Ehrverletzung und leichter Mißhandlung in den Fällen der §§ 102. 103. 152. bis 156. und 189. die Staatsanwaltschaft einschreitet, so erfolgt die Entscheidung im Untersuchungsverfahren.

Schreitet die Staatsanwaltschaft nicht ein, so bleibt in den Landestheilen, in welchen die Verordnung über die Einführung des mündlichen und öffentlichen Verfahrens vom 3. Januar 1849 Gesetzeskraft hat, dem Verletzten die Verfolgung im Wege des Civilprozesses nach den bestehenden Vorschriften unbenommen. Die einfache Beleidigung (§. 343.) kann nur im Wege des Civilprozesses verfolgt werden.

Im Bezirke des Rheinischen Appellationsgerichtshofes wird an der Befugniß des Verletzten, als Civilpartei aufzutreten, nichts geändert.

[Entw. Art. XI]. Vgl. Art. XVII. XVIII; Vdn. v. 2. Jan. 1849 § 20. 22 Nr. 1; Vdn. v. 3. Jan. 1849 § 5. 180; Ges. v. 11. März 1850 § 5—9 (GS. s. 174).

Art. XVI.

1. Statt des § 189 wäre richtiger der § 187 angeführt, auf welchen § 189 erst zurückverweist.

2. Bei der Verfolgung im Wege des Civilprozesses sind rücksichtlich des Verfahrens die Bestimmungen des Ges. v. 11. März 1850 § 6—9 maaßgebend; der § 8 ibid. ist indessen durch Ges. v. 3. Mai 1852 Art. 103 modifizirt.

3. Der § 5 des cit. Ges. v. 11. März 1850 ist in der Hauptsache durch die Art. XVI und XVII ersetzt. Z. I. 10. Sept. 1858 c. Hinz. Jedoch hat die Bestimmung des § 5: daß die Staatsanwaltschaft die Bestrafung im Wege des Untersuchungs-Verfahrens (das Vorhandensein eines Antrags des Verletzten da, wo das StGB. ihn erheischt, vorausgesetzt) zu verlangen befugt ist, so lange im eingeleiteten Civilprozesse ein Urtheil noch nicht ergangen ist, und daß im Falle eines solchen Einschreitens der Staatsanwaltschaft, der von dem Beleidigten etwa bereits eingeleitete Civilprozeß durch die Eröffnung der Untersuchung für erledigt erachtet wird — ihre Geltung bewahrt. Vgl. Strafverfahren Art. 103 n. 2. 3.

4. So lange der Staats-Anwalt die Verfolgung im Untersuchungsverfahren betreibt, ist der Verletzte nicht befugt, die Civilklage zu demselben Zwecke anzustellen. B. I. 29. Febr. 1856 Weigelt c. Scholz (G. A. 4. s. 388). Daraus folgt, daß durch die Verfolgung im Untersuchungsverfahren die Verjährung der Civilklage unterbrochen wird. Das gilt selbst dann, wenn es sich von einer einfachen Beleidigung handelt, wegen welcher der Staatsanwalt mit Unrecht (z. B. weil er annahm, sie sei öffentlich begangen) eine Verfolgung hat eintreten lassen. *Contra*: B. I. 9. Nov. 1853 Ludwig c. v. Saurma (Präj. n. 60; Entsch. 26 s. 421; G. A. 2. s. 568) für den Fall, wo das vom Staatsanwalt angehobene Verfahren demnächst wieder eingestellt oder durch Inkompetenzerklärung erledigt worden ist; ähnlich: Hälschn. 1 s. 540. Vgl. n. 7; § 48 n. 13; Strafverf. § 1 n. 32.

5. In den Fällen, wo die Verfolgung des Staatsanwalts durch die Stellung eines Antrags auf Bestrafung von Seiten des Verletzten bedingt ist, wird auch die Verfolgung im Wege des Civil-Prozesses durch die Verabsäumung der vorgeschriebenen dreimonatlichen Frist ausgeschlossen, da diese (nach § 50 und 343) Straflosigkeit zur Folge haben soll. Insofern daher nicht die Civilklage selbst innerhalb jener Frist angestellt wird, muß wenigstens ein rechtzeitiger Antrag bei einer der zum § 50 n. 7 genannten Behörden vorliegen. Das gilt auch bei leichten Mißhandlungen, obgleich diese vom Staatsanwalt auch ohne Antrag des Verletzten verfolgt werden können, (vgl. § 187 n. 13), da für den Fall der Privat- (Civil-) Klage

Ges. v. 22. Mai 1852 (G.S. S. 250).

Art. II. Bei Ehrverletzungen und leichten Mißhandlungen, welche im Wege des Civilprozesses verfolgt werden, sind für die Kompetenz des Einzelrichters und der Gerichtsabtheilungen nicht die Bestimmungen des Art. XIII. des Einführungsgesetzes vom 14. April 1851, sondern die in den §§ 20. und 22. der Verordnung vom 2. Januar 1849 (Ges.-Samml. S. 1) über Injuriensachen enthaltenen Vorschriften maaßgebend.

---

alle den Strafantrag betreffenden, für Ehrenkränkungen geltenden Vorschriften für anwendbar erklärt worden sind (§ 189). Ebenso gilt das Gesagte, nach der ausdrücklichen Vorschrift des § 343, auch bei einfachen Beleidigungen, obgleich sie eine Verfolgung der Staatsanwaltschaft gar nicht zulassen, und ebendeshalb ein bei dieser oder einer Polizeibehörde gestellter Antrag keine Bedeutung haben kann; derselbe kann daher, wenn er vor Anstellung der Klage erfolgen soll, nur beim Schiedsmanne oder beim zuständigen Civilgerichte angebracht werden. — Im Uebrigen ist die Fristbestimmung der §§ 50 und 343 nicht als Verjährung zu behandeln; ist daher einmal rechtzeitig der Antrag gestellt, so bedarf es einer Wiederholung desselben nicht mehr, das Recht zur Verfolgung ist gewahrt, und kann nur noch durch die gewöhnliche Verjährung erlöschen. Das Nähere vgl. § 50 n. 20. 21.

6. Die Zulässigkeit der Verfolgung im Civilprozesse ist nicht durch den Nachweis, daß die Staatsanwaltschaft nicht einschreiten wolle, bedingt. Vgl. einen Plenar-Beschluß des Appellations-Gerichts zu Frankfurt vom 13. März 1853 (G. A. 1. S. 561). Vgl. G. A. 1. S. 383. Anderer Meinung scheint zu sein Koch n. 13.

7. Wegen einer einfachen Beleidigung kann im Strafverfahren selbst dann nicht auf Strafe erkannt werden, wenn die Staatsanwaltschaft (z. B. weil sie irriger Weise annahm, die Beleidigung sei öffentlich oder im Amte zugefügt) Anklage erhoben hatte, und die Untersuchung eröffnet war. Art. 6 und 30 des Ges. v. 3. Mai 1852 sind dann unanwendbar, weil sie die Statthaftigkeit des Strafverfahrens voraussetzen. In einem solchen Falle muß der Strafrichter (indem er von der öffentlichen Beleidigung freispricht) in Beziehung auf die einfache Beleidigung die Unstatthaftigkeit der Strafverfolgung im Untersuchungsverfahren aussprechen. B. I. 10. Juni 1857 c. Kieper. *Contra*: Z. I. 10. Sept. 1858 c. Wenghöfer (Entsch. 39. 2. S. 111. G. A. 6. S. 677); Z. (B.) II. 7. April 1859 c. Kaselitz (79); Z. (B.) Pl. 25. Juni 1860 c. Ramelow (G. A. 8 S. 488). Vgl. Strafverfahren § 1 n. 32; Abh. in G. Arch. 8. S. 482.

8. Das Recht wegen einer Ehrverletzung im Civilprozesse eine Verfolgung eintreten zu lassen, geht auf die Erben über, sobald die Klage vom Erblasser angestellt, und vor seinem Tode dem Verklagten insinuirt worden ist. Z. 10. Nov. 1852 Molzahn c. Rogge (G. Arch. 1. S. 395). Vgl. Temme Gll. S. 230 n. 2.

9. Ueber die Verfolgung solcher Ehrenkränkungen, durch welche mehrere Personen gleichzeitig verletzt werden, vgl. Th. II. Tit. 13 (§ 152 fgg.) n. 13.

10. Die Schlußbestimmung des zweiten Absatzes, wonach die einfache Beleidigung nur im Wege des Civilprozesses verfolgt werden kann, bezieht sich nur auf die Landestheile, in welchen die Vdn. v. 3. Jan. 1849 Gesetzeskraft hat; insbesondre darf daraus nicht gefolgert werden, daß im Bezirke des Appellationsgerichtshofs zu Köln die Verfolgung durch den Polizei-Anwalt ausgeschlossen, und nur die durch den Civilkläger für statthaft erklärt sei, da das Rheinische Recht unverändert beibehalten werden sollte.

11. Ueber die Zulässigkeit einer Verfolgung wegen vorsätzlicher leichter Körperverletzung durch die Staatsanwaltschaft ohne vorgängigen Antrag des Verletzten vgl. § 187 n. 13.

12. Eine Civilklage kann auch durch Entsagung oder Verzicht ihre Erledigung finden. B. I. 1. Febr. 1861 Kühn c. Mattusch.

Art. XVII. Ist auf eine von der Staatsanwaltschaft wegen Ehrverletzung oder leichter Mißhandlung erhobene Anklage eine gerichtliche Untersuchung eröffnet, so wird deren Fortgang, sowie die Erlassung und Vollstreckung des Urtheils weder durch die Zurücknahme der Ermächtigung oder des Antrages, noch durch die Verzichtleistung auf Bestrafung gehemmt.

[Entw. Art. XII]. Vgl. Art. XVI; StGB. § 50—54. 79—81. 103. 149. 160—162. 189. 198. 209. 229. 271. 343 (Vdn. v. 30. Juni 1849 § 34); Vdn. v. 3. Jan. 1849 § 9; Ges. v. 11. März 1850 § 5. .

Art. XVIII. In den Landestheilen, in welchen das Institut der Schiedsmänner besteht, soll eine Klage über Ehrver-

---

13. Das im § 37 des Preß-Gesetzes v. 12. Mai 1851 vorgesehene Vergehen des Redakteurs eines cautionspflichtigen Blattes stellt eine selbstständige Zuwiderhandlung gegen die Vorschriften des Preß-Gesetzes dar, welche nur im Untersuchungs-Verfahren auf Antrag des Staats-Anwalts, nicht aber als Ehrverletzung im Wege des Civil-Prozesses verfolgt werden kann, sollte auch der strafbare Inhalt des Blatts den Thatbestand einer Ehrverletzung darstellen. Z. II. 17. Sept. 1857 Gierse c. Zumbrool (JMBl. f. 362).

Art. XVII.

1. Die Vorschrift dieses Artikels hat auch für die Rheinprovinz Geltung. Komm.-Ber. II. K. zu Art XII des Entw.

2. Der einmal gestellte Antrag erlischt nicht durch den Tod des Beleidigten. Z. 10. Nov. 1852 Molzahn c. Rogge (G. Arch. 1. f. 395).

3. Aus Art. XVII darf nicht gefolgert werden, als wenn die Zurücknahme des Strafantrags 2c. vor eröffneter Untersuchung die Strafverfolgung des Staatsanwalts wegen leichter Mißhandlung unstatthaft mache, da es bei einer solchen eines Strafantrags des Verletzten gar nicht bedarf. Z. II. 25. Sept. 1856 c. Pilk. Vgl. § 187 n. 13.

Art. XVIII.

Inhalt.

1. Die Einführung der Schiedsmänner ist auf Grund Königlicher Genehmigung durch besondere Ministerial-Verordnungen erfolgt. Ihre Thätigkeit ist geregelt durch die Ministerial-Instruktion v. 1. Mai 1841 (JMBl. f. 230).

2. Ueber die Bestellung von Stellvertretern für abwesende oder behinderte Schiedsmänner vgl. Min.-Verordn. v. 29. Okt. 1851 (JMBl. f. 354).

3. Nur der Klage, nicht auch der Widerklage muß ein Sühneversuch vorhergehen. Z. I. 27. Juni 1860 Mustroph c. Nagel (G. A. 8. f. 687).

3a. Gleichgültig ist es, ob der Sühneversuch gelegentlich oder nach vorgängiger Terminsbestimmung stattgefunden hat. Z. I. 18. Febr. 1859 Baber c. Aschersleben.

4. Der Instanz-Richter muß von Amtswegen, und daher in jeder Sachlage, selbst noch in zweiter Instanz prüfen, ob der Vorschrift des Art. XVIII Genüge geleistet sei, und im Verneinungsfalle die Klage zurückweisen, sollte auch der Verklagte den Mangel nicht rügen. B. I. 12. Apr. 1854 Woseck c. Mankus; B. II. 8. Jan. 1857 Kottwitz c. Regener; Z. (B.) I. 23. Nov. 1859 Kuhnert c. Poswick. Gleichwohl darf eine Zurückweisung der Klage wegen dieses Mangels nur dann erfolgen, wenn der Kläger darüber gehört worden ist, ob beide Parteien in demselben Gerichtsbezirke wohnen; es bedarf zur Rechtfertigung einer zurückweisenden Entschei-

letzungen und leichte Mißhandlungen, sofern sie nur im Wege des Civilprozesses verfolgt werden, von den ordentlichen Gerichten nicht eher zugelassen werden, als bis durch ein von dem Schiedsmann des Verklagten ausgestelltes Attest nachgewiesen wird, daß der Kläger die Vermittelung des Schiedsmannes ohne

---

dung der Feststellung, daß letzteres der Fall sei. B. I. 23. Juni 1855 Foth c. Beuden. Eine ausdrückliche Feststellung: die Sühne sei vorschriftsmäßig versucht, ist nicht erforderlich. Z. I. 7. Sept. 1855 König c. Koschine.

5. Der Vermittlungsversuch muß nothwendig vor dem Schiedsmanne des Verklagten stattfinden; die Vorschriften der §§ 160 fgg. I, 2 der AGO. über die freiwillige Prorogation finden hier keine Anwendung. B. I. 23. Juni 1858 Liszkowski c. Meißner (G. A. 6. f. 696).

6. Das unter n. 4 Gesagte gilt auch dann, wenn der Sühneversuch vor einem unzuständigen Schiedsmanne stattgefunden hat. Es ist dann aber Nachholung während des Laufes der ersten Instanz für statthaft zu erachten; Z. I. 28. Febr. 1859 Baber c. Aschersleben.

6a. Dagegen kann der Mangel des gehörigen Sühneversuchs nicht in zweiter Instanz durch Nachholung geheilt werden. B. II. 8. Jan. 1857 Kottwitz c. Regener; B. I. 14. Sept. 1859 Devke c. Lohrer. *Contra:* Z. I. 5. Dez. 1855 Schwarzenberger c. Rossius (G. A. 4. f. 240), welches (arg. AGO. I, 10 § 62 fgg., 79 fgg.) annahm: wenn der erste Richter die Civilklage trotz der Mangelhaftigkeit des Sühneversuchs eingeleitet, und sodann den Kläger sowohl wegen jenes Mangels, als wegen ungenügenden Beweises abgewiesen habe, so könne in zweiter Instanz jener formelle Einwand durch Vorlegung eines neuen schiedsmännischen Attestes über einen neuerlich statt gehabten erfolglosen Sühneversuch beseitigt werden.

6b. Der Mangel des Sühneversuchs rechtfertigt nicht die gänzliche Abweisung der Klage, sondern nur eine Abweisung zur Zeit. B. I. 23. Juni 1858 Liszkowski c. Meißner; B. I. 1. April 1859 Kleemann c. Mattuschka.

7. Auch ein Minderjähriger kann, insoweit er befugt ist, selbstständig auf Bestrafung wegen Ehrenkränkung anzutragen (§§ 54. 162), auf dieselbe selbstständig verzichten und zu diesem Zwecke die vom Gesetze gebotene Sühne nachsuchen, und den Termin wahrnehmen. Z. I. 22. Febr. 1856 Kluge c. Dallmann (G. A. 4. f. 384; Strieth. Arch. 20. f. 201); Beschl. I. 13. Okt. 1858 Lorgau c. Bobertz (G. A. 7. f. 98); B. II. 3. Nov. 1859 Tietz c. Heintz (G. A. 8. f. 110).

8. Ist der Kläger oder Verklagte selbst Schiedsmann, so bedarf es der vorgängigen Vermittlung vor einem solchen nicht, es sei denn, daß demselben in Behinderungsfällen, zumal in solchen wie der vorliegende, ein Stellvertreter bestellt sei. Z. I. 17. März 1854 Kampka c. Kallmeier (G. A. 2. f. 546); Z. (B.) I. 23. Juni 1858 Vogdt c. Buchwald.

9. Dasselbe gilt, wenn das Attest des Schiedsmannes deshalb nicht beschafft werden konnte, weil zur Zeit das Amt des Schiedsmannes am betreffenden Orte unbesetzt war. Z. II. 16. Nov. 1854 Stanecke c. Wolff.

10. Die Klage ist auch dann unstatthaft, wenn der Kläger selbst durch sein Ausbleiben im Sühne-Termine die Vermittlung des Schiedsmannes unmöglich gemacht hat. B. I. 11. Nov. 1853 Blum c. Salzmann. (G. Arch. 2. f. 113); B. I. 3. Dez. 1856 Majunke c. Dürbach; Z. (B.) I. 1. Apr. 1859 Kleemann c. Mattuschka.

11. Dasselbe gilt, wenn der Kläger sich gegen den Schiedsmann dahin erklärt hatte, daß er sich gütlich nicht einigen wolle, und er es nun zum Versuche einer Sühne gar nicht hat kommen lassen. Z. I. 17. Jan. 1855 Kübler c. Wildelau.

12. Dagegen ist der Vorschrift des Art. XVIII genügt, wenn der Beleidigte die Vermittlung des Schiedsmannes nachgesucht hat, diese aber wegen des Ausbleibens des Beleidigers erfolglos geblieben ist, ohne daß es darauf ankommen könnte, in welcher Art der Beleidigte sich über die Vermittlung und den Erfolg früher geäußert hat (z. B.: „er habe das Sühneverfahren nur zum Scheine veranlaßt.") B. I. 4. Nov. 1853 Deyks c. Beinling (G. Arch. 2. f. 114; Strieth Arch. 10. f. 280);

Erfolg nachgesucht hat. Diese Bestimmung findet keine Anwendung, wenn der Kläger in einem anderen Gerichtsbezirke seinen Wohnsitz hat, als der Verklagte.

Die Anbringung des Gesuches bei dem Schiedsmann unterbricht die Verjährung.

[Entw. Art. XVI. XVII]; StGB. §. 47. 48.

Z. I. 27. Okt. 1858 Kirschke c. Wolsdorf. Ebenso kann der Beleidiger, wenn er schriftlich angezeigt hat, er werde sich auf einen Vergleich nicht einlassen, es im spätern Verfahren nicht rügen, daß der Kläger sich im Sühnetermine unzulässiger Weise durch einen Dritten vertreten ließ. Z. II. 3. April 1856 Witzel c. Tröbe.

13. Jedenfalls kann der im Sühnetermine ausgebliebene Verklagte die Nichtbeobachtung der Vorschrift des Art. XVIII nicht zur Begründung einer Nichtigkeitsbeschwerde benutzen. Z. I. 25. Apr. 1855 Nierychlo c. Müller.

14. Ist beim Sühneversuche zwischen den Parteien ein bedingter Vergleich zu Stande gekommen, so kann, wenn der zu Verklagende die übernommene Bedingung nicht erfüllt, vom Instanzrichter nicht ohne Weiteres die Erfolglosigkeit der Vermittlung angenommen werden, es bedarf vielmehr zunächst einer Aufforderung zur Erfüllung. V. I. 10. Okt. 1860 Kuphal c. v. Gelsdorf (G. A. 8. f. 826).

15. Für die Frage, ob mit Rücksicht auf die Schlußbestimmung des ersten Absatzes vom Sühneversuche abzusehen sei, ist der Wohnsitz der Parteien zur Zeit der Klage maaßgebend. V. I. 2. März 1860 Jurock c. Gerlach (G. A. 8. f. 406; Str. Arch. 37. f. 68; indirekt).

16. Steht ein Minderjähriger im Dienste eines Andern, so begründet dieses Verhältniß (arg. AKO. v. 4. Juli 1832 u. v. 3. Dez. 1835) den Wohnsitz am betr. Orte. V. I. 2. März 1860 Jurock c. Gerlach (cit. n. 15).

17. „Unter den im Art. XVIII bezeichneten Gerichtsbezirken sind die Bezirke der für die Verfolgung von Injurien-Sachen und der leichten Mißhandlungen „im Civil-Wege kompetenten Einzelrichter, resp. die der einzelnen Gerichts-Kommissionen des Kreis-Gerichts gemeint.“ Z. I. 27. Okt. 1854 v. Wedell c. Beer Joseph (Präj. n. 108; Entsch. 28. f. 474; 29. f. 250; G. Arch. 2. f. 820). Es sind daher die Schiedsmannbezirke nicht darunter zu verstehen. V. I. 12. Apr. 1854 Woseck c. Mankus.

18. Ein V. I. 21. April 1854 Scholz c. Otto deutet an, daß die Anbringung des Gesuchs auf Vermittlung des Schiedsmannes, da wo letztere festgestellter Maaßen nicht erforderlich war, die Verjährung nicht unterbrechen könne.

19. Die Anbringung des Gesuchs beim Schiedsmanne unterbricht auch dann die Verjährung, wenn durch das Ausbleiben des Klägers im Termine der Sühneversuch vereitelt und dieserhalb die angehobene Klage zur Zeit abgewiesen wird. Z. I. 20. Apr. 1855 Heintze c. Hermann.

20. Die bei einem inkompetenten Schiedsmanne erfolgte Anmeldung der Klage und der von ihm geschlossene Vergleich können die Verjährung nicht unterbrechen. V. I. 12. Juni 1857 Lüdtke c. Nörenberg. Vgl. § 48 n. 9.

21. Auch die beim Schiedsmanne mündlich oder schriftlich angebrachten Anträge, sowie die Entgegnungen darauf unterbrechen die Verjährung. V. I. 5. März 1858 Suchaneck c. Chmielewski (G. A. 6. f. 271; Str. Arch. 27. f. 298). Dasselbe gilt von den Handlungen des Schiedsmannes selbst. Temme GL. f. 42 n. 2.

22. Durch die Anbringung des Gesuchs beim Schiedsmanne wird auch die im § 50 des StGB. vorgeschriebene Frist zur Stellung eines Antrags auf Bestrafung gewahrt. V. I. 1. Nov. 1854 Tost c. Bauch u. Gen. (Strieth. Arch. 16. f. 4); V. I. 5. März 1858 Suchaneck c. Chmielewski (G. A. 6. f. 271).

23. Dadurch wird aber die Möglichkeit, die gedachte Frist auch durch Anbringung des Antrags beim Richter 2c. zu wahren, nicht ausgeschlossen. V. I. 1. Nov. 1854 Tost c. Bauch u. Gen. (Strieth. Arch. 16. f. 4).

24. Der gerichtliche Sühneversuch (Proz.-Ordn. Tit. 11) ist nicht bei Nichtigkeitsstrafe vorgeschrieben, und die Unterlassung desselben für die Verletzung einer wesentlichen Vorschrift des Verfahrens nicht zu erachten. Z. I. 25. Apr. 1855 Nierychlo c. Müller.

Art. XIX. *) Dieser Artikel ist aufgehoben durch Ges. v. 6. März 1854 (G.S. S. 96).

§. 1. Die Kompetenz der Gerichte zur Untersuchung und Entscheidung der strafbaren Handlungen regelt sich auch in Ansehung der politischen und der vermittelst der Presse verübten Vergehen nach den Artikeln XIII. bis XV. des Gesetzes über die Einführung des Strafgesetzbuchs vom 14. April 1851.

Hinsichtlich des Militärgerichtsstandes verbleibt es bei den bestehenden Vorschriften.

§. 2. Der Art. XIX. des Einführungs-Gesetzes zum Strafgesetzbuche vom 14. April 1851 und der § 27. des Gesetzes über die Presse vom 12. Mai 1851 werden aufgehoben.

Vgl. Verfass. v. 31. Jan. 1850 Art. 94; Ges. v. 21. Mai 1852 (G.S. S. 249).

Art. XX. Soweit durch besondere Gesetze über Materien, hinsichtlich welcher das Strafgesetzbuch nichts bestimmt, eine über die gegenwärtigen Grenzen der Polizeistrafen (§§ 333. 334. 335. des Strafgesetzbuchs) hinausgehende Strafe angeordnet und den Polizeigerichten eine höhere Kompetenz beigelegt ist, behält es dabei sein Bewenden. Jedoch sind von der Kompetenz der Po-

---

*) Der aufgehobene Artikel lautete:

Art. XIX. In Ansehung der durch die §§. 36. 75. 77. 79. 87. 100. 101. 102 des Strafgesetzbuchs vorgesehenen Vergehen richtet sich die Kompetenz der Schwurgerichtshöfe nach den bestehenden Vorschriften.

Ingleichen gehören als politische Vergehen vor die Schwurgerichtshöfe die in den §§. 78. 84. 85. 86. 98. 99 erwähnten strafbaren Handlungen.

[Entw. Art XIV].

Art. XIX.

— — — — — — — — — — — — — — — — —

Art. XX.

1. Die Vorschrift des Art. XX bezieht sich nicht nur auf die Rheinischen Polizei-Gerichte, sondern auch auf die Einzel-Richter (Art. XIII) in den übrigen Provinzen; vgl. Ges. v. 3. Mai 1852 Art 120, wo der Einzel-Richter ebenfalls Polizei-Richter genannt wird.

2. Diese Bestimmung ist auf die zur Zeit der Erlassung des Einführungs-Gesetzes schon bestehenden besondern Vorschriften zu beschränken, und an und für sich auf später erlassene Gesetze nicht zu beziehen. Z. I. 6. Juli 1854 c. Höner (G. Arch. 2. S. 678).

3. Die Kompetenz der Polizei-Richter ist nicht nur da, wo auf den Verlust des Rechts zum Gewerbetriebe erkannt werden muß, sondern auch da, wo auf diesen Verlust erkannt werden kann (z. B. im Falle der Gewerbe-Vdn. v. 9. Febr. 1849 § 74), ausgeschlossen, weil immer das höchste Maaß der angedrohten Strafe den Maaßstab für die Kompetenz-Bestimmung abgiebt. Beschl. II. 11. Sept. 1856 c. Biermann (G. A. 4. S. 824). Vgl. § 1 n. 7.

4. „Handlungen, welche in Gemäßheit dieses Artikels zur Kompetenz der Po„lizei-Gerichte gehören, obgleich sie mit einer über die Gränzen der Polizeistrafen

lizeirichter die Fälle ausgeschlossen, in welchen nach den bisherigen besonderen Gesetzen auf den Verlust von Aemtern, oder auf den Verlust des Rechts zum Gewerbebetriebe für immer oder auf Zeit, oder auf Stellung unter Polizei-Aufsicht zu erkennen ist. Diese Fälle sind als Vergehen zu behandeln.

[Entw. Art. XX.] Vgl. Art. II. VIII; Ges. v. 3. Mai 1852 Art. 120; Polizei-Ges. v. 11. März 1850 § 17 (GS. s. 268); (Rh.) Ges. v. 11. Mai 1843 § 8 (GS. s. 181; Rhein. Samml. 8. s. 166); (Rh.) Vdn. v. 7. Juni 1821 § 4. 11.

„(§ 333. 334. 335 des StGB.) hinausgehenden Strafe bedroht sind, sind in Beziehung auf die Verjährung als Vergehen nach § 46 des StGB. zu betrachten, „und unterliegen mithin nicht der Verjährung des § 339 des StGB." B. I. 1. Juni 1853 c. Zeth (Präj. n. 41; Entsch. 25. s. 359; G. Arch. 1. s. 561); B. I. 5. Apr. 1854 c. Lollier (JMBl. s. 269).

5. Die Bezeichnung einer angedrohten Strafe als einer „fiskalischen" (z. B. im Judengef. v. 23. Juli 1847 § 71; G. S. s. 278) kann nicht genügen, um die polizeigerichtliche Kompetenz über das Maaß der Polizeistrafe hinaus zu begründen. Z. I. 1. Okt. 1856 c. Chantrow (indirekt).

6. Für die nach der Gewerbe-Ordnung vom 17. Jan. 1845 §§ 177—180 zu ahndenden Gewerbe-Polizei-Kontraventionen ist der Einzel-Richter auch dann kompetent, wenn die betr. Handlung zugleich ein Steuer-Vergehen enthält, auch ist in einem solchen Falle von dem Erkenntnisse des Einzel-Richters nur der Rekurs und kein ferneres Rechtsmittel zulässig, arg. AKO. v. 24. Jan. 1848 (Ges.-Samml. s. 73), (Vdn. v. 3. Jan. 1849 § 161); Ges. v. 3. Mai 1852 Art. 120. Z. I. 11. Febr. 1853 c. Kauschke; B. I. 11. Febr. 1853 c. Schmidt (Entsch. 24. s. 457; G. A. 1. s. 229); B. II. 30. Okt. 1856 c. Brakmeier (JMBl. s. 368); Beschl. I. 18. Jan. 1860 c. Heymann; u. ö. (feste Praxis). Vgl. Komm.-Ber. II. K. (Matt. z. Vdn. v. 3. Jan. 1849 s. 40). Das gilt namentlich auch vom unkonzessionirten Betriebe einer Schenk- oder Speisewirthschaft. Beschl. I. 7. Dez. 1859 c. Schmidt; Z. II. 11. Okt. 1860 c. Westerholt. Dieselben Grundsätze sind bei Zuwiderhandlungen gegen die §§ 74 und 75 der Gew.-Vdn. v. 9. Febr. 1849 (G.-S. s. 109) maaßgebend, insofern nicht Rückfall vorliegt, weil die betr. Bestimmungen sich an § 177 der Gew.-Ordn. v. 17. Jan. 1845 anschließen. B. II. 28. Juni 1855 c. Brauer; Beschl. II. 11. Sept. 1856 c. Biermann (G. A. 4. s. 824; indirekt). Z. II. 26. Mai 1859 c. Claude; Beschl. II. 6. Sept. 1860 c. Heimbeck (JMBl. s. 398). Vgl. Min.-Instr. v. 24. Nov. 1852 § 8 Nr. 2. (JMBl. 53. s. 11). Ueber die prozessualische Behandlung dieser Sachen vgl. Strafverfahren § 27 n. 8. — Alles Obige gilt im Bezirke des App.-Ger.-Hofs zu Köln nicht. Vgl. Gew.-Ordn. v. 17. Jan. 1845 § 189 a. E.

7. Zu den hiernach in Kraft verbliebenen Kompetenzbestimmungen gehört in dem Bezirke des Rheinischen App.-G.-Hofs die Vorschrift der §§ 4 und 11 der Vdn. v. 7. Juni 1821, wonach die Polizei-Gerichte über alle Forst-, Jagd- und Fischerei-Frevel, welche nur eine Geldstrafe, oder eine [Prinzipal-] Gefängnißstrafe von höchstens fünf Tagen nach sich ziehen, zu erkennen haben — insoweit die betreffenden Strafen durch Spezial-Gesetze angedroht sind, und sie das im dritten Absatz des Art. VIII bestimmte Maaß übersteigen.

8. Mit den durch Art. XX aufrecht erhaltenen, die exzeptionelle Kompetenz der Polizei-Richter betreffenden ältern Bestimmungen sind auch die besondern, das Verfahren regelnden Vorschriften in Kraft verblieben. In den durch n. 7 vorgesehenen Fällen ist daher, da alle jene Frevel nach dem Systeme der Rh. StPO. Vergehen darstellten, mit Rücksicht auf § 8 der cit. Vdn. v. Juni 1821 auch die Zulässigkeit der Rechtsmittel nach den für Vergehen geltenden Regeln zu beurtheilen. Vgl. Art. VIII n. 8. 9; Art. XIV n. 3. 4; und die im General-Register zum Rh. Arch. s. v. Forstfrevel n. 16 und s. v. Jagd n. 23 angeführten Urtheile.

Art. XXI. **Konnexe strafbare Handlungen können zur gleichzeitigen Untersuchung und Entscheidung vor das Gericht gebracht werden, welches kompetent ist, die schwerste der für jene Handlungen angedrohten Strafen auszusprechen.**

Art. XXI.

1. Ueber den Begriff der Konnexität vgl. Art. XXII.

2. Mit der Aufhebung des Art. XIX durch das Gesetz v. 6. März 1854 hat der zweite Absatz des Art. XXI seinen Gegenstand verloren, da es jetzt keine Vergehen mehr giebt, welche zur Kompetenz der Schwurgerichtshöfe gehören.

3. Die ganze Bestimmung ist nur fakultativ; Z. (B.) I. 8. Jan. 1858 c. Peglau. Getrennte Verhandlung ist daher, auch vom Falle des Art. XXIII abgesehen, keineswegs ausgeschlossen, vielmehr ist es in das Ermessen der Gerichte gestellt, ob sie einem Antrage der Staatsanwaltschaft auf Verbindung der Untersuchungen wegen konnexer Vergehen statt geben wollen, und sie können denselben ablehnen, sobald der Zweck, welchen das Gesetz bei der Verbindung im Auge hat, durch die getrennte Verhandlung nicht vereitelt wird. Z. I. 18. Febr. 1857 c. Dietrich. Das gilt namentlich auch von einem Antrage auf Vertagung einer zur Verhandlung anstehenden Sache bis zur gleichzeitigen Verhandlung über eine andre Anklage. Z. I. 27. Febr. 1856 c. Bergau. Auch liegt, wenn konnexe Verbrechen ꝛc. vor verschiedenen Gerichten verfolgt werden, ein eigentlicher Kompetenz-Konflikt nicht vor. Gleichwohl wird es einem Bedenken nicht unterliegen in einem Falle, wo konnexe Verbrechen ꝛc. vor verschiedene Gerichte verwiesen sind, wenn sich nachträglich die Zweckmäßigkeit der gleichzeitigen Verhandlung und Entscheidung über alle herausstellt, im Bezirk des Rh. AGH. nach Anleitung der Artt. 526 fgg. des Rh. StPO. im Wege des règlement des juges die Verweisung Aller vor ein und dasselbe Gericht zu erwirken In den übrigen Theilen des Staats gewährt Art. 4 des Gesetzes vom 3. Mai 1852 noch unzweifelhafter das Mittel, um jenen Erfolg herbeizuführen. Sind endlich die verschiedenen Untersuchungen theils bei Rheinischen, theils bei altländischen Gerichten anhängig, so kommt das Gesetz vom 2. Mai 1853 zur Anwendung. Vgl. Strafverfahren Art. 3 n 3. 4. 6.

4. Aus dem unter n. 3 angeführten Grunde darf sich der an sich kompetente Richter nicht mit Rücksicht auf eine obwaltende Konnexität mit einer andern seine Kompetenz übersteigenden, vor ihm nicht anhängig gemachten Sache, inkompetent erklären. B. Kass.-H. 9. Sept. 1851 c. Hermanns (Rh. Arch. 46. 2. A. s. 73). Vgl. Strafverf. Art. 3 n. 5.

5. Ist durch einen einzigen Beschluß die Eröffnung der Untersuchung oder die definitive Versetzung in den Anklagestand wegen mehrerer strafbaren Handlungen, und die Hinverweisung vor dasselbe erkennende Gericht erfolgt, so greift selbstverständlich eine gleichzeitige Verhandlung über dieselben vor dem letztern Platz; wenn dagegen dasselbe Gericht durch verschiedene Beschlüsse mit mehreren Sachen befaßt worden ist, welche sich als konnex darstellen, so bedarf es zur gleichzeitigen Verhandlung noch eines diese verfügenden Beschlusses, welcher dem Angeklagten zu verkünden ist. Vgl. Strafverf. Art. 3 n. 7. 8 und für das Rheinische Verfahren Rh. StPO. Art. 307.

6. Selbst wenn in erster Instanz getrennte Verhandlungen statt gefunden haben, kann das Gericht zweiter Instanz eine Verbindung eintreten lassen. Vgl. Strafverf. Art. 3 n. 13.

7. Die Verbindung zweier konnexer Sachen kann nicht blos auf den Antrag der Staatsanwaltschaft, sondern auch von Amtswegen durch die Gerichte, und selbst gegen den Widerspruch der erstern erfolgen. Beschl. I. 28. März 1856 c. Ohm (G. Arch. 4. s. 384). Vgl. Strafverf. Art. 3 n. 6.

8. Auch dann, wenn die gleichzeitige Verhandlung verfügt, und selbst, nachdem dieselbe begonnen worden ist, kann das erkennende Gericht, nach eigenem Ermessen nachträglich eine Trennung anordnen, und zu diesem Zwecke die eine der Sachen vertagen, und dagegen mit der andern verfahren. Z. I. 27. Febr. 1856 c. Bergau. Vgl. Strafverf. Art. 3 n. 14; Rh. StPO. Art. 308.

Vergehen, welche zur Kompetenz der Schwurgerichtshöfe gehören, können jedoch nicht auf Grund der Konnexität vor ein anderes Gericht als den Schwurgerichtshof gelangen.

[Entw. Art. XVI]. Vgl. Art. XIII. XIV. XXII. XXIII; Ges. v. 3. Mai 1852 Art. 3; Ges. v. 22. Mai 1852 Art. I § 3; Ges. v. 2. Mai 1853 (GS. S. 169); Rh. StPO. Art. 226. 227. 307. 308.

Art. XXII. Konnexität ist insbesondere vorhanden;

1) wenn die nämliche Person verschiedener strafbarer Handlungen beschuldigt wird,

2) wenn verschiedene Personen als Urheber, Theilnehmer oder Begünstiger einer strafbaren Handlung oder als Hehler beschuldigt werden.

[Entw. Art. XVII]. Vgl. Art. XIII. XIV. XXI. XXIII; Ges. v. 3. Mai 1852 Art. 3; Ges. v. 22. Mai 1852 I. § 3.

---

9. Ueber die prozessualische Behandlung konnexer Straffälle vergl. Strafverf. Art. 3, besonders n. 9 fgg.

10. Eine nur durch Konnexität begründete (territoriale) Kompetenz fällt weg, wenn vor der Entscheidung zur Sache selbst, diejenige Person oder Handlung, welche bis dahin für die Kompetenz des befaßten Gerichts bestimmend gewesen waren, aus dem Verfahren ausscheiden; es muß dann Abgabe der Sache an das zuständige Gericht, eventuell Inkompetenzerklärung erfolgen, insoweit nicht in den Provinzen, wo die Verordnung vom 3. Jan. 1849 gilt, die Artt. 5 u. 6 des Gesetzes vom 3. Mai 1852 eine Aenderung hervorbringen, und unbeschadet des Grundsatzes des Rheinischen Straf-Verfahrens, wonach ein Schwurgerichtshof sich gar nicht inkompetent erklären kann, wenn das Anklage-Urtheil die Rechtskraft beschritten hat. Für das Rheinische Recht, für welches hiernach die Frage vorzugsweise eine praktische Bedeutung hat, sind zu vergleichen die Urtheile des Pariser Kassationshofs vom 26. Nov. 1811; 29. Mai 1813; 19. Febr. 1829 (Sir. Coll. nouv. 4. 1. 232; Sir 13. 1. 327; 29. 1. 236); Merlin Rép. s. v. Faux sect. 1. § 2; Mang. Tr. du règlement de la comp. n. 218.

11. Die Konnexität ist für die Kompetenz nur insoweit bestimmend, als sie wirklich zu einer Verbindung der Verhandlungen vor demselben Strafgerichte führen soll. Wenn daher nach der definitiven Aburtheilung über einzelne Urheber oder Theilnehmer an einer strafbaren Handlung, nachträglich noch ein Theilnehmer, oder wenn nach der Aburtheilung über die Hauptthat ein mit derselben konnexes Vergehen ermittelt wird, so ist die Kompetenzfrage für diese selbstständig zu lösen; dieselben können daher nicht wegen der Konnexität der Sache mit der früher erledigten vor dasjenige Gericht gebracht werden, welches über diese erkannt hat, wenn dasselbe nicht auch nach allgemeinen Grundsätzen für jene zuständig ist. Mang. Tr. du règlement de la compét. n. 219; Merlin Rép. s. v. Connexité § 5 (eine Note des Präsidenten Barris); Cass. 22. April 1808; id. 22. Juli 1808; Rej. 16. März 1809 (Sir. Coll. nouv. 2. 1. 518 u. 536; 3. 1. 36).

12. Wird eine Sache in Folge ihrer Konnexität mit einer andern vor ein höheres Gericht gebracht, so werden alle für dieses geltenden prozessualischen Vorschriften darauf anwendbar; es tritt daher nach Rheinischem Verfahren die unbedingte Appellabilität ein, wenn eine Polizeisache, weil mit einem Vergehen konnex, vor das Zuchtpolizeigericht gebracht ist, und der Art. 192 der StPO. bleibt ausgeschlossen, weil dann das Zuchtpolizeigericht als erstes, und nicht als evozirendes Appellationsgericht erkennt.

Art. XXII.

1. Das absichtlich gewählte Wort „insbesondere“ (vgl. Komm.-Ber. II. K. S. 23) deutet klar an, daß die angeführten Beispiele der Konnexität nicht die einzig denkbaren sein sollen. Es darf daher auch da eine solche angenommen werden,

Art. XXIII. Ist gegen einen Beschuldigten wegen mehrerer strafbarer Handlungen eine Voruntersuchung eingeleitet, und ist mit Rücksicht auf diejenigen derselben, welche mit schwererer Strafe bedroht sind, zu erwarten, daß die Feststellung der leichteren Straffälle für die Entscheidung nicht von wesentlicher Bedeutung sein werde, so kann die Untersuchung wegen der letzteren einstweilen bis zur rechtskräftigen Entscheidung über die schwereren Straffälle ruhen bleiben.

Die Wiederaufnahme der Untersuchung wird dem Ermessen der Staatsanwaltschaft überlassen.

[Entw. Art. XVIII]. Vgl. Art. XXI. XXII; StGB. § 56. 57; Crim.-O. § 416; Rh. StPO. Art. 306. 308. 406.

---

wo zwei von verschiedenen Personen begangene strafbare Handlungen unter sich in einem innern Zusammenhange stehen, welcher nach richterlichem Ermessen ihre gleichzeitige Verhandlung als zweckmäßig erscheinen läßt. Vgl. G. Arch. 1. s. 42 n. 2. Andrer Meinung ist Temme GA. s. 44 n. 1. Der von ihm berührte Fall, wo die Entscheidung der einen Sache durch die über die andere bedingt ist, kann nach dem Vorstehenden unter Umständen wenn auch nicht mit Nothwendigkeit als Konnexität angesehen werden.

2. Die Frage, ob Konnexität anzunehmen sei, ist lediglich in das Ermessen des Gerichts gestellt. Die dadurch herbeigeführte Beschränkung des Ablehnungsrechts bei der Bildung des Schwurgerichts, sowie über die durch die Verbindung mit andern Angeklagten veranlaßte Ausschließung einzelner (mit jenen verwandter rc.) Zeugen, kann, da dieses die nothwendige Folge der Verbindung ist, eine Beschwerde an das Ober-Tribunal nicht begründen. Z. (B.) I. 6. Jan. 1858 c. Eggert. Vgl. Strafverf. Art. 3 n. 2; § 92 n. 5.

Art. XXIII.

1. Der Artikel ist nicht auf solche Fälle zu beschränken, wo die Strafandrohungen verschieden sind; er erleidet vielmehr auch da Anwendung, wo die Strafandrohung für beide gleich, wo aber wegen der vorwaltenden Umstände anzunehmen ist, daß die Strafzumessung für den einen gelinder ausfallen werde, als für den andern.

2. Die Anwendbarkeit des Artikels ist keineswegs dadurch bedingt, daß die Voruntersuchung wegen beider Fälle in einem Verfahren zusammen gefaßt sei; sie ist selbst da nicht ausgeschlossen, wo beide Untersuchungen bei verschiedenen Gerichten anhängig sind.

3. Ob die betreffenden Behörden von der ihnen hier ertheilten Befugniß Gebrauch machen wollen, unterliegt ihrem Ermessen; dem Angeklagten steht in dieser Hinsicht ein Beschwerde-Recht nicht zu. Z. I. 15. Mai 1857 c. Simmel.

4. So lange die Voruntersuchung noch nicht eingeleitet (z. B. wenn die Sache im Stadium des Skrutinialverfahrens verblieben) ist, hat die Staatsanwaltschaft selbstständig zu prüfen, ob sie die Anklage erheben, oder die Sache einstweilen auf sich beruhen lassen wolle. Beschl. I. 13. Febr. 1857 c. Abrahamson (indirekt). Ist die Voruntersuchung aber einmal eingeleitet, so hat nur das Gericht über die einstweilige Einstellung des Verfahrens zu befinden, und kann, einem dahin abzielenden Antrage des Staats-Anwalts entgegen, die Fortsetzung verordnen. Das ergiebt der Schlußabsatz dieses §. Vgl. Temme GA. s. 45 n. 3.

5. Umgekehrt kann das Gericht die einstweilige Einstellung des Verfahrens, trotz eines entgegenstehenden Antrags der Staatsanwaltschaft, beschließen. Diese Befugniß steht auch nicht etwa nur der Rathskammer und dem Anklage-Senate des Appellations-Gerichts, sondern auch dem erkennenden Gerichte nach Eröffnung der Untersuchung und selbst nach dem Beginne der Verhandlungen in der Sitzung zu, so lange nur noch nicht in erster Instanz über die That erkannt ist.

Art. XXIV. **Wenn das Gesetz die Erhöhung oder Ermäßigung der Strafe von dem Vorhandensein erschwerender oder mildernder Umstände abhängig macht, so muß in Sachen, welche zur Kompetenz der Schwurgerichtshöfe gehören, auf den Antrag der Staatsanwaltschaft oder des Angeschuldigten eine darauf bezügliche Frage den Geschworenen bei Strafe der Nichtigkeit vorgelegt werden. Eine solche Frage kann den Geschworenen auch von Amtswegen vorgelegt werden.**

[Entw. Art. XIX]. Vgl. Ges. v. 3. Mai 1852 Art. 75. 80. 84. 85; Rh StPO. Art. 338.

---

6. Die (n. 4. 5) erwähnte Befugniß steht dem Gerichte nur so lange zu, als es selbst mit beiden konnexen Sachen befaßt ist, sie fällt daher weg, sobald über die eine derselben rechtskräftig erkannt worden ist; es muß dann auch über die andere im regelmäßigen Verfahren entschieden werden. Bschl. I. 6. Jan. 1858 c. Blanowski (2 B; G. A. 6. f. 272).

7. Wird ein eingestelltes Verfahren demnächst vom Staats-Anwalt wieder aufgenommen, so kann das Gericht — wenn nicht abermals eine reale Konkurrenz mehrerer Verbrechen ꝛc. vorliegt, und sonach der erste Absatz des Artikels wiederum Platz greift — nicht beschließen, daß das Verfahren auch jetzt noch einstweilen auf sich beruhen solle, vielmehr muß es dann zur Sache selbst entscheiden, vorbehaltlich der Befugniß, dabei in geeigneter Weise auf die früher verhängte Strafe zu rücksichtigen; vgl. § 56 n. 31.

8. Da die einstweilige Einstellung des Verfahrens durchaus fakultativ, und die Wiederaufnahme der Untersuchung in das Ermessen der Staatsanwaltschaft gestellt ist, so liegt kein Grund vor, den Lauf der Verjährung für die Zwischenzeit für gehemmt zu erachten. Vgl. Komm.-Ber. II. K. f. 23. 24.

Art. XXIV.

1. Dieser Artikel ist im Art. 84 des Gesetzes vom 3. Mai 1852 wiederholt.

2. Als ein die Strafe „erschwerender oder mildernder Umstand“ ist hier jede Thatsache zu betrachten, welche rechtlich geeignet erscheint, in Beziehung auf den den Gegenstand der Anklage bildenden Straffall (diesen in der einfachsten Gestaltung aufgefaßt, in welcher eine Strafbarkeit begründet sein kann) die Verhängung einer schwereren oder gelinderen Strafe herbeizuführen, ohne Unterschied, ob dadurch der strafrechtliche Charakter der That geändert wird oder nicht. Wesentlich ist sonach, daß der in der Anklage aufgestellte Thatbestand in seiner einfachsten Gestalt in allen wesentlichen Punkten bestehen bleibe, sowie daß durch das Hinzutreten des betr. Umstandes die Strafbarkeit dieses Umstandes in abstracto eine Abänderung erleide. Demgemäß ist Art. XXIV unanwendbar, wenn der geltend gemachte Umstand nur dann für die Sache Bedeutung erlangen kann, wenn aus dem in der Anklage aufgestellten (einfachen) Thatbestande einzelne wesentliche Merkmale ausscheiden; in diesem Falle unterliegt die Stellung der beantragten Frage dem richterlichen Ermessen nach Art. 86 des Ges. v. 3. Mai 1852. Das Nähere hierüber siehe: Strafverf. Art. 84 n. 5. 6; Art. 86 n. 7 ff. — Nach diesen Grundsätzen kann die des Mordes ihres unehelichen Kindes angeklagte Mutter Stellung der Frage fordern: ob sie das Kind „gleich nach der Geburt“ getödtet habe (§ 180), und es muß diesem Antrage Statt gegeben werden. *Contra:* Z. I. 16. Jan. 1858 c. Krüger (G. A. 6. f. 77). Vgl. § 180 n. 8.

3. Erschwerende oder mildernde Umstände können nur dann Berücksichtigung finden, wenn sie ausdrücklich festgestellt sind. Z. 25. Juni 1852 c. Jülke.

4. Die Frage nach dem Vorhandensein erschwerender oder mildernder Umstände ist nur da mit Nothwendigkeit zu stellen, wo entweder der Staats-Anwalt oder der Angeklagte darauf antragen. Z. I. 28. Okt. 1853 c. Schwartz.

5. Auch ein einziger Umstand kann als mildernd angesehen werden. Z. II. 23. Juni 1853 c. Kranig.

6. Hat das Gesetz im einzelnen Falle die erschwerenden oder mildernden Umstände nicht näher bezeichnet, so ist die Frage nur in ihrer Allgemeinheit zu stellen, nicht aber auf die speziellen Thatsachen zu richten, welche als mildernd artikulirt werden. Abh. im JMBl. 1852 s. 46. Vergl. Komm.-Ber. II. K. s. 24; Ges. v. 3. Mai 1852 Art. 84, und Note 11 zu dem letztern.

7. In allen Fällen, wo das Gesetz die Thatsachen, welche als mildernde Umstände angesehen werden können, nicht speziell bezeichnet, ist die Annahme derselben unbeschränkt der freien Beurtheilung des Richters der That anheim gestellt, ohne daß dabei die nach Verübung des Verbrechens 2c. eingetretenen Umstände (z. B. Reue, freiwillige Erstattung des angerichteten Schadens u. dgl.) grundsätzlich ausgeschlossen wären. Es ist daher „die den Geschwornen wegen der mildernden Umstände vorzulegende Frage in der Weise zu fassen: sind mildernde Umstände „vorhanden?“ Eine Beschränkung auf die bei Verübung der That obwaltenden Umstände ist unstatthaft. B. Pl. 23. März 1857 c. Feind (Präj. n. 231; JMbl. s. 195; Entsch. 36. s. 468; G. A. 5. s. 229); B. I. 17. Apr. 1857 c. Lehmann; Abh. in G. A. 5. s. 222; Matt. z. Vdn. v. 3. Jan. 1849 s. 613 (eine Aeußerung des Abg. Wenzel); Hälschn. 1. s. 488. *Contra* früher: Z. I. 10. Juni 1853 c. Schmidt (G. A. 1. s. 541); Z. I. 21. Nov. 1855 c. Kretzschmer. Vgl. Strafverf. Art. 84 n. 15.

8. Es ist unbedenklich statthaft, in Beziehung auf einen von mehreren derselben That Angeklagten das Vorhandensein mildernder Umstände anzunehmen, in Beziehung auf einen andern aber dasselbe zu verneinen. Z. I. 26. Nov. 1856 c. Viehweyer. Vgl. Strafverf. Art. 84 n. 16.

9. „Es ist im schwurgerichtlichen Verfahren unzulässig, nach Verkündung des „[regelrechten] Verdikts der Geschwornen durch deren Vorsteher denselben nach-„träglich Fragen wegen Strafausschließungsgründe oder mildernder Umstände zur „Beantwortung zu stellen.“ Z. (B.) Pl. 20. Apr. 1857 c. Müller (237; Präj. n. 234; JMbl. s. 223; Entsch. 35. s. 478; 36. s. 465; G. Arch. 5. s. 505); Z. I. 15. Sept. 1858 c. Zühlke; B. I. 23. Nov. 1859 c. Lefebre (G. A. 8. s. 83). *Contra* früher: Z. I. 20. Sept. 1854 c. Viol (G. A. 2. s. 803); Z. I. 18. Apr. 1855 c. Walther (G. A. 3. s. 542); Z. I. 2. Jan. 1856 c. Großmann (G. A. 4 s. 207)); Z. I. 26. Nov. 1856 c. Rabbas (1085; G. A. 5. s. 62). Vgl. Art. XXV n. 9; Strafverf. Art. 84 n. 17. 18. G. A. 3. s. 541 u. 814; Abh. in G. Arch. 5. s. 502. Der aufgestellte Grundsatz muß selbst dann gelten, wenn das den Gegenstand der Hauptfrage betreffende Verbrechen (z. B. Raub) die Berücksichtigung mildernder Umstände nicht gestattete, die Geschwornen aber, unter Beseitigung einiger Merkmale, nur den Thatbestand eines geringeren Straffalls (z. B. des einfachen Diebstahls) feststellen, welcher eine solche Berücksichtigung wohl zuläßt. Auch eine derartige Eventualität konnte vorausgesehen, und in Beziehung auf sie die betreffende Fragstellung beantragt werden. Das ward (indirekt) anerkannt durch Z. II. 19. Mai 1860 c. Brinkhof (Rh. S.; G. A. 8. s. 525).

10. Nach Rheinischem Rechte (Rh. StPO. Art. 347. 351; AKO. v. 31. Dez. 1833) bedarf es nur in Betreff der Hauptthat und der erschwerenden, nicht auch der strafmildernden Umstände im Geschwornenspruche der Angabe des Stimmenverhältnisses; ist aber auch die Verneinung ausdrücklich nur „mit einfacher Stimmenmehrheit“ erfolgt, so findet doch eine Entscheidung des Gerichtshofs über diese Frage nicht Statt. So: Z. II. 3. Mai 1860 c. Tervelden. *Contra:* Antr. der Gen.-St.-Anwaltschaft arg. cit. KO. § 3 a. E. — Die Richtigkeit der letzteren Ansicht kann da, wo das Ges. v. 3. Mai 1852 (Art. 90) Geltung hat, nicht zweifelhaft sein.

11. Inwiefern in Abtheilungs- und polizeigerichtlichen Sachen der Instanzrichter verpflichtet sei, sich über das Vorhandensein der vom Angeklagten geltend gemachten mildernden Umstände ausdrücklich auszusprechen, vergl. Strafverf. Art. 31 n. 20; § 126 n. 16. — Jedenfalls tritt Nichtigkeit ein, wenn derselbe ein als mildernder Umstand geltend gemachtes thatsächliches Moment (z. B. Trunkenheit) nur aus dem Grunde beseitigt, „weil daraus nicht die Unzurechnungsfähigkeit zu folgern sei,“ wenn also die Bedeutung als mildernder Umstand ungeprüft gelassen ist. B. II. 14. Jan. 1858 c. Weilbeer (JMBl. s. 101). — Auch ist der Instanzrichter unter allen Umständen verpflichtet, sich über die Erheblichkeit der Beweisanträge auszusprechen,

Art. XXV. Den Geschworenen sind geeigneten Falls eventuelle Fragen vorzulegen, insbesondere um festzustellen, ob der Angeklagte in Beziehung auf das Verbrechen oder Vergehen, wegen dessen die Anklage gegen ihn erhoben ist, nicht wenigstens des Versuchs, der Theilnahme, der Begünstigung oder der Hehlerei schuldig ist, oder ob er die Handlung, welche ihm die Anklageschrift als eine vorsätzlich verübte zur Last legt, nicht wenigstens aus Fahrlässigkeit begangen zu haben schuldig ist.

[Entw. Art. XX]. Vgl. Ges. v. 3. Mai 1852 Art. 30. 86; Rh. StPO. Art. 338.

---

welche auf den Nachweis einer als Strafmilderungsgrund geltend gemachten Thatsache abzielen; Nichtigkeit greift daher Platz, wenn er es versäumt, von diesem Gesichtspunkte aus, jene Umstände zu prüfen. B. II. 9. Sept. 1858 c. Zwanzig.

12. Was in diesem Artikel von „Milderungs-Gründen" gesagt worden, ist auf die in den Strafgesetzen nicht besonders hervorgehobenen Strafzumessungsgründe nicht auszudehnen. Z. I. 14. Dez. 1853 c. Paschke (JMBl. s. 182). Sie unterliegen nur dem freien Ermessen des die Strafe bestimmenden Richters. Z. II. 28. Dez. 1857 c. Pagendortel. Derselbe kann daher, neben den durch die Geschwornen festgestellten mildernden Umständen, selbstständig auch noch Strafzumessungsgründe in Betracht ziehen, welche ein Hinausgehen über das geringste Maaß der zulässigen Strafe rechtfertigen. Z. I. 27. Febr. 1856 c. Bergau.

13. Der Instanzrichter macht sich keiner Nichtigkeit schuldig, wenn er als Strafzumessungsgrund dasjenige berücksichtigt, was er nur vermuthet. Z. II. 7. Jan. 1858 c. Grosse.

Art. XXV.

1. Durch die erhobene Anklage wird das Richter-Amt mit der den Gegenstand derselben bildenden Thatsache in ihrer Totalität befaßt; es ist daher bei der Beurtheilung weder in Betreff der einzelnen in der Anklage hervorgehobenen oder nicht hervorgehobenen Umstände, noch in Betreff der gesetzlichen Qualifizirung beschränkt, und kann nach freiem Ermessen seine Entscheidung fällen, insbesondere also auch thatsächliche die That begleitende Umstände in den Kreis seiner Beurtheilung ziehen, deren die Anklage keine Erwähnung that; es kann Strafbarkeit von einem Gesichtspunkte aus annehmen, unter welchen die Anklage sie nicht gebracht hatte, so lange nur nicht eine andre Thatsache als die den Gegenstand der Anklage bildende zum Gegenstande der Aburtheilung gemacht wird. Ebendeshalb wird durch die rechtskräftige Aburtheilung über eine Anklage die ihr zum Grunde liegende Thatsache vollständig erledigt; es ist ferner nicht statthaft, dieselbe von einem anderen Gesichtspunkte aus betrachtet, zum Gegenstande eines neuen Strafverfahrens zu machen (es sei denn auf Grund des durch Art. 30. 86 des Ges. v. 3. Mai 1852 gestatteten Vorbehalts). Der Art. XXV ist nur eine Anwendung dieses allgemeinen Grundsatzes, und ebendeshalb nicht limitativ aufzufassen, indem es nicht minder statthaft erscheint, eine Eventual-Frage zu stellen, inwiefern die betreffende Handlung den Thatbestand eines ganz andern Verbrechens oder Vergehens enthalte, als die Anklage behauptet hatte. Z. II. 19. Mai 1860 c. Brinkhof (Rh. S.; G. A. 8. s. 525). Zum Theil in andrer Weise ist die Sache angesehen in einer Abh. JMBl. 1851 s. 61, und in einer dort citirten Entscheidung des Ober-Tribunals, sowie bei Koch n. 23; seitdem ist für die alten Provinzen die Sache durch die Artt. 30. 86 des Gesetzes v. 3. Mai 1852 näher geregelt worden. Zu vergleichen dagegen Abh. JMBl. 1852 s. 38. — Diese Grundsätze sind auch für das Rheinische Recht maaßgebend, da auch hier die Sache durch die einmalige Aburtheilung nach allen Richtungen hin erschöpft wird. Zu vergleichen sind hier die im General-Register zum Rh. Arch. s. v. Assisen n. 29. 30. 34 citirten Urtheile des frühern Kassationshofs.

2. Der Art. XXV spricht von der Stellung „eventueller Fragen", während Art. 86 des Ges. v. 3. Mai 1852 dieselben als „besondere" Fragen bezeich-

net. Dieser letztere Ausdruck ist der richtigere. Es handelt sich davon, festzustellen, ob die That nicht eine andere strafbare Seite bieten könne, als die im Anklagebeschlusse hervorgehobene. Da es nun füglich geschehen kann, daß in derselben Handlung zwei verschiedene Straffälle ideell konkurriren, so muß es auch statthaft sein, beide neben einander durch den Geschwornen-Spruch feststellen zu lassen, um demnächst die Strafverhängung nach § 55 des StGB. eintreten zu lassen. Insoweit daher sich die verschiedenen Thatbestände nicht wechselseitig ausschließen (wie z. B. Versuch und Vollendung, vorsätzliche oder fahrlässige Begehung rc.), ist es durchaus angemessen, alle Fragen unbedingt beantworten zu lassen und nicht durch die Bezeichnung Eventualfrage es zu veranlassen, daß die Geschwornen zur Beantwortung derselben nur dann übergehen, wenn sie die erste Frage verneint haben. Diese Verfahrungsweise empfiehlt sich schon deshalb, um auch für den leichteren Straffall eine demnächstige Anwendung der Rückfallsstrafe begründen zu können (Z. I. 14. Jan. 1859 c. Wendt; G. A. 7. s. 232). Bei dieser Form der Fragstellung ist dann nur Sorge dafür zu tragen, daß aus derselben ersichtlich werde, wie es sich in beiden Fragen um dieselbe concrete That handle, damit es klar werde, daß nur eine ideale, nicht eine reale Concurrenz obwalte. Das Nähere vgl. Strafverf. Art. 86 n. 28. 29. — Diese Grundsätze gelten auch für das Gebiet des Rheinischen Rechts.

3. Die Stellung einer eventuellen (besondern) Frage kann auch von Amtswegen, ohne vorgängigen Antrag, erfolgen.

4. Wenn die Stellung eventueller (besonderer) Fragen den Zweck hat, bei Verneinung der dem Angeklagten durch die Anklage zur Last gelegten vollen Schuld, eine geringere, damit verwandte Verschuldung desselben festzustellen, so hat der Angeklagte kein Interesse, und deshalb auch kein Recht, die Stellung einer solchen Frage zu beantragen. Von seinem Standpunkte könnte mit derselben nur bezweckt werden, die Geschwornen von einer unbefangenen Beurtheilung der Hauptfrage abzulenken. Z. II. 24. Sept. 1857 c. Saerbeck; Z. I. 11. Dez. 1857 c. Koniarck (Krziminski u. Gen.). Die Ablehnung eines derartigen vom Angeklagten ausgegangenen Antrags begründet daher keine Nichtigkeit. Z. I. 27. Mai 1852 c. Bock (G. A. 1. s. 532); Z. I. 15. Febr. 1856 c. Stephan (G. A. 4. s. 206); Z. I. 25. März 1859 c. Klinge; Z. II. 8. März 1860 c. Ebeling (G. A. 8. s. 388); u. ö. Das gilt selbst dann, wenn für die Ablehnung keine Gründe angeführt sind. Z. I. 6. Jan. 1858 c. Krüger (G. A. 6. s. 77). Vgl. Strafverf. Art. 86 n. 22.

5. Wenn dagegen mehrere der am Schlusse der n. 4 citirten Erkenntnisse erwägen, die Stellung eventueller Fragen sei nur dem Ermessen des Vorsitzenden, resp. des Gerichtshofs überlassen, so unterliegt das doch jedenfalls der Maaßgabe, daß über einen solchen vom Staats-Anwalte gestellten Antrag der Gerichtshof nothwendig Beschluß fassen, und denselben im Protokolle vermerken lassen muß, damit es klar werde, daß er das ihm in dieser Beziehung zustehende thatsächliche Ermessen habe walten lassen. Vgl. Strafverf. Art. 86 n. 23.

6. Wenn die Stellung einer eventuellen, und nicht die einer besonderen Frage für angemessen erachtet wird (vgl. n. 2), so ist als Hauptfrage diejenige an die Spitze zu stellen, nach welcher die That den schwersten Charakter annimmt; derselbe Grundsatz ist auch bei der Reihenfolge mehrerer eventueller Fragen zu beobachten. So im Allgemeinen: Z. I. 2. Nov. 1857 c. Nowacki (G. A. 5. s. 829, welchem indessen insofern nicht beizutreten ist, als es Alles in das Ermessen des Gerichtshofs gelegt wissen wollte); Z. I. 8. Dez. 1854 c. Stadtländer (stillschw.); Burchardi Abh. in G. A. 1. s. 690.

7. Auch bei der Stellung von Eventualfragen darf die ausdrückliche Bezeichnung als „eventuelle Frage“ nicht unterlassen werden, weil sonst im Falle der Beantwortung beider Fragen jede Bejahung einer selbstständigen Frage auch einen selbstständigen Thatbestand, und sonach den Fall einer realen Konkurrenz feststellen, mithin also getrennte Bestrafung beider rechtfertigen würde. Vgl. n. 2.

8. Es ist unstatthaft, die Frage in Betreff des vollendeten oder des nur versuchten Verbrechens alternative in einer Fragstellung zusammen zu fassen, es kann vielmehr nur die Stellung einer eventuellen Frage erfolgen. B. I. 10. März 1858 c. Sacksen. Vgl. n. 2.

9. Die Stellung der eventuellen (besondern) Fragen muß jedenfalls vor

Art. XXVI. Darüber, ob die Voraussetzungen des Rückfalls vorhanden sind, entscheidet der Schwurgerichtshof ohne Mitwirkung der Geschworenen.

[Entw. Art. XXI]. Vgl. StGB. §§ 58—60. 202. 203. 219. 233. 240. 267. 269. 336.

Art. XXVII. Im Bezirke des Rheinischen Appellationsgerichtshofes kommen folgende Bestimmungen zur Anwendung:

§. 1. Alle wegen eines und desselben Verbrechens oder Vergehens zur Strafe verurtheilte Personen sind zu den Kosten, zur Rückgabe und zum Schadensersatze, auf welche erkannt wird, solidarisch zu verurtheilen.

[Entw. Art. XXII § 1]. Vgl. Rh. StGB. Art. 55; (Rh.) Dekr. v. 18. Juni 1811 Art. 156.

Verkündung des [regelrechten] Ausspruchs der Geschwornen auf die ihnen übergebene Hauptfrage statt finden, weil mit dieser Verkündung die thatsächlichen Erörterungen vor dem Schwurgerichtshofe abgeschlossen sind, und auf sie sofort das Urtheil folgen soll. Ein Verstoß gegen diesen Grundsatz kann auch nicht durch den Mangel eines Einwands von Seiten des Angeklagten oder seines Vertheidigers gedeckt werden. B. I. 27. Apr. 1855 c. Rauprich (G. A. 3. s. 543); B. I. 30. Jan. 1856 c. Paetzold (G. A. 4. s. 206); B. I. 4. Juni 1856 c. Adam (G. A. 4. s. 667). Mit der Verkündung jenes Ausspruchs hat der Angeklagte ein Recht darauf erworben, daß nach Maaßgabe desselben endgültig über die der Anklage zum Grunde liegende Thatsache aberkannt werde; dieselben Gründe, welche einer abermaligen Verfolgung entgegen stehen würden (non bis in idem), machen auch die Stellung einer nachträglichen Eventualfrage unstatthaft. Vgl. Strafverf. Art. 86 n. 24—27; Antrag des Gen.-Staats-Anwalts in G. A. 5. s. 504; Stemann Abh. in G. A. 2. s. 177; G. Arch. 3. s. 514. 814. — Das Gesagte gilt auch für das Gebiet des Rheinischen Rechts; insbesondere ist hier durch Art. XXV die AKO. v. 7. Febr. 1835 (Rh. Samml. 5. s. 70) beseitigt, nach welcher bei den auf „freiwillige Tödtung oder Verwundung" gerichteten Anklagen nach erfolgter Verneinung der Hauptfrage eine neue Frage gestellt werden konnte, ob der Angeklagte die That aus Unvorsichtigkeit begangen habe.

10. Der Vorbehalt einer anderweiten Verfolgung aus einem andern Gesichtspunkte ist nur so lange statthaft, als auch eine besondere Frage gestellt werden darf. B. I. 18. Febr. 1861 c. Erbe. Das Ober-Tribunal ist daher regelmäßig nicht befugt, seinerseits einen solchen Vorbehalt auszusprechen. Das Nähere vgl. Strafverf. Art. 86 n. 38—41.

11. Aus dem unter n. 9 Gesagten folgt, daß insoweit die rechtzeitige Stellung einer besondern Frage, resp. ein entsprechender Vorbehalt verabsäumt sind, eine anderweite Verfolgung der fraglichen Thatsachen ferner nicht statthaft sein kann; vgl. Entwurf einer Str.-Pr.-O. v. 1851 § 368 (JMBl. s. 127). Eine an sich zulässige Eventualfrage (Vorbehalt) muß daher gestellt (gemacht) werden, wenn die Sache nicht ihre endgültige Erledigung finden soll.

Art. XXVI.

1. Dieser Artikel beseitigt den Zweifel, ob im Falle, wo der Angeklagte seine Identität mit einem früher Verurtheilten bestreitet, diese im Bezirke des Rh. AGHofes in Gemäßheit der Artt. 518—520 der Rh. StPO. festzustellen sei.

2. Die Entscheidung über die Voraussetzungen des Rückfalls bleibt gleichwohl eine thatsächliche, und ist daher im Wege der Nichtigkeitsbeschwerde nicht anzugreifen. Vgl. § 58 n. 20.

Art. XXVII §. 1.

1. Die durch Art. 55 des Rh. StGB. angedrohte Solidarität für die Geldbußen ist hier nicht wiederholt, also beseitigt. B. Kass.-H. 9. Sept. 1851 c. Suckfüll.

2. Nach der Fassung des cit. Art. 55 (sont tenus solidairement ....) nehmen die französische Jurisprudenz und Doktrin an, die Solidarität verstehe sich, auch wenn sie nicht ausdrücklich im Urtheile ausgesprochen sei, von selbst. Auch das fällt jetzt bei der veränderten Fassung des Art. XXVII § 1 weg.

3. Unter den „wegen desselben Verbrechens ꝛc. Verurtheilten“, sind nicht nur die Urheber, sondern auch die Theilnehmer und Gehülfen zu verstehen. Vgl. Dekr. v. 18. Juni 1811 Art. 156. Dagegen kann die Vorschrift jetzt, wo die Hehlerei nicht als Theilnahme an der Hauptthat, sondern als besonderes Verbrechen ꝛc. behandelt wird, auf diese keine fernere Anwendung erleiden.

4. Zur Rechtfertigung einer solidarischen Verurtheilung zu den Kosten genügt die Feststellung nicht, daß die verschiedenen Vergehen, wegen welcher zwei Beschuldigte in demselben Verfahren verurtheilt werden, unter sich in einem innern Zusammenhange stehen, vielmehr ist Identität derselben erforderlich. V. II. 11. Okt. 1855 c. Adams (Geswein u. Gen.).

5. Die solidarische Verurtheilung kann sich nur auf diejenigen Verbrechen ꝛc. beziehen, wegen welcher gegen alle eine Verurtheilung ausgesprochen ist. Wird in demselben Verfahren gegen einzelne auch noch wegen anderer Verbrechen ꝛc. auf Strafe erkannt, so darf die Verurtheilung zu den Kosten wegen dieser die übrigen nicht mittreffen. V. II. 11. Jan. 1855 c. Hebben; V. II. 11. Okt. 1855 c. Meisterfeld; V. II. 21. Jan. 1858 c. Maaßen; V. II. 13. Jan. 1859 c. Meiners. Ebensowenig darf sich die Verurtheilung in die Kosten auf diejenigen mit erstrecken, welche durch die Verfolgung wegen eines andern Verbrechens ꝛc. veranlaßt worden sind, von welchem der Angeklagte freigesprochen worden ist. V. II. 13. Juni 1857 c. Nicolai. Vgl. Gilb C. pén. Art. 55 n. 3. 4. 9.

6. Dagegen hat das Ober-Tribunal durch Z. II. 4. Febr. 1858 c. Huppertz und eod. c. Weiland angenommen, daß dem wegen eines Verbrechens ꝛc. Verurtheilten auch diejenigen Kosten zur Last zu legen seien, welche durch die gleichzeitige Verfolgung eines andern desselben Verbrechens Angeklagten, demnächst aber Freigesprochenen veranlaßt worden sind.

7. Die Solidarität ist nicht durch eine gleichzeitige Verurtheilung bedingt; sie ist also auch in Betreff derjenigen Kosten auszusprechen, welche durch das besondre Verfahren veranlaßt worden sind, in welchem früher gegen eine andre Person wegen derselben That auf Strafe erkannt wurde. Dagegen dürfte die ausgesprochene Verurtheilung zu den Kosten nicht auf diejenigen auszudehnen sein, welche erst später durch das Verfahren gegen einen Mitschuldigen veranlaßt werden. Chauv. et Hél. Th. d. C. p. 1. p. 131 (ed. Belge); Gilb. C. pén. Art. 55 n. 4. 7.

8. Der unerläßlichen Solidarität ungeachtet, steht den Richtern die Befugniß zu, zwischen den verschiedenen Verurtheilten mit Rücksicht auf den verschiedenen Grad der Betheiligung ein andres Verhältniß für die prinzipale Haftbarkeit zu bestimmen. Chauv. et Hél. l. c.

9. Werden mehrere Angeklagte in einem Verfahren, theils wegen derselben, theils wegen verschiedener nur den einzelnen zur Last fallender Verbrechen ꝛc. verurtheilt, so können die Instanz-Richter das Verhältniß, nach welchem sie theils solidarisch, theils jeder für sich allein die Gesammtkosten tragen sollen, evaluiren. Das Ober-Tribunal hat eine derartige Entscheidung wiederholt stillschweigend gebilligt, z. B. durch Z. II. 31. Mai 1855 c. Bäumer, und hat durch V. II. 11. Okt. 1855 c. Meisterfeld, V. II. 13. Juni 1857 c. Nicolai, V. II. 21. Jan. 1858 c. Maassen, selbst eine solche Evaluation vorgenommen.

10. Der Art. XXVII § 1 ebenso wie § 55 des Rh. StGB. sprechen nur von Verbrechen und Vergehen, nicht von Uebertretungen, während die die solidarische Verurtheilung wegen der Kosten betreffende Bestimmung des Art. 56 des Dekrets vom 18. Juni 1811 sich auf alle strafbaren Handlungen bezieht. In Frankreich ist die verbindliche Kraft dieser weitergehenden Bestimmung bestritten, vgl. Chauv. et Hél. l. c Dagegen ward dieselbe und ihre fortdauernde Gültigkeit in Betreff der Uebertretungen angenommen durch Z. II. 19. Jan. 1854 c. Floßbach.

11. Tritt die Solidarität für Rückgabe und Schadensersatz auch dann ein, wenn die Verurtheilung dazu durch den Civil-Richter erfolgt? Die Bejahung konnte nach der allgemeinen Fassung des Art. 55 des Rh. StGB. nicht zweifelhaft sein,

Art. XXVII. Im Bezirke des Rheinischen Appellationsgerichtshofes kommen folgende Bestimmungen zur Anwendung:

§. 2. Wegen der Rückgabe und des Schadensersatzes, auf welche wegen strafbarer Handlungen erkannt wird, findet gegen die Verurtheilten die persönliche Haft statt.

[Entw. Art. XXII § 2]. Rh. StGB. Art. 52. 53. 469; Rh. BPO. Art. 780 ff.

§. 3. Ist auf Konfiskation oder Geldbuße, zugleich aber auf Rückgabe oder Schadensersatz erkannt worden, so haben die letzteren den Vorzug, wenn das Vermögen des Verurtheilten nicht ausreicht, alle diese Leistungen zu bestreiten.

[Entw. Art. XXII § 3]. Vgl. Rh. StGB. Art. 64; (Rh.) Ges. v. 5. Sept. 1807; Rh. StPO. Art. 121; Rh. BGB. Art. 2202.

Urkundlich unter Unserer Höchsteigenhändigen Unterschrift und beigedrucktem Königlichen Insiegel.

Gegeben Charlottenburg, den 14. April 1851.

(L. S.) Friedrich Wilhelm.

v. Manteuffel. v. d. Heydt. v. Rabe. Simons. v. Stockhausen. v. Raumer. v. Westphalen.

---

vgl. Rej. 6. Sept. 1813; id. 23. Dez. 1818 (Sir. 14. 1. 57; 19. 1. 278); Gilb. C. pén. Art. 55 n. 28. Nach Art. XXVII § 1 erscheint die Frage zweifelhafter; jedenfalls muß eine Verurtheilung zu einer Strafe vorhergegangen sein.

Art. XXVII §. 2.

12. Auch hier ist die durch das Rh. StGB. verhängte persönliche Haft wegen der Geldbuße und der Kosten beseitigt, indem jetzt die eventuelle Gefängnißstrafe an die Stelle der Geldbuße tritt. Dasselbe war, was wenigstens die erstere betrifft, schon durch die AKO. v. 18. Sept. 1824 (Rh. Samml. 2. S. 526), und in Betreff beider durch die Vdn. v. 24. Nov. 1843 § 1 Nr. 9, § 10. 29 (Ges.-Samml. S. 353) geschehen.

13. Die allgemeinere Fassung des Art. 52 des Rh. StGB. bezog sich unzweifelhaft auch auf den Schadensersatz, zu dessen Leistung die Civil-Partei dem Angeklagten 2c. gegenüber verurtheilt werden kann. Vgl. Urtheil des Appellhofs zu Bordeaux v. 15. Nov. 1828 (Sir. 29. 2. 117). Es hat schwerlich in der Absicht des Gesetzgebers gelegen, das hier zu beseitigen, die Worte des § 2 lassen indessen eine derartige Ausdehnung nicht zu.

14. Die Zulässigkeit der persönlichen Haft braucht im Urtheil nicht ausgesprochen zu sein, sie versteht sich von Rechtswegen. Chauv. et Hél. Th. d. C. p. I. p. 375 (ed. Belge I. p. 151). Vgl. übrigens Rh. BGB. Art. 2067.

15. Die Vollstreckung durch persönliche Haft findet auch dann Statt, wenn die Verurtheilung vom Civil- und nicht vom Straf-Gerichte ausgegangen ist; § 2 unterscheidet gar nicht. *Contra*: Cass. 18. Nov. 1834 (Sir. 34. 1. 777).

Art. XXVII §. 3.

16. Diese Vorschrift bezieht sich nicht auf die Kosten, für sie hat der Staat ein Privilegium nach dem (Rh.) Ges. v. 5. Sept. 1807.

Straf-Gesetzbuch
für die Preußischen Staaten
vom 14. April 1851. *)

Wir Friedrich Wilhelm, von Gottes Gnaden, König von Preußen ꝛc. ꝛc.
verordnen mit Zustimmung der Kammern, was folgt:

Einleitende Bestimmungen.

§. 1. Eine Handlung, welche die Gesetze mit der Todesstrafe, mit Zuchthausstrafe oder mit Einschließung von mehr als fünf Jahren bedrohen, ist ein Verbrechen.

---

*) **Straf-Gesetzbuch.**

1. Das StGB. ist als ein für sich bestehendes Gesetz für die ganze Monarchie erlassen, und dabei Einheit des Strafrechts und gleichmäßige Anwendung in allen Landestheilen beabsichtigt worden. Z. Pl. 27. Febr. 1854 c. Wegener (Präj. n. 96; JMBl. s. 193; Entsch. 27. s. 329); V. II. 2. März 1854 c. Sommer; Z. II. 28. Okt. 1858 c. Neumann; vgl. § 141 n. 4. Aehnlich sprach sich eine Min.-Verf. v. 7. Apr. 1853 aus (G. A. 1. s. 83), nach welcher die gebrauchten Ausdrücke nicht nach den verschiedenen in den einzelnen Landestheilen geltenden Civilgesetzgebungen, sondern nach dem Sprachgebrauche des gewöhnlichen Lebens auszulegen sind. *Contra:* Temme (Lehrb. § 25; Arch. 4. s. 311), welcher überall auf das Preußische Civilrecht, und nur auf dieses zurückgehen will.

2. Die Motive des Regierungs-Entwurfs bestimmen den Sprachgebrauch desselben, wenn daher dieser von den Kammern ohne eine Aenderung oder entgegengesetzte Bemerkung angenommen ist, so kann dem Richter nicht gestattet sein, die gebrauchten Worte in einem andern als diesem ausdrücklich festgestellten Sinne zu nehmen, und der Zweifel: ob die anderen Faktoren der Gesetzgebung die Motive getheilt haben, kann nicht mehr gehört werden. So: V. I. 18. März 1853 c. Krebs (beil.).

3. Ueber die Bedeutung der Motive und der Kammerverhandlungen sind noch zu vergleichen: Heffter Abh. in G. A. 1. s. 31 fgg.; Temme Gll. s. 15 fgg. id. Lehrb. § 25 s. 128 fgg.; Hälschner 1. s. 83.

§. 1.

1. Es wäre zu wünschen gewesen, daß das Strafgesetzbuch einen technischen Ausdruck für „strafbare Handlung“ im Allgemeinen festgestellt hätte. Vgl. Einf.-Ges. Art. XXIII „Straffall.“) Die französische Gesetzessprache gebraucht in dieser Weise das Wort délit, welches aber, da es gleichzeitig auch „Vergehen“ bezeichnet, leicht zu Mißverständnissen Anlaß giebt. Heffter (Lehrb.) bedient sich in gleichem Sinne des Ausdrucks Mißthat.

2. Die Strafandrohung für Uebertretungen kann auch durch Polizei-Verordnungen erfolgen. Vgl. § 332 und Pol.-Ges. v. 11. März 1850 § 5 fgg.

Eine Handlung, welche die Gesetze mit Einschließung bis zu fünf Jahren, mit Gefängnißstrafe von mehr als sechs Wochen oder mit Geldbuße von mehr als funfzig Thalern bedrohen, ist ein Vergehen.

Eine Handlung, welche die Gesetze mit Gefängnißstrafe bis zu sechs Wochen oder mit Geldbuße bis zu funfzig Thalern bedrohen, ist eine Uebertretung.

[Entw. § 1]. Vgl. Einf.-Ges. Art. VIII—X. XIII—XV; Verfassung v. 31. Jan. 1850 Art. 8.

§. 2. Kein Verbrechen, kein Vergehen und keine Uebertretung kann mit einer Strafe belegt werden, die nicht gesetzlich bestimmt war, bevor die Handlung begangen wurde.

[Entw. § 2]. Vgl. Verfassung v. 31. Jan. 1850 Art. 8. 106; Ges. v. 3. Apr. 1846 (GS. s. 151); Vdn. v. 3. Jan. 1849 § 125.

---

3. Auch die mit Gefängnißstrafe bis zu sechs Wochen und daneben noch mit einer Geldbuße bis zu fünfzig Thalern bedrohten Handlungen sind als Uebertretungen anzusehen.

4. Die Klassifizirung der strafbaren Handlungen ist nach den objektiv angedrohten Strafen zu bestimmen, und der Umstand, daß unter gewissen thatsächlichen Voraussetzungen (z. B. wegen mildernder Umstände) eine geringere Strafart eintreten kann oder muß, nimmt der That den Charakter nicht, den sie im Allgemeinen hat; es ist daher im Betreff der Kompetenz keine Rücksicht darauf zu nehmen, zumal da erst der erkennende Richter das Vorhandensein jener Voraussetzungen zu prüfen hat. B. II. 24. Juni 1858 c. Kerpen. Vgl. G. Matt. 1. s. 51. Ein Beispiel siehe Einf.-Ges. Art. XIV n. 5. Eine Ausnahme von diesem Satze enthält für die Rheinprovinz das Ges. v. 4. Mai 1853 (vgl. Einf.-Ges. Art. XIV).

5. Aus demselben Grunde ist auch beim Vorhandensein mildernder Umstände stets nur diejenige Verjährungsfrist maaßgebend, welche mit Rücksicht auf die ordentliche Strafe der That vom Gesetze im Allgemeinen angedroht ist. Vergl. § 46 n. 1.

6. Ebenso bleibt das von einem Strafunmündigen (§ 43) begangene Verbrechen ein Verbrechen, wenn gleich es nur mit Gefängnißstrafe geahndet werden darf (G. Matt. 1. s. 52, III. VI). Nur in Betreff der Kompetenz hat Art. IV des Ges. v. 22. Mai 1852 (vgl. oben beim Einf.-Ges. Art. VIII) eine Abänderung getroffen. Inwiefern hier die für Verbrechen, oder für Vergehen geltende Verjährung Platz greife, vgl. §. 43 n. 8.

7. Für die Klassifizirung einer strafbaren Handlung ist das höchste Maaß der zulässigen Strafe maaßgebend. Vgl. Einf.-Ges. Art. XX n. 3.

8. Bei einem von Mehreren vorsätzlich gemeinschaftlich begangenen Verbrechen rc. kommt es bei Beurtheilung der Frage: welches Strafgesetzes Thatbestand vorliege, auf den Inbegriff der von sämmtlichen Betheiligten verübten Handlungen an. Vgl. Th. 1. Tit. 3 n. 5—8; § 91 n. 7; § 230 n. 11; § 233 n. 9.

9. Zuwiderhandlungen gegen das Regulativ v. 9. März 1839 (AKO. v. 6. Apr. 1839 G.-S. s. 156) über die Beschäftigung jugendlicher Arbeiter in den Fabriken, welche nach § 8 durch Strafen von 1—5 Thlr. für jedes vorschriftswidrig beschäftigte Kind geahndet werden, bleiben Uebertretungen, wenn auch mehr als zehn Kinder gleichzeitig vorschriftswidrig beschäftigt sind, weil das Gesetz selbst andeutet, daß in Betreff jedes Kindes ein selbstständiger Straffall anzunehmen sei.

§ 2.

1. Das Gesetz ist nach dem erkennbaren Willen des Gesetzgebers zu interpretiren und danach eine weitere Bedeutung der gebrauchten Ausdrücke anzunehmen, wenn sie ein allgemeines Verständniß in diesem Sinne erwarten lassen. Ueber diese

§. 3. Die Preußischen Strafgesetze finden Anwendung auf alle in Preußen begangene Verbrechen, Vergehen und Uebertretungen, auch wenn der Thäter ein Ausländer ist.

[Entw. § 3]. Vgl. § 4; Ges. v. 3. Mai 1852 Art. 2 Nr. 1.

Gränze hinaus findet eine analoge Anwendung der Straf-Gesetze nicht Statt. Heffter in G. A. 1. f. 27 fgg.; Hälschner 1. f. 78. 88. Wenn daher der streng wörtliche Ausdruck des Gesetzes hinter seiner klaren Absicht zurückbleibt, eine erweiterte Deutung aber dieser klaren Absicht entspricht und zugleich mit den Quellen des Gesetzes übereinstimmt, so wird der Sinn des Gesetzes durch die weitere Deutung der Wortfassung begränzt. B. I. 10. Sept. 1856 c. Schmidt.

2. Ueber die Statthaftigkeit und die verbindende Kraft von Polizei-Verordnungen, und die durch dieselben anzudrohenden Strafen vgl. § 332 n. 3 fgg.; Pol.-Ges. v. 11. März 1850 § 5 fgg. (Ges.-Samml. f. 266).

3. Ueber die Verkündung solcher ortspolizeilicher Vorschriften, vgl. Pol.-Ges. v. 11. März 1850 § 5; AKO. v. 8. Febr. 1840 (G.-S. f. 32); Verf. des Min. des Innern v. 6. Juni 1850 (Min.-Bl. f. d. i. V. f. 176).

4. In Betreff der Nothwendigkeit, die thatsächliche Feststellung auf den Zeitpunkt der Begehung der strafbaren Handlung auszudehnen, vgl. Einf.-Ges. Art. IV n. 22; § 3 n. 16.

5. Ueber die Statthaftigkeit der Anrechnung der Untersuchungshaft auf die Strafe vgl. § 10 n. 2; § 14 n. 1.

§. 3.

1. Der Grundsatz dieses § findet auf alle Strafgesetze, nicht blos auf die im StGB. enthaltenen, Anwendung.

2. Die auf einem Preußischen Seeschiffe auf offenem Meere verübten strafbaren Handlungen sind als in Preußen begangen anzusehen, und nach Preußischen Gesetzen zu bestrafen. Z. I. 12. Sept. 1855 c. Seyler (G. A. 3. f. 658 in einer diese Frage betreffenden Abh.). Jener Grundsatz gilt bei Kriegsschiffen auch dann, wenn sie sich im Eigenthums-Gewässer eines fremden Staats (z. B. auf der Rhede eines ausländischen Hafens) befinden, während bei andern Schiffen hier als Ort der Begehung das Staatsgebiet angesehen wird, welchem das Gewässer gehört. Z. I. 16. März 1859 c. Strauß (G. A. 7. f. 344), welches gleichzeitig erwägt: wenn auch der Heimathsstaat das Personal auf seinen Schiffen für die in fremden Eigenthumsgewässern begangenen Vergehen verantwortlich machen könne, so dürfe er doch seine Gerichtsbarkeit und seine Gesetze nicht an Ort und Stelle in fremden Staats- und Seegebieten geltend machen. Vgl. hierüber § 4.

3. Es kommt durchweg auf den Ort der strafbaren Handlung selbst, nicht auf denjenigen an, wo der durch die Handlung herbeigeführte Erfolg eingetreten ist, sollte der letztere auch ein wesentliches Erforderniß der Strafbarkeit sein. Daher ist eine in Preußen begangene Kuppelei nach Preußischen Gesetzen strafbar, selbst wenn sie in der Anwerbung von Frauenzimmern für ein im Auslande befindliches Bordell bestand, und dort die That straflos ist. Z. II. 30. Sept. 1854 c. Mauel (G. A. 2. f. 830). Vgl. § 147 n. 11; Temme Gll. f. 52 n. 4; id. Lehrb. f. 113.

4. Gehören mehrere Handlungen zum Thatbestande des Verbrechens zc., und sind dieselben an verschiedenen Orten verübt, so ist das Verbrechen an dem Orte begangen, wo die Rechtsverletzung statt fand (Hälschner 1. f. 73), d. h. wo die das Verbrechen vollendende Handlung verübt wurde. G. Matt. 1. f. 71 n. 9 a. arg. des (jetzt aufgehobenen) § 77 der Crim.-Ordn. *Sic*: Z. II. 24. Febr. 1853 c. Krause (G. A. 1. f. 226); Z. II. 10. März 1853 c. Holthof (G. A. f. 235); Z. I. 27. Febr. 1856 c. Moldänke (G. A. 4. f. 393); B. I. 25. April 1856 c. Krause (G. A. 4. f. 572); Z. I. 19. Mai 1858 c. Meyer (G. A. 6. f. 565); B. I. 25. Juni 1858 Pollack c. v. Krohn (G. A. 6. f. 696; Str. Arch. 30. f. 138); B. I. 26. Sept. 1860 Holländer c. Schurgast (G. A. 8. f. 835), welche annahmen, daß, wenn ein versendeter Brief den Thatbestand eines Vergehens zc. enthalte, die Absicht nicht durch die bloße Absendung erreicht werden könne, es vielmehr auch der Beförderung an den Adressaten bedürfe; erfolge daher die Abgabe des Briefs der Absicht des Schreibers

gemäß, so werde hier das Vergehen vollendet und überhaupt begangen. *Contra:* Temme Arch. 1. S. 326, welcher als Ort des Vergehens denjenigen betrachtet, wo die betr. Handlung des Angeklagten statt fand; diese Auffassung erledigt sich indessen dadurch, daß in den gedachten Fällen die vom Angeklagten veranlaßte Abgabe des Briefes als durch ihn selbst bewirkt betrachtet werden muß. In Betreff der Kompetenz erachtete ein Z. I. 4. Mai 1853 c. Heinemann das forum delicti commissi sowohl am Orte der Absendung als an dem des Eintreffens des Briefes für begründet, weil beides zum Thatbestande der durch den Brief verübten Beleidigung gehöre; in diesem Sinne ist jetzt die Kompetenzfrage durch Ges. v. 3. Mai 1852 Art. 2 Nr. 1 regulirt.

5. Wenn hiernach ein im Inlande begonnenes, im Auslande vollendetes Verbrechen rc. als im letztern verübt anzusehen ist, so steht doch nichts im Wege, die im Inlande begangenen Handlungen geeigneten Falles als einen hier verübten Versuch zu betrachten und zu bestrafen, sollte auch die vollendete That im Auslande nicht strafbar sein. *Contra:* Hälschner 1. S. 74, weil der Versuch nicht strafbar sein könne, wenn die vollendete That eine erlaubte sei. Der im Inlande begangene strafbare Versuch kann aber dadurch nicht straflos werden, daß er im Auslande fortgesetzt und vollendet wird, sollte hier auch die That nicht mit Strafe bedroht sein; es liegt sonach nicht der Versuch einer, wenn vollendet, straflosen That vor.

6. Rücksichtlich der durch den Inhalt eines Erzeugnisses der Presse begangenen strafbaren Handlungen muß arg. Preßges. v. 12. Mai 1852 §§ 32. 33. jeder Ort, wo eine Veröffentlichung stattgefunden, als Ort des Vergehens rc. angesehen werden. Das erleidet jedoch in Betreff der territorialen Kompetenz insofern eine Beschränkung, als, wenn eine Schrift, zumal eine Zeitung, am inländischen Verlagsorte verbreitet worden, es dieser Ort auch ist, wo der Thatbestand eines durch den Inhalt eines Zeitungsartikels begangenen Vergehens rc. vollendet, und also der Gerichtsstand begründet wird; ist aber der Thatbestand so einmal vollendet, so stellt die bloße Thatsache, daß die Druckschrift auch an andern Orten vorgefunden wird, nicht mehr einen Theil des Thatbestandes, sondern nur eine Folge der strafbaren Handlung dar, und die Beschlagnahme an einem andern Orte kann hier nicht auch einen Gerichtsstand begründen. So in Betreff einer Zeitung: B. I. 24. Jan. 1855 c Born (G. A. 3. S. 259); Z. II. 6. Sept. 1855 c. Brüggemann (Präj. n. 165; Entsch. 30. S. 165; 31. S. 341; G. A. 3. S. 825); und in Betreff aller Preßerzeugnisse: Z. II. 12. Nov. 1857 c. Thiele (Rh. Arch. 53. 2. A. S. 55; G. A. 6. S. 98).

7. Ist die Strafbarkeit einer Handlung durch ihre Gewohnheits- oder Gewerbsmäßigkeit bedingt, so muß die im Inlande verübte That diesen Charakter an sich tragen, um hier strafbar zu sein; gleichwohl kann der Richter, um diesen Charakter festzustellen, wie auf sonstige der Persönlichkeit des Angeklagten anklebende Umstände, auch auf die im Auslande von demselben begangenen Handlungen Rücksicht nehmen. Vgl § 239 n. 5; § 263 n. 43; § 266 n. 10.

8. Ist ein Betrug durch Abschließung eines Lebensversicherungsvertrages bei einer ausländischen Versicherungs-Gesellschaft verübt worden, so ist das Inland als Ort der Begehung zu betrachten, wenn alle zur Ausführung des Vergehens dienende Handlungen hier vorgenommen sind (z. B. die Ausstellung falscher Geburtsatteste, Täuschung des inländischen Agenten, Auszahlung der Versicherungssumme rc.), sollte auch die Police im Auslande ausgestellt, dort auch der Wohnsitz des Beschädigten sein. Z. I. 21. Juni 1855 c. Schlesinger (G. A. 4. S. 831).

9. In Betreff der Theilnahme an einem Verbrechen ist die Bemerkung zu § 34 n. 23, und hinsichtlich der Kompetenz Art. XXII Nr. 2 des Einf.-Ges. zu vergleichen.

10. Ein Z. I. 23. Febr. 1854 c. Bringe (G. A. 2. S. 252) spricht sich beiläufig dahin aus: im § 3 habe der Gesetzgeber bei der Bezeichnung „Ausländer" nur solche Personen im Auge, welche auf Grund eines auswärtigen Gerichtsstandes die Anwendung andrer Gesetze beanspruchen könnten, d. h. also diejenigen nicht, welche zwar ihre Eigenschaft als Preußen verloren haben, ohne gleichwohl Angehörige eines andern Staats geworden zu sein. (Für die letztern ist die Anwendbarkeit der Preußischen Strafgesetze in Betreff aller in Preußen begangener strafbaren Handlungen selbstverständlich.)

§. 4. Wegen der im Auslande begangenen Verbrechen und Vergehen findet in Preußen in der Regel keine Verfolgung und Bestrafung statt.

---

11. Die mit einzelnen fremden Staaten abgeschlossenen Staatsverträge, wonach Angehörige derselben, wenn sie in Preußen eine strafbare Handlung begangen haben, hierher nicht ausgeliefert, wohl aber in jenen Staaten nach dortigen Gesetzen bestraft werden, stehen einer Verfolgung bei einem diesseitigen Gerichte, und selbst einem Kontumazial-Verfahren nicht entgegen. *Contra*: Temme Gll. s. 51 n. 3; vgl. n. 10.

12. Selbst die im Auslande nach ausländischen Gesetzen erfolgte Aburtheilung über einen Ausländer, welcher in Preußen eine Strafthat begangen hat, steht grundsätzlich einer erneuerten Verfolgung und Bestrafung in Preußen nicht entgegen. Temme Gll. s. 53 n. 8. Anders im Falle der Anerkennung der fremden Gerichtsbarkeit durch eine Kartell-Konvention.

13. Völkerrechtliche Ausnahmen von dem Grundsatze der Territorialität der Strafgesetze siehe bei Temme Gll. s. 51 n. 2; id. Lehrb. s. 118.

14. Fremde Consuln sind im Allgemeinen der inländischen Gerichtsbarkeit nicht entzogen; der § 252 der Crim.-Ordn. erkennt nur den in persönlichen Diensten auswärtiger Gesandten, nicht auch den in geschäftlichen Beziehungen zu solchen Gesandtschaften stehenden Personen die Befreiung vom inländischen Gerichtsstande zu. B. II. 13. Sept. 1855 c. Curtis (JMBl. s. 320; Str. Arch. 17. s. 357; Rh. Arch. 51. 2. A. s. 40). Vgl. Mangin Tr. de l'act. publ. n. 83 und dort die Citate. *Contra*: Temme Lehrb. s. 119.

15. Das Gesetz erkennt kein dem Fremden zustehendes, von ihm persönlich geltend zu machendes, vom Richter zu berücksichtigendes Asylrecht an. Auslieferungsverträge zwischen verschiedenen Staaten sind daher nicht als Beschränkungen eines solchen Asylrechts anzusehen, und es kann aus ihnen nicht gefolgert werden, daß der Ausgelieferte auch nur wegen solcher Verbrechen 2c. verfolgt und bestraft werden dürfe, rücksichtlich deren die Auslieferung Seitens des fremden Staats bewilligt, oder spätere Zustimmung erwirkt ist. Z. II. 10. Nov. 1855 c. van Gansewinkel (Entsch. 31. s. 260; G. A. 4. s. 232).

16. Mit Rücksicht auf die Vorschrift der §§ 3. 4 ist es erforderlich, die Bestimmung des Orts, wo eine That, und wenigstens, ob sie im Aus- oder Inlande begangen worden, in die Anklage, und in die thatsächliche Feststellung resp. in die Fragstellung aufzunehmen. Z. I. 20. Febr. 1856 c. v. Unruh. Beispiele, wo wegen Versäumung dieser Regel das Verfahren vernichtet ward, liefern B. I. 6. Jan. 1854 c. Wolff (G. A. 2. s. 239); B. I. 7. Sept. 1854 c. Jasper (G. A. 3. s. 112); B. II. 5. Juni 1856 c. Rink; B. II. 4. Dez. 1856 c. Schulte. Indessen ist eine ausdrückliche Bezeichnung nicht unerläßlich, es genügt, wenn dieselbe sich aus dem ganzen Zusammenhange ergiebt: Z. I. 13. April 1855 c. Abrahamson. Vgl. Strafverf. § 32 n. 2; § 39 n. 8. 10. 18; §. 47 n. 14; Art. 31 n. 2; Art. 81 n. 26; § 126 n. 27. Der entsprechende Grundsatz gilt in Betreff der Zeitangabe; vgl. Einf.-Ges. Art. IV n. 22.

§ 4.

Inhalt.

1. Die Vorschrift des ersten Absatzes dieses § ist nicht auf die im Strafgesetzbuch enthaltenen Strafgesetze zu beschränken, sondern auf alle anzuwenden.

2. Durch den im Eingange des § ausgesprochenen Grundsatz sind die Be-

Jedoch kann in Preußen nach Preußischen Strafgesetzen verfolgt und bestraft werden:

1) ein Ausländer, welcher im Auslande gegen Preußen eine in diesem Strafgesetzbuche als eine hochverrätherische oder als eine Majestätsbeleidigung bezeichnete Handlung oder ein Münzverbrechen begangen hat;

2) ein Preuße, welcher im Auslande gegen Preußen eine hochverrätherische oder eine landesverrätherische Handlung, eine Majestätsbeleidigung oder ein Münzverbrechen begangen hat;

---

stimmungen älterer Staatsverträge, die Verfolgung der im Auslande begangenen strafbaren Handlungen betreffend, nicht beseitigt. Z. II. 22. Nov. 1855 c. Fontaine.

3. Ueber die Bestrafung der in fremden Seegebieten begangenen Strafthaten vgl. § 3 n. 2.

4. Der zweite Absatz ist fakultativ gefaßt; die Staatsanwaltschaft ist daher befugt, eine Verfolgung nur da eintreten zu lassen, wo sie es für angemessen erachtet. Dagegen steht dem Richter-Amte eine ähnliche Rücksichtsnahme nicht zu; zwar läßt die Fassung des § die Deutung zu, daß das „kann“ auch auf das „bestraft werden“ zu beziehen sei, aus der Entstehungsgeschichte desselben geht aber hervor, daß jene Prüfung der Staatsanwaltschaft ausschließlich vorbehalten bleiben sollte. Goltd. Matt. 1. s. 67. I. *Contra:* Temme Gll. s. 55 n. 4; id. Lehrb. s. 112. Zu vergleichen ist § 78, welcher eine unbedingte Fassung hat (vgl. aber dort n. 2), und § 24, welcher das neue Strafverfahren nur gestattet, eventuell aber Verhängung der betr. Strafe gebietet.

5. Aus dem unter n. 4 angeführten Grunde muß nach Rheinischem Rechte der Civil-Partei das Recht abgesprochen werden, in einem der hier vorgesehenen Fälle vor einem Preußischen Strafgerichte ihren Civilanspruch zu verfolgen und dadurch auch die öffentliche Klage in Bewegung zu setzen. Dagegen kann sie sich unbedenklich dem Verfahren anschließen, wenn die Staatsanwaltschaft eingeschritten ist.

6. Ueber das Erforderniß bei der thatsächlichen Feststellung den Ort der That anzugeben vgl. § 3 n. 16.

7. Ebenso muß bei den im Auslande begangenen Verbrechen rc. die Qualität des Angeklagten als eines Preußen oder Ausländers in jedem Einzelfalle thatsächlich festgestellt werden. Hierzu sind aber die Geschwornen nicht berufen, da sie nur über den Thatbestand der strafbaren Handlung selbst, nebst ihren Modalitäten (nach Zeit und Ort) zu entscheiden haben, wozu jene Frage nicht gehört. *Contra:* Z. II. 10. April 1856 c. Görner (Schellenberg u. Gen. JMBl. s. 124; G. A. 4. s. 538); Z. II. 30. April 1857 c. Wilmes, welche wenigstens indirekt anzudeuten scheinen, daß die Beantwortung der gedachten Frage den Geschwornen zustehe. Vgl. übrigens § 29 n. 1; §. 115 n. 1; Strafverf. Art. 81 n. 36.

Zu Nr. 1 und 2.

8. Aburtheilung und Strafvollzug im Auslande schließen hier Verfolgung und Bestrafung nicht aus. Motive s. 2; Hälschner 1. s. 48. 68.

9. Als Majestätsbeleidigungen sind nur die in den §§ 74 und 75, nicht auch die in den §§ 76 und 77 vorgesehenen Handlungen zu betrachten (vgl. das Rubrum des zweiten Titels). Vgl. Bes. s. 244; G. Matt. 2. s. 89 n. 6; Temme Gll. s. 57 n. 11.

10. Auch in Betreff der Münzverbrechen wird hier vorausgesetzt, daß sie gegen Preußen begangen sind: B. II. 10. Jan. 1856 c. Oppermann (JMBl. s. 46); letzteres ist nur dann anzunehmen, wenn das Verbrechen gegen das Hoheitsrecht des Preußischen Staats zu münzen gerichtet ist, nicht aber dann, wenn dadurch nur Preußische Unterthanen oder Kassen beeinträchtigt werden; es wird mithin Nachmachung, Veränderung oder Verbreitung Preußischen oder unter der Autorität des

3) ein Preuße, welcher im Auslande eine Handlung begangen hat, welche nach Preußischen Gesetzen als ein Verbrechen oder ein Vergehen bestraft wird, und auch durch die Gesetze des Orts, wo sie begangen wurde, mit Strafe bedroht ist. Die Verfolgung und Bestrafung bleibt jedoch in diesem Falle ausgeschlossen, wenn von den Gerichten des Auslandes über die Handlung rechtskräftig erkannt und die etwa ausgesprochene Strafe vollzogen oder durch Begnadigung erlassen ist.

Uebertretungen, die im Auslande begangen werden, sollen in Preußen nur dann bestraft werden, wenn dies durch besondere Gesetze oder Staatsverträge angeordnet ist.

[Entw. § 4]. Vgl. § 3. 24. 67. 69. 70. 78. 279; Ges. v. 15. April 1852 § 2 (GS. s. 115); Ges. v. 3. Mai 1852 Art. 2 Nr. 1.

Preußischen Staats angefertigten Metall- oder Papiergeldes (oder dem Gelde nach § 124 gleichgestellter Werthpapiere) vorausgesetzt; auf das „An sich Bringen und Einführen“ falschen fremden Geldes in Preußen (§ 122) sind § 4 Nr. [1 und] 2 nicht anwendbar. B. II. 9. Okt. 1856 c. Oppermann (JMBl. s. 343; G. A. 4. s. 835). Dagegen kann durch Münz-Kartell-Konventionen diese Anwendbarkeit begründet werden.

11. Auf das im § 123 vorgesehene Münzvergehen erleiden § 4 Nr. 1 und 2 ebensowenig Anwendung.

Zu Nr. 1.

12. Im Sinne dieser Nr. 1 ist jeder, welcher nicht als Preuße betrachtet und behandelt werden kann, als Ausländer anzusehen. So: Z. I. 3. Febr. 1854 c. Bringe (G. A. 2. s. 252). Vgl. § 3 n. 10; § 29 n. 1.

13. In Beziehung auf solche Handlungen eines Ausländers, welche, wenn sie von einem Preußen begangen werden, einen Landesverrath darstellen, enthält § 70 die betreffenden Vorschriften.

14. Insofern der Ausländer nicht zur Haft gebracht und sonach der Gerichtsstand der Ergreifung begründet ist, muß in der Rheinprovinz jedes Gericht als kompetent erachtet werden. Für die übrigen Provinzen enthält das Ges. v. 3. Mai 1852 Art. 2 Nr. 1 die maaßgebenden Vorschriften.

Zu Nr. 2 und 3.

15. Als „Preuße“ ist jeder anzusehen, welcher in einer Preußischen Gemeinde ortsangehörig ist [sollte er auch im Auslande geboren sein]. So beiläufig ein Z. II. 22. Nov. 1855 c. Fontaine.

Zu Nr. 2.

16. Die in § 1 sich findende Beschränkung auf die im Strafgesetzbuche vorgesehenen Handlungen bezieht sich auf diese Nr. 2 nicht mit. Vgl. Bes. s. 74; Temme Lehrb. s. 111 Note 2.

Zu Nr. 3.

17. Zur Anwendung des Preußischen Strafgesetzes reicht es hin, wenn am ausländischen Orte der That der Preuße nach demselben Gesetze zu bestrafen gewesen wäre, z. B. wenn in den zum Ottomanischen Reiche gehörigen Ländern Strafthaten der Ausländer nach den Gesetzen ihrer Heimath beurtheilt und bestraft werden. Z. I. 19. Mai 1858 c. Mayer (G. A. 6. s. 565); ähnlich Z. I. 16. März 1859 c. Strauß (G. A. 7. s. 344).

18. Die konkrete Handlung muß am Orte, wo sie begangen worden, strafbar sein; sie muß also alle Begriffserfordernisse eines Verbrechens ꝛc. nach den dortigen Gesetzen in sich vereinigen, und es genügt z. B. nicht, wenn dort „Betrug“

im Allgemeinen mit Strafe bedroht ist, wenn die Handlung nicht auch dort als Betrug angesehen werden muß.

19. Dagegen wird nicht erheischt, daß im Auslande die Handlung in derselben Richtung strafbar sei, wie in Preußen, sobald sie nur überhaupt mit Strafe bedroht ist. Z. I. 8. April 1857 c. Krause. Ebensowenig ist erforderlich, daß die ausländischen Gesetze eine gleiche, oder höhere Strafe bestimmen. Z. I. 7. Sept. 1854 c. Becker.

20. Auch wird die Anwendbarkeit der Preußischen Strafgesetze dadurch nicht ausgeschlossen, daß die vom ausländischen Gesetze angedrohte Strafe das Maaß von sechswöchentlichem Gefängnisse und Geldbuße von funfzig Thalern nicht überschreitet, so daß dort die That nach dem Systeme des StGB. nur als Uebertretung angesehen werden könnte, sobald nur das Preußische Gesetz dieselbe als ein Verbrechen oder ein Vergehen behandelt. Z. II. 14. Dez. 1854 c. Schenk (G. A. 3. S. 258); Z. I. 8. April 1857 c. Krause; Z. II. 23. April 1858 c. Löwe. *Contra*: Temme Arch. 3. S. 2. Vgl. G. Matt. 1. S. 67 II.

21. Damit diese Nr. 3 Platz greife, genügt die Strafbarkeit der fraglichen Handlung im Allgemeinen (in abstracto); es wird also nicht vorausgesetzt, daß die Gesetze des Auslandes auch dasselbe Verhältniß der verletzten Person zur Anwendung ihres Thatbestandes fordern. Daher ist die von einem Preußen im Auslande begangene Beleidigung eines Preußischen Beamten in Beziehung auf dessen Beruf nach Preußischem Gesetze strafbar, sobald nur das Gesetz des Auslandes auch die Beleidigung eines Beamten in Beziehung auf dessen Beruf mit Strafe bedroht, es ist nicht erforderlich, daß das ausländische Strafgesetz auch die Beleidigung eines Preußischen Beamten vorgesehen habe. Z. II. 21 April 1853 c. Kindermann.

22. Ebenso werden umgekehrt die im Auslande gegen einen in Ausübung seines Amts befindlichen Beamten ausgeübten Verbrechen &c., wenn sie gegen einen Preußen im Inlande verfolgt werden (sei es auf Grund des § 4 Nr. 3, sei es auf Grund einer besondern Konvention, z. B. der Kartell-Konvention mit Rußland vom 20. Mai 1844), nach den nämlichen Gesetzen bestraft, als wenn sie im Inlande gegen inländische Beamte verübt wären; daher findet z. B. geeigneten Falles auch das Forstschutzgesetz v. 31. März 1837 Anwendung. Beschl. Pl. 16. Apr. 1855 c. Zapka (Präj. n. 147; JMBl. S. 184; Entsch. 30. S. 303; G. A. 3. S. 563). Z. II. 18. Okt. 1855 c. Kästner (G. A. 3. S. 833). Vgl. § 89 n. 4; § 102 n. 17.

23. Der Preuße, welcher an einer im Auslande von einem Ausländer begangenen (und daher an ihm in Preußen nicht zu bestrafenden) Strafthat Theil nimmt, ist in Preußen nach Preußischen Gesetzen zu bestrafen. Z. I. 5. Febr. 1858 c. Meißner (G. A. 6. S. 273).

24. Es ist nothwendig, in die den Geschwornen vorzulegenden Fragen die Begriffserfordernisse des ausländischen Strafgesetzes aufzunehmen, die Fragstellung nach Preußischem Gesetze genügt nicht. *Contra*: G. A. 2. S. 101 VIII.

25. Muß, wenn die Bestrafung der im Auslande begangenen That nach dortigen, nicht aber nach hiesigen Gesetzen, von einem Strafantrage des Verletzten abhängig gemacht ist, diese Bedingung auch erfüllt sein, wenn in Preußen eine Verfolgung eintreten soll? Goltdammer (Matt. 1. S. 69 IV, 4) bejaht.

26. Die Strafbarkeit der Handlung nach dem ausländischen Gesetze bedarf, als unerläßliche Bedingung der Strafverhängung, einer ausdrücklichen Feststellung. *Contra*: Z. I. 14. Mai 1858. c. Welke (Noack u. Gen.); ähnlich: B. II. 10. April 1856 c. Görner (Schellenberg und Gen. JMBl. S. 124; G. A. 4. S. 538), welches annahm: in der Anwendung des Preußischen Strafgesetzes sei die stillschweigende Voraussetzung der notorischen Strafbarkeit am Orte der That zu finden.

27. Diese Frage (n. 26) ist nicht durch die Geschwornen, sondern durch den Gerichtshof zu lösen; gleichwohl unterliegt die Entscheidung, da sie die Auslegung inländischer Gesetze nicht berührt, der Kritik des Richtigkeitsrichters nicht. Z. II. 14. Dez. 1854 c. Schenk (G. A. 3. S. 101); Z. II. 18. Okt. 1855 c. Kästner (G. A. 3. S. 833); B. II. 10. Jan. 1856 c. Oppermann (JMBl. S. 46); Z. II. 10 April 1856 c. Görner (cit. n. 26); Z. II. 22. April 1858 c. Löwe; Z. I. 22. Juni 1860 c. Pahnke; u. ö. *Contra*: Z. I. 14. Mai 1858 c. Strauß (G. A. 7. S. 344; ohne weitere Begründung). Vgl. § 269 n. 9; AGO. I, 10. § 53. Im Civil-Verfahren stellen die

§. 5. Auf Preußische Militairpersonen finden die allgemeinen Strafgesetze insoweit Anwendung, als nicht die Militairgesetze ein Anderes bestimmen.

[Entw. § 5.]

§. 6. Das Recht des Beschädigten auf Schadensersatz ist von der Bestrafung unabhängig.

[Entw. § 6]. Vgl. Einf.-Ges. Art. XII § 1.

Gutachten ausländischer Rechtsgelehrten ein durchaus statthaftes Beweismittel in Betreff der obigen Thatsache dar. B. I. 23. Juni 1858 Pollack c. v. Krohn (G. A. 6. s. 696; Str. Arch. 30. s. 138).

28. Ist die That im Gebiete des gemeinen Strafrechts begangen, so genügt es, wenn die Strafbarkeit auf den Grund der dortigen Gerichtspraxis festgestellt wird. Z. II. 22. April 1858 c. Löwe.

29. Ebenso unbedenklich ist es, die Strafbarkeit einer That im Auslande auf den Grund der Notorietät anzunehmen. Z. I. 8. Sept. 1858 c. Sturm; Z. II. 29. Nov. 1860 c. Stein.

30. Die im Auslande eingetretene Verjährung der Strafverfolgung steht der Bestrafung im Inlande nach diesseitigen Gesetzen nicht entgegen. Z. I. 20. Okt. 1854 c. Linke; Z. I. 8. April 1857 c. Krause; G. Matt. 1. s. 68 IV, 1; Hälschner 1. s. 72.

31. Dasselbe gilt von der im Auslande erfolgten vorläufigen Freisprechung, weil dieselbe nicht rechtskräftig wird. Z. I. 8. März 1854 c. Mączka (G. A. 2. s. 250. 790); G. M. 1. s. 69 IV, 3. Vgl. Koch n. 2c; Hälschner 1. s. 73. *Sic:* Z. I. 19. Sept. 1856 c. Steffen, welches aber gleichzeitig sich darauf stützt, daß die Aufnahme der Untersuchung durch das Preußische Gericht auf Grund neuer Thatsachen stattgefunden habe.

32. Dagegen verhindert eine Freisprechung im Auslande, wäre sie auch auf Grund der dort abgelaufenen Verjährung oder aus subjektiven Gründen, welche unser StGB. nicht anerkennt, erfolgt, die nochmalige Verfolgung in Preußen. G. Matt. 1. s. 69 IV, 2. 3. 4 (zum Theil andrer Ansicht); Koch n. 2c; Hälschner 1. s. 71.

33. Eine im Auslande erfolgte außerordentliche Bestrafung kann die Verfolgung in Preußen nur dann hindern, wenn sie nach den Gesetzen des betreffenden Auslandes als rechtskräftig anzusehen ist, d. h. die Wiederaufnahme des Verfahrens wegen neu ermittelter Beweise ausschließt. *Contra:* G. Matt. 1. s. 69; Hälschner 1. s. 73, welche einer solchen Bestrafung unbedingt die Wirkung beilegen, die Verfolgung in Preußen zu verhindern.

34. Ob eine im Auslande ohne Endurtheil erfolgte Einstellung des Verfahrens eine neue Verfolgung in Preußen verhindere, hängt davon ab, inwiefern nach den Gesetzen des ausländischen Staats ein solcher Beschluß die Rechtskraft begründet. Vgl. Goltd. Matt. 1. s. 69.

35. Der Begnadigung steht die Abolition gleich. Goltd. Matt. 1. s. 70 n. 7; Temme GL. s. 56 n. 7.

Zum Schlußsatze.

36. Nach einer ungedruckten Min.-Verf. vom 25. Febr. 1852 soll das frühere, ohne förmlichen Staatsvertrag mit den deutschen Staaten des linken Rheinufers getroffene Abkommen, wonach thatsächlich Reciprozität eintrat, ferner als förmlicher Staatsvertrag betrachtet werden, und mit Rücksicht darauf auch Verfolgung wegen der in jenen Staaten begangenen Uebertretungen eintreten.

§ 5.

1. Nach § 16 des Ges. v. 15. April 1852 (GS. s. 117) haben die Civilgerichte gegen die zum Beurlaubtenstande gehörigen Militärpersonen nicht mehr auf Militärstrafen zu erkennen.

§ 6.

1. Was hier vom Schadensersatze gesagt ist, gilt von allen civilrechtlichen Folgen einer strafbaren Handlung. Bes. s. 601.

Erster Theil.

Von der Bestrafung der Verbrechen und Vergehen im Allgemeinen.

Erster Titel.

Von den Strafen.

§. 7. Die Todesstrafe ist durch Enthauptung zu vollstrecken.

Mit der Todesstrafe ist zugleich auf den Verlust der bürgerlichen Ehre zu erkennen, wenn dies entweder für einzelne Fälle im Gesetz ausdrücklich bestimmt ist, oder wenn festgestellt wird, daß das mit der Todesstrafe bedrohte Verbrechen unter besonders erschwerenden Umständen begangen worden ist.

[Entw. § 7]. Vgl. § 8. 9. 12. 43. 61. 67. 73. 175; Crim.-O. § 538—549; AKO. v. 19. Juni 1811 (GS. s. 199); (Rh.) AKO. v. 17. Aug. 1818 (Rh. Samml. 1. s. 520).

---

2. Durch diese Vorschrift wird die Frage, inwiefern das im Strafwege ergehende Erkenntniß in Betreff der Schuld demnächst für den Civil-Richter beweisend oder bindend sei, nicht berührt, da nur die Unabhängigkeit des Rechts auf Schadensersatz von der Bestrafung ausgesprochen ist. *Contra:* Koch n. 7, welcher annimmt, jene Frage sei durch den § 6 verneint. Die Frage selbst ist durch ein Erk. Pl. des Ob.-Trib. 15. Dez. 1856 (JMBl. 1857 s. 59; Entsch. 34. s. 19) verneinend entschieden worden; vgl. Abh. im G. Arch. 5. s. 344; Präj. v. 29. Jan. 1857 Nr. 2680 (Entsch. 35. s. 194).

§ 7.

1. Weitere Vorschriften über die Vollziehnng der „Enthauptung“ sind absichtlich nicht gegeben; sie erfolgt daher nach der AKO. v. 19. Juni 1811 in den ältern Provinzen durch das Beil, in der Rheinprovinz nach der AKO. v. 17. Aug. 1818 durch das Fallbeil.

2. Die Aussetzung der Strafvollstreckung gegen Schwangere ward (Revision v. 1845 s. 24) als sich von selbst verstehend, aber in die Strafprozeßordnung gehörig betrachtet. G. Matt. 1. s. 151 n. 5; Beseler s. 95; vgl. Cr.-O. § 536. 537.

3. Todes-Urtheile bedürfen vor der Vollstreckung der Königlichen Bestätigung. ALR. II. 13 § 8; Crim.-O. § 530; AKO. v. 15. Juli 1809 (G.S. s. 577); und in Betreff der Rhein-Provinz: AKO. v. 20. Juni 1816 (Rh. Samml. 1. s. 415); AKO. v. 9. Aug. 1816; Erlaß der Immediat-Just.-Kommission v. 12. Sept. 1816. Vgl. Abh. im JMBl. 54. s. 296.

4. Durch die Verurtheilung zur Todesstrafe wird die Rechts- und Handlungsfähigkeit des davon Betroffenen, mit Ausnahme des Falles, wo zugleich auf den Verlust der bürgerlichen Ehre erkannt worden ist, sowie des im § 73 vorgesehenen Falles, nicht verändert, da die Strafe des bürgerlichen Todes durch Art. 10 der Verfassung v. 31. Jan. 1850 abgeschafft ist. G. Matt. 1. s. 152 n. 5; Temme Gl. s. 65 n. 7; id. Lehrb. s. 415.

5. Das Gesetz hat die im zweiten Absatze erwähnten „besonders erschwerenden Umstände“ nicht näher specialisirt, den Geschwornen kann daher die Frage auch nur in dieser Allgemeinheit: „ob die That unter besonders erschwerenden Umständen begangen worden sei,“ vorgelegt werden. Vgl. G. A. 4. s. 217.

6. Gegen den Theilnehmer an einem mit der Todesstrafe bedrohten Verbrechen kann der Verlust der bürgerlichen Ehre nur dann zusätzlich ausgesprochen

§. 8. Die Vollstreckung der Todesstrafe soll in einem umschlossenen Raume, entweder auf einem Platze innerhalb der Mauern der Gefangenanstalt oder auf einem andern abgeschlossenen Platze stattfinden.

Bei der Hinrichtung sollen zugegen sein: mindestens zwei Mitglieder des Gerichts erster Instanz, ein Beamter der Staatsanwaltschaft, ein Gerichtsschreiber und ein oberer Gefängnißbeamter. Von der Hinrichtung ist dem Gemeinde-Vorstande des Orts, in welchem solche stattfindet, Nachricht zu ertheilen; derselbe hat zwölf Personen aus den Vertretern der Gemeinde oder aus anderen achtbaren Mitgliedern der Gemeinde abzuordnen, um der Hinrichtung beizuwohnen.

Außerdem ist einem Geistlichen von der Konfession des Verurtheilten der Zutritt zu gestatten.

Auch ist dem Vertheidiger und aus besonderen Gründen anderen Personen der Zutritt zu gewähren.

Die Vollstreckung des Todesurtheils wird durch das Läuten einer Glocke angekündigt, welches bis zum Schlusse der Hinrichtung andauert.

[Entw. § 8]. Vgl. § 7. 9; Crim.-O. § 536—549.

§. 9. Der Leichnam des Hingerichteten ist seinen Angehörigen auf ihr Verlangen zur einfachen, ohne Feierlichkeiten irgend einer Art vorzunehmenden Beerdigung zu verabfolgen.

[Entw. § 9]. Vgl. § 7. 8.

---

werden, wenn auch rücksichtlich seiner festgestellt ist, daß seine That unter besonders erschwerenden Umständen begangen worden sei.

§ 8.

1. Das **Gericht** erster Instanz, aus welchem mindestens zwei Mitglieder der Hinrichtung beiwohnen sollen, ist das betr. Kreis- oder Land-Gericht. Es ist nicht erforderlich, daß die gewählten Mitglieder an der Aburtheilung der Sache Theil genommen haben. Die Auswahl steht dem Vorsitzenden zu.

2. Ein Zwang gegen die von dem Gemeindevorstande bezeichneten **Gemeindemitglieder**, der Hinrichtung beizuwohnen, läßt sich nach der jetzigen Fassung des § 8 schwerlich rechtfertigen, wenn gleich die Kommissionen beider Kammern (im Hinblick auf eine abweichende Fassung des Entwurfs) einen solchen für gerechtfertigt hielten. Jedenfalls kann die Abwesenheit einzelner der abgeordneten Personen den Vollzug der Strafe nicht hindern, sollte auch der Verurtheilte daraus einen Einwand herleiten. Komm.-Bericht. I. K. S. 4; vgl. Bes. S. 96 IV; G. Matt. S. 153; Temme Lehrb. S. 414; Koch n. 11.

3. Die Erlaubniß, welcher andre Personen bedürfen, um der Hinrichtung beizuwohnen, geht von den Gerichten, im Gebiete des Rheinischen Rechts vom Ober-Prokurator aus.

§ 9.

1. Die § 550 und 551 der Cr.-O. sind hierdurch außer Kraft gesetzt. Temme Gll. S. 67 n. 2. 3.

§. 10. Die Zuchthausstrafe ist entweder eine lebenslängliche oder eine zeitige.

Die Dauer der zeitigen Zuchthausstrafe ist mindestens zwei Jahre und höchstens zwanzig Jahre.

[Entw. § 10]. Vgl. § 11. 16. 17. 30. 43 Nr. 1. 2; 32. 35.

§. 11. Die zur Zuchthausstrafe Verurtheilten werden in einer Strafanstalt verwahrt und zu den in derselben eingeführten Arbeiten angehalten.

Während der Strafzeit sind die zur Zuchthausstrafe Verurtheilten unfähig, ihr Vermögen zu verwalten und unter Lebenden darüber zu verfügen; sie werden nach den Formen, die zur Ernennung der Vormünder vorgeschrieben sind, unter Vormundschaft gestellt; auch darf ihnen während der Strafzeit kein Theil ihres Vermögens oder ihrer Einkünfte verabfolgt werden.

Die Verurtheilung zur Zuchthausstrafe zieht den Verlust der bürgerlichen Ehre von Rechtswegen nach sich.

[Entw. § 11]. Vgl. § 10. 12; Cr.-O. § 568; Rh. StGB. Art. 29. 30; Ges. v. 15. Apr. 1852 § 6 (GS. S. 116); Ges. v. 11. Apr. 1854 § 1. 2. 4 (GS. S. 143).

---

§ 10.

1. Auch im Falle des § 285 darf die zeitige Zuchthausstrafe die Dauer von zwanzig Jahren nicht übersteigen, obgleich die Richter in diesem Falle lebenslängliche Strafe zu verhängen befugt sind. B. I. 18. April 1853 c. Bartusch (Präj. n. 32; Entsch. 25. S. 243; G. A. 1. S. 581). Vgl. G. Matt. 1. S. 154; G. A. 2. S. 525.

2. Die Anrechnung einer erlittenen Untersuchungshaft auf die zuerkannte Zuchthausstrafe ist unstatthaft, insoweit ihr nicht blos Berücksichtigung als eines Strafmilderungsgrundes innerhalb der gesetzlichen Strafgrenzen zu Theil, sondern auch die Eigenschaft einer schon bestandenen Strafe beigelegt wird; sie findet im Systeme der jetzt geltenden Strafgesetze überall keine Rechtfertigung. B. I. 4. Jan. 1854 c. Hein; B. I. 8. Febr. 1854 c. Worlich (JMBl. S. 163). Vgl. § 11 n. 1; § 14 n. 1; Vdn. v. 3. Jan. 1859 § 159; G. Matt. 1. S. 163 V.

3. Eine neue, wegen eines andern Verbrechens eintretende Untersuchungshaft unterbricht den Lauf der Strafzeit, wenn der Angeklagte zu diesem Ende aus dem Zuchthause in das Untersuchungsgefängniß zurückgebracht wird. Vgl. § 14 n. 4.

4. Urtheile auf lebenslängliche Zuchthausstrafe bedürfen vor der Vollstreckung der Königlichen Bestätigung vgl. die Citate § 7 n. 3.

§ 11.

1. Die Verbüßung der Zuchthausstrafe ist erst von der Ablieferung in das Zuchthaus an zu rechnen (vgl. Min.-Verf. v. 27. Mai 1840 II, 2; JMBl. S. 190), sollte diese auch durch Krankheit (Beschl. Pl. 27. Juni 1859 c. Kiunke; Präj. n. 258; JMBl. S. 303; G. A. 7. S. 507) oder deshalb verzögert sein, weil die verhaftete Angeklagte ein Kind säugte (Cr.-O. § 566): Beschl. I. 6. Sept. 1854 c. Raschke (G. A. 2. S. 686); ebenso im Grundsatze Beschl. I. 8. Febr. 1856 c. Riedel (G. A. 4. S. 387). Dasselbe gilt, wenn die Ablieferung auf den Wunsch des Angeklagten bis nach erfolgter Entscheidung über ein Begnadigungs-Gesuch unterblieb: Beschl. II. 13. Sept. 1860 c. Gabriel (60 B; RdO. 1. S. 79). Die cit. Min.-Verf. nimmt von dieser Regel die Fälle aus, wo die Ablieferung ins Zuchthaus wegen Ueberfüllung ausgesetzt, oder wo der Angeklagte im Gefängnisse wahnsinnig geworden, und in eine Irren-Anstalt gebracht ist. Vgl. § 14 n. 3; Strafverf. § 158 n. 5; G. Matt. 1. S. 163 V; Temme GA. S. 68 n. 4; KB. II. K. S. 31.

§. 12. Der Verlust der bürgerlichen Ehre umfaßt:
1) den Verlust des Rechts, die Preußische National-Kokarde zu tragen;

---

2. Die Unfähigkeit der Vermögensverwaltung tritt nur während der Abbüßung der Strafe, also nicht unbedingt mit der Rechtskraft des Urtheils ein. G. Matt. 1. s. 165; Hälschner 1. s. 453; Erk. des App.-G. Hamm 16. Okt. 1856 (Gruchot: Beitr. 1. s. 434).

3. Die Bestellung der Vormundschaft muß in der durch die Civilgesetzgebung angeordneten Weise erfolgen, und zieht auch die dort vorgeschriebenen Wirkungen nach sich. Im Gebiete des Rheinischen Rechts muß daher außer dem Vormunde auch ein Gegen-Vormund bestellt werden, und der Verurtheilte hat die generelle Legal-Hypothek am Vermögen des Vormunds, da er als ein Interdizirter (BGB. Art. 2121) anzusehen ist. Vgl. Rh. StGB. Art. 29.

4. Bestellung der Vormundschaft fällt da weg, wo der Verurtheilte vermögenslos, oder nicht sui iuris ist, oder wo es sich von einer Ehefrau handelt. Abh. im JMBl. 1852 s. 324; Beseler s. 102 n. 1; Koch n. 16.

5. Die Bestimmungen des ALR. II, 2 § 255 und der Cr.-O. § 568, den in Folge der Verurtheilung zu harter und schmählicher Zuchthausstrafe eintretenden Verlust der väterlichen Gewalt betreffend, sind durch § 11 nicht aufgehoben. Temme GU. s. 69 n. 4; id. Lehrb. s. 420; Koch ALR. l. c. Note 31.

6. Der Verlust der bürgerlichen Ehre tritt in Folge der Verurtheilung zur Zuchthausstrafe von Rechtswegen, d. h. ohne ausdrücklichen gerichtlichen Ausspruch ein. Z. 17. Sept. 1851 c. Riedel; Z. 22. Sept. 1851 c. Pfofrei (Entsch. 22. s. 64; JMBl. 51. s. 320).

7. Im Falle der Verurtheilung zu einer Zuchthaus-Strafe darf der Verlust der bürgerlichen Ehre nicht auf eine bestimmte Zeitdauer beschränkt werden. B. 38 März 1852 c. Joh (JMBl. s. 256).

. Erfolgt die Verurtheilung zu einer verwirkten Zuchthaus-Strafe aus dem Grunde nicht, weil dieselbe durch die wegen eines andern Verbrechens erkannte Todesstrafe absorbirt wird, so kann der Verlust der bürgerlichen Ehre nicht eintreten, und auf denselben auch nicht erkannt werden. B. I. 7. Sept. 1853 c. Röhl.

9. Der Verlust der bürgerlichen Ehre ist die Folge der Verurtheilung zur Zuchthausstrafe; wo also im Wege der Gnade die zu verbüßende Zuchthausstrafe erlassen oder in eine gelindere Strafe verwandelt wird, bleibt die bürgerliche Ehre verloren, wenn nicht die Begnadigung ausdrücklich auf sie ausgedehnt worden ist; Min.-Verf. v. 11. Sept. 1856 (Rh. S. 11. s. 282); G. Matt. 1. s. 168 IV; der letztere will aus gleichem Grunde den Verlust der Ehre nicht ohne Weiteres da eintreten lassen, wo die verhängte Todesstrafe durch die Königliche Gnade in Zuchthausstrafe verwandelt worden ist; schwerlich mit Recht; im Zweifel ist in einem solchen Falle unter „Zuchthausstrafe" die Zuchthausstrafe des StGB. mit allen ihren Folgen zu verstehen. *Sic:* Hälschn. 1. s. 453.

10. Ueber Beschäftigung der Zuchthaussträflinge vgl. Ges. v. 11. Apr. 1854 §. 1. 2. 4 (GS. s. 143).

§ 12.

1. Der Verlust der bürgerlichen Ehre trifft auch den Ausländer; es ist daher geeigneten Falles darauf zu erkennen. Temme GU. s. 72 n. 6; id. Lehrb. s. 435, und im Princip: B. I. 16. März 1853 c. Knauer (G. A. 2. s. 250); Z. I. 11. Nov. 1853 c. Lindenthal; Z. I. 26. Okt. 1859 c. Schrammeck.

2. Rehabilitirung kann im Wege der Begnadigung erfolgen; bei hierauf bezüglichen Gesuchen ist das gewöhnliche für Begnadigungs-Gesuche vorgeschriebene Verfahren inne zu halten. AKO. v. 30. Dez. 1852 (JMBl. 1853 s. 122); Verf. des Min. d. J. v. 18. Jan. 1853 (ibid.). Vgl. § 11 n. 9.

2) die Unfähigkeit, öffentliche Aemter, Würden, Titel, Orden und Ehrenzeichen zu führen oder zu erlangen, sowie den Verlust des Adels;

3) die Unfähigkeit, Geschworener zu sein, in öffentlichen Angelegenheiten zu stimmen, zu wählen oder gewählt zu werden, oder die aus öffentlichen Wahlen hervorgegangenen oder andere politische Rechte auszuüben;

Zu Nr. 2.

3. Unter „öffentlichen Aemtern“ sind auch die Kommunal- und standesherrlichen Aemter zu verstehen. G. Matt. 1. s. 138. 169; Hälschner 1. s. 460.

4. Dasselbe gilt nicht von Hofämtern, weil ihr Dienst willkürlich widerruflich ist. G. Matt. 1. s. 169.

5. Die ausländische Beamtenqualität kann nur insoweit berührt werden, als es sich von der Geltendmachung äußerer Vorzüge aus dieser Qualität in Preußen handelt. G. Matt. 1. s. 144. 169. *Contra:* Temme Gll. s. 13 Note 3; id. Lehrb. s. 440.

6. Die Erbämter sind den Würden beizuzählen. G. Matt. 1. s. 142 flg. 170.

7. Dasselbe gilt vom Akademischen Doktorat. Mit dem Verluste desselben geht auch die Befugniß zur ärztlichen Praxis verloren (arg. Gew.-O. v. 17. Jan. 1845 § 71. 42, mit welchen § 173. 174 zu vergleichen). Z. I. 23. Juni 1860 c. v Pochhammer. G. Matt. 1. s. 170; Koch n. 19; Hälschner 1. s. 460.

8. Von dem in Folge des Verlusts der bürgerlichen Ehre eintretenden Verluste von Gehalt, Pensionen oder Gnadengehältern ist der betr. Kassen-Behörde Kenntniß zu geben. Vgl. Min.-Verf. v. 29. Juni 1851 Nr. 14. (JMBl. s. 232).

9. In Betreff der Würden, Titel, Orden und Ehrenzeichen findet ein Unterschied zwischen in- und ausländischen nicht Statt. G. Matt. 1. s. 144. 169; Bes. s. 107; Hälschner 1. s. 460. Vgl. AKO. v. 23. Febr. 1817; und v. 10. März 1845 (GS. 17. s. 35; Rh. S. 9. s. 23). *Contra:* Temme Gll. s. 73 n. 7; id. Lehrb. s. 440; Koch n. 20.

10. Ueber die Mittheilung des Tenors aller Urtheile, welche den Verlust von Orden und Ehrenzeichen zur Folge haben, an die General-Ordens-Kommission, vgl. Min.-Verf. v. 29. Juni 1851 Nr. 15 (JMBl. s. 232). Die Akten sollen dem Justiz-Minister eingereicht (Min.-Verf. v. 12. Dez. 1856; JMBl. s. 374) und ein Nationale beigefügt werden (Min.-Verf. v. 6. Aug. 1855; JMBl. s. 246; Rh. S. 11. s. 138).

11. Ueber die im Wege der Strafvollstreckung zu bewirkende Abnahme der Orden, Ehrenzeichen und Denkmünzen nebst den darüber sprechenden Patenten und Besitzzeugnissen, und Einsendung derselben an die General-Ordens-Kommission vgl. Min.-Verf. v. 20. Nov. 1851 (JMBl. s. 373).

12. Der Verlust des Adels trifft auch die Ehefrau, insofern die Ehe fortbesteht, und die nachgeborenen Kinder. G. Matt. 1. s. 172; Temme Lehrb. s. 441; *Contra:* Koch n. 20.

13. Wenn gegen einen Inländer adeligen Standes rechtskräftig auf eine Strafe erkannt ist, welche den Verlust des Adels zur Folge hat, so sollen vor der Vollstreckung der Strafe die Akten nebst Aktenauszug an den Justiz-Minister eingereicht werden. Min.-Verf. v. 12. Dez. 1856 (JMBl. s. 374); vgl. für das Gebiet des Rheinischen Rechts: Min.-Verf. v. 22. März 1837 (Rh. S. 6. s. 123).

Zu Nr. 3.

14. Zu den „öffentlichen“ gehören auch die Kommunal- und kirchlichen Angelegenheiten. G. M. 1. s. 173. *Contra* in Betreff der letztern: Hälschner 1. s. 460.

4) die Unfähigkeit, als Zeuge oder Sachverständiger eidlich vernommen zu werden, oder als Zeuge bei der Aufnahme von Urkunden zu dienen;

5) die Unfähigkeit, Vormund, Nebenvormund, Kurator, gerichtlicher Beistand oder Mitglied eines Familienrathes zu sein, es sei denn, daß es sich um die eigenen Kinder handle und die obervormundschaftliche Behörde oder der Familienrath die Genehmigung ertheile;

6) den Verlust des Rechts, Waffen zu tragen und die Unfähigkeit, in die Armee einzutreten.

Der Verlust der bürgerlichen Ehre tritt mit dem Tage ein, an welchem das Urtheil rechtskräftig wird.

Insofern nach den bestehenden besonderen Vorschriften, in Folge der Begehung von strafbaren Handlungen, der Verlust noch anderer, als der vorstehend erwähnten Rechte, namentlich

---

Zu Nr. 4.

15. Auch die Unfähigkeit zum Zeugeneide beginnt erst mit der Rechtskraft des die Untersagung aussprechenden Urtheils. Z. II. 14. Dez. 1854 c. Gerhard (G. A. 3. s. 128).

16. Diese Vorschrift hindert nicht, daß ein so Verurtheilter nach § 356 und 357 der Cr.-O. uneidlich zur Aufklärung der Sache vernommen werde. Z. I. 8. Dez. 1854 c. Brodmeier; Z. I. 11. Apr. 1856 c. Tusker; Z. I. 27. Nov. 1857 c. Korneck; Z. I. 14. Juli 1858 c. Bölke; u. ö. Dasselbe gilt nach Rheinischem Verfahren; die Vorschrift des Art. 317 der Rh. StPO. unterstellt, daß die eidliche Vernehmung der als Zeuge geladenen Person statthaft sei; ein Zeuge, auf welchen § 12 Anwendung erleidet, darf daher uneidlich abgehört werden, und zwar nicht blos vermöge der diskretionären Gewalt des Präsidenten, sondern auch auf Anordnung des Schwurgerichtshofs. Z. II. 22. März 1855 c. Heinzmann.

17. Dagegen stellt die eidliche Vernehmung eines Zeugen, welchem zur Zeit die Ausübung der Ehrenrechte untersagt war, die Verletzung eines wesentlichen Grundsatzes des Verfahrens dar, zumal des schwurgerichtlichen Verfahrens, da die Vereidung bei den Geschwornen die Meinung hervorbringen konnte, es walte gegen die Zeugnißfähigkeit des Individuums ein Bedenken nicht ob. V. I. 11. Juli 1855 c. Pauly. Vorausgesetzt wird aber, daß bei der Verhandlung der vom Zeugen erlittenen Bestrafung Erwähnung geschehen sei, weil ohne eine solche das Gericht kein Gesetz verletzen kann: cit. V. I. 11. Juli 1855; Z. I. 29. Feb. 1856 c. Schangließ; Z. I. 6. März 1857 c. Peschmann; V. II. 12. März 1857 c. Adler; Z. I. 19. Juni 1857 c. Vater; Z. II. 28. Dez. 1857 c. Dieterichs (Rh. S.); Z. II. 27. Mai 1858 c. Lantermann; Z. I. 24. Sept. 1858 c. Sieloff; Z. I. 1. Okt. 1858 c. Ringer; Z. I. 17. Dez. 1858 c. Richter (Schimming u. Gen.); Z. I. 9. Feb. 1859 c. Rieck. *Contra:* V. I. 27. Nov. 1857 c. Hasser, welches Nichtigkeit selbst in einem Falle annahm, wo von der früheren Bestrafung des Zeugen dem Gerichte gar keine Kenntniß geworden war. Die erstere Ansicht verdient unbedenklich den Vorzug.

Zu Nr. 5

18. Ueber die väterliche Gewalt vgl. § 11 n. 5. In Beziehung auf diese ist § 12 nicht maaßgebend. *Contra:* Triest D. Straf-G.-Zeitg. 1861 s. 182.

Zum Schlußsatze

19. Zu den „besondern Vorschriften" gehören die §§ 173. 174 der Gew.-Ordn. v. 17. Jan. 1845. V. I. 2. Feb. 1859 c. Schmidt; Z. I. 23. Jan. 1860 c. v. Pochhammer.

der Mitgliedschaft an kaufmännischen und anderen Korporationen eintritt, behält es bei diesen Bestimmungen sein Bewenden.

[Entw. § 12]. Vgl. § 21 24. 63. 64; Jagd-Pol.-Ges. v. 7. März 1850 § 15 (GS. f. 168); Ges. v. 3. Mai 1852 Art. 18.

§. 13. **Die Strafe der Einschließung besteht in Freiheitsentziehung mit Beaufsichtigung der Beschäftigung und Lebensweise der Gefangenen; sie wird in Festungen oder in anderen besonders dazu bestimmten Räumen vollstreckt.**

Die Einschließung kann nicht über zwanzig Jahre erkannt werden.

[Entw. § 13]. Vgl. § 15. 16. 30. 63. 64.

§. 14. **Die zur Gefängnißstrafe Verurtheilten werden in einer Gefangenanstalt eingeschlossen und können daselbst in einer, ihren Fähigkeiten und Verhältnissen angemessenen Weise beschäftigt werden.**

Die Dauer der Gefängnißstrafe soll, insofern nicht das Gesetz ein Anderes bestimmt, höchstens fünf Jahre betragen.

[Entw. § 14]. Vgl. § 15—17. 43. 35. 57 Nr. 3; 58. 334. 341; Ges. v. 11. Apr. 1854 § 3. 4 (GS. f. 143).

---

20. Der in Gemäßheit besonderer Vorschriften eintretende Verlust anderer Rechte (z. B. eine Konzessionsentziehung nach § 173. 174 der cit. Gew.-Ordn.) ist nach denselben Grundsätzen, wie der Verlust der bürgerlichen Ehre zu behandeln; wo daher dieser wegfällt (z. B. im Falle des § 243 Nr. 6 beim Vorhandensein mildernder Umstände), kann auch von jenem abgesehen werden. Z. II. 19. Jan. 1860 c. Herget (G. A. 8. f. 425).

§ 13.

1. Die „Beaufsichtigung der Beschäftigung“ schließt keinen Arbeitszwang in sich. G. Matt. 1. f. 99 fg.; 178.

2. Ueber die Anrechnung der Untersuchungshaft vgl. § 10 n. 2; § 14 n. 1.

3. Ueber die zur Vollstreckung dieser Strafe bestimmten Festungen vgl. Kriegs-Min.-Verf. v. 31. Mai 1852; Just.-Min.-Verf. v. 2. Juni 1852.

§ 14.

1. Kein jetzt in Geltung befindliches Gesetz gestattet dem Strafrichter die wegen eines Verbrechens oder Vergehens verwirkte Strafe, und namentlich eine Gefängnißstrafe durch eine zuvor bestandene Untersuchungshaft für verbüßt zu erachten; diese kann daher nur als Strafzumessungsgrund in Betracht kommen, so daß jedesmal mindestens das geringste Maaß der gesetzlichen Strafe verhängt und vollstreckt werden muß. B. I. 26. Apr. 1854 c. Gantzkow; B. I. 12. Mai 1854 c. Rietz (JMBl. 55. f. 95); B. I. 16. Jan. 1856 c. Schade; B. I. 30. Jan. 1856 c. Hayeck; Z. I. 21. Mai 1856 c. Neumann; Beschl. I. 25. Nov. 1859 c. Zimmermann (206 B); ähnlich: Z. I. 31. Okt. 1855 c. Wendt, welches entschied, daß eine längere Untersuchungshaft, selbst wenn sie ungerechtfertigt gewesen wäre, dem Angeklagten kein Recht gebe, deren Anrechnung auf die verwirkte [Gefängniß-] Strafe zu verlangen. Die Richtigkeit dieser Ansicht wird durch § 159 der Vdn. vom 3. Jan. 1849 und § 320 Abs. 2 des StGB. („rechtskräftig ausgesprochen“) bestätigt. So auch: K.-B. II. K. f. 30; Beseler f. 88; Temme Gl. f. 113 n. 4; Koch n. 2; vergl. § 10 n. 2. Früher hatte das Ober-Tribunal in einer Reihe von Fällen rücksichtlich der Gefängnißstrafe im entgegengesetzten Sinne entschieden: Z. 12. Juli 1852 c. Baum (Entsch. 23. f. 460); Z. 27. Okt. 1852 c. Drabandt (G. A. 1. f. 68); B. I. 15. Juni

§. 15. **Bei den nach Tagen, Wochen oder Monaten bestimmten Freiheitsstrafen wird der Tag zu vierundzwanzig Stunden, die Woche zu sieben Tagen, der Monat zu dreißig Tagen gerechnet.**

Die Dauer einer Freiheitsstrafe soll mindestens Einen Tag betragen.

[Entw. § 15]. Vgl. § 13. 14. 16; ALR. I, 9 § 550.

1853 c. Borzyskowski; B. I. 22. Juni 1853 c. Göbel; Z. II. 21. Apr. 1853 c. Wigand. *Sic:* G. Matt. 1. s. 164. 179. Noch unzweifelhafter ist es, daß, wenn das verurtheilende Erkenntniß von einer Anrechnung der Untersuchungshaft auf die zuerkannte Freiheitsstrafe nichts enthält, später bei Vollstreckung der Strafe eine solche Anrechnung sich als völlig unstatthaft darstellt.

2. Ueber die Vollstreckung der Gefängnißstrafe vgl. Min.-Verf. v. 24. Juni 1851 und Min.-Instr. v. 1. Nov. 1851 (JMBl. s. 237. 366).

3. Dem verhafteten Angeklagten ist, wenn er kein Rechtsmittel gegen das ihn verurtheilende Erkenntniß einlegt, die zuerkannte Gefängnißstrafe vom Tage der Verkündung des Urtheils [erster Instanz] an zu rechnen (arg. Vdn. v. 3. Jan. 1849 § 158); Min.-Verf. v. 26. Juli 1853. Zu vergl.: Min.-Verf. v. 27. Mai 1840 (JMBl. s. 190). *Sic:* Beschl. I. 14. Juni 1854 c. Tamms (G. A. 2. s. 820); u. ö.; vgl. Strafverf. § 158 n. 3. Anders bei der Zuchthausstrafe, vgl. § 11 n. 1. — In der Rheinprovinz kann der Strafvollzug erst nach eingetretener Rechtskraft des Urtheils eintreten, ohne Unterschied ob das Rechtsmittel von der Staatsanwaltschaft oder vom Beschuldigten ergriffen worden ist. Dagegen wird dem verhafteten Beschuldigten die zuerkannte Gefängnißstrafe vom Tage des letzten Urtheils an zu rechnen sein, wenn dieses durch Nichteinlegung des gestatteten Rechtsmittels in der betreffenden Frist rechtskräftig geworden ist.

4. Da, wo eine verschiedene Behandlung der Untersuchungs- und Strafgefangenen Platz greift, ist es ganz gerechtfertigt, wenn einem Untersuchungsgefangenen die Untersuchungshaft nicht auf eine anderweitig gegen ihn zu vollstreckende Gefängnißstrafe angerechnet ist. Beschl. I. 6. Juni 1860 c. Kaiser (91 B; G. A. 8. s. 827). Vgl. § 10 n. 3.

5. Wird der erkrankte Verurtheilte der Haft nicht entlassen, sondern direkt in eine Kranken-Anstalt gebracht, wo ihm die Selbstbestimmung über seinen Aufenthalt nicht gewährt wird, so ist ihm sein dortiger Aufenthalt auf die Strafe anzurechnen. Beschl. II. 17. Feb. 1859 c. Hagdorn (5 B; G. A. 7. s. 231).

6. Die Wahl der Beschäftigung steht der Behörde, welcher die Verwaltung des Gefängnisses obliegt, zu; der Verurtheilte hat einen Anspruch auf bestimmte, durch die Voraussetzungen des § bedingte Arbeit nicht. G. Matt. 1. s. 179 n. 3. Ueber diese Beschäftigung sind noch zu vergleichen Ges. v. 11. April 1854 § 3 flg.; Min.-Verf v. 10. April 1854 (JMBl. s. 158).

§ 15.

1. Bei Verhängung von Freiheitsstrafen nach Jahren sind stets Kalenderjahre anzunehmen. Beschl. I. 21. Sept. 1860 c. Christian (171 B; G. A. 8. s. 828). G. Matt. 1. s. 182 n. 1; Temme GA. s. 76 n. 1. 2; Koch n. 25.

2. Temme (GA. s. 76 n. 2) glaubt, es dürfe hiernach nicht mehr auf Bruchtheile eines Jahres, sondern nur noch auf eine bestimmte Anzahl von Monaten erkannt werden. Jedenfalls schließt die Befolgung dieser Regel sonst leicht mögliche Zweifel aus.

3. Die Bestimmung des Schlußsatzes dieses § findet auch bei Straf-Unmündigen im Falle des § 45 Nr. 3 Anwendung, weil das Herabgehen „unter das niedrigste Maaß der gesetzlichen Strafe" doch nur eine solche Strafe gestattet, welche das Gesetz überhaupt zuläßt. B. I. 4. Juli 1855 c. Henschel (G. A. 3. s. 697). Vgl. § 43 n. 4.

4. Gefängnißstrafen von längerer als eintägiger Dauer dürfen nur nach gan-

§. 16. Wenn bei Freiheitsstrafen eine Umwandelung der gesetzlich vorgeschriebenen Strafart erfolgen muß, so ist einjährige Einschließung einer achtmonatlichen Gefängnißstrafe und einjährige Gefängnißstrafe einer achtmonatlichen Zuchthausstrafe gleich zu achten.

[Entw. § 15 a]. Vgl. § 56. 57. 17; Ges. v. 3. Mai 1852 Art. 131. 133.

§. 17. Geldbußen können nicht unter dem Betrage Eines Thalers erkannt werden.

An die Stelle einer Geldbuße, welche wegen Unvermögens des Verurtheilten nicht beigetrieben werden kann, soll Gefängnißstrafe treten. Die Dauer derselben soll vom Richter so bestimmt werden, daß der Betrag von Einem Thaler bis zu drei Thalern einer Gefängnißstrafe von Einem Tage gleichgeachtet wird; die Dauer der Gefängnißstrafe beträgt mindestens Einen Tag und höchstens vier Jahre.

---

zen Tagen bemessen werden; zusätzliche Verhängung von Bruchtheilen eines Tages ist unstatthaft.

5. Abs. 2 gilt unbedenklich auch von derjenigen Freiheitsstrafe, welche nach § 17 an die Stelle einer Geldbuße tritt.

§ 16.

1. Das Verhältniß der Einschließung zur Zuchthausstrafe ist hiernach wie neun zu vier. Temme Gll. s. 77 n. 3.

2. Die nach dem ALR. wegen eines ältern Straffalles zu verhängende Zuchthausstrafe läßt eine Umwandlung, in Ermangelung eines dafür geltenden Maaßstabes, nicht zu. Z. 1. 21. Dez. 1859 c. Thiele.

3. Die Verwandlung einer strengern Freiheitsstrafe in eine gelindere, und selbst in eine Geldstrafe kann im Begnadigungswege erfolgen; in einem solchen Falle sind die Vorschriften der Instr. v. 26—30. Juni 1834 (Jahrb. 43 s. 642) noch anwendbar. Vgl. § 17 n. 14; G. Matt. 1. s. 185; Temme Gll. s. 77 n. 2. 5.

§ 17.

1. Mit einem Spezialgesetze, welches seine Geltung bewahrt hat, sind die darin enthaltenen besondern, die Strafumwandlung betreffenden Bestimmungen in Kraft verblieben; vgl. n. 2. 3. Gleichwohl kann mit Rücksicht auf Art. IX des Einf.-Ges. im Falle des § 4 des Zollstrafgesetzes v. 23. Jan. 1838 statt der Geldbuße nicht auf Zuchthaus- oder Festungs-Arrest, sondern nur auf Gefängniß erkannt werden. Temme Gll. s. 97 n. 7.

2. Demgemäß ist die AKO. v. 24. Mai 1844 (G.-S. s. 238) in Kraft verblieben, nach welcher in der Regel die Verwandlung von Stempelstrafen in Freiheitsstrafen nicht stattfinden soll. (Die Ausnahmen zählt die KO. selbst auf.) B. I. 16. Jan. 1857 c. Schwedt.

3. In Ermangelung solcher die Strafverwandlung betreffender ausdrücklicher Vorschriften finden die §§ 17 u. 335 auch auf die in Spezialgesetzen als öffentliche Strafen angedrohten Geldbußen Anwendung. Z. I. 26. Okt. 1853 c. Jankowski. Dasselbe gilt da, wo ein Spezialgesetz zwar selbst einen Verwandlungsmaaßstab aufstellt, dieser aber nur auf § 88 des ALR. II. 20 beruht. Z. II. 3. Nov. 1855 c. v. Lobeck. Als Beispiel würde § 31 des Hausir-Regulativs v. 28. Apr. 1824 gelten können, wenn der dort aufgestellte Maaßstab nicht durch die AKO. v. 31. Dez. 1836 (GS. 37. s. 13) durch einen andern ersetzt worden wäre; der letztere ist daher durch die §§ 17 u. 335 nicht beseitigt.

Wenn eine zu verwandelnde Geldbuße neben Zuchthaus auszusprechen ist, so soll die Geldbuße nicht in Gefängniß, sondern in Zuchthaus, jedoch unter Verkürzung der Dauer (§. 16.), verwandelt werden.

[Entw. § 16]. Vgl. § 16. 17. 20. 335; Ges. v. 3. Mai 1852 Art. 132. 133.

4. Mit Rücksicht auf den unter n. 3 aufgestellten Grundsatz kann bei den durch Spezialgesetze vorgesehenen Vergehen, wenn nicht ein anderes ausdrücklich vorgeschrieben ist, Geldbuße nicht unter einem Thaler erkannt werden. Hälschner 1. s. 456. *Contra:* Komm. Ber. I. K. s. 4; G. Matt. 1. s. 198 n. 11; Koch n. 29. Vgl. § 335 n. 1. 2.

5. Die Beschränkung des Maaßes der substituirten Freiheitsstrafe bezieht sich nicht auf den Fall der realen Konkurrenz, da § 17 Abs. 2 ausdrücklich sagt: „an die Stelle einer Geldbuße rc." Temme Gll. s. 79 n. 5. *Contra:* Z. I. 25. Mai 1853 c. Löwenherz (Präj. n. 37; Entsch. 25 s. 270; G. Arch. 1. s. 559) in Betreff mehrerer in realer Konkurrenz begangener Zollvergehen; ebenso Z. I. 9. Mai 1855 c. Steinthal; zu bemerken ist, daß der § 3 des Zollstrafgesetzes vom 23. Jan. 1838 in einer dem § 17 ganz entsprechenden Weise gefaßt ist.

6. Die Umwandlung in Zuchthausstrafe muß selbst dann erfolgen, wenn wegen eines andern konnexen Verbrechens auf Zuchthausstrafe erkannt wird. Temme Gll. s. 78 n. 3; Hälschner 1. s. 474.

7. Die Umwandlung der Geldbuße in Freiheitsstrafe für den Fall der Uneinziehbarkeit soll in dem verurtheilenden Erkenntnisse selbst erfolgen. Ges. v. 3. Mai 1852 Art. 132; (Rh.) AKO. v. 18. Sept. 1824 (Rh. Samml. 2. s. 526). Ist jene Vorschrift verabsäumt worden, so ist nach dem cit. Art. 132 zu verfahren; in dem Gebiete des Rheinischen Rechts muß in einem solchen Falle die Vorladung des Verurtheilten vor dasjenige Gericht, welches in Betreff der Vollstreckung zu entscheiden kompetent ist, erfolgen, und im kontradiktorische Verfahren verhandelt werden. Nach denselben Grundsätzen ist zu verfahren, wenn ein Theil der Geldbuße eingezahlt ist, und es sich nun fragt, welche Freiheitsstrafe an die Stelle des uneinziehbaren Restes tritt. Wenn daher ein Streit darüber entsteht, ob die Theilzahlung, welche der wegen einer Steuerdefraude Verurtheilte geleistet hat, auf die nachzuzahlenden Gefälle, auf die Kosten, oder aber auf die Geldbuße anzurechnen sei, so hat das angerufene Instanzgericht darüber zu entscheiden, und eventuell die Umwandlung des noch rückständigen Restes der Geldbuße vorzunehmen. Beschl. I. 8. Juni 1855 c. Jakob; Beschl. I. 1. Feb. 1861 c. Parow (6 B; RdO. 1. s. 239; G. A. 9. s. 199, welche gleichzeitig annahmen, daß die Anrechnung zunächst auf die Geldbuße erfolgen müsse). Vgl. Strafverf. Art. 137 n. 10.

8. Der Richter hat nach den Umständen zu ermessen, welchen Maaßstab er zum Grunde legen will, und kann hiernach z. B. eine Geldbuße von drei Thalern sowohl in ein- als in zwei- oder dreitägige Gefängnißstrafe verwandeln. Min.-Verf. v. 2. Jan. 1854 (JMBl. s. 2; Rh. S. 11. s. 3); Temme Gll s. 79 n. 4.

9. Der Grundsatz, daß auch die subsidiäre Gefängnißstrafe mindestens einen Tag lang dauern müsse, kommt auch bei Steuervergehen zur Anwendung (Steuer-Ordn. v. 8. Febr. 1819 § 64; Einf.-Ges. Art. III; B. I. 4. Juli 1855 c. Henschel (G. A. 3. s. 697).

10. Auch die Dauer längerer substituirter Freiheitsstrafen darf nur nach ganzen Tagen bemessen werden; Zusätze von Bruchtheilen eines Tages sind unstatthaft. Vgl. § 15 n. 4.

11. Die im Gesetze alternative angedrohten Geld- und Gefängnißstrafen sind nicht als Parallelstrafen anzusehen; bei Abmessung der eventuell zu substituirenden Gefängnißstrafe ist daher die alternative angedrohte Prinzipalgefängnißstrafe nicht maaßgebend. Vgl. Z. I. 17. Okt. 1855 c. Hirsch (G. A. 3. s. 831); Hälschner 1. s. 473.

12. Es ist dem Instanzrichter nicht gestattet, wegen vermeintlicher Uneinziehbarkeit der Geldbuße an ihrer Stelle auf die entsprechende Gefängnißstrafe zu erkennen. B. II. 24. Jan. 1861 c. Recke (RdO. 1. s. 219). Vgl. § 18 n. 1.

§. 18. Läßt das Gesetz zwischen Freiheitsstrafen und Geldbuße die Wahl, so ist auf die Geldbuße in den milderen Fällen zu erkennen. Im Falle des Unvermögens tritt Freiheitsstrafe nach den Grundsätzen über die Strafverwandlung (§. 17.) ein.

[Entw. § 16a].

§. 19. Die Konfiskation findet nur in Beziehung auf einzelne Gegenstände statt.

Gegenstände, welche durch das Verbrechen oder Vergehen hervorgebracht, oder welche zur Begehung desselben gebraucht oder bestimmt worden sind, sollen, sofern sie dem Thäter oder einem Theilnehmer der That gehören, konfiszirt werden.

---

13. Nach dem Antritte der substituirten Freiheitsstrafe kann die Abbüßung des Rests nur durch Zahlung der ganzen Geldbuße beseitigt werden; arg. Zoll-Str.-Ges. v. 23. Jan. 1838 § 55, wo dieses für Zolldefrauden ausdrücklich ausgesprochen ist. Hälschner 1. s. 473.

14. Umwandlung einer Freiheitsstrafe in Geldbuße ist nur im Gnadenwege statthaft (Beschl. I. 2. Juni 1858 c. Warschauer; 125 B), jedoch ist die auf § 590 der Cr.-O. beruhende hierauf bezügliche Befugniß des Justiz-Ministers nicht aufgehoben, und dabei das durch die Instruktion (AKO.) v. 26—30. Juni 1834 (Jahrbb. 43. s. 642) vorgeschriebene Verfahren zu beobachten. In einem solchen Falle ist der Maaßstab des § 17 nicht bindend: Z. I. 2. Dez. 1854 c. Nasse (JMBl. 54. s. 81; G. A. 2. s. 107); wohl aber kann derselbe analog zur Anwendung gebracht werden. Z. I. 17. Okt. 1855 c. Hirsch (G. A. 3. s. 831). Vgl. § 16 n. 3.

15. Eine Anrechnung der Untersuchungshaft auf die zu verhängende Geldstrafe in anderer Weise denn als Strafzumessungsgrund ist unstatthaft. Vgl. § 10 n. 2; § 14 n. 1.

16. Ueber das Maaß der im Falle realer Konkurrenz zu verhängenden Geldstrafen und der ihnen zu substituirenden Gefängnißstrafen vgl. § 57 n. 4. 5.

§ 18.

1. Es verstößt gegen die Vorschrift dieses §, wenn bei der Wahl zwischen Gefängniß und Geldbuße auf die Vermögensverhältnisse des Angeklagten Rücksicht genommen wird. Z. I. 7. Dez. 1853 c. Kalitzki. Vgl. § 17 n. 12.

2. Entspricht die der Geldbuße substituirte Freiheitsstrafe den Grundsätzen des § 17, so kann sie geringer sein, als das geringste Maaß der alternative angedrohten Prinzipal-Gefängnißstrafe; vgl. §. 17 n. 11.

3. Im Uebrigen unterliegt die Wahl dieser oder jener alternative angedrohten Strafe dem Angriffe im Wege der Nichtigkeitsbeschwerde nicht. Z. I. 8. April 1853 c. Lehnigk; Z. II. 7. Juli 1853 c. Paßmann; Z. I. 28. April 1854 c. Bandau.

4. Die Fassung des § 18 ergiebt auch, daß nie zwei Strafen alternative nach der Auswahl des Verurtheilten verhängt werden dürfen. V. II. 8. Okt. 1857 Lohmann c. Berger. Vgl. G. Matt. 1. s. 202 Note 4.

§ 19.

1. Ueber die zu allgemeine Fassung des zweiten Absatzes des § 19 vgl. Temme Gll. s. 81 n. 3; id. Lehrb. s. 452. Die durch das Verbrechen 2c. hervorgebrachten Gegenstände sind zu konfisziren, wenn ihre Hervorbringung Zweck des Verbrechens 2c. war (z. B. falsche Münzen, Preßerzeugnisse), die zur Begehung gebrauchten Gegenstände, wenn sie unmittelbar als Werkzeug gedient haben, und auch nur bei vorsätzlichen Verbrechen 2c. Vgl. G. Matt. 1. s. 196 n. 2; Temme Lehrb. s. 452. Dagegen können Gegenstände, welche nicht als Werkzeuge zur Ausführung des Vergehens, sondern als Objekt desselben anzusehen sind, nicht hierher

Wenn der Inhalt einer Schrift, Abbildung oder Darstellung sich als Thatbestand einer strafbaren Handlung darstellt, so ist im Strafurtheile zugleich die Vernichtung aller vorfindlichen Exemplare und der dazu bestimmten Platten und Formen auszusprechen.

Ist die Schrift, Abbildung oder Darstellung ihrem Hauptinhalte nach eine erlaubte, so soll nur auf die Vernichtung der gesetzwidrigen Stellen und desjenigen Theils der Platten und Formen erkannt werden, auf welchem sich diese Stellen befinden.

[Entw. § 17]. Vgl. § 20. 151. 333; Einf.-Ges. Art. VIII. XXVII § 3; Cr.-O. § 638; Verfassung v. 31. Jan. 1850 Art. 10; Preß-Ges. v. 12. Mai 1851 § 50. 51. 52; HDG. v. 2. Juni 1852 § 17. 22. 23.

---

gerechnet werden, z. B. die Waaren, mit welchen unbefugter Weise Handel, oder die Effekten, mit welchen ohne die erforderliche polizeiliche Erlaubniß ein Gewerbe getrieben ist. Z. II. 3. Mai 1856 c. Becker (G. A. 4. f. 562).

2. Ebenso ist ein Boot, in welchem sich ein unbefugt Fischender mit dem unmittelbar dazu dienenden Geräthe befindet, nicht schlechthin und von Rechtswegen zu den Gegenständen zu zählen, welche zur Begehung des Vergehens gebraucht oder bestimmt worden sind. Es würde um dieses anzunehmen, einer besondern dieses rechtfertigenden Feststellung bedürfen. Z. I. 12. April 1854 c. Kraest (G. A. 2. f. 418).

3. Die zur Wegschaffung der gestohlenen Gegenstände gebrauchten Transportmittel sind nur dann zu konfisciren, wenn sie zur Begehung des Diebstahls, nicht aber, wenn sie nach Vollendung des Vergehens zur Fortschaffung der Sachen gebraucht worden sind. Die Frage, ob und wann der Diebstahl vollendet gewesen, ist eine thatsächliche. Z. I. 6. Okt. 1854 c. Luszey; Z. I. 11. Febr. 1857 c. Skielka. Hiernach verletzt die Rechts-Ansicht: der Thatbestand eines Diebstahls von geschlagenem Holze im Walde sei von den Handlungen zum Fortschaffen des gestohlenen Guts unabhängig, und daher die zu letzterem gebrauchten Transportmittel nicht zu konfisciren — keinen Rechtsgrundsatz. Z. I. 27. Okt. 1854 c. Sablowski (G. A. 2. f. 821); Z. I. 17. Nov. 1854 c. Siemoneit; Z. (V.) I. 6. Juni 1856 c. Skielka.

4. Sind bei Gelegenheit eines mit Nachschlüsseln oder dergl. verübten Diebstahls dem ergriffenen Diebe mehrere Nachschlüssel oder Sperrhaken abgenommen, so sind sie alle zu konfisciren, weil sie alle als zur Begehung des Diebstahls bestimmt, (je nachdem der eine oder der andere passen würde) anzusehen sind. B. 17. Dez. 1851 c. Heise (Entsch. 22. f. 64; G. A. 1. f. 70). [Ob letzteres der Fall, ist aber Gegenstand der thatsächlichen Beurtheilung, vgl. n. 5.]

5. Im Uebrigen ist die Frage: ob eine Sache im Einzelfalle zur Verübung eines Vergehens 2c. gebraucht oder bestimmt worden sei, wesentlich thatsächlicher Natur. Z. I. 10. Nov. 1856 c. Olzewski; Z. I. 11. Febr. 1857 c. Skielka.

6. Nach der Fassung des zweiten Absatzes sind auch die durch das Verbrechen 2c. hervorgebrachten Gegenstände nur dann zu konfisciren, wenn sie dem Thäter oder einem Theilnehmer gehören. Dagegen fällt dieses Erforderniß bei der in den Absätzen drei und vier vorgeschriebenen Vernichtung weg. Vgl. hierüber das Preßgesetz v. 12. Mai 1851 § 50 Abs. 2, wo dieser Punkt näher bestimmt ist. Im Uebrigen sind die Vorschriften der beiden letzten Absätze des § 19 in den §§ 50 Abs. 1. 2 und 55 des Preßgesetzes wiederholt.

7. Die Konfiskation der den Theilnehmern gehörenden Gegenstände ist nur insofern statthaft, als gegen dieselben eine Verurtheilung erfolgt (arg. § 20), unbeschadet jedoch der Vorschrift des § 277; vgl. n. 8.

8. Die Vorschrift, daß nur die dem Thäter oder einem Theilnehmer der That gehörenden Gegenstände konfiscirt werden sollen, erleidet eine Ausnahme bei Jagdvergehen; vgl. § 277.

§. 20. Geldstrafen können in den Nachlaß eines Angeschuldigten nur dann vollstreckt werden, wenn derselbe bei Lebzeiten rechtskräftig verurtheilt worden ist.

---

9. Die Konfiskation trifft auch die vom Theilnehmer nur zu seinen Theilnahme-Handlungen gebrauchten Gegenstände.

10. Was bisher vom Theilnehmer gesagt worden, ist auf den Begünstiger (§ 37) nicht auszudehnen.

11. Die Konfiskation ist eine Strafe (vgl. § 333; Z. II. 20. Januar 1859 c. Fluchtscheiper); sie kann daher da nicht erfolgen, wo wegen mangelnden Unterscheidungsvermögens freigesprochen wird. Z. I. 14. Juni c. Kühn (G. A. 2. f. 545; ein Fall einer Mahlsteuerdefraude); Z. I. 1. Okt. 1858 c. Jurczick (G. A. 7. f. 98); Z. I. 14. Sept. 1859 c. Seegebarth (684); Hälschner 1. f. 464.

12. Anders verhält es sich mit der in den letzten Absätzen des § 19 und im § 50 des Preßgesetzes v. 12. Mai 1851 vorgeschriebenen Vernichtung. Sie muß als selbstständige Maaßregel zur Beseitigung der schädlichen Wirkungen auch da eintreten, wo die persönliche Strafbarkeit verjährt ist. B. 8. Dezember 1851 c. Sacco (Entsch. 24. f. 177); B. II. 9. Febr. 1854 c. Schrader (beide unter Anwendung des § 37 der frühern Vdn. v. 30. Juni 1849).

13. Als Strafe (vgl. n. 11) muß die Konfiskation auch jedesmal in dem die sonstige Bestrafung verhängenden Erkenntnisse ausgesprochen werden; dafür spricht auch der, dieses in Betreff der Vernichtung ausdrücklich anordnende, Absatz drei. *Contra*: B. 17. Dez. 1851 c. Heise (Entsch. 22. f. 64; G. A. 1. f. 70), welches jenes nur in den Fällen der die Konfiskation noch speziell androhenden §§ 151. 277. 340. 345. 348, und im Uebrigen nur da für unerläßlich erachtete, wo die Frage: ob Konfiskation verwirkt sei, im Untersuchungsverfahren zur Kontestation gekommen ist; ähnlich: Beschl. I. 29. April 1857 c. Sprenger; Z. I. 4. Nov. 1857 c. Sprenger, welche (arg. ALR. I, 9 § 364) annahmen, daß die im verurtheilenden Erkenntnisse unterlassene Verhängung der Konfiskation durch ein nachträgliches Erkenntniß nachgeholt werden könne. Vgl. G. Matt. 1. f. 203 n. 7. Diese Ansicht unterliegt indessen jetzt großem Bedenken.

14. Die Verhängung der Konfiskation ist nicht durch eine auf frischer That erfolgte Abnahme (Pfändung) der betr. Gegenstände bedingt, sie ist jedesmal, wo an sich die Voraussetzungen derselben vorliegen, auszusprechen, ohne Rücksicht auf die dem Vollzuge etwa entgegenstehenden Schwierigkeiten. B. 15. Sept. 1852 c. Hill (G. A. 1. f. 562); B. 17. Dez. 1852 c. Dreyer (Fälle des § 277; vgl. zu diesem n. 1); G. Matt. 1. f. 198 V.

15. Wo nicht Spezial-Gesetze eine Ausnahme bestimmen, ist nie statt der unausführbaren Konfiscation auf Erlegung des Werths zu erkennen. G. Matt. 1. f. 198 V; Temme Gll. f. 82 n. 7; id. Lehrb. f. 453.

16. Bei Uebertretungen (§ 333) kann die Konfiskation nur da ausgesprochen werden, wo sie ausdrücklich angedroht ist. Das folgt schon aus dem oben n. 1 Bemerkten, mit Rücksicht auf den Umstand, daß bei Uebertretungen von jedem Vorsatze abgesehen wird.

17. Bei Einziehung einer für konfiscirt erklärten Sache vom Verurtheilten kann diesem der Manifestationseid auferlegt werden. Beschl. II. 2. Febr. 1860 c. Blase (75.B. 1859 inb.).

§ 20.

1. Durch den ersten Absatz des § 20 ist § 363 ALR. I, 9 abgeändert.

2. Als rechtskräftig ist ein Straferkenntniß anzusehen, sobald die ordentlichen Rechtsmittel (Rekurs, Appellation, Nichtigkeitsbeschwerde oder nach Rheinischem Rechte Einspruch, Berufung und Kassationsrekurs) erschöpft, oder die betreffenden Fristen unbenutzt verstrichen sind. Insbesondere muß im Gebiete des Rheinischen Rechts auch die durch Art. 205 der Rh. StPO. dem General-Prokurator gewährte zweimonatliche Appellationsfrist verstrichen sein. Vgl. Gilb. C. d'Instr. cr. Art. 203 n. 41.

Die Konfiskation einzelner Gegenstände kann nach dem Tode des Angeschuldigten in dessen Nachlaß geltend gemacht werden, selbst wenn zu seinen Lebzeiten noch kein Urtheil ergangen ist.

[Entw. § 18]. Vgl. § 17. 19; ALR. I, 9 § 363. 364; Z.-Str.-Ges. v. 23. Jan. 1838 § 22; Vdn. v. 3. Jan. 1849 § 159; Rh. StPO. Art. 203.

§. 21. Die Untersagung der Ausübung der bürgerlichen Ehrenrechte auf Zeit bewirkt die Unfähigkeit, während der im Urtheil bestimmten Zeit die im § 12. erwähnten Rechte auszuüben.

Die Zeit soll wenigstens Ein Jahr und höchstens zehn Jahre betragen.

Die Wirkungen der Untersagung der Ausübung der bürgerlichen Ehrenrechte beginnen mit der Rechtskraft des Urtheils, in welchem sie ausgesprochen ist. Die Dauer dieser Strafe wird jedoch erst von dem Tage an berechnet, an welchem die Freiheitsstrafe verbüßt ist.

[Entw. § 19]. Vgl. § 12. 22—24. 43 Nr. 1; Einf.-Ges. Art. IX.

---

3. Der Charakter der Strafe, den die Konfiskation hat (siehe § 19 n. 11. 13), fällt an sich mit dem vor rechtskräftiger Entscheidung erfolgenden Tode des Angeklagten nicht weg; der Anspruch des Fiskus gegen den Nachlaß kann indessen dann nur noch ein civilrechtlicher sein, und nur vor dem Civilrichter verfolgt werden, welcher die Begehung des Verbrechens ꝛc. dann ebenso zu prüfen und festzustellen berufen ist, wie bei jeder andern auf einem Verbrechen ꝛc. beruhenden Civilklage. G. Matt. 1. ſ. 205; Hälschner 1. ſ. 531. *Contra*: Temme GA. ſ. 82; id. Lehrb. ſ. 453; Beschl. des Kammer-Ger. v. 2. Dez. 1852 (G. Arch. 1. ſ. 71).

4. Aus dem Worte „können“ im Eingange des ersten Absatzes ist nicht zu folgern, daß die Maaßregel fakultativ sei, daß also von der Vollstreckung der rechtskräftig erkannten Strafe abgesehen werden könne. *Contra*: G. Matt. 1. ſ. 201; Hälschner 1. ſ. 531.

§ 21.

1. Sobald die bestimmte Frist abgelaufen ist, hören die nachtheiligen Wirkungen der Strafe auf; mit der hiernach wieder eintretenden Fähigkeit Vormund zu sein, lebt aber die durch die temporäre Unfähigkeit verlorene Vormundschaft nicht wieder auf, insofern nicht das Gesetz (z. B. des Rh. BGB. Art. 390. 402. 403) Jemanden von Rechtswegen zur Vormundschaft beruft. *Sic*: Beseler ſ. 128 (aus nicht durchgreifenden Gründen). *Contra*: Temme GA. ſ. 84 n. 5. Vgl. ALR. II, 2. § 259.

2. Auch im Falle der realen Konkurrenz mehrerer diese Strafe nach sich ziehender Vergehen kann die Dauer der Untersagung zehn Jahre nicht überschreiten. Vgl. § 26 n. 2. 3; § 56 n. 28. Wenn daher in dem Augenblicke, von welchem nach Abs. 3 die Dauer dieser Strafe zu berechnen ist, der Verurtheilte sich schon auf Grund eines andern Erkenntnisses im Zustande der Untersagung ꝛc. befand, so beginnt die Berechnung der neuen doch sofort, und beide laufen gleichzeitig neben einander, weil das Gesetz diese Strafe wesentlich als eine Nachwirkung der erlittenen Freiheitsstrafe auffaßt, welcher sie sich unmittelbar anschließen muß. Z. II. 24. Sept. 1857 c. Thonehk (G. A. 6. ſ. 275); B. I. 22. Dez. 1858 c. Stimming. Gleichwohl ist die Untersagung ꝛc. auch gegen denjenigen auszusprechen, welcher durch früheres Erkenntniß bereits zum Verluste der bürgerlichen Ehre verurtheilt ist.

3. Die Untersagung der Ausübung der bürgerlichen Ehren-Rechte kann auf

§. 22. Die Untersagung der Ausübung der bürgerlichen Ehrenrechte auf Zeit hat den Verlust aller aus früheren öffentlichen Wahlen für den Verurtheilten hervorgegangenen Rechte, ingleichen den Verlust der öffentlichen Aemter, Würden, Titel, Orden und Ehrenzeichen, sowie den Verlust des Adels von Rechtswegen zur Folge. Die Entfernung aus der Armee tritt ein, soweit die Militairgesetze es vorschreiben.

[Entw. § 20]. Vgl. § 12. 21. 23. 24; Ges. v. 15. April 1852 § 5.

§. 23. Entlassene Staatsdiener und Gemeindebeamte werden durch den Verlust der bürgerlichen Ehre und durch die Untersagung der Ausübung der bürgerlichen Ehrenrechte auf Zeit der ihnen aus der Staatskasse oder einer Gemeindekasse zu zahlenden Pensionen und Gnadengehalte von Rechtswegen verlustig.

[Entw. § 21]. Vgl. § 12. 21. 22. 24.

---

kürzere Zeit als die gleichzeitig wegen derselben Handlung verhängte Polizei-Aufsicht erfolgen. Z. I. 14. Juli 1854 c. Kaputschat (G. A. 2. s. 687).

4. Die Strafe der Untersagung ꝛc. ist auch gegen Ausländer auszusprechen. B. I. 16. März 1853 c. Knauer (G. A. 2. s. 250); Z. I. 11. Nov. 1853 c. Lindenthal; Temme Lehrb. s. 435.

5. Ist gleichzeitig wegen mehrerer Vergehen auf Freiheitsstrafe, und nur wegen eines derselben auf zeitliche Untersagung der bürgerlichen Ehrenrechte erkannt, so ist die Dauer der letztern doch erst von der Verbüßung der ganzen Freiheitsstrafe an zu berechnen. Temme Lehrb. s. 445.

6. Durch eine wegen einer anderweiten Verurtheilung zu verbüßende Freiheitsstrafe wird der Lauf der Frist, für welche die Untersagung verhängt ist, nicht unterbrochen; vgl. § 26 n. 4.

7. Ist ein Vergehen mit der Strafe der Untersagung der Ausübung der bürgerlichen Ehrenrechte bedroht, so ist es als ein solches zu betrachten, welches „entehrender Natur“ ist; es muß daher nach § 174 der Gew.-Ordn. vom 17. Jan. 1845 gegen die dort genannten Gewerbtreibenden die Verlustigerklärung der Befugniß zum selbstständigen Gewerbebetriebe für immer nach sich ziehen (z. B. die Unterschlagung). B. II. 24. Mai 1856 c. Buhl.

§ 22.

1. Vgl. § 12, und die Bemerkungen zu demselben.

§ 23.

1. Auf andere mittelbare Beamten, als die im § ausdrücklich genannten, ist die Vorschrift desselben nicht auszudehnen, ebensowenig auf Wittwenpensionen, Präbenden u. dgl. G. Matt. 1. s. 215 n. 3; Temme GU. s. 84 n. 2. 3; id. Lehrb. s. 455; Koch n. 39.

2. Gilt § 23 auch von den Militärgnadengehalten der Invaliden, auf welche sich die AKO. v. 17. März 1829 und v. 25. April 1835 (GS. 1829 s. 42; 1835 s. 46) beziehen? Eine Min.-Verf. v. 29. Dez. 1851 (JMBl. 1852 s. 2) betrachtete die cit. KO. v. 17. März 1829 als durch das StGB. nicht beseitigt, und eine Verf. des Kr.-Min. v. 1. Febr. 1853 (G. A. 1. s. 385), davon ausgehend, daß mit Rücksicht auf Ges. v. 15. April 1852 § 16 (GS. s. 117) die Civil-Gerichte über Aberkennung und Belassung des Gnadengehalts gar nicht mehr zu erkennen hätten, giebt nähere Vorschriften, in welcher Weise der gänzliche oder theilweise Verlust als Folge einer Verurtheilung eintrete. Dagegen nahm B. II. 28. April 1853 c. Kaufhold (Präj. 31; Entsch. 26. s. 132; G. A. 1. s. 384) an: „die Bestimmung des § 23 finde auch auf „Pensionen und Gnadengehalte entlassener Militär-Invaliden Anwendung,“ und die

§. 24. Ist ein Preuße im Auslande wegen eines Verbrechens oder Vergehens bestraft worden, welches nach Preußischen Gesetzen den Verlust der bürgerlichen Ehre oder die Untersagung der Ausübung der bürgerlichen Ehrenrechte auf Zeit nach sich zieht, so kann ein neues Strafverfahren vor den Preußischen Gerichten eingeleitet, und es muß gegen den Schuldigen in Gemäßheit der Preußischen Gesetze auf Verlust der bürgerlichen Ehre oder Untersagung der Ausübung der bürgerlichen Ehrenrechte auf Zeit erkannt werden.

[Entw. § 22]. Vgl. § 4. 12. 22. 23.

§. 25. Die zeitige Unfähigkeit zur Bekleidung öffentlicher Aemter soll auf die Dauer von Einem Jahre bis zu fünf

---

engeren Bestimmungen der cit. AKO. v. 17. März 1829 und 25. April 1835 seien dadurch aufgehoben. Für jene Ansicht hat sich indessen auch eine Just.-Min.-Verf. v. 10. Nov. 1852 ausgesprochen, welche darauf hinverweist, daß der Entwurf von 1847 im § 405 eine dem jetzigen § 23 entsprechende Vorschrift, gleichwohl im Absatze Zwei in Betreff der Gnadengehalte der Militär-Invaliden abweichende Bestimmungen enthielt, daß aber aus dem Wegfalle dieses Zusatzes nicht geschlossen werden dürfe, als wenn abweichend von allen bisherigen Resultaten der Berathung, die Militär-Invaliden den Beamten hätten gleichgestellt, daß vielmehr in Betreff ihrer das Nähere anderweiten Vorschriften der Militärgesetzgebung habe vorbehalten werden sollen.

§ 24.

1. Das neue Strafverfahren ist nur nach dem Ermessen der Staatsanwaltschaft gestattet, ist dasselbe aber eingeleitet, so muß der Richter auf die verwirkte Strafe erkennen.

2. In Betreff der Verfolgung durch eine Civil-Partei (nach Rheinischem Rechte) gilt auch hier das oben (§ 4 n. 5) Bemerkte.

3. Der § bezieht sich offenbar nur auf die im Auslande begangenen Verbrechen ꝛc., und beabsichtigt für diesen Fall eine Vervollständigung der Vorschrift des § 4 Nr. 3. Grade dann, wenn wegen der im Auslande erfolgten rechtskräftigen Aberkennung über die Handlung, und wegen des dort erfolgten Vollzugs oder Gnadenerlasses der etwa verhängten Strafe die Verfolgung und Bestrafung in Preußen im Allgemeinen ausgeschlossen sind, sollen beide rücksichtlich der hier erwähnten Ehrenstrafen noch zulässig sein. In allen andern Fällen bleibt es bei der unbedingten Statthaftigkeit der Verfolgung und Bestrafung nach Preußischen Gesetzen, wie § 4 Nr. 3 sie bestimmt hat. Vgl. Temme Gll. f. 85 n. 3.

4. Es genügt zur Anwendung des §, wenn das Preußische Gesetz die Verhängung der Ehrenstrafen auch nur gestattet, und nicht unbedingt gebietet. Temme Gll. f. 85 n. 4.

5. Die Fälle, wo der Verlust oder die Untersagung sich nur auf einzelne der im § 12 genannten Rechte bezieht (§ 25. 63. 64), sind nicht ausgeschlossen. Temme Gll. f. 86 n. 8. *Contra:* G. Matt. 1. f. 217 n. 5.

6. Das Preußische Gericht hat eine neue selbstständige Prüfung der Thatsachen, sowie der Beweisfrage vorzunehmen. Temme Gll. f. 86 n. 7; id. Lehrb. f. 435.

§ 25.

1. Ueber die Dauer der Unfähigkeit im Falle realer Konkurrenz mehrerer diese Strafe nach sich ziehender Vergehen ꝛc. vgl. § 21 n. 2 und § 26 n. 2. 3.

2. Ueber die Unfähigkeit zur Beschäftigung in gewissen Diensten (vgl. § 299), sowie über die Unfähigkeit zum selbstständigen Betriebe eines bisher ausgeübten Gewerbes ꝛc. (vgl. § 184. 202. 203. 267) enthält der allgemeine Theil des Ge-

Jahren erkannt werden. Sie hat für die dazu Verurtheilten den Verlust ihrer Aemter von Rechtswegen zur Folge. Diese Wirkung tritt mit der Rechtskraft des Urtheils ein. Ist gleichzeitig auf eine Freiheitsstrafe erkannt, so wird die Dauer der zeitigen Unfähigkeit von dem Tage an berechnet, an welchem die Freiheitsstrafe verbüßt ist.

[Entw. § 22 a]. Vgl. § 12. 21. 22. 23.

§. 26. Die Stellung unter Polizei-Aufsicht soll auf die Dauer von Einem bis zu zehn Jahren erkannt werden.

Die Wirkungen der Stellung unter Polizei-Aufsicht beginnen mit der Rechtskraft des Urtheils, in dessen Folge sie eintritt. Die Dauer der Polizei-Aufsicht wird jedoch erst von dem Tage an berechnet, an welchem die Freiheitsstrafe verbüßt ist.

[Entw. § 23]. Vgl. § 27—29. 43 Nr. 1. 116; Einf.-Ges. Art. VIII. XX; Ges. v. 12. Febr. 1850 (GS. s. 49).

---

setzbuchs Nichts. Insoweit diese Unfähigkeit nur für eine bestimmte Frist verhängt wird, müssen die für den Fall des § 25 geltenden Grundsätze über die Dauer und Berechnung auch bei jener zur Anwendung kommen. G. Matt. 1. s. 218 Note 2.

§ 26.

1. Das Gesetz v. 12. Febr. 1850 ist, soweit es sich nicht auf Kontrebande und Zolldefraudationen bezieht, durch § 26 fgg. aufgehoben. Vgl. Einf.-Ges. Art. II. n. 28; Verf. d. Min. d. F. u. d. J. v. 6. Dez. 1851, u. v. 5. März 1852 (VMBl. 1852 s. 11. 88); Beseler s. 131 l; G. Matt. 1. s. 219 n. 2 a; Temme GU. s. 87 n. 2; id. Lehrb. s. 459; Wenzel Ergänzungen 2c. 1. s. 61.

2. Ergehen gegen ein Individuum successive verschiedene Strafurtheile, bei welchen die Polizei-Aufsicht verwirkt ist, so ist dieselbe in jedem ganz auszusprechen, ohne daß dabei (wenn es sich von realer Konkurrenz handelt) die nur für Freiheitsstrafen geltende Vorschrift des § 57 Nr. 1 analoge Anwendung fände. (*Contra:* Temme Arch. 2. s. 155, welcher die Polizei-Aufsicht als eine uneigentliche Freiheitsstrafe, und deshalb den § 57 als auf sie anwendbar betrachtet.) B. I. 27. Jan. 1854 c. Langhoff (JMBl. s. 128; G. A. 2. s. 251); Z. I. 24. Juni 1853 c. Wassilat (G. A. 2. s. 251); Z. I. 8. Juli 1853 c. Szielinski (ibid.); B. I. 16. Jan. 1856 c. Fischer. Dagegen sind demnächst die mehrfachen durch verschiedene Erkenntnisse verhängten Polizei-Aufsichten gleichzeitig neben einander zu vollstrecken, so daß die Dauer nie zehn Jahre übersteigen darf; vgl. § 21 n. 2. *Contra*: cit. Z. I. 8. Juli 1853 c. Szielinski. Das cit. B. I. 27. Jan. 1854 c. Langhoff wollte die Vollstreckung auf die Dauer von zehn Jahren beschränken, das cit. B. I. 16. Jan. 1856 c. Fischer aber die Frage, inwieweit eine Vollstreckung zu bewirken sei, nach Anleitung des § 131 des Gesetzes vom 3. Mai 1852 erörtert und entschieden wissen. Vgl. § 56 n. 28; G. Matt. 1. s. 220 n. 3.

3. Aus dem unter n. 2 Gesagten folgt, daß bei gleichzeitiger Aburtheilung zweier Verbrechen 2c., von welchen jedes die Polizei-Aufsicht nach sich zieht, die Gesammtdauer derselben nicht über zehn Jahre hinaus bestimmt werden darf. Das besagt auch beiläufig das cit. B. I. 27. Jan. 1854 c. Langhoff. Die Berechnung beginnt selbstredend aber erst mit der Verbüßung der ganzen verhängten Freiheitsstrafe. Vgl. das Nähere § 56 n. 28.

4. Die Berechnung einer durch früheres Strafurtheil verhängten Polizei-Aufsicht wird weder durch die Verbüßung einer anderweitigen Freiheitsstrafe, noch dadurch unterbrochen, daß sich der Verurtheilte der polizeilichen Beaufsichtigung in

§. 27. Die Stellung unter Polizei-Aufsicht hat folgende Wirkungen:

1) es kann dem Verurtheilten der Aufenthalt an einzelnen bestimmten Orten von der Landespolizei-Behörde untersagt werden;

2) Haussuchungen unterliegen keiner Beschränkung hinsichtlich der Zeit, zu welcher sie stattfinden dürfen.

[Entw. § 24]. Vergl. § 26. 28. 29. 43 Nr. 1. 116; (Ges. v. 31. Dez. 1842 § 2 Nr. 2. GS. 1843 s. 5); Ges. v. 12. Febr 1850 § 12 (GS. s. 45); Jagd-Pol.-Ges. v. 7. März 1850 § 15 (GS. s. 168).

---

irgend einer Weise entzogen hat. Z. I. 29. Sept. 1858 c. Perrey (G. A. 6. s. 837). Temme Gll. s. 87 n. 4; G. A. 2. s. 251.

5. Die Untersagung der Ausübung der bürgerlichen Ehrenrechte kann auf kürzere Zeit als die gleichzeitig wegen derselben Handlung erfolgte Stellung unter Polizeiaufsicht erfolgen. Z. I. 14. Juli 1854 c. Kaputschat (G. A. 2. s. 687).

§ 27.

1. Das Gesetz bestimmt in den §§ 27. 28 die Folgen der Stellung unter Polizei-Aufsicht genau; wird daher dem Verurtheilten von der Polizeibehörde eine über das Maaß dieser Bestimmungen hinausgehende Beschränkung auferlegt (z. B. das Verlassen des Wohnorts auch bei Tage nur nach vorgängiger Meldung beim Ortsschulzen gestattet), so ist dieselbe nicht verbindlich, und eine Zuwiderhandlung nicht nach § 116 strafbar. Z. II. 27. Okt. 1853 c. Goerges; ähnlich: Z. I. 8. Febr. 1854 c. Grübener (G. A. 2. s. 546 fgg.), wonach eine Ausdehnung der vom Gesetz bestimmten Beschränkungen mit der Folge: daß eine Uebertretung gleichfalls durch den Richter als Vergehen zu ahnden sei, unzulässig ist. Vgl. auch das in G. A. l. c. mitgetheilte Urtheil des Kammergerichts v. 9. Nov. 1853 c. Grübener. Dagegen hatte ein früheres B. 22. März 1852 c. Beyer (JMBl. s. 194) angenommen: die Aufzählung der einzelnen Beschränkungen in den §§ 27. 28 habe nur den Sinn, daß die allgemeinen gesetzlichen Berechtigungen der freien Wahl des Aufenthaltsorts und der Unverletzlichkeit der Wohnung einer sachgemäßen Handhabung der Polizei-Aufsicht nicht entgegen stehen sollten, so daß auch andre Beschränkungen, welche einer verständigen Handhabung der Sicherheitspolizei entsprächen, auferlegt werden könnten, deren Uebertretung nach § 116 zu bestrafen sei. Vgl. hierüber Temme Gll. s. 87 n. 3; id. Arch. 2. s. 151 fgg.

2. „Die Landespolizeibehörde (d. i. die Bezirks-Regierung) kann die ihr in „§ 27 Nr. 1 ertheilte Ermächtigung, dem zur Stellung unter Polizei-Aufsicht Ver„urtheilten den Aufenthalt an einzelnen bestimmten Orten zu untersagen, nicht „auf untergeordnete Polizeibehörden übertragen, wohl aber dadurch „ausüben, daß sie diese anweist, allen zur Polizei-Aufsicht Verurtheilten einer ge„wissen Klasse den Aufenthalt an den von ihr, der Landespolizeibehörde, bestimmten „Orten zu untersagen.“ B. II. 28. Mai 1853 c. Tietze (Präj. n. 35; Entsch. 26. s. 136; G. A. 1. s. 562). Vgl. aber n. 3.

3. Die Worte „Aufenthalt an bestimmten Orten“ sind auf einzelne Ortschaften, nicht aber auf einzelne Lokalitäten der betreffenden Ortschaft zu beziehen. Es kann daher nicht der Besuch der öffentlichen Vergnügungsorte des Wohnorts untersagt werden. Z. I. 6. Juli 1855 c. Behrend (G. A. 3. s. 698). *Sic:* Temme Gll. s. 87 n. 3; id. Lehrb. s. 457.

4. Unstatthaft ist es, dem Observaten einen bestimmten Bezirk zu bezeichnen, aus welchem er sich nicht entfernen dürfe. G. Matt. 1. s. 222 n. 1.

5. Es genügt, wenn die Untersagung mündlich erfolgt, es ist nicht unerläßlich, daß es zu Protokoll geschehe.

6. Die Untersagung kann mehrmals nach einander ausgeübt werden. G. Matt. 1. s. 221 n. 1.

§. 28. Gegen diejenigen, welche wegen Diebstahls, Raubes oder Hehlerei verurtheilt und unter Polizei-Aufsicht gestellt worden sind, kann die Ortspolizei-Behörde die Aufsicht dahin erweitern, daß dieselben während der Nachtzeit ihren Wohnort und selbst ihre Wohnung ohne Erlaubniß nicht verlassen dürfen.

Die Nachtzeit umfaßt für die Zeit vom 1. Oktober bis 31. März die Stunden von 6 Uhr Abends bis 6 Uhr Morgens, und für die Zeit vom 1. April bis 30. September die Stunden von 9 Uhr Abends bis 4 Uhr Morgens.

[Entw. § 25]. Vgl. § 26. 27. 29. 43 Nr. 1. 116; (Ges. v. 31. Dez. 1842 § 2 Nr. 2. GS. 1843 S. 5); Ges. v. 12. Febr. 1850 (Pol.-Aufsicht betr.) § 9 (GS. S. 49); Ges. v. 12. Febr. 1850 (z. Schutz der pers. Freiheit.) § 8 (GS. S. 45).

---

7. Sind polizeiliche Ausweisungen nach § 27 nur in Folge einer rechtskräftig auferlegten Strafe zulässig? Beseler S. 136 III, 1 bejaht.

8. Die hier und im § 28 genannten Beschränkungen sind nur die Folge eines die Polizeiaufsicht ausdrücklich aussprechenden gerichtlichen Erkenntnisses. Ist daher vor Emanation des Gesetzes vom 12. Febr. 1850 (GS. S. 49) ein Strafurtheil ergangen, welches die Polizei-Aufsicht nicht verhängte, und nur in Gemäßheit des § 569 der Cr.-O., und der Cirk.-Verf. v. 12. Sept. 1815 (Jahrbb. 6. S. 26) eine polizeiliche Beaufsichtigung zur Folge hatte, so treten nicht die hier gedachten Folgen, sondern nur die unbeschränktere Gestattung von Haussuchungen nach dem Ges. z. Schutz d. pers. Fr. v. 12. Feb. 1850 § 13 (GS. S. 48) ein. Ist nichtsdestoweniger an den so Verurtheilten ein Verbot im Sinne der §§ 27. 28 ergangen, so sind Zuwiderhandlungen gegen dasselbe nicht strafbar. Z. 16. Juli 1852 c. Hauswald; Z. I. 1. Juli 1853 c. Nyakowski; Beschl. I. 3. Nov. 1854 c. Pohl (G. A. 2. S. 829). Vgl. § 116 n. 1. 2.

9. Durch die §§ 27. 28 ist die früher durch das Ges. v. 31. Dez. 1842 § 2 Nr. 2 (GS. 1843 S. 5) der Landespolizeibehörde ertheilte Befugniß ersetzt; die betreffende Bestimmung ist daher, insofern sie weiter ging, als aufgehoben zu betrachten.

§ 28.

1. Was ist unter „Wohnort“ zu verstehen? Goltd. (Matt. 1. S. 222 n. 1) und Temme (GU. S. 88 n. 2) nehmen an: der politische Gemeindebezirk, und wo Sammt-Gemeinden gebildet sind, die Sondergemeinde.

2. Die Bestimmung über den Begriff der „Nachtzeit“ ist lediglich in Beziehung auf Haussuchungen gegeben, und nur als eine für einen bestimmten Fall aufgestellte Fiktion anzusehen; sie gestattet nicht eine analoge Anwendung in Fällen, welche nicht überhaupt alle Voraussetzungen dieses § vereinigen, also namentlich nicht auf den Fall des § 217 Nr 6. Vgl. dort n. 85.

3. Das „nicht verlassen dürfen“ ist nicht zu wörtlich zu nehmen, der Betreffende muß zur angegebenen Zeit in seinem Wohnorte oder seiner Wohnung anwesend sein.

4. Es unterliegt dem Ermessen der Ortspolizeibehörde, das Verlassen des Wohnorts ꝛc. bei Nacht von der vorgängigen Erwirkung einer schriftlichen Erlaubniß abhängig zu machen: Z. I. 4. Juni 1856 c. Schulze, mit dem Zusatze, daß dann eine mündliche Erlaubniß eines untergeordneten Polizeibeamten das Verlassen nicht straflos machen könne; anders wäre es freilich, wenn die betr. Ortsbehörde selbst die mündliche Erlaubniß ertheilt hätte.

5. In Betreff der Zolldefraudationen vgl. Einf.-Ges. Art. II n. 28.

§. 29. Ist derjenige, gegen welchen die Stellung unter Polizei-Aufsicht zu erkennen sein würde, ein Ausländer, so ist gegen denselben, anstatt der Stellung unter Polizei-Aufsicht, auf Landesverweisung zu erkennen.

[Entw. § 26]. Vgl. § 26—28. 43 Nr. 1. 115. 120; Cr.-O. § 572; AKO. v. 10. März 1839 (GS. s. 106); Ges. v. 31. Dez. 1842 (GS. s. 15).

§. 30. Alle Strafurtheile, in welchen auf Todesstrafe, auf Zuchthaus, oder auf Einschließung von mehr als fünf Jahren erkannt wird, sollen im Auszuge durch das Amtsblatt des Bezirks, in welchem das erkennende Gericht seinen Sitz hat, öffentlich bekannt gemacht werden.

[Entw. § 27]. Vgl. Cr.-O. § 549. 574.

---

§ 29.

1. Nach der AKO. v. 10. März 1839 sollten die Gerichte im Falle, wo ein als Ausländer über die Gränze gebrachter Landstreicher trotz der Verwarnung zurückkehrte, und dieserhalb verfolgt wurde (vgl. jetzt § 115), nunmehr aber Inländer zu sein behauptete, oder wenn diese Frage sonst zu Zweifeln Anlaß gab, ein Gutachten der Regierung einholen, und dieses ihrem Erkenntnisse zum Grunde legen. Gleichwohl hat das Ober-Tribunal in Fällen, wo es sich von der Anwendung des § 29 handelte, diese Frage mehrfach geprüft. Vgl. n. 2—4; § 115 n. 1.

2. Nach einem Z. I. 3. Febr. 1854 c. Bringe (G. A. 2. s. 252) sollen Ausländer im Sinne dieses § nur Angehörige eines fremden Staats sein, nicht aber diejenigen, welche nur die von ihnen nachgesuchte Entlassung aus dem Preußischen Unterthanen-Verbande erlangt haben, ohne in einen andern Staat aufgenommen zu sein. Vgl. im Allgemeinen: Staatsvertrag zwischen allen deutschen Regierungen vom 15. Juli 1851 § 1 (GS. s. 711).

3. Um auf Landesverweisung statt auf Stellung unter Polizei-Aufsicht zu erkennen, genügt bei einem bereits vor Publikation des Gesetzes v. 31. Dez. 1842 aus dem Auslande eingewanderten Angeklagten nicht eine Feststellung, daß er nicht auf die in jenem Gesetze angegebene Weise das Indigenat erworben. Jenes Gesetz ist nicht rückwirkend, und da vor demselben Preußen in der Regel jedem Fremden zur Einwanderung offen stand, und der Regel nach ein Ausländer dadurch, daß er in Preußen seinen Wohnsitz nahm, Inländer wurde, so ist in solchen Fällen festzustellen, daß der Angeklagte vor dem Ges. v. 31. Dez. 1842 in Preußen keinen Wohnsitz hatte. B. 16. Juni 1852 c. Sowinski.

4. Im Uebrigen ist es eine thatsächliche Frage: ob Jemand Inländer oder Ausländer sei. Z. II. 6. Juli 1854 c. Pieper.

5. Zur Rechtfertigung einer zu verhängenden Landesverweisung statt der Polizeiaufsicht bedarf es der ausdrücklichen Feststellung: „der Angeklagte sei Ausländer", widrigenfalls Nichtigkeit eintritt. B. II. 20. Jan. 1859 c. Happ (Rh. S.).

6. Die durch § 572 der Cr.-O. vorgeschriebene Verwarnung vor der Rückkehr ist zwar als Instruktion noch zu beobachten; die eventuelle Strafverhängung ist aber durch dieselbe nicht bedingt. G. Matt. 2. s. 195; Temme GA. s. 88 n. 4; Koch n. 49. Vgl. § 115 n. 5.

7. Ueber die Vollstreckung der Landesverweisung vgl. Justiz-Minist.-Verf. v. 1. Okt. 1814; Verf. Min. d. J. v. 10. Okt. 1814 (v. Kamptz Jahrb. 8. s. 106. 109; Ann. 11. s. 717).

§ 30.

1. Wenn auch die Bekanntmachung eine Strafschärfung (Motive s. 12), also überhaupt eine Strafe ist, so bedarf es doch der ausdrücklichen Anordnung derselben im Urtheile nicht. Sie muß von Rechtswegen erfolgen.

Zweiter Titel.
Von dem Versuche.

§. 31. Der Versuch ist nur dann strafbar, wenn derselbe durch Handlungen, welche einen Anfang der Ausführung

---

2. Die Bekanntmachung erfolgt nach eingetretener Rechtskraft durch die zum Vollzuge berufene Behörde, in der Rhein-Provinz also durch die Staatsanwaltschaft, in den übrigen Provinzen durch die Gerichte, und zwar durch die Appellationsgerichte. Vgl. Min.-Verf. v. 29. Juni 1851 n. 18 (JMBl. s. 232); id. 8. März 1853 (JMBl. s. 98).

3. Temme (Lehrb. s. 449) hält dafür, daß mit Rücksicht auf diesen § jede andere amtliche öffentliche Bekanntmachung von Strafurtheilen (z. B. die Warnungsanzeige, welche die Crim.-O. § 574 vorgeschrieben hatte) jetzt fortfallen müsse. *Contra*: Min.-Verf. v. 8. Aug. 1851 (Rh. Samml. 10. s. 378), nach welcher die Urtheile der Rheinischen Zuchtpolizeigerichte, die auf Untersagung der Ausübung der bürgerlichen Ehren-Rechte lauten, in Gemäßheit der Verf. v. 31. März 1843 (ibid. 8. s. 155) öffentlich durch das Amtsblatt bekannt gemacht werden sollen.

§ 31.

Inhalt.

1. Der Versuch eines Verbrechens rc. ist die That, in welcher die auf Begehung eines Verbrechens rc. gerichtete Absicht zur theilweisen, zufällig aber nicht zur vollständigen Verwirklichung gelangt ist; vgl. Hälschner 1. s. 173. 171.

2. Der unter n. 1 aufgestellte Begriff entspricht dem Sinne, welchen man auch im gemeinen Leben mit dem Ausdrucke „Versuch" zu verbinden pflegt, es ist daher durchaus statthaft, und in jeder Beziehung zweckmäßig, in der thatsächlichen Feststellung der Instanzrichter, sowie in den den Geschwornen vorgelegten Fragen, den gedachten Ausdruck beizubehalten, und also ausdrücklich zu fragen, ob der Angeklagte die Begehung dieses oder jenes Verbrechens „versucht" habe. Was Burchhardi (Abh. in G. Arch. 1. s. 590) gegen eine solche Fragstellung sagt, beruht auf einer irrigen Auffassung; jedenfalls aber ist die in G. Arch. 1. s. 45 vorgeschlagene Fassung der Frage nicht zu empfehlen, da sie den Begriff des Versuchs nicht vollständig wiedergiebt; ebenso kann es nicht genügen, wenn in der thatsächlichen Fest- oder Fragstellung das Wort „versucht" durch „beabsichtigt" ersetzt wird, weil jenes den Beginn der Verwirklichung der verbrecherischen Absicht, sowie gleichzeitig die Tauglichkeit des Mittels unter den obwaltenden Umständen andeutet, und eventuell der Prüfung der Geschwornen unterbreitet. B. I. 22. März 1854 c. Kämmerer (G.A. 2. s. 404); Z. II. 25. Jan. 1855 c. Hörster; ähnlich: B. I. 15. Sept. 1853 c. de Peterse (JMBl. 1854 s. 67). Vgl. n. 20.

3. Die bloße Verabredung gemeinsamer Verübung eines Verbrechens rc. ist, wenn nicht die Ausführung, oder ein Versuch derselben stattgefunden hat, nicht strafbar. Z. I. 1. März 1854 c. Lewitzki; vgl. jedoch § 63.

4. Aus der unter n. 1 aufgestellten Begriffsbestimmung folgt, daß ein Versuch nur durch vorsätzliche, nie durch fahrlässige Handlungen begangen werden kann. Bes. s. 141 III; G. Matt. 1. s. 253 I; s. 254 III; Temme Gll. s. 92 n. 3; id. Lehrb. s. 267; Koch n. 51. Deshalb giebt es keinen Versuch eines kulposen Vergehens; es muß vielmehr dasjenige, was beim Versuche am vollendeten Vergehen (sei es an der verbrecherischen Handlung selbst, sei es an dem zum Thatbestande gehörigen Erfolge) fehlt, vom Handelnden gewollt, und nur durch ihm fremde Umstände unterblieben sein. B. II. 29. Nov. 1855 c. Jäger; G. Matt. l. c.; Hälschner 1. s. 178. 180.

enthalten, an den Tag gelegt und nur durch äußere, von dem Willen des Thäters unabhängige Umstände gehindert worden oder ohne Erfolg geblieben ist.

[Entw. § 28]. Vgl. § 32. 33. 35. 59. 336; Einf.-Ges. Art. XXV; H.D.Ges. v. 2. Juni 1852 § 5.

---

5. In der Versuchshandlung muß die verbrecherische Absicht zur theilweisen Verwirklichung gebracht (und durch Handlungen, welche einen Anfang der Ausführung enthalten, an den Tag gelegt) sein. Es wird sonach die Möglichkeit der Ausführung vorausgesetzt. Bern. Grdss. § 5. Ebendeshalb muß die Handlung objektiv (und nicht blos nach dem Willen des Thäters) zur Ausführung des Verbrechens rc. geeignet sein. Z. Pl. 28. März 1859 c. Stolzke (JMBl. s. 170; Entsch. 40. 2. s. 482; G. A. 7. s. 821).

6. Aus demselben Grunde müssen die gewählten Mittel geeignet sein, den zum Thatbestande des Verbrechens rc. erforderlichen Erfolg herbeizuführen; es kann nicht genügen, daß sie vom Thäter aus Irrthum, Unkenntniß oder Versehen für geeignet gehalten wurden; daher ist der Versuch mit einem absolut untauglichen Mittel nicht strafbar. V. 28. Jan. 1852 c. Zeuner; V. 17. März 1852 c. Hensel (Hahn s. 39); V. 5. Nov. 1852 c. Garn (JMBl. 1853 s. 201); V. I. 7. Jan. 1853 c. Schmidt; V. I. 12. Jan. 1853 c. Zitzwitz; V. I. 18. Febr. 1853 c. Appel; Z. I. 16. Sept. 1854 c Fieberg; *Sic:* Bes. s. 143; G. Matt. 1. s. 272; Temme Lehrb. s. 283 flg. 287; Zachariä Abh. in G. Arch. 5. s. 584. 591. *Contra:* Hälschner 1. s. 182. 184 flg., welcher die ganze Unterscheidung zwischen tauglichen und untauglichen Mitteln verwirft; er verlangt zum Versuche eine vorsätzliche Thätigkeit, welche erfahrungsmäßig mit dem beabsichtigten Erfolge in wirklichem ursächlichem Zusammenhange steht, im gegebenen Falle aber nicht zur Vollendung führt, weil ein vom Handelnden bei Gestaltung seines Vorsatzes gar nicht, oder in irriger Weise in Anschlag gebrachtes Moment eine, den vorausgesetzten Causalnexus auflösende, Wirksamkeit ausübt; er will daher nur da einen strafbaren Versuch nicht annehmen, wo der Irrthum des Handelnden sich nicht auf das, einen wirklichen Causalnexus auflösende Moment, sondern auf die Annahme eines nicht stattfindenden Causalnexus bezieht. Deshalb nimmt er beispielsweise zwar Straflosigkeit an, wenn Jemand einem Andern in der Absicht ihn zu tödten, bewußter Weise eine Quantität Zucker beibringt, in der irrigen Meinung, daß Zucker ein dazu geeigneter Stoff sei; dagegen betrachtet er es als strafbaren Versuch, wenn der Handelnde den beigebrachten Zucker irriger Weise für Arsenik hielt.

7. Was von absolut untauglichen Mitteln gilt, muß auch vom absolut untauglichen Objekte der Handlung gelten; insbesondere also auch, wenn es an einem Gegenstande des beabsichtigten Verbrechens rc. gänzlich fehlt. Demgemäß ist eine Unterschlagung nicht möglich, und ein Anfang der Ausführung derselben nicht denkbar, so lange man eine Sache, welche unterschlagen werden könnte, nicht besitzt; die Bemühungen, eine Sache in Besitz zu nehmen, um sie zu unterschlagen (z. B. das Suchen von Bernstein, um ihn zu behalten), können daher einen Unterschlagungs-Versuch nicht darstellen. Z. Pl. 28. März 1859 c. Stolzke (JMBl. s. 170; Entsch. 40. 2. s. 482; G. A. 7. s. 821). Dagegen dürften V. I. 22. Febr. 1854 c. Brand (G. A. 2. s. 404. 548), V. I. 29. Sept. 1854 c. Obst (G. A. 2. s. 822) und Berner (Grdss. § 5) zu weit gehen, wenn sie den vorstehenden Grundsatz auch da zur Anwendung brachten, wo Jemand in der Absicht, einen bestimmten Gegenstand zu stehlen, mittelst Einbruchs rc. in einen verschlossenen Raum gedrungen war, den Diebstahl aber nur deshalb nicht ausführte, weil dort der gesuchte Gegenstand nicht existirte. In diesen Fällen läßt sich nicht sagen, daß es am Objekte des beabsichtigten Diebstahls gänzlich fehlte, das Nichtvorhandensein in dem betr. Raume war vielmehr ein äußerer, die Ausführung hindernder Umstand. *Sic:* G. A. 7. s. 708; ähnlich: Hälschner 1. s. 197. Jedenfalls muß aber, damit Straflosigkeit eintreten könne, thatsächlich die Abwesenheit des [allein] gesuchten Gegenstandes festgestellt sein. Z. I. 26. Febr. 1857 c. Herzog. Vgl. § 215 n. 55.

8. Dagegen ist ein Versuch mit einem relativ untauglichen Mittel

(z. B. durch Beibringung von Gift in unzureichender Menge) allerdings möglich; ob ein solcher vorliege, ist Gegenstand der thatsächlichen Beurtheilung. Z. II. 6. Nov. 1854 c. Rauchfuß (JMBl. 1855 s. 34; G. A. 2. s. 823); Z. II. 25. Juni 1857 c. Herbers (G. A. 5. s. 669); Z. I. 20. Jan. 1858 c. Hoffmann. *Sic:* Bes. s. 144; G. Matt. 1. s. 274; Zachariä Abh. in G. Arch. 5. s. 686. *Contra:* Hälschner 1. s. 184 flg. (vgl. n. 6). Als ein relativ untaugliches Mittel ist es anzusehen, wenn die Unmöglichkeit des Gelingens lediglich in der Handlungsweise des Thäters, in seiner Ungeschicklichkeit oder Unbesonnenheit ihren Grund hat. Berner Grdss. § 7.

8a. Der zum Versuche einer Strafthat erforderliche Vorsatz wird dadurch nicht ausgeschlossen, daß der Angeklagte sich in Betreff der Natur und der Benennung des gebrauchten Mittels in einem Irrthume befand, insofern dieser Irrthum die Tauglichkeit des Mittels unberührt läßt. B. II. 11. Apr. 1861 c. Gäde (RdO. 1. s. 274).

9. Da die Tauglichkeit der Handlung, des Mittels und des Objekts im Begriffe des Versuchs liegt (vgl. n. 2. 5—8), so bedarf es bei der Fragstellung an die Geschwornen der ausdrücklichen Hervorhebung dieser Tauglichkeit nicht nothwendig; Zachariä Abh. in G. Arch. 5. s. 587; es unterliegt vielmehr dem thatsächlichen Ermessen des Schwurgerichtshofs, ob er der größeren Deutlichkeit wegen in dieser Weise die Frage spezialisiren wolle; jedenfalls muß die Fassung dann aber, um erheblich zu sein, sich auf absolute Untauglichkeit beziehen. Z. II. 25. Juni 1857 c. Herbers (G. A. 5. s. 669); vgl. § 197 n. 4.

10. Strafbar ist der Versuch eines Verbrechens oder Vergehens, d. h. also der den Thatbestand eines Verbrechens ꝛc. in sich vereinigenden Handlung, nicht aber der Versuch der Theilnahme an einem Verbrechen, da von dem Anfange der Ausführung nur da die Rede sein könnte, wo die betr. Handlungen allen Erfordernissen der wirklichen Theilnahme entsprächen, sich also auch als vollendete Theilnahme darstellten. KB. II. K. s. 76; G. Matt. 1. s. 323; Temme Gll. s. 103 n. 10; Zachariä Abh. in G. Arch. 3. s. 298; id. Abh. ibid. 5. s. 580.

11. Das unter n. 10 Gesagte gilt auch von der Anstiftung; der Versuch derselben ist daher [als solcher] nicht strafbar, wenn der Angestiftete die That weder verübt noch versucht hat: KB. II. K. s. 76; B. I. 9. März 1855 c. Kurowski (G. A. 3. s. 544); oder wenn der Angestiftete nicht in Folge dieser Anstiftung, sondern z. B. auf Anweisung der Polizeibehörde die objektive Handlung (ohne den erforderlichen Dolus) vornahm, um so die Strafbarkeit des Anstifters zu begründen: B. I. 18. April 1855 c. Keber (Entsch. 30. s. 319; G. A. 3. s. 380); B. I. 4. Nov. 1859 c. Rohde; G. Matt. 1. s. 311; vgl. § 34 n. 14. Hiernach ist z. B. der erfolglose Versuch einen Mörder zu dingen, als Versuch der Anstiftung nicht strafbar; dagegen erachtete es ein Z. I. 27. März 1857 c. Bartsch (G. A. 5. s. 458) für nicht unstatthaft, eine solche Handlung als den Versuch der Selbstbegehung des Verbrechens aufzufassen, und hielt die Bestrafung für gerechtfertigt, wo der Richter der Thatfrage in derselben die Begriffserfordernisse eines solchen Versuchs erkannt und festgestellt habe. *Contra:* G. A. 5. s. 459; 7. s. 668; 8. s. 334; Hälschner 1. s. 352. 361. Vgl. Heffter Lehrb. § 82 n. 6; Berner Lehrb. § 110 s. 168; id. Grdss. § 32; Zachariä Vers. der Verbr. 2. s. 34, welcher seine mit dem cit. Z. 27. März 1857 übereinstimmende Meinung später aufgegeben hat; vgl. Abh. im N. Arch. f. d. Crim.-Recht 1850 s. 281. Auf derselben Anschauung wie das cit. Z. 27. März 1857 scheint auf den ersten Blick auch das cit. B. I. 18. Apr. 1855 zu beruhen, da es eine anderweite Verfolgung wegen Versuchs der Selbstbegehung vorbehielt; damals war indessen nicht eine versuchte Anstiftung, sondern eine Irrthumserregung in Frage, in Folge welcher der Getäuschte in gutem Glauben ohne Dolus, somit als bloßes Werkzeug des Täuschenden, die objektive Handlung vornehmen sollte. Daß hierin ein Versuch der Selbstbegehung gefunden werden konnte, bedarf keiner Ausführung. Die obige Auffassung muß übrigens jedenfalls da ausgeschlossen bleiben, wo es in der Natur des betr. Verbrechens begründet ist, daß Dolus und äußere Handlung nothwendig in derselben Person zusammentreffen müssen, z. B. beim Meineide; ebendeshalb bedroht hier auch § 130 den erfolglosen Anstiftungsversuch mit einer besondern Strafe. Vgl. auch die §§ 36 Abs. 2; 63. 65. 88. 100. 111. 114. 118. 164. 311.

12. Um strafbar zu sein, muß der Versuch durch Handlungen, welche einen Anfang der Ausführung enthalten, an den Tag gelegt sein. Dieses Erfor-

derniß ist auf den Anfang der Ausführung des Verbrechens ꝛc. selbst, und nicht etwa auf den Anfang der Ausführung der Absicht oder des Vorsatzes zur Begehung des Verbrechens ꝛc. zu beziehen, weil ein Anfang des Letzteren auch in blos vorbereitenden Handlungen gefunden werden könnte; eine auf diesen bezügliche Frag- und Feststellung würde daher die Verhängung der Versuchsstrafe nicht rechtfertigen. B. I. 27. Apr. 1855 c. Giese (G. A. 3. s. 550); B. I. 14. Sept. 1855 c. v. Bojanowski (G. A. 3. s. 672); B. I. 15. Febr. 1856 c. Laack (G. A. 4. s. 365); ähnlich: B. I. 18. Apr. 1855 c. Keber (Entsch. 30. s. 319; G. A. 3. s. 380); Zachariä Abh. in G. Arch. 5. s. 578.

13. Wenn auch ein Anfang der Ausführung des Verbrechens selbst gefordert wird, so folgt daraus doch nicht, daß schon mit sämmtlichen Handlungen, durch welche insgesammt erst das vollendete Verbrechen gebildet wird, der Anfang gemacht sein müsse, vielmehr genügt es, wenn die äußere That nur einen Theil des Thatbestandes des gewollten Verbrechens darstellt, sobald nur die begonnene Handlung auf alle wesentlichen Bestandtheile des Vergehens ꝛc. gerichtet war. Z. I. 13. Mai 1857 c. Wustrow (Stoßmeister u. Gen. G. A. 5. s. 666); Z. II. 6. Jan. 1859 c. Gerlach; Z. I. 20. Juli 1859 c. Scholz (G. A. 7. s. 710). Vgl. n. 17; § 242 n. 1; § 247 n. 62.

14. Noch weniger bedarf es eines Anfangs des durch die Handlung herbeizuführenden Erfolges, sollte dieser auch zum Thatbestande des Verbrechens ꝛc. gehören; Anfang der Ausführung der Handlung reicht hin. Z. II. 19. Mai 1855 c. Elkan.

15. Insoweit das vollendete Verbrechen ꝛc. durch Unterlassungen begangen werden kann (vgl. § 180 n. 11), darf in solchen Unterlassungen auch ein strafbarer Versuch erkannt werden; G. Matt. 1. s. 275 VI n. 1; Temme Gll. s. 92 Note 6.

16. Die Frage, ob und wann ein Verbrechen ꝛc. vollendet sei, ist an und für sich thatsächlicher Natur. Z. I. 6. Okt. 1854 c. Luscey.

17. Ebenso ist es Gegenstand der thatsächlichen Beurtheilung, ob ein gemachter Versuch durch Handlungen an den Tag gelegt sei, welche einen Anfang der Ausführung enthalten, oder ob nur eine vorbereitende Handlung vorliege. Beschl. I. 9. Juli 1856 c. Werner; so auch im schließlichen Resultate Hälschner 1. s. 189 ff.; 195 ff. Er will einen Anfang der Ausführung nur da annehmen, wo trotz der mangelnden Vollendung die Verwirklichung der verbrecherischen Absicht soweit vorgeschritten und so gestaltet ist, daß daraus das volle Wesen jener Absicht erkannt werden kann; diese Frage sei aber nur in jedem Einzelfalle nach den Umständen zu lösen, da eine und dieselbe Thätigkeit (z. B. ein Einsteigen) in dem einen Falle sich als strafbarer Versuch (z. B. eines Diebstahls), in dem andern nur als blos vorbereitende Handlung darstellen könne; ähnlich Berner Grdss. § 10 ff. *Contra:* Zachariä Abh. in G. Arch. 5. s. 579, welcher die Frage wenigstens zum Theil als eine rechtliche auffaßt, und einen Anfang der Ausführung nur da [zugleich aber auch immer da] als vorliegend betrachten will, wo mit einer Handlung begonnen worden ist, welche einen wirklichen Bestandtheil [ein wesentliches Merkmal] der im Gesetze mit Strafe bedrohten That darstellt; zu diesen wirklichen Bestandtheilen zählt er sodann aber bei zusammengesetzten Verbrechen (d. h. bei solchen, welche durch Hinzufügung einer thatsächlichen Qualifikation zum einfachen Verbrechensbegriffe gebildet werden) die qualifizirende Eigenschaft auch dann, wenn sie in einer dem einfachen Verbrechen vorausgehenden Handlung besteht; hiernach erachtet er den Einbruch und das Einsteigen zum Zwecke eines Diebstahls für einen Versuch des letzteren, nicht aber das Einschleichen, weil dieser den Diebstahl nicht qualifizirt; dagegen rechnet er Handlungen, welche die Straflosigkeit des künftigen Verbrechens ꝛc., oder die Sicherstellung der zu erwartenden Vortheile bezwecken, solche, welche die Möglichkeit, Gelegenheit und Sicherheit der Ausführung darthun sollen, ferner die Anschaffung der zur Ausführung erforderlichen Kräfte, Hülfsmittel und Werkzeuge, endlich die Handlungen, welche der Thäter vornehmen mußte, um sich vor dem Beginne der verbrecherischen That in den diesen Beginn bedingenden physischen Zustand zu versetzen, nicht hierher, betrachtet sie vielmehr als vorbereitende Handlungen. Jedenfalls kann auch der Richter des Rechtspunkts prüfen, ob nicht Rechtsgründe vorliegen, welche einen Anfang der Ausführung als unmöglich erscheinen lassen. Vgl. n. 7; § 227 n. 2.

18. Mit Rücksicht auf das unter n. 17 Gesagte muß der Richter der Thatsachen jedesmal feststellen, daß den betr. Handlungen die vom Gesetz verlangte Eigenschaft beigewohnt habe: B. I. 3. Nov. 1854 c. Isaac; B. II. 9. Okt. 1856 c. Gerothwohl; B. II. 13. Nov. 1856 c. Koch; dazu reicht es indessen nicht aus, wenn der Instanzrichter ausspricht, „die Voraussetzungen des § 31 lägen vor," weil dadurch dem Nichtigkeitsrichter die Prüfung der Gesetzesanwendung entzogen würde; es bedarf vielmehr der ausdrücklichen Feststellung der einzelnen Begriffserfordernisse. *Contra:* Z. II. 16. Nov. 1854 c. Geilhausen (Rh. S.; G. A. 3. s. 119).

19. Das gilt in gleichem Maaße von schwurgerichtlichen Sachen, bei welchen „durch den Wahrspruch der Geschwornen selbst klar zu stellen ist, daß die Handlung einen Anfang der Ausführung enthielt, und daß das Hinderniß der Ausführung oder des beabsichtigten Erfolges von dem Willen des Angeklagten unabhängig war." Die Fragstellung muß sonach ausdrücklich hierauf gerichtet werden. B. I. 29. Juni 1853 c. Karow (Präj. n. 40; Entsch. 25. s. 443; 26. s. 139; G. A. 1. s. 539). *Sic:* B. I. 23. Juni 1853 c. Pellmann (G. A. 1. s. 539); B. I. 15. Sept. 1853 c. de Peterse (JMBl. 1854 s. 167); B. I. 10. März 1858 c. Sachsen (G. A. 6. s. 400); u. ö. (feste Praxis). Aehnlich verhält es sich mit dem Schuldbekenntnisse des Angeklagten, wenn auf Grund desselben nach Art. 75 des Ges. v. 3. Mai 1852 das Urtheil des Schwurgerichtshofs ohne Zuziehung der Geschwornen gefällt werden soll. B. I. 8. Febr. 1856 c. Gribath (G. A. 4. s. 361); B. II. 4. Juni 1859 c. Weitkamp (G. A. 7. s. 676). Hiernach kann es also nicht genügen, in der den Geschwornen vorgelegten Frage nur die einzelnen in verbrecherischer Absicht vorgenommenen Handlungen hervorzuheben, da es außerdem auch noch der thatsächlichen Feststellung bedarf, daß diese Handlungen einen Anfang der Ausführung enthielten; die letztere reicht dann aber auch für sich allein vollständig aus, und es bedarf nicht neben derselben auch noch der Aufnahme jener speziellen Handlungen in die Fragstellung: Z. I. 28. Jan. 1857 c. Marondel (G. A. 5. s. 274); ja es wird durchweg die Nichtaufnahme den Vorzug verdienen, weil der überflüssige Zusatz die Geschwornen nur verwirren könnte, es denselben auch immer unbenommen bliebe, die allgemeine den Thatbestand vollständig erschöpfende Frage zu bejahen, und zugleich hinzuzufügen: es sei nicht erwiesen, daß der Versuch durch die in der Frage speziell aufgeführten Handlungen an den Tag gelegt sei, dann aber nichts destoweniger die Verurtheilung nothwendig erfolgen müßte. Vgl. Abh. in G. A. 4. s. 485; 5. s. 452; v. Kräwel ibid. 6. s. 212. *Contra:* die Praxis des frühern fünften Senats des Obertribunals, welche es, nach einigen Schwankungen, in der Regel für genügend erachtete, wenn nur die einzelnen in verbrecherischer Absicht verübten Handlungen vom Richter der Thatfrage festgestellt seien, und es dann als Gegenstand der rechtsrichterlichen Prüfung betrachtete, ob in derselben der Anfang der Ausführung zu finden sei. Auch die Rechtsprechung des französischen Kassationshofs über diese Frage war eine schwankende; vgl. Gilb. C. pén. Art. 2 n. 4 sqq.; und im Allgemeinen: Abh. im JMBl. s. 55; Burchardi Abh. in G. Arch. 1. s. 589.

20. Nach den unter n. 12. 18. 19 entwickelten Grundsätzen ist es sehr empfehlenswerth, in den thatsächlichen Feststellungen der Instanzrichter, sowie in den an die Geschwornen gerichteten Fragen die Wortfassung des § 31 möglichst beizubehalten; das erkennt B. I. 22. Febr. 1854 c. Wolff ausdrücklich an, jedoch mit dem selbstverständlichen Zusatze, daß das Verfahren nicht nichtig sei, wenn der Ausspruch der Geschwornen das Vorhandensein der Erfordernisse des § in anderer jedoch unzweideutiger Weise ergebe; ähnlich: B. I. 14. Sept. 1855 c. v. Bojanowski (G. A. 3. s. 672); Z. I. 28. Jan. 1857 c. Marondel (G. A. 5. s. 274); Z. I. 27. März 1857 c. Kutzki (ibid.); u. ö. Vgl. n. 2.

21. Aus den Bemerkungen n. 17—20 folgt, daß der Nichtigkeits-Richter nicht prüfen kann, ob die in den Instanzen festgestellten speziellen Thatsachen geeignet sind, den Schluß: daß die Voraussetzungen des § vorliegen, zu rechtfertigen. Z. I. 26. Febr. 1857 c. Herzog; B. I. 27. März 1857 c. Bartsch (G. A. 5. s. 458).

Ehe indessen die Rechtsprechung des Ober-Tribunals in dem oben (n. 19) angedeuteten Sinne sich festgestellt hatte, hat dasselbe sich mehrfach auf eine derartige Prüfung eingelassen, und beispielsweise entschieden:

22. ...... das Einsteigen in ein Gebäude oder in einen umschlossenen Raum,

in der Absicht um zu stehlen, enthalte einen Anfang der Ausführung des Diebstahls: Z. 16. Juni 1852 c. Scheurich; Z. 8. Sept. 1852 c. Pothmann. *Sic:* Zachariä Abh. 5. f. 579 (vgl. n. 17). Dagegen erachtete ein Z. II. 24. Jan. 1861 c. Holtmann (RdO. 1. f. 218) auch diese Frage für eine thatsächliche; ähnlich: Berner Grdss. § 12.

23. ...... ebenso der Einbruch in der Absicht um zu stehlen: Z. I. 14. Jan. 1853 c. Jähe. Vgl. Zachariä Abh. in G. Arch. 3. f. 304 u. 5. f. 579 (oben n. 17); Berner Grdss. § 12.

24. ...... dagegen sei das Einschleichen, oder das nächtliche Betreten eines Hauses in der Absicht zu stehlen, zunächst nur zu den vorbereitenden, nicht aber unter allen Umständen zu den Handlungen zu rechnen, welche einen Anfang der Vollziehung enthalten; in einem solchen Falle müsse daher unbedingt der Richter der Thatfrage feststellen, ob letzteres nach den obwaltenden Umständen anzunehmen sei: B. 18. Okt. 1852 c. Schubert; B. 3. Dez. 1852 c. Prager; vergl. Berner Grdss. § 12 a. E. *Contra:* Zachariä (Abh. in G. Arch. 5. f. 579), welcher das Einschleichen in keinem Falle als den Anfang der Ausführung des Diebstahls ansehen will, vgl. n. 17.

25. ...... die Handlung eines Dreschers, welcher in einer Scheune einen Theil des ausgedroschenen Getreides an einer Stelle versteckt, wo die Wand ein Loch hat, in der Absicht, dasselbe in der Nacht abzuholen, und sich zuzueignen, sei nur eine den Diebstahl vorbereitende, keinen Anfang der Ausführung enthaltende Handlung: B. I. 14. Jan. 1853 c. Wuttig. Vgl. aber § 215 n. 54.

26. ...... das Bestellen des kirchlichen Aufgebots als einer zur Eingehung der Ehe nothwendigen Handlung enthalte den Anfang der Ausführung des Entschlusses zu heirathen, und stelle, wenn es von einem Verheiratheten behufs seiner anderweitigen Verehelichung geschehe, den strafbaren Versuch der Bigamie dar: B. I. 7. Mai 1853 c. Wundtke (G. A. 8. f. 695). Ein Beschl. I. 9. Juli 1856 c. Werner (G. A. l. c.) betrachtete dagegen auch diese Frage als eine rein thatsächliche. Vgl. § 139 n. 5.

27. ...... der zum Meineide entschlossene Zeuge, welcher nicht allein die Finger zur eidlichen Bekräftigung einer abgegebenen falschen Aussage erhoben, sondern auch die vorgesprochene Eidesformel mit: „Ich ......" nachzusprechen begonnen habe, befinde sich im Anfange der Ausführung, und sei, wenn der Richter nun die Fortsetzung der Eidesleistung hindere, wegen versuchten Meineids strafbar, sollte er auch selbst demgemäß von seinem frühern Vorhaben freiwillig abstehen, und eine wahre Aussage abgeben: Z. 21. Mai 1852 c. Rehfeld (G. A. 1. f. 702). Dagegen sollte das bloße Erbieten zum Eide noch nicht als ein Versuch des Meineides betrachtet werden: Beschl. 7. Jan. 1852 c. Bölike (Entsch. 23. f. 213; G. A. 1. f. 702). Später entschied ein Z. II. 6. Okt. 1853 c. Brink (G. A. l. c.) auch über diese Frage in dem oben (n. 17. 19) angedeuteten Sinne. Ueber die materielle Frage vgl. Schwarze im G. A. 2. f. 429.

28. Die Worte: „wenn der Versuch ...... gehindert worden, oder ohne Erfolg geblieben ist," sind dahin zu deuten: wenn nicht die ganze zum vollen Thatbestande des vollendeten Verbrechens rc. erforderliche Thätigkeit des Verbrechers stattgefunden hat (also die Vollendung verhindert wurde), oder wenn die Handlung an sich zwar beendigt, aber ohne den beabsichtigten, zum Thatbestande des Verbrechens rc. erforderlichen Erfolg geblieben ist. Z. 28. April 1852 c. Kirsch (G. A. 1. f. 71). Vgl. G. A. 1. f. 44; Temme Lehrb. f. 280.

29. Hiernach tritt Straflosigkeit nur dann ein, wenn der eigne freie Wille des Thäters der Grund der mangelnden Vollendung ist; nicht also da, wo derselbe von der verbrecherischen Thätigkeit deshalb absteht, weil ihn ein wirkliches oder auch nur ein vermeintliches Hinderniß dazu bestimmte; insbesondre ist der Irrthum des Thäters, vermöge dessen er das Vorhandensein eines äußern Hindernisses (z. B. die Annäherung eines Dritten) annahm, oder sich selbst die (wirklich vorhandene) Kraft oder Geschicklichkeit zur Ausführung nicht zutraute, als ein äußerer Umstand zu betrachten, weil er für seinen Willen ein äußeres Hinderniß darstellt. Hälschner 1. f. 200 fgg.; Zachariä Abh. in G. A. 5. f. 598.

30. Demgemäß sind, wenn nur der Anfang der Ausführung feststeht, auch der

Irrthum, die Unkenntniß, oder das Versehen, aus welchen die Wahl ungeeigneter Mittel (vgl. n. 5—8), oder die Begehung ungeeigneter Handlungen hervorging, äußere Umstände im Sinne des Schlußsatzes des §; *Contra:* B. I. 12. Jan. 1853 c. Zitzwitz.

31. Anders verhält es sich mit dem gänzlichen Mangel eines tauglichen Objekts; vgl. oben n. 7.

32. Tritt dagegen der Thäter wirklich freiwillig vor der Vollendung des bereits versuchten Verbrechens zurück, so bleibt er straflos; es ist gleichgültig welche Gründe ihn dazu bestimmten, sollten diese auch verwerflicher Natur sein, und er Wiederholung der That beabsichtigen, z. B. er steht von einer begonnenen Brandstiftung ab, weil er abwarten will, bis die Ernte eingefahren ist, damit sie mitverbrenne. Zachariä Abh. in G. Arch. 5. s. 590; Bern. Grdss. § 17.

33. Daß der Versuch nur durch äußere vom Willen des Thäters unabhängige Umstände gehindert worden, oder ohne Erfolg geblieben sei, muß in eben der Weise wie der Anfang der Ausführung durch den Richter der Thatfrage festgestellt werden, insbesondere bezog sich das unter n. 19 cit. Präj. n. 40 (B. I. 29. Juni 1853 c. Karow) ausdrücklich auf diese Hinderung mit, es ist daher hier alles analog anwendbar, was oben unter n. 17 bis 20 gesagt ist.

34. Wenn die auf die Hervorbringung eines Verbrechens rc. gerichtete Handlung mit dem letzten Akte der dazu erforderlichen Thätigkeit abgeschlossen ist, so daß es zur Vollendung des Verbrechens nur noch des Eintritts des vom Thäter gewollten äußeren Erfolges bedarf, dessen Hemmung nicht mehr in der Hand desselben liegt, eben weil seine auf Herbeiführung gerichtete Thätigkeit zum vollständigen Abschlusse gediehen ist („vollendeter Versuch“, z. B. Abschießen eines Feuergewehrs auf einen andern, um ihn zu tödten), so ist ein freiwilliger Rücktritt nicht mehr möglich. Ist daher jener Erfolg nicht eingetreten, so ist es undenkbar, daß dieses nicht durch äußere vom Willen des Thäters unabhängige Umstände veranlaßt sein sollte, und eine Feststellung beider Thatsachen neben einander schließt mit Nothwendigkeit einen logischen und rechtlichen Widerspruch in sich, welcher, wenn es sich von einem Geschwornenspruche handelt, die Rücksendung der Geschwornen und eine neue Beantwortung der Frage nothwendig macht. B. I. 27. Juni 1860 c. Tolksdorf (G. A. 8 s. 620).

35. Ein wegen freiwilligen Rücktritts strafloser Versuch bleibt strafbar, insoweit die stattgehabten Versuchshandlungen an sich schon ein vollendetes Vergehen rc. in sich schließen, z. B. als Körperverletzung beim Tödtungsversuche. Z. I. 24. Sept. 1858 c. Hensel (beil.); Zachariä Abh. in G. Arch. 5. s. 593.

36. Nach der Begriffsbestimmung des StGB. ist auch der Versuch eines Todtschlags sehr wohl denkbar. Beschl. 2. Jan. 1852 c. Kokot (G. A. 1. s. 85). *Sic:* G. Matt. 1. s. 277; Temme Gll. s. 97 n. 7.

37. Der bloße Versuch einer Zolldefraude ist nicht strafbar; die Wortfassung im § 2 des Zollstrafgesetzes v. 23. Jan. 1838: „Wer es unternimmt .....“ deutet in Verbindung mit § 6 ibid. nicht einen Versuch zur Einbringung zollpflichtiger Waaren mit Umgehung der Zollgefälle im Sinne des § 31, sondern die Einbringung resp. Umgehung selbst, als consumirtes Vergehen an. Z. I. 27. Sept. 1854 c. Koleczko (G. A. 2. s. 822).

38. Bei Verbrechen rc., welche aus einer strafbaren Einwirkung auf den Willen eines Andern bestehen, bei welchen also zur Vollendung ein doppelter Wille in Betracht kommt, des Einen der bestimmt, und des Andern der bestimmt werden soll, stellt das Strafgesetzbuch die Vollendung mit dem Versuche auf ganz gleiche Linie, weil der Eintritt des Erfolgs (daß nämlich der Andere sich bestimmen läßt) von der Thätigkeit des Handelnden unabhängig ist. In solchen Fällen bedarf es daher zur Strafbarkeit des Versuchs nicht der Feststellung, daß dabei die Voraussetzungen des § 31 zutreffen. Das gilt z. B. von den Fällen der §§ 36. 84. 90. 130. 212. 234. 311—313. 315. 330. B. I. 10. März 1858 c. Sacksen (G. A. 6. s. 400). Vgl. § 84 n. 3; § 90 n. 9; § 130 n. 9; § 212 n. 3; § 234 n. 21; § 311 n. 13; § 330 n. 1.

39. Es ist unstatthaft eine Frage an die Geschwornen alternative dahin zu richten, ob der Angeklagte das Verbrechen vollständig verübt, oder nur versucht

§. 32. Der Versuch eines Verbrechens wird wie das Verbrechen selbst bestraft. Dem Richter bleibt jedoch überlassen, bei Festsetzung des Strafmaaßes innerhalb der dafür vorgeschriebenen Grenzen darauf Rücksicht zu nehmen, daß das Verbrechen nicht vollendet worden ist.

Ist das Verbrechen mit der Todesstrafe oder mit lebenslänglicher Zuchthausstrafe bedroht, so tritt statt derselben zeitige Zuchthausstrafe von mindestens zehn Jahren nebst Stellung unter Polizei-Aufsicht ein.

Insoweit bei dem vollendeten Verbrechen unter Umständen eine der Art oder dem Maaße nach mildere Strafe eintritt, soll dieselbe auch bei dem Versuche zur Anwendung kommen.

[Entw. § 29]. Vgl. § 31. 33. 35. 59. 336; Einf.-Ges. Art. XXIV. XXV.

§. 33. Der Versuch eines Vergehens wird nur in den Fällen bestraft, in welchen die Gesetze dies ausdrücklich bestimmen. Der Versuch wird alsdann wie das Vergehen selbst nach den im § 32. aufgestellten Grundsätzen bestraft.

[Entw. § 30]. Vgl. § 31. 32. 35. 59. 336; Einf.-Ges. Art. XXIV. XXV.

---

habe, [weil sich beide Thatbestände wechselseitig ausschließen]. B. I. 10. März 1856 c. Sachsen (G. A. 6. s. 400). Vgl. Strafverf. Art. 80 n. 12.

40. Der Thatbestand des Versuchs nach § 31 rechtfertigt bei einem vor dem 1. Juli 1851 begangenen Verbrechen die Anwendung der Versuchsstrafe nach § 41 des ALR. II, 20. Der in diesem § bezeichnete Fall, wo der Thäter an der letzten zur Ausführung des Verbrechens erforderlichen Handlung verhindert worden, muß mit der im StGB. gegebenen Begränzung auf den Fall, wo bereits ein Anfang der Ausführung stattgefunden, als zusammenfallend erachtet werden. Z. II. 27. Jan. 1853 c. Ostendorf (Schumacher u. Gen.).

§ 32.

1. Ein Angeklagter, welcher nach der thatsächlichen Feststellung wegen eines vollendeten Vergehens ꝛc. hätte bestraft werden sollen, hat nicht Grund sich darüber zu beschweren, daß er nur wegen des Versuchs desselben bestraft worden ist, sollte er auch gleichzeitig von der Strafe des vollendeten Vergehens freigesprochen sein: B. II. 29. Nov. 1855 c. Täger; Z. (B.) II. 24. Apr. 1856 c. Täger. Er kann sonach in einem solchen Falle nicht eine vermeintliche Rechtskraft der Freisprechung vom vollendeten Vergehen geltend machen, und gänzliche Freisprechung deshalb beanspruchen, weil nicht die Voraussetzungen des Versuchs, sondern des vollendeten Vergehens vorliegen. Vgl. Strafverf. § 1 n. 29. 30.

2. Die Anwendbarkeit des Schlußabsatzes des § 32 ist bedingt durch das Vorhandensein derjenigen Umstände, welche auch beim vollendeten Verbrechen die Milderung herbeiführen. K.-B. II. K. s. 37; Temme (Gll. s. 98), welcher diese Ansicht in seinem Lehrb. (s. 304. n. 2b) mit Unrecht verläßt, und hier beim Versuche immer nur die mildere Strafe für anwendbar erachtet, so daß hier die Nicht-Vollendung mit Nothwendigkeit als mildernder Umstand in Betracht käme; Temme hat hier die betreffende Stelle des Berichts der Kommission der II. K., welche jenen Schlußsatz vorgeschlagen, offenbar übersehen. *Sic:* Hälschner 1. s. 211; Zachariä Abh. in G. Arch. 5. s. 598, welcher es gleichwohl für statthaft erachtet, den Umstand, daß nur ein Versuch vorliege, als einen mildernden anzusehen.

§ 33.

— —

Dritter Titel.
Von der Theilnahme an einem Verbrechen oder Vergehen *).

*) **Dritter Titel.**

1. Das StGB. versteht unter „Thäter“ den physischen Urheber der Handlung, vorausgesetzt, daß er sie mit der vom Gesetz vorausgesetzten strafbaren Richtung des Willens vornahm, gleichgültig ob er selbst der geistige Schöpfer dieser Willensrichtung war, oder ob sie einem fremden Einflusse folgte. Vgl. Temme Lehrb. S. 328 fgg.; und besonders Hälschn. 1. S. 300 fgg. 320; Berner Grdss. § 21 fgg.

2. Im Allgemeinen kann nur eine Handlung, nicht eine Unterlassung eine strafrechtliche Verantwortlichkeit erzeugen. Das erleidet indessen da eine Ausnahme, wo Jemand aus einem besondern Rechtsgrunde (Gesetz, Vertrag rc.) ein Recht auf unsere Thätigkeit hat. Z. I. 8. Juni 1859 c. Korpcki. Vgl. § 34 n. 63.

3. Ueber die Thäterschaft desjenigen, welcher sich zur Verübung eines Verbrechens rc. eines Andern als Werkzeug bedient, ohne daß bei dem letztern der für den Thäter erforderliche Dolus obwaltet, vgl. § 34 n. 2. 32. 37.

4. Das StGB. betrachtet den Anstifter nicht als Thäter (Urheber), sondern als Theilnehmer an der That des physischen Urhebers; inwiefern eine erfolglose Anstiftung als Versuch der Selbstbegebung angesehen werden könne, vgl. § 31 n. 11.

5. Betheiligen sich Mehrere an der Vornahme der den Thatbestand eines Verbrechens rc. darstellenden Handlung in der Weise, daß sich die Thätigkeit eines jeden auf die Verwirklichung der eignen Absicht bezieht, obwohl sie zugleich mit dem Bewußtsein und dem Vorsatze stattfindet, sie auch für die Verwirklichung der gleichen Absicht der andern Urheber (Thäter) dienen zu lassen, so sind sie alle Miturheber, welche gemeinsam (gemeinschaftlich) handeln. Hälschner 1. S. 375. Demgemäß unterscheidet sich der Miturheber vom Gehülfen dadurch, daß dieser eine fremde, jeder von mehreren Mitthätern aber seine eigne Absicht verwirklichen will. Z. I. 13. Juni 1860 c. Wetzel (G. A. 8. S. 692). Vgl. Berner Grdss. n. 45.

6. Mehrere, welche nach Verabredung gemeinschaftlich zu einem Zwecke handeln [Komplott], sind gemeinschaftliche Thäter. Z. II. 3. Mai 1856 c. Rademacher Entsch. 33 S. 202; G. A. 4. S. 694).

7. Die Mitthäterschaft setzt nicht nothwendig eine vorgängige Verabredung voraus, sie kann auch zufällig entstehen: Z. I. 13. Juni 1860 c. Wetzel (G. A. 8. S. 692), welches dann aber bei Jedem dieselbe verbrecherische Absicht erheischte.

7a. Eine fahrlässige Mitthäterschaft begründet keine Gemeinschaftlichkeit der Verantwortung. So: Berner Grdss. § 23.

8. Da wo ein gemeinschaftliches Handeln mehrerer Miturheber (vgl. n. 5) vorliegt, sind alle als Thäter des Ganzen zu betrachten, sollte auch die Thätigkeit des Einzelnen nicht alle Begriffserfordernisse desjenigen Verbrechens rc. in sich vereinigen, welches durch die verbundene Thätigkeit aller hervorgebracht ist. Z. I. 18. Febr. 1857 c. Leukert; Z. I. 8. Apr. 1859 c. Berg; V. II. 19. Mai 1859 c. Holtey; Temme Lehrb. S. 333 fgg.; Hälschner 1. S. 385; Berner Grdss. § 23. Es kommt daher in einem solchen Falle bei Beantwortung der Frage, welches Strafgesetzes Thatbestand vorliege, auf den Inbegriff der von sämmtlichen Betheiligten verübten Handlungen an. Demgemäß ist es Raub, wenn bei einem von Mehreren gemeinschaftlich verübten Diebstahle auch nur einer (ohne vorgängige hierauf gerichtete Verabredung) Gewalt anwendete; inwiefern den übrigen dieser von ihnen nicht gewollte, und von ihnen nicht ausgegangene erschwerende Umstand anzurechnen sei, ist dann nach § 44 zu beurtheilen. V. 13. Sept. 1852 c. Kowsky; ähnlich: Z. 3. März 1852 c. Brune; Z. II. 12. April 1855 c. Fromm (G. Arch. 3. S. 547); Z. I. 27. Febr. 1856 c. Raabe; Z. I. 29. Aug. 1856 c. Allies; Z. I. 3. April 1857 c. Kietzer; Beschl. I. 27. Mai 1857 c. Kedrowsky; Z. II. 8. Sept. 1859 c. Kühne.

9. Das unter n. 5—8 Gesagte gilt auch in dem Falle, wo zum Begriffe eines Verbrechens rc. ein bestimmter Erfolg gehört, dieser Erfolg aber nur durch das Zusammenwirken der von Mehreren vorsätzlich gemeinschaftlich entwickelten Thätigkeit eingetreten, z. B. wenn der Tod eines Mißhandelten die Folge des Zusammenwirkens der von Mehreren gemeinschaftlich zugefügten Verletzungen gewesen

§. 34. Als Theilnehmer eines Verbrechens oder Vergehens wird bestraft:

---

ist, sollte auch die Thätigkeit jedes einzelnen für sich allein diese Folge nicht gehabt haben. Z. II. 22. März 1855 c. Kübbeler (JMBl. s. 152; G. A. 3. s. 567); Z. II. 3. Mai 1856 c. Rademacher (Präj. n. 204; Entsch. 32. s. 478; 33. s. 202; G. A. 4. s. 694; Z. (V.) I. 12. Juni 1857 c. Wagner. *Contra* früher: V. II. 26. Okt. 1854 c. Steinbuß (Präj. n. 110; Entsch. 28. s. 475; G. A. 3. s. 107. 132), welches annahm: jeder könne nur für sein eignes Handeln und dessen Folgen, für die Handlungen der übrigen und deren Folgen aber nur dann verantwortlich gemacht werden, wenn eine Verabredung auf Herbeiführung dieser Folgen vorhergegangen sei. Diese engere Auffassung ist in den oben citirten neuern Entscheidungen derselben Abtheilung unzweifelhaft und mit Recht aufgegeben worden.

10. Hiernach muß, damit in den geeigneten Fällen die Haftbarkeit eines jeden der Thäter für die Handlungen Aller und den durch sie hervorgebrachten Gesammterfolg begründet werde, die Gemeinschaftlichkeit der Handlungen Aller in der Anklage aufgestellt, und demnächst auch in die Frag- und Feststellungen ausdrücklich mit aufgenommen werden, wobei dann diese „Gemeinschaftlichkeit“ nicht etwa als ein erschwerender Umstand anzusehen ist. Jene Feststellung (der Gemeinschaftlichkeit des Handelns) kann nicht durch die Feststellung eines „vorsätzlichen Handelns nach vorheriger Verabredung mit Andern“ ersetzt werden. Z. I. 13. Mai 1857 c. Herbst (G. A. 5. s. 395). Vgl. Strafverf. Art. 81 n. 24; Art. 91 n. 21.

11. Diese Grundsätze (n. 8—10) hat ein Z. Pl. 12. Nov. 1860 c. Müller (262 II; RdO. 1. s. 5; G. A. 8. s. 755) auch auf den Fall angewendet, wo die Strafbarkeit einer Handlung bedingt oder erhöht wird durch ein persönliches Verhältniß, in welchem der Thäter zum Gegenstande der That oder zur Person des Verletzten steht (z. B. Gatten- oder Elternmord, Hausdiebstahl), so daß also beim Vorhandensein mehrerer Mitthäter für Alle derjenige Thatbestand gelte, welcher nach den persönlichen Verhältnissen auch nur eines derselben der schwerste sei. Als Grund wird angeführt: der Mitthäter könne nicht milder behandelt werden als der Theilnehmer (vgl. § 35 n. 1), auch liege es im Wesen der Miturheberschaft, daß die Thätigkeit jedes Mitthäters in Beziehung auf die aller übrigen als helfende erscheine. *Sic:* Temme Arch. 3. s. 21. *Contra:* Z. I. 24. Nov. 1854 c. Radau, und Antr. des Gen.-St.-Anw. zum cit. Z. Pl. (l. c.)

12. Die Vorsätzlichkeit einer Handlung ist nur dann und nur insoweit anzunehmen, als sich dieselbe als Wirkung darstellt, welche im Willen des Handelnden ihren Grund hat; daher liegt es im Begriffe der Vorsätzlichkeit, daß sich die Handlung auch gegen dasjenige Objekt richte, welches nach dem Willen des Handelnden davon betroffen werden sollte. Hälschner I. s. 122. Dagegen kommt es im Uebrigen auf einen Irrthum im Objekte (z. B. in der Person) nicht an, sobald nur der Wille wirklich auf das betreffende Objekt gerichtet war. Beschl. I. 23. Sept. 1859 c. Knopf (G. A. 7. s. 835). Vgl. § 175 n. 6. 7.

§ 34.

Inhalt.

1) wer den Thäter durch Geschenke oder Versprechen, durch Drohungen, Mißbrauch des Ansehens oder der Gewalt, durch absichtliche Herbeiführung oder Beförderung eines Irrthums oder durch andere Mittel zur Begehung des Verbrechens oder Vergehens angereizt, verleitet oder bestimmt hat;

Uebertretung. 28.	Vergehen, putatives. 16.	Werkzeuge. 57.
Unbekanntschft. 66.	Versprechen. 40.	Wissentlichkt. 65. 66.
Unterlassg. 8. 63.	Versuch. 10. 11. 14. 55.	Zeit. 23.
Verabredg. 41.	der Theiln. 9.	Zolldefraude. 29.
Vergehen, kulpos. 1. 2.	Vortheil. 4. 31.	

1. Theilnahme setzt immer einen Dolus voraus; kulpose Theilnahme an einem Verbrechen ist nicht denkbar; das gilt selbst da, wo es sich von einem kulposen Vergehen handelt. Vgl. Hälschner 1. s. 341; Berner Lehrb. s. 101; Stemann Abh. in G. Arch. 5. s. 49.

2. Ebenso kann umgekehrt dolose Theilnahme an einem kulposen Vergehen als solche nicht strafbar sein: Z. I. 26. Okt. 1855 c. Schirmer (beil.; Koch u. 62; Hälschn. 1. s. 328. 342; Stemann Abh. in G. Arch. 5. s. 49; das gilt namentlich auch von der Anstiftung: Z. I. 30. April 1856 c. Fabian; B. I. 26. Nov. 1856 c. Schreiber (Schorß und Gen.; G. Arch. 5. s. 67; „bei einem kulposen Vergehen sei eine Anstiftung wenigstens nicht durch Ueberredung denkbar"). *Contra:* im Grundsatze: Z. I. 24. Febr. 1860 c. Ziehe (174; G. Arch. 8. s. 205) in einem Falle, wo Jemand zur Begehung einer strafbaren Handlung (Anzünden eines Feuers in gefährlicher Nähe eines Gebäudes) angestiftet hatte, durch welche ein anderes Vergehen (fahrlässige Brandstiftung) herbeigeführt war; die Gründe nehmen auf die besonderen Umstände des Falles Rücksicht. Vgl. Abh. in Goltd. Arch. 8. s. 201. — Veranlaßt Jemand doloser Weise, daß ein anderer aus Fahrlässigkeit ein Vergehen verübt, so ist er als doloser Urheber (Thäter), nicht als Anstifter zum fahrlässigen Vergehen des Andern anzusehen; vgl. unten n. 32.

3. Als Dolus wird bei der Theilnahme nur diejenige Willensrichtung vorausgesetzt, welche in dem § 34 angedeutet ist; es ist daher keineswegs nothwendig, daß dieser Dolus derselben Natur sei, wie sie beim Thäter erfordert wird; demgemäß braucht die beim Thäter erforderliche gewinnsüchtige Absicht beim Theilnehmer nicht obzuwalten. Z. 22. Okt. 1852 c. Geisenheimer; Z. II. 15. April 1858 c. Schröder (Müller und Gen.); Z. I. 21. Okt. 1859 c. Alexander (992); B. II. 11. Okt. 1860 c. Fleitmann (G. A. 9. s. 52). Ebenso ist derjenige, welcher zu einem Morde wissentlich Hülfe leistet, strafbar, selbst wenn in Betreff seiner weder Vorsätzlichkeit noch Ueberlegung festgestellt worden ist: Z. I. 23. März 1855 c. Kath; Z. (B.) II. 15. April 1858 c. Semme u. Gen. Vgl. auch § 263 n. 63).

4. Ebensowenig ist erforderlich, daß der Theilnehmer selbst Vortheil von seiner Theilnahme gehabt habe. Z. I. 18. Aug. 1856 c. Heyde (Munzert u. Gen.).

5. Umgekehrt gehört zum Thatbestande der Theilnahme der im § 34 erforderte Dolus selbst dann, wenn es in Betreff der Hauptthat auf Dolus oder Culpa gar nicht ankommt. Die Hülfeleistung zu einer Steuerdefraudation ist daher nur dann strafbar, wenn der Gehülfe wußte, daß die betr. Handlung des Thäters den Voraussetzungen einer Defraudation entspreche. Beschl. I. 17. Juni 1859 c. Pohle (113 B).

6. Ein Z. I. 9. Nov. 1859 c. Gerlach (771; G. A. 8. s. 112) hielt zur Strafbarkeit der Theilnahme einen s. g. eventuellen Dolus für ausreichend, d. h. wenn der Theilnehmer sich bewußt gewesen sei, daß die That des Hauptthäters ebensowohl einen unerlaubten als einen erlaubten Erfolg haben könne.

7. Auch an solchen Strafthaten ist eine Theilnahme möglich, welche, nach der Natur der Sache oder vermöge besonderer Eigenschaften, nur in der Person des Thäters denkbar waren, deren sich also der Theilnehmer als Thäter nicht hätte schuldig machen können (Beisp. § 331); Z. I. 16. Juli 1858 c. Schmöckel. Vgl. § 35 n. 1.

2) wer dem Thäter zur Begehung des Verbrechens oder Vergehens Anleitung gegeben hat, ingleichen wer Waffen, Werkzeuge und andere Mittel, welche zu der That

---

8. Ein Z. I. 16. Jan. 1857 c. Kausch sprach beiläufig aus, daß die Theilnahme der Regel nach eine *positive Thätigkeit* voraussetze, ein Nichtverhindern des Verbrechens alle daher nicht unter den Begriff; Gilb. C. pén. Art. 60 n. 5 sq. Vgl. aber n. 63.

9. Der *Versuch* einer Theilnahme ist als solcher nicht strafbar. Das Nähere, insbesondere auch über den erfolglosen Anstiftungsversuch, vgl. § 31 n. 10. 11; Hälschner 1. s. 329. 331; Berner Grdss. § 32.

10. Dagegen ist Theilnahme an einem *Versuche* sehr wohl möglich. § 35. Die Strafbarkeit einer solchen Theilnahme ist durch die des Versuchs selbst bedingt.

11. Der Theilnehmer an einem *versuchten Verbrechen* bleibt straflos, wenn er durch seine Handlung die Vollendung des bereits durch einen Anfang der Ausführung in die Erscheinung getretenen Verbrechens rc. absichtlich verhindert, so daß in dieser seiner Handlung für den Thäter die äußern vom Willen desselben unabhängigen Umstände liegen, durch welche die Vollendung des Verbrechens verhindert wird; die bestehen bleibende Strafbarkeit des Thäters steht dann jener Straflosigkeit des Theilnehmers nicht entgegen. Damit letztere eintrete, wird indessen vorausgesetzt, daß die die Vollendung des Verbrechens hindernde Handlung absichtlich, d. h. um diesen Erfolg herbeizuführen geschehen sei; eine zu einem andern Zwecke vorgenommene Handlung, welche nur thätsächlich den nicht gewollten Erfolg, die Vollendung zu hindern, hatte, kann jene Straflosigkeit nicht herbeiführen. Z. I. 12. Okt. 1856 c. Zeising. Vgl. n. 55.

12. An einem Vergehen, zu dessen Thatbestand die *Gewohnheitsmäßigkeit*, also eine Mehrheit von Fällen gehört (z. B. Gewohnheitswucher), ist Theilnahme (namentlich auch durch Hülfeleistung) sehr wohl möglich. Z. II. 14. Febr. 1856 c. Haupt; Z. I. 10. Febr. 1858 c. Pohl (Wittig und Gen.).

13. Die Feststellung: der Angeklagte habe an einem Verbrechen rc. „*Theil genommen*" bietet nur den Rechtsbegriff, nicht die thatsächlichen Momente dar, und genügt daher zur Anwendung des Strafgesetzes nicht. B. 26. Jan. 1852 c. Stumpe. Es müssen sonach alle Frage- und Feststellungen die im § angegebenen wesentlichen Merkmale dieser oder jener Art der Theilnahme ausdrücklich enthalten. B. I. 25. Jan. 1854 c. Kabuß (G. A. 2. s. 588); B. II. 1. März 1855 c. Zacher; B. II. 29. Jan. 1857 c. Ellinger; Abb. im JMBl. 1852 s. 55. Vgl. n. 61.

13a. Theilnahme an einer *Strafthat* ist nur so lange denkbar, als die letztere selbst noch *nicht vollendet* und somit beendigt ist [sollte auch der Erfolg noch nicht eingetreten sein]. Berner Grdss. § 18; Z. (B.) I. 8. März 1861 c. Bürkner (RdO. 1. s. 250); vgl. § 37 n. 2.

14. Auf der andern Seite kann von einer Strafbarkeit der Theilnahme erst dann die Rede sein, wenn die Hauptthat selbst wirklich *begangen*, oder wenigstens *versucht* ist. B. 17. März 1852 c. Hansel; B. I. 23. März 1854 c. Kämmerer (G. A. 2. s. 404); B. I. 20. Febr. 1856 c. Meyer; B. I. 18. Apr. 1857 c. Krems (Schulz und Gen. G. A. 5. s. 401); B. I. 17. Juni 1857 c. Richter; Z. I. 10. Febr. 1858 c. Lüdtke (Rieck und Gen. G. A. 6. s. 240); Temme Gll. s. 102 n. 9; Hälschner 1. s. 329. 333; Zachariä Abh. in G. Arch. 3. s. 298. Fehlt dagegen etwas am Thatbestande der Hauptthat, z. B. der zum betreffenden Verbrechen rc. erforderliche Dolus, so kann den Theilnehmer an derselben eine Strafe nicht treffen. Aus diesem Grunde ist Anstiftung als solche nicht strafbar, wenn der Anzustiftende der Anreizung rc. nicht entsprach, wohl aber der Polizei-Behörde Anzeige machte, und nur auf Anweisung der letztern Handlungen verübte, welche objektiv den Thatbestand des Verbrechens enthalten haben würden, wenn der Thäter dabei mit dem erforderlichen Dolus gehandelt hätte. B. I. 18. April 1855 c. Reber (Entsch. 30. s. 319; G. A. 3. s. 380); Gruchot Abh. in G. Arch. 2. s. 639. Inwieweit eine solche erfolglose Anstiftung als Versuch der Selbstbegehung des Verbrechens angesehen werden könne, vgl. § 31 n. 11.

gedient haben, wissend, daß sie dazu dienen sollten, verschafft hat, oder wer in den Handlungen, welche die That vorbereitet, erleichtert oder vollendet haben, dem Thäter wissentlich Hülfe geleistet hat.

[Entw. § 31]. Vgl. § 35—39. 59. 65. 87. 111. 130. 180—182. 195. 228. 260. 271. 311. 330. 331; Z. Str.-Ges. v. 23. Jan. 1838. § 16; (Vdn. v. 30. Juni 1849 § 13—18. 31. 35 flg.; 39); H.D.Ges. v. 2. Juni 1852 § 5.

---

15. Nach dem unter n. 14 Gesagten hängt die Strafbarkeit der Theilnahme von der der Hauptthat ab; deshalb kann in einem Falle, wo die von einem Preußen im Auslande begangene That nach dortigen Gesetzen nicht strafbar, und deshalb auch in Preußen nicht zu verfolgen ist (§ 4 Nr. 3), die Hülfeleistung eines andern Preußen nicht dadurch hier strafbar werden, daß die hülfeleistenden Handlungen hier vorgenommen sind. B. II. 9. Okt. 1856 c. Oppermann (JMBl. s. 343; G. A. 4. s. 835). In Betreff eines zweiten Grundes der Straflosigkeit vgl. n. 23.

16. Fehlt es an einer strafbaren Hauptthat, so kommt auf das Meinen oder Fürwahrhalten des Theilnehmers Nichts an; Theilnahme an einem putativen Verbrechen ꝛc. kann nicht strafbar sein. B. I. 11. Sept. 1857 c. Blumenheim (G. A. 6. s. 106).

17. Steht dagegen der Thatbestand der strafbaren Hauptthat vollständig fest, so bleibt die Theilnahme an derselben strafbar, sollte auch der Thäter wegen eines nur seine Person betreffenden (von der That selbst unabhängigen) Grundes straflos ausgehen. Z. I. 13. Mai 1857 c. Matzel. Das gilt namentlich auch dann, wenn der strafunmündige Hauptthäter wegen mangelnden Unterscheidungsvermögens freigesprochen wird: B. II. 29. Aug. 1856 c. Hahne; Z. I. 1. Juli 1857 c. Hödt (Twardecka u. Gen. G. A. 2. s. 689); Z. I. 4. Mai 1859 c. Bonow (445). Denselben Grundsatz wandte ein Beschl. I. 17. Okt. 1860 c. Hoffmann (183 B. G. A. 8. s. 828) auf den Fall des § 144 Nr. 3 (Vornahme unzüchtiger Handlungen mit einer Person unter 14 Jahren) an, wo der Thäter straflos blieb, weil ihm das Alter unter 14 Jahren unbekannt war, der Theilnehmer aber Kenntniß davon hatte. Dagegen ist den Gründen eines Z. II. 13. Dez. 1855 c. Ebel nicht beizupflichten, welches dasselbe da annahm, wo die Freisprechung des Thäters wegen Ausschließung seiner freien Willensbestimmung durch Gewalt erfolgte, denn in diesem Falle lag nach § 40 ein Verbrechen des Hauptthäters überhaupt nicht vor; jene Entscheidung war vielmehr nur in der Weise zu rechtfertigen, daß man denjenigen, welcher den physischen Urheber durch Gewalt ꝛc. zur Vornahme der Handlung veranlaßte, als den Hauptthäter, und denjenigen, welcher bei der That Hülfe leistete, als den Gehülfen des letztern betrachtete. Vgl. n. 32. 42; § 35 n. 2; Hälschner 1. s. 345. 350. 373.

18. Mit Rücksicht auf das unter n. 14. 15 Gesagte bedarf es auch rücksichtlich des Theilnehmers der ausdrücklichen Feststellung des vollständigen Thatbestandes (aller wesentlichen Merkmale) desjenigen Verbrechens ꝛc., an welchem er Theil genommen haben soll. B. I. 20. Febr. c. Meyer (121; G. A. 4. s. 366); B. II. 11. Okt. 1860 c. Fleitmann (G. A. 9. s. 52). Vgl. Strafverf. Art. 80 n. 2. 8. 9. 19. Es kann daher die Bezeichnung des allgemeinen Gattungsbegriffs (z. B. „Diebstahl“, „Tödtung“) nie ausreichen; ebensowenig genügt die Feststellung: der Angeklagte habe einen Andern „zur In-Brand-Setzung des — — in Brand gerathenen Wohnhauses,“ oder „zur Nachmachung Preußischer Thalerstücke“ verleitet ꝛc., weil sich daraus nicht ergeben würde, daß der Angestiftete das betreffende Verbrechen wirklich in Folge jener Verleitung verübt habe. B. I. 5. Jan. 1853 c. Marx; B. I. 20. Dez. 1854 c. Meißner (G. A. 3. s. 115).

19. In schwurgerichtlichen Sachen muß hiernach die Fragstellung den vollständigen Thatbestand der Hauptthat, an welcher Theil genommen sein soll, mit umfassen. Z. II. 10. Apr. 1856 c. Görner (Schellenberg u. Gen. JMBl. s. 124; G. A. 4. s. 558). Vgl. Strafverf. Art. 80 n. 2.

20. Sind Thäter und Theilnehmer gleichzeitig vor Gericht gestellt, so kann eine einfache Bezugnahme auf die den erstern betreffende Frag- und Feststellung

auch für den letztern genügen. B. I. 9. Dez. 1853 c. Poczka (G. A. 2. f. 92); Z. I. 31. Mai 1854 c. Woyciechowski; Z. I. 21. Febr. 1855 c. Schneider (G. A. 3. f. 546); Z. II. 1. März 1855 c. Knaup; Z. I. 4. Juli 1852 c. Rosenbaum (G. A. 3. f. 549). Dagegen ist es, in Ermanglung einer solchen Bezugnahme (besonders in schwurgerichtlichen Sachen) unstatthaft, die den Theilnehmer betreffende Feststellung durch ein Zurückgehen auf die hinsichtlich des Thäters erfolgte, zu ergänzen. B. I. 10. Feb. 1858 c. Lüdtke (Rieck u. Gen.); B. II. 18. März 1858 c. Söhngen (G. A. 6. f. 403). Wird der Theilnehmer allein vor Gericht gestellt, so genügt eine bloße Bezugnahme auf die in einem frühern Verfahren gegen den Thäter erfolgte Feststellung nie, insbesondere reicht es nicht hin, anzuführen: der Thäter sei bereits rechtskräftig verurtheilt. B. I. 8. Jan. 1858 c. Peglau (Grundmann u. Gen.). Vgl. Strafverf. Art. 80 n. 8. 9.

21. Der Richter darf sich bei seinen thatsächlichen Feststellungen nicht mit sich selbst in Widerspruch setzen, er darf daher in einem und demselben Verfahren und auf den Grund derselben Beweisaufnahme den dem Thäter zur Last fallenden Thatbestand in Betreff dieses Thäters nicht anders feststellen, als in Betreff des Theilnehmers, und demgemäß nicht den letztern wegen seiner Theilnahme an der That des erstern verurtheilen, wenn er in Betreff dieses die That für nicht erwiesen erachtet. Z. I. 17. Juni 1857 c. Richter (Klose u. Gen.); Z. II. 17. Okt. 1857 c. Manten (G. A. 5. f. 833); B. II. 6. Okt. 1859 c. Jäger (249); u. ö. — Dagegen steht Nichts im Wege trotz der erfolgten Freisprechung des Thäters, auf den Grund einer anderweiten Verhandlung und Beweisaufnahme die Schuld des Theilnehmers und zu diesem Ende auch die Schuld jenes Thäters festzustellen. B. I. 10. März 1859 c. Beetz (405; JMBl. 60. f. 87; G. A. 8. f. 134). Vgl. n. 19; Strafverf. Art. 31. n. 16—18; Art. 97 n. 17—21. 33.

22. Das Gesetz macht die Bestrafung des Theilnehmers nicht von der Ermittlung der Person des Thäters abhängig. Z. II. 9. Juni 1853 c. Arnold; Z. I. 13. Mai 1857 c. Matzel; B. II. 14. Mai 1857 c. Dieckmann (Grimberg u. Gen. JMBl. f. 270; G. A. 5. f. 534); Z. II. 25. Juni 1857 c. Trockel. Es bedarf daher auch der namentlichen Bezeichnung der Person des Thäters nicht: Z. (B.) I. 10. Feb. 1858 c. Lüdtke (Rieck u. Gen.); noch weniger kann verlangt werden, daß eine Bestrafung des Thäters vorausgegangen, oder daß gegen ihn die Untersuchung gleichzeitig mit gerichtet sei: Z. I. 5. Febr. 1858 c. Meißner u. Gen. (G. A. 6. f. 273); Z. I. 7. Juli 1859 c. Rohr. Hiernach tritt Bestrafung ein, wenn die Geschwornen auf eine, Theilnahme betreffende, Frage, diese in Beziehung auf die in der Frage speciell genannte Person des Thäters verneinen, dagegen in Beziehung auf eine andere, wenn auch nicht speciell genannte, Person eines Thäters bejahen. Z. (B.) I. 3. Feb. 1854 c. Gartmann (G. A. 2. f. 242); Hälschn. 1. f. 334.

23. Zeit und Ort der Hauptthat sind auch für die Strafbarkeit des Theilnehmers maaßgebend, weil alle Anstiftung und Theilnahme auf die Hauptthat hingerichtet, und daher auch nur durch ihre Beziehung zur Hauptthat strafbar ist; daher kommt es sowohl in Betreff der Frage, welches Strafgesetz Anwendung erleide, als in Betreff der Verjährungsfrage nur auf die Zeit und den Ort der Hauptthat an; nur rücksichtlich der Zurechnungsfähigkeit ist stets der Augenblick des Handelns des Theilnehmers entscheidend. Z. II. 10. Apr. 1856 c. Görner (Schellenberg und Gen. JMBl. f. 124; G. A. 4. f. 558). *Sic*: Bern. Grdss. § 40 und Beschl. I. 12. Sept. 1856 c. Rösener (Lehmann u. Gen.), welcher aus dem oben angeführten Grunde die Kompetenz der Preußischen Gerichte in Betreff ausländischer Theilnehmer an einem in Preußen verübten Vergehen annahm, obgleich die Theilnahmehandlung selbst im Auslande begangen war. Einen andern Fall siehe oben n. 15. *Contra*: Temme Gll. f. 53 n. 6, welcher als Ort des Verbrechens ꝛc. in Betreff des Theilnehmers nur den Ort der eignen Thätigkeit desselben gelten lassen will. In Betreff der territorialen Kompetenz ist Art. XXII N. 2 des Einf.-Ges. zu vergleichen.

24. In Betreff des Falles, wo Jemand durch eine einmalige Handlung an mehreren selbstständigen Verbrechen ꝛc. Dritter Theil nimmt, vgl. n. 51.

25. Treffen Mitthäterschaft und Theilnahme, oder verschiedene Arten der Theilnahme (Anstiftung und Hülfeleistung) zu demselben Verbrechen ꝛc. in derselben Person zusammen, so liegt doch immer nur ein Straffall ꝛc. vor,

und es darf nur einmalige Bestrafung stattfinden, bei welcher jene Konkurrenz als Strafzumessungsgrund in Betracht kommen kann. Z. II. 13. Dez. 1855 c. Ebel; Antr. des Gen.-St.-Anw. in G. Arch. 3. s. 757. Als einen solchen Strafzumessungsgrund kann gegen denjenigen, welcher von den Geschwornen der Mitthäterschaft schuldig befunden ist, auch der Schwurgerichtshof die Anstiftung der Mitthäter selbstständig feststellen. So: Z. II. 28. Dez. 1857 c. Pagendortel.

26. Die Theilnahme an einem Verbrechen rc. schließt in ihrer Anwendung auf den Diebstahl die Konkurrenz der Hehlerei als eines selbstständigen Verbrechens rc. aus; es kann daher „der Theilnehmer am Diebstahl [ebenso wie der Dieb selbst] „mit Bezug auf den nämlichen Diebstahl nicht noch außerdem mit der Strafe der „Hehlerei belegt werden.“ So: B. (Pl.) 29. Okt. 1855 c. Burchardt (Weidehase u. Gen. Präj. n. 181; Entsch. 31. s. 241; G. A. 3. s. 758); B. Pl. eod. c. Frieseke (Zornack u. Gen. (G. Arch. ibid.); vgl. § 237 n. **44**.

27. Eine strafbare Theilnahme an einer Theilnahme giebt es nicht. So: B. I. 20. Febr. 1856 c. Meyer (G. A. 4. s. 469); B. I. 8. Jan. 1858 c. Peglau (Grundmann u. Gen.); B. I. 8. Okt. 1858 c. Reinert (990; G. Arch. 6. s. 824); Temme Lehrb. s. 339 n. 4. Hiernach wäre in jedem Einzelfalle zu untersuchen, ob nicht indirekt an der That des Thäters Theil genommen worden sei. Der aufgestellte Satz dürfte indessen in dieser Allgemeinheit zu weit gehen, und nur in Betreff der Hülfeleistung und der Verschaffung der Mittel richtig sein; dagegen liegt kein Grund vor, warum es nicht eine strafbare Anstiftung oder Anleitung zu einer Theilnahme geben könnte; vgl. n. 34. 35. 51 a. 57.

28. Ueber die Anwendbarkeit der Grundsätze von der Theilnahme auf Uebertretungen, vgl. Th. III Tit. I n. 7. 8.

29. Die allgemeinen Grundsätze von der Theilnahme finden auch auf die in Kraft verbliebenen besondern Strafgesetze, und die Zuwiderhandlungen gegen dieselben Anwendung, z. B. auf Zolldefrauden. Z. II. 4. Sept. 1856 c. Püttmann; B. I. 7. Dez. 1860 c. Schultze.

Zu Nr. 1.

30. Die im § 34 vorausgesetzte Vorsätzlichkeit der Theilnahme braucht im Falle der Anstiftung nicht besonders festgestellt zu werden, da in den Worten: „anreizen, verleiten, bestimmen“ die böse Absicht, und die Wissenschaft des Theilnehmers davon, daß der Thäter ein Verbrechen rc. begeht, genügend ausgedrückt ist. Z. I. 26. Okt. 1855 c. Schirmer; Z. I. 9. Jan. 1857 c. Kraye (2); Z. I. 14. Jan. 1857 c. Jankowski. Das gilt namentlich auch von der Verleitung zum Meineide, es bedarf daher auch hier nicht der besondern Feststellung der Wissentlichkeit des Theilnehmers: cit. Z. I. 9. Jan. 1857. Wenn dagegen der Angeklagte seine Wissenschaft von den Begriffsmerkmalen der betr. Strafthat bestreitet, so bedarf es einer ausdrücklichen Fest- resp. Fragstellung in Betreff derselben. B. I. 4. Febr. 1859 c. Pürschel (JMBl. s. 71; G. A. 7. s. 367). Vgl. Strafverf. Art. 31 n. 10; Art. 81 n. 21—23.

31. Die Nr. 1 ist nicht auf den Fall beschränkt, wo das Verbrechen rc., zu welchem angereizt rc. wurde, im Interesse des Anstifters begangen wird, oder begangen werden sollte. B. II. 15. Dez. 1853 c. Torote.

32. Auch die Anstiftung setzt einen Thäter voraus, also einen physischen Urheber, welcher die That mit dem zum Verbrechen rc. erforderlichen Dolus begeht; handelte er aus irgend einem Grunde ohne diesen Dolus, so kann der Anstiftende nur als Thäter betrachtet werden, welcher sich zur Begehung der That des Andern wie eines Werkzeugs bediente. Vgl. Hälschner 1. s. 321. 334 341. 349. Fällt dann dem letztern eine strafbare Fahrlässigkeit zur Last, so sind beide als Thäter anzusehen, der eine als doloser, der andere als kulposer; vgl. n. 2. 45. Das Gesagte fällt freilich da weg, wo es in der Natur des betr. Verbrechens liegt, daß Dolus und äußere Handlung nothwendig in derselben Person zusammentreffen müssen, z. B. beim Meineide; vgl. § 30 n. 15. Aus demselben Grunde kann derjenige, welcher eine fremde (nicht in seiner Gewahrsam befindliche) Sache einem Dritten verkauft, und diesen so veranlaßt, dieselbe wegzunehmen, weder als Dieb, noch als Theilnehmer an einem Diebstahle bestraft werden; nicht als Dieb, weil die Wegnahme nicht in der Absicht erfolgte, die Sache ihm zuzueignen, und nicht als

Theilnehmer, weil der wegnehmende Dritte in gutem Glauben handelte, also keinen Diebstahl beging. Dagegen stellt die betr. Handlung unzweifelhaft einen Betrug dar. B. I. 14. Mai 1858 c. Beetz (G. A. 6. s. 567).

33. Aus der thatsächlichen Feststellung muß mit Klarheit hervorgehen, daß der Anstifter den Thäter zur Begehung des Verbrechens 2c. angereizt 2c. habe; es genügt daher ein Wahrspruch nicht, welcher blos dahin lautet: „der Angeklagte habe zur Begehung der That angereizt 2c.“ B. II. 15. Apr. 1858 c. Rüdiger (125; G. A. 6. s. 396); vgl. aber n. 34 fgg. Anders verhält sich die Sache im Falle des Art. 36 Abs. 1.

33a. Anstiftung eines zur That bereits Entschlossenen ist nicht möglich. Z. I. 13. März 1861 c. Harm (RdO. 1. s.

33b. Mehrere gemeinschaftlich handelnde Mit-Anstifter tragen jeder die ganze Verschuldung. Berner Grdss. § 26.

34. „Die Grundsätze des § 34 Nr. 1 von der Anstiftung finden auch dann „volle Anwendung, wenn der Anstifter nicht unmittelbar den Thäter zur That an- „gestiftet hat, sondern einen Andern angestiftet hat, zu bewirken, daß das Verbrechen „oder Vergehen verübt werde, dieser Andere sodann in Folge hiervon wieder einen „Dritten, der Dritte einen Vierten bis zum wirklichen Thäter hin anstiftet, wobei „allerdings in der ganzen Kette der auf einander folgenden Anstiftungen Glied für „Glied die Erfordernisse der strafbaren Anstiftung nachgewiesen werden müssen.“ Z. II. 14. Sept. 1853 c. Specht (Präj. n. 30; Entsch. 24. s. 499; 25. s. 212; G. A. 2. s. 182); ähnlich: Z. I. 30. Apr. 1856 c. Fabian (Anstiftung zur Anstiftung eines Verbrechens sei auch Theilnahme am letztern). *Sic*: Temme Lehrb. s. 338. Vgl. auch: B. I. 20. Febr. 1856 c. Janke (G. A. 4. s. 366). Berner Grdss. § 29.

35. Wenn der Angestiftete nicht selbst, sondern ein Anderer auf seine Veranlassung die zum objektiven Thatbestande des Verbrechens erforderlichen Einzelhandlungen vorgenommen hat, so muß die thatsächliche Feststellung eventuell der Spruch der Geschwornen klar ergeben, ob der Angestiftete seiner Seits den wirklichen Thäter im Sinne des § 34 Nr. 1 ferner angestiftet, und der letztere die That mit dem zur Thäterschaft erforderlichen Dolus begangen habe, ob also der erste Anstifter der mittelbare Anstifter des strafbaren Thäters gewesen sei, — oder aber: ob der Angestiftete denjenigen, welcher körperlich die Handlung vornahm, durch Täuschungen dahin gebracht habe, daß dieser sein Thun für ein erlaubtes hielt, und so ohne eigenen Dolus handelnd, und deshalb selbst straflos, nur das Werkzeug in der Hand des Andern war, welcher als „Thäter“ im Sinne des Gesetzes angesehen werden mußte (vgl. n. 28). Eine Feststellung, welche es im Dunkeln läßt, welche jener beiden Alternativen vorliege, genügt zur Strafverhängung nicht, z. B. wenn sie nur dahin geht: „der Angeklagte habe durch Versprechungen einen Andern zur Herstellung falschen Papiergeldes verleitet, welches dieser demnächst durch einen Dritten habe nachmachen lassen,“ indem dann nicht zu ersehen ist, ob der Dritte „angestiftet“ und strafbar gewesen sei, oder ob er ohne Dolus als bloßes Werkzeug des ihn veranlassenden Andern gehandelt habe. B. II. 10. Jan. 1856 c. Oppermann (JMBl. s. 46; G. Arch. 4. s. 368). Vgl. n. 14.

36. Nicht blos derjenige, welcher den Befehl oder Auftrag zu einem Verbrechen 2c. ertheilt, sondern auch derjenige, welcher den Befehl oder Auftrag überbringt, und dem Thäter übermittelt, kann als Theilnehmer im Sinne des § 34 Nr. 1 angesehen werden, wenn dabei die auf Vollbringung des Verbrechens 2c. gerichtete Willensbestimmung obwaltet. Z. I. 21. April 1858 c. Majunke (Langner und Gen.).

37. „Zu den Erfordernissen der strafbaren Anstiftung gehört, daß das Mittel, durch welches der Anstifter zur Begehung des Verbrechens oder Vergehens „angereizt, verleitet oder bestimmt hat, speziell festgestellt werde.“ Z. II. 14. April 1853 c. Specht Präj. n. 30; cit. n. 34; *Sic*: Z. Rh. Kass.-H. 5. Okt. 1852 c. Lückel (JMBl. 1853 s. 57; Rh. Arch. 47. 2. A. s. 133; G. A. 1. s. 73); B. I. 21. Jan. 1853 c. Vogt (Köppen u. Gen.); B. I. 13. Juli 1853 c. Hahn; Z. I. 5. Juli 1854 c. Vater; B. II. 11. Sept. 1856 c. Dieckhof; B. I. 14. Okt. 1857 c. Fischer. *Contra* früher: Z. Kass.-H. 30. Dez. 1851 c. Brach, welches von der Nothwendigkeit der Erwähnung eines Mittels gänzlich absah, und Z. 14. Mai 1852 c. Junker (Förster u.

Gen.); Z. I. 30. Juni 1852 c. Rettig, welche annahmen: es genüge die Feststellung: daß „durch irgend ein Mittel“ verleitet ꝛc. sei. Nach dem obigen Grundsatze reicht es nicht hin, wenn es in der Fest- oder Fragstellung heißt: „.... durch .... oder durch ein anderes Mittel verleitet zu haben.“ B. I. 4. Mai 1859 c Klauß (G. A. 7. S. 517). Vgl. Berner Grdss. § 27.

38. Es ist nicht erforderlich, daß in der thatsächlichen Feststellung das zur Verleitung angewendete Mittel auch als ein „strafbares“ charakterisirt werde, indem der § jedes Mittel, welches in der Absicht der Verleitung angewendet wird, und den beabsichtigten Erfolg gehabt hat, als ein strafbares betrachtet. Z. I. 26. Okt. 1855 c. Schirmer. Vgl. G. A. 5. S. 413.

39. Die im § speziell aufgezählten Mittel der Anstiftung schließen andre nicht aus; es ist jedesmal im einzelnen Falle nur zu fragen, ob thatsächlich in der Handlung des Anstifters ein hinreichender Bestimmungsgrund für den Thäter vorhanden war. G. Matt. 1. S. 302 IV n. 1; Temme Gll. S. 101 n. 4; id. Lehrb. S. 339; Hälschn. 1. S. 350.

40. Ein Versprechen kann als Mittel der Anstiftung gelten; es genügt, wenn dieses im Allgemeinen festgestellt wird, der genaueren Angabe des Inhalts des Versprechens bedarf es nicht. Z. I. 16. Febr. 1859 c. Strauß (127). Das Versprechen braucht nicht grade die Zusage eines außerhalb der That liegenden Vortheils zu enthalten, es kann sich vielmehr auch auf Theilung des aus dem Verbrechen ꝛc. zu hoffenden Vortheils beziehen. B. I. 14. Okt. 1857 c. Fischer.

41. Auch Verabredung kann als Mittel der Anstiftung angesehen werden. Z. I. 7. Jan. 1859 c. Richter (1097; G. A. 7. S. 212).

42. Die Drohung ist nur insoweit ein Mittel der Anstiftung, als sie nicht das Maaß erreicht, durch welches der Bedrohte in einen Nothstand versetzt und seine Strafbarkeit nach § 40 ausgeschlossen wird; im Uebrigen kommt auf ihre nähere Beschaffenheit nichts an, insofern sie nur im konkreten Falle den Thäter wirklich bestimmt hat. Hälschner 1. S. 350; Berner Grdss. § 28.

43. Mißbrauch des Ansehens und der Gewalt gehört nur insofern hierher, als nicht ein formell rechtsbeständiger und für den Thäter verbindlicher Befehl ertheilt wird. Hälschner 1. S. 350.

44. Ein Z. I. 15. Febr. 1861 c. Buholz (RdO. 1. S. 258) wollte den Mißbrauch des Ansehens nur da als Mittel der Anstiftung anerkennen, wo eine berechtigte Autorität vorhanden sei; gleichwohl erachtet dasselbe es für genügend, wenn der augenblicklich nicht unter einer solchen Autorität stehende Angestiftete zu jeder andern Zeit in die Lage habe kommen können, unter der Aufsicht des Anstifters zu arbeiten.

45. Wenn der § auch der absichtlichen Herbeiführung oder Beförderung eines Irrthums, als eines Mittels der Anstiftung, Erwähnung thut, so ist das nur auf einen Irrthum im Beweggrunde zu beziehen, so daß also dem Thäter bei der That der zum Thatbestande des Verbrechens ꝛc. erforderliche Dolus beiwohnte, weil es sonst an einer strafbaren Hauptthat fehlen würde. Wenn dagegen Jemand einen Andern durch Irrthumserregung zur unbewußten Verübung einer verbrecherischen Handlung bestimmt, so ist er nicht Anstifter zum Verbrechen ꝛc. des Andern, sondern kann nur selbst als Urheber (Thäter) betrachtet werden. Z. II. 10. Jan. 1856 c. Sprenger (G. A. 4. S. 214); B. II. 10. Jan. 1856 c. Oppermann (JMBl. S. 46; G. A. 4. S. 368); Z. II. 19. Juni 1856 c. Reuber (G. A. 4. S. 678); Z. I. 27. Juni 1856 c. Stöckel (Ausner u. Gen.); Z. II. 29. Apr. 1858 c. Winnerop; Z. I. 24. Febr. 1860 c. Ziehe (G. A. 8. S. 205); Komm.-B. I. K. S. 6. 7; G. Matt. 1. S. 301. 304; Temme Lehrb. S. 339 n. 6; Koch n. 58a. Damit die letztere Auffassung Platz greife, ist jedoch erforderlich, daß der den Andern Bestimmende selbst den zum Thatbestande erforderlichen Dolus habe, und daß der Handelnde die That in Gemäßheit jenes Dolus ausführe. Im Falle eines Diebstahls muß also der Bestimmende die Absicht haben, die Sache für sich rechtswidrig zu gewinnen, und der Handelnde muß in der gleichen Absicht die Wegnahme ausführen. Vgl. n. 32 und 2. — Im Uebrigen kommt der oben entwickelte Grundsatz auch da zur Anwendung, wo es sich lediglich von einer bloßen Polizei-Uebertretung handelt, bei welcher es also auf den Dolus nicht ankommt. Z. I. 23. Nov. 1860 c. Görner.

46. „Auch Ueberredung, ingleichem ertheilter Auftrag oder Aufforderung, stellen ein solches Mittel dar, insofern durch sie der Andere wirklich zur „Bewirkung der Ausführung vermocht worden ist.“ Z. II. 14. April 1853 c. Specht (Präj. n. 30; cit. n. 34); Z. I. 9. Nov. 1853 c. Breitkopf (G. A. 2. f. 113); Z. I. 13 Feb. 1861 c. Kunzendorf; u. ö. Dieser Satz ist dahin zu verstehen, daß in der Ueberredung ꝛc. ein solches Mittel gefunden werden kann; ob es ein solches im Einzelfalle wirklich darstelle, ist Gegenstand der thatsächlichen Beurtheilung. Z. 18. Feb. 1852 c. Fülleborn. Vgl. Berner Grdſſ. § 27.

47. Auch die stillschweigende (aus dem Verhalten gefolgerte) Genehmigung der von einem Andern ausgegangenen Aufforderung zur Begehung eines Verbrechens ꝛc. kann als genügendes Mittel der Anstiftung angesehen werden. Z. II. 11. Sept. 1856 c. Besen (Lehmann u. Gen.).

48. Dagegen kann eine nachträgliche Genehmigung der geschehenen That nie als Anstiftung gelten. Hälschn. 1. f. 350.

49. Ob ein Rath als Anstiftung betrachtet werden könne, ist eine thatsächliche Frage. Vgl. Berner Grdſſ. § 27. *Contra*: Temme Lehrb. f. 340, welcher (arg. Nr. 2) allgemein verneint.

50. Anstifter ist nur derjenige, welcher zu dem Verbrechen ꝛc. angereizt hat; es muß sich also die Anstiftung auf ein bestimmtes konkretes Verbrechen ꝛc. bezogen haben; allgemeine Aufforderungen zur Begehung strafbarer Handlungen (z. B. von Diebstählen), oder die Verleitung durch Lehre und Unterricht im Allgemeinen fallen an und für sich noch nicht unter § 34 Nr. 1. Vgl. G. Arch. 5. f. 414. Natürlich kann aber in ganz allgemein gehaltenen Aufforderungen und Belehrungen sehr wohl die Anreizung zu einem bestimmten (vom Anreizenden gewollten) Verbrechen gefunden werden, was dann jedesmal Gegenstand der thatsächlichen Prüfung ist. Vgl. indessen § 36 und dort Note 2) und 87.

51. Wer durch eine Handlung zu verschiedenen selbstständigen Strafthaten anstiftet, macht sich dadurch zum Theilnehmer an allen, und ist wegen aller (in realer Konkurrenz) zu bestrafen. Z. I. 23. Nov. 1860 c. Avenarius (1058; RdO. 1. f. 148); vgl. n. 23.

51a. Anstiftung zur Beihülfe ist nicht strafbar. So: Bern. Grdſſ. § 29; vgl. aber n. 27.

52. Der Anstifter ist nur insoweit strafbar, als er wirklich angestiftet hat, d. h. als die vorsätzliche Thätigkeit des physischen Urhebers seiner Absicht entspricht, resp. als der über seine Absicht hinausgehende Erfolg seinen Grund nicht im freien Entschlusse des Thäters hat, sondern eine vorauszusehende nothwendige Folge der von beiden gleichmäßig gewollten That ist. Er muß daher für die That einstehen, wenn der Angestiftete nicht etwas qualitativ Anderes, sondern nur etwas quantitativ Geringeres (z. B. einen bloßen Versuch, oder das einfache Vergehen ohne die vom Anstifter gewollten erschwerenden Umstände) beging. Dagegen haftet er nicht, wenn der Angestiftete einen wirklichen Exceß beging, d. h. wenn derselbe nach eigener Entschließung ein Mehreres that, als der Anstifter beabsichtigte, oder wenn er ein qualitativ anderes Verbrechen ꝛc. (gleichviel ob ein geringeres oder größeres) als das ihm angesonnene beging. Hälschn. 1. f. 354 fgg.; B. I. 9. Nov. 1853 c. Czeckiera (Breitkopf u. Gen.; G. A. 1. f. 115: der Anstifter einer vom Angestifteten gemeinschaftlich mit Mehreren verübten Zolldefraude habe für diesen von ihm nicht gewollten erschwerenden Umstand nicht einzustehen). *Contra* zum Theil: G. Matt. 1. f. 312 n. 4; Berner Grdſſ. § 34 (welcher z. B. die Haftbarkeit des Anstifters annimmt, wenn der Angestiftete die Sache, welche er stehlen sollte, durch Betrug an sich bringt). Vgl. G. A. 2. f. 85. 419; Chauv. et Hél. Th. du C. p. 2 p. 78.

53. Die vorstehenden Grundsätze greifen auch da Platz, wo der Exceß des Angestifteten in einer fahrlässigen Handlung bestand. Z. I. 24. Febr. 1860 c. Ziehe 174; (G. A. 8. f. 205); vgl. n. 2.

54. Der Anstifter haftet für die That des Angestifteten, wenn diese That sich lediglich als Produkt der Anstiftung darstellt, und auch eine qualitativ gleiche Handlung, wie die zu welcher angestiftet ward, ausmacht, sollte auch in Folge eines bei der Ausführung eingetretenen Irrthums des Thäters der Zweck des Anstifters nicht erreicht, und ein von ihm nicht gewolltes Objekt von der That betroffen sein. Ein

Exceß des Thäters liegt dann nicht vor, weil es zu diesem einer eigenen Entschließung des Anstifters bedurft hätte. Dieselben Grundsätze gelten auch für die Hülfeleistung. Z. II. 5. Mai 1859 c. Rese (138; JMBl. S. 223; G. A. 7. S. 332); ähnlich: Hälschner Abh. in G. Arch. 7. S. 433. *Contra:* Bölau Abh.: der Prozeß Rose Rosal (Weimar 1839) aus unzureichenden Gründen; er will in einem solchen Falle nur Anstiftung zum Versuche der von ihm gewollten That annehmen; ein solcher Versuch wird indessen in der Regel gar nicht vorliegen, und würde jedenfalls erst einer besondern Feststellung durch den Richter der Thatfrage bedürfen.

55. Will der Anstifter vor Verübung der That seine Anstiftung unwirksam machen, so thut er nicht genug, wenn er sie widerruft, er muß vielmehr durch seine Thätigkeit den Angestifteten an der Ausführung verhindern. Thut er das nicht, und begebt dann der Angestiftete in Folge der frühern Anstiftung die That doch, so bleibt jener verantwortlich. Hälschn. 1. S. 352. 360; Bern. Grdss. § 41. *Contra:* Temme Lehrb. S. 342. Vgl. n. 8. Es gehört im Uebrigen zur thatsächlichen Beurtheilung, ob der frühere Anstifter der ihm in dieser Beziehung obliegenden Pflicht Genüge geleistet habe, und ob sich annehmen lasse, daß der Angestiftete, wenn er trotz der Bemühungen jenes, die That doch beging, dieses noch in Folge der Anstiftung, oder ob er sie jetzt aus einer anderweiten Veranlassung verübt habe.

Zu Nr. 2.

56. „Anleitung geben" ist zwar ein Rechtsbegriff, aber ein allgemein bekannter; sobald er im Einzelfalle nicht bestritten ist, bedarf es auch einer Auflösung desselben in Thatsachen und einer nähern Bezeichnung dieser Thatsachen bei der Fragstellung an die Geschwornen nicht. Z. I. 27. Febr. 1856 c. Falkenstein.

57. Unter „Werkzeugen und Mitteln" sind solche zu verstehen, welche zur Ausführung der That erforderlich oder gebraucht waren; es ist also hier nicht von einem Bestimmungs-Mittel die Rede, auf dieses bezieht sich nur Nr. 1; wer daher einem Andern Geld giebt, damit dieser es dazu verwende, einen Dritten zur Begehung eines Verbrechens ꝛc. zu verleiten, der kann sich der mittelbaren Verleitung des Dritten im Sinne der Nr. 1, nicht aber der Verschaffung des Mittels zur eigentlichen Anstiftung des Andern im Sinne der Nr. 2 schuldig machen. V. I. 8. Jan. 1858 c. Peglau (Grundmann u. Gen.). Vgl. n. 27. 34.

58. Die Frage, ob Jemand Hülfe geleistet habe, ist wesentlich thatsächlich. V. I. 16. Juli 1858 c. Arndt (740).

59. Theilnahme durch Hülfeleistung kann sehr wohl in Abwesenheit des Thäters stattfinden. Z. I. 21. Mai 1856 c. Krienk (Stüwert u. Gen.).

59 a. Die Hülfe muß wissentlich geleistet sein; es wird also Kenntniß von allen wesentlichen Merkmalen des Thatbestandes vorausgesetzt, vorbehaltlich jedoch des Grundsatzes § 44 n. 8. Vgl. hierüber Berner Grdss. § 59. 60.

60. Ueber die Nothwendigkeit: festzustellen, daß die Theilnahme durch Hülfeleistung allen hier aufgezählten Bedingungen entspreche, vgl. oben n. 13.

61. Dagegen bedarf es einer speziellen Bezeichnung der Handlungen, in welchen dem Thäter wissentlich Hülfe geleistet worden sei, oder der Thatsachen, in welchen die Anleitung oder Hülfeleistung zu finden, oder einer Angabe der Art von Waffen und Werkzeugen, und folglich auch einer speziellen Angabe des Mittels, welches zur That gedient hat, nicht. Z. II. 10. Nov. 1855 c. van Gansewinkel (Präj. n. 186: Entsch. 31. S. 260; G. A. 4. S. 214); Z. II. 13. Dez. 1855 c. Ebel; Z. I. 16. Jan. 1856 c. Lubneit (G. A. 4. S. 209); Z. II. 14. Febr. 1856 c. Haupt; Z. II. 20. März 1856 c. Kriene; Z. I. 19. Jan. 1859 c. Bischof. Zwar kann es nach den Umständen im Interesse des Angeklagten liegen, dahin zu wirken, daß in die den Geschwornen vorzulegende, auf eine Hülfeleistung bezügliche Frage, diejenigen einzelnen Thathandlungen aufgenommen werden, in welchen oder durch welche die Hülfe geleistet worden sein soll, damit dadurch die Gewißheit herbeigeführt werde, daß alle Geschwornen auch wirklich dieselben Thathandlungen im Auge haben, und daß sich ihre schließliche Gesammterklärung auf diese beziehe; daraus folgt aber nur die Befugniß, vor dem Schwurgerichtshofe in Beziehung auf die Fragstellung geeignete Anträge zu stellen: ist dieses versäumt, und die Frage allgemein nach den Worten des § gefaßt, so kann eine Anfechtung im Wege der Nichtigkeitsbeschwerde nicht Platz greifen. Z. II. 20. Dez. 1855 c. Buthge.

Werden in diesem Sinne in Betreff der Fassung der Frage Anträge gestellt, so unterliegt die Entscheidung dem thatsächlichen Ermessen des Schwurgerichtshofs, sie kann daher nicht Gegenstand einer Nichtigkeitsbeschwerde sein. Z. I. 18. April 1856 c. Szeszewski; Z. II. 26. März 1857 c. Mintrop. Vgl. n. 13. Wird endlich der Thatbestand des § 34 Nr. 2 festgestellt, so ist es gleichgültig, wenn das in der Fragstellung enthaltene Mittel der Hülfeleistung rc. auch ausdrücklich verneint sein sollte. Z. I. 1. Aug. 1855 c. Pisack (G. Arch. 4. S. 486). Vgl. Strafverf. Art. 81 n. 28—30; Art. 82 n. 11.

62. Die Worte „in Handlungen ...." beziehen sich auf die Handlungen des Thäters, nicht des Gehülfen, sie dürfen daher in der thatsächlichen Feststellung (Fragstellung) nicht durch die Worte „durch Handlungen ...." ersetzt werden. Vgl. n. 63.

63. Mit Rücksicht auf das unter n. 62 Bemerkte kann aus den Worten: „.... in Handlungen ...." auch nicht gefolgert werden, als sei Hülfeleistung nur durch ein positives Thuen denkbar; sie kann vielmehr auch durch absichtliche Unterlassung einer (nach Gesetz oder Vertrag) obliegenden Thätigkeit stattfinden: Beschl. I. 10. Juni 1857 c. Päseler (184; G. A. 5. S. 689); Z. II. 18. Juni 1857 c. Schirlitz (G. A. 5. S. 689); Z. I. 17. März 1858 c. Lenkait (Plogsties u. Gen.); Z. II. 31. Mai 1860 c. Schulz; Z. II. 3. Jan. 186 c. Allstädt (2; RdO. 1. S. 199); z. B. ein Dienstbote unterläßt die ihm aufgetragene Verschließung der Thüre, um einem Andern die Begehung eines Diebstahls möglich zu machen. Vgl. n. 8; Feuerb. Lehrb. (14. Aufl.) § 45. 49; Heffters Lehrb. § 80. 84 d.

64 Setzt sich ein Straffall aus mehreren Handlungen zusammen (z. B. Verfälschung einer Urkunde und Gebrauch derselben), so kann eine Hülfeleistung zu demselben selbst da angenommen werden, wo sich die Hülfe nur auf eine jener Handlungen bezog. Auch steht in einem solchen Falle Nichts im Wege, die Frage an die Geschwornen allgemein, auf Hülfeleistung an der ganzen That zu richten. Z. I. 6. Juni 1860 c. Köhler.

65. Als Dolus genügt bei der Hülfeleistung die „Wissentlichkeit", d. h. das Bewußtsein, daß man durch seine Handlung zur Vollbringung der Hauptthat mitwirke. Z. I. 22. April 1857 c. Wendynski (Brede u. Gen.). Dieselbe drückt sowohl die Kenntniß vom Verbrechen des Hauptthäters (und allen zum Begriffe desselben gehörigen Merkmalen), als auch die vorsätzliche, also wissentliche Verübung der hülfeleistenden Handlungen aus: Z. I. 21. Mai 1856 c. Priester; Z. I. 4. Juni 1858 c. Völkel; vgl. n. 3.

66. Will der Theilnehmer geltend machen, daß ihm ein in der Person des Thäters vorhandenes, die Strafbarkeit [bedingendes oder] erhöhendes Moment (z. B. beim Morde des Ehegegatten-Verhältniß) unbekannt gewesen sei, so muß er dieses nach § 44 beweisen. Z. Pl. 12. Nov. 1860 c. Müller (262 II; RdO. 1. S. 5; G. A. 8. S. 755).

67. Bei einer Anklage auf Theilnahme an einem Verbrechen können die verschiedenen Arten der Hülfeleistung (zu den vorbereitenden, erleichternden oder vollendenden Handlungen) alternative in einer Frage an die Geschwornen zusammengefaßt werden, weil es sich dann doch immer von demselben Thatbestande der Hülfeleistung handelt, es auch wesentlich in das Gebiet der thatsächlichen Beurtheilung fällt, ob eine Handlung ein Verbrechen vorbereite, oder erleichtere, oder endlich vollende. Dagegen soll es unstatthaft sein, die Alternativen der Anleitung, der Verschaffung der Werkzeuge, oder der Hülfeleistung in einer Frage zusammen zu fassen, weil jede derselben eine verschiedene Willensrichtung voraussetze. So: Z. II. 30. Dez. 1855 c. Niermann (JMBl. 56. S. 18; G. Arch. 4. S. 208); ähnlich: B. II. 16. Juni 1853 c. Schäfer (G. A. 1. S. 537); Z. I. 31. Mai 1854 c. Woyciechowski; Z. I. 23. März 1855 c. Rath; Z. (B.) II. 11. Sept. 1856 c. Dieckhof; Z. I. 14. Jan. 1857 c. Herrman. Ueber diese Frage sind zu vergleichen: Strafverf. Art. 80 n. 12; Stemann Abh. in G. Arch. 2. S. 174; G. A. 4. S. 536; Gilb. C. d'Instr. Art. 337 n. 64; und unten § 218 n. 3; § 284 n. 7.

§. 35. *) Auf den Theilnehmer an einem Verbrechen oder Vergehen oder an einem strafbaren Versuche eines Verbrechens oder Vergehens ist dasselbe Strafgesetz anzuwenden, welches auf den Thäter Anwendung findet.

*) Fassung des Gesetzes v. 30. Mai 1859 (G.-S. f. 320); in der ursprünglichen Fassung fehlte der Schluß vom zweiten Absatze an, statt desselben hieß es: Wird festgestellt, daß im Falle des § 34 Nr. 2 die Theilnahme keine wesentliche war, so tritt statt der Todesstrafe oder lebenslänglichen Zuchthausstrafe zeitige Zuchthausstrafe und, wenn außerdem festgestellt wird, daß mildernde Umstände vorhanden sind, Gefängniß von zwei bis zu zehn Jahren ein.

§ 35.

1. Das auf den Theilnehmer anzuwendende Strafgesetz ist dasjenige, welches auf den Thäter Anwendung findet, d. h. dasjenige, welchem die That mit den sie begleitenden Umständen entspricht, und wonach auch der eigentliche Thäter zu bestrafen ist. Dabei macht es keinen Unterschied, ob die Umstände, welche das Strafgesetz berücksichtigt, in der Handlung, in der Person des Thäters, oder im Objekte der That liegen; ebenso ist es gleichgültig, ob der Theilnehmer die That selbst hätte begehen können, nicht minder, ob der Thäter mit bestraft wird, oder straflos ausgeht (vgl. § 34 n. 7). Daher hat der Theilnehmer an einem Hausdiebstahle, oder an einem Gattenmorde die schwerere Strafe dieser rc. Verbrechen verwirkt, wenn gleich er selbst nicht im Verhältnisse des Dienstboten oder Ehegatten stand. Z. 6. Okt. 1852 c. Heß (G. Arch. 1. f. 73); B. I. 23. Jan. 1857 c. Schröder (146; JMBl. f. 83; G. Arch. 5. f. 262); Z. Pl. 12. Nov. 1860 c. Müller (262 II; RdO. 1. f. 5; G. A. 8. f. 755). Temme GU. f. 106 n. 5; id. Arch. 3. f. 21; Hälschner 1. f. 336. 362. 370. Vgl. auch G. Matt. 1. f. 315. *Contra*: Antr. des Gen.-St.-Anw. z. cit. Sache c. Müller (l. c.); Berner Grdss. § 37 fgg. 60. Der erstere will den entwickelten Grundsatz nur insofern gelten lassen, als es sich von den die Strafbarkeit im Allgemeinen bedingenden Begriffsmerkmalen des einfachen Verbrechens handelt, nicht aber in Betreff der erschwerenden Umstände; vergl. n. 4; § 175 n. 27. 28. Berner (l. c.) will dagegen hier zwischen Anstifter und Gehülfen unterscheiden. — Will der Theilnehmer geltend machen, daß ihm jene besonderen Umstände unbekannt gewesen seien, so muß er dieses beweisen; vergl. § 34 n. 66. Hiernach kann sich auch eine Person weiblichen Geschlechts sehr wohl der Theilnahme am Verbrechen der Nothzucht schuldig machen. Hälschner l. c. — Ueber die Anwendbarkeit des bisher Gesagten auf die Mitthäterschaft, vgl. Tit. III. n. 11.

2. Das unter n. 1 Gesagte ist nur auf diejenigen Umstände zu beziehen, welche zur Handlung des Thäters in Beziehung stehen und sich als wesentliche Merkmale des von ihm begangenen Verbrechens rc. darstellen; es erleidet daher dann keine Anwendung, wenn in der Person des Thäters anderweitige Gründe obwalten, welche auf die gegen ihn zu verhängende Strafe von Einfluß sind. Daher kommt es dem Theilnehmer nicht zu Statten, wenn der strafunmündige Thäter geringer bestraft, oder selbst wegen mangelnden Unterscheidungsvermögens freigesprochen wird; ebenso wird aber auch umgekehrt der nicht rückfällige Theilnehmer nicht von der durch den Thäter verwirkten schwereren Rückfallsstrafe betroffen; vgl. § 34 n. 17; Z.-Str.-G. v. 23. Jan. 1838 § 16; Hälschn. 1. f. 335. *Contra* im Grundsatze: B. I. 25. Jan. 1856 c. Köhring (in Betreff der Begünstigung, vgl. § 37 n. 3).

3. Ebenso kommen die rücksichtlich des Thäters angenommenen mildernden Umstände dem Theilnehmer nicht zu Statten; es bedarf vielmehr behufs der Strafmilderung auch rücksichtlich seiner der ausdrücklichen Feststellung solcher Umstände; wo nicht, so ist er nach demjenigen Strafgesetz zu bestrafen, nach welchem der Thäter bestraft sein würde, wenn ihm keine mildernden Umstände zur Seite ständen. B. I. 7. Jan. 1853 c. Hoffmann; Z. (B.) I. 8. Jan. 1858 c. Peglau (Grundmann u. Gen.).

Wird festgestellt, daß im Falle des § 34. Nr. 2 die Theilnahme eine nicht wesentliche war, so sind nachstehende Bestimmungen maaßgebend:

1) Statt der Todesstrafe oder ausschließlich lebenslänglichen Zuchthausstrafe tritt zeitige Zuchthausstrafe von mindestens sechs Jahren und Stellung unter Polizeiaufsicht ein.
2) In allen übrigen Fällen kann die Strafe bis auf die Hälfte des niedrigsten Maaßes der auf das Verbrechen oder Vergehen angedrohten Freiheitsstrafe und Geldbuße ermäßigt werden.

Findet bei einem mit Zuchthausstrafe bedrohten Verbrechen der Richter bei dieser Ermäßigung eine kürzere als zweijährige Freiheitsstrafe angemessen, so ist nicht auf Zuchthausstrafe, sondern auf Gefängnißstrafe und auf zeitige Untersagung der Ausübung der bürgerlichen Ehrenrechte zu erkennen.

Im Uebrigen bleiben die in den §§ 10. 15. 17 enthaltenen Vorschriften über das geringste Maaß der Zuchthausstrafe, der übrigen Freiheitsstrafen und der Geldbuße anwendbar.

[Entw. § 32]. Vgl. § 32. 36. 59. 180. 331; Einf.-Ges. Art. XXIV.

---

4. Aus dem unter n. 1 aufgestellten Grundsatze folgt auch umgekehrt, daß der Theilnehmer selbst dann nur von dem auf den Thäter anwendbaren Strafgesetze betroffen wird, wenn auch in seiner Person Umstände obwalten, welche, wenn er der Thäter wäre, eine Strafschärfung herbeiführen müßten, z. B. im Falle der Theilnahme eines Sohnes an dem durch einen Dritten verübten Morde des Vaters (vgl. § 175 n. 28); es kann hier auch nicht zwischen den Fällen des § 34 Nr. 1 u 2 unterschieden werden. *Contra*: Antr. des Gen.-St.-Anw. zu Z. Pl. 11. Dez. 1860 c. Müller (262 II; RdO. 1. f. 5); Hälschner 1. f. 371. Eine Ausnahme von dieser Regel enthält § 180 Abs. 2; vgl. dort n. 15.

5. Die Regel des § 35 läßt es für die Bestrafung des Theilnehmers als unerheblich erscheinen, ob derselbe seinerseits mit einem schlimmern Dolus gehandelt habe, als der Thäter, z. B. wenn der Urheber einer Tödtung nur vorsätzlich, der Theilnehmer aber mit Ueberlegung handelte; auch dann kann auf ihn als Theilnehmer kein strengeres Gesetz angewendet werden, als auf den Thäter. Z. II. 9. Okt. 1857 c. Steinäcker (Tümmers u. Gen.); Z. I. 12. Mai 1857 c. Pautzke (457). Es könnte sich daher nur noch fragen, ob in einem solchen Falle nicht wenigstens der Anstifter gleichzeitig als Thäter aufgefaßt werden könne; vgl. § 34 n. 32. 2. 45.

6. Innerhalb der durch das anzuwendende Strafgesetz gelassenen Gränzen ist die Strafzumessung für Thäter und Theilnehmer dem Richter lediglich überlassen; er kann daher unbedenklich den letztern strenger als den erstern bestrafen. Z. I. 7. Okt. 1857 c. Spielgieß; Z. I. 12. Okt. 1859 c. Langer.

7. Im Falle des zweiten Absatzes nimmt die Unwesentlichkeit der Theilnahme den Charakter eines mildernden Umstandes an; alle von dem letztern geltenden Grundsätze werden daher hier anwendbar.

8. Daraus folgt, daß der Instanzrichter nicht unbedingt verpflichtet ist, die Wesentlichkeit oder Unwesentlichkeit der Theilnahme zu prüfen, daß vielmehr eine solche Nothwendigkeit nur da eintritt, wo die Unwesentlichkeit vom Angeklagten behauptet worden ist. Vgl. Einf.-Ges. Art. XXIV n. 11.

9. Das gilt namentlich auch in Betreff der Fragstellung; sie ist unerläßlich, sobald sie beantragt ist, sonst entscheidet das richterliche Ermessen (Einf.-Gesetz

§. 36. Wer durch Reden an öffentlichen Orten oder bei öffentlichen Zusammenkünften, oder durch Schriften, Abbildungen oder andere Darstellungen, welche verkauft, vertheilt oder umhergetragen, oder öffentlich ausgestellt oder angeschlagen werden, zu einer Handlung auffordert, anreizt, verleitet oder zu bestimmen sucht, welche ein Verbrechen oder Vergehen darstellt, soll als Theilnehmer betrachtet und bestraft werden, wenn die Aufforderung das Verbrechen oder Vergehen, oder einen strafbaren Versuch zur Folge gehabt hat.

Ist die Aufforderung ohne Erfolg geblieben, so tritt Gefängniß bis zu Einem Jahre ein, sofern nicht bei einzelnen Verbrechen etwas Anderes bestimmt ist.

[Entw. § 33]. Vgl. § 34. 35. 59. 65. 87. 152; (Vdn. v. 30. Juni 1849 § 13. 14. 16. 31; GS. s. 228 flg.); Ges. v. 11. März 1850 § 9 (GS. s. 279).

Art. XXIV; Ges. v. 3. Mai 1852 Art. 84). B. I. 23. Nov. 1859 c. Lefebre (1102; G. Arch. 8. s. 83); Z. I. 13. April 1860 c. Kosterlitz (373); vgl. Strafverf. Art. 84 n. 12.

10. Die Stellung einer solchen Frage kann so lange beantragt und verfügt werden, als nicht die Anklage selbst durch einen verkündeten regelrechten Spruch erledigt ist. B. I. 23. Nov. 1859 c. Lefebre (1102; G. A. 8. s. 83). Vgl. Strafverf. Art. 84 n. 17. 18.

11. Die Frage an die Geschwornen ist dahin zu fassen: „Ist festgestellt, daß die .... Theilnahme eine nicht wesentliche war?" Vgl. § 44 n. 8.

12. Der Ausdruck: „in allen übrigen Fällen" in der Nr. 2 des zweiten Absatzes ist auf diejenigen Fälle des § 34 Nr. 2 zu beziehen, in welchen nicht Todesstrafe oder nicht ausschließlich lebenslängliche Zuchthausstrafe angedroht ist (Nr. 1); an die Fälle der Anstiftung ist daher hier nicht zu denken. KB. d. Abg.-Hauses (G. A. 7. s. 420).

13. Da das Gesetz im Falle der Nr. 2 eine Ermäßigung bis auf die Hälfte des niedrigsten Maaßes der angedrohten Freiheitsstrafe und Geldbuße gestattet, so steht Nichts im Wege, andere accessorische Strafen, insbesondere die Ehrenstrafen gänzlich zu beseitigen.

14. Gestattet das anzuwendende Strafgesetz außerdem noch die Berücksichtigung allgemeiner „mildernder Umstände", so kann diese in Betreff des Theilnehmers neben der Unwesentlichkeit der Theilnahme Platz greifen; es findet dann eine Kumulation der statthaften Strafermäßigungen in der Weise Statt, daß das im Hinblicke auf die „mildernden Umstände" zugelassene geringste Strafmaaß auf die Hälfte herabgesetzt wird, und so als Strafminimum gilt.

15. Wenn nach Anleitung des dritten Absatzes die angedrohte zeitliche Zuchthausstrafe bis auf ein Maaß unter zwei Jahren ermäßigt und demgemäß statt derselben auf Gefängnißstrafe erkannt werden soll, so ist das Maaß der letztern nicht im Wege der Umwandlung nach Anleitung des § 16, sondern lediglich nach der Dauer der an sich zutreffenden Zuchthausstrafe zu bestimmen, so daß also da, wo die That mit zweijähriger Zuchthausstrafe bedroht ist, die unwesentliche Theilnahme nicht mit einer geringeren als einjähriger Gefängnißstrafe bestraft werden kann. Vgl. § 43 n. 3.

§ 36.

1. Der erste Absatz des § 36 behandelt diejenige Anstiftung, welche nicht bei bestimmten Personen, sondern durch öffentliche Reden, durch Schriften oder dgl. stattfindet. Es bedarf bei der Feststellung nicht der Angabe anderer Mittel, als der im § selbst genannten. Sodann genügt es, wenn nur das Verbrechen ꝛc. Folge der

§. 37. **Wer nach Verübung eines Verbrechens oder Vergehens dem Thäter wissentlich Beistand leistet, um denselben der Bestrafung zu entziehen, oder ihm die Vortheile des Verbrechens oder Vergehens zu sichern, ist als Begünstiger mit Geldbuße bis zu zweihundert Thalern oder mit Gefängniß bis zu Einem Jahre zu bestrafen.**

Diese Strafe tritt nicht ein, wenn die Begünstigung dem Thäter, um ihn der Bestrafung zu entziehen, von leiblichen Verwandten in auf- oder absteigender Linie, von Geschwistern oder von dem Ehegatten gewährt worden ist.

[Entw. § 35]. Vgl. § 38. 228. 237—240; Cr.-O. § 214; Z.-Str.-Ges. v. 23. Jan. 1838 § 16; HDG. v. 2. Juni 1852 § 5.

---

stattgehabten Aufforderung gewesen ist, ohne daß ermittelt zu sein braucht, daß die Thäter direkt jene Reden mit angehört 2c. haben.

2. Es muß zu einem wenigstens in genere bestimmten Verbrechen 2c. aufgefordert, und dasselbe Verbrechen muß in Folge dessen verübt sein (vgl. Abs. 2); G. Matt. 1. s. 336 n. 2; Koch n. 67; Temme Gll. s. 108 n. 2. Der letztere faßt die Sache aber zu enge, wenn er auch hier eine Aufforderung zu einer speziell bestimmten, konkreten Handlung erheischt. Vgl. § 34 n. 50.

3. Die Worte „zu bestimmen sucht" deuten nicht etwa einen Versuch im Sinne des § 31 an, es bedarf daher auch nicht der Feststellung der Begriffserfordernisse eines solchen Versuchs; vgl. § 31 n. 38.

4. Der hier aufgestellte Begriff der Oeffentlichkeit ist entlehnt aus der Vdn. v. 30. Juni 1849 § 31. Die Fassung beider Bestimmungen ist fast gleichlautend, nur ist im § 31 einmal statt des Wortes „öffentlich" die Umschreibung gebraucht: „an Orten, welche dem Publikum zugänglich sind," sie kann daher zur Auslegung dieses Begriffs benutzt werden, vgl. unten § 152. Dagegen hatte jener § 31 noch einen Schlußabsatz dahin lautend: „Als öffentliche Zusammenkünfte werden auch Versammlungen angesehen, in welchen öffentliche Angelegenheiten erörtert und berathen werden sollen," wobei gleichzeitig auf die Vdn. v. 29. Juni 1849 (jetzt ersetzt durch das Vereins-Ges. v. 11. März 1850) verwiesen ward. Da diese Bestimmung weder im § 36 noch im § 152 wiederholt worden ist, so ist sie für das System des StGBuchs als beseitigt zu betrachten, und es ist unstatthaft, auf sie zur Auslegung des in diesem vorkommenden Begriffs: „öffentlich" zurückzugehen.

5. Der öffentliche Ort genügt an sich nicht, es müssen anhörende Personen gegenwärtig, und die Möglichkeit vorhanden gewesen sein, daß hinzutretende Personen die Rede ebenfalls vernehmen konnten. Vgl. § 152 n. 4; G. Matt. 2. s. 111 n. 2; Koch n. 66.

6. Ob in einer konkreten Handlung eine Anreizung zu finden sei, ist eine thatsächliche Frage. Z. II. 7. Okt. 1858 c. Driesen.

7. Die Vorschrift des zweiten Absatzes gilt nicht nur von „Aufforderungen," sondern auch von der Anreizung, und von den Bemühungen zu verleiten oder zu bestimmen. Temme Gll. s. 108 n. 4.

8. Die Vorschrift des Abs. 2 ist zu allgemein gefaßt; die Strafandrohung ist unpassend, sobald das betr. Vergehen selbst nur mit Geldbuße bedroht ist.

§ 37.

1. Die bloße Theilnahme an den Vortheilen eines Verbrechens 2c. ist an sich (insofern sie nicht unter den Begriff der Hehlerei fällt) nicht strafbar. Z. 17. Sept. 1851 c. Herzog; Motive s. 57; G. Matt. 1. s. 342 VII.

2. Der § 37 spricht von dem nach Verübung des Verbrechens 2c. geleisteten Beistande, d. h. nachdem der Thäter alle zur Hervorbringung der gesetzwidrigen Wirkung erforderlichen Handlungen begangen hat (delictum perfectum), sollte auch

der Erfolg noch nicht eingetreten sein (d. consummatum). G. Matt. 1. s. 340; Temme Gll. s. 110 n. 3; vgl. § 34 n. 13 a.

3. Der § bezieht sich nur auf den dem Urheber eines Verbrechens oder Vergehens geleisteten Beistand; handelt es sich daher von einer Steuerdefraude, so kann von einer strafbaren Begünstigung nur dann die Rede sein, wenn jene mit Rücksicht auf die Höhe der verwirkten Strafe (vgl. Einf.-Ges. Art. VIII n. 4) sich als ein Vergehen darstellt. Das tritt aber auch dann ein, wenn gegen den Thäter wegen Rückfalls auf Untersagung des Gewerbebetriebs zu erkennen ist. So: B. I. 25. Jan. 1856 c. Köhring (Blankenburg u. Gen.); Z. I. 5. Nov. 1856 c. dieselbe (G. A. 5. s. 88). Vgl. aber § 35 n. 2. Beide citt. Erkenntnisse nahmen gleichzeitig an, daß sich in einem solchen Falle der Begünstiger gegen die Strafe des § 37 nur durch den Nachweis schützen könne, daß ihm die Rückfälligkeit des Thäters unbekannt gewesen sei (§ 44).

4. Spricht § 37 auch nur von der Begünstigung des „Thäters," so ist er doch unbedenklich auf die Begünstigung des „Theilnehmers" auszudehnen. K.-B. I. K. s. 7; G. Matt. s. 341 III; Temme Gll. s. 109 n. 2. Ein Gleiches gilt von der Begünstigung eines Versuchs. B. II. 22. Sept. 1859 c. Billen (G. A. 7. s. 823); Temme Lehrb. s. 313 n. 13. *Contra:* Mittermaier Abh. in G. Arch. 7. s. 163.

5. Die im § geforderte Wissentlichkeit setzt nicht eine Kenntniß von dem speziellen, durch den Thäter verübten Verbrechen oder Vergehen voraus; es genügt, wenn der Beistandleistende weiß, daß der Andere ein Verbrechen rc. begangen habe, und daß die eigene Thätigkeit darauf abziele, diesen der Bestrafung zu entziehen, oder ihm die Vortheile des Verbrechens rc. zu sichern. Vgl. § 237 n. 3; das dort angeführte B. II. 3. Jan. 1856 c. Röstel (Entsch. 32. s. 279; G. A. 4. s. 572), welches sich in Betreff der durch Verheimlichung rc. begangenen Hehlerei in dem obigen Sinne aussprach, wollte dasselbe von der durch Begünstigung verübten Hehlerei nicht gelten lassen; eine derartige Unterscheidung ist indessen vom Gesetzgeber schwerlich beabsichtigt; gilt der Satz aber von der des eignen Vortheils wegen begangenen Begünstigung, so ist nicht abzusehen, warum bei der einfachen Begünstigung etwas anderes gelten solle. Vgl. n. 6.

6. Die festgestellte Wissentlichkeit drückt sowohl die Kenntniß vom Verbrechen rc. des Thäters, als auch die vorsätzliche also wissentliche Verübung der beistandleistenden Handlungen aus. B. I. 21. Mai 1856 c. Priester, vgl. § 34 n. 65. Ein Z. I. 18. Sept. c. Steinau (Hagner und Gen.) sprach außerdem aus, jene Feststellung umfasse auch die Kenntniß von den erschwerenden Umständen, unter welchen die That verübt worden ist. Diese Kenntniß würde indessen selbst dann gleichgültig sein, wenn dem unter n. 5 aufgestellten Grundsatze nicht beizupflichten wäre, sobald nur die That ohne die erschwerenden Umstände ein Vergehen darstellte.

7. Ob in irgend einer Handlung, z. B. im An-sich-Nehmen der Sachen ein Beistandleisten zu finden sei, ist Gegenstand thatsächlicher Beurtheilung. B. I. 8. Mai 1857 c. Lehmann. Dagegen erachtete ein B. I. 8. Okt. 1858 c. Buttler beiläufig die Anwendung des § für nicht gerechtfertigt, wenn nicht aus dem Erkenntnisse zu ersehen sei, in welcher Handlung der dem Thäter geleistete Beistand gefunden werde.

8. Ein Beistand, um den Thäter der Bestrafung zu entziehen, kann sehr füglich geleistet werden, noch ehe von irgend einer Seite Schritte zur Herbeiführung einer Bestrafung geschehen sind.

9. Das Wort „Bestrafung" ist hier nicht gleichbedeutend mit „Verurtheilung," vielmehr umfaßt dasselbe auch die Verbüßung der zuerkannten Strafe mit; der § ist daher auch auf denjenigen anwendbar, welcher nach erfolgter Verurtheilung dem Thäter wissentlich Beistand leistet, um den Strafvollzug zu verhindern. B. I. 29. Febr. 1856 c. Krentsch (JMBl. s. 110; G. A. 4. s. 388).

10. Das Wort „Bestrafung" bezieht sich auf jedes Uebel, auf jeden Nachtheil, welche das Gesetz als Folge eines verübten Verbrechens rc. androht; es gehört daher auch die nach § 120 und § 146 eintretende Einsperrung in ein Arbeitshaus hierher, selbst wenn sie (nach § 120) von der Landespolizeibehörde angeordnet ist, weil dieses doch auch nur auf den Grund einer vorhergegangenen richterlichen Verurtheilung geschehen konnte. Beschl. I. 22. Juni 1859 c. Stahlkopf (107 B; G. A. 7. s. 542).

§. 38. Der Begünstiger soll gleich demjenigen, welcher Hülfe leistet, bestraft werden, wenn die Begünstigung in Folge einer vor der That genommenen Abrede gewährt worden ist.

Diese Vorschrift ist auch dann anzuwenden, wenn der Begünstiger zu den Angehörigen des Thäters gehört.

[Entw. § 36]. Vgl. 34. 35. 37. 237 flg.

---

11. Der § 37 umfaßt außer der einfachen Begünstigung „auch die um des eignen Vortheils willen.“ Z. I. 11. Febr. 1853 c. Thomas (Präj. n. 11; Entsch. 24. s. 493; G. A. 1. s. 406). Gleichwohl greift auch dann in den geeigneten Fällen § 237 Platz. Z. Pl. 9. Okt. 1854 c. Cornelius (Präj. n. 109; Entsch. 29. s. 252). Das Nähere siehe § 237 n. 31.

12. Die Begünstigung eines Verbrechens rc. ist ein selbstständiges, von der Theilnahme getrenntes Vergehen. Motive von 1851 s. 17. *Contra:* Temme Gl. s. 109 Note 2.

13. Daraus folgt, daß der Versuch der Begünstigung nicht strafbar ist. Wenn indessen der Beistand die Sicherung der Vortheile des Verbrechens rc. bezweckt, so ist zur Vollendung des Vergehens der Begünstigung nicht erforderlich, daß dieser Zweck erreicht werde, vielmehr genügt es zur Annahme einer strafbaren Begünstigung, wenn die Handlung in der Absicht vorgenommen wurde, jene Vortheile zu sichern, und wenn sie zur Erreichung jenes Zwecks geeignet war. Z. I. 23. Sept. 1853 c. Lang (Haase u. Gen.); ähnlich: Z. II. 16. Juni 1853 c. Freitag (Luxem und Gen. G. A. 1. s. 578) allgemein, auch für den Fall, wo die Begünstigung bezweckte, den Thäter der Bestrafung zu entziehen; und Z. II. 16. März 1854 c. Göbel, nach welchem zum Thatbestande der Begünstigung nicht die Erreichung des Zwecks des geleisteten Beistandes erfordert wird.

14. Zur Bestrafung der Begünstigung kommt es nicht wesentlich darauf an, daß der begünstigte Thäter ermittelt sei; nicht einmal darauf, daß der Begünstigende den Begünstigten gekannt, und mit ihm in unmittelbarer Verbindung gestanden habe; man kann durch Vermittlung eines Dritten auch einen Unbekannten begünstigen, z. B. wenn man sich von Leuten, welche selbst nicht Diebe sondern Hehler sind, dazu gebrauchen läßt, für die Diebe die gestohlene Sache zu veräußern. Z. II. 16. Juni 1853 c. Freitag (G. A. 1. s. 578). Vgl. § 237 n. 9. 39.

15. Auf andere als die im zweiten Absatze genannten Personen ist die Straflosigkeit nicht auszudehnen. Uneheliche Verwandtschaft kommt insoweit in Betracht, als das Civilgesetz sie anerkennt. G. Matt. 1. s. 342 VI; Temme Gl. s. 110 n. 6.

16. Die Begünstigung eines fremden Thäters ist selbst dann strafbar, wenn sie geschah, um einen mitschuldigen Verwandten der im Abs. 2 erwähnten Art, der Strafe zu entziehen. B. I. 1. April 1857 c. Eistel; Z. I. 27. Jan. 1858 c. Maaß (Plön u. Gen.).

17. Kann den Theilnehmer an einem Verbrechen rc., welcher demnächst durch eine andere selbstständige Handlung den Thäter begünstigt, neben der Strafe des § 35 auch noch die des § 37 treffen? Ein Z. I. 29. Okt. 1858 c. Fischer scheint zu verneinen. Vgl. § 34 n. 26; § 237 n. 44.

§ 38.

1. Die Worte „vor der That“ bezeichnen hier: „vor der vollendeten That.“ Berner Grdss. § 54.

2. Ist hiernach die in Folge einer vor der That genommenen Abrede gewährte Begünstigung auch dann gleich der Theilnahme zu bestrafen, wenn sie des eignen Vortheils willen dem Urheber eines Diebstahls, einer Unterschlagung oder eines ähnlichen Verbrechens rc. geleistet wird, und so die Voraussetzungen der im § 237 vorgesehenen zweiten Alternative vorliegen, die Handlung also den Charakter der Hehlerei annimmt? Vgl. § 237 n. 37.

3. Eine im Sinne des § 38 geleistete Begünstigung ist als wirkliche Theilnahme anzusehen; sie begründet daher mit Rücksicht auf § 59 auch die Rückfallsstrafe. Vgl. § 59 n. 1.

§. 39. Wer von dem Vorhaben eines Hochverraths, eines Landesverraths, einer Münzfälschung, eines Mordes, eines Raubes, eines Menschenraubes oder eines das Leben von Menschen gefährdenden gemeingefährlichen Verbrechens zu einer Zeit, zu welcher die Verhütung dieser Verbrechen möglich ist, glaubhafte Kenntniß erhält und es unterläßt, davon der Behörde oder der durch das Verbrechen bedrohten Person zur rechten Zeit Anzeige zu machen, soll, wenn das Verbrechen wirklich begangen oder zu begehen versucht wird, mit Gefängniß bis zu fünf Jahren bestraft werden.

[Entw. § 37]. Vgl. § 112. 155. 172. 211; Cr.-O. § 9. 10. 11.

---

§ 39.

1. Handelt es sich von dem Vorhaben eines Hochverraths, welches den Voraussetzungen der §§ 63 oder 66 entspricht, demgemäß also schon als vollendetes Verbrechen des Hochverraths angesehen werden muß, so ist die Nichtanzeige von diesem Vorhaben nur dann strafbar, wenn die verabredeten oder vorbereiteten Handlungen demnächst auch wirklich ausgeführt, oder wenigstens versucht worden sind; zwar stellt, wie bemerkt, die Verabredung oder Vorbereitung auch schon für sich allein einen Hochverrath dar, dieser ist aber eben durch die Verabredung ꝛc. schon vollendet, und kann durch eine Anzeige nicht mehr verhütet werden. Z. I. 28. Nov. 1855 c. Balinski (G. A. 4. s. 63).

2. Unter Münzfälschung sind nur die Fälle der §§ 121 und 122, nicht auch die des § 123 zu verstehen. K.-B. I. K. s. 8; Temme GA. s. 111 n. 2.

3. Insofern das Gesetz es nicht ausdrücklich ausspricht, daß ein Verbrechen mit Gefahr für Menschenleben verknüpft sei, gehört es zu der (eventuell der Prüfung der Geschwornen unterliegenden) thatsächlichen Feststellung, ob dasselbe das Leben von Menschen gefährde. (Beisp. Brandstiftung im Sinne des § 285). B. I. 23. März 1853 c. Beinert (G. A. 1. s. 544).

4. Die zu einem Zweikampfe zugezogenen Sekundanten, Aerzte ꝛc. sind nur auf die Aufforderung der Staatsbehörde davon Anzeige zu machen verbunden; vgl. § 172.

5. Glaubhaft ist dasjenige, was nach den Umständen bei Verständigen Glauben finden konnte; ob der Angeklagte es selbst glaubte, ist nicht entscheidend. Koch n. 74.

6. Die Behörde, welcher die Anzeige zu machen, ist vorzugsweise eine solche, welche den Beruf hat, die Begehung von Verbrechen zu verhindern, also die Polizeibehörde; inwiefern auch Anzeige bei einer andern Behörde genüge, ist nach den Umständen zu beurtheilen. Vgl. Bes. s. 173; G. Matt. 1. s. 344.

7. Das Letztere gilt noch unzweifelhafter von der Frage, ob die Anzeige zur rechten Zeit erfolgt sei. Temme GA. s. 111 n. 2.

8. Dadurch, daß die Ausführung des Verbrechens bereits begonnen war, als der Dritte Kenntniß davon erhielt, wird die Anzeigepflicht desselben nicht beseitigt, wenn durch eine solche die Vollendung verhindert werden kann. Abh. in G. A. 2. s. 651.

9. Die Befreiung vom Zeugnisse schließt die Befreiung von der durch § 39 bei Strafe auferlegten Anzeige-Pflicht nicht in sich. Abh. in Goltd. Arch. 2. s. 654 fgg. Vgl. n. 10. 11.

10. Inwiefern sind hiernach Geistliche zum Bruche des Beichtgeheimnisses verpflichtet? Vgl. ALR. II, 11 § 80—82; AGO. I, 10 § 180; Crim.-Ordn. § 313 Nr. 1; Strafverf. § 20 n. 4—6.

11. Verwandte sind von der Anzeigepflicht nicht befreit. Abh. in G. A. 2. s. 654; G. Matt. 2. s. 282 fgg. 343 fgg. Vgl. § 112 n. 1.

Vierter Titel.*

Von den Gründen, welche die Strafbarkeit ausschließen oder mildern.

§. 40. Ein Verbrechen oder Vergehen ist nicht vorhanden, wenn der Thäter zur Zeit der That wahnsinnig oder blödsinnig, oder die freie Willensbestimmung desselben durch Gewalt oder durch Drohungen ausgeschlossen war.

[Entw. § 38]. Vgl. § 41; Ges. v. 3. Mai 1852 Art. 81.

---

12. Ueber die Frage, ob neben § 39 auch § 10 und 11 der Crim.-Ordn. in Kraft verblieben sind, vgl. Einf.-Ges. Art. II n. 35.

13. Die Anzeigepflicht ist auf den Verbrecher selbst, und diejenigen, welche sich der Theilnahme an der That schuldig machen, nicht auszudehnen. G. Arch. 2. s. 655.

14. Dagegen trifft denjenigen, welcher sich des Verbrechens des § 122 (An-sich-Bringen und Verbreiten falschen Geldes) schuldig gemacht hat, neben der hierdurch verwirkten Strafe auch die des § 39, wenn er von dem Vorhaben der Münzfälschung Kenntniß hatte, und rechtzeitige Anzeige unterläßt. Vgl. G. Arch. 4. s. 561. Das dort geäußerte Bedenken, als werde hierdurch Jemanden zugemuthet, von seinem eignen Verbrechen Anzeige zu machen, trifft nicht zu, weil das Vergehen der Nichtanzeige nothwendig vollendet sein mußte, ehe das An-sich-Bringen des Geldes stattfinden konnte.

*) **Vierter Titel.**

1. Die Meinung eines Angeklagten über die Strafbarkeit seiner That hat [sobald nur der erforderliche strafrechtliche Dolus feststeht] auf die Anwendung des Strafgesetzes keinen Einfluß; die entgegengesetzte Annahme des Instanzrichters verletzt das Strafgesetz. B. I. 23. Dez. 1853 c. Hackert.

2. Ueber die Anwendbarkeit der allgemeinen Vorschriften des Titel IV auf Uebertretungen vgl. Th. III. n. 1.

§ 40.

1. Der § 40 hebt nur die ganz und jederzeit unzweifelhaften Fälle der Unzurechnungsfähigkeit hervor, schließt aber andere im einzelnen Falle sich ergebende, den untrennbaren Zusammenhang des Bewußtseins und der freien Willensthätigkeit aufhebende geistige Zustände nicht aus. Z. 7. Jan. 1852 c. Quade; Z. II. 19. Okt. 1854 c. Weber; Z. I. 18. Juli 1855 c. Klossowski (G. A. 3. s. 672); Z. I. 13. Febr. 1856 c. Retzlaff; K.-B. I. K. s. 8; Temme Lehrb. s. 174; Hälschner 1. s. 113. 280.

2. Gleichwohl ist die „Ausschließung der freien Willensbestimmung" nur dann der Unzurechnungsfähigkeit gleichgestellt, wenn sie durch Gewalt oder Drohungen bewirkt, nicht also wenn sie die Folge einer leidenschaftlichen Erregung ist, da eine durch Leidenschaft getrübte Willensfreiheit die Zurechnungsfähigkeit nicht ausschließt (vgl. § 177. 196). Damit der Affekt Unzurechnungsfähigkeit zur Folge haben könne, müßte er bis zu einem Zustande geistiger Krankheit gesteigert sein, und somit aufhören bloßer Affekt zu sein. Hälschner 1. s. 114. *Contra*: Temme Lehrb. s. 176. Demgemäß reicht ein Geschwornen-Spruch: „der Angeklagte sei zur Zeit der That in einem solchen Zustande der Eifersucht und Leidenschaft gewesen, daß seine freie Willensbestimmung dadurch ausgeschlossen worden sei," zur Anwendung des § 40 nicht hin, es muß vielmehr die Frage ausdrücklich darauf gerichtet werden: ob der Angeklagte die That ohne Zurechnungsfähigkeit begangen habe (Ges. v. 3. Mai 1852 Art. 81). B. I. 7. April 1854 c. Jedermann (G. A. 2. s. 420); *Contra*: Temme Arch. 2. s. 13.

3. Inwiefern Taubstummheit u. s. w. Unzurechnungsfähigkeit begründe, ist eine thatsächliche Frage.

4. Das gilt auch von einer völligen Trunkenheit. Die grundsätzliche Annahme: Trunkenheit könne nie eine Unzurechnungsfähigkeit begründen,

verletzt das Gesetz: B. II. 11. Okt. 1860 c. Kruse; insbesondere ist auch der Satz des alten Rechts (ALR. II, 20 § 22), daß eine verschuldete Trunkenheit eine vollständige Ausschließung der Strafe nicht begründen könne, beseitigt: Z. II. 29. März 1860 c. Heidrich (116; G. A. 8. s. 407). Dagegen soll eine selbstverschuldete vollständige Trunkenheit eine aus Fahrlässigkeit begangene Gesetzesverletzung nicht straflos machen. So: B. I. 9. Nov. 1860 c. Jänsch (RdO. 1. s. 156; G. A. 9. s. 69).

5. Bei Beurtheilung der Frage, ob Jemand betrunken, und demzufolge unzurechnungsfähig gewesen sei, sind Zeugen als Beweismittel nicht ausgeschlossen. B. II. 11. Okt. 1860 c. Kruse.

6. Ueber die Ausschließung der Zurechnungsfähigkeit durch Pyromanie vgl. Bericht der wissenschaftlichen Deputation für das Medizinalwesen vom 8. Okt. 1851; Min.-Verf. v. 30. Nov. 1851 (JMBl. s. 378). e

7. Der Instanz-Richter ist nicht verpflichtet, b hufs der Feststellung der Zurechnungs- und Unzurechnungsfähigkeit des Angeklagten jedes Mal Aerzte zuzuziehen. Z. I. 23. Febr. c. Unbekannten (G. A. 3. s. 528).

8. Zurechnungsfähigkeit und Unzurechnungsfähigkeit schließen sich wechselseitig aus; ein Mischungsverhältniß beider Zustände, und ein daraus hervorgehender gradueller Unterschied der Zurechnungsfähigkeit ist daher undenkbar, weshalb von einer „verminderten“ Zurechnungsfähigkeit nicht die Rede sein kann. Hälschner 1. s. 119. 291. Es kann sonach in Betreff einer solchen den Geschwornen eine Frage nicht vorgelegt werden. Z. I. 4. April 1855 c. Schrödter.

9. Einem Antrage auf Stellung einer die Zurechnungsfähigkeit betreffenden Frage an die Geschwornen muß bei Nichtigkeitsstrafe Statt gegeben werden. B. I. 16. Sept. 1857 c. Fränz (JMBl. s. 387; G. A. 5. s. 828). Vgl. Strafverf. Art. 81 n. 44.

10. Diese Frage kann nach richterlichem Ermessen unbedenklich ganz allgemein ohne jede Hindeutung auf einen speziellen Grund der Unzurechnungsfähigkeit dahin gestellt werden: „ob der Angeklagte die That ohne Zurechnungsfähigkeit begangen habe.“ Vgl. Strafverf. Art. 81 n. 45. Das gilt selbst dann, wenn der Angeklagte die Stellung der Frage nach einem speziellen Ausschließungsgrunde beantragt hatte. Z. Pl. 12. Nov. 1860 c. Kortüm (262 II; RdO. 1. s. 5; G. A. 8. s. 755).

11. Ebenso unbedenklich ist es aber auch statthaft, die Frage auf einen speziellen, die Zurechnungsfähigkeit ausschließenden Zustand zu beschränken, wenn ein solcher besonders behauptet worden ist, oder sich aus den Verhandlungen ergiebt. Es muß dann aber die Frage ausdrücklich auf die „Ausschließung der Zurechnungsfähigkeit durch 2c.“ gerichtet werden. Auch steht nach Art. 81 des Ges. v. 3. Mai 1852 dem Angeklagten unzweifelhaft das Recht zu, Stellung der allgemeinen Frage: „ob er die That ohne Zurechnungsfähigkeit begangen habe,“ zu fordern. Vgl. das Nähere Strafverf. Art. 81 n. 45.

12. Unzulässig ist die allgemeine Frage: „ob Gründe oder Umstände obwalten, welche die Strafe ausschließen.“ B. 27. Sept. 1852 c. Schäffner (G. A. 1. s. 53); B. 8. Okt. 1852 c. Gutbineit (JMBl. 53 s. 223; G. A. 1. c.). Vergl. G. A. 1. s. 202.

13. Die Frage nach dem Unterscheidungsvermögen schließt die über die Zurechnungsfähigkeit nicht in sich. Beschl. I. 11. Jan. 1861 c. Stolla (14 B. ind.). Vgl. § 42 n. 4.

14. Es läßt sich nicht behaupten, daß für die Zurechnungsfähigkeit die Vermuthung spreche, und daß daher die thatsächliche Feststellung des Instanz-Richters: er habe die Ueberzeugung von der Zurechnungsfähigkeit des Angeklagten nicht gewinnen können, dieselbe sei deshalb für nicht erwiesen zu erachten — zur Rechtfertigung einer Freisprechung nicht ausreiche. Das gilt jedenfalls in Betreff eines Taubstummen, rücksichtlich dessen nach § 268 der Crim.-Ordn. die Zurechnungsfähigkeit besonders festgestellt werden muß. Z. I. 23. Febr. 1855 c. Unbekannten (G. A. 3. s. 528).

15. Ueber die Theilnahme an einem von einem Unzurechnungsfähigen verübten Verbrechen 2c. vgl. § 34 n. 17; § 35 n. 2.

16. Derjenige, dessen freie Willensbestimmung ausgeschlossen war, kann auch wegen einer in diesem Zustande begangenen Zuwiderhandlung gegen die Steuer-

§. 41. Ein Verbrechen oder Vergehen ist nicht vorhanden, wenn die That durch die Nothwehr geboten war. Nothwehr ist diejenige Vertheidigung, welche erforderlich ist, um einen gegenwärtigen rechtswidrigen Angriff von sich selbst oder Anderen abzuwenden. Der Nothwehr ist gleich zu achten, wenn der Thäter nur aus Bestürzung, Furcht oder Schrecken über die Grenzen der Vertheidigung hinausgegangen ist.

[Entw. § 39]. Vgl. § 177. 196. 211; Ges. z. Sch. d. pers. Freih. v. 12. Febr. 1850 § 2; Ges. v. 3. Mai 1852 Art. 81.

---

gesetze nicht bestraft werden. Z. I. 15. Febr. 1856 c. Retzlaff (dem Angeklagten war das Pferd durchgegangen, und er so gegen seinen Willen dem Ansage-Büreau vorbeigefahren.)

§ 41.

1. Eine durch die Nothwehr gebotene Handlung muß nothwendig eine vorsätzliche sein, die Feststellung der Vorsätzlichkeit neben der Nothwehr enthält daher keinen Widerspruch. Beschl. II. 19. Dez. 1853 c. Haenert. Ebendeshalb schließt auch eine die Vorsätzlichkeit betreffende Frage die der Nothwehr nicht in sich, und ist nicht geeignet diese zu ersetzen. B. II. 10. Febr. 1859 c. Sommer (G. A. 7. s. 217).

2. Die Nothwehr setzt einen gegenwärtigen Angriff voraus; als solcher ist eine sich auf die Zukunft beziehende Bedrohung nicht anzusehen; wohl aber kann eine eine augenblickliche Gefahr begründende Drohung als der Beginn eines gegenwärtigen Angriffs angesehen werden. Z. I. 15. Juli 1859 c. Richter; Hälschner 1. s. 258; Temme Lehrb. s. 211; Berner Lehrb. s. 130. Ebendeshalb ist es nicht erforderlich, daß der Angriff ein körperlicher sei. *Contra*: Erk. App.-Ger. Arnsberg 6. Sept. 1855 c. Göcke.

3. Der Angriff hört auf ein gegenwärtiger zu sein, sobald die Rechtsverletzung vollendet ist. Hälschner 1. s. 258; vgl. n. 5.

4. Nur einem rechtswidrigen Angriffe, nicht einer berechtigten Gewaltübung kann eine Nothwehr entgegengesetzt werden. Inwiefern es hiernach statthaft sei, einem Beamten, welcher bei einer dienstlichen Verrichtung über die Gränzen seiner Befugnisse hinausgeht, einen Widerstand entgegen zu setzen, darüber vgl. § 89 n. 16—18; § 102 n. 58; § 177 n. 7.

5. Im Uebrigen ist auch zum Schutze des Besitzthums Nothwehr statthaft. Z. I. 4. Nov. 1859 c. Kuhlmeier. Die Vollendung der Besitzentziehung stellt in diesem Falle noch nicht die Vollendung der Rechtsverletzung (n. 3) dar, vielmehr bleibt die Nothwehr so lange statthaft, als die auf sie gerichtete Thätigkeit durch Verfolgung, persönlichen Widerstand oder auch nur durch Weigerung der Herausgabe fortgesetzt wird. Die Rechtsverletzung ist sonach erst dann vollbracht, wenn jene Thätigkeit aufgehört hat, und bei dem andern ein Moment des ruhigen Besitzens eingetreten ist. Hälschner 1. s. 262. Vgl. Komm.-Ber. I. K. s 9; G. Matt. 1. s. 418 n. 3; Temme Gll. s. 117 n. 6; id. Lehrb. s. 212.

6. Auch der unrechtfertige Besitzer kann dem Eigenthümer gegenüber sich im Zustande der Nothwehr befinden, da auch sein Besitzrecht einen rechtlichen Schutz genießt. B. I. 17. Febr. 1860 c. Richter.

7. Im Uebrigen ist die Frage, ob Nothwehr vorliege, eine wesentlich thatsächliche, der Instanzrichter verletzt den § 40 nicht, wenn er jene Frage aus dem einzigen Grunde verneint, weil der Angeklagte dem Angriffe habe ausweichen können. Z. I. 8. April 1859 c. Buckowski.

8. Der angebliche Glauben des Angeklagten: er befinde sich im Zustande der Nothwehr, ist, wenn die Bedingungen einer solchen nicht vorliegen, kein Strafausschließungsgrund, und es kann daher Stellung einer darauf bezüglichen Frage an die Geschwornen nicht verlangt werden. Z. II. 23. Nov. 1854 c. Kleeberg (der Angeklagte hatte, in der Nacht im Hause Geräusch hörend, in der Meinung es

§. 42. **Wenn ein Angeschuldigter noch nicht das sechszehnte Lebensjahr vollendet hat, und festgestellt wird, daß er ohne Unterscheidungsvermögen gehandelt hat, so soll er freigesprochen, und in dem Urtheile bestimmt werden, ob er seiner Familie überwiesen oder in eine Besserungsanstalt gebracht werden soll.**

---

rühre von Dieben her, einen Hausgenossen durch einen Schuß schwer verwundet). Vgl. Temme Lehrb. S. 212 III; Hälschn. 1. S. 266.

9. Der im Schlußsatze vorgesehene Fall des „Hinausgehens über die Vertheidigung“, unterscheidet sich von dem der eigentlichen Nothwehr nur dadurch, daß in jenem das Maaß der angewendeten Vertheidigung nicht erforderlich war; es werden daher auch hier die übrigen Voraussetzungen der Nothwehr (Abwendung eines gegenwärtigen rechtswidrigen Angriffs) erheischt. Z. (B.) II. 11. Sept. 1856 c. Dieckhof (G. Arch. 5. S. 89); Z. I. 10. März 1858 c. Wielgoszewski. Daß dieses der Fall gewesen, muß in schwurgerichtlichen Sachen aus dem Wahrspruche der Geschwornen hervorgehen. B. I. 4. Febr. 1857 c. Schulz (G. A. 5. S. 246); B. I. 22. Febr. 1861 c. Pompecki (RdO. 1. S. 215; G. A. 9. S. 266). *Sic:* Bes. S. 189 IV; Temme Lehrb. S. 215; Abh. in G. Arch. 2. S. 824.

10. Der Umstand, daß der Mißhandelte autor rixae war, macht für sich allein den Mißhandelnden nicht unbedingt straflos (vgl. § 188). Z. II. 20. April 1855 c. Kleine; Z. I. 8. April 1859 c. Buxa.

11. Ergiebt die Voruntersuchung, daß die That nur im Zustande der Nothwerth geschehen sei, so kann auch die Rathskammer das Verfahren einstellen. Vgl. Strafverf. § 40 n. 3; Wilde in G. A. 2. S. 40. *Contra:* Schwarck Abh. in G. Arch. 1. S. 664; Stemann S. 121.

12. Dem Antrage, auf Stellung einer die Voraussetzungen der Nothwehr, oder einer dieser gleichstehenden Ueberschreitung der Vertheidigung betreffenden Frage an die Geschwornen, muß bei Nichtigkeitsstrafe entsprochen werden. Ges. 3. Mai 1852 Art. 81. — Das gilt auch nach Rheinischem Rechte. So: B. II. 10. Febr. 1859 c. Sommer (G. A. 7. S. 217; Rh. A. 54. 2. A. S. 74).

13. Die Frage ist in Gemäßheit der im § gegebenen Begriffsbestimmung, nicht also allgemein dahin zu fassen, ob „der Angeklagte sich im Zustande der Nothwehr befunden habe,“ oder „ob seine That durch die Nothwehr geboten gewesen sei.“ So in einem Falle des Schlußsatzes: B. I. 22. Sept. 1854 c. Pritzlaff (G. A. 2. S. 805). Einer weiteren Auflösung in die zum Grunde liegenden Thatsachen, resp. einer Aufnahme der letztern in die Frage bedarf es dagegen nicht; gleichwohl ist eine solche nicht unstatthaft, vorausgesetzt, daß durch die Auflösung der Begriff vollständig wiedergegeben wird. Vgl. G. Arch. 1. S. 217.

14. Außer der Nothwehr kann unter Umständen auch ein Nothstand einer Handlung die Strafbarkeit nehmen. Ein solcher liegt vor, wenn zwei verschiedene selbstständig neben einander stehende Berechtigungen thatsächlich in das Verhältniß zu einander treten, daß die eine nur durch die Verletzung der andern zu bestehen vermag. Die in einem solchen Falle begangene Verletzung der andern Berechtigung kann straflos sein, wenn sie das alleinige Mittel zur Erhaltung des andern Rechts war, vorausgesetzt daß nicht ein höheres oder umfangreicheres Recht zur Erhaltung des geringeren verletzt wird. Hälschn. 1. S. 271 fgg.

15. Ein solcher Nothstand wird namentlich durch Naturgewalten, Thiere rc. herbeigeführt. Ebenso ist hierher der Fall zu rechnen, wenn Jemanden von Seiten eines Wahnsinnigen eine Gefahr droht. Hälsch. 1. S. 263.

§ 42.

1. Ueber die Kompetenz vgl. Ges. v. 22. Mai 1852 Art. IV.

2. Bei der Prüfung, ob ein Angeklagter strafunmündig sei und mit Unterscheidungsvermögen gehandelt habe, kommt es selbstverständlich auf die Zeit der That, nicht auf die der Strafverfolgung an. Vgl. Ges. v. 3. Mai 1852 Art. 83.

In der Besserungsanstalt ist derselbe so lange zu behalten, als die der Strafanstalt vorgesetzte Verwaltungsbehörde solches für erforderlich erachtet, jedoch nicht über das zurückgelegte zwanzigste Lebensjahr hinaus.

[Entw. § 40]. Vgl. § 43; (Rh.) AKO. v. 22. Juni 1839 (GS. s. 222); Ges. v. 3. Mai 1852 Art. 75. 83; Ges. v. 22. Mai 1852 Art. IV; HTG. v. 2. Juni 1852 § 11; AKO. v. 4. Dez. 1852 (JMBl. 1853 s. 38).

---

3. Unterscheidungsvermögen ist derjenige Grad der Verstandesreife, welcher das Individuum befähigt, Recht von Unrecht, das Verbotene vom Erlaubten, das Gute vom Bösen zu unterscheiden. Abegg Abh. in G. Arch. 7. s. 725 Note 4. Es gehört dazu keineswegs eine bestimmte Vorstellung oder Ueberzeugung von der bürgerlichen Strafbarkeit eines gewissen Verhaltens. So: Z. I. 6. Feb. 1858 c. Rosenthal (G. A. 6. s. 276). *Contra*: Mittermaier Abh. in G. A. 7. s. 176.

4. Das Unterscheidungsvermögen fällt nicht mit der Zurechnungsfähigkeit zusammen; daher enthält die Feststellung: der Angeklagte habe mit Unterscheidungsvermögen gehandelt, weder die Feststellung, daß er mit Zurechnungsfähigkeit, noch die, daß er mit dem zum Thatbestande des Gesetzes erforderlichen Dolus gehandelt habe; beides ist vielmehr in den geeigneten Fällen noch besonders festzustellen. V. 17. Sept. 1852 c. Raudonat (JMBl. s. 375; Entsch. 24. s. 200; G. A. 1. s. 52); V. 20. Okt. 1852 c. Kodera (G. A. 1. s. 53). *Contra*: Hälschn. 1. s. 110; Berner Lehrb. s. 112; Mittermaier Abh. in G. Arch. 7. s. 176; Abegg Abh. ibid. 7. s. 726. Vgl. § 34 n. 14; G. A. 1. s. 692.

5. Ob ein Strafunmündiger mit oder ohne Unterscheidungsvermögen gehandelt habe, muß vom Richter der Thatfrage in jedem Einzelfalle entschieden werden; für das schwurgerichtliche Verfahren schreibt das Ges. v. 3. Mai 1852 Art. 83 Stellung einer darauf bezüglichen Frage bei Nichtigkeitsstrafe vor; vgl. ibid. Art. 75.

5a. Es kann sehr wohl geschehen, daß ein Strafunmündiger in Beziehung auf eine Gattung von Strafthaten das Unterscheidungsvermögen habe, in Beziehung auf eine andere aber nicht; die Frage ist daher stets mit Rücksicht auf die jedesmalige That zu prüfen. Bern. Grdss. § 73.

6. Beim Mangel des Unterscheidungsvermögens muß eine Freisprechung selbst dann erfolgen, wenn es sich von einer That handelt, deren Strafbarkeit nicht durch das Vorhandensein eines Dolus bedingt ist (z. B. einer Steuerdefraudation). Vgl. n. 7.

7. Der § ist auch bei den durch Spezialgesetze vorgesehenen Verbrechen und Vergehen anwendbar. Z. I. 23. Feb. 1853 c. Lucht (Entsch. 24. s. 496; 25. s. 217; G. A. 1. s. 563; ein Fall einer Mahlsteuerdefraude); ähnlich: Z. I. 14. Sept. 1859 c. Seegebarth.

8. „Die §§ 42. 43 finden auch bei Uebertretungen Anwendung." Präj. n. 21 (angenommen in der unter n. 7 citirten Sache c. Lucht); gleichwohl kann der Strafunmündige wegen einer Uebertretung nicht in eine Besserungsanstalt gebracht werden; vgl. § 333 n. 2.

9. Die Unterbringung in einer Besserungsanstalt ist keine Strafe. Bes. s. 194 II; Temme GU. s. 118 n. 4; id. Lehrb. s. 168. Die Bezeichnung dieser Anstalt als Strafanstalt am Schlusse des § ist daher schlecht gewählt. Temme l. c. n. 5.

10. Die Entscheidung darüber, ob ein Angeklagter unter sechszehn Jahren, von welchem festgestellt worden, daß er ohne Unterscheidungsvermögen gehandelt habe, in eine Besserungsanstalt zu bringen, oder seinen Aeltern zurückzugeben sei, kann als ausdrücklich und allgemein in das Ermessen des erkennenden Gerichts gestellt, mittelst der Nichtigkeitsbeschwerde nicht angefochten werden. Z. II. 24. Feb. 1853 c. Bergfeld (G. A. 2. s. 549).

11. Der Minister des Innern ist ermächtigt, statt der angeordneten Unterbringung in einer Besserungsanstalt, die Ueberweisung an Privatvereine, oder an geeignete und zuverlässige Privatpersonen mit der für Besserungsanstalten angeordneten Beschränkung zu genehmigen. AKO. v. 4. Dez. 1852 (JMBl. 1853 s. 38).

§. 43. Wird festgestellt, daß ein Angeschuldigter, welcher noch nicht das sechszehnte Lebensjahr vollendet hat, ein Verbrechen oder Vergehen mit Unterscheidungsvermögen begangen hat, so kommen in Bezug auf denselben folgende Bestimmungen zur Anwendung:

1) auf Todesstrafe und Zuchthaus, auf Verlust der bürgerlichen Ehre und zeitige Untersagung der Ausübung der bürgerlichen Ehrenrechte, ingleichen auf Stellung unter Polizei-Aufsicht soll nicht erkannt, und an Stelle der Zuchthausstrafe Gefängnißstrafe ausgesprochen werden;
2) ist das Verbrechen mit der Todesstrafe oder mit lebenslänglichem Zuchthaus bedroht, so wird auf Gefängniß von drei bis zu funfzehn Jahren erkannt;
3) in den übrigen Fällen soll der Richter ermächtigt sein, unter das niedrigste Maaß der gesetzlichen Strafe herabzugehen; die Hälfte des höchsten gesetzlichen Strafmaaßes darf niemals überschritten werden;
4) die Gefängnißstrafe soll entweder in ausschließlich für jugendliche Personen bestimmten Gefangenanstalten, oder zwar in der ordentlichen Gefangenanstalt, jedoch in abgesonderten Räumen vollstreckt werden.

[Entw. § 41]. Vgl. § 42; Ges. v. 22. Mai 1852 Art IV.

---

12. Mit Rücksicht auf § 178 der Verordnung v. 3. Jan. 1849 kann der wegen mangelnden Unterscheidungsvermögens Freigesprochene nicht in die Kosten des Verfahrens verurtheilt werden. Z. I. 6. Apr. 1853 c. Rohrlack; Z. eod. c. Senß (G. A. 1. s. 373); Z. I. 1. Okt. 1858 c. Jurczik (G. A. 7. s. 98); Kisker in G. A. 1. s. 183; *Contra*: Koch n. 83a. Anders nach Rheinischem Rechte, wo im Hinblicke auf die Fassung der Art. 162. 194 und 368 der Rh. StPO. auch den so Freigesprochenen die Verurtheilung in die Kosten trifft. V. Kass.-H. 29. Juni 1852 c. Schell; V. Kass.-H. 28. Sept. 1852 c. Trautes (JMBl. 1852 s. 304; Rh. A. 47. 2. A. s. 63 u. 123); V. II. 4. Apr. 1861 c. Zender. Für die entgegengesetzte Ansicht könnte Art. XXVII § 1 angeführt werden, welcher (abweichend vom Rh. StGB. Art. 55) die solidarische Verurtheilung Mehrerer zu den Kosten davon abhängig macht, daß sie wegen desselben Verbrechens zur Strafe verurtheilt sind. In Frankreich ist die Frage ebenfalls bestritten, vgl. Gilb. C. pén. Art. 66 n. 12.

13. Auch wenn der strafunmündige Thäter wegen Mangels des Unterscheidungsvermögens freigesprochen wird, trifft den Theilnehmer doch die gesetzliche Strafe vgl. § 34 n. 17.

14. Die Frage, ob Jemand strafunmündig sei, kann als thatsächliche Frage nur von den Instanzrichtern geprüft werden; im Falle eines Zweifels oder eines Bestreitens sind auch die Geschwornen darüber zu befragen; vgl. Strafverf. Art. 83 n. 2. Aus demselben Grunde kann jene Frage nicht zum ersten Male vor dem Ober-Tribunale zur Erörterung gebracht werden. *Contra*: Berner Grdss. n. 85.

§ 43.

1. Die Bestimmung der Nr. 1 ist auch auf die Untersagung der Ausübung der einzelnen in den §§ 63. 64 genannten Ehren-Rechte zu beziehen. Temme Lehrb. s. 434 V.

§. 44. Wenn die Strafbarkeit einer Handlung abhängig ist, entweder von besonderen Eigenschaften in der Person des Thäters oder desjenigen, auf welchen sich die That bezog, oder von den besonderen Umständen, unter welchen die Handlung begangen wurde, so ist eine solche Handlung demjenigen

---

2. Unter der in Nr. 2 gedachten lebenslänglichen Zuchthausstrafe ist nur diejenige zu verstehen, mit welcher ein Verbrechen unbedingt bedroht ist. Nr. 2 ist daher unanwendbar, wenn die That elektiv mit zeitiger oder lebenslänglicher Zuchthausstrafe bedroht ist (z. B. § 285). B. 28. April 1852 c. Bußmann (JMBl. S. 248; Entsch. 22. S. 455; G. A. 1. S. 74); Temme Gll. S. 119; Koch n. 86.

3. In den Fällen, in welchen im Allgemeinen zeitliche Zuchthausstrafe angedroht ist, tritt jetzt (nach Nr. 1) Gefängniß an die Stelle, deren höchstes Maaß die Hälfte der Dauer der angedrohten Zuchthausstrafe ist; die Dauer dieser Gefängnißstrafe kann dann fünf Jahre übersteigen (§ 14). Z. I. 4. Jan. 1860 c. Gerber (G. A. 8. S. 277). Es findet sonach eine Umwandlung nach dem Maaßstabe des § 16 nicht Statt. Vgl. § 35 n. 15.

4. Im Falle der Nr. 3 kann der Richter die Strafe bis auf eintägige Gefängnißstrafe herabsetzen, sollte das Gesetz auch für den Fall des Vorhandenseins mildernder Umstände eine besondre (höhere) Strafe bestimmen. Z. 20. Okt. 1852 c. Kroh (G. A. 1. S. 74); Z. I. 4. Jan. 1860 c. Gerber (G. A. 8. S. 277). Dagegen ist der Richter nicht befugt, auf den Grund dieser Nr. 3 unter das allgemein für eine bestimmte Strafart (durch §§ 15 und 17) vorgeschriebene geringste Maaß hinabzugehen. B. I. 4. Juli 1855 c. Henschel (G. A. 3. S. 697). Vgl. § 15 n. 3.

5. Die Nr. 4 des § 43 enthält nur eine allgemeine Anweisung über die Vollstreckung der erkannten Gefängnißstrafe; es ist daher über die Art und Weise dieser Vollstreckung in dem Urtheile keine Bestimmung zu treffen. B. 28. April 1852 c. Bußmann (JMBl. S. 248; Entsch. 22. S. 455; G. A. 1. S. 74).

6. Auch die Vorschriften dieses § sind sowohl bei den durch Spezialgesetze vorgesehenen Fällen, als bei Uebertretungen anwendbar. Vgl. § 42 n. 7. 8. Das dort citirte Z. I. 23. Febr. 1853 c. Lucht, und das dazu eingetragene Präjudiz n. 21 bezogen sich auf eine sich als Uebertretung darstellende Mahlsteuerdefraude. Dagegen hatte ein B. Kass.-H. 18. Dez. 1843 c. Löbhausen entschieden, daß gegen den zurechnungsfähigen Holzdieb unter sechzehn Jahren die volle Strafe des § 30 des Holzdiebstahlsgesetzes vom 7. Juni 1821 zu verhängen sei, und daß der (dem § 43 des StGB. entsprechende) Art. 66 des Rh. StGB. außer Anwendung bleiben müsse. (Rh. A. 36. 2. A. S. 66).

7. Auch die gegen einen Strafunmündigen ergangene Verurtheilung begründet in einem spätern Wiederholungsfalle die Rückfalls-Strafe. Z. 3. Dez. 1851 c. Hupp (JMBl. 52. S. 27; Entsch. 22. S. 67); Z. 25. Febr. 1852 c. Hensel (Entsch. 22. S. 67; G. A. 1. S. 74); Z. Kass.-H. 7. Sept. 1852 c. Lorscheider; Z. II. 9. Febr. 1854 c. Hoffmann; B. I. 19. Okt. 1855 c. Hoffmann (G. A. 3. S. 832); Z. I. 14. Nov. 1856 c. Nerjus; G. Matt. 1. S. 467 n. V; Temme Gll. S. 131 Note 2; id. Lehrb. S. 943.

8. Trotz der gegen Strafunmündige zu verhängenden gelinderen Strafen behalten die von ihnen begangenen strafbaren Handlungen denjenigen Charakter, welchen sie mit Rücksicht auf die den Erwachsenen treffende ordentliche Strafe haben würden; ein Verbrechen bleibt daher, auch wenn es vom Strafunmündigen begangen wird, ein Verbrechen (vgl. § 43 Nr. 2), und die Verjährungsfrist kann sich nur nach der ordentlichen Strafe richten. Vgl. Einf.-Ges. Art. XIII n. 4; Mangin Tr. de l'act. publ. n. 296. *Contra:* G. Matt. 1. S. 438 VII; Temme Gll. S. 122 n. 3. Auch in Frankreich ist diese Frage bestritten. Gilb. C. d'Instr. cr. Art. 637 n. 110. Das Gesagte erleidet nach der ausdrücklichen Bestimmung des Ges. vom 22. Mai 1852 Art. IV in Betreff der Kompetenz eine Ausnahme. Vgl. § 1 n. 6; § 46 n. 3; § 177 n. 13 (hier eine analoge Frage).

§ 44.

1. Unter den „Eigenschaften" einer Person sind nicht blos Verhältnisse

als Verbrechen oder Vergehen nicht zuzurechnen, welchem jene Verhältnisse oder Umstände zur Zeit der That unbekannt waren.

Wenn durch solche besondere, dem Thäter unbekannt gebliebene Verhältnisse oder Umstände die Strafbarkeit der von ihm begangenen Handlung erhöht wird, so sollen ihm diese erschwerenden Umstände der That nicht zugerechnet werden.

[Entw. § 41 a]. Vgl. Cr.-O. § 367.

---

derselben zu andern Personen, sondern auch solche zu verstehen, welche ihr persönlich ankleben, z. B. Alter: Z. I. 29. Juli 1853 c. Topolewski (G. A. 2. s. 238); B. I. 22. Febr. 1854 c. Pfeiffer; oder Beamtenqualität: B. 22. Okt. 1852 c. Goldbaum; B. 12. Nov. 1852 c. Sigulla. Vgl. G. A. 2. s. 254.

2. Zu den »Umständen,« unter welchen die Handlung begangen worden, sind auch besondere Eigenschaften der Sachen zu zählen, auf welche die That sich bezog (Beisp. siehe § 278; 218 Nr. 1 u. 9). Vgl. Temme Gll. s. 120 n. 1; id. Lehrb. s. 184 Note 1; Berner Grdss. § 99.

3. Auch der Umstand, daß der Dieb ein Schloß mittelst eines für dasselbe nicht bestimmten Schlüssels geöffnet hat, gehört zu denjenigen, welche demselben nicht anzurechnen sind, wenn sie ihm zur Zeit der That unbekannt waren. Z. 8. März 1852 c. Fiesel (JMBl. s. 292); Z. II. 11. Okt. 1855 c. Deitenbeck (G. A. 3. s. 843).

4. Ebenso greift § 44 Platz, wenn Jemand zur Verübung eines Diebstahls in ein Gebäude durch eine nicht zum Eingange bestimmte Oeffnung gedrungen ist, er dieselbe aber für eine gewöhnliche Thüre gehalten hat. Z. II. 4. Jan. 1855 c. Steele.

5. Dagegen ist der Rechtsirrthum, wonach dem Thäter das Strafverbot unbekannt geblieben, nicht hierher zu zählen. B. I. 11. Mai 1859 c. Fischer (beil.); K.-B. I. K. s. 9; G. Matt. 1. s. 634 IV; Hälschner 1. s. 170. Vgl. dagegen Temme Gll. s. 120 n. 2; id. Lehrb. s. 185. 189.

6. Ob im Uebrigen der Irrthum ein vermeidlicher gewesen sei, ist gleichgültig. Hälschner 1. s. 169.

7. Hat die Bestimmung des § 44 die Folge, daß eine Handlung dem Thäter als eine dolose nicht angerechnet werden kann, so steht dieses nicht im Wege, dieselbe als fahrlässige That zu bestrafen, wenn die Voraussetzungen einer solchen Strafbarkeit bestehen bleiben. Temme Gll. s. 119 n. 1; Hälschner 1. s. 169. *Contra*: G. Matt. 1. s. 430 I, 1.

8. Bedingung der »Nichtzurechnung« ist die Unbekanntschaft mit den betreffenden Umständen 2c. Diese muß als Ausschließungsgrund vom Angeklagten behauptet und bewiesen, und demnächst ausdrücklich festgestellt werden; insbesondere ist auch die betreffende Frage an die Geschwornen hiernach zu fassen. Daher »ist »im Falle des § 144 Nr. 3 eine nach § 44 über die Wissenschaft von dem Alter »der gemißbrauchten Person den Geschwornen vorzulegende Frage nicht dahin: »»ob »der Angeklagte gewußt habe, daß die gemißbrauchte Person unter vierzehn Jahre »alt gewesen,« sondern dahin zu stellen: »»ob dem Angeklagten das Alter der »Person unter vierzehn Jahren unbekannt gewesen.«« Z. Pl. 12. Juni 1854 c. Völker (Präj. n. 99; Entsch. 28. s. 184; G. A. 2. s. 807). *Sic*: B. I. 4. Nov. 1853 c. Ehlert (JMBl. 1854 s. 5; G. A. 2. s. 238); B. I. 30. Nov. 1853 c. Steinborn (G. A. 2. s. 254); Z. (B.) I. 19. Nov. 1856 c. Bormann; B. I. 23. Jan. 1857 c. Schröder (Zander u. Gen. JMBl. s. 83); Z. I. 13. Juni 1860 c. Hent; u. ö. In einer Reihe von frühern Fällen hatte die entgegengesetzte Fassung der Frage den Beifall des Ober-Tribunals gefunden, z. B. Z. 8. Febr. 1852 c. Fiesel (JMBl. s. 292); Z. I. 29. Juli 1853 c. Topolewski (G. A. 2. s. 238). *Sic*: Temme Lehrb. s. 188; id. Arch. 2. s. 19. — Das Gesagte gilt überall, wo das Gesetz die Wissenschaft von den besondern die Strafbarkeit bedingenden oder erhöhenden Umständen nicht besonders als Begriffserforderniß erwähnt, während die positive Fassung nothwendig wird, sobald jene Wissenschaft vom Gesetz ausdrücklich als wesentliches Merkmal anerkannt worden ist. Nach diesen Grundsätzen ist auch dann zu verfahren, wenn der Theilneh-

§. 45. Nach Ablauf der Verjährungszeit findet die Verfolgung und Bestrafung eines Verbrechens oder Vergehens nicht statt.

[Entw. § 45]. Vgl. § 47—50; 339; Einf.-Ges. Art. XII § 1.

§. 46. Verbrechen, welche mit Todesstrafe bedroht sind, verjähren in dreißig Jahren; Verbrechen, welche im höchsten Strafmaaße mit einer Freiheitsstrafe von einer längeren als zehnjährigen Dauer bedroht sind, verjähren in zwanzig Jahren; Verbrechen, welche mit einer milderen Freiheitsstrafe bedroht sind, verjähren in zehn Jahren.

---

mer behauptet, es sei ihm ein in der Person des Thäters vorhandenes, für die Strafverhängung bedeutsames Moment unbekannt gewesen. Z. Pl. 12. Nov. 1860 c. Müller (RdO. 1. S. 5; G. A. 8. S. 755).

9. In den unter n. 8 erwähnten Fällen bedarf es der Feststellung der Unbekanntschaft ꝛc., resp. einer Fragstellung in Betreff derselben nur dann, wenn eine derartige Behauptung aufgestellt, oder die Fragstellung beantragt worden ist: Z. II. 11. Okt. 1855 c. Deitenbeck (G. A. 3. S. 843); ist dieses aber geschehen, so ist beides unerläßlich (Einf.-Ges. Art. XXIV; Ges. v. 3. Mai 1852 Art. 81 Abs. 3). B. 22. Okt 1852 c. Goldbaum. Vgl. Strafverf. Art. 31 n. 19; Art. 81 n. 45—49.

§ 45.

1. Der Richter hat den Ablauf der Verjährungszeit von Amtswegen zu berücksichtigen. B. I. 18. Nov. 1854 c. Falk; Hälschner 1. S. 541. Ein Verzicht auf dieselbe ist unstatthaft. „Die Strafanwendung setzt auch die Festsetzung voraus, „daß die That zu einer Zeit verübt sei, welche die Verjährung ausschließt.“ Bleibt es nach dieser Feststellung auch nur möglich, daß die Verjährungsfrist abgelaufen sei, so ist letzteres zum Vortheil des Angeklagten anzunehmen (z. B. wenn die Zeit der That nicht genauer als durch Angabe eines längern Zeitraums festzustellen war, welcher zum Theil über die Verjährungsfrist hinausreicht), insofern nicht gleichzeitig eine Unterbrechung festgestellt wird. B. II. 17. Juni 1854 c. Voigt (Präj. n. 97; Entsch. 28. S. 368; G. A. 2. S. 549). *Contra*: ein Erk. App.-G. Frankfurt 19. April 1856 c. Kuba, welches mit Unrecht annahm, der Einwand der Verjährung sei nicht zu berücksichtigen, wenn er vom Angeklagten nicht geltend gemacht sei, weil ohne dieses nicht über eine etwaige Unterbrechung habe verhandelt werden können. Vgl. § 46 n. 16.

2. Ueber die Nothwendigkeit, die thatsächliche Feststellung auch auf den Zeitpunkt der That auszudehnen vgl. Einf.-Ges. Art. IV n. 22.

3. Bei Prüfung der Moralität und der individuellen Strafbarkeit einer nicht verjährten Handlung kann der Richter, wie das ganze frühere Verhalten des Angeklagten, so auch ein verjährtes Verbrechen ꝛc. desselben als Strafzumessungsgrund, berücksichtigen. Z. I. 2. März 1853 c. Deutsch; Hälschner 1. S. 542. Vgl. § 60 n. 8.

4. Ueber das Fortbestehen der besondern, die Verjährung betreffenden Bestimmungen solcher Spezialstrafgesetze, welche neben dem StGB. in Kraft geblieben sind, vgl. Einf.-Ges. Art. II n. 39.

§ 46.

1. Die beim Vorhandensein mildernder Umstände (z. B. des Reizes, § 177) gestattete oder angeordnete Strafermäßigung ist auf die Dauer der Verjährungsfrist ohne Einfluß. Z. II. 10. Jan. 1861 c. Klein (JMBl. S. 30; RdO. 1. S. 199; G. A. 9. S. 129). Vgl. § 43 n. 8; § 177 n. 3; Gilb. C. d'Instr. cr. Art. 637 n. 112.

2. Verjährung der Verbrechen ꝛc. der Strafunmündigen vgl. § 43 n. 8.

3. Der Versuch eines mit Todes- oder lebenslänglicher Zuchthausstrafe bedrohten Verbrechens zieht nach § 32 zehn- bis zwanzigjährige Zuchthausstrafe nach sich, verjährt daher in zwanzig Jahren. G. Matt. 1. S. 438 VI.

Vergehen, die im höchsten Strafmaaße mit einer höheren als dreimonatlichen Gefängnißstrafe bedroht sind, verjähren in fünf Jahren, andere Vergehen in drei Jahren.

Der Lauf der Verjährung beginnt mit dem Tage des begangenen Verbrechens oder Vergehens.

[Entw. § 43. 46]. Vgl. § 45. 47—49. 60. 139. 161. 219. 233. 339. 343; Einf.-Ges. Art. V. XII § 1; XVIII; Preßges. v. 12. Mai 1851 § 49; Ges. v. 22. Mai 1852 Art. V; HDG. v. 2. Juni 1852 § 20.

---

4. Dagegen verjährt die Theilnahme stets nur in derselben Frist, wie die That selbst, da sie im Allgemeinen dieselbe, und nur in gewissen besonders festzustellenden Ausnahmefällen eine gelindere Strafe nach sich zieht. G. Matt. 1. s. 438 VI.

5. „Handlungen, welche in Gemäßheit des Art. XX des Einf.-Ges. zur Kompetenz der Polizei-Gerichte gehören, obgleich sie mit einer über die Grenzen der „Polizeistrafen hinausgehenden Strafe bedroht sind, sind in Beziehung auf die Verjährung als Vergehen nach § 46 zu betrachten, und unterliegen nicht der Verjährung des § 339.“ B. I. Juni 1853 c. Zeth (Präj. n. 41; Entsch. 25. s. 359; G. A. 1. s. 561); B. I. 5. April 1854 c. Lollier (JMBl. s. 269).

6. Der Lauf der Verjährung beginnt mit der Beendigung der mit Strafe bedrohten Thätigkeit. Bes. s. 199 III; G. Matt. 1. s. 435 III; Heffter Abh. in G. Arch. 1. s. 207; Abh. ibid 7. s. 312.

7. Handelt es sich daher von einer fortgesetzten oder fortdauernden strafbaren Thätigkeit, so beginnt die Verjährung erst mit der gänzlichen Beendigung derselben; Heffter l. c. s. 310; Z. II. 15. Febr. 1859 c. Feldböhmer (G. A. 3. s. 411; bei einer durch Angaben falscher Thatsachen und Urkundenfälschung bewirkten Lebensversicherung ward angenommen, daß die jährlich vom Angeklagten geleisteten Prämienzahlungen eine fortgesetzte verbrecherische Thätigkeit desselben in Beziehung auf den mittelst Urkundenfälschung verübten Betrug involvirten, und daher den Beginn des Laufs der Verjährung verhindert hätten). Aehnlich „beginnt beim verkleideten Wu„cher, wenn höhere Zinsen als die Gesetze zulassen, eingefordert oder gezahlt sind „(ALR. I. 11 § 810), die Verjährung mit dem Tage, wo der ungesetzliche Vortheil „zuletzt eingefordert und angenommen ist.“ B. Pl. 26. Nov. 1855 c. Krüger (Präj. n. 192; Entsch. 31. s. 271; G. A. 3. s. 807); Z. II. 16. Nov. 1854 c. Herzberg; vgl. § 263 n. 59. *Contra* im Allgemeinen: v. Wächter Abh. in G. A. 8. s. 5 sgg. Vgl. übrigens § 56 n. 1.

8. Ein Gleiches gilt auch von den Vergehen, bei welchen die Gewohnheits- oder Gewerbesmäßigkeit Begriffserforderniß ist (z. B. Kuppelei, Wucher, Hazardspiel). Die Verjährung des gewohnheitsmäßigen Wuchers beginnt daher nicht für jedes einzelne Geschäft mit dem Abschlusse desselben, sondern erst mit dem Augenblicke, wo die Gewohnheit aufhört, also mit der gänzlichen Aufgabe solcher Geschäfte. Z. II. 30. Sept. 1854 c. Rieth; Z. II. 2. Juni 1860 c. Majchkow (Hazardspiel); Berner Lehrb. s. 255; Abh. in G. A. 7. s. 312. *Contra:* G. Matt. 2. s. 437 IV. Vgl. § 263 n. 60.

9. Der Lauf der Verjährung beginnt bei Omissivvergehen mit dem Tage, wo die unterlassene Handlung zu vollziehen war. Heffter l. c. (n 6).

10. . . . . . bei Verbrechen ꝛc., zu deren vollem Thatbestande der Eintritt gewisser Wirkungen und Folgen von längerer oder kürzerer Dauer gehört (Tödtung, schwere Körperverletzung, Brandstiftung, auch gewisse Omissiv-Vergehen ꝛc.: Verhungernlassen eines Kindes durch die Aeltern, Nichtabhalten vom Betteln [§ 118], Nichthindern des Entkommens eines anvertrauten Gefangenen [§ 95]), erst mit dem Eintritte der zum Thatbestande gehörenden Wirkung; dagegen wird der Lauf der Verjährung dadurch nicht aufgehalten, daß die eingetretene Wirkung demnächst eine dauernde ist, z. B. eine Verstümmelung ꝛc. Heffter l. c. (n. 6).

11. . . . . . bei Verbrechen ꝛc., bei welchen nicht blos die Herbeiführung, sondern auch die Behauptung eines gewissen rechtswidrigen Zustandes gestraft wird, erst mit dem Aufgeben des rechtswidrigen Verhaltens. Beispiele vgl. § 204 n. 10;

§. 47. Wenn die Verjährung unterbrochen wird, die Untersuchung aber nicht zur rechtskräftigen Verurtheilung führt, so beginnt eine neue Verjährung nach der letzten gerichtlichen Handlung.

§ 339 n. 4. In diesem Sinne nahm ein B. I. 25. Jan. 1854 c. Schoepe (G. A. 2. f. 550) an, daß das Vergehen des Verlassens des Landes, um sich dem Eintritte in den Militärdienst zu entziehen (§ 110), erst mit dem Tage des wirklichen Eintritts, oder wenn dieser gar nicht erfolge, erst von da an beginnen könne, wo die Pflicht zum Eintritte erloschen sei, d. h. mit dem neun und dreißigsten Lebensjahre. *Contra* im Allgemeinen: v. Wächter Abh. in G. A. 8. f. 5. In Betreff der Bigamie vgl. § 139 n. 8.

12. Wenn die Betriebsstätte einer der im § 26 Nr. 1 der Gew.-Ordn. v. 17. Jan. 1845 erwähnten Gewerbe ohne polizeiliche Genehmigung verändert wird, so beginnt zwar die Strafbarkeit mit der In-Betrieb-Setzung der so veränderten Werkstätte, mit dieser ist dann aber auch die strafbare Handlung abgeschlossen, und der Lauf der Verjährung beginnt, sollte auch der Betrieb fortgesetzt werden. Z. II. 14. Okt. 1858 c. Trimborn.

13. Eine Stempeldefraudation ist erst dann vollendet, wenn die vierzehn Tage, in welchen die Beikassirung des Stempels erfolgen kann, unbenutzt verstrichen sind. B. II. 6. Mai 1858 c. Herzberg (G. A. 6. f. 566).

14. Der Lauf der Verjährung wird dadurch nicht gehemmt, daß die Bestrafung von einem Antrage des Verletzten abhängig gemacht ist; vgl. § 48 n. 11; § 50 n. 20.

15. Goltdammer (Matt. 1. f. 437 V), Temme (Gll. f. 122 n. 5; u. Lehrb. f. 535 n. 3) und Koch (n. 91 b) wollen mit Rücksicht auf ALR. I, 3 § 46 und die Bestimmungen des Römischen Rechts die Vollendung der Verjährung mit dem Anfange des letzten Tages der Frist eintreten lassen, d. h. also bei Berechnung der Frist den Tag, an welchem die That begangen wurde, mitrechnen, und dann die Frist ganz berechnen. Diese Ansicht wird durch die Fassung des § „beginnt mit dem Tage ꝛc.“ unterstützt. Nach französischem Rechte ist bei entsprechender Fassung des Gesetzes (C. d'Instr. cr. Art. 637: à compter du jour, où le crime aura été commis) die Frage bestritten; vgl. Gilb. C. d'Instr. Art. 643 n. 29—31.

16. Die Verjährung in Strafsachen gehört der öffentlichen Ordnung an, und unterliegt daher in Betreff der vom Gesetze vorgeschriebenen Fristen oder Wirkungen einer abweichenden vertragsmäßigen Bestimmung der Parteien nicht. B. I. 24. Okt. 1855 Lüdtke c. Nörenberg (G. A. 3. f. 832). Vgl. § 45 n. 1.

17. „Die im § 49 des Preßgesetzes vom 12. Mai 1851 ausgesprochene „sechsmonatliche Verjährung der durch die Presse begangenen strafbaren Handlungen „bezieht sich auch auf die durch die Presse begangenen gemeinen Verbrechen ꝛc., für „welche die Strafbestimmungen im Strafgesetzbuche enthalten sind. Sie kommt auch „dem, welchem nur die wissentliche weitere Verbreitung des Inhalts einer verleum„derischen Druckschrift durch deren Vorlesen zur Last gelegt wird, zu Statten“; B. II. 29. Juni 1854 c. Krackrügge (Präj. n. 100; Entsch. 28. f. 177); ähnlich: B. Pl. 30. Okt. 1854 c. Jakob (Präj. n. 114; Entsch. 29. f. 265): „der § 49 des Preß„gesetzes findet nicht blos auf die in diesem Gesetze speziell mit Strafe bedrohten, „sondern auf alle durch die Presse begangenen strafbaren Handlungen Anwendung.“

18. Zuwiderhandlungen der Rheinischen Civilstands-Beamten gegen die Vorschriften des Art. 50 des BGB. verjähren in dreißig Jahren. Gilbert zum cit. Art. 50.

19. Die Vorschriften dieses und der folgenden §§ in Betreff der Verjährung finden im Allgemeinen auch auf die Verfolgung im Wege des Civil-Prozesses Anwendung. Vgl. aber § 48 n. 11—13. Rücksichtlich der Civilklage nach Rheinischem Rechte ist Art. XII § 1 des Einf.-Ges. maaßgebend.

§ 47.

1. Die Worte: „die Untersuchung aber nicht zu einer rechtskräftigen Verurtheilung führt“ sind müßig. Der Sinn des ersten Absatzes ist:

Diese neue Verjährung kommt jedoch demjenigen nicht zu Statten, welcher sich der gegen ihn eingeleiteten Untersuchung durch die Flucht entzogen hat.

[Entw. § 44]. Vgl. § 45. 46. 48. 49. 339.

---

daß nach jeder unterbrechenden Handlung eine neue Verjährung beginnt, welche durch den Ablauf der betreffenden Frist vollendet wird, wenn nicht in der Zwischenzeit abermals eine Unterbrechung statt findet. Insbesondere ist jener Zusatz nicht dahin zu deuten, als wenn die Verjährung, so lange die Untersuchung noch schwebt, und nicht etwa eingestellt oder zeitweise sistirt worden ist, nicht laufen könne. Das Gegentheil ergiebt die Ausnahme des zweiten Absatzes. Vergl. auch G. Matt. 1. s. 382 u. Just.-Min.-Verf. citirt bei Hahn s. 53. Demgemäß läuft die Verjährung auch während der gerichtlichen Untersuchung. Wenn daher in einer Uebertretungssache nach angemeldetem Rekurse das Verfahren drei Monate lang ruht, ohne daß irgend eine Unterbrechungshandlung statt findet, so greift die Verjährung Platz. Z. II. 23. Okt. 1856 c. Kruse; Z. eod. c. Neuburger (Präj. n. 216; JMBl. s. 366; Entsch. 33. s. 482; 34. s. 301; G. A. 5. s. 89). Dasselbe tritt ein, wenn nach angemeldetem Kassationsrekurse (Nichtigkeitsbeschwerde) die Sache beim Instanzgerichte während der Verjährungszeit ruht. Z. II. 29. Jan. 1857 c. Flamm (Weidtman u. Gen.); Z. II. 30 Apr. 1857 c. Hinterholz; Z. II. 8. Apr. 1858 c. Kettchen. *Contra:* B. I. 3. Febr. 1854 c. Jegodtka, welches annahm, „daß, wenn das erkennende Gericht vor definitiver Entscheidung noch eine vorgängige Maaßregel für erforderlich erachte, und diese durch einen in der Sitzung erlassenen Bescheid anordne, mit diesem Tage nicht eine neue Verjährung beginne, sobald die Verhandlungen ergeben, daß die Erörterung und Entscheidung der Sache bis zur Erledigung jener Maaßregel vorbehalten bleiben sollten, indem dann nicht angenommen werden könne, daß das eingeleitete Strafverfahren nicht zur rechtskräftigen Verurtheilung geführt habe."

2. Führt dagegen die Untersuchung, trotz des Ablaufs der Verjährung, wirklich zur rechtskräftigen Verurtheilung, so ist diese nicht mehr zu beseitigen, weil die Rechtskraft solches verhindert.

3. Der Ausdruck „gerichtliche Handlung" ist im Gegensatze gegen „Handlungen der Verwaltungsbehörden" zu verstehen und umfaßt die Handlungen der Staatsanwaltschaft mit. Z. II. 23. Okt. 1856 c. Kruse; Z. eod c. Neuburger (JMBl. s. 336; Entsch. 34. s. 301; G. A. 5. s. 89); Hälschner 1. s. 540; vgl. § 48 und dort die Bemerkung n. 2.

4. Die neue Verjährung beginnt mit dem Tage der Unterbrechungshandlung. Es wird nicht von Augenblick zu Augenblick gerechnet. G. Matt 1. s. 438 n. 2.

5. Die neue Verjährung hat dieselben Fristen wie die erste. Beseler s. 202 V b.

6. Die Ausnahme des zweiten Absatzes bezieht sich nur auf denjenigen, welcher sich der gegen ihn eingeleiteten Untersuchung entzogen hat, also nicht auf denjenigen, welcher vor eingeleiteter Untersuchung die Flucht ergriffen hat. G. Matt. 1. s. 385; Koch n. 93; Hälschner 1. s. 541.

7. Die Untersuchung ist für eingeleitet zu erachten, wenn auf den Antrag des Staatsanwalts ein Untersuchungsrichter zur Führung der Voruntersuchung ernannt, oder in Ermangelung einer solchen die Untersuchung durch Gerichtsbeschluß eröffnet worden ist. Nach Rheinischem Verfahren ist die erste Verfügung, welche der durch die Beschuldigung des Staats-Anwalts mit der Sache befaßte Richter in der Sache erläßt, maaßgebend. Vgl. § 73 n. 1.

8. Goltdammer (Matt. 1. s. 439 n. 3) will den Verbrecher rc. so lange als flüchtig ansehen, als er sich nach seiner Rückkehr nicht meldet. Die Frage ist indessen als eine thatsächliche zu behandeln.

9. Koch (n. 94) will den Fall, wo Jemand der eingeleiteten Untersuchung sich anderweitig auf rechtswidrige Weise z. B. durch Verbergung entzogen hat, der Flucht gleich stellen. Ebenso: Hälschner 1. s. 541.

10. Nach den Vorschriften der Cr.-Ordn. verjährte eine Strafthat von dem Augenblicke an nicht mehr, wo ihre Existenz und der Thäter dem Richter bekannt geworden waren. Z. I. 18. März 1859 c. Marewski (257).

§. 48. Jeder Antrag und jede sonstige Handlung der Staatsanwaltschaft, sowie jeder Beschluß und jede sonstige Handlung des Richters, welche die Eröffnung, Fortsetzung oder die Beendigung der Untersuchung oder die Verhaftung des Angeschuldigten betrifft, unterbricht die Verjährung.

[Entw. § 45]. Vgl. § 45—47. 339; Einf.-Ges. Art. XVIII; Preßges. v. 12. Mai 1851 § 49; Ges. v. 14. Mai 1852 § 9 (GS. s. 245); Post-Ges. v. 5. Juni 1852 § 43 (GS. s. 356).

---

§ 48.

1. Alle Handlungen, Anträge und Beschlüsse, sowohl des Richters als der Staatsanwaltschaft, welche die Anklage, resp. den Antrag auf Eröffnung der Untersuchung und den Beschluß dieser Eröffnung vorbereiten, betreffen die Eröffnung der Untersuchung, weil sie dieselbe bezwecken; daher wird die Verjährung durch alle Handlungen, Anträge und Beschlüsse des Richters und der Staatsanwaltschaft unterbrochen, welche den Zweck haben, die Natur und die Existenz des angezeigten Verbrechens rc., sowie die Person des Thäters und die zu seiner Ueberführung dienenden Beweismittel soweit zu erforschen, als dieses zur Begründung einer Anklage erforderlich ist, und es ist unstatthaft, jene Wirkung auf diejenigen Handlungen rc. zu beschränken, welche gegen eine bestimmte Person, und unmittelbar auf die Eröffnung der Untersuchung gerichtet sind. Beschl. 11. April 1850 (Grdss. n. 214); B. 10. Nov. 1851 c. Krzyzinski; B. I. 7. Jan. 1853 c. Siegert (JMBl. s. 151; G. A. 1. s. 265); Z. II. 2. Juni 1853 c. Neukamp (G. A. 2. s. 568); Z. II. 18. Sept. 1856 c. Auen; Z. II. 10. Jan. 1861 c. Klein (JMBl. s. 40; RdO. 1. s. 199; ind.). Vgl. n. 2 und Just.-Min.-Verf. citirt bei Hahn s. 53 (Beispiel: ein Antrag des Staatsanwalts bei dem Gerichte, welcher die Uebersendung von Aktenstücken zum Gegenstande hat, die als Beweisstücke benutzt werden sollen, unterbricht die Verjährung: cit. B. 10. Nov. 1851 c. Krzyzinski). Vorausgesetzt wird nur, daß die betr. Amtshandlungen grade diejenige Strafthat, ihre Ermittlung und Feststellung zum Gegenstande haben, deren Verjährung in Frage steht; es genügt daher nicht, wenn die Thatsache in einem andern gerichtlichen Verfahren mit zur Sprache gekommen und Gegenstand einer Erörterung gewesen ist, sobald dabei eine Strafverfolgung nicht beabsichtigt war. B. I. 17. Dez. 1858 c. Wysotzki; vgl. n. 17. Dagegen macht es keinen Unterschied, ob die Voruntersuchung sofort gegen den richtigen Thäter gerichtet, oder ob dieser erst im Laufe des fernern Verfahrens ermittelt ward; auch die frühern Handlungen unterbrechen für ihn die Verjährung, da die Voruntersuchung überhaupt die Ermittlung des wahren Thäters bezweckt. Z. I. 18. März 1859 c. Marewsky (257). Anders verhält es sich mit der gegen eine bestimmte andre Person erhobenen Anklage, sowie mit den wider sie gerichteten Eröffnungsbeschlüsse und Hauptverfahren; sie beziehen sich nur auf die Person des jetzigen Angeklagten, können daher auch nur in Betreff seiner die Verjährung unterbrechen. Nur mit dieser Maaßgabe ist die in G. Arch. 2. s. 550 erwähnte Entscheidung des Appellations-Gerichts zu Hamm zu billigen. Vergl. Bes. s. 201; G. Matt. 1. s. 440 n. 7; Temme Gll. s. 123 n. 4, welche übereinstimmend verlangen, daß die Handlungen rc. gegen den Angeschuldigten gerichtet sein müssen, was aber im Grundsatze den oben mitgetheilten Entscheidungen des Ober-Tribunals nicht widerspricht. Gegen diese sind aber Temme Lehrb. s. 537; id. Arch. 3. s. 157; Koch n. 46; Hälschner 1. s. 539. Vgl. Gilbert C. d'Instr. Art. 637 n. 102—104. Ein Z. (V.) 27. Sept. 1856 c. Vogt hatte endlich angenommen: der auf Herbeischaffung von Exemplaren einer Schrift strafbaren Inhalts vom Staatsanwalt bei einem Stadtmagistrate gerichtete Antrag habe, weil ganz außerhalb des Untersuchungsverfahrens liegend, wenn auch die Eröffnung der Untersuchung bezweckend, die Verjährung nicht unterbrechen können. Zu vgl. ist Preß-Ges. v. 12. Mai 1851 § 49 Abs. 3.

2. Jede den Voraussetzungen des § entsprechende Handlung unterbricht die Verjährung sofort und unbedingt, ohne Rücksicht darauf, ob demnächst in Folge des so angehobenen Verfahrens die Eröffnung der Untersuchung erfolgt oder nicht.

Z. I. 18. März 1859 c. Marewsky (257). *Contra:* früher B. I. 7. Jan. 1853 c. Siegert (JMBl. f. 151; G. A. 1. f. 265), welches (beiläufig) den vorbereitenden Handlungen der Staatsanwaltschaft und des Richters, ja selbst der Anklage der erstern die unterbrechende Wirkung nur dann zuschreiben wollte, wenn demnächst der Beschluß des Gerichts wegen Eröffnung der Untersuchung hinzutrete. Diese letztere Auffassung wird aber schon dadurch widerlegt, daß nach dem Rheinischen Verfahren in sehr vielen Sachen eine „Eröffnung der Untersuchung" durch gerichtlichen Beschluß gar nicht erfolgt, das StGB. aber für den ganzen Staat in gleicher Weise wirksam sein muß. Vgl. Temme Lehrb. f. 536.

3. Nicht jede Art von Thätigkeit, welche die Staatsanwaltschaft nur im Kreise ihrer eigenen Organe, durch Korrespondenz, mündliche Besprechung oder individuelle körperliche oder geistige Anstrengung in Bezug auf einen Straffall entwickelt, ist eine solche Handlung, wie sie § 48 erheischt; insbesondere kann hierher nicht die Erkundigung eines Beamten der Staatsanwaltschaft bei einem andern nach der Lage einer Sache, um danach weitere Entschließungen rücksichtlich einer konnexen Sache zu fassen, gerechnet werden. Z. I. 22. Febr. 1854 c. Streckfuß (G. A. 2. f. 424); ähnlich: B. Pl. 30. Okt. 1854 c. Jakob (Entsch. 29. f. 265), nach welchem bloße Kommunikationen zwischen den verschiedenen Organen der Staatsanwaltschaft eine (nach § 49 des Preßges. v. 12. Mai 1851 zu beurtheilende) Verjährung nicht unterbrechen. Dagegen legten Z. II. 13. Okt. 1853 c. Weichsel (G. Arch. 2. f. 109) und B. I. 20. Jan. 1860 c. Klawitter dem Schreiben des Staatsanwalts an ein anderes Gericht, durch welches er um Mittheilung andrer Akten resp. eines Ueberführungsstücks bat, die Wirkung der Unterbrechung bei; ebenso Z. II. 18. Sept. 1856 c. Auen einer Requisition des Staatsanwalts an die Polizeibehörde die Einreichung der Akten betreffend. Vgl. im Allg. Temme Gll. f. 122 n. 1; id. Lehrb. f. 536; id. Arch. 3. f. 184, dessen Bedenken durch die vorstehende Auffassung wenigstens theilweise ihre Erledigung finden.

4. Ein vom Staatsanwalt gestellter schriftlicher Antrag gehört an und für sich unzweifelhaft zu den Unterbrechungshandlungen, sollte er auch noch nicht an das Gericht gelangt sein. So: Beschl. II. 26. Nov. 1857 c. Cassing (G. A. 6. f. 276), welcher anerkannte, daß die Unterbrechung nicht erst in dem Augenblicke eintrete, wo jener Antrag an das Gericht gelangt, gleichwohl aber zur Hervorbringung der betr. Wirkung eine nach außen hin in die Erscheinung tretende Handlung des Staatsanwalts erheischt, und deshalb nicht die Abfassung jenes Antrags (und das darunter befindliche Datum), sondern nur seine Absendung als maaßgebend betrachtete. Dieser beschränkenden Auffassung kann indessen nicht beigepflichtet werden; der schriftliche Antrag tritt gewiß schon für sich selbst nach außen hin in die Erscheinung, erfüllt also die grundsätzlich aufgestellte Bedingung; will man dagegen die Richtigkeit des vom Staats-Anwalt angegebenen Datums in Zweifel ziehen, so würde die Zeit jener Absendung häufig nur durch Kanzlei-Notizen u. dgl. nachzuweisen sein, für deren Genauigkeit keine größere Gewähr geleistet wird. Das Rheinische Recht legt solchen Notizen, Präsentationen u. dgl. entschieden gar keine beweisende Kraft bei. Zu berücksichtigen bleibt, daß auch solche Handlungen der Staatsanwaltschaft, welche nicht bei dem Gerichte erfolgen, und zunächst gar nicht an dasselbe gelangen, die Verjährung unterbrechen können, daß es aber in Betreff ihrer an jeder Möglichkeit fehlt, das Treten in die Erscheinung anders als durch den Akt der Staatsanwaltschaft selbst zu bewirken.

5. Verfügungen des (Rheinischen) Staats-Anwalts an seine Hülfsbeamten, wodurch die Vernehmung des Beschuldigten oder der Zeugen, sowie eine Verfügung an den Polizei-Anwalt, wodurch die Verfolgung vor dem Polizei-Gerichte angeordnet wird, unterbrechen die Verjährung. B. II. 22. Febr. 1855 c. Scheuern (Rh. A. 50. 2. A. f. 79); Z. II. 10. Jan. 1860 c. Klein (JMBl. f. 30; RhO. 1. f. 199).

6. Wird im Bereiche des Rheinischen Rechts die Verjährung durch die Handlungen der gerichtlichen Polizei oder der Hülfsbeamten des Ober-Prokurators unterbrochen? Temme (Gll. f. 123 n. 2) verneint. *Contra:* G. Matt. f. 439 n. 4 und das französische Prozeßrecht, vgl. Mang. de l'act. public. n. 342.

7. Die Insinuation einer gerichtlichen Verfügung an den Staats-Anwalt unterbricht die Verjährung, weil sie im Auftrage des Richters geschieht, und in die-

ser Beziehung einer unmittelbar von dem Richter ausgehenden Handlung gleich steht: Z. II. 8. Juni 1854 c. Degenkolb. Aus demselben Grunde unterbrechen in der Rhein-Provinz die auf Anstehen der Staatsanwaltschaft bewirkten Vorladungen und Zustellungen die Verjährung: V. II. 3. Apr. 1856 c. Eiden-Jünker. Selbst eine wegen Formfehlers nichtige Vorladung hat diese Wirkung, wenn der erscheinende Beschuldigte sich, ohne diese Nichtigkeit zu rügen, auf die Sache einläßt; der Richter darf diese Nichtigkeit nicht von Amts wegen aussprechen: cit. V. II. 3. Apr. 1856. Ebenso wird die Verjährung durch den von der Staatsanwaltschaft dem Gerichtsvollzieher ertheilten Auftrag zur Vorladung unterbrochen.

8. Ein Z. II. 15. Sept. 1854 Lasalle c. v. Hatzfeld entschied, daß die Verfügung, durch welche der Präsident eines Rheinischen Zuchtpolizeigerichts auf Anstehen des Civilklägers eine Sitzung zur Verhandlung einer Sache bestimme, in den Präsidialbefugnissen liege und die Verjährung selbst dann unterbreche, wenn in der bestimmten Sitzung demnächst wegen Nichterscheinens des Civilklägers die Sache nicht verhandelt werde; [bedenklich, da das Gesetz eine solche Verfügung nicht kennt].

9. Die Verjährung wird nicht dem einzelnen kompetenten Beamten und Gerichte, sondern dem gesammten Inbegriffe der Strafgewalt des Staats gegenüber erworben; daher wird sie auch durch jede Handlung eines mit der Ausübung dieser Strafgewalt beauftragten Beamten oder Gerichts unterbrochen, sollten Beamter und Gericht auch für die durch endliche Entscheidung festgesetzte Natur und Beschaffenheit der vorliegenden strafbaren That nicht kompetent gewesen sein; ja selbst das die Inkompetenz des Gerichts aussprechende Urtheil bewirkt eine Unterbrechung: Z. II. 9. Juni 1855 c. Günand (Rh. S.; Präj. n. 158; JMBl. s. 348; Entsch. 31. s. 284; G. A. 3. s. 561; in einer zunächst beim Rheinzollgerichte verfolgten Sache erfolgte eine Inkompetenzerklärung; gleichwohl ward angenommen, durch die Handlungen des Fiscals und jenes Gerichts sei in Beziehung auf das spätere polizeigerichtliche Verfahren die Verjährung unterbrochen worden). *Sic:* Z. II. 13. Okt. 1853 c. Weichsel (G. A. 2. s. 109); V. I. 24. Jan. 1855 c. Born (G. A. 3. s. 259); Hälschn. 1. s. 540. *Contra:* Temme Lehrb. s. 536; id. Arch. 3. s. 188; er will nur den von oder vor einem kompetenten Gerichte vorgenommenen Handlungen die unterbrechende Wirkung beilegen. Vgl. Einf.-Gesetz Art. XVIII n. 20; Gilb. C. d'Instr. Art. 637. 638 n. 75. 81. 82. 97—100.

10. Wenn die Bestrafung (und Verfolgung, vgl. Vdn. v. 3. Jan. 1849 § 9) eines Vergehens von einem vorgängigen Antrage des Verletzten abhängig gemacht sind, so unterbrechen die vor Stellung dieses Antrags vorgenommenen Handlungen des Staatsanwalts oder Richters die Verjährung nicht. Hälschner 1. s. 540. Vgl. § 47 n. 14.

11. Durch die Anbringung eines Strafantrags nach Anleitung des § 50 kann die auf § 48 (339) beruhende Verjährung nicht unterbrochen werden, sollte es sich auch von einer im Wege des Civilprozesses stattfindenden Verfolgung handeln; vgl. n. 13; § 50 n. 20.

12. Auch eine ungehörig (vor Anstellung des Sühneversuchs) angestellte Privatklage unterbricht die Verjährung, sollte sie auch wegen jenes Verstoßes zur Zeit abgewiesen, und demnächst von Neuem angestellt worden sein. Die Abweisung bewirkt nur, daß von der letzten prozessualischen Handlung der Lauf einer neuen Verjährung beginnt. So: V. I. 1. Novbr. 1854 Tost c. Bauch (G. A. 3. s. 131; Strieth. Arch. 16. s. 4); dort handelte es sich indessen in Wahrheit nicht um eine Verjährung, sondern um die Beobachtung der Frist des § 50; vgl § 50 n. 22.

13. Auf die nur im Wege des Civilprozesses stattfindende Verfolgung wegen einfacher Beleidigung bezieht sich die Vorschrift des § 48 (339) nicht mit; in Betreff ihrer erfolgt eine Unterbrechung der Verjährung an sich nur durch die Rüge beim Prozeßrichter, oder durch einen Antrag beim Schiedsmann (Einf.-Gesetz Art. XVIII). Gleichwohl muß ein vom Staats-Anwalt angehobenes, demnächst aber wieder eingestelltes oder durch Inkompetenzerklärung erledigtes Verfahren dieselbe Wirkung hervorbringen, weil, so lange dieses Verfahren schwebt, die Civilklage wegen derselben That nicht angestellt werden kann. Vgl. Einf.-Gesetz Art. XVI n. 4. *Contra:* V. I. 9. Nov. 1853 Ludwig c. v. Saurma (Präj. n. 60; Entsch. 26. s. 421; G. A. 2. s. 568). Vgl. Strafverf. § 1 n. 32.

13 a. Ueberhaupt sind da, wo die Verfolgung wegen Ehrverletzung oder Mißhandlung im Wege des Civilprozesses erfolgt, in Betreff der Unterbrechung der Verjährung, sowie des Wiederbeginnes ihres Laufes die civilrechtlichen Grundsätze maaßgebend. B. I. 23. Nov. 1859 Kuhnert c. Poswick (ind.).

14. Durch Erlaß der polizeilichen Strafverfügung nach Anleitung des Ges. v. 14. Mai 1852 wird die Verjährung der Uebertretung unterbrochen. Vgl. cit. Ges. § 9. Dasselbe gilt in Post-Kontraventionssachen von der Vorladung des Angeschuldigten zu seiner Verantwortung im Verwaltungswege. Post-Gesetz vom 5. Juni 1852 § 43.

15. Ein Z. Pl. 31. März 1856 c. Rosenthal (Präj. n. 201; Entsch. 32. s. 477; 33. s. 192; G. A. 4. s. 345) sprach aus, „daß in Zoll- und Steuersachen die Ver- „jährung nicht schon durch das administrative Strafverfahren unterbrochen „werde," weil Richter im Sinne des § 48 nur der nach Art. XIII [und XIV] des Einf.-G. berufene Strafrichter, nicht die zur Erlassung eines Strafresoluts berufene Verwaltungsbehörde sei, da es vom Angeschuldigten abhänge, sich ihrem Resolute zu unterwerfen, durch dasselbe also nur eine Erledigung im Wege des Transigirens bezweckt werde; hiernach seien die Bestimmungen des Ges. v. 14. Mai 1852 § 9 u. des Postges. v. 5. Juni 1852 § 43 (vgl n. 14) bloße Ausnahmen; unerheblich sei es auch, daß die Staatsanwaltschaft behindert sei, die Verfolgung zu übernehmen, so lange sich die Administrativbehörde ihres Entscheidungsrechts nicht begeben habe, da nach § 46 und nach Z.-Str.-Ges. v. 23. Jan. 1838 § 62 der Lauf der Verjährung mit dem Tage des begangenen Vergehens beginne; ähnlich: Z. 11. Okt. 1852 c. Jsakowski; Beschl. 20. Okt. 1852 c. Twardowski (in Betreff der durch die Verwaltungsbehörde vorgenommenen Beschlagnahmen eingeschwärzter Gegenstände). *Sic*: G. Matt. 1. s. 383; 439 n. 2. *Contra*: Antr. des Gen.-St.-Anw. (G. A. 4. s. 343); und Z. I. 13. Juni 1855 c. Ballauf (Präj. n. 159; Entsch. 30. s. 472), welches der Einleitung des administrativen Verfahrens eine unterbrechende Wirkung beilegte, weil dasselbe die Natur eines Strafverfahrens habe, und das auf Provokation eingeleitete gerichtliche nur eine Fortsetzung des administrativen sei; ebenso: Hälschner 1. s. 540. Für diese Ansicht spricht auch das Ges. v. 3. Mai 1852 Art. 136 Abs. 3 und der vom Ober-Tribunal angenommene Satz (vgl. § 58 n. 13), daß die Verurtheilung einer Administrativbehörde den Rückfall im Sinne des § 58 begründe. Vgl. eine Abh. in G. Arch. 4. s. 336.

16. Im Gebiete des Rheinischen Rechts wird die Verjährung der öffentlichen Klage durch diejenigen Handlungen des Civilklägers unterbrochen, durch welche der Strafrichter mit der öffentlichen Klage befaßt oder der Weiterbetrieb derselben vor dem Strafrichter bewirkt wird (arg. Einf.-Ges. Art. XII § 1). Vgl. Gilb. C. d'Instr. Art. 637 n. 96. Welche Handlungen hierher zu rechnen, darüber vergl.: Mangin de l'act. publ. n. 353. 364.

17. Die Verjährung wird stets nur rücksichtlich desjenigen Verbrechens ꝛc. unterbrochen, auf welches sich die betreffende Handlung bezog; Ausdehnung auf andre selbst konnexe Verbrechen ꝛc. ist nicht statthaft. Vgl. in Betreff des Nähern oben n. 1

18. Die Frage ob eine Unterbrechungshandlung vorgekommen sei, ist wesentlich thatsächlicher Natur; der Nichtigkeitsrichter kann sie daher nicht aus den Akten ergänzen, wenn die Instanzrichter auf die betr. Handlung gar nicht gerücksichtigt hatten. So: Z. II. 23. Okt. 1856 c. Kruse. Vgl. Strafverf. Art. 31 n. 2; Art. 107 n. 25.

19. Gleichwohl ist diese Frage nicht von den Geschwornen, sondern nur von dem Gerichtshofe zu lösen, weil jene nur den Thatbestand des in Frage stehenden Verbrechens festzustellen haben. Vgl. G. A. 1. s. 367.

20. Insoweit in Kraft gebliebene Spezialgesetze nicht besondre Vorschriften über die Unterbrechung der Verjährung enthalten, kommen die Bestimmungen der §§ 48 und 339 auch bei diesen zur Anwendung. Das gilt bei Zuwiderhandlungen gegen das Holzdiebstahls-Gesetz vom 2. Juni 1852: B. II. 3. Apr. 1856 c. Eidenjunker; ebenso bei Zuwiderhandlungen gegen das Rh. Rural-Ges. v. 28. Sept.— 6. Okt. 1791: B. II. 22. Febr. 1855 c. Scheuern (Rh. A. 50. 2. A. s. 79); ebenso bei Zuwiderhandlungen gegen die FPO. v. 1. Nov. 1847, da der frühere § 46 derselben, nach welchem die Unterbrechung von der Einleitung der Untersuchung abhängig gemacht war, durch das Ges. v. 13. April 1856 (GS. s. 207) beseitigt worden

§. 49. Gegen rechtskräftig erkannte Strafen ist keine Verjährung zulässig. [Entw. § 46].

§. 50. Ein Verbrechen oder Vergehen, dessen Bestrafung nur auf den Antrag einer Privatperson erfolgen kann, soll straflos bleiben, wenn die zum Antrage berechtigte Person den

---

ist (schon früher hatte ein B. I. 18. Febr. 1856 c. Kindermann jene Vorschrift nach E.-G. Art. II. für aufgehoben erachtet).

§ 49.

1. Diese Vorschrift gilt auch von der wegen einer Uebertretung verhängten Strafe.

2. Hiernach kann eine vor Einführung des Strafgesetzbuchs rechtskräftig verhängte, damals noch nicht verjährte Strafe jetzt nicht mehr verjähren, wenn auch die Gesetzgebung, unter welcher die Verurtheilung erging, eine entgegengesetzte Vorschrift enthielt. Vgl. Einf.-Ges. Art. V u. 7.

3. Die mit der Strafverurtheilung verbundene Verurtheilung zu den Kosten des Verfahrens hat nicht den Charakter einer Strafe, sondern der Wiedererstattung, auf sie ist daher § 49 nicht auszudehnen, vielmehr richtet sich die Statthaftigkeit und Dauer der Verjährung hier nach den betreffenden civilrechtlichen Grundsätzen. So: B. Rh. Kass.-H. 9. März 1831 c. Grewelling. *Contra:* Just.-Min.-Verf. v. 10. Dez. 1824 (Rh. Samml. 2. S. 536).

§ 50.

Inhalt.

Antr. Anbringg. 7—13.	Beleidigg., einf. 8.	Mißhandlung. 5.
- ausdrückl. 11.	Civilklage. 8. 13.	Nicht.-Richter. 12. 17.
- Auslegg. 12.	Ermächtigg. 4.	Preßerzeugn. Vernichtg. 19.
- Dritter. Vollm. 10.	Fristversäumniß. 20. 21.	Prozeßvorschrift. 6.
- Form. 9.	- Berechnung. 24.	Regierg., ausw. 2.
- Mangel. Folge. 17. 18.	- Privatabkommen. 23.	Sühneversuch. 22.
- vor d. Sühneverf. 22.	Gesandter. 2.	Vermittlgsantr. 7. 20.
- auf Nichtbestrafg. 3.	Kenntniß. Beweislast. 15. 16.	Verzeihung. 14.

1. Die hier bestimmte Frist ist nur für den Antrag der betheiligten Privatperson, nicht für den Staatsanwalt festgestellt. Z. II. 7. Mai 1853 c. Eversberg (G. A. 2. S. 550).

2. In den Fällen der §§ 79—81 sind auch die auswärtigen Regierungen oder Gesandten als Privatpersonen zu betrachten. Temme Gll. S. 125 Note 2. *Contra:* Bes. S. 204 I.

3. Die Vorschrift des § 50 ist nicht auf den Fall des § 140 zu beziehen, wo der Antrag der Privatperson nicht auf Bestrafung, sondern auf Nichtbestrafung gerichtet werden muß. Bes. S. 204 I. *Contra:* Temme Gll. S. 125 Note 2.

4. Was vom Antrage auf Bestrafung gilt, ist auf eine zum Zwecke einer Verfolgung erforderliche „Ermächtigung" nicht auszudehnen (vgl. § 103).

5. Ueber die Anwendbarkeit des § 50 auf leichte Mißhandlungen, insoweit diese im Civilprozesse verfolgt werden, vgl. § 189 n. 2.

6. Die Ausdrucksweise „soll straflos bleiben" ist nicht glücklich gewählt; der Strafantrag ist nicht ein wesentliches Merkmal des Thatbestandes, daher ist auch nicht die Strafbarkeit, sondern die Strafverfolgung durch das Vorhandensein des Antrags bedingt. Vdn. v. 3. Jan. 1849 § 9. Daraus folgt, daß die Vorschrift als eine prozessualische zu betrachten ist. Z. (B.) I. 24. April 1857 c. Mackes. Das Vorhandensein des Antrags ist demgemäß nie durch die Geschwornen, sondern nur durch den Gerichtshof festzustellen. B. II. 11. Sept. 1856 c. Dieckhof. Vgl. Strafverf. § 126 n. 25; Art. 107 n. 27.

7. Der Strafantrag kann nicht nur bei Gericht (nach Rheinischem Verfahren beim Untersuchungsrichter) sondern bei jeder Behörde angebracht werden, welche im einzelnen Falle das Recht wie die Pflicht hat, eine Anzeige über das begangene Vergehen ꝛc. aufzunehmen, und die Bestrafung desselben zu veranlassen: B. I. 11. März 1857 c. Mittag (JMBl. S. 194); also namentlich bei der Staatsanwaltschaft (B. I. 5. März 1856 Freiberg c. v. Krämel); ebenso aber auch bei den Polizeibehörden, z. B. dem Dorfschulzen (B. 26. Nov. 1852 c. Rembiock; cit.

Antrag binnen drei Monaten zu machen unterläßt. Diese Frist beginnt mit der Zeit, zu welcher der zum Antrage Berechtigte von dem gegen ihn begangenen Verbrechen oder Vergehen und von der Person des Thäters Kenntniß erhalten hat.

[Entw. § 46a]. Vgl. § 51–55. 160. 161. 162. 343; Vdn. v. 3. Jan. 1849 § 9.

B. I. 11. März 1857). Ebenso genügt ein Antrag zum Sühneversuche beim Schiedsrichter: B. I. 23. Nov. 1860 Kleinmann c. Taubensee (G. A. 9. s. 130). Ein Z. I. 23. Mai 1856 c. Wink hielt selbst Stellung des Antrags beim Vorgesetzten des beleidigten Beamten für genügend, hob dabei aber auch hervor, daß dieser Vorgesetzte die Sache noch innerhalb der vorgeschriebenen Frist an den Staatsanwalt habe gelangen lassen [es lag also ein rechtzeitig beim letztern eingegangener Antrag vor].

8. Da einfache Beleidigungen außerhalb des Gebiets des Rheinischen Rechts nur im Wege des Civilprozesses zu verfolgen sind, so kann ein beim Strafgerichte, der Staatsanwaltschaft oder der Polizeibehörde gestellter Antrag auf Bestrafung keine Folge und eben deshalb auch keine Bedeutung haben. Da indessen § 343 die Bestrafung derselben nur auf Antrag zuläßt, und die Vorschriften der §§ 160—162 auf sie anwendbar erklärt (B. I. 27. Jan. 1860 Gutmann c. Krömer 1105; G. A. 8. s. 264), so läßt sich nicht behaupten, daß hier jener Antrag nur durch Anhebung der Civilklage (welche denselben freilich in sich schließt) gestellt werden könne; man muß vielmehr auch eine anderweitige Anbringung desselben zulassen, die dann aber nur beim zuständigen Civil-Richter erfolgen kann: Z. I. 25. Febr. 1859 Stephan c. Hoffman (Entsch. 40. 2. s. 6; G. A. 7. s. 416; Strieth. Arch. 32. s. 321; ind.). Außerdem folgt aus Art. XVIII des Einf.-Ges., daß auch die Anbringung eines Vermittlungsgesuchs beim Schiedsmanne als wirksame Stellung des Antrags auf Bestrafung anzusehen sei: B. I. 1. Nov. 1854 Tost c. Bauch (Strieth. Arch. 16. s. 4); cit. Z. I. 25. Febr. 1859. Das gilt selbst dann, wenn der Sühneversuch selbst durch die Schuld des Klägers verabsäumt wird: B. I. 23. Nov. 1860 Kleinmann c. Taubensee (G. A. 9. s. 130). Vgl. n. 13.

9. Der Antrag kann schriftlich oder mündlich angebracht werden: B. I. 11. März 1857 c. Mittag (JMBl. s. 194). Im letztern Falle muß der betr. Beamte eine Verhandlung darüber aufnehmen; gleichwohl kann in Ermanglung einer solchen Verhandlung der Beweis der rechtzeitigen Stellung auch durch jedes andere Beweismittel, insbesondere durch Zeugen geführt werden; Ablehnung eines solchen Beweisantrags wegen vermeintlicher Unerheblichkeit würde Nichtigkeit begründen: cit. B. I. 11. März 1857.

10. Der Antrag kann auch durch einen Dritten, welcher vermuthete Vollmacht für sich hat, ohne schriftliche Vollmacht gestellt werden. Z. I. 29. Febr. 1860 c. Andreas.

11. Ein B. I. 15. Mai 1857 c. Ucke forderte die Stellung eines ausdrücklichen Antrags; ein stillschweigender, welcher möglicher Weise aus andern Handlungen (z. B. aus der Ablieferung des festgehaltenen Angeschuldigten an den Ortsrichter) gefolgert werden könnte, genüge nicht.

12. Ob im Uebrigen eine Aeußerung des Verletzten als ein Antrag auf Bestrafung anzusehen sei, ist Gegenstand der Auslegung im Einzelfalle, die ergehende Entscheidung kann daher eine materielle Gesetzesvorschrift nicht verletzen. So: Z. I. 27. Okt. 1853 c. Wolters; B. I. 26. Sept. 1856 c. Dittrich; Z. I. 28. Jan. 1857 c. Glauer; Z. II. 9. Juli 1857 c. Klein. Vgl. n. 6. 17; § 160 n. 3; Strafverfahren § 9 n. 4.

13. Die Anstellung einer Civilklage beim zuständigen Civilrichter kann unbedenklich als Anbringung eines Strafantrags angesehen werden, sollte jene Klage als solche auch wegen Verabsäumung des Sühneversuchs zurückgewiesen sein. Z. I. 25. Febr. 1859 Stephan c. Hoffman (Entsch. 40. 2. s. 6; G. A. 7. s. 416; Strieth. Arch. 32. s. 321). Vgl. n. 8; § 343 n. 10.

14. Die Verzeihung des Verletzten steht dem Ablaufe der dreimonatlichen Frist nicht gleich und einem späteren Strafantrage nicht entgegen. Goltd. Matt. 1. s. 142 n. 3; Temme Gll. s. 124 n. 1. *Contra:* Z. 4. Juni 1852 c. Heinrich, in

einem nach dem ältern Rechte zu beurtheilenden Falle, für welchen das StGB. einen Antrag nicht mehr erheischt.

15. Dem Angeklagten (Verklagten), welcher die Verspätung des Antrags geltend machen will, liegt der **Beweis** ob, daß der Verletzte von der That und der Person des Thäters länger als drei Monate Kenntniß gehabt habe, ehe er den Antrag stellte. B. I. 28. Okt. 1853 Henschel c. Buck (Str. Arch. 10. s. 260); B. I. 9. Nov. 1853 v. Tykowski c. Harms (G. A. 2. s. 116); B. I. 24. Okt. 1855 Lüdtke c. Nörenberg (G. A. 3. s. 832); B. I. 27. Jan. 1860 Gutmann c. Krömer (G. A. 8. s. 264); Z. I. 18. Jan. 1861 Walck c. Wollmann; Küßner Abh. in G. Arch. 3. s. 42.

16. Mit Rücksicht auf das unter n. 15 Bemerkte genügt das Beweiserbieten: „der Kläger habe seinen Beleidiger schon am ... gekannt;" der Angabe des letztern nach Namen und Wohnort bedarf es im Beweisantrage nicht. B. I. 24. Okt. 1855 Lüdtke c. Nörenberg (G. A. 3. s. 832).

17. Der **Mangel** eines rechtzeitig gestellten Strafantrags bewirkt die Nichtigkeit des folgenden Verfahrens. Derselbe kann daher nicht nur in zweiter (B. I. 14. Nov. 1857 Müller c. Keipert), sondern selbst noch in der Nichtigkeits-Instanz gerügt werden. Hier bedarf es dann aber (nach Art. 111 des Ges. v. 3. Mai 1852) einer ausdrücklichen Geltendmachung der betr. Thatsache, die allgemeine Behauptung einer „Gesetzesverletzung" reicht dazu nicht hin. *Contra:* B. I. 24. Juni 1859 c. Franke. Ist dagegen jener Mangel in geeigneter Weise gerügt, so ist das Ober-Tribunal berufen, die Richtigkeit der betr. Behauptung selbst nach den Akten zu prüfen, eben weil es sich nur von einer das Verfahren betreffenden Vorschrift handelt; vgl. n. 6; Strafverf. § 126 n. 25; Art. 107 n. 27. Nur dann, wenn es in Frage steht, ob irgend eine Aeußerung des Verletzten einen Strafantrag in sich schließe, dürfte die Auslegung des Instanz-Richters für den Nichtigkeits-Richter maaßgebend sein; vgl. n. 12.

18. Zeigt sich nach eröffneter Untersuchung, daß der erforderliche Strafantrag fehlt, so darf der Instanzrichter **nicht freisprechen**, er muß sich vielmehr darauf beschränken, die Strafverfolgung zur Zeit für unstatthaft zu erklären, um nicht der etwa noch zulässigen nachträglichen Stellung des Antrags und der dann statthaften Erneuerung des Verfahrens zu präjudiziren. B. II. 16. Juni 1859 c. Henning (G. A. 7. s. 692); B. I. 11. Mai 1860 c. Thiel (JMBl. s. 279; G. A. 8. s. 540). Vgl. § 160 n. 2; Strafverf. § 9 n. 9.

19. Wird in dem Inhalte einer Schrift der Thatbestand einer strafbaren Handlung gefunden, wegen welcher Bestrafung nur auf den Antrag des Verletzten statthaft wäre (z. B. im Falle der §§ 79 u. 80), so bedarf es dieses Antrags auch zur Einleitung des **Verfahrens auf Vernichtung** dieser **Schrift** nach § 50 des Preßges. v. 12. Mai 1851: Beschl. II. 17. März 1855 (14 B). *Contra:* Verf. d. Min. d. J. v. 9. Nov. 1854 (Hahn zur Vdn. v. 3. Jan. 1849 § 9 n. 1). Dagegen ist eine **vorläufige Beschlagnahme** in Gemäßheit des § 29 fgg. des Preßgesetzes auch ohne einen solchen statthaft. Das ward im Prinzip anerkannt durch Beschl. I. 10. Sept. 1856 (245 B. I; G. Arch. 4. s. 818, nach welchem es zur Beschlagnahme einer Druckschrift arg. § 29 cit. nicht schon des Daseins aller Bedingungen zur Einleitung eines Strafverfahrens gegen eine bestimmte Person, oder des Vernichtungsverfahrens gegen das Preßerzeugniß (nach § 50 l. c.) bedarf, es vielmehr genügt, wenn nur der Thatbestand einer strafbaren Handlung vorliegt Wird sodann die Fortdauer der Beschlagnahme beschlossen, erfolgt aber demnächst der zur Einleitung der Untersuchung, oder des Verfahrens auf Vernichtung der Schrift erforderliche Antrag nicht, so kann jedenfalls nach Ablauf der im § 50 des StGB. bestimmten Frist jeder dabei Betheiligte beim Gericht auf Wiederaufhebung der Beschlagnahme antragen, und das Gericht darüber befinden.

20. Die Verabsäumung der im § 50 für die Anbringung des Antrags auf Bestrafung bestimmten Frist stellt keine „**Verjährung** des Strafantrags" dar; es dürfen daher die in Betreff der Verjährung geltenden Grundsätze auf jene Versäumniß nicht zur Anwendung gebracht werden. Verjährung und Fristversäumniß sind wesentlich verschiedene Rechts-Institute, und müssen bei der Behandlung der einzelnen Fälle strenge von einander gesondert werden. B. I. 6. Febr. 1856 Ebers c. Normann; Z. I. 25. Febr. 1859 Stephan c. Hoffman (Entsch. 40. 2. s. 6; G. A. 7.

f. 416; Str. Arch. 32. f. 321); B. I. 2. März 1859 Horst c. Möller (G. A. 7. f. 378); B. I. 27. Jan. 1860 Gutmann c. Krömer (G. Arch. 8. f. 264); B. I. 23. Nov. 1860 Kleinmann c. Taubensee (G. Arch. 9. f. 130); u. ö. Vgl. die Civ.-Präjj. v. 3. Juni 1840; 22. Jan. 1844; 13. März 1846 (Entsch. 9. f. 45; 14. f. 125). Insbesondere ist es durchaus unzulässig, die Regeln über die Unterbrechung der Verjährung und den demnächst wieder beginnenden Lauf derselben (§ 47. 48) auf die Fristbestimmung des § 50 anzuwenden. Insoweit ein Strafantrag erforderlich ist, muß derselbe binnen der dreimonatlichen Frist nothwendig angebracht werden, widrigenfalls Unstatthaftigkeit jeder weitern Strafverfolgung eintritt. Ist aber der Antrag einmal rechtzeitig angebracht, so bedarf es einer Wiederbelung desselben in keiner Weise mehr; der Vorschrift des § 50 ist vollständig Genüge geleistet, und der gemachte Antrag thut seine Wirkung, sollte die Sache jetzt auch länger als 3 Monate ruhen, und dann erst wieder aufgenommen werden. Das gilt nicht nur für den Fall der Verfolgung durch den Staatsanwalt, sondern auch wenn dieselbe im Wege des Civil-Prozesses stattfindet; auch hier kann es sich, nachdem einmal den Vorschriften des § 50 genügt worden ist, nur noch fragen, ob die Verjährung nach § 46 (339), oder bei einfachen Beleidigungen die sechsmonatliche Verjährung des § 343 abgelaufen ist. Ob das hier Ausgeführte auch auf die im Wege der Privatklage verfolgten einfachen Mißhandlungen Anwendung erleide, hängt davon ab, ob man mit Rücksicht auf § 189 die Vorschrift des § 50 auch bei diesen für maaßgebend erachtet (vgl. hierüber § 189 n. 2), oder nicht. Im Bejahungsfalle stellt sich die Sache dahin: daß zwar die Staatsanwaltschaft auch ohne Strafantrag des Verletzten verfolgen kann (vergl. § 187 n. 13), daß aber der Letztere, wenn er im Civilwege klagen will, sich das Recht dazu durch einen binnen drei Monaten beim Strafgerichte, der Staatsanwaltschaft oder der Polizeibehörde anzubringenden Antrag wahren muß; hat er dieses aber gethan, so kann demnächst nur noch von der fünfjährigen Verjährung des § 46 die Rede sein; jedenfalls genügt es aber, wenn der Verletzte innerhalb jener drei Monate die Civilklage beim Civilgerichte einreicht, obgleich ein besonderer Strafantrag nicht bei diesem, sondern beim Strafgericht anzubringen gewesen wäre. Bei einfachen Beleidigungen, welche nur im Wege des Civil-Prozesses verfolgt werden können, wird in der Regel der Strafantrag mit der Klage zusammenfallen (vergl. n. 13), dieselbe muß dann binnen sechs Monaten von Begehung der That (§ 343), und binnen drei Monaten von der dem Beleidigten davon gewordenen Kenntniß an (§ 50) eingereicht werden. Es ist indessen bereits oben (n. 8) erwähnt, daß die Stellung eines besondern Strafantrags zur Wahrung der demnächst erst anzustellenden Klage keineswegs ausgeschlossen ist, derselbe kann dann aber (da eine Strafverfolgung durch den Staats-Anwalt und vor dem Strafgerichte unstatthaft ist) nur beim zuständigen Civilgerichte gemacht werden; außerdem bringt auch die Anbringung eines Vermittlungsantrags beim Schiedsmanne (Einf.-G. Art. XVIII) dieselbe Wirkung hervor. Ist das geschehen, so kann es sich ferner nur noch um Innehaltung der sechsmonatlichen Verjährungsfrist des § 343 handeln, welche dann aber selbstredend durch jenen beim Civilrichter eingereichten Strafantrag ebensowenig unterbrochen wurde, als dieses bei andern Vergehen durch einen beim Strafgerichte ꝛc. angebrachten Strafantrag geschehen könnte. — Das Ober-Tribunal hat nach einigem Schwanken (vergl. Z. I. 1. Nov. 1854 Reibe c. Schröder; Str. Arch. 16. f. 1; Z. I. 1. Nov. 1854 Tost c. Bauch; G. A. 3. f. 161; Str. Arch. 16. f. 4; B. I. 5. Mai 1856 Freiberg c. v. Kräwel; Z. I. 5. März 1858 Suchaneck c. Chmielewski; G. A. 6. f. 271) sich durch die oben citirten neueren Erkenntnisse mit diesen Grundsätzen einverstanden erklärt.

21. Dieselben Grundsätze sind auch für das Rheinische Verfahren maaßgebend; nur gestaltet sich hier die Sache einfacher, weil auch die Civilklage des Verletzten vor den Strafrichter gebracht wird, die Anstellung dieser Klage also auch durch ein Einschreiten der Staatsanwaltschaft in keiner Weise behindert werden kann. Strafanträge wegen einfacher Beleidigungen sind, wenn sie nicht mit der Civilklage zusammenfallen, dort an den Polizei-Anwalt zu richten, da die Verfolgung im Wege der Strafklage nach jenem Verfahren nicht ausgeschlossen ist.

22. Der rechtzeitig angebrachte Strafantrag wahrt (selbst in Betreff einfacher Beleidigungen) das Recht der Verfolgung, sollte ihm auch ein vorschriftsmäßiger

§. 51. Wenn bei einem Verbrechen oder Vergehen mehreren Personen das Recht zusteht, daß nur auf ihren Antrag die Bestrafung erfolgen kann, so wird dadurch, daß eine derselben die dreimonatliche Frist versäumt, das Recht der Uebrigen zum Antrage auf Bestrafung nicht ausgeschlossen.

[Entw. § 46 b]. Vgl. § 50. 52—54.

§. 52. Der Antrag auf Bestrafung kann nicht getheilt werden. Das gerichtliche Verfahren findet gegen sämmtliche Theilnehmer an dem Verbrechen oder Vergehen statt, auch wenn nur gegen Einen derselben auf Bestrafung angetragen worden ist.

[Entw. § 46 c]. Vgl. § 50. 51. 53. 54.

Vermittlungsversuch des Schiedsmannes (Einf.-Ges. Art. XVIII) nicht vorhergegangen sein, da es eines solchen nur behufs demnächstiger Zulassung der Privatklage selbst bedarf. B. I. 1. Nov. 1854 Tost c. Bauch (G. A. 3. f. 131; Strieth. Arch. 16. f. 4). *Contra:* Z. I. 5. März 1858 Menz c. Bernhardt; vgl § 48 n. 12.

23. Die vom Gesetze vorgeschriebene Frist, sowie die Wirkung ihres unbenutzten Ablaufs, unterliegt nicht einer abweichenden vertragsmäßigen Bestimmung der Parteien; die auf die Verjährung bezüglichen §§ 564 fgg. I, 9 des ALR. sind auf Strafsachen im Allgemeinen, und namentlich auf die hier fragliche Fristversäumniß nicht anwendbar. B. I. 24. Okt. 1855 Lüdtke c. Nörenberg (G. A. 3. f. 832).

24. Ueber die Berechnung der dreimonatlichen Frist vgl. § 46 n. 15. Unter Monaten sind Kalender-Monate zu verstehen; der § 15 erleidet hier keine Anwendung. *Contra:* B. I. 5. März 1856 Freiberg c. v. Krämel, welches arg. § 15 die Frist als eine neunzigtägige bezeichnete; ähnlich: B. I. 2. März 1859 Horst c. Möller (G. A. 7. f. 378); B. I. 27. Jan. 1860 Gutmann c. Krömer (G. A. 8. f. 264), welche zwar nicht den § 15 cit., wohl aber § 550 I, 9 des ALR. für anwendbar erachteten. Vgl. aber f. 44 n. 1; § 339 n. 8.

§ 51.

1. Ueber den Fall, wo durch eine Handlung mehrere Personen beleidigt sind, vgl. § 55 n. 6.

§ 52.

1. Der Ausdruck: „Theilnehmer" ist hier nicht im technischen Sinne des § 34 aufzufassen, sondern ist gleichbedeutend mit Betheiligter; er umfaßt daher auch den oder die Thäter. B. II. 16. Juni 1859 c. Henning (G. A. 7. f. 692); Z. II. 13. Sept. 1860 c. Friedländer.

2. Der § gilt auch in Nachdrucksachen (Ges. v. 11. Juni 1857 § 15. 16). Z. I. 9. März 1853 c. Schlesinger; B. II. 16. Juni 1859 c. Henning (cit. n. 1).

3. Die Vorschrift des § 52 ist da unanwendbar, wo es überhaupt eines Strafantrags nur in Betreff einzelner, nicht aller bei der That betheiligter Personen bedarf, z. B. im Falle des § 229. Wenn daher auch hier gegen das betr. Kind rc. ein Antrag nicht gestellt, oder ausdrücklich die Einleitung der Untersuchung verbeten ist, steht doch der Verfolgung der Theilnehmer und Hehler kein Hinderniß entgegen: K.-B. I. K. f. 30; B. 21. Jan 1852 c. Büttner (JMBl. f. 111; G. A. f. 233); Z. I. 23. Dez. 1853 c. Geslinski (G. A. 2. f. 255). *Contra:* Temme GA. f. 126 n. 2, welcher aber später (Lehrb. f. 940) diese Ansicht aufgegeben hat.

4. Ist einmal ein Strafantrag gestellt, und die Untersuchung eröffnet, so ist die spätere Zurücknahme des Antrags überall, und auch rücksichtlich solcher Personen, deren Betheiligung sich erst nach dem Antrage herausgestellt hat, wirkungslos. Z. I. 9. Juli 1853 c. Wedel.

§. 53. **Nach Eröffnung der gerichtlichen Untersuchung kann der Antrag auf Bestrafung nicht wieder zurückgenommen werden, so weit nicht in einzelnen Fällen ausdrücklich ein Anderes bestimmt ist.**

[Entw. § 46 d]. Vgl. § 50—52. 54. 160—162; Einf.-Ges. Art. XVII; Vdn. v. 3. Jan. 1849 § 9. 11. 39. 47. 48.

§. 54. **Der Verletzte, welcher bereits das sechszehnte Lebensjahr zurückgelegt hat, ist selbstständig zu dem Antrage auf Bestrafung berechtigt.**

So lange jedoch der Verletzte minderjährig ist, hat auch der Vater oder Vormund desselben, unabhängig von der eigenen Befugniß des Verletzten, das Recht, auf Bestrafung anzutragen.

[Entw. § 46 e]. Vgl. § 50—53. 162.

---

§ 53.

1. Die rechtzeitige Zurücknahme des Antrags macht die Fortsetzung der bereits begonnenen Strafverfolgung unstatthaft: B. I. 2. März 1859 c. Kanieß (ind.); es muß dann Einstellung des Verfahrens erfolgen.

2. Die Zurücknahme des Antrags muß rechtzeitig beim Staatsanwalt, oder beim befaßten Gerichte erfolgen; eine in der Zwischenzeit nur beim Schiedsmanne erfolgte Zurücknahme (Vergleich), welche erst nach dem Eröffnungsbeschlusse beim Gerichte eintrifft, kann nicht mehr berücksichtigt werden. *Contra:* B. I. 2. März 1859 c. Kanieß.

3. Unter „Eröffnung der gerichtlichen Untersuchung“ ist hier der in den §§ 11. 39 und 48 der Vdn. v. 3 Jan. 1849 vorgeschriebene gerichtliche Beschluß zu verstehen. K.-B. I. K. f. 9. Da nach Rheinischem Verfahren ein solcher Beschluß nicht in allen Sachen vorkommt, so muß dort jeder Verfügung, welche von dem mit der Sache durch einen Antrag der Staatsanwaltschaft oder der Civilpartei befaßten Richter ausgeht, dieselbe Wirkung beigelegt werden, ohne Unterschied ob dieselbe vom Untersuchungs- oder dem erkennenden Richter erlassen wird. Vgl. § 48 n. 2.

4. Mit Rücksicht auf die Vorschrift des § 52 ist die Zurücknahme eines Antrags auf Bestrafung wirkungslos, wenn sie auf einen oder einzelne von mehreren bei der That Betheiligten beschränkt wird. *Contra:* G. Matt. 1. f. 443 n. 2, welcher einer solchen beschränkten Zurücknahme Wirkung für Alle beilegen will.

5. Vgl. § 52 n. 4.

§ 54.

1. Der Vater 2c. handelt hier nur als gesetzlicher Vertreter des Minderjährigen; er ist nicht etwa als mittelbar mitverletzt zu betrachten.

2. Ist der zum Strafantrage Berechtigte noch nicht sechszehn Jahre alt, so muß ihm, wenn es sich gerade von der Bestrafung des Vaters oder Vormunds handelt, behufs Stellung des Antrags ein Curator zugeordnet werden. B. II. 17. Febr. 1853 c. Wanning (beiläufig).

3. Ueber die Befugniß des Minderjährigen, einen Sühnetermin wahrzunehmen, und auf Bestrafung zu verzichten, vgl. Einf.-Ges. Art. XVIII n. 7.

Fünfter Titel.
Vom Zusammentreffen mehrerer Verbrechen *) und vom Rückfalle.

§. 55. Wenn eine und dieselbe Handlung die Merkmale mehrerer Verbrechen oder Vergehen in sich vereinigt, so kommt das Strafgesetz zur Anwendung, welches die schwerste Strafe androht.

[Entw. § 47]. Vgl. § 337; Z.-Str.-Ges. v. 23. Jan. 1838 § 23.

*) Durch ein Redaktionsversehen sind hier die Worte »oder Vergehen« weggeblieben.

§ 55.

1. »Eine und dieselbe Handlung« ist der Gegensatz gegen »verschiedene selbstständige Handlungen« im § 56; über diesen Begriff, sowie über das s. g. fortgesetzte Verbrechen vgl. § 56 n. 1.

2. Wenn auch der § nur vom Zusammentreffen der Merkmale mehrerer Verbrechen und Vergehen spricht, so greift derselbe doch auch da Platz, wo dieselbe Handlung die Merkmale einer Uebertretung neben denen eines Verbrechens oder Vergehens in sich vereinigt. Z. II. 18. März 1858 Sieckmann c. Höcker (G. A. 6. s. 415).

3. Der hier behandelte Fall der idealen Konkurrenz setzt das Vorhandensein aller Begriffs-Merkmale der verschiedenen Straffälle voraus, namentlich also auch, daß die für jeden dieser Straffälle erforderliche Willensrichtung (Dolus) obgewaltet hat: Z. I. 14. Jan. 1858 c. Wendt (G. A. 7. s. 233). Dagegen kommt auf den schließlichen Endzweck Nichts an; wenn daher zum Begriffe eines Straffalles ein bewußtes Handeln genügt, so wird das Vorhandensein desselben dadurch nicht ausgeschlossen, daß die betr. Handlung lediglich deshalb geschah, um das andere an sich allein bezweckte Vergehen zu verüben (z. B. bewußte Beschädigung fremder Sachen, um dadurch einen Diebstahl zu ermöglichen). Beschl. I. 16. Mai 1860 c. Lehmann (78 B; J-M-Bl. s. 273; G. A. 8. s. 558).

4. An sich liegt ein Fall der idealen Konkurrenz auch dann vor, wenn im Thatbestande eines Straffalles als Theil desselben zugleich ein thatsächliches Moment enthalten ist, welches für sich allein, also ohne jene Verbindung, einen besonderen Straffall darstellen würde, z. B. Einbruch (als Vermögensbeschädigung) beim Diebstahle, oder Annahme eines falschen Namens bei der Bettelei: Z. I. 24. Sept. 1858 c. Hensel (832). In solchen Fällen bleibt gleichwohl die durch § 55 angeordnete Prüfung des anzuwendenden Strafgesetzes nach der Schwere der angedrohten Strafen ausgeschlossen, vielmehr greift unbedingt die für jenes Zusammentreffen angedrohte Strafe allein Platz. Vgl. G. Arch. 2. s. 552; Z. I. 7. Sept. 1859 c. Ramm; Beschl. I. 16. Mai 1860 c. Lehmann (cit. n. 3; dieser letztere scheint das Gegentheil für den Fall anzunehmen, wo es sich von der Verletzung eines besonders geschützten Rechts handle; damals war aber das den besondern Straffall darstellende Moment nicht im Thatbestande des andern mit enthalten, vielmehr handelte es sich von dem Diebstahle einer Quantität Weiden aus einer zum Stromschutze dienenden Weidenpflanzung, also einem unbestreitbaren Falle der idealen Konkurrenz). — Aus dem aufgestellten Grundsatze folgt, daß wenn die Hauptthat (z. B. auf Grund der §§ 228. 229) straflos bleiben muß, auch der konkurrirende (im Begriffe jenes mitenthaltene) Umstand als selbstständiger Straffall nicht verfolgt werden kann, sollten auch auf ihn die betr. Bestimmungen an sich nicht passen, oder bei ihm die die Straflosigkeit bedingenden Umstände nicht zutreffen. Z. I. 24. Sept. 1858 c. Hensel (832).

5. Die Frage, ob ideale oder reale Konkurrenz vorliege, bietet [neben der thatsächlichen auch] wesentlich eine rechtliche Seite dar. B. I. 16. Okt. 1859 c. Stolp.

6. Handelt es sich von einer und derselben einheitlichen Handlung (vgl. § 56 n. 2), so wird die ideale Konkurrenz nicht dadurch beseitigt, daß durch dieselbe bewußter oder auch beabsichtigter Weise verschiedene Rechte, oder die Rechte mehrerer Personen gekränkt werden, z. B. Beleidigung Mehrerer durch eine

Aeußerung, gleichzeitige Wegnahme mehrerer, verschiedenen Personen gehöriger Sachen. *Contra*: Hälschner 1. S. 511 fgg.; John: die fortges. Verbr. S. 6 fgg., welche, vom Standpunkte ihrer Auffassung vom „fortgesetzten Verbrechen,“ in solchen Fällen aus unhaltbaren Gründen reale Konkurrenz annehmen wollen.

7. In dem unter n. 6 erwähnten Falle der Beleidigung einer Mehrheit von Personen durch eine Aeußerung macht es auch keinen Unterschied, ob die Beleidigten als Gemeinde, Korporation, Familie 2c. rechtlich ein Ganzes bilden, oder nicht. Temme GA. S. 128 n. 3. Vgl. G. Matt. 1. S. 450. In Betreff der Statthaftigkeit einer mehrfachen Strafverfolgung, sowie des Strafmaaßes vgl. Thl. II Tit. XIII (§ 152 fgg.) n. 13.

8. Erstreckt sich eine Handlung (z. B. ein Diebstahl) auf mehrere Sachen, so wird die Einheit derselben dadurch nicht aufgehoben, daß bei einzelnen Sachen noch ein erschwerendes Moment (z. B. innerer Einbruch) hinzutrat, welches bei den andern fehlt; dadurch wird die That nicht in zwei selbstständige gespalten. B. I. 12. Okt. 1859 c. Schütt.

9. Widerstand gegen Beamte im Dienste und Ehrenkränkungen gegen dieselben werden nicht nothwendig dadurch zu einer einzigen, aus mehreren Gesichtspunkten strafbaren Handlung, daß Veranlassung, Zeit und Ort der Handlung zusammenfallen, sie können daher als getrennte Vergehen angesehen werden. Z. II. 24. Febr. 1853 c. Hoffmann.

10. Wissentlicher Meineid (ausgeschworen vor einer Brandentschädigungs-Abschätzungskommission über die Höhe des erlittenen Brandschadens), und ein durch Zuviel-Liquidirung versuchter Betrug stellen eine ideale Konkurrenz dar, so daß die Meineidsstrafe allein zu verhängen, und hierin auch die Strafe des Betrugsversuchs für einbegriffen zu erachten ist. So: B. Pl. 9. Juli 1855 c. v. Schulz (Entsch. 29. S. 256).

11. Konkurrenz des Kindesmords und der Fortschaffung der Leiche, vgl. § 186 n. 16.

12. Kann eine und dieselbe Handlung gleichzeitig den Thatbestand des versteckten Wuchers und den des Betrugs in sich schließen? Vgl. hierüber § 263 n. 66.

13. Der § 55 und nicht § 56 ist anwendbar, wenn derjenige, welcher ohne Erlaubniß gewerbsmäßig auf Pfänder leiht (§ 264), sich außerdem bei den nämlichen Handlungen des Wuchers schuldig macht. B. I. 9. Febr. 1853 c. Schulz. Vgl. § 263 n. 67.

14. Ideale Konkurrenz liegt vor, wenn Jemand durch die gewerbsmäßige Abfassung einer Schrift für einen Andern sich einer Zuwiderhandlung gegen die §§ 49 und 177 der Gew.-Ordn. vom 17. Jan. 1845, und gleichzeitig durch den Inhalt der Schrift einer Ehrenkränkung schuldig macht. B. I. 26. Okt. 1859 c. Stolp.

15. Trifft eine Zollbefraude ideell mit einem andern Vergehen (z. B. Diebstahl der eingeschwärzten Sache) zusammen, so erleidet der Grundsatz des § 55 nach Z.-Str.-Ges. v. 23. Jan. 1838 § 23 eine Ausnahme, und beide Strafen sind neben einander zu verhängen. B. I. 18. März 1857 c. Blank (G. A. 5. S. 416).

16. Bei Prüfung der Frage, welches Strafgesetz die schwerste Strafe androhe, findet eine analoge Anwendung der Grundsätze des Art. IV des Einf.-Ges. nicht Statt. Z. II. 26. Jan. 1860 c. Dietz (G. A. 8. S. 408).

17. Drohen die verschiedenen Strafgesetze lediglich Strafen derselben Art an, so ist die größere oder geringere Schwere derselben zunächst nach dem angedrohten Maximum zu beurtheilen. *Contra*: Erk. App.-G. Naumburg v. 20. Dez. 1859 c. Mulert, welches das Strafminimum für maaßgebend erachtete.

18. Drohen die verschiedenen Strafgesetze Gefängnißstrafe von verschiedener Dauer an, so ist diejenige für die schwerere zu erachten, neben welcher noch Ehrenstrafen konkurriren, sollte auch die Dauer der dabei angedrohten Gefängnißstrafe im Minimum kürzer sein, als nach dem andern Gesetze. Z. II. 26. Jan. 1860 c. Dietz (G. A. 8. S. 408); vgl. Art. IV n. 14.

19. Kommt die schwerere Strafe zur Anwendung, so kann nicht neben derselben die nur durch das gelindere Strafgesetz angedrohte zusätzliche Geldbuße verhängt werden. B. I. 6. Jan. 1858 c. Müller (Eggert u. Gen.).

20. Wenngleich im Falle einer idealen Konkurrenz nur das die schwerste

§. 56. *) **Gegen denjenigen, welcher durch verschiedene selbstständige Handlungen mehrere Verbrechen oder Vergehen begangen hat, ist auf sämmtliche dadurch begründete Strafen vereinigt zu erkennen.**

*) In der ursprünglichen Fassung fehlte der zweite Absatz dieses §, welcher durch das Gesetz vom 9. März 1853 (GS. S. 78) zugesetzt worden ist.

Strafe androhende Strafgesetz zur Anwendung kommen kann, so darf doch von dem anderweitigen Verbrechen oder Vergehen, dessen Thatbestand ebenfalls festgestellt worden, nicht freigesprochen, es muß vielmehr (zur Begründung einer demnächstigen Rückfallsstrafe) die Verurtheilung wegen jedes der verschiedenen Verbrechen rc. ausgesprochen werden. Z. I. 14. Jan. 1859 c. Wendt (G. A. 7. S. 232); Z. I. 22. Febr. 1860 c. Sachs. Vgl. Strafverf. § 23 n. 9.

§ 56.

Inhalt.

1. Durch die Vereinigung mehrerer Strafen wächst die Intensität derselben. Hälschner 1. S. 516; Berner Grdss. § 157. Ebendeshalb kann es leicht geschehen, daß die unbedingte Anwendung des Grundsatzes der Strafkumulation im Falle der realen Konkurrenz übermäßig hart erscheine. Diese Anschauung hat in der gemeinrechtlichen Straf-Rechts-Lehre zu der Theorie vom „fortgesetzten Verbrechen“ geführt, vermöge welcher eine Mehrheit getrennter selbstständiger Strafthaten doch nur als ein einziger Straffall anzusehen sein soll, wenn dieselben, sei es durch die Willensrichtung des Thäters, sei es durch das Objekt, auf welches sie sich bezogen, oder den Zweck, welcher bei denselben verfolgt wurde rc., zu einander in einer gewissen Beziehung standen. An dem Begriffe dieses „fortgesetzten Verbrechens“ hat sich (nach dem treffenden Ausdrucke von Wächters in G. Arch. 8. S. 6) die Wissenschaft seit mehr als vierzig Jahren herumgequält, und zwar ohne zu einem irgendwie befriedigenden Resultate zu gelangen. Die vielfach versuchten Begriffsbestimmungen haben nie eine allseitige Billigung gefunden, gehen auch soweit auseinander, und sind meistentheils so vage und unklar, daß sie für die praktische Anwendung einen Anhaltspunkt gar nicht abgeben können. Der Grund liegt darin, daß es der ganzen Theorie an jeder innern Begründung fehlt, und daß sie nur durch einen Mißstand hervorgerufen worden ist, dessen Beseitigung auf einem andern, weit einfacheren Wege zu erzielen war. Das Gesetz straft die einzelnen Zuwiderhandlungen gegen seine Verbote; es ist nicht abzusehen, wie nach vollständiger Beendigung und Vollendung der einen Strafthat der Neubeginn und die abermalige vollständige Vollendung einer zweiten Strafthat mit der ersten zu einem einzigen Straffalle deshalb zusammen wachsen soll, weil z. B. die Absicht (der Entschluß) des Thäters von vorneherein auf die Verübung beider Handlungen gerichtet war, oder weil durch beide ein und dasselbe (theilbare) Recht verletzt, oder weil durch die Verübung der verschiedenen Handlungen schließlich die Erreichung eines einzigen unberechtigten Zweckes beabsichtigt wurde. Freilich kann es sehr leicht geschehen, daß eine Mehrheit von Einzelhandlungen unter sich so im Zusammenhange stehen, daß sie sich als ein einheitliches Thuen darstellen (vgl. z. B. § 31, nach welchem ein

Es kann jedoch, insoweit es sich um Freiheitsstrafen handelt, die Dauer derselben bis auf das Maaß der für das

---

Versuch durch Handlungen an den Tag gelegt sein muß ꝛc., so daß die Mehrheit dieser Handlungen sich als der Beginn einer einmaligen Ausführung darstellt), dann wird aber wesentlich eine (objektive) Kontinuität dieser Handlungen selbst vorausgesetzt; wo diese fehlt, jede Einzelhandlung vielmehr in sich abgeschlossen ist, und für sich den vollen Thatbestand eines Straffalles darstellt, da können die oben gedachten, oder ähnliche Umstände nicht genügen, aus der Mehrheit eine Einheit zu machen. Vgl. Temme Gll. S. 129 n. 2; id. Lehrb. S. 502 fgg. Hiernach war es durchaus gerechtfertigt, daß der Begriff des „fortgesetzten Verbrechens" in das System des StGB. nicht aufgenommen, und die hierauf bezüglichen Vorschriften der früheren Entwürfe vollständig beseitigt worden sind; vgl. Motive zum Entw. von 1847 S. 36, zum § 118 des Entw. v. 1843: („der § 118 ist weggelassen; als Zumessungsregel ist er entbehrlich; in der Bezugnahme auf das fortgesetzte Verbrechen aber beruhet er blos auf der Voraussetzung eines Begriffes, den er nicht näher angiebt, und zu dessen Definirung auch kein praktisches Bedürfniß vorliegt.") Hieraus muß umsomehr auf die Beseitigung des ganzen Begriffs geschlossen werden, als die Wissenschaft jedenfalls noch nicht dahin gelangt ist, den Mangel der Definition zu ersetzen, die Vorschrift des § 218 Nr. 7 (früher Nr. 8) aber klar an den Tag legt, daß wenigstens die Einheit der Willensrichtung nicht dazu dienen soll, einer Mehrheit von Straffällen den Charakter der Einheit beizulegen. Es ist daher überall an der Unterscheidung der §§ 55 und 56 festzuhalten und zu untersuchen, ob nur „eine und dieselbe" Handlung, oder ob „verschiedene selbstständige Handlungen" vorliegen, und es kann aus diesem in der Natur der Sache begründeten Gegensatze nicht gefolgert werden, daß der Gesetzgeber die Theorie vom fortgesetzten Verbrechen habe anerkennen wollen. In diesem Sinne entschied: Z. II. 23. Febr. 1860 c. Schmitz: daß der Instanzrichter verschiedene selbstständige Handlungen annehmen könne, selbst wenn diese konkurrirenden Handlungen demselben Strafgesetze unterliegen, auch der strafrechtliche Dolus, sowie die dadurch verletzte Person dieselben, und das zur Begehung angewendete Mittel und der verfolgte Zweck identisch sind; ebenso sprachen B. II. 20. Sept. 1855 c. Krämer (JMBl. S. 383) und Z. I. 23. Nov. 1860 c. Lüdike (RdO. 1. S. 148) es aus, daß eine Mehrheit verschiedener selbstständiger Handlungen nicht als ein fortgesetztes Verbrechen angesehen werden könne. Dagegen hatte das Ober-Tribunal in einer Reihe früherer Fälle angenommen, daß der Begriff des fortgesetzten Verbrechens, wenn auch im StGB. nicht definirt, doch auch nicht beseitigt sei; so: B. 12. Sept. 1851 c. Ammon (Liebe und Gen.); Z. 8. März 1852 c. Nordt (G. A. 1. S. 74); B. 16. Juli 1852 c. Tombrink; B. 13. Sept. 1852 c. Reitz; Z. 24. Sept. 1852 c. Netz; B. 22. Okt. 1852 c. Feierabend; Z. 3. Dez. 1853 c. Schleier; Z. I. 8. Febr. 1853 c. Vierath; Z. (B.) I. 17. Juni 1853 c. Papke; B. II. 23. Nov. 1854 c. Schrör (G. A. 3. S. 112); Z. II. 25. Okt. 1855 c. Kunert; Beschl. II. 15. Jan. 1857 c. Roth. Mehrere dieser Entscheidungen haben dabei die (von der Theorie allgemein verworfene) Definition Mittermaiers (Feuerbachs Lehrb. 14. Ausg. § 128a Zus.) zum Grunde gelegt, und „das wesentliche Merkmal des fortgesetzten Verbrechens in der zusammentreffenden Einheit des Entschlusses und der That" gefunden, „so daß nicht schon der gleichzeitig gefaßte Entschluß zu mehreren an sich in keinem Zusammenhange stehenden verbrecherischen Thaten genüge, sondern auch die der Zeit oder dem Orte nach von einander getrennten Handlungen selbst in einem solchen Zusammenhange stehen müßten, daß sie nur als die fortschreitende Ausführung einer That erschienen." — Daß es übrigens der ganzen Lehre vom fortgesetzten Verbrechen gar nicht bedarf, geht auf das schlagendste aus der Thatsache hervor, daß seit der durch das Gesetz v. 9. März 1853 bewirkten Abänderung des § 56, und der dadurch herbeigeführten wesentlichen Milderung des Grundsatzes der Strafkumulation, die Fälle, wo von den Instanzrichtern ein „fortgesetztes Verbrechen" angenommen wird, unendlich selten geworden sind, obgleich seine Bedeutung an sich dadurch nicht in Wegfall gerathen konnte. Schließlich ist noch hervorzuheben, daß da, wo zum Thatbestande eines Vergehens ꝛc. die Gewerbs- oder Gewohnheitsmäßigkeit gehört, auch eine Mehrheit

schwerste Verbrechen oder Vergehen bestimmten Freiheitsstrafe herabgesetzt werden.

[Entw. § 48]. Vgl. § 57. 338; Einf.-Ges. Art. XXI. XXII; Steuer-Ordn. v. 8. Febr. 1819 § 84; Zoll-Str.-Ges. v. 23. Jan. 1838 § 23; Ges. v. 3. Mai 1852 Art. 131. 132.

verschiedener selbstständiger Handlungen stets nur als ein einziger Straffall anzusehen ist, vgl. n. 21. Außerdem hat das Ober-Tribunal bei verschiedenen Fleischesverbrechen aus den in der Begriffsbestimmung enthaltenen Ausdrücken folgern zu dürfen geglaubt, daß eine Mehrheit gleichartiger, gegen dasselbe Objekt gerichteter Handlungen nicht mit der kumulirten Strafe des § 56 belegt werden könne (vgl. § 140 n. 4; § 141 n. 3; § 142 n. 10; § 144 n. 6). Es ist dieses dann aber jedenfalls nicht als ein „fortgesetztes Verbrechen" anzusehen, sowie denn auch jene Auffassung eine analoge Anwendung auf andere Fälle nicht zuläßt. — Die Lehre vom fortgesetzten Verbrechen hat übrigens auch für das Strafgesetzbuch in Hälschner (1 s. 505 fgg.), John (die fortgesetzten Verbrechen, Berlin 1860) und Berner (Grdss. § 100 fgg., § 112 fgg., § 149) Vertreter gefunden, welche indessen in ihren Ansichten weit auseinander gehen.

2. Als „selbstständige Handlung" ist hiernach jedes einheitliche, in sich abgeschlossene, die sämmtlichen Begriffsmerkmale des betr. Straffalles in sich vereinigende Thuen aufzufassen; ob ein solches anzunehmen sei, gehört wesentlich der thatsächlichen Beurtheilung an. Z. I. 10. Dez. 1856 c. Nietzsch; B. II. 5. Febr. 1857 c. Löhr; Z. I. 8. April 1857 c. Ziemann; B. I. 3. Febr. 1858 c. Meyer. Dadurch wird es indessen keineswegs ausgeschlossen, daß der Rechtsrichter zu prüfen habe, ob nicht jener Beurtheilung eine irrige Auffassung des Begriffes der Selbstständigkeit zum Grunde liege. Hierdurch erledigt sich dasjenige, was John l. c. s. 31 gegen die vorstehende Bemerkung anführt.

3. Die Identität des untheilbaren Objekts verschiedener strafbarer Handlungen genügt nicht, um die Selbstständigkeit jeder einzelnen, und somit die reale Konkurrenz zu beseitigen; wiederholte Mordversuche gegen dieselbe Person können daher unbedenklich unter § 56 fallen. *Contra:* John l. c. s. 21 aus unhaltbaren Gründen.

4. Dasselbe gilt von der Verbindung zweier strafbarer Handlungen, sollte auch die eine durch die andere veranlaßt oder zu deren Verdeckung vorgenommen sein. Beisp. Chausseegeld-Defraudation und Annahme eines falschen Namens, um sich der Bestrafung wegen jener zu entziehen (Z. I. 27. Mai 1857 c. Lewinsky; G. A. 5. s. 562); Urkundenfälschung zur Verdeckung einer begangenen Unterschlagung rc. (Beschl. I. 9. Juli 1859 c. Quednow 142 B; G. A. 6. s. 852; ind.; vergl. n. 12; § 247 n. 15). *Contra:* Hälschner 1. s. 512 fgg.; 517. Vgl. § 105 n. 34; § 186 n. 16. Anders verhält sich die Sache da, wo das Gesetz beide Begehungen unter einer eigenen Strafbestimmung zusammen faßt, wo also der Thatbestand beider zu den wesentlichen Merkmalen des besonders vorgesehenen Verbrechens rc. gehört (Beisp. Diebstahl mit Einbruch; Bettelei unter Annahme eines falschen Namens); vgl. § 55 n. 4.

5. Noch weniger hebt die Identität des Zwecks die Selbstständigkeit verschiedener Handlungen auf. Das ward indirekt anerkannt durch Beschl. I. 7. Jan. 1857 c. Witt. Vgl. n. 17; § 186 n. 16; § 244 n. 11.

6. Von einem fortgesetzten Verbrechen kann jedenfalls dann nicht mehr die Rede sein, wenn einmal wegen der einen Handlung eine Verurtheilung erfolgt ist, sollte das betreffende Erkenntniß auch noch nicht rechtskräftig geworden sein. Z. I. 18. Febr. 1857 c. Dietrich; vgl. § 146 n. 7.

7. Nach demjenigen, was unter n. 1. 2 ausgeführt worden ist, hat der Richter der Thatsache die Verpflichtung in jedem Einzelfalle zu prüfen, ob eine Mehrheit selbstständiger Handlungen vorliege, oder nicht; hierbei ist es als Grundsatz festzuhalten, daß da, wo der Thatbestand mehrerer Verbrechen oder Vergehen festgestellt worden ist, die Selbstständigkeit eines jeden angenommen werden muß, insoweit nicht das Gegentheil aus anderweitigen Feststellungen klar hervorgeht. Das ward ausdrücklich anerkannt durch: Z. I. 17. Okt. 1856 c. Schwarzer (Thoneyser u. Gen.); Z. II. 4. Juni 1859 c. Richardt; Z. II. 23. Febr. 1860 c. Schmitz; ähnlich:

Z. I. 8. April 1857 c. Ziemann; vgl. n. 8. 9. *Contra:* ein B. I. 17. Juni 1853 c. Papke (der Angeklagte war durch zwei verschiedene Wahrsprüche der Geschwornen schuldig erklärt worden, durch Vermittlung eines Dritten zwei Personen zur eidlichen Bekräftigung eines falschen Zeugnisses verleitet zu haben; erwogen ward: es konstire nicht, daß dieses seinerseits durch zwei verschiedene Handlungen bewirkt worden sei, weshalb § 56 keine Anwendung erleide). Aehnlich nahm das Ober-Tribunal in mehreren Fällen ein fortgesetztes Verbrechen an, weil das Gegentheil thatsächlich nicht festgestellt sei: Z. 2. Jan. 1852 c. Stahl; B. 4. Juni 1852 c Zemla; Z. 24. Sept. 1852 c. Netz; B. I. 24. Juni 1853 c. Hilgendorf; vgl. auch B. I. 30. Nov. 1855 c. Ludwig (G. A. 4. s. 248; vgl. n. 12).

8. In schwurgerichtlichen Sachen haben die Geschwornen die Selbstständigkeit der verschiedenen Handlungen zu prüfen: Z. I. 9. März 1853 c. Katransky; ähnlich: Z. 7. Juni 1852 c. Baltruschat; Z. I. 22. Dez. 1854 c. Schmidt. Wird ein Antrag auf Stellung einer solchen Frage gestellt, so muß demselben stattgegeben werden, und Nichtigkeit tritt ein, wenn der Schwurgerichtshof die Stellung dieser Frage ablehnt, und selbst über dieselbe entscheidet: B. II. 23. Nov. 1854 c. Schrör (G. A. 3. s. 112); B. I. 9. März 1855 c. Lenski (G. A. 3. s. 670). In Ermanglung eines Antrags aber hat der Schwurgerichtshof selbst zu beurtheilen, ob er die Stellung einer derartigen Frage für nothwendig erachtet. Z. I. 10. Dez. 1856 c. Nietzsch.

9. Dieselben Grundsätze kommen auch dann zur Anwendung, wenn man die Lehre vom „fortgesetzten Verbrechen“ zur Anwendung bringen will; das Ober-Tribunal hat wiederholt angenommen, daß zwar die Prüfung, ob wiederholte gleichartige, oder nur ein einziges fortgesetztes Verbrechen vorliegen, dem Schwurgerichtshofe zustehe, daß aber die Feststellung der dabei in Betracht zu ziehenden thatsächlichen Momente durch die Geschwornen erfolgen müsse: Z. II. 3. Febr. 1853 c. Gecht (G. A. 1. s. 219); Z. I. 8. Febr. 1853 c. Bierath; Z. (B.) I. 17. Juni 1853 c. Papke; Z. (B.) II. 12. Mai 1857 c. Schramm; B. I. 3. Febr. 1858 c. Meyer. Die Frage darf indessen nicht in der Abstraktion gestellt werden: ob der Angeklagte durch verschiedene selbstständige Handlungen mehrere oder nur ein Verbrechen rc. begangen habe. Z. 9. Juni 1852 c. Fritze.

10. Abweichend von dem Grundsatze, welcher den unter n. 7—9 citirten Entscheidungen zum Grunde liegt, hat das Ober-Tribunal in einzelnen Fällen die thatsächliche Prüfung, ob ein fortgesetztes Verbrechen vorliege, selbst vorgenommen, und darüber zum Theil in anderm Sinne als früher die Instanzrichter entschieden, z. B. B. 8. März 1852 c Nordt; B. 21. Mai 1852 c. Kimmel; B. 18. Sept. 1852 c. Reitz; B. 22. Okt. 1852 c. Feierabend; Z. 3. Dez. 1852 c. Schlever; B. I. 9. Febr. 1853 c. Seemann; B. I. 30. Nov. 1855 c. Ludwig (G. A. 4. s. 248).

Im Einzelnen hat das Ober-Tribunal ein fortgesetztes Verbrechen angenommen:

11. in einem Falle, wo Jemand die Kuh eines Andern an zehn Tagen gemelkt und die Milch in der Absicht rechtswidriger Zueignung weggenommen, auch von vorne herein die Absicht gehabt hatte, die Kuh fortgesetzt zu melken, und sie in Ausführung dieser Absicht fortgemelkt hatte. Z. 9. Juni 1852 c. Fritze (G. A. 1. s. 74).

12. .... ebenso: wenn Jemand ein früheres protokollarisches falsches eidliches Zeugniß zu einem fernern Protokolle in derselben Sache, und unter Bezugnahme auf den früheren Eid wiederholt, ohne neue unwahre Thatsachen hinzuzusetzen. Z. I. 15. April 1853 c. Kern; Z. I. 4. Mai 1859 c. Bonow (445; beil.); ähnlich: B. I. 30. Nov. 1855 c. Ludwig (G. A. 4. s. 248); Z. I. 6. Juni 1860 c. Weise; das erstere vernichtete ein den § 56 anwendendes schwurgerichtliches Urtheil, weil nicht zwei selbstständige Handlungen anzunehmen seien, die Anklage selbst die That nicht so qualifizirt habe, und sich im Spruche der Geschwornen keine Umstände fänden, welche eine solche Annahme unterstützen könnten; ähnlich: John, die fortges. Verbr. s. 51. Vgl. aber oben n. 7.

13. .... ebenso: wenn der Verfälscher einer Urkunde von derselben demnächst wiederholt Gebrauch macht. B. I. 9. Febr. 1853 c. Seemann (vgl. § 247 n. 60).

14. .... Dasselbe nahmen B. 2. Aug. 1852 c. Böfing (G. A. 2. s. 265) und B. I. 24. Juni 1853 c. Hilgendorf (G. A. 1. s. 576) in dem Falle an, wo ein

Fälschung zur Verdeckung einer Unterschlagung stattgefunden hatte. Diese Auffassung hat das Ober-Tribunal aber später in einer Reihe von Entscheidungen verlassen; vgl. n. 4; § 247 n. 15.

15. Dagegen wurden verschiedene selbstständige Handlungen angenommen, und § 56 angewendet: in einem Falle, wo Jemand eine Ueberversicherung vorgenommen, dann die versicherten Sachen in betrügerischer Absicht in Brand gesteckt, und endlich in böslicher Absicht eine zu hohe Entschädigungsforderung aufgestellt hatte, obgleich alle drei Handlungen aus derselben strafbaren Absicht flossen. Beschl. II. 22. Sept. 1853 c. Fißmer (G. A. 2. s. 560); Z. I. 19. Jan. 1859 c. Kirchner. *Contra:* Beschl. II. 15. Jan. 1857 c. Roth (G. A. 5. s. 406); vgl. § 244 n. 11.

16. .... ebenso in einem Falle, wo Jemand in drei verschiedenen Prozessen drei Eide über verschiedene, wenn auch aus demselben Vertrage hervorgegangene Lieferungen, unmittelbar hintereinander und vor demselben Richter ableistete. B. 8. März 1852 c. Nordt (G. A. 1. s. 74).

17. .... ebenso sind wiederholte Fälschungen und wiederholte Verleitungen zum Meineide verschiedene Verbrechen, wenn auch die einzelnen Fälle nur zur Erreichung desselben Zwecks dienen sollen. Z. II. 11. Mai 1854 c. Lütke Maestrup; vgl. n. 5.

18. .... ebenso: wenn Jemand bei einem Widerstande gegen einen Beamten im Dienste diesen auch beleidigt; es sind dieses getrennte Vergehen, welche dadurch nicht zu einer einzigen, aus mehreren Gesichtspunkten strafbaren Handlung werden, daß Zeit und Ort derselben zusammen fallen. Z. II. 24. Febr. 1853 c. Hoffmann.

19. .... ebenso in einem Falle, wo eine Weibsperson gewerbsmäßig Unzucht getrieben, und als Belohnung dafür wissentlich gestohlene Sachen angenommen hatte. Z. I. 12. Nov. 1856 c. Labs (Marx u. Gen.; G. A. 5. s. 104) [nicht unbedenklich].

20. .... ebenso stellt jede verbotene Versendung einer Schrift unter Kreuzband eine selbstständige Handlung dar, sollten auch mehrere Exemplare derselben zu dieser Art der Postversendung nicht geeigneten Schrift gleichzeitig an verschiedene Addressaten, aber jedes unter besonderm Kreuzbande aufgegeben sein. Z. II. 25. Okt. 1855 c. Kunert.

21. Gehört zu den Begriffserfordernissen eines Vergehens die Gewerbsmäßigkeit (z. B. Hurerei § 146), so können die mehreren Einzelhandlungen, deren sich Jemand schuldig gemacht hat, nicht als ebenso viele selbstständige Vergehen betrachtet werden, vielmehr stellen dann alle zusammen nur ein Vergehen dar. B. II. 7. Juli 1855 c. Wedemann, vgl. § 146 n. 7; § 276 n. 3. Dasselbe gilt da, wo die Strafbarkeit durch die Gewohnheitsmäßigkeit bedingt ist; vgl. n. 1. Anders verhält es sich aber, wenn die Gewohnheitsmäßigkeit ꝛc. sich als erschwerender Umstand darstellt. Vgl. § 239 n. 6.

22. Die Strafkumulation setzt die Möglichkeit der wirklichen Vereinigung der erkannten Strafen voraus; es liegt in der Natur der Todesstrafe, daß neben derselben nicht eine Freiheitsstrafe zur Anwendung kommen kann, da die Vollstreckung der erstern nicht bis nach dem Vollzuge der letztern ausgesetzt werden darf. Z. I. 1. Juni 1855 c. Kottwitz (G. A. 3. s. 563); Temme Lehrb. s. 498; Hälschner 1. s. 516.

23. Liegen mehrere im Rückfalle begangene selbstständige Verbrechen ꝛc. derselben Gattung vor, so ist (insoweit nicht jetzt Abs. 2 des § zur Anwendung kommt) für jeden einzelnen Fall die höhere Strafe des Rückfalls zu verhängen. Z. 2. Jan. 1852 c. Suppe; B. 7. Jan. 1852 c. Kinscher (Entsch. 22. s. 68); B. 10. Mai 1852 c. Peglau; Z. 1. 16. Febr. 1853 c. Sell.

24. Das Gesetz vom 9. März 1853 enthält keine Deklaration der davon berührten §§ (ALR. Einl. § 15), ist vielmehr als neues, jene Vorschriften abänderndes Gesetz anzusehen. Z. I. 15. Juli 1853 c. Richter (Präj. n. 47; G. A. 1. s. 575); Z. I. 2. Nov. 1853 c. Gellrich.

25. Der Sinn des durch das Ges. v. 9. März 1853 zugefügten zweiten Absatzes des § geht dahin, daß der Richter im Falle der realen Konkurrenz befugt sein soll, statt des die Regel bildenden Summirens aller durch die Einzelhandlungen verwirkten Freiheitsstrafen, diese Strafe in der Weise zu bestimmen, daß dieselbe, wenn jedes der zu bestrafenden Verbrechen ꝛc. von gleicher Schwere ist, innerhalb

der Gränzen des für eines derselben bestimmten gesetzlichen Strafmaaßes, entgegengesetzten Falles nach dem auf das schwerste Verbrechen rc. anwendbaren Strafgesetze abgemessen werde; daß ferner der Richter in der Bestimmung des Strafmaaßes nicht weiter beschränkt ist, als daß er nicht unter das niedrigste Maaß des nach vorstehenden Grundsätzen zur Anwendung zu bringenden Gesetzes herabgehen darf. Z. I. 8. Juni 1853 c. Hummler (G. A. 1. S. 563); ähnlich: Z. II. 23. Juni 1853 c. Plate; Z. I. 28. Okt. 1853 c. Kille. Vgl. auch stenogr. Ber. über die Verhh. der II. K. 1852—1853 S. 389.

26. Hiernach ist es keineswegs erforderlich, daß auf das höchste Maaß der für das schwerste Verbrechen rc. angedrohten Freiheitsstrafe erkannt werde. Z. II. 4. Mai 1854 c. Poensgen (JMBl. S. 283; Rh. A. 50. 2. A. S. 3).

27. In Betreff der Frage, welches Verbrechen rc. als das schwerste zu betrachten sei, vgl. § 55 n. 16—18.

28. Was hier von den Freiheitsstrafen gesagt ist, darf auf Ehrenstrafen nicht ausgedehnt werden, vielmehr muß auf diese, sowie auf die Polizei-Aufsicht für jeden der realiter konkurrirenden Straffälle selbstständig erkannt werden. Dagegen findet eine Summirung der Dauer dieser Strafen nicht Statt, vielmehr erfolgt die Vollstreckung mehrerer gleichzeitig und neben einander; vergl. § 21 n. 2; § 26 n. 2. 3. Daraus folgt, daß die Ehrenstrafen rc. auch dann nothwendig Platz greifen müssen, wenn sie nur neben der geringeren Freiheitsstrafe angedroht sind, sowie daß auch dann, wenn die Strafabmessung nicht für jeden Straffall einzeln, sondern für alle Fälle zusammen erfolgt, die Gesammt-Dauer der Ehrenstrafen rc. nicht das höchste Maaß übersteigen darf, welches wegen eines einzelnen der Straffälle hätte verhängt werden können. *Contra:* B. I. 29. Sept. 1858 c. Toltz (G. A. 6. S. 839); B. I. 6. Okt. 1858 c. Langner (G. Arch. 6. S. 840), welche zwar im Allgemeinen zu demselben Resultate gelangen, jedoch unter analoger Anwendung des § 56 Abs. 2.

29. Auf Geldstrafen bezieht sich die Bestimmung des zweiten Absatzes nicht mit. Rücksichtlich dieser bleibt es daher bei der Strafkumulirung. Z. II. 12. April 1855 c. Hermann. Das darf indessen nicht auf den Fall ausgedehnt werden, wo ein an sich mit Gefängnißstrafe bedrohtes Vergehen, wegen festgestellter mildernder Umstände, nur eine Geldbuße nach sich zieht. Insoweit hier der Richter die prinzipalirter angedrohte Gefängnißstrafe außer Ansatz lassen könnte, muß es ihm auch gestattet sein, von der Geldbuße abzusehen, welche nur wegen der mildernden Umstände an die Stelle jener Freiheitsstrafe tritt.

30. Auch wenn die Instanz-Richter von der ihnen durch Absatz 2 gestatteten Ermäßigungsbefugniß Gebrauch machen, ist es dennoch dringend zu empfehlen, zunächst für jeden Fall die selbstständige Strafabmessung im Erkenntnisse auszusprechen, und demnächst erst die ermäßigende Arbitrirung des Gesammtstrafmaaßes eintreten zu lassen, damit der höhere namentlich der Nichtigkeitsrichter, wenn er nur in Betreff des einen der mehreren Fälle eine Abänderung eintreten läßt, für den stehen bleibenden Fall die Strafabmessung nicht vermisse. Gleichwohl begründet die entgegengesetzte Verfahrungsweise keine Nichtigkeit: Z. II. 7. März 1861 c. Grüneberg. Ist demgemäß vom ersten Richter nur eine Gesammtstrafe verhängt worden, so kann der Appellationsrichter, wenn er auch seinerseits einzelne der von jenem für erwiesen erachteten Straffälle beseitigt, doch jene Gesammtstrafe im Ganzen bestehen lassen, sobald sie innerhalb der Gränzen der jetzt noch statthaften Strafe liegt, und Nichts dafür spricht, daß der erste Richter diese nicht auch wegen des stehen gebliebenen Falles allein verhängt haben würde. Das Nähere siehe: Strafverf. § 23 n. 13; Abschn. IV n. 66.

31. Die durch den zweiten Absatz dem Richter gegebene Befugniß ist nicht durch den vielfach von Zufälligkeiten abhängenden Umstand bedingt, daß die mehreren strafbaren Handlungen einer gemeinschaftlichen Hauptverhandlung und Aburtheilung überwiesen werden: Z. I. 17. März 1858 c. Baum (Eckert u. Gen); Beschl. I. 16. Febr. 1859 c. Behrenstecher (40 B; G. A. 7. S. 208); Z. I. 13. April 1859 c. Templin; Beschl. II. 28. Jan. 1860 c. Fischer (15 B); Bern. Grbss. § 151. Es muß daher im Falle einer getrennten Aburtheilung der Richter der zweiten That zunächst zwar die durch diese verwirkte Strafe selbstständig arbitriren, sodann

aber unter Berücksichtigung der frühern Bestrafung (sowie der Möglichkeit, daß diese in höherer Instanz, oder im Wege der Begnadigung eine Abänderung erleiden könnte) Bestimmung darüber treffen, inwieweit und in welcher Weise die jetzt arbitrirte Strafe zum Vollzuge zu bringen sei; zu diesem Ende nimmt er die geeignete Verwandlung oder Herabsetzung derselben für den Fall, wo die früher verhängte Strafe zur Vollstreckung gelangen werde, vor, und kann namentlich auch bestimmen, daß unter der gedachten Voraussetzung von einer Vollstreckung der jetzt arbitrirten Strafe ganz abzusehen sei, insoweit diese nur nicht die früher verhängte übersteigt. Dagegen ist die Ausdrucksweise zu vermeiden: es sei dem Angeklagten die früher verhängte Strafe auf den neuen Straffall anzurechnen; so: B. I. 18. Jan. 1856 c. Müller (JMBl. s. 66; G. Arch. 4. s. 242); B. I. 15. Okt. 1856 c. Schmidt. Vgl. Strafverf. Art. 131 n. 1.

32. Hiernach ist es auch den Rheinischen Zuchtpolizeigerichten gestattet, gegen einen früher wegen Verbrechens zu Zuchthausstrafe Verurtheilten, nachträglich wegen eines in realer Konkurrenz begangenen Vergehens statt der an sich verwirkten und arbitrirten Gefängnißstrafe, eine zusätzliche Zuchthausstrafe von entsprechender kürzerer Dauer zu verhängen, vorausgesetzt, daß dabei in der unter n. 31 angegebenen Weise verfahren werde.

33. Wenn bei getrennter Aburtheilung mehrerer in realer Konkurrenz begangener Straffälle durch das erste Erkenntniß Gefängnißstrafe verhängt worden ist, wegen der zweiten That aber auf Zuchthaus erkannt werden muß, so kann der Richter des zweiten Falles zwar die in jenem Erkenntnisse ausgesprochene Strafe nicht mehr umwandeln (§ 57) oder ermäßigen, wohl aber kann er, nachdem er für den vorliegenden Fall das geeignete Maaß der Zuchthausstrafe arbitrirt hat, gleichzeitig auch für beide ein Gesammtmaaß bestimmen, und dabei aussprechen, daß durch Verbüßung des letztern auch die früher verhängte Gefängnißstrafe als mit verbüßt gelten und ein fernerer Vollzug derselben nicht erfolgen solle. Ist das versäumt worden, so kann nach Art. 131 des Ges. v. 3. Mai 1852 auch die früher erkannte und zum Theil schon abgebüßte Gefängnißstrafe durch ein nachträgliches Erkenntniß in Zuchthausstrafe verwandelt werden. Beschl. I. 29. Sept. 1854 c. Hoffmann (G. A. 2. s. 811); vgl. Strafverf. Art. 131 n. 4. Ein Gleiches ist aber nach Rheinischem Verfahren nicht zulässig: Z. Kass.-H. 16. Dez. 1851 c. Schuhmacher (JMBl. 1852 s. 29).

34. Ist im Falle realer Konkurrenz über die verschiedenen Straffälle in getrenntem Verfahren erkannt worden, ohne daß der Richter der zweiten That von der ersten Verurtheilung Kenntniß hatte, so daß er also auf die früher verhängte Strafe nicht zu rücksichtigen vermochte, so kann dieses Versehen nicht im Wege der Nichtigkeitsbeschwerde gerügt werden, weil die Anwendung des § 56 (und 57) eine thatsächliche Prüfung voraussetzt, welche dem Nichtigkeitsrichter nicht zusteht. Z. I. 18. April 1860 c. Hillert. (Auf einer andern Auffassung scheint ein Z. I. 11. Febr. 1857 c. Zinkler zu beruhen.) Sind sonach beide Erkenntnisse rechtskräftig geworden, so kann eine Abänderung nur nach Anleitung des Art. 131 des Ges. v. 3. Mai 1852 stattfinden, also nur insoweit die vereinigten Strafen das Maaß des § 57 übersteigen, oder verschiedene Strafen verhängt sind; vgl. Strafverf. Art. 131 n. 7. Das Rheinische Verfahren gewährt auch in diesen Fällen keine Abhülfe.

35. Findet der Instanzrichter keine Veranlassung von dem ihm durch § 56 ertheilten Ermäßigungsrechte Gebrauch zu machen, so braucht er dieses in den Gründen seines Erkenntnisses nicht besonders zu motiviren; vielmehr liegt die Rechtfertigung dann in der Abmessung der höhern Strafe von selbst. Zweckmäßig ist es indessen immer, wenn er zu erkennen giebt, daß er sich jenes Rechtes bewußt gewesen sei, wenngleich eine Unterlassung in dieser Beziehung jetzt mit Rücksicht auf die AKO. v. 21. April 1856 und v. 14. Juni 1859 nicht mehr eine Nichtigkeit begründen kann. *Contra* früher: B. I. 21. Dez. 1855 c. Reimann (G. A. 4. s. 242).

36. Auch bei der Bestrafung mehrerer selbstständiger durch Spezialgesetze verpönter Handlungen, z. B. mehrerer Holzdiebstähle, greift § 56 Platz. B. 22. Nov. 1852 c. Meier.

37. Abgesehen von den in den §§ 56 und 57 gegebenen Vorschriften müssen die Gerichte auf jeden zur Aburtheilung gelangenden Straffall das Strafgesetz im

§. 57. Diese Vorschrift (§ 56.) wird durch folgende Bestimmungen beschränkt:

1) ist auf mehrere zeitige Freiheitsstrafen vereinigt zu erkennen, so darf in dieser Vereinigung niemals die Dauer von zwanzig Jahren und, sofern nur Vergehen vorliegen, niemals die Dauer von zehn Jahren überschritten werden;

2) sind die in Vereinigung zu erkennenden Strafen von verschiedener Art, so ist, unter Verkürzung ihrer Gesammtdauer (§. 16.), auf die schwerste dieser Strafen zu erkennen;

---

ganzen Umfange zur Anwendung bringen, ohne Unterschied, ob mit Rücksicht auf eine andere Verurtheilung die Wirkung jener Strafverhängung eintreten kann, oder nicht; es darf daher ein Instanzgericht von der an sich verwirkten Untersagung der Ausübung der bürgerlichen Ehrenrechte nicht aus dem Grunde absehen, weil der Angeklagte in Folge einer andern rechtskräftigen Verurtheilung (zu Zuchthausstrafe) jene Rechte bereits gänzlich verloren hat, zumal da es immer möglich bleibt, daß eine rechtskräftige Verurtheilung (durch Restitution, Begnadigung) in Wegfall komme. B. II. 12. Juni 1856 c. Esser (G. A. 4. f. 690). Vgl. n. 28.

§ 57.

1. Die Vorschrift dieses § ist auf den Fall der realen Konkurrenz beschränkt, sie findet daher nur da Anwendung, wo eine gleichzeitige Aburtheilung wenigstens möglich gewesen wäre, nicht aber da, wo die zweite That erst nach rechtskräftiger Verurtheilung wegen der ersten, wenn auch vor Vollstreckung der damals verhängten Strafe, verübt wird: B. I. 4. Januar 1854 c. Heintze; ähnlich: Z. II. 11. Juli 1853 c. Ebert (Präj. n. 45; Entsch. 26. f. 190; G. A. 1. f. 554). Dagegen wird § 57 dadurch nicht ausgeschlossen, daß aus irgend einem Grunde die an sich mögliche gleichzeitige Aburtheilung in demselben Verfahren nicht erfolgt ist: Z. 29. Sept. 1852 c. Klinner (Szymanski). Ebensowenig macht es einen Unterschied, ob die Vollstreckung der zuerst ergangenen Verurtheilung bereits begonnen hat, oder nicht: Beschl. I. 29. Sept. 1854 c. Hoffmann (G. A. 2. f. 811). Vgl. Strafverf. Art. 131 n. 4.

2. Bei der Anwendung des § ist dasjenige zu berücksichtigen, was § 56 n. 30 fgg. gesagt ist.

3. Verbrechen, welche wegen der Konkurrenz mildernder Umstände nur mit Gefängnißstrafe zu ahnden sind, verlieren deshalb die Natur des Verbrechens nicht; die Schlußbestimmung der Nr. 1 ist daher auf sie nicht anwendbar; vgl. § 1 n. 4.

4. Der § 57 (insbesondere auch Nr. 2 desselben) bezieht sich nur auf die verwirkten Freiheitsstrafen; Temme Gll. f. 130 n. 1. Geld- und Ehrenstrafen, sowie die Polizei-Aufsicht sind daher überall neben den sonstigen Strafen zu verhängen, wenn auch nur eins der konkurrirenden Verbrechen ꝛc. damit bedroht ist; mehrere verwirkte Geldstrafen müssen stets ganz verhängt werden. Aus demselben Grunde ist es unstatthaft, die wegen des einen Vergehens zu verhängende Geldbuße wegen der Konkurrenz mit einer durch die andere Strafthat verwirkten Gefängnißstrafe ebenfalls in prinzipale Gefängnißstrafe zu verwandeln: B. II. 7. April 1856 c. Kaselitz.

5. Bei der gleichzeitigen Verhängung mehrerer Geldbußen ist jede eventuell nach dem Maaßstabe des § 17 in Gefängnißstrafe zu verwandeln, die Vorschrift des cit. § 17, wonach das höchste Maaß der eventuellen Gefängnißstrafe vier Jahre beträgt, bezieht sich nur auf den dort vorgesehenen Fall, wo eine Geldbuße zu verwandeln ist; bei realer Konkurrenz kann dieselbe daher ebenfalls bis zu zehn

9*

3) die Gefängnißstrafe kann in diesem Falle die Dauer von fünf Jahren, jedoch niemals die Dauer von zehn Jahren übersteigen.

[Entw. § 48a]. Vgl. § 56; Einf.-Ges. Art. XXI—XXIII; Ges. v. 3. Mai 1852 Art. 131. 132.

§. 58. Wer, nachdem er wegen eines Verbrechens oder Vergehens von einem Preußischen Gerichtshofe rechtskräftig verurtheilt worden ist, dasselbe Verbrechen oder Vergehen, sei es mit oder ohne erschwerende Umstände, begeht, befindet sich im Rückfalle.

Jahren gesteigert werden. Temme Gll. s. 130 n. 2. *Contra:* G. M. 1. s. 192 n. 7. Vgl. § 17 n. 5.

6. Ueber den Vollzug der Ehrenstrafen und der Polizei-Aufsicht vgl. § 56 n. 28.

7. Eine Ausnahme von der Regel der Nr. 1 siehe § 96 n. 26–28.

8. Die Vorschrift der Nr. 2 über die Verwandlung mehrerer gleichzeitig zu verhängender Freiheitsstrafen verschiedener Art, setzt voraus, daß allen Strafen dasselbe System zum Grunde liege; sie ist daher unanwendbar, wo z. B. wegen einer vor dem 1. Juli 1851 begangenen That nach dem ALR. auf Zuchthausstrafe, und wegen eines später verübten Vergehens auf Gefängniß zu erkennen ist, weil letzteres doch nur in die Zuchthausstrafe des StGB., nicht aber in die davon verschiedene Zuchthausstrafe des ALR. verwandelt werden könnte. Beschl. II. 7. April 1853 c. Hybotter. Vgl. Z. I. 21. Dez. 1859 c. Thiele.

9. Wenn eine Umwandlung der zu erkennenden Strafen nach Nr. 2 nothwendig wird, so tritt die Beschränkung auf eine zwanzigjährige Gesammtdauer (nach Nr. 1) nur in Betreff der umgewandelten Strafe ein; es kann daher, auch wenn nur eine That mit Zuchthaus bedroht ist, die umgewandelte Gesammtstrafe bis auf zwanzigjähriges Zuchthaus steigen, sollte auch die Summe der einzelnen arbitrirten Freiheitsstrafen sich höher belaufen.

10. Die Nr. 3 bezieht sich nur auf den Fall der Nr. 2: Z. I. 10. März 1858 c. Gobbin (G. Arch. 6. s. 274); sie sieht den Fall vor, wo Einsperrung in Gefängnißstrafe verwandelt wird. Findet dagegen eine Verwandlung in Zuchthaus statt, so ist nur Nr. 1 maaßgebend.

11. Aus Nr. 3 in Verbindung mit § 43 Nr. 3 darf nicht gefolgert werden, daß in den durch die letztere Gesetzesstelle vorgesehenen Fällen bei realer Konkurrenz die wider einen Strafunmündigen zu verhängende Gefängnißstrafe das Maaß von fünf Jahren nicht überschreiten dürfe. So: die Motive eines Z. (B.) 28. Apr. 1852 c. Bußmann (JMBl. s. 246; Entsch. 22. s. 455; G. A. 1. s. 74).

§ 58.

Inhalt.

1. Die Worte „Verbrechen oder Vergehen“ umfassen die verschiedenen Fälle, in welchen strafbare Handlungen einerlei Art entweder Verbrechen oder Vergehen sind; Rückfall liegt also auch dann vor, wenn die That sich das eine Mal als Verbrechen, das andre Mal als Vergehen charakterisirt; z. B. wenn ein wegen einfachen Diebstahls Bestrafter demnächst einen schweren Diebstahl im Sinne des § 218 begeht. Diese durch § 219 bestätigte Auslegung wird dadurch nicht beseitigt, daß das Ges. v. 22. Mai 1852 Art. I § 1 Nr. 1 neben dem § 58 auch den § 219 aufführt: Beschl. 19. Sept. 1852 c. Krüger (G. A. 1. s. 76); Z. 20. Okt. 1852 c. Bloedow. Vgl. Abh. in JMBl. 1852 s. 214; G. Matt. 1. s. 467 IV.

Insofern das Gesetz keine besondere Rückfallsstrafen bestimmt, kann wegen Rückfalls die Strafe über das gesetzliche Maaß hinaus erhöht werden, jedoch nicht mehr, als um die Hälfte des höchsten gesetzlichen Strafmaaßes.

Die Dauer der Gefängnißstrafe kann im Rückfalle die Zeit von fünf Jahren übersteigen.

Bei Verbrechen, welche mit zeitiger Freiheitsstrafe bedroht sind, darf die Dauer von zwanzig Jahren selbst im Rückfall nicht überschritten werden.

[Entw. § 49]. Vgl. § 59. 60. 336. 202. 203. 219. 233 Nr. 1. 240. 267. 269; Einf.-Ges. Art. VI. XXVI; Z.-Str.-Ges. v. 23. Jan. 1838 § 16; H.-D.-Ges. v. 2. Juni 1852 § 7. 8. 24. 52; Post-Ges. v. 5. Juni 1852 § 34. 36 (GS. s. 354).

---

2. Raub ist nach dem StGB. nur ein unter erschwerenden Umständen begangener Diebstahl, er begründet daher für einen darauf folgenden Diebstahl stets die Rückfallsstrafe (vgl. § 219); da er aber als selbstständiges Verbrechen behandelt ist, so kann nicht umgekehrt der frühere Diebstahl bei einem später folgenden Raube die Rückfallsstrafe rechtfertigen: Z. I. 14. Mai 1858 c. Dombrewski; Z. I. 7. Sept. 1859 c. Stüte; Temme GU. s. 280; id. Lehrb. s. 942; Berner Grdss. § 170. Vgl. § 233 und § 219 n. 9.

3. Zur Annahme „desselben Verbrechens ꝛc.“ gehört derselbe verbrecherische Thatbestand, sei es mit, sei es ohne erschwerende Umstände. Ein durch Fahrlässigkeit begangenes Vergehen (z. B. Tödtung) begründet für eine vorsätzliche That den Rückfall nicht. Bes. s. 213 I; G. Matt. 1. s. 466; Temme GU. s. 131 n. 3; id. Lehrb. s. 484; Hälschn. 1. s. 423; Bern. Grdss. § 170. Dagegen zieht auch ein fahrlässiges Vergehen im Falle der Wiederholung die Rückfallsstrafe nach sich. Z. I. 22. Jan. 1860 c. Jäckel (G. A. 8. s. 410); G. Matt. 1. s. 416.

4. Rückfall liegt vor, wenn der wegen öffentlicher Beleidigung Bestrafte später eine schriftliche Beleidigung begeht, weil beide durch denselben § 152 verpönt sind. Z. II. 7. Juli 1853 c. Paßmann (beil.).

5. Dagegen kann eine frühere Bestrafung wegen einfacher Beleidigung für eine demnächstige Beleidigung im Amte (§ 102) den Rückfall nicht begründen. *Contra*: Hälschner 1. s. 423.

6. Eine während der Strafunmündigkeit erfolgte Verurtheilung begründet die Rückfallsstrafe (vgl. § 43 n. 7).

7. Stets wird Verurtheilung zu einer Strafe vorausgesetzt; als solche ist eine Züchtigung im Sinne des ALR. II, 20 § 17 (z. B. eine Einsperrung in einer Korrektions-Anstalt) nicht anzusehen. V. 7. Jan. 1852 c. Kinscher (Entsch. 22. s. 67; G. A. 1. s. 75); V. I. 23. Febr. 1852 c. Spitzer; V. I. 23. Mai 1856 c. Gabriel (G. A. 4. s. 833).

8. Bei Prüfung der Frage, ob in dem früheren Falle dasselbe Verbrechen vorlag: ist lediglich das frühere Urtheil, und der damals als erwiesen angenommene Thatbestand zum Grunde zu legen. Das Nähere vergleiche Einf.-Gesetz Art. VI n. 4.

9. Die Worte: „Preußischer Gerichtshof“ sind gleichbedeutend mit „inländisches Gericht“, umfassen also auch die früheren Hohenzollernschen Gerichte. Z. II. 16. Okt. 1856 c. Scheuermann (G. Arch. 4. s. 832). *Contra*: Temme Arch. 4. s. 176.

10. Aus den Worten: „von einem Preußischen Gerichtshofe“ ist nicht zu folgern, daß das Urtheil von einem kollegialisch besetzten Gerichte erlassen sein müsse; es genügt das von einem Einzelrichter gefällte. V. 19. März 1852 c. Biermann; Z. 30. April 1852 c. Holzwirth; G. Matt. 2. s. 489. Vgl. § 219 n. 7.

11. Auch eine unter der frühern Gesetzgebung erfolgte polizeiliche Bestrafung kann jetzt den Rückfall begründen, weil damals den Polizeibehörden die

betreffende Befugniß zustand, sie also gerichtliche Funktionen wahrnahmen. So in Betreff der Bettelei: B. 30. Apr. 1852 c. Klumski (JMBl. s. 245); B. 13. Okt. 1852 c. Glade. *Contra:* Bern. Grdss. § 166; vgl. § 118 n. 16.

12. Ein Gleiches ist jetzt unzweifelhaft von den in Gemäßheit des Gesetzes vom 14. Mai 1852 (G.-S. s. 245) erfolgten vollstreckbar gewordenen Straffestsetzungen der Polizeiverwaltung anzunehmen.

13. Dasselbe gilt von den wegen Zuwiderhandlungen gegen die Vorschriften über die Erhebung öffentlicher Abgaben rc. im administrativen Strafverfahren erfolgten, vollstreckbar gewordenen Strafresoluten. Vgl. P. I. 28. Okt. 1853 c. Kammack (Präj. n. 61; JMBl. 1854 s. 3; Entsch. 26. s. 424; G. Arch. 2. s. 116); Z. I. 6. Sept. 1854 c. Stumpf (G. A. 2. s. 684). Vgl. n. 19; Post-Ges. v. 5. Juni 1852 § 34. 36.

14. Rückfall ist durch die vorgängige rechtskräftige Verurtheilung wegen des ersten Falles vor Begehung der zweiten That bedingt: P. 14. Juni 1852 c. Liedtke (JMBl. s. 351; Entsch. 23. s. 235). Rechtskräftig ist ein Erkenntniß erst dann, wenn es nicht mehr durch ein ordentliches Rechtsmittel angegriffen werden kann; als ein solches ist im Strafverfahren auch die Nichtigkeitsbeschwerde (der Kassationsrekurs) zu betrachten: Z. K.-H. 12. Sept. 1842 c. Brandenburg (Rh. A. 34. 2. A. s. 41); Z. I. 24. Okt. 1856 c. Höhne (JMBl. s. 539; Entsch. 34. s. 306; G. A. 5. s. 91); Beschl. I. 5. Jan. 1858 c. Schlobat. Das gilt selbst dann, wenn das Rechtsmittel nur vom Staatsanwalt gegen den Angeklagten ergriffen ist: Temme Gll. s. 131 n. 3; id. Lehrb. s. 484 Note 4. Eine formell unzuläßige (z. B. eine verspätete) Nichtigkeitsbeschwerde hemmt den Eintritt der Rechtskraft nicht, sollte sie auch erst demnächst vom Ober-Tribunal zurückgewiesen werden: Z. II. 11. Nov. 1858 c. Heilmann. Dieses dürfte auf alle Fälle anzuwenden sein, wo das Erst-Instanz-Gericht nach Art. 112 des Gesetzes v. 3. Mai 1852 befugt ist, die Zurückweisung zu verfügen.

15. Der Eintritt der Rechtskraft des Strafurtheils gegen den Angeklagten, setzt, namentlich auch in Beziehung auf die Rückfallsstrafe, nach dem Grunde, worauf diese beruht, vorgängige dem Angeklagten geschehene Publikation, oder doch an deren Stelle tretende Zustellung voraus. Beschl. I. 16. Febr. 1853 c. Schäfel; Z. I. 15. Febr. 1860 c. Ziegler; Goltd. Matt. 1. s. 464. 469. Vgl. Temme Gll. 1. s. 132 n. 5. Ein weiterer Nachweis der erlangten Kenntniß, als die zur Begründung der Rechtskraft erforderliche Verkündung resp. Zustellung, ist dagegen nicht erforderlich.

16. Des Vollzugs der Strafe bedarf es nicht, damit für die wiederholte That Rückfälligkeit angenommen werde. Hälschn. 1. s. 424.

17. Straferlaß im Wege der Begnadigung hat namentlich für die Rückfälligkeit die Wirkung, daß die erkannte Strafe für vollständig verbüßt erachtet werden muß, beseitigt also die spätere Anwendbarkeit der Strafverschärfung nicht. P. (Z.) 11. März 1851 c. Lenzer (JMBl. s. 151); ebenso Z. Kass.-H. 14. Febr. 1827 c. Walle; B. id. 20. Jan. 1838 c. Jachmann (Rh. Arch. 26. 2. A. s. 70); Goltd. Matt. 1. s. 468 VIII; Temme Gll. s. 132 n. 4; id. Lehrb. s. 485; Berner Grdss. § 166.

18. Hat derjenige, welcher sich im Rückfalle befindet, mehrere Verbrechen rc. derselben Art verübt, so muß die Strafe einer jeden derselben mit dem straferhöhenden Momente in Anrechnung gebracht werden. Vgl. § 56 n. 23.

19. Insoweit Spezialgesetze keine besonderen Vorschriften über die Rückfallsstrafe enthalten, kommen die Vorschriften der §§ 58 fgg. auch bei den nach jenen zu beurtheilenden Verbrechen und Vergehen zur Anwendung. Das deutet Z. I. 7. April 1854 c. Dähn an, indem dort ausgeführt wird, bei Steuervergehen sei § 58 unanwendbar, weil die Steuerordnung v. 8. Febr. 1819 § 62 fgg. Vorschriften über die Bedingungen der Anwendbarkeit der Rückfallsstrafe enthalte, den § 58 also ausschließe; ähnlich: P. I. 28. Okt. 1853 c. Kammack (Präj. n. 61; JMBl. 1854 s. 3; Entsch. 26. s. 424; G. Arch. 2. s. 116), in welchem aus demselben Grunde die Verhängung der Rückfallsstrafe auch ohne frühere gerichtliche Verurtheilung durch ein nicht angefochtenes Strafresolut der Steuerbehörde gerechtfertigt wird. Vgl. übrigens n. 13; Z. I. 6. Sept. 1854 c. Stumpf (G. A. 2. s. 684).

§. 59. Der Rückfall ist auch dann vorhanden, wenn die That in dem früheren oder späteren Falle, oder in beiden Fällen die Theilnahme an einem Verbrechen oder Vergehen, oder den Versuch eines Verbrechens oder Vergehens darstellt.
[Entw. § 50]. Vgl. § 58. 60. 219; Einf.-Ges. Art. VI. XXVI.

20. Darüber, ob die Voraussetzungen des Rückfalls vorliegen, entscheidet nach Art. XXVI des Einf.-Gesetzes der Schwurgerichtshof ohne Mitwirkung der Geschwornen. Gleichwohl ist die Frage eine wesentlich thatsächliche, welche nicht zur Entscheidung des Ober-Tribunals gebracht werden kann; insbesondere kann hier der Angeklagte mit dem Einwande: er sei nicht derjenige, gegen welchen die frühere Verurtheilung ergangen, — nicht mehr gehört werden. Z. I. 25. Apr. 1855 c. Christ; Z. Pl. 10. Okt. 1859 c. Thomas (JMBl. s. 379; Entsch. 44. 2. s. 33; G. A. 7. s. 761). Früher hatte sich das Ober-Tribunal mehrfach auf eine Prüfung der thatsächlichen Voraussetzungen des Rückfalls eingelassen, und zu diesem Ende den Inhalt der Akten erörtert, z. B. durch B. I. 13. April 1855 c. Raupach; Z. I. 4. Febr. 1857 c. Freyer; B. I. 20. Okt. 1858 c. Gnuschke (835); B. I. 6. Febr. 1859 c. Schinniczk; u. ö. Vgl. Abh. in Goltd. Arch. 7. s. 754. Ueber die Art und Weise, in welcher der Instanzrichter die Feststellung des Rückfalls zu bewirken hat, vergl. Min.-Verf. vom 14. Okt. 1859 (JMBl. s. 378); Strafverf. Art. 31 n. 9.

21. Ist bei Aburtheilung über ein Verbrechen ꝛc. die früher vom Angeklagten wegen eines gleichen Verbrechens ꝛc. erlittene Bestrafung unbekannt, und deshalb unberücksichtigt geblieben, so kann — wenn das betreffende Erkenntniß rechtskräftig geworden — dieser Fehler nicht wieder beseitigt, und nicht etwa in einem neuen Verfahren eine Strafverschärfung verhängt werden, sollte auch der Angeklagte dadurch, daß er sich einen falschen Namen beilegte, selbst es veranlaßt haben, daß die Vorbestrafungen unermittelt blieben. Z. Pl. 16. April 1855 c. Jungnitzsch (Präj. n. 154; JMBl. s. 192; Entsch. 30. s. 372); Z. I. 22. Sept. 1854 c. Tutschke (G. A. 2. s. 789); B. I. 27. Okt. 1854 c. Schmidt (G. A. 2. s. 790). Früher *Contra*: B. 11. April 1850 c. Wöltinger; Z. 2. Aug. 1852 c. Reichert; B. I. 3. Jan. 1855 c. Kehlert. Die erstere Ansicht ist unzweifelhaft die allein richtige. Ein rechtskräftiges Erkenntniß ist, wo das Gegentheil nicht ausdrücklich vorgeschrieben worden, unumstößlich, und die spätere Ermittlung der bis dahin unbekannt gebliebenen Voraussetzungen des Rückfalls kann eine Abweichung von jener Regel ebensowenig begründen, als die spätere Ermittlung jedes andern bis dahin nicht entdeckten erschwerenden Umstandes. Es macht auch keinen Unterschied, ob der Irrthum durch einen vom Angeklagten angenommenen falschen Namen veranlaßt worden war, da ein Erkenntniß doch immer gegen die richtige Person, nicht gegen den unrichtigen Namen ergeht, weshalb denn auch ein solches Urtheil gegen den Verurtheilten unbedenklich vollstreckt werden kann. Vgl. G. A. 1. s. 324; Abh. ibid. 2. s. 785; Berner Abh. ibid. 3. s. 472; Beschl. I 1. Febr. 1851 c. Voß (39. B; RhO. 1. s. 237; G. A. 9. s. 188).

§ 59.

1. Unter Theilnahme ist hier nur die in den §§ 34. 35, nicht auch die in den §§ 36. 37 und 39 vorgesehene Thätigkeit zu verstehen. G. Matt. 1. s. 469 II. Dagegen ist der Fall des § 38 (Begünstigung nach vorgängiger Abrede) der Theilnahme ganz gleichgestellt, sie begründet daher ebenfalls den Rückfall: B. I. 9. Juli 1856 c. Krasinski (472; G. A. 4. s. 690); Z. II. 19. Febr. 1857 c. Dietz (JMBl. s. 134); Beschl. I. 16. Dez. 1859 c. Daumert (2. B. 60; G. A. 8. s. 263); u. ö. Vgl. Motive s. 18.

2. Auch Theilnahme an einem Versuche begründet den Rückfall. G. M. 1. s. 470 IV.

3. Der § 59 ist auch im Falle des § 219 anwendbar. Z. II. 8. Sept. 1853 c. Wegener.

4. Eine Vorbestrafung wegen Versuchs nach dem ALR. begründet die Rückfallsstrafe des StGB. selbst dann, wenn der damalige Versuch den Voraussetzungen des § 31 des StGB. nicht entsprechen haben sollte. Vgl. E.-G. Art. VI n. 14; Z. I. 10. April 1861 c. Hermann.

§. 60. Die Straferhöhung wegen Rückfalls tritt nicht ein, wenn seit dem Zeitpunkte, in welchem die Freiheitsstrafe oder Geldbuße des zuletzt begangenen früheren Verbrechens oder Vergehens abgebüßt oder erlassen worden ist, zehn Jahre verflossen sind.

[Entw. § 51]. Vgl. § 58. 59. 219. 233 Nr. 1. 240; Einf.-Ges. Art. VI; HDGes. v. 2. Juni 1852 § 8; Post-Ges. v. 5. Juni 1852 § 34. 36 (GS. s. 354).

---

5. Beim Holzdiebstahle wird auch die einfache Begünstigung im Sinne des § 37 bei Anwendung der Rückfallsstrafe der That selbst gleichgestellt. Z. II. 19. Febr. 1857 c. Dietz (Präj. n. 229; JMBl. s. 134; G. A. 5. s. 414); B. II. 14. Dez. 1857 c. Müller.

§ 60.

1. Auch wenn die Vorbestrafung unter dem ältern Rechte statt gefunden hat, richtet sich die Verjährung des Rückfalls stets nach § 60; Art. V des Einf.-Ges. findet hier keine Anwendung. Z. II. 16. Okt. 1856 c. Scheuermann (G. A. 4 s. 832).

2. Wenn es sich davon handelt, für eine vor dem 1. Juli 1851 begangene Handlung zu bestimmen, ob die Strafe des ältern Rechts oder des StGB. die mildere sei (Einf.-Ges. Art. IV), so darf bei Abmessung der nach dem ältern Recht auszusprechenden Strafe auf die Vorschrift des § 60 nicht gerücksichtigt werden. B. 17. Sept. 1851 c. Lippert; Z. (B.) 17. Dez. 1851 c. Jüttner; Z. 6. April 1852 c. Amsel.

3. Auch die in Gemäßheit des § 120 eintretende Einsperrung in ein Arbeitshaus ist als Freiheitsstrafe anzusehen.

4. Aehnlich verhält es sich mit der nach den Bestimmungen des ALR. früher verhängten Detention bis zum Nachweise des ehrlichen Erwerbes; die Verjährungsfrist des § 60 beginnt daher erst mit der Entlassung aus der betreffenden Anstalt. Z. 29. Sept. 1852 c. Burde (G. A. 1. s. 235); B. I. 15. Juli 1853 c. Asch; B. I. 12. Okt. 1855 c. Gedowski (G. A. 3. s. 833; hier ward erwogen, es mache keinen Unterschied, daß die Dauer der Detention von der Erfüllung einer Bedingung abhängig gemacht worden sei).

5. Lautete das frühere Straferkenntniß auf eine andre Strafe als Freiheitsstrafe oder Geldbuße, z. B. auf körperliche Züchtigung, so muß die Berechnung der zehnjährigen Frist von dem Augenblicke der Rechtskraft jenes Erkenntnisses beginnen. *Contra:* B. I. 14. Jan. 1857 c. Szalajdowski, welches auch in einem solchen Falle nur vom Strafvollzuge an rechnen wollte.

6. Auch bei Berechnung der Frist des § 60 bleiben die von ausländischen Gerichten ergangenen Strafurtheile außer Berücksichtigung. B. 24. Nov. 1851 c. Gröbler.

7. Der § 60 ist auch bei solchen strafbaren Handlungen anzuwenden, welche nach einem neben dem StGB. in Kraft gebliebenen besondern Gesetze zu ahnden sind, sollte dieses auch im Allgemeinen für die Bestrafung des Rückfalls Vorschriften enthalten, wenn sich unter diesen nur keine von der Regel des § 60 abweichende Bestimmung findet: G. Matt. 1. s. 10; so beim Holzdiebstahl nach dem Ges. vom 7. Juni 1821: Z. 26. Nov. 1851 c. Woschka (JMBl. 52. s. 30) u. ö.; ebenso bei Steuer-Contraventionen: B. I. 14. Jan. 1853 c. Lehmann (Präj. n. 7; Entsch. 24. s. 441: ein Fall einer Mahlsteuerdefraudation); ähnlich: Z. I. 9. Sept. 1853 c. Wittig; Z. I. 21. Okt. 1853 c. Schulz; ebenso bei Zolldefraudationen: B. 22. Dez. 1852 c. Alessen; Z. I. 15. April 1853 c. Hofleuchter; vgl. Cirk.-Verf. des Gen.-Dir. d. St. v. 7. Okt. 1853 (Staats-Anz. 1854 s. 21). Bei solchen durch Spezialgesetze vorgesehenen Vergehen ꝛc. macht es auch keinen Unterschied, ob die That vor dem 1. Juli 1851 begangen war: cit. B. I. 14. Jan. 1853 c. Lehmann; Z. I. 25. Mai 1853 c. Tesch (G. A. 1. s. 564).

8. Als Strafzumessungsgrund kann eine frühere Verurtheilung auch nach dem Ablaufe der zehnjährigen Frist noch in Betracht kommen. Z. (B.) I. 11. Juli 1855 c. Pauly; Z. I. 19. Febr. 1858 c. Olszewski; Z. II. 21. Juni 1860 c. Brockhaus. Vgl. § 45 n. 3.

Zweiter Theil.

Von den einzelnen Verbrechen und Vergehen und deren Bestrafung.

Erster Titel.

Hochverrath und Landesverrath *).

§. 61. Ein Unternehmen, welches darauf abzielt:

1) den König zu tödten, gefangen zu nehmen, in Feindes Gewalt zu liefern, oder zur Regierung unfähig zu machen, oder

2) die Thronfolge oder die Staatsverfassung gewaltsam zu ändern, oder

3) das Gebiet des Preußischen Staats ganz oder theilweise einem fremden Staate einzuverleiben, oder einen Theil des Gebiets vom Ganzen loszureißen,

ist Hochverrath und soll mit dem Tode bestraft werden.

Im Falle der Gefährdung des Lebens, der Gesundheit oder der Freiheit des Königs (Nr. 1.) soll zugleich auf den Verlust der bürgerlichen Ehre erkannt werden.

[Entw. § 52]. Vgl. § 62 - 67. 72. 73. 4 Nr. 1. u. 2. 39. 74.

---

*) **Erster Titel.**

1. Die Untersuchung und Entscheidung wegen der in diesem ersten Titel vorgesehenen Verbrechen erfolgt durch das Kammergericht. Ges. v. 25. April 1853 (GS. s. 162). Für den Fall des Belagerungszustandes vgl. Gesetz v. 4. Juni 1851 § 10 (GS. s. 453).

2. Nach dem durch Königliches Patent v. 28. Okt. 1836 publizirten Bundesbeschlusse v. 18. Aug. 1836 (GS. s. 309) soll jedes Unternehmen gegen die Existenz, die Integrität, die Sicherheit oder die Verfassung des deutschen Bundes in den einzelnen Bundesstaaten nach Maaßgabe der in den letztern bestehenden, oder künftig in Wirksamkeit tretenden Gesetze, nach welchen eine gleiche gegen den einzelnen Bundesstaat begangene Handlung als Hochverrath, Landesverrath oder unter einer andern Bezeichnung zu richten wäre, beurtheilt und bestraft werden. Diese Vorschrift hat auch jetzt noch Gesetzeskraft, weil, wenn auch die Bundesversammlung sich thatsächlich für eine Zeit lang aufgelöst hatte, doch der Bund selbst, und das verfassungsmäßige Rechtsverhältniß der einzelnen Mitglieder zu einander fortgedauert haben. B. 6. Nov. 1850 c. Wittenburg (JMBl. s. 408); B. 13. Nov. 1850 c. Trzecial (JMBl. s. 410); B. 19. Sept. 1851 c. Löwe (Entsch. 21. s. 101); B. 27. Okt. 1851 c. Wittenburg (Entsch. 21. s. 442); Z. I. 17. Sept. 1856 c. v. Jasmund (beiläufig); *Sic:* G. Matt. 2. s. 78; Koch n. 17. *Contra:* Wenzel Ergänzungen 1. s. 520; Temme GU. 1. s. 138 n. 10; id. Lehrb. s. 120 u. 569 fgg.; letzterer, indem er auszuführen sucht, der deutsche Bund habe aufgehört gehabt, zu existiren, ein bloßes Bundesverhältniß bilde aber auch nie einen Theil der Staatsverfassung.

§ 61.

1. Es läßt sich nicht rechtfertigen, wenn der K.-B. II. K. s. 42 allgemein den vom K.-B. I. K. s. 11 wiederholten Satz aufstellt: der Hochverrath sei gegen die Existenz des Staats gerichtet. Vielmehr kann ein Hochverrath vorliegen (namentlich in den Fällen der Nr. 2 des § 61), ohne daß das Unternehmen gegen die Existenz des Staats gerichtet wäre. Bes. s. 222. 224.

§. 62. **Als ein Unternehmen, durch welches das Verbrechen des Hochverraths vollendet wird, ist eine solche Handlung anzusehen, durch welche das verbrecherische Vorhaben unmittelbar zur Ausführung gebracht werden soll.**

[Entw. § 53]. Vgl. § 61. 64—66. 72. 73. 4. 39.

---

2. Strenge genommen, kann ein „Hochverrath“ nur von einem Inländer begangen werden, gleichwohl unterscheidet das Gesetz hier zwischen Ausländern und Inländern nicht; vgl. § 4 Nr. 1. G. Matt. 2 S. 29; Temme Lehrb. S. 564.

Zu Nr. 1.

3. Die Verwundung des Königs in der Absicht, ihn zu beschädigen, fällt unter die Vorschrift des § 74, nicht unter § 61. K.-B. I. K. S. 11; Bes. S. 223; G. Matt. 2. S. 6.

4. Auf das in Nr. 1 erwähnte Unternehmen, wenn es gegen den Regenten gerichtet ist, erleidet § 61 keine Anwendung, „da für den Fall einer Regentschaft doch immer besondre Anstalten getroffen werden müssen.“ Bes. S. 223; Temme Gll. S. 135 n. 6.

5. Die Umschreibung des Inhalts der Nr. 1 durch die Worte des Schlußsatzes: „Gefährdung des Lebens, der Gesundheit oder der Freiheit des Königs“ findet ihre Erläuterung in der Begriffsbestimmung des § 62. G. Matt. 2. S. 8.

Zu Nr. 2.

6. Goltdammer (Matt. 2. S. 12) und Temme (Glossen S. 136 n. 8; id. Lehrb. S. 566) sind der Ansicht, daß nicht jedes gewaltsame Unternehmen gegen einzelne Theile der Verfassung Hochverrath sei, sondern nur das gegen wesentliche Theile derselben gerichtete.

7. Das „gewaltsam“ umfaßt sowohl moralische als physische Gewalt. Bes. S. 221; G. Matt. 2. S. 14. Dagegen reicht eine Drohung an und für sich, wenn sie keine Gewalt mit sich führt, nicht aus. Goltd. l. c.

Zu Nr. 3.

8. Auch hier ist das „Gewaltsame“ des Unternehmens Bedingung der Strafbarkeit, da es in der Natur der Sache liegt, daß der Zweck, den Preußischen Staat einem fremden Staate einzuverleiben, oder Gebietstheile desselben loszureißen, nur durch gewaltsame Handlungen angestrebt werden kann. K.-B. II. K. S. 44; Bes. S. 221; G. Matt. 2. S. 15. Vgl. dagegen Temme Lehrb. S. 581. 582 (Note 1).

9. Der Unterschied dieses Unternehmens von dem Landesverrathe, namentlich von den im § 69 Nr. 1 und 2 vorgesehenen Fällen, liegt im Zweck; ob nämlich dadurch Abreißung von Preußischen Gebietstheilen bezweckt wird. K.-B. II. K. S. 42; Bes. S. 224.

§ 62.

1. Hiernach ist der Versuch in den Thatbestand des vollendeten Verbrechens gezogen; gleichwohl hält Goltdammer (Matt. 1. S. 22) dafür, daß nicht alles, was nach § 31 als strafbarer Versuch anzusehen wäre, jetzt den vollendeten Hochverrath darstelle, er folgert vielmehr aus dem Umstande, daß die dieses ausdrücklich aussprechende Fassung der ältern Entwürfe beseitigt worden, daß der Begriff des § 62 enger zu fassen sei, und fordert zum vollendeten Hochverrath: „eine Handlung, die geeignet ist, bereits unmittelbar die Verwirklichung der im § 61 angegebenen Zwecke herbeizuführen, und deshalb entweder erfolgt durch einen thätlichen gewaltsamen Angriff auf den König oder auf die Organe der Regierung, mit deren Beseitigung oder Unterwerfung die dermalige Verfassung des Staats oder die Integrität seines Gebiets im Verbande bedroht wird, oder durch eine gefährliche Bedrohung, welche auch ohne einen solchen Angriff ihre Wirksamkeit aufzuheben geeignet ist; es sei aber nicht erforderlich, daß diese Handlungen vollendet worden, es sei vielmehr, nach den allgemeinen Regeln über den Versuch, ihr Anfang hinreichend, um den Thatbestand des vollendeten Verbrechens darzustellen.“ *Contra*: Temme Gll. S. 141 n. 11, er nimmt den Hochverrath nur da an, wo bereits zur wirklichen Ausführung des betreffenden Unternehmens geschritten ist, und will alles, was vor dem Anfange der

§. 63. Haben zwei oder mehrere Personen die Ausführung eines hochverrätherischen Unternehmens verabredet, ohne daß es schon zum Beginn der im § 62. bezeichneten Handlung gekommen ist, so soll sie die Strafe von fünfjährigem bis lebenslänglichem Zuchthaus treffen.

Wird festgestellt, daß mildernde Umstände vorhanden sind, so tritt Einschließung nicht unter fünf Jahren ein.

Neben der Einschließung soll das Urtheil zugleich den Verlust oder die zeitige Untersagung der Ausübung nachstehender bürgerlichen Ehrenrechte aussprechen:

1) der Fähigkeit, öffentliche Aemter zu führen oder zu erlangen;

2) der Fähigkeit, Geschworener zu sein, in öffentlichen Angelegenheiten zu stimmen, zu wählen oder gewählt zu werden, oder die aus öffentlichen Wahlen hervorgegangenen Rechte auszuüben.

[Entw. § 54]. Vgl. § 61. 62. 64 – 66. 72. 73. 4. 39.

Handlung liegt, nur als Vorbereitung (§ 63—66) auffassen und bestraft wissen, während Zachariä (Abh. in G. Arch. 3. f. 172; 5. f. 581. 591) namentlich die Fälle der §§ 63—66 nur als Versuche, und nach § 31 bestrafen will.

2. Das „unmittelbar“ in diesem § ist nicht auf die Zeit, sondern auf die Mittel der Ausführung zu beziehen: G. Matt. 2 f. 18 und 27. Temme (Gll. f. 141 n. 11) geht jedenfalls zu weit, wenn er glaubt, daß dieses Begriffserforderniß nur dann vorliege, wenn zur Ausführung eine weitere Handlung nicht mehr erforderlich sei.

3. Da hier auch bei bloßen Versuchshandlungen das vollendete Verbrechen angenommen wird, so greifen die sonstigen Regeln über den Versuch hier nicht Platz; das gilt insbesondre von der Straflosigkeit bei freiwilligem Rücktritt. G. Matt. 2. f. 27; vgl. § 63 n. 4; § 66 n. 6; sowie das dort cit. Z. I. 7. Febr. 1855 c. Ladendorff (G. A. 2. f. 236). *Contra*: Temme Lehrb. f. 585; Zachariä l. c. (n. 1).

§ 63.

1. Es wird hier ein bestimmtes hochverrätherisches Unternehmen, wie es in den §§ 61 und 62 definirt ist, vorausgesetzt; allgemeine vage hochverrätherische Pläne und Bestrebungen gehören nicht hierher. Motive f. 24; Bef. f. 226.

2. Das „Verabreden“ ist nur anzunehmen, wenn die schließliche Einigung der Berathenden, der endliche Beschluß das Unternehmen auszuführen, erfolgt ist. K.-B. II. K. f. 46; Bef. f. 227; G. Matt. 2. f. 34.

3. Nach Goltdammer (Matt. 2. f. 35) und Temme (Gll. f. 143 n. 3; id. Lehrb. f. 586) setzt das „Verabreden“ eine Einigung über Zweck und Mittel, Ort und Zeit voraus, so daß die Verschwörung zum Ausbruche reif sei.

4. Da die im § 63 vorgesehene That als selbstständiges Verbrechen, nicht als Versuch eines solchen sich darstellt, so kann der freiwillige Rücktritt nach erfolgter Verabredung die Straflosigkeit nicht zur Folge haben. Vgl. § 62 n. 3; § 66 n. 6. G. Matt. 2. f. 40. *Contra:* Temme Gll. f. 144 n. 6; id. Lehrb. f. 585; Zachariä Abh. (cit. § 62 n. 1).

5. Aus demselben Grunde ist der Anstifter einer solchen „Verabredung“ als Theilnehmer nach § 34 Nr. 1 zu bestrafen. G. Matt. 2. f. 38.

§. 64. Gleiche Strafe (§ 63.) soll denjenigen treffen, welcher zur Vorbereitung eines Hochverraths, entweder mit einer auswärtigen Regierung sich einläßt, oder die ihm vom Staate anvertraute Macht mißbraucht, oder Mannschaften anwirbt oder in den Waffen einübt.

[Entw. § 55]. Vgl. § 61—63. 65. 66. 72. 73. 4. 39.

§. 65. Wer öffentlich durch Rede oder Schrift zur Ausführung einer Handlung auffordert, welche nach §. 62. als ein hochverrätherisches Unternehmen zu bestrafen wäre, soll mit zwei- bis zehnjährigem Zuchthaus, oder, wenn festgestellt wird, daß mildernde Umstände vorhanden sind, mit Einschließung von zwei bis zu zehn Jahren bestraft werden.

[Entw. § 55a]. Vgl. § 61—64. 66. 72. 73. 4. 39. 36.

§. 66. Jede andere, ein hochverrätherisches Unternehmen vorbereitende Handlung soll mit Zuchthaus bis zu fünf Jah-

---

§ 64.

1. Das zu § 63 unter n. 1 und 4 Bemerkte gilt auch für den Fall des § 64.

2. Die Worte: „vom Staate anvertraute Macht“ sind keineswegs auf militärische Verhältnisse zu beschränken; es ist vielmehr auch an solche Fälle gedacht, wo ein Civilbeamter eine Anzahl Unterbeamte (z. B. Förster, Steuer-Beamte) befehligt. Bes. s. 230; Koch n. 20.

3. Unter „Mannschaften“ sind streitbare, zum Waffengebrauch bestimmte Personen zu verstehen. Temme Lehrb. s. 586.

4. Es kommt in einem unter diesen § zu subsumirenden Falle Nichts darauf an, ob die Ausführung schon selbst beschlossen sei oder nicht. Z. Pl. 28. Nov. 1853 c. Tietz (G. A. 2. s. 256; beiläufig).

§ 65.

1. Auch für diesen Fall gilt das zu § 63 unter n. 1 und 4 Bemerkte.

2. Die Worte: „öffentlich durch Rede oder Schrift“ sind unbedenklich aus § 36 zu erläutern (vgl. § 152; Preß-Gesetz vom 12. Mai 1851 § 33). G. Matt. 2. s. 49.

3. Ebenso umfaßt das Wort „auffordert“ hier alles, was § 36 durch „auffordert, anreizt, verleitet, oder zu bestimmen sucht,“ ausdrücken will. Temme Gll. s. 144 n. 2.

4. Die Aufforderung muß eine bestimmte sein, insofern sie sich auf die im § 61 gedachten Unternehmen beziehen muß, sie kann aber insoweit eine unbestimmte sein, als sie in Hinsicht auf die verschiedenen möglichen Erfolge, auf indeterminirtem Dolus des Auffordernden selbst beruhen kann. G. Matt. 2. s. 48 n. 4. Vgl. n. 1; Bes. s. 230; Temme Lehrb. s. 586.

5. Eine indirekte Aufforderung genügt. Goltd. l. c.

6. Erforderlich ist Aufforderung zur unmittelbaren Ausführung in dem Sinne, als nicht etwa Handlungen dazwischen liegen müssen, welche an sich selbst erst als Vorbereitungen zum Hochverrathe zu betrachten sind.

7. Ist es in Folge der Aufforderung zu einem hochverrätherischen Unternehmen gekommen, so trifft den Auffordernden nach § 36 Abs. 1 die volle Strafe des Theilnehmers. Bes. s. 230; G. Matt. 2. s. 48; Temme Lehrb. s. 586.

§ 66.

1. Auch hier wird die Vorbereitung eines bestimmten hochverrätherischen Unternehmens vorausgesetzt, wie es in den §§ 61. 62 definirt ist. K.-B. II. K. s. 49;

ren oder, wenn festgestellt wird, daß mildernde Umstände vorhanden sind, mit Einschließung von Einem bis zu fünf Jahren bestraft werden.

[Entw. § 56]. Vgl. § 61—65. 72. 73. 4. 39.

§. 67. Ein Preuße, welcher mit einer fremden Regierung in Verbindung tritt, um dieselbe zu einem Kriege gegen Preußen zu veranlassen, macht sich des Landesverraths schuldig, und wird mit Zuchthaus von zehn bis zu zwanzig Jahren bestraft.

Ist der Krieg wirklich ausgebrochen, so soll der Thäter mit dem Tode und dem Verluste der bürgerlichen Ehre bestraft werden.

[Entw. 57]. Vgl. § 72. 73. 4 Nr. 2. 39.

Bes. s. 226. Gleichwohl ist nicht erforderlich, daß alle Modalitäten dieses Unternehmens in Beziehung auf Zeit und Ort der Ausführung, sowie auf die mitwirken sollenden Kräfte und anzuwendenden Mittel feststehen, da eine Vorbereitung eben erst in der Gewinnung der Mittel und der Gelegenheit der Ausführung besteht. Wenn eine Verabredung noch nicht zur Beschließung der unmittelbaren Ausführung ihrer hochverrätherischen Absicht gelangt ist, so wird doch hierdurch nicht ausgeschlossen, daß vorbereitende Handlungen im Sinne des § 66 vorgenommen werden konnten. Z. Pl. 28. Nov. 1853 c. Tietz (G. A. 2. s. 256). Vgl. n. 2.

2. Die Anwendbarkeit des § 66 wird dadurch nicht ausgeschlossen, daß der Schuldige nicht unter allen Umständen, sondern nur bei einer mit Zuversicht erwarteten revolutionären Bewegung — also bei einer passenden Gelegenheit — auf den gewaltsamen Umsturz der Preußischen Staatsverfassung hinzuwirken beabsichtigte. Z. I. 7. Febr. 1855 c. Ladendorff (G. A. 3. s. 230).

3. Die vorbereitende Handlung muß den gewaltthätigen Charakter des Verbrechens in der Absicht des Handelnden bereits erkennen lassen; es genügt daher nicht, wenn daraus nur die Möglichkeit erhellt, die Handlung würde in ihrem Fortschritt und in ihren Wirkungen zur Gewalt führen können. G. Matt. 2. s. 52 n. 3.

4. Wenn der Instanzrichter feststellt, der Angeklagte sei Schriftführer einer Pariser Kommunisten-Gemeinde, welche eine hochverrätherische Tendenz verfolge, gewesen, und wenn er hierin vorbereitende Handlungen im Sinne des § 66 findet, so gehört die Subsumtion dem thatsächlichen Gebiete an, und unterliegt nicht der Kritik des Richters der Nichtigkeitsbeschwerde. Z. Pl. 28. Nov. 1853 c. Tietz (G. A. 2. s. 256).

5. Die bloße Verbreitung gefährlicher Lehren und Grundsätze genügt nicht, um den Thatbestand des § 66 darzustellen; es bedarf eines deutlichen Anreizes zu Handlungen einer auf ein bestimmtes Ziel schon gerichteten hochverrätherischen Absicht. G. Matt. 2. s. 53 c; Temme Gll. s. 145 n. 2.

6. Bei den durch § 66 vorgesehenen vorbereitenden Handlungen zu einem hochverrätherischen Unternehmen findet § 31, nach welchem der freiwillige Rücktritt von der Ausführung des Verbrechens straflos macht, keine Anwendung: Z. I. 7. Febr. 1855 c. Ladendorff (G. A. 2. s. 230); G. Matt. 2. s. 40. *Contra*: Temme Gll. s. 144 n. 6; id. Lehrb. s. 585; Zachariä Abh. (cit. § 62 n. 1). Vgl. § 62 n. 3; § 63 n. 4.

§ 67.

1. Der erste Absatz hat nicht etwa eine Versuchshandlung, sondern das vollendete Verbrechen zum Gegenstande. Freiwilliger Rücktritt schließt daher die Strafbarkeit nicht aus. Temme Gll. s. 147 Note 2. Vgl. G. Matt. 2. s. 58 n. 7.

2. Im Falle des zweiten Absatzes ist der Nachweis der intellektuellen Urheberschaft am ausgebrochenen Kriege nicht erforderlich. G. Matt. 2. s. 57 n. 6.

§. 68. Ein Preuße, welcher während eines gegen den Preußischen Staat ausgebrochenen Krieges im feindlichen Heere Dienste nimmt und die Waffen gegen Preußen oder dessen Bundesgenossen trägt, wird als Landesverräther mit dem Tode bestraft.

Ein Preuße, welcher schon früher in fremden Kriegsdiensten stand, soll, wenn er nach Ausbruch des Krieges in denselben verbleibt und die Waffen gegen Preußen oder dessen Bundesgenossen trägt, mit Zuchthaus von drei bis zu zehn Jahren bestraft werden.

Wird festgestellt, daß mildernde Umstände vorhanden sind, so tritt Einschließung von drei bis zu zehn Jahren ein.

[Entw. § 58]. Vgl. § 69. 70. 72. 73. 4 Nr. 2. 39.

§. 69. Ein Preuße, welcher während eines gegen Preußen ausgebrochenen Krieges einer feindlichen Macht wissentlich Vorschub leistet, oder den Truppen Preußens oder seiner Bundesgenossen wissentlich Nachtheil zufügt, wird mit Zuchthaus bis zu zehn Jahren bestraft.

Die Todesstrafe tritt ein, wenn der Thäter:

1) Festungen, Pässe, besetzte Plätze oder andere Vertheidigungsposten, ingleichen Preußische oder verbündete Truppen oder einzelne Offiziere oder Soldaten in feindliche Gewalt bringt;

2) Festungswerke, Kriegsschiffe, Kassen, Zeughäuser, Magazine oder andere Vorräthe von Waffen, Munition oder

---

§ 68.

1. Es wird ein „Waffentragen" vorausgesetzt, daher ist die Vorschrift auf Militär-Beamte, Geistliche, Aerzte nicht auszudehnen. G. Matt. 2. s. 59 n. 1; Temme Gll. s. 147 n. 1.

2. Eine wirkliche Theilnahme am Kampfe ist nicht erforderlich; es genügt, wenn nur der Truppentheil, zu welchem der Angeklagte gehörte, zum Kriege verwendet, d. h. wenigstens ausmarschirt ist. Temme Gll. s. 147 n. 2. *Contra:* Koch n. 25.

3. Ein erzwungenes Verbleiben im Dienste und Waffentragen gegen Preußen ist nach allgemeinen Grundsätzen straflos. G. Matt. 2. s. 60 n. 4; Temme Gll. s. 147 n. 4; Koch n. 26.

4. Unter „Bundesgenossen" sind nur die wirklich am Kriege Theil nehmenden Mächte zu verstehen. G. Matt. 2. s. 59 n. 2; Temme Gll. s. 147 n. 5.

5. Der Schlußsatz, nach welchem beim Vorhandensein mildernder Umstände eine gelindere Strafe eintritt, bezieht sich nur auf den Fall des zweiten Absatzes. G. Matt. 2. s. 61 n. 4.

§ 69.

1. Die im Eingange erwähnte Wissentlichkeit wird auch zur Annahme der speziell hervorgehobenen Fälle erheischt. G. Matt. 2. s. 63 n. 6.

anderen Kriegsbedürfnissen in feindliche Gewalt bringt, zerstört oder unbrauchbar macht;

3) dem Feinde Mannschaften zuführt, oder Soldaten der Preußischen oder verbündeten Heere verleitet, zum Feinde überzugehen;

4) Operationspläne oder Pläne von Festungen oder festen Stellungen dem Feinde mittheilt;

5) dem Feinde als Spion dient, oder feindliche Spione aufnimmt, verbirgt oder ihnen Beistand leistet, oder

6) einen Aufstand unter den Preußischen oder verbündeten Truppen erregt.

[Entw. § 59]. Vgl. § 68. 70. 72. 73. 4 Nr. 2. 39.

§. 70. Gegen Ausländer ist wegen der in den §§ 67. und 69. erwähnten Handlungen nach dem Kriegsgebrauche zu verfahren.

Begehen sie aber solche Handlungen, während sie unter dem Schutze Preußens in dessen Gebiete sich aufhalten, so kommen die in den §§ 67. und 69. bestimmten Strafen zur Anwendung.

[Entw. § 60]. Vgl. § 67. 69. 72. 73; 4 Nr. 2; 39.

§. 71. Wer vorsätzlich:

1) Staatsgeheimnisse, oder Festungspläne, oder solche Urkunden, Aktenstücke oder Nachrichten, von denen er weiß, daß das Wohl des Staates deren Geheimhaltung, einer fremden Regierung gegenüber, erfordert, dieser Regierung mittheilt oder öffentlich bekannt macht, oder

2) zur Gefährdung der Rechte des Staates im Verhältniß zu einer fremden Regierung die darüber sprechenden Urkunden oder Beweismittel vernichtet, verfälscht oder unterdrückt, oder

---

2. Durch diesen § sind die Verordnungen vom 17. März 1813 und 15. Jan. 1814 aufgehoben. G. Matt. 2. s. 64 n. 9; Temme Gll. s. 149 n. 8.

§ 70.

1. Im Absatz 2 sind die Worte: „unter dem Schutze Preußens“ zugesetzt worden, um klar zu machen, daß die betr. Bestimmung auf feindliche in Preußen eingedrungene Truppen nicht mit zu beziehen sei, sie ist daher auf subditi temporarii zu beschränken; in Betreff aller andern kann nur der Kriegsgebrauch (Abs. 1) entscheiden. Vgl. G. Matt. 2. s. 65 n. 2.

§ 71.

1. Die hier erwähnten Handlungen werden gegen den Ausländer als solchen nicht, sondern nur in seiner Eigenschaft als subditus temporarius bestraft. G. Matt. 2. s. 69 n. 2.

2. Die Nr. 1 setzt keinen andern strafrechtlichen Dolus voraus, als daß der Thäter wissend, daß das Wohl des Preußischen Staats die Geheimhaltung der be-

3) ein ihm aufgetragenes Staatsgeschäft mit einer fremden Regierung zum Nachtheil Preußens führt,

wird mit Zuchthaus von fünf bis zu zwanzig Jahren bestraft.

[Entw. § 61]. Vgl. § 72. 73. 39.

§. 72. Gegen denjenigen, welcher wegen einer der in diesem Titel gedachten Handlungen zu zeitiger Zuchthausstrafe verurtheilt wird, soll auf Stellung unter Polizei-Aufsicht erkannt werden.

[Entw. § 62].

§. 73. Wenn wegen Hochverraths oder Landesverraths in den Fällen der §§ 61. 63. 64. 67. 68. 70. und 71. die Untersuchung eröffnet wird, so ist das Vermögen, welches der Angeschuldigte bereits besitzt, oder welches ihm später noch anfällt, mit Beschlag zu belegen.

Der wegen Hochverraths oder Landesverraths zum Tode oder zu lebenslänglichem Zuchthaus rechtskräftig Verurtheilte verliert die Fähigkeit, über sein Vermögen unter Lebenden und von Todeswegen zu verfügen.

[Entw. § 63]. Vgl. § 11; Crim.-O. § 53. 68. 237. 568.

---

treffenden Nachrichten rc. einer fremden Regierung gegenüber erfordere, sie dennoch dieser Regierung vorsätzlich mittheilt; keineswegs wird erfordert, daß Zweck und Beweggrund des Handelnden gewesen seien, daß das Wohl des Preußischen Staats gefährdet werde, diese können vielmehr auch in etwas Anderem, z. B. in Geldgewinn, bestehen. Z. Pl. 10. Nov. 1856 c. Techen (G. A. 5. S. 93); vgl. Temme Arch. 5. S. 65.

§ 72.

— — — — — — — — — — — — — — — —

§ 73.

1. Die im ersten Absatze angeordnete Beschlagnahme soll dem des Verraths „Angeschuldigten“ die Mittel zu ferneren verrätherischen Unternehmungen, sowie zu seiner Befreiung oder zur Erschwerung der Untersuchung nehmen (K.-B. II. K. S. 53). Daraus, sowie aus dem Umstande, daß die Bezeichnung des Zeitpunkts, in welchem jene Beschlagnahme erfolgen soll: „wenn die Untersuchung eröffnet wird,“ sich auch schon in den früheren, der Verordnung vom 3. Jan. 1849 lange vorhergegangenen, Entwürfen findet, — folgt, daß darunter nicht die in den §§ 11. 39. 47. 48 der cit. Verordnung erwähnte, durch förmlichen gerichtlichen Beschluß erfolgende „Eröffnung der Untersuchung“ zu verstehen sei, zumal eine solche stets nur bei Vergehen vorkommt, während alle hier zur Sprache kommenden Fälle Verbrechen darstellen. Dafür spricht auch, daß ein in der Kommission der zweiten Kammer gestellter Antrag, die Beschlagnahme nicht mit der Eröffnung der Untersuchung, sondern mit der Versetzung in den Anklagestand eintreten zu lassen, abgelehnt worden ist (cit. Komm.-Ber.). Unter der zu eröffnenden Untersuchung ist daher hier die Vor-Untersuchung zu verstehen, welche für eröffnet zu erachten, sobald das Gericht auf den Antrag des Staatsanwalts einen Untersuchungsrichter ernannt hat (Vdn. v. 3. Jan. 1849 § 42). *Sic:* Koch n. 30. *Contra:* Temme Gll. S. 150 fgg. n. 1. 4. Nach Rheinischem Verfahren ist die Untersuchung für eröffnet zu erachten, sobald der durch einen Antrag der Staatsanwaltschaft mit der Sache befaßte Untersuchungsrichter zum Zweck der Voruntersuchung irgend eine Verfügung erläßt.

Zweiter Titel.
Beleidigung der Majestät und der Mitglieder des Königlichen Hauses.

§. 74. Wer sich einer Thätlichkeit gegen die Person des Königs schuldig macht, wird mit dem Tode bestraft.

In minder schweren Fällen ist anstatt der Todesstrafe auf Zuchthaus von zehn bis zu zwanzig Jahren zu erkennen.

Wird festgestellt, daß mildernde Umstände vorhanden sind, so tritt Einschließung von zehn bis zu zwanzig Jahren ein.

[Entw. § 65]. Vgl. § 4 Nr. 1. 2. 61 Nr. 1. 76; Ges. v. 25. Apr. 1853 (GS. s. 162).

§. 75. Wer durch Wort, Schrift, Druck, Zeichen, bildliche oder andere Darstellung die Ehrfurcht gegen den König verletzt, wird mit Gefängniß von zwei Monaten bis zu fünf Jahren bestraft.

---

2. Das Verfahren bei Verfügung der Beschlagnahme richtet sich nach den §§ 53. 68. 237. 568 der Crim.-O. Sie kann nur vom Gerichte erfolgen; § 7 der Vdn. vom 3. Jan. 1849 ist hier unanwendbar, da die dort erwähnten Beschlagnahmen nur auf die Besitzergreifung einzelner zur Beweisführung erforderlicher Gegenstände zu beziehen sind, im Uebrigen aber der dort vorgesehene Fall der Dringlichkeit hier nicht eintreten kann, wo die Eröffnung der Untersuchung, also ein gerichtlicher Akt, vorhergehen muß. Vgl. Temme GA. s. 150 n. 2. Im Gebiete des Rheinischen Rechts muß der Untersuchungsrichter, auf den vorgängigen Antrag der Staatsanwaltschaft, mit der ersten zum Zweck der Voruntersuchung getroffenen Verfügung durch förmlichen Beschluß (Ordonnanz) auch diese Beschlagnahme anordnen. Der Vollzug erfolgt dann auf den Grund einer durch den Ober-Prokurator mitzutheilenden exekutorischen Aussertigung durch die Bezirks-Regierung, ohne daß es einer Exekutorisch-Erklärung durch das ganze Gericht bedürfte. Vgl. AKO. v. 13. Okt. 1827 (Rh. Samml. 3. s. 154); Just.-Min.-Verf. v. 15. Okt. 1826 (Rh. Samml. 3. s. 65). Zu vergleichen ist die Min.-Verf. v. 18. Febr. 1859 (JMBl. s. 66), welche das Verfahren bei den in Gemäßheit des § 110 zu erwirkenden Beschlagnahmen für das Gebiet des Rheinischen Rechts regelt; nach dieser soll der betr. Beschluß von der Rathskammer ausgehen.

3. Ist die verordnete Beschlagnahme zur Ausführung gebracht worden, so hat sie die in den Civilgesetzen derartigen Beschlagnahmen (Sequestrationen, Arrestanlagen) zugeschriebenen Wirkungen. Weitergehende Folgen sind nicht daraus herzuleiten, indem die Kommission der zweiten Kammer einen dieses bezweckenden Zusatz aus dem § beseitigt hat. K.-B. II. K. s. 53.

§ 74.

1. Hierher gehören alle Gewalthandlungen gegen die Person des Königs, welche nicht unter § 61 Nr. 1 fallen. G. Matt. 2. s. 82 n. 1. Insbesondere ist nicht etwa aus der Ueberschrift des Titels zu folgern, als seien hier nur die in beleidigender Absicht zugefügten Thätlichkeiten mit Strafe bedroht. K.-B. I. K. s. 14; Bes. s. 243; Koch n. 31.

2. Vorsätzlichkeit der Handlung wird vorausgesetzt. G. Matt. 2. s. 84 n. 4.

3. Drohung mit einer Thätlichkeit, wenn sie nicht schon einen strafbaren Versuch enthält, kann nur unter § 75 fallen. G. Matt. 2. s. 84 n. 5; Temme GA. s. 153 n. 2.

4. Kompetenz des Kammergerichts zur Untersuchung und Entscheidung wegen des in diesem § vorgesehenen Verbrechens, mit Einschluß der Theilnahme, für den Umfang der ganzen Monarchie. Vgl. Ges. v. 25. April 1853.

§ 75.

1. Nicht blos Ehrenkränkungen, sondern auch jede Verletzung der dem Landesherrn schuldigen Ehrfurcht fällt unter den Begriff der Majestätsbeleidigung.

Auch kann gegen denselben zugleich auf zeitige Untersagung der Ausübung der bürgerlichen Ehrenrechte erkannt werden.

[Entw. § 66]. Vgl. § 4 Nr. 1. 2.

§. 76. Wer sich einer Thätlichkeit gegen die Person der Königin, des Thronfolgers oder eines anderen Mitgliedes des Königlichen Hauses, oder des Regenten des Preußischen Staates schuldig macht, wird mit Zuchthaus von fünf bis zu zwanzig Jahren bestraft.

In minder schweren Fällen ist auf Zuchthaus bis zu zehn Jahren zu erkennen.

Wird festgestellt, daß mildernde Umstände vorhanden sind, so tritt Einschließung von Einem bis zu zehn Jahren ein.

[Entw. § 67]. Vgl. § 74; Ges. v. 25. April 1853 (GS. S. 162).

§. 77. Wer durch Wort, Schrift, Druck, Zeichen, bildliche oder andere Darstellung die Königin, den Thronfolger, ein anderes Mitglied des Königlichen Hauses, oder den Regenten des Preußischen Staats beleidigt, wird mit Gefängniß von Einem Monate bis zu drei Jahren bestraft.

Auch kann gegen denselben zugleich auf zeitige Untersagung der Ausübung der bürgerlichen Ehrenrechte erkannt werden.

[Entw. § 68]. Vgl. § 75. 152 fgg.

G. M. 2. S. 86 n. 2. *Contra*: Berner Lehrb. S. 515 Note 1; er glaubt, beide Ausdrücke seien gleichbedeutend, da „Ehrfurcht" nur die ganz natürliche Bezeichnung für die dem Landesherrn schuldige Ehre sei.

2. Ob eine Aeußerung unter den Begriff des § 75 falle, ist lediglich Gegenstand der thatsächlichen Beurtheilung. B. 9. Jan. 1852 c. Dobberstein; Z. II. 5. Jan. 1854 c. Schulte.

3. Als Dolus genügt hier das Bewußtsein, daß durch die Aeußerungen die Ehrfurcht verletzt werde: B. 9. Jan. 1852 c. Dobberstein; Z. II. 5. Jan. 1854 c. Schulte. Insbesondere gehört die Absicht, die Ehre des Landesherrn anzugreifen, nicht zum Thatbestande, diese bedarf daher auch nie einer Feststellung: Z. I. 11. Juni 1858 c. Schnepel.

4. Ein B. I. 8. Febr. 1860 c. v. Plotho (G. A. 8. S. 265) deutete indirekt an, daß bei diesem Vergehen die Vorschrift des § 154 keine Anwendung erleide.

5. Ueber die Vollendung einer Beleidigung, welche in einem sei es an den Beleidigten selbst, sei es an einen Dritten gerichteten und versendeten Briefe enthalten ist, vgl. § 3 n. 4.

6. Ueber Majestätsbeleidigung gegen verstorbene Könige vgl. § 77 n. 6.

§ 76.

1. Es gilt hier das zu § 74 n. 2 fgg. Gesagte; insbesondere tritt auch hier die Kompetenz des Kammergerichts nach dem Gesetz v. 25. April 1853 ein.

2. Jede Thätlichkeit gegen die im § genannten Personen unterliegt der Strafbestimmung; § 61 Nr. 1 bleibt bei ihnen außer Anwendung; nur, wenn die That in der Absicht geschieht, die Thronfolge gewaltsam zu ändern, greift § 61 Nr. 2 Platz. G. Matt. 2 S. 9. Einer beleidigenden Absicht bedarf es auch hier nicht; vgl. § 74 n. 1.

§ 77.

1. Hier wird wirkliche Beleidigung, nicht blos Ehrfurchtsverletzung wie im § 75 verlangt.

Dritter Titel.
Feindſelige Handlungen gegen befreundete Staaten.

§. 78. Ein Preuße, der im Inlande oder Auslande, oder ein Ausländer, der während ſeines Aufenthalts in Preußen gegen einen der Deutſchen Staaten oder deſſen Regenten eine Handlung vornimmt, welche, wenn er ſie gegen den König oder den Preußiſchen Staat verübt hätte, als eine hochverrätheriſche anzuſehen ſein würde, iſt in den Fällen der §§ 61. bis 65. mit Zuchthausſtrafe von zwei bis zu zehn Jahren, oder wenn feſtgeſtellt wird, daß mildernde Umſtände vorhanden ſind, mit Einſchließung von Einem bis zu zehn Jahren, in dem Falle des § 66. aber mit Einſchließung von ſechs Monaten bis zu drei Jahren zu beſtrafen.

Dieſelbe Strafe tritt ein, wenn die Handlung gegen einen anderen Staat gerichtet iſt, in welchem nach publizirten Verträgen oder Geſetzen die Gegenſeitigkeit verbürgt iſt.

[Entw. § 59]. Vgl. § 4 Nr. 3; Geſ. v. 25. Apr. 1853 (GS. ſ. 162).

---

2. Die Beſtimmungen des § 4 Nr. 1 und 2 erleiden hier keine Anwendung, wohl aber eventuell § 4 Nr. 3.

3. Die Beſtimmungen des § 154 greifen hier (wo es ſich nicht blos von einer Ehrfurchtsverletzung handelt) Platz. B. I. 8. Febr. 1860 c. v. Plotho (G. A. 8. ſ. 265).

4. Im Uebrigen gilt das zu § 75 Bemerkte auch hier.

5. Die Mitglieder der Hohenzollernſchen Fürſtenhäuſer ſind nicht Mitglieder des Königlichen Hauſes. Goltd. Matt. 2. ſ. 89 n. 7; Temme Gll. ſ. 154 n. 2; Koch n. 35.

6. Beleidigungen gegen verſtorbene Mitglieder des Königlichen Hauſes ſind als ſolche nicht ſtrafbar. Die in den frühern Entwürfen hierüber vorgeſchlagenen Beſtimmungen wurden im Intereſſe der unbefangenen Geſchichtſchreibung beſeitigt. Beſ. ſ. 244; Temme Gll. ſ. 154 Note 3; Beſchl. App.-G. Hamm 30. Okt. 1857 c. Schulz. Nur wenn derartige Aeußerungen als Ehrfurchtsverletzungen gegen den regierenden König, oder als Beleidigungen gegen ein lebendes Mitglied des Königlichen Hauſes angeſehen werden können, werden die §§ 75 und 77 anwendbar. Ob dieſes der Fall, iſt jedesmal Gegenſtand der thatſächlichen Beurtheilung. Nur in dieſem Sinne iſt demjenigen, was Goltdammer (Matt. 2. ſ. 92) ſagt, beizupflichten. Vgl. Tit. XIII (§ 152 fgg.) n. 8. 9.

7. Die Vorſchrift des § 163, welche unverkennbar nur auf die im XIII. Titel behandelten Ehrverletzungen Bezug hat, dürfte hier keine Anwendung finden.

§ 78.

1. Auch für das in dieſem § vorgeſehene Verbrechen iſt das Kammergericht ausſchließlich kompetent. Vgl. Geſ. v. 25. April 1853.

2. Dieſer § weicht von der Vorſchrift des § 4 Nr. 3 inſofern ab, als er nicht, wie dieſer, die Bedingung enthält, daß die That auch durch die Geſetze des Orts, wo ſie begangen wird, mit Strafe bedroht ſein müſſe. Goltdammer (Matt. 2. ſ. 95 n. 3) und Temme (Gll. ſ. 155 n. 6; id. Lehrb. ſ. 608 Note 3) ſind der Anſicht, daß jene Vorſchrift des § 4 auch hier Platz greife; ſchwerlich mit Recht. Die übrigen deutſchen, und die im Reziprozitätsverhältniſſe ſtehenden Staaten ſind hier theilweiſe dem Preußiſchen Staate ſelbſt gleichgeſtellt, in Betreff deſſen ebenfalls der im Auslande begangene Hochverrath ſtrafbar iſt, ſollte er am Orte der That auch ſtraflos ſein (§ 4 Nr. 1. 2); auch denken jene Rechtslehrer nicht an den Fall, wo das im

§. 79. Wer durch Wort, Schrift, Druck, Zeichen, bildliche oder andere Darſtellung das Oberhaupt eines Deutſchen Staates beleidigt, wird mit Gefängniß von Einem Monate bis zu zwei Jahren beſtraft.

Dieſelbe Strafe tritt ein, wenn die Beleidigung gegen das Oberhaupt eines anderen Staates gerichtet iſt, in welchem nach publizirten Verträgen oder Geſetzen die Gegenſeitigkeit verbürgt iſt.

[Entw. § 70]. Vgl. § 81. 152 fgg. (Vdn. v. 30. Juni 1849 § 22).

§. 80. Wer durch Wort, Schrift, Druck, Zeichen, bild-

---

§ 78 erwähnte Verbrechen gegen einen andern Staat gerichtet iſt, als wo es begangen worden. Dagegen greift in Betreff der im Auslande begangenen Handlungen auch hier die Eingangsbeſtimmung des § 4 Platz, welche Verfolgung und Beſtrafung nur geſtattet, nicht gebietet. Die gegen befreundete Staaten gerichteten Handlungen können in dieſer Beziehung nicht ſtrenger angeſehen werden, als wenn ſie gegen Preußen ſelbſt gerichtet wären; wenn § 78 jene Beſtimmung nicht wiederholt, ſo erklärt ſich dieſes aus der Faſſung, welche die im In- und Auslande begangenen Fälle zuſammen faßt. *Contra*: Temme l. c.

3. Goltdammer, Temme (l. l. c. c.) und Beſeler (ſ. 246 IV) wollen ebenſo die Beſtimmung des § 4 Nr. 3 hier anwenden, nach welcher Verfolgung und Beſtrafung ausgeſchloſſen ſind, wenn von einem ausländiſchen Gerichte über die That rechtskräftig erkannt, und die Strafe vollzogen oder durch Begnadigung erlaſſen iſt.

4. Der § 78 iſt nur auf diejenigen Staaten zu beziehen, mit welchen Preußen in Friedensverhältniſſen ſteht. G. Matt. 2. ſ. 96 n. 4. Vgl. die Ueberſchrift des Titels, und Temme GU. ſ. 156 n. 7.

5. Beſeler (ſ. 246) und Koch (n. 39) halten dafür, der Schlußſatz des § beziehe ſich nur auf die gegen außerdeutſche Staaten, nicht alſo auch auf die gegen die Regenten ſolcher Staaten begangenen Handlungen. Eine ſolche Unterſcheidung hat ſchwerlich in der Abſicht des Geſetzgebers gelegen.

6. In der Faſſung „publizirten Verträgen oder Geſetzen“ iſt das Wort „publizirten“ nicht auf Geſetze, ſondern nur auf Verträge zu beziehen; es bedarf alſo einer Publizirung des ausländiſchen Geſetzes, durch welches Reziprozität gewährt iſt, in Preußen nicht. Auch genügt jeder nach der Verfaſſung des betr. Landes mit Geſetzeskraft verſehene legislatoriſche Erlaß, ſollte er auch nicht den Namen „Geſetz“ führen. Ob ein ſolches ausländiſches Geſetz beſteht, iſt Gegenſtand der thatſächlichen Prüfung des Inſtanzrichters; ſeine Entſcheidung unterliegt der Nichtigkeitsbeſchwerde nicht. Beſchl. I. 10. Dez. 1856 (B I. n. 314; G. A. 5. ſ. 254); ebenſo in Beziehung auf einen Fall des § 269: B. II. 12. Okt. 1854 c. Wilms (JMBl. 1855 ſ. 4). Vgl. Abh. in G. Arch. 3. ſ. 91. Andrer Anſicht ſcheint zu ſein Temme GU. ſ. 155 n. 3.

7. Ueber Hochverrath gegen den deutſchen Bund vgl. Thl. I. Tit. II. n. 2; Koch n. 38.

§ 79.

1. In Betreff der Bedingung der Gegenſeitigkeit vgl. § 78 n. 6. Dieſe Gegenſeitigkeit iſt als begründet nur dann anzunehmen, wenn im betreffenden Staate ebenfalls die Beleidigung eines fremden Staatsoberhaupts mit ſtrengern Strafen als die einfache Beleidigung zwiſchen Privatperſonen bedroht iſt. Temme GU. ſ. 156 n. 2.

2. Iſt die Vorſchrift auf Thätlichkeiten, welche gegen das Oberhaupt eines andern Staats verübt werden, auszudehnen? Temme (Lehrb. ſ. 608 II. n. 3) bejaht.

§ 80.

1. Ob die Beleidigung in oder außer dem Amte zugefügt ſei, iſt gleichgültig. Temme GU. ſ. 156; G. Matt. 2. ſ. 98 n. 3.

liche oder andere Darstellung einen bei dem Königlichen Hofe beglaubigten Gesandten oder Geschäftsträger beleidigt, wird mit Gefängniß von Einem Monate bis zu Einem Jahre bestraft.

[Entw. § 71]. Vgl. § 81 152 fgg.

§. 81. In den Fällen der §§ 79. und 80. tritt die Verfolgung nur auf Antrag der auswärtigen Regierung oder des beleidigten Gesandten ein.

[Entw. § 71 a]. Vgl. § 50—53; Einf.-Ges. Art. XVII.

Vierter Titel.
Verbrechen und Vergehen in Beziehung auf die Ausübung der staatsbürgerlichen Rechte.

§. 82. Wer es unternimmt, eine der beiden Kammern gewaltsam auseinander zu sprengen, zur Fassung oder Unterlassung von Beschlüssen zu zwingen, oder Mitglieder aus derselben gewaltsam zu entfernen, wird mit Zuchthaus von zehn bis zu zwanzig Jahren bestraft.

[Entw. § 72].

§. 83. Wer ein Mitglied einer der beiden Kammern durch Gewalt oder durch Bedrohung mit der Verübung eines

---

2. Der § 153, welcher die Straflosigkeit einer Beleidigung gestattet, wenn sie auf der Stelle erwidert worden ist, erleidet hier keine Anwendung. G. Matt. 2. f. 98 n. 2.

3. Auch hier will Temme (Lehrb. f. 609) die Strafvorschrift auf die gegen einen Gesandten verübten Thätlichkeiten ausdehnen.

§ 81.

1. Im Falle des § 79 muß der Antrag von der Regierung des betreffenden Staats, d. h. von dem Ministerium der auswärtigen Angelegenheiten gestellt werden. Temme Gll. f. 157 n. 2. Ist dagegen ein Gesandter beleidigt, so ist nur dieser selbst, nicht auch seine Regierung zum Antrage berechtigt. Temme l. c. n. 3.

2. Bedarf es dieses Antrags auch dann, wenn es sich nur von dem Verfahren auf Vernichtung einer Schrift nach § 50 des Preßges. v. 12. Mai 1851 handelt, deren Inhalt den Thatbestand des § 79 oder 80 darstellt? Vgl. § 50 n. 19.

§ 82.

1. Die Worte „Wer es unternimmt“ deuten darauf hin, daß es auf den Erfolg des Vorhabens nicht ankommt, sondern daß auch der Versuch schon unter den Thatbestand des vollendeten Verbrechens fällt. Bes. f. 248; Koch n. 42. Dagegen reichen bloße Vorbereitungshandlungen nicht hin, vielmehr muß auch der Versuch sich als Anfangshandlung der Gewalt charakterisiren. G. Matt. 2. f. 100; Temme Lehrb. f. 611, welcher hier seine frühere entgegenstehende Ansicht (Gll. f. 158) aufgiebt.

2. Unter Gewalt ist nicht blos physische, sondern auch moralische, also Drohung mit gegenwärtiger Gefahr zu verstehen. G. Matt. 2. f. 100.

3. Insofern das Unternehmen darauf abzielt, die Verfassung gewaltsam zu ändern, findet selbstredend § 61 Nr. 2 Anwendung.

4. Auf die Provinziallandtage und die Abgeordneten zu denselben ist § 82 nicht auszudehnen. Vgl. G. Matt. 2. f. 102 n. 1.

§ 83.

1. Ueber den Begriff der Bedrohung vgl. § 89 n. 48—52; Goltdammer

Verbrechens oder Vergehens gegen dasselbe verhindert, sich an den Ort der Versammlung zu begeben oder zu stimmen, wird mit Zuchthaus bis zu acht Jahren bestraft.

[Entw. § 73]. Vgl. § 84. 212 fgg. 234 fgg.

§. 84. Wer auf die im § 83. angegebene Weise Staatsangehörige verhindert oder zu verhindern versucht, in Ausübung ihrer staatsbürgerlichen Rechte zu wählen oder zu stimmen, soll mit Gefängniß nicht unter Einem Jahre bestraft werden.

[Entw. § 74]. Vgl. § 85. 86. 212 fgg. 234 fgg.

§. 85. Wer, mit der Sammlung der Wahl- oder Stimm-Zettel oder Zeichen beauftragt, vorsätzlich die rechtmäßige Anzahl derselben vermehrt oder vermindert, oder einen Zettel oder ein Zeichen verfälscht oder vertauscht, oder auf die Zettel derjenigen Personen, die nicht schreiben können, andere als die angegebenen Namen schreibt, ingleichen wer, bei einer Wahlhandlung mit der Führung des Protokolls beauftragt, andere als die angegebenen Namen niederschreibt, wird mit Gefängniß von Einem bis zu drei Jahren bestraft.

(Matt. 2 f. 101) will nur die Drohung mit gegenwärtiger Gefahr für Leib und Leben hierher rechnen.

2. Gewalt oder Drohung an den Landtagsabgeordneten bei ihrer Entfernung vom Versammlungsorte ausgeübt, um sie für künftige Fälle an der Ausführung ihres Berufs zu hindern, soll (nach K.-B. I. K. f. 15) nicht unter § 83 fallen, sondern als Beleidigung, Körperbeschädigung rc. strafbar sein. Liegt indessen darin ein Hindern am spätern Wiederkommen, so ist nicht abzusehen, warum § 83 nicht passen sollte. G. Matt. 2. f. 102; Temme Gll. f. 158; Koch n. 44.

3. Auch dieser § erleidet auf die Abgeordneten zu den Provinziallandtagen keine Anwendung. Vgl. G. Matt. 2. f. 102 n. 1.

4. Im Uebrigen sind die Bemerkungen zu § 212 zu vergleichen.

§ 84.

1. Diese Bestimmung bezieht sich nicht blos auf die Wahl von Landtagsabgeordneten, sondern auch auf die zu andern öffentlichen Funktionen, namentlich in den Gemeinde-, Kreis-, Bezirks- und Provinzialvertretungen. Vgl. § 12 Nr. 3; Bes. f. 249; Temme Gll. f. 159; *Contra*: G. Matt. 2. f. 103 n. 1; Temme Lehrb. f. 612; Koch n. 46, welche die Wahlen zu Gemeindevertretungen ausscheiden wollen, weil das betreffende Recht kein staatsbürgerliches sei.

2. Goltdammer (Matt. 2. f. 104 n. 2) und Koch (n. 45) halten im Falle eines Zwanges zu wählen, und in einem bestimmten Sinne zu wählen, den § 84 nicht, sondern eventuell nur den § 212 für anwendbar; auch in einem solchen Falle liegt indessen eine Verhinderung der freien Wahl vor.

3. Ueber die Voraussetzungen des Versuchs sind die Bemerkungen § 212 n. 3; § 31 n. 38 zu vergleichen.

§ 85.

1. Auch wer ohne Wahlberechtigung vorsätzlich mitwählt, unterliegt der Bestimmung des zweiten Absatzes. Temme Gll. f. 159; *Contra:* G. Matt. 2. f. 105; Koch n. 47.

2. Temme (Lehrb. f. 612) dehnt (mit Recht) diesen § auf gemeindebürgerliche Wahlen aus.

War der Thäter nicht mit der Sammlung der Zettel oder Zeichen oder mit einer anderen Verrichtung bei dem Wahlgeschäfte beauftragt, so ist die Strafe Gefängniß von drei Monaten bis zu zwei Jahren.

In beiden Fällen ist zugleich auf zeitige Untersagung der Ausübung der bürgerlichen Ehrenrechte zu erkennen.

[Entw. § 75].

§. 86. Wer eine Wahlstimme kauft oder verkauft, wird mit Gefängniß von drei Monaten bis zu zwei Jahren bestraft; auch kann gegen denselben auf zeitige Untersagung der Ausübung der bürgerlichen Ehrenrechte erkannt werden.

[Entw. § 76]. Vgl. § 310—313.

Fünfter Titel.

Widerstand gegen die Staats-Gewalt.

§. 87. Wer zum Ungehorsam gegen die Gesetze oder Verordnungen oder gegen die Anordnungen der Obrigkeit öffentlich auffordert oder anreizt, oder wer Handlungen, welche in den Gesetzen als Verbrechen oder Vergehen bezeichnet sind, durch öffentliche Rechtfertigung anpreiset, wird mit Geldbuße bis zu zweihundert Thalern oder mit Gefängniß von vier Wochen bis zu zwei Jahren bestraft.

[Entw. § 77]. Vgl. § 36. (Vdn. v. 30. Juni 1849 § 16.)

---

§ 86.

1. Die Bedingungen des civilrechtlichen Kaufgeschäfts brauchen nicht vorzuliegen; jede andere materielle Bestechung begründet ebenfalls die Strafbarkeit. G. Matt. 2. s. 106; Temme Gll. s. 159; id. Lehrb. s. 613; Koch n. 48; *Contra*: Beseler s. 250.

§ 87.

1. Der § 87 trifft nur den Ungehorsam gegen allgemein gültige Gesetze und Verordnungen, sowie gegen generell verpflichtende Anordnungen der Obrigkeit, welche Ausfluß der gesetzgebenden Gewalt sind. B. I. 28 Okt. 1857 c. Köhler (G. A. 6. s. 107); Z. I. 4. Mai 1860 c. Kruse (G. A. 8. s. 559). Die Aufforderungen zum Ungehorsam gegen solche Verfügungen und Bestimmungen, welche nur einen speziellen Fall zum Gegenstande haben, können nur geeigneten Falles nach § 89 und 34 strafbar sein.

2. Temme (Lehrb. s. 617) will nur die Aufforderung rc. zu einer bestimmten Thatsache, durch welche der Begriff des Ungehorsams in den speziell angegebenen Richtungen hergestellt werde, hierher rechnen.

3. Der Ungehorsam gegen Gesetze, Verordnungen und Anordnungen der Obrigkeit, umfaßt auch die bloße Nichtbefolgung der betreffenden Befehle und Anordnungen, nicht minder den passiven Widerstand; namentlich fällt die Nichterfüllung positiver Pflichten gegen den Staat, welche nicht auf einem bloßen Vertragsverhältnisse, sondern auf gesetzlicher Anordnung beruhen, unter diesen Begriff; z. B. Aufforderung die Abgaben und Steuern nicht zu zahlen. G. Matt. 2. s. 111 n. 4; Z. 27. Sept. 1850 c. Gentzensohn (beil.). *Contra*: Koch n. 51.

§. 88. Wer eine Person des Soldatenstandes, es sei der Linie oder der Landwehr, auffordert oder anreizt, dem Be-

---

4. Gleichwohl kann von einem Ungehorsam gegen Gesetze ꝛc. nur da die Rede sein, wo eine absolut gebietende Vorschrift gegeben, also eine Pflicht begründet, nicht da, wo nur ein Recht verliehen ist, sollte dessen Ausübung auch als moralische Pflicht sich darstellen. Daher fällt die öffentliche Aufforderung sich an einzelnen Wahlen gar nicht, oder nur in einem gewissen Sinne zu betheiligen, nicht unter den §. Z. 27. Sept. 1850 c. Gentzensohn; B. 24. Mai 1852 c. Born.

4a. Es ist Pflicht jedes Staatseingesessenen, die von einer Behörde an ihn ergehenden Verfügungen anzunehmen; die Aufforderung zur Verweigerung der Annahme aller in einer gewissen Form (z. B. in deutscher Sprache) erlassenen Verfügungen fällt daher unter § 87. Beschl. I 26. Mai 1861 (103 B).

5. Gleichgültig ist es, ob im Uebrigen der Ungehorsam strafbar sein würde. Z. 27. Sept. 1850 c. Gentzensohn.

6. Die Vdn. v. 30. Juni 1849, welcher dieser § 87 entlehnt ist, sprach nur von den „Anordnungen der zuständigen Obrigkeit“; dieser Zusatz ist hier beseitigt, weil die Kompetenz der betr. Behörde, und die Gesetzlichkeit ihrer Anordnungen nicht vom einzelnen Staatsbürger zu prüfen sei, er vielmehr den gesetzlichen Weg der Beschwerde betreten müsse; die Strafbarkeit des Widerstandes wird daher weder durch die Kompetenz der Behörde, noch durch die Gesetzlichkeit ihrer Anordnungen bedingt. K.-B. II. K. s. 61; id. I. K. s. 16; G. Matt. 2. s. 109; Koch n. 51. *Contra:* Temme GA. s. 161; id. Lehrb. s. 617, „weil Widerstand gegen die Anordnungen der unzuständigen Obrigkeit kein Ungehorsam sei.“ Vgl. § 89 n. 16 sgg.

7. Das „öffentlich“ ist aus §§ 36 und 152 zu erläutern. B. I. 28. Okt. 1857 c. Köhler; G. Matt. 2. s. 111 n. 2. Vgl. § 36 n. 4; Preß-Ges. v. 12. Mai 1851 § 33.

8. Das „Auffordern und Anreizen“ kann auch indirekt geschehen. G. Matt. 2. s. 113 n. 6.

9. Ob die Aufforderung oder Anreizung von Erfolg gewesen sei, ist gleichgültig; handelte es sich aber von der öffentlichen Aufforderung ꝛc. zu einer ein Verbrechen oder Vergehen darstellenden Handlung, so greift § 36 Platz, welcher die Fälle des eingetretenen Erfolgs und der Erfolglosigkeit ausdrücklich unterscheidet. Vgl. G. Matt. 2. s. 112.

10. Durch das Verbot: „Handlungen, welche das Gesetz als Verbrechen ꝛc. bezeichnet, durch öffentliche Rechtfertigung anzupreisen“ soll die wissenschaftliche Kritik über die Zweckmäßigkeit und doktrinelle Richtigkeit eines Strafverbots nicht beschränkt, sondern es sollen nur solche Reden und Schriften getroffen werden, welche ohne blos in verständiger Weise Kritik zu üben, und ohne auf der andern Seite direkt zu ungesetzlichem Handeln aufzufordern, sich an das Gefühl und die Leidenschaften wenden, und in Formen, welche denen der wissenschaftlichen Untersuchung durchaus fern liegen, Handlungen, die das Strafrecht verpönt, nicht nur als erlaubt rechtfertigen, sondern geradezu durch Lorbeern verherrlichen. K.-B. II. K. s. 59; id. I. K. s. 15.

11. Zu diesem strafbaren „Anpreisen“ bedarf es der Absicht, dadurch zu jenen Handlungen anzureizen, nicht; es genügt die Absicht der Anpreisung mit der Kenntniß der Strafbarkeit jener Handlungen; noch weniger ist ein Erfolg der Anpreisung erforderlich. G. Matt. 2. s. 113 n. 7.

12. Das Strafverbot ist auch nicht auf den Fall beschränkt, wo die Anpreisung sich ausdrücklich auf eine unerlaubte noch zu begehende Handlung bezieht; vielmehr kann eine solche Anpreisung auch eine unerlaubte Handlung in abstracto zum Gegenstande haben; ja es kann auch bei Besprechung einer bereits begangenen That eine strafbare anpreisende Rechtfertigung statt finden, welche ihre Begehung im Allgemeinen als lobens- und nachahmenswerth darstellt, und so die indirekte Anreizung zur Wiederholung in sich schließt. Dagegen kann die bloße Billigung einer schon begangenen Handlung, wobei auf fernere Begehung ähnlicher Handlungen nicht hingewirkt wird, nicht unter den § fallen. Beschl. I. 9. Jan. 1856 c. Garske.

§ 88.

1. Dieser Artikel ist wörtlich dem cit. Ges. v. 19. Nov. 1849 entlehnt.

fehle des Oberen nicht Gehorsam zu leisten, wer insbesondere eine Person, welche zum Beurlaubtenstande gehört, dazu auffordert oder anreizt, der Einberufungs-Ordre nicht zu folgen, wird mit Gefängniß von sechs Wochen bis zu zwei Jahren bestraft.

Diese Bestimmung findet Anwendung, die Aufforderung oder Anreizung mag durch Wort oder Schrift oder durch irgend ein anderes Mittel geschehen, sie mag von Erfolg gewesen sein oder nicht.

[Entw. § 78]. Vgl. (Ges. v. 19. Nov. 1849. GS. s. 417); Mil.-Str.G.B. v. 3. Apr. 1845 I. § 135; Ges. v. 4. Juni 1851 § 9. 10. (GS. s. 453).

§. 89. Wer einen Beamten, welcher zur Vollstreckung der Gesetze, oder der Befehle und Verordnungen der Verwaltungsbehörden, oder der Urtheile und Verordnungen der Gerichte berufen ist, während der Vornahme einer Amtshandlung angreift, oder demselben durch Gewalt oder Drohung Widerstand leistet, wird mit Gefängniß von vierzehn Tagen bis zu zwei Jahren bestraft.

---

2. Da es sich hier vorzugsweise um Erhaltung der Heeres-Disciplin handelt, so kommt auf die Beweggründe des Auffordernden Nichts an; die Strafe tritt vielmehr auch da ein, wo die Abwesenheit einer jeden meuterischen oder staatsgefährlichen Absicht erwiesen ist, z. B. wenn die Aufforderung an einen Dienstboten und blos aus einem wirthschaftlichen Bedürfnisse erging. Z. I. 1. Febr. 1854 c. Eisenecker (G. A. 2. s. 688).

§ 89.

Inhalt.

1. Das Wesentliche der Beamtenqualität besteht im Allgemeinen in der provisorischen oder definitiven Anvertrauung der Amtsgeschäfte durch die berechtigte Behörde, und in der Uebernahme derselben durch den dazu Verstatteten (vgl. AKO. v. 11. Aug. 1832; G.-S. s. 204). B. I. 17. Juni 1853 c. Fröhlich (G. A. 2. s. 566). Vgl. § 331, und die Bemerkungen zu demselben, sowie § 102 u. 17 fgg.

2. Die Qualität eines Beamten im Sinne dieses § ist nicht dadurch bedingt, daß die Anstellung desselben in dem Grade eine rechtsbeständige sei, daß sie dem betr. Individuum dem Staate gegenüber alle Rechte und Vorzüge eines Beamten verleihe. Daher ist ein vom Landrath angestellter und vereideter Hülfsexekutor als

Dieselbe Strafe tritt ein, wenn der Angriff oder die Widersetzlichkeit gegen Personen, welche zur Beihülfe des Beamten zugezogen waren, oder gegen Mannschaften des Militairs oder einer Gemeinde-, Schutz- und Bürgerwehr in Ausübung des Dienstes erfolgt.

[Entw. § 79]. Vgl. § 90. 91. 92. 96. 102. 196; Einf.-Ges. Art. II; Ges. v. 31. März 1837 (GS. s. 67); Steuer-Ordn. v. 8. Febr. 1819 § 89; Zoll-Str.-Ges. v. 23. Jan. 1838 § 26; Ges. v. 31. März 1841 (GS. s. 64); Ges. v. 4. Juni 1851 § 8—10 (GS. s. 452).

---

wirklicher Beamter zu betrachten, wenn die, eigentlich zur Anstellung berufene Regierung dieses nicht mißbilligt, sondern dafür erachtet hat, daß er die amtliche Qualität dadurch erlangt habe. B. I. 17. März 1854 c. Grabosch. *Contra:* Z. I. 10. Okt. 1855 c. Rohde, in einem Falle, wo ein Landrath über die ihm durch § 15 der Minist.-Instruktion v. 31. Dez. 1816 ertheilte Befugniß hinaus, einen Exekutor angestellt, und die Regierung sich im Laufe der Untersuchung dahin ausgesprochen hatte, daß sie diese Bestallung für vorschriftsmäßig erfolgt erachte.

3. Die Beamten-Qualität ist durch eine vorgängige Vereidung nicht bedingt. Z. I. 17. Okt. 1856 c. Krause; vgl. § 331 n. 4.

4. Eine Beschränkung auf den Widerstand gegen Preußische Beamte ist im § 89 nicht ausgesprochen; daher ist ein Preuße, welcher sich im Auslande einem ausländischen Beamten widersetzt, in Preußen nach diesem § zu bestrafen: Z. I. 6. Juni 1853 c. Passilewitz (beil.); Beschl. Pl. 16. April 1855 c. Zapka (Präj. n. 147; JMBl. s. 184; Entsch. 30. s. 303; G. A. 3. s. 563); Z. I. 18. April 1856 c. Passilewitz; vgl. § 4 n. 22; § 102 n. 17. Ebenso trifft § 89 zu, wenn der Widerstand in Preußen gegen einen ausländischen Beamten geleistet ist, welchem auf Grund eines Staatsvertrags das Recht zustand, auf diesseitigem Gebiete Amtshandlungen vorzunehmen, wie dieses in mehreren, die Verhütung der Forstfrevel in Gränzwaldungen betreffenden Verträgen geschehen, wobei in der Regel der obige Grundsatz ausdrücklich anerkannt worden ist. Beisp. Vertrag mit Luxemburg vom 12. März 1849 § 4. 5. 12 (GS. s. 131).

5. Der § bezieht sich nicht auf alle Beamten ohne Unterschied, sondern nur auf vollziehende (Exekutiv-) Beamten. K.-B. der II. K. s. 60. Vgl. § 90 n. 3. 8.

6. Die Mitglieder einer in gesetzlicher Weise gebildeten und zusammengetretenen Bürgerwehr (vgl. AKO. v. 19. April 1848; Ges. v. 17. Okt. 1848; GS. s. 111. 289) sind als Beamten zu betrachten: Z. I. 5. Nov. 1856 c. Pieper (Kugas u. Gen.). Dasselbe gilt von den Mitgliedern eines nach Anleitung des Gesetzes v. 11. März 1850 § 7 (GS. s. 200) gebildeten Sicherheitsvereins.

7. „Zu den hier bezeichneten Beamten gehören auch die Förster der Gemeinden." Z. Pl. 12. Jan. 1857 c. Bültmann (Präj. n. 224; Entsch. 34. s. 472; 35. s. 240; G. A. 5. s. 46); B. I. 10. Sept. 1858 c. Müller. Vgl. § 102 n. 32. 36.

8. .... ebenso die Nachtwächter. Z. I. 22. September 1858 c. Albrecht; vergl. § 102 n. 31.

9. Auch Chaussee-Geld-Pächter sind im Sinne des § 89 Beamten: Z. I. 12. Mai 1854 c. Meyer; Z. I. 25. Jan. 1860 c. Dolatkowski; vgl. Chausseegeldtarif v. 29. Febr. 1840 Zuss. Bemerkk. Nr. 22 (G.-S. s. 100). Dasselbe gilt von einem dem Pächter durch die Aufsichtsbehörde zugeordneten Assistenten: Z. I. 14. Okt. 1859 c. Christ.

10. Richterliche Beamte gehören nicht hierher, insofern sie nicht ausnahmsweise mit der Vollstreckung der Gesetze, oder der Urtheile und Verordnungen der Gerichte beauftragt sind (wie in den Fällen der AGO. I, 24 § 59 u. 98); zu solchen Vollstreckungen ist die aufgetragene Aufnahme eines Testaments nicht zu zählen. Z. I. 7. Nov. 1856 c. Rauschert (G. A. 5. s. 263).

11. Ein Schulze, welcher als Vorsteher einer Gemeinde Privatrechte derselben (z. B. Handlungen der erlaubten Privatgewalt) vornimmt, gehört in dieser Eigen-

schaft nicht zu den im § erwähnten Beamten. Beschl. I. 9. März 1860 c. Freitag (38 B).

12. Gemeindeglieder, welche in Folge eines ihnen im Gemeindedienste ertheilten Auftrags Gefangene transportiren, wurden nicht als Beamte betrachtet in einem Z. Pl. 24. April 1854 c. Oldendorf (Präj. n. 93; Entsch. 28. f. 164; G. A. 2. f. 828); vgl. unten n. 56; § 94 n. 4.

13. Die Frage, was eine Amtshandlung sei, ist wesentlich rechtlicher Natur. Z. I. 5. Nov. 1856 c. Pieper (Kugas u. Gen.); Z. I. 29. April 1857 c. Grell (G. A. 5. f. 558).

14. Die „Vollstreckung der Befehle und Verordnungen der Verwaltungsbehörden rc." setzt einen gegen Personen oder Sachen zu vollstreckenden Befehl, durch welchen die Staatsgewalt ausgeübt werden soll, voraus; die Befolgung irgend eines amtlichen Auftrags steht dem nicht gleich. Der Angriff gegen einen Postbriefträger, welcher einen Brief zu behändigen hat, fällt daher nicht unter § 89, sondern eventuell unter § 192. Z. I. 28. April 1854 c. v. Wiewierowski. Vgl. aber n. 15.

15. Dagegen bedarf es nicht nothwendig eines speziellen Befehls der vorgesetzten höhern Behörde zur Vornahme derselben, vielmehr ist z. B. ein Polizei-Sergeant auch ohne ausdrückliche Anweisung seiner Dienstbehörde befugt und verpflichtet, Personen, welche er bei der Verübung einer strafbaren Handlung betrifft, geeigneten Falles festzunehmen: Z. II. 13. Okt. 1856 c. Glück; ebenso kann ein Gendarm auch auf das Anrufen eines Privaten thätig sein, ohne deshalb des Schutzes des § 89 verlustig zu werden: Z. I. 28. Jan. 1857 c. de Kamke-Schmidt.

16. Auch wenn der betreffende Befehl außerhalb der Kompetenz der ihn erlassenden Behörde lag, wird dadurch ein Widerstand gegen seine Ausführung nicht straflos. Dasselbe gilt von der Ungesetzlichkeit der betr. Verordnung. K.-B. II. K. f. 61; id. I. K. f. 16. Vergl. § 87 n. 6; § 102 n. 58; § 177 n. 7; § 192 n. 2.

17. Ebenso nimmt eine Ungesetzlichkeit, welche bei der Vornahme einer an sich zum Amtsberufe gehörigen, in und zur Ausübung des Amtes vorgenommenen Handlung obwaltet, dieser noch nicht die Eigenschaft einer Amtshandlung: Z. II. 22. Sept. 1859 c. Kahlenberg. Der Beamte hat zunächst selbst zu prüfen, ob er amtlich berufen, und ob Veranlassung vorhanden sei, irgend eine Amtshandlung vorzunehmen; auch wenn er sich hierin irrt, verliert die Thätigkeit den von ihm gewollten Charakter der Amtlichkeit nicht, und er hat Anspruch auf den im § 89 gewährten Rechtsschutz: Z. I. 22. Sept. 1858 c. Augustin; Z. II. 28. April 1859 c. Schildthauer; B. I. 2. März 1860 c. Krause; Z. II. 19. Mai 1860 c. Holland. *Contra*: Temme Gll. f. 161; f. 162 n. 4; id. Lehrb. f. 621. Vgl. KB. II. K. f. 61; id. I. K. f. 16. (Es genügt daher, wenn der Beamte im Allgemeinen zur Vornahme solcher Handlungen berufen ist, und wenn im Uebrigen nach den dem Angeklagten bekannten Verhältnissen auch nur die Möglichkeit einer rechtsmäßigen Ausübung obwaltete; so: Z. I. 30. Jan. 1861 c. Polz). Demgemäß ist eine Amtshandlung überall da anzunehmen, wo ein Beamter in der äußerlich erkennbaren Absicht, Pflichten, welche ihm sein Amt auflegt, zu erfüllen, oder mit demselben verknüpfte Rechte auszuüben, solche Handlungen vornimmt, welche an sich innerhalb seiner Amtsbefugnisse liegen, ohne daß es darauf ankäme, ob der Beamte sich bei ihrer Ausübung eines Versehens schuldig macht, oder dieselben ohne genügende Veranlassung vorgenommen hat: Z. I. 7. Okt. 1853 c. Schulz (G. A. 1. f. 700); Z. II. 21. Febr. 1856 c. Bremer; Z. I. 5. Juli 1858 c. Stein; B. II. 10. März 1859 c. Wahle; u. ö. Hiernach wird die Beamten-Qualität weder durch eine Unregelmäßigkeit beim Verfahren (Z. I. 11. Dez. 1857 c. Dannenbrink; z. B. Vornahme einer Haussuchung bei Nacht: Z. I. 7. Aug. 1859 c. Stenzel; oder Vollziehung einer Exekution an einem Sonntage: Z. I. 10. Nov. 1858 c. Nordheim, G. A. 7. f. 100; ähnlich: B. I. 17. Sept. 1858 c. Henschke, G. A. 7. f. 99), noch durch eine Instruktionswidrigkeit (Z. I. 18. Nov. 1857 c. Krause), noch durch eine Ueberschreitung der Amtsbefugnisse, z. B. durch ein Zuviel-Pfänden (Z. II. 16. Okt. 1856 c. Orthaus; Z. I. 7. Jan. 1857 c. Maluch; Z. I. 10. Dez. 1857 c. Plenger), noch überhaupt durch einen Mißbrauch des Amtes (Z. I. 17. Juni 1857 c. Schubert), oder durch eine bei der Ausübung vorgekommene Ungehörigkeit (Z. (B.) I. 6. Okt. 1854 c. Holzki) aufgehoben. Der Einzelne, gegen welchen

amtlich eingeschritten wird, darf sich überhaupt nicht zum Richter über die Richtigkeit des Verfahrens und Einschreitens aufwerfen (B. II. 6. Juli 1854 c. Braune). Vgl. Goltd. Matt 2. f. 122 fgg; Bes. f. 256 II. Den in Vorstehendem entwickelten Grundsatz hat ein Z. Pl. 12. Jan. 1857 c. Bültmann nur in der beschränkten negativen Form gutgeheißen: „eine an sich zu dem Amtsberufe eines Beamten gehörige, „von ihm in amtlicher Eigenschaft vorgenommene Handlung, insbesondere eine von „einem Förster vorgenommene Pfändung verliert nicht in allen Fällen den Charakter „der Amtshandlung bezüglich auf die Anwendbarkeit der §§ 89 und 192 des StGB. „dadurch, daß der Beamte sich bei Vornahme derselben eines Versehens schuldig ge„macht, oder dieselbe ohne genügende Veranlassung vorgenommen hat.“ (Präj. n. 224; Entsch. 34. f. 472; 35. f. 240; G. A. 5. f. 46.)

18. Aus dem unter n. 17 Gesagten folgt, daß gegen wirkliche Amtshandlungen als solche eine Nothwehr gar nicht statthaft ist, sollten dabei auch Ausschreitungen des betreffenden Beamten vorkommen; das Gegentheil kann nur da Platz greifen, wo der Handlung der Charakter einer amtlichen gar nicht beiwohnt; dieses darf aber nur dann angenommen werden, wenn entweder die Handlung überhaupt gar nicht in den Amtsbefugnissen des sie vornehmenden Beamten lag, oder wenn bei derselben (nach der Ueberzeugung des Widerstand Leistenden) der amtliche Charakter nur fälschlich vorgeschützt wurde, wenn also der Beamte sich der Inkompetenz oder Ungesetzlichkeit vollständig bewußt, die Handlung aus andern dem Amte fremden Gründen vornahm. Wo derselbe dagegen in der irrigen Meinung, er sei zu einer amtlichen Thätigkeit berufen, zu einer solchen übergeht, da steht ihm § 89 zur Seite: Z. I. 5. Febr. 1858 c. Maitz; Z. II. 10. März 1859 c. Wahle. So auch: Hälschner 2. 1. f. 264 („Nothwehr setze eine gewollte Rechtsverletzung voraus, nicht bloß eine drohende Beschädigung“). Jedenfalls aber ist die Annahme einer Nothwehr durch das Vorhandensein der Bedingungen des ALR. I, 7 § 142 bedingt, d. h. durch die Unersetzlichkeit des drohenden Verlusts, zu dessen Abwendung die Hülfe des Staats zu spät kommen würde. — Das Ober-Tribunal hat diese Frage weniger grundsätzlich behandelt, vielmehr wiederholt angenommen, daß es der richterlichen Beurtheilung im einzelnen Falle unterliege, ob die thatsächlich festgestellte Handlung den Charakter einer Amtshandlung an sich trage; so: Z. Pl. 12. Jan. 1857 c. Bültmann (Entsch. 35. f. 240; G. Arch. 5. f. 46); Z. I. 5. Febr. 1858 c. Maitz. Dasselbe hat sodann in einzelnen Fällen sich selbst in eine thatsächliche Prüfung eingelassen, ob die vom Beamten begangenen Versehen subjektiv und objektiv für so erheblich zu erachten seien, daß dadurch der Handlung der amtliche Charakter entzogen werde, z. B. durch Z. II. 25. März 1858 c. Erxleben (G. A. 6. f. 416).

Demgemäß ward entschieden:

19. „Die Pfändung, welche ein Förster, nicht als Beschlagnahme von Ueber„führungsstücken zur strafrechtlichen Verfolgung vorgenommen habe, sei als Amts„handlung im Sinne der §§ 89 und 192 des StGB. nicht anzusehen, wenn er sie „nach § 415. I, 14 des ALR. vorzunehmen überhaupt nicht berechtigt war.“ Z. Pl. 12. Jan. 1857 c. Bültmann (Präj. n. 224; cit. n. 17.); ähnlich: B. I. 2. März 1857 c. Heintz, unter Hinverweisung auf ALR. I, 14 § 458.

20...... dasselbe gelte von der durch einen Forstbeamten ohne Beobachtung der durch das Gesetz v. 12. Febr. 1850 § 11 vorgeschriebenen Förmlichkeiten vorgenommenen Haussuchung. Z. I. 11. April 1856 c. Czarnetzki (G. A. 4. f. 554).

21...... ebenso von einer durch einen Exekutor ohne gehörigen Auftrag oder zur Ungebühr vorgenommenen Auspfändung; Z. I. 7. Dez. 1855 c. Fregiehn (G. A. 4. f. 243); Z. I. 25. Febr. 1857 c. Beyer (G. Arch. 5. f. 558); B. I. 15. Juli 1859 c. Schulz.

22...... ebenso von der Handlung eines Wallmeisters, welcher nach dem Gesetze auf eine gewisse Entfernung hin auf Privateigenthum Weidenpflanzungen machen dürfe, sobald er über diese Grenzen hinausgehe; B. I. 29. Apr. 1857 c. Grell (G. A. 5. f. 558).

23. Eine von einem Beamten berufsmäßig vorgenommene Verhaftung verliert durch einen Irrthum desselben über die Schuld des Verhafteten den Charakter einer Amtshandlung nicht. Z. II. 24. Juni 1858 c. Göhre.

24. Die Handlung eines Beamten hört dadurch, daß er außerhalb des ihm

angewiesenen Bezirks thätig ist, nicht auf, eine Amtshandlung zu sein: B. I. 6. Apr. 1859 c. Gemblow; ebenso (in Betreff eines Gendarmen): Z. I. 7. Nov. 1860 c. Prahl. *Contra*: B. I. 15. Mai 1857 c. v. Scheel, welches ausführt: es gehöre zur Begründung der Anklage, daß der eine Exekution vollstreckende Beamte zur Vornahme der Amtshandlung überhaupt (territorial) kompetent gewesen sei, jedenfalls aber bedürfe es der ausdrücklichen Feststellung dieser Thatsache, wenn der Angeklagte die Inkompetenz behaupte.

25. Ein Forstbeamter, selbst ein Privatförster, kann auch dann zur Pfändung schreiten, wenn er außerhalb des seiner Aufsicht anvertrauten Walde, einen Andern mit einer Holzladung unter Umständen antrifft, die auf einen in jenem Walde begangenen Holzfrevel schließen lassen: Z. II. 25. Apr. 1861 c. Eickhoff. Umsomehr ist derselbe in amtlicher Eigenschaft dann thätig, wenn er eine gleich nach stattgefundener Holzentwendung begonnene Verfolgung des Thäters bis über die Gränzen des betr. Forstdistrikts fortsetzt, und an einem unter einer andern Polizeiverwaltung stehenden Orte die Beschlagnahme des gefrevelten Holzes zu bewirken sucht. B. I. 10. Sept. 1858 c. Müller (G. A. 6. s. 694). Vgl. n. 61.

26. Eine im Auftrage eines Vorgesetzten und ohne Ueberschreitung vorgenommene Handlung ist auch dann als Amtshandlung zu betrachten, wenn der fragliche Auftrag selbst auch nicht gerechtfertigt war: Z. I. 5. Juni 1857 c. Schmaack (JMBl. s. 286); Z. II. 22. Sept. 1859 c. Kahlenberg; Z. II. 9. Febr. 1860 c. Gruß; Z. I. 16. Nov. 1860 c. Specht; Z. I. 8. März 1861 c. Muth; u. ö. *Contra*: B. I. 15. Mai 1857 c. v. Scheele in dem Falle, wo der Auftraggebende Vorgesetzte kein Jurisdiktions- oder Verwaltungsrecht für den betreffenden Bezirk hatte; ebenso hielt ein Z. I. 21. Dez. 1855 c. Kiebert (G. A. 4. s. 244) die Anwendung des § 89 nicht ohne Weiteres für gerechtfertigt, wenn ein Privater bei einem zwischen ihm und dem Fiskus obschwebenden Besitzstreite einer seinen in possessorio geschützten Besitz störenden und von einem Unterbeamten im höhern Auftrage vorgenommenen Handlung einen gewaltsamen Widerstand entgegenstelle, vorausgesetzt, daß derselbe nur zum Zwecke der Abwehr erfolge.

27. Ein Gutsbesitzer, welcher die Polizei selbst verwaltet, soll zwar nach dem Ges. v. 24. Apr. 1854 sein eignes widerspenstiges Gesinde nicht selbst bestrafen; dagegen ist ihm die auf § 3 des Gesetzes v. 12. Febr. 1850 beruhende Befugniß zur vorläufigen Ergreifung und Festnahme durch jene Bestimmung in Beziehung auf sein Gesinde nicht entzogen; in diesem Falle hat er also den Schutz des Beamten. B. I. 7. Okt. 1857 c. Klaws (G. A. 5. s. 851).

28. Der Feststellung, daß der Angeklagte die Beamtenqualität desjenigen, den er angegriffen &c. gekannt habe, bedarf es nicht, will derselbe Unbekanntschaft behaupten, so muß er sie beweisen (§ 44). Z. II. 10. Sept. 1857 c. Happe.

29. Der Angriff braucht, um strafbar zu sein, nicht in der Absicht statt gefunden zu haben, Widerstand zu leisten; ein bewußtes Handeln genügt. Z. I. 9. Nov. 1860 c. Zenke. *Contra*: Z. I. 8 Juni 1853 c. Haupt (G. Arch. 1. s. 564), welches strafbaren Widerstand nur da anerkennen wollte, wo er geleistet werde, um die Amtshandlung überhaupt unmittelbar zu hindern; ähnlich: B. I. 6. Nov. 1857 c. Skulik; B. I. 26. März 1858 c. dens., welche Feststellung jener Absicht überall da erforderten, wo sie bestritten werde. Das letztere führt außerdem aus: ein Beamter, welcher in der irrigen Ueberzeugung handle, er sei amtlich dazu berufen, der amtlichen Thätigkeit eines andern, Widerstand entgegen zu setzen, könne nicht nach § 89 strafbar sein. Temme (Lehrb. s. 662) erfordert, daß der Dolus darauf gerichtet sein müsse, den Beamten zu zwingen, die Amtshandlung zu unterlassen.

30. Ein blos passiver Widerstand ist straflos. Motive zu § 79 (s. 30).

31. Ebensowenig reicht die „thätliche Widersetzlichkeit“ aus, wie irriger Weise in den Motiven l. c. angedeutet worden, es muß durch Gewalt oder Drohung Widerstand geleistet sein. Bef. s. 257 III. Vgl. Ges. v. 31. März 1837 § 1.

32. Der Widerstand muß gegen die Person oder die Thätigkeit des Beamten, nicht gegen den zu vollstreckenden Befehl gerichtet sein: Goltd. Matt. 2. s. 119. Daher genügt das Entgegensetzen eines rein sachlichen Hindernisses nicht; es kann darin auch eine „Gewalt“ nicht gefunden werden: B. I. 20. Febr. 1857 c.

Skobik (G. A. 5. s. 559); vgl. n. 33; Entw. v. 1843 § 201; Entw. v. 1847 § 118. 119 im Vergleich mit § 89; Temme Arch. 4. s 48.

33. Die Gewalt besteht in einer positiven, hindernden, entgegenwirkenden Thätigkeit, in der Aufwendung einer besondern körperlichen Kraft, welche den Beamten nöthigt, auch seinerseits eine besondere Körperkraft zur Beseitigung des Widerstandes aufzuwenden, oder aus Mangel an Kräften von der Amtshandlung einstweilen abzustehen: Z. 11. Sept. 1851 (Entsch. 22. s. 69). Es wird ein Handeln vorausgesetzt, welches der von dem Beamten behufs Ausrichtung seines Auftrags begonnenen Thätigkeit, als eine direkte Hinderung entgegentritt. Auch die Ueberwindung oder Beseitigung der Thätigkeit eines andern durch eine hiergegen wider dessen Willen angewandte körperliche Kraftanstrengung ist darunter zu verstehen: Z. I. 25. Apr. 1855 c. Beust. Dagegen ist es nicht erforderlich, daß diese Gewalt unmittelbar gegen die Person des Beamten selbst gerichtet sei, vielmehr genügt es, wenn sie sich nur indirekt gegen ihn (also gegen seine Thätigkeit) wendete: Z. I. 7. Mai 1856 c. Gumtow (G. A. 4. s. 555); vgl. n. 32; Motive s. 31.

34. Inwiefern die im einzelnen Falle stattgehabte Thätigkeit der unter n. 33 gegebenen Begriffsbestimmung entspreche, und als Gewalt anzusehen sei, ist Gegenstand der thatsächlichen Beurtheilung: Z. I. 30. Nov. 1860 c. Palsner. In diesem Sinne hat das Ober-Tribunal in mehreren der unter n. 35 fgg. erwähnten Fälle nur geprüft, ob der Instanzrichter in der von ihm festgestellten Thätigkeit eine Gewalt, nach der richtigen Auffassung dieses Begriffs, habe erkennen können; in andern Fällen ist es aber auch in eine nähere Erörterung des Thatsächlichen eingegangen; das unter n. 44 citirte B. 4. 13. Sept. 1854 c. Clausius erwägt ausdrücklich: die den Handlungen des Angeklagten beigelegte Eigenschaft sei nicht als thatsächliche Feststellung, sondern nur als rechtliche Folgerung und Beurtheilung der Thatsachen zu betrachten, und ein B. 22. Okt. 1852 c. Goldbaum betrachtete jene Frage ebenfalls nicht als eine rein thatsächliche, hielt es daher für unzulässig, sie in schwurgerichtlichen Sachen in der Abstraktion nach den Worten des Gesetzes zu stellen, verlangte vielmehr, daß die konkreten thatsächlichen Umstände, nach welchen dieses zu beurtheilen, Gegenstand der Befragung der Geschwornen sein müsse. Vgl. im Uebrigen n. 35 fgg. Die erstere Auffassung verdient unbedenklich den Vorzug.

35. Es entspricht dem Gesetze, Gewalt darin zu finden: wenn Jemand, der im Wege der Exekution aus einer Wohnung exmittirt werden soll, durch Festhalten an der Thürklinke, oder durch Gegenstemmen der Füße, und Anlehnen des Körpers an Thürpfosten und Treppengeländer Widerstand entgegen zu setzen bemüht ist. Z. 19. Sept. 1851 c. Kellner (Entsch. 22. s. 70; G. A. 1. s. 76); Z. I. 20. Febr. 1861 c. Kuieschewski. *Contra*: Bes. s. 258 III.

36...... ebenso, wenn Jemand sich von dem ihn festhaltenden Beamten losreißt. Z. II. 24. Juni 1858 c. Göhre.

37...... ebenso, wenn Jemand eine Sache, welche der Beamte ihm aus den Händen nehmen will, um dieses zu verhindern, mit aller Kraft festhält. B. 14. Mai 1852 c. Kollarz; Z. I. 10. Dez. 1858 c. Szelski.

38...... ebenso, wenn Jemand die vom Thorkontrolleur zum Zwecke des Anhaltens im Zügel ergriffenen Pferde eines Fuhrwerks zum Fortgehen antreibt: Z. 8. Sept. 1852 c. Otto; ähnlich: Z. I. 24. Apr. 1857 c. Schmidt.

39...... dasselbe gilt von der Entreißung einer Sache, da sie ohne Anwendung von Gewalt nicht möglich ist: Z. I. 23. Mai 1855 c. Reich; Z. I. 8. Febr. 1856 c. Pohl; Z. I. 28. Jan. 1857 c. Teichmann.

40...... ebenso von einem Hinausdrängen des Beamten: Z. I. 11. Dez. 1857 c. Zier; Z. I. 25. Nov. 1859 c. Ströhmer.

41. Dasselbe ist anzunehmen, wenn Jemand den Beamten, um ihn an der Vornahme der Amtshandlung zu hindern, einsperrt. Vgl. § 210 n. 5.

42. Dagegen ist es gerechtfertigt Gewalt nicht anzunehmen, wenn Jemand beim Herannahen der Beamten blos die Thüre verschließt. Z. 4. Juni 1852 c. Richter; Z. 25. Juni 1852 c. Ulbrich; B. I. 20. Febr. 1857 c. Skobik (G. Arch. 5. s. 559); vgl. n. 28. 29.

43...... ebenso, wenn Jemand dem Beamten die Thüre, durch welche dieser eintreten will, vertritt; nur dann, wenn der Beamte versuchte, den Vertretenden aus dieser Stellung zu entfernen, und wenn ihm hierbei direkt thätlicher Widerstand geleistet würde, wäre Gewalt anzunehmen: B. 4. Juni 1852 c. Leidholb; Z. 9. Juni 1852 c. Heintze (G. A. 1. s. 76, welches gleichzeitig erwägt, daß es sich ebenso mit der Weigerung der Aufschließung einer Thüre verhalte).

44..... ebenso bei einem bloßen körperlichen Verhalten, welches die Ausführung der Amtshandlung nur erschwert, und die ausführenden Beamten zur Anwendung strengerer Maaßregeln nöthigt; daher fällt ein Sich-selbst-Niederwerfen, welches nur als ein passives Verhalten anzusehen, nicht unter § 89: B. 11. Oktbr. 1851 c. Wilke (Entsch. 22. s. 70; G. A. 1. s. 76); Z. 10. Sept. 1852 c. Friedrich; B. I. 13. Sept. 1854 c. Clausius; B. I. 6. Okt. 1854 c. Liedike. *Sic:* Bes. s. 258 III; Goltd. Matt. 2. s. 118. 119. Letzterer nimmt das Gegentheil an, wenn das Niederwerfen geschieht, nachdem ein Anfassen seitens des verhaftenden Beamten stattgefunden.

45....... ebenso stellt ein bloßes Fortnehmen eine Gewalt, welche ohne physische Anstrengung nicht denkbar ist, nicht dar. B. I. 10. Okt. 1855 c. Häseler (G. Arch. 3. s. 833).

46....... dasselbe nahm endlich Z. 9. Jan. 1852 c. Bohl in einem Falle an, wo der Angeklagte den Strick, womit der Exekutor ein abgepfändetes Schwein fortführte, abgelöst und das Thier weggetrieben hatte [sehr zweifelhaft; auf das Maaß der Gewalt kann es nicht ankommen].

47. Der Versuch des Widerstandes ist an sich noch nicht strafbar, dagegen kann in der Handlung desjenigen, welcher dem Beamten eine Sache zu entreißen versucht, unzweifelhaft wirkliche Gewalt, und ein wirklicher Widerstand gefunden werden. Ob dieses der Fall, ist eine thatsächliche Frage.

48. Als Drohung im Sinne dieses § ist nur die Ankündigung der Zufügung eines gegenwärtigen (unmittelbar bevorstehenden) Uebels zu betrachten. So: Z. 9. Juni 1852 c. Heintze; Z. I. 17. Febr. 1854 c. Kiuntke; Bes. s. 257 III; G. Matt. 2. s. 121; Koch n. 58. Vgl. § 90 n. 5.

49. Damit eine Aeußerung als Drohung angesehen werden könne, wird vorausgesetzt, daß sie derjenige, gegen den sie gerichtet worden, vernommen habe, weil er sonst durch dieselbe nicht bestimmt werden konnte, von der Amtshandlung abzustehen. Z. I. 28. Okt. 1857 c. Jahnke.

50. Eine Drohung kann auch durch Handlungen stattfinden. Z. I. 17. Febr. 1854 c. Kiuntke.

51. Dagegen braucht eine mündliche Aeußerung, um als Drohung zu gelten, nicht von einer Handlung begleitet zu sein, „welche den Beamten der offenbaren Gefahr aussetzt, daß ihm Zwang angethan werde“: Z. I. 17. Febr. 1854 c. Kiuntke. Ebensowenig ist es erforderlich, daß auf die mündlich ausgesprochene Drohung eine Handlung des Widerstandes gefolgt sei: B. I. 8. Jan. 1858 c. Felder.

52. Ein Widerstand durch Drohung kann da angenommen werden, wo der Beamte sich zur Abstandnahme von der begonnenen Amtshandlung gezwungen sieht, oder gezwungen sehen konnte. Z. I. 18. März 1859 c. Bernstein.

53. Ob eine Aeußerung geeignet sei, gegen den Beamten durch Hervorrufung der Furcht vor einem unmittelbar bevorstehenden Uebel einen Zwang auszuüben, gehört zur thatsächlichen Beurtheilung, es bedarf dabei auch nicht nothwendig der speziellen Bezeichnung des angedrohten Uebels, wenn nur die gemachte Aeußerung ein solches überhaupt mit Grund befürchten läßt. Z. I. 14. Mai 1860 c. Kruse.

54. Der Widerstand ꝛc. gegen einen Beamten kann auch von einem Andern ausgehen, als demjenigen, auf welchen sich die Amtshandlung bezog. Z. I. 5. Sept. 1856 c. Zobel.

55. Der beabsichtigte Erfolg des Angriffs und Widerstandes gehört nicht zur Vollendung des Vergehens; auch ein vergebliches Bestreben dieser Art, welches eben deshalb nur Versuch genannt wird, enthält das vollendete Vergehen, wenn im Uebrigen die Begriffserfordernisse des § vorliegen. Z. 2. Juli 1852 c. Gangloff; Z. I. 23. Mai 1855 c. Reich.

56. Der zweite Absatz des § setzt voraus, daß der Angriff ꝛc. gegen Personen erfolgt sei, welche zur Beihülfe des Beamten zugezogen waren; er ist daher nicht anwendbar, wenn Privatpersonen mit der ganzen Ausführung der betreffenden

§. 90. Wer eine Behörde oder einen Beamten durch Gewalt oder Drohungen zwingt oder zu zwingen versucht, eine Amtshandlung vorzunehmen oder zu unterlassen, wird mit Gefängniß nicht unter drei Monaten bestraft.

[Entw. § 80]. Vgl. § 89. 91. 96.

Handlung beauftragt worden sind: G. Matt. 2. s. 122 n. 6. Hiernach wollte ein Z. Pl. 24. Apr. 1854 c. Oldendorf (Präj. n. 93; Entsch. 28. s. 164; G. A. 2. s. 828; vgl. oben n. 12) „auf den Angriff oder Widerstand gegen Transporteurs, welche „nicht auf den Grund eines Amtes, sondern in Folge eines ihnen im Gemeinde-„dienste gewordenen Auftrags Gefangene transportirt haben, weder den ersten noch „den zweiten Absatz des § anwenden,“ letztern nicht, „weil sie nicht zur Mannschaft „einer Gemeindewehr gehörten, und es an der polizeilichen Mitwirkung eines Be-„amten bei Ausführung des Transports fehle.“ Jedenfalls aber ist die fortgesetzte unmittelbare Anwesenheit des zuziehenden Beamten nicht als unerläßliche Bedingung anzusehen, vielmehr ist es in einem solchen Falle Gegenstand der thatsächlichen Beurtheilung, ob die betreffenden Personen vom Beamten zur Beihülfe zugezogen sind: Z. II. 19. Mai 1855 c. Böhme.

57. Gleichgültig ist es, ob die Zuziehung anderer Personen durch den betr. Beamten selbst, oder durch dessen Vorgesetzten erfolgt ist. Z. I. 13. Nov. 1857 c. Dömpke.

58. Abs. 2 ist auf alle zugezogenen Privatpersonen anzuwenden, also nicht auf zeitweise beschäftigte Hülfs-Unter-Beamte beschränkt. Z. I. 17. Febr. 1860 c. Hecker.

59. Haben die gegen die Person des Beamten zum Zwecke des Widerstandes vorgenommenen Gewalthandlungen den Charakter der Mißhandlung oder Körperverletzung, so trifft auch § 192 zu; es liegt dann ein Fall der idealen Konkurrenz vor. *Contra*: Z. 23. Apr. 1852 c. Hampel, welches den letztern § für unanwendbar hielt, so lange nicht festgestellt sei, daß der Angeklagte bei der That noch eine andere Absicht, als die des thätigen Widerstandes gehabt habe. Vgl. § 192 n. 9.

60. Ueber das Verhältniß des § 89 zu dem im § 90 vorgesehenen Falle vgl. zu diesem n. 3. 8.

61. Das Gesetz v. 31. März 1837 über die Strafe der Widersetzlichkeiten bei Forst- und Jagdvergehen ist durch Art. II des Einf.-Ges. ausdrücklich aufrecht erhalten worden. Dasselbe setzt aber voraus, daß die Widersetzlichkeit innerhalb des Forstes stattgefunden habe: B. 25. Mai 1850 c. Florian (Grdss. n. 107); Z. I. 22. April 1853 c. Scholz (G. A. 1. s. 379); Beschl. I. 12. April 1854 c. Schmidt; Beschl. I. 4. Oktbr. 1854 c. Ansas Gaubies; B. I. 11. Dez. 1857 c. Hölzer; Z. I. 7. Mai 1858 c. Tramitz; u. ö. Ist daher ein Forstbeamter außerhalb des seinem Schutze anvertrauten Forstes amtlich thätig, und erfährt er dort einen Widerstand, so kann diese That nur nach Maaßgabe der §§ 89 oder 192 strafbar sein: cit. Beschl. I. 12. April 1854 c. Schmidt. Gleichwohl greift das Ges. v. 31. März 1837 auch dann Platz, wenn der vom Förster im Walde betroffene, entfliehende und von jenem verfolgte Frevler, sich demselben außerhalb der Waldesgränze widersetzt, sobald die amtliche Thätigkeit des Försters im Walde, und die ihm außerhalb desselben widerfahrene Widersetzlichkeit in einem solchen Zusammenhange stehen, daß beide als Theile eines und desselben fortgesetzten Ereignisses anzusehen sind: Z. I. 11. Juni 1858 c. Hantschick (Entsch. 39. 2. s. 66; G. A. 5. s. 834); B. I. 11. Febr. 1859 c. Woldenberg; Z. I. 9. Mai 1860 c. Warwas. *Contra* früher: Beschl. I. 19. März 1858 c. Schmidt (67 B).

62. Ebenso sind die Vorschriften über die thätlichen Widersetzlichkeiten gegen Steuer- und Zoll-Beamte in Kraft geblieben (vgl. Einf.-Gesetz Art. II), also namentlich Steuer-Ordn. v. 8. Febr. 1819 § 89; Zollstrafges. v. 23. Jan. 1838 § 26. Ein Gleiches gilt vom Gesetz vom 31. März 1841 über Aufrechthaltung der Mannszucht auf den Seeschiffen: G. Matt. 2. s. 120.

§ 90.

1. Ueber die Bedingungen der Beamten-Qualität vgl. § 89 n. 1 fgg.

2. Vorausgesetzt werden unmittelbare oder mittelbare Staats-Beamten oder Behörden, nicht aber die Beamten von Erwerbsgesellschaften. Z. II. 3. Mai 1855 c. Roese.

3. Der § 90 ist nicht, wie § 89 auf gewisse Klassen von Beamten, und den wider sie geübten Zwang zu beschränken, er wird daher überall da anwendbar, wo § 89 deshalb ausgeschlossen bleibt, weil es sich nicht von einem Vollstreckungsbeamten handelte; umgekehrt wird aber auch der § nicht dadurch ausgeschlossen, daß der Zwang 2c. gegen einen der im § 89 erwähnten Beamten ausgeübt wurde: Z. (V.) II. 6. Jan. 1856 c. Ulrich. Vgl. n. 8.

4. Der Begriff der Gewalt kann hier, wo es sich von direktem Zwange handelt, nicht leicht zweifelhaft sein.

5. Als Drohung ist nicht jede, eine Unannehmlichkeit in Aussicht stellende Aeußerung anzusehen, sondern nur die ernste Androhung eines die Person oder das Vermögen in Gefahr bringenden Uebels, welche durch den, wenn auch nur moralischen Zwang den Bedrohten augenblicklich zur Vornahme einer Amtshandlung nöthigen soll und kann: Z. I. 16. Dez. 1853 c. Bonat. Daß die Gefahr eine sofortige sei, und daß das in Aussicht gestellte Uebel gegenwärtig einen Nachtheil mit sich führe, ist nicht erforderlich (vgl. § 212, welcher eine schriftliche Drohung für genügend erachtet): Z. I. 10. Nov. 1858 c. v. Versen (G. A. 7. s. 540). Vgl. im Uebrigen § 89 n. 48—52.

6. Demgemäß kann die Drohung mit einer Herausforderung zum Zweikampfe sehr wohl unter den § fallen, wenn der Instanzrichter hierin ein geeignetes Zwangsmittel erkennt. Z. I. 10. Nov. 1858 c. v. Versen (G. A. 7. s. 540). Vgl. n. 10.

7. Unter Amtshandlung ist hier eine von einem Beamten in seiner amtlichen Eigenschaft und in Beziehung auf sein Amt vorgenommene Handlung zu verstehen; sie verliert diesen Charakter auch nicht dadurch, daß der Beamte durch Vornahme derselben seine Amtsbefugnisse überschreiten würde. Beschl. I. 14. Okt. 1853 c. Kennauer (JMBl. s. 399); Z. I. 15. Juni 1860 c. David (G. A. 8. s. 829); Temme Lehrb. s. 623; Koch n. 60.

8. Im Falle, wo der Zwang eine Unterlassung zum Gegenstande hat, liegt der Unterschied von dem durch § 89 bestraften Vergehen darin, daß dort der Widerstand gegen eine Handlung vorgesehen wird, die der Beamte wirklich bereits auszuführen begonnen hat, oder zu beginnen im Begriffe steht, während § 90 [auch] die Nöthigung zur Unterlassung einer Handlung verpönt, von deren aktueller Vornahme noch keine Rede ist: Z. 5. Dez. 1852 c. Schler (Entsch. 22. s. 71; G. A. 1. s. 235); ähnlich: Z. II. 6. Jan. 1856 c. Ulrich, welches sich indessen dahin ausspricht, daß § 90 nicht wie § 89 auf den Fall der Hinderung während der Vornahme einer Amtshandlung zu beschränken sei. *Sic*: Temme Gll. s. 163; id. Lehrb. s. 622; ebenso ist auch dasjenige zu verstehen, was Goltdammer (Matt. 2. s. 125) lehrt, und was der K.-B. I. K. (s. 16) allerdings zu konkret ausdrückt. Vgl. auch Bes. s. 259. Handelt es sich dagegen von andern als vollziehenden Beamten, so daß also § 89 schon deshalb ausgeschlossen bleibt, so wird § 90 auch bei einem Widerstande anwendbar, welcher gegen eine bereits begonnene Amtshandlung gerichtet ist: Z. I. 7. Nov. 1856 c. Rauschert (G. A. 5. s. 263), vgl. n. 3.

9. Der Zwangsversuch verlangt hier keineswegs die Feststellung der im § 31 angegebenen Erfordernisse eines strafbaren Versuchs: Z. (V.) II. 6. Jan. 1856 c. Ulrich; Z. I. 15. Juni 1860 c. David (G. A. 8. s. 829); Zachariä Abh. in G. A. 3. s. 290. *Contra*: Beschl. I. 14. Okt. 1853 c. Kennauer (JMBl. s. 399). Vgl. § 31 n. 38.

10. Es kommt daher auf eine erreichte Wirkung gar nicht an, vielmehr genügt es, wenn das benutzte Mittel an und für sich geeignet war, auf die Behörde 2c. unter den hier im Allgemeinen Statt findenden Voraussetzungen eine zwingende Kraft auszuüben, sollte diese Wirkung auch im vorliegenden Falle wegen persönlicher Eigenschaften des Bedrohten ganz oder theilweise verfehlt sein. Z. I. 10. Nov. 1858 c. v. Versen (G. A. 7. s. 540).

§. 91. Wenn mehrere Personen öffentlich sich zusammenrotten und mit vereinten Kräften die in den §§ 89. und 90. genannten Handlungen verüben, so werden dieselben wegen Aufruhrs mit Gefängniß nicht unter sechs Monaten bestraft; auch kann gegen sie auf Stellung unter Polizei-Aufsicht erkannt werden.

Diejenigen Theilnehmer, welche Gewaltthätigkeiten gegen Personen oder Sachen verüben, werden mit Zuchthaus bis zu zehn Jahren und Stellung unter Polizei-Aufsicht bestraft.

[Entw. § 81]. Vgl. § 89. 90. 92. 96. 284; Ges. v. 4. Juni 1851 § 9. 10. (GS. s. 453).

---

§ 91.

1. Das Gesetz verlangt „mehrere Personen“; zwei können daher nicht genügen; im Uebrigen gehört es zur thatsächlichen Beurtheilung, welche Anzahl mit Rücksicht auf die örtlichen Verhältnisse für genügend zu erachten sei, um einen Aufruhr zu verüben. Bes. s. 260 I, 1; G. Matt. 2. s. 128; Koch n. 62. Anders im Falle des § 96; vgl. dort n. 3.

2. Das Zusammenrotten bezeichnet ein planmäßiges Zusammentreten zu gemeinschaftlichem Handeln: Z. II. 5. Juni 1858 c. Brinckmann (G. A. 6. s. 698). Daß die Personen vorher räumlich getrennt gewesen, ist nicht erforderlich, es genügt, wenn Personen, welche schon aus einem andern Grunde bei einander waren, nun zu einem gemeinschaftlichen, durch ihre vereinte Gegenwart auszuführenden Handeln sich verbinden, eine Rotte machen: V. II. 21. Sept. 1854 c. Koch (Entsch. 28. s. 370; G. A. 2. s. 829); V. I. 16. Febr. 1855 c. Straßburg. Beide Erkenntnisse betrafen Fälle des § 96, vgl. zu diesem n. 8. 9. Temme (Lehrb. s. 629. 646. 882; id. Arch. 3. s. 297) will außerdem zum Begriffe der Zusammenrottung noch „ein gewisses tumultuarisches Verhalten“ erfordern. Dessen bedarf es aber zur Zusammenrottung offenbar nicht, und zum Aufruhr im Allgemeinen nur insoweit, als dasselbe durch die Merkmale der Gewalt oder der Drohungen bedingt ist. So auch für einen Fall des § 96: Beschl. II. 30. Sept. 1854 c. Ott.

3. Damit der Thatbestand des § 91 vorliege, muß die Zusammenrottung geschehen, um mit vereinten Kräften eine der in den §§ 89. 90 vorgesehenen Handlungen zu verüben; daß dieses vorher verabredet sei, ist nicht erforderlich: V. II. 3. Juli 1856 c. Bachmann; G. Matt. s. 132; Temme GU. s. 163; id. Lehrb. s. 629. Außerdem trifft nach § 92 Abs. 2 die Strafe des Aufruhrs auch diejenigen, welche bei einem Auflaufe mit vereinten Kräften die gedachten Handlungen verüben, in einem Falle also, wo das Zusammentreten der Personen ohne Dolus stattgefunden hat. Vgl. § 92 n. 7; § 284 n. 5.

4. Die bloße Zusammenrottung ist noch nicht strafbar, wenn nicht auch zur Verwirklichung des Zwecks derselben Handlungen hinzugekommen sind, welche den Thatbestand des § 89 oder 90 darstellen. Das bloße Zusammenrotten kann auch nicht als ein „Versuch des Aufruhrs“ in Betracht kommen, weil ein solcher Versuch nicht strafbar ist; vgl. unten n. 15; § 96 n. 12.

5. Ueber die Stellung der auf die Zusammenrottung bezüglichen, an die Geschwornen zu richtenden Fragen vgl. § 96 n. 7. 25.

6. Sowohl die Zusammenrottung, als die Verübung der in den §§ 89. 90 gedachten Handlungen muß öffentlich d. h. an öffentlichen Orten geschehen. K.-B. II. K. s. 62. Die Beschränkung auf öffentliche Wege, Straßen oder Plätze, welche § 92 enthält, findet hier keine Anwendung; *Contra*: Abegg Abh. in G. A. 9. s. 8.

7. Damit die betr. Handlungen als mit vereinten Kräften geschehen angesehen werden können, ist (wie aus Abs. 2 hervorgeht) nicht die Anwendung von Gewalt &c. durch jeden Einzelnen erforderlich. Vielmehr genügt es, wenn die Anwendung der Gewalt &c. bei dem gemeinsam verübten Widerstande &c. nur gegen Einzelne festgestellt ist, sobald nur nachgewiesener Maaßen die Absicht aller Bethei-

§. 92. Wenn mehrere auf öffentlichen Wegen, Straßen oder Plätzen versammelte Personen von den Beamten der gerichtlichen oder der Verwaltungs-Polizei, oder von dem Befehlshaber der bewaffneten Macht aufgefordert werden, sich zu entfernen, so wird jede derselben, welche nach der dritten Aufforderung sich nicht entfernt, mit Gefängniß bis zu drei Monaten bestraft.

---

ligten auf die Erreichung desselben Zwecks durch gemeinschaftlichen Widerstand 2c. gerichtet war; dann ist der Hergang als Ganzes aufzufassen, und das Maaß der persönlichen Mitwirkung des Einzelnen zum gemeinschaftlichen Handeln kann den Thatbestand des Aufruhrs nicht für die einzelnen Individuen verschieden bestimmen: Z. 30. April 1852 c. Herden. *Sic:* G. M. 2. s. 135 IV. Vgl. § 1 n. 8; Thl. I Tit. 3 (§ 34 fgg.) n. 5—8.

8. Die Anwesenheit der Obrigkeit ist (auch im Falle des § 90) nicht erforderlich, ebensowenig ist es notbwendig, daß die Gewalt gegen die Person der Beamten oder gegen öffentliches Eigenthum gerichtet sei. G. Matt. 2. s. 135.

9. Es genügt, wenn die zusammengerotteten Personen entweder die im § 89 oder die im § 90 genannten Handlungen vornehmen, ein Zusammentreffen beider ist nicht erforderlich.

10. Was zum Thatbestande der §§ 89 und 90 gehöre, ist zu diesen bemerkt worden; das dort Gesagte gilt auch hier, namentlich auch das zu § 89 n. 4 Angeführte; die dort citirten Z. I. 6. Juli 1853 und Z. I. 18. April 1856 c. Passilewitz betrafen einen Fall des § 91.

11. Im zweiten Absatze ist das Wort »Theilnehmer« nicht im Sinne der §§ 34 fgg. gebraucht, vielmehr ist von den Mitthätern, Miturhebern die Rede. Außerdem ist auch sehr wohl eine wirkliche Theilnahme in Gemäßheit der § 34 fgg. denkbar. Vgl. § 96 n. 30. 31.

12. Die Gewaltthätigkeiten, von welchen der zweite Absatz spricht, sind eben nur dieselben Gewaltbandlungen, welche auch die § 89 und 90 erheischen, und die also auch zum Thatbestande des Aufruhrs an und für sich erforderlich sind; die schwerere Strafe trifft nur diejenigen der Betheiligten, welchen diese Gewaltthätigkeiten als persönliche Handlungen nachgewiesen werden. K.-B. II. K. s. 62; Beschl. II. 2. April 1857 c. Ulrich (JMBl. s. 231; G. A. 5. s. 561); Beschl. I. 30. Sept. 1859 c. Busch (180. B; G. A. 7. s. 825); Z. I. 30. April 1860 c. Busch (G. A. 8. s. 528). *Contra:* Temme Lehrb. s. 632, welcher hier mit Unrecht die früher in den Glossen s. 166 ausgesprochene richtige Ansicht verlassen hat. Vgl. § 96 n. 24 und über die Abstimmung und die Fassung des Ausspruchs der Geschwornen ibid. n. 25.

13. Der § unterscheidet nicht, ob die Gewaltthätigkeiten aus Muthwillen oder aus Bosheit verübt werden Z. I. 5. Nov. 1856 c. Pieper (Kugas u. Gen.).

14. Den Gewaltthätigkeiten müssen auch hier, wie überhaupt im Systeme des Strafgesetzbuchs, die Drohungen gleichgestellt werden. G. Matt. 2. s. 137.

15. Der § 90 sieht auch den Versuch des Zwanges vor, während § 89 nur den wirklichen Widerstand bestraft; hat daher ein von mehreren zusammengerotteten Personen mit vereinten Kräften verübter Zwangsversuch stattgefunden, so ist derselbe unzweifelhaft nach § 91 und zwar nicht etwa als versuchter, sondern als vollendeter Aufruhr zu ahnden. Der bloße Versuch eines Aufruhrs, als eines Vergehens, ist nicht strafbar; vgl. n. 4. Hat aber ein wirklicher gewaltsamer Widerstand in der Weise, wie es der erste Absatz dieses § voraussetzt, stattgefunden, so unterliegen auch diejenigen dabei Betheiligten, welche selbst Gewaltthätigkeiten nicht verübt, wohl aber versucht haben, der Strafe des zweiten Absatzes, weil dann der Versuch eines Verbrechens vorliegt. *Contra:* Temme Gll. s. 166; id. Lehrb. s. 633.

§ 92.

1. Der Begriff des Auflaufs, wie ihn dieser § aufstellt, enthält das Erforderniß einer durch die Menschenanhäufung bewirkten Ruhestörung nicht; eine

Wird bei einem Auflaufe gegen die Beamten der Polizei oder die bewaffnete Macht mit vereinten Kräften ein thätlicher Widerstand geleistet, oder Gewalt verübt, so treten gegen diejenigen, welche sich bei diesen Handlungen betheiligt haben, die Strafen des Aufruhrs ein.

[Entw. § 82]. Vgl. § 89—91. 93; Vdn. v. 29. Sept. 1846 (GS. s. 470).

§. 93. Mit Geldbuße bis zu zweihundert Thalern oder Gefängniß von vier Wochen bis zu zwei Jahren wird bestraft:

1) wer böswillig oder gegen das Verbot der Obrigkeit Fahnen, Zeichen oder Symbole, welche geeignet sind, den

---

solche wird daher auch nicht erheischt; die Nichtbefolgung der dreimaligen amtlichen Aufforderung genügt. *Contra:* Temme Gll. s. 167.

2. Ebensowenig ist es erforderlich, daß eine Zusammenrottung stattgefunden habe. Z. I. 9. Aug. 1856 c. Szabries.

3. Ueber die Form der zu erlassenden Aufforderung fehlt es an einer Bestimmung; die Vorschriften der sich an den zwanzigsten Titel zweiten Theils des ALR. anschließenden AKO. v. 17. August 1835 (GS. s. 170) § 8, welche übrigens auch einen ganz andern Zweck hatten, dürften durch das StGB. gänzlich beseitigt sein; für das Gebiet des Rheinischen Rechts war die Aufhebung bereits durch Vdn. v. 15. April 1848 § 15 (GS. s. 101) erfolgt. Vgl. Motive s. 31; K. B. II. K. s. 63. Jedenfalls muß die Aufforderung in einer Weise geschehen, daß sie, so weit als möglich, der versammelten Menge verständlich werde. Vgl. n. 4.

4. Insbesondere muß die Aufforderung: sich zu entfernen, an die „mehreren versammelten Personen" ergangen sein; die Nichtbefolgung einer individuell an einen Einzelnen gerichteten Aufforderung fällt nicht unter diesen §. B. I. 22. April 1853 c. Juda (G. Arch. 1. s. 388).

5. Da die Strafbarkeit hier allein in der Nichtbefolgung der obrigkeitlichen Aufforderung ihren Grund hat, so muß der erforderliche Dolus auch gerade hierauf gerichtet gewesen sein; es ist daher erforderlich, daß der Einzelne von der erfolgten Aufforderung Kunde erlangt habe; daß er sie direkt und daß er alle drei gehört, kann dagegen nicht verlangt werden.

6. Die Unmöglichkeit der Folgeleistung bewirkt Straflosigkeit. K.-B. II. K. s. 63.

7. Der zweite Absatz setzt den Thatbestand des § 89 oder 90, und daß diese Handlungen mit vereinten Kräften geschehen seien, ebenso wie § 91 voraus. Es ist daher auch das zu diesen §§, besonders das zu § 91 n. 7 Gesagte anwendbar, so daß es auch hier nicht erforderlich ist, daß jeder Einzelne am thätlichen Widerstande oder der Verübung der Gewalt selbst sich betheilige, wenn er nur im Allgemeinen auch seine Thätigkeit mit der der eigentlichen Thäter vereinigt, und dadurch zur Handlung der letztern mitwirkt. G. Matt. 2. s. 140. Nur kann hier die bloße Anwesenheit nicht genügen, vielmehr ist auch der auf die Handlungen der §§ 89—91 gerichtete Dolus erforderlich. Außerdem muß selbstredend der im ersten Absatze dieses § aufgestellte Thatbestand des Auflaufs vorliegen.

8. Im Falle des zweiten Absatzes trifft diejenigen Betheiligten, welche selbst die Gewaltthätigkeiten verüben, unbedenklich auch die schwerere Strafe des § 91 Abs. 2; Beschl II. 2. April 1857 c. Ulrich (G. A. 5. s. 561). Vgl. § 91 n. 7 fgg.

§ 93.

Zu Nr. 1.

1. Das „böswillig" deutet auf die Absicht, durch diese Handlungen einen Aufruhr rc. hervorzurufen; G. Matt. 2. s. 141; Koch n. 66. Geschah die That gegen das Verbot der Obrigkeit, so bedarf es einer fernern Feststellung dieser Absicht nicht, es genügt das Bewußtsein der Uebertretung jenes Verbots.

Geist des Aufruhrs zu verbreiten, oder den öffentlichen Frieden zu stören, an öffentlichen Orten oder in öffentlichen Zusammenkünften ausstellt, oder sie verkauft oder sonst verbreitet;

2) wer äußere Verbindungs- oder Vereinigungszeichen, welche zur Aufrechthaltung der öffentlichen Ruhe und Sicherheit von der Bezirks-Regierung verboten sind, an öffentlichen Orten oder in öffentlichen Zusammenkünften trägt;

3) wer in böswilliger Absicht die öffentlichen Zeichen der Königlichen Autorität wegnimmt, zerstört oder beschädigt.

[Entw. § 83]. Vgl. § 89—91; (Vdn. v. 30. Juni 1849 § 15).

§. 94. Wer vorsätzlich einen Gefangenen aus der Gefangenanstalt oder aus der Gewalt der bewaffneten Macht, oder aus der Gewalt des Beamten, unter dessen Aufsicht, Begleitung oder Bewachung er sich befindet, befreit oder zu befreien versucht, wird mit Gefängniß von vierzehn Tagen bis zu drei Jahren bestraft.

[Entw. § 83]. Vgl. § 95. 96. 322. 37; Ges. v. 4. Juni 1851 § 9. 10 (GS. s. 453).

---

2. Das Aufstellen von Symbolen u. s. w. bei kirchlichen Prozessionen, Wallfahrten oder Bittgängen fällt nicht unter die Bestimmung der Nr. 1. Erklärung des Justiz-Ministers in der II. K. 27. März 1851; Bes. s. 263; G. Matt. 2. s. 142.

Zu Nr. 2.

3. Es genügt, wenn die Bezirksregierung bei Erlassung des Verbots es ausgesprochen hat, daß dasselbe zur Aufrechthaltung der öffentlichen Ruhe xc. erfolge. Die Gerichte haben dann nicht ferner zu prüfen, ob dieser Zweck vorgewaltet habe. *Contra:* Temme Gll. s. 168.

§ 94.

1. Gefangener ist jeder von dem Augenblicke an, wo er durch irgend einen Beamten vermöge dessen amtlicher Befugniß verhaftet worden ist: Temme Gll. s. 169. Das gilt also auch von den durch einen Beamten, ohne vorgängigen gerichtlichen Haftbefehl, nur vorläufig zum Zweck der Vorführung vor einen andern Beamten festgenommenen Personen: Z. 26. Mai 1852 c. Wagner (G. A. 1. s. 77); ebenso von einem Schuldgefangenen: Z. I. 22. Febr. 1854 c. Nitzky (G. A. 2. s. 424); G. Matt. 2. s. 143; Temme l. c. Note 1; Koch n. 68.

2. Der Ausdruck „Gefangen-Anstalt" umfaßt hier auch polizeiliche Arrestlokale, selbst den Hausarrest. G. Matt. 2. s. 143; Temme Gll. s. 169.

3. Selbstbefreiung eines Gefangenen, selbst die mit Gewalt verübte, ist straflos, insoweit nicht § 96 zutrifft, oder der Thatbestand eines andern Verbrechens xc. vorliegt: Z. I. 7. März 1855 c. Pollow (Kumm u. Gen. G. A. 3. s. 420); Motive s. 32. Erfolgt die Selbstbefreiung durch einen Ausbruch, welcher den Charakter einer vorsätzlichen theilweisen Zerstörung des Gefängnisses an sich trägt, so wird § 283 oder § 281 anwendbar; vgl. § 281 n. 3.

4. Die von einem Beamten mit dem Transporte eines Verhafteten beauftragten Privatpersonen werden dadurch weder selbst zu Beamten, noch zu den zur Unterstützung der Beamten zugezogenen Gehilfen. B. I. 9. Juni 1854 c. v. Jutreczenka-Morgenstern. Vgl. § 89 n. 12.

5. Die Befreiung muß selbstständig und unmittelbar bewirkt, oder doch versucht sein; eine bloße Beförderung der Flucht, namentlich eine solche, welche

§. 95. Wer vorsätzlich einen Gefangenen, dessen Aufbewahrung, Begleitung oder Bewachung ihm anvertraut ist, entweichen läßt, oder dessen Befreiung bewirkt oder befördert, wird mit Gefängniß von vierzehn Tagen bis zu drei Jahren bestraft.

Ist die Entweichung nur durch Fahrlässigkeit veranlaßt worden, so tritt Gefängniß bis zu sechs Monaten, oder in Fällen geringerer Verschuldung Geldbuße bis zu funfzig Thalern ein.

[Entw. § 84a]. Vgl. § 94. 96. 322.

§. 96. Wenn Gefangene in einer Gefangenanstalt sich zusammenrotten und entweder einen gewaltsamen Ausbruch ausführen oder auszuführen versuchen, oder gegen die Aufseher sich

---

erst nach stattgehabter Befreiung aus der Gewahrsam der Obrigkeit stattfindet, ist nur nach § 37 zu beurtheilen, es tritt dann auch die dort vorgeschriebene Berücksichtigung eines nahen Verwandtschaftsverhältnisses ein. Motive s. 32; G. Matt. 2. s. 143.

6. Vollendet ist das Vergehen der Befreiung erst dann, wenn eine auch nur momentane Befreiung von der obrigkeitlichen Gewalt eingetreten ist. Zachariä Abh. in G. A. 3. s. 290.

7. Nimmt ein Nicht-Beamter an der durch einen Beamten bewirkten oder beförderten Entweichung oder Befreiung eines Gefangenen (§ 322) Theil, so trifft ihn nach § 331 die Strafe dieses § 322, nicht die des § 94. Z. I. 16. Jan. 1856 c. Ludneit (G. A. 4. s. 269).

§ 95.

1. Dieser § bezieht sich auf alle nach den Anordnungen der Staatsgewalt in öffentliche Gewahrsam genommene Personen ohne Ausnahme, also auch auf Schuldgefangene. Z. I. 22. Febr. 1854 c. Nitzky (G. A. 2. s. 424). Vgl. § 94 n. 1.

2. Dem Gefangenen steht ein Verhafteter gleich; daß er schon in einer Gefangenanstalt sei, oder gewesen sei, ist nicht erforderlich; ebensowenig daß ein gerichtlicher Verhaftsbefehl gegen ihn ergangen sei. Z. 26. Mai 1852 c. Wagner.

3. „Der § setzt voraus, daß die Aufbewahrung rc. eines Gefangenen von „einem Beamten der Staatsgewalt unmittelbar einer Privatperson anvertraut sei; „findet also, wenn letztere den Gefangenen wieder einem Dritten eigenmächtig an„vertraut hat, gegen diesen Dritten nicht Anwendung.“ Z. I. 23. Febr. 1855 c. Seraphim (Präj. n. 140; Entsch. 29. s. 474; 30. s. 325; G. A. 3. s. 699).

4. Hier ist auch eine bloße Beförderung der Befreiung mit Strafe bedroht, auf sie erleidet also § 37 keine Anwendung mehr. G. Matt. 2. s. 146; vgl. § 94 n. 5.

5. Macht sich ein Beamter der hier vorgesehenen That schuldig, so ist § 322 anwendbar.

§ 96.

Inhalt.

1. Selbstbefreiung eines einzelnen Gefangenen ist straflos, vgl. § 94 n. 3.

widersetzen, oder dieselben zu Handlungen oder Unterlassungen zwingen oder zu zwingen versuchen, so haben die Theilnehmer an der Meuterei Gefängniß nicht unter sechs Monaten verwirkt; auch kann gegen sie auf Stellung unter Polizei-Aufsicht erkannt werden.

Diejenigen Theilnehmer, welche Gewaltthätigkeiten gegen Personen oder Sachen verüben, werden mit Zuchthaus bis zu zehn Jahren und Stellung unter Polizei-Aufsicht bestraft.

Die Strafe der Meuterei soll unabhängig von der Strafe des Verbrechens oder Vergehens, wegen dessen die Meuterer verhaftet sind, ausgesprochen und unmittelbar nach dieser Strafe vollstreckt werden.

[Entw. § 85]. Vgl. § 89—91. 94; Ges. v. 4. Juni 1851 § 10 (GS. S. 453); Ges. v. 11. Apr. 1854 § 5 (GS. S. 143).

---

2. Wer als Gefangener anzusehen, darüber vgl. § 94 n. 1; zu bemerken ist nur, daß § 94 auch die Befreiung aus der Gewalt des beaufsichtigenden rc. Beamten vorsieht, während § 96 nur die Zusammenrottung in der Gefangen-Anstalt im Auge hat.

3. Die Fassung dieses § weicht von der des § 91 insofern ab, als dort von der Zusammenrottung „mehrerer Personen," hier aber überhaupt von „Gefangenen" die Rede ist. Hieraus, sowie aus der Verschiedenheit der äußern Verhältnisse, folgt, daß auch zwei Gefangene sich zusammenrotten und eine Meuterei begehen können: Z. 7. Mai 1852 c. Engler (G. A. 1. S. 77); B. I. 16. Sept. 1853 c. Fieberg (Boldt und Gen. JMBl. S. 414); Beschl. I. 16. März 1855 c. Rohrbeck (G. A. 3. S. 422); B. I. 10. Okt. 1856 c. Pieprz; Z. II. 5. Juni 1858 c. Brinckmann (G. A. 6. S. 698); u. ö. *Sic:* G. Matt. 2. S. 147; *Contra:* Temme GU. S. 170 n. 2. Vgl. Mil.-Str.-Ges. vom 3. April 1845 I. § 137 („zwei oder mehrere Personen").

4. Als Gefangen-Anstalten sind hier alle öffentlichen, d. h. von Staatswegen eingerichteten Detentionsanstalten zu betrachten, sollten sie auch nur Gemeindeanstalten sein; auch Correktionshäuser gehören unbedenklich hierher. G. Matt. 2 S. 148 n. 3; Temme Lehrb. S. 645 II.

5. Die innerhalb der Festungswerke liegenden, und in fortifikatorischer Beziehung nothwendige Bestandtheile der Festung bildenden Räumlichkeiten, in welchen die Festungsbaugefangenen bestimmungsmäßig zu den die Aufführung und Instandhaltung von Festungswerken bezweckenden Arbeiten angehalten werden, sind als zur „Gefangen-Anstalt" derselben im Sinne des § 96 gehörig zu betrachten. Z. I. 5. Jan. 1855 c. Burkatzki (JMBl. S. 74; G. A. 3. S. 412).

6. Werden Gefangene in Gemäßheit des Ges. v. 11. April 1854 (GS. S. 143) außerhalb der Gefangenanstalt beschäftigt, so finden auf die von ihnen dort verübte Meuterei die Vorschriften des § 96 Anwendung: cit. Ges. § 5. Vgl. Temme GU. S. 170 n. 2; id. Lehrb. S. 646. Es tritt dann das Entfliehen an die Stelle des gemeinsamen Ausbruchs; der Verübung einer Gewalt bedarf es daher nicht: B. I. 10. Juni 1857 c. Natusch (G. A. 5. S. 691).

7. Die Frage, ob gewisse Handlungen als Zusammenrottung anzusehen seien, ist eine rechtliche, und daher nicht durch die Geschwornen zu lösen: Z. I. 4. März 1853 c. Schmidt. Es ist daher ganz angemessen, den Begriff bei der Fragstellung in seine thatsächlichen Merkmale aufzulösen: Z. I. 17. März 1854 c. Dietrichkeit. Gleichwohl handelt es sich hier nicht um einen reinen Rechtsbegriff, und eine Nichtigkeit liegt nicht vor, wenn in Ermangelung eines darauf bezüglichen Antrags jene Auflösung nicht stattgefunden hat: Z. I. 15. März 1854 c. Aumann; Z. I. 17. März 1854 c. Jäckel.

8. Ueber den Begriff des Zusammenrottens vgl. im Allgemeinen § 91 n. 2. 3. Die dort cit. B. II. 21. Sept. 1854 c. Koch; B. I. 16. Febr. 1855 c. Straßburg und Z. II. 5. Juni 1858 c. Brinckmann betrafen Fälle des § 96. Eine Zusammenrottung ist für vorhanden zu erachten, wenn die in einer Gefangenanstalt sich befindenden Gefangenen ihren auf gemeinsamen Ausbruch aus der Haft gerichteten Willen durch Verabredung vereinigen, und denselben durch Handlungen der im Gesetz bezeichneten Art zur Ausführung zu bringen suchen: Z. (B.) I. 17. Febr. 1854 c. Schillinsky (Fischer u. Gen.); B. I. 10. Okt. 1856 c. Pieprz; Z. Pl. 20. April 1857 c. Gruscheck (JMBl. s. 224; Entsch. 36. s. 593; G. A. 5. s. 487); ähnlich: B. I. 16. Sept. 1853 c. Fieberg (Boldt und Gen.; JMBl. s. 414); Z. I. 10. Dez. 1858 c. Szczesny.

9. „Daß Gefangene in einer Gefangen-Anstalt bereits in einer Zelle sich zu„sammen befinden, schließt den Begriff des Zusammenrottens nicht aus.“ B. II. 21. Sept. 1854 c. Koch (Präj. n. 107; Entsch. 28. s. 370; G. A. 2. s. 829); Z. 7. Mai 1852 c. Engler (G. A. 1. s. 77); B. I. 29. April 1853 c. Neumann (G. A. 1. s. 388); B. I. 19. Jan. 1855 c. Petermann (G. A. 3. s. 413); B. I. 16. Febr. 1855 c. Zühlke (G. A. 3. s. 415). Ueberhaupt ist es nicht erforderlich, daß die betreffenden Personen erst zusammenkommen oder zusammenlaufen: Z. II. 21. Sept. 1854 c. Beckmann. *Contra:* Temme Arch. 3. s. 297. Vgl. n. 10.

10. Zum Begriffe des Zusammenrottens ist nicht erforderlich, daß die Vereinigung einen tumultuarischen Charakter habe. Beschl. II. 30. Sept. 1854 c. Ott. *Contra:* Temme Lehrb. s. 646. Vgl. § 91 n. 2.

11. Ebensowenig bedarf es einer Verabredung, welche dahin gerichtet gewesen wäre, den gewaltsamen Ausbruch mit gemeinsamen Kräften auszuführen: Z. II. 27. Jan. 1859 c. Feiler. Der § trifft daher auch da zu, wo die Verabredung nur dahin ging, daß der Eine die Gewalt anwenden solle, während der Andere Wache halte. Vgl. n. 17.

12. Das bloße Zusammenrotten zu dem im § angegebenen Zwecke ist auch hier (vgl. § 91 n. 4) straflos, wenn nicht zur Verwirklichung des Zwecks Handlungen vorgenommen sind, welche wenigstens den Anfang der Ausführung darstellen. Z. I. 9. Sept. 1853 c. Hake (G. A. 1. s. 700); B. II. 3. Juli 1857 c. Bachmann.

13. Der Ausdruck „Ausbruch“ ist nicht zu wörtlich zu interpretiren; die Strafbestimmung bezieht sich auf jede Selbstbefreiung mehrerer in derselben Anstalt verhafteter Gefangenen, welche gewaltsam und im Wege der Zusammenrottung erfolgt. Temme Gll. s. 171 n. 2; und Z. I. 9. Sept. 1853 c. Hake (beiläufig; G. A. 2. s. 700). Vgl. auch Z. I. 5. Jan. 1855 c. Burkatzki (JMBl. s. 74).

14. Durch die Bezeichnung des Ausbruchs als eines „gewaltsamen“ ist angedeutet, daß zum Zweck des ausgeführten oder versuchten Ausbruchs, Gewaltthätigkeiten an Personen oder Sachen stattgefunden haben müssen. B. I. 24. Nov. 1854 c. Pollow (Kumm u. Gen.; G. A. 3. s. 115). Vgl. n. 24.

15. „Der Thatbestand der vollendeten Meuterei ist nach § 96 auch alsdann „schon vorhanden, wenn von den zusammengerotteten Gefangenen aus dem Gefäng„nisse mittelst Anwendung von Gewalt an Sachen [ꝛc.] auszubrechen gesucht ist. „Der Feststellung der im § 31 gedachten Erfordernisse des Versuchs bedarf es „nicht.“ Z. Pl. 20. Apr. 1857 c. Gruscheck (Präj. n. 235; JMBl. s. 224; Entsch. 35. s. 478; 36. s. 393; G. Arch. 5. s. 487); B. II. 10. Dez. 1857 c. Wolff; Z. I. 11. Mai 1859 c. Gerloff. Ebendeshalb wird auch ein Versuch durch freiwilligen Rücktritt nicht straflos: Z. I. 21. Dez. 1860 c. Renisch (RdO. 1. s. 197). *Contra* früher: Z. 25. Juni 1852 c. Zülke; Beschl. II. 19. Jan. 1855 c. Nagel; B. I. 15. Febr. 1856 c. Laack; Z. I. 18. April 1856 c. Szeszewski (G. A. 4. s. 555); G. A. 3. s. 397 f. Vgl. Abh. in G. A. 4. s. 555. — Dasselbe gilt noch unbedenklicher vom Versuche, die Aufseher ꝛc. zu zwingen, vgl. § 31 n. 38.

16. Aus dem unter n. 15 Gesagten erhellt, wie unrichtig es sein würde, in dem gedachten Falle von einer versuchten Meuterei zu sprechen. Inwiefern wirklich ein strafbarer Versuch des im § 96 vorgesehenen Verbrechens denkbar sei, darüber vgl. § 91 n. 4. 15. Das dort Gesagte gilt auch hier.

17. Es ist keineswegs erforderlich, daß die zusammen gerotteten Gefangenen sämmtlich den Ausbruch gemeinschaftlich ausführen, oder auszuführen versuchen;

es genügt, wenn nur einer von ihnen im Beisein und unter Hülfeleistung der übrigen, diese Handlung vornimmt [auch braucht dann die „Hülfeleistung“ der übrigen nicht den Bedingungen des § 34 Nr. 2 zu entsprechen]. Z. II. 28. Juni 1855 c. Werth. Vgl. n. 11; § 1 n. 8; Thl. I Tit. 3 (§ 34 fgg.) n. 5—8; § 91 n. 7.

18. Der auf Ausbruch abzielenden Meuterei der Gefangenen ist diejenige gleichgestellt, welche auf einen im Wege der Zusammenrottung gegen die Aufseher der Anstalt verübten Widerstand oder Zwang im Sinne der §§ 89—91 abzielt. Fassung und Strafbestimmung des § 96 entsprechen in dieser Beziehung dem § 91, so daß das Verhältniß der Gefangenen in der Anstalt, die im § 91 erheischte Oeffentlichkeit ersetzt. Die Bestimmungen des § 96 sind daher aus jenen §§ und den dazu gemachten Bemerkungen zu erläutern (vgl. Motive s. 32), einzelne Abweichungen der Fassung aber hier zu erörtern. Es entspricht übrigens ganz den Unterscheidungen jener §§, wenn hier auch der Versuch des Zwangs, nicht aber auch der Versuch des Widersetzens für strafbar erklärt ist; Temme (Lehrb. s. 647 Note 1) irrt, wenn er dieses im § 96 für einen Redaktionsirrthum hält, den die Interpretation zu beseitigen habe. Vgl. § 91 n. 15.

19. Nur einem Uebersehen ist es zuzuschreiben, wenn hier nicht, wie im § 89 von dem gegen einen Aufseher ausgeübten Angriffe die Rede ist; es unterliegt um so weniger einem Bedenken, die Vorschrift auch auf einen solchen auszudehnen, als es in der Natur der Sache liegt, daß die Aufseher in der Anstalt den Gefangenen gegenüber stets als in der Ausübung ihres Amts begriffen anzusehen sind, ein gegen sie verübter Angriff daher auch nothwendig den Charakter der Widersetzlichkeit annimmt. Zu bemerken ist auch, daß § 89 sich neben dem Worte „angreift“, der Ausdrücke „Widerstand leistet“ bedient; wogegen es im § 96 heißt „sich widersetzen“, welches füglich als jene beiden Begriffe umfassend gedeutet werden kann. Vgl. Temme Lehrb. s. 646 und Note 4.

20. Widersetzlichkeit und Zwang müssen, wie es die §§ 88 bis 91 erheischen, durch Gewalt oder Drohungen ausgeübt sein. G. Matt. 2. s. 148 n. 4.

21. Ueber den Versuch des Zwanges siehe oben n. 15. 16; § 31 n. 38.

22. Auch hier ist das Wort „Theilnehmer“ im ersten und zweiten Absatze nicht im Sinne der §§ 34 fgg. aufzufassen; es ist von Mit-Thätern bei der Meuterei die Rede; also von denjenigen, welche sich zum beabsichtigten Zwecke zusammenrotten (den Meuterern selbst). Z. I. 12. Sept. 1855 c. Kurmis; B. I. 21. Jan. 1856 c. Fischer; vgl. n. 30—32.

23. Die an der Meuterei Betheiligten, welche selbst keine Gewaltthätigkeiten ausgeübt haben, werden von der Strafe des ersten Absatzes betroffen, wenn sie an den Gewalthandlungen der andern gar nicht, selbst nicht einmal durch Hülfeleistung, Wachestehen oder dgl. Theil genommen haben. Welche Strafe sie dagegen trifft, wenn sie an der That derjenigen, welche Gewalt üben, im Sinne des § 34 Theil nehmen, darüber vgl. n. 32.

24. In Betreff der Gewaltthätigkeiten, von welchen der zweite Absatz spricht, gilt das zu § 91 n. 12 Bemerkte. Der Gegensatz zwischen Absatz eins und zwei hat nicht den objektiven Thatbestand im Ganzen im Auge, sondern nur die verschiedene Betheiligung der einzelnen Meuterer, indem der zweite Absatz nur diejenigen, welche selbst die Gewaltthätigkeiten verüben, mit Zuchthaus, der erste Absatz aber die übrigen mit Gefängnißstrafe bedroht. Daher ist im zweiten Absatze unter den „Gewaltthätigkeiten“ nichts andres zu verstehen, als was im ersten durch „gewaltsam“, und in den §§ 89 und 90 vermittelst der Ausdrücke „durch Gewalt oder Drohungen“ angedeutet ist; der Strafe des zweiten Absatzes verfallen sonach auch diejenigen, welche außer dem Erbrechen der Gefängnißwände rc. sonst keine Gewalt ausgeübt haben. Beschl. 15. Sept. 1852 c. Rosenbaum; Beschl. I. 4. März 1853 c. Schmidt; Z. (B.) I. 17. Febr. 1854 c. Schillinski (Fischer u. Gen.); Beschl. II. 30. Nov. 1854 c. Trinter (JMBl. 1855 s. 64); B. II. 3. Juli 1856 c. Bachmann; Z. (B.) II. 10. Dez. 1857 c. Köhler (Wolff u. Gen.). *Contra:* eine Ausführung in G. A. 3. s. 416.

25. Aus dem unter n. 24 Bemerkten folgt, daß, wenn gleich die Verübung von Gewaltthätigkeiten ein Begriffserforderniß der Meuterei im Allgemeinen ist, sie doch rücksichtlich derjenigen Meuterer, welchen die Verübung selbst zur Last gelegt

wird, den Charakter eines erschwerenden Umstandes annimmt, über welchen nach Art. 91 des Gesetzes vom 3. Mai 1852 von den Geschwornen besonders abgestimmt, und das Ergebniß der Abstimmung im Ausspruche besonders erwähnt werden muß.

26. „Die Schlußbestimmung des § schließt die Anwendung des § 56 in „seiner jetzigen Fassung nach dem Ges. v. 9. März 1853 aus." Die im Abs. 2 des § 56 gestattete Herabsetzung der Gesammtdauer der Freiheitsstrafen findet sonach hier nicht Statt. B. II. 21. Sept. 1854 c. Koch (Präj. n. 107; Entsch. 28. s. 370; G. Arch. 2. s. 828). Auch kann diese Gesammtdauer das Maaß von zwanzig resp. zehn Jahren übersteigen: Z. II. 12. Okt. 1854 c. Koeting (G. A. 2. s. 829). *Contra*: Temme Arch. 3. s. 45. Das Gesagte ist indessen nicht auf den Fall auszudehnen, wo es sich von der Bestrafung einer nach der Meuterei verübten Strafthat handelt; wo eine solche mit der Meuterei realiter konkurrirt, greifen die §§ 56 und 57 unbedenklich Platz: Z. I. 3. Febr. 1860 c. Ehrke (G. A. 8. s. 266).

27. Mit Rücksicht auf das unter n. 26 Gesagte erachtete ein B. II. 3. Juli 1856 c. Bachmann für den Fall einer zweimaligen Meuterei die Verhängung der vollständigen Strafe für jede derselben für geboten und § 56 für ausgeschlossen, weil die Haft, in welcher die zweite Meuterei begangen werde, sich auf die erste Meuterei mit bezogen habe. *Contra*: Erk. des Schw.G.H. Hamm 14. Juli 1856 c. Hülsbau. Um jene Entscheidung zu rechtfertigen, wird es jedenfalls der thatsächlichen Feststellung bedürfen, daß wirklich auch mit Rücksicht auf die erste Meuterei die Verhaftung des Angeschuldigten angeordnet und ausgeführt worden sei.

28. Mit der Anwendbarkeit des § 56 fällt auch die des § 57 Nr. 1 (welcher auf jenen zurückverweist) weg. Dagegen muß die Strafverwandlung nach § 57 Nr. 2 in jedem Falle erfolgen.

29. Die disciplinarische Bestrafung in der Strafanstalt, wegen der bei der Meuterei verübten Handlungen, schließt die strafrechtliche Verfolgung derselben nicht aus, und begründet nicht den Einwand des: „Non bis in idem." Z. I. 20. Dez. 1854 c. Leyser; Z. I. 11. Mai 1861 c. Buchalski. Vgl. Strafverf. § 1 n. 68.

30. Theilnahme an einer Meuterei im Sinne des § 34 Nr. 2 (Hülfeleistung) ist sehr wohl denkbar, und keineswegs mit der Thäterschaft identisch; ebensowenig derogirt rücksichtlich ihrer der § 96 den §§ 34 und 35; vielmehr unterliegt sie denselben Strafen, wie die Meuterei selbst: B. I. 16. Jan. 1856 c. Fischer (G. A. 4. s. 246). Dabei kommt es nicht in Betracht, daß die selbstständige Befreiung eines Gefangenen durch einen Dritten durch § 94 mit einer gelinderen Strafe bedroht ist, was sich aus der Straflosigkeit der Selbstbefreiung eines einzelnen Gefangenen erklärt, so daß also auch Theilnahme an derselben als solche nicht strafbar sein kann; anders bei der im Wege der Meuterei bewirkten Selbstbefreiung: Z. I. 7. März 1855 c. Pollow (Kumm u. Gen.; G. A. 3. s. 420).

31. Hiernach werden dritte Theilnehmer an einer Meuterei von der Strafe des zweiten Absatzes betroffen, wenn sie an den Gewaltthätigkeiten im Sinne des § 34 Theil genommen haben; wo nicht, so unterliegen sie nur der Strafe des ersten Absatzes, z. B. wenn sie nur die Werkzeuge zum Entkommen (Leitern, Taue rc.) geliefert hatten. Vgl. n. 32.

32. Ein Mit-Gefangener, welcher in der Absicht selbst zu entweichen an der durch § 96 vorgesehenen That durch Anstiftung oder durch eine in der Anstalt im Sinne des § 34 Nr. 2 geleistete Hülfe Theil nimmt, wird dadurch nicht nur zum „Theilnehmer" an der Zusammenrottung, sondern auch an der Verübung von Gewaltthätigkeiten, und wird daher von der schwereren Strafe des Abs. 2 selbst dann betroffen, wenn er selbst keine Gewalthandlungen vorgenommen hat. So: Z. II. 1. März 1860 c. Weinberg (G. Arch. 8. s. 410). *Contra*: Z. I. 12. Sept. 1855 c. Kurmis, welches die Mit-Meuterer, selbst wenn sie an den Gewaltthätigkeiten der Uebrigen im Sinne des § 34 Theil genommen hatten, doch nur als Mitthäter nach § 96 Abs. 1 und nicht als Theilnehmer am Verbrechen der Uebrigen nach Abs. 2 bestrafen wollte. Diese letztere Auffassung führt zu der Abnormität, daß der Theilnehmer an der gewaltsamen Meuterei Anderer strenger bestraft wird (n. 31) als der Mit-Meuterer, welcher sich derselben Handlungen schuldig machte, sobald er nur nicht selbst Gewalt anwendete.

Sechster Titel.
Vergehen wider die öffentliche Ordnung.

§. 97. Wer unbefugt bewaffnete Haufen bildet, oder solche befehligt, oder eine Mannschaft, von der er weiß, daß sie ohne gesetzliche Befugniß gesammelt ist, mit Waffen oder Kriegsbedürfnissen versieht, wird mit Gefängniß bis zu zwei Jahren bestraft.

Wer an solchen bewaffneten Haufen Theil nimmt, hat Gefängniß bis zu Einem Jahre verwirkt.

[Entw. § 86].

§. 98. Die Theilnahme an einer Verbindung, deren Dasein, Verfassung oder Zweck vor der Staatsregierung geheim gehalten werden soll, oder in welcher gegen unbekannte Obere Gehorsam, oder gegen bekannte Obere unbedingter Gehorsam versprochen wird, ist an den Mitgliedern mit Gefängniß bis zu sechs Monaten, und an den Stiftern, Vorstehern und Beamten der Verbindung mit Gefängniß von Einem Monate bis zu Einem Jahre zu bestrafen.

Gegen öffentliche Beamte ist zugleich auf zeitige Unfähigkeit zur Bekleidung öffentlicher Aemter zu erkennen.

[Entw. § 87]. Vgl. § 99; (Edikt v. 20. Okt. 1798 N. C. C. X. s. 1775); Verf. v. 31. Jan. 1850 Art. 29. 30; Ges. v. 21. März 1850 (das Vereinigungsrecht betr. GS. s. 277).

§. 99. Die Theilnahme an einer Verbindung, zu deren Zwecken oder Beschäftigungen es gehört, Maaßregeln der Verwaltung oder die Vollziehung von Gesetzen durch ungesetzliche Mittel zu verhindern oder zu entkräften, wird an den Mitgliedern mit Gefängniß von zwei Monaten bis zu Einem Jahre, und an den Stiftern, Vorstehern und Beamten der Verbindung mit Gefängniß von sechs Monaten bis zu zwei Jahren bestraft.

---

§ 97.

1. Ein besonderer Dolus ist hier nicht erforderlich. Tritt ein solcher hinzu, so wird die Handlung in der Regel auch unter den Begriff eines andern Verbrechens rc. fallen. Vgl. G. Matt. 2. s. 151; Temme GA. s. 172.

§ 98.

1. Auf Freimaurervereine bezieht sich dieses Verbot nicht mit. K.-B. II. K. s. 64.

2. Vorübergehende formlose Vereinigungen sind nicht für Verbindungen zu erachten. G. Matt. 2. s. 156 n. 5.

3. Wenzel (Ergänzungen rc. s. 525) sowie Gräff und v. Rönne (s. 94) erachten das Gesetz v. 7. Jan. 1838 (GS. s. 13), die Studentenverbindungen betreffend, für aufgehoben. *Contra*: G. Matt. 2. s. 156 n. 6.

§ 99.

1. Den Bundesbeschluß vom 5. Juli 1832 (GS. s. 216) erachten Gräff und v. Rönne (s. 94) für beseitigt. Vgl. G. Matt. 2. s. 156 n. 6.

Gegen öffentliche Beamte ist zugleich auf zeitige Unfähigkeit zur Bekleidung öffentlicher Aemter zu erkennen.

[Entw. § 88]. Vgl. § 98.

§. 100. Wer den öffentlichen Frieden dadurch gefährdet, daß er die Angehörigen des Staates zum Hasse oder zur Verachtung gegen einander öffentlich anreizt, wird mit Geldbuße von zwanzig bis zu zweihundert Thalern oder mit Gefängniß von Einem Monate bis zu zwei Jahren bestraft.

[Entw. § 89]. Vgl. § 100. 135. (Vdn. v. 30. Juni 1849 § 17.)

---

2. Temme (Gll. S. 174 n. 3) will nur diejenigen Mittel für ungesetzliche erachten, welche gesetzlich verboten, an sich strafbar sind, so daß dieser § eine Vorbereitungshandlung zum Widerstande gegen die Obrigkeit mit Strafe bedrohe. Selbst die durch polizeiliche Verordnungen der Regierungsbehörden verbotenen Handlungen seien, weil nicht ungesetzlich, nicht hierher zu rechnen.

3. Eine Verbindung, welche dahin abzielt, daß sich die Mitglieder nicht wegen der von einzelnen begangenen Holzdiebstähle anzeigen, ist nicht gesetzwidrig, da kein bestehendes Gesetz es den Bürgern zur Pflicht macht, diese Handlungen zur Anzeige zu bringen. B. I. 17. Nov. 1854 c. Wolff (G. A. 3. S. 130).

4. Theilnahme ist hier gleichbedeutend mit „Betheiligung“; an die im § 34 behandelte „Theilnahme“ ist nicht zu denken.

§ 100.

1. Es soll dieser § nicht auf Fälle angewendet werden, welche für die öffentliche Ordnung ganz gleichgültig sind, und die lediglich in das Gebiet der Beleidigungen und Verleumdungen gehören. K.-B. II. K. S. 65. Daher ist die Gefährdung des öffentlichen Friedens ein wesentliches in jedem Falle nachzuweisendes Merkmal. Diese Gefährdung darf nicht aus der Anreizung allein als nothwendige Konsequenz gefolgert werden: Z. I. 2. März 1853 c. Spiske (G. A. 1. S. 701).

2. Die „Gefährdung des öffentlichen Friedens“ ist nicht gleichbedeutend mit Gefährdung „der öffentlichen Ordnung“, welche auch da anzunehmen wäre, wo Thätlichkeiten zwischen Einzelpersonen zu besorgen sind. Unter „öffentlichem Frieden“ ist der der Allgemeinheit zu verstehen.

3. Dagegen ist es nicht erforderlich, daß das ganze Land von den nachtheiligen Folgen der Anreizung bedroht werde; es genügt, wenn die Gefahr sich auf einen Ort oder Distrikt beschränkt. Z. I. 29. Sept. 1854 c. Kitsche (es handelte sich hier von einer durch eine Predigt verübten Anreizung).

4. Ebenso wird nur eine Gefährdung des öffentlichen Friedens erheischt; die eingetretene Wirkung der Handlungen, also eine wirkliche Störung ist nicht erforderlich. Z. I. 2. März 1853 c. Spiske (G. A. 1. S. 701); Z. II. 30. Juni 1853 c. Kriegner; Z. II. 2. März 1854 c. Krackrügge; Z. I. 31. Jan. 1855 c. Fischer; Z. II. 5. Juli 1855 c. Degenkolb; vgl. § 135 n. 14.

5. Auch daß der Thäter die Absicht, den öffentlichen Frieden zu stören, gehabt habe, wird keineswegs vorausgesetzt: K.-B. II. K. S. 65; Z. I. 2. März 1853 c. Spiske (G. Arch. 1. S. 701). Ein Handeln mit dem Bewußtsein der daraus entspringenden Gefahr genügt: Z. I. 9. Nov. 1859 c. Bonnall. Goltdammer (Mat. 2. S. 158 n. 2) hält selbst eine fahrlässige Gefährdung für genügend. *Contra*: Temme Lehrb. S. 652. Vgl. unten n. 8.

6. Unter „Angehörigen des Staats“ sind nach Temme (Lehrb. S. 652) nur bestimmte, konkret nachzuweisende Individuen, oder Mehrheiten von Individuen (Klassen rc.) zu verstehen. Ein Z. II. 11. Mai 1854 c. Sachse (Costenoble u. Gen.) deutet sogar an: es werde hier vorausgesetzt, daß nicht blos einzelne Individuen, gegen einzelne andere Individuen, sondern bestimmte Gesellschafts-Kategorien gegen

§. 101. **Wer durch öffentliche Behauptung oder Verbreitung erdichteter oder entstellter Thatsachen, oder durch öffentliche Schmähungen oder Verhöhnungen die Einrichtungen des Staates oder die Anordnungen der Obrigkeit dem Hasse oder der Verachtung aussetzt, wird mit Geldbuße bis zu zweihundert Thalern oder mit Gefängniß bis zu zwei Jahren bestraft.**

[Entw. § 90]. Vgl. § 135. 156. (Vdn. v. 30. Juni 1849 § 18.)

---

einander angereizt worden seien. Jedenfalls ist aber nicht erforderlich, daß diese verschiedenen Kategorien rechtlich von einander geschiedene Klassen bilden; es können vielmehr als solche z. B. „die Reaktion und die oppositionelle Partei“ oder „die katholischen Soldaten“ angesehen werden: cit. Z. II. 11. Mai 1854 c. Sachse; Z. I. 11. Okt. 1854 c. Seemann.

7. Ob hiernach eine Mehrheit so genau bezeichnet sei, daß danach ihre Mitglieder erkannt werden können, ist eine thatsächliche Frage: Z. (V.) I. 8. Febr. 1860 c. v. Plotho (G. A. 8. f. 265). Wenn daher die Instanzrichter die Thatsache der Existenz einer „Kreuzzeitungs-Partei“ in dem Sinne anerkannt haben, daß dieselbe eine als politische Parteiung allgemein bekannte Schichte der bürgerlichen Gesellschaft bilde, auf welche als solche Haß und Verachtung in einer den öffentlichen Frieden gefährdenden Weise gelenkt werden könne, so unterliegt diese thatsächliche Feststellung der Nichtigkeitsbeschwerde nicht: Z. I. 31. Jan. 1855 c. Fischer (G. A. 3. f. 563). Dasselbe gilt umgekehrt von dem Falle, wo der Instanzrichter annimmt, eine „Zeitungspartei“ sei ein wesenloser Begriff, welcher unter den im § 100 vorkommenden Begriff der Angehörigen des Staats nicht gestellt werden könne; Beschl. I. 16. Mai 1855 (156 R).

8. Zum Begriffe der „öffentlichen Anreizung“ wird die Absichtlichkeit derselben vorausgesetzt. Z. I. 12. Okt. 1853 c. Wander. *Sic:* Temme Lehrb. f. 652; Koch n. 74. Vgl. n. 5.

9. Wegen des Erfordernisses der Oeffentlichkeit der Anreizung sind § 36 und § 152 n. 1—4 zu vergleichen. Insbesondere ist die Oeffentlichkeit eines Orts oder einer Zusammenkunft nicht dadurch bedingt, daß alle Klassen der Staats-Angehörigen oder Einwohner eines Orts dazu eingeladen, oder dabei vertreten sind; vielmehr liegt der Gegensatz nur im Privaten und Geschlossenen. Z. I. 2. März 1853 c. Spiske (G. A. 1. f. 701).

10. Anreizungen, welche sich auf die religiöse Verschiedenheit der Staatsangehörigen beziehen, sind keineswegs ausgeschlossen, und nicht etwa nur unter den § 135 zu subsumiren; der Unterschied zwischen beiden liegt vielmehr darin, daß § 135 sich auf Aeußerungen, welche unmittelbar gegen eine Kirche ꝛc. gerichtet sind, bezieht, ohne eine Gefährdung des öffentlichen Friedens zu erheischen, während § 100 gerade die letztere, ohne weitere Beachtung des Objekts der Anreizung, erfordert. Z. I. 2. März 1853 c. Spiske (G. A. 1. f. 701).

11. Es genügt, wenn eine Anreizung zu Haß oder Verachtung statt gefunden hat, daß auch gegründeter Haß oder Verachtung erzeugt werden könne, wird nicht verlangt.

§ 101.

1. 2. Oeffentlich ist dasjenige, welches unter Umständen geschieht, die das allgemein Bekanntwerden des Geschehenen zulassen, ob dieses der Fall sei, ist eine thatsächliche Frage. Z. I. 13. Juli 1859 c. Kierski. Vgl. im Uebrigen über diesen Begriff § 36; § 100 n. 9; § 152 n. 1—4.

3. Der Verbreitung im Sinne dieses § macht sich auch der Redakteur einer Zeitschrift schuldig, welcher einen, derartige Thatsachen enthaltenden, Artikel

aus einem andern Zeitungsblatte in das seinige übernimmt, indem er hierdurch den Artikel zu seinem eignen macht. Z. 14. Mai 1852 c. Holdheim (509).

4. Nur die Behauptung rc. von Thatsachen, nicht also solche Aeußerungen, welche ein bloßes Urtheil enthalten, unterliegen diesem §: B. II. 10. Nov. 1853 c. Faust (es handelte sich von der Besprechung der Handlung eines Dritten, wegen welcher die Polizeibehörde Nachforschungen veranlaßt habe, und es ward die Ansicht ausgesprochen, daß jene Handlung gesetzlich durchaus erlaubt gewesen sei). Vgl. K.-B. II. K. s. 66; G. Matt. 2. s. 160.

5. Im Uebrigen umfaßt das Wort „Thatsachen" auch das Wollen, den Entschluß zum Handeln, nicht blos Handlungen in ihrer objektiven Erscheinung. G. Matt. 2. s. 162 n. 3.

6. Temme (Lehrb. s. 654) glaubt, daß die „Schmähungen und Verhöhnungen" mindestens den Charakter der Injurien an sich tragen müssen.

7. Der § enthält nur im ersten Theile (bei der Behauptung rc. erdichteter rc. Thatsachen) das Erforderniß konkreter Beziehung auf bestimmte Handlungen, also auch auf bestimmte obrigkeitliche Organe des Staats; in seinem zweiten Theile (wo von der Schmähung rc. der Einrichtungen rc. des Staats die Rede ist) sieht er dagegen von diesem Erfordernisse ab; das Vergehen kann daher auch durch den Angriff auf den Staat überhaupt, oder auf die Regierung als abstrakten Begriff, und ohne Beziehung auf konkrete Organe derselben, sowie durch Verdächtigung ihres Geistes und ihrer Regierungsmaximen erfolgen: Z. II. 17. März 1853 c. Tuch; Z. II. 11. Mai 1854 c. Sachse (G. A. 2. s. 689); Z. I. 28. Sept. 1860 c. Niemojewski; vgl. n. 13. 16; G. Matt. 2. s. 161 n. 2.

8. In der Schmähung von Handlungen eines politischen Körpers ist nicht nothwendig auch die Schmähung der Einrichtung dieses Körpers selbst, als einer Einrichtung des Staats zu finden. Z. I. 17. Sept. 1856 c. v. Jasmund.

9. Ebenso stellt die Schmähung einer Anordnung der Obrigkeit nicht nothwendig eine Schmähung der Obrigkeit selbst, als einer Einrichtung des Staats dar. Z. I. 17. Sept. 1856 c. v. Jasmund.

10. Angriffe gegen den deutschen Bund, oder andere Bundesstaaten fallen nicht unter § 101; es sei denn, daß in den erstern gleichzeitig der Thatbestand einer gegen Einrichtungen des Preußischen Staats, oder Anordnungen seiner „Obrigkeiten" gerichteten, dem § entsprechenden Handlung enthalten wäre. G. Matt. 2 s. 162 n. 4. Vgl. Koch n. 75. Aus dem durch Kgl. Patent v. 28. Okt. 1836 publizirten Bundesbeschlusse vom 18. Aug. 1836 (GS. s. 309) folgt nur, daß die Unternehmungen gegen Existenz, Integrität, Sicherheit und Verfassung des Bundes unter die gleichartigen Strafgesetze der einzelnen Staaten gestellt sind, hierunter kann aber der Thatbestand des § 101 nicht gezogen werden. So: Z. I. 17. Sept. 1856 c. v. Jasmund. *Contra*: Just.-Min.-Verf. v. 10. Nov. 1856.

11. Temme (Lehrb. s. 653) will unter „Einrichtungen des Staats" die von der Regierung für die Zwecke des Staats geschaffenen bleibenden Staatsanstalten verstehen.

12. Anordnungen des deutschen Bundes sind ohne nähere Anerkennung Seitens der Preußischen Regierung nicht zugleich auch Anordnungen der Preußischen Obrigkeit. So: Z. I. 17. Sept. 1856 c. v. Jasmund. *Contra*: Just.-Min.-Verf. v. 10. Nov. 1856.

13. Das Staats-Ministerium ist als Obrigkeit, und Beschlüsse, welche von demselben in Beziehung auf die äußern Angelegenheiten des Staats zur Ausführung gebracht werden, sind als Anordnungen der Obrigkeit im Sinne dieses § aufzufassen. Beschl. 8. Okt. 1851 c. v. Arnim. Vgl. n. 16.

14. Der evangelische Oberkirchenrath hat unzweifelhaft den Charakter einer Obrigkeit auf dem Gebiete des Kirchen-Regiments. Z. I. 5. Jan. 1853 c. Hoffman.

15. Der § ist nur zum Schutze der wirklich zu Recht bestehenden Einrichtungen des Staats, und rechtliche Kraft habender Anordnungen der Obrigkeit, und nicht (wie § 102) zum Schutze der Obrigkeit überhaupt, oder in Beziehung auf jede

§. 102. Wer durch Wort, Schrift, Druck, Zeichen, bildliche oder andere Darstellung eine der beiden Kammern, ein Mitglied der beiden Kammern, eine andere politische Körperschaft, eine öffentliche Behörde, einen öffentlichen Beamten, einen Religionsdiener, ein Mitglied der bewaffneten Macht, einen Geschworenen, einen Zeugen oder Sachverständigen, während sie in der Ausübung ihres Berufes begriffen sind, oder in Beziehung auf ihren Beruf beleidigt, wird mit Gefängniß von Einer Woche bis zu Einem Jahre bestraft.

---

andere Einrichtung derselben gegeben. Die Aufstellung eines Etatsentwurfs durch einen Gemeinde-Magistrat, und die Vorlegung vor den Gemeinderath ist zwar eine Amtshandlung des Magistrats, aber noch keine eine rechtliche Kraft habende Anordnung der Obrigkeit: B. II. 10. Nov. 1853 c. Faust.

16. Auch die von der Regierung auf dem Gebiete der Politik ergriffenen Maaßregeln sind als Anordnungen der Obrigkeit zu betrachten, und die Angriffe gegen das von der Regierung befolgte politische System können unter § 101 fallen, weil das System nur aus den einzelnen Maaßregeln erkennbar ist, die Kritik jenes also recht eigentlich sich auf diese Maaßregeln mit erstreckt. Beschl. I. 25. April 1855 Beschlagnahme der Ill. Zeit. betreffend. Vgl. n. 13.

17. Es genügt, wenn die Einrichtungen des Staats ꝛc. dem Hasse ꝛc. ausgesetzt worden sind, wenn also auch nur eine nahe liegende Möglichkeit der Erregung des Hasses dadurch begründet wird; wirkliche Erregung ist nicht erforderlich. Vgl. § 135 n. 14. *Contra*: Temme Lehrb. s. 652. 654.

18. Als Dolus genügt hier das Bewußtsein, daß die betr. Aeußerungen geeignet sind, dem Hasse ꝛc. auszusetzen; es bedarf daher einer böswilligen Absicht: Haß ꝛc. zu erregen, nicht, sobald nur objektiv jene Aeußerungen geeignet sind, diese hervorzurufen. Das zu § 156 n. 20 fgg. in Betreff der Verleumdung Gesagte findet hier analoge Anwendung. Z. I. 4. Nov. 1859 c. Golkowski. Vgl. K.-B. II. K. s. 66.

19. Eben deshalb bedarf es auch nicht der Wissenschaft von der Unwahrheit der Thatsachen ꝛc.; auch derjenige ist strafbar, welcher es fahrlässiger Weise unterläßt, die Richtigkeit von Thatsachen, welche dem Hasse ꝛc. aussetzen, zu untersuchen, ehe er sie veröffentlicht. K.-B. II. K. s. 66. *Contra*: Temme Lehrb. s. 654.

§ 102.

Inhalt.

1. Dieser § setzt, in Uebereinstimmung mit § 152, zum Thatbestande der Beleidigung nur den objektiv ehrverletzenden Charakter einer Handlung oder Aeuße-

Hat die Beleidigung den Charakter der Verleumdung, so ist die Strafe Gefängniß von vierzehn Tagen bis zu achtzehn Monaten, und wenn die Verleumdung öffentlich begangen wurde, Gefängniß von Einem Monate bis zu zwei Jahren.

Wird festgestellt, daß mildernde Umstände vorhanden sind, so kann in allen Fällen die Strafe auf Geldbuße von zehn bis zu dreihundert Thalern bestimmt werden.

[Entw. § 91]. Vgl. § 103. 152. 154. 156—158. 163. 343. Einf.-Ges. Art. XVI—XVIII. (Vdn. v. 30. Juni 1849 § 23).

---

rung, und den Vorsatz im Allgemeinen, das ist das Bewußtsein der That beim zurechnungsfähigen Thäter, voraus. Z. II. 12. Okt. 1854 c. Dörbach; ähnlich: Z. I. 7. Okt. 1853 c. Lehmann; Z. II. 12. Januar 1854 c. Schulte. Vgl. Titel XIII (§ 152 fgg.) n. 21.

2. Des besondern Nachweises und der Feststellung der Absicht zu beleidigen bedarf es nicht, ebensowenig der eines sonstigen verbrecherischen Dolus, da ein mit Bewußtsein stattgehabtes Handeln genügt. Z. II. 12. Jan. 1854 c. Schulte; Z. I. 5. Juli 1855 c. Kühne; Z. I. 2. Dez. 1859 c. Bublatzki; Z. I. 6. Sept. 1860 c. Eikermann. Vgl. n. 63; Titel XIII (§ 152 fgg.) n. 22.

3. Ob irgend eine Aeußerung die Beleidigung einer Behörde ꝛc. darstelle, ist Gegenstand der thatsächlichen Prüfung. Z. I. 7. Okt. 1853 c. Lehmann; Z. II. 12. Jan. 1854 c. Schulte; B. II. 17. Okt. 1857 c. Rogge. Vgl. Tit. XIII (§ 152 fgg.) n. 2.

4. Die Oeffentlichkeit der Handlung ist hier, insofern nicht Abs. 2 anwendbar wird, für den Thatbestand gleichgültig. Z. I. 5. Dez. 1860 c. Teßmar. Dieselbe kommt nur insofern in Betracht, als dadurch die Anwendbarkeit des § 163 bedingt wird.

5. Als „Zeichen“ ist hier alles zu betrachten, durch welches sich (von Wort, Schrift, Druck und Darstellung abgesehen) die Verachtung kund giebt; es gehören also namentlich auch Thätlichkeiten hierher; insofern eine solche beleidigende Thätlichkeit sich als Mißhandlung kund giebt, liegt in idealer Konkurrenz auch das Vergehen des § 192 vor, dessen Strafbestimmung als die schwerere anwendbar wird. Dadurch verliert indessen die Handlung den Charakter der Beleidigung keineswegs; Beseler (s. 270 I.) geht daher zu weit, wenn er den § 102 bei „Real-Injurien“ für gänzlich unanwendbar erachtet; vgl. Tit. XIII (§ 152 fgg.) n. 4.

6. Unter politischen Körperschaften sind alle kollektiven Einheiten zu verstehen, welche nicht zu Privatzwecken, sondern um ihrer publizistischen Bedeutung willen mit öffentlichem Charakter versehen sind; daß sie korporative Rechte haben, ist nicht erforderlich. Es gehören hierher also unbedenklich Stadtverordneten-Versammlungen, Gemeinderäthe, Kreisversammlungen ꝛc. G. Matt. 1. s. 167. *Sic:* Z. I. 10. Sept. 1856 c. Fischer (G. A. 4. s. 834); B. I. 19. Dez. 1856 c. Heuer (G. A. 5. s. 93). *Contra:* Koch n. 76. Vgl. n. 34.

7. Das Offizier-Corps eines Regiments hat die Eigenschaft einer politischen Körperschaft. So: Z. II. 31. Mai 1860 c. Arndts. Die einem einzelnen Offizier zugefügte Beleidigung trifft aber nicht nothwendig das ganze Corps. Ibid.

8. Die Mitglieder der politischen Körperschaften als solche sind nicht hierher zu zählen. Goltd. Matt. 1. s. 167. Vgl. n. 34.

9. Der Begriff einer öffentlichen Behörde erfordert die Eigenschaft als Organ der Regierungsgewalt, mithin den Beruf zur wenigstens mittelbaren Förderung der Zwecke des Staats, unter Beilegung einer öffentlichen Autorität. Daher ward als Behörde nicht angesehen eine Kommission zur Vertheilung von Hagel-Entschädigungs-Kollekten-Geldern, welche auf Veranlassung der Bezirksregierung durch den Bürgermeister mit landräthlicher Genehmigung bestellt war: B. II. 15. Sept. 1855 c. Gudehege.

10. Behörden haben nur insoweit eine Persönlichkeit, als ihnen eine amtliche Thätigkeit zusteht oder obliegt, sie können daher nie anders als in Beziehung

auf ihre amtliche Wirksamkeit beleidigt werden: Z. II. 24. Febr. 1853 c. Kindermann; Z. I. 16. Dez. 1857 c. Trenck; Z. I. 21. März 1860 c. Trenck; G. Matt. 2. s. 166 n. 2; s. 168. Anders verhält es sich natürlich, wenn die Bezeichnung der Behörde gar nicht auf diese als solche zu beziehen, sondern nur als kollektive Bezeichnung der einzelnen Mitglieder aufzufassen ist; wo dieses thatsächlich feststeht, können nur die einzelnen Mitglieder, nicht die Behörde beleidigt sein.

11. Der Magistrat einer Stadt ist eine Behörde: Z. I. 29. Juni 1860 c. Modricker. Dasselbe gilt von städtischen Deputationen und Kommissionen, welche zur Verwaltung einzelner Geschäftszweige des Gemeinwesens aus Mitgliedern des Magistrats und der Bürgerschaft gebildet werden: Erk. Pl. 27. Mai 1839 (Entsch. 4. s. 273); cit. Z. I. 29. Juni 1860. Vgl. n. 35.

12. Die in Gemäßheit des Gesetzes vom 1. Mai 1851 eingesetzten Bezirks-Einschätzungs-Kommissionen sind öffentliche Behörden. Z. I. 13. März 1857 c. Punzel (G. A. 5. s. 561); Z. I. 15. Juni 1860 c. David. Vgl. § 129 n. 5.

13. Das Presbyterium einer evangelischen Gemeinde (nach der Kirchen-Ordnung v. 5. März 1835) ist eine Behörde. Z. Kass.-Hof 6. Febr. 1852 c. von der Gröben.

14. Ein „Regiment“ ist weder als politische Körperschaft, noch als Behörde aufzufassen; gleichwohl erachtete Z. I. 16. Dez. 1857 c. Trenk auf die Beleidigung eines solchen den § 102 für anwendbar, weil es ein Theil der bewaffneten Macht sei, und eine ihm nicht im Dienste zugefügte Beleidigung nur in Beziehung auf seinen Beruf gedacht werden könne. Dasselbe muß dann auch gelten, wenn die ganze „Armee“ beleidigt worden ist.

15. Das „militärische Gefolge“ des Königs ist als solches mit den Attributionen einer Militärbehörde nicht bekleidet. Z. II. 27. Mai 1854 c. Brüggemann.

16. Die Rentkammer eines vormals unmittelbaren Reichsstandes ist mit Rücksicht auf die Instr. wegen Ausführung des Edikts vom 21. Juni 1815 die Verhältnisse jener Reichsstände betreffend §§ 35. 36. 57. 58 als Behörde zu betrachten. Z. II. 27. April 1854 c. Salomon.

17. Ueber die Beamten-Qualität vgl. § 331 und § 89 n. 1 fgg. Insbesondere gilt auch hier der Satz, daß die im Auslande verübten Beleidigungen dortiger Behörden nach § 102 und nicht als bloße Privatbeleidigungen zu bestrafen sind: Z. II. 18. Okt. 1855 c. Kästner (G. A. 3. s. 833); Z. I. 4. Juni 1856 c. Dobbert. *Contra*: Temme Arch. 4. s. 73. Vgl. § 4 n. 22; § 89 n. 4.

18. Der Ausdruck: „öffentlicher“ Beamter deutet nur auf den Gegensatz gegen solche, welche lediglich das Interesse einer Privatperson wahrnehmen; es ist daher aus demselben nicht zu folgern, als werde nothwendig eine obrigkeitliche Funktion vorausgesetzt. B. I. 25. Mai 1859 c. Vollbrecht (G. A. 7. s. 708); vgl. n. 19—21.

19. Auch mittelbare Diener des Staats sind Beamten: Z. I. 16. Sept. 1857 c. Crohn (G. A. 5. s. 851). Ja es können unter Umständen selbst solche Personen hierher gerechnet werden, welche weder im mittelbaren, noch im unmittelbaren Staatsdienste stehen. So: B. I. 25. Mai 1859 c. Vollbrecht (cit. n. 18); vgl. n. 20.

20. Kirchenvorsteher sind (arg. §§ 321 fgg.; 555; 619 fgg. II, 11 des ALR.) öffentliche Beamten: B. I. 25. Mai 1859 c. Vollbrecht (G. A. 7. s. 708). Das ist auch durch Art. 51 der Verfassung vom 31. Jan. 1850 nicht abgeändert worden: Z. I. 7. Dez. 1860 c. Ebers (G. A. 9. s. 133). Vgl. § 331 n. 25.

21. Dasselbe gilt von öffentlichen Lehrern: Verfassung v. 31. Jan. 1850 Art. 23; namentlich auch von den Lehrern der Volksschulen, sollten sie auch nicht vom Staate unterhalten werden: B. I. 25. April 1859 c. Vollbrecht (G. A. 7. s. 708); Z. I. 10. Febr. 1860 c. Ehrlich.

22. .... ebenso vom Vorsteher der Judenschaft eines Orts: Z. I. 16. Sept. 1857 c. Crohn (G. A. 5. s. 851); Z. I. 18. Juni 1858 c. Alexander.

23. .... ebenso von Schiedsmännern: Z. I. 4. März 1859 c. Walter.

24. Ein Gleiches ist in Betreff eines Schiedsrichters anzunehmen, welcher mit Rücksicht auf Art. 51 des Allg. HGB. über die zwischen den Mitgliedern einer Handelsgesellschaft entstandenen Streitigkeiten zu entscheiden hat, sollte er auch als „gütlicher Vermittler“ berufen sein: Rej. 15. Mai 1838 (*Sir.* 38. 1. 398). Der Grund

liegt darin, weil diese Streitigkeiten nach dem Gesetze mit Nothwendigkeit durch Schiedsrichter zu entscheiden sind. Eine Ausdehnung auf freiwillig gewählte Schiedsrichter ist deshalb noch nicht gerechtfertigt.

25. Ein Gutsherr, welcher die gutsherrliche Polizei verwaltet [vgl. Ges. v. 14. April 1856 (GS. s. 356), und in Betreff der frühern Zeit Erk. des Ob.-Trib. 19. Okt. 1854 (Entsch. 28. s. 445)], ist in dieser Beziehung als öffentlicher Beamter zu betrachten, ohne daß es darauf ankommen könnte, ob er im Sinne des ALR. II, 10 § 68. 69 öffentlicher Beamter sei: B. I. 30. Nov. 1855 c. Oldenburg (JMBl. 1856 s. 40); Z. I. 15. Jan. 1858 c. Neumann; Z. I. 2. Juni 1858 c. Knuth. Das gilt selbst dann, wenn derselbe einen Stellvertreter bestellt hat, da es ihm dadurch keineswegs unmöglich gemacht wird, in den ihm geeignet scheinenden Fällen die Polizeigewalt auch selbst auszuüben, insofern nicht eine persönliche Unfähigkeit obwaltet: Z. I. 19. März 1858 c. Dauerheim (G. A. 6. s. 277). *Contra:* Temme Arch. 6. s. 40. Vgl. Min.-Instr. v. 30. Juli 1856 Art. 7 Abs. 3.

26. Was vom Gutsbesitzer gilt, gilt auch von seinem mit Genehmigung der betreffenden Behörden und in vorschriftsmäßiger Weise bestellten Stellvertreter: Z. I. 15. Jan. 1858 c. Neumann; Z. I. 2. Juni 1858 c. Knuth. Vorausgesetzt wird nur, daß dem Stellvertreter die ungetheilte Wahrnehmung der Funktionen übertragen sei. Derjenige, welcher nur mit einzelnen Theilen derselben, zumal nur mit untergeordneten mechanischen Verrichtungen für den inneren Dienst beauftragt ist, welche mit dem Publikum nicht in Berührung bringen (z. B. ein zur Vornahme der Registraturgeschäfte angenommener Subalterner) ist nicht Beamter: Z. I. 30. April 1860 c. Tamanti (G. A. 8. s. 557).

27. Ein vereideter Postexpeditionsgehülfe ist, wenn er dem Publikum gegenüber amtlich thätig ist, ein Beamter im Sinne des §. Z. 14. Mai 1852 c. Lotheisen; Z. I. 5. Juli 1854 c. Hüneke. Vgl. § 331 n. 13.

28. Forstlehrlinge, d. h. solche Personen, welche mit Genehmigung der Oberforstbeamten sich bei den Oberförstern oder Förstern behufs ihrer Ausbildung zum Forstdienste aufhalten, sind in persönlicher Beziehung als Beamte nicht anzusehen. Beschl. I. 27. April 1853 c. Gensch (Entsch. 24. s. 498).

29. Bürgermeister, Beigeordnete, und die sonstigen Magistratsmitglieder einer Gemeinde sind Beamten. Z. II. 13. Juni 1857 c. Fink.

30. .... dasselbe gilt von den vom Bürgermeister oder dem Magistrat ernannten Gemeindebeamten, z. B. vom Gemeinde-Empfänger. Z. II 13. Juni 1857 c. Fink.

31. .... ebenso vom Diener und Nachtwächter der Gemeinde. Z. I. 29. Juni 1855 c. Maschewski; Z. I. 4. Nov. 1859 c. Dobot; Z. I. 9. Mai 1860 c. Köpke.

32. .... ebenso von einem Gemeinde-Förster, sollte er auch nicht auf Lebenszeit angestellt und vereidet sein. B. I. 5. März 1856 c. Türk; Z. I. 9. Dez. 1857 c. Linde; Z. Pl. 12. Jan. 1857 c. Bültmann (Pr. n. 224; Entsch. 35. s. 240); B. I. 30. März 1859 c. Dzemski; vgl. n. 36.

33. .... ebenso von einem Gemeinde-Feldhüter (vgl. § 69 II, 10; § 68 II, 7. ALR.). B. I. 29. Sept. 1858 c. Sommer (G. A. 6. s. 841). Vgl. n. 37.

34. Dagegen sind die einzelnen Vertreter der Gemeinde (die Stadtverordneten), selbst der Vorsteher der Stadtverordneten-Versammlung, keine Beamten. B. I. 19. Dez. 1856 c. Heuer (G. A. 5. s. 93); Z. II. 13. Juni 1857 c. Fink. Vgl. n. 6.

35. .... dasselbe gilt von den Mitgliedern der zur Beaufsichtigung einzelner Geschäftszweige, sowie zur Erledigung vorübergehender Aufträge aus der Zahl der Stadtverordneten, oder aus stimmfähigen Bürgern gewählten Deputationen; sie sind als solche nicht Beamte: zu diesen sind (in Ermanglung besondrer Feststellungen) auch die Mitglieder der Gemeinde-Armen-Kommissionen, und die s. g. Armenväter zu zählen, indem ALR. II, 19 § 80 auf städtische Armenbezirksvorsteher und die ihnen beigeordneten Armenväter nicht anwendbar ist. Z. II. 13. Juni 1857 c. Fink; Erk. GH. z. Entsch. d. Komp. Konfl. 25. Okt. 1856 Bux c. Köppchen. Vgl. n. 9.

36. Die von einem Privatwaldbesitzer in Gemäßheit des § 32 des HDGes. v. 2. Juni 1852 angestellten und vereideten, mit dem Forstschutze beauftragten Personen sind Beamte im Sinne des § 102. B. I. 28. Okt. 1857 c. Legeler (G. A. 6.

f. 108); Z. I. 25. Mai 1859 c. Vollbrecht (G. A. 7. f. 708); B. I. 12. Okt. 1859 c. Krause (G. A. 7. f. 825); Beschl. I. 21. Okt. 1859 c. Krüger (197 B; G. A. 8. f. 112); B. II. 3. Jan. 1861 c. Reuter (G. A. 9. f. 132). Z. I. 20. Febr. 1861 c. Kuischka. Vgl. n. 32.

37. Dasselbe gilt von einem Feldhüter, welcher von einem zu keinem Gemeinde-Verbande gehörigen Gutsbesitzer nach § 52 der FPO. v. 1. Nov. 1857 angestellt und gehörig vereidet ist: B. I. 29. Sept. 1858 c. Sommer (G. A. 6. f. 841). Auf dem linken Rheinufer kann jeder Private mit Genehmigung des Landraths für seine Felder einen Feldhüter bestellen, welcher dann als Beamter anzusehen ist: Vgl. Code v. 3. brum. IV Art. 40; Ges. v. 28. pluv. VIII. Art. 9; Min.-Verf. v. 30. Juni 1838 (Rh. Samml. 6. f. 548). Vgl. n. 33.

38. Ein im Wege der Exekution oder des Arrestes gerichtlich bestellter Aufseher über ein Guts-Inventar ꝛc. ist nicht Beamter. Ueberhaupt ist ein selbst an Eideshand ertheilter gerichtlicher Auftrag in einzelnen Sachen nicht als ein öffentliches Amt anzusehen, sobald derselbe lediglich privatrechtliche Bedeutung hat: B. I. 22. Dez. 1858 c. Szmyt (Entsch. 40. 2. f. 17; G. A. 7. f. 101).

39. Die Aelterleute eines Gewerks, sowie die sonstigen Vorstände der Zünfte und Innungen sind keine mittelbaren Staatsbeamten. Z. 8. Okt. 1852 c. Polläthne; Z. 29. Okt. 1852 c. Nauman; Z. I. 9. Febr. 1853 c. Grau.

40. Der mit der Empfangnahme des Brückengeldes beauftragte Diener eines Brückenpächters ist kein Beamter, sollte er auch mit Genehmigung der Steuerbehörde angenommen sein, eine besondere Kleidung tragen, und nach dem Pachtvertrage die Befugniß haben, wegen Nichtzahlung des Brückengeldes Pfändungen vorzunehmen. Z. II. 18. Jan. 1855 c. Lennartz (Rh. Arch. 50. 2. A. f. 67).

41. Der Begriff Religionsdiener ist weiter als der eines Geistlichen (§ 59. II, 11. ALR; vgl. Einf.-Ges. Art. XIV § 5); er bezeichnet denjenigen, welcher solche wesentliche Handlungen zu vollziehen hat, auf die der Zweck des betr. Religionsbekenntnisses gerichtet ist; so daß also die Verrichtung blos mechanischer Handlungen ausgeschieden bleibt. Dagegen gehört die Belehrung und Unterweisung der versammelten Gemeinde in den Satzungen der Religion hierher, sollten auch andere wesentliche Religionshandlungen andern Personen übertragen sein: Z. I. 9. Febr. 1859 c. Dyck (Entsch. 40. 2. f. 11; G. A. 7. f. 234).

42. Wenn nach den Satzungen gewisser religiöser Sekten wesentliche Religionshandlungen verschiedenen Gemeindegliedern übertragen sind, so ist jedes derselben, sobald es sich in Funktion befindet, ein Religionsdiener, ohne Unterschied, ob diese Personen dafür besoldet werden, oder ob sie ihren Lebensunterhalt anderweitig durch weltliche Berufsgeschäfte erwerben. Z. I. 9. Febr. 1859 (cit. n. 41).

43. Ein Menoniten-Prediger ist ein Religionsdiener. Z. I. 9. Febr. 1859 (cit. n. 41).

44. Dasselbe gilt von den Regularen eines geistlichen Ordens. Z. I. 12. April 1860 c. Schäfer (139).

45. Der § ist nicht auf gerichtlich vernommene Zeugen und Sachverständige zu beschränken, bezieht sich vielmehr auf alle, welche vor einer befugten Behörde als solche gehört werden. Z. I. 21. März 1860 c. Heinrich (G. A. 8. f. 416; ein Fall des § 192).

46. Damit Jemand als Sachverständiger thätig sei, ist es nicht unerläßlich, daß dieses auf Veranlassung einer Behörde geschehe; es genügt, wenn diese ein von einem Beamten (i. c. einem Departements-Thier-Arzte) unter Hinzufügung seines Amts-Charakters, und unter Hinweisung auf den ein für alle Male geleisteten Sachverständigen-Eid, abgegebenes Gutachten als Beweisstück zu ihrem Zwecke benutzt hat. B. I. 13. April 1859 c. Miethe.

47. Gendarmen sind Mitglieder der bewaffneten Macht: Z. I. 5. Febr. 1858 c. Siegwanz. Sie sind, wenn sie an einem öffentlichen Orte in Dienstkleidung erscheinen, bis auf Weiteres als im Dienste befindlich anzusehen: Z. I. 27. Okt. 1858 c. Luther.

48. Es liegt kein Rechtsirrthum vor, wenn ein Instanzrichter annimmt, daß Soldaten im Augenblicke, wo sie ihr Marschquartier nach Anleitung ihres Quartierbillets aufsuchen, im Dienste begriffen sind. Z. I. 30. Okt. 1857 c. London.

49. Die einem Beamten ꝛc., während er in der Ausübung seines Berufs begriffen ist, zugefügte Beleidigung setzt die persönliche Gegenwart dieses Beamten ꝛc. voraus. Temme Lehrb. S. 671 Note 1.

50. Dagegen ist es bei der Beleidigung eines Beamten in Beziehung auf seinen Beruf gleichgültig, ob dieser selbst Kenntniß von der Beleidigung erhalten hat. Z. I. 26. Febr. 1858 c. Krug.

51. Ein Beamter, welcher auf Veranlassung einer Privatperson einschreitet, hört deshalb nicht auf amtlich thätig zu sein. Z. I. 27. Okt. 1858 c. Zahn (G. A. 7. S. 100).

52. Ein Förster befindet sich auch dann in Ausübung seines Berufs, wenn er außerhalb seines Forstreviers in der Ermittlung oder Verfolgung eines Forstfrevlers begriffen ist. Beschl. I. 21. Okt. 1859 c. Krüger (197; G. A. 8. S. 112).

53. Der Ausdruck „in Beziehung auf ihren Beruf" umfaßt auch den Fall, wo die Beleidigung eines Beamten in Beziehung auf sein Dienstverhältniß erfolgt. Z. I. 27. Okt. 1858 c. Zahn (G. A. 7. S. 100).

54. Ein Zeuge ꝛc. kann in Beziehung auf seinen Beruf auch dann beleidigt werden, wenn er das Zeugniß noch nicht abgelegt hat, sondern erst vorgeladen ist, und im Begriffe steht, sich zum Termine zu verfügen. Z. II. 12. Mai 1859 c. Schaper.

55. Der § setzt die Kenntniß von der Beamtenqualität beim Beleidigenden voraus, der ausdrücklichen Feststellung dieser Kenntniß bedarf es aber nur dann, wenn sie bestritten worden ist. Z. I. 4. Juni 1858 c. Waldow.

56. Die Verfolgung des Staats-Anwalts wegen Beamten-Beleidigung wird dadurch nicht unstatthaft, daß der Beleidigte vor Erhebung der Anklage stirbt. Z. I. 2. Juni 1858 c. Knuth.

57. Goltdammer (Matt. 2. S. 170 n. 9) hält auch die Beleidigung eines verstorbenen Beamten ꝛc. in Beziehung auf seinen Beruf für strafbar. Vgl. Tit. XIII (§ 152 fgg) n. 9. 10; § 77 n. 5.

58. Die Beleidigung eines Beamten bleibt auch dann strafbar, wenn derselbe nicht den gesetzlichen Vorschriften gemäß verfahren sein sollte, da er, selbst bei Zuwiderhandlungen gegen gesetzliche Vorschriften, nicht aufhört Beamter zu sein: B. (Int. des Ges.) II. 11. Juli 1853 c. Stollenwerk (Rh. S.; JMBl. S. 420; Rh. Arch. 49. 2. A. S. 43; G. Arch. 1. S. 565); Z. I. 6. Jan. 1854 c. Otto; Z. I. 30. Mai 1856 c. Günther; Z. I. 2. Juli 1857 c. Hahn; Z. II. 28. Jan. 1858 c. Welte; Z. I. 28. Jan. 1859 c. Unger; Z. II. 22. Sept. 1859 c. Kahlenberg; u. ö. Vgl. § 89 n. 16 fgg.; § 177 n. 7. Es bedarf daher auch nicht der Feststellung, daß sich der beleidigte Beamte in den Gränzen seiner amtlichen Befugnisse gehalten habe: Z. I. 20. Okt. 1857 c. Wuttke. *Contra:* Temme Arch. 4. S. 80.

59. Die AKO. v. 1. März 1844 (GS. S. 69), die Beleidigungen zwischen Civil- und Militairpersonen betreffend, ist für aufgehoben zu erachten. G. Matt. 2. S. 168 n. 6; Temme Gll. S. 224. *Contra:* Wenzel Ergänzungen S. 64.

60. Die AKO. v. 18. Dez. 1841 (JMBl. 1842 S. 53), nach welcher die in Immediat-Gesuchen enthaltenen strafbaren Ausdrücke, ohne Allerhöchste Bestimmung nicht zum Gegenstande einer Verfolgung gemacht werden sollen, bezieht sich nur auf Immediat-Eingaben, nicht auf solche, welche an höhere Behörden gerichtet sind. Z. I. 16. März 1853 c. Gramm.

61. Der beleidigte Beamte kann die erlittene Ehrverletzung auch unzweifelhaft nach Art. XVI des Einf.-Ges. im Wege des Civil-Prozesses verfolgen, und zwar nicht blos die persönlich erlittene Beleidigung, sondern das ganze nach § 102 strafbare Vergehen. Dasselbe gilt noch unbedenklicher nach Rheinischem Verfahren vom Civilkläger. So auch: Bes. S. 272. *Contra:* G. Matt. 2. S. 170 n. 8; Temme Lehrb. S. 177 n. 2. Vgl. n. 64.

62. Die Aufrechnung wechselseitiger Beleidigungen (§ 153) greift bei Beamtenbeleidigungen nicht Platz: Z. I. 3. Juni 1859 c. Miegel. Wechselseitige Beamtenbeleidigungen sind daher stets an beiden zu bestrafen: Z. I. 2. Dez. 1859 c. Knuth (G. A. 8. S. 113). Noch weniger kann von einer Aufrechnung die Rede sein, wenn auf der einen Seite eine Beamtenbeleidigung, also ein Vergehen gegen die öffentliche Ordnung und auf der andern Seite eine nur auf den Antrag des Ver-

letzten zu verfolgende Ehrverletzung oder einfache Beleidigung, oder auch eine nach § 187 zu ahndende Thätlichkeit vorliegt, da es dann an der relativen Gleichheit beider Ehrverletzungen fehlt: G. Matt. 2. s. 164; Z. II. 7. Juli 1853 c. Schäckel (G. A. 1. s. 569); Z. I. 19. Okt. 1855 c. Bugdahn (Präj. n. 175; Entsch. 31. s. 474; 32. s. 278); Z. I. 2. April 1856 c. Zbylicki; V. II. 3 Jan. 1861 c. Keuter; u. ö. *Contra*: Temme Arch. 4. s. 84; 5. s. 125.

63. Der allgemeine Grundsatz des § 154 ist auch im Falle des § 102 anwendbar: V. I. 21. Okt. 1853 c. Rösener (G. A. 1. s. 706); Z. I. 21. Febr. 1855 c. Fick; V. I. 17. Okt. 1855 c. Zbylicki (Präj. n. 174; Entsch. 31. s. 474; G. A. 3. s. 839). Wird daher vom Angeklagten behauptet: er habe die betr. Aeußerung nur zur Ausführung oder Vertheidigung von Gerechtsamen ꝛc. gemacht, so muß der Instanzrichter diesen Einwand prüfen, und sich in den Gründen seines Urtheils über die Richtigkeit desselben aussprechen. Verabsäumt er diese Pflicht, so tritt Nichtigkeit ein: V. II. 27. Mai 1854 c. Braune; V. I. 21. Febr. 1855 c. Angermann; V. I. 5. Mai 1858 c. Faber; V. I. 17. Febr. 1860 c. Peseke; V. II. 29. Nov. 1860 c. Wünschmann; u. ö. Steht es fest, daß einer der im § 154 vorgesehenen Fälle vorliegt, handelt es sich z. B. von einer bei der höhern Behörde eingereichten Beschwerde, so bedarf es unbedingt der ausdrücklichen Feststellung der beleidigenden Absicht, wenn § 102 Platz greifen soll; das gilt selbst dann, wenn die Schrift nicht an den richtigen Vorgesetzten des betr. Beamten, sondern an eine andere Behörde, welche der Beschwerdeführer irriger Weise dafür hielt, gerichtet ist: V. II. 26. Nov. 1857 c. Wüllner. *Contra:* Z. I. 12. Sept. 1855 c. Meising, welches die Anwendbarkeit des § 154 auf die im § 102 vorgesehenen Ehrverletzungen verneinte.

64. Die Vorschrift des § 50, in Verbindung mit § 160 erleidet auf das im § 102 vorgesehene Vergehen keine Anwendung, sollte auch, beim Mangel des Einschreitens der Staatsanwaltschaft, der gekränkte Beamte die ihm in Beziehung auf seinen Beruf zugefügte Beleidigung im Wege des Civilprozesses verfolgen, indem letztere dadurch keineswegs den Charakter einer bloßen Privatbeleidigung annimmt. V. I. 25. April 1855 Michna c. Klima; Z. II. 2. April 1857 c. Grave; Z. I. 2. Juni 1858 c. Fuchs; Z. I. 5. Okt. 1860 c. Kuhn; u. ö. Vgl. n. 61.

65. Wenn eine Anklage wegen „Beleidigung im Amte“ erhoben ist, der erkennende Richter aber zwar eine Beleidigung, nicht aber auch, daß sie im Amte zugefügt sei, annimmt, so darf er nun nicht etwa aus dem Grunde unbedingt freisprechen, weil es an dem erforderlichen Antrage fehlt; er muß vielmehr, indem er von der Anklage der Beleidigung im Amte freispricht, hinzufügen, daß die Strafverfolgung, insoweit sie auf eine Beleidigung im Sinne der §§ 152 oder 343 zu beziehen wäre, überhaupt oder zur Zeit unstatthaft sei. Vgl. § 50 n. 18; Strafverf. § 1 n. 32; § 9 n. 9.

66. Auch hier ist bei einer eine Verleumdung betreffenden Verfolgung dem Angeklagten der Beweis der Wahrheit in Gemäßheit der §§ 157. 158 unbedenklich gestattet: G. Matt. 2. s. 164 u. 167 n. 5; Temme Lehrb. s. 671. Mit Unrecht will ersterer dieses bei der Verleumdung einer Behörde bezweifeln; insoweit einer solchen eine unwahre Thatsache zur Last gelegt werden kann, ist der Beweis der Wahrheit dieser Thatsache auch denkbar und zulässig; darauf, daß eine Behörde als solche nicht delinquiren kann, kommt hier nichts an.

67. Beim Vorhandensein mildernder Umstände kann statt der Gefängnißstrafe auf Geldbuße erkannt werden; dagegen ist eine Herabsetzung der Gefängnißstrafe unter das in den beiden ersten §§ bestimmte Strafminimum unstatthaft. V. II. 24. Jan. 1861 c. Recke (ined.; G. A. 9. s. 279).

68. Auf die Fälle des § 102 findet auch § 163 Anwendung, vergleiche n. 4; § 163 n. 1.

69. Im Uebrigen sind die Bemerkungen zu Tit. XIII (§ 152 fgg.); zu § 153 und zu § 156 zu vergleichen.

§. 103. Wegen Beleidigung einer der beiden Kammern darf die Verfolgung nur mit Ermächtigung der Kammer, und wegen Beleidigung eines Mitgliedes der Kammer nur auf dessen Antrag eingeleitet werden.

In Ansehung der übrigen im § 102. vorgesehenen Ehrverletzungen bedarf es zur Einleitung der Verfolgung eines Antrages des Verletzten nicht.

[Entw. § 91a]. Vgl. § 102. 50—53; Einf.-Ges. Art. XVI—XVIII; (Vdn. v. 30. Juni 1849 § 34); Ges. v. 11. März 1850 § 5 (GS. s. 174).

§. 104. Wer unbefugt sich mit der Ausübung eines öffentlichen Amtes befaßt, oder solche Handlungen vornimmt, die nur in Kraft eines öffentlichen Amtes vorgenommen werden dürfen, soll mit Gefängniß von vierzehn Tagen bis zu Einem Jahre bestraft werden.

[Entw. § 92]. Vgl. AKO. v. 9. März 1834 (GS. s. 60).

---

§ 103.

1. Wegen einer dem Staats-Ministerium oder einzelnen Ministern zugefügten Beleidigung soll die Staatsanwaltschaft nicht ohne Weiteres einschreiten, sondern in der durch die Allg. Min.-Verfügungen v. 14. Aug. 1849 und v. 10. Nov. 1849 § 19 (JMBl. s. 376 u. 465) vorgeschriebenen Weise zunächst die nähere Anweisung des Justiz-Ministers einholen. Min.-Verf. v. 23. Juni 1851 (JMBl. s. 228).

2. Das zum § 102 unter n. 61 und 64 Bemerkte findet auch hier analoge Anwendung, da Art. XVI des Einf.-Ges. auch auf § 103 verweist.

§ 104.

1. Der § erheischt ein unbefugtes Handeln; ein solches liegt auch da vor, wo ein Beamter, über die Sphäre seines Amtsberufs hinausgehend, sich mit der Ausübung eines ganz andern Amtes befaßt: B. I. 15. April 1853 c. Tafelski (ein Pfarrer hatte gegen Jemand, der sich einer Mißhandlung schuldig gemacht, eine körperliche Züchtigung verhängt und vollzogen).

2. Der erforderliche Dolus besteht hier in der Kenntniß des Handelnden, daß er eine Handlung ausübe, welche nur kraft eines (ihm nicht zustehenden) Amtes vorgenommen werden kann: Z. I. 1. März 1854 c. Thomas; ein anderweitiger besonderer Dolus ist nicht erforderlich: B. I. 15. April 1853 c. Tafelski. Vergl. Temme Lehrb. s. 673. *Contra:* G. Matt. 2. s. 172 n. 4, welcher auch Fälle strafbaren Irrthums, also der Fahrlässigkeit für denkbar und strafbar erachtet, ähnlich: Koch n. 80.

3. Es wird Ausübung eines mittelbaren, oder unmittelbaren Preußischen Staats-Amtes vorausgesetzt. Temme Lehrb. s. 672.

4. Ob in den Verhältnissen bestimmter Personen die Merkmale eines öffentlichen Amtes zu finden, ist eine Rechtsfrage. Z. I. 13. Jan. 1854 c. Fleischer.

5. Auf die unbefugte Verrichtung geistlicher Amtshandlungen (vgl. AKO. v. 5. März 1834) ist der § nicht anwendbar. Motive s. 33. Hierbei soll es auch keinen Unterschied machen, ob diese geistlichen Handlungen bürgerliche Wirkungen haben, sowie ob die Betheiligten ihren Austritt aus ihrer bisherigen Kirche in gesetzlicher Form erklärt haben, oder nicht: B. I. 18. März 1853 c. Krebs (Entsch. 25. s. 220); Z. I. 1. Juni 1853 c. Wagner; B. II. 7. Apr. 1853 c. Eckold. Den im entgegengesetzten Sinne gestellten Antrag der General-Staats-Anwaltschaft vgl. in den Entsch. 25. s. 222.

6. Der Beruf eines Rechtsanwalts ist als ein öffentliches Amt zu betrachten; der § wird daher anwendbar, wenn ein Anderer die den Rechtsanwalten vom

§. 105. Wer unbefugt eine Uniform, eine Amtskleidung, ein Amtszeichen, einen Orden oder ein Ehrenzeichen trägt, wer unbefugt Titel, Würden oder Adels-Prädikate an-

---

Staate ausschließlich übertragenen Geschäfte vornimmt. Die Strafbarkeit kann auch nicht durch eine simulirte Cession beseitigt werden, durch welche der Angeklagte scheinbar den verfolgten Anspruch selbst für sich erworben hat: Z. I. 11. Jan. 1861 c. Ruhwedel (Entsch 44. s. 42; RdO. 1. s. 201; G. A. 9. s. 204).

7. Zu den, den Rechtsanwalten ausschließlich übertragenen Geschäften ist indessen nicht das Konzipiren von Schriften in Rechts-Angelegenheiten für Andere zu zählen; dieses gehört gar nicht zu den Handlungen, welche nur kraft eines Amtes vorgenommen werden dürfen; der § 104 ist daher auf ein solches unbefugtes Konzipiren nicht anwendbar (vgl. Motive zum Entw. v. 1847 s. 120): Z. II. 22. Febr. 1855 c. Braun (JMBl. s. 111); B. II. 1. Juni 1853 c. Zeth (Entsch. 25. s. 359); Z. I. 10. Juni 1853 c. Thran; B. I. 17. Febr. 1854 c. Junkereit; Z. I. 23. Jan. 1860 c. Kornemann; u. ö.; Abh. in G. Arch. 3. s. 637. *Contra:* Boitus Abh. in G. A. Arch. 2. s. 67.

8. Was hier von der Ausübung eines öffentlichen Amtes gesagt ist, darf auf Berechtigungen nicht ausgedehnt werden, sollten sie auch nur durch Verleihung Seitens der Staats-Gewalt zu erwerben sein; z. B. auf Gewerbe, zu deren Ausübung es einer Konzession, Bestallung 2c. bedarf; z. B. das der Aerzte, Apotheker, Baumeister 2c. Unbefugte Ausübung derselben fällt nur unter § 177 der Gew.-Ordn. v. 17. Jan. 1845. G. M. 2. s. 172 n. 5. Demgemäß ist das Gewerbe der von den Ortsbehörden bestellten Bracker, insbesondere auch das der Danziger Planken- und Bohlen-Bracker, nicht als ein Amt anzusehen (vgl. Gew.-Ordn. v. 17. Jan. 1845 § 51. 52): Z. I. 13. Jan. 1854 c. Fleischer. Vgl. Koch n. 81.

9. Eine Befassung mit der Ausübung eines Amtes wollte ein Z. II. 22. Febr. 1855 c. Braun (JMBl. s. 111) nur da annehmen, wo dafür gleichzeitig der amtliche Charakter in Anspruch genommen werde. Vgl. aber n. 10.

10. Handwerksgesellen, welche (abgesehen von den speziellen Fällen, wo sie nach den vom Staate gegebenen oder bestätigten Innungs-Statuten eine Strafe verhängen können: ALR. II, 6 § 45—47; II, 8 § 204) einem ihrer Genossen Geldbußen aufzuerlegen beschließen, und jenen zur Erlegung derselben zu veranlassen suchen, nehmen eine Handlung vor, welche nur kraft eines Amtes vorgenommen werden darf. So: Beschl. I. 9. März 1853 c. Pötzelt.

11. Derjenige, welcher unter dem Namen eines fingirten Beamten eine falsche Bescheinigung schreibt, ist, da er sich nicht selbst den Charakter dieses Beamten beilegt, nicht nach § 104 strafbar [es können eventuell nur die §§ 251 oder 254 Anwendung finden]. Z. I. 6. Mai 1853 c. Koy (G. A. 2. s. 389). Vgl. § 105 n 28.

12. Auch derjenige, welcher unter Beilegung eines ihm nicht beiwohnenden amtlichen Charakters eine Bescheinigung ausstellt, dürfte nicht nach § 104, sondern eventuell nur wegen Fälschung zu bestrafen sein. Vgl. ein Beisp. Beschl. I. 23. Nov. 1859 c. Fahl (207 B; G. A. 8. s. 119, wo sich die Sache dadurch erledigte, daß der Angeklagte sich keinen fremden Charakter beigelegt hatte).

§ 105. Inhalt.

nimmt, oder wer eines Namens, der ihm nicht zukommt, sich bedient, wird mit Geldbuße bis zu Einhundert Thalern oder Gefängniß bis zu drei Monaten bestraft.

[Entw. § 93]. Vgl. § 12. 21. 22. 63. 104. 118 Nr. 1; (Vdn. v. 30. Okt. 1816; GS. S. 216); AKO. v. 15. April 1822 (GS. S. 108); Ges. v. 14. April 1856 Art. I. (GS. S. 208).

---

1. Die Frage, ob ein Angeklagter unbefugter Weise eine der hier erwähnten Handlungen vorgenommen habe, wird in der Regel rein thatsächlich sein; das nahm ein Z. 16. Apr. 1852 c. Rosentreter in einem Falle an, wo der der unbefugten Annahme eines Adelprädikats Angeklagte die Berechtigung zu haben behauptete. Daß übrigens diese Frage unter Umständen auch eine rechtliche Seite darbieten könne, liegt auf der Hand. Vgl. n. 7.

2. Ist die behauptete Berechtigung zur Führung eines Namens oder Adelsprädikats durch eine Statusfrage bedingt, so hat der Strafrichter auch diese zu lösen; es kann nicht aufgestellt werden, daß nach Preußischen Gesetzen diese Fragen nur vom Civilrichter mit bindender Wirkung für den Strafrichter entschieden werden könnten. Vergl. Strafverf. § 22 n. 73. 75. Ueber die beweisende Kraft eines über die Statusfrage vor Begehung des angeblichen Vergehens rechtskräftig ergangenen Civil-Erkenntnisses vergl. ibid. § 22 n. 83. — Anders verhält es sich nach Rheinischem Rechte. Hier kann eine bestrittene Frage der Kindschaft nur vom Civilrichter entschieden werden; vgl. BGB. Art. 326. 327. Das ist indessen auf andere Statusfragen nicht auszudehnen; ebenso bleibt jener Grundsatz da ausgeschlossen, wo der Zweifel nicht sowohl die Kindschaft (filiation) als die Personen-Identität zum Gegenstande hat. Vergl. Mangin de l'act. publ. n. 182; Gilbert Cod. civ. Art. 326 n. 3.

3. Der § unterscheidet nicht, ob die angenommenen Titel, Würden 2c. inländische oder ausländische sind. Z. II. 19. April 1855 c. Momma. *Sic:* Temme Lehrb. S. 674 n. 1. *Contra:* GU. S. 179 n. 2; vgl. ibid. S. 73 n. 7.

4. Auch der Mangel der für einen Inländer erforderlichen Königlichen Genehmigung zur Führung ausländischer Titel, Orden, Ehrenzeichen und Standesauszeichnungen, macht die Annahme derselben zu einer unbefugten und strafbaren: G. Matt. 2. S. 174. Das gilt namentlich von dem Falle, wo ein Preuße sich des ihm von einem fremden Fürsten verliehenen Titels, ohne dazu die Genehmigung des Königs erhalten zu haben (vergl. AGO. I, 2 § 61; ALR. II, 11 § 286; Vdn. v. 27. Okt. 1810 § 9 b), in hiesigen Landen bedient; auch dieses ist als „unbefugte Annahme" des Titels anzusehen: B. II. 10. Nov. 1855 c. Bahrs (Präj. n. 183; Entsch. 31. S. 475; 32. S. 274; G. Arch. 4. S. 247; der Angeklagte hatte bei Führung des Titels diesen ausdrücklich als ausländischen bezeichnet). *Contra:* Temme Arch. 4. S. 88.

5. Wenn auch bei diesem Vergehen der Strafgrund ein rein polizeilicher ist (vgl. G. Matt. 2. S. 174 n. 2), so ist doch auch hier ein Dolus erforderlich, der aber nur im Bewußtsein der Rechtswidrigkeit bei Vornahme der Handlung besteht. Temme Lehrb. S. 674 n. 3. Wer daher dieselbe in gutem Glauben, er sei dazu berechtigt, vornimmt, ist nicht strafbar: Z. 6. Okt. 1852 c. Schindler; Z. II. 22. Sept. 1853 c. Oberdorff (G. A. 1. S. 702; ein gewesener Postillon hatte ein von ihm in seinem frühern Verhältnisse auf eigne Kosten angeschafftes Uniformstück, in der Meinung er sei dazu befugt, weiter getragen).

6. Dagegen wird eine Verletzung der Rechte Dritter oder auch des Staats in keiner Weise vorausgesetzt, es genügt der bewußte Mangel der Befugniß. Z. II. 22. Febr. 1855 c. Schneider (Entsch. 30. S. 327). Vgl. n. 27. 30. 33.

7. Aus dem Umstande, daß § 105 in dem von den Vergehen wider die öffentliche Ordnung handelnden Titel sich findet, folgt, daß dabei die Gefahr einer Störung der öffentlichen Ordnung, insofern sie gewisse Auszeichnungen und Standesverhältnisse anerkennt, vorausgesetzt wird; diese Gefahr fällt weg, wo ein zum Tragen einer Dienstkleidung an sich Berechtigter sie zu einer Zeit und bei einer Gelegenheit trägt, wo er sie ausnahmsweise nach seiner Dienstinstruktion nicht

tragen darf, z. B. wenn ein Postillon die Uniform bei einer Privatfuhre trägt. Eine solche Handlung stellt nur einen Verstoß gegen die Dienstinstruktion dar, und ist im Disziplinarwege zu rügen: Z. II. 22. Febr. 1855 c. Schneider (Präj. n. 139; Entsch. 29. s. 474; 30. s. 327; G. A. 3. s. 423). *Contra:* Verf. d. Min. d. Hand. v. 28. Nov. 1851 (St.-Anz. s. 763) und 8. Juli 1852; Just.-Min.-Verf. v. 21. Juli 1852 (G. A. 1. s. 77).

8. Die Frage, ob das Tragen eines einzelnen Uniformstücks (z. B. eines Dienstmantels) als Tragen einer Uniform anzusehen sei, ist thatsächlicher Natur: Z. II. 30. Sept. 1854 c. Jokisch. Ein Z. I. 27. Febr. 1856 c. Schür wollte überhaupt ein gelegentliches Anlegen von einzelnen Uniformstücken nicht als strafbar ansehen, da der § ein Tragen »der Uniform« erfordere.

9. Daß das Tragen öffentlich geschehen sei, ist nicht erforderlich. Koch n. 84.

10. Die AKO. v. 13. Okt. 1824 Nr. 7 (G.-S. s. 214), welche das unbefugte Tragen der Nationalkokarde, des National-Militär-Abzeichens oder des Landwehrkreuzes ebenso bestraft wissen will, wie das unbefugte Tragen von Orden und Ehrenzeichen, ist, da § 105 auf diese sich nicht mit bezieht, als noch geltend zu betrachten. G. Matt. 2. s. 175 n. 5; Koch n. 82. *Contra:* Temme Gll. s. 179 n. 3; id. Lehrb. s. 674 Note 2, welcher die Nationalkokarde, auch die eines fremden Staats, als Ehrenzeichen, und daher den § 105 auch in Betreff ihrer für anwendbar erachtet.

11. Ein evangelischer Geistlicher, welcher seiner Stellung enthoben, aber nicht gleichzeitig kassirt, und zur Anstellung als solcher unfähig erklärt ist, ist ordinirter Geistlicher geblieben, und an sich zur Tragung der Amtskleidung befugt. B. I. 9. Juli 1856 c. Gramm (G. A. 4. s. 693).

12. Das Wort »Titel« bezeichnet eine durch höhere Verleihung zu erwerbende, mit Rangstellung verbundene Benennung, paßt daher nicht auf die Bezeichnungen einer wissenschaftlichen oder gewerblichen Thätigkeit, auch wenn zu deren Ausübung eine amtliche Qualifikation, Approbation oder Konzession erforderlich ist. Z. II. 21. Juni 1855 c. Fuchs.

13. Aus dem unter n. 12 angeführten Grunde, ist die Bezeichnung »praktischer Arzt« nicht als Titel zu betrachten. Insbesondere macht sich der Wundarzt erster Klasse, welcher zur Ausübung der innern Heilkunde berechtigt (vgl. AKO. v. 28. Juni 1825 und v. 17. Juni 1836), sich »praktischer Arzt« nennt, des im § 105 vorgesehenen Vergehens nicht schuldig: Z. II. 21. Juni 1855 c. Fuchs. Vgl. § 199 n. 6.

14. Dasselbe gilt von dem Gebrauche der Bezeichnung »Wundarzt« durch eine als solcher nicht approbirte Person; jener Ausdruck ist nur als Bezeichnung des Gewerbes, dem der Betreffende sich widmet, aufzufassen. Z. 30. Juni 1852 c. Schreiner.

15. Denjenigen, welche thierärztliche Praxis treiben, ohne als Thierarzt geprüft und approbirt zu sein, kann nicht untersagt werden, sich »Thierarzt« zu nennen; die approbirten können sich »geprüfte oder approbirte« nennen. Verf. des Min. der Med.-Angeleg. vom 31. März 1847 (Min.-Bl. f. d. i. V. s. 52). Vergl. § 199 n. 9.

16. Das Wort »Prediger« hat an sich sprachlich und gesetzlich keine so scharf begränzte Bedeutung, daß es nothwendig, z. B. wie »Pfarrer«, »Pastor«, als die Bezeichnung eines geistlichen Amtes aufgefaßt werden müßte. Die Annahme dieses Titels, zumal mit einem Zusatze (z. B. »der freien christlichen Gemeinde«), wodurch die Deutung, als werde die Qualität eines Predigers überhaupt, ein geistliches Amt, in Anspruch genommen, — ausgeschlossen wird, fällt nicht unter § 105. Beschl. 19. Mai 1852 c. Schmitter (G. A. 1. s. 566).

17. Dagegen fällt die Annahme der Benennung »Justiz-Rath«, oder »Justiz-Kommissar« unter den §. B. 13. Sept. 1852 c. Taubenheim.

18. Der Doktor-Grad ist eine Würde. Z. I. 29. Febr. 1860 c. Schienert; vgl. § 74. I, 2. AGO.

19. Ein Adliger, welcher das Wort »von« vor seinem sonstigen Namen führt, hat dasselbe als Prädikat seines Adels. Von dem Augenblicke an, wo er

seines Adels verlustig wird, darf er sich jenes Wortes nicht mehr bedienen. Z. II. 6. Okt. 1859 c. Homeier.

20. Als unbefugte Annahme eines Adels-Prädikats ist es auch anzusehen, wenn Jemand die Bezeichnung eines ihm nicht zustehenden höhern Grades des Adels (z. B. des Freiherrn- oder Grafentitels) sich beilegt; sollte er auch sonst adelig sein.

21. Die Bedrohung desjenigen, welcher unbefugt Adelsprädikate annimmt, enthält nicht die Voraussetzung, daß der Führung des Prädikats niemals eine irrige und deshalb straflose Führung desselben vorausgegangen sei, indem eine Annahme in jedem einzelnen Falle der Führung eintritt, die Strafe also auch dann verwirkt wird, wenn der Beschuldigte, nachdem er über die Unrechtmäßigkeit seiner bisherigen Führung des Adels belehrt worden, dennoch darin fortfährt. Z. 16. April 1852 c. Rosentreter. Vgl. n. 31.

22. Wegen Anmaaßung des Adels soll nicht ohne Weiteres eine Strafverfolgung stattfinden, sondern zunächst eine Verwarnung eintreten. Bei obwaltenden Bedenken soll zunächst an das Justiz-Ministerium zur Rückfrage beim Ministerium des Königl. Hauses berichtet werden. Min.-Verf. v. 16. Febr. 1838 (v. K. Jahrb. 51. s. 177).

23. Da, wo das Recht zum Tragen eines Ordens, oder zur Annahme eines Titels (Würde, Adelsprädikats) zweifelhaft oder bestritten ist, liegt demjenigen, welcher dasselbe für sich in Anspruch nimmt, der Nachweis ob, weil die Befugniß nur da anzunehmen ist, wo sie sich auf einen besonderen Rechtsgrund stützt. Vgl. auch die Min.-Verf. v. 16. Febr. 1838 (cit. n. 22).

24. Der Gebrauch eines nicht zukommenden Familienwappens ist straflos. Koch n. 85. In Betreff des eigenmächtigen Gebrauchs und der Abbildung des Königlichen Wappens auf Waaren, Aushängeschildern und Etiketten ist die AKO. v. 16. Okt. 1831 (GS. s. 247) maaßgebend.

25. Das Verbot der unbefugten Annahme eines andern Namens ist nicht auf Familien-Namen zu beschränken: K.-B. II. K. s. 68. *Contra*: B. I. 28. Sept. 1855 c. Wolz (Präj. n. 169; Entsch. 31. s. 219; G. Arch. 3. s. 834), welches es auf Vornamen nicht beziehen wollte; so auch Goltd. Mat. 2. s. 586 n. 2. Vergl. § 247 n. 42.

26. Inwiefern eine theilweise Abänderung des richtigen Namens als Annahme eines falschen anzusehen sei, ist Gegenstand thatsächlicher Beurtheilung. Z. I. 12. Sept. 1856 c. Ansorge. *Contra* im Grundsatz: B. I. 2. Sept. 1859 c. Graupe (G. A. 7. s. 826).

27. Der § bezieht sich nicht nur auf den Fall, wo Jemand sich des Namens irgend eines bestimmten Dritten bedient, oder wo die Annahme des fremden Namens zugleich einen Eingriff in fremde Rechte darstellt, trifft vielmehr auch da zu, wo Jemand einer Polizeibehörde auf deren befugtes Befragen einen unrichtigen Namen angiebt, um dadurch die eigenen Personal-Verhältnisse zu verdecken. Z. I. 13. Okt. 1854 c. Peter. Vgl. n. 6. 30. 33.

28. Dagegen ist es erforderlich, daß Jemand für seine Person den fremden Namen annehme, so daß er also den Glauben erregen will, er selbst führe einen andern Namen. Daher gehört der Fall nicht hierher, wo Jemand eine Schrift mit einem fremden Namen unterzeichnet, nicht um selbst für den Träger dieses Namens zu gelten, sondern um die Meinung zu erregen, die Schrift rühre von dem Andern her: Z. I. 21. Okt. 1859 c. Zabel (G. Arch. 7. s. 827); B. I. 30. März 1860 c. Krause; Z. I. 8. Mai 1861 c. Hallmund; und indirekt: Z. II. 22. März 1860 c. Rohl. Vgl. § 104 n. 11.

29. Das fälschliche Ausgeben für die Frau eines andern kann [wenigstens unter Umständen] als Annahme eines falschen Namens angesehen werden, sollte auch der vorgebliche Ehemann damit einverstanden gewesen sein. Z. II. 4. Juni 1856 c. König (G. A. 5. s. 695; die Angeklagte hatte sich mehrere Monate lang als angebliche Ehefrau ihres Begleiters in einem Gasthofe aufgehalten, und unter dieser falschen Bezeichnung Briefe geschrieben).

30. Ueberhaupt kann die unbefugte Annahme eines fremden Namens durch

§. 106. Wer Urkunden, Register, Akten oder sonstige Gegenstände, welche sich an einem öffentlichen Verwahrungsorte aufbewahrt finden, oder einem Beamten, zu dessen Amte die Aufbewahrung derselben gehört, in amtlicher Eigenschaft übergeben worden sind, vorsätzlich vernichtet oder bei Seite schafft, wird mit Gefängniß nicht unter drei Monaten bestraft.

---

die Einwilligung desjenigen, welcher denselben mit Recht führt, nicht straflos werden. Z. II. 4. Juni 1856 c. König (G. A. 5. f. 695).

31. Der § setzt keineswegs den angemaßten dauernden Besitz, die dauernde Fortführung eines fremden Namens, sondern nur die Absicht des wirklichen Gebrauchs, wenn auch nur in einem vorübergehenden Falle, voraus. Z. II. 10. Nov. 1853 c. Heger; Z. I. 11. Nov. 1853 c. Ziegler (G. Arch. 2. f. 116). *Sic:* Temme Lehrb. f. 674; G. Matt. 2. f. 176 n. 6. Vgl. n. 21.

32. Der Gebrauch einer vom Namen abweichenden Handelsfirma fällt, insoweit er nach den bestehenden Gesetzen statthaft ist, nicht unter das Strafverbot. Vgl. § 269 n. 4.

33. Der § 105 bedroht nicht jede Unwahrheit oder Lüge in Beziehung auf die eigene Persönlichkeit, oder deren Bezeichnung, mit Strafe, setzt vielmehr, wie die Ueberschrift des Titels andeutet, irgend eine Verletzung der öffentlichen Ordnung, irgend ein Recht des Fragenden auf die Wahrheit der Antwort voraus; in Ermangelung eines solchen Rechts bedient derjenige, welcher auf eine unbefugte Frage sich wissentlich einen andern Namen beilegt, sich nicht im Sinne des Gesetzes eines fremden Namens: Z. I. 5. Okt. 1853 c. Krumrei; Z. I. 24. Okt. 1855 c. Hübner (G. A. 3. f. 834). Vgl. n. 27. Daraus darf aber nicht gefolgert werden, als wenn das Vergehen nur einem Beamten gegenüber begangen werden könne; vielmehr ist auch derjenige, welcher sich einer Privatperson gegenüber eines falschen Namens bedient, strafbar, wenn es geschah, nachdem er bei dieser Privatperson ein rechtlich begründetes Interesse, seinen wahren Namen zu kennen, angeregt hatte (z. B. durch Verhandlungen über ein abzuschließendes Kaufgeschäft): Z. I. 2. April 1856 c. Levy (JMBl. f. 130; G. Arch. 4. f. 389); ähnlich: Z. II. 4. Juni 1856 c. König (G. Arch. 5. f. 695). *Contra:* Temme Arch. 5. f. 131. Die unbefugte Annahme von Titeln, Würden oder Adelsprädikaten ist ohne eine solche Unterscheidung immer strafbar.

34. Die Abgabe eines falschen Namens, welche geschah, um sich den nachtheiligen Folgen eines andern eben begangenen Straffalls zu entziehen, nimmt derselben nicht den Charakter einer selbstständigen Handlung, sobald nicht ein besonderes Strafgesetz beide Vergehen unter einer einzigen Strafbestimmung zusammenfaßt (vgl. n. 35. 36). Z. I. 27. Mai 1857 c. Lewinsky (G. A. 5. f. 562). Vgl. § 56 n. 4.

35. Uebes das Betteln unter Annahme eines falschen Namens vgl. § 118 n. 13. 14.

36. Giebt ein ertappter Holzdieb auf Befragen des Försters oder des Bestohlenen einen falschen Namen an, so kommt dieses nur als ein den Holzdiebstahl erschwerender, und die Bestrafung desselben verschärfender Umstand in Betracht (HDG. v. 2. Juni 1852 § 4 Nr. 3); es kann daneben nicht auch noch die Strafe des § 105 verhängt werden, dieser ist durch das HDG. modifizirt. Z. 8. Nov. 1852 c. Schemrich.

37. In Betreff der Kompetenz und des Verfahrens vgl. Ges. v. 14. Apr. 1856 Art. I. (oben bei Art. XIII des Einf.-Ges. f. 22).

§ 106.

1. Dieser § bedroht die Vernichtung 2c. von Gegenständen, welche unter Verletzung einer amtlichen Verwahrung geschieht, mit Strafe; die Handlung kann deshalb leicht auch die Merkmale eines andern Vergehens an sich tragen; ist dieses der Fall, so sind die Grundsätze über ideale Konkurrenz anzuwenden. Vgl. die Be-

Ist die Handlung in gewinnsüchtiger Absicht begangen, so soll zugleich auf zeitige Untersagung der Ausübung der bürgerlichen Ehrenrechte erkannt werden.

[Entw. § 94]. Vgl. § 243 Nr. 8; 281. 282. 323.

---

merkungen Mittermaiers und Abeggs in G. Matt. 2. s. 181 Note 1, und die Abh. in G. Arch. 2. s. 646.

2. Liegt daher der Thatbestand des Diebstahls vor, so finden die §§ 215 fgg. Anwendung.

3. Handelt es sich von einer fremden Urkunde, welche zum Nachtheile eines Andern vernichtet ist, so greift § 243 N. 8 Platz.

4. Begeht ein Beamter die Vernichtung an den ihm amtlich anvertrauten Urkunden, so ist Abs. 2 des § 323 anzuwenden.

5. Handelt es sich dagegen nicht von Urkunden, sondern von andern Registern, Akten oder sonstigen Gegenständen, welche an einem öffentlichen Verwahrungsorte aufbewahrt werden, so wird auch der sie vernichtende oder bei Seite schaffende Beamte nach § 106 bestraft, da dann § 323 unanwendbar ist. Z. I. 2. Jan. 1856 c. Dornblüth.

6. Bei Gegenständen der Kunst, der Wissenschaft oder des Gewerbes, welche in öffentlichen Sammlungen aufbewahrt werden, ist § 106 unanwendbar, vielmehr nur § 282 maaßgebend. Temme Lehrb. s 672 n. 2. [In diesem Falle handelt es sich auch wohl nicht von einer „Verwahrung" im Sinne des § 106, sondern von einer „Aufbewahrung" zum Zwecke allgemeiner Benutzung.] *Contra:* Gilb. C. pén. Art. 254 n. 2. 3. Vgl. G. Matt. 2. s. 181 n. 2.

7. Dagegen schließt im Uebrigen die beabsichtigte Vermögensbeschädigung den § 106 nicht aus, da die Strafe des § 281, welcher auf den Thatbestand ebenfalls Anwendung erleiden würde, nicht, wie Temme (Lehrb. s. 675) glaubt, die strengere, sondern die gelindere ist.

8. Auf die Beschaffenheit der Gegenstände kommt weiter nichts an, sobald sie nur Gegenstand der Verwahrung sind, für welche der Ort, oder der Beamte bestimmt waren; daß sie, wie die Urkunden, Beweismittel seien, ist nicht erforderlich. Temme, welcher dieses in seinen Gll. s. 180 n. 3 annahm, ist in seinem Lehrb. s. 674 n. 2 stillschweigend davon wieder abgegangen.

9. Unter „öffentlichen" Verwahrungsorten sind hier die amtlichen zu verstehen.

10. Entwendung von gerichtlichen Untersuchungs-Akten aus dem Terminszimmer des Gerichts, und Bei-Seite-Schaffung derselben, fällt unter § 106; das Gerichtslokal ist in dieser Beziehung als öffentlicher Verwahrungs-Ort zu betrachten. Z. 10. Mai 1852 c. Behrends; vgl. aber G. M. 2. s. 180 Note 1.

11. Die Beamten, von welchen der § spricht, brauchen nicht nothwendig Registratur- oder Archiv-Beamte zu sein; auch ein Rechts-Anwalt welchem gerichtliche Verhandlungen, mit Rücksicht auf seine amtliche Stellung (z. B. zur Anfertigung einer Vertheidigungsschrift nach Anleitung der Crim.-Ordn. § 451 und 463) anvertraut werden, ist als solcher anzusehen, weil er mit den Verhandlungen auch die Pflicht überkommt, für die Verwahrung zu sorgen. Z. 26. Jan. 1852 c. Torno (G. Arch. 1. s. 566).

12. „Bei Seite schaffen" bezeichnet die vorsätzliche rechtswidrige Wegnahme einer Urkunde 2c. aus der amtlichen Verwahrung; es gehört daher der Fall nicht hierher, wo der mit der Aufbewahrung beauftragte Beamte durch Täuschung veranlaßt wird, die Urkunde abzugeben, vielmehr kommt der § nur dann zur Anwendung, wenn die Wegnahme ohne das Wissen [richtiger: ohne den Willen] des letztern stattfindet. V. I. 4. Sept. 1857 c. Koch (G. Arch. 5. s. 852). Vgl. Temme Gll. s. 180.

13. Ein „Bei Seite Schaffen" setzt die Absicht, den betr. Gegenstand der Verwahrung dauernd zu entziehen, voraus; eine Wegnahme zum Zwecke eines vorübergehenden unbefugten Gebrauchs gehört nicht hierher. V. I. 21. Sept. 1860 c. Donnerstag (634; RdO. 1. s. 28; G. A. 9. s. 70).

14. Die im zweiten Absatze verlangte „gewinnsüchtige Absicht" braucht nicht nothwendig auf Erzielung eines Vermögens-Gewinnes gerichtet zu sein; dieselbe kann daher auch da angenommen werden, wo die Handlung geschah, um in

§. 107. Wer die zur öffentlichen Bekanntmachung angeschlagenen Verordnungen, Befehle, Patente oder Anzeigen öffentlicher Behörden oder Beamten vorsätzlich abreißt, beschädigt, befleckt oder verunstaltet, ist mit Geldbuße bis zu Einhundert Thalern oder mit Gefängniß bis zu sechs Monaten zu bestrafen.

[Entw. § 95].

§. 108. Wer ein amtliches Siegel, welches von einer öffentlichen Behörde oder einem öffentlichen Beamten angelegt ist, um Sachen zu verschließen, zu bezeichnen oder in Beschlag zu nehmen, ohne Befugniß vorsätzlich erbricht, ablöset oder beschädigt, wird mit Gefängniß von Einer Woche bis zu sechs Monaten bestraft.

[Entw. § 96]. Vgl. § 280. 328; Zoll-Str.-Ges. v. 23. Jan. 1838 § 17.

§. 109. Wer als Zeuge oder als Geschworener beru-

---

einer Untersuchung ein Beweisstück zu beseitigen: V. I. 1. April 1859 c. Elias (G. A. 7. s. 387); Z. I. 14. Mai 1858 c. Stern (378; G. A. 6. s. 536; indirekt). Dasselbe gilt da, wo der Zweck dahin ging, einem Gläubiger für eine Zeit lang die Verfolgung seines Forderungsrechts unmöglich zu machen: Z. I. 2. Januar 1856 c. Dornblüth.

§ 107.

1. Für den Thatbestand dieses Vergehens ist es unerheblich, ob die Bekanntmachung Siegel oder Unterschrift trägt; es genügt, wenn sie den Zweck einer öffentlichen Bekanntmachung hatte, und von einer öffentlichen Behörde ausging, beides auch dem Angeklagten (gleichgültig wie) bekannt geworden war. Z. II. 27. Jan. 1859 c. Baune.

2. Ob die Handlung aus bloßem Muthwillen, oder zum Zwecke der Verhinderung der Publikation geschehe, ist für den Begriff gleichgültig, und nur Strafzumessungsgrund. G. Matt. 2. s. 182; Koch n. 91.

3. Stellt sich die Handlung als Vorbereitung zum Hochverrathe, oder als Theilnahme am Aufruhr dar, so finden die diese betreffenden Bestimmungen Anwendung. G. Matt. l. c.

§ 108.

1. Das Wort „amtlich“ statt des früher vorgeschlagenen „obrigkeitlich“ ist deshalb gewählt worden, um anzudeuten, daß auch die Siegel solcher Beamten, welche — wie die Rheinischen Gerichtsvollzieher — nicht für eine Obrigkeit zu erachten sind, hier mitbegriffen seien. Motive s. 34. Im Uebrigen führen die Gerichtsvollzieher in der Regel kein Dienstsiegel; das erleidet nur nach Art. 88 Nr. 6 der Wechselordnung und § 3 des darauf bezüglichen Publikationspatents v. 6. Jan. 1849 bei der Aufnahme von Wechselprotesten eine Ausnahme. Vgl. Min.-Verf. v. 24. Sept. 1831 und 20. Jan. 1849 (Rh. S. 3. s. 390; 10. s. 26).

2. Was hier in Betreff der Siegel bestimmt worden, ist auf andere Verschlußmittel nicht auszudehnen. Temme Gll. s. 181. Vgl. dagegen Z.-Str.-Ges. v. 23. Jan. 1838 § 17.

3. Ein „Ablösen“ kann sehr wohl ohne jede Beschädigung des Siegels oder der Sache stattfinden; dabei ist es auch gleichgültig, ob die Siegelanlage in einer ihrem Zwecke vollständig entsprechenden Weise bewirkt worden, und ob daher die Beseitigung desselben leicht oder schwierig gewesen sei.

§ 109.

1. Es wird hier ein wissentliches Handeln vorausgesetzt; ein Versehen, selbst ein verschuldetes, genügt nicht. Bes. s. 275; Koch n. 93.

2. Erscheint der berufene Zeuge rc. nicht, und schützt er gleichzeitig (etwa

fen, eine Entschuldigungs-Ursache vorschützt, welche sich als falsch ergiebt, wird mit Gefängniß bis zu zwei Monaten bestraft.

Dasselbe gilt für den Sachverständigen, insofern er auf Grund einer gesetzlichen Verpflichtung berufen ist.

Die Verurtheilung wegen Vorschützens einer falschen Entschuldigungs-Ursache schließt die Verurtheilung in die auf das Nichterscheinen gesetzten Geldbußen nicht aus.

[Entw. § 97]. Vgl. § 258; Vdn. v. 3. Jan. 1849 § 20; Cr.-O. § 310. 311. 315. 337. 352.

§. 110. Wer ohne Erlaubniß die Königlichen Lande verläßt und sich dadurch dem Eintritt in den Dienst des stehenden Heeres zu entziehen sucht, ingleichen ein beurlaubter Landwehrmann, welcher ohne Erlaubniß auswandert, wird mit einer Geldbuße von funfzig bis zu Eintausend Thalern oder Gefängniß von Einem Monate bis zu Einem Jahre bestraft.

Das Vermögen des Angeschuldigten ist insoweit, als es nach dem Ermessen des Richters zur Deckung der den Angeschuldigten möglicherweise treffenden höchsten Strafe von Eintausend Thalern und der Kosten des Verfahrens erforderlich ist, von demselben mit Beschlag zu belegen.

[Entw. § 98]. Vgl. § 114; Vdn. v. 15. Sept. 1818 (GS. s. 175); Verf. v. 31. Jan. 1850 Art. 11; Ges. v. 31. Dez. 1842 (GS. 1843 s. 15); Ges. v. 10. März 1856 (GS. s. 133).

---

schriftlich) eine falsche Entschuldigungsursache vor, so ist die Strafe des § 109 neben der durch das Nichterscheinen verwirkten zu verhängen. Gilb. C. pén. Art. 236.

3. In Betreff der Verpflichtung einer gerichtlichen Aufforderung zur Abgabe eines Sachverständigen-Gutachtens nachzukommen vgl. Strafverf. § 20 n. 26; Art. 26 n. 3.

§ 110.

1. Ueber das Erforderniß einer Entlassung aus dem Preußischen Unterthanenverbande zum Zwecke der Auswanderung vgl. Vdn. v. 15. Sept. 1818; Ges. v. 31. Dez. 1842 § 16 fgg.

2. In Betreff des Verlusts der Eigenschaft als Preuße ohne Entlassung sind die Vorschriften des Gesetzes v. 31. Dez. 1842 § 15 fgg. (G.-S. s. 17) zu vergleichen. — „Ein Preuße, welcher vor der Gesetzeskraft des cit. Gesetzes ohne Erlaubniß der Bezirks-Regierung ausgewandert ist, hat auf Grund des § 23 dieses Gesetzes die Eigenschaft eines Preußen erst mit dem Ablaufe von zehn Jahren seit dieser Gesetzeskraft verloren"; „ein Preuße, welcher seitdem die Verfassungen vom 5. Dez. 1848 und 31. Jan. 1850 die Auswanderung allgemein gestatteten, ohne ausdrückliche Entlassung aus dem Unterthanenverbande ausgewandert ist, verliert die Eigenschaft eines Preußen mit dem Ablaufe von zehn Jahren seit der Auswanderung"; „ist der im Vorstehenden gedachte zehnjährige Zeitraum bei Vollendung des zwanzigsten Jahres des ausgewanderten Preußen noch nicht abgelaufen, so tritt mit dieser Vollendung seine Verpflichtung zum Eintritte in das stehende Heer ein." V. II. 11. Dez. 1856 Fiskus c. Thiemann (Präj. n. 222; Entsch. 34. s. 363; G. A. 5. s. 265).

3. Die Vorschrift dieses § bezieht sich nur auf die zum Eintritte in das stehende Heer Verpflichteten (vgl. Ges. vom 31. Dez. 1842 § 17); G. Matt. 2. s. 187. Die auf unbestimmte Zeit Beurlaubten, und die Kriegsreservisten machen sich dagegen, wenn sie sich ihrer Verpflichtung entziehen, der Desertion schuldig,

vgl. StGB. für das Heer v. 3. April 1845 I, § 94 (GS. s. 311). Vgl. G. Matt. 2. s. 188.

4. Ein Verlassen der Königlichen Lande, resp. ein Auswandern „ohne Erlaubniß“ liegt auch da vor, wo der Wehrpflichtige zwar mit einer auf bestimmte Zeit beschränkten Erlaubniß (z. B. mit einem Passe) ins Ausland gegangen sodann aber über jene Zeit hinaus, also ohne Erlaubniß außerhalb der Königlichen Lande verblieben ist: B. II. 10. März 1858 c. Karsten (JMBl. s. 146). In diesem Falle steht das Verbleiben im Auslande und die Niederlassung daselbst der Auswanderung gleich: Z. I. 29. Febr. 1856 Fiskus c. Mengdehl (G. Arch. 4. s. 389); B. I. 17. März 1858 c. Plettner (G. Arch. 6. s. 417). Hiernach modifizirt sich denn auch die nach dem Ges. v. 10. März 1856 § 3 Nr. 3 von der Regierung abzugebende Erklärung; cit. B. c. Plettner.

5. Dasselbe greift da Platz, wo ein als Knabe Ausgewanderter, welcher beim vollendeten zwanzigsten Lebensjahre die Eigenschaft als Preuße noch nicht verloren hatte, ohne spezielle Erlaubniß aus dem Lande wegbleibt; es ist dann die Vermuthung begründet, er sei ausgewandert, um sich dem Eintritte in das stehende Heer zu entziehen, und er wird von der Strafe des § 110 selbst dann betroffen, wenn auch nach einmal verwirkter Strafe jene zehnjährige Frist abgelaufen ist, und er zur Zeit der Strafverfolgung die Eigenschaft eines Preußen verloren hatte. Z. I. 28. Febr. 1855 Fiskus c. Müller (G. A. 3. s. 423); B. II. 27. März 1856 Fiskus c. Behning (G. A. 4. s. 558).

6. Ebenso trifft die Strafe des § 110 auch denjenigen Militärpflichtigen, welcher bereits vor Erlaß der Verfassungsurkunden vom 5. Dez. 1848 resp. 31. Jan. 1850 ausgewandert ist, wenn er sich bis zur Emanation der neuern Strafbestimmungen nicht gestellt hat. Z. 21. März 1851 Fiskus c. Dieckbörner (Strieth. Arch. 2. s. 300); vgl. Erk. App.-G. Arnsberg v. 15. Febr. 1851 (Arnsb. Arch. 15. s. 127). Beide Erkenntnisse betrafen nicht den § 110, sondern die Vorschrift der frühern Vrn. vom 4. Jan. 1849 (Ges. v. 11. März 1850), welche aber der des § 110 im Wesen entsprach.

7. Vorausgesetzt wird ein Verlassen des Landes „um sich dem Dienste zu entziehen.“ Der Dolus besteht daher in dem Bewußtsein, als Preuße zum Dienste im stehenden Heere verpflichtet zu sein, und in der Absicht, sich dieser Pflicht zu entziehen. Es genügt, wenn dieser Dolus zur Zeit vorwaltete, wo die Verpflichtung zum Dienste eintrat, oder zu einer Zeit, wo dieselbe noch fortdauerte, z. B. bei dem dem Verlassen des Landes gleichstehenden Verbleiben im Auslande (n. 3), sollte auch zur Zeit des Verlassens des Landes jener Dolus noch nicht obgewaltet haben (z. B. wenn dieses in früher Kindheit Statt fand): B. II. 22. Sept. 1859 c. Finkenflügel (JMBl. s. 422; G. Arch. 8. s. 120); B. II. 1. März 1860 c. Peter.

8. Sowohl die Thatsache des Verlassens des Landes, als die unter n. 7 erwähnte Absicht werden rechtlich vermuthet, sobald die Landespolizeibehörde die durch § 3 des Ges. vom 10. März 1856 vorgeschriebene Erklärung ausgestellt hat: cit. Ges. § 8; B. II. 10. März 1858 c. Karsten (JMBl. s. 146); B. II. 22. Sept. 1859 c. Finkenflügel (cit. n. 7). Vgl. in Betreff der frühern Zeit: ALR. II, 10. § 49. 50; AGO. I, 36 § 6. 17. 26; Vdn. v. 15. Sept. 1818 § 2. 3.

9. Das Verfahren gegen den ausbleibenden Angeklagten beruht gleichwohl nicht auf einer in contumaciam angenommenen affirmativen Litis-Contestation desselben; vielmehr gilt die Erklärung der Regierung als Beweismittel, welches widerlegt werden kann. Ges. v. 10. März 1856 § 8; Z. II. 4. Okt. 1860 c. Peter. In dieser Beziehung ist das Gericht an die Auffassung der Regierung nicht gebunden; insbesondere kann es aus denselben Aktenstücken, auf Grund deren jene ihre Erklärung ausgestellt hat, die Ueberzeugung vom Gegentheil herleiten; es läßt sich auch nicht aufstellen, daß der cit. § 8 nur dem Angeklagten das Recht zur Führung eines Gegenbeweises ertheile, das Gericht kann vielmehr einen solchen auch von Amtswegen, und selbst im Falle der contumacia des Angeklagten aufnehmen: Z. II. 2. Dez. 1858 c. Huldermann (321; G. Arch. 7. s. 103); B. II. 22. Sept. 1859 c. Finkenflügel (cit. n. 7).

10. Der Dolus des Angeklagten kann auch da negirt werden, wo der Instanzrichter die Ueberzeugung gewinnt, daß der Angeklagte, obgleich zur Zeit, wo er das dienstpflichtige Alter erreichte, noch Preuße, und daher zum Eintritte verpflichtet, doch das Bewußtsein von diesen Thatsachen, und demzufolge auch die Absicht, sich seiner Pflicht zu entziehen, nicht gehabt habe: V. II. 22. Sept. 1859 c. Finkenflügel (cit. n. 7).

11. Das Vergehen wird erst begangen durch die Nichtgestellung zum Eintritte in das Heer zu einer Zeit, wo die Pflicht nach erreichtem Lebensalter eingetreten war, und an dem Orte, wo diese Gestellung erfolgen mußte (vgl. Ges. v. 11. März 1856 § 4. 11 Abs. 2). Beim Gerichte des letztern ist daher auch der Gerichtsstand der begangenen That: V. II. 22. Sept. 1859 c. Finkenflügel (cit. n. 7). Vgl. n. 17.

12. Für den Landwehrmann wird das Vergehen erst mit dem stattgehabten Auswandern vollendet, die Strafe trifft daher nicht zu, wo Jemand die Reise zum fraglichen Zwecke angetreten hat, aber vor Erreichung der Grenze angehalten wird.

13. Bei Abmessung der Strafe soll die Vermögenslage des Angeschuldigten den nächsten Anhaltspunkt abgeben. Just.-Min.-Verf. vom 4. Juni 1853 (JMBl. s. 214); vgl. Verf. d. Min. d. Inn. u. d. Fin. vom 4. Aug. 1851 (Staats-Anz. s. 535).

14. Die Verjährung des Vergehens desjenigen, welcher sich dem Eintritte in den Dienst des stehenden Heeres zu entziehen sucht, beginnt erst, wenn die Frist, welche Jemand im Dienste beim stehenden Heere und der Landwehr ersten und zweiten Aufgebots zubringen mußte (vgl. AKO. v. 3. Nov. 1833) gänzlich abgelaufen ist; für denjenigen also, welcher im Jahre 1829 eintreten sollte, erst im Jahre 1849: V. I. Civ.-Sen. 25. Jan. 1854 Fiskus c. Schöpe (G. Arch. 2. s. 550); V. II. 1. März 1860 c. Peter (beil.). *Contra* früher: eine Entscheidung des I. Civ.-Senats v. 1. Okt. 1846 Hülsen c. Fiskus (Präj. n. 1787), welche, arg. § 5 des Ges. v. 3. Sept. 1814, die Verjährung vom 25. Lebensjahre an beginnen lassen wollte.

15. In Betreff des Verfahrens gegen ausgewanderte Militärpflichtige waren früher Tit. 36 Thl. I der AGO., und im Gebiete des Rheinischen Rechts das Gesetz v. 6. flor. XI Art. 8. 9 und die AKO. v. 18. Febr. 1839 (GS. s. 77) maaßgebend, welche ein Beschl. 22. Apr. 1852 Fiskus c. Zinke (JMBl. s. 229), und ein B. II. 5. Sept. 1855 Fiskus c. Beck als noch gültig betrachteten. Jetzt sind aber durch das Ges. vom 10. März 1856 bei allen Verfolgungen wegen der im § 110 vorgesehenen Vergehen, die für Untersuchungssachen geltenden Vorschriften, unter Berücksichtigung der nähern Bestimmungen dieses Gesetzes für maaßgebend erklärt.

16. Kompetent ist jetzt (arg. Ges. v. 10. März 1856 § 4. 11) das Gericht des letzten Wohnsitzes, oder des letzten Aufenthaltsortes des Angeklagten. Vergl. n. 12. — Nach dem frühern Verfahren war das Gericht desjenigen Orts kompetent, in welchem der Militärpflichtige sich zur Erfüllung dieser Pflicht hätte stellen müssen: B. II. 27. März 1856 Fiskus c. Behning (G. A. 4. s. 558).

17. Die durch Absatz 2 angeordnete Beschlagnahme des Vermögens des Angeschuldigten, ist jetzt auf den Antrag der Staatsanwaltschaft (Ges. v. 10. März 1856 § 4) in der zu § 73 n. 2 angeordneten Weise zu erwirken. Vergl. für das Gebiet des Rheinischen Rechts die Min.-Verf. v. 18. Febr. 1859 (JMBl. s. 66).

18. Diese Beschlagnahme bezweckt nur die Sicherstellung der Strafvollstreckung und der Untersuchungskosten; es ist also eine antizipirte Strafvollstreckung, welche ebenso, wie die letztere selbst, den Gerichten obliegt, während die Staatsanwaltschaft in dieser Beziehung nur zur Stellung von Anträgen befugt ist; einen hierauf gerichteten Antrag kann daher das Gericht nicht aus dem Grunde ablehnen, weil die Staatsanwaltschaft nicht nachgewiesen habe, wo sich das Vermögen des Angeschuldigten befinde, vielmehr liegt die Ermittlung des in Beschlag zu nehmenden Vermögens den Gerichten in derselben Weise ob, als wenn es sich von der Einziehung einer durch rechtskräftiges Erkenntniß auferlegten Geldbuße handelte. Beschl. I. 24. April 1857 c. Krüger (JMBl. s. 215; G. Arch. 5. s. 417). Der angeführte Grund (daß dem Gerichte die Vollstreckung obliege) trifft zwar in dem Gebiete

§. 111. Wer einen Preußen zum Militairdienste fremder Mächte anwirbt oder den Werbern der letzteren zuführt, ingleichen wer einen Preußischen Soldaten vorsätzlich zum Desertiren verleitet, oder die Desertion desselben vorsätzlich befördert, wird mit Gefängniß von drei Monaten bis zu drei Jahren bestraft.

Der Versuch dieser Handlungen wird mit der nämlichen Strafe belegt.

[Entw. § 99]. Vgl. § 64. 69 Nr. 3; StGB. f. d. Heer v. 3. April 1845 I. § 91. 95. 111.

§. 112. Wer von dem Vorhaben einer Desertion zu einer Zeit, zu welcher die Verhütung des Vergehens möglich ist, glaubhafte Kenntniß erhält und es unterläßt, davon der Polizeibehörde oder Militairbehörde zur rechten Zeit Anzeige zu machen, soll, wenn die Desertion wirklich begangen wird, mit Gefängniß bis zu Einem Jahre bestraft werden.

[Entw. § 100]. Vgl. § 39; StGB. f. d. H. v. 3. April 1845 I. § 91. 110.

---

des Rheinischen Rechts nicht zu, gleichwohl würde auch dort Versagung einer Beschlagnahmeverfügung nicht damit zu rechtfertigen sein, weil es am Nachweise fehle, wo sich Vermögen des Beschuldigten finde, da dort die Gerichte sich mit der Vollstreckung ihrer Verfügungen rc. nicht zu befassen haben, also auch nicht untersuchen dürfen, inwiefern eine demnächstige Vollstreckung thatsächlich ausführbar sei oder nicht.

19. Entspricht die von der Regierung abgegebene Erklärung den betreffenden Vorschriften des § 3 des Gesetzes v. 10. März 1856 nicht, so kann, wenn nichts destoweniger die Untersuchung eingeleitet worden ist, dieserhalb nicht eine Freisprechung erfolgen: B. I. 17. März 1858 c. Plettner (G. Arch. 6. s. 417. Beisp.: wenn bei der Vorladung im öffentlichen Anzeiger die einmonatliche Frist des § 6 l. c. nicht gewahrt, oder wenn die betr. Erklärung nicht von der Regierung, sondern von der Kreis-Ersatz-Kommission ausgegangen ist: B. II. 22. Sept. 1859 c. Finkenflügel; cit. n. 8). In einem solchen Falle hat vielmehr das Gericht sich darauf zu beschränken, das eingeleitete Verfahren als zur Zeit unstatthaft aufzuheben, damit der Regierung die Möglichkeit belassen werde, den betr. Mangel zu ersetzen.

20. Ueber Einziehung und Verrechnung der gegen Militärpflichtige erkannten Geldstrafen vgl. Just.-Min.-Verf. v. 31. Jan. 1853 (JMBl. s. 54).

§ 111.

1. Bei der Anwerbung zum Militärdienste einer fremden Macht wird vorausgesetzt, daß Preußen mit derselben nicht im Kriege begriffen sei; ist letzteres der Fall, so wird § 69 Nr. 3 anwendbar.

2. Ueber den Begriff der „Desertion" vergl. StGB. f. d. H. v. 3. April 1845 I. § 91.

§ 112.

1. Auch nahe Verwandte des Verleiteten werden von der Strafe betroffen. K.-B. II. K. s. 69; vgl. § 39 n. 11.

2. In Betreff der „Glaubhaftigkeit" vgl. § 39 n. 5.

§. 113. *) Wer sich vorsätzlich durch Selbstverstümmelung oder auf andere Weise zu dem Militairdienste untauglich macht, oder durch einen Andern untauglich machen läßt, wird mit Gefängniß nicht unter Einem Jahre und zeitiger Untersagung der Ausübung der bürgerlichen Ehrenrechte bestraft. Dieselbe Strafe hat derjenige verwirkt, welcher den Andern auf dessen Verlangen zum Militairdienste untauglich macht.

Wer in der Absicht, sich der Verpflichtung zum Militairdienste ganz oder zeitweise zu entziehen, auf Täuschung berechnete Mittel anwendet, wird mit Gefängniß nicht unter drei Monaten und zeitiger Untersagung der Ausübung der bürgerlichen Ehrenrechte bestraft. Dieselbe Strafe haben die Theilnehmer an diesem Vergehen verwirkt.

[Entw. § 101]. Vgl. StGB. f. d. H. v. 3. April 1845 I. § 113—115; Kriegs-Art. 17. 18. (GS. 1844 S. 278); Instr. f. d. Ers.-Ausb. v. 30. Juni 1847 § 65.

*) In der ursprünglichen durch das Gesetz v. 14. April 1856 (GS. S. 210) abgeänderten Fassung dieses § fehlte der zweite Absatz.

§ 113.

1. Im Falle des ersten Absatzes muß der „Vorsatz“ eben auf das Untauglichmachen gerichtet gewesen sein. G. Matt. 2. S. 191 n. 2; Temme Gl. S. 183.

2. Für den Thatbestand ist es gleichgültig, ob sich der Betreffende die Verstümmelung selbst zugefügt, oder ob er sich dazu eines Andern als eines Werkzeugs bedient hat. Z. II. 14. Juni 1860 c. Halemeyer.

3. Es ist hier die Untauglichkeit zu demjenigen Militärdienste gemeint, zu welchem der Einzelne nach seiner natürlichen Beschaffenheit, ohne vorsätzliche Veränderung derselben, gesetzlich berufen ist (vgl. ALR. II, 20 § 802). Daher kommt Nichts darauf an, ob der Angeklagte zu militärischen Nebendienstleistungen, außer dem eigentlichen Waffendienste, befähigt geblieben, und in Anspruch genommen werden kann: Z. I. 30. Nov. 1853 c. Sackowski (G. A. 2. S. 117); vgl. G. Matt. 2. S. 192; Koch n. 100.

4. Die bloße Fingirung einer gar nicht existirenden Krankheit oder Untauglichkeit, welche aber zur Folge hat, daß die Behörde getäuscht, und der Betreffende wegen vermeintlicher Untauglichkeit zum Militärdienste nicht herangezogen wird, genügt zur Anwendung des ersten Absatzes des § nicht: Bergholtz Abh. in G. Arch. 2. S. 489 (vgl. n. 5); dagegen greift jetzt Abs. 2 unbedenklich Platz.

5. Zur Anwendung des ersten Absatzes wird nicht die Hervorbringung einer dauernden Untauglichkeit erfordert, es genügt jede vorsätzlich herbeigeführte, gegen die betr. Behörde geltend gemachte, auch nicht dauernde, wirkliche Untauglichkeit: Z. II. 22. März 1855 c. Werthmann (92; Präj n. 148; G. Arch. 3. S. 424). Das gilt selbst dann, wenn die Behörde insofern in einen Irrthum versetzt worden ist, als sie die vorgefundene Untauglichkeit nicht für eine blos temporäre, leicht zu hebende, sondern für eine bleibende erachtet hat. In einem solchen Falle muß dann aber die wirkliche temporäre Untauglichkeit im Augenblicke der Geltendmachung vor der Behörde vorhanden gewesen sein, wogegen es gleichgültig bleibt, vor welcher Behörde die Geltendmachung erfolgte, wenn es nur eine solche ist, welche wenigstens vorläufig über die Tauglichkeit zu befinden hat.

6. Das Untauglichmachen eines Andern auf dessen Verlangen ist als selbstständiges Vergehen, nicht als Theilnahme am Vergehen des Letztern, aufzufassen. Das gilt namentlich, wenn es sich von dem Untauglichmachen eines Soldaten handelt, für welchen § 113 des StGB. f. d. Heer maaßgebend ist; auch auf diese

§. 114. Wer es sich zum Geschäft macht, Preußische Unterthanen zur Auswanderung zu verleiten, soll mit Gefängniß von Einem Monate bis zu zwei Jahren bestraft werden.

Eine gleiche Strafe tritt gegen denjenigen ein, welcher es sich zum Geschäft macht, Vorsteher, Gehülfen oder Arbeiter inländischer Fabriken dazu zu verleiten, daß sie vor Ablauf der Kontraktzeit den Dienst ihres Fabrikherrn verlassen und in den Dienst ausländischer Fabrikherren übergehen.

[Entw. § 102]. Vgl. § 110; Verf. v. 31. Jan. 1851 Art. 11; Ges. v. 7. März 1853 (GS. s. 729).

§. 115. Ausländer, welche, nachdem sie des Landes

Handlung findet der vorliegende § Anwendung, da er zwischen Militärpflichtigen und wirklichen Militärpersonen nicht unterscheidet: Z. II. 22. März 1855 c. Huß (G. A. 3. s. 424).

7. Durch die Schlußbestimmung des ersten Absatzes wird die Strafbarkeit einer anderweitigen Theilnahme an dem vorgesehenen Vergehen keineswegs beseitigt. K.-B. Haus der Abgg. IV. I. Nr. 111 s. 5 (G. A. 4. s. 113).

8. Die im zweiten Absatze erwähnten „auf Täuschung berechneten Mittel“ brauchen keine betrüglichen im Sinne des § 241, also nicht solche zu sein, durch welche das Vermögen Anderer in gewinnsüchtiger Absicht beschädigt wird: K.-B. Haus der Abgg. IV. I. Nr. 111 s. 5 (cit. n. 7). Dagegen soll das bloße lügenhafte Vorbringen von Untauglichkeitsgründen noch nicht als ein auf Täuschung berechnetes Mittel angesehen werden. Vgl. Instr. f. das Gesch. der Ers.-Aushebung v. 3. April 1825 § 29 (abgedruckt in allen Regierungsamtsbll. von 1825); K.-B. H. der Abgg. IV. I. Nr. 111 s. 4 (G. A. 4. s. 112); K.-B. Herren-H. 18⁵⁶/₅₇ Nr. 65 s. 5 (G. A. 4. s. 130).

9. Die „Mittel“ sind keineswegs auf solche beschränkt, durch welche eine körperliche Untauglichkeit geltend gemacht werden soll; alles andere, was zur Befreiung von der Militärpflicht dienen kann, steht damit auf gleicher Linie. Z. I. 23. Okt. 1857 c. Jaroslawski.

§ 114.

1. Das „sich zum Geschäft macht“ ist der Vdn. v. 20. Jan. 1820 (GS. s. 35) entlehnt; es ist nicht gleichbedeutend mit den in andern §§ vorkommenden Ausdrücken „gewerbs- oder gewohnheitsmäßig“; ein mehrmaliges Handeln ist nicht unerläßlich, wenn es nur in einer Weise geschieht, die erkennen läßt, die Verleitung solle als Geschäft, oder doch künftig wiederholt getrieben werden. G. Matt. 2. s. 194 n. 4; Temme Gll. s. 183; Koch n. 2.

2. Eine gewinnsüchtige Absicht ist nicht erforderlich: G. Matt. 2. s. 192 n. 1; Temme Gll. s. 183; wohl aber fordert der letztere eine selbstsüchtige oder andere unmoralische Absicht.

3. Temme (Gll. s. 184 und Lehrb. s. 677) definirt das „Verleiten“ als ein Bestimmen des fremden Willens durch künstliche Mittel. Eine Täuschung braucht nicht hervorgerufen zu sein, auch bloße Ueberredung kann genügen: G. Matt. 2. s. 193; in keinem Falle ist der § auf die Anwendung strafbarer Kunstgriffe zu beschränken: K.-B. II. K. s. 70.

4. Es ist nicht erforderlich, daß die Auswanderung 2c. in Folge der Verleitung wirklich statt gefunden habe. G. Matt. 2. s. 193 n. 2.

§ 115.

1. Ueber die Feststellung der Ausländer-Qualität, wo diese zweifelhaft geworden, vgl. § 29 n. 1; AKO. v. 10. März 1839. In den Fällen, wo die Anwendung des § 115 in Frage kommt, wird die Vorschrift jener KO. noch gelten. Das Gericht soll dann das „Gutachten“ der Regierung bei Abfassung seines Er-

verwiesen sind, ohne Erlaubniß zurückkehren, werden mit Gefängniß von drei Monaten bis zu zwei Jahren bestraft.

[Entw. § 103]. Vgl. § 29. 120. 146. 266; Crim.-O. § 572; AKO. v. 10. März 1839 (GS. s. 106).

§. 116. Wer unter Polizei-Aufsicht gestellt ist und den in Folge derselben ihm auferlegten Beschränkungen entgegenhandelt, wird mit Gefängniß von Einer Woche bis zu sechs Monaten bestraft.

[Entw. § 104]. Vgl. § 26—29; Ges. v. 12. Febr. 1850 (GS. s. 51); Ges. v. 14. Apr. 1856 Art. I. (GS. s. 210; oben s. 22).

---

kenntnisses zum Grunde legen. Daraus dürfte folgen, daß dieses Gutachten für die richterliche Entscheidung maaßgebend ist. *Contra:* v. Rönne Staatsrecht 1. s. 294 Nr. 2.

2. Es macht keinen Unterschied, ob die Landesverweisung richterlich ausgesprochen, oder polizeilich angeordnet worden ist. B. 10. Sept. 1852 c. Marchatzki (JMBl. s. 379); B. Pl. 10. Mai 1858 c. Hattenhauer (JMBl. s. 222; Entsch. 38. s. 478; 39. 2. s. 1; G. A. 6. s. 390). Vgl. G. Matt. 1. s. 194 n. 1; Temme Gll. s. 184; id. Lehrb. s. 680.

3. Der § soll auch da Platz greifen, wo die polizeiliche Landesverweisung nicht durch die Landes-, sondern nur durch eine Ortspolizeibehörde erfolgt ist. So: B. Pl. 10. Mai 1858 c. Hattenhauer (cit. n. 2): B. II. 15. Mai 1858 c. Scheppe; ebenso (beiläufig): B. 10. Sept. 1852 c. Marchatzki (JMBl. s. 379). Vgl. § 120 Abs. 4; Abh. in G. Arch. 6. s. 379.

4. Es ist nicht erforderlich, daß die Ausweisung durch Transport über die Gränze förmlich in Vollzug gesetzt worden sei; auch wenn der Betreffende freiwillig das Land verlassen hat, und dann zurückkehrt, ist die Strafe verwirkt. Anders verhält sich die Sache, wenn der Verurtheilte das Land gar nicht verlassen hat. Vgl. Beschl. Land-Ger. Aachen 1. Juni 1853 c. Falkenstein (Tr. Ann. 7. s. 230); G. Matt. 2. s. 196 n. 3; id. Arch. 1. s. 236 Note 1.

5. Die durch die Crim.-Ordnung § 572 angeordnete Verwarnung vor der Rückkehr bildet nicht ferner eine Bedingung der Strafbarkeit. Vgl. § 29 n. 6; G. Arch. 1. s. 236 Note 1.

6. In Betreff der Kompetenz zur Ertheilung der Erlaubniß an die des Landes verwiesenen Ausländer zur Rückkehr in die Preußischen Staaten vgl. Verf. d. Min. d. J. v. 9. März 1861 (Staats-Anz. s. 985).

§ 116.

1. Ueber das Maaß dieser Beschränkungen, sowie über die Form der Verhängung der Polizeiaufsicht und der Untersagung vgl. § 27 und dort die Bemerkungen n. 1—4; der § 116 ist nur auf solche Beschränkungen anwendbar, welche dem unter Polizeiaufsicht Gestellten innerhalb der gesetzlichen Gränzen auferlegt sind: Z. I. 4. Jan. 1854 c. Schuster; Z. I. 8. Febr. 1854 c. Grübener (G. A. 2. s. 546).

2. Der § setzt eine solche Polizei-Aufsicht voraus, welche vom Strafgesetze in bestimmten Straffällen, als Theil der gesetzlichen Strafe angeordnet, und demzufolge durch richterliches Erkenntniß ausdrücklich ausgesprochen ist: Z. 16. Juli 1852 c. Hauswald; Z. I. 1. Juli 1853 c. Nyakowski; Beschl. I. 3. Nov. 1854 c. Pohl (G. Arch. 2. s. 829); Z. I. 7. Sept. 1859 c. Reinhardt (G. A. 7. s. 710). *Sic:* Verf. d. Min. d. Inn. v. 2. Nov. 1859 (St.-Anz. s. 2308). Vgl. § 27 n. 8.

3. Ist auf den Grund eines früher bestehenden Gesetzes rechtskräftig auf Polizeiaufsicht erkannt, so wird der § anwendbar, sollte auch das jetzt geltende Strafgesetz die betreffende Strafthat nicht mit Polizeiaufsicht bedrohen. Z. I. 30. Jan. 1856 c. Leubuscher.

4. Um die Strafverhängung zu rechtfertigen, bedarf es der Feststellung, daß dem Angeklagten die betr. Beschränkungen auferlegt worden sind; handelt es sich daher von den im § 28 oder im § 9 des Ges. v. 12. Febr. 1850 erwähnten Beschränkungen, so ist die Feststellung unerläßlich, daß die Verurtheilung wegen einer der in den citt. §§ gedachten Vergehen ausgesprochen sei: B. II. 5. Mai 1859 c. Bönnemann; B. II. 20. Okt. 1859 c. dens.

§. 117. Wer geschäftslos und arbeitslos umherzieht, ohne sich darüber ausweisen zu können, daß er die Mittel zu seinem Unterhalte besitze, oder doch eine Gelegenheit zu demselben aufsuche, wird als Landstreicher mit Gefängniß von Einer Woche bis zu drei Monaten bestraft.

[Entw. § 105]. Vgl. § 120. (Ges. v. 6. Jan. 1843; GS. s. 19); Ges. v. 14. Apr. 1856 Art. I. (GS. s. 208; oben s. 22).

§. 118. Die Bettelei wird in folgenden Fällen als Vergehen mit Gefängniß von Einer Woche bis zu drei Monaten bestraft:

1) wenn Jemand unter Drohungen oder mit Waffen, oder unter Gebrauch eines falschen Namens, oder unter Vorspiegelung eines Unglücksfalles, einer Krankheit oder eines Gebrechens bettelt;

2) wenn Jemand bettelt, oder Kinder zum Betteln anleitet oder ausschickt, oder Personen, welche seiner Gewalt und Aufsicht untergeben sind und zu seiner Hausgenossenschaft gehören, vom Betteln abzuhalten unterläßt, nachdem er in den letzten drei Jahren wegen dieser Zuwiderhandlungen zwei oder mehrere Male rechtskräftig verurtheilt worden ist.

[Entw. § 106]. Vgl. § 341. 120. 205. 105. 254; Ges. v. 14. April 1855 Art. I. (GS. s. 208; oben s. 22).

---

5. Der § 116 ist, nach seiner allgemeinen Fassung, auch an die Stelle der Vorschrift des § 11 des Ges. v. 12. Febr. 1850 getreten, insoweit dieses Gesetz für Zolldefrauden oder Kontrebande noch in Kraft ist: Z. II. 20. Sept. 1860 c. Bönnemann. *Contra:* B. II. 10. Nov. 1853 c. Hagemann (JMBl. 1854 s. 136; G. A. 2. s. 115). Vgl. Einf.-Ges. Art. II n. 28.

6. Da auch dieses Vergehen einen strafrechtlichen Dolus voraussetzt, so kann die Strafe den nicht treffen, welcher durch unübersteigliche Hindernisse abgehalten wird, den ihm auferlegten Beschränkungen im einzelnen Falle nachzukommen. Z. II. 6. April 1854 c. Heine.

7. In Betreff der Kompetenz und des Verfahrens vgl. Ges. v. 14. Apr. 1856 Art. I (oben bei Art. XIII des Einf.-Ges. s. 22).

§ 117.

1. Mangel eines festen Wohnsitzes ist zum Begriffe der Landstreicherei nicht erforderlich. G. Matt. 2. s. 199.

2. Die Ausdrücke „geschäfts- und arbeitslos" können in der thatsächlichen Feststellung durch gleichbedeutende ersetzt werden. Z. I. 10. Okt. 1855 c. Poller.

3. Vorausgesetzt wird ein Umherziehen von einem Orte zum andern; Umherziehen am eignen Wohnorte kann nur (den Umständen nach) unter § 119 Nr. 1 fallen. G. Matt. 2. s. 199; Temme GK. s. 181 n. 3

4. Bettelt ein Landstreicher, so liegt reale Konkurrenz vor. Temme GK. s. 181 n. 4.

5. In Betreff der Kompetenz und des Verfahrens vgl. Ges. v. 14. April 1856 Art. I (oben bei Art. XIII des Einf.-Ges. s. 22).

§ 118.

1. Betteln besteht seinem Begriffe nach darin, daß man die Mildthätigkeit

eines Andern für sich in Anspruch nimmt. So: Z. Pl. 29. Okt. 1855 c. Suchrow (Entsch. 31. S. 223; G. A. 3. S. 797). Aehnlich definirt eine Abh. in G. A. 3. S. 793 die Bettelei, als das Ansprechen um eine Gabe zum Lebensunterhalte für sich, oder für diejenigen, deren Ernährung dem Bettelnden obliegt, und Temme (Lehrb. S. 681.) als das Ansprechen um eine milde Gabe für den Lebensunterhalt. Die vereinzelte Bitte eines Nicht-Armen um Unterstützung, z. B. bei augenblicklichen Nothständen oder Verlegenheiten, ist nicht als Bettelei aufzufassen: Z. I. 14. Sept. 1860 c. Günther; K.-B. II. K. S. 176 zu § 313 des Entw.; G. Matt. 2. S. 200 n. 3; Koch n. 9. Dagegen kann ein wirkliches Betteln durch das Vorhandensein einer augenblicklichen Noth nicht straflos werden: B. II. 31. Jan. 1861 c. Bortscheid.

2. Es liegt keine Gesetzesverletzung darin, wenn der Instanzrichter im Begehren einer Unterstützung von einem nahen Angehörigen Bettelei findet: Z. II. 13. Okt. 1854 c. Dahl. *Contra:* Koch n. 9, welcher Bitten um Unterstützungen bei Personen, zu welchen der Ansprechende in besondern Beziehungen steht, z. B. bei Verwandten oder Freunden, nicht hierher rechnen will.

3. Zum Thatbestande der Bettelei gehört nicht eine Mehrheit von Fällen; jeder einzelne Fall des Bettelns begründet die Anwendung des Strafgesetzes (B. Kass.-H. Int. d. Ges. v. 22. Dez. 1852 c. Renner; Rh. A. 48. 2. A. S. 33), und eine Mehrheit von Fällen die Anwendung des § 56. Ist daher ein Angeklagter von der Anklage: „im Monat Januar rc. bei A und B gebettelt zu haben" freigesprochen worden, so kann er gleichwohl auf Grund einer Anklage: „in demselben Monat bei C und D gebettelt zu haben" noch immer verfolgt werden: B. 24. Nov. 1852 c. Strenge.

4. Eine Bettelei kann auch schriftlich begangen werden: Beschl. Pl. 21. Nov. 1849 c. Blumenthal (JMBl. 1850 S. 6; Entsch. 18. S. 81); Z. I. 3. Mai 1854 c. Sandmann. Vgl. AKO. v. 13. Juli 1836 (Rh. Samml. 5. S. 423); G. Matt. 2. S. 200 n. 5.

5. Auch durch Handlungen kann die Bitte um ein Almosen ausgedrückt werden. Z. II. 14. April 1853 c. Sauerland.

6. Auch „eine durch bloße Täuschung mittelst Vorbringens falscher Thatsachen „herbeigeführte Mildthätigkeit" ist nur Bettelei und nicht Betrug, weil es bei einem freiwilligen Geben an einer Vermögensbeschädigung fehlt: B. II. 22. Sept. 1853 c. Grossekettler (Präj. n. 55; Entsch. 26. S. 155; G. A. 2. S. 127). Vgl. n. 15; § 241 n. 27—29.

7. Im Uebrigen sind hier die Bemerkungen zu § 341 zu vergleichen.

8. In Betreff der Kompetenz und des Verfahrens vgl. Gesetz vom 14. April 1856 Art. I (oben zu Art. XIII des Einf.-Ges. S. 22).

Zu Nr. 1.

9. Nehmen die Drohungen den schwereren Charakter der §§ 212. 234 bis 236 an, so treten die dort angedrohten Strafen ein. G. Matt. 2. S. 201 n. 5; Koch n. 10.

10. Es ist nicht erforderlich, daß die Drohung eine unerlaubte Handlung zum Gegenstande habe. Z. I. 3. Mai 1854 c. Sandmann.

11. Das Betteln geschieht mit Waffen, wenn der Bettler Waffen mit sich führt, und diese dem Angebettelten bemerkbar werden. Eines Drohens mit denselben bedarf es nicht. Vgl. G. Matt. 2. S. 202 n. 6; Koch n. 11.

12. Bettelei unter Gebrauch eines falschen Namens setzt nicht nothwendig voraus, daß durch den falschen Namen das Mitleid habe erregt werden sollen. *Contra:* Temme GU. S. 185; id. Lehrb. S. 681.

13. Liegt ein derartiger Fall vor, so kann nicht neben der Strafe des § 118 auch die des § 105 verhängt werden, vielmehr schließt die speziellere Vorschrift des § 118 die Anwendbarkeit des allgemein lautenden § 105 aus; auch ist die Strafe des ersteren die strengere, und daher nach § 55 auszusprechen. Vgl. G. A. 2. S. 552.

14. Inwiefern § 118 Nr. 1 da Anwendung findet, wo das Mitleiden eines Andern durch die Vorspiegelung eines einem Dritten zugestoßenen Unglücksfalles rc. angeregt wird, darüber vgl. § 241 n. 27. 28; Abh. in G. Arch. 3. S. 793; G. Matt. 2. S. 200 n. 4. Jedenfalls bleibt der § da ausgeschlossen, wo Jemand nur

§. 119. Mit Gefängniß von Einer Woche bis zu drei Monaten wird bestraft:

1) wer dem Spiele, dem Trunke oder Müßiggange sich dergestalt hingiebt, daß er in einen Zustand versinkt, in welchem zu seinem Unterhalte oder zum Unterhalte derjenigen, zu deren Ernährung er verpflichtet ist, durch Vermittelung der Behörde fremde Hülfe in Anspruch genommen werden muß;

---

den Botenlohn für eine überbrachte falsche Unglücksnachricht zu erlangen sucht, ohne dabei die Mildthätigkeit für den angeblich Betroffenen in Anspruch zu nehmen: Z. II. 5. Jan. 1854 c. Lohmeier (G. A. 3. s. 792).

Zu Nr. 2.

15. Die Nr. 2 droht eine besondere Rückfallsstrafe an; es kommen daher hier auch die allgemeinen Grundsätze über den Rückfall zur Anwendung, insbesondere wird vorausgesetzt, daß die früheren Verurtheilungen von Preußischen Behörden ausgegangen sind. B. II. 7. Okt. 1858 c. Gabriel (G. A. 6. s. 841).

16. Dagegen ist es nicht erforderlich, daß die frühere „rechtskräftige Verurtheilung" von einem Gerichte ausgesprochen sei; es genügen vielmehr auch die, nach dem frühern Verfahren von den Polizeibehörden rechtskräftig festgestellten Strafen zur Begründung des Rückfalls, zumal da hier nicht wie in den §§ 58. 219 von einer durch Gerichte ausgesprochenen Bestrafung die Rede ist: B. 30. April 1852 c. Klumski (JMBl. s. 245); B. 13. Okt. 1852 c. Glade. Vgl. § 58 n. 11.

17. Eine zweimalige Verurtheilung liegt nur dann vor, wenn der zweite Fall thatsächlich einen Rückfall darstellte, d. h. also, wenn er nach rechtskräftiger Verurtheilung wegen des ersten Falles stattgefunden hat. Vgl. § 58 n. 20; § 219 n. 3; Strafverf. Art. 31 n. 9.

18. Rückfälligkeit ist anzunehmen, sobald der Angeklagte, welcher früher wegen einer der im § 341 vorgesehenen Uebertretungen bestraft worden ist, jetzt wiederum eine jener Handlungen begeht, ohne daß es einen Unterschied machte, ob in beiden Fällen grade dieselbe Thathandlung vorliege; § 118 wird daher anwendbar, wenn der früher wegen Selbstbettelns Bestrafte, demnächst Kinder zum Betteln ausschickt rc. B. II. 22. April 1858 c. Göbel (G. A. 6. s. 418).

§ 119.

1. Ueber die Kompetenz und das Verfahren vgl. Gesetz vom 14. April 1856 Art. I (oben bei Art. XIII des Einf.-Ges. s. 22).

Zu Nr. 1.

2. Vorausgesetzt wird, daß eine wirkliche Unfähigkeit, sich und seine Familie zu ernähren, eingetreten sei. Die Verhütung des Eintritts eines solchen Zustandes ist Sache der Armen-Polizei. K.-B. H. d. Abgg. IV. I. Nr. 111 s. 7. (G. A. 4. s. 114).

Zu Nr. 3. Vgl. Ges. v. 21. Mai 1855 Art. 11.

3. Die betr. Fristbestimmung kann gültig nicht blos von der Ortspolizeibehörde, sondern auch von dem dieser vorgesetzten Landrathe ausgehen. Z. I. 1. März 1861 c. Trautnick (RdO. 1. s. 285; G. A. 9. s. 281).

4. Eine allgemeine Anweisung Seitens der Polizei-Behörde, sich nach jedesmaligem Verluste eines Unterkommens binnen einer bestimmten Frist ein solches wieder zu verschaffen, ist nicht geeignet, die Anwendung des § 119 Nr. 3 zu rechtfertigen; es bedarf einer nach bereits eingetretenem Verluste des bisherigen Unterkommens ertheilten Anweisung: Z. 19. Mai 1852 c. Schwärz (G. Arch. 1. s. 78).

5. Der Ausdruck „Unterkommen" beschränkt sich nicht auf den Besitz einer Wohnung, sondern begreift allgemein die Mittel zum Unterhalte: B. K.-H. 11. Mai

2) wer eine Unterstützung aus öffentlichen Armenfonds empfängt, wenn er sich weigert, die ihm von der Behörde angewiesene, seinen Kräften angemessene Arbeit zu verrichten;

3) wer nach Verlust seines bisherigen Unterkommens binnen einer von der Ortspolizei-Behörde zu bestimmenden Frist sich kein anderweitiges Unterkommen verschafft hat und auch nicht nachweisen kann, daß er solches, aller angewandten Bemühungen ungeachtet, nicht vermocht habe.

[Entw. § 107]. Vgl. § 120; Ges. v. 31. Dez. 1842 (GS. 1843 s. 8); (Ges. v. 6. Jan. 1843; GS. s. 19); Ges. v. 21. Mai 1855 (GS. s. 311); Ges. v. 14. Apr. 1856 Art. I. (GS. s. 208).

1852 c. P. Müller (JMBl. s. 270; G. Arch. 1. s. 78); Z. I. 28. Sept. 1855 c. Haupt (G. Arch. 3. s. 836). *Sic:* Temme GU. s. 186. Vgl. Ges. vom 31. Dez. 1842 § 1 („Wohnung oder Unterkommen").

6. Für die Frage, ob eine Erdhütte als eine genügende Wohnung anzusehen sei, ist nur entscheidend, ob die Errichtung dieser Hütte und ihre Bewohnung der öffentlichen Ordnung zuwider, und ob sie dem Zwecke entsprechend sei, die öffentliche Armenpflege der Last, dem Betreffenden eine Wohnung zu verschaffen, zeitweilig zu entheben; ob dieses der Fall ist, eine thatsächliche Frage: Z. I. 28. Sept. 1855 c. Haupt (G. A. 3. s. 836).

7. Ein B. II. 19. März 1855 c. Busch nahm an, die Vorschrift der Nr. 3 beziehe sich, zum Unterschiede von Nr. 1, nur auf die Beschaffung des eignen Unterkommens, nicht auch auf das Unterkommen für diejenigen Personen, für deren Ernährung man zu sorgen habe; (Präj. n. 152; Entsch. 30. s. 333; G. A. 3. s. 700). Hiermit hat sich der K.-B. H. d. Abgg. IV. I. Nr. 111 s. 7 (G. A. 4. s. 114) einverstanden erklärt. Vgl. n. 8.

8. Eine Ehefrau kann zur Verschaffung eines Unterkommens nicht angehalten werden, weil sie verpflichtet ist, bei ihrem Ehemanne zu wohnen: Z. I. 5. März 1856 c. Behrendt (G. A. 4. s. 391); vgl. n. 7. Das erleidet jedoch da eine Ausnahme, wo der Mann nicht im Stande ist, seiner Pflicht gemäß der Frau Wohnung und Unterhalt zu gewähren, weil dann die Frau sogar in die Lage kommen kann, für das Unterkommen des Mannes zu sorgen (ALR. II, 1 § 174. 262): B. I. 22. Juni 1859 c. Höfler (G. A. 7. s. 541).

9. Wer nachweist, daß er ein wirkliches Unterkommen hat, kann nicht angehalten werden, darzuthun, daß er auch eine Berechtigung zu demselben habe; der thatsächliche Besitz schließt den § aus. Z. I. 30. Mai 1856 c. Wessalowska.

10. Die Worte: „aller angewandten Bemühungen ungeachtet" sind nicht auf alle in abstracto, sondern nur auf die in concreto, d. h. auf die für den betreffenden Obdachslosen möglichen Bemühungen zu beziehen. Z. 10. Mai 1852 c. Kösterke.

11. Die Strafe der Nr. 3 ist ausgeschlossen, sobald Jemand den Nachweis geführt hat, daß er ...... nicht vermocht hat, sich ein anderweitiges Unterkommen an seinem Wohnorte zu verschaffen; eine Verpflichtung, zur Beschaffung eines Unterkommens außerhalb des Wohnorts, besteht nicht: B. I. 3. Okt. 1855 c. Markuske (G. Arch. 3. s. 835). Jedenfalls kann der Instanzrichter mit Rücksicht auf die in Betreff der eventuellen Verpflichtung der Gemeinden zur Armenpflege geltenden Grundsätze (Gesetz über die Aufn. neu anziehender Pers. v. 31. Dez. 1842 § 4 u. 8; Armenpflegeges. vom 31. Dez. 1842 § 1. 3. 4; GS. 1843 s. 5. u. 8) thatsächlich feststellen, daß es dem Angeklagten nicht möglich gewesen sei, in einer andern Gemeinde ein Unterkommen zu finden, sollte er auch den Nachweis nicht geliefert haben, daß er zu diesem Zwecke Bemühungen aufgewendet habe. So: Z. II. 24. Jan. 1856 c. Böhring.

§. 120. *) In den Fällen der §§ 117—119. kann der Verurtheilte nach ausgestandener Strafe nach dem Ermessen der Landespolizeibehörde in ein Arbeitshaus gebracht werden.

Die von der Landespolizeibehörde festzusetzende Dauer der Einsperrung in dem Arbeitshause darf einen Zeitraum von drei Jahren nicht übersteigen.

An Stelle der Einsperrung in ein Arbeitshaus kann von der Landespolizei-Behörde angeordnet werden, daß die Verurtheilten durch den Landrath oder die Ortspolizeibehörde zu gemeinnützigen Arbeiten verwendet werden.

Die Befugniß der Landespolizeibehörde, Ausländer aus dem Lande zu weisen, wird hierdurch nicht berührt.

[Entw. § 108]. Vgl. § 29; Ges. v. 21. Mai 1855 (GS. s. 311); (Ges. v. 6. Jan. 1843; GS. s. 19).

*) In der ursprünglichen durch das Gesetz vom 14. April 1856 (GS. s. 210) abgeänderten Fassung lautete:

§ 120. In den Fällen der §§ 117—119 hat das Gericht zugleich zu erkennen, daß nach ausgestandener Strafe der Ausländer aus dem Lande zu weisen und der Inländer in ein Arbeitshaus zu bringen sei.

Die Dauer der Einsperrung in dem Arbeitshause ist von der Landespolizei-Behörde nach den Umständen zu ermessen; sie darf aber einen Zeitraum von drei Jahren nicht übersteigen.

§ 120.

1. Nach der neuen Fassung dieses § haben die Gerichte die Unterbringung in einem Arbeitshause nicht mehr auszusprechen; dieselbe tritt jetzt nur nach dem Ermessen der Landespolizeibehörde ein, für welche das rechtskräftige richterliche Erkenntniß, und die darin auf Grund eines der §§ 117—119 ausgesprochene Verurtheilung, den rechtlichen Titel zur Ausführung dieser Maaßregel bilden. Motive zum Gesetz vom 14. April 1856 (IV. I. Nr. 13. s. 18; G. A. 3. s. 856). Vgl. aber § 146 n. 9.

2. Die Landes-Polizei-Behörde kann jetzt von dieser Unterbringung gänzlich absehen. Früher *Contra*: Verf. des Min. d. Inn. v. 10. Juli 1851 (Staats-Anz. s. 141); Motive l. c.

3. Die Landespolizeibehörde kann diese Maaßregel gegen denjenigen, welcher wegen eines in den §§ 117—119 vorgesehenen Vergehens verurtheilt ist, auch dann zur Ausführung bringen, wenn derselbe gleichzeitig wegen eines andern schwereren Verbrechens 2c. verurtheilt, und wegen beider Handlungen nur mit dem geringsten Maaße der durch das letztere verwirkten Strafe belegt ist; der Umstand, daß der Richter nach § 56 eine Herabsetzung der Freiheitsstrafe auf das geringste Maaß eintreten ließ, beseitigt die Anwendbarkeit des § 120 nicht. Vgl. früher: B. II. 23. Nov. 1854 c. Bley (JMBl. 1855 s. 65; G. Arch. 3. s. 129).

4. Auch gegen Straf-Unmündige kann diese Maaßregel angewendet werden. Vgl. früher: Z. II. 15. Nov 1855 c. Weiße (Präj. n. 188; Entsch. 31. s. 476; 32. s. 271; G. A. 4. s. 241); Z. II. 3. Jan. 1856 c. Meyer.

5. Die Befugniß der Landespolizeibehörde, die betreffenden Verurtheilten nach ausgestandener Strafe in ein Arbeitshaus bringen zu lassen, ist jetzt nicht mehr auf Inländer beschränkt. Motive zum Gesetz vom 14. April 1856 (IV. I. Nr. 13. s. 18; G. A. 3. s. 856).

6. Darüber, wer als Ausländer zu betrachten sei, vgl. § 29 n. 1—4; § 115 n. 1.

Siebenter Titel.
Münzverbrechen und Münzvergehen.

§. 121. Wer inländisches oder ausländisches Metallgeld oder Papiergeld nachmacht, wer ächtem Metallgelde oder Papiergelde durch Veränderungen an demselben den Schein eines höheren Werthes giebt, ingleichen wer verrufenem Metallgelde oder Papiergelde durch Veränderungen an demselben das Ansehen eines noch geltenden giebt, begeht eine Münzfälschung, und wird mit Zuchthaus von fünf bis zu funfzehn Jahren, sowie mit Stellung unter Polizei-Aufsicht bestraft.

[Entw. § 109]. Vgl. § 124. 4 Nr. 1. 2; 39; 243 Nr. 3. 4; 340 Nr. 3. 4. 5.

---

7. In Betreff der den Verwaltungsbehörden zu machenden Mittheilungen sind zu vergleichen: Just.-Min.-Verf. v. 3. Okt. 1856 (JMBl. f. 286; VMBl. f. 228); Verf. d. Min. d. J. v. 27. April 1857 (VMBl. f. 92); Just.-Min.-Verf. v. 13. Mai 1857 (JMBl. f. 194).

§ 121.

1. Geld definirt Goltdammer (Matt. 2. f. 207, nach einem kammergerichtlichen Urtheile bei Hitzig 22. f. 367) als: ein im Umlauf befindliches, oder doch zum allgemeinen Umlaufe bestimmtes, durch Annahme oder Ausgabe stillschweigend, sei es auch nur im Handelsverkehr, anerkanntes Tauschmittel, welches zugleich, damit es als Geld cirkulire, gesetzlich und unter öffentlicher Autorität mit einem Stempel versehen ist, durch welchen sein eigentlicher Werth bestimmt wird.

2. Das Gesetz unterscheidet zwischen inländischem und ausländischem Gelde gar nicht mehr, sollte letzteres auch in Preußen gar keinen Cours haben. *Contra* in Betreff des letzteren Punktes: Temme (Gll. f. 187 n. 4; id. Lehrb. f. 772e), weil ihm dann für Preußen der Begriff des Geldes fehle [doch nicht der Begriff des „ausländischen Geldes“]. Nur dann, wenn es sich von einem im Auslande begangenen Münzverbrechen handelt, macht es einen Unterschied, ob dasselbe gegen Preußen verübt sei. Vgl. § 4 Nr. 1. 2, und dort n. 10.

3. Auch das Nachmachen verrufenen Geldes, so lange es noch faktischen Umlauf hat [also noch „Geld“ ist], fällt unter den §. G. Matt. 2. f. 208. *Contra:* Temme Lehrb. f. 772.

4. Im Begriffe des „Nachmachens“ liegt, daß die falsche Münze der ächten ähnlich werden muß, und zwar in solcher Weise, daß dadurch ein Andrer getäuscht werden kann. Temme Gll. f. 190 n. 8; id. Lehrb. f. 773.

5. Gleichgültig ist es, ob das nachgemachte Geld von geringerem oder gar von höherem Gehalte ist, als das ächte. Bes. f. 283 III; G. Matt. 2. f. 204 II.

6. Derjenige, welcher unächten, bereits im Umlaufe befindlichen Münzen durch Veränderung den Schein eines höhern Werthes, oder durch Vervollkommnung den täuschenden Schein der ächten giebt, macht eben dadurch selbstständig Geld nach, und ist als Thäter (nicht etwa als Theilnehmer an der Handlung des ersten Fälschers) nach § 121 strafbar. Vgl. Temme Lehrb. f. 774 B. *Contra:* G. Matt. 2. f. 211; Temme Gll. f. 191 n. 3.

7. Ob ächtem Metall- oder Papiergelde durch Veränderungen an demselben der Schein eines höhern Werthes gegeben worden, hängt davon ab, ob dadurch ein Anderer getäuscht werden kann (vgl. n. 4), und ist deshalb eine thatsächliche Frage. Daher kann grundsätzlich einem Beschl. I. 9. März 1853 c. Wetzler (Präj. n. 23; Entsch. 24. f. 497; 25. f. 219; G. Arch. 1. f. 567) nicht beigepflichtet werden, welcher, diese Frage als eine der Gesetzesinterpretation betrachtend, „das „bloße Verändern der Metallfarbe einer ächten Münze, deren Gepräge ihren Werth „deutlich anzeigt, als Münzfälschung“ nicht verfolgt wissen wollte. Vgl. Gilb. C. pén. Art. 132 n. 7—10.

8. Verringern des Metallgehalts ächter Münzen, und Verausgaben derselben fällt nicht unter § 121, sondern ist durch § 243 Nr. 3. 4. besonders bestraft.

9. Als Dolus wird die Absicht, die Münzen als Geld, d. h. zum Zwecke der Verausgabung, anzufertigen, vorausgesetzt: Z. I. 7. Nov. 1856 c. Gladau (Entsch. 35. s. 246; G. A. 5. s. 399); Z. II. 9. April 1857 c. Palm. Die Motive s. 36 wollten das bloße Nachmachen bestraft wissen, schon wegen der Gefahr, daß die in andrer Absicht gemachten Münzen rc. demnächst durch Dritte in Umlauf gesetzt werden könnten. Die Kommissionen der Kammern erachteten aber auch hier den rechtswidrigen Dolus als wesentliches Begriffserforderniß, erklärten sich aber damit einverstanden, daß die spezielle Absicht in den Thatbestand nicht mit aufgenommen sei, damit die unrichtige Vorstellung verhindert werde, als müsse eine solche bestimmte Absicht noch besonders nachgewiesen [und festgestellt] werden (K.-B. II. K. s. 71); bei Münzfälschungen werde stets der kriminalrechtliche Dolus vorausgesetzt (K.-B. I. K. s. 17). Vgl. Zachariä in G. Arch. 3. s. 291. In diesem Sinne hat auch Z. I. 15. Sept. 1854 c. Wiesner entschieden, daß es der Feststellung einer betrügerischen Absicht bei den Münzverbrechen des § 121. 122 nicht bedürfe; ähnlich: B. 20. Okt. 1852 c. Kobera (G. Arch. 1. s. 53; s. 79): daß an sich die verbrecherische Absicht bei der Münzfälschung nicht besonders nachzuweisen sei, daß aber der Mangel jeder rechtswidrigen Absicht die Strafe des § 121 ausschließe. Wenn daher der Angeklagte die Abwesenheit jeder rechtswidrigen Absicht behauptet, so ist (gemäß Gesetz v. 3. Mai 1852 Art. 81 Abs. 3) den Geschwornen eine das Vorhandensein einer solchen Absicht betreffende Frage vorzulegen, welche auch durch die Stellung einer die Zurechnungsfähigkeit betreffenden Frage nicht entbehrlich wird: Z. I. 7. Nov. 1856 c. Gladau (Präj. n. 220; Entsch. 34. s. 471; 35. s. 246; G. A. 5. s. 399); Z. II. 9. Apr. 1857 c. Palm. Vgl. Bes. s. 286; G. Matt. 2. s. 212. 216; Küßner in G. A 3. s. 46; John in G. A. 3 s. 66. *Contra*: Temme Lehrb. s. 774. 777; id. Gl. s. 188 n. 6. Das cit. Z. I. 7. Nov. 1856 c. Gladau nahm sodann ferner an: da das Gesetz jenen Dolus präsumire, so brauche die Anklage das Vorhandensein desselben nicht zu beweisen, vielmehr sei es Sache des Angeklagten, den Gegenbeweis gegen den Inhalt jener gesetzlichen Präsumption zu führen. Hiernach ward die Stellung der Frage in negativer Form: „ob es erwiesen sei, daß der Angeklagte das Geld nicht in der Absicht nachgemacht habe, es zu verausgaben" gebilligt, und insbesondere noch ausgeführt, daß es zur Führung jenes Gegenbeweises keineswegs der Aufstellung und Begründung einer anderweiten straflosen, jenen Dolus von selbst ausschließenden Absicht bedürfe, und daß der Angeklagte daher auch ohne eine solche Aufstellung die Stellung der Frage in der angegebenen allgemeinen negativen Form beantragen dürfe, und daß diesem Antrage stattgegeben werden müsse; [nicht unbedenklich; vgl. § 287 n. 3; Strafverf. Art. 81 n. 23.] Vgl. § 44 n. 8; G. Arch. 2. s. 98; 1. s. 694. — In Ermanglung eines Antrags bedarf es dagegen der Stellung einer solchen Frage nicht, insofern nicht der Gerichtshof dazu von Amtswegen eine Veranlassung findet: Z. I. 19. Nov. 1856 c. Neustadt.

10. Einer gewinnsüchtigen Absicht bedarf es nicht. Temme Lehrb. s. 774.

11. Der Fälscher, welcher das selbstgefertigte falsche Geld verausgabt, verwirkt nicht neben der Strafe des § 121 auch die des § 122. Vgl. § 122 n. 9.

12 Wenn derjenige, welcher Geld ohne den in n. 9 erwähnten Dolus nachgemacht hat, dasselbe nachträglich dennoch verausgabt, so verfällt er wegen seines spätern Dolus der Strafbestimmung des § 121, obgleich es, beim sofortigen Vorhandensein des Dolus, der Verausgabung zum Thatbestande dieses § nicht bedarf. Z. I. 7. Nov. 1856 c. Gladau (Entsch. 35. s. 246; G. A. 5. s. 399).

13. Verausgabung des falschen Geldes im Einverständnisse mit dem Fälscher könnte, da das Verbrechen des letzteren mit der Anfertigung vollendet ist, nicht Theilnahme an diesem, sondern nur Begünstigung nach beendigter Fälschung sein; dagegen fällt diese Handlung unbedenklich unter § 122. Vgl. G. M. 2. s. 222 n. 6.

14. Ueber die Einholung eines Gutachtens der General-Münz-Direktion vgl. Min.-Verf. v. 22. Sept. 1855 (JMBl. s. 310) und die dort citt. ältern Verfügungen.

§. 122. Wer falsches oder verfälschtes Geld an sich bringt und entweder in Umlauf setzt oder zum Zweck der Verbreitung aus dem Auslande einführt, hat dieselbe Strafe wie der Münzfälscher verwirkt.

[Entw. § 110]. Vgl. § 121. 124. 243 Nr. 3. 4.

---

§ 122.

1. Für den Begriff des falschen oder verfälschten Geldes sind die §§ 121 und 123 maaßgebend. B. I. 11 März 1857 c. Babtz (G. A. 5. f. 248).

2. Die §§ 122 und 124 zusammen wollen alle diejenigen umfassen, welche, ohne selbst Münzfälscher zu sein, wissentlich falsches Geld einführen, ausgeben oder in Umlauf setzen; es bilden daher die Worte: „an sich bringt" den Gegensatz gegen das im § 123 vorgesehene „als ächt empfängt", und sind auf einen Eigenthumserwerb nicht zu beschränken, vielmehr auch z. B. auf eine Ehefrau anwendbar, welche vom Ehemanne wissentlich falsches Geld zu häuslichen Ausgaben annimmt. Z. II. 10. Nov. 1855 c. Veronelli. Vgl. § 123 n. 2.

3. Hiernach bezeichnen die Worte „an sich bringt" ein Erwerben mit der Wissenschaft der Unächtheit: Z. II. 13. Jan. 1859 c. Lachenwitz. Die Absicht der Verbreitung braucht bei dem Erwerbe noch nicht vorzuwalten, sie ist vielmehr nur da erforderlich, wo Jemand das „an sich gebrachte" Geld aus dem Auslande in Preußen einführt: Bes. f. 288; G. Matt. 2. f. 219 Nr. 2; G. A. 1. f. 390; Koch n. 20; Z. II. 22. Febr. 1855 c. Brandt u. Gen. *Contra:* B. I. 11. März 1857 c. Babtz (G. A. 5. f. 248); Temme GA. f. 191; id. Lehrb. f. 775 fgg.; Abh. in G. Arch. 3. f. 613; Pl.-Beschl. St.-Ger. Berl. 4. Febr. 1852 (G. Arch. 1. f. 79). Es gehört sonach die Kenntniß von der Unächtheit zu den Begriffserforderniſſen des §; einem Antrage, dieselbe ausdrücklich in die Fragstellung aufzunehmen, muß nothwendig entsprochen werden; der § 44 findet hier keine Anwendung. Vgl. Strafverf. Art. 81 n. 21—23. Dagegen hielt ein Z. I. 12. Dez. 1860 c. Spannagel die Aufnahme der „Wissenschaft" in die Frage da, wo diese Wissenschaft zwar bestritten, ein besonderer Antrag aber nicht gestellt worden ist, nicht für unerläßlich.

4. In Ermangelung eines solchen Antrags bedarf es der Aufnahme jener Kenntniß in die Fragstellung nicht, es genügt vielmehr, wenn das „an sich bringen" festgestellt wird. Z. I. 15. Sept. 1854 c. Wiesner; Z. I. 8. Nov. 1854 c. Täge; Z. I. 22. Sept. 1858 c. Bittig (G. A. 7. f. 681); u. ö.

5. Auch hier bedarf es der Feststellung einer betrügerischen Absicht nicht. Z. I. 15. Sept. 1854 c. Wiesner; vgl. § 121 n. 9.

6. Ob das bloße „An sich bringen" zum Zwecke der Verbreitung als Versuch des „In Umlauf Setzens" anzusehen sei, ist eine thatsächliche Frage. *Contra:* Goltd. (Matt. 2. f. 221 n. 5), welcher allgemein verneint.

7. Ein „In Umlauf Setzen" ist nur da anzunehmen, wo das Geld als ächt verausgabt wird, dagegen kann ein einmaliges Ausgeben genügen. G. Matt. 2. f. 220 n. 3. 4.

8. Zum Begriffe des „In Umlauf Setzens" gehört keineswegs, daß der Handelnde das Geld unmittelbar vom Falschmünzer, in dessen Hand es noch todt gelegen, erhalten habe. *Contra:* Mayer im Arnsb. Arch. 16. f. 351.

9. Der Falschmünzer, welcher die von ihm selbst gefertigten falschen Münzen in Umlauf setzt, hat nicht neben der Strafe des § 121 auch noch die des § 122 verwirkt: er kann das im letzten § vorgesehene Verbrechen gar nicht begehen: B. II. 21. Apr. 1853 c. Gevelhof (G. A. 1. f. 366. 389); B. II. 30. Juni 1853 c. Winter. Der Falschmünzer „bringt" die falschen Münzen nicht „an sich". Anders verhält es sich mit dem Theilnehmer, selbst dem Anstifter; bei ihm ist die Möglichkeit eines „An sich Bringens" keineswegs ausgeschlossen, er kann sich daher nach beendigter Theilnahme sehr wohl des Verbrechens des § 122 schuldig machen, da dasselbe von dem des § 121 durchaus gesondert ist. Das ward stillschweigend angenommen durch: Z. II. 2. Juli 1857 c. Klier; Z. II. 7. Juli 1859 c. Petting.

§. 123. Wer falsches oder verfälschtes Geld als ächt empfängt und nach erkannter Unächtheit als ächt ausgiebt oder auszugeben versucht, wird mit Gefängniß bis zu drei Monaten oder mit Geldbuße bis zu Einhundert Thalern bestraft.

[Entw. § 111]. Vgl. § 122; 243 Nr. 3. 4.

§. 124. Dem Papiergelde werden gleich geachtet die von dem Preußischen oder einem fremden Staate oder unter deren Autorität von Korporationen, Gesellschaften oder Privatpersonen ausgestellten, auf den Inhaber lautenden Schuldverschreibungen, Aktien oder deren Stelle vertretende Interimsscheine oder Quittungen, sowie die zu diesen Papieren gehörigen Coupons, Zins= oder Dividendenscheine.

[Entw. § 112]. Vgl. § 121. 122; 340 Nr. 3 bis 5.

---

10. Da das im § 122 vorgesehene Verbrechen nicht als Theilnahme an dem Verbrechen des Münzfälschers anzusehen ist, so kann dasselbe strafbar sein, sollte auch der letztere z. B. wegen Abwesenheit des Dolus) straflos bleiben. Z. I. 7. Febr. 1857 c. Heinke.

11. Ueber den Fall der Konkurrenz dieses Verbrechens mit der durch § 39 mit Strafe bedrohten Unterlassung der Anzeige vgl. § 39 n. 14.

§ 123.

1. Hierher gehört nicht der Fall, wo Jemand als ächt empfangenes falsches Geld weiter verfälscht, vgl. § 121 n. 6. *Contra:* Temme GU. f. 191 n. 3; f. 192.

2. Die Worte: „als ächt empfängt“ bilden nur den Gegensatz gegen den schwereren Fall des § 122; daher paßt § 123 auf jedes wissentliche Ausgeben falschen Geldes, welches nicht unter das schwerere Straf-Gesetz des § 122 fällt, ohne Unterschied, ob es erwiesen [und festgestellt] sei, daß das Geld als ächt empfangen war, oder nicht: Z. II. 6. Dez. 1855 c. Sieckmann (G. A. 4. f. 248). *Contra:* Pl.-Beschl. des Stadt-Ger. Berlin 4. Febr. 1852 (G. A. 1. f. 79), welcher den § da für unanwendbar, und vielmehr die Betrugsstrafe für verwirkt erachtete, wo das Geld nicht als ächt empfangen, sondern z. B. gefunden oder gestohlen, und dann nach erkannter Unächtheit weiter verbreitet war. Vgl. § 122 n. 2. 3.

3. In dem hier vorgesehenen Falle wird regelmäßig auch der Thatbestand des Betrugs vorliegen; gleichwohl ist derselbe dann nicht nach den Grundsätzen der idealen Konkurrenz (§ 55) zu behandeln, weil sonst stets die Strafe des § 242, nie die des § 123 Platz greifen würde; vielmehr ist die Sache dahin aufzufassen, daß die Spezialvorschrift des 123 die allgemeinen, den Betrug betreffenden, Bestimmungen gänzlich ausschließe.

§ 124.

1. Beseler (f. 283 II) versteht unter den hier erwähnten Urkunden alle solche Kredit-Papiere, welche als vom Staate anerkannte Tauschmittel gelten, über deren Fundirung, Ausgabe u. f. w., daher von Staatswegen Anordnungen, wenn auch nur in der Form der Bestätigung von Vereinsstatuten getroffen sind, und eine Oberaufsicht geführt wird. Man darf dabei jedenfalls den Begriff des „Tauschmittels“ nicht zu enge fassen.

2. Privatpersonen dürfen ohne landesherrliche Genehmigung Schuldverschreibungen auf den Inhaber (mit Ausnahme der Wechsel) nicht ausstellen, vgl. Ges. v. 17. Juni 1833 (GS. f. 75).

3. An einer Bank-Obligation kann eine Münzfälschung nur durch diejenige Veränderung verübt werden, welche ihr den Schein eines höhern Werthes giebt; Fälschung eines auf der Obligation befindlichen Cessionsvermerks kann nur Urkundenfälschung sein. Z. 22. Sept. 1852 c. Krause (G. A. 1. f. 79).

Achter Titel.
Meineid.

§. 125. Wer einen ihm zugeschobenen, zurückgeschobenen oder auferlegten Eid wissentlich falsch schwört, wird mit Zuchthaus bis zu zehn Jahren bestraft.

[Entw. § 113]. Vgl. § 128. 129. 132.

---

4. Ob ein ausländisches Werthpapier den Voraussetzungen des § 124 entspreche, sollen nach einem B. II. 10. Jan. 1856 c. Oppermann (JMBl. s. 46) nur die Instanzrichter (nicht die Geschwornen) zu prüfen haben, und ihre Entscheidung, weil es sich dabei um die Feststellung auswärtigen Rechts handelt, der Nichtigkeitsbeschwerde nicht unterliegen. Zu diesem Ende soll es genügen, wenn z. B. die Geschwornen die Nachmachung von „Leipziger Banknoten“ feststellen; dann könne der Schwurgerichtshof auf Grund des in Leipzig geltenden Rechts feststellen, daß es solche Papiere seien, wie der § voraussetzt. Vgl. B. II. 9. Okt. 1856 c. Oppermann (JMBl. s. 343; G. A. 4. s. 835). Dieselben Grundsätze müssen noch unbedenklicher bei inländischen Werthpapieren gelten, deren Verausgabung auf inländischen Gesetzen beruht: Z. II. 13. Jan. 1859 c. Latenwitz.

§ 125.

Inhalt.

1. Der Begriff „Eid“ ist als ein allgemein bekannter zu betrachten, er bedarf daher in der Fragstellung einer Auflösung nicht. Z. I. 2. Mai 1856 c. Nathans (G. A. 4. s. 236).

2. Goltdammer (Matt. 2. s. 227) und Temme (Gll. s. 193 n. 3; id. Lehrb. s. 749) wollen hier einen von einer Prozeß-Partei in einem Prozesse ausgeschwornen Eid voraussetzen. Es ist dann aber der Begriff des „Prozesses“ nicht zu enge zu fassen; insbesondere ist es nicht erforderlich, daß derselbe nach den Regeln der Prozeßordnung instruirt sei: Beschl. I. 10. Nov. 1854 c. v. Schulz (Präj. n. 122; Entsch. 29. s. 256; 31. s. 226; G. Arch. 3. s. 260); Z. I. 30. Sept. 1857 c. Schneider (in Betreff eines bei einer Nachlaßregulirung geleisteten Manifestationseides). Vgl. n. 3. 7; § 126 n. 2.

3. Ebensowenig ist es erforderlich, daß das betreffende Verfahren ein gerichtliches, und daß der Eid vor einer gerichtlichen Behörde geleistet sei; es genügt, wenn nur überhaupt ein von der zuständigen Behörde in der vorgeschriebenen Form rechtmäßig abgenommener Eid falsch ausgeschworen worden ist; so: Beschl. I. 10. Nov. 1854 (Präj. n. 122; cit. n. 2); B. Pl. 7. Juli 1855 c. v. Schulz (Präj. n. 162; Entsch. 30. s. 472; 31. s. 226; G. A. 3. s. 650). Beide entschieden, daß auch derjenige Eid unter diesen § falle, welcher durch ein landesherrliches Statut zur Feststellung einer Privatforderung wegen Brandschadens an die Privat-Versicherungsgesellschaft, dem Versicherten über den Grund und den Umfang des Schadens auferlegt, und auf dem vorgeschriebenen Wege vor der dazu privilegirten Behörde [der unter Zuziehung eines richterlichen Beamten gebildeten Abschätzungs-Kommission der Gesellschaft] abgeleistet wird. *Sic:* G. M. 2. s. 227 und Abh. in G. A. 3. s. 640. *Contra:* Temme Gll. s. 193 n. 3; id. Lehrb. s. 749.

4. Auch der durch Privatübereinkunft der Parteien zur Entscheidung eines Rechtsstreits gewählte Schiedsrichter ist als eine solche Behörde zu betrachten, und der vor ihm ausgeschworne falsche Eid nach § 125 strafbar. Temme Gll. s. 193 n. 4.

5. Ob der Eid in Person, oder auch — soweit dieses nach den Prozeßgesetzen zulässig — durch einen Bevollmächtigten geleistet worden, ist gleichgültig. G. Matt. 2. f. 228; Temme Gll. f. 193 n. 4; Koch n. 26.

6. Die Vorschrift bezieht sich auf alle Arten von Prozeßeiden. G. Matt. 2. f. 229.

7. Insbesondere gehören auch Kautions- und Manifestationseide hierher, insoweit es sich nicht von dem promissorischen Theile derselben handelt, für welchen § 131 maaßgebend ist: Temme Lehrb. f. 749; Z. I. 25. Nov. 1857 c. Gallandt (G. A. 6. f. 85); Z. I. 5. Jan. 1859 c. Stärke. Mit Rücksicht auf diese Unterscheidung ist es zum wenigsten zweckmäßig bei der Fragstellung an die Geschwornen hervorzuheben, daß es sich vom assertorischen Theile des Eides handle: Z. I. 9. Dez. 1857 c. Hoffmann (G. A. 6. f. 84). Vgl. n. 2. 10.

8. . . . . ebenso die in Gemäßheit der AGO. I, 10 § 134 fgg. auferlegten Diffessionseide. Z. I. 4. Jan. 1856 c. Schmidt; Z. II. 5. Juni 1858 c. Bochröder.

9. Ausgenommen ist nur der Schätzungseid (Juramentum in litem), weil hier alles in die individuelle Schätzung des Schwörenden gelegt ist (vgl. AGO. I. Tit. 22 § 26); G. Matt. 2 f. 229; Temme Gll. f. 193 n. 5.

10. Es ist nicht erforderlich, in die den Geschwornen vorgelegte Frage die rechtliche Qualifikation des Eides, z. B. daß es ein „Manifestations-Eid" gewesen, aufzunehmen, sobald sich nur die rechtliche Natur desselben aus den festgestellten Thatsachen ergiebt. Z. I. 5. März 1856 c. Krause. Vgl. n. 2. 7.

11. Gleichgültig ist, inwiefern der Eid auf die definitive Entscheidung des Prozesses von Einfluß sei, und sich auf den Gegenstand desselben beziehe. Temme Gll. f. 193 n. 5.

12. Der Eid darf nicht absolut unrechtmäßiger Weise gefordert sein; es wird daher eine Behörde vorausgesetzt, welche nicht zur Abnahme eines Eides unqualifizirt ist, ebenso darf der Eid nicht grundsätzlich unzulässig sein, z. B. ein Reinigungseid im Strafverfahren. Temme Gll. f. 193 n. 6; G. Matt. 1. f. 130; Koch n. 25 I. Vgl. aber § 126 n. 22.

13. Bedingung der Strafbarkeit ist, daß die nach den Prozeßgesetzen wesentlichen Förmlichkeiten der Eidesleistung beobachtet sind, weil sonst ein wirklich ausgeschworner Eid nicht vorliegt: G. Matt. 2. f. 230; vgl. Koch n. 25 I. Als wesentliche Förmlichkeit kann es aber nicht angesehen werden, daß die Eidesformel den Religionsbegriffen des Schwörenden, oder der Lehre derjenigen Konfession, zu welcher er äußerlich gezählt wird, entspreche, weil nicht festzustellen ist, welche Religionsbegriffe innerlich Jemand hegt, und weil sonst derjenige, welcher nachträglich ein Atheist zu sein behauptete, straflos ausginge. Das Strafgesetz trifft vielmehr überall zu, wo Jemand einen Eid in einer vom Gesetze anerkannten Form falsch ausschwört (zumal wenn er dieser Form nicht widersprochen hat), und so äußerlich die Annahme einer gültigen Eidesleistung begründet. Vgl. § 126 n. 7. *Contra:* Koch l. c.; Z. I. 2. Mai 1856 c. Nathans (Präj. n. 214; Entsch. 33. f. 481; 34. f. 311; G. Arch. 4. f. 325), welches jedoch Vereidung in Gemäßheit der eigenen Konfessionsangabe für genügend erachtete. Diese Ansicht theilt Berner Lehrb. f. 479 Note 4. Noch weiter geht eine Abh. in G. A. 4. f. 317, welche Eidesleistung nach den Religionsbegriffen des Schwörenden für ein wesentliches Erforderniß erachtet. Jedenfalls ist, wenn von den Geschwornen die eidliche Bekräftigung festgestellt worden, die Annahme begründet, daß das Gericht, vor welchem die Ableistung erfolgte, dabei die wesentlichen Vorschriften in Betreff der Eidesform und des religiösen Ritus beobachtet habe. So: Z. I. 12. Dez. 1856 c. Czwikelowski (Kelpin u. Gen.; es handelte sich von einem falschen Zeugnisse).

14. Die Belassung einer achttägigen Frist zwischen der Auferlegung und Ausschwörung des Eides ist keine wesentliche Vorschrift des Verfahrens, da diese Frist (Vdn. v. 1. Juni 1833 § 31) nach der Vdn. v. 21. Juli 1846 § 12 (vergl. auch Vdn. v. 21. Juli 1849 § 33; GS. f. 315) abgekürzt werden kann; die Strafbarkeit des Meineids ist daher auch dann begründet, wenn jene Frist nicht beobachtet worden ist: Z. II. 25. Sept. 1856 c. Tasch (G. A. 4. f. 836); Z. II. 20. April 1860 c. Beitz.

15. Auch die vorgängige Verwarnung ist (arg. AGO. Anh. § 82) zu den wesentlichen Förmlichkeiten nicht zu rechnen: Z. I. 24. Sept. 1856 c. Mattner; ebenso (bei einem Zeugeneide): Z. I. 17. Juni 1853 c. Bär (G. A. 1. s. 567. 702); Z. I. 12. Dez. 1856 c. Czwickelowski (Kelpin u. Gen.); G. Matt. 2. s. 229. Vgl. G. A. 1. s. 53. Aus dem dort Gesagten ist nicht zu folgern, als sei die Frage an die Geschwornen darauf, ob eine Verwarnung stattgefunden habe, auszudehnen; da dieser Umstand nur als Strafzumessungsgrund in Betracht kommt, so ist er vom Gerichtshofe selbstständig festzustellen. Vgl. § 126 n. 17.

16. In die den Geschwornen vorzulegende Frage brauchen die Thatsachen, welche falsch beschworen worden sind, nicht mit aufgenommen zu werden. Z. I. 6. März 1856 c. Krause; Z. I. 20. Juli 1859 c. Bergmann; Z. I. 12. Sept. 1860 c. Vetter; u. ö. Vgl. § 126 n. 28; § 130 n. 3.

17. Vollendet wird das Verbrechen mit der Eidesleistung. Goltd. Matt. 2. s. 232; Temme Gll. s. 194 n. 10; Koch n. 28.

18. Insbesondere ist nicht erforderlich, daß auch die Protokollirung über das Geschehene stattgefunden habe. Beseler s. 292; Temme Gll. s. 194 n. 10; Koch n. 28.

19. Nachträglicher Widerruf kann nur als Strafzumessungsgrund in Betracht kommen. G. Matt. 2. s. 234 VI.

20. Ein Versuch des Meineids ist sehr wohl möglich: G. Matt. 2. s. 235; Temme Gll. s. 194 n. 11. Ob ein solcher begangen worden, und ob er den Merkmalen des § 31 entspreche, ist Gegenstand der thatsächlichen Beurtheilung. Insbesondere kann auch im Erbieten zur Beschwörung einer Unwahrheit der Anfang der Ausführung gefunden werden: Z. II. 6. Okt. 1853 c. Brink (G. A. 1. s. 702). *Contra:* Z. 18. Febr. 1852 c. Kunz (Entsch. 23. s. 213); Beschl. 7. Jan. 1852 c. Völike (Entsch. l. c.; G. A. 1. s. 702); Z. 21. Mai 1852 c. Rehfeld, welche, auf eine eigene Prüfung jener Frage eingehend, einen Versuch des Meineids nur da für denkbar erachteten, wo der Akt der Eidesleistung selbst (wenn auch nur durch Erhebung der Finger, und die begonnene Nachsprechung der Eidesformel mit dem Worte „Ich") irgendwie einen Anfang genommen habe. *Sic:* G. Matt. 2. s. 234 VII; Temme Gll. s. 194 n. 11; Koch n. 26. Vgl. § 31 n. 27; § 126 n. 19.

21. Zum Thatbestande des wissentlichen Meineids gehört zwar nicht eine gewinnsüchtige, oder auf Beschädigung eines Dritten gerichtete Absicht, wohl aber nicht nur das Wissen von der Unrichtigkeit oder Mangelhaftigkeit der gemachten Angaben, sondern auch das Wissen von der Falschheit des Eides, und ein bestimmter, wenn auch nicht auf Verletzung der Rechte eines Dritten, doch auf Verletzung der Eidespflicht, gerichteter Dolus. Daher macht sich des wissentlichen Meineids derjenige nicht schuldig, welcher bei der eidlichen Manifestation seines Vermögens bewußter Maßen einzelne ihm zustehende Forderungen verschweigt, sobald dieses nur aus dem Grunde geschieht, weil er sie für völlig werthlos hält. Z. I. 4. März 1853 c. v. Maltzahn-Wedel.

22. Es genügt die Feststellung, daß der Eid wissentlich falsch ausgeschworen sei; daher bedarf es der Aufnahme der einzelnen Umstände, aus welchen dieses Bewußtsein hervorgeht, in die den Geschwornen vorgelegte Frage nicht. Z. I. 24. Sept. 1856 c. Mattner.

23. Die „Wissentlichkeit" ist hier Begriffserforderniß, nicht ein erschwerender Umstand im Sinne des Art. 91 Abs. 4 des Ges. vom 3. Mai 1852. Z. I. 1. Apr. 1859 c. Brunow.

24. Nach Rheinischem Rechte ist die Frage sehr bestritten, ob, wenn das Streitobjekt, auf welches der geleistete Eid sich bezog, den Werth von 150 Franken übersteigt, mit Rücksicht auf Art. 1341 des BGB. im Strafverfahren die Falschheit des Eides blos durch Zeugen dargethan werden könne. Es verneinten: Erk. AGH. Köln 26. Aug. 1820 c. Berrer (Rh. Arch. 2. 1. s. 145); Erk. id. 17. Mai 1821 (Rh. Arch. 3. 1. s. 188); Z. Rh. Kass.-H. 14. Febr. 1837 c. Heck (ibid. 25. 2. A. s. 56). Dagegen bejahten: B. id. 26. Jan. 1821 c. Berrer (Rh. Arch. 2. 2. A. s. 149); Z. id. 2. Jan. 1843 c. Schmitz (Rh. Arch. 39. 2. A. s. 60; Tr. Ann. 5. 1. s. 21); Z. II. 17. Dez. 1857 c. Linnartz. Die letztere Ansicht verdient unbedenklich den

§. 126. Wer als Zeuge in einer Civilsache oder Strafsache wissentlich ein falsches Zeugniß mit einem Eide bekräftigt, oder den vor seiner Vernehmung geleisteten Eid wissentlich durch ein falsches Zeugniß verletzt, wird mit Zuchthaus bis zu zehn Jahren bestraft.

Ist das falsche Zeugniß in einer Strafsache zum Nachtheil eines Angeschuldigten abgelegt, und dieser zur Todesstrafe, Zuchthausstrafe oder zur Strafe der Einschließung von mehr als fünf Jahren verurtheilt worden, so ist die Strafe Zuchthaus von zehn bis zu zwanzig Jahren.

[Entw. § 114]. Vgl. § 128. 129. 132.

Vorzug; vgl. § 157; § 225 n. 59. Ueber die Ansichten der französischen Rechtslehrer und die Entscheidungen der französischen Gerichtshöfe vgl. Gilb. C. pén. Art. 366 n. 3—5; 7—9.

25. Ist ein zugeschobener Eid falsch ausgeschworen worden, so kann nach Rheinischem Rechte der Deferent in dem dieserhalb eingeleiteten Strafverfahren nicht als Civilpartei auftreten (arg. BGB. Art. 1363). Vergl. Gilb. C. pén. Art. 366 n. 6.

26. Stellt die Wiederholung derselben falschen Eidesleistung in derselben oder in einer andern Sache einen Fall der realen Konkurrenz dar? Vergl. § 56 n. 2. 12.

27. Ueber die Möglichkeit einer Theilnahme am Meineide im Sinne des § 34 Nr. 2 vgl. § 129 n. 10; § 126 n. 26.

§ 126.

Inhalt.

1. Ein wesentliches, ausdrückliche Feststellung erheischendes Merkmal dieses Verbrechens ist, daß die betr. Aussage als „Zeuge" oder als „Zeugniß" abgegeben worden sei; der Mangel dieser Feststellung kann dadurch nicht ersetzt werden, daß es in derselben ferner heißt: der Angeklagte habe die Richtigkeit seiner Angabe auf den in derselben Sache geleisteten „Zeugeneid" genommen. B. II. 21. Sept. 1854 c. Huwer.

2. Zum Begriffe der „Civil- oder Strafsache" ist keineswegs erforderlich, daß es sich von einem förmlichen Prozeßverfahren handle, noch auch, daß der Eid vor einer gerichtlichen Behörde geleistet werde. Es genügt jede ein Civilrecht betreffende Verhandlung, oder ein die Verfolgung und Ahndung einer Strafthat betreffendes Verfahren, sobald dabei eine Behörde thätig ist, welcher gesetzlich das Recht zusteht, in Civil- oder Strafsachen zu verhandeln, und namentlich dabei Zeugen zu vernehmen: Temme Lehrb. s. 751 (der aber jedenfalls zu weit geht, wenn er verlangt, daß die Behörde auch zur Verhandlung der konkreten Sache kompetent gewesen sein müsse). Insbesondere kommt es nicht darauf an, ob ein Civil- oder Criminal-Prozeß schon förmlich eingeleitet sei, sobald nur die Qualität der Sache, ob sie einen Civil-Anspruch oder eine strafbare Handlung betreffe, feststeht:

Z. II. 10. Sept. 1857 c. Schröder (JMBl. s. 380). Vgl. § 125 n. 2—4; G. Matt. 2. s. 237 II; Temme Gll. s. 195 n. 2; Abh. in G. Arch. 3. s. 640.

3. Hiernach ist unter einer Civilsache auch das Verfahren mitbegriffen, welches zur Ermittlung und Feststellung der von einer Privatfeuerversicherungsgesellschaft zu leistenden Brandschadenentschädigung vor einer Kommission anhängig ist, welche in Gemäßheit des vom Staate bestätigten Gesellschaftsstatuts unter Mitwirkung eines richterlichen Beamten gebildet worden. Beschl. I. 10. Nov. 1854 c. Borchert (v. Schulz u. Gen.; Entsch. 31. s. 226; G. A. 3. s. 260). Vgl. § 125 n. 3.

4. Nicht minder gehört hierher der Eid, welcher vor einem Notar in Gemäßheit der AGO. III, 7 § 83, oder der Rh. BPO. Art. 914 Nr. 9 und 943 Nr. 8 (Aufnahme eines Inventars) abzuleisten ist: Temme Gll. s. 195 n. 2. *Contra* in Beziehung auf den letztern Fall: Rej. 7. Dez. 1838 (Sir. 39. 1. 626).

5. Dasselbe gilt von einem falschen bei Aufnahme eines Notorietäts-Aktes (nach dem Rh. BGB. Art. 72) abgegebenen Zeugnisse, vorausgesetzt, daß dasselbe mit einem Eide bekräftigt ist, was freilich in der Regel nicht zu geschehen pflegt.

6. ..... ebenso von der durch das Gesetz v. 1. Mai 1851 § 26 (GS. s. 204) gestatteten, auf Veranlassung der Bezirks-Kommissionen zu bewirkenden gerichtlichen Zeugenvernehmung über die Vermögens- und Einkommensverhältnisse eines Einkommensteuerpflichtigen.

7. Auch das in einer Strafsache in der Voruntersuchung (oder in einem gerichtlichen Skrutinialverfahren) abgelegte falsche eidliche Zeugniß unterliegt der Strafe: Bes. s. 292; G. Matt. 2. s. 240; Temme Gll. s. 198 n. 6; id. Lehrb. s. 752. Hierbei macht es keinen Unterschied, ob die Voruntersuchung gegen eine bestimmte Person gerichtet gewesen, oder ob es sich nur davon handelte, die Frage: ob überhaupt ein Verbrechen rc. vorliege, ins Klare zu stellen: Z. I. 6. April 1853 c. Wisniewska (G. Arch. 1. s. 393). Vgl. § 128 n. 4. In Frankreich war (mit Rücksicht auf Bestimmungen des älteren Rechts, und darauf bezügliche Bemerkungen in den Diskussionen über den Code pénal) die entgegengesetzte Ansicht feststehend, nach welcher ein strafbares falsches Zeugniß nur im mündlichen Hauptverfahren abgelegt werden konnte; vgl. Gilb. C. pén. Art. 361 n. 12—14. Zu bemerken ist dabei, daß nach den Vorschriften der französischen StPO. sowohl in der Voruntersuchung als in dem Hauptverfahren nur der sogenannte bürgerliche Eid, und zwar — soviel das Gelöbniß anlangt — in ganz gleicher Form geleistet wird (mit den Worten: „Ich schwöre es“). Dieses ist für die Rheinprovinz durch zwei Erlasse der Immediat-Justiz-Kommission vom 22. Dez. 1817 u. 15. März 1818 (Rh. Samml. 1. s. 480 u. 496) dahin abgeändert worden, daß jetzt im Hauptverfahren, nicht aber in der Voruntersuchung, eine religiöse Bekräftigung hinzutritt. Hieraus scheint Goltdammer l. c. folgern zu wollen, als könne in der Rheinprovinz das falsche in der Voruntersuchung abgelegte Zeugniß nicht nach § 126, sondern nur etwa nach § 129 bestraft werden. In ähnlichem Sinne spricht sich eine Abh. in G. Arch. 4. s. 321 aus (welche indessen die Bedeutung jener Erlasse zum Theil irrig auffaßt). Dieser Ansicht kann nicht beigetreten werden. Nachdem die durch die Entstehungsgeschichte des Code pénal gerechtfertigte engere Auslegung des Art. 361 ib. mit diesem weggefallen, ist § 126 des StGB. überall anzuwenden, wo eine eidliche Bekräftigung eines falschen Zeugnisses statt gefunden hat; als solche ist aber nach den allgemeinen Grundsätzen des Rheinischen Rechts der bürgerliche Eid unzweifelhaft anzusehen, indem es auch früher nie bestritten worden ist, daß ein im mündlichen Hauptverfahren abgeleisteter blos bürgerlicher Eid das folgende falsche Zeugniß zu einem strafbaren mache, ohne daß der Mangel der (nur instruktionsmäßig vorgeschriebenen) religiösen Bekräftigung daran etwas änderte: B. I. 1. Dez. 1838 c. Gompertz (Rh. Arch. 28. 2. A. s. 23); vgl. § 125 n. 13. Zu bemerken ist indessen, daß der K. B. II. K. (s. 73) von der entgegengesetzten Auffassung ausgehend, die Entscheidung der Frage der zu erlassenden Strafprozeßordnung vorbehalten wollte, „weil sie sich eigentlich auf die andere Frage reduzire, ob in der Voruntersuchung der Zeuge seine Aussage unter einem religiösen Eide abgeben solle.“

8. Dem Zwecke der Vorschriften der §§ 317 fgg. der Crim.-Ordn. gemäß kann nur dasjenige, was in dem über die Vernehmung eines Zeugen in der Voruntersuchung aufgenommenen Protokolle, als die Aussage desselben niedergeschrieben

worden, als von demselben deponirt angesehen werden, dieses Protokoll mithin allein für die Wahrheit oder Unwahrheit der Aussage maaßgebend sein. Es muß daher in dieser Beziehung für gleichgültig erachtet werden, was von dem Zeugen oder einem Dritten bei Gelegenheit der Vernehmung neben dem zu Protokoll gebrachten, und also allein für erheblich erachteten, etwa mündlich geäußert oder erklärt worden ist, ohne registrirt zu sein, und kann es, um den Thatbestand des Meineids herzustellen, nicht darauf ankommen, was in Betreff der angeblich mündlichen, nicht registrirten Erklärungen und Vorhaltungen auf Grund der Zeugen-Aussagen vom Richter als erwiesen festgestellt sein mag. So: Z. 31. März 1852 c. Wagner. Dagegen kann ein im Hauptverfahren vor dem erkennenden Richter abgelegtes falsches Zeugniß auch dann verfolgt werden, wenn über den Inhalt desselben nichts im Sitzungsprotokolle vermerkt worden ist, sobald der Thatbestand nur durch die gewöhnlichen im Strafverfahren statthaften Beweismittel dargethan werden kann: Erk. App.-Hof Köln v. 5. Mai 1832 (Rh. Arch. 17. 1. s. 124); B. II. 22. Nov. 1860 c. Kümmel (RdO. 1. s. 37; G. A. 9. s. 46; ind.).

9. Vorausgesetzt wird ein falsches Zeugniß, die objektive Unwahrheit muß daher in denjenigen Angaben enthalten sein, welche dem Zeugnisse wesentlich angehören. Unrichtigkeiten in ganz unwesentlichen Nebenpunkten kommen nicht in Betracht: Temme Lehrbuch s. 752. Als wesentlich ist insbesondere auch alles dasjenige zu betrachten, was auf die Glaubwürdigkeit des Zeugen von Einfluß sein kann. Dazu sind auch die auf die Generalfragen ertheilten Antworten zu rechnen: Z. 8. Nov. 1852 c. Momberg (G. Arch. 1. s. 80); Z. II. 27. Sept. 1860 c. Meyer; Just.-Min.-Verf. v. 15. Okt. 1846 und eine dort in Bezug genommene AKO. v. 5. Okt. 1846 (JMBl. s. 183); Abegg Abh. im Gerichts-Saal 1856 II. s. 62 fgg. *Contra* im Allgemeinen: John Abh. in G. Arch. 4. s. 471.

10. Jedenfalls sind die Angaben des Zeugen über die früher von ihm erlittenen Bestrafungen als wesentlich anzusehen; eine derartige falsche Angabe ist daher nach § 126 strafbar, ohne Unterschied, ob es sich von einer Bestrafung handelt, welche nach gesetzlicher Vorschrift auf die Statthaftigkeit oder Glaubwürdigkeit eines Zeugnisses von Einfluß ist, oder nicht: B. 27. Sept. 1852 c. Fahrland; Z. I. 27. Mai 1853 c. Wolff (G. Arch. 1. s. 393); Z. I. 30. Sept. 1854 c. Momberg; Z. I. 11. Nov. 1859 c. Mochmann (G. A. 8. s. 126) u. ö. Diese Strafbarkeit wird dadurch nicht beseitigt, daß seit Begehung des Verbrechens rc., wegen dessen die vom Zeugen abgeleugnete Bestrafung stattgefunden, die volle Verjährungsfrist abgelaufen ist: Z. I. 27. Mai 1853 c. Wolff (G. A. 1. s. 393).

11. Ebenso ist die vorsätzliche Angabe eines falschen Namens unbedenklich als ein falsches Zeugniß zu betrachten. Vgl. Abegg Abh. im Gerichts-Saal 1856 II. s. 62 fgg.

12. Ein Zeugniß ist falsch, sobald der Zeuge wahrheitswidrig seine Kenntniß von einer Thatsache versichert, sollte die Thatsache selbst objektiv auch in der Wahrheit begründet sein. Z. I. 7. Sept. 1860 c. Starke (G. A. 8. s. 805).

13. Der Ausdruck „wissentlich" schließt den Begriff der Vorsätzlichkeit in sich. Z. I. 1. Mai 1857 c. Grönert.

14. Ein wissentlich falsch abgelegtes, demnächst mit einem Eide bekräftigtes Zeugniß ist wissentlich falsch bekräftigt, weil derjenige, der sich schon bei der Ablegung der Falschheit bewußt war, dasselbe Bewußtsein auch bei der demnächstigen Beeidigung haben mußte. So: Z. (B.) II. 11. Sept. 1856 c. Dieckhof (G. A. 5. s. 66).

15. Ein B. I. 18. Nov. 1853 c. Kirscher (G. Arch. 2. s. 117) nahm an, daß ein Zeugniß als ein wissentlich falsches nur dann nachgewiesen werden könne, wenn es bestimmte, in ihrem Begriffe der individuellen Beurtheilung des Schwörenden nicht unterworfene Thatsachen zum Gegenstande habe, nicht aber dann, wenn es Thatsachen enthalte, deren Begriffe völlig relativ, von der Beurtheilung und Auffassung des Schwörenden abhängig seien. (Der Angeklagte hatte beschworen, daß er mit einem bestimmten Frauenzimmer „nie in einem unerlaubten Verhältnisse gestanden"). Die angeregte Frage kann indessen, als eine wesentlich thatsächliche, nur der Entscheidung des Instanzrichters unterliegen.

16. Soll ein falsches Zeugniß durch Verschweigen erheblicher Thatsachen abgelegt sein, so muß durch den Wahrspruch der Geschwornen festgestellt werden, daß

der Angeklagte über diese Thatsachen ausdrücklich oder in einer Weise befragt worden sei, daß das Verschweigen die unwahre Versicherung der mangelnden Kenntniß enthalte. So: B. I. 30. März 1855 c. Wanke (Entsch. 30. s. 336; G. A. 3. s. 425); B. I. 19. März 1856 c. Bleschke (G. A. 4. s. 366); ähnlich: B. 3. Dez. 1852 c. Goßmann (G. A. 1. s. 393). Vgl. G. Matt. 2. s. 256. Ist indessen der Thatbestand nach der Fassung des § 126 festgestellt, so ist die Strafverhängung gerechtfertigt, und der verurtheilte Angeklagte, welcher es versäumt hat, die speziellere Fassung der den Geschwornen vorgelegten Frage zu beantragen, kann diesen Mangel nicht im Wege der Nichtigkeitsbeschwerde geltend machen: Z. II. 24. Sept. 1857 c. Saerbeck; Z. I. 11. Mai 1861 c. Ehlig. Ueberhaupt werden auch hier die konkurrirenden Umstände wesentlich in Betracht kommen, und alles der thatsächlichen Beurtheilung anheimfallen, ob ein beabsichtigtes Verschweigen gegen besseres Wissen stattgefunden habe.

17. Durch eine vorherige Verwarnung ist die Strafbarkeit des falschen Zeugnisses (arg. AGO. Anh. § 82) nicht bedingt. Z. I. 17. Juni 1853 c. Bär (G. Arch. 1. s. 567. 702). Vgl. § 125 n. 15.

18. Vollendet wird das Verbrechen da, wo die Vernehmung der eidlichen Erhärtung vorhergeht, durch die letztere. Geht dagegen (wie nach Rheinischem Rechte) die Vereidung der Vernehmung vorher, so will Goltdammer (Matt. 2. s. 237. 240) die Vollendung nur dann annehmen, wenn die Verhandlung geschlossen worden; so lange dieses nicht geschehen, sei nur etwa ein Versuch anzunehmen, dessen Strafbarkeit da wegfalle, wo ein freiwilliger Widerruf vor dem Schlusse erfolgt sei. So die französische Rechtsprechung, welche den Widerruf selbst dann noch gestattet, wenn gegen den Zeugen wegen Verdachts des Meineids vom Präsidenten ein Haftbefehl erlassen worden ist. Vgl. Gilb. C. pén. Art. 361 n. 15—18. 20. *Contra:* Temme Gll. s. 195 n. 4; id. Lehrb. s. 754, welcher mit der Abgabe der falschen Aussage das Verbrechen für vollendet erachtet.

19. Ueber die Möglichkeit des Versuchs eines falschen Zeugnisses, sowie über die Frage, ob das Erbieten zur eidlichen Erhärtung einer abgegebenen Zeugenaussage als Anfang der Ausführung anzusehen sei, vgl. § 31 n. 27; § 125 n. 21. Die dort citirten Z. 21. Mai 1852 c. Rehfeld und Z. II. 6. Okt. 1853 c. Brink (G. Arch. 1. s. 702) betrafen falsche Zeugnisse.

20. In Betreff der Förmlichkeiten der Eidesleistung vgl. § 125 n. 13.

21. Die Feststellung: »die betreffende Aussage sei bei einer Zeugenvernehmung vor Gericht abgegeben, und mit dem Zeugeneide bekräftigt«, schließt die fernere Feststellung in sich, daß bei der Vernehmung auch die wesentlichen gesetzlichen Vorschriften, welche für die Aufnahme gerichtlicher Protokolle und die Ableistung von Eiden vor Gericht gelten (z. B. die §§ 330. 331 der Crim.-Ordn.) beobachtet seien. Z. I. 13. März 1857 c. Zinger (Wißman u. Gen.).

22. Das falsche Zeugniß wird dadurch nicht straflos, daß die stattgehabte eidliche Bekräftigung gesetzlich unzulässig war. Selbst der Eidesunmündige ist, wenn er die Unwahrheit beschworen hat, strafbar, insofern er nicht ohne Unterscheidungsvermögen gehandelt hat: G. Matt. 2. s. 242; Z. I. 16. März 1855 c. Tulodziecki. Vgl. aber § 125 n. 12; § 128 n. 3; § 129 n. 3.

23. Der Umstand, daß der Zeuge durch eine wahrheitsgetreue Aussage sich selbst belastet haben würde, kann die Ablegung eines falschen Zeugnisses nicht straflos machen: G. Matt. 2. s. 242; Z. II. 10. März 1853 c. Braune. Der Zeuge ist nur befugt, die Aussage über solche Thatsachen, welche das Geständniß einer von ihm selbst begangenen strafbaren Handlung enthalten würden, zu verweigern, und er darf seiner Vernehmlassung und Vereidung die Verwahrung hinzufügen, daß er in Betreff aller derartigen Thatsachen Stillschweigen beobachten werde: Beschl. I. 5. April 1854 c. Orthmanns (I. n. 127 B; G. A. 2. s. 414); Beschl. I. 28. März 1856 c. Klippel (I. n. 98 B; G. A. 4. s. 377); u. ö. Vgl. n. 24; Strafverf. § 18 n. 3. 4.

24. Auch dadurch wird die Strafbarkeit des falschen Zeugnisses nicht ausgeschlossen, daß der Zeuge das von ihm abgelegte Zeugniß nach dem Gesetze hätte verweigern können, sollte ihn auch der Richter, seines Widerspruchs ungeachtet, zur Aussage angehalten haben. Z. I. 4. Nov. 1853 c. Gohlke. Vgl. n. 23.

25. Bildet die spätere unveränderte Wiederholung eines falschen eidlichen

Zeugnisses unter Bezugnahme auf den früher geleisteten Eid, den Thatbestand eines zweimaligen falschen Zeugnisses? Vgl. § 56 n. 2. 12.

26. Daß beim falschen Zeugnisse auch außer der Anstiftung eine Theilnahme im Sinne des § 34 Nr. 2 möglich sei, ist grundsätzlich nicht zu bestreiten: Z. I. 30. Sept. 1857 c. Rewoldt (Salzwig u. Gen.; G. A. 6. f. 415). Eine solche kann in der Provokation auf die Vernehmung eines durch einen Andern bestochenen Zeugen, bei vorhandener Wissenschaft, daß derselbe falsch zu schwören beabsichtige, enthalten sein: Beschl. I. 1. Febr. 1854 c. Leeske (Köhler u. Gen.). *Contra:* G. A. 7. f. 668. Aehnlich verhält es sich, wenn ein Angeklagter sich mit einem Zeugen über die gegenseitig abzugebenden Aussagen bespricht, und die eigne Aussage hiernach einrichtet. Vgl. § 129 n. 10; G. Arch. 1. f. 390.

27. Die Verleitung zu einem falschen Zeugnisse ist nur dann strafbar, wenn festgestellt wird, daß nicht nur zur Ablegung, sondern auch zur eidlichen Bekräftigung verleitet worden sei. So: B. I. 12. April 1854 c. Goldbeck (G. Arch. 2. f. 418); Temme Arch. 2. f. 84. Es gehört indessen zur thatsächlichen Beurtheilung, ob nicht in jener auch die Verleitung zur Beeidigung mit zu finden ist.

28. Die den Geschwornen vorzulegende Frage braucht nicht nothwendig die Thatsachen zu enthalten, welche unwahr und mit einem Eide bekräftigt worden sind, es genügt eine den Worten des § 126 entsprechende allgemeine Fassung: Z. II. 2. Juni 1853 c. Heibing; Z. I. 8. Nov. 1854 c. Kenneweg (G. Arch. 3. f. 106); Z. I. 18. Dez. 1857 c. Wuchalski; Z. I. 2. März 1859 c. Jungmann; Z. II. 3. Mai 1860 c. Jäger; u. ö. Vgl. § 125 n. 16; Just.-Min.-Verf. vom 14. Mai 1856 VII (G. A. 4. f. 541). *Contra:* Z. II. 19. Mai 1860 c. Horn welches aussprach: die Aufnahme der schwornen Thatsache in die Frage könne dann nothwendig werden, wenn der Angeklagte es bestreite, die betr. Bekundung gemacht zu haben. Jedenfalls aber muß das oben n. 9 Gesagte berücksichtigt, und geeigneten Falles die Wesentlichkeit der Thatsachen erwähnt werden. Vgl. auch n. 28; § 130 n. 3.

29. Lautet die Anklage-Formel allgemein auf eidliche Bekräftigung „eines falschen Zeugnisses," so umfaßt die Anklage das abgelegte Zeugniß ganz, es dürfen daher nicht (gegen den Antrag des Staatsanwalts) aus der Fragstellung einzelne Theile der damaligen Aussage ausgeschieden werden; insbesondere ist eine solche Verfahrungsweise nicht dadurch zu rechtfertigen, daß die Anklageschrift dieser Theile keine Erwähnung gethan habe: B. II. 22. Nov. 1860 c. Kümmel (RdO. 1. f. 37; G. A. 9. f. 46). Wenn sich dagegen die erhobene Anklage ausdrücklich nur auf einen Theil des abgelegten Zeugnisses bezog, und diesem gemäß auch die Fragstellung erfolgt ist, so steht eine Freisprechung einer demnächstigen neuen Verfolgung wegen falschen Zeugnisses nicht entgegen, wenn dieses in andern damals ebenfalls abgegebenen Aussagen gefunden wird. *Contra:* Z. 23. Jan. 1850 c. Falkenberg; B. eod. c. Ermold, „weil der verbrecherische Charakter in der heiligen Handlung der Eidesleistung beruhe, welche in Beziehung auf verschiedene Stücke der Aussage nicht als eine mehrfache aufgefaßt werden könne." Dagegen steht die einmalige Verurtheilung einer abermaligen Verfolgung wegen desselben Verbrechens in Betreff anderer Theile der Aussage allerdings entgegen.

30. Im Falle des zweiten Absatzes bedarf es eines besondern auf ungerechte Verurtheilung des Angeschuldigten gerichteten Dolus nicht. G. Matt. 2. f. 245 n. 3; *Contra:* Temme Gll. f. 196 n. 4.

31. Ebensowenig bedarf es der Feststellung eines Kausalzusammenhanges zwischen der Verurtheilung und dem falschen Zeugnisse, noch auch, daß die Verurtheilung einen Unschuldigen getroffen habe. Komm.-B. II. K. f. 74; Bef. f. 293; G. Matt. 2. f. 243. *Contra:* Temme Gll. f. 196 n. 4. Vgl. Motive f. 38.

32. Absatz 2 erheischt nur die Verurtheilung des Angeschuldigten, nicht die Vollstreckung der Strafe; es bleibt daher auch gleichgültig, ob die verhängte Strafe im Gnadenwege erlassen worden ist. G. Matt. 2. f. 244 n. 2; Temme Gll. f. 196 n. 3.

33. Goltdammer (Matt. 2. f. 247 n. 4) glaubt mit Unrecht, daß wenn der Verurtheilung auch eine Vollstreckung der verhängten Freiheitsstrafe gefolgt sei, die Verjährung des falschen Zeugnisses erst mit dem Aufhören jener Strafe beginnen könne; das Verbrechen ist mit der Abgabe des Zeugnisses und der demnächstigen

§. 127. Wer als Sachverständiger in einer Civilsache oder Strafsache wissentlich ein falsches Gutachten mit einem Eide bekräftigt, oder den vor seiner Erklärung geleisteten Eid wissentlich durch ein falsches Gutachten verletzt, wird gleich dem falschen Zeugen bestraft.

[Entw. § 115]. Vgl. § 126. 129. 132.

§. 128. Der Ableistung eines Eides wird gleich geachtet:

1) wenn ein Mitglied einer Religionsgesellschaft, welcher das Gesetz den Gebrauch gewisser Betheuerungsformeln an Stelle des Eides gestattet, eine Erklärung unter der Betheuerungsformel seiner Religionsgesellschaft abgiebt;
2) wenn derjenige, welcher als Partei, Zeuge oder Sachverständiger einen Eid geleistet hat, in gleicher Eigenschaft eine Versicherung unter Berufung auf den bereits früher in derselben Angelegenheit geleisteten Eid abgiebt, oder wenn ein Sachverständiger, welcher als solcher ein für allemal vereidet ist, eine Versicherung auf den von ihm geleisteten Eid abgiebt;
3) wenn ein vereideter Beamter eine amtliche Versicherung unter Berufung auf seinen Diensteid abgiebt.

[Entw. § 116]. Vgl. § 125—127. 132; AGO. I, 10 § 203 Nr. 2. 5; 210. 211; I, 13 § 10 b; Cr.-O. § 335 Nr. 2. 3. 4; Vdn. v. 3. Jan. 1849 § 55.

Verurtheilung vollendet; die Fortdauer der Wirkungen des Verbrechens hindert den Beginn der Verjährung nicht, sonst müßte, wenn eine verhängte Todesstrafe vollstreckt ist, die Verjährung gänzlich ausgeschlossen sein.

§ 127.

1. Der vom Sachverständigen nach der Vdn. v. 28. Juni 1844 (GS. f. 249) § 2 zu leistende Eid bezieht sich nur auf das erforderte G u t a c h t e n, nicht auf die Beantwortung von Generalfragen über gewisse Thatsachen und Verhältnisse, welche die Glaubwürdigkeit des Sachkundigen betreffen. Z I. 4. Mai 1853 c. Stephan. Vgl. § 126 n. 9.

§ 128.

1. Dieser § enthält keine selbstständige Strafvorschrift, sondern schreibt nur vor, wann die Abgabe von Erklärungen oder Versicherungen, wie sie in den Nrn. 1—3 näher bezeichnet sind, der wirklichen Ableistung eines Eides gleichgeachtet werde; unter welchen Umständen aber die Ableistung eines Eides als Meineid strafbar sei, darüber disponiren § 125—127; es versteht sich daher von selbst, daß auch nur unter denselben Umständen die Abgabe einer Erklärung rc. als Meineid zu bestrafen ist. Aus diesem Grunde sind denn auch die im frühern Entwurfe (von 1847) der Nr. 3 sich findenden Worte: „in Prozessen oder Untersuchungen“ gestrichen worden: B. I. 28. Jan. 1853 c Nentwig (G. A. 1. f. 236); B. II. 29. März 1860 c. Nowakowsky (G. A. 8. f. 41). Vgl. Motive des Entw. v. 1847 § 51; G. Matt. 2. f. 248 n. 2. *Contra:* Temme GU. f. 199 n. 1. 2 (für den Fall der Nr. 3, und den des Schlußsatzes der Nr. 2), der dieses aber (Lehrb. f. 757) zurücknimmt.

§. 129. Wer einer öffentlichen Behörde eine Versicherung an Eidesstatt wissentlich falsch abgiebt, wird mit Gefängniß von drei Monaten bis zu Einem Jahre bestraft; auch kann gegen denselben zugleich auf zeitige Untersagung der Ausübung der bürgerlichen Ehrenrechte erkannt werden.

[Entw. § 117]. Vgl. § 132; ALR. I, 9 § 486; II, 18 § 220. 403; AGO. III, 7 § 86.

Zu Nr. 2.

2. Temme (Gll. S. 200 n. 3; id. Lehrb. S. 753) will die Strafbestimmung nur dann wirksam werden lassen, wenn die Versicherung auf den früher geleisteten Eid in einem Falle statt gefunden hat, wo das Gesetz eine solche ausdrücklich vorschreibt, oder zuläßt. Wäre dieses richtig, so würde der vorgesehene Fall in Betreff einer Partei nie vorkommen können, da für sie kein bestehendes Gesetz der Statthaftigkeit einer Versicherung auf einen früher geleisteten Eid Erwähnung thut. Es ist daher richtiger, Strafbarkeit überall anzunehmen, wo eine solche Versicherung stattgefunden hat, sollte das geltende Gesetz auch wiederholte Eidesleistung erheischen. Vgl. § 129 n. 3.

Zu Nr. 3.

3. „Zur Anwendbarkeit dieser Nr. 3 ist erforderlich, daß die von einem Beamten auf seinen Diensteid genommene falsche Aussage auch eine amtliche in dem Sinne sei, daß sie ihrem Gegenstande nach unmittelbar das Amt betreffe.“ So: Z. Pl. 13. Nov. 1854 c. Lange (Präj. n. 120; Entsch. 29. S. 471; 30. S. 340); B. I. 24. Febr. 1858 c. Lindner (beil.). *Contra* früher: B. II. 21. Apr. 1853 c. Schachtzieck (G. A. 1. S. 394), welches diese Nr. 3 auch da für zutreffend erachtete, wo der Gegenstand der Aussage bei strenger Prüfung das Amt nicht unmittelbar betreffe, und daher genau genommen wirkliche Vereidung erforderlich gewesen sei. Diese letztere Ansicht dürfte den Vorzug verdienen; sobald das mit der Sache befaßte Gericht eine solche Versicherung für ausreichend erachtet, und darauf die Entscheidung gestützt hat, so hat dieselbe die volle Wirkung einer Eidesleistung gehabt, und es ist schwer abzusehen, wie dann die Strafvorschrift ausgeschlossen bleiben dürfe. Vgl. Antr. des Gen.-St.-Anw. zu B. Pl. 24. Sept. 1860 c. Häusler (RdO. 1. S. 82); Koch n. 32. Ein Z. I. 19. Dez. 1860 c. Schimming (RdO. 1. S. 188) erachtete es jedenfalls für genügend, wenn die bekundete Thatsache sich direkt auf eine Amtshandlung bezog, und rechnete hierher den Fall, wo ein Exekutor über die bei einer ihm aufgetragenen Exekution vorgekommenen, auf diese einen Einfluß ausübenden Umstände Aufschluß gegeben hatte.

4. Giebt ein vereideter Beamter unter Berufung auf seinen Diensteid eine amtliche Versicherung ab, welche Handlungen zum Gegenstande hat, die, wenn sie wahr wären, ihren Urheber strafbar gemacht haben würden (z. B. eine Zolldefraude), so nimmt eine solche Versicherung die Natur eines falschen Zeugnisses in einer Strafsache (§ 126) an, sollte in derselben ein Thäter auch nicht namentlich bezeichnet sein. Z. II. 10. Sept. 1857 c. Schröder (JMBl. S. 380; G. A. 6. S. 278). Vgl. § 126 n. 7.

5. Es ist nicht unerläßlich, daß gerade der Ausdruck „Versicherung“ gebraucht worden sei, andere gleichbedeutende genügen; weder ein allgemeines Gesetz noch insbesondere das Z.-St.-Ges. v. 23. Jan. 1838 § 32 schreibt eine bestimmte Formel vor. Z. 8. Sept. 1852 c. Paasche.

6. Vormünder, Curatoren und dergl. sind keine Beamten; ihre falschen auf den geleisteten Verpflichtungseid abgegebenen Versicherungen fallen daher nicht unter Nr. 3. G. Matt. 2. S. 249 n. 3.

§ 129.

1. Hier genügt jede einer öffentlichen Behörde abgegebene Versicherung, ohne daß die Natur der Sache, in welcher sie abgegeben wurde, einen Unterschied machte. Vgl. Bes. S. 294.

2. Die Immediat-Justiz-Examinations-Kommission ist eine öf-

fentliche Behörde im Sinne dieses §. Z. (B.) I. 19. Nov. 1856 c. Pietsch (JMBl. 57. s. 51; Entsch. 34. s. 321).

3. Vorausgesetzt wird, daß eine solche eidesstattliche Versicherung vorliege, welche gesetzlich als Bestärkungsmittel einer Erklärung und als Grundlage des öffentlichen Glaubens anerkannt ist; der § bleibt daher ausgeschlossen, wo gesetzlich die Versicherung nicht genügte, vielmehr eine förmliche Vereidung erforderlich war. So: Z. 11. Okt. 1852 c. Conrad (G. A. 1. s. 81); B. I. 28. Jan. 1853 c. Rentwig (G. A. 1. s. 236); B. Pl. 24. Sept. 1860 c. Häusler (JMBl. 61. s. 6; Entsch. 44. 2. s. 52; RdO. 1. s. 82; G. A 8. s. 768). Dagegen wird der § anwendbar, sobald die betreffende Behörde nach ihrem Ermessen eine derartige Versicherung für genügend erachten, oder auch die eidliche Bekräftigung fordern konnte; dieses gilt z. B. von dem Falle, wo es sich von der Versicherung der Richtigkeit eines dem Vormundschaftsgerichte vorgelegten Nachlaß-Verzeichnisses handelt: cit. B. Pl. 24. Sept. 1860. *Contra* früher: Z. I. 13. Febr. 1857 c. Scharfenberg (G. Arch. 5. s. 265); Temme Lehrb. s. 748. 754. Der Gen.-St.-Anwalt hatte zum cit. B. Pl. auszuführen gesucht, daß § 129 überall zutreffen müsse, wo die betr. Behörde sich ihrerseits mit der Abgabe der Versicherung statt der förmlichen Beeidigung begnügt habe, jene also vollständig wirksam geworden sei (vgl. RdO. 1 c.): ähnlich: Just.-Min.-Verf. vom 25. Juni 1857. Vgl. § 125 n. 12; § 126 n. 22; § 128 n. 3.

4. Die eidesstattlichen Versicherungen der Justiz-Prüfungs-Kandidaten bei Einreichung ihrer Prüfungsarbeiten beruht auf der Gesetzesvorschrift des § 24. III, 4 der AGO., und erstreckt sich auf die später eingeführten wissenschaftlichen Arbeiten mit. Z. (B.) I. 19. Nov. 1856 c. Pietsch (JMBl. 57. s. 51; Entsch. 34. s. 321).

5. Die Bezirks-Kommission zur Einschätzung zur Einkommensteuer ist nach dem Ges. v. 1. Mai 1851 § 26 (GS. s. 204) befugt, von einem Reklamanten die eidesstattliche Erklärung über die von ihm selbst über sein Einkommen gemachten Angaben zu fordern und entgegen zu nehmen; die wissentlich falsche Abgabe einer solchen Erklärung ist daher nach § 129 strafbar, sollte sie auch von der Kommission, dem cit. § 26 zuwider, nicht in wörtlicher Fassung vorgeschrieben gewesen sein. Z. II. 9. März 1854 c. Breitenbach (G. A. 2. s. 689).

6. Für die Strafbarkeit ist es gleichgültig, ob die Versicherung von der Behörde gefordert sei, oder nicht: K.-B. II. K. s. 75; Bes. s. 294. *Contra:* Temme Gll. s. 200. Dagegen mußte sie gefordert werden können: B. I. 28. Jan. 1853 c. Rentwig (G. A. 1. s. 236).

7. Es ist nicht erforderlich, daß die Versicherung mündlich (persönlich oder durch einen Spezialmandatar) abgegeben sei; die schriftliche Form genügt. Die frühere Fassung des Entwurfs von 1843: „vor einer Behörde ...“ ist später beseitigt, und die Statthaftigkeit schriftlicher Versicherungen im ständigen Ausschusse ausdrücklich anerkannt worden: Z. (B.) I. 19. Nov. 1856 c. Pietsch (cit. n. 4); Temme Lehrb. s. 754. *Contra:* G. Matt. 2. s. 250 n. 2, weil kein Gesetz eine schriftliche eidesstattliche Versicherung ausdrücklich gestatte, der Gerichtsgebrauch aber nicht die Form bilden könne, welche der Thatbestand des Verbrechens fordre. Vgl. K.-B. II. K. s. 75 Abs. 2.

8. Der § bezieht sich nur auf den assertorischen, nicht auch auf den promissorischen Theil der Versicherung. Bes. s. 294; Temme Lehrb. s. 754.

9. Eine amtseidliche Versicherung (§ 128) steht einer Versicherung an Eidesstatt nicht gleich; ist jene daher nicht nach § 128 zu bestrafen, so kann nun nicht etwa § 129 darauf Anwendung finden. G. M. 2. s. 250 n. 3; B. I. 28. Jan. 1853 c. Rentwig (G. A. 1. s. 236).

10. Bei einer falschen eidesstattlichen Versicherung ist eine Theilnahme sowohl durch Verschaffung des Mittels zur That, als durch Hülfeleistung (§ 34 Nr. 2) sehr wohl denkbar; ein solcher Fall liegt vor, wenn Jemand einem Prüfungs-Kandidaten die von diesem zu liefernde Probe-Arbeit, in Betreff welcher derselbe versichern muß, er habe sie selbst ohne fremde Hülfe gemacht, anfertigt, und dabei wußte, daß die Sache sich so verhalte, und der Kandidat die Versicherung abzugeben habe. B. I. 9. Nov. 1856 c. Pietsch (cit. n. 4); vgl. § 126 n. 26.

§. 130. Derjenige, welcher einen Anderen wissentlich zur Ableistung eines falschen Eides in dessen eigenen Angelegenheiten, zur eidlichen Bekräftigung einer Unwahrheit oder zur Angabe der Unwahrheit nach abgeleistetem Zeugeneide zu verleiten versucht, soll mit Zuchthaus bis zu fünf Jahren bestraft werden.

Derjenige, welcher einen Anderen wissentlich zur Abgabe einer falschen Versicherung an Eidesstatt (§. 129.) zu verleiten versucht, wird mit Gefängniß bis zu Einem Jahre bestraft; auch kann gegen denselben zugleich auf zeitige Untersagung der Ausübung der bürgerlichen Ehrenrechte erkannt werden.

[Entw. § 118]. Vgl. § 125—129. 34. 35.

---

§ 130.

1. „Der erste Satz des § erfordert zu seiner Anwendbarkeit den Vorsatz, einen „Andern zur w i s s e n t l i c h e n eidlichen Bekräftigung einer Unwahrheit zu verleiten.“ B. II. 8. Dez. 1853 c. Keip (Kreutz u. Gen.; Präj. n. 65; JMBl. 1854 s. 88; Entsch. 30. s. 344; G. Arch. 2. s. 118). Es gehört sonach zum Thatbestande dieses Verbrechens, daß die Unwahrheit der nach der Absicht des Versuchers zu beschwörenden Thatsachen, sowohl ihm selbst, als auch demjenigen bekannt sei, welchen er verleiten will, und daß der Versuch grade bezwecke, den letztern zu verleiten, wissentlich eine Unwahrheit durch seinen Eid zu bekräftigen. Die den Geschwornen vorzulegende Frage und ihre Antwort müssen daher das Erforderniß der W i s s e n t l i c h k e i t sowohl in Beziehung auf den Verleiter als den Verleiteten ausdrücken. *Sic:* Z. I. 14. Nov. 1851 c. Linz (Kuban u. Gen.); B. I. 22. Juni 1853 c. Hinz (G. A. 1. s. 541); Z. II. 2. Sept. 1858 c. Niemeyer; Z. II. 21. Febr. 1861 c. Grüter; vgl. n. 15. Dagegen nahmen Z. II. 6. April 1854 c. Ernst und Z. I. 28. Nov. 1856 c. Christ an, daß durch die Feststellung: „der Angeklagte habe wissentlich einen Andern „zur eidlichen Bekräftigung einer U n w a h r h e i t zu verleiten gesucht,“ auch genügend ausgesprochen sei, daß der Angeklagte jenen Versuch mit dem Bewußtsein gemacht habe, daß auch dem Andern das was auszusagen ihm zugemuthet wurde, als unwahr bekannt gewesen; ähnlich: Z. II. 10. Jan. 1856 c. Sprenger (G. Arch. 4. s. 214), welches eine mit den Worten des Gesetzes vollständig übereinstimmende Feststellung zur Anwendung desselben für genügend erachtete. Vergl. Strafverf. Art. 81 n. 21. Jedenfalls ist aber der Schwurgerichtshof befugt, in einem solchen Falle die Geschwornen nach Art. 97 des Ges. vom 3. Mai 1852 zur neuen Berathung und Beantwortung der Frage zurückzusenden, wenn es ihm zweifelhaft ist, ob dieselben sich des Erfordernisses der doppelten W i s s e n t l i c h k e i t bewußt gewesen seien: Z. I. 7. Sept. 1860 c. Kuhl.

1 a. Ein Verleitungsversuch ist auch so denkbar, daß Jemand bestimmt werden soll, eine ihm u n b e k a n n t e aber objektiv w a h r e Thatsache als ihm bekannt zu bekunden. Z. I. 7. Sept. 1860 c. Stark (G. A. 8. s. 805).

2. Der § unterscheidet deutlich die Fälle des Parteieneides (§ 125) im ersten Satze und des Zeugeneides (§ 126) im zweiten Satze; es kann daher das Wort „d e s s e n“ im ersten Satze nur auf die eignen Angelegenheiten des Verleiteten, in welchen derselbe zum freiwilligen oder nothwendigen Eide gelangt, bezogen werden: B. 9. Febr. 1852 c. Trautwein (Entsch. 23. s. 226); Z. II. 17. Febr. 1853 c. Langhammer (G. Arch. 1. s. 392); Z. I. 9. Jan. 1861 c. Wolff; Bes. s. 295; G. Matt. 2. s. 295 n. 3; Koch n. 35. Hiernach ist es jedenfalls sehr empfehlenswerth, in die den Geschwornen vorzulegende Frage auch die in den §§ 125 resp. 126 geforderten wesentlichen Merkmale aufzunehmen, und daher bei einem Versuche der Verleitung zum falschen Zeugnisse es auszudrücken, daß die eidliche Bekräftigung einer Unwahrheit „als Zeuge in einer Civil- oder Strafsache“ habe erfolgen sollen. Gleichwohl nahm

ein Z. II. 8. Okt. 1857 c. Speyer (G. A. 6. S. 395) an, daß eine der Wortfassung des § 130 entsprechende Frage genüge.

3. In der den Geschwornen vorgelegten Frage brauchen die einzelnen Thatsachen, auf welche sich der Verleitungsversuch bezog, nicht speziell angegeben zu werden. Z. II. 19. Juni 1856 c. Crummenerl (Badnin u. Gen.); Z. II. 8. Okt. 1857 c. Speyer (G. A. 6. S. 395); Z. II. 2. Sept. 1858 c. Riemeyer. Vgl. § 125 n. 16; § 126 n. 28.

4. Auf die Zulässigkeit und Erheblichkeit der Eidesleistung, zu welcher verleitet werden soll, kommt es nicht an; auch ist es gleichgültig, ob der Rechtsstreit, in welchem die Eidesleistung erfolgen soll, schon anhängig ist, und ob eventuell der Richter den Eid zulassen würde. B. I. 26. Okt. 1859 c. Lindstädt (Goltd. Arch. 7. S. 827).

5. Kann die Strafvorschrift auch auf einen Verleitungsversuch zur wissentlichen eidlichen Bekräftigung eines falschen Gutachtens durch einen Sachverständigen (§ 127), von welcher der § nicht spricht, ausgedehnt werden? Es verneinen Bes. S. 295; G. Matt. 2. S. 295 n. 3. Es bejaht: Temme Gll. S. 201; id. Lehrb. S. 764.

6. Auf den im § 131 vorgesehenen Fall des Eidesbruchs ist § 130 jedenfalls nicht zu beziehen. Temme Lehrb. S. 764.

7. Die hier vorgesehene That ist nicht als ein (ausnahmsweise für strafbar erklärter) Versuch der Anstiftung anzusehen, es bedarf daher auch nicht der Feststellung der Voraussetzungen der § 34 Nr. 1; insbesondere braucht das Mittel, durch welches verleitet werden sollte, nicht festgestellt zu werden. Z. II. 5. März 1857 c. Möller (G. A. 5. S. 538). *Contra:* Temme Lehrb. S. 764. Vgl. n. 9. 14; § 34 n. 37. 42; G. A. 2. S. 118.

8. Der Begriff der „Verleitung“ ist kein Rechtsbegriff, seine Feststellung fällt den Geschwornen anheim. Z. II. 6. April 1854 c. Ernst.

9. Das Wort „versucht“ soll nicht das Verhältniß des Fortschrittes der That von der Vorbereitung bis zur Vollendung, sondern das Verhältniß des Thäters zu seinem nicht erreichten Zwecke andeuten; es kann daher von einer Anwendung des § 31, und davon, ob der Versuch seinen Erfordernissen entspreche, keine Rede sein: Z. II. 17. Febr. 1853 c. Langhammer; Z. I. 15. Juli 1853 c. Schunk; Z. I. 7. Dez. 1853 c. Goll (JMBl. 1854 S. 20); B. I. 22. März 1854 c. Kämmerer (G. A. 2. S. 424); Z. II. 19. Juni 1856 c. Crummenerl (Badnin u. Gen.); Z. II. 5. März 1857 c. Möller (G. A. 5. S. 538); Z. I. 8. Mai 1860 c. Frödrich. [Der § 31 ist schon deshalb unanwendbar, weil die im § 130 vorgesehene Handlung ein selbstständiges Verbrechen, nicht der Versuch eines solchen ist; siehe n. 11]. Vergl. § 31 n. 38; G. A. 1. S. 46.

10. Der Ausdruck „beabsichtigt“ ersetzt das „versucht“ bei diesem Verbrechen nicht, indem letzteres zugleich in dem Sinne aufzufassen ist, daß es neben der Vorsätzlichkeit die Tauglichkeit des Mittels unter den obwaltenden Umständen andeutet. B. I. 22. März 1854 c. Kämmerer (vgl. n. 9); Z. I. 6. Sept. 1854 c. Kämmerer; Z. I. 3. Jan. 1855 c. Pelzer. Vgl. § 31 n. 2.

11. Ein Beschl. I. 8. Apr. 1857 c. Lehmann (G. A. 5. S. 421) nahm an: es sei Rechtsgrundsätzen nicht zuwider, wenn der Instanzrichter einen Verleitungsversuch da nicht annehme, wo der Brief, durch welchen derselbe bewirkt werden sollte, in Folge eines vom Willen des Absenders unabhängigen Umstandes gar nicht an den Addressaten gelangte, also irgend welche Einwirkung auf die Willensbestimmung des letztern undenkbar war. Vgl. § 3 n. 4; Abh. in G. Arch. 8. S. 333.

12. Ist der Versuch des im § vorgesehenen Verbrechens denkbar? Es verneinen Zachariä Abh. in G. Arch. 3. S. 170; Dalke Abh. in G. Arch. 6. S. 454, weil es sich immer nur von dem zum selbstständigen Verbrechen erhobenen Versuche eines andern Verbrechens handle. Jedenfalls hat der Richter der Thatfrage zu untersuchen, ob ein solcher Versuch des Versuchs nicht selbst ein Versuch der Verleitung sei.

13. Hat die Verleitung die Ableistung des Meineids, oder einen strafbaren Versuch desselben zur Folge gehabt, so ist der Verleiter nicht nach § 130, sondern

§. 131. Wer vorsätzlich einer durch eidliches Angelöbniß vor Gericht geleisteten Kaution, oder dem in einem Manifestations-Eide gegebenen Versprechen zuwider handelt, soll mit Gefängniß bis zu zwei Jahren bestraft werden.

[Entw. § 120].

---

als Anstifter des Meineidigen zu bestrafen, vorausgesetzt, daß die Bedingungen des § 34 Nr. 1 festgestellt sind. K.-B. II. K. s. 76. Vgl. n. 12.

14. Fehlt es dagegen an einem der Begriffserfordernisse der Anstiftung (§ 34 Nr. 1), ist z. B. nicht festzustellen, daß der Meineidige gerade durch ein spezielles, vom Verleiter angewendetes Mittel zur Leistung des Meineides bestimmt worden sei, so ist anzunehmen, daß der (festgestellte) Verleitungsversuch ein solcher gewesen sei, welcher nicht erweislich Erfolg gehabt habe, es bleibt sonach ein Verleitungsversuch bestehen, welcher nach § 130 zu bestrafen ist, ebenso als wäre der Meineid gar nicht geleistet worden. Z. II. 5. März 1857 c. Möller (G. A. 5. s. 538); Erk. Schw.G.H. Hamm 9. Juli 1856 c. Dieckhof. Die Annahme des Gegentheils würde in Verbindung mit dem oben (n. 7) Bemerkten zu dem widersinnigen Resultate führen, daß ein (den Voraussetzungen des § 34 Nr. 1 nicht entsprechender) Verleitungsversuch strafbar sei, wenn er ohne Erfolg bleibe, dagegen straflos bleibe, wenn der Meineid in Gefolge desselben wirklich geleistet worden wäre.

15. Der § 118 des Entwurfs von 1850 enthielt eine Bestimmung, wonach den Verleiter die Strafe auch dann treffen sollte, wenn der Verleitete nicht wissentlich die Unwahrheit sagte, oder aus einem andern ihm persönlichen Grunde nicht schuldig war, wenn er also z. B. von dem andern in einen Irrthum versetzt, in gutem Glauben die Unwahrheit beschwor. Die Komm. der II. K. lehnte das ab, weil sie es ungerecht fand, denjenigen, welcher gar nicht die Absicht habe, einen Andern zum Meineidigen, d. h. zum wissentlich falsch Schwörenden zu machen, als einen Verleiter zum Meineide zu bestrafen. Hiernach tritt Straflosigkeit ein, wenn der Verleitende den Andern durch Täuschungen bestimmt oder zu bestimmen sucht, nicht wissentlich etwas objektiv Unwahres eidlich zu bekräftigen; insbesondere kann dann auch das zu § 34 unter n. 32 Gesagte keine Anwendung finden, und es ist unstatthaft, den Verleitenden als denjenigen anzusehen, welcher selbst den Meineid (durch ein schuldloses Werkzeug) geleistet habe, da es in der Natur des Meineides liegt, daß er nicht in dieser Weise durch einen Dritten geleistet werden kann (vgl. § 31 n. 11). *Contra:* G. A. 1. s. 391; Gilb. C. pén. Art. 365 n. 2—6. Selbst wenn der Verleitete sich dann eines fahrlässigen Meineides schuldig gemacht hätte, müßte der Verleiter straflos bleiben, weil Anstiftung zu einem kulposen Vergehen nicht denkbar ist; vgl. § 34 n. 2. *Contra:* G. Matt. 2. s. 253 n. 4. — Wenn dagegen der Verleitende mit dem zur Anstiftung erforderlichen Dolus handelte, demnächst aber der Verleitete aus irgend einem ihm persönlichen Grunde (z. B. wegen Unzurechnungsfähigkeit) für nicht schuldig erklärt wird, so steht Nichts im Wege, unter analoger Anwendung des unter n. 14 Gesagten, den der Verleitung schuldig Erklärten nach § 130 zu bestrafen. *Contra:* B. II. 29. Aug. 1856 c. Hahne; Z. II. 17. Okt. 1857 c. Manten. Jedenfalls muß es statthaft sein, für einen derartigen Fall eine Eventualfrage nach § 130 zu stellen.

§ 131.

1. Eine bloße eidesstattliche Versicherung genügt hier nicht, um eventuell die Strafbarkeit zu begründen. G. Matt. 2. s. 255 n. 3.

2. Dagegen steht auch hier die in dem § 128 Nr. 1 u. 2 erwähnte Erklärung resp. Versicherung unter Berufung auf den früher geleisteten Eid dem Eide gleich. Temme Lehrb. s. 755.

3. Verletzung des assertorischen Theiles der hier erwähnten Eide fällt unter § 125; vgl. zu diesem n. 7; Temme Gll. s. 255 n. 4; id. Lehrb. s. 749.

4. Auf den Kalumnieneid ist der § nicht auszudehnen. Bes. s. 297.

§. 132. Wer aus Fahrlässigkeit in eigenen oder fremden Angelegenheiten etwas Unwahres eidlich versichert, oder eine unwahre, an die Stelle eines Eides tretende Versicherung abgiebt, wird mit Gefängniß bis zu Einem Jahre bestraft.

Die Strafe wird ausgeschlossen, wenn der Thäter, bevor eine Anzeige gegen ihn gemacht oder eine Untersuchung gegen ihn eingeleitet worden, und ehe noch ein Rechtsnachtheil für einen Anderen daraus entstanden ist, seine unwahre Versicherung bei derjenigen Behörde, welcher er sie abgegeben hat, widerruft.

[Entw. § 119]. Vgl. § 125—129.

---

§ 132.

1. Der § bezieht sich auf den Meineid in allen Fällen und unter allen Formen der §§ 125—129, es müssen also die Voraussetzungen eines dieser §§ mit dem Unterschiede vorliegen, daß statt der dort verlangten Wissentlichkeit der Falschheit, Fahrlässigkeit erheischt wird. Temme Gll. s. 202; id. Lehrb. s. 755. Gleichwohl erachtete ein Z. II. 9. Dez. 1858 c. Borchers auch hier eine Feststellung nach dem Wortlaute des § für ausreichend. Vgl. John Abh. in G. A. 4. s. 472 Note.

2. Dagegen ist § 132 auf den Eidesbruch (§ 131) nicht anwendbar. Temme l. c. Vgl. n. 3.

3. Auf Manifestationseide (AGO. I, 22 § 28 fgg.) findet der § 132 überhaupt keine Anwendung, weil § 33 der AGO. l c. noch für anwendbar zu erachten, und die gedachte Vorschrift auch auf den assertorischen Theil des Manifestationseides zu beziehen ist: Z. I. 8. Juli 1853 c. Schrötter v. Stutterheim (Präj. n. 49; Entsch. 25. s. 445; G. A. 2. s. 119). *Sic:* B. 12. Sept. 1851 c. Stoltersoth; Z. 12. Okt. 1852 c. Muscher; B. II. 8. Dez. 1853 c. Lindau (JMBl. 1854 s. 87; G. A. 2. s. 119); B. II. 26. Jan. 1854 c Roth; Z. I. 8. Febr. 1854 c. Ferdinand.

4. Der Grad der schuldigen Aufmerksamkeit fällt in eine sehr freie Beurtheilung des Richters; als Fahrlässigkeit sollen nur Fälle sträflichen Leichtsinns angesehen werden. Motive s. 38. Gleichwohl ist die Frage nicht auf die landrechtliche Lehre von den drei Graden der culpa zurückzuführen; insbesondere läßt sich nicht sagen, daß ein „geringes" Versehen nicht ausreichen könne. *Contra:* Z. I. 15. Sept. 1858 c. Zühlke (G. A. 7. s. 593); G. Matt. 1. s. 520; Temme Lehrb. s. 255; Abh. in G. A. 6. s. 229 und 7. s. 588; Hälschner 1. s. 160.

5. Der Begriff der Fahrlässigkeit ist ein thatsächlicher: B. I. 24. Jan. 1855 c. Ehr; Z. I. 22. Jan. 1858 c. Nowacka; Z. I. 15. Sept. 1858 c. Zühlke (766; G. A. 7. s. 593). Jedenfalls bedarf er nicht nothwendig einer Auflösung in der an die Geschwornen gerichteten Frage: Z. I. 12. März 1858 c. Büchner (G. Arch. 6. s. 234).

6. Die Fahrläsfigkeit kann sich nicht blos auf den faktischen Irrthum, sondern auch auf einen rechtlichen Irrthum beziehen, z. B. darüber, ob der Eid den Schwörenden zur Angabe einer bestimmten Thatsache verpflichte. Z. I. 4. März 1853 c. v. Maltzan-Wedel; ähnlich: Z. I. 19. Mai 1858 c. Schumann.

7. Ob irgend eine bekundete Thatsache so erheblich sei, daß sie auch als Gegenstand der eidlichen Bekundung angesehen werden müsse, ist Gegenstand thatsächlicher Beurtheilung. Z. I. 22. Jan. 1858 c. Nowacka. Vgl. § 126 n. 9.

8. Der § ist auch auf fahrlässig falsch ausgeschworne Ignoranzeide anwendbar. Z. I. 12. März 1858 c. Büchner (G. A. 6. s. 234); Abh. ibid. s. 224.

9. Aus Absatz zwei ist nicht zu folgern, daß der § zu seiner Anwendbarkeit überhaupt das Vorhandensein eines Rechtsnachtheils voraussetze. Z. I. 22. Jan. 1858 c. Nowacka.

Neunter Titel.

Falsche Anschuldigung.

§. 133. Wer bei einer öffentlichen Behörde eine Anzeige macht, durch welche er Jemanden wider besseres Wissen der Verübung einer gesetzlich strafbaren Handlung oder der Verletzung der Amtspflichten beschuldigt, wird mit Gefängniß nicht unter drei Monaten bestraft; auch kann gegen denselben auf zeitige Untersagung der Ausübung der bürgerlichen Ehrenrechte erkannt werden.

So lange ein in Folge der gemachten Anzeige eingeleitetes Verfahren anhängig ist, soll mit dem Verfahren und mit dem Erkenntniß über die falsche Anschuldigung inne gehalten werden.

[Entw. § 149. 120a]. Vgl. § 134. 156.

---

10. Die Anzeige, resp. die Einleitung der Untersuchung machen einen spätern Widerruf selbst dann wirkungslos, wenn der Thäter zur Zeit noch keine Kenntniß davon erlangt hatte: Z. II. 9. Mai 1860 c. Schenke. *Contra:* Temme Gll. s. 202; id. Lehrb. s. 760.

11. Die Untersuchung ist für eingeleitet zu erachten, sobald der Staats-Anwalt bei dem Gerichte einen, wenn auch nur auf vorläufige Ermittlungen gerichteten, Antrag gestellt hat. Eröffnung der Untersuchung durch gerichtlichen Beschluß ist nicht erforderlich.

12. Damit Straflosigkeit eintrete, ist kumulative erforderlich, daß der Widerruf vor gemachter Anzeige (vor Einleitung der Untersuchung) und vor dem Eintritte eines Rechtsnachtheils für einen Andern statt gefunden; war eins dieser Ereignisse dem Widerrufe vorhergegangen, so tritt Strafbarkeit ein. V. I. 18. Apr. 1855 c. Walther (G. A. 3. s. 564); Z. II. 9. Mai 1860 c. Schenke.

13. Damit der Widerruf wirksam werde, muß er rechtzeitig an die betr. Behörde gelangt sein. *Contra:* Temme Lehrb. s. 760, welcher eine mit der Absicht der Weiterbeförderung bei einer andern Behörde abgegebene Erklärung für genügend erachtet.

14. Wird über eine auf § 132 sich stützende Anklage vor dem Schwurgerichtshofe verhandelt, so muß auch der Strafausschließungsgrund durch die Geschwornen festgestellt werden. So indirekt: V. I. 18. April 1855 c. Walther (G. Arch. 3. s. 564).

15. Da der Widerruf einen Strafausschließungsgrund darstellt, so muß positiv festgestellt werden, daß derselbe rechtzeitig statt gefunden; es genügt nicht, wenn es heißt: „es sei nicht erwiesen, daß Anzeige, Einleitung der Untersuchung und Benachtheiligung eines Andern vor dem Widerrufe statt gefunden habe."

16. Liegen die Voraussetzungen des zweiten Absatzes vor, so wird der § nicht dadurch verletzt, wenn der Richter nicht auf „Freisprechung" erkennt, vielmehr den Angeklagten der That für schuldig erklärt, und nur ausspricht, daß er dieserhalb mit Strafe zu verschonen sei, da § 125 der Vdn. v. 3. Jan. 1849 auf diesen Fall keine Anwendung erleidet. Z. 8. Sept. 1852 c. Paasche.

§ 133.

1. Das Gesetz unterscheidet nicht, bei welcher Behörde die Anzeige gemacht wird: Z. I. 13. Okt. 1858 c. Lewin (hier war die Anzeige an den Minister des Innern gerichtet). *Contra:* Temme Lehrb. s. 767, welcher eine Anzeige bei derjenigen Behörde verlangt, welche die amtliche Verpflichtung habe, entweder selbst die angezeigte Handlung zur Untersuchung und Bestrafung zu ziehen, oder der hierzu berufenen Behörde Mittheilung zu machen. Jedenfalls ist es nicht erforderlich, daß

es die für die Verfolgung rc. zuständige Behörde sei. Vgl. id. Gll. s. 203 n. 3; G. Matt. 2. s. 258 n. 2. Es genügt daher die Anzeige bei einer Schutzmannswache: Z. I. 22. Juni 1860 c. Radtke.

2. Auch eine an den Landesherrn gerichtete Anzeige ist geeigneten Falles nach § 133 strafbar: B. I. 12. Sept. 1860 c. Gebauer (G. A. 8. s. 829). Dabei ist indessen zu beachten, daß die in Immediatbittschriften und Beschwerden enthaltenen Anschuldigungen nicht zu verfolgen sind, insofern sie nicht vom Könige selbst als strafbar gerügt werden; arg. AKO. vom 20. Aug. 1831; id. vom 18. Dez. 1841 (JMBl. 42. s. 53). Diese Bestimmungen beziehen sich aber nur auf Immediateingaben, nicht auf die an ein Ministerium gerichteten: Z. I. 13. Okt. 1858 c. Lewin.

3. Der § setzt eine Anzeige voraus; verdächtig machende Handlungen, z. B. heimliches Zustecken gestohlener Gegenstände, gehören nicht hierher. Goltd. Matt. 2. s. 259 n. 3.

4. Durch die Anzeige muß eine bestimmte Person beschuldigt werden, gleichgültig ist es aber, ob dieselbe namentlich oder auf andere Art individuell bezeichnet ist. Z. II. 26. Jan. 1854 c. Piening.

5. Zu einer Beschuldigung bedarf es nicht nothwendig der direkten Behauptung der zur Anzeige gebrachten Thatsachen (Temme Lehrb. s. 766), eine solche kann vielmehr unter Umständen auch in der Anzeige von einem verbreiteten Gerüchte gefunden werden: Z. I. 17. März 1858 c. Brecht. Ebenso kann die Aeußerung eines Verdachtes, aus welcher sich die strafbare Handlung konstruiren läßt, genügen: Z. II. 18. Okt. 1860 c. Lehmann. Inwiefern indessen in einem solchen Falle eine „Beschuldigung" anzunehmen sei, fällt wesentlich in das Gebiet der thatsächlichen Beurtheilung: Z. I. 8. Juni 1859 c. Mücke (G. A. 7. s. 54).

6. Die Beschuldigung muß objektiv falsch sein; ein irrthümliches Für-falsch-halten reicht nicht hin. G. Matt. 2. s. 259 n. 6; Temme Lehrb. s. 767.

7. Der Strafrichter kann die Wahrheit oder Falschheit der denuntiirten Thatsachen selbst dann selbstständig prüfen, wenn eventuell die Entscheidung über diese Thatsachen andern Behörden zustehen würde. *Contra:* die Rechtsprechung der französischen Gerichte; vgl. Gilb. C. pén. Art. 373 n. 43 fgg.; Mang. Act. publ. n. 228 fgg.

8. Das Handeln „wider besseres Wissen" muß dem Beschuldigten nachgewiesen werden; aus dem Mißlingen des von ihm versuchten Beweises seines guten Glaubens folgt dasselbe nicht mit Nothwendigkeit. B. II. 4. Juni 1857 Schmitz c. Küpper.

9. Die Feststellung: „dem Denuntianten habe der Glaube an die Wahrheit seiner Denuntiation gefehlt" reicht nicht hin, um das Moment des „wider besseres Wissen" herzustellen. Z. 14. Mai 1852 c. Zanicki.

10. Als Dolus genügt hier die Vorsätzlichkeit der Handlung an und für sich, verbunden mit der Kenntniß von der Falschheit der angezeigten Thatsachen, und dem Bewußtsein, daß die Anzeige geeignet sei, gegen den Denuntiirten ein Strafverfahren oder ein disciplinarisches Einschreiten herbeizuführen: Z. I. 29. Okt. 1858 c. Lawrenz (921). Daß letzteres beabsichtigt sei, ist nicht erforderlich (*Contra:* B. I. 15. Jan. 1858 c. Lewin; Goltd. Matt. 2. s. 259 n. 4; Temme Gll. s. 204; id. Lehrb. s. 767); noch weniger, daß die Absicht auf Herbeiführung einer Bestrafung gerichtet sei. Goltd. und Temme l. l. c. c. Dagegen dürfte der Grundsatz des § 154 auch hier Platz greifen, und daher falsche Anschuldigungen, welche nur zur Ausführung oder Vertheidigung von Gerechtsamen gemacht worden sind, straflos sein, insofern sie nicht in der Absicht statt fanden, gegen den Denuntiirten ein Strafverfahren herbeizuführen; zu einem ähnlichen Resultate gelangte auch das cit. B. I. 15. Jan. 1858 c. Lewin, welches die Feststellung jener Absicht nur dann erforderte, wenn der Angeklagte ihr Vorhandensein bestritten, oder eine andere Absicht (z. B. der Vertheidigung) behauptet habe. *Contra:* B. II. 15. Mai 1858 c. Frohnenkötter. Vergl. § 156 n. 27. 28.

11. Eine falsche Anschuldigung, welche der Anzeigende für wahr gehalten, und die daher nicht nach § 133 zu bestrafen ist, kann beim Vorhandensein der beleidigenden Absicht sehr wohl als Verleumdung oder als Beleidigung strafbar sein. Vgl. § 156 n. 23; § 158 n. 2.

§. 134. In allen Fällen, in denen wegen falscher Anschuldigung auf Strafe erkannt wird, ist dem Verletzten auf Kosten des Verurtheilten eine Ausfertigung des Erkenntnisses zu ertheilen. Auch soll dem Verletzten in dem Erkenntnisse die Befugniß ertheilt werden, die Verurtheilung öffentlich bekannt zu machen.

Die Art und Weise dieser Bekanntmachung, welche stets auf Kosten des Verurtheilten erfolgt, sowie die Frist zu derselben, ist vom Richter in dem Erkenntnisse zu bestimmen.

[Entw. § 150. 120 b]. Vgl. § 163.

---

12. Zum Begriffe der falschen Anschuldigung gehört ihre Freiwilligkeit: Z. (V.) I. 30. Nov. 1860 c. Baller. Wer daher auf Erfordern einer polizeilichen oder gerichtlichen Behörde lügenhafte Aufschlüsse über Thatsachen giebt, macht keine falsche Anzeige, sondern kann nur unter Umständen wegen falschen Zeugnisses zur Strafe gezogen werden: V. 24. Mai 1852 c. Wierzchoczewski (G. Arch. 1. f. 84); G. Matt. 2. f. 259 n. 5; Gilb. C. pén. Art. 373 n. 2. *Contra* wie es scheint: Temme Gll. f. 204 Note 1.

13. Wird eine falsche Anschuldigung später als Zeugniß beschworen, so liegt nicht ideale, sondern reale Konkurrenz vor, da beide Handlungen selbstständige waren. G. Matt. 2. f. 261 n. 2.

14. Der Ausdruck „strafbare Handlung“ umfaßt auch Unterlassungen. Z. II. 27. Jan. 1859 c. Baune.

14 a. Ebenso umfaßt er auch Uebertretungen. Z. I. 5. Juni 1857 c. Kühnel; G. Matt. 2. f. 259 n. 7; Temme Gll. f. 203 n. 2.

15. Unter Verletzung der Amtspflichten sind nicht nur die Verletzungen der besondern Amtspflichten, sondern auch diejenigen, der Ahndung im Disciplinarverfahren ebenfalls unterworfenen Dienstvergehen mit begriffen, welche in der Verletzung der allgemeinen Pflicht des Beamten beruhen, sich in und außer dem Dienste der Achtung, des Ansehens und des Vertrauens, welche sein Beruf erfordert, nicht unwürdig zu zeigen. B. II. 4. Febr. 1858 c. Müller (JMBl. f. 143; G. Arch. 6. f. 419).

16. Ein Beamter kann durch eine amtliche Anzeige das Vergehen der falschen Anschuldigung begehen. Gilb. C. pén. Art. 373 n. 38.

17. Daß die Anzeige wirklich die Einleitung einer Untersuchung gegen den Denuntiirten zur Folge gehabt, und daß sich hierbei die Falschheit derselben herausgestellt habe, ist nicht erforderlich. Z. II. 9. März 1854 c. v. d. Schulenburg; Z. I. 17. Juni 1857 c. Froh; Goltd. Matt. 2. f. 204 n. 6; Temme Gll. f. 204 n. 6.

18. Zur Verfolgung durch den Staatsanwalt bedarf es eines Antrags des Denuntiirten nicht. Z. I. 29. Okt. 1856 c. Müller; Z. I 13. Okt. 1858 c. Lewin.

19. Die durch den zweiten Absatz angeordnete Sistirung des Verfahrens fällt weg, wenn in Folge der bei der Behörde gemachten Anzeige eine Untersuchung gegen den Denuntiirten gar nicht eingeleitet worden ist. Z. I. 13. Okt. 1854 c. Brauns; Z. I. 29. Okt. 1856 c. Müller; Z. I. 17. Juni 1857 c. Froh.

20. Unter dem „in Folge der Anzeige eingeleiteten Verfahren“ ist nicht blos eine förmliche Untersuchung, sondern auch jedes zur Aufklärung veranlaßte Vorverfahren zu verstehen. Z. I. 13. Okt. 1854 c. Brauns (ind.).

§ 134.

1. Unter dem „Verletzten“ ist der Denuntiirte zu verstehen.

2. Es ist ausdrücklich in den verfügenden Theil des Erkenntnisses mit aufzunehmen, daß dem Verletzten auf Kosten des Verurtheilten eine Ausfertigung zu ertheilen sei. Im Gebiete des Rheinischen Rechts muß sie in exekutorischer Form

Zehnter Titel.
Vergehen, welche sich auf die Religion beziehen.

§. 135. Wer öffentlich in Worten, Schriften oder anderen Darstellungen Gott lästert, oder eine der christlichen Kirchen oder eine andere mit Korporationsrechten im Staate bestehende Religionsgesellschaft oder die Gegenstände ihrer Verehrung, ihre Lehren, Einrichtungen oder Gebräuche verspottet, oder in einer Weise darstellt, welche dieselben dem Hasse oder der Verachtung aussetzt, ingleichen wer in Kirchen oder anderen religiösen Versammlungsorten an Gegenständen, welche dem Gottesdienste gewidmet sind, beschimpfenden Unfug verübt, wird mit Gefängniß bis zu drei Jahren bestraft.

[Entw. § 121]. Vgl. § 282.

---

gegeben werden, weil auf Grund derselben die Kosten der Bekanntmachung beizutreiben sind.

3. Die Bestimmung über die Art und Weise der Bekanntmachung hat sich auch darüber auszusprechen, ob dieselbe durch wörtlichen Abdruck des Erkenntnisses oder in welcher andern Weise erfolgen solle.

4. Vgl. im Uebrigen die Bemerkungen zu § 163.

§ 135.

1. Bei allen in diesem § mit Strafe bedrohten Handlungen kommt auf die eigne religiöse Ueberzeugung des Thäters gar Nichts an. G. Matt. 2. S. 265 n. 4; Temme Lehrb. S. 689.

2. Der Begriff der Oeffentlichkeit ist aus § 36 zu erläutern: G. Matt. 2. S. 265 n. 5. Die Oeffentlichkeit des Orts verbunden mit der Anwesenheit dritter Personen genügt unbedingt: Z. II. 6. Sept. 1860 c. Witteborg. Es kann aber auch eine in einer Privatwohnung vorgenommene Handlung als „öffentlich“ verübt betrachtet werden, wenn mehrere Personen zugegen, und die betreffenden Räumlichkeiten jedem Dritten nach Belieben zugänglich waren: Z. I. 29. April 1857 c. Neumann (Kolbe und Gen.); Z. I. 17. Dez. 1858 c. Fiß.

3. Die Oeffentlichkeit ist auch bei der Verspottung einer Kirche rc. Bedingung der Strafbarkeit, nicht aber bei dem Unfuge an Gegenständen des Gottesdienstes. Goltd. l. c. S. 266 n. 2.

4. Eine Lästerung Christi ist als Gotteslästerung zu betrachten. B. 9. April 1851 c. Grünhagen.

5. Die Verspottung einer Kirche rc. setzt außer dem gewöhnlichen strafrechtlichen Dolus (d. h. dem Bewußtsein der die Strafbarkeit begründenden Merkmale) eine sonstige Willensrichtung, insbesondere einen animus iniuriandi, oder eine auf den Spott oder die Bewirkung von Haß oder Verachtung gegen die Kirche gerichtete Absicht, nicht voraus: Z. I. 20. Febr. 1856 c. Gräbert; Z. II. 4. März 1858 c. Nikola; Z. II. 31. Mai 1860 c. Müller; Z. I. 13. Juni 1860 c. Kluth. Vgl. G. Matt. 2. S. 266 n. 3.

6. Unter „den christlichen Kirchen“ sind die katholische und die evangelische, letztere als lutherische, reformirte und unirte zu verstehen. Vgl. Patent vom 30. März 1847 (GS. S. 121).

7. Ein Angriff gegen die christliche Kirche im Allgemeinen ist nicht straflos, da hierdurch jede der verschiedenen christlichen Kirchen berührt wird. Z. I. 20. Febr. 1856 c. Gräbert.

8. Alle übrigen Religionsgesellschaften bedürfen, um desselben Schutzes theilhaftig zu werden, der Ertheilung der Korporationsrechte, als des Kriteriums, daß sie als solche vom Gesetzgeber anerkannt sind: K.-B. II. K. S. 79. Dagegen kommt es auf den landrechtlichen Unterschied zwischen aufgenommenen und

§. 136. Wer durch Thätlichkeiten oder Drohungen eine oder mehrere Personen zwingt oder hindert, den Gottesdienst einer im Staate bestehenden Religionsgesellschaft auszuüben, ingleichen wer in Kirchen oder anderen religiösen Versammlungsorten durch Erregung von Lärm oder Unordnung den Gottesdienst oder einzelne gottesdienstliche Verrichtungen einer im Staate bestehenden Religionsgesellschaft verhindert oder stört, soll mit Gefängniß von Einem Monate bis zu drei Jahren bestraft werden.

[Entw. § 122].

---

geduldeten Religionsgesellschaften nicht weiter an: Temme Lehrb. S. 690. Religionsgesellschaften, welche keine Korporationsrechte haben, finden in den allgemeinen Vorschriften über Beleidigung und Verleumdung ihren Schutz: Motive S. 39.

9. Da derartige Religionsgesellschaften nicht als Ganzes (als Konfession) Korporationsrechte erlangen können, so genügt es, wenn eine Gemeinde derselben diese Rechte erhalten hat. Temme Gll. S. 206; id. Lehrb. S. 390.

10. Ob eine Verspottung einer Kirche ꝛc. oder der Gegenstände ihrer Lehre ꝛc. begangen worden, ist eine wesentlich thatsächliche Frage (Z. II. 6. Sept. 1860 c. Witteborg), welche aus den vorliegenden einzelnen Momenten in ihrer Gesammtheit und ihrem Zusammenhange zu lösen ist, es kommt nicht nothwendig darauf an, ob der Spott oder die Verachtung in einzelnen Worten, oder in einer bezeichnenden Handlung Ausdruck gefunden habe. Z. 8. März 1852 c. Kusche.

11. 12. Eine solche Verspottung kann auch durch die Herabwürdigung der religiösen Handlung einer gerichtlichen Eidesleistung begangen werden. Z. 8. März 1852 c. Kusche.

13. Flüche und ähnliche Ausdrücke gehören dagegen nicht hierher. Motive S. 39.

14. Es genügt, wenn durch die Darstellung der Kirche oder ihrer Lehren ꝛc. diese dem Hasse oder der Verachtung ausgesetzt, d. h. wenn dadurch die objektiv mögliche Gefahr des Eintritts eines solchen Ereignisses begründet ist, ohne daß dieser Erfolg wirklich eingetreten zu sein brauchte: Z. (V.) I. 14. Sept. 1853 c. Vorwerk (G. Arch. 1. S. 703); Z. I. 31. Jan. 1855 c. Koblitz. Vgl. § 100 n. 4; § 156 n. 17. Dabei ist es auch gleichgültig, ob die Darstellung die Kirche ꝛc. dem Hasse ꝛc. der eignen Angehörigen oder Anderer aussetze: Z. II. 31. Mai 1860 c. Müller.

15. Die Strafbarkeit des beschimpfenden Unfugs in Kirchen ꝛc. ist durch die Erlangung der Korporationsrechte der betreffenden Religionsgesellschaften nicht bedingt. G. Matt. 2. S. 268 III n. 3.

16. Es reicht hin, wenn die Gegenstände des Unfugs dem Gottesdienste gewidmet sind; einer Weihe bedarf es bei ihnen nicht. G. Matt. 2. S. 268 III n. 2.

17. Die vorsätzliche Zerstörung oder Beschädigung der dem Gottesdienste gewidmeten Sachen ist durch § 282 mit Strafe bedroht.

§ 136.

1. Ueber den Begriff des Zwanges und der Drohungen vgl. § 89 n. 48—52; § 90 n. 4. 5.

2. Der Zwang zur „Ausübung" kann nicht nur gegen Geistliche, sondern auch gegen Laien ausgeübt werden („eine oder mehrere Personen"). *Contra*: Temme Lehrb. S. 393.

3. Die Vorschrift ist nicht auf den Gottesdienst der mit Korporationsrechten bestehenden Religionsgesellschaften beschränkt. Z. 3. Sept. 1852 c. Wolff; K.-B. II. K. S. 80; Bes. 301; Koch n. 46. *Contra*: Temme Gll. S. 207 n. 2.

4. Dagegen wird der Gottesdienst einer Religionsgesellschaft vorausgesetzt, eine bloße Hausandacht ist nicht hierher zu rechnen. So: G. Matt. 2. S. 269; Temme Gll. S. 207 n. 5. Vgl. n. 8.

§. 137. Wer unbefugt eine Leiche oder einen Theil derselben aus der Gewahrsam der dazu berechtigten Personen wegnimmt, ingleichen wer unbefugt Gräber zerstört oder be-

---

5. Ein Z. I. 25. April 1855 c. Bressem (G. A. 3. s. 565) nahm an: als religiöse Versammlungsorte könnten nur solche Orte gelten, welche an und für sich einen religiösen Charakter haben, keineswegs aber auch solche, wo nur zufällig eine einzelne gottesdienstliche Handlung vorgenommen wird, z. B. bei Gelegenheit einer vorzunehmenden Beerdigung im Sterbehause, oder auf dem Gange zum Kirchhofe. *Contra:* Temme Lehrb. s. 692, welcher den Weg, den öffentliche Prozessionen, Leichenbegängnisse, auch außer der Kirche, nehmen, als solchen betrachtet.

6. Kirchhöfe gehören unbedenklich hierher. G. Matt. 2. s. 270 n. 3.

7. Erregung von Lärm und Unordnung darf nach Maaßgabe des eben verrichteten gottesdienstlichen Aktes auch im Vorbringen von unpassenden, für Andere vernehmbaren Aeußerungen thatsächlich gefunden werden: Z. I. 31. Okt. 1855 c. Arnold (der Angeklagte hatte während der Gebetsvorlesung in der Synagoge nicht laut aber doch vernehmbar eine Aeußerung gemacht, welche für einen Anwesenden beleidigend sein sollte; eine Unterbrechung des Gebets hatte nicht statt gefunden). Vgl. n. 11.

8. Auch zur Strafbarkeit der Verhinderung oder Störung des Gottesdienstes wird ein öffentlicher gottesdienstlicher Akt vorausgesetzt. Temme Lehrb. s. 693; vgl. n. 4. 11.

9. Dagegen ist das Vorhandensein eines Gottesdienstes und einer gottesdienstlichen Verrichtung nicht dadurch bedingt, daß ein Geistlicher eine religiöse Amtsfunktion vornehme. *Contra:* Temme Lehrb. s. 693.

10. Eine Ritualwidrigkeit nimmt einem in abstracto als gottesdienstliche Verrichtung zu betrachtenden Akte den betreffenden Charakter nicht. Z. I. 18. April 1855 c. Lax (eine jüdische Todtenfeier hatte am Nachmittage statt am Vormittage statt gefunden).

11. Als „einzelne gottesdienstliche Verrichtung“ ist jede liturgische Handlung anzusehen; daher stellt der Gesang der Gemeinde während einer dem Gottesdienste gewidmeten Zeit, eine Verrichtung des evangelischen Gottesdienstes dar: Z. I. 5. Juli 1860 c. Zabel (RdO. 1. s. 216). Dasselbe gilt von einer unter Zuziehung eines Religions-Dieners im Gotteshause vorgenommenen Eidesabnahme: Beschl. I. 2. März 1860 c. Gallandt (36. B; G. A. 8. s. 412). Vgl. Motive zum Entw. v. 1829 II. s. 115; Pens. der Ges.-Rev.-Komm. II. s. 144. *Contra:* Z. II. 25. Okt. 1855 c. Lemcken (G. A. 3. s. 837), welches nur sakramentale Handlungen, also Taufe, Abendmahl, bei Katholiken auch Trauungen rc. hierher rechnen wollte. Dagegen schloß dasselbe mit Recht die Andacht (devotio, Erbauung, Gemüthssammlung) Einzelner aus; vgl. n. 8. Ebenso gehört die Abnahme eines Eides durch einen Richter für sich allein nicht hierher: cit. Beschl. I. 2. März 1860.

12. Die Störung braucht sich nicht nothwendig auf die ganze versammelte Gemeinde oder den fungirenden Geistlichen zu erstrecken, es genügt die Störung einzelner am Gottesdienste rc. der Gemeinde Theil nehmender Personen: V. 11. Febr. 1852 c. Gogoliecki; Z. I. 31. Okt. 1855 c. Arnold (cit. n. 7). *Contra:* Beschl. 14. Jan. 1852 c. Dorn, welcher eine temporäre Störung Einzelner in ihrer Andacht nicht für genügend erachtete, „wenngleich die Störung nicht unter allen Umständen durch die Unterbrechung des Gottesdienstes bedingt sei“. Auch das unter n. 11 cit. Z. II. 25. Okt. 1855 c. Lemcken verlangte Störung des Gottesdienstes oder der gottesdienstlichen Verrichtung selbst, wie es scheint also der Thätigkeit des fungirenden Geistlichen.

13. Als Dolus ist das Bewußtsein von dem störenden Charakter der betr. Handlung erforderlich, aber auch hinreichend. Z. II. 25. Okt. 1855 c. Lemcken (G. A. 3. s. 837); Z. I. 5. Juli 1860 c. Zabel (RdO. 1. s. 216).

§ 137.

1. Die Wegnahme einer Leiche ist auch dann strafbar, wenn sie vom Kirchhofe geschieht: G. Matt. 2. s. 271 n. 2; Berner Lehrb. s. 556 Note 6, welche

schädigt, oder an denselben beschimpfenden Unfug verübt, soll mit Gefängniß von Einem Monate bis zu zwei Jahren bestraft werden.

Liegt der Handlung gewinnsüchtige Absicht zum Grunde, so ist zugleich auf zeitige Untersagung der Ausübung der bürgerlichen Ehrenrechte zu erkennen.

[Entw. § 123]. Vgl. § 282.

Eilfter Titel.
Verbrechen in Beziehung auf den Personenstand.

§. 138. Wer ein Kind unterschiebt oder vorsätzlich verwechselt, oder auf andere Weise den Personenstand eines Anderen vorsätzlich verändert oder unterdrückt, wird mit Zuchthaus bis zu zehn Jahren bestraft.

[Entw. § 241]. Vgl. Rh. BGB. Art. 327.

---

hier die Gewahrsam des Todtengräbers [richtiger wohl: der Gemeinde] annehmen. Der erstere folgert hieraus ferner, daß, wenn der Todtengräber selbst die That begehe, § 225 oder 324 anwendbar werde [?].

2. Werden mit der Leiche sonstige Sachen in gewinnsüchtiger Absicht weggenommen, so liegt Diebstahl vor: Temme Lehrb. S. 694 Note 7. Wenn es auch zweifelhaft sein kann, wem die mit einer Leiche beerdigten Sachen gehören, so unterliegen sie doch nicht als herrenlos der Okkupation, sind also für den Wegnehmenden fremde Sachen. Vgl. G. Matt. 2. S. 270; id. Arch. 4. S. 561.

3. Zum Begriffe der hier vorgesehenen Zerstörung oder Beschädigung von Gräbern ist eine Berührung der darin befindlichen Leichen oder Gebeine erforderlich; die Zerstörung ꝛc. der Grabmäler, wozu auch die Grabhügel gehören, fällt unter § 282. So: B. I. 8. April 1853 c. Göldner (Entsch. 25. S. 226; G. Arch. 1. S. 569). Vgl. Temme Lehrb. S. 694.

4. Auf Hünengräber u. dergl., bei welchen eine Verletzung der religiösen Empfindungen der Angehörigen oder der Gemeinde nicht denkbar ist, erleidet der § keine Anwendung. Berner Lehrb. S. 555 Note 3.

5. Als Dolus wird das Bewußtsein vorausgesetzt, daß die Handlung eine unbefugte sei, und daß durch dieselbe Gräber zerstört oder beschädigt werden: B. I. 8. April 1853 c. Göldner (Entsch. 25. S. 236; G. A. 1. S. 569). Vgl. Küßner Abh. in G. A. 3. S. 37 Note 3. Eine in der Absicht das Grab zu conserviren vorgenommene Handlung kann nicht unter den § fallen.

§ 138.

1. Nur ein lebendig gebornes Kind kann Personenstandsrechte haben, nur gegen ein solches kann daher das Verbrechen begangen werden. Gilb. C. pén. Art. 345 n. 1—3.

2. Ebenso ist Lebensfähigkeit desselben erforderlich. Vgl. Gilb. l. c. n. 4. 5.

3. Im Uebrigen ist der Ausdruck: Kind hier nur im Verhältnisse zu den Aeltern zu verstehen; das Verbrechen der Unterschiebung kann auch in Beziehung auf einen Erwachsenen verübt werden, zumal da jede andere Veränderung des Personenstandes genügt.

4. Unter Personenstand ist hier nur der Familienstand zu verstehen. Z. I. 2. Nov. 1860 c. Kedziorska (G. A. 8. S. 830); K.-B. II. K. S. 81; G. M. 2. S. 273 n. 3.

5. Die Worte: „eines Andern“ bilden hier den Gegensatz gegen den Handelnden, nicht gegen das früher erwähnte „Kind“; auch die Veränderung des

Zwölfter Titel.
Verbrechen und Vergehen gegen die Sittlichkeit.

§. 139. Ein Ehegatte, welcher vor Auflösung seiner Ehe eine neue Ehe eingeht, ingleichen eine unverheirathete Person, welche mit einem Ehegatten, wissend, daß er verheirathet ist, eine Ehe eingeht, wird mit Zuchthaus bis zu fünf Jahren bestraft.

Eine gleiche Strafe trifft den Religionsdiener oder Personenstands-Beamten, welcher, wissend, daß eine Person verheirathet ist, eine neue Ehe derselben schließt.

Personenstandes eines Kindes fällt daher unter die Vorschrift. Z. I. 2. Nov. 1860 c. Kedziorska (G. A. 8. s. 830). Vgl. G. M. 2. s. 272.

6. Unter Veränderung des Personenstandes ist eine Handlung zu verstehen, durch welche in Beziehung auf Herkunft, Zeugung und Geburt einer Person eine Täuschung hervorgebracht, ihr Familienstand also als ein anderer dargestellt wird, als er wirklich ist. Temme Lehrb. s. 780.

7. Zum Thatbestande des vollendeten Verbrechens gehört das Gelingen der Täuschung: Temme Lehrb. s. 780. Dagegen kann, wo diese nicht gelungen ist, unbedenklich ein strafbarer Versuch angenommen werden.

8. Der § wird anwendbar, wenn durch eine unwahre protokollarische Angabe vor dem Richter in Gemäßheit des Juden-Gesetzes v. 23. Juli 1847 § 10 (GS. s. 265) der Richter veranlaßt wird, ein Kind als von einer andern Mutter geboren in die jüdischen Geburtsregister einzutragen, sollte der eintragende Richter auch bei Aufnahme jenes Protokolls sich einer Instruktionswidrigkeit schuldig gemacht haben. Beschl. I. 8. Juli 1857 c. Meyer (G. A. 5. s. 695).

9. Dasselbe gilt, wenn es durch die Täuschung des Geistlichen veranlaßt wird, daß ein schon getauftes Kind abermals getauft, und unter einem andern Namen in das Kirchenbuch eingetragen wird; es ist dann gleichgültig, daß neben der falschen Eintragung auch noch eine richtige existirt. Z. I. 2. Nov. 1860 c. Kedziorska.

10. Als Dolus reicht das Bewußtsein hin, daß durch die Handlung der Personenstand verändert ꝛc. werde; daß die Absicht dahin gegangen sei, diese Folge herbeizuführen, ist nicht erforderlich. Noch weniger bedarf es der Absicht, sich Gewinn zu verschaffen, oder Andern Schaden zuzufügen (Motive s. 40); es ist daher gleichgültig, ob der entferntere Zweck Vermögensrechte zum Gegenstande hatte; ein Beispiel vgl. G. Matt. 2. s. 274 n. 4, mit Unrecht von Temme (Gll. s. 209 und Lehrb. s. 781) kritisirt.

11. Sehr häufig wird mit diesem Verbrechen ein andres konkurriren, z. B. Aussetzung eines Kindes (§ 183), oder Bewirkung der Aufnahme einer falschen Civilstandsurkunde (§ 252); in der Regel wird hier ideale Konkurrenz vorliegen. *Contra* zum Theil: G. Matt. 2. s. 275 n. 7.

12. Im Bereiche des Rheinischen Rechts kann eine Strafverfolgung wegen Unterdrückung des Personenstandes nicht eher eintreten, bis im Civilverfahren endgültig über die Personenstandsfrage selbst entschieden ist. Rh. BGB. Art. 327; Gilb. zu diesem Art. n. 2; zu C. pén. Art. 345 n. 18. Die Staatsanwaltschaft ist aber befugt, die Rektifikation einer Civilstandsurkunde zu betreiben, um mittelst dieses Verfahrens die Entscheidung der Standesfrage im Civilwege zu erwirken, und so die Strafverfolgung möglich zu machen: Erk. App.-Hof Köln 2. Dez. 1846 (Rh. Arch. 41. 1. s. 116). *Contra:* Chauveau-Carré Lois de la proc. qu. 2896 Note 4.

§ 139.

1. Die Doppelehe bleibt strafbar, sollte die erste Ehe auch nichtig sein. Motive s. 41; K.-B. II. K. s. 87; Bes. s. 302 fgg.; G. Matt. 2. s. 279 n. 4; Temme Gll. s. 212 n. 2. Dem steht § 952. II, 1. des ALR. keineswegs entgegen. Vgl. Absatz 3,

Bei dem Verbrechen der mehrfachen Ehe beginnt die Verjährung mit dem Zeitpunkte, an welchem eine der beiden Ehen aufgelöst oder für ungültig oder nichtig erklärt worden ist.

[Entw. § 128]. Vgl. Einf.-Ges. Art. XII § 4 Nr. 2. 3.

---

welcher die Verjährung erst von der Auflösung oder Nichtigerklärung einer der beiden Ehen laufen läßt, den Fall der Nichtigkeit der ersten Ehe also ebenfalls berücksichtigt. Das Gesagte ist gleichwohl auf den Fall nicht auszudehnen, wo die vermeintliche erste Ehe von Gesetzes wegen als solche gar nicht angesehen wird, und wo es daher auch eines Verfahrens auf Auflösung oder Nichtigerklärung derselben nicht bedarf, z. B. wenn die Ehe zwischen zwei Personen desselben Geschlechts abgeschlossen wäre. Vgl. Temme Lehrb. s. 704, welcher sich nur zu allgemein ausdrückt, und mit Unrecht den Schluß des dritten Absatzes des § nur auf die Nichtigerklärung der zweiten Ehe beziehen will.

2. Auch die Nichtigkeit der zweiten Ehe ist gleichgültig, es genügt die Eingehung der Formen der neuen Ehe: G. Matt. 2. s. 280 n. 5. *Contra:* Temme Gll. s. 212 n. 3; id. Lehrb. s. 706, welcher aber hier übersieht, daß die zweite Ehe, eben wegen des Bestehens der ersten, nothwendig nichtig sein muß. Vgl. n. 1.

3. Es bedarf des Nachweises der Wissenschaft des Angeklagten, daß seine erste Ehe noch bestehe, nicht; es genügt vielmehr bei ihm als Dolus das Bewußtsein, daß er keine Gewißheit über die in gesetzlicher Weise erfolgte Auflösung der frühern Ehe habe, und einen gehörigen Nachweis darüber zu führen nicht im Stande sei. Nur bei der unverheiratheten Person, welche eine Ehe mit einem Ehegatten eingeht, erheischt das Gesetz die Kenntniß von dem Bestehen der Ehe des letztern: Motive s. 40; K.-B. II. K. s. 86; K.-B. I. K. s. 20; Z. I. 12. Sept. 1856 c. Willim (JMBl. s. 315; G. A. 4. s. 837); B. I. 11. Dez. 1857 c. Juschkat (G. A. 6. s. 110); G. Matt. 2. s. 277 n. 3; Bes. s. 307. *Contra:* Temme Gll. s. 210 n. 1; id. Lehrb. s. 707; id. Arch. 4. s. 225. Gleichwohl darf der strafbare „Leichtsinn“, von welchem der K.-B. II. K. und Bes. ll. cc. hier sprechen, nicht als Fahrlässigkeit gedeutet werden; das Gesetz legt dem Verheiratheten eine bestimmte Unterlassungspflicht auf, deren Verabsäumung Dolus, nicht blos Culpa darstellt. Will der Angeklagte behaupten, daß er mit vollem Fuge seine frühere Ehe für aufgelöst habe erachten müssen, so ist es seine Aufgabe, das in Gemäßheit des § 44 nachzuweisen: Z. I. 12. Sept. 1856 c. Willim (JMBl. s. 315; G. A. 4. s. 837); B. I. 11. Dez. 1857 c. Juschkat (G. A. 6. s. 110). Beide deuten an, daß zu diesem Zwecke der Nachweis genügen könne, daß der Angeklagte bei Eingehung der zweiten Ehe die Auflösung der ersten habe voraussetzen müssen. Selbst die Behauptung eines hierbei mitwirkenden Rechtsirrthums würde die Anwendung des § 44 gestatten, da dieser Rechtsirrthum dann nicht das Verbotensein der betreffenden Handlung (der Doppelehe) sondern nur solche Umstände betrifft, ohne deren Kenntniß ein Dolus nicht würde angenommen werden können. Es kann daher Stellung einer derartigen Frage an die Geschwornen verlangt werden, vorausgesetzt daß solche Thatsachen behauptet sind, nach welchen die gesetzliche Vermuthung über die Kenntniß vom Fortbestehen der Ehe im vorliegenden Falle für ausgeschlossen oder erschüttert erachtet werden könnte: Z. I. 8. Jan. 1858 c. Weber (Stiel und Gen.; G. A. 6. s. 109). Vgl. Temme Arch. 5. s. 191.

4. Nur die Eingehung der neuen Ehe stellt das Verbrechen dar, nicht die Fortsetzung der eingegangenen Ehe. Hat die erstere unter der Herrschaft der älteren Strafgesetzgebung stattgefunden, so ist, trotz des Fortbestehens der Ehe unter der neuen Gesetzgebung, doch nur jene anwendbar, insoweit nicht Art. IV zutrifft. Die Vorschrift des Abs. 3 steht dem nicht entgegen. Vgl. n. 8.

5. Inwiefern der Versuch der Eingehung einer Doppelehe und der Anfang einer Ausführung desselben anzunehmen sei, gehört zur thatsächlichen Beurtheilung: Beschl. I. 9. Juli 1856 c. Werner (G. A. 8. s. 696). Es läßt sich daher nicht aufstellen, daß beides nur in dem Beginne der vom Gesetze für die Eingehung der Ehe selbst vorgeschriebenen Förmlichkeiten, also nicht in der vorgängigen Abschließung eines Verlöbnisses, oder eines die Güter-Verhältnisse regelnden Ehevertrages, oder in der

§. 140. Der Ehebruch wird, wenn wegen dieses Vergehens die Ehe geschieden ist, an dem schuldigen Ehegatten, sowie dessen Mitschuldigen, mit Gefängniß von vier Wochen bis zu sechs Monaten bestraft.

Die Bestrafung des Ehebruchs bleibt ausgeschlossen, wenn der unschuldige Ehegatte im Laufe des Ehescheidungsprozesses oder bis zur Abfassung des Straferkenntnisses die Nichtbestrafung ausdrücklich beantragt, in welchem Falle das Strafverfahren auch gegen die Mitschuldigen wegfällt.

[Entw. § 129]. Vgl. Rh. BGB. Art. 298. 308. 309.

Bestellung des Aufgebots gefunden werden dürfe: B. 7. Mai 1852 c. Wuudtke (G. A. 8. s. 695). *Contra*: Erk. App.-Hof Köln 24. Sept. 1860 (G. A. l. c.); G. Matt. 2. s. 280 Nr. 6; Temme Gll. s. 212 n. 4; id. Lehrb. s. 706. Vgl. § 31 n. 26.

6. Der zweite Absatz erleidet nur auf solche Religionsdiener Anwendung, welche die religiöse Feierlichkeit einer Heirath mit bürgerlicher Wirkung vorzunehmen befugt sind. K.-B. II. K. s. 88. Vgl. Einf.-Ges. Art. XII § 5.

7. Wissentliche Mitwirkung zur Eingehung einer Doppelehe durch andere als die im Abs. 2 genannte Personen, ist nach den Grundsätzen von der Theilnahme strafbar. Z. I. 13. April 1859 c. Skerka.

8. Aus dem unter n. 4 Gesagten folgt, daß die Verjährung einer unter der Herrschaft der ältern Gesetzgebung eingegangenen Doppelehe, mit Rücksicht auf Art. V des Einf.-Ges., nach den damals geltenden Grundsätzen zu beurtheilen ist: Beschl. Pl. 19. Dez. 1859 c. Owczynski (198 I. B; JMBl. 60. s. 26; G. A. 8. s. 39); Antr. des G.-St.-Anw. (JMBl. l. c.); v. Wächter Abh. in G. A. 8. s. 5; Temme Arch. 5. s. 193. *Contra* früher: B. I. 11. Dez. 1857 c. Juschkat (G. A. 6. s. 110; 7. s. 316); B. I. 6. Okt. 1858 c. Buttler (G. A. 7. s. 318); Abh. in G. A. 7. s. 313; Hälschner Abh. in G. A. 8. s. 441. Vgl. John Abh. in G. Arch. 9. s. 305.

9. Die die Verjährung betreffende Vorschrift des dritten Absatzes bezieht sich nicht auf das Verbrechen des Religionsdieners oder Civilstandsbeamten (Abs. 2).

§ 140.

Antr. a. Nichtbstrafg. 18—24.
Beischlaf. 3.
Civil-Erktß. 13.
Dolus. 14. 15.
Ehebruch. 3. 4. 8.
„ doppelter. 12. 22.
Ehegatte, unschuld. 5. 16.
Ehe. Gültigkt. 1.
Fragstellg. 6.
Glaube, gut. 14. 15.
Kenntniß. 15
Kompetenz. 26.
Konkurrenz, reale. 4.
Nichtigkt. d. Ehe. 1.
Scheidung. 5—13.
„ kirchliche. 7.
Strafe (Rh. Recht). 26.
Straf-Erktnß. Absssg. 17. 18.
Trennung v. T. u. B. 2. 11.
Umgang, unerl. 9.
Verjährung. 25.
Vermuthung. 9.

1. Goltdammer (Matt. 2. s. 283 n. 3) und Temme (Gll. s. 213; Lehrb. s. 700) erheischen eine wirkliche, nicht nichtige Ehe; ähnlich: Koch n. 51. Es muß indessen auch hier die zu § 139 n. 1 erwähnte Unterscheidung eintreten: Antrag der Gen.-St.-Anwaltschaft zu einem Z. I. 9. Dez. 1859 c. Fiebig (G. A. 8. s. 267; dieses Urtheil selbst ging auf eine Prüfung jener Frage nicht ein, nahm vielmehr an, die Gültigkeit der Ehe könne jedenfalls dann nicht mehr bestritten werden, nachdem sie wegen des Ehebruchs vom Civil-Richter geschieden, ihre frühere Existenz also anerkannt worden sei, weil hier das Strafgesetz von der Voraussetzung eines durch den kompetenten Civilrichter bereits rechtskräftig entschiedenen Rechtsverhältnisses ausgehe).

2. Durch bloße Trennung von Tisch und Bett wird die Ehe nicht aufgelöst: Temme Lehrb. s. 700. Es bleibt daher ein strafbarer Ehebruch noch immer möglich.

3. Erforderlich ist ein wirklicher außerehelicher Beischlaf. Temme Gll. s. 213; id. Lehrb. s. 700. *Contra*: Koch n. 51, er läßt eine Geschlechtsvereinigung genügen.

4. Aus dem Worte „Ehebruch“, welches einen Plural nicht habe, statt des Wortes Beischlaf, folgerte ein B. 22. Dez. 1852 c. Roffler (G. Arch. 1. s. 239) beiläufig, daß, wenn auch unbedenklich ein einzelner Fall die volle gesetzliche Strafe nach sich

ziehe, doch bei einer Mehrheit von Fällen nicht jeder einzelne nach § 56 mit der vollen Strafe belegt werden dürfe. Vgl. § 56 n. 1; § 144 n. 6.

5. Bedingung der Strafverfolgung ist, daß vorher wegen des Ehebruchs die Ehe rechtskräftig geschieden sei; ist dieses der Fall, so kann das Scheidungsurtheil im Strafwege nicht angefochten, und es kann nicht mehr geltend gemacht werden, die Ehe habe aus irgend einem thatsächlichen oder rechtlichen Grunde eigentlich nicht geschieden werden dürfen (z. B. weil der andre Ehegatte selbst zu den die Scheidungsklage begründenden ehebrecherischen Handlungen die Veranlassung gegeben habe, ALR. II, 1 § 719); es ist vielmehr vom formellen Standpunkte aus der andere Ehegatte auch dann als der unschuldige anzusehen. Z. I. 6. Juni 1855 c. Hoffman (G. Arch. 3. S. 702). *Contra:* Temme Arch. 4. S. 222. Vgl. n. 1.

6. Die erfolgte Scheidung ist Bedingung der Strafverfolgung, nicht aber Begriffserforderniß des Vergehens selbst; wenn daher auch (wegen Konnexität) über eine derartige Anklage vor dem Schwurgerichte verhandelt wird, so ist doch den Geschwornen über die stattgehabte Scheidung eine Frage nicht vorzulegen. Vgl. G. Arch. 3. S. 400 VI.

7. Die Scheidung muß eine solche sein, welche der Staat nicht blos insofern zuläßt, als sie in kirchlicher Beziehung von Bedeutung ist, sondern sie muß auch civilrechtliche Wirkung dergestalt haben, daß die Ehe als nicht mehr bestehend angesehen wird; eine blos von einem geistlichen Gerichte ausgesprochene Scheidung (Trennung von Tisch und Bett) ist daher mit Rücksicht auf die Vdn. vom 2. Jan. 1849 § 1 nicht geeignet, jener Vorschrift des § 140 zu genügen. *Contra:* G. Matt. 2. S. 286 n. 9, welcher unter Bezugnahme auf ALR. II, 1 § 734 annimmt, die von einem katholischen Ehegerichte erkannte Trennung von Tisch und Bett stehe hier der Scheidung gleich. Umgekehrt genügt auch die gerichtliche Scheidung; ob sie kirchliche Wirkung hat, ist gleichgültig: Z. I. 30. Jan. 1861 c. Rausch (39).

8. Die Ehescheidung muß wegen des Ehebruchs erfolgt sein; es genügt daher nicht, wenn die Scheidung aus einem andern Grunde ausgesprochen und gleichzeitig, jedoch nur zur Entscheidung der Schuldfrage, auch ein Ehebruch festgestellt ist, sobald die Scheidung nicht auch auf ihn gestützt ist. Z. I. 25. Jan. 1860 c. Fröse (G. A. 8. S. 270).

9. Der § 673. II, 1. ALR. nach welchem ein unerlaubter Umgang, wodurch eine dringende Vermuthung der verletzten ehelichen Treue begründet wird, dem Ehebruche gleich zu achten ist, und die Scheidung rechtfertigt, — ist nur eine Beweisregel, wonach auch bei solchen Voraussetzungen der Scheidungsgrund des Ehebruchs als vorhanden angenommen („vermuthet") wird; es genügt daher eine auf Grund dieses § 673 ausgesprochene Scheidung, um eine Strafverfolgung wegen Ehebruchs eintreten zu lassen; natürlich bedarf es aber im Strafverfahren der Feststellung des wirklich begangenen Ehebruchs. Z. II. 8. Juni 1854 c. Kühl; S. I. 9. Mai 1860 c. Carnett (G. A. 8. S. 560).

10. Im Bereiche des Rheinischen Rechts genügt ein die Ehescheidung gestattendes Erkenntniß nicht, es muß vielmehr in Gemäßheit des Art. 264 des Rh. BGB. die Ausspreсhung der Scheidung durch den Civilstandsbeamten hinzukommen.

11. Die von einem Rheinischen Civil-Gerichte ausgesprochene Trennung von Tisch und Bett kann, da sie das bürgerliche Band der Ehe bestehen läßt, und nach Art. 310 des BGB. nur eine bedingte Gültigkeit hat, hier der Scheidung nicht gleich geachtet werden.

12. Im Falle eines doppelten Ehebruchs (wenn beide Konkumbenten anderweitig verheirathet waren) genügt die Scheidung der einen Ehe, um den betr. Ehegatten als Ehebrecher und den andern als Mitschuldigen zu bestrafen.

13. Die Scheidung ist nur die Bedingung der Strafverfolgung; im Uebrigen ist die betr. Entscheidung des Civilrichters für den Strafrichter nicht bindend, er kann daher den von jenem angenommenen Thatbestand des Ehebruchs für nicht erwiesen erachten. G. Matt. 2. S. 283 n. 4.

14. Behauptet der angeklagte Ehegatte, daß er seine Ehe mit Fug für aufgelöst gehalten habe, so hat er dieses nach Anleitung des § 44 zu beweisen; der

besondern Feststellung, daß er von dem Bestehen seiner Ehe Kenntniß gehabt habe, bedarf es bei ihm nicht. Vgl § 139 n. 3; G. Blatt. 2. S. 285 n. 6.

15. Dagegen muß dem Mitschuldigen des ehebrechenden Ehegatten gegenüber seine Kenntniß von der bestehenden Ehe des letztern nachgewiesen und festgestellt werden.

16. „Unschuldiger Ehegatte im Sinne des zweiten Absatzes ist ohne „Unterschied derjenige Gatte, gegen welchen der andre Ehegatte die eheliche Treue „gebrochen hat, auch wenn jener selbst sich des gleichen Vergehens schuldig gemacht „haben sollte," und die Ehe wegen beiderseitigen Ehebruchs geschieden worden ist. B. I. 20. Dez. 1854 c. Schmidt (Präj. n. 126; Entsch. 29. S. 472; 30. S. 345; G. Arch. 3. S. 228). Vgl. Abh. in G. Arch. 3. S. 224 und 5. S. 372.

17. Die Abfassung des Straferkenntnisses fällt jetzt mit der Verkündung desselben zusammen; bis zur letztern ist das abgefaßte Erkenntniß nur ein der Abänderung noch unterliegender Entwurf. Vgl. Strafverf. Art. 32 n. 3.

18. „Nach Abfassung des ersten, auf Strafe lautenden, wenn auch nicht „rechtskräftig gewordenen Erkenntnisses kann der Antrag des unschuldigen Ehegatten „auf Nichtbestrafung des schuldigen, den letztern vor der Bestrafung wegen Ehebruchs „nicht schützen." Z. I. 18. Febr. 1853 c. Conrad (Präj. n. 13; Entsch. 24. S. 444; G. A. 1. S. 238 u. 394); B. I. 7. März 1856 c. Hehne (G. A. 4. S. 392); Z. I. 4. Febr. 1857 c. Ketz. *Sic:* Temme Arch. 4. S. 223.

19. Behauptet der Angeklagte vor ergangenem ersten Erkenntnisse, daß sein Ehegatte auf Nichtbestrafung antragen wolle, so muß der Richter entweder die Vernehmung jenes Ehegatten veranlassen, oder dem Angeklagten aufgeben, denselben zu gestellen, oder aber seinen Antrag in gehöriger Form beizubringen; geht er über jene Behauptung hinweg, so beschränkt er die Vertheidigung. So entschied: B. I. 7. März 1856 c. Hehne (G. A. 4. S. 392).

20. Ein nur bedingt ausgesprochener Antrag auf Nichtbestrafung kann die Verfolgung und Bestrafung nicht ausschließen; es ist Sache des Angeklagten einen unbedingten Antrag nachzuweisen. Daraus folgt, daß die Zurücknahme eines bedingten Antrags wegen Nichterfüllung der Bedingungen unbedenklich statthaft ist. Letzteres erkannte an: Z. I. 16. Juli 1856 c. Röhren. Dagegen hat ein unbedingter Antrag sofort die Wirkung, die Bestrafung auszuschließen, dieselbe kann dann durch spätere Zurücknahme des Antrags nicht wieder beseitigt werden.

21. Die Straflosigkeit des Mitschuldigen am Ehebruche ist bedingt durch einen Antrag des unschuldigen Ehegatten auf Nichtbestrafung des schuldigen; daher kann ein Antrag des unschuldigen Ehegatten, welcher nur die Nichtbestrafung des Mitschuldigen, nicht auch des angeklagten Ehegatten bezweckt, jenem nicht zu Statten kommen, und ebensowenig kann der schuldige Ehegatte sich auf den Grundsatz des § 52 berufen, um jenen Antrag auf sich auszudehnen. Z. I. 7. Mai 1856 c. Sommer (G. A. 4. S. 563).

22. Waren beide Konkumbenten verheirathet, und sind in Folge des Ehebruchs beide Ehen geschieden, so müssen, damit Straflosigkeit eintrete, beide unschuldige Ehegatten auf dieselbe antragen. G. Blatt. 2. S. 286 n. 8; Temme Gll. S. 213.

23. Die Form des Antrags auf Nichtbestrafung ist gleichgültig, das Gesetz verlangt nur die Existenz der betr. Erklärung vor Gericht oder vor den sonst dazu berufenen Beamten. Beschl. I. 6. Juli 1859 c. Plastwig (127 B.). Vgl. § 50 n. 7.

24. Ob ein genügender Antrag vorliege, ist auch hier Gegenstand der Beurtheilung des Einzelfalles. Z. II. 24. Juni 1858 c. Müller. Vgl. § 50 n. 12.

25. Die Verjährung des Ehebruchs beginnt erst mit dem Augenblicke, wo eine Strafverfolgung möglich wurde, also erst mit der Rechtskraft des Scheidungsurtheils.

26. Die im Rheinischen BGB. Art. 298 und 308 (vgl. Rhein. StGB. Art. 337) gegen die Ehefrau angedrohten Ehebruchsstrafen sind durch § 140 beseitigt. Damit fällt auch die anderweitige Vorschrift jener Artikel weg, wonach jene Strafen durch das Civilgericht in dem die Ehescheidung oder Trennung von Tisch und Bett aussprechenden Erkenntnisse verhängt werden sollten, da diese Verfahrungsart wesentlich durch die besondere Natur der Strafe (Einsperrung in einem

§. 141. Die Unzucht zwischen leiblichen Eltern und Kindern wird an den Ersteren mit Zuchthaus bis zu fünf Jahren, an den Letzteren, wenn sie das sechszehnte Lebensjahr zurückgelegt haben, mit Gefängniß von drei Monaten bis zu zwei Jahren bestraft.

Die Unzucht zwischen Schwiegereltern und Schwiegerkindern, zwischen Stiefeltern und Stiefkindern und zwischen vollbürtigen oder halbbürtigen Geschwistern wird mit Gefängniß von drei Monaten bis zu zwei Jahren bestraft.

Auch kann zugleich auf die zeitige Untersagung der Ausübung der bürgerlichen Ehrenrechte erkannt werden.

Stiefkinder bleiben straflos, wenn sie das sechszehnte Lebensjahr noch nicht zurückgelegt haben.

[Entw. § 130]. Vgl. § 142. 42. 43.

Besserungshause) bedingt war, und jedenfalls Art. XIV des Einführungsgesetzes die ausschließliche Zuständigkeit des Zuchtpolizeigerichts ausspricht.

§ 141.

1. »Unzucht« ist hier gleichbedeutend mit »Beischlaf.« K.-B. II. K. s. 91; Z. I. 30. Sept. 1853 c. Albrecht (G. Arch. 1. s. 703); Z. II. 23. Febr. 1860 c. Schönherr; Koch n. 54; vgl. Zachariä Abh. in G. Arch. 3. s. 178. *Contra:* G. Matt. 2. s. 287 n. 2; Temme Gll. s. 214 n. 2; id. Lehrb. s. 713; v. Kräwel Abh. in G. Arch. 1. s. 162, welche sich alle vorzugsweise darauf stützen, daß dann andre von den Eltern gegen ihre Kinder verübte unzüchtige Handlungen straflos seien, da § 142 sich auf sie nicht mit erstrecke. Das cit. Z. 30. Sept. 1853 erachtete dagegen grade dieses für beabsichtigt. Die Richtigkeit der Ansicht des Ober-Tribunals ergiebt sich überzeugend aus dem Umstande, daß § 141 abweichend von § 142 die Kinder mitbestraft, wozu es bei einer unzüchtigen Behandlung der Kinder durch die Eltern noch weit mehr an einem Grunde fehlen würde, als wenn Vormünder &c. sich einer solchen That schuldig machen; auch paßt für andere unzüchtige Handlungen der Eltern gegen ihre Kinder der Ausdruck »Unzucht zwischen Eltern und Kindern« gar nicht.

2. Die Feststellung eines »fleischlichen Umgangs« zwischen Personen verschiedenen Geschlechts ist auf einen stattgehabten Beischlaf zu deuten. So: Z. I. 16. Dez. 1857 c. Menzler.

3. Im Falle der Wiederholung desselben Verbrechens zwischen denselben Personen soll die Kumulirung der Strafen (§ 56) ausgeschlossen sein. So: V. 22. Dez. 1852 c. Roffler (G. A. 1. s. 238; beil.). Dagegen wird § 56 im Falle der Unzucht mit verschiedenen Kindern anwendbar: Z. I. 19. Jan. 1859 c. Behrendt (G. A. 7. s. 232).

4. Die »leibliche« Verwandtschaft ist nicht in dem beschränkten Sinne aufzufassen, in welchem das Civil-Recht die Blutsverwandtschaft anerkennt, es ist vielmehr Gegenstand thatsächlicher Feststellung im Kriminalprozesse, in wieweit eine wirkliche natürliche Abstammung anzunehmen sei, zumal da das für die ganze Monarchie eingeführte Strafgesetzbuch überall, trotz der verschiedenen geltenden Civilgesetzgebungen, in gleicher Weise zur Anwendung gebracht werden muß. Z. Pl. 27. Febr. 1854 c. Wegner (indirekt; J.-Mi.-Bl. s. 193; Entsch. 27. s. 392); Abh. in G. Arch. 2. s. 521; 5. s. 373. *Contra:* G. Matt. 2. s. 288 n. 2; Temme Gll. s. 214 n. 1; id. Lehrb. s. 712. Vgl. n. 10; s. 44 n. 1; § 180 n. 2. 4.; K.-B. II. K. s. 92; Abh. in G. Arch. 2. s. 513.

5. Daraus folgt, daß auch eine vorgängige Entscheidung des Civilrichters über die Statusfrage für den Strafrichter nicht bindend sein kann, daß viel-

§. 142. Mit Zuchthaus bis zu fünf Jahren werden bestraft:

1) Vormünder, welche mit ihren Pflegebefohlenen, Lehrer, Geistliche und Erzieher, welche mit ihren minderjährigen Schülern oder Zöglingen unzüchtige Handlungen vornehmen;

2) Beamte, welche mit Personen, gegen die sie eine Untersuchung zu führen haben, oder die ihrer Obhut anvertraut sind, unzüchtige Handlungen vornehmen;

3) Beamte, Aerzte oder Wundärzte, die in Gefängnissen oder in öffentlichen, zur Pflege von Kranken, Armen oder anderen Hülflosen bestimmten Anstalten beschäftigt oder angestellt sind, wenn sie mit den in der Anstalt aufgenommenen Personen unzüchtige Handlungen vornehmen.

[Entw. § 131].

---

mehr der Letztere selbstständig den Thatbestand zu prüfen hat. Vgl. Strafverf. § 22 n. 73—76; Abh. in G. Arch. 2. s. 521; 5. s. 373.

6. Es macht keinen Unterschied, ob das Verwandtschafts- oder Affinitäts-Verhältniß durch eheliche oder **uneheliche** Geburt begründet sei: Z. Pl. 27. Febr. 1854 c. Wegener (JMBl. s. 193; Entsch. 27. s. 392); Z. I. 25. Juni 1858 c. Pflugmann; Z. I. 9. Mai 1860 c. Tolg. Vgl. n. 10. In dem Gebiete des Rheinischen Rechts kann das uneheliche Verwandtschaftsverhältniß trotz der Verbotsbestimmung des Art. 340 des Rh. GB. im Strafverfahren festgestellt werden. Vgl. § 180 n. 4; G. A. 2. s. 521 a. E.

7. Ist die Vorschrift auf **Großeltern** und weitere Verwandten in aufsteigender Linie auszudehnen? Goltdammer (Mat. 2. s. 289 n. 3) verneint. Beseler (s. 312 II.) und Temme (GA. s. 214 n. 1; id. Lehrb. s. 712) bejahen.

8. Unzucht zwischen **Schwiegereltern** und Schwiegerkindern ist auch dann strafbar, wenn die das Verhältniß begründende Ehe bereits durch Tod oder Scheidung aufgelöst war (vgl. ALR. II, 1 § 5. 6). Beschl. I. 18. Jan. 1854 c. Pazucha (JMBl. s. 127; G. Arch. 2. s. 257); Koch n. 56. *Contra:* Temme Arch. 4. s. 316. Vgl. § 229 n. 8.

9. Dasselbe gilt von **Stiefeltern** und Stiefkindern, da das Ehehinderniß auch nach Auflösung der Ehe bestehen bleibt (§ 5. 6. II, 1. ALR.). Z. I. 14. Juni 1854 c. Gehrke (G. Arch. 2. s. 830); V. I. 4. April 1855 c. Jahn; Z. I. 16. Dez. 1857 c. Menzler; Z. I. 9. Mai 1860 c. Tolg.

10. Mit Rücksicht auf das unter n. 4—6 Bemerkte ist Absatz zwei „auch in „denjenigen Provinzen, in welchen der § 44. I, 1. des ALR. Gesetzeskraft hat, auf „den Fall zu beziehen, wo die Unzucht zwischen dem einen Ehegatten und dem **un-** „**ehelichen Kinde** des andern begangen ist.“ Z. Pl. 27. Febr. 1854 c. Wegener (Präj. n. 96; JMBl. s. 193; Entsch. 27. s. 392); Z. II. 2. März 1854 c. Forst (Entsch. 27. s. 399); Z. eod. c. Sommer; V. I. 3. März 1854 c. Jauer; Beschl. I. 21. Apr. 1854 c. Karczewski; V. I. 4. April 1855 c. Jahn; Min.-Verf. vom 10. Jan. 1852 (G. A. 1. s. 83); Abh. in G. Arch. 2. s. 513. *Contra* früher: Beschl. I. 7. Sept. 1853 c. Lübke (Entsch. 27. s. 324; G. A. 1. s. 567); Beschl. I. 2. Novbr. 1853 c. Karczewski (Entsch. 27. s. 394). Vgl. § 180 n. 2. 4; Temme Arch. 4. s. 311, und für das Gebiet des Rheinischen Rechts Erk. LG. Saarbrücken 5. Jan. 1855 c. Hauck (Rh. Arch. 50. 2. B. s. 12).

§ 142.

1. Unter „**unzüchtigen Handlungen**“ ist hier jede unzüchtige Behandlung

§. 143. **Die widernatürliche Unzucht, welche zwischen Personen männlichen Geschlechts oder von Menschen mit Thieren verübt wird, ist mit Gefängniß von sechs Monaten bis zu**

---

zu verstehen, ohne Beschränkung auf Vollziehung des Beischlafs. G. Matt. 2. f. 191 I; Temme Lehrb. f. 715; Koch n. 57. Vgl. § 144 n. 21.

2. Es ist auch nicht erforderlich, daß die Handlung auf Befriedigung des Geschlechtstriebs gerichtet sei, oder daß sie die Vollziehung des Beischlafs bezwecke, es genügt eine das allgemeine Sittlichkeitsgefühl verletzende körperliche Behandlung. Z. 19. Mai 1852 c. Düsberg. Vgl. Temme Gll. f. 214 n. 2.

3. Ebensowenig bedarf es einer Verführung oder der Feststellung eines besondern Mißbrauchs der Stellung. Temme Gll. f. 215 n. 1; id. Lehrb. f. 715. Vgl. aber n. 5.

4. Im Uebrigen ist die Frage, welche Handlungen als „unzüchtige" zu betrachten seien, thatsächlicher Natur, und durch die Geschwornen zu beantworten. Z. I. 28. Jan. 1857 c. Mätzke. Vgl. § 144 n. 3.

5. Geschieht die Vornahme der unzüchtigen Handlungen durch die im § genannten Personen an Kindern unter vierzehn Jahren, so fällt die Handlung auch unter § 144 Nr. 3; es liegt dann ideale Konkurrenz vor, und die letztere Strafbestimmung wird als die strengere anwendbar. V. 22. Dez. 1852 c. Roffler (G. A. 1. f. 238). Vgl. § 144 n. 28.

Zu Nr. 1.

6. Die Strafbarkeit des Lehrers ist nicht durch seine stattgehabte amtliche Anstellung, sondern durch den Mißbrauch seiner Stellung als Lehrer bedingt; daher ist diese Nr. 1 auch auf Privatlehrer anwendbar. Z. 19. Mai 1852 c. Düsberg. Vgl. n. 3.

7. Die Ausdrücke „Lehrer" und „Erzieher" umfassen auch Erzieherinnen und Lehrerinnen. G. Matt. 2. f. 292 III. n. 2.

8. Goltdammer (Matt. 2. f. 292 III. n. 1) will unter Erziehern nur solche verstehen, welche die Erziehung als ein besonderes Geschäft, d. h. also gewerbsmäßig treiben (daher auch „Zögling").

9. Es ist nicht unerläßlich in der den Geschwornen vorgelegten Frage die mißbrauchten Kinder zu nennen. Z. I. 6. Okt. 1858 c. Seligsohn.

10. Ein V. I. 19. Nov. 1856 c. Borrmann (G. A. 5. f. 100) wollte mehrere zu verschiedenen Zeiten mit verschiedenen Personen vorgenommene unzüchtige Handlungen deshalb nur als ein Verbrechen ansehen, weil der Angeklagte nur wiederholt seine Stellung als Lehrer zur Vornahme unzüchtiger Handlungen mit seinen Schülerinnen mißbraucht habe, jedenfalls sei aber durch die Nr. 1 auch eine Mehrheit von „unzüchtigen Handlungen" nur mit der einmaligen Strafe bedroht. *Contra* mit Recht: John fortgesetzte Verbr. f. 53.

Zu Nr. 2.

11. „Untersuchung" ist nicht blos auf gerichtliche Untersuchungen zu beschränken. Temme Lehrb. f. 715. Vgl. G. Matt. 2. f. 292 IV.

Zu Nr. 2 und 3.

12. Es ist gleichgültig, ob den hier genannten Personen die Aufsicht und Pflege speziell übertragen sei. G. Matt. 2. f. 292 n. V.

13. Sind Gemeinde-, Schutz- und Bürgerwehren als Beamten im Sinne dieses § zu betrachten? Vgl. § 89 a. E. Ein Beschl. I. 16. Dez. 1853 c. Fischer (Präj. n. 66; Entsch. 26. f. 401; 28. f. 165; G. Arch. 2. f. 119) nahm an: „die Nummern 2 und 3 fänden auf Transporteurs und bürgerliche Wachmannschaften, welche [im Wege des Gemeindedienstes herangezogen, und] „mit der Bewachung von Gefangenen beauftragt sind, ohne Beamte zu sein", keine Anwendung."

§ 143.

1. „Unter widernatürlicher Unzucht ist hier die eigentliche Sodomie „(sodomia propria) in ihren beiden Formen zu verstehen, nicht andere unzüchtige „Handlungen, namentlich nicht gegenseitige Onanie zwischen Personen männlichen

vier Jahren, sowie mit zeitiger Untersagung der Ausübung der bürgerlichen Ehrenrechte zu bestrafen.

[Entw. § 132].

§. 144. Mit Zuchthaus bis zu zwanzig Jahren wird bestraft:

1) wer an einer Person des einen oder des anderen Geschlechtes mit Gewalt eine auf Befriedigung des Geschlechtstriebes gerichtete unzüchtige Handlung verübt, oder sie durch Drohungen mit gegenwärtiger Gefahr für Leib oder Leben zur Duldung einer solchen unzüchtigen Handlung zwingt;

„Geschlechts.“ So: B. I. 1. Juli 1853 c. Lietzman (Präj. n. 48; Entsch. 26. s. 403; G. (Arch. 2. s. 119); Beschl. I. 11. Febr. 1857 c. Hartwig; B. I. 6. Febr. 1857 c. Kolkhorst (G. A. 5. s. 266); G. Matt. 2. s. 293 n. 1; Koch n. 59.

2. Unzucht ist hier gleichbedeutend mit „Befriedigung des Geschlechtstriebs.“ Z. I. 30. Sept. 1853 c. Albrecht (G. Arch. 1. s. 703; beiläufig). *Sic:* Temme Lehrb. s. 740. Es ist daher ein Beischlaf, und selbst eine vollendete Befriedigung des Geschlechtstriebs nicht erforderlich: Z. II. 8. Sept. 1853 c. Fuhrmann; Z. I. 10. Okt. 1860 c. Braun (G. A. 8. s. 831): Vielmehr umfaßt dieser § solche Handlungen, welche nach allgemeinen Regeln mit Rücksicht auf einen bestimmten Erfolg nur Versuchshandlungen und Anfänge sein würden, dergestalt mit, daß das Maaß des Fortschritts des verbrecherischen Anfangs, sobald ein solcher überhaupt anzunehmen, nur für die Strafabmessung in Betracht kommt, ein bestimmter Erfolg aber nicht als Bedingung der Strafe angesehen werden kann: Z. 20. Febr. 1852 c. Nehmzow.

§ 144.

Inhalt.

Alter d. Kindes. 22. 23.	Kenntniß d. Zust. ꝛc. 16. 17. 22.	Unzucht, widernat. 5. 7.
Befriedgg. d. Geschl.-Tr. 2. 7. 21.	Konkurrz, ideale. 27. 28.	Verleitg. z. Duldg. 24.
Drohung. 13. 14.	„ reale. 6. 20.	Versuch. 8. 26.
Einwilligg. d. Kindes. 20.	Lehrer. 28.	Vormund. 28.
Fragstellung. 3. 4. 12. 21—23.	Leumund, übler. 10.	Wiederholung. 6. 20.
Geschlecht. 5. 15. 19.	Mehrht. v. Pss. u. Hdll. 6. 20.	Zustd., willenlos. ꝛc. 16. 17.
Gesundht. Beschädgg. 29.	Mittel d. Verleitg. 25.	Zwang. 11.
Gewalt. 11. 12.	Personenzahl. 20.	
Handlungen. 1—3. 7. 21.	Unzüchtigkt. 1—3. 21.	

1. Als unzüchtig ist jede das Schaam- und Sittlichkeitsgefühl in grober Weise verletzende, in wollüstiger Richtung verübte Handlung zu betrachten. Z. (V.) 22. Dez. 1852 c. Roffler (G. Arch. 1. s. 238); Z. I. 7. Sept. 1853 c. Diebitsch (ib. 1. s. 706).

2. Nicht jede auf Befriedigung des Geschlechtstriebs gerichtete Hand- ist darum auch unzüchtig; die Feststellung jenes Merkmals schließt daher die Unzüchtigkeit nicht in sich. B. I. 4. Jan. 1856 c. Köhn; Z. I. 20. Juli 1859 c. Scholz (G. A. 7. s. 711). *Contra* wie es scheint: Z. I. 13. April 1859 c. Bojanowski. Vgl. n. 7.

3. Auch hier ist die Frage, ob eine Handlung „unzüchtig“ sei, thatsächlicher Natur: Z. I. 30. Jan. 1857 c. Thurmann; Z. II. 30. April 1857 c. Wölsrecht; vgl. § 142 n. 4. Es kann daher nicht genügen, die Frage an die Geschwornen schlechthin auf dasjenige zu richten, was der Angeklagte in Beziehung auf die andere Person vorgenommen hat, da die Geschwornen auch den sittlichen Charakter der Handlung (ob sie „unzüchtig“ sei) zu beurtheilen haben: Z. I. 20. Jan. 1858 c. Sauerland. Neben der Qualifizirung bedarf es dagegen der genauen und speziellen Angabe der „unzüchtigen Handlungen“ in der Frage nicht: Z. II. 5. Febr. 1857 c. Gaßmann; Z. I. 7. Okt. 1857 c. Michaelis; Z. I. 6. Okt. 1858 c. Seligsohn; im zweiten Falle hatte der Angeklagte die Aufnahme dieser Angabe beantragt, der Gerichtshof sie aber abgelehnt, weil der Begriff rein thatsächlich sei. Vgl. JMBl. 1852 s. 188 n. 2.

4. Ebenso bedarf es in der Fragstellung der namentlichen Bezeichnung der mißbrauchten Personen nicht nothwendig. Z. I. 6. Okt. 1858 c. Seligsohn.

5. Auch Fälle der widernatürlichen Unzucht (§ 143) können unter diese Strafvorschrift fallen. K.-B. II. K. s. 93. Davon, daß dieser § als aktives und

2) wer eine in einem willenlosen oder bewußtlosen Zustande befindliche Person zu einer auf Befriedigung des Geschlechtstriebes gerichteten unzüchtigen Handlung mißbraucht;

3) wer mit Personen unter vierzehn Jahren unzüchtige Handlungen vornimmt, oder dieselben zur Verübung oder Duldung unzüchtiger Handlungen verleitet.

Ist der Tod der Person, gegen welche das Verbrechen verübt wird, dadurch verursacht worden, so tritt lebenslängliche Zuchthausstrafe ein. [Entw. § 133].

---

passives Subjekt Personen verschiedenen Geschlechts verlange, kann daher keine Rede sein: Z. I. 6. Sept. 1854 c. Meyer (G. A. 2. s. 689); Z. (V.) I. 18. Aug. 1856 c. Kroker (G. A. 4. s. 810; beide betrafen Fälle der Nr. 3); *Contra:* Temme Lehrb. s. 727; Berner Lehrb. s. 376 und Note 3. Der Letztere beruft sich auf die übereinstimmende Ansicht aller bedeutenden Schriftsteller, berücksichtigt aber nicht, daß die allgemeine Fassung des § den deutschrechtlichen Begriff der Nothzucht bedeutend erweitert, und daß der K.-B. II. K. ausdrücklich die vorstehende Auslegung gebilligt hat. Vgl. n. 7.

6. Im Falle der Wiederholung derselben Handlung gegen dieselbe Person wollten V. 22. Dez. 1852 c. Roffler (G. A. 1. s. 238) und V. I. 19. Nov. 1856 c. Borrmann (G. A. 5. s. 100) auch hier die Strafkumulation (§ 56) nicht eintreten lassen (es handelte sich von Fällen der Nr. 3; vgl. n. 20). Vgl. § 56 n. 1; § 140 n. 4; Temme Arch. 5. s. 159. Dagegen ist die Anwendbarkeit des § 56 unbedenklich, sobald mehrere zu verschiedenen Zeiten und an verschiedenen Personen verübte Handlungen vorliegen: Z. I. 23. März 1859 c. Schenkowsky; Z. I. 2. Sept. 1859 c. Baumgarten; Z. I. 30. Jan. 1861 c. Schramm; Bern. Grdss. § 142. Vgl. § 141 n. 3; § 142 n. 2.

Zu Nr. 1 und 2.

7. Zum Begriffe des hier vorgesehenen Verbrechens der Nothzucht ist die Erreichung des entferntern, zum Erfordernisse der Strafanwendung gemachten Zwecks der Befriedigung des Geschlechtstriebs nicht erforderlich, vielmehr genügen die Verübung der darauf gerichteten Gewalt [und die Unzüchtigkeit der Handlung] um das vollendete Verbrechen darzustellen: Z. II. 22. März 1855 c. Höink (Entsch. 30. s. 350; G. Arch. 3. s. 400). Insbesondere bedarf es eines wirklich statt gefundenen Beischlafs nicht: Z. I. 13. Juni 1856 c. Paproth. Vgl. n. 2. 8. Das gilt namentlich da, wo es sich von einer widernatürlichen Unzucht handelt, somit ein eigentlicher Beischlaf und die Richtung der Handlung auf einen solchen gar nicht in Frage kommt; hier kann der Instanzrichter eine unzüchtige auf Befriedigung des Geschlechtstriebes gerichtete Handlung annehmen, sollte es auch noch gar nicht zu einer körperlichen Vereinigung gekommen sein: Z. II. 23. Febr. 1860 c. Schönherr (G. A. 8. s. 412). Vgl. n. 5.

8. 9. Nichtsdestoweniger kann der Vollendung des Verbrechens auch noch ein Versuch vorhergehen; wenn es daher thatsächlich oft zweifelhaft werden kann, ob vollendetes Verbrechen oder Versuch vorliege, so kann das kein Hinderniß sein, den vorhandenen Versuch festzustellen und zu bestrafen: cit. Z. II. 22. März 1855 c. Höink (Präj. n. 151; cit. n. 7); Z. I. 20. Juli 1859 c. Scholz (G. A. 7. s. 711). Vgl. n. 20; G. Arch. 1. s. 49; und Zachariä Abh. in G. Arch. 3. s. 177 fgg.

10. Objekt des Verbrechens kann auch eine Person übeln Leumunds sein; es kommt dieser Umstand nur als Zumessungsgrund in Betracht. K.-B. II. K. s. 93; Z. 16. Juni 1852 c. Stein; Berner Lehrb. s. 376.

11. Die Gewalt muß von der Art sein, daß sie die Annahme eines Zwanges bei Duldung der verbrecherischen Handlung begründen kann, wozu die Ueberwältigung eines thätlichen Widerstandes nothwendig gehört: Bes. s. 314. I. a; Goltd. Matt. 2. s. 298 n. 4. Es genügt indessen für den Begriff, wenn eine, gewissen Ab-

sichten hinderliche, Kraftanstrengung durch eine entgegengesetzte Kraft überwältigt wird: Z. 7. Jan. 1852 c. Quade.

12. Im Uebrigen ist der Begriff der „Gewalt“ ein thatsächlicher, er braucht daher in der den Geschwornen vorgelegten Frage nicht durch spezielle Erwähnung der Thatsachen des Falles aufgelöst zu werden; vielmehr genügt die Fragestellung nach den Worten des Gesetzes. Z. I. 11. Jan. 1854 c. Voigt (G. Arch 2. s. 241). Z. II. 22. März 1855 c. Höink (Entsch. 30. s. 350; G. A. 3. s. 400).

13. Ueber den Begriff der Drohung vgl. § 89 n. 48—53.

14. Die Bedrohung braucht nicht nothwendig gegen die gemißbrauchte Person gerichtet gewesen zu sein; der Richter hat vielmehr zu ermessen, ob ein Zwang gegen diese auch durch gefährliche Bedrohung eines Dritten ausgeübt werden könne. K.-B. II. K. s. 93; G. Matt. 2. s. 299 n. 5; Koch n. 61. *Contra:* Bes. s. 315.

Zu Nr. 2.

15. In dieser Nr. 2 ist nur von einer „Person“ ohne den in Nr. 1 befindlichen Zusatz „des einen oder des andern Geschlechts“ die Rede; gleichwohl ist auch hier zwischen den beiden Geschlechtern nicht zu unterscheiden.

16. Ob der Thäter den willenlosen ꝛc. Zustand vorsätzlich herbeigeführt hat, ist an sich gleichgültig, und nur Strafzumessungsgrund. K.-B. II. K. s. 93 n. 4.

17. Der Feststellung, daß der Thäter den willenlosen ꝛc. Zustand der gemißbrauchten Person gekannt habe, bedarf es nicht; dagegen schließt der Nachweis, daß derselbe ihm zur Zeit der That unbekannt gewesen (§ 44) die Strafbarkeit aus; vgl. § 44 n. 8. *Contra:* G. Matt. 2. s. 300 n. 2. Vgl. n. 22.

Zu Nr. 3.

18. Die Worte: „Wer mit Personen ....“ sind mit den Worten: „Wer an Personen ....“ in Nr. 1 gleichbedeutend, insbesondere sind jene nicht etwa dahin zu deuten, als werde dabei vorausgesetzt, daß die dort gedachten Handlungen mit dem Willen der mißbrauchten Kinder erfolgt sein müssen, da es auf den Willen solcher jungen Personen nicht ankommen kann. B. II. 23. März 1854 c. Panick (G. A. 2. s. 425).

19. Auch hier macht das Geschlecht des betreffenden Kindes keinen Unterschied; vgl. n. 5. Insbesondere ist die Nr. 3 nicht auf Handlungen zwischen Personen desselben Geschlechts beschränkt. Z. (B.) I. 18. August 1856 c. Kroker (G. A. 4. s. 810).

20. Wenn auch Nr. 3 von Personen und von Handlungen (im Gegensatze gegen: „Person“ und „Handlung“ in Nr. 1 und 2) spricht, so fällt doch schon eine einmalige Handlung an einer einzigen Person unter die Strafbestimmung. B. 22. Dez. 1852 c. Roffler (G. Arch. 1 s. 238); Z. I. 7. Sept. 1853 c. Diebitsch (G. A. 1. s. 706); B. II. 30. Apr. 1857 c. Wölsrecht; Z. I. 6. Febr. 1858 c Rosenthal. Ueber die Strafkumulation im Falle wiederholter Handlungen vgl. n. 6.

20a. Es ist nicht unstatthaft, mehrere hierher gehörige Straffälle in einer Frage an die Geschwornen zusammen zu fassen, sollten auch verschiedene Kinder mißbraucht sein; auch ist die Nennung derselben nicht unerläßlich. Z. I. 30. Jan. 1861 c. Schramm (G. A. 9. s. 185). Vgl. Strafverf. Art. 80 n. 11.

21. Hier genügt jede unzüchtige Handlung (vgl. n. 1), und es ist keineswegs (wie bei Nr. 1 u. 2) erforderlich, daß dieselbe auf Befriedigung des Geschlechtstriebes gerichtet gewesen sei: Z. 7. Jan. 1852 c. Müller; Z. (B.) 22. Dez. 1852 c. Roffler (G. A. 1. s. 238); Z. I. 7. Sept. 1853 c. Diebitzsch (G. A. 1. s. 706); Z. II. 6. Okt. 1853 c. Altmann; Z. II. 30. April 1857 c. Wölsrecht; Z. I. 1. Dez. 1858 c. Thomsen; u. ö. Es bedarf daher der Feststellung einer auf Befriedigung des Geschlechtstriebs und auf Vollziehung des Beischlafs gerichteten Absicht in keiner Weise: Z. I. 11. Jan. 1856 c. Zöllner. *Contra:* Temme Lehrb. s. 729. Vgl. K.-B. II. K. s. 93 („Handlungen, welche aus Geilheit zum Sinneskitzel vorgenommen werden“).

22. Das Alter des Kindes unter vierzehn Jahren muß durch die Geschwornen festgestellt, und kann selbst da, wo ein Streit darüber nicht obwaltete, nicht durch den Schwurgerichtshof ergänzt werden. B. I. 18. Aug. 1856 c. Kroker (G. A. 4. s. 810).

23. Der Feststellung: „der Angeklagte habe gewußt, daß die mißbrauchte ꝛc. Person unter vierzehn Jahren alt gewesen,“ bedarf es nicht; die Unbekanntschaft mit diesem Umstande muß als Strafausschließungsgrund nachgewiesen, und als solche

§. 145. Wer eine Frauensperson zur Gestattung des Beischlafs dadurch verleitet, daß er eine Trauung vorspiegelt oder einen andern Irrthum erregt, in welchem sie den Beischlaf für einen ehelichen halten mußte, wird mit Zuchthaus bis zu fünf Jahren bestraft.

[Entw. § 134]. Vgl. § 149.

§. 146. Weibspersonen, welche den polizeilichen Anordnungen zuwider gewerbsmäßig Unzucht treiben, werden mit Gefängniß bis zu acht Wochen bestraft.

---

festgestellt werden: Z. I. 5. März 1858 c. Demel. Vgl. § 44 n. 8 (dort auch über die Fassung der Frage an die Geschwornen). *Contra:* Koch n. 64. Die festgestellte Unbekanntschaft mit dem Alter des Kindes schließt aber die Strafbarkeit aus: B. I. 22. Febr. 1854 c. Pfeiffer. Einem Antrage auf Stellung einer Frage nach diesem Ausschließungsgrunde muß daher nothwendig Statt gegeben werden: B. I. 9. Juli 1858 c. Anyczas (G. A. 6. s. 676). Vgl. n. 17.

24. Die „Verleitung zur Duldung" kann nicht blos von dem die Handlungen selbst vornehmenden, sondern auch von einem Dritten ausgehen. *Contra:* B. I. 26. Okt. 1859 c. Dettels (G. A. 7. s. 833); Beschl. I. 17. Okt. 1860 c. Hoffmann (183 B; G. A. 8 s. 828).

25. Der Feststellung des Mittels, wodurch die Verleitung zur Duldung der unzüchtigen Handlungen stattgefunden, bedarf es nicht. Vgl. G. A. 2. s. 118.

26. Auch hier ist ein Versuch des Verbrechens keineswegs undenkbar; ebenso läßt sich nicht aufstellen, daß der Versuch, um den Erfordernissen des § 31 zu entsprechen, mit dem vollendeten Verbrechen zusammenfallen müsse. Vgl. n. 8; G. A. 1. s. 49.

27. Treffen die Voraussetzungen der Nr. 1 mit denen der Nr. 3 zusammen, so liegt ideale Konkurrenz vor. Das Gesetz hat keineswegs durch den in Nr. 3 gebrauchten allgemeinen Ausdruck: „unzüchtige Handlungen" andeuten wollen, daß Handlungen von noch höherem unsittlichen Charakter, also auf Befriedigung des Geschlechtstriebs mit Gewalt gerichtete Handlungen, gegen Personen unter vierzehn Jahren gar nicht verübt werden könnten: Beschl. I. 4. Dez. 1857 c. Hausmann.

28. Begeht ein Vormund, Lehrer zc. dieses Verbrechen, so liegt ideale Konkurrenz mit dem im § 142 Nr. 1 vorgesehenen Straffalle vor, und § 144, als der strengere, wird anwendbar. Vergl. die unter n. 21 citirten Erkenntnisse, und § 142 n. 5.

Zum Schlußsatze.

29. Ob eine Beschädigung der Gesundheit der mißbrauchten zc. Person stattgefunden, ist ebenfalls nur Strafzumessungsgrund. K.-B. II. K. s. 93 n. 5.

§ 145.

1. Unbescholtenheit der verleiteten Frauensperson ist hier nicht erforderlich. G. Matt. 2. s. 304 n. 2.

2. Dagegen gehört zur Vollendung des Verbrechens die Vollziehung des Beischlafs; wo diese fehlt, kann nur ein Versuch angenommen werden. Temme Gll. s. 217. Vgl. G. Matt. 2. s. 303; Koch n. 65.

3. Der im § vorgesehene Thatbestand ist ein einfacher von keinem erschwerenden Umstande begleiteter; es bedarf daher, selbst wenn die That gegen eine Ehefrau verübt wird, doch nicht einer besondern Abstimmung der Geschwornen über diesen Umstand (Ges. v. 3. Mai 1852 Art. 91), weil jener Thatbestand doch immer nicht einen Ehebruch in sich schließen würde. Z. I. 8. März 1861 c. Göhrke.

§ 146.

1. Dieser § betrachtet die gewerbsmäßige Unzucht nur unter der Voraussetzung polizeilicher Anordnungen als erlaubt, und die Strafandrohung desselben umfaßt ebensowohl den Fall, wenn polizeilich gegebene Regeln und Vorschrif-

Das Gericht kann zugleich verordnen, daß die Angeschuldigte nach Beendigung der Gefängnißstrafe in ein Arbeitshaus gebracht werde.

Ist die Angeschuldigte eine Ausländerin, so kann neben der Gefängnißstrafe auf Landesverweisung erkannt werden.

Die Dauer der Einsperrung in dem Arbeitshause ist von der Landespolizei-Behörde nach den Umständen zu ermessen; sie darf aber den Zeitraum Eines Jahres nicht übersteigen.

[Entw. § 135]. Vgl. § 120; (AKO. v. 15. Jan. 1825; GS. S. 8); Ges. v. 14. April 1856 (GS. S. 208).

---

ten bei Ausübung des Gewerbes übertreten, als wenn dasselbe, ohne alle vorgängige Wissenschaft der Polizeibehörde und Einwirkung derselben im Interesse der öffentlichen Sicherheit, ausgeübt worden ist. Z. 25. Februar 1852 c. Höhne; B. 7. Mai 1852 c. Schwanz (G. A. 1. S. 83); Z. I. 3. Jan. 1853 c. Dlugosch; B. II. 21. April 1853 c. Rieck (JMBl. S. 254); B. II. 24. Nov. 1853 c. Rothe (G. A. 2. S. 120); B. II. 8. Dez. 1853 c. Kaiser (Rh. Arch. 48. 2. A. S. 82); Z. I. 20. Febr. 1861 c. Knoll (RdO. 1. S. 242); u. ö. *Sic:* Justiz-Min.-Verf. v. 7. April 1853 (G. A. 2. S. 120). *Contra:* G. Matt. 2. S. 305 n. 2; Temme Gll. S. 218; Koch n. 66.

2. Demgemäß ward angenommen, daß die polizeiliche Genehmigung einen Ausschließungsgrund der sonst überall eintretenden Strafe darstelle, weshalb es der Feststellung des Mangels dieser Genehmigung nur da bedürfe, wo die Angeklagte das Vorhandensein derselben behauptet habe. Z. I. 20. Febr. 1861 c. Knoll (RdO. 1. S. 242); ähnlich: Z. II. 8. Jan. 1857 c. Bäbenroth.

3. Unzucht bezeichnet hier die Vollziehung des Beischlafs: Z. I. 30. Sept. 1853 c. Albrecht (G. A. 1. S. 704); Z. II. 23. Febr. 1860 c. Schönherr. Ist es zu dieser Vollziehung nicht gekommen, so kann nur ein (strafloser) Versuch vorliegen: B. II. 14. Juni 1855 c. Franke (G. A. 3. S. 703). *Contra:* G. Matt. 2. S. 305 n. 3; vgl. § 141 n. 1.

4. Dem Begriffe eines Gewerbes unterliegt jede fortgesetzte auf Erzielung eines Gewinnes gerichtete Beschäftigung: Z. I. 25. Febr. 1857 c. Rudolph. Die Unzucht wird daher gewerbsmäßig betrieben, wenn Weibspersonen aus dem unzüchtigen Verkehr mit Männern eine Erwerbsquelle machen. Es bedarf dazu weder eines Preisgebens an Jedermann ohne Auswahl, noch der Gewinnung des Lebensunterhaltes durch die Hurerei: B. 2. Mai 1852 c. Schwanz (G. Arch. 1. S. 83); Z. I. 20. April 1855 c. Emelius. Gleichgültig ist es auch, ob Bezahlung ausbedungen, oder angenommen, oder ob eine solche stillschweigend erwartet war: Z. II. 19. März 1857 c. Stellbrink; Z. I. 27. Nov. 1857 c. Scheidemann; Z. I. 10. Febr. 1860 c. Didszoneit. Vgl. § 266 n. 6—11; G. A. 3. S. 131.

5. Ebensowenig ist eine Mehrheit von Fällen oder ein Preisgeben an verschiedene Personen ein unerläßliches Erforderniß: B. 19. Dez. 1851 c. Heubach; Z. 12. Nov. 1852 c. Abicht; Z. I. 17. Sept. 1856 c. Ley; Z. II. 8. Jan. 1857 c. Bäbenroth; Z. I. 11. Nov. 1859 c. Sachs. *Sic:* G. Matt. 2. S. 305 n. 4. Ein einzelner Fall, insbesondere das einmalige Verlangen einer Vergütung, kann daher unter die Strafvorschrift fallen, wenn aus den Umständen erhellt, daß bei vorkommender Gelegenheit eine Wiederholung in der Absicht gelegen habe. Dagegen stellt ein einmaliges Preisgeben, auch wenn es gegen Bezahlung geschieht, für sich allein, die Gewerbsmäßigkeit nicht dar, fällt also nicht unter den §. Wie viele Handlungen erforderlich seien, um diese Gewerbsmäßigkeit zu begründen, unterliegt der thatsächlichen Beurtheilung: B. II. 15. Febr. 1857 c. Sixtus; Z. I. 25. März 1857 c. Paul.

6. Zur Begründung der Gewerbsmäßigkeit kann auf früher verjährte und selbst auf bereits bestrafte Fälle Rücksicht genommen werden: Z. II. 19. März 1857 c. Stellbrink; Z. I. 22. Apr. 1860 c. Schirach.

7. Dagegen können mit Rücksicht auf das Begriffserforderniß der Gewerbsmäßigkeit mehrere Fälle der Unzucht nicht als verschiedene selbstständige Vergehen

§. 147. Wer gewohnheitsmäßig oder aus Eigennutz durch seine Vermittelung, oder durch Gewährung oder Verschaffung von Gelegenheit, der Unzucht einer oder mehrerer Personen des einen oder anderen Geschlechts Vorschub leistet, wird wegen Kuppelei mit Gefängniß nicht unter sechs Monaten, sowie mit zeitiger Untersagung der Ausübung der bürgerlichen Ehrenrechte und mit Stellung unter Polizei-Aufsicht bestraft.

[Entw. § 136]. Vgl. § 148. 149.

---

betrachtet werden, vielmehr stellt der unbefugte Gewerbebetrieb im Ganzen die strafbare Handlung dar: V. II. 7. Juli 1855 c. Wedemann; V. II. 8. Jan. 1857 c. Sixtus; Z. II. 21. Okt. 1859 c. Müller. Das gilt indessen nur so lange, als noch nicht wegen der früheren Fälle eine richterliche Verurtheilung erfolgt ist, sollte dieselbe auch nur in erster Instanz ergangen und noch nicht rechtskräftig geworden sein. Nach einmal eingetretener Verurtheilung ist eine erneuerte Betreibung der Gewerbsunzucht anzunehmen, welche nicht mehr, als mit der früher betriebenen zusammenfallend, sondern als eine selbstständige Handlung anzusehen ist, selbst wenn in zweiter Instanz über alle in einem Verfahren aberkannt wird: Z. I. 18. Febr. 1857 c. Dietrich; ähnlich: V. I. 29. April 1857 c. Stolp (JMBl. s. 274; G. Arch. 5. s. 686; in Betreff eines andern unbefugten Gewerbebetriebs). Vgl. § 56 n. 6. 21; § 276 n. 3; § 239 n. 6.

8. Theilnahme an diesem Vergehen, z. B. durch Anreizung ist nach den allgemeinen Grundsätzen zu beurtheilen; sie wird durch den Begriff der Kuppelei (§ 147. 148) nur insoweit ausgeschlossen, als sie auch unter diesen Begriff fällt. Temme Gll. s. 218. Damit aber Theilnahme anzunehmen sei, muß sie sich auch auf die Gewerbsmäßigkeit der Unzucht beziehen; der bloße Zuhälter ist als Theilnehmer nicht zu betrachten. Temme ibid.

9. Ueber die Unterbringung in einem Arbeitshause vgl. § 120. Die durch das Ges. v. 14. Apr. 1856 (GS. s. 210) dem § 120 gegebene veränderte Fassung, bezieht sich auf § 146 nicht mit; hier steht die Anordnung dieser Unterbringung nur dem Gerichte zu, für welches dieselbe aber fakultativ ist: V. II. 15. Jan. 1857 c. Sixtus; Z. II. 3. Nov. 1859 c. Grumbach; Hälschner 1. s. 456.

10. Es ist nicht unzulässig, auch in Betreff einer wegen gewerbsmäßiger Unzucht bestraften Ehefrau, die Abführung in ein Arbeitshaus zu verordnen. Z. I. 26. Mai 1854 c. Reimer (G. A. 2. s. 690); Z. I. 9. Mai 1860 c. Pätsch.

11. Ueber den Begriff der „Ausländerin“ vgl. § 29 n. 1—4; § 115 n. 1.

12. Gegen Ausländerinnen kann nicht auf Unterbringung in einem Arbeitshause, sondern statt dessen nur auf Landesverweisung erkannt werden; vgl. § 120 (frühere Fassung).

13. Eine Vorbestrafung wegen Kuppelei begründet für eine spätere Gewerbs-Unzucht nicht die Rückfallsstrafe. V. I. 15. Febr. 1860 c. Ziegler.

14. In Betreff der Kompetenz und des Verfahrens vgl. Gesetz v. 14. April 1856 Art. I (oben s. 22).

§ 147.

1. Die „Gewohnheitsmäßigkeit“ ist nicht gleichbedeutend mit einem „gewerbsmäßigen“ Handeln, da bei letzterem der Eigennutz vorzugsweise in Betracht kommt, dieser aber für sich allein schon das Erforderniß der Gewohnheitsmäßigkeit ersetzt. Zur letztern gehört hier ein mehrmaliges Handeln; welche Anzahl genüge, ist Gegenstand der thatsächlichen Beurtheilung. Ein zweimaliges Handeln nach mehrjährigem Zwischenraume kann vom Instanzrichter für ein gewohnheitsmäßiges erachtet werden: Z. I. 9. Juli 1858 c. Bader. Vgl. § 239 n. 1; G. Matt. 2. s. 307 n. 4; Temme Gll. s. 218 n. 2.

2. Handelt es sich daher von der gewohnheitsmäßigen Kuppelei, so kann eine Mehrheit von festgestellten Fällen doch immer nur als ein einziges Vergehen, nicht als verschiedene selbstständige Handlungen im Sinne des § 56 angesehen wer-

den (vgl. § 146 n. 7); das Gegentheil tritt dagegen ein, sobald Kuppelei in mehreren Fällen aus Eigennutz betrieben worden ist.

3. Der Thatbestand des § 147 liegt vor, wenn auch nur einer Person gewohnheitsmäßig zur wiederholten Unzucht Vorschub geleistet worden ist. Z. 12. Nov. 1852 c. Heckert (Abicht); ähnlich: Z. 11. Okt. 1852 c. v. Grävenitz. *Sic:* G. Matt. 2. s. 307 n. 4. *Contra:* Temme Lehrb. s. 722.

4. Um eine Gewohnheitsmäßigkeit anzunehmen, kann auch auf bereits abgeurtheilte, oder auf solche Fälle gerücksichtigt werden, welche über die Verjährungsfrist hinausfallen: Z. I. 11. Jan. 1861 c. Döring; Abh. in G. Arch. 7. s. 312. Die Verjährung eines Vergehens 2c., zu dessen Begriffserfordernissen die Gewohnheitsmäßigkeit gehört, kann überhaupt erst dann beginnen, wenn die Gewohnheit aufgehört hat. Vgl. § 46 n. 8. *Contra:* G. Matt. 1. s. 437; 2. s. 307 n. 4.

5. Zur Herstellung des Thatbestandes der Kuppelei gehört wesentlich die thatsächliche Feststellung, daß sie durch eins der im § genannten Mittel (Vermittlung 2c.) stattgefunden habe: Z. II. 2. Okt. 1856 c. Bremer. Dagegen brauchen bei schwurgerichtlichen Verhandlungen die Einzelhandlungen, durch welche die Vermittlung 2c. bewirkt worden ist, nicht in die Fragstellung aufgenommen zu werden: Z. II. 10. Dez. 1857 c. Zaun.

6. Die Kuppelei setzt ein positives Handeln voraus; ein durchaus passives Verhalten, ein Nichtverhindern, genügt nicht. Ein solches positives Handeln liegt aber auch im Gewähren von Gelegenheit, sollte sich dasselbe auch nach außen hin als ein negatives kund geben, z. B. durch ein bewußtes Ueberlassen der Wohnung 2c.: Z. I. 8. Mai 1857 c. Fischbach; Z. I. 26. Juni 1857 c. Becker; Z. I. 12. Febr. 1858 c. Fein; Z. I. 9. Juli 1858 c. Bader. Vgl. G. Matt. 2. s. 307 n. 5; Temme Lehrb. s. 722. Noch weiter ging Beschl. I. 13. Okt. 1858 c. Suhr (198 B; G. Arch. 6. s. 843), welcher auch das blos passive Dulden und Geschehenlassen wenigstens da für hinreichend erachtete, wo dasselbe eine Pflichtverletzung (i. c. der Mutter) in sich schloß.

7. Temme (Gll. s. 218; Lehrb. s. 722) will unter Unzucht hier, ebenso wie im Falle des § 146 (vgl. dort n. 3) die Vollziehung des Beischlafs verstehen. *Contra:* Z. I. 22. Sept. 1858 c. Zimmer (JMiBl. s. 330; G. A. 6. s. 842), welches jede absichtliche Beförderung oder Gestattung der nicht naturwidrigen Unzucht für genügend hielt; ähnlich: Z. I. 6. Okt. 1858 c. Hintze (Entsch. 39. 2. s. 8; G. Arch. 6. s. 843), welches hier unter Unzucht jedes gegen Zucht und Sitte verstoßende Handeln im Bereiche des geschlechtlichen Umgangs mit Ausnahme des Falles des § 143 verstehen wollte.

8. Jedenfalls ist es nicht erforderlich, daß auf die Personen, welchen Vorschub geleistet worden, § 146 Anwendung finde, umgekehrt ist auch ein diesen Personen geleisteter Vorschub nicht ausgeschlossen. Z. I. 22. Sept. 1858 c. Zimmer (cit. n. 7).

9. Unbescholtenheit derjenigen Personen, welchen Vorschub geleistet worden, wird nicht erfordert: B. I. 28. Sept. 1853 c. Nicke; Z. I. 24. März 1854 c. Raback. Ebenso ist es gleichgültig, ob jene Personen zur Unzucht der Vorschubleistung bedurften: Z. I. 4. Juni 1858 c. Jägle.

10. Die Worte des Gesetzes: „Vorschubleistung durch ...“ deuten genügend an, daß ein solches Handeln vorausgesetzt wird, welches mit dem Bewußtsein der daraus entspringenden Folge des Vorschubleistens geschieht; daher rechtfertigt eine der Wortfassung des § entsprechende Feststellung die Strafverhängung, insofern nicht der Angeklagte die Abwesenheit jenes Bewußtseins geltend macht, und (in schwurgerichtlichen Sachen) die Stellung einer darauf bezüglichen Frage beantragt. Z. II. 10. Dez. 1857 c. Zaun. Dagegen läßt sich nicht aufstellen, daß ihm der Beweis des Mangels obliege.

11. Die Kuppelei ist nicht Theilnahme an einem fremden, sondern ein selbstständiges Vergehen; sie kann daher begangen werden, ohne daß eine unmittelbare Beförderung der unerlaubten Befriedigung der Wollust stattgefunden, der Unzucht von Frauenzimmern vielmehr dadurch Vorschub geleistet worden ist, daß sie in fremde Bordelle untergebracht wurden; dabei ist ganz gleichgültig, ob der Inhaber des Bordells durch Annahme der Frauenzimmer und Benutzung des Bordells zu den Zwecken desselben, und jene durch den Betrieb der Unzucht sich strafbar mach-

§. 148. Die Kuppelei ist, selbst wenn sie nicht gewohnheitsmäßig oder nicht aus Eigennutz betrieben wird, mit Zuchthaus bis zu fünf Jahren und Stellung unter Polizei-Aufsicht zu bestrafen:

1) wenn, um der Unzucht Vorschub zu leisten, hinterlistige Kunstgriffe angewendet sind;

2) wenn der Schuldige zu den Personen, mit welchen die Unzucht getrieben worden ist, in dem Verhältnisse von Eltern zu Kindern, von Vormündern zu Pflegebefohlenen, oder von Erziehern, Lehrern oder Geistlichen zu den von ihnen zu erziehenden oder zu unterrichtenden Personen steht.

[Entw. § 137]. Vgl. § 147. 149. 141. 142 Nr. 1.

---

ten, nicht minder, ob das Bordell konzessionirt war, oder nicht: Z. I. 6. Mai 1853 c. Schenk (G. A. 1. s. 394); B. I. 28. Sept. 1853 c. Nicke. Das gilt namentlich auch dann, wenn die begünstigte Unzucht im Auslande betrieben, und dort die Handlung des Bordellwirths straflos ist, sobald nur die begünstigende Handlung im Inlande begangen wurde: Z. II. 30. Sept. 1854 c. Manel (G. A. 2. s. 830); Z. II. 18. Okt. 1855 c. Jakobs (Entsch. 31. s. 235; G. Arch. 4. s. 250). *Contra:* Temme Arch. 4. s. 286. Vgl. n. 10. 12.

12. Aus dem unter n. 11 erwähnten Grunde kommt auch Nichts darauf an, ob die Unzucht von den Personen, welchen dazu Vorschub geleistet worden war, wirklich verübt sei, oder nicht; nur die Handlungen des Kupplers und sein Dolus kommen in Betracht; wenn § 148 Nr. 2 eine „getriebene Unzucht" verlangt, so erklärt sich der Unterschied einmal dadurch, daß dort unter den Begriff der Kuppelei Handlungen gebracht werden, welche nach § 147 nicht dazu gehören würden, und sodann aus dem Umstande, daß es sich dort von einem Verbrechen handelt, bei welchem auch der Versuch strafbar ist. Z. II. 18. Okt. 1855 c. Jakobs (Präj. n. 178; Entsch. 31. s. 235; G. Arch. 4. s. 250); Z. II. 24. Jan. 1861 c. Stahler (RdO. 1. s. 219). *Contra:* G. Matt. 2. s. 309 n. 8; Temme Lehrb. s. 723; Berner Lehrb. s. 366 Note 3.

13. Ob eine Handlung die Ausübung der Kuppelei darstelle, oder nur als Vorbereitung zu derselben angesehen werden könne, gehört zur thatsächlichen Beurtheilung. Daher liegt keine Gesetzesverletzung darin, wenn im Anwerben von Mädchen für ein auswärtiges Bordell, ferner im Erwirken eines Passes für dieselben, und im Hinbringen zum nächsten Eisenbahnhofe, der Thatbestand des § gefunden wird. Z. II 18. Okt. 1855 c. Jakobs (Entsch. 31. s. 235; G. A. 4. s. 250).

14. Auch das Halten eines konzessionirten Bordells fällt an sich unter die Fassung des §; die Annahme des K.-B. I. K. s. 21, daß, da § 146 sich auf die polizeilich geduldete Unzucht nicht mit beziehe, ein Gleiches vom § 147 gelten müsse, wird durch die unbedingte Fassung dieses § ausgeschlossen; der K.-B. II. K. s. 94 glaubte dagegen, daß die Staatsanwaltschaft [durch Nichtverfolgung] die polizeiliche Genehmigung berücksichtigen werde.

15. Wo die Kuppelei den Charakter der Theilnahme an einem schwerer zu ahndenden Verbrechen 2c. annimmt, wird sie von der dadurch verwirkten härtern Strafe betroffen. Konkurriren außerdem noch andere Fälle der strafbaren Kuppelei, so kann daneben auch noch die Strafe der letztern verhängt und zur Begründung der Gewohnheitsmäßigkeit auch auf jene Fälle einer höhern Strafbarkeit gerücksichtigt werden. Vgl. G. Matt. 2. s. 307 n. 6.

§ 148.

1. Auch im Falle der Nr. 2 kann die Bescholtenheit der Personen, mit welchen Unzucht getrieben worden, nur Strafzumessungsgrund sein. Temme Lehrb. s. 722.

§. 149. Wer ein unbescholtenes, in dem Alter von vierzehn bis sechszehn Jahren stehendes Mädchen zum Beischlaf verführt, ist, auf den Antrag der Eltern oder des Vormundes der Verletzten, mit Gefängniß von drei Monaten bis zu einem Jahre zu bestrafen.

[Entw. § 138]. Vgl. § 145. 147. 148. 50 fgg.

§. 150. Wer durch eine Verletzung der Schamhaftigkeit ein öffentliches Aergerniß giebt, wird mit Gefängniß von drei Monaten bis zu drei Jahren bestraft.

Auch kann zugleich auf zeitige Untersagung der Ausübung der bürgerlichen Ehrenrechte erkannt werden.

[Entw. § 139]. Vgl. § 36. 152.

---

2. Ob hinterlistige Kunstgriffe angewendet worden seien, ist eine thatsächliche, durch die Geschwornen zu beantwortende Frage. Z. I. 6. Mai 1853 c. Schenk (G. A. 1. s. 361).

3. Die die Eltern betreffende Vorschrift ist auf Groß- und auf Stiefeltern auszudehnen. Beschl. I. 13. Okt. 1858 c. Suhr (198 B; G. A. 6. s. 843); Koch n. 68. *Contra:* G. Matt. 2. s. 310 Nr. 2; vgl. § 141 n. 7; zu bemerken ist, daß § 148 nicht wie § 141 von „leiblichen“ Eltern spricht.

4. Ueber das Erforderniß der Nr. 2, daß die Unzucht „getrieben“ sei, vgl. § 147 n. 12. Hier ist auch ein Versuch unbedenklich strafbar.

5. Die unter Nr. 1 und 2 hervorgehobenen Thatsachen sind nicht als erschwerende Umstände im Sinne des Art. 91 des Ges. v. 3. Mai 1852 aufzufassen, da im Uebrigen nicht der volle Thatbestand des § 147 vorausgesetzt wird, vielmehr Eigennutz und Gewohnheitsmäßigkeit fehlen können, ohne diese aber die einfache That nicht strafbar ist: Z. I. 20. März 1861 c. Rose (RdO. 1. s. 305).

§ 149.

1. Nach Temme (Lehrb. s. 718) ist ein Frauenzimmer unbescholten, wenn von ihr nicht bekannt ist, daß sie einem außerehelichen Beischlafe sich freiwillig hingegeben habe.

2. Der Beischlaf muß, damit das Vergehen vollendet sei, wirklich vollzogen sein. Temme Gll. s. 219; Koch n. 69; vgl. § 145 n. 2.

3. Zur Verführung bedarf es der Erregung eines Irrthums nicht. Temme Lehrb. s. 718.

4. Es ist nicht erforderlich, daß der Strafantrag von beiden Eltern ausgehe, vielmehr genügt der des Vaters, und nach seinem Tode der der Mutter allein.

5. Der Vormund hat durch die Verübung des Vergehens ein Recht auf die Stellung des Strafantrags erlangt, welches durch den demnächstigen Tod der Mündel nicht wieder erlöscht, wenngleich damit die Vormundschaft ihr Ende erreicht. B. I. 9. Nov. 1859 c. Kruggel (JMBl. 60. s. 54; G. A. 8. s. 275).

§ 150.

1. Die Verletzung der Schamhaftigkeit setzt eine in geschlechtlicher Beziehung unsittliche Handlung, welche das allgemeine Schamgefühl verletzt, voraus. Temme Lehrb. s. 742. *Contra:* Z. I. 30. Juni 1857 c. Krüger (welches diese Begriffsbestimmung für zu enge erachtete).

2. Dieselbe kann auch durch bloße Aeußerungen begangen werden: B. 10. Sept. 1852 c. Fuchs (G. A. 1. s. 84); Z. (B.) II. 22. April 1858 c. Sturz; Z. I. 8. Juni 1860 c. Grawitz; Z. II. 18. April 1861 c. Kuntze; u. ö. *Sic:* G. M. 2. s. 312 n. 3; Temme Lehrb. s. 741 Note 2. Das Gegentheil darf nicht aus § 151 gefolgert werden, da dieser einen ganz verschiedenen Thatbestand voraussetzt, und namentlich von der Erregung eines Aergernisses gänzlich absieht, so daß die mildere

Strafandrohung schon dadurch gerechtfertigt wird: Beschl. I. 11. Sept. 1857 c. Rose; B. II. 10. Jan. 1861 c. Brambring (G. A. 9. s. 208).

3. Das Gesetz verlangt nicht, daß die Handlung selbst eine öffentliche, d. h. an einem öffentlichen Orte begangen sei, es wird vielmehr nur vorausgesetzt, daß durch dieselbe ein öffentliches Aergerniß gegeben werde; in dieser Beziehung kann es genügen, wenn die Handlung Andern [d. h. einer Mehrheit von Personen] wahrnehmbar geworden, und so in die Oeffentlichkeit getreten ist: Beschl. I. 1. Dez. 1854 c. Pröhl (G. A. 3. s. 261; ein Mann hatte sich in der ihm zur Wohnung angewiesenen Stube eines Gasthauses schamlos entblößt, und so gestellt, daß er von Frauenzimmern im Nebenhause gesehen wurde); ähnlich: Z. II. 7. Sept. 1854 c. Mense; Z. I. 21. Febr. 1855 c. Müller; Z. I. 16. Juli 1858 c. Schlegel; Z. I. 13. März 1861 c. Harm (RdO. 1. s. 303). Hiernach kann der Instanzrichter ein öffentliches Aergerniß bei einer in einem Privathause in Gegenwart mehrerer Personen verübten Handlung annehmen: Z. I. 15. Febr. 1860 c. Stephani („wenn die Wahrnehmung von einer das Publikum repräsentirenden Mehrheit von Personen gemacht wird"). *Contra:* Temme Lehrb. s. 742. Ein Z. I. 2. Mai 1856 c. Sasse wollte die Oeffentlichkeit vom Orte, wo die That wahrnehmbar werde, abhängig machen. Vgl. n. 5. 9.

4. Dagegen ist erforderlich, daß das Aergerniß durch die Begehung der Handlung selbst erregt werde; es reicht daher nicht hin, wenn das Aergerniß nur durch das spätere Bekanntwerden derselben (also durch eine von ihr verschiedene Thatsache) hervorgerufen wird: Z. I. 24. Sept. 1856 c. Tyra; Z. I. 3. Okt. 1856 c. Patzwohl; G. M. 2. s. 312 n. 5; Temme GU. s. 220.

5. Nach dem unter n. 3 Gesagten genügt es nicht, „daß eine die Schamhaftigkeit verletzende, zur Erregung eines Aergernisses objektiv geeignete Handlung an „einem öffentlichen Orte begangen sei, es muß vielmehr auch festgestellt sein, „daß eine oder mehrere Personen dabei anwesend gewesen, bei welchen ein Aerger-„niß gegeben werden konnte": Z. II. 5. Okt. 1854 c. Münstermann (Präj. n. 105; JMBl. s. 404; Entsch. 28. s. 375; G. A. 2. s. 831; vgl. n. 9); Z. I. 2. Febr. 1859 c. Reichart. Einer namentlichen Bezeichnung dieser Personen in der thatsächlichen Feststellung bedarf es dagegen nicht: Z. I. 16. Juli 1858 c. Schlegel.

6. Ueber den Begriff der Oeffentlichkeit eines Ortes vgl. § 36. 152 und dort die Bemerkungen. Der Instanzrichter kann einen andern Personen zugänglichen Ort für einen öffentlichen erachten: Z. II. 10. Febr. 1859 c. Kuneke. Im Uebrigen ist die Frage nach der Oeffentlichkeit eines Ortes eine wesentlich thatsächliche. So: Z. I. 21. Febr. 1855 c. Müller; Z. II. 3. Okt. 1855 c. Kleemann. Vgl. n. 7—9.

7. Ein Eisenbahnwagen, in welchem sich mehrere Personen befinden, ist ein öffentlicher Ort: B. 10. Sept. 1852 c. Fuchs (G. A. 1. s. 84). Vgl. aber n. 6.

8. ...... ebenso ein Postwagen: Z. I. 17. Okt. 1856 c. Kühl; vgl. aber n. 6.

9. Bei feststehender Oeffentlichkeit des Orts bedarf es der Anwesenheit einer Mehrheit von Personen nicht, die einer einzigen kann genügen: Z. II. 8. Jan. 1857 c. Wittgenstein; Z. II. 25. März 1858 c. Magnus; Z. I. 16. April 1858 c. Janke (G. A. 6. s. 721); Beschl. Kammer-Ger. 7. Jan. 1853 (G. A. 1. s. 84); ähnlich: das unter n. 5 cit. Präj. n. 105 zum Z. II. 5. Okt. 1854 c. Münstermann; die Gründe des betr. Erkenntnisses selbst enthalten diesen Satz nicht. Vgl. G. Matt. 2. s. 313 n. 6.

10. Im Falle der n. 9 ist es auch nicht erforderlich, daß die einzelne wahrnehmende Person außer der Handlung stehe, daß also außer der von der Handlung betroffenen Person noch ein Anderer zugegen sei: Beschl. I. 7. Sept. 1860 c. Köppen (130 B; G. A. 8. s. 832).

11. Die Anwendung des Gesetzes kann nicht von der Subjektivität der anwesenden Personen abhängig sein; daher ist unter „Aergerniß" jede Verletzung des sittlichen Gefühls, sei es durch wirkliche Erregung des Aergers, sei es durch Verleitung zur Zustimmung in eine unsittliche Handlung zu verstehen, d. h. also ein Aergerniß in abstracto, eine zur Erregung eines Aergernisses objektiv geeignete Handlung, so daß eine solche auch da anzunehmen ist, wo eine Schamlosigkeit den Beifall der Umstehenden erhalten haben sollte: Z. II. 5. Okt. 1854 c. Münstermann (Präj. n. 105; JMBl. s. 404; Entsch. 28. s. 375; G. A. 2. s. 831); Z. I. 14. Dez.

§. 151. **Wer unzüchtige Schriften, Abbildungen oder Darstellungen verkauft, vertheilt oder sonst verbreitet, oder an Orten, welche dem Publikum zugänglich sind, ausstellt oder anschlägt, wird mit Geldbuße von zehn bis zu Einhundert Thalern oder mit Gefängniß von vierzehn Tagen bis zu sechs Monaten bestraft.**

In dem Strafurtheile ist zugleich auf Konfiskation der ausgestellten und der zum Verkauf oder zur Verbreitung vorräthigen Schriften, Abbildungen oder Darstellungen zu erkennen.

[Entw. § 140]. Vgl. § 36. 19; (Vdn. v. 30. Juni 1849 § 24); Preß-Ges. v. 12. Mai 1851 § 50.

1860 c. Krause; V. II. 20. Dez. 1860 c. Gehle; Z. I. 13. März 1861 c. Harm (RbO. 1. s. 303); u. ö. Demgemäß erachtete ein Z. 17. Dez. 1852 c. Alter die Feststellung einer am hellen Tage, an einem öffentlichen Orte begangenen, der Wahrnehmung mehrerer Personen ausgesetzten unzüchtigen Handlung zur Anwendung des § 150 für genügend, weil daraus das öffentliche Aergerniß mit Nothwendigkeit folge. *Contra*: Temme Lehrb. s. 742 n. 5. Vgl. G. Matt. 2. s. 312 n. 4.

12. Umgekehrt reicht es nicht hin, wenn nur subjektiv einzelne Personen Aergerniß genommen haben, wenn nicht feststeht, daß objektiv die Handlung zur Erregung eines öffentlichen Aergernisses geeignet war. B. II. 17. Sept. 1857 c. Köhler.

13. Es gehört zur thatsächlichen Beurtheilung, ob eine Handlung Aergerniß geben könne, und ob sie solches gegeben habe: B. II. 27. Okt. 1853 c. Krest; Z. I. 23. Febr. 1854 c. Esch.

14. Der Dolus besteht hier in dem Bewußtsein der Unsittlichkeit der Handlung (Z. I. 10. Jan. 1856 c. Fitting; Temme Lehrb. s. 742 n. 2) verbunden mit dem Bewußtsein, daß dieselbe unter den obwaltenden Umständen ein öffentliches Aergerniß geben konnte: Beschl. I. 1. Dez. 1854 c. Pröhl (G. A. 3. s. 261); Z. II. 10. Febr. 1859 c. Kuneke; Z. I. 3. Okt. 1860 c. Herrmann (G. A. 8. s. 833); u. ö. — Der ausdrücklichen Feststellung dieses Dolus bedarf es nur dann, wenn derselbe bestritten wird: Z. I. 8. Juni 1860 c. Grawitz. *Contra*: B. II. 17. Sept. 1857 c. Köhler, welches diese Feststellung unbedingt erheischte.

15. Hiernach bedarf es der Absicht, die Schamhaftigkeit zu verletzen oder ein Aergerniß zu geben nicht: Z. I. 10. Jan. 1856 c. Fitting; Z. II. 10. Febr. 1859 c. Kuneke; Z. I. 8. Juni 1860 c. Grawitz; B. I. 1. Mai 1861 c. Frankenstein (RbO. 1. s. 352).

16. Ebensowenig bedarf es der Absicht, der Aeußerung ꝛc. eine Verbreitung in die Oeffentlichkeit zu geben: Z. I. 5. März 1856 c. Jacobson.

§ 151.

1. Der Begriff der Unzüchtigkeit wird dadurch nicht ausgeschlossen, daß die betr. Gegenstände Produkte der Kunst sind: Z. II. 7. Jan. 1858 c. Lehmann. Letzteres könnte vielmehr nur dann als Strafausschließungsgrund in Betracht kommen, wenn festgestellt wäre, daß die Ausstellung ꝛc. lediglich zu künstlerischen Zwecken statt gefunden habe.

2. Damit ein Ausstellen an öffentlichen Orten ꝛc. angenommen werden könne, bedarf es nicht der Zugänglichkeit für alle zum Publikum zu zählende Personen, vielmehr kann die Zugänglichkeit für einen Theil derselben genügen; im Uebrigen ist jener Begriff ein thatsächlicher, und es liegt kein Rechtsirrthum vor, wenn der Instanzrichter denselben als vorliegend annimmt, sollte auch der Zutritt nur gegen Eintrittsgeld gestattet, und selbst einzelnen Personen gänzlich versagt worden sein: Z. II. 7. Jan. 1858 c. Lehmann.

3. Kenntniß des Inhalts ist Bedingung der Strafbarkeit. K.-B. II. K. s. 96.

Dreizehnter Titel.
Verletzungen der Ehre.*)

Die Feststellung einer groben Fahrlässigkeit kann jene Kenntniß nicht ersetzen: B. I. 25. Nov. 1857 c. Nürnberger (G. A. 6. s. 112).

4. Im Straferkenntnisse ist nicht nur auf Konfiskation, sondern (nach § 19) auch auf Vernichtung der Schriften zu erkennen.

5. Auf die im Besitze unbetheiligter Privatpersonen befindlichen Exemplare ist die Konfiskation nicht auszudehnen.

*) **Dreizehnter Titel.**

Inhalt.

1. Ehrverletzung ist die vorsätzliche rechtswidrige Verletzung des Rechts eines Andern auf äußere Anerkennung seiner sittlichen und rechtlichen Würdigkeit. Temme Lehrb. s. 850.

1a. Eine Ehrverletzung kann nur da vorliegen, wo die betr. Aeußerung an und für sich einen ehrverletzenden Charakter hat; in Ermanglung desselben kann die dabei obwaltende beleidigende Absicht für sich allein nicht genügen, eine Strafbarkeit zu begründen. Gleichwohl ist es nicht erforderlich, daß der ehrverletzende Charakter der betr. Handlung oder Aeußerung objektiv oder absolut beiwohne; vielmehr genügt ein relativ ehrverletzender Charakter, welcher nur durch die obwaltenden Umstände diese Bedeutung erlangt; (z. B. eine Anrede mit „Du“): Z. I. 10. Dez. 1858 Niemann c. Grieben; Z. II. 21. März 1861 c. Hagemann. So ist auch aufzufassen: B. I. 8. Sept. 1859 Alberti c. Schwiderka.

2. Die Frage, ob in einer Aeußerung ꝛc. eine Ehrverletzung liege, ist thatsächlicher Natur: Z. Pl. 27. Juni 1859 c. Thewes (JMBl. s. 380); Z. I. 5. Okt. 1860 c. Prager; u. ö. (feste Praxis); vgl. n. 24; § 102 n. 3.

3. Ehrverletzungen können sowohl durch Unterlassungen als durch Aeußerungen und Handlungen begangen werden. G. Matt. 2. s. 318 II; Temme Lehrb. s. 854.

4. Die s. g. Real-Injurien sind im StGB. nicht als eine Art der Injurien bezeichnet, vielmehr ist „derjenigen Anschauungsweise der Vorzug gegeben worden, wonach die Realinjurien stets nur in ihrem äußerlich hervortretenden Momente der Körperverletzung nach den darauf bezüglichen Bestimmungen (§ 187 fgg.) geahndet werden.“ Motive s. 43. Das Richtige ist, daß eine zum Zweck der Ehrverletzung zugefügte Mißhandlung einen nach § 55 zu behandelnden Fall der idealen Konkurrenz darstellt: Z. II. 3. März 1859 Lohr c. Hesse. Mit Recht ist daher im Texte des Gesetzbuchs die betr. Handlung ausdrücklich weder dieser noch jener Kategorie zugetheilt, und die leicht verwirrende Bezeichnung „Realinjurie“ selbst vermieden worden. Vgl. Tit. XVI (§ 187 fgg.) n. 11. 12. Es bedarf übrigens keiner Ausführung, daß eine Ehrverletzung auch durch Handlungen, insbesondere auch durch Thätlichkeiten gegen den Körper des Beleidigten zugefügt werden können, und daß diese, wenn sie nicht unter den Begriff der Mißhandlungen fallen, eben als Ehrverletzungen zu bestrafen sind: vgl. § 187 n. 9; § 102 n. 5.

5. Die Beamtenqualität schließt es nicht aus, daß eine in Ausübung oder in Veranlassung der Ausübung des Amtes, jedoch mit Ueberschreitung der Amtsbefugnisse von einem Beamten vorgenommene Handlung eine Ehrenkränkung darstellen könne (vgl. ALR. II, 10 § 87): Z. II. 13. Dez. 1855 Meyer c. Windmann.

6. Der Verlust der bürgerlichen Ehre hindert die Möglichkeit der Ehrverletzung nicht: G. Matt. 2. s. 319 III, 1; Berner Lehrb. s. 125.

7. Gleichgültig ist es, ob der Verletzte die Ehrverletzung empfinden könne; auch Kinder und Blödsinnige können an der Ehre gekränkt werden (vgl. § 162): Temme Lehrb. s. 852.

8. Gegen einen Verstorbenen kann eine Ehrverletzung nicht begangen werden, weil er keine Rechtsfähigkeit mehr hat, also auch nicht mehr ein der Rechtsverletzung fähiges Objekt ist: Z. I. 1. April 1857 Knobloch c. Ebeling (G. A. 5. s. 563); Temme Lehrb. s. 852; Berner Lehrb. s. 241 Note 2. Wird dagegen durch die Verletzung des Andenkens des Verstorbenen zugleich die Ehre lebender nahe verbundener Personen mitgekränkt, handelt es sich z. B. von Handlungen oder Verhältnissen des Verstorbenen, welche eine Beziehung auf die überlebenden Kinder desselben haben, so liegt eine den letztern zugefügte Ehrverletzung vor, und diese, nicht die Beleidigung des Verstorbenen, ist strafbar: cit. Z. I. 1. April 1857; G. Matt. 2. s. 340 n. 3; Sommer Abh. im Arnsb. Arch. 15. s. 668. Vgl. n. 9 und § 77 n. 6.

9. Ueberhaupt ist eine mittelbare Ehrverletzung nach unsern jetzigen Rechtsverhältnissen nur in der unter n. 8 erwähnten Weise denkbar, daß nämlich die gegen den einen verübte Handlung zugleich eine selbstständige Beleidigung eines andern enthalte (und dann liegt eine unmittelbare Ehrverletzung des letztern vor). Ist dieses nicht der Fall, so kann das nahe Verhältniß eines Dritten zum Verletzten nicht bewirken, daß jener blos dieses Verhältnisses wegen als mit gekränkt zu betrachten wäre. Das Gegentheil ist aus § 162 nicht zu folgern; danach können Ehemänner, Väter 2c. nicht als Selbstbeleidigte, sondern als Vertreter des Gekränkten den Antrag stellen: Z. I. 1. April 1857 Knobloch c. Ebeling (G. A. 5. s. 563); Temme Lehrb. s. 852. *Contra*: Bes. s. 333 IV. Vgl. K.-B. I. K. s. 23; G. Matt. 2. s. 341.

10. Auch juristische Personen, als Subjekte von Rechten, können Gegenstand einer Ehrverletzung sein: G. Matt. 2. s. 342 n. 4; Temme Lehrb. s. 851. Ein Gleiches muß man von Beamten-Kollegien annehmen (vgl. § 102): Gold. l. c. Der cit. Schriftsteller will dieses selbst auf andere Kollegien, z. B. auf kollegialische Direktionen von Aktiengesellschaften, welchen das Korporationsrecht der Gesellschaft selbst nicht zusteht, ausdehnen. *Sic*: B. 26. März 1852 Tätz c. Wißmann, mit dem Zusatze, daß die einzelnen Mitglieder einer solchen Direktion die ihnen als solchen zugefügte Ehrenkränkung [im Wege der Privatklage] zu rügen befugt seien.

11. Dagegen können andre Gesellschaften, Stände und Familien als solche nicht Objekt einer Ehrverletzung sein: G. Matt. 2. s. 342 n. 4; Temme Lehrb. s. 851.

12. Die Ehrverletzung einer Mehrheit von Personen, auch wenn dieselben keine Korporationsrechte haben, enthält zugleich eine Kränkung der einzelnen zu dieser Mehrheit gehörenden Personen, und kann als solche von diesen, oder wenn sie eine öffentliche ist, auf deren Antrag von der Staatsanwaltschaft, verfolgt werden. Z. II. 4. Mai 1854 c. Lenschen. Gilt dasselbe in dem Falle, wo jene Mehrheit von Personen wirklich Korporationsrechte besitzt? Es verneinte der Minister für Gesetz-Revision (Revis. 1845 II, s. 100, cit. bei Beseler s. 334); vgl. das oben (n. 10) cit. B. 26. März 1852 Tätz c. Wißmann; Temme Gll. s. 128 n. 3.

13. Jedenfalls stellt die durch eine Aeußerung einer Mehrheit von Personen zugefügte Ehrverletzung nur eine einzige Handlung dar, bei welcher die Mehrheit der Gekränkten nur als Strafzumessungsgrund in Betracht kommt: B. 26. März 1852 Tätz c. Wißmann; Temme Gll. s. 128 n. 3. *Contra*: John fortges. Verbrechen s. 128 fgg. Daher kann zwar „eine durch dieselbe Aeußerung gegen Mehrere verübte Ehrverletzung von jedem der Beleidigten durch eine besondere Klage „verfolgt werden; die zu erkennenden Strafen dürfen aber zusammen das Maaß „der gesetzlichen Strafe für eine Ehrverletzung nicht übersteigen“: Z. II. 10. April 1856 Dieringer c. Huber (Präj. n. 202; Entsch. 32. s. 477; 33. s. 198; G. A. 4. s. 838), welches ausführt: durch die eine Handlung könne die gesetzliche Strafe, welche stets den Charakter einer poena publica habe, nur einmal verwirkt sein, wenngleich es geschehen könne, daß die den verschiedenen Personen zugefügten Ehrverletzungen (gleichzeitig oder successive) in verschiedenen Verfahren verfolgt würden; der Richter müsse dann bei Entscheidung der ersten Sache dasjenige Strafmaaß verhängen, welches er mit Rücksicht auf den ihm vorliegenden Antrag für angemessen halte, und möge demnächst bei jeder spätern Entscheidung dasjenige Maaß innerhalb der Gränzen der für die einmalige That angedrohten Strafe hinzusetzen, um wel-

ches er mit Rücksicht auf die jetzt auf Strafe antragende Person eine erhöhte Strafbarkeit annehme. Die Statthaftigkeit einer mehrmaligen Verfolgung und Strafverhängung rechtfertigt sich hier durch das Erforderniß des Strafantrags, und die Unmöglichkeit bei der ersten Entscheidung auch die Kränkung desjenigen zu berücksichtigen, der bis dahin noch keinen Strafantrag gestellt hatte. Vgl. Temme l. c. Gleichwohl kann der Richter die zuerst verhängte Strafe auch in Betreff der erst später zur Sprache gebrachten Ehrverletzungen für ausreichend erachten.

14. Ehrverletzungen des einen Ehegatten gegen den Andern während des Bestehens der Ehe verübt sind strafbar. Das Gegentheil folgt weder aus § 699—703. II, 1. des ALR., noch aus § 70 der Vdn. v. 28. Juni 1844: Z. II. 6. März 1856 c. Rohkämper (G. A. 4. s. 393); B. I. 10. Febr. 1860 Vetter c. Vetter (Str. Arch. 37. s. 42); Koch n. 78. *Contra:* G. M. 2. s. 326 n. 6. Vgl. Tit. XVI (§ 187 fgg.) n. 4.

15. Zur Strafbarkeit der Handlung wird ihre Rechtswidrigkeit vorausgesetzt; eine in Ausübung des eignen Rechts vorgenommene Handlung kann nicht als Ehrverletzung strafbar sein: Temme Lehrb. s. 855. Jedenfalls kann eine berechtigte Handlung nicht ohne ausdrücklichen Nachweis der Absicht zu beleidigen eine Ehrverletzung darstellen; ein Beispiel liefert: Z. 15. Dez. 1852 Löwe c. Jakob, wo der Oheim und Vermögenskurator wegen mangelnder Absicht zu beleidigen, rücksichtlich der dem Neffen gemachten Vorwürfe und Zurechtweisungen, für nicht strafbar erachtet wurde. Vgl. n. 21.

16. Aus demselben Grunde kann nur eine freiwillige Handlung hierher gehören; wer daher nur auf Befragen der Obrigkeit sich über Thatsachen, welche ihm zu Ohren gekommen sind, äußert, kann nicht als Verbreiter dieser Thatsachen wegen Ehrverletzung bestraft werden: V. I. 4. Mai 1855 c. Mayer. Vgl. § 156 n. 15.

17. Anzeigen bei einer Behörde können nicht blos als falsche Anschuldigung, sondern beim Vorhandensein der beleidigenden Absicht (§ 154) auch als Ehrverletzung strafbar sein: Z. I. 11. Okt. 1858 Mathwig c. Freßdorf; Z. II. 7. April 1859 c. Gerike. Vgl. § 133 n. 11.

18. Die Wahrheit der behaupteten Thatsachen schließt an sich den Begriff der strafbaren Ehrverletzung nicht aus: Z. I. 4. Juli 1856 Szarbinowski c. Oppenfeld. Vgl. § 158. Zur Annahme einer solchen bedarf es dann aber (arg. cit. § 158) der Feststellung der beleidigenden Absicht. Vgl. Temme Lehrb. s. 855; Abh. in G. Arch. 7. s. 762.

19. Eine Ehrverletzung setzt nicht die persönliche Bekanntschaft des Handelnden und des Verletzten voraus; auch persönlich Unbekannte können, zumal wegen ihrer Handlungen, an der Ehre gekränkt werden: Z. I. 20. Okt. 1854 c. Beutner. Vgl. G. Matt. 2. s. 325 n. 2. Ebensowenig bedarf es einer namentlichen Bezeichnung des Beleidigten, jede andere individuelle Bezeichnung genügt: Z. II. 10. Jan. 1861 c. Bernasko.

20. Zum Thatbestande der Ehrverletzung gehört die Mittheilung der beleidigenden Aeußerung an den Beleidigten oder auch an einen Dritten. Dagegen genügt eins von beiden; daher tritt Strafbarkeit ein, sollte auch außer dem Beleidigten kein Dritter davon Kenntniß erlangt haben (Z. II. 12. Nov. 1857 c. Buchholtz); dasselbe gilt, wenn die Mittheilung nur einem Dritten, nicht dem Beleidigten gegenüber statt fand: Z. I. 4. Mai 1853 c. Heinemann; B. I. 7. Apr. 1854 c. v. Buttlar-Brandenfels (G. A. 2. s. 425); Z. I. 25. März 1857 Förster c. Schneider; B. I. 26. Sept. 1860 Holländer c. Schurgast (G. A. 8. s. 835); u. ö. G. Matt. 2. 1. s. 319 IV. n. 1. Wird die Ehrverletzung durch eine Schrift zugefügt, so muß sie, damit der Verfasser strafbar sei, mit seinem Willen Andern mitgetheilt worden sein: cit. B. I. 7. April 1854 c. v. Buttlar Brandenfels. Ueber die Vollendung des Vergehens vgl. unten n. 27.

20a. Die Wiederholung einer Ehrverletzung (z. B. der Wiederabdruck eines beleidigenden Zeitungsartikels, nachdem derselbe früher bereits verbreitet worden war) stellt beim Vorhandensein des erforderlichen Dolus eine Erneuerung des Vergehens dar: V. I. 8. März 1861 c. Bürkner (RdO. 1. s. 250; G. A. 9. s. 357).

21. Zum Thatbestande der Ehrverletzung gehört nach dem StGB. nicht mehr der spezielle animus iniuriandi, vielmehr genügt in objektiver Beziehung die

Verletzung des Rechts eines Andern auf Ehre, und in subjektiver Beziehung das Bewußtsein vom Eintritte der Folge der Ehrverletzung: Motive f. 44; G. Matt. 2. f. 316; Z. II 12. Okt. 1854 c. Dörbach; Z. (V.) II. 5. Juli 1860 c. Bernasko; Z. I. 1. März 1861 c. Scherner; Z. I. 6. März 1861 c. Lochow; ähnlich: Z. I. 7. Okt. 1853 c. Lehmann; Z. II. 12. Jan. 1854 c. Schulte, bei welchen es sich durchweg von Ehrverletzungen gegen Beamte im Dienste handelte; vgl. § 102 n. 1. Damit stimmt im Wesentlichen Temme GA. f. 221 n. 3; id. Lehrb. f. 856, indem er ausführt: „wer eine Handlung vorsätzlich mit dem Bewußtsein des Inhalts derselben (eines bestimmten Erfolges) vornehme, wolle nothwendig den Erfolg; wer also mit einem solchen Bewußtsein die ehrverletzende Aeußerung thue, habe eben den animus iniuriandi.“ Auch er erheischt sonach zum Thatbestande der Ehrverletzung außer dem allgemeinen strafrechtlichen Dolus weiter Nichts. Beseler f. 324 III sieht ebenfalls von dem „speziellen animus iniuriandi“ ab, macht aber darauf aufmerksam, „daß bei der Verschiedenheit der verbrecherischen Erscheinungen, das Wesen des Dolus nicht erschöpft sei, wenn man ihn blos als den Vorsatz bei der Verübung der äußern Handlung auffasse, und daß gerade bei den Delikten, welche ihrer Natur nach nicht aus Versehen begangen werden könnten, und namentlich auch bei Beleidigungen, es vor Allem auf die Absicht ankomme, in welcher die Handlung vorgenommen werde.“ Vgl. auch K.-B. II. K. f. 96, welcher sich, aus den in den Motiven angegebenen Gründen, damit einverstanden erklärt, daß bei Ehrverletzungen der Regel nach „der Nachweis“ des speziellen animus iniuriandi nicht erfordert werde. Vgl. n. 22—24.

22. Jedenfalls bedarf es des besondern Nachweises und der Feststellung der Absicht zu beleidigen nicht: Z. I. 13. April 1853 c. Wendland; Z. I. 6. Juli 1855 c. Schastow; Z. I. 2. Mai 1856 c. Strauß; V. I. 12. März 1858 c. Bretsch; u. ö. Vgl. n. 15. 18. 21; § 101 n. 2. Ausnahmen, wo es der Absicht zu beleidigen, und ihrer ausdrücklichen Feststellung bedarf, siehe n. 15; § 154 und 158.

23. Dagegen erachtete ein V. I. 5. März 1858 Schulz c. Fabienke die Absicht zu beleidigen für ein wesentliches Merkmal einer (nach § 343 zu strafenden) Beleidigung, und in Uebereinstimmung damit nahmen Z. I. 6. Juni 1855 c. Buchholz; V. I. 12. März 1858 c. Bretsch; Z. I. 10. Nov. 1858 Lübke c. Ristow; Z. II. 27. Okt. 1859 Bonhoff c. Tempelmann; Z. II. 20. Dez. 1860 Towe c. Diericks (G. A. 9. f. 134) an, daß der festgestellte Mangel jener Absicht eine an sich beleidigende Aeußerung straflos mache; vgl. die oben (n. 21) mitgetheilte Ausführung Temme's.

24. Die Beurtheilung der Frage nach dem Vorhandensein der Absicht zu beleidigen ist rein thatsächlich: Z. II. 7. Juli 1853 c. Paßmann; Z. I. 18. März 1858 c. Maichereck; Z. II. 1. Juli 1858 c. Kölkenbeck. Vgl. n. 2.

25. Es giebt keine fahrlässige Ehrverletzung: K.-B. II. K. f. 96; K.-B. I. K. f. 23; V. I. 7. April 1855 c. v. Buttlar-Brandenfels (G. A. 2. f. 425); Temme Lehrb. f. 856. Es läßt sich daher nicht behaupten, daß Jemand für eine von ihm unterzeichnete Schrift und ihren Inhalt unbedingt hafte, auch wenn er behaupte, er habe unterzeichnet, ohne den Inhalt zu kennen: V. I. 28. Nov. 1856 c. Tietze (G. A. 5. f. 100); vgl. n. 20. *Contra:* Z. I. 4. Juli 1856 c. Szarbinowski c. Oppenfeld, welches (arg. AGO. I, 12 § 12; Vdn. v. 21. Juli 1846 § 33) den Rechts-Anwalt unbedingt für die Ehrverletzungen haftbar erachtete, welche in einer von ihm legalisirten Prozeßschrift vorkommen. Vgl. § 154 n. 16. Dadurch wird übrigens die Verantwortlichkeit der Partei selbst keineswegs ausgeschlossen: Z. I. 15. Nov. 1854 Hossauer c. Cerf. — In jedem Falle bedarf es aber der Feststellung der Absicht zu beleidigen, sobald es sich von Prozeßschriften handelt, welche zur Ausführung von Gerechtsamen eingereicht worden sind: V. II. 19. Mai 1855 c. Räggel. Vgl. 154 n. 16.

26. Ein weiterer Erfolg der ehrverletzenden Handlung ist nicht erforderlich, namentlich nicht, daß Jemand wirklich dadurch an seiner Ehre Schaden erlitten, oder daß der Beleidigte sich selbst beleidigt gefühlt habe. Temme Lehrb. f. 858.

27. Vollendet wird die Ehrverletzung durch die beleidigende Handlung, also z. B. durch Mittheilung der beleidigenden Aeußerung an einen Andern. Geschieht diese durch eine versendete Schrift, so gehört zur Vollendung auch das Eintreffen: Z. I. 21. Jan. 1853 c. Pelkman; Z. II. 24. Febr. 1853 c. v. Krause (G. A. 1. f. 226); Z. II. 10. März 1853 c. Holthof (G. A. 1. f. 235); Z. I. 4. Mai 1853 c. Heinemann;

§. 152. **Wer einen Anderen öffentlich oder schriftlich beleidigt, wird mit Geldbuße bis zu dreihundert Thalern oder mit Gefängniß bis zu sechs Monaten bestraft.**

Eine öffentliche Beleidigung ist vorhanden, wenn die Beleidigung an einem öffentlichen Orte, oder in einer öffentlichen Zusammenkunft, oder wenn sie durch Schriften, Abbildungen oder Darstellungen geschieht, welche verkauft, vertheilt oder umhergetragen, oder an Orten, welche dem Publikum zugänglich sind, ausgestellt oder angeschlagen werden.

[Entw. § 141]. Vgl. § 36. 153. 154. 160 -163. 102. 103. 343; Einf.-Ges. Art. XVI. XVII. XVIII. (Vdn. v. 30. Juni 1849 § 31; GS. S. 232).

Z. II. 18. Okt. 1855 c. Kästner; Z. I. 27. Febr. 1856 c. Moldänke; Vgl. n. 20, und über den Gerichtsstand in einem solchen Falle § 3 n. 4.

§ 152.

1. In Betreff der Oeffentlichkeit ist der im § 36 aufgestellte Begriff maaßgebend: Z. I. 4. Nov. 1857 Brandenburg c. Suckow. Als öffentliche Zusammenkunft kann jetzt nicht mehr jede (an sich nicht öffentliche) Versammlung angesehen werden, in welcher öffentliche Angelegenheiten erörtert oder berathen werden sollen, wie dieses die Vdn. v. 30. Juni 1849 § 31 vorschrieb. Vgl. § 36 n. 4.

2. Ein Ort ist öffentlich, wenn er dem Publikum zugänglich ist; daß diese Zugänglichkeit für Jeden ohne Hinderniß bestehe, ist nicht erforderlich: Z. I. 23. Febr. 1859 c. Kreckenbaum; Z. II. 12. Mai 1859 c. Kümpelmann. Ob jenes der Fall sei, ist eine thatsächliche Frage: Z. I. 23. Mai 1856 c. Wink. Es liegt kein Rechtsirrthum vor, wenn eine Wirthsstube für einen öffentlichen Ort erachtet wird: Z. (V.) II. 11. Sept. 1856 c. Dieckhof; ebenso in Betreff der Gerichtsstelle (Z. II. 21. Febr. 1861 c. Kolbe v. Schreeb; RdO. 1. S. 260), und zwar selbst dann, wenn die betr. gerichtliche Verhandlung nicht eine solche ist, für welche das Gesetz die Oeffentlichkeit vorschreibt: Z. II. 25. Nov. 1858 Gaisemeyer c. Renne. In andern Fällen hat das Ober-Tribunal die Oeffentlichkeit eines Orts selbst geprüft, und dieselbe z. B. in Betreff einer Gemeindeversammlung (Z. I. 3. Jan. 1856 Holle c. Nolte), einer Theaterloge zur Zeit der Aufführung (Z. I. 30. Jan. 1857 Meyer c. Wahlländer), eines Gutshofes (cit. Z. 23. Febr. 1859), und eines Polizeibüreaus (V. I. 30. Nov. 1860 c. Baller) ausgesprochen. Vgl. § 150 n. 6—8.

3. Eine Versammlung kann als öffentlich betrachtet werden, wenn sie auch von einer geschlossenen oder Privatgesellschaft veranstaltet ist, zumal dann wenn sie von vielen Personen und namentlich auch von Nichtmitgliedern jener Gesellschaft besucht wird; überhaupt ist der Begriff einer geschlossenen Gesellschaft nicht unbedingt als Gegensatz gegen eine öffentliche aufzufassen, da der Grund der größern Strafbarkeit einer öffentlichen Beleidigung hauptsächlich in der größern Verbreitung zu suchen ist: Z. II. 15. Apr. 1858 c. Vogel; Z. II. 12. Mai 1859 c. Kümpelmann; Abegg Abh. in G. Arch. 9. S. 83.

4. Auch hier genügt die Oeffentlichkeit des Orts, oder die unbeschränkte Zugänglichkeit desselben für jeden, noch nicht, um die Beleidigung zur öffentlichen zu machen; die an einem solchen Orte einem Einzelnen gemachte Mittheilung ist nicht öffentlich, wenn nicht gleichzeitig die Möglichkeit obwaltet, daß hinzutretende dritte Personen sie ebenfalls vernehmen konnten: Z. II. 19. Jan. 1860 Stoll c. Bohnstedt. Dagegen ist es nicht erforderlich, daß wirklich eine Mehrheit dieselbe vernehme. Vgl. § 36 n. 5; § 150 n. 5. *Contra*: G. Matt. S. 321 u. Note 3; Erk. des Kamm.-Ger. 22. Nov. 1852 c. Bohm (G. A. 1. S. 84). Jedenfalls geht Temme (Gll. S. 224 n. 5; Lehrb. S. 859) auf der andern Seite zu weit, wenn er glaubt, die Oeffentlichkeit sei nur in dem Umstande zu finden, daß die Beleidigung unmittelbar zur Kenntniß unbestimmt mehrerer Personen kommen müsse.

5. Damit eine schriftliche Beleidigung als eine öffentliche betrachtet werden könne, bedarf es nicht nothwendig der allgemeinen Verbreitung der Schrift im

§. 153. Wenn Beleidigungen auf der Stelle erwiedert werden, so soll der Richter ermächtigt sein, für beide Beleidiger oder für einen derselben eine, der Art oder dem Maaße nach, mildere Strafe oder gar keine Strafe eintreten zu lassen.

[Entw. § 142]. Vgl. § 188. 343; Einf.-Ges. Art. XVI—XVIII.

§. 154. Tadelnde Urtheile über wissenschaftliche, künst-

Publikum, es kann vielmehr auch in der Versendung derselben an eine Mehrheit von Personen die Oeffentlichkeit gefunden werden; ob dieses anzunehmen sei, ist Gegenstand der thatsächlichen Beurtheilung: Z. II. 7. Juli 1859 v. Platen c. Schulz (Str. A. 34 f. 142).

6. Eine schriftliche Beleidigung ist vollendet, sobald sie zur Wissenschaft eines Andern, gleichviel ob des Beleidigten oder eines Dritten gelangt ist: B. I. 26. Sept. 1860 Holländer c. Schurgast (G. A. 8. f. 834).

7. Der Verfasser einer nach Fassung und Form beleidigenden Schrift, und der Unterzeichner und Einsender derselben, auf dessen Veranlassung sie zu Stande gekommen ist, können gleichmäßig als Urheber derselben angesehen werden; der Instanzrichter, welcher dieses annimmt, verstößt nicht gegen Rechtsgrundsätze: Z. I. 4. Nov. 1857 c. Wuschack (Tilke u. Gen.).

8. Der schriftlichen Beleidigung steht die gedruckte gleich: Temme Lehrbuch f. 89.

9. Ein Gleiches gilt von der durch Abbildungen oder Darstellungen verübten: G. Matt. 2. f. 320 n. 1 b.

10. Wer einen Andern öffentlich beleidigt, befindet sich im Rückfalle, wenn er früher wegen schriftlicher Beleidigung (auf Grund dieses §) verurtheilt worden ist. So beiläufig: Z. II. 7. Juli 1853 c. Paßmann.

§ 153.

1. Goltdammer (Matt. 2. f. 324 n. 4) will diese Vorschrift nicht auf Verleumdungen anwenden; vgl. aber n. 3.

2. Die Aufrechnung wechselseitiger Beleidigungen setzt voraus, daß dieselben Personen Beleidiger und Beleidigte sind; man kann nicht mit der von einem nahen Angehörigen des Beleidigten verübten Beleidigung kompensiren: Z. I. 8. Febr. 1861 Grunwald c. Schulz.

3. Wenngleich hier und im § 343 nur von der Aufrechnung sofort erwiederter Beleidigungen und im § 188 nur von der Aufrechnung leichter wechselseitiger Verletzungen oder Mißhandlungen die Rede ist, so erscheint es doch nicht als unstatthaft, ein Gleiches auch von dem Falle anzunehmen, wo von der einen Seite eine Beleidigung und von der andern eine Mißhandlung zugefügt worden ist; es kommt dann auf eine Abwägung der Schwere der verwirkten Strafen an, nach welcher die Zulässigkeit der Aufrechnung zu beurtheilen ist. So im Grundsatze: Z. 14. Juni 1852 Lünse c. v. Böckman (G. A. 1. f. 241; wo indessen die Mißhandlung nur vom Standpunkte der thätlichen Beleidigung aufgefaßt wurde); und Z. II. 18. Nov. 1858 c. Lank, welches die Statthaftigkeit der Aufrechnung im gedachten Falle in das Ermessen der Instanzgerichte legen wollte.

4. Bei Beamten-Beleidigungen greift eine Aufrechnung der Strafen nicht Platz. Vgl. § 102 n. 62.

5. Wann eine Erwiederung der Beleidigung als „auf der Stelle" geschehen anzusehen sei, ist Gegenstand der thatsächlichen Beurtheilung. Jene Worte schließen es nicht aus, daß auch bei erwiederten schriftlichen Beleidigungen, oder bei einer mündlichen Erwiederung auf eine schriftliche, unter Umständen die Aufrechnung für statthaft erachtet werden könnte: G. Matt. 2. f. 324 n. 3; vgl. Temme Gll. f. 224.

6. Im Uebrigen sind die Noten zu § 188 zu vergleichen.

§ 154.

1. Damit dieser § Platz greife, bedarf es der ausdrücklichen Feststellung,

lerische oder gewerbliche Leistungen, ingleichen Aeußerungen, welche zur Ausführung oder Vertheidigung von Gerechtsamen gemacht worden sind, sowie Vorhaltungen und Rügen der Vorgesetzten gegen ihre Untergebenen, dienstliche Anzeigen oder Urtheile von Seiten eines Beamten und ähnliche Fälle sind nur insofern strafbar, als aus der Form der Aeußerung oder aus den Umständen, unter welchen dieselbe erfolgt, die Absicht zu beleidigen hervorgeht.

[Entw. § 143].

---

daß einer der hier erwähnten Fälle vorliege, z. B. also, daß die betr. Aeußerung zur Vertheidigung von Gerechtsamen gemacht worden sei: Z. II. 15. Sept. 1853 c. Edelbruck. In dieser Beziehung genügt aber die Feststellung, daß Jemand sich (in berechtigter Weise) an eine Behörde gewendet habe: B. I. 8. Juli 1859 c. Teßmar; B. II. 14. Juni 1860 c. Ramsel; u. ö.; z. B. wenn eine Klage eingereicht, oder ein Rechtsmittel eingelegt (B. I. 2. März 1859 c. Quäck; vgl. n. 4), oder wenn bei einer Behörde eine Beschwerde (B. II. 14. April 1859 c. Scheffer), oder eine Rechtfertigung angebracht wird (B. I. 22. Okt. 1858 v. Krätwel c. Stammer; Str. 31. s. 79); und dergl. m. Das gilt auch von einer an den Landesherrn gerichteten Bittschrift: B. I. 12. Sept. 1859 c. Gebauer.

2. Wo der Angeklagte das thatsächliche Vorhandensein der Voraussetzungen des § behauptet, muß der Instanzrichter die Richtigkeit dieser Aufstellung bei Nichtigkeitsstrafe prüfen; unterläßt er dieses, so beschränkt er die Vertheidigung: Z. I. 11. Juli 1856 c. Nawarra (G. A. 4. s. 564); B. I. 6. März 1857 c. Gruhn; B. I. 8. Apr. 1857 c. Lokocz; B. I. 22. Apr. 1857 c. Puff; B. I. 23. Sept. 1859 c. Staffeld. In Ermanglung einer solchen Behauptung begründet es keine Nichtigkeit, wenn der Instanzrichter sich über jenes Vorhandensein nicht ausspricht: Z. II. 7. Juli 1859 v. Platen c. Schulz (Str. A. 34. s. 142); Z. II. 25. Apr. 1861 c. Bohnstedt (RdO. 1. s.).

3. Die Frage, ob einer der hier vorgesehenen Fälle vorliege, ist [im Allgemeinen] thatsächlich: Z. I. 17. März 1854 c. Hanisch (Hahn Suppl. n. 139).

4. Eine Ausführung oder Vertheidigung von Gerechtsamen kann nicht nur in den Auslassungen eines Ver- oder Angeklagten, sondern auch in den Aufstellungen eines Klägers gefunden werden, wenn z. B. ein aufgestelltes Klagefundament eine verleumderische Behauptung enthält: Z. I. 9. Febr. 1855 Samuel c. Kreitlow. In einem solchen Falle ist § 154 anwendbar, wenn auch die Klage eine Berücksichtigung nicht finden konnte: B. I. 13. Nov. 1857 Weißig c. Urban. Vgl. n. 1.

5. Sie kann selbst bei außergerichtlichen Ausführungen als vorhanden angenommen werden: B. I. 8. Okt. 1858 c. Blandow (G. A. 7. s. 103); G. Matt. 2. s. 325 n. 3. Vgl. § 156 n. 25. 27.

6. Zur Ausschließung des § 154 genügt nicht die Feststellung, daß die betr. Aeußerung zur Vertheidigung ꝛc. von Gerechtsamen nicht nothwendig oder nicht dienlich gewesen sei; es kommt vielmehr nur darauf an, ob der Angeklagte durch dieselbe das ihm zustehende Recht habe wahrnehmen wollen, ob er also im guten Glauben und mit der Ueberzeugung handelte, daß das angewendete Mittel seinem Zwecke entspreche: B. I. 25. Nov. 1859 c. Hoffmann; B. I. 27. Jan. 1860 c. Bernkopf (JMBl. s. 137; G. A. 8. s. 276); B. I. 8. Febr. 1860 c. v. Plotho; B. I. 10. Febr. 1860 Vetter c. Vetter (Str. A. 37. s. 42); B. I. 17. Okt. 1860 Willsch c. Reiß; vgl. n. 13a.

7. Ein Beamter, welcher in der Ausübung seines Berufs über die Gränzen seiner Befugnisse hinausgeht, hört darum nicht auf Beamter und amtlich thätig zu sein, und der Exceß ist darum noch nicht nothwendig als Beleidigung strafbar, vielmehr wird auch für einen solchen Fall § 154 wirksam: B. I. 30. April 1858 Nemitz c. Zöller (G. A. 6. s. 703). Vgl. n. 6.

8. So weit das Züchtigungsrecht der Aeltern gegen ihre Kinder reicht, ist eine Verfolgung der von jenen gegen diese begangenen Beleidigungen ausge-

§. 155. Medizinalpersonen und deren Gehülfen, sowie alle Personen, welche unbefugterweise Privatgeheimnisse offenbaren, die ihnen kraft ihres Amtes, Standes oder Gewerbes anvertraut sind, werden mit Geldbuße bis zu fünfhundert Thalern oder mit Gefängniß bis zu drei Monaten bestraft.

[Entw. § 144]. Vgl. § 172.

---

schlossen. Im Falle einer Ueberschreitung kann aber eine Verfolgung statthaft werden: G. Matt. 2. s. 326 n. 6. *Contra:* Koch n. 78

9. Die Strafbarkeit einer zwischen Ehegatten vorgefallenen Beleidigung wird durch § 154 nicht ausgeschlossen; vgl. Tit. XIII (§ 152 fgg.) n. 14 a.

10. Zu den „ähnlichen Fällen“ gehören unbedenklich auch die Zurechtweisungen der Dienstherrschaft gegen das Gesinde (vgl. Ges.-Ordn. vom 8. Nov. 1810 § 77. 78): G. Matt. 2. s. 326 n. 5; Koch n. 78; B. II. 9. Nov. 1854 Langermann c. Gerbracht. Vgl. Tit. XVI (§ 187 fgg.) n. 7.

11. Dasselbe gilt umgekehrt, wenn ein Dienstbote, um der durch § 71 der Ges.-Ordn. v. 8. Nov. 1810 begründeten Pflicht zu entsprechen, dem Herrn von der Untreue des Nebengesindes Anzeige macht: Z. II. 6. April 1854 Lehmann c. Schellhase.

12. Ebenso gehört der Fall hierher, wo der vor seiner Gemeinde predigende Geistliche Verhältnisse des bürgerlichen Lebens seiner beurtheilenden Betrachtung unterzieht: B. I. 30. April 1858 Remitz c. Zöller (G. A. 6. s. 703); vgl. ALR. II, 11 § 85.

13. Ein Z. I. 15. Febr. 1856 v. Nostitz c. Prescher nahm an: der § 154 beziehe sich nur auf mündliche oder schriftliche Rügen, nicht auf Thätlichkeiten, welche einen beleidigenden Charakter haben.

13 a. Die Straflosigkeit einer zur Vertheidigung rc. von Gerechtsamen gemachten, objektiv den Thatbestand einer Verleumdung oder Beleidigung darstellenden Aeußerung, ist nicht durch das Vorhandensein des guten Glaubens an ihre Wahrheit bedingt. Vgl. n. 6.

14. Sobald feststeht, daß einer der im § vorgesehenen Fälle vorliegt, kann eine Verurtheilung nur dann erfolgen, wenn die Absicht zu beleidigen ausdrücklich festgestellt ist: B. II. 28. Jan. 1858 c. Kölkenbeck; B. I. 26. Febr. 1858 c. Gibat; u. ö. (feste Praxis). Es genügt daher nicht, wenn nur erwogen wird, „die inkriminirte Aeußerung enthalte eine Beleidigung“: B. I. 10. Nov. 1854 c. Amthor; ebensowenig reicht die Feststellung hin: „die Absicht zu beleidigen sei nicht widerlegt, oder nicht ausgeschlossen“: B. I. 21. Okt. 1853 c. Rösener; B. II. 23. April 1857 c. Löwer. Ueberhaupt sind die Voraussetzungen des § nicht als ein Strafausschließungsgrund, sondern als Bedingungen des Thatbestandes aufzufassen: Z. II. 25. April 1861 c. Bohnstedt.

15. Die beleidigende Absicht kann nicht blos aus der Form der Aeußerung, oder aus den Umständen, unter welchen sie erfolgte, sondern auch aus andern Thatsachen, z. B. aus dem Inhalte selbst gefolgert werden; in dieser Beziehung ist die Vorschrift des § nicht limitativ: Z. I. 22. Sept. 1858 c. Held; Z. II. 1. Dez. 1859 c. Bergenthal.

16. Die Vorschriften der AGO. I, 12 § 12 und der Vdn. vom 21. Juli 1846 § 33 in Verbindung mit § 154 rechtfertigen es, aus der Form einer in einer Prozeßschrift enthaltenen Aeußerung, oder aus den obwaltenden Umständen zu folgern und festzustellen, daß auch der Rechtsanwalt, welcher die Schrift verfaßt oder legalisirt hat, die Absicht zu beleidigen gehabt habe: B. II. 19. Mai 1855 c. Frank (Räggel). Ein Gleiches gilt umgekehrt ebenso unzweifelhaft von der Partei selbst; vgl. Tit. XIII (§ 152 fgg.) n. 25.

17. Ueber die Anwendbarkeit des § 154 in den Fällen der § 77. 102. 133 u. 156 vgl. § 77 n. 3; § 102 n. 63; § 133 n. 10; § 156 n. 25 fgg.

§ 155.

1. Das Verbot bezieht sich auf Geistliche, Aerzte, Hebammen, Apotheker, Rechtsanwälte rc.: G. Matt. 2. s. 327 Nr. 2; Koch n. 79.

§. 156. Wer in Beziehung auf einen Anderen unwahre Thatsachen behauptet oder verbreitet, welche denselben in der öffentlichen Meinung dem Hasse oder der Verachtung aussetzen, macht sich der Verleumdung schuldig und wird mit Gefängniß von Einer Woche bis zu Einem Jahre bestraft.

---

2. Unbedenklich bezieht es sich auch auf Advokaten, Anwälte, Notarien und sonstige Beamten der freiwilligen Gerichtsbarkeit.

3. Auf Redakteure einer Zeitschrift ist der § nicht anzuwenden, da sie nicht zu den Gewerbtreibenden gehören, welchen Privatpersonen Geheimnisse anzuvertrauen genöthigt sind: Z. II. 2. Nov. 1854 c. Eickerling (G. A. 3. s. 131); Z. II. 14. Dez. 1854 c. Rübsahmen (JMBl. 55. s. 70); Beschl. I. 16. Nov. 1860 c. Fritsch (195 B; G. A. 9. s. 57).

4. Ueber die Pflicht des zu einem Zweikampfe zugezogenen Arztes, davon Anzeige zu machen vgl. § 172.

5. Ein Dolus wird nicht erfordert; die Unvorsichtigkeit des Ausplauderns stellt den Thatbestand dar: Temme Lehrb. s. 856 Note 1; Abegg in G. Arch. 9. s. 81. *Contra:* G. Matt. 2. s. 328, welcher nur im Falle der dolosen, d. h. der vorsätzlichen Offenbarung Strafbarkeit annimmt.

6. Obgleich der § 155 im Titel von den Ehrverletzungen sich findet, braucht doch objektiv eine Ehrenkränkung nicht vorzuliegen, es genügt, wenn der Herr des Geheimnisses ein nachweisliches rechtliches Interesse bei der Geheimhaltung hat [und dieses dem Vertrauensmanne bekannt war]. Temme Gll. s. 225 n. 1.

7. Im Uebrigen ist auch dieses Vergehen insofern als Ehrverletzung zu betrachten, als die §§ 160 und 163 darauf Anwendung finden.

8. Da nur die „unbefugte" Offenbarung bestraft wird, so wird § 155 unanwendbar, wenn derjenige, welcher auf die Geheimhaltung ein Recht hat, dieselbe gestattet hat: G. Matt. 2. s. 328 n. 4.

9. Die Frage, inwiefern Jemand angehalten werden könne, über die ihm als Geheimniß anvertrauten Thatsachen ein Zeugniß abzulegen, kann ihre Lösung nicht im § 155 finden, und es läßt sich keineswegs behaupten, daß jeder, auf den dieser § an und für sich anwendbar ist, nun sein Zeugniß über die anvertrauten Thatsachen ablehnen könne, oder müsse, eben weil § 155 nur von einem „unbefugten" Offenbaren spricht, und zu untersuchen bleibt, ob die als Regel gesetzlich feststehende allgemeine Pflicht zur Ablegung eines Zeugnisses nicht eine Ausnahme von dem Grundsatze des § 155 begründe, und weil ein vom Richter erzwungenes Zeugniß nach allgemeinen Rechtsregeln nicht strafbar sein kann. Jene Frage ist daher in jedem Falle selbstständig, nach der Natur der Stellung der betreffenden Vertrauenspersonen zu lösen. Vgl. das Nähere in dieser Beziehung: Strafverf. § 20 n. 4 fgg., insbesondere in Betreff der Geistlichen l. c. n. 4—6; in Betreff der Rechtsanwalte und Vertheidiger l. c. n. 7. 8; in Betreff eines Zeitungsredakteurs ib. n. 9. Rücksichtlich der Rheinischen Notarien ist die Frage streitig; vgl. Gilbert C. d'Instr. cr. Art. 80 n. 10; Art. 322 n. 45—47; Sir. 44. 1. 257 Note.

§ 156.

Inhalt.

1. Die Behauptungen „müssen in Beziehung" auf einen Andern gemacht sein; daraus folgt, daß Verleumdung nur vorliegt, wenn die Aeußerungen in Gegenwart dritter Personen geschehen; eine dem Verleumdeten allein gegenüber gemachte Aeußerung kann nur Beleidigung sein [zumal, da in diesem Falle ein „Aussetzen in der öffentlichen Meinung dem Hasse ꝛc." nicht denkbar ist]: Z. I. 14. Okt. 1857 Hiller c. Sabert; B. I. 31. Okt. 1860 Schülski c. Lange; G. Matt. 2. s. 338

Ist die Verleumdung öffentlich begangen, so ist die Strafe Gefängniß von vierzehn Tagen bis zu achtzehn Monaten. Eine öffentliche Verleumdung ist vorhanden, wenn die Verleumdung an einem öffentlichen Orte oder in einer öffentlichen Zusammenkunft, oder wenn sie durch Schriften, Abbildungen oder Darstellungen geschieht, welche verkauft, vertheilt oder umhergetragen, oder an Orten, welche dem Publikum zugänglich sind, ausgestellt oder angeschlagen werden.

Wird festgestellt, daß mildernde Umstände vorhanden sind, so kann in allen Fällen die Strafe auf Geldbuße von fünf bis zu dreihundert Thalern bestimmt werden.

[Entw. § 145]. Vgl. § 157—159; Einf.-Ges. Art. XVI—XVIII; (Vdn. v. 30. Juni 1849 § 25. 28. 29. 31).

---

n. 8; Temme Gll. s. 226 n. 3; id. Lehrb. s. 860. Selbst dann liegt Verleumdung nicht vor, wenn ein Dritter gegen den Willen des Sprechenden die Aeußerung hört: Temme l. c. Gleichgültig ist es dagegen, ob außer dem Dritten auch der Verleumdete bei der Aeußerung zugegen ist: B. I. 31. Okt. 1861 Schülski c. Lange. In diesem Falle kommt auch Nichts darauf an, an wen die Aeußerung gerichtet war, das Anhören eines Dritten dabei Anwesenden genügt zur Herstellung des Thatbestandes: B. I. 27. Juni 1860 c. Gabler (G. A. 8. s. 696).

2. Es genügt, wenn die Behauptung rc. in Beziehung auf einen Andern gemacht wird, sollte auch in Folge eines Irrthums eine vom Sprechenden nicht gewollte Person davon betroffen werden: B. II. 23. Mai 1860 c. Zander (G. Arch. 8. s. 561; die Beschuldigte warf an einem öffentlichen Orte einer Anderen Ehebruch vor, irrte sich dabei aber in der Person); ähnlich: Z. I. 11. Jan. 1861 c. Krug.

3. „Thatsache" bildet hier den Gegensatz gegen allgemeine ehrenrührige Urtheile, Ansichten und Meinungen, welche nur unter den Begriff der Beleidigung fallen: Z. II. 7. Juli 1859 v. Platen c. Schulz (Str. Arch. 34. s. 142). Allgemeine sittliche Eigenschaften gehören daher nicht hierher, insofern nicht gleichzeitig auf Handlungen gedeutet ist, in welchen jene ihren Ausdruck finden sollen. *Contra:* G. M. 2. s. 331 n. 5. Wohl aber gehören unsittliche Handlungen hierher: B. I. 15. Sept. 1858 Voigt c. Sprenger.

4. Ebenso sind innere Thatsachen, z. B. die Beweggründe, welche Jemand zur Vornahme einer Handlung veranlaßt haben, nicht ausgeschlossen: Z. 19. Nov. 1851 c. Kuhr (G. A. 1. s. 571; die Behauptung ging dahin: Jemand habe bei einer Handlung eine „dolose Absicht gehabt"); ähnlich: Z. II. 8. Juli 1854 c. Rösener; Z. I. 25. Okt. 1854 c. Landsberger; Z. II. 28. Okt. 1858 Wichelhausen c. Berger. *Contra:* B. II. 8. Okt. 1857 Lohmann c. Berger, welches Urtheile über das Innere eines Menschen, z. B. über das einer Handlung untergelegte Motiv, nicht hierher rechnen wollte.

5. Auch dasjenige, was als eine gezogene Folgerung hingestellt wird, kann als behauptete Thatsache angesehen werden. Z. I. 30. März 1860 c. Jänsch.

6. Der § erheischt die Vorbringung spezieller Thatsachen, dagegen ist eine genaue Zeit- und Ortsangabe nicht erforderlich: Z. I. 31. Okt. 1855 c. Stüwe.

7. Als unwahr kann die Erzählung von Thatsachen auch dann betrachtet werden, wenn sie nur dadurch, daß sie Wesentliches verschweigt, eine unwahre geworden ist: Z. II. 8. März 1855 c. Jäger.

8. Ist dagegen die Wahrheit der behaupteten Thatsachen bewiesen, so ist § 156 unanwendbar, sollte der Angeklagte auch der betr. Handlung eine falsche rechtliche Qualifikation beigefügt haben, sobald nur feststeht, daß diese Qualifikation sich eben nur auf jene Handlung bezog: Z. I. 23. Okt. 1857 Saß c. Müller. Eine

solche Qualifizirung könnte dann aber unter Umständen als Beleidigung angesehen werden.

9. Ueber die Beweislast vgl. n. 157 n. 1.

10. Die Behauptung rc. unmöglicher Thatsachen (z. B. der Hexerei) stellt keine Verleumdung dar, weil solche Thatsachen den Beweis der Wahrheit nicht gestatten, und durch den Aberglauben nicht zu Thatsachen werden, welche Haß rc. erregen können: Z. I. 3. März 1854 David c. Räder (Strieth. Arch. 12. s. 205).

11. Der Ausdruck „behaupten“ umfaßt jede zur Kenntniß eines Andern gebrachte Aeußerung, sollte dieselbe auch eine vertrauliche oder ganz unüberlegte gewesen sein: G. M. 2. s. 330 n. 3. Auch die Aeußerung einer bloßen Meinung gehört hierher: Z. I. 30. Nov. 1860 c. Bernkopf (RdO. 1. s. 50).

12. Das Behaupten kann auch symbolisch, durch Zeichen und dgl. stattfinden: G. M. 2. s. 332 n. 7.

13. Daß die Behauptung hinter dem Rücken des davon Betroffenen stattfinde, wird nicht erheischt; eine Verleumdung kann auch in Gegenwart des Verleumdeten geschehen: Z. I. 31. Okt. 1855 c. Stüwe. Vgl. n. 1.

14. „Verbreiten“ bezeichnet das Weiter-Erzählen einer von einem Andern gehörten Mittheilung. Ein solches Weiter-Erzählen ist daher ganz genügend: Z. I. 23. Juni 1858 Schulze c. Kleiner; Z. I. 3. Okt. 1860 c. Röhl. Dasselbe gilt vom Vorlesen einer fremden Schrift. Dabei ist es auch gleichgültig, ob den Zuhörern die betr. Thatsachen bereits anderweitig bekannt waren, oder nicht: Z. II. 29. Okt. 1857 c. Schmidt (G. A. 5. s. 853); ähnlich: V. II. 29. Juni 1854 c. Krakrügge.

15. Sowohl das „Behaupten“ als das „Verbreiten“ ist durch die Freiwilligkeit der Handlung bedingt; wer bei seiner obrigkeitlichen Vernehmung als Zeuge ein gehörtes Gerücht rc. mittheilt, macht insofern dieses nicht wider besseres Wissen geschieht, sich nicht der Verleumdung schuldig: Z. I. 4. März 1853 c. Friedländer (G. A. 1. s. 570); V. I. 4. Mai 1855 c. Mayer; Z. I. 2. Jan. 1856 Kalkreuth c. Grosse. Vgl. Tit. XIII (§ 152 fgg.) n. 16.

16. Ob in der Wiederholung derselben gegen dieselbe Person gerichteten übeln Nachrede zu verschiedenen Zeiten, an verschiedenen Orten und gegen verschiedene Personen eine mehrmalige „Behauptung“ oder nur eine einzige „Verbreitung“ zu finden sei, unterliegt dem thatsächlichen Ermessen des Instanzrichters nach den Umständen des Einzelfalles: Z. II. 23. Februar 1860 c. Schmitz. Vergl. Tit. XIII n. 20 a.

17. Das „Aussetzen dem Haß“ rc. ist vorhanden, wenn die objektiv mögliche Gefahr des Eintritts eines solchen Ereignisses begründet ist; daß dasselbe wirklich eingetreten sei, ist nicht erforderlich. Vgl. § 100 n. 4; § 135 n. 14.

18. Als Haß oder Verachtung hervorrufend dürfen hier nur wahrhaft unsittliche Handlungen, nicht aber solche betrachtet werden, welche vom Gesetz geboten, von der verbreiteten Meinung aber vielleicht gemißbilligt werden, z. B. Ausschlagen eines Duells, Denuntiation eines Verbrechens gegen die öffentliche Ordnung rc.; G. Matt. 2. s. 332 n. 6.

19. Ob im Uebrigen eine Behauptung dazu geeignet sei, einen Andern in der öffentlichen Meinung rc. dem Hasse auszusetzen, ist eine thatsächliche Frage: Z. I. 9. Sept. 1857 c. Till; Z. (V.) II. 25. Juni 1859 c. Lüders; das gilt selbst dann, wenn die Behauptung den Vorwurf einer strafbaren Handlung enthält, da nicht jede strafbare Handlung jene Wirkung herbeiführt: Z. I. 9. Febr. 1855 Samuel c. Kreitlow.

20. Der Dolus besteht hier nur in dem Bewußtsein, daß man unbewiesene Thatsachen behauptet oder verbreitet, welche dem Rufe eines Andern nachtheilig sind: Z. (V.) I. 27. Febr. 1857 c. Ziehm; Z. I. 11. Mai 1859 c. Franzke; daher gehört die Beförderung einer verleumderischen Schrift ohne Kenntniß des Inhalts nicht hierher: Z. 1. Dez. 1852 c. Heyneck (G. A. 1. s. 571). Dagegen ist es nicht erforderlich, daß der Verleumder die Unwahrheit der Thatsachen kannte, oder daß er dem fremden Rufe zu schaden beabsichtigt habe; beides kann nur als Strafzumessungsgrund in Betracht kommen: Z. I. 12. März 1858 c. Zander; V. I. 26. März 1858 Simon c. Jablonski; K.-V. II. K. s. 98. Dieser Dolus entspricht also dem zum Begriffe der

Ehrverletzung im Allgemeinen für erforderlich erachteten; vgl. Tit. XIII (§ 152 fgg.) n. 21 und die Fassung der §§ 158 und 102: „Hat die Beleidigung den Charakter der Verleumdung“: Z. 7. Nov. 1851 c. Finkernei; Z. I. 4. Febr. 1853 v. Pfeil c. Zwanziger; B. II. 19. Mai 1853 c. Eßmann (Entsch. 26. s. 141; G. A. 1. s. 570); Z. I. 26. Jan. 1855 c. Wurl. Hiernach ist es für den Begriff der Verleumdung gleichgültig, ob die Thatsachen von dem sie Behauptenden für wahr gehalten worden sind, sobald er nur außer Stande ist, gerichtliche Beweise über die Wahrheit dieser seiner Behauptungen zu geben: B. 28. Mai 1851 c. Kilian (Entsch. 22. s. 72); Z. II. 8. März 1855 c. Jäger; Z. (B.) II. 30. Apr. 1857 c. Möller; Z. I. 8. Okt. 1858 c. Putschmann; Z. I. 11. Mai 1859 c. Franzke; u. ö. Ein über den guten Glauben beantragtes Beweisverfahren ist ebendeshalb unerheblich: Z. (B.) I. 15. Dez. 1854 c. Bracht; Z. II. 29. März 1855 Buchheimer c. Helling; ebenso der Beweis eines (die Thatsache oder die Person) betreffenden Irrthums: Z. I. 11. Jan. 1861 c. Krug (G. A. 9. s. 135). Noch weniger kann die nominatio autoris von der Strafe befreien: Z. I. 4. Mai 1853 c. Holdheim (Rahn u. Gen.). *Sic:* Bes. s. 35 und 329; G. Matt. 2. s. 331 n. 4. *Contra:* Temme Gll. 2. s. 226 n. 2 und 4, welcher hier „wie bei der Beleidigung, die Absicht zu beleidigen“, und (Lehrb. s. 861) außerdem noch das Bewußtsein erheischt: daß die verbreiteten Thatsachen nicht auf Wahrheit beruhen; wo letzteres fehle, will er nur wegen Beleidigung strafen. Ueber Temme's Auffassung von der Absicht zu beleidigen vgl. Tit. XIII (§ 152 fgg.) n. 21.

21. Hiernach bedarf es bei der Verleumdung nicht der Absicht zu beleidigen: Z. I. 13. Febr. 1857 c. Dallmer; Z. (B.) I. 11. Febr. 1859 c. Lange; Z. I. 11. Jan. 1861 Mikolajewski c. Cieslack; vgl. n. 28.

22. Ebensowenig kann neben dem in n. 20 erwähnten Dolus noch eine Absicht zu verbreiten gefordert werden: Z. I. 12. Nov. 1856 c. Forsberg (Berkowitz u. Gen.). *Contra:* Z. II. 29. Okt. 1857 c. Schmidt (G. A. 5. s. 853).

23. Der Grundsatz des § 154 ist auf Verleumdungen anwendbar; auch sie sind straflos, wenn die betreffenden Thatsachen in einer der in jenem § erwähnten Weisen vorgebracht werden: Z. II. 6. April 1854 Lehmann c. Schellhase; Z. I. 11. Juli 1856 c. Nawarra (G. A. 4. s. 564); B. I. 8. Okt. 1858 c. Blandow; B. I. 15. Sept. 1858 Dovernick c. Peters (Strieth. Arch. 30. s. 223); Z. II. 7. Juli 1859 v. Platen c. Schulz (Str. A. 34. s. 142); u. ö. Wird daher vom Angeklagten behauptet, es liege einer der Fälle des § 154 vor, so muß der Instanzrichter die Richtigkeit dieser Aufstellung bei Nichtigkeitsstrafe prüfen. Vgl. § 154 n. 2.

24. Das Gesagte (n. 23) greift da Platz, wo bei einer Wahlmänner-Besprechung über einen vorgeschlagenen Wahlkandidaten Gerüchte zur Sprache gebracht werden, welche an sich geeignet sind, den Thatbestand der Verleumdung darzustellen. Das Wahlrecht schließt die Befugniß in sich, die Würdigkeit der Kandidaten zu erörtern: Z. 6. Okt. 1852 Pulvermacher c. v. Hoverden (G. Arch. 1. s. 569); ähnlich: Z. I. 26. Sept. 1855 Birkholz c. Schmechel; B. II. 25. Juni 1859 c. Lüders (das letztere deutet an, daß dagegen die Verleumdungsstrafe verwirkt sei, wenn der Angeklagte die mitgetheilten Thatsachen nicht für wahr gehalten habe).

25. Die unter n. 23 aufgestellte Regel kommt insbesondere da zur Anwendung, wo es sich von einer Anzeige bei einer Behörde handelt (vgl. n. 23; § 154 n. 1): Z. II. 29. März 1855 Buchheimer c. Helling. Das Recht, strafbare Handlungen zur Anzeige zu bringen, um entweder dagegen Hülfe zu suchen, oder die Uebertreter der öffentlichen Ahndung zu unterwerfen, muß gewahrt bleiben; „wer daher bei einer Behörde auf rechtmäßigem Wege, um Hülfe zu suchen, Etwas „behauptet, was einen Andern in der öffentlichen Meinung dem Hasse und der „Verachtung aussetzt, begeht hierdurch allein eine Verleumdung nicht, wenn er die „behauptete Thatsache für wahr hielt“: B. II. 19. Mai 1854 c. Eßmann (Präj. n. 34; Entsch. 26. s. 141; G. A. 1. s. 570); B. II. 9. Juni 1853 c. Dortmann (G. Arch. 1. s. 570); B. I. 24. Okt. 1856 Dinse c. Müller (G. Arch. 5. s. 99); Z. (B.) II. 30. Apr. 1857 c. Möller; Z. I. 17. Febr. 1858 c. Fiß; u. ö. (feste Praxis). Ja selbst die Kenntniß von der Falschheit der angezeigten Thatsache genügt in einem solchen Falle nicht, um die Verhängung der Verleumdungsstrafe zu rechtfertigen, vielmehr kann dann geeigneten Falls nur die Strafe der falschen Anschuldigung Platz greifen: B. 27. Sept. 1852 Kressin c. Bahr (Entsch. 23. s. 468; G. A. 1. s. 569); B. I. 15. Nov.

§. 157. Der Beweis der Wahrheit der behaupteten oder verbreiteten Thatsachen kann durch alle im Strafverfahren zulässige Beweismittel geführt werden.

1854 c. Witt. Nur wird dabei immer vorausgesetzt, daß der Anzeigende wirklich (und nicht blos zum Scheine) bei der Behörde die Gewährung einer Hülfe für sich oder die Seinigen, oder die Abstellung eines Mangels gesucht, oder ein ihm seiner Ueberzeugung nach zustehendes Recht im gesetzlich geordneten Wege verfolgt habe: Z. II. 20. Okt. 1853 c. Wolters; Z. I. 13. Febr. 1857 c. Dallmer.

26. Aus dem unter n. 25 Gesagten folgt, daß der Thatbestand einer Anzeige bei einer Behörde den Begriff der Verleumdung, ebensowenig als den einer Beleidigung mit Nothwendigkeit ausschließt, daß vielmehr diese Strafthaten auch mit einer falschen Anschuldigung sehr wohl ideell konkurriren können. So im Allgemeinen: Z. II. 10. April 1856 Dieringer c. Huber (Entsch. 33. s. 198; Str. Arch. 21. s. 64); Z. II. eod. Dieringer c. Blickle; Z. II. 23. Apr. 1857 c. Petriny; B. I. 10. Dez. 1858 Gerhardts c. Gerhardts; Z. II. 1. Dez. 1859 c. Bergenthal; Z. I. 18. April 1860 c. Teßmar; Z. II. 5. Juli 1860 c. Bernasco; Z. II. 21. Febr. 1861 c. Kolbe v. Schreeb (RdO. 1. s. 260). *Contra* früher: Z. I. 26. April 1854 c. Haase v. Stähr; B. I. 20. Sept. 1854 Groß c. Halpaus, welche davon ausgingen, daß der Zweck einer Anzeige bei der Behörde eine Verleumdung begrifflich ausschließe. — Jenes muß zunächst überall da gelten, wo die Anzeige bei der Behörde gar nicht den Zweck hatte, ein Recht zu wahren oder Abstellung eines Mangels nachzusuchen, wo vielmehr dieser Zweck nur zum Vorwande gedient hat; wird dieses festgestellt, so treten die allgemeinen Grundsätze über Beleidigungen und Verleumdungen unbedingt in Kraft. Außerdem aber beseitigt sich die Straflosigkeit einer in einer Anzeige bei einer Behörde enthaltenen Verleumdung (Beleidigung) auch dann, wenn aus der Form der Aeußerung oder aus den Umständen die Absicht zu beleidigen (§ 154) hervorgeht. In diesem Falle wird dann auch geeigneten Falls die Verleumdung als solche und nicht als bloße Beleidigung bestraft, obgleich an sich die beleidigende Absicht zu ihrem Thatbestande gar nicht gehört, weil dieselbe hier nur die Bedeutung hat, die exzeptionelle Anwendbarkeit des §154 zu beseitigen: Z. II. 10. April 1856 Dieringer c. Huber (cit. n. 25); Z. eod. Dieringer c. Blickle; Z. II. 23. Apr. 1857 c. Petriny; Z. I. 2. März 1860 c. Hentzschel; Z. I. 30. Nov. 1860 c. Bernkopf (RdO. 1. s. 50); Z. II. 21. Febr. 1861 c. Kolbe v. Schreeb (RdO. 1. s. 260). *Contra:* B. I. 21. Dez. 1854 c. Kober (G. A. 4. s. 251); Z. II. 20. Sept. 1860 Jöckemeier c. Bodenstein; das letztere hielt in einem solchen Falle die Feststellung der beleidigenden Absicht nicht für genügend, verlangte vielmehr auch den Nachweis, daß das Vorbringen wider besseres Wissen stattgefunden, und daß die angebliche Vertheidigung eines Rechts nur zum Vorwande gedient habe. — Im Uebrigen kann auch dann, wenn das Vorbringen falscher in einer Eingabe an eine Behörde enthaltener Thatsachen nach n. 25 straflos bleiben muß, doch die Beleidigungsstrafe verwirkt sein, wenn außerdem über das Verhalten des Denuntiirten 2c. Urtheile gefällt werden, welche, das Gebiet der Thatsachen verlassend, die Tendenz haben, durch die dem Denuntiirten 2c. gegebenen Beziehungen die Ehre desselben zu verletzen (wenn also in Beziehung auf diese Urtheile die beleidigende Absicht festgestellt wird): Z. II. 30. März 1854 c. Schoppmeier; Z. I. 22. Mai 1857 c. Hentschel u. Gen.

27. In den Fällen, wo eine Anzeige an eine Behörde straflos ist, nimmt sie auch durch die Mittheilung des Inhalts an Dritte keinen andern Charakter an; es bleibt daher auch die letztere straflos; wenn aber neben der Denuntiation eine für sich bestehende Verbreitung der betreffenden Thatsachen an Privatpersonen vorliegt, so ist geeigneten Falls unbedenklich die Verleumdungsstrafe verwirkt: B. II. 30. Apr. 1857 c. Möller.

28. Ueber die Erfordernisse der „Oeffentlichkeit“ vgl. § 36 n. 4; § 100 n. 9; § 152 n. 1—5.

§ 157.

1. Dieser § ergiebt, daß es dem Angeklagten obliege, die Wahrheit der von ihm behaupteten 2c. Thatsachen nachzuweisen: Z. I. 14. Okt. 1857 Hiller c. Sabert;

Der Zeugenbeweis ist jedoch nur dann zulässig, wenn sich der Angeschuldigte zum Beweise bestimmter Thatsachen erboten und das Gericht durch vorgängigen besonderen Beschluß befunden hat, daß der Beweis dieser Thatsachen, im Falle er erbracht werden sollte, die Strafbarkeit des Angeschuldigten ausschließen oder mildern würde.

Unbedingt unzulässig ist der Beweis der Wahrheit, wenn die dem Anderen beigemessene Handlung mit Strafe bedroht und eine Freisprechung durch ein rechtskräftiges Erkenntniß erfolgt ist.

[Entw. § 146]. Vgl. § 158. 159; (Vdn. v. 30. Juni 1849 § 26; GS. s. 232).

Z. I. 15. Febr. 1860 c. Lietzmann; B. II. 9. Juni 1860 c. Krüger (G. A. 8. s. 563); K.-B. II. K. s. 98; Motive z. Entw. v. 1847 § 189 — 192 s. 58. Der Nachweis des eignen Glaubens an die Richtigkeit kann nicht genügen; vgl. § 156 n. 16. Dagegen bedarf es nicht nothwendig einer förmlichen Beweisantretung, der Richter kann seine Ueberzeugung auch aus der Vernehmung des Angeklagten und des angeblich Verleumdeten schöpfen: Z. II. 3. Jan. 1861 c. Schlabach.

2. Dieser Grundsatz (n. 1) gilt auch für die in Berichten der Untergebenen an ihre Vorgesetzten vorkommenden Verleumdungen: B. I. 18. Jan. 1861 Förster c. Weiß (G. A. 9. s. 208).

3. Durch die Beschränkung auf die im Strafverfahren zulässigen Beweismittel sollte die Eidesdelation ausgeschlossen werden: K.-B. II. K. s. 100.

4. Die Zulässigkeit des Nachweises der Wahrheit der behaupteten Thatsachen schließt die richterliche Prüfung der Erheblichkeit der zu diesem Zwecke angetretenen Beweise nicht aus; zumal da das Instanzgericht hierüber jedesmal zu einer besondern Beschlußfassung angewiesen worden ist: Z. I. 27. Apr. 1853 c. Schlesinger; Z. I. 6. Juli 1853 c. Albrecht. Die betr. Prüfung steht aber nur dem Instanz-, nicht dem Nichtigkeitsrichter zu: Z. II. 21. Apr. 1853 c. Rüdiger.

5. Der Beweis der Wahrheit wird dadurch nicht unzulässig, daß der Angeklagte die betreffende Thatsache schon früher zum Gegenstande einer Denuntiation gemacht hatte, und mit dieser durch Verfügungen der betreffenden Behörde zurückgewiesen worden ist. Eine solche Zurückweisung steht (selbst wenn sie vom Gericht ausgegangen wäre) einer rechtskräftigen Freisprechung des Denuntiirten nicht gleich: B. I. 1. Juni 1855 c. Marx (G. Arch. 3. s. 703). *Contra* früher: Z. Rh. Kass. H. 3. Nov. 1845 c. Röpke (Rh. Arch. 39. 2. A. s. 73), welches die zurückweisende Verfügung der höhern Verwaltungsbehörde, an welche die Denuntiation gerichtet gewesen war, in dieser Beziehung für maaßgebend erachtete.

6. Ebenso kann ein Raths-Kammerbeschluß, durch welchen der Beschuldigte in Beziehung auf eine erhobene Anklage außer Verfolgung gesetzt wird, nicht als „rechtskräftiges Erkenntniß" angesehen werden: Z. (B.) I. 8. Sept. 1859 Fischkow c. Hartwich.

7. Dagegen wird der Einwand der Wahrheit durch die Freisprechung des Verleumdeten unbedingt ausgeschlossen, ohne Rücksicht darauf, ob diese Freisprechung vor der angeblichen Verleumdung oder erst nach derselben Statt gefunden hat: B. 15. Dez. 1859 II. Grätz c. Blocks (Str. A. 36. s. 88).

8. Ebenso ist es gleichgültig, aus welchem Grunde die Freisprechung erfolgt ist: B. I. 20. Apr. 1860 Moser c. Mai.

9. Ueber das Resultat eines solchen Wahrheitsbeweises hat das befaßte Gericht selbst dann zu entscheiden, wenn auch die betreffenden Thatsachen an sich zur Kognition einer andern Behörde gehören sollten, z. B. wenn es sich von Disciplinarvergehen eines Verwaltungsbeamten handelte.

§. 158. Der Beweis der Wahrheit der behaupteten oder verbreiteten Thatsachen schließt das Vorhandensein einer Beleidigung nicht aus, wenn aus der Form der Behauptung oder Verbreitung, oder aus anderen Umständen, unter welchen sie geschah, die Absicht zu beleidigen hervorgeht.

[Entw. § 147].

§. 159. Sind die behaupteten oder verbreiteten Thatsachen strafbare Handlungen, und ist wegen derselben bei der zuständigen Behörde Anzeige gemacht, so muß bis zu dem Beschlusse, daß die Eröffnung der Untersuchung nicht stattfinde, oder bis zur Beendigung der eingeleiteten Untersuchung mit dem Verfahren und der Entscheidung über die Verleumdung inne gehalten werden.

[Entw. § 148]. Vgl. § 133. (Vdn. v. 30. Juni 1849 § 28; GS. s. 232).

---

§ 158.

1. Vgl. § 156 n. 20.

2. Dieser § bezieht sich auch auf den Fall des § 133: Z. II. 31. Jan. 1861 c. Fowe; vgl. § 156 n. 32.

§ 159.

1. Dieser § bezieht sich nur auf Verleumdungen, nicht auf Beleidigungen: Z. I. 4. Nov. 1859 c. Späth.

2. Als „strafbare Handlungen" im Sinne dieses § sind auch solche Dienstvergehen zu betrachten, welche nur zu einem Disciplinarverfahren Anlaß geben können: B. 5. Nov. 1852 c. Göcke. Was im § von der Eröffnung der Untersuchung gesagt ist, gilt gleichmäßig von der Einleitung des Disciplinarverfahrens: B. I. 1. Dez. 1858 Rohrick c. Sucker. Der die Nichtverfolgung betr. Beschluß muß in diesem Falle von der vorgesetzten Dienstbehörde des betr. Beamten, welchem die Disciplin über denselben zusteht, ausgehen.

3. Die Nothwendigkeit des Innehaltens tritt nur ein, wenn die Anzeige bei der zuständigen Behörde wirklich gemacht worden ist; es genügt daher nicht, wenn der Angeklagte im Laufe der Untersuchung erklärt, er wolle die Anzeige machen: Z. I. 12. Nov. 1856 c. Forsberg (Berkowitz u. Gen.).

4. Es kann als „Anzeige" betrachtet werden, wenn in einem gegen einen Richter vorgebrachten Perhorrescenzgesuche diesem Ungebührnisse vorgeworfen werden: Z. I. 18. März 1857 c. Richter. (Die Frage ist überwiegend eine thatsächliche.)

5. Die Erklärung der Staatsanwaltschaft, daß sie eine Verfolgung gegen den Denuntiirten nicht eintreten lassen werde, ist als ein Beschluß, daß die Eröffnung der Untersuchung nicht stattfinde, anzusehen: Z. II. 7. April 1853 c. Linke; Z. I. 9. Febr. 1859 c. Tell; Z. I. 4. Nov. 1859 c. Späth; Z. II. 21. Febr. 1861 c. Kolbe v. Schreeb (RdO. 1. s. 260). Sonach bedarf es eines förmlichen gerichtlichen Beschlusses (in Gemäßheit der Vdn. v. 3. Jan. 1849 § 39. 40. 47) nicht. *Contra:* B. 5. Nov. 1852 c. Göcke; Z. Rh. Kass.-Hof 12. März 1850 Lauer c. Blesius (Tr.-Ann. 7. s. 124). In beiden Sachen handelte es sich von der Auslegung des § 28 der Vdn. v. 30. Juni 1849, welcher mit dem § 159 übereinstimmte. Ist in einem solchen Falle gegen die ablehnende Verfügung des Staatsanwalts Beschwerde beim Ober-Staatsanwalt erhoben worden, so kann die Verfolgung wegen Verleumdung so lange keinen Fortgang haben, bis diese Beschwerde ihre Erledigung gefunden hat: B. I. 13. Jan. 1858 c. Borgmann.

6. Auch nach einem die Eröffnung der Untersuchung ablehnenden Beschlusse ist es dem Angeklagten unbenommen, seinerseits den Nachweis der von ihm

§. 160. Die Bestrafung einer Ehrverletzung erfolgt nur auf den Antrag des Beleidigten.

Im Falle der Privatklage kann der Antrag auf Bestrafung bis zum Anfange der Vollstreckung des Erkenntnisses zurückgenommen werden.

[Entw. § 148a]. Vgl. § 50—54; Einf.-Ges. Art. XVI. XVII; Vdn. v. 3. Jan. 1849 § 9; Ges. v. 11. März 1850 § 5 (GS. s. 171).

---

behaupteten Thatsachen zu führen; jener Beschluß kann ihn daran nicht hindern. Vgl. § 157 n. 5.

7. War gegen den angeblich Verleumdeten eine Untersuchung eingeleitet, und ist diese demnächst eingestellt worden, so kann der der Verleumdung angeklagte Denuntiant eine Einsicht jener Untersuchungs-Akten nicht beanspruchen: Z. II. 10. Mai 1855 c. Weber.

8. Der § schreibt nur ein „Innehalten" mit dem Verfahren und der Entscheidung vor; es läßt sich daher nicht aufstellen, daß bis zu dem Beschlusse ꝛc., von welchem dort die Rede ist, die Einleitung eines Strafverfahrens (z. B. nach Rheinischem Verfahren die Vorladung durch den Civilkläger) unstatthaft sei. *Contra:* Z. Rh. Kass.-H. 12. März 1850 Lauer c. Blesius (Tr.-Ann. 7. s. 124).

9. Ebendeshalb wird auch an und für sich durch die Bestimmung des § 159 der Lauf der Strafantrags- und Verjährungsfrist nicht gehemmt: Z. I. 16. Febr. 1859 Bergmann c. Kunz (Str. A. 32. s. 362). Ist aber das Strafverfahren einmal eingeleitet, so kann, wenn nun ein Innehalten mit demselben nothwendig wird, während dieser Frist die neubegonnene Verjährung nicht laufen.

§ 160.

1. „Ehrverletzung" umfaßt hier die Verleumdung mit: B. I. 14. Nov. 1856 Müller c. Keipert (Str. A. 23. s. 53); B. I. 30. Nov. 1860 c. Baller (G. A. 9. s. 134).

2. Das Erforderniß eines Strafantrags kann nicht dadurch beseitigt werden, daß die Untersuchung ursprünglich wegen eines andern Vergehens, wegen dessen es eines Antrags nicht bedurfte, eröffnet worden ist. Damit der Richter demnächst (in Gemäßheit des Art. 30 des Ges. v. 3. Mai 1852) wegen Ehrverletzung strafen könne, ist die Beibringung des Antrags unerläßlich: B. I. 30. Nov. 1860 c. Baller (G. A. 9. s. 134). Vgl. § 50 n. 18.

3. Der Strafantrag des Verletzten darf dem befaßten Richter keine Beschränkungen auferlegen, welche in der Gesetzgebung nicht begründet sind (vergl. § 52); der Richter darf daher die That anders (z. B. als Verleumdung oder als Mißhandlung statt als Beleidigung) qualifiziren, als es im Strafantrage geschehen war. Das gilt selbst bei der Verfolgung im Civilverfahren; eine solche andere Qualifizirung ist nicht als ein Hinausgehen über den Klageantrag anzusehen: B. I. 12. Mai 1858 Pollack c. Köpler (Entsch. 39. 2. s. 81; G. A. 6. s. 544; Str. Arch. 27. s. 368); Z. I. eod. Hähnel c. Buchwald (Str. Arch. 28. s. 306); Z. II. 3. März 1859 Lohr c. Hesse; Z. I. 1. Apr. 1859 Kröbnert c. Rosenfeld; Z. II. 7. Juli 1859 v. Platen c. Schulz (Str. A. 34. s. 142); Z. I. 6. Juni 1860 v. Fresin c. Kohlhagen. *Contra:* B. 17. März 1852 Schmidt c. Paulssen. Vgl. Strafverf. § 1 n. 28; Art. 30 n. 30; Art. 103 n. 14.

4. Wenn durch eine und dieselbe Aeußerung Mehrere (z. B. ein Kollegium) gleichzeitig verletzt werden, so kann zwar jeder dieselbe rügen, immer aber ist die einer solchen Mehrheit zugefügte Ehrverletzung nur als ein Vergehen ꝛc. anzusehen und zu bestrafen, wobei der Umstand, daß Mehrere verletzt wurden, nur als Strafzumessungsgrund in Betracht kommt: B. 26. März 1852 Tätz c. Wißmann u. Gen. Vgl. Tit. XIII (§ 152 fgg.) n. 14. 15.

5. Das Recht, erlittene Ehrverletzungen zu rügen, klebt der Person des Verletzten an, und erlischt mit dessen Tode; hat dieser aber jenes Recht durch Anstellung der Klage zur Geltung gebracht, und ist die Insinuation der Klage bereits bei seinen Lebzeiten erfolgt, so geht dieselbe auf die Erben über: Z. 10. Nov.

§. 161. Ist bei wechselseitigen Ehrverletzungen von einem Theile binnen drei Monaten auf Bestrafung angetragen worden, so kann der andere Theil auch nach Ablauf jener Frist bis zur Verhandlung der Sache auf Bestrafung antragen.

[Entw. § 148 b]. Vgl. § 50; Einf.-Ges. Art. XVI; (Vdn. v. 28. Aug. 1833; GS. f. 95).

§. 162. Sind Ehefrauen oder unter väterlicher Gewalt stehende Kinder beleidigt worden, so haben sowohl die Beleidigten, als deren Ehemänner oder Väter das Recht, auf Bestrafung des Beleidigers anzutragen.

[Entw. § 148 c]. Vgl. § 54.

1852 Molzahn c. Rogge (G. A. 1. f. 395). *Contra:* Temme Gll. f. 230 n. 2. Dieselbe Wirkung muß ein bei Lebzeiten des Verletzten nach Anleitung des § 50 n. 7 gestellter Antrag haben.

6. Dagegen kann der vom Beleidigten gestellte Antrag nicht nach seinem Tode durch seine Erben zurückgenommen werden; sein Verzeihungsrecht ist auf sie nicht übergegangen. G. Matt. 2. f. 337 n. 4.

7. Ein „Anfang der Vollstreckung“ liegt nur dann vor, wenn mit der Zufügung desjenigen Strafübels begonnen worden ist, welches der Verurtheilte erleiden soll; bei Geldbußen kann daher nur der Anfang des Geldempfangs, der Zahlung, nicht der Beginn derjenigen Maßregeln hierher gerechnet werden, durch welche die Zahlung erzwungen werden soll: Beschl. I. 2. Juni 1858 Teufling c. Böhm (G. A. 6. f. 706); Koch n. 84 a.

8. Der zweite Absatz dieses § findet auf die in der Rheinprovinz vom Verletzten beim Strafgerichte angestellte Civil-Klage keine Anwendung. Nach erfolgter Verurtheilung ist daher jede Zurücknahme des Civilklägers wirkungslos. *Contra:* G. Matt. 2. f. 336 n. 3, unter Bezugnahme auf die AKO. v. 20. Dez. 1834, welche auch in der Rheinprovinz den Verzicht auf die Bestrafung des Beleidigers bis zur Vollstreckung zuließ; diese KO. ist aber durch (die Vdn. v. 30. Juni 1849 § 34, und durch) das StGB. gänzlich außer Kraft gesetzt. Vgl. auch Ges. v. 11. März 1850 § 5. Inwiefern vor erfolgter Verurtheilung der Rücktritt, oder das Nichterscheinen des Civilklägers die Einstellung des Verfahrens zur Folge habe, ist nach den allgemeinen das Verfahren betreffenden Grundsätzen zu entscheiden.

9. Im Uebrigen sind die Bemerkungen des § 50 zu vergleichen.

§ 161.

1. Unter „Verhandlung der Sache“ ist hier die Hauptverhandlung in der Sitzung vor dem erkennenden Richter erster Instanz zu verstehen, so daß der nachträgliche Antrag bis zum Erkenntnisse in erster Instanz statthaft ist. *Contra:* G. Matt. 2. f. 337; Temme Gll. f. 229 n. 1, welche darunter nur die „Auslassung auf den Strafantrag“, resp. „die Beantwortung der Hauptklage“ verstanden wissen wollen. Es handelt sich aber hier nicht blos von der Verfolgung im Wege der Privatklage vor dem Civilrichter, sondern vorzugsweise auch von der auf Antrag des Verletzten eintretenden Verfolgung des Staats-Anwalts vor dem Strafrichter, wo weder eine Auslassung auf den Strafantrag, noch eine Beantwortung der Hauptklage zu erfolgen braucht. Bezieht sich aber im Strafverfahren jener Ausdruck auf die Verhandlung vor dem erkennenden Richter, so muß vom Civilverfahren dasselbe gelten.

§ 162.

1. Auch hier ist nicht etwa eine gleichzeitige mittelbare Beleidigung des Ehemannes 2c. anzunehmen; vielmehr handelt derselbe nur als Vertreter des wirklich Beleidigten: Temme Gll. n. 2. Gleichwohl ist das betr. Recht des Ehemannes 2c. insofern ein eigenes im eignen Namen geltend zu machendes, als der Verzicht der Ehefrau 2c. die Ausübung desselben nicht hindern kann. Z. I. 22. Juni 1859 Laasch c. Börner; G. Matt. 2. f. 339. Vgl. Tit. XIII (§ 152 fgg) n. 9; § 54 n. 1.

§. 163. In allen Fällen, in denen wegen Ehrverletzung auf Strafe erkannt wird, ist dem Verletzten auf Kosten des Verurtheilten eine Ausfertigung des Erkenntnisses zu ertheilen.

Bei öffentlich verübten Ehrverletzungen soll dem Verletzten in dem Erkenntnisse die Befugniß ertheilt werden, die Verurtheilung öffentlich bekannt zu machen. Die Art und Weise der Bekanntmachung, welche stets auf Kosten des Verurtheilten erfolgt, sowie die Frist zu derselben ist vom Richter in dem Erkennisse zu bestimmen.

Ist die Ehrverletzung in einer Zeitung oder Zeitschrift geschehen, so muß der verfügende Theil des Urtheils auf Antrag des Verletzten durch die öffentlichen Blätter, und zwar wo möglich durch dieselbe Zeitung oder Zeitschrift bekannt gemacht werden.

[Entw. § 150. 148d]. Vgl. § 134.

---

2. Durch diesen § ist an den Bestimmungen der Prozeßgesetze in Betreff der von einer Ehefrau oder einem Minderjährigen anzuhebenden Privat-Klage, und der dabei zu beobachtenden Förmlichkeiten Nichts geändert: Temme Gll. s. 230 n. 1.

§ 163.

1. Die Bestimmungen dieses § finden auch bei den im § 102 mit Strafe bedrohten Ehrverletzungen Anwendung: B. I. 19. Mai 1858 c. Kindt (G. A. 6. s. 706); Z. II. 24. Nov. 1859 c. Düring (G. A. 8. s. 114); B. II. 26. Jan. 1860 c. Marggraf; B. II. 24. Jan. 1861 c. Recke (G. A. 9. s. 280).

2. Dagegen dürften sie im Falle des § 77 unanwendbar sein.

3. Die hier angeordneten Maßregeln sind als Strafe zu betrachten: Temme Gll. s. 231. Ein Z. II. 13. Okt. 1853 c. Wickinghoff nannte die Bestimmung des zweiten Absatzes eine „die Strafvollstreckung begleitende Schärfung“. Temme l. c. will dem Privatkläger die Befugniß einräumen, von vorne herein darauf zu verzichten; schwerlich mit Recht.

4. Weil Strafe können diese Maßregeln, nur wenn sie ausdrücklich vom Richter angeordnet sind, zur Ausführung gelangen: Temme Gll. s. 231.

5. Der zweite Absatz findet auf alle öffentlich verübten Ehrverletzungen, also auch auf die von Beamten mit Ueberschreitung der Amtsgewalt verübten Anwendung: Z. II. 3. Jan. 1856 Holle c. Nolte.

5a. Eines Antrags auf Anordnung dieser Maaßregeln Seitens des Verletzten bedarf es nicht; der Richter muß von Amtswegen darauf erkennen. *Contra:* Erk. A.-G. Magdeburg 11. Nov. 1858 c. Kaselitz; vgl. n. 7.

6. Es ist dem Instanzrichter unbenommen, im Falle des Abs. 2 Bekanntmachungen durch die Zeitungen anzuordnen: Z. II. 19. Jan. 1860 Stolle c. Bohnstedt.

7. Auch die Ertheilung der im Abs. 2 erwähnten Befugniß ist als Strafe durch den Richter von Amtswegen auszusprechen; es bedarf sonach eines hierauf gerichteten Antrags des Verletzten nicht: Z. II. 19. Jan. 1860 Stolle c. Bohnstedt; Z. I. 20. Febr. 1861 Höfig c. Wagner; vgl. n. 5a.

8. Der dritte Absatz giebt für den dort vorgesehenen Fall eine weiter gehende Vorschrift; es wird daher durch dieselbe die Bestimmung des Abs. 2 nicht beschränkt, vielmehr steht es auch hier den Instanzgerichten zu, in Gemäßheit des letztern, neben dem Abdrucke des Tenors, in öffentlichen Blättern, dem Verletzten noch anderweitige Bekanntmachungen zu gestatten; insbesondere können sie die Bekanntmachung in einer andern Zeitung und in einer andern Sprache anordnen: Z. I. 29. Jan. 1858 Schladebach c. Wolniewicz (Str. Arch. 27. s. 257); ebenso können sie den Mitabdruck der Gründe verfügen. *Contra:* Z. II. 19. Jan. 1860 Stolle c. Bohn-

Vierzehnter Titel.
Zweikampf.*)

stebt, welches im Falle des Abs. 3 eine andere Art der Bekanntmachung als die hier vorgeschriebene für unstatthaft hielt.

9. Auch die hier (Abs. 3) angeordnete Bekanntmachung ist nicht von Amtswegen zu veranlassen, es ist vielmehr dem Verletzten nur die Befugniß zuzusprechen, sie selbst zu bewirken.

10. Auf andre, als die hier erwähnten Privatgenugthuungen hat der Strafrichter als solcher nicht mehr zu erkennen. Inwiefern im Wege einer Civilklage wegen Ehrverletzung eine Entschädigung verlangt werden könne, ist nach den geltenden Civil-Gesetzen zu beurtheilen. Vgl. ALR. I, 6 § 131; 112 fgg.; Rh. BGB. Art. 1382. 1383. Das letztere spricht sich nicht (wie das ALR.) über die Statthaftigkeit eines Entschädigungsanspruchs wegen Ehrverletzung, die keinen Vermögensschaden zur Folge gehabt hat, aus. Die französische Rechtslehre und Rechtsprechung haben denselben unbedenklich zugelassen; vgl. Chauv. et Hél. Th. d. C. pén. chap. 7 § 3 (ed. Belge p. 122); und B. Kass.-H. 27. März 1822 c. Heinsius (Rh. A. 4. 2. A. S. 1). *Contra*: Perrot: Verfahren der Gerichte in der Rh.-Prov. 1. S. 543, und die überwiegende Praxis der Rheinischen Instanzgerichte.

11. Vgl. im Uebrigen § 134 n. 2 und 3.

*) **Vierzehnter Titel.**

1. Temme Lehrb. S. 823 definirt den Zweikampf als einen Kampf zwischen zwei Personen mit gleichen tödtlichen Waffen nach verabredeten oder hergebrachten Kampfregeln, zur Genugthuung für eine Beleidigung; ähnlich: Berner Lehrb. S. 464.

2. Auch das Rencontre ist ein Zweikampf: G. Matt. 2. S. 352; Temme Gll. S. 232 n. 3; id. Lehrb. S. 823. Letzterer definirt dasselbe als „einen ohne Unterbrechung beschlossenen, verabredeten und ausgeführten Zweikampf."

3. Die Attacke (der einseitige Angriff mit einer tödtlichen Waffe, ausgeführt gegen einen Andern zur Genugthuung für eine wirklich oder vermeintlich erlittene Beleidigung mit der Aufforderung an den Angegriffenen, sich in einen Zweikampf einzulassen) ist für sich kein Zweikampf, sondern als versuchte oder ausgeführte Körperverletzung oder Tödtung zu betrachten, wird aber durch die Einlassung des Angegriffenen von da an zum Zweikampfe: Temme Lehrb. S. 823; G. M. 2. S. 352.

4. Wesentlich zum Begriffe des „Zweikampfs" ist, daß er in Folge einer wirklichen oder vermeinten Ehrenkränkung, zum Zwecke der Genugthuung für dieselbe statt finde: Temme Lehrb. S. 824. *Contra*: G. Matt. 2. S. 353 n. 1, welcher auch jeden andern zur Ausfechtung eines sonstigen Streits, oder auch nur zur Entscheidung der Ueberlegenheit in der Waffenkunst unternommenen Kampf hierher rechnet.

5. Als „tödtliche Waffen" betrachtet Goltdammer (Matt. 2. S. 353 n. 3) Schuß-, Hieb-, Stich- und Stoßwaffen, nicht aber Messer und Dolche. Temme Lehrb. S. 823 will mit Recht diese Frage der thatsächlichen Beurtheilung des konkreten Falles überweisen.

6. Vollendet wird das Vergehen durch den begonnenen Kampf, wenn auch nur Einer angreift: Temme Lehrb. S. 824; Vgl. G. Matt. 2. S. 357; § 168 n. 1.

7. Temme (Lehrb. S. 826) will den Versuch des Zweikampfs, selbst da wo derselbe den Charakter des Verbrechens annimmt, unter allen Umständen für nicht strafbar erachten; vgl. § 170 n. 2.

8. Beim einmal begonnenen Zweikampfe kann von einer Nothwehr nicht mehr die Rede sein: Temme Lehrb. S. 825.

9. Für Studenten auf Preußischen Universitäten sind im Falle eines Zweikampfs die Regll. v. 28. Dez. 1810 (GS. S. 142) und v. 18. Nov. 1818 (GS. S. 238) maßgebend: Z. II. 20. Okt. 1853 c. Lympius (Entsch. 26. S. 406); Temme Lehrb. S. 823. Das gilt selbst in Betreff eines Studenten, „welcher zugleich in Erfüllung „seiner Militärpflicht als einjähriger Freiwilliger in das Militär getreten ist; gegen „ihn wird ein mit einem Studenten vollzogenes Duell, bei welchem weder Tödtung

§. 164. Die Herausforderung zum Zweikampfe mit tödtlichen Waffen, sowie die Annahme einer solchen Herausforderung, wird mit Einschließung bis zu sechs Monaten bestraft.

[Entw. § 151]. Vgl. § 165—167.

§. 165. Einschließung von zwei Monaten bis zu zwei Jahren tritt ein, wenn die Herausforderung ausdrücklich dahin gerichtet ist, daß einer von beiden Theilen das Leben verlieren soll, oder wenn diese Absicht aus der gewählten Art des Zweikampfes erhellet.

[Entw. § 152]. Vgl. § 164. 166. 167.

§. 166. Diejenigen, welche den Auftrag zu einer Herausforderung übernehmen und ausrichten (Kartellträger), werden mit Einschließung bis zu sechs Monaten bestraft.

[Entw. § 153]. Vgl. § 167. 173.

„noch Verstümmelung, noch bedeutende Verwundung vorgefallen ist, nicht nach § 168, „sondern nach §§ 8 und 9 des Regl. v. 28. Dez. 1810 bestraft“: cit. Z. II. 20. Okt. 1853 c. Lympius (Präj. n. 58; Entsch. 26. s. 406).

10. Ueber die Voraussetzungen des Militärgerichtsstandes im Falle eines Zweikampfes vgl. Vdn. vom 20. Juli 1843 § 3 Nr. 1 u. 6. § 4 d. 37 (GS. 44 s. 199); Straf-Ger.-Ordn. f. d. Heer v. 3. April 1845 § 6 Nr. 5; § 16 Nr. 1 a; AKO. v. 27. Sept. 1845 (GS. s. 681). Verabschiedete Offiziere, denen die Erlaubniß zum Tragen der Armeeuniform ertheilt ist, haben in Duellsachen selbst dann den Militärgerichtsstand, wenn sie definitiv im Civil-, Staats-, oder Communaldienste angestellt sind: Z. I. 17. April 1861 c. v. Vangerow (RdO. 1. s. 347).

§ 164.

1. Unter „Herausforderung“ ist hier nur die zum eignen Zweikampfe zu verstehen; der Dritte, welcher die Herausforderung eines Andern überbringt, fällt unter § 166.

2. Auch die Herausforderung allein, welche nicht angenommen wird, ist hiernach strafbar: Erk. L.-G. Köln 26. März 1857 c. v. Seydewitz; G. Matt. 2. s. 357; Temme Gll. s. 233; § 167 n. 2. Der § 167 bezieht sich auf einen derartigen Fall offenbar nicht.

3. Ist es zum wirklichen Zweikampfe gekommen, so ist nur dieser, nicht auch die vorausgegangene Herausforderung sowie die Annahme derselben, zu bestrafen: Berner Lehrb. s. 466.

§ 165.

1. Temme (Gll. s. 233) will die höhere Strafe dieses § nicht nur auf die qualifizirte Herausforderung, sondern auch auf die Annahme derselben zur Anwendung bringen.

§ 166.

1. In Betreff der Kartellträger kann der Umstand, daß die ausgerichtete Herausforderung den Voraussetzungen des § 165 entspricht, nur Strafzumessungsgrund sein. Vgl. Temme Gll. s. 233.

2. Die Vorschrift des § 166 ist auf denjenigen, welcher die Annahme einer Herausforderung überbringt, nicht auszudehnen.

3. Der Auftraggeber ist nicht als Anstifter des Vergehens des Kartellträgers, sondern als Herausforderer nach § 164 zu bestrafen.

4. Anderweitige Theilnahme, insbesondere Hülfeleistung zum Zweikampfe (z. B. durch Hergabe der Waffen) ist nach den allgemeinen Grundsätzen der §§ 34

§. 167. Die Strafe der Herausforderung und der Annahme derselben, sowie die Strafe der Kartellträger fällt weg, wenn die Parteien den Zweikampf vor dessen Beginne aus eigner Bewegung aufgegeben haben.

[Entw. 154]. Vgl. § 164—166. 168. 173.

§. 168. Der Zweikampf wird mit Einschließung von drei Monaten bis zu fünf Jahren bestraft.

Ist einer von beiden Theilen getödtet worden, so tritt Einschließung von zwei bis zu zwölf Jahren ein.

[Entw. § 155]. Vgl. § 169—171.

§. 169. Wer seinen Gegner in einem Zweikampfe tödtet, welcher den Tod eines von beiden Theilen herbeiführen sollte (§ 165.), wird mit Einschließung von drei bis zu zwanzig Jahren bestraft.

[Entw. § 156]. Vgl. § 168. 170. 171.

§. 170. Ist ein Zweikampf ohne Sekundanten voll-

---

und 35 strafbar, insofern nicht die §§ 172. 174 Ausnahmen begründen: G. Matt. 2. s. 355; Koch n. 90.

§ 167.

1. Auch die aus eigener Bewegung erfolgte Zurücknahme einer nicht angenommenen Herausforderung bewirkt die Straflosigkeit: Z. I. 19. Dez. 1855 c. Cornelius. Dasselbe gilt von der Zurücknahme der Annahme einer geschehenen Herausforderung: Temme Gll. s. 233 n. 2.

2. Die Frage, ob die Parteien den Zweikampf aus eigner Bewegung aufgegeben haben, ist lediglich thatsächlicher Natur: Z. I. 19. Dez. 1855 c. Cornelius.

§ 168.

1. Vorausgesetzt wird ein wirklicher Zweikampf; das s. g. formelle Duell (Abschießen in die Luft) ist hierher nicht zu rechnen: Temme Gll. s. 234. *Contra:* G. Matt. 2. s. 359 n. 4.

2. Das Vergehen ist vollendet mit dem Beginne des Kampfes (vgl. § 167): Koch n. 92.

3. Der zweite Absatz kann nur da Platz greifen, wo der Tod des einen durch den Gegner herbeigeführt (wo also einer „getödtet") ist; nicht also, wo sich jener durch Aufrennen auf die Waffe des Gegners selbst tödtete: G. Matt. 2. s. 359 Nr. 3. *Contra:* Temme Lehrb. s. 825, welcher es für gleichgültig erachtet, ob die Tödtung eine vorsätzliche, fahrlässige oder auch nur zufällige war, z. B. wenn der Tödtende sich nur wehrte, und der Gegner durch Zufall in die Spitze des Degens fiel.

4. Ein Versuch des im zweiten Absatze vorgesehenen Verbrechens kann nicht strafbar sein, weil derselbe einen auf Tödtung gerichteten Dolus voraussetzen würde, dessen es zum vollendeten Verbrechen nicht bedarf; es kann sich daher in einem solchen Falle nur fragen, ob § 171 zutrifft.

§ 169.

1. Hierher ist das Schießen über's Schnupftuch, nicht aber jedes Pistolenduell zu rechnen: G. Matt. 2. s. 359 n. 2.

§ 170.

1. Die Straferhöhung ist hier nur fakultativ angedroht; der Richter kann

zogen worden, so kann die sonst begründete Strafe um die Hälfte, jedoch niemals über die Dauer von zwanzig Jahren geschärft werden.

[Entw. § 157]. Vgl. § 168. 169. 171.

§. 171. Ist eine Tödtung oder körperliche Verletzung mittelst vorsätzlicher Uebertretung der vereinbarten Regeln des Zweikampfes bewirkt worden, so ist der Uebertreter, sofern nicht nach den vorhergehenden Bestimmungen eine härtere Strafe begründet ist, nach den allgemeinen Vorschriften über das Verbrechen der Tödtung oder der Körperverletzung zu bestrafen.

[Entw. § 158]. Vgl. § 168—170.

§. 172. Die Sekundanten, sowie die zum Zweikampfe zugezogenen Zeugen, Aerzte und Wundärzte sind straflos; auch sind dieselben nicht verpflichtet, über den beabsichtigten oder ausgeführten Zweikampf der Staatsbehörde anders, als auf deren Aufforderung Anzeige zu machen.

[Entw. § 160]. Vgl. § 170. 39. 155.

§. 173. Die Kartellträger bleiben straffrei, wenn sie ernstlich bemüht gewesen sind, den Zweikampf zu verhindern.

[Entw. § 160a]. Vgl. § 166. 167.

§. 174. Wer einen Anderen zum Zweikampfe mit einem Dritten absichtlich, insonderheit durch Bezeugung oder Andro-

---

sie bei dem einen Duellanten eintreten lassen, und bei dem andern davon absehen: Temme GA. s. 234.

2. Da es sich hier von einem Verbrechen handelt, so ist die Möglichkeit eines strafbaren Versuchs grundsätzlich nicht zu bestreiten. Das Gegentheil läßt sich nicht (mit Temme Lehrb. s. 826) aus der fakultativen Fassung des § herleiten.

§ 171.

1. Nur im Falle der vorsätzlichen, nicht auch der kulposen Uebertretung der Duellregeln wird dieser § maaßgebend: G. Matt. 2. s. 360.

2. Die „vereinbarten" Regeln des Zweikampfs umfassen die herkömmlichen mit, weil sie, in Ermangelung ausdrücklicher Ausschließung als stillschweigend verabredet anzusehen sind: G. Matt. 2. s. 360; Temme GA. s. 235 n. 2. Vgl. AKO. v. 27. Sept. 1845 Nr. 3 (GS. s. 682).

§ 172.

1. Eine Ausnahme von der Regel dieses § tritt ein, wenn die Sekundanten ꝛc. gegen § 174 verstoßen haben: Temme Lehrb. s. 827.

2. Im Falle der Uebertretung der Duellregeln (§ 171) treten für die wissenden Theilnehmer die allgemeinen Grundsätze von der Theilnahme ein: Temme Lehrb. s. 827.

3. Ueber die Möglichkeit einer anderweitigen Theilnahme am Duell vgl. § 166 n. 4.

§ 173.

— — — — — — — — — — — — — — — —

§ 174.

1. Durch diese Spezialvorschrift ist an den allgemeinen Grundsätzen von der

hung von Verachtung, anreizt, wird, wenn der Zweikampf stattgefunden hat, mit Gefängniß von drei Monaten bis zu zwei Jahren bestraft.

[Entw. § 159].

Funfzehnter Titel.
Verbrechen und Vergehen wider das Leben.

§. 175. Wer vorsätzlich und mit Ueberlegung einen Menschen tödtet, begeht einen Mord, und wird mit dem Tode bestraft.

Neben der Todesstrafe ist zugleich auf Verlust der bürgerlichen Ehre zu erkennen, wenn der Mord an einem leiblichen Verwandten der aufsteigenden Linie oder an dem Ehegatten begangen wird.

[Entw. § 161]. Vgl. § 61. 144. 169. 171. 180. 183. 185. 194. 195. 197. 285. 290. 294. 297. 301—304; Ges. v. 4. Juni 1851 § 10 (GS. s. 452).

Anstiftung Nichts geändert; der § wollte einen Fall berücksichtigen, der nicht immer unter den Begriff der intellektuellen Urheberschaft oder Beihülfe fallen mochte: G. Matt. 2. s. 362; Temme Lehrb. s. 827.

§ 175.

Inhalt.

1. Tödtung ist eine rechtswidrige Handlung, durch welche Jemand den Tod eines andern Menschen verursacht: Temme Lehrb. s. 786.

2. Ob der tödtliche Erfolg mit Nothwendigkeit eintreten mußte, oder in irgend einer Weise abgewendet werden konnte, ist gleichgültig. Vgl. § 185.

3. Der Dolus bei der Tödtung besteht im Bewußtsein der Unrechtmäßigkeit der vorgenommenen Handlung, verbunden mit dem Vorsatze durch diese Handlung den Tod eines Menschen herbeizuführen: Temme Lehrb. s. 786.

4. Vorsatz und Ueberlegung sind keine spezifisch rechtlichen Begriffe, sondern thatsächliche Merkmale; daher ist bei der Stellung der Fragen an die Geschwornen ihre Auflösung in die zum Grunde liegenden Thatsachen durch Art. 82 des Ges. v. 3. Mai 1852 nicht unbedingt geboten: Z. I. 18. Jan. 1856 c. Wiedecke; Z. II. 10. Sept. 1857 c. Tümmers. Es bedarf im Uebrigen keiner Ausführung, daß beiden Begriffen auch eine rechtliche Bedeutung beiwohnt, welche aber von der im gemeinen Leben mit jenen Ausdrücken verbundenen nicht abweicht.

5. Der gefaßte Vorsatz, denjenigen zu tödten, welcher sich der Ausführung einer andern beabsichtigten Strafthat widersetzen würde, ist nicht als ein unbestimmter, sondern als ein bedingter Dolus zu betrachten, welcher — die sonstigen Erfordernisse vorausgesetzt, — niemals der strafrechtlichen Wirkung entbehren kann: Z. (V.) I. 25. Jan. 1854 c. Kabuß (G. A. 2. s. 358); Z. I. 7. Jan. 1859 c. Krätzschmer (1097; G. A. 7. s. 209); Z. I. 18. März 1859 c. Kyrms (G. A. 7. s. 363).

6. Als „vorsätzlich“ ist eine Handlung nur dann aufzufassen, wenn dasjenige Objekt davon betroffen wird, auf welches sie nach dem zur Zeit der That obwaltenden Willen des Thäters gerichtet war. Eine vorsätzliche Tödtung liegt daher da nicht vor, wo dasjenige Individuum, gegen welches sich die Thätigkeit des Handelnden richtete, verfehlt, und dafür ein anderes außerhalb der Willensrichtung

liegendes Individuum davon betroffen wird (Aberration). In einem solchen Falle kann die erfolgte Tödtung des letztern nicht als eine vorsätzliche, sondern nur als eine fahrlässige angesehen werden, während in Betreff des Verfehlten ein (ideell konkurrirender) Versuch der vorsätzlichen Tödtung vorliegen kann. Ob Beides, oder eins von beiden anzunehmen sei, unterliegt der thatsächlichen Prüfung des Instanzrichters: Beschl. I. 23. Sept. 1859 c. Knopf (G. A. 7. s. 835); G. Matt. 1. s. 230. 431; Temme Lehrb. s. 194. 786; Hälschn. 1. s. 131. 163. 187; Berner Grdss. § 96—98. Vgl. die Fälle in G. Arch. 1. s. 707; 3. s. 105.

7. Dagegen liegt unbedenklich eine vorsätzliche Tödtung da vor, wo dasjenige Individuum getroffen wird, gegen welches im Augenblicke der Handlung der Wille des Thäters gerichtet war, sollte auch dieses Individuum in Folge einer Personenverwechslung nicht dasjenige sein, welches derselbe zu tödten beabsichtigt hatte, (error in persona): Z. II. 5. Mai 1859 c. Rose (JMBl. s. 223; G. A. 7. s. 332); Temme Lehrb. s. 194; Zachariä Abh. in G. Arch. 5. s. 586 Note 2; Hälschn. 1. s. 167 fgg; id. Abh. in G. Arch. 7. s. 433; Berner Grdss. § 94. Vgl. Böhlau Abh.: der Prozeß Rose Rosal, Weimar 1859; id. Abh. in G. Arch. 8. s. 157. In einem solchen Falle ist die den Geschwornen vorzulegende Frage so konkret zu fassen, daß die Lösung der obigen Rechtsfrage dem Gerichtshofe vorbehalten bleibt. Es empfiehlt sich die folgende Fassung: Ist der Angeklagte schuldig, — (Zeit, Ort) mit dem [überlegten] Vorsatze den A. zu tödten, den B., welchen er irriger Weise für den A. hielt, getödtet zu haben? Vgl. n. 9.

8. Unter Ueberlegung ist eine ruhige besonnene Verstandesthätigkeit, im Gegensatze zu der durch den Affekt hervorgerufenen Aufgeregtheit zu verstehen.

9. Die Ueberlegung ist nicht eine vom Vorsatze verschiedene neben demselben, und von ihm getrennt wirkende Willensthätigkeit, sondern sie qualifizirt den Vorsatz in der Weise, daß dieser aus ihr hervorgegangen sei. Beim Morde muß daher der Vorsatz das Produkt der Ueberlegung, d. h. er muß ein überlegter sein; vgl. n. 12; ALR. II, 20 § 826. Daraus folgt, daß derjenige, welcher mit dem überlegten Vorsatze einen bestimmten Menschen zu tödten, sich bei der Ausführung irrt, und nun einen Andern, den er irriger Weise für jenen hält, tödtet, nicht nur vorsätzlich, sondern auch mit Ueberlegung die That vollbringt: Z. II. 5. Mai 1859 c. Rose (cit. n. 7); Hälschn. Abh. in G. A. 7. s. 433. *Contra*: Böhlau in der unter n. 7 cit. Abhdlg (aus ungenügenden Gründen); id. Abh. in G. Arch. 8. s. 157.

10. Hiernach entspricht es ganz den Voraussetzungen des §, wenn der Richter der Thatfrage einen „überlegten Vorsatz" feststellt. Vgl. n. 7 a. E. 12.

11. Aus demselben Grunde hat auch der Anstifter einer mit überlegtem Vorsatze verübten Tödtung die Strafe des § 175 verwirkt, sollte auch der angestiftete Thäter sich bei der Ausführung in der Person geirrt, und also einen Andern getödtet haben, als er selbst und der Anstifter beabsichtigt hatten: Z. II. 5. Mai 1859 c. Rosal (Rose u. Gen. 138; cit. n. 7); Berner Grdss. n. 33. *Contra*: Böhlau in der unter n. 7 cit. Abhandlung.

12. Es genügt, wenn der Vorsatz im Zustande der Ueberlegung gefaßt ist; es ist nicht erforderlich, daß auch die Ausführung in diesem Zustande Statt gefunden habe: Temme Lehrb. s. 794. Daher reicht zur Anwendung des § die Feststellung hin, daß die Tödtung mit Ueberlegung beschlossen und in Folge dieses Beschlusses ausgeführt worden sei, sollte auch bei der Ausführung der Affekt hinzugetreten sein: B. I. 25. Jan. 1854 c. Kabuß (G. A. 2. s. 358). *Contra*: Mittermaier Abh. in G. Arch. 2 s. 302. Vgl. § 190 n. 3; Bes. s. 345. 347; G. M. 2. s. 370 fgg.

13. Daß die Ueberlegung der That lange Zeit vorhergegangen sei, ist nicht erforderlich: Bes. s. 347.

14. Sowohl die Ueberlegung als der Vorsatz muß auf die Tödtung gerichtet sein, es kann daher eine Feststellung nicht genügen, nach welcher nur die äußere Handlung (z. B. das Schlagen) jenen Voraussetzungen entsprach: B. I. 12. Juni 1857 c. Heinze (G. A. 5. s. 668). Das gilt auch da, wo die Feststellung dahin geht: der Angeklagte habe in der Absicht zu tödten vorsätzlich und mit Ueberlegung Körperverletzungen zugefügt, welche den Tod des Verletzten zur Folge hatten, weil hiernach die Ueberlegung nur bei der Körperverletzung, nicht auch beim Vor-

satze der Tödtung obwaltete: B. II. 24. Nov. 1859 c. Dornfeld (JMBl. s. 366; G. A. 8. s. 198).

15. Es liegt kein Widerspruch in der Feststellung, eine vorsätzliche Tödtung sei mit Ueberlegung und bei Unternehmung eines Verbrechens, um ein der Ausführung entgegentretendes Hinderniß zu beseitigen rc. (§ 178) verübt worden. Es steht daher Nichts im Wege, auf beide gleichzeitig die Fragstellung zu richten: Z. I. 7. Jan. 1859 c. Kretzschmer (G. A. 7. s. 209). *Contra*: Z. I. 18. März 1859 c. Kyrms (G. A. 7. s. 363), welches nur eine alternative Fragstellung für angemessen erachtete; das würde indessen nur dann richtig sein, wenn sich beide Umstände wechselseitig mit Nothwendigkeit ausschlössen. Vgl. Strafverf. Art 84 n. 7.

16. In prozessualischer Beziehung bildet „bei einer Anklage auf Mord das „Moment der Ueberlegung einen erschwerenden Umstand im Sinne des „Art. 91 Abs. 4 des Ges. v. 3. Mai 1852“, es bedarf daher einer besondern Abstimmung der Geschwornen über denselben und der Angabe des betr. Stimmenverhältnisses im Wahrspruche: B. Pl. 17. Dez. 1855 c. Koch (Präj. n. 195; JMBl. 56. s. 27; Entsch. 32. s. 296; G. A. 4. s. 96); Z. I. 14. Jan. 1857 c. Spiegelberg; u. ö. Vgl. das Nähere Strafverf. Art. 91 n. 15. Dieselben Grundsätze sind nach Rheinischem Rechte maaßgebend; vgl. Vdn. v. 31. Dez. 1833 Nr. 2. 3. (GS. 34. s. 3).

17. Dasselbe muß auch in Betreff einer die Theilnahme am Morde betreffenden Frage gelten; selbst wenn hier die Frage lediglich auf die rücksichtlich des Thäters gestellte Hauptfrage verweist, muß die Antwort das Stimmenverhältniß angeben, mit welchem die Geschwornen das Vorhandensein der Ueberlegung beim Thäter annehmen; es genügt nicht, wenn dieses in dem den Thäter betreffenden Wahrspruche ausgesprochen ist. *Contra:* Z. I. 27. Febr. 1856 c. Falkenstein (Henseling u. Gen.); ähnlich im Grundsatze: Z. I. 24. Okt. 1860 c. Kirst (942; RhO. 1. s. 139).

18. Der Aufnahme der einzelnen Handlungen oder des Mittels, durch welche die Tödtung bewirkt worden ist, in die den Geschwornen vorgelegte Frage bedarf es nicht: Z. (B.) I. 13. März 1857 c. Herbst. Vgl. G. A. 1. s. 548. Das gilt selbst dann, wenn Mehrere der gemeinschaftlichen Tödtung angeklagt sind, weil dann das Maaß des Antheils eines Jeden rechtlich gleichgültig ist: Z. I. 18. März 1859 c. Kyrms (G. A. 7. s. 363).

19. Ebensowenig brauchen in der Frage die Umstände und Beweismomente angegeben zu werden, aus welchen der Vorsatz und die Ueberlegung zu folgern sind: Z. II. 25. März 1858 c. Detisch.

20. Ein B. I. 13. März 1857 c. Herbst nahm an, wenn in einem und demselben Verfahren gegen jeden von mehreren Angeklagten die vorsätzlich und mit Ueberlegung verübte Tödtung eines Menschen durch Geschwornenspruch festgestellt sei, so sei dieses nur durch ein gemeinschaftliches Handeln aller denkbar gewesen, weil sonst die Wahrsprüche mit einander im Widerspruche stehen würden; mit Rücksicht hierauf, und um Mißdeutungen zu vermeiden, sei es dann aber erforderlich gewesen, jene Gemeinschaftlichkeit des Handelns in die Fragstellung mit aufzunehmen.

21. Das Verbrechen des Mordes kann nicht nur durch positive Handlungen, sondern auch durch Unterlassungen verübt werden, insoweit eine besondere Rechtspflicht zum Handeln vorhanden war: G. Matt. 2. s. 367 n. 4; Temme Gll. s. 237 n. 5; vgl. damit Temme Lehrb. s. 264. 788, welcher hier außer der Unterlassung und in Verbindung mit derselben auch noch immer ein positives Verhalten fordert, so daß dann das Verbrecherische des Verhaltens immer in einer positiven Thätigkeit seinen Grund habe. Daß das „Verbrechen der Tödtung auch durch Unterlassungen verübt werden könne,“ sprach allgemein auch ein B. I. 9. Mai 1855 c. Graff aus.

22. Der § enthält eine Unterscheidung des Falles, wo die That mit Zustimmung des Getödteten begangen wird, von den Fällen der Tödtung in feindseliger Absicht, nicht: Z. I. 18. April 1853 c. Kühne (G. A. 1. s. 331); Z. I. 24. April 1857 c. Kaspareck; Z. I. 21. März 1860 c. Vater (G. A. 8. s. 415); Bes. s. 349; G. Matt. 2. s. 364; Temme Lehrb. s. 792; Koch n. 97; Böhlau Abh. in G. Arch. 5. s. 489; Hälschner 1. s. 232. 237. *Contra*: Dorn Abh. in G. Arch. 1. s. 325.

§. 176. **Wer vorsätzlich, jedoch nicht mit Ueberlegung, einen Menschen tödtet, begeht einen Todtschlag, und soll mit lebenslänglichem Zuchthaus bestraft werden.**

[Entw. § 162]. Vgl. § 177—179.

---

23. Beihülfe zum Selbstmorde ist, wie der Selbstmord oder der Versuch desselben, straflos: Bes. s. 349; G. Matt. 2. s. 366; Temme Gll. s. 238; Koch n. 99; Lion Abh. in G. Arch. 6. s. 454; Berner Grdss. § 31. 57.

24. Auf die (fernere) Lebensfähigkeit des Getödteten kommt es nicht an: Temme Lehrb. s. 787.

25. Zur Bestrafung der wissentlichen Hülfeleistung bedarf es der Feststellung nicht, daß auch der Hülfeleistende vorsätzlich und mit Ueberlegung gehandelt habe: Z. I. 23. März 1855 c. Kath. Vgl. § 34 n. 3. 4.

26. Im Falle des zweiten Absatzes hat der Instanzrichter das Verwandtschafts- 2c. Verhältniß selbstständig zu prüfen, ohne in dieser Beziehung an die civilrechtlichen Vermuthungen und Beweismittel gebunden zu sein; vgl. 141 n. 4; § 180 n. 2; Strafverf. § 22 n. 73. 75. 76. 83.

27. Auch der fremde Theilnehmer am Morde eines Ascendenten oder Ehegatten wird von der Strafe des zweiten Absatzes betroffen, insofern ihm nicht § 44 zu Statten kommt: B. I. 23. Jan. 1857 c. Schröder (JMBl. s. 83; G. A. 5. s. 262); Z. Pl. 11. Dez. 1860 c. Müller (262. II; Präj. n. 269; Entsch. 44. 2. s. 130; RdO. 1. s. 5; G. A. 8. s. 755); Vgl. Thl. I. Tit. 3. n. 11; § 35 n. 1; § 331. *Contra:* Berner Grdss. n. 37 fgg.

28. Umgekehrt unterliegt der Sohn, welcher an der durch einen Fremden verübten Ermordung des Vaters im Sinne des § 34 Theil nimmt, wie der Urheber der That, nur der Strafe des ersten Absatzes: Gilb. C. pén. Art. 302 n. 5. Das gilt selbst im Falle der Anstiftung; vgl. G. A. 4. s. 217. *Contra:* Hälschner 1. s. 371; Berner Grdss § 37 fgg. 60: Antr. des Gen.-St. Anw. zur Sache c. Müller (cit. n. 27; RdO. 1. s. 7 fgg.). Ein Z. II. 14. April 1853 c. Specht (G. Arch. 2. s. 208) hat eine im entgegengesetzten Sinne ergangene instanzgerichtliche Entscheidung stillschweigend gebilligt; die Frage war in der Nichtigkeits-Instanz nicht angeregt worden. Vgl. § 35 n. 4.

§ 176.

1. Der Vorsatz besteht hier in dem Willen zu tödten: Z. 8. Sept. 1852 c. Hammel; vgl. § 175 n. 14.

2. Der in den Entwürfen von 1829 und 1843 gemachte Vorschlag: der negativen Fassung „nicht mit Ueberlegung“ die positive „in plötzlicher leidenschaftlicher Aufwallung,“ oder „im Affekte“ hinzuzusetzen, ward bei der Revision von 1845 beseitigt, weil das Erforderniß des Affekts den Thatbestand zu sehr beenge, und es denkbar bleibe, daß der Richter Vorsätzlichkeit, daneben aber weder Ueberlegung noch Affekt als vorhanden annehme: G. Matt. 2. s. 373.

3. Auch der Versuch eines Todtschlags ist sehr wohl denkbar, da mit der Ausführung des ohne Ueberlegung gefaßten Vorsatzes zu tödten sehr wohl ein Anfang gemacht sein kann, welcher nur durch äußere 2c. Umstände ohne Erfolg blieb: B. 2. Jan. 1852 c. Kokot (G. A. 1. s. 85); G. Matt. 2. s. 374 n. 3; Temme Gll. s. 238 n. 2; id. Lehrb. s. 800; Koch n. 1; Jesse Abh. in G. A. 2. s. 496.

4. Auch beim Todtschlage ist die Theilnahme eines Dritten denkbar; vgl. § 180 Abs. 1; Temme Gll. s. 241 n. 8.

5. Die Möglichkeit eines Gifttodtschlags läßt sich nicht in Abrede stellen: Beseler s. 380 I; vgl. G. Matt. 2. s. 428 n. 3 und die Citate desselben in Note 2. *Contra:* Temme Lehrb. s. 839 Note 2.

§. 177. War der Todtschläger ohne eigene Schuld durch eine ihm selbst oder seinen Angehörigen zugefügte Mißhandlung oder schwere Beleidigung von dem Getödteten zum Zorne gereizt und dadurch auf der Stelle zur That hingerissen worden, so bleibt die lebenslängliche Zuchthausstrafe ausgeschlossen, und es soll auf Gefängniß nicht unter zwei Jahren erkannt werden.

[Entw. 163]. Vgl. 176. 196. 41; Einf.-Ges. Art. XXIV; Ges. v. 3. Mai 1852 Art. 84.

---

§ 177.

1. Dieser § bezieht sich auf den Fall des § 179 nicht mit: K.-B. I. K. s. 27; G. Matt. 2. s. 378. *Contra:* Temme Gll. s. 239.

2. Ebensowenig kann er auf den Fall des § 175 ausgedehnt werden. Nichtsdestoweniger kann auch bei einer auf Mord lautenden Anklage eine Frage nach den Voraussetzungen des § 177 beantragt und gestellt werden; weil die betr. Feststellung für den eventuellen Fall, wo die Ueberlegung verneint, somit nur ein Todtschlag angenommen würde, von Bedeutung sein müßte. Z. II 19. Mai 1860 c. Brinkhoff (Rh. S.; G. A. 8. s. 525). Vgl. Einf.-Ges. Art. XXIV n. 9.

3. Eine eigne Schuld braucht nicht nothwendig darin gefunden zu werden, daß der Todtschläger einen entfernten oder unzureichenden Anlaß zum Streite gegeben hatte: Bes. s. 352a.

4. Unter Angehörigen können nur solche verstanden werden, welche in einem persönlichen Verhältnisse zum Urheber des Verbrechens stehen; ein bestehendes verwandtschaftliches Verhältniß ist dagegen nicht das einzige zu berücksichtigende; auch Brautleute, Pflegebefohlene u. dgl. können hierher gerechnet werden: Bes. s. 352 b; G. Matt. 2. s. 375 n. 3; Temme Gll. s. 239 Note; Koch n. 4.

5. Selbst Dienstboten können als solche betrachtet werden: Cass. 15. mess. XIII (Sir. Coll. nouv. 2. 1. s. 134).

6. Die befugte Thätigkeit eines Beamten darf nie als eine „Mißhandlung oder schwere Beleidigung" angesehen werden, welche als Reiz einen Todtschlag als minder strafbar erscheinen lassen könnte.

7. Dasselbe muß selbst dann gelten, wenn der Beamte bei seiner dienstlichen Thätigkeit über die Gränzen seiner Befugniß hinausgegangen, und Handlungen vorgenommen haben möchte, welche an sich unter den Begriff einer Mißhandlung oder schweren Beleidigung fallen würden. So die Praxis des französischen Kassationshofs, welche nach anfänglichem Schwanken zuletzt in diesem Sinne sich festgestellt zu haben scheint. Vgl. Gilb. C. pén. Art. 321 n. 11—14. 16. *Contra:* die französischen Rechtslehrer citirt bei Gilb. l. c. n. 15. 17. 18. Zu vergleichen sind die Bemerkungen § 89 n. 16—18; § 102 n. 58.

8. Der Ehebruch, in welchem ein Ehegatte den andern ertappt, ist unzweifelhaft als schwere Beleidigung anzusehen: Bes. s. 352 c; G. Matt. 2. s. 375 n. 4; Koch n. 5.

9. Die Worte „auf der Stelle" sind nicht auf den Ort zu beziehen, sondern bezeichnen die Kontinuität der Handlungen: Bes. s. 353 d; G. Matt. 2. s. 375 n. 5; Koch n. 6. Wie lang hiernach der dazwischen fallende Zeitabschnitt sein dürfe, ist Gegenstand der thatsächlichen Beurtheilung; es wird darauf ankommen, wie lange bei einem vernünftigen Menschen das erste Auflodern des Zorns in dem hier erforderlichen Grade anhalten könne. Vgl. Gilb. C. pén. Art. 321 n. 20.

10. Das Vorhandensein eines die Strafbarkeit des Todtschlags mildernden Reizes muß vom Richter der Thatsache, d. h. also von den Geschwornen festgestellt werden; es ist nicht statthaft, mit Rücksicht auf derartige in der Voruntersuchung ermittelte Umstände, eine solche Sache durch das für Vergehen zuständige Gericht aburtheilen zu lassen: B. (Komp.-Konfl.) II. 9. Febr. 1854 c. Bobdenberg (Rh. S.). Aehnlich die französische Rechtsprechung: Gilb. C. pén. Art. 326 n. 1.

§. 178. Wer bei Unternehmung eines Verbrechens oder Vergehens, um ein der Ausführung desselben entgegentretendes Hinderniß zu beseitigen, oder um sich der Ergreifung auf frischer That zu entziehen, vorsätzlich einen Menschen tödtet, wird mit dem Tode bestraft.

[Entw. § 164].

---

11. Dem Antrage auf Stellung einer den Thatbestand des § 177 betreffenden Frage an die Geschwornen muß bei Nichtigkeitsstrafe entsprochen werden: B. I. 25. März 1861 c. Martin.

12. Wo die Voraussetzungen des § festgestellt sind, kann nicht zeitliche Zuchthaus-, sondern nur Gefängnißstrafe verhängt werden: B. I. 18. April 1860 c. Schreier.

13. Auch wenn vom zuständigen Richter festgestellt worden, daß ein Reiz im Sinne dieses § statt gefunden habe, behält doch die That den Charakter des Verbrechens, und nur die für diese geltende Verjährung (§ 46) kann zur Anwendung gebracht werden: Z. II. 10. Jan. 1861 c. Klein (JMBl. S. 30; RdO. 1. S. 199); Rej. 17. Jan. 1833 (Sir. 33. 1. S. 413). Vgl. § 43 n. 8; § 46 n. 1.

§ 178.

1. Das Wort Unternehmung umfaßt nicht nur die Ausführung des vollendeten Verbrechens rc. sondern auch den Versuch, und zwar selbst bei solchen Vergehen, bei welchen der Versuch nicht strafbar ist: Temme Lehrb. S. 801. Dagegen bleibt § 178 ausgeschlossen, und nur § 176 ist anwendbar, wenn es noch gar nicht zu einem Anfange der Ausführung der beabsichtigten Strafthat gekommen ist: G. Matt. 2. S. 377 n. 3. *Contra:* Z. 29. Juni 1852 c. Zülke, welches aus dem Gebrauche des Ausdrucks „Unternehmen" folgerte, daß die betr. Handlung den Voraussetzungen des § 31 nicht zu entsprechen brauche.

2. In der den Geschwornen vorgelegten Frage muß der Thatbestand des betr. „Verbrechens rc." genau angegeben werden, damit der Gerichtshof prüfen könne, ob wirklich ein Verbrechen rc. vorliege: B. I. 30. Jan. 1861 c. Rappier (RdO. 1. S. 184; G. A. 9. S. 180).

3. Auf den bei Unternehmung einer Uebertretung verübten Todtschlag ist der § nicht auszudehnen. Das gilt namentlich auch in Betreff eines Holzdiebstahls, rücksichtlich dessen nach der vorliegenden thatsächlichen Feststellung sich die Verhängung einer das Maaß des § 1 Abs. 3 des StGB. übersteigenden Strafe nicht rechtfertigen läßt, d. h. also, wenn der dritte Rückfall im Sinne des § 8 des HDGes. v. 2. Juni 1852 nicht vorliegt: Z. I. 9. Juni 1854 c. Garbaszus (G. A. 2. S. 552); ähnlich: B. I. 21. Dez. 1853 c. Glinecki (G. A. 2. S. 237. 257).

4. Das Hinderniß braucht kein wirkliches zu sein, es genügt, wenn der Angeklagte ein solches für vorhanden erachtete; vgl. n. 5. 7.

5. Ebendeshalb brauchen die Umstände, in welchen der Angeklagte das Hinderniß der Ausführung fand, nicht in die Fragstellung aufgenommen zu werden: Z. I. 8. Okt. 1858 c. Kuschel.

6. Ueber den Begriff der frischen That vgl. § 230 n. 19.

7. Auch dann, wenn der Todtschlag verübt ward, um sich der Ergreifung auf frischer That zu entziehen, ist es gleichgültig, ob wirklich eine plötzlich eingetretene Gefahr der Ergreifung vorlag, wenn nur der Thäter von der Absicht geleitet wurde, sich vor einer alsbaldigen Anzeige und Entdeckung sicher zu stellen, und so einer Gefahr zu entgehen, die in der Regel ungleich größer sein wird, wenn der Verbrecher das Leben des Verletzten schont, als wenn er den letztern tödtet: Ungedrucktes Just.-Min.-Rescr. v. 6. Dez. 1852. Vgl. n. 4.

8. Die Voraussetzungen des § 178 bilden einen den Todtschlag im Sinne des Art. 91 Abs. 4 des Ges. vom 3. Mai 1852 begleitenden Umstand; es bedarf daher einer besondern Abstimmung der Geschwornen über dieselben, und der Angabe des Stimmen-Verhältnisses im Wahrspruche: Z. I. 8. Okt. 1858 c. Kuschel; B. II. 18. Nov. 1858 c. Naumann.

§. 179. Der Todtschlag an einem leiblichen Verwandten der aufsteigenden Linie wird mit dem Tode bestraft.

[Entw. § 165]. Vgl. § 175. 176.

§. 180. Eine Mutter, welche ihr uneheliches Kind in oder gleich nach der Geburt vorsätzlich tödtet, wird wegen Kindesmordes mit Zuchthaus von fünf bis zu zwanzig Jahren bestraft.

Wird die vorsätzliche Tödtung des Kindes von einer anderen Person als der Mutter verübt, oder nimmt eine andere Person an dem Verbrechen des Kindesmordes Theil, so kommen gegen dieselbe die Bestimmungen über Mord oder Todtschlag, sowie über die Theilnahme an diesem Verbrechen zur Anwendung.

[Entw. § 166]. Vgl. § 181—183. 186. 34. 35.

---

9. Ueber die Fragstellung in dem Falle, wo die Voraussetzungen des § 178 mit einem Morde konkurriren, vgl. § 175 n. 15.

10. Tödtung eines Zeugen, um sich der Bestrafung zu entziehen, fällt nicht unter diesen §: Koch n. 9.

11. Ein Tödtungsversuch muß auch im Falle des § 178 der Tödtung selbst gleichstehen.

12. Dagegen ist eine vorsätzliche Körperverletzung, welche den nicht beabsichtigten Tod des Verletzten zur Folge hatte, stets nur nach § 194 zu bestrafen.

§ 179.

1. Auf den hier vorgesehenen Fall erleidet § 177 keine Anwendung: K.-B. I. K. s. 27; G. Matt. 2. s. 378; Koch n. 12. *Contra:* Temme Gll. s. 239.

2. Unter leiblichen Verwandten sind auch die unehelichen zu verstehen: Koch n. 11.

3. Ueber den Beweis des verwandtschaftlichen Verhältnisses vgl. § 175 n. 26.

4. In Betreff der Theilnahme vgl. § 175 n. 27. 28.

§ 180.

1. Subjekt des „Kindesmords" kann nur die Mutter sein; auf andere Ascendenten ist nur Abs. 2 anwendbar: Temme Lehrb. s. 808.

2. Als uneheliches Kind ist hier das nicht von dem Ehemanne erzeugte zu betrachten; auf die hierüber im Civilrechte geltenden Vermuthungen kommt weiter Nichts an; wesentlich ist nur, ob das Kind für das Bewußtsein der Mutter ein uneheliches sei: Temme Lehrb. s. 808 (vgl. id. Gll. s. 383 n. 6); G. Matt. 2. s. 381 n. 3. Vgl. ALR. II, 20 § 983. Demgemäß ist hier das von einer Ehefrau geborne, von einem Andern als dem Ehemanne erzeugte Kind, ein uneheliches. „Die Feststellung, ob ein von einer Ehefrau während ihrer Ehe gebornes Kind, welches sie „in oder gleich nach der Geburt vorsätzlich getödtet hat, vor der Ehe von einem „Andern als ihrem Ehemanne erzeugt, also im Sinne des § 180 ein uneheliches „sei, ist im Strafverfahren nicht von einer nach Anleitung der §§ 2 fgg. Tit. 2 Thl. II „des ALR. erfolgten Widerlegung der im § 1 daselbst aufgestellten rechtlichen Vermuthung abhängig, sondern geschieht selbstständig nach den Regeln des Criminalprozesses": Z. II. 10. Febr. 1853 c. Koppe (Präj. n. 14; Entsch. 24. s. 460; G. A. 1. s. 242); V. Pl. 9. Nov. 1857 c. Köppe (Präj. n. 249; JMBl. s. 442; Entsch. 37. 2. s. 69; G. A. 5. s. 745; ein Fall des § 186); Koch n. 13 b. Vgl. § 141 n. 10; § 186 n. 18; Strafverf. § 22 n. 76.

3. Temme (Lehrb. S. 808) will dasselbe auch von einem in nichtiger Ehe erzeugten und gebornen Kinde gelten lassen. Es unterliegt das indessen erheblichen Bedenken, zumal in einem Falle, wo die Nichtigkeit der Ehe der Mutter unbekannt ist. Vgl. ALR. II, 2 § 50. 56. Dagegen ist das vom Ehemanne vor der Ehe erzeugte Kind unbedenklich als eheliches zu betrachten.

4. Auch der Art. 340 des Rh. BGB. kann hiernach der Untersuchung, ob das Kind ein eheliches oder uneheliches gewesen sei, nicht entgegenstehen.

5. Die Tödtung setzt voraus, daß das Kind gelebt habe; daß es auch geathmet habe, ist nicht erforderlich: Orthmann Abh. in G. A. 5. S. 3; Löwenhardt Abh. in G. A. 5. S. 433. *Contra:* Gutachten der wissenschaftlichen Deputation für das Medizinalwesen in Caspers Zeitschr. 9. S. 193. Auch ein von der Mutter getrenntes Leben wird nicht vorausgesetzt. Vgl. Bes. S. 356.

6. Auf die Lebensfähigkeit des getödteten Kindes kommt Nichts an: Bes. S. 357 IV; G. Matt. 2. S. 383 n. 6; Temme Gll. S. 241 n. 5; id. Lehrb. S. 808; Koch n. 13; Löwenhardt Abh. in G. A. 5. S. 450.

7. Die Worte „in der Geburt" beziehen sich auf die Zeit der begonnenen aber noch nicht vollendeten Geburt: Bes. S. 356 III; Temme Gll. S. 241 n. 4; id. Lehrb. S. 808.

8. Die Tödtung ist als „gleich nach der Geburt" verübt anzusehen, wenn sie geschah, so lange der durch den Akt der Geburt selbst hervorgerufene aufgeregte Zustand andauert, so lange also der fortdauernde unmittelbare Zusammenhang zwischen dem Seelenzustande und dem organischen Akte zu erweisen ist: Temme Lehrb. S. 809; G. Matt. 2. S. 382. Vgl. Motive z. Entw. v. 1833 S. 216. Hiernach ist die betreffende Frage eine wesentlich thatsächliche, welche in jedem Falle mit Rücksicht auf die obwaltenden Umstände, und eben deshalb nur durch die Geschwornen gelöst werden kann. Wenn daher eine des Mordes (§ 175) ihres unehelichen Kindes angeklagte Mutter behauptet, sie habe die That „gleich nach der Geburt" begangen, und könne deshalb nur wegen Kindesmords bestraft werden, so muß einem auf Stellung einer hierauf bezüglichen Frage gerichteten Antrage nach Art. 84 des Ges. v. 3. Mai 1852 bei Nichtigkeitsstrafe statt gegeben werden; die Ablehnung eines solchen Antrags würde nur dann gerechtfertigt sein, wenn der Instanzrichter aus der Evidenz der Unrichtigkeit die Folgerung herleitete, daß die ganze Aufstellung gar nicht ernstlich gemeint, und etwa nur auf Verhöhnung des Gerichts oder des Verfahrens berechnet gewesen sei (z. B. bei einem mehrjährigen Alter des Kindes). *Contra:* Z. I. 6. Jan. 1858 c. Krüger (G. A. 6. S. 77), welches selbst (das dreizehntägige) Alter des Kindes aus den Akten feststellte, und nun erwog: auf einen solchen Fall finde § 180 keine Anwendung. Vgl. Strafverf. Art. 84 n. 6.

9. Es ist nicht unzulässig, vielmehr oft zweckmäßig, die Frage an die Geschwornen dahin zu richten, ob die Angeklagte ihr uneheliches Kind in oder gleich nach der Geburt vorsätzlich getödtet habe. Abh. in JMBl. 1852 S. 186. Ueber die Statthaftigkeit solcher alternativen Fragen vgl. § 34 n. 67; § 284 n. 7; Strafverf. Art. 80 n. 12. Nach den dort entwickelten Grundsätzen ist die Zulässigkeit für den vorliegenden Fall unbedenklich.

10. Das Gesetz verlangt hier blos Vorsätzlichkeit. Ob Ueberlegung obgewaltet habe, ist für den Thatbestand gleichgültig, und kommt nur als Zumessungsgrund in Betracht; auch im Falle des Vorhandenseins derselben bleibt § 175 ausgeschlossen: R.-K.-Beschl. LG. Aachen 17. Nov. 1852 c. Brülls; Bes. S. 358 V; G. Matt. 2. S. 380; Temme Gll. S. 240 n. 2; S. 241 n. 6. Vgl. aber n. 15.

11. Das Tödten kann auch durch ein Unterlassen geschehen: B. I. 25. Mai 1853 c. Neumann (G. A. 1. S. 396); Bes. S. 358 n. 5. Vgl. § 175 n. 21.

12. Verheimlichung der Schwangerschaft und Niederkunft bilden jetzt weder ein Begriffserforderniß des Thatbestandes des Kindesmords, noch stellen sie ein selbstständiges Vergehen dar: G. Matt. 2. S. 384 n. 7; Koch n. 13 c.

13. Ueber das Zusammentreffen des Kindesmords mit der unbefugten Bei-Seite-Schaffung des Leichnams vgl. § 186 n. 16.

14. Wenn die Mutter an der durch einen Andern bewirkten Tödtung ihres neugebornen unehelichen Kindes Theil nimmt, so scheidet § 180 aus, und es

§. 181. Eine Schwangere, welche durch äußere oder innere Mittel ihre Frucht vorsätzlich abtreibt oder im Mutterleibe tödtet, wird mit Zuchthaus bis zu fünf Jahren bestraft.

Derjenige, welcher mit Einwilligung der Schwangeren die Mittel angewendet oder verabreicht hat, wird mit der nämlichen Strafe belegt.

[Entw. § 167]. Vgl. § 182. 35.

---

können nur die §§ 175. 176. 34 u. 35 maaßgebend sein. Das gilt selbst vom Falle der Anstiftung. *Contra*: Antr. d. G.-St.-Anw. zu Z. Pl. 12. Nov. 1860 c. Kortüm (RdO. 1. s. 12); Hälschn. 1. s. 372. Vgl. § 35 n. 1 fgg.; § 175 n. 27. 28.

15. Dritte Personen, welche an dem durch die Mutter verübten Kindesmorde Theil nehmen, werden je nachdem diese mit oder ohne Ueberlegung handelte, als Theilnehmer an einem Morde oder einem Todtschlage bestraft: Z. II. 18. März 1858 c. Bußmann (Die Fassung „an diesem Verbrechen" statt „an diesen" beruht offenbar auf einem Druckfehler: Temme Gll. s. 241 § 8.) In einem solchen Falle bedarf es sonach auch der ausdrücklichen Feststellung, ob die Mutter mit oder ohne Ueberlegung gehandelt hat; vgl. n. 10.

§ 181.

1. Bedingung der Strafbarkeit ist auch hier die Rechtswidrigkeit der Handlung: Bes. s. 360; Temme Lehrb. s. 812. Vgl. § 175 n. 1.

2. Der Dolus muß auf Tödtung der Frucht, oder auf Erwirkung einer Fehlgeburt, welche den Tod zur Folge haben soll, gerichtet sein: Temme Gll. s. 243 n. 8. Wer daher eine Schwangere vorsätzlich mißhandelt, und dadurch ohne es zu wollen, eine Fehlgeburt herbeiführt, unterliegt der Strafe des § nicht.

3. Zu den Mitteln können auch psychische Einwirkungen gehören, z. B. Schrecken: Temme Lehrb. s. 812.

4. Das Verbrechen kann an einer vor der That bereits abgestorbenen Frucht oder gar an einer Mole nicht begangen werden; sobald jene aber noch lebt, kommt auf ihre fernere Lebensfähigkeit Nichts an: Temme Lehrb. s. 812; G. Matt. 2. s. 388 n. 3; Abh. in G. Arch. 5. s. 638.

5. Zum vollendeten Verbrechen gehört, daß das Kind entweder im Mutterleibe getödtet, oder in Folge der erwirkten Fehlgeburt gestorben sei; bleibt es nach der Geburt am Leben, so kann nur ein Versuch vorliegen: G. Matt. 2. s. 388 n. 3; Temme Gll. s. 243 n. 9; id. Lehrb. s. 812; Mittermaier Abh. im Gerichts-Saal 1855 I, s. 33.

6. Der Versuch dieses Verbrechens ist unbedenklich sowohl für die Mutter, als für die handelnde dritte Person strafbar. Vgl. n. 7. *Contra* in Beziehung auf Abs. 1: Bes. s. 359 Note 5; Mittermaier in der (unter n. 5 cit.) Abhandlung. Der letztere stützt sich dabei vorzugsweise auf die Praxis der französischen Gerichte, deren Entscheidungen aber durch die Fassung und Entstehungsgeschichte des Art. 317 des C. pén. gerechtfertigt werden, während für uns Nichts darauf hindeutet, daß der Gesetzgeber hier von der allgemeinen Regel des § 32 habe abweichen wollen.

7. Damit ein strafbarer Versuch angenommen werden könne, muß festgestellt sein, daß die angewendeten oder verabreichten Mittel geeignet, also an sich tauglich, wenn auch unzulänglich, waren, die Abtreibung zu bewirken: B. 28. Jan. 1852 c. v. Zeuner; B. I. 7. Jan. 1853 c. Schmidt. Vgl. § 31 n. 5—9.

8. Auch zu dem im zweiten Absatze vorgesehenen Verbrechen eines Dritten, ist die Vorsätzlichkeit, und die Feststellung derselben erforderlich: Bes. s. 360 IV.

9. Die im zweiten Absatze vorgesehene That des mit Einwilligung der Schwangern handelnden Dritten ist nicht eine bloße Theilnahme am Verbrechen der Schwangern, sondern ein selbstständiges Verbrechen, welches unabhängig von den Handlungen der letztern, und ebendeshalb selbst dann bestraft wird, wenn diese aus irgend einem Grunde nicht strafbar sein sollte: B. 29. Okt. 1852 c. Schmiedeke (G. A. 1. s. 242); B. Pl. 9. März 1857 c. Seyffert (Selka u. Gen.; Präj. n. 230; JMBl.

§. 182. Wer die Leibesfrucht einer Schwangeren ohne deren Wissen oder Willen vorsätzlich abtreibt oder tödtet, wird mit Zuchthaus von fünf bis zu zwanzig Jahren bestraft.

Wird dadurch der Tod der Schwangeren herbeigeführt, so tritt lebenslängliche Zuchthausstrafe ein.

[Entw. § 168]. Vgl. § 175. 181.

§. 183. Wer ein Kind unter sieben Jahren oder eine wegen Gebrechlichkeit oder Krankheit hülflose Person aussetzt,

---

s. 170; Entsch. 35. s. 477; 36. s. 401; G. Arch. 5. s. 210). Vgl. Abh. in G. Arch. 5. s. 201.

10. Der zweite Absatz sieht genau denselben Thatbestand wie der erste, nur mit verändertem Thäter, vor. Bei dem Worte „anwenden" ist daher an äußere (mechanisch auf den Leib der Schwangern wirkende) Mittel, bei „verabreichen" aber an innere Mittel gedacht. Verabreichen bezeichnet sonach hier das Eingeben, oder sonstige unmittelbare Einbringen des Mittels in den Körper der [dabei selbst nicht thätig mitwirkenden sondern nur duldenden] Schwangern: B. Pl. 9. März 1857 c. Seyffert (cit. n. 9). Vgl. Abh. in G. A. 5. s. 201.

11. Aus dem unter n. 10 Gesagten folgt, daß derjenige, welcher einer Schwangern ein Abtreibungsmittel zum Gebrauche einhändigt, nicht als Verabreicher im Sinne dieses § betrachtet, daß vielmehr diese Handlung nur vom Gesichtspunkte der Theilnahme nach § 34 Nr. 2 aufgefaßt werden kann, daß also Strafbarkeit nur dann eintritt, wenn die Schwangere sich demnächst des ihr eingehändigten Mittels bedient, und so sich des im ersten Absatze vorgesehenen Verbrechens, oder des Versuchs desselben schuldig macht. Das ward durch B. Pl. 9. März 1857 (cit. n. 9) anerkannt. *Contra:* B. 29. Okt. 1852 c. Schmiedeke (G. A. 1. s. 242; 5. s. 202), welches das bloße Einhändigen des Abortivmittels an die einwilligende Schwangere als selbstständiges Verbrechen, resp. als den Versuch eines solchen ansah, und Strafbarkeit auch da annahm, wo die Schwangere das Mittel nicht genommen hatte; auf einer ähnlichen Auffassung beruhte B. II. 10. Nov. 1853 c. Pütz (G. A. 5. s. 203), welches aber die Strafbarkeit des das Mittel Einhändigenden von der Voraussetzung abhängig machte, daß die Schwangere von demselben Gebrauch gemacht habe, sollte sie selbst auch aus irgend einem Grunde als nicht straffällig befunden werden. Vgl. Abh. in G. Arch. 5. s. 201.

12. Unter der „nämlichen Strafe" ist nicht dasselbe Strafmaaß in concreto, sondern das nämliche Strafgesetz zu verstehen; innerhalb der durch dasselbe bestimmten Gränzen ist für jeden Angeklagten die Zumessung selbstständig zu bewirken: G. Matt. 2. s. 390 n. 6.

13. Die Handlung der Schwangern, welche nicht selbst die Abtreibung ꝛc. vornimmt, sondern in die durch einen Andern bewirkte Anwendung, oder Einbringung („Verabreichung") des Mittels gewilligt hat, ist nicht als Theilnahme am Verbrechen des letztern, sondern als Mitthäterschaft aufzufassen. G. Matt. 2. s. 390 n. 6. Die Fragstellung ist daher nicht auf die Begriffserfordernisse des § 34, sondern eben nur auf den Thatbestand dieses § 181 zu richten.

§ 182.

1. Die fahrlässige Abtreibung oder Tödtung der Leibesfrucht wird als solche nicht bestraft, sie kann nur als fahrlässige Verletzung der Mutter unter § 198 fallen: Bes. s. 360 IV; G. Matt. 2. s. 391 n. 8. Vgl. § 184 n. 7.

2. Der zweite Absatz setzt voraus, daß der herbeigeführte Tod der Schwangern vom Thäter nicht beabsichtigt gewesen sei; war der Dolus auf diesen gerichtet, so ist § 175 anwendbar: G. Matt. 2. s. 390 n. 7.

§ 183.

1. Das Vergehen kann nicht etwa blos von demjenigen verübt werden, welcher eine Obhut über das Kind ꝛc. hat, sondern von jedem: B. I. 21. April 1858 c. Majunke (Schwarzer u. Gen.).

oder ein solches Kind oder eine solche Person, wenn sie unter seiner Obhut stehen, in hülfloser Lage vorsätzlich verläßt, wird mit Gefängniß nicht unter drei Monaten bestraft.

Ist in Folge der Handlung der Tod der ausgesetzten oder verlassenen Person eingetreten, so trifft den Schuldigen Zuchthaus bis zu zehn Jahren.

Ist die Handlung mit dem Vorsatze zu tödten verübt, so kommen die Strafen des Mordes oder Kindesmordes, oder des Versuches dieser Verbrechen zur Anwendung.

[Entw. § 169]. Vgl. § 204. 175. 180.

---

2. „Aussetzen“ bezeichnet das Hinschaffen nach einem Orte, wo die hülflose Person sich selbst überlassen wird, und fremder Hülfe nur durch Zufall theilhaftig werden kann, während ihr bis dahin eine solche Fürsorge geleistet ward, oder doch gesetzlich zu leisten war; es gehört also auch der Fall hierher, wo ein hülflos Vorgefundener aus dem Bereiche einer bereits veranlaßten obrigkeitlichen Fürsorge anderwärts hingeschafft und dem Zufalle überlassen wird, sollte auch der die Polizei verwaltende Gutsherr selbst es gewesen sein, welcher nach erlangter Kenntniß von der Hülflosigkeit die Wegschaffung bewirken ließ: Z. I. 21. April 1858 c. Majunke (Langer und Gen.).

3. Die „Vorsätzlichkeit“ der Handlung liegt im Begriffe des Aussetzens: Z. I. 9. Sept. 1857 c. Ritter.

4. Das „Verlassen“ ist auf eine örtliche Entfernung zu beziehen; die Entziehung oder Vorenthaltung der nöthigen und schuldigen Pflege reicht dazu nicht hin: Beschl. I. 11. Jan. 1860 c. Reiser (12 B); Bes. S. 362.

5. Strafgrund ist nur die objektive Gefahr, nicht etwa die Absicht des Thäters, sich der ihm obliegenden Pflicht der Obhut rc. zu entledigen, oder den Personenstand der betr. Person zu verdunkeln, da auch andere Motive (z. B. Haß, Bosheit rc.) obgewaltet haben können: Z. I. 4. März 1857 c. Gerlach (G. A. 5. S. 421). Hiernach ist die Gefährlichkeit der Lage des Ausgesetzten rc. ein nothwendiges Begriffserforderniß, sie kann aber unbedenklich im hülflosen Zustande allein gefunden werden: Temme Gll. S. 244 n. 3. *Contra:* Bes. S. 312 III. i. f.

6. Demgemäß genügt der auf das Verlassen gerichtete Dolus, verbunden mit dem Bewußtsein der Gefährlichkeit der Lage: Temme Gll. S. 244 n. 5; id. Lehrb. S. 815.

7. Ist eine Gesundheitsbeschädigung oder Körperverletzung die Folge des Aussetzens rc. gewesen, so liegt, mag dieselbe als vorsätzliche oder als fahrlässige sich darstellen, ein Fall der idealen Konkurrenz vor: Temme Gll. S. 245 n. 7; vgl. id. Lehrb. S. 815; G. Matt. 2. S. 394 n. 4.

8. Die Verneinung einer auf vorsätzliche Tödtung gerichteten Frage schließt die Möglichkeit des im Abs. 2 dieses § vorgesehenen Thatbestandes nicht aus, es bedarf daher dann noch der Beantwortung einer hierauf gerichteten Eventualfrage, und ihre Bejahung zieht die Strafverhängung nach sich: B. I. 9. Mai 1855 c. Graff (G. A. 3. S. 551); Z. I. 1. Mai 1857 c. Nicolaus.

9. Im Falle des dritten Absatzes wird der „Vorsatz zu tödten“ so angesehen, als schließe er die Ueberlegung in sich; deshalb ist dieser Fall dem Morde (§ 175) gleich gestellt, ohne daß es einer besondern Feststellung dieser Ueberlegung bedürfte; da indessen Fälle, wo die Ueberlegung fehlte, nicht undenkbar sind, so würde, wenn ihre Abwesenheit behauptet und festgestellt wäre, auch nur die Strafe des § 176 (Todtschlag) als verwirkt anzusehen sein.

§. 184. Wer durch Fahrlässigkeit den Tod eines Menschen herbeiführt, wird mit Gefängniß von zwei Monaten bis zu zwei Jahren bestraft.

Wenn der Thäter zu der Aufmerksamkeit oder Vorsicht, welche er bei der fahrlässigen Tödtung aus den Augen setzte, vermöge seines Amtes, Berufes oder Gewerbes besonders verpflichtet war, so kann derselbe zugleich auf eine bestimmte Zeit, welche die Dauer von fünf Jahren nicht übersteigen darf, oder für immer zu einem solchen Amte für unfähig oder der Befugniß zur selbstständigen Betreibung seiner Kunst oder seines Gewerbes verlustig erklärt werden.

[Entw. § 170]. Vgl. § 144. 182. 183. 194. 198. 201. 202. 295. 301—304.

---

§ 184.

1. Das Gesetz macht hier keine Unterscheidung zwischen verschiedenen Graden der Fahrlässigkeit: Temme Gll. f. 245 n. 1; id. Lehrb. f. 818.

2. Ebensowenig unterscheidet das Gesetz zwischen mittelbarer oder unmittelbarer Fahrlässigkeit: Z. 14. Juli 1852 c. Kühn. Insbesondere kommt nichts darauf an, ob der Angeklagte unmittelbar die tödtende Handlung vornahm, wenn sein Verfahren nur ein solches war, welches, wie er einsehen mußte (für sich allein, oder in Verbindung mit andern Ereignissen), eine Folge, wie die eingetretene, haben konnte: Z. II. 17. Juli 1856 c. Kaupe (Schmitz u. Gen.); B. II. 15. Mai 1858 c. Klaucke.

3. Die Uebertretung irgend einer polizeilichen Vorschrift, z. B. des § 345 Nr. 9 schließt nicht mit Nothwendigkeit eine „Fahrlässigkeit“ in sich. Ebensowenig genügt zur Feststellung der letztern die Hinverweisung auf eine dem Angeklagten in Folge seiner Stellung obliegende besondere Sorgfalt; es bedarf vielmehr der jedesmaligen ausdrücklichen Feststellung, daß er diese Sorgfalt nicht aufgewendet habe, und daß er bei gehöriger Aufmerksamkeit das Eintreten des betr. Unfalls habe voraussehen können: B. I. 8. Juli 1859 c. Richter.

4. Auch derjenige, welcher sich in der Ausübung eines Rechts befindet, kann sich durch Ueberschreitung seiner Befugnisse einer Fahrlässigkeit schuldig machen: Z. I. 28. Sept. 1860 c. Weiß (G. A. 8. f. 784).

5. Im Uebrigen ist die Frage, ob Jemand sich einer strafbaren Fahrlässigkeit schuldig gemacht habe, wesentlich thatsächlicher Natur: B. II. 8. Dez. 1853 c. Lindau (JMBl. 1854 f. 87); Z. I. 9. Sept. 1857 c. Ritter. Vgl. § 198 n. 1.

6. Das Vergehen kann auch durch Unterlassungen begangen werden: Z. II. 17. Juni 1858 c. Büscher; G. Matt. 2. f. 397 n. 4; vgl. § 198 n. 4.

7. Der § ist nur auf die Tödtung eines selbstständig existirenden Menschen, nicht auf die einer ungebornen Leibesfrucht anwendbar: Z. I. 15. Dez. 1854 c. Reusche (G. A. 3. f. 262; Arnsb. Arch. 16. f. 437). Vgl. § 182 n. 1.

8. Dagegen ist fahrlässige Tödtung eines unehelichen Kindes durch die Mutter, auch wenn sie in oder gleich nach der Geburt stattfindet, nach diesem § zu beurtheilen: Z. 14. Juni 1852 c. Schmidt (Arnsb. Arch. 16. f. 436); Z. (B.) I. 20. Jan. 1858 c. Brandenburg (G. A. 6. f. 246); Z. II. 17. Juni 1858 c. Büscher; Just.-Min.-Verf. v. 25. Mai 1851 (JMBl. f. 195); Koch n. 13f. In diesem Falle kann auch ein vor der Geburt stattgehabtes Verhalten die „Fährlässigkeit“ in sich schließen: Z. I. 23. Nov. 1859 c. Ehrich (G. A. 8. f. 128).

9. War die Handlung, durch welche der Tod herbeigeführt ward, auch an und für sich strafbar, so liegt ein Fall der idealen Konkurrenz vor: G. Matt. 2. f. 396 n. 3; Temme Lehrb. f. 817.

10. Von der Verlustigerklärung der Befugniß zur selbstständigen Betreibung

§. 185. Bei Feststellung des Thatbestandes der Tödtung kommt es nicht in Betracht, ob der tödtliche Erfolg einer Verletzung durch zeitige oder zweckmäßige Hülfe hätte verhindert werden können, oder ob eine Verletzung dieser Art in anderen Fällen durch Hülfe der Kunst geheilt worden, ingleichen ob die Verletzung nur wegen der eigenthümlichen Leibesbeschaffenheit des Getödteten, oder wegen der zufälligen Umstände, unter welchen sie zugefügt wurde, den tödtlichen Erfolg gehabt hat.

[Entw. § 171]. Vgl. Cr.-O. § 169.

§. 186. Wer ohne Vorwissen der Behörde einen Leichnam beerdigt oder bei Seite schafft, wird mit Geldbuße bis zu zweihundert Thalern oder mit Gefängniß bis zu sechs Monaten bestraft.

Die Strafe ist Gefängniß bis zu zwei Jahren, wenn eine Mutter den Leichnam ihres unehelichen neugebornen Kindes ohne Vorwissen der Behörde beerdigt oder bei Seite schafft.

[Entw. § 172]. Vgl. § 345 Nr. 1; ALR. II, 11 § 469—473; Cr.-O. § 149. 150; Rh. BGB. Art. 77; Beschl. v. 28. fruct. IX (v. Dan. Samml. 6. p. 868); Dekr. v. 4. therm. XIII (v. Dan. Samml. 5. p. 27); Dekr. v. 3. Jan. 1813 Art. 18. (v. Dan. Samml. 5. s. 838).

---

der Kunst oder des Gewerbes kann nur da die Rede sein, wo diese Betreibung durch eine staatliche Genehmigung (Konzession rc.) bedingt ist.

11. Ueber die Berechnung der Dauer der nach Abs. 2 zu verhängenden zeitigen Unfähig- oder Verlustig-Erklärung vgl. § 25 n. 2.

§ 185.

1. Nach dieser Bestimmung kommt es auf die „Tödtlichkeit“ der zugefügten Verletzungen gar nicht, sondern nur darauf an, inwiefern der Tod aus der Handlung und der durch diese zugefügten Verletzung hervorgegangen ist: Temme Lehrb. s. 788. Vgl. Motive s. 49.

2. Dagegen ist der § nicht auf den Fall auszudehnen, wo eine anderweitige, von außen hinzutretende Schädlichkeit mitwirkt, und nur durch ihren Hinzutritt der Tod veranlaßt wird, sobald sie nur nicht als ein bei Verübung der That konkurrirender Umstand anzusehen ist. Vgl. § 192a n. 7; § 194 n. 7.

3. Die durch § 169 der Cr.-O. (und für die Rheinprovinz durch die Instr. v. 4. Febr. 1818 und die Min.-Verf. v. 15. März 1833; Rh. Samml. 1. 488; 3. s. 594) vorgeschriebenen, den obduzirenden Medizinalpersonen vorzulegenden Fragen haben hierdurch ihre Bedeutung verloren; die dort berührten Umstände können nur noch Strafzumessungsgründe sein. Es bedarf daher ihrer Beantwortung nur da, wo diese von den Obduzenten ausdrücklich verlangt wird. Vgl. Regulativ vom 15. Nov. 1858 § 22 (JMBl. 59. s. 16).

4. Der hier aufgestellte Grundsatz ist analog auch bei erheblichen oder schweren Körperverletzungen anwendbar: Z. I. 8. April 1859 c. Buxa; Z. II. 1. Dez. 1859 c. Probsthain; Jesse in G. Arch. 2. s. 497; ebenso im Falle des § 194: Z. II. 3. Mai 1856 c. Rademacher (Präj. n. 204; Entsch. 32. s. 478; 33. s. 202; G. A. 4. s. 694); Z. I. 18. Juli 1856 c. Manzke.

§ 186.

1. Heimlichkeit der Handlung wird nicht erfordert, es genügt, wenn sie ohne Vorwissen der Behörde geschah: Bes. s. 365; Temme Lehrb. s. 819.

2. Die Behörde, deren „Vorwissen“ hier verlangt wird, ist vorzugsweise diejenige, welcher die Führung der den Personenstand betreffenden Register übertragen ist; d. h. also im Gebiete des Rheinischen Rechts der Civilstandsbeamte (BGB. Art. 77), in den übrigen Provinzen der Pfarrer (vgl. ALR. II, 11 § 469 fgg.).

3. Die in der n. 2 angeführten Gesetzesstellen schreiben eine Anzeige bei den genannten Beamten vor, während § 186 nur ein Handeln ohne Vorwissen der Behörde mit Strafe bedroht. Daraus folgert Temme (Lehrb. S. 819), daß selbst bei unterlassener Anzeige die Strafe wegfalle, sobald die Behörde anderweitig vom Todesfalle Kenntniß erlangt hat. Diese Auslegung würde indessen das Interesse der richtigen Führung der Personenstandsregister wesentlich gefährden, und namentlich für das Rheinische Recht eine Lücke der Gesetzgebung offen legen, da nach ihr dem Verbote des Art. 77 cit. die seine Handhabung sichernde Strafbestimmung fehlen würde (§ 345 Nr. 1 reicht hierzu nicht aus, hat auch eine ganz andere Bedeutung).

4. Die Verabsäumung der durch die §§ 149. 150 der Crim.-Ordn. für den Fall eines gewaltsamen Todes oder einer Todtgeburt vorgeschriebenen Anzeigen bei den Polizeibehörden kann, wenn die Anzeige beim Pfarrer erfolgt ist, die Anwendung des § 186 nicht zur Folge haben: Beschl. I. 6. Jan. 1858 c. Bonn (G. A. 6. S. 279), welcher gleichzeitig aussprach: sei eine Anzeige erfolgt, so ändere es Nichts, wenn die Behörde, an welche sie gerichtet war, nicht die kompetente gewesen sein sollte, sobald sie nur die Anzeige nicht ablehnte.

5. Der § setzt einen Leichnam voraus; als ein solcher ist eine unreife Leibesfrucht nicht anzusehen: Z. 26. Mai 1852 c. Laske; B. I. 25. Mai 1853 c. Neumann (G. A. 1. S. 396); Z. I. 21. Sept. 1853 c. Grunow (G. A. 1. S. 571); Bes. S. 366; Temme Gll. S. 246; id. Lehrb. S. 819. Stellen die Instanzrichter fest, daß ein (todtgebornes) Kind bei Seite geschafft sei, so ist anzunehmen, daß sie darunter ein solches verstanden haben, dessen Beerdigung nach dem Herkommen, und nach ALR. II, 11 § 471. 472 nicht ohne Vorwissen der Behörde und nur auf dem ordentlichen Begräbnißplatze erfolgen darf, also ein wirkliches Kind, keine unreife Frucht: cit. Z. 26. Mai 1852 c. Laske.

6. War das Kind insoweit ausgetragen, daß es hiernach außer der Mutter hätte leben können, so kommt bei Beantwortung der Frage: ob sein todter Körper als „Leichnam“ bezeichnet werden könne, auf seine sonstige Lebensfähigkeit Nichts an: Z. I. 6. Juli 1859 c. Koch; Z. I. 3. Mai 1861 c. Mager (RdO. 1. S. 384); Z. I. 10. Mai 1861 c. Nonnenprediger; Z. I. 5. Juni 1861 c. Hoffmann; Abh. in G. A. 5. S. 636 fgg. Etwas anderes wollen auch die etwas zu allgemein gefaßten Gründe der B. I. 25. Mai 1853 c. Neumann und Z. I. 21. Sept. 1853 c. Grunow (G. A. 1. S. 396 und 571) nicht besagen.

7. Die Frage, ob ein Kind ausgetragen gewesen sei, ist vom Strafrichter selbstständig zu lösen; die civilrechtlichen Präsumtionen greifen hier nicht Platz. Vgl. Strafverf. § 22 n. 75. 76.

8. Auch auf todtgeborne Kinder findet der § Anwendung: Z. 26. Mai 1852 c. Laske; B. I. 25. Mai 1853 c. Neumann (G. A. 1. S. 396); Z. I. 14. März 1859 c. Fischer. *Contra:* Temme Lehrb. S. 819.

9. Unter dem Ausdrucke: „bei Seite schaffen“ sind, wie die Gleichstellung desselben mit „beerdigen“ ergiebt, solche Handlungen zu verstehen, welche geeignet sind, der zuständigen Behörde die Besichtigung der Leiche unmöglich zu machen, oder doch wesentlich zu erschweren: Z. I. 15. April 1853 c. Plogst. Als solches ist daher ein Verstecken der Leiche nur dann anzusehen, wenn festgestellt ist, daß dasselbe in der Absicht geschehen sei, die Leiche den Augen anderer, namentlich der Kenntniß der Behörde zu entziehen: Z. II. 28. Mai 1853 c. Overmann (G. A. 1. S. 571).

10. Ob ein „Bei-Seite-Schaffen“ stattgefunden, ist im Uebrigen Gegenstand der thatsächlichen Beurtheilung: Z. I. 15. Juli 1859 c. Natusch. *Contra:* Z. 19. Mai 1852 c. Rosinger (G. A. 1. S. 85); Z. I. 15. April 1853 c. Plogst, welche selbst die fragliche Prüfung vornahmen, und demgemäß den Einzelfall entschieden.

11. Der Todtengräber, welcher bei einer solchen Beerdigung, wissend, daß sie ohne Vorwissen der betr. Behörde erfolge, behülflich ist, unterliegt als Theilnehmer derselben Strafe. *Contra:* Gilb. C. pén. Art. 358 n. 9.

12. Ein Gleiches gilt nicht von dem der Beerdigung assistirenden Geistlichen, weil seine Thätigkeit nicht als eine Hülfeleistung zum eigentlichen Beerdigen (d. h. dem Einscharren) angesehen werden kann. *Contra:* B. Rh. Kass.-Hof 9. Okt. 1848 (Rh. Arch. 43. 2. A. s. 95) mit Rücksicht auf den Art. 358 des Rh. StGB., welcher diejenigen bestrafte, qui auront fait inhumer etc.; Vgl. Gilb. C. pén. Art. 358 n. 8. 10—12. Für die mit Frankreich verbunden gewesenen Theile der Rheinprovinz verbot ein Dekret v. 4. therm. XIII (v. Dan. Samml. 5. p. 27) den Geistlichen die Assistenz bei einer ohne Autorisation der Civilstandsbeamten bewirkten Beerdigung, ohne besondere Strafandrohung, während ein Gleiches für die vier Rheinischen Departements schon ein Beschl. des Reg.-Commissars Jolivet vom 28. fruct. IX (v. Dan. l. c. 6. p. 868) unter Androhung einer Geldbuße von 100 bis 500 Francs, und Gefängniß von einem Monate bis zu zwei Jahren, gethan hatte. In Frankreich haben Cass. 27. Jan. 1832, und 12. Okt. 1850 (Sir. 32. 1. 386) das Dekret vom J. XIII als noch gültig anerkannt, und da dieses keine Strafe androhe, die Strafen der Art. 605 und 606 des Code 3 brum. IV, später aber die des (neuen) Art. 471 Nr. 15 des C. pén. angewendet, welchen für die Rheinprovinz der § 33 des Ressort-Reglements v. 20. Juli 1818 entsprechen würde. Dagegen erachteten eine Just.-Min.-Verf. v. 8. Dez. 1842 und eine Verf. des Min. d. geistl. Ang. vom 28. Juli 1843 (Jahrb. 62. s. 247) jene ältern französischen Vorschriften für aufgehoben (durch Einführung des Rh. BGB.), und die betreffenden Geistlichen für straflos, während das oben cit. B. 9. Okt. 1848 die Strafen des Art. 358 des Rh. StGB. auf sie anwendete. Zu vergleichen ist Chauv. et Hélie Th. du C. p. 3. p. 274 (ed. Belge).

13. Für die Feststellung, ob ein Kind ein uneheliches sei, sind hier die im Civilrechte aufgestellten Vermuthungen und Grundsätze (z. B. ALR. II, 2 § 1 fgg.; Rh. BGB. Art. 312 fgg.; 340) nicht maaßgebend, vielmehr findet Abs. 2 auch gegen eine Ehefrau Anwendung, welche den Leichnam ihres thatsächlich aus unehelichem Beischlafe erzeugten neugebornen Kindes bei Seite schafft: B. 19. Mai 1852 c. Rosinger (G. A. 1. s. 85); B. Pl. 9. Nov. 1857 c. Köppe (Präj. n. 249; JMBl. s. 442; Entsch. 37. 2. s. 69; G. A. 5. s. 749). Sonach kommt es auch hier wesentlich nur darauf an, ob das Kind für das Bewußtsein der Mutter ein uneheliches war. Vgl. § 180 n. 2; Abh. in G. Arch. 5. s. 745 fgg.; Strafverf. § 22 n. 75. 76.

14. Der Absatz 2 greift auch dann Platz, wenn die Mutter ihre [Schwangerschaft und] Niederkunft nicht verheimlicht hatte: K.-B. II. K. s. 107.

15. Wie lange ein Kind als ein neugebornes anzusehen sei, ist wesentlich Gegenstand thatsächlicher Beurtheilung. Jedenfalls aber trifft der Begriff da nicht mehr zu, wo die Existenz, und besonders wo das Leben des Kindes offenkundig geworden, und der Behörde davon Anzeige gemacht war.

16. Wenn ein Kindesmord und die Bei-Seite-Schaffung der Leiche durch verschiedene selbstständige Handlungen verübt worden sind, so liegt ein Fall der realen Konkurrenz vor, auf welchen § 56 anzuwenden ist. Die Identität des Zwecks beider Handlungen kann hieran Nichts ändern; ob ein solcher Fall anzunehmen sei, ist Gegenstand thatsächlicher Beurtheilung: Beschl. I. 3. Juni 1859 c. Fink (105. B; G. A. 7. s. 546). *Contra:* B. I. 21. Okt. 1853 c. Ziegler (G. A. 1. s. 709); B. I. 20. Jan. 1858 c. Brandenburg (G. A. 6. s. 246; hier trafen die fahrlässige Tödtung eines neugebornen Kindes mit der Bei-Seite-Schaffung der Leiche zusammen). Ein B. I. 6. Jan. 1858 c. Baubach (G. A. 6. s. 114) erkannte zwar im Grundsatze die Richtigkeit des oben Gesagten an, entschied gleichwohl den Einzelfall im entgegengesetzten Sinne, weil festgestellt sei, „daß beide Handlungen in unmittelbarer zusammenhängender Reihenfolge gleich nach der Geburt stattgefunden hätten.“ Etwas Aehnliches deutet auch der cit. Beschl. 3. Juni 1859 an, überweist die betr. Entscheidung aber der thatsächlichen Prüfung des Instanzrichters. Es liegt indessen hier kein Grund vor, von den allgemeinen Grundsätzen des § 56 abzuweichen.

Sechszehnter Titel.
Körperverletzung.*)

*) **Sechszehnter Titel.**

1. Ueber den Begriff der Körperverletzung vgl. § 187 n. 6. 7.

1a. Nur eine unberechtigte, oder über die Gränzen der Berechtigung hinausgehende Handlung kann strafbar sein: Z. I. 15. März 1861 c. Hoppe; vgl. n. 3.

2. Dagegen werden Körperverletzungen durch die Zustimmung des Verletzten nicht straflos: Hälschner 2. S. 232. 237; vgl. § 175 n. 22.

3. Die Ausübung eines rechtlich begründeten Züchtigungsrechts schließt den Begriff des Vergehens der Körperverletzung aus; jede Ueberschreitung desselben aber enthält eine Mißhandlung: Z. 8. Dez. 1852 c. Göthe; Z. I. 19. Mai 1854 c. Schönke (G. A. 2. S. 553); Z. I. 30. Okt. 1857 Stankiewicz c. Czakalla; Z. I. 5. Febr. 1858 c. Plengsken; u. ö. Vgl. § 187 n. 5; G. Matt. 2. S. 436 n. 2.

4. Das Gesetz gestattet dem Ehemanne gegen die Ehefrau ein Züchtigungsrecht nicht; die Ausschließung der Ehescheidung wegen geringer Thätlichkeiten zwischen Eheleuten gemeinen Standes (ALR. II, 1 § 701) macht eine strafrechtliche Verfolgung wegen solcher Handlungen nicht unzulässig: Z. I. 23. Sept. 1853 c. Klär (G. A. 1. S. 710); Z. I. 19. Mai 1854 c. Schönke (G. A. 2. S. 553); Z. I. 11. März 1859 c. Schmidt. *Contra:* G. Matt. 2. S. 326; id. in G. Arch. 7. S. 388. Vgl. Tit. XIII (§ 152 fgg.) n. 14.

5. Ueber das Züchtigungsrecht bei der Kinder-Erziehung vgl. ALR. II, 2 § 86—91. Exzesse, welche dabei vorkommen, haben nicht nur die im § 91 cit. erwähnten Folgen, sondern sind auch, wenn sie in Körperverletzungen übergehen, mit Criminalstrafen zu ahnden: Z. I. 5. Febr. 1858 c. Plengsken.

6. In Betreff der Schulzucht vgl. ALR. II, 12 § 50—53; AKO. vom 14. Mai 1825 Nr. 4—6 (GS. S. 149). Ueberschreitungen der dort bestimmten Gränze, durch welche aber dem Kinde keine wirkliche Verletzung zugefügt wird, unterliegen nur der disciplinarischen Ahndung, und können weder im Civil- noch im Criminalwege gerichtlich verfolgt werden: V. Rh. Kass.-H. 28. Febr. 1842 Schneider c. Kunz (Int. des Ges.; Rh. Arch. 33. 2. A. S. 15); Vgl. Erk. des Ger.-H. zur Entsch. d. Komp.-Konfl. 5. April 1856; 7. März 1857; 21. Nov. 1857 (JMBl. 1857 S. 67 u. 75); V. II. 8. Nov. 1860 Bolles c. Wischmeier (G. A. 9. S. 136). Das gilt auch in Beziehung auf den Präses des Schulvorstandes: Erk. d. GH. z. Entsch. d. Komp.-Konfl. 30. Jan. 1858 (JMBl. S. 282).

7. Der § 77 der Gesinde-Ordnung v. 8. Nov. 1810, welcher dem Gesinde das Recht auf eine gerichtliche Genugthuung versagt, wenn es die Herrschaft durch ungebührliches Betragen zum Zorne reizt, und nun von dieser mit Scheltworten oder geringen Thätlichkeiten behandelt wird, — begründet kein Züchtigungs- oder Strafrecht der Herrschaft gegen gemiethetes Gesinde, sondern spricht nur dem letztern ein Klagerecht ab: Verf. d. Min. des Inn. u. d. J. v. 7. Nov. 1833 (v. Kamptz Ann. 17. S. 1000). Im Uebrigen stellt diese Vorschrift eine nicht auszudehnende Ausnahme dar, welche einerseits auf die Herrschaft selbst (unter Ausschließung anderer Familienglieder 2c., andererseits auf die in einem Miethsvertrage stehenden Personen zu beschränken ist, welche unter den gesetzlichen Begriff des Gesindes fallen: V. I. 3. Juni 1853 Knorr c. Kalohr (G. Arch. 1. S. 572; Strieth. Arch. 10. S. 72); insbesondere ist jener § 77 aktiv nicht auf Hausoffizianten, z. B. einen Guts-Inspektor auszudehnen: Z. I. 3. März 1854 c. Naujocks (G. A. 2. S. 543); Z. I. 8. Apr. 1859 Ewanowski c. Borowski. Eine Ausnahme tritt nur da ein, wo der Hausoffiziant die Verwaltung in der Weise selbstständig führt, daß er im Verhältnisse zum Gesinde die Stelle der Herrschaft einnimmt, wenn er z. B. auch den Dienstvertrag in eignem Namen abschließt, das Gesinde entläßt und verabschiedet (vgl. Ges.-Ordn. § 1. 117 fgg.; 171 fgg.): V. I. 3. Febr. 1860 c. Weber (G. A. 8. S. 278); ähnlich: Z. I. 8. Juli 1859 Bauer c. Reitsch; Z. I. 9. Sept. 1859 Tiedeke c. Weber. — Dagegen ist § 227. II, 7. des ALR., welcher es der Herrschaft gestattete, das ihr dort eingeräumte Züchtigungsrecht auf ihre Pächter und Wirthschaftsbeamten zu übertragen, auf gewöhnliches Gesinde nicht anwendbar, vielmehr durch die jüngere Gesinde Ordnung beseitigt: cit V. I. 3. Febr. 1860.

§. 187. Wer vorsätzlich einen Anderen stößt oder schlägt, oder demselben eine andere Mißhandlung oder Verletzung des Körpers zufügt, wird mit Gefängniß bis zu zwei Jahren bestraft.

Wird festgestellt, daß mildernde Umstände vorhanden sind, so ist auf Geldbuße bis zu dreihundert Thalern zu erkennen.

[Entw. § 173]. Vgl. § 188—196. 203. 346 Nr. 3; Einf.-Ges. Art. XVI – XVIII.

7a. Auf einen Wirthschaftslehrling findet weder die Gesinde- noch die Gewerbe-Ordnung Anwendung: B. I. 11. Mai 1861 c. Warnecke.

8. Nicht jede leichte Mißhandlung im Sinne des § 187 ist als geringe Thätlichkeit zu betrachten, wie sie der cit. § 77 der Gesinde-Ordnung (vgl. n. 7) vorsieht; es unterliegt vielmehr der thatsächlichen Erwägung in jedem Einzelfalle, ob die Provokation Seitens des Gesindes, und das Maaß der zugefügten Thätlichkeit von der Art gewesen, wie sie jener § 77 als Ausnahme von der allgemeinen Regel der Strafbarkeit körperlicher Mißhandlungen bezeichnet: Z. I. 11. Juli 1856 c. Borngräber.

9. Die Ausübung des Hausrechts (z. B. die gewaltsame Entfernung eines Andern aus dem Hause rc. nach vergeblicher Aufforderung sich zu entfernen) ist nicht als Körperverletzung anzusehen: B. I. 31. Mai 1854 Lesser c. Amman. Nur der Exceß in der Ausübung jenes Rechts kann unter diesen Begriff fallen: Z. II. 12. April 1860 c. Paul.

10. Ueber das Verhältniß zur s. g. Real-Injurie vgl. Tit. XIII (§ 152 fgg.) n. 4. Dort ist bereits bemerkt, daß eine zum Zwecke der Ehrverletzung zugefügte Körperverletzung die Begriffsmerkmale beider Vergehen in sich vereinigt, und nach § 55 zu behandeln ist, wobei selbstverständlich auf diese Konkurrenz als Strafzumessungsgrund gerücksichtigt werden kann. Vgl. Motive s. 44. Es läßt sich hiergegen auch nicht aufstellen, daß beide Vergehen einen verschiedenen, sich wechselseitig ausschließenden Dolus voraussetzen, da der auf Ehrverletzung gerichtete Dolus nothwendig den der Körperletzung in sich schließt, wenn diese das Mittel zu jener darstellen soll. Auch kann Goltdammer nicht beigepflichtet werden, wenn er (Matt. 2. s 405) glaubt, daß jede rechtswidrige körperliche Behandlung eines Menschen, sobald sie nicht blos fahrlässig geschehe, eine objektive Injurie enthalte, und es ist wenigstens nicht genau, wenn derselbe (l. c.) mit den Motiven (s. 43) aufstellt, die Strafe der Körperverletzung schließe diejenige der Beleidigung mit Nothwendigkeit in sich. Vgl. n. 11.

11. Ein Z. II. 30. März 1854 c. Schmidt erwog übrigens, daß unter die Strafbestimmung der §§ 187 fgg. auch die Real-Injurie falle, und daß eine solche in jedem körperlichen gewaltsamen Angriffe auf die Person enthalten sei, wenn dabei nicht ein bestimmter anderweiter, der That den Charakter eines wenigstens versuchten andern Verbrechens rc. beilegender Dolus obwaltete, oder der Angriff unter Umständen stattfand, welche denselben als einen nicht rechtswidrigen erscheinen lassen, mithin die Strafbarkeit ausschließen.

§ 187.

1. Der Vorsatz ist hier vorhanden, wenn die Handlung freiwillig und mit Bewußtsein geschieht: Z. II. 11. Nov. 1858 c. Dankelmann. Dieses Bewußtsein muß sich dann aber auch auf die Bedeutung und den Charakter der Handlung mit erstrecken, insbesondere also auch darauf, daß dieselbe eine Störung des körperlichen Wohlbefindens des Betroffenen zur Folge haben werde (vgl. n. 6).

2. Gleichgültig ist es im Uebrigen, welchen anderweitigen Zweck oder welche Absicht der Handelnde bei seiner That hatte; insbesondere bedarf es einer Absicht zu verletzen, zu beschädigen, Schmerz zuzufügen oder zu beleidigen nicht: B. I. 29. April 1853 c. Prätorius; Z. I. 21. Jan. 1859 c. Thiem; Z. I. 3. Nov. 1860 c. Richter.

3. Ebenso schließt auch umgekehrt die Absicht zu beleidigen, die Vorsätzlichkeit einer Mißhandlung nicht aus, sobald diese als Mittel der Ehrverletzung angewendet wird. Vgl. Tit. XIII (§ 152 fgg.) n. 4; Tit. XVI n. 10. 11, und auf der andern Seite Temme Lehrb. S. 833.

4. Der Vorsatz zu tödten schließt den Vorsatz zu beschädigen, als das Geringere in sich: Z. 28. April 1852 c. Kirsch.

5. Eine vom Berechtigten ertheilten Züchtigung ist immer eine vorsätzliche Handlung; eine Ueberschreitung derselben muß daher nothwendig unter § 187 fallen: B. I. 29. April 1853 c. Prätorius; ähnlich: Z. I. 30. Okt. 1857 c. Müller. Vgl. Tit. XVI n. 3 fgg.

6. Die hier unter Strafe gestellten Handlungen sind im Rubrum des XVI. Titels als „Körperverletzungen“ bezeichnet; ebenso führt der § 187 das „Stoßen“ und „Schlagen“ speziell auf, stellt demselben aber „andere Mißhandlungen und „Verletzungen des Körpers“ entgegen. Daraus ist zu folgern, daß nicht jede widerrechtliche Thätlichkeit gegen den Körper eines Andern hierher gehört, sondern daß grade eine Verletzung der körperlichen Integrität, sollte sie auch nur in einer Störung des körperlichen Wohlbefindens bestehen, vorausgesetzt wird. Gerade hierin liegt auch der Unterschied von der im § 346 Nr. 3 vorgesehenen Uebertretung. *Contra:* Z. I. 3. Nov. 1860 c. Richter, welches jede einen Angriff auf die Person, eine thätliche Behandlung derselben enthaltende, vorsätzliche, rechtswidrige Handlung, von welcher nicht festgestellt sei, daß dabei ein andrer, der That den Charakter eines sonstigen wenigstens versuchten Straffalles gebender Dolus obwaltete, — als Mißhandlung betrachten wollte; ähnlich: Z. I. 10. Sept. 1858 c. Hinz, welches ein vorsätzliches Schlagen ꝛc. auch dann, wenn dadurch kein Schmerz verursacht worden, zum Thatbestande des § 187 für genügend erachtete; schwerlich mit Recht; sonst könnte auch eine Liebkosung durch einen nicht schmerzenden Schlag ꝛc. hierher gehören. Vgl. n. 9; § 346 § 8.

7. Hiernach ist der Ausdruck „Mißhandlung“ insofern umfassender als „Körperverletzung“, als er jede das körperliche Wohlbefinden störende, widerrechtliche Thätlichkeit gegen den Körper eines Andern umfaßt, während die „Körperverletzung“ außerdem auch eine Verletzung oder Beschädigung des körperlichen Organismus voraussetzt. Daraus folgt, daß eine auf (vorsätzliche) Körperverletzung lautende Anklage, durch die Feststellung: die That stelle keine Mißhandlung dar, vollständig erledigt wird: Z. II. 19. Juni 1856 c. Arentzen (G. A. 4. S. 668). Dagegen ist der Begriff der „Mißhandlung“ insofern ein beschränkterer, als in ihm die Vorsätzlichkeit der Handlung (im obigen Sinne n. 1) mit ausgedrückt ist; es kann daher eine Körperverletzung, nicht aber eine Mißhandlung aus Fahrlässigkeit zugefügt werden. Vgl. Dalcke Abh. in G. Arch. 6. S. 446.

8. Hiernach kann ein Beschütten mit schmutzigem Wasser, durch welches Ekel erregt wird, unbedenklich als eine Mißhandlung angesehen werden: Z. 24. März 1852 c. Gütte; vgl. § 346 n. 8.

9. Eine Thätlichkeit, welche in dem davon Betroffenen gar keine unangenehme körperliche Empfindung hervorbringt, stellt keine Mißhandlung dar, kann vielmehr geeigneten Falles nur als Beleidigung strafbar sein. *Contra:* Temme Lehrb. S. 831. — In einem solchen Falle kommt der Begriff der Real-Injurie unbedenklich auch hier zur Geltung. Vgl. n. 6; Tit. XIII (§ 122 fgg.) n. 4.

10. In schwurgerichtlichen Verhandlungen bedarf es in der Fragstellung nicht der konkreten Bezeichnung der einzelnen Thätlichkeiten, durch welche eine Mißhandlung zugefügt worden ist.

11. Auch die im Wege des Civil-Prozesses verfolgten leichten Mißhandlungen (Einf.-Ges. Art. XVI) sind als solche nach § 187, nicht als Ehrverletzungen nach § 152 oder 343 zu bestrafen. Z. I. 13. Dez. 1854 Masteit c. Schlingelhof.

12. Ebenso verjähren auch die im Wege des Civil-Prozesses verfolgten leichten Mißhandlungen als Vergehen nur in der durch § 46 vorgeschriebenen Frist, nicht als Beleidigungen nach § 343 in sechs Monaten: Z. I. 1. Nov. 1854 Reibe c. Schröder (Str. A. 16. S. 1); Z. (B.) I. 13. Nov. 1854 Tost c. Bauch (G. Arch. 3. S. 131). Vgl. § 50 S. 20.

§. 188. Wenn leichte körperliche Verletzungen oder Mißhandlungen auf der Stelle erwiedert werden, so soll der Richter ermächtigt sein, für beide Theile oder für einen derselben eine, der Art oder dem Maaße nach mildere Strafe, oder gar keine Strafe eintreten zu lassen.

[Entw. § 173 a]. Vgl. § 153. 343.

---

13. „Behufs der Bestrafung wegen vorsätzlicher leichter Körperverletzung ist „der Antrag des Verletzten nicht erforderlich, sondern sie kann ohne solchen „auch auf die von der Staats-Anwaltschaft erhobene Anklage erfolgen“, der § 50 erleidet sonach hier keine Anwendung: Z. Pl. 27. Juni 1853 c. Lerch; Z. Pl. eod. c. Jettke (Präj. n. 39; JMBl. S. 245; Entsch. 26. S. 140; G. A. 1. S. 572); Z. II. 17. Sept. 1857 c. Frisch; Z. I. 5. Febr. 1861 c. Maultzsch; u. ö. (feste Praxis). *Sic:* Bes. S. 368 IV; G. Matt. 2. S. 406 n. 4; Temme Lehrb. S. 836; Stumpe Abh. in G. Arch. 1. S. 141. *Contra* früher: B. 6. Okt. 1852 c. Siebert; B. II. 17. Febr. 1853 c. Wannig; vgl. Temme Gll. S. 249 zu § 189. — Hiernach erleidet § 50 auf vorsätzliche Mißhandlungen rc. keine Anwendung, es sei denn, daß die Verfolgung im Wege der Privatklage erfolgt; vgl. § 189 n. 2.

14. Aus dem unter n. 13 Gesagten folgt, daß die Zurücknahme des vom Verletzten gestellten Antrags der Strafverfolgung des Staatsanwalts nicht entgegenstehen kann; insbesondere ist nicht aus Art. XVI des Einf.-Ges. zu folgern, daß bis zur Eröffnung der Untersuchung bei leichten Mißhandlungen eine Remission (Verzicht) statthaft sei: Z. II. 25. Sept. 1856 c. Pilk; Z. I. 21. Sept. 1859 c. Schwanke.

15. Wird das Vorhandensein „mildernder Umstände“ festgestellt, so darf nicht auf Gefängniß, sondern nur auf Geldbuße erkannt werden. Das ist indessen auf „mildernde Strafzumessungsgründe“ nicht auszudehnen: Z. II. 30. Sept. 1858 c. Grumm; Z. I. 5. Nov. 1858 c. Leuther.

16. Die Annahme des Instanzrichters: der Angeklagte sei zu der ihm zur Last gelegten Mißhandlung durch beleidigende Schimpfworte gereizt worden, involvirt nicht nothwendig die Feststellung mildernder Umstände: Z. II. 17. Juni 1854 c. Schulte.

§ 188.

1. Auf die in den §§ 190—192 vorgesehenen ausgezeichneten Fälle der Körperverletzung ist § 188 nicht mit zu beziehen: G. Matt. 2. S. 407 n. 5; Temme Gll. S. 248.

2. Der § ermächtigt den Instanzrichter in dem vorgesehenen Falle, die Strafe zu mildern, oder ganz in Wegfall zu bringen, verpflichtet ihn aber nicht dazu; er braucht sich daher über die Gründe, welche ihn bestimmen, von jener Befugniß keinen Gebrauch zu machen, nicht auszusprechen: Z. I. 24. Febr. 1854 c. Gabeck; Z. II. 8. Febr. 1855 Kemper c. Eckstein; Z. I. 27. Mai 1857 c. Krzemniecki.

3. Ueber die Statthaftigkeit der Aufrechnung in dem Falle, wo von der einen Seite eine Beleidigung, von der andern Seite eine Mißhandlung zugefügt worden ist, vgl. § 153 n. 3.

4. Die Erwiderung der Mißhandlungen gehört zu denjenigen in den Gesetzen besonders hervorgehobenen, die Verhängung einer mildern Strafe begründenden Thatsachen, in Betreff deren bei schwurgerichtlichen Verhandlungen nach Art. 81 des Ges. v. 3. Mai 1852 die Feststellung nur durch die Geschwornen erfolgen kann: B. I. 12. Mai 1854 c. Rietz.

5. Liegt ein Fall des § 188 vor, so stellt es keine Gesetzesverletzung dar, wenn der Instanzrichter von der Anklage freispricht, oder den Angeklagten für „nicht schuldig erklärt“: Z. II. 28. Juni 1860 c. Eggert (G. Arch. 8. S. 697); Z. II. 11. Okt. 1860 c. Marbaise (Rh. S.).

6. Im Uebrigen sind die Noten zu § 153 zu vergleichen.

§. 189. *) **Wenn wegen vorsätzlich zugefügter leichter Körperverletzungen oder Mißhandlungen die Privatklage erhoben ist, so kommen die im dreizehnten Titel bei den Ehrverletzungen über den Antrag auf Bestrafung und die Zurücknahme des Strafantrages gegebenen Bestimmungen zur Anwendung.**

[Entw. § 173a]. Vgl. § 160—162; 50—54; Einf.-Ges. Art. XVI—XVIII; Ges. v. 11. März 1850 § 5 (GS. S. 174).

§. 190. Die vorsätzliche Mißhandlung oder Körperverletzung welche mit Ueberlegung verübt wird, ist mit Gefängniß bis zu drei Jahren zu bestrafen.

[Entw. § 174]. Vgl. § 187. 175.

§. 191. Vorsätzliche, gegen leibliche Eltern oder Großeltern verübte Mißhandlung oder Körperverletzung soll Gefängnißstrafe nicht unter drei Monaten nach sich ziehen.

[Entw. § 174a]. Vgl. § 187. 196. 179

---

*) In der ursprünglichen Fassung hieß es irriger Weise „zwölften“ statt „dreizehnten Titel.“ Die Berichtigung dieses Versehens erfolgte in der G.-S. v. 1856 S. 220.

---

§ 189.

1. Diese Bestimmung ist auf die in den §§ 190. 191. 192 vorgesehenen Fälle nicht anwendbar: G. Matt. 2. S. 407 n. 5; Temme Gll. S. 249.

2. Die im dreizehnten Titel gegebenen Bestimmungen, auf welche hier verwiesen wird, sind in den §§ 160—162 enthalten. Mit dem § 160 wird in diesem Falle auch der allgemeine auf Strafanträge bezügliche § 50, und die dort gegebene Fristbestimmung anwendbar: Z. I. 1. Nov. 1854 Reibe c. Schröder (Str. Arch. 16. S. 1); B. I 1. Nov. 1854 Tost c. Bauch (G. A. 3. S. 131; Str. A. 16. S. 4; Abh. in G. A. 9. S. 98). *Contra:* Z. II. 14. Dez. 1854 Delsing c. Verbücheln (Str. Arch. 16. S. 99); vgl. § 187 n. 13; Z. II. 8. Nov. 1860 Bolles c. Wischmeier (G. A. 9. S. 99).

3 Ueber die Verjährung der Privatklage wegen leichter Mißhandlung vgl. § 50 n. 20; § 187 n. 12.

§ 190.

1. In Betreff der Ueberlegung vgl. § 175 n. 4. 8—17.

2. Das Merkmal der Ueberlegung kann nicht dadurch für genügend festgestellt erachtet werden, daß nicht nachgewiesen sei: der Angeklagte habe sich in einem solchen Zustande befunden, wodurch seine freie Willensbestimmung ganz ausgeschlossen gewesen wäre: B. 8. Okt. 1852 c. Scholz.

3. Affekt und Ueberlegung schließen sich wechselseitig nicht aus; bei einer in Folge eines überlegten Vorsatzes ausgeführten Handlung scheidet daher das Merkmal der Ueberlegung dadurch nicht aus, daß im Augenblicke der Ausführung der Affekt hinzutrat: Z. I. 15. Jan. 1858 c. Kleist. Vgl. § 175 n. 12.

§ 191.

1. Auch hier sind unter den leiblichen Verwandten die unehelichen (soweit das Civil-Gesetz ein Verwandtschaftsverhältniß anerkennt) mit zu verstehen: Temme Gll. S. 249; Koch n. 25.

2. Dagegen gehören Adoptivältern nicht hierher: Koch l. c.

§. 192. Wer gegen ein Mitglied der Kammern, einer anderen politischen Körperschaft oder einer öffentlichen Behörde, einen öffentlichen Beamten, einen Religionsdiener, ein Mitglied der bewaffneten Macht, einen Geschworenen, einen Zeugen oder Sachverständigen, während sie in der Ausübung ihres Berufs begriffen sind, oder in Beziehung auf ihren Beruf einer vorsätzlichen Mißhandlung oder Körperverletzung sich schuldig macht, wird mit Gefängniß von vier Wochen bis zu drei Jahren bestraft.

[Entw. § 175]. Vgl. § 192a. fgg.; 89. 102.

---

§ 192.

1. Der § findet — ebenso wie die §§ 89 und 91 — auch auf die von einem Preußen im Auslande gegen einen ausländischen Beamten verübten Körperverletzungen ꝛc. Anwendung: Beschl. Pl. 16. April 1855 c. Zapka (Präj. n. 147; JMBl. s. 184; Entsch. 30. s. 303; G. A. 3. s. 563). Vgl. § 4 n. 22; § 89 n. 4.

2. Eine Amtshandlung ist überall da anzunehmen, wo ein Beamter in der äußerlich erkennbaren Absicht, Pflichten, welche ihm sein Amt auflegt, zu erfüllen, oder mit demselben verknüpfte Rechte auszuüben, solche Handlungen vornimmt, welche an sich innerhalb seiner Amtsbefugnisse liegen, ohne daß es darauf ankäme, ob der Beamte sich bei ihrer Ausübung eines Versehens schuldig gemacht, oder dieselben ohne genügende Veranlassung vorgenommen habe: Z. I. 7. Okt. 1853 c. Schulz (G. A. 1. s. 700). Ungehörigkeiten, welche der Beamte bei jener Gelegenheit begangen (z. B. Tabackrauchen) schließen seine sonst anerkannte amtliche Thätigkeit und die Anwendbarkeit des § nicht aus: Z. I. 22. Sept. 1854 c. Raymond. Vergl. im Allg. über die hier berührte Frage § 89 n. 17 fgg.; § 102 n. 58.

3. Ein Forst-Beamter hört nicht auf, amtlich thätig zu sein, wenn er einen Forstfrevler bis außerhalb des Forstreviers verfolgt, und hier zu einer Beschlagnahme schreitet: B. I. 10. Sept. 1858 c. Müller (Entsch. 39. 2. s. 12); vgl. § 89 n. 25.

4. Ob der Beamte sich in der Ausübung seines Amtes befunden, ist im Uebrigen eine [überwiegend] thatsächliche Frage: Z. I. 7. März 1855 c. Propp.

5. Es genügt, wenn der Beamte als solcher und als amtlich thätig dem Angeklagten bekannt war; es bedarf weder eines formellen äußeren Erkennungszeichens (z. B. eines Dienstschildes), noch einer vorhergegangenen ausdrücklichen Belehrung: Z. I. 28. Sept. 1860 c. Jagst.

6. Unter „Zeugen und Sachverständigen" sind hier nicht blos die gerichtlichen, sondern überhaupt alle zu verstehen, welche vor einer befugten Behörde als solche gehört werden: Z. I. 21. März 1860 c. Heinrich (G. A. 8. s. 416).

7. Ein Zeuge kann eine Mißhandlung in Beziehung auf seinen Beruf erleiden, sollte er sein Zeugniß auch noch nicht abgelegt haben, sondern nur erst als solcher vorgeladen sein: Z. II. 12. Mai 1859 c. Schaper.

8. Die Umstände, welche bei einer Körperverletzung die Anwendung des § 192 rechtfertigen, sind erschwerende Umstände im Sinne des § 91 Abs. 4 des Ges. v. 3. Mai 1852; es müssen daher bei schwurgerichtlichen Verhandlungen die Geschwornen darüber besonders abstimmen, und das Stimmenverhältniß dieser Abstimmung mittheilen: B. II. 11. Sept. 1856 c. Dieckhof.

9. Sind gegen einen Beamten im Dienste Mißhandlungen zum Zwecke des Widerstandes verübt worden, so liegt ein Fall der idealen Konkurrenz der in diesem §, und dem § 89 vorgesehenen Vergehen vor. *Contra:* Z. 23. April 1852 c. Hampel, welches nur den letztern § für anwendbar erachtete, so lange nicht festgestellt sei, daß der Angeklagte bei der That noch eine andere Absicht, als die des Widerstandes gehabt habe. Vgl. § 89 n. 59.

10. Mildernde Umstände kommen hier nur als Strafzumessungsgründe in Betracht: Bes. s. 371 II. Der ihre Berücksichtigung gestattende § 196 findet hier keine Anwendung: Z. I. 4. Nov. 1859 c. Dobot.

§. 192 a. *) **Hat eine vorsätzliche Mißhandlung oder Körperverletzung erhebliche Nachtheile für die Gesundheit oder die Gliedmaßen des Verletzten, oder eine länger andauernde Arbeitsunfähigkeit zur Folge gehabt, so tritt Gefängniß nicht unter sechs Monaten ein.**

[Entw. § 176]. Vgl. § 187. 193—196. 203.

---

*) Dieser § ist durch das Gesetz vom 14. April 1856 (G.-S. S. 210) zugesetzt worden.

---

11. Die Vorschrift des § 103, wonach es im Falle der Beleidigung eines Kammermitglieds eines Strafantrags des Letztern bedarf, ist auf den Fall dieses § nicht auszudehnen: G. Matt. 2. S. 408; Temme Gll. S. 250.

12. Schreitet die Staatsanwaltschaft nicht ein, so steht auch hier dem Verletzten die Verfolgung durch Privatklage zu: Bes. S. 371 I. Vgl. § 102 n. 61.

§ 192 a.

1. Das hier vorgesehene Vergehen ist als „erhebliche“ Mißhandlung &c. qualifizirt, vgl. § 195.

2. Es ist nicht erforderlich, daß die für die Gesundheit &c. entstandenen Nachtheile bleibend seien: Z. I. 5. Nov. 1858 c. Kayser; Z. Pl. 24. Sept. 1860 c. Hollenhorst (JMBl. S. 421; G. A. 8. S. 667).

3. Da die Arbeitsunfähigkeit besonders vorgesehen ist, so kann ihre Dauer nicht als ein erheblicher Nachtheil für die Gesundheit aufgefaßt werden. So: Erk. A.-G. Münster 24. Febr. 1860 c. Höving. Das Gegentheil darf aber jedenfalls da angenommen werden, wo die Arbeitsunfähigkeit eine bleibende ist.

4. Als eine „länger andauernde“ Arbeitsunfähigkeit kann jetzt auch eine solche, welche nicht 20 Tage gewährt hat, angesehen werden: Z. I. 21. Sept. 1860 c. Dohms.

5. Im Uebrigen ist die Frage, ob die entstandenen Nachtheile „erheblich“, oder die Arbeitsunfähigkeit eine „länger andauernde“ gewesen sei, eine wesentlich thatsächliche: Z. I. 5. Nov. 1858 c. Kayser; Z. I. 13. Juli 1859 c. Sbongk; sie ist daher den Geschwornen nach den Worten des Gesetzes zu unterbreiten.

6. Unter „Arbeitsunfähigkeit“ ist auch hier (wie im frühern § 193) „nicht schon jede eingetretene Verminderung der Arbeitsfähigkeit, und nicht schon die „Unfähigkeit zur Verrichtung der Berufsarbeit des Verletzten, sondern die Unfähigkeit zur Verrichtung gewöhnlicher, körperlicher, durch erhöhten Kraftaufwand nicht „bedingter Arbeit zu verstehen, welche festzustellen Gegenstand der thatsächlichen Würdigung ist, und welche durch den, bei der thatsächlichen Feststellung gebrauchten „allgemeinen Ausdruck „„Arbeitsunfähigkeit““ ohne nähern Beisatz bezeichnet wird“: B. II. 6. Juli 1854 c. Leydecker (Präj. n. 101; Entsch. 28. S. 169; G. A. 3. S. 133); Beschl. 25. Juni 1852 c. Drehmann; Z. II. 15. März 1855 c. Täge. Es kann sonach nicht ausreichen, wenn der Verletzte nur nicht fähig gewesen ist, alle seinem Berufe entsprechenden Arbeiten in vollem Umfange auszuführen: Beschl. I. 20. April 1855 c. Käppel (G. A. 3. S. 427. 704). Ein Z. I. 2. Febr. 1853 c. Campioni hatte früher die vorstehende Annahme für nicht „unbedenklich“ erklärt, und mehrere andre ebenfalls ältere Erkenntnisse hatten es der Beurtheilung der Geschwornen überlassen wollen, ob unter den vorliegenden Verhältnissen auch die nur verminderte Fähigkeit zur Ausübung der Berufsgeschäfte für eine Arbeitsunfähigkeit im Sinne des Gesetzes zu erachten sei; so: B. II. 23. Juni 1853 c. Bornhausen (G. Arch. 1. S. 542. 573); B. II. 13. Okt. 1853 c. Berning; B. II. 13. Okt. 1853 c. Korff (G. Arch. 2. S. 120). Diese Auffassung ist durch das erwähnte Präjudiz derselben Abtheilung entschieden aufgegeben worden, es wird absolute Arbeitsunfähigkeit gefordert. So auch: G. Matt. 2. S. 412 n. 2; Koch n. 27. *Contra* vom medizinischen Standpunkte aus: Gutachten der wissenschaftlichen Deputation für das Medizinalwesen v. 17. Nov.

1852 (JMBl. 1853 S. 48). Vgl. darüber: Böcker Abh. in d. D. Strafrechtszeitg 1861 S. 250.

7. Gleichgültig ist es, ob die eingetretenen nachtheiligen Folgen durch zeitige oder zweckmäßige Hülfe hätten beseitigt werden können, oder ob sie nur wegen der eigenthümlichen Leibesbeschaffenheit des Verletzten, oder wegen zufälliger Umstände, welche bei Verübung der That konkurrirten, eingetreten sind; § 185 ist auch hier anwendbar: Z. I. 1. Dez. 1859 c. Probsthain. Dagegen hat der Angeklagte die Folgen nicht zu vertreten, welche dadurch entstanden sind, daß der Verletzte selbst durch sein späteres Verhalten seinen Zustand verschlimmerte: Beschl. I. 10. Okt. 1855 c. Adamszent (G. A. 3. S. 839). Vgl. § 185 n. 2. 4.

8. Aus der Feststellung muß bestimmt hervorgehen, welche der verschiedenen, im § durch „oder" alternative zusammengestellten Folgen eingetreten sei; es darf nicht zweifelhaft bleiben, welche derselben als erwiesen angenommen ist. So: B. II. 15. Okt. 1853 c. Berning; B. eod. c. Korff (G. A. 2. S. 120). In schwurgerichtlichen Sachen ist es daher zweckmäßig, durch Trennung der Fragen, oder Stellung derselben mit verschiedenen Unterabtheilungen, auf getrennte Beantwortung hinzuwirken: B. II. 17. Nov. 1853 c. Lange (G. Arch. 2. S. 94). In Betreff der Zulässigkeit der Zusammenfassung mehrerer Alternativen in einer Frage vgl. § 34 n. 67; Strafverf. Art. 80 n. 12.

9. Ob im Falle dieses § die Handlung mit oder ohne Ueberlegung begangen worden sei, kommt nur als Strafzumessungsgrund in Betracht: G. Matt. 2. S. 250 n. 2; Temme Lehrb. S. 835.

10. Als Dolus ist hier der bei der leichten Körperverletzung vorausgesetzte Vorsatz erforderlich (vgl. § 187 n. 1); nur der eintretende Erfolg bestimmt, ob die That als leichte, [erhebliche], oder als schwere Verletzung anzusehen sei; es kommt daher Nichts darauf an, ob jener Dolus auch auf die Folge mitgerichtet gewesen, sobald nur die Folge wirklich eingetreten ist: Beschl. II. 30. Juli 1853 c. Lauenstein (G. A. 1. S. 572); Z. I. 11. Jan. 1854 c. Laacke (JMBl. S. 119); Z. II. 2. Febr. 1854 c. Stubbe; Z. II. 1. Juni 1861 c. Reinhardt (RdO. 1. S.   ); Dalcke Abh. in G. A. 6. S. 449. Es ist sonach der § auch da anwendbar, wo die Absicht nur auf Zufügung einer leichten Körperverletzung gerichtet war. *Sic:* Z. II. 7. Mai 1853 c. Herbst und Z. I. 26. Jan. 1855 c. Murawski, deren Fassung aber, in etwa abweichend, dahin geht, daß der § sowohl die Fälle des unbestimmten — indeterminirten — Vorsatzes, als auch diejenigen umfasse, in welchen der bestimmte Vorsatz nur auf einen geringern Erfolg ging, der größere Erfolg aber fahrlässig herbeigeführt ist (culpa dolo determinata). Der entwickelten Ansicht ist auch Koch n. 32. *Contra:* Temme Lehrb. S. 834, welcher erfordert, daß der Vorsatz auf Zufügung einer schweren [erheblichen] Verletzung gerichtet sei. Vgl. G. A. 1. S. 48 und die Note daselbst.

11. Mit Rücksicht auf das in der vorigen n. Gesagte bleibt der § auch dann anwendbar, wenn der Angeklagte beweist, daß sein Vorsatz auf die Herbeiführung einer erheblichen oder schweren Körperverletzung nicht gerichtet war.

12. Ebenso folgt aus dem unter n. 10 Gesagten, daß auch der Theilnehmer mit der vollen Strafe des § zu belegen ist, sollte er auch nur zu einer leichten Mißhandlung ꝛc. angestiftet, oder bei seiner Hülfeleistung nur von einer zu begehenden leichten Mißhandlung Kunde gehabt haben: B. II. 17. April 1856 c. Rumpf (Liebetrau u. Gen.; JMBl. S. 159; G. A. 4. S. 568). Gehört zum Thatbestande des Verbrechens des Thäters ein auf Herbeiführung der demnächst eingetretenen Folge gerichteter Dolus nicht, so kommt es auf denselben auch in Betreff des Theilnehmers in keiner Weise an. Es kann daher einem Z. I. 12. Mai 1858 c. Pautzke (Häse u. Gen.; G. A. 6. S. 423) nicht beigestimmt werden, welches hier den § 44 anwendete und den Theilnehmer nur nach § 187 bestrafte, weil festgestellt war, daß ihm der auf Begehung einer schweren (erheblichen) Körperverletzung gerichtete Dolus des Thäters unbekannt geblieben sei; auf derselben Auffassung scheint B. I. 4. März 1859 c. Reinert (G. A. 7. S. 366) zu beruhen.

13. Da zum Thatbestande des Vergehens objektiv der wirkliche Eintritt der im § gedachten Folge gehört, so liegt dasselbe da nicht vor, wo zwar nach der Natur der Verletzung eine länger dauernde Arbeitsunfähigkeit hätte eintreten müssen, wo dieselbe aber dennoch nicht eintrat, weil der Verletzte vorher aus irgend einem

19*

§. 193. *) Ist bei einer vorsätzlichen Mißhandlung oder Körperverletzung der Verletzte verstümmelt, oder der Sprache, des Gesichts, des Gehörs oder der Zeugungsfähigkeit beraubt, oder in eine Geisteskrankheit versetzt worden, so ist die Strafe Zuchthaus bis zu funfzehn Jahren.

[Entw. § 176]. Vgl. § 187. 194—196. 203; Ges. v. 14. April 1856 (GS. s. 210); AKO. v. 21. April 1856 (GS. s. 220).

---

*) Die obige Fassung erhielt der § durch das Ges. v. 14. Apr. 1856 (GS. s. 210); in der ursprünglichen Fassung lautete er:

§. 193. Hat eine vorsätzliche Mißhandlung oder Körperverletzung eine Arbeitsunfähigkeit von einer längeren als zwanzigtägigen Dauer zur Folge gehabt, oder ist der Verletzte verstümmelt, oder der Sprache, des Gesichts, des Gehörs oder der Zeugungsfähigkeit beraubt, oder in eine Geisteskrankheit versetzt worden, so tritt Zuchthaus bis zu funfzehn Jahren ein.

---

andern Grunde starb: Beschl. II. 30. Juli 1853 c. Lauenstein (G. A. 1. s. 572). Selbst von einem Versuche würde hier nicht die Rede sein können, wenn derselbe auch nach allgemeinen Grundsätzen strafbar wäre; vgl. § 193 n. 22.

14. Ueber den Fall, wo die im § vorgesehenen Folgen durch ein gemeinschaftliches Handeln Mehrerer herbeigeführt sind, vgl. Thl. I Tit. 3 (§ 34 fgg.) n. 5—10; § 194 n. 6; § 195 n. 1.

15. Die Umstände, welche eine Körperverletzung zu einer „erheblichen“ machen, sind als erschwerende im Sinne des § 91 Abs. 4 des Ges. v. 3. Mai 1852 zu betrachten; bei schwurgerichtlichen Verhandlungen müssen daher die Geschwornen besonders darüber abstimmen, und das Stimmenverhältniß bei Abstimmung besonders angeben: B. II. 11. Sept. 1856 c. Dieckhof.

16. In Betreff der zu berücksichtigenden mildernden Umstände ist § 196 maaßgebend.

17. Bei einem vor Verkündung des Ges. v. 14. April 1856 vorgekommenen Falle genügt die Feststellung des Thatbestandes des neuen § 192 a zu seiner Anwendung, nicht, weil dieser früher nur die Anwendung des § 187 gerechtfertigt haben würde; es bedarf vielmehr dann auch der Feststellung des Thatbestandes des frühern § 193, damit dann nach Art. IV des Einf.-Ges. die Strafe des § 192 a als die gelindere sich als anwendbar darstelle: Z. I. 25. Febr. 1857 c. Rogalla.

§ 193.

Inhalt.

1. Aus der Fassung: „Ist bei einer Mißhandlung ....“ darf nicht gefolgert werden, als müsse die Verstümmelung rc. sofort und unmittelbar durch die Mißhandlung bewirkt worden sein; das ergeben die frühere Fassung des § und die dieser entsprechende Fassung des § 192 a, von welcher in dieser Beziehung nicht abgewichen werden sollte; auch ist es kaum denkbar, daß die Versetzung in eine Geisteskrankheit sofort und unmittelbar durch die Mißhandlung selbst bewirkt werden könne. Es reicht daher hin, wenn die Verstümmelung rc. später als Folge der erlittenen Mißhandlung und eines dadurch hervorgerufenen Krankheitsprozesses eingetreten ist: Z. II. 8. Apr. 1858 c. Neuhaus (G. Arch. 6. s. 422); vgl. § 233 n. 4 a. Nichts steht im Wege, die Fragstellung an die Geschwornen in dieser Weise zu fassen. Vgl. G. Arch. 8. s. 94. 129.

2. Demzufolge findet auch der Grundsatz des § 185 hier vollständig Anwendung, vgl. dort n. 4.

3. Verstümmelung ist der gewaltsam herbeigeführte Verlust eines Theils des Körpers, welcher eine erhebliche Erschwerung, oder gar theilweise Störung einer Funktion des Körpers zur Folge hat: Beschl. II. 16. Juli 1857 c. Arntz; Gutachten der wissenschaftlichen Deputation für d. Medizinalwesen v. 14. Jan. 1857 (Caspers Vierteljahrsschr. f. ger. Med. 11. f. 193; G. A. 5. f. 279). Ein solcher Verlust setzt nicht nothwendig eine Trennung des betr. Gliedes vom Körper voraus, es genügt, wenn ein zu einer wesentlichen Körperfunktion bestimmtes Glied seiner Thätigkeit vollständig [oder in seinen Hauptbeziehungen] beraubt worden ist: Z. Pl. 24. Sept. 1860 c. Hollenhorst (Präj. n. 267; JMBl. f. 427; Entsch. 44. 2. f. 77; G. A. 8. f. 673); Beschl. II. 25. Okt. 1860 c. Hohnhorst (G. A. 9. f. 136); Antr. des G.-St.-Anw. zum cit. Beschl. v. 16. Juli 1857. *Contra* früher: Z. II. 2. März 1859 c. Schellhardt. Es gehört dann zur thatsächlichen Beurtheilung, ob die aufgehobenen Funktionen von solcher Wichtigkeit sind, wie die im § ausdrücklich hervorgehobenen Fälle unterstellen lassen: cit. Z. Pl. 24. Sept. 1860.

4. Nur der Verlust eines „Gliedes oder äußeren Körpertheils“ kann als Verstümmelung angesehen werden, nicht also eine innere, wenn gleich unheilbare, Krankheit, sollte dieselbe auch darin ihren Grund haben, daß ein innerer Körpertheil zu seinen Funktionen untauglich geworden ist: Z. II. 8. Apr. 1858 c. Neuhaus (G. A. 6. f. 422).

5. Insoweit es sich von der Begriffsbestimmung handelt, ist die Frage nach dem Vorhandensein einer Verstümmelung eine rechtliche: Z. Pl. 24. Sept. 1860 (cit. n. 3). *Contra*: Z. I. 11. Nov. 1853 c. Wermuth.

6. Im Uebrigen aber ist mit Rücksicht auf das unter n. 3 Gesagte die Frage, inwiefern im Einzelfalle die Trennung, Untauglichkeit oder Beschädigung eines Körpertheils als eine Verstümmelung anzusehen sei, eine thatsächliche Frage. Ehe sich indessen die Praxis des Ober-Tribunals durch das unter n. 3 cit. Z. Pl. v. 24. Sept. 1860 festgestellt hatte, ist dasselbe auf die Prüfung jener Frage selbst mehrfach eingegangen und hat entschieden:

7. . . . . der Verlust eines Auges, oder die Zerstörung der Sehkraft auf demselben sei eine Verstümmelung: B. II. 26. Okt. 1854 c. Steinbuß (Entsch. 28. f. 475; G. A. 3. f. 110); Beschl. II. 25. Okt. 1860 c. Hohndorf (59 B); Z. 22. Dez. 1852 c. Stüting. Dasselbe nahm ein Z. II. 24. Aug. 1857 c. Gella im Falle der Verstümmelung eines Auges, oder der Verminderung seiner Bestandtheile an, selbst wenn dadurch der Verlust der Sehkraft nicht herbeigeführt worden sei. *Contra*: Z. 19. Mai 1852 c. Rautenberg; Z. II. 3. März 1859 c. Schellhardt (G. A. 7. f. 388), welche, auf Grund der seitdem aufgegebenen Auffassung des Begriffs der Verstümmelung (vgl. n. 3), den Verlust der Sehkraft auf einem Auge nicht für eine Verstümmelung erachteten. Vgl. n. 14.

8. . . . . die Verletzung eines Auges, wodurch der Betroffene verhindert wird, dasselbe zu schließen, sei eine Verstümmelung: Z. I. 8. Juli 1857 c. Fritz.

9. . . . . der Verlust mehrerer Zähne, zumal wenn dadurch das Gebiß des Verletzten nicht zu seinen natürlichen Funktionen unbrauchbar geworden, sei keine Verstümmelung: Beschl. II. 8. Sept. 1853 c. Nölle (G. A. 2. f. 553).

10. . . . . ebenso ein geheilter Armbruch, sollte derselbe auch eine anchylose Contraktur zurückgelassen haben, sobald nicht feststehe, daß diese Contraktur gerade Folge des Bruchs war: Beschl. I. 8. Mai 1857 c. Sägert; ähnlich in Betreff der Contraktur eines Armmuskels, wodurch der Gebrauch des Arms in ziemlich bedeutendem Grade beschränkt wurde, welche aber durch eine Operation gehoben werden konnte: Beschl. (Komp.-Konfl.) I. 29. Jan. 1858 c. Kraske.

11. . . . . ebenso die Steifheit und Unbrauchbarkeit des vordern Gelenks eines oder mehrerer Finger, weil dadurch der Gebrauch der Finger nur beeinträchtigt werde: Beschl. II 6. Nov. 1856 c. Reese; Beschl. II. 10. Juli 1857 c. Meischke; Beschl. I. 30. Jan. 1857 c. Krebs (G. A. 5. f. 101).

12. . . . . ebenso sei ein unheilbarer Leistenbruch keine schwere, wohl aber eine erhebliche Körperverletzung; Beschl. II. 7. Jan. 1857 c. Steinbeck.

13. Dasselbe nahm das unter n. 3 cit. Gutachten der wissenschaftlichen Deputation f. d. Medizinalwesen v. 14. Jan. 1857 von einem durch eine stattgehabte Verletzung herbeigeführten Gebärmuttervorfalle an; vgl. n. 4.

14. Als „Beraubung des Gesichts" ist nur der gänzliche Verlust des Sehvermögens anzusehen; der Verlust der Sehkraft eines Auges genügt daher nicht, so lange das andere noch vorhanden ist: Z. II. 3. März 1859 c. Schellhardt (G. A. 7. s. 388). *Contra:* Z. I. 8. Juli 1857 c. Fritz. Vgl. n. 7.

15. Der Entwurf von 1850 hob auch noch die theilweise Beraubung der Sprache rc. hervor; das hat die Kommission der II. K. (Ber. s. 110) als überflüssig gestrichen, weil eine solche theilweise Beraubung entweder unter den Begriff einer Verstümmelung, oder unter den einer Krankheit von längerer als zwanzigtägiger Dauer fallen werde. Hiernach bedarf es jetzt einer vollständigen Beraubung der Sprache rc. (so auch Z. 22. Dez. 1852 c. Stüting); liegt diese und auch eine Verstümmelung nicht vor, so kann nur ein „erheblicher Nachtheil für Gesundheit und Gliedmaaßen" angenommen und § 192a angewendet werden. Vgl. G. Matt. 2. s. 413 n. 4; Koch n. 30.

16. Zur Annahme einer „Geisteskrankheit" bedarf es einer wirklichen Krankheit des Geistes, es genügt nicht jede in Folge einer Gehirnerschütterung entstandene vorübergehende Betäubung: Temme Gll. s. 250 n. 1.

17. Auf Dauer und Heilbarkeit der Geisteskrankheit kommt dagegen Nichts an: Temme l. c.

18. Nach der frühern Fassung des § rechneten Goltdammer (Matt. 5. s. 250 n. 3) und Koch (n. 31) auch den Fall hierher, wo die Geisteskrankheit nicht Folge der mechanischen Einwirkung auf den Körper, sondern der psychischen Einwirkung jener Behandlung gewesen ist. Die jetzige Fassung des § gestattet dieselbe Auslegung.

19. Ob die Handlung mit Ueberlegung geschah, ist auch hier nur Strafzumessungsgrund: Temme Gll. s. 250 n. 2; id. Lehrb. s. 835.

20. Hinsichtlich des erforderlichen Dolus gilt vollständig das zum § 192a unter n. 10—12 Bemerkte auch hier.

21. Mit Rücksicht auf das unter n. 20 Gesagte ist darauf Bedacht zu nehmen, daß aus der den Geschwornen vorgelegten Frage klar hervorgehe, daß die verlangte Vorsätzlichkeit sich nicht mit auf den eingetretenen Erfolg zu erstrecken brauche; es geschieht das am besten durch Stellung einer besondern den erschwerenden Umstand betreffenden Frage, oder durch Hervorhebung des letztern am Schlusse der Hauptfrage vermittelst eines „und zwar so daß ...." in der durch Min.-Verf. v. 29. März 1853 A. Nr. 1 empfohlenen Weise (JMBl. s. 134). Vgl. die bei G. Matt. 2. s. 534 u. 668 erwähnten Min.-Verfügungen.

22. Aus der unter n. 20 erwähnten Natur des Dolus folgt, daß ein Versuch des hier vorgesehenen Verbrechens gar nicht denkbar ist; zum Thatbestande desselben würde nothwendig ein auf Herbeiführung der im § gedachten Folge gerichteter Vorsatz gehören; da aber dieser zum vollendeten Verbrechen nicht erforderlich ist, so kann er nicht Begriffs-Merkmal des Versuchs sein: Beschl. II. 30. Juni 1853 c. Lauenstein (G. A. 1. s. 572). *Sic:* Koch n. 32; Dalcke Abh. in G. A. 6. s. 449. *Contra:* Temme (Gll. s. 250 n. 2; id. Lehrb. s. 835) in konsequenter Anwendung seiner oben zu § 192a n. 10 erwähnten Ansicht; zu demselben Resultate will Jesse (Abh. in G. A. 2. s. 496) im Falle des Vorhandenseins eines dolus directus gelangen, seine Ausführung trifft aber den oben angeführten entscheidenden Grund nicht. Goltdammer (Matt. 2. s. 415) endlich erachtet den strafbaren Versuch einer Verstümmelung, oder Beraubung der Sprache rc. (nicht aber den einer Verletzung, welche eine längere Krankheit rc. zur Folge hatte) für möglich; seine Ausführung wäre richtig, wenn der alte § 193 (von dessen Bedeutung die neue Fassung in diesem Punkte nicht abweichen wollte) objektiv die „vorsätzliche Verstümmelung oder Beraubung der Sprache rc." als Thatbestand des Verbrechens hingestellt hätte, nicht aber bei der gewählten Fassung, welche eben nur die Vorsätzlichkeit der Mißhandlung, und als Folge davon die eingetretene Verstümmelung erfordert, es trifft dann auch hier der Grund zu, daß zum strafbaren Versuche nicht ein dem Thatbestande des vollendeten Verbrechens fremdes Begriffsmerkmal erforderlich sein kann. Vgl. Zachariä Abh. in G. A. 3. s. 174 Note 2, und ebendas. 1. s. 48 Note.

§. 194. Hat die vorsätzliche Mißhandlung oder Körperverletzung den Tod des Verletzten zur Folge gehabt, so ist die Strafe Zuchthaus von zehn bis zu zwanzig Jahren.

[Entw. § 177]. Vgl. § 176. 185. 196.

---

23. In Betreff des Falles, wo der im § vorgesehene Erfolg durch ein gemeinschaftliches Handeln Mehrerer herbeigeführt ist, vergl. Thl. I. Tit. 3. (§ 34 fgg.) n. 5 - 10; § 194 n. 6; § 195 n. 1.

24. Mildernde Umstände sind hier nach Maaßgabe des § 196 zu berücksichtigen.

25. Nach Art. II des Ges. v. 14. April 1856 ist überall, wo sich in den Gesetzen, und insbesondere im StGB. selbst eine Hinverweisung auf § 193 vorfindet, der jetzt geltende § 193 [und nicht etwa auch § 192a] als maaßgebend zu betrachten.

§ 194.

1. In Betreff der Vorsätzlichkeit ist im Allgemeinen das zu § 174 n. 4 fgg. Gesagte zu berücksichtigen.

2. Der Vorsatz muß hier nur auf die Mißhandlung, nicht auch auf den Tod gerichtet gewesen sein; wäre letzteres der Fall, so läge das Verbrechen des Todtschlags oder Mordes (§ 175. 176) vor: Motive s. 51; Bes. s. 375 E.; G. Matt. 2. s. 418 n. 3. Was Jesse (G. Arch. 2. s. 494) gegen diese Ansicht anführt, ist unhaltbar. Es ist hiernach ganz zweckmäßig, die Frage nach dem Erfolge von der die vorsätzliche Mißhandlung betreffenden zu trennen, damit den Geschwornen klar werde, daß der Vorsatz auf jenen nicht mit zu beziehen sei. Vgl. G. Arch. 2. s. 668. Dagegen ist es nicht erforderlich, daß dieses auch in seiner negativen Form weiter ausdrücklich hervorgehoben werde. Vgl. § 193 n. 21; G. Arch. 1. s. 216.

3. Gleichgültig ist es auch, ob der Tod vorhergesehen werden konnte: Temme GK. s. 251 n. 2.

4. Da hiernach beim Thäter das Nichtvorhandensein eines auf Herbeiführung des Todes gerichteten Dolus vorausgesetzt wird, so kann es eines solchen auch beim Theilnehmer nicht bedürfen; er unterliegt daher der Strafe des § selbst dann, wenn er auch nachweisen könnte, daß er nur an einer leichten Mißhandlung habe Theil nehmen wollen; vgl. § 192a n. 12.

5. Der § 185 ist auch im Falle dieses § maaßgebend: Z. II. 15. Sept. 1853 c. Hecker; Z. II. 3. Mai 1856 c. Rademacher (Präj. n. 204; Entsch. 32. s. 478; 33. s. 202; G. A. 4. s. 694). Vgl. § 185 n. 4; Jesse Abh. in G. Arch. 2. s. 497.

6. Der § 194 greift auch da Platz, wo „eine auf getroffener Verabredung „beruhende, und in den Gränzen derselben gebliebene gemeinschaftliche Thäter„schaft der Mißhandelnden festgestellt worden ist. In einem solchen Falle ist jeder „der Thäter für alle Folgen der nach der Verabredung gemeinschaftlich ausgeführten „Mißhandlung verantwortlich, wenn auch diejenigen Verletzungen, welche den Tod „oder eine schwere Körperverletzung zur Folge gehabt haben, nicht von ihm zuge„fügt sind“: Z. II. 3. Mai 1856 c. Rademacher (Präj. n. 204; Entsch. 32. s. 478; 33. s. 202; G. A. 4. s. 694); Beschl. I. 11. April 1856 c. Rothe; Z. II. 24. Aug. 1857 c. Rogge; Z. I. 15. Sept. 1858 c. Koblesti. Auf derselben Auffassung beruht Z. II. 22. März 1855 c. Kabbeler (JMBl. s. 152; G. A. 3. s. 567). In einem solchen Falle findet daher § 195 keine Anwendung. Vgl. Thl. I. Tit. 3 (§ 34 fgg.) n. 5—10.

7. Ebenso findet der § auch da Anwendung, wo der Tod nicht die alleinige Folge der betr. Mißhandlung war, wo vielmehr diese Wirkung durch das Zusammenwirken der Mißhandlung mit andern dem Thäter an sich nicht zur Last fallenden, ihm aber zur Zeit der That bekannten Umständen oder Ereignissen eingetreten ist. Das folgt aus § 185 (vgl. n. 5), nach welchem es gleichgültig ist, ob der tödtliche Erfolg nur wegen der zufälligen Umstände, unter welchen die Verletzung zugefügt wurde, eingetreten ist. Ob der Angeklagte es voraussehen konnte, oder vorausgesehen hat, daß dieses Zusammenwirken den Tod herbei-

§. 195. *) **Wenn bei einer Schlägerei oder bei einem von mehreren Personen verübten Angriffe ein Mensch getödtet wird, oder eine schwere (§ 193.) oder erhebliche (§ 192 a.) Mißhandlung oder Körperverletzung erleidet, so ist jeder, welcher sich an der Schlägerei oder dem Angriffe betheiligt hat, schon wegen dieser Betheiligung mit Gefängniß nicht unter drei Monaten zu bestrafen, insofern nicht festgestellt wird, daß er ohne sein Verschulden hineingezogen worden.**

---

*) Der § erhielt seine jetzige Fassung durch das Gesetz v. 14. April 1856 (GS. s. 210); die ursprüngliche Fassung lautete:

§ 195. Wenn bei einer Schlägerei oder bei einem von Mehreren verübten Angriff ein Mensch getödtet wird, oder eine schwere Körperverletzung (§ 193) erleidet, so ist jeder Theilnehmer an der Schlägerei oder dem Angriff schon wegen dieser Theilnahme mit Gefängniß nicht unter drei Monaten zu bestrafen, insofern nicht festgestellt wird, daß er ohne sein Verschulden hineingezogen worden.

---

führen könne oder werde, ist dabei unerheblich, weil ein solches Voraussehen überhaupt nicht zu den Begriffserfordernissen des § gehört. Wer also einen kranken, oder vorher von einem Dritten mißhandelten Menschen mit Kenntniß von diesem Zustande vorsätzlich mißhandelt, der wird von der Strafe des § betroffen, wenn seine Thätlichkeiten in Verbindung mit dem früheren leidenden Zustande des Mißhandelten den Tod desselben zur Folge gehabt haben. Der Kranke ꝛc. hatte einen Anspruch auf ein größeres Maaß der Schonung. *Contra:* B. I. 22. Mai 1857 c. Borisch (G. A. 5. s. 390); B. I. 27. Jan. 1858 c. dieselbe (G. A. 6. s. 242), welchen hiernach nicht zugestimmt werden kann. Vgl. eine Abh. in G. Arch. 5. s. 385.

8. Der in Folge der Mißhandlung eingetretene Tod ist ein erschwerender Umstand im Sinne des Art. 91 des Ges. v. 3. Mai 1852, muß daher von den Geschwornen besonders festgestellt werden: B. I. 12. Juni 1857 c. Wagener (G. A. 5. s. 664).

9. Mildernde Umstände finden nach Maaßgabe des § 196 Berücksichtigung.

10. Der Versuch des im § vorgesehenen Verbrechens ist undenkbar, weil er einen auf Herbeiführung des Todes gerichteten Dolus voraussetzte, dessen es zum vollendeten Verbrechen nicht bedarf, und der, wenn vorhanden, die That als Versuch des Mordes oder Todtschlags qualifiziren würde; Jesse Abh. in G. Arch. 2. s. 496; vgl. § 193 n. 22.

§ 195. Inhalt.

1. Haben mehrere Personen gemeinschaftlich gehandelt, so haftet jeder auch für dasjenige, was von den Uebrigen verübt oder bewirkt, oder nur durch das Zusammenwirken Aller hervorgebracht ist; jeder gilt daher für den Urheber der ganzen That. Daher bleiben hier Abs. 1 und 2 des § 195 ausgeschlossen und nur Abs. 3 ist anwendbar: Präj. n. 204 (cit. § 194 n. 5). Vgl. Thl. I. Tit. 3. (§ 34 fgg.) n. 5—10; § 194 n. 6.

2. Die Anwendbarkeit dieses § setzt immer ein gleichzeitiges Handeln verschiedener Thäter voraus: B. I. 22. Mai 1857 c. Borisch (G. A. 5. s. 390). Im

Sind mehreren Betheiligten solche Verletzungen zuzuschreiben, welche nicht einzeln für sich, sondern nur in ihrer Gesammtheit den Tod oder die schwere, oder die erhebliche Mißhandlung oder Körperverletzung zur Folge gehabt haben, so ist jeder dieser Betheiligten in den Fällen der § 194. und 193. mit Zuchthaus bis zu zehn Jahren zu bestrafen; im Falle einer erheblichen Mißhandlung oder Körperverletzung tritt die Strafe des § 192 a. ein.

Sind mehreren Theilnehmern solche Verletzungen zuzuschreiben, welche nicht einzeln für sich, sondern nur in ihrer Gesammtheit den Tod oder die schwere Körperverletzung zur Folge gehabt haben, so ist jeder dieser Theilnehmer mit Zuchthaus bis zu zehn Jahren zu bestrafen.

Die Anwendung der Gesetze gegen diejenigen, welche als Anstifter oder Urheber eines Mordes, oder eines Todtschlages, oder einer schweren Körperverletzung, oder als Theilnehmer an diesen Verbrechen schuldig sind, ist hierdurch nicht ausgeschlossen.

Falle eines successiven Handelns Mehrerer kann nur das zu § 194 n. 7 Ausgeführte zur Anwendung kommen.

Zum Absatz 1.

3. Unter „Schlägerei“ ist hier, im Gegensatze gegen eine wechselseitige Mißhandlung zweier Personen, ein in Thätlichkeiten ausgebrochener Streit unter mehreren (mindestens drei) Personen zu verstehen: Temme Lehrb. f. 804; Bes. f. 376 II.

4. Der einseitige Angriff muß von mindestens zwei Personen ausgegangen sein: Bes. f. 376 II; Temme Lehrb. f. 804.

5. Die Worte: „wenn ein Mensch getödtet wird“ sind auch auf den Fall zu beziehen, wo der Tod die Folge zugefügter Körperverletzungen oder Mißhandlungen (§ 194. 185) gewesen ist: Z. II. 8. Dez. 1859 c. Lauterbach (335; ind.); Z. I. 29. Mai 1861 c. Huckwitz (RdO. 1. f.).

6. 7. Die Vorschrift des § wird anwendbar, sobald nur feststeht, daß bei der Schlägerei, oder bei dem Angriffe die Tödtung oder Körperverletzung stattgefunden hat, ohne daß es noch des Nachweises einer einem der Betheiligten zur Last fallenden Vorsätzlichkeit oder Fahrlässigkeit bedürfte; vgl. n. 28; Straflosigkeit tritt daher nur dann ein, wenn erwiesen wird, daß jene Folgen lediglich einem Zufalle zuzuschreiben sind; die bloße Möglichkeit einer solchen Veranlassung reicht dazu nicht hin: Z. I. 11. Sept. 1857 c. Nehmer. *Contra:* Temme Lehrb. f. 804, welcher auch bei zufälliger Tödtung ꝛc. den § anwenden will, und Goltd. Matt. 2. f. 421 II, welcher, wie es scheint, Vorsätzlichkeit der Tödtung ꝛc. erheischt.

8. Die in der frühern Fassung des Absatzes eins [und zwei] sich findenden Worte „Theilnehmer“ und „Theilnahme“ waren nicht im Sinne des § 34, sondern nach dem gewöhnlichen Sprachgebrauche als eine blos thatsächliche Theilnahme aufzufassen: Z. I. 4. Okt. 1854 c. Rockitanski (Pokoi und Gen.; G. Arch. 2. f. 672). Ebendeshalb sind denn auch in der neuen Fassung die unzweideutigeren Worte: „Betheiligung ꝛc. an die Stelle getreten.

9. Wenngleich der Vorsätzlichkeit der Betheiligung im § keine Erwähnung geschieht, so wird doch eine solche unbedenklich hier vorausgesetzt, was namentlich aus den Schlußworten des ersten Absatzes klar hervorgeht: Z. I. 10. Febr. 1854 c. Haamann (G. Arch. 2. f. 670). Die Vorsätzlichkeit braucht aber nicht weiter zu gehen, als auf die Betheiligung an der Schlägerei, oder am Angriffe, und sie geht aus der Feststellung: „der Angeklagte sei schuldig, an dem von Mehreren verübten Angriffe Theil genommen zu haben“ genügend hervor: Z. II. 27. April 1854 c. Dorsel; Z. I. 11. Sept. 1857 c. Nehmer.

Die Anwendung der Gesetze gegen diejenigen, welche als Urheber eines Mordes oder Todtschlags, oder einer schweren oder erheblichen Körperverletzung oder als Theilnehmer an diesen strafbaren Handlungen schuldig sind (§ 34. Nr. 1. 2.), ist hierdurch nicht ausgeschlossen.

[Entw. § 178]. Vgl. § 192a—194. 196. 185; AKO. v. 21. April 1856 (GS. f. 220).

---

10. Die Strafbarkeit beschränkt sich keineswegs auf diejenigen Betheiligten, welche gegen den Getödteten oder Verletzten Partei genommen, oder welche mit ihm selbst gerauft, oder zum Streite angereizt haben, ebensowenig ist der Besitz einer Waffe dabei irgend entscheidend: Bes. f. 377 IV, 6. Auch die Streitgenossen des Verletzten sind also strafbar; *Contra:* Z. II. 3. Dez. 1857 c. Korte (indirekt), welches es zur Anwendung des § für „genügend" erachtete, wenn der Angeklagte im Streite zu den aktiven Gegnern des Verletzten gehört habe.

11. Ja es ist nicht einmal erforderlich, daß der Betheiligte am Kampfe selbst thätigen Antheil genommen habe; es genügt, wenn er im Raufhandel unter den Streitenden mit anwesend war: Z. (V.) I. 18. Okt. 1856 c. Gandera (G. A. 4: f. 840); Temme GU. f. 252 n. 8. Insbesondere ist es nicht erforderlich, daß ein Schlagen oder dgl. des Angeklagten nachgewiesen sei, sobald nur überhaupt eine Betheiligung feststeht: Z. II. 3. Dez. 1857 c. Korte; daher kann auch der Nachweis des Einzelnen, er habe die betr. Verletzung gar nicht zufügen können, seine Strafbarkeit nicht beseitigen: G. Matt. 2. f. 423 n. 3.

12. Gleichgültig ist es, ob der Urheber der Tödtung 2c. ermittelt wird oder nicht: Bes. f. 377 IVa; G. Matt. 2. f. 424. *Contra:* Z. I. 20. Jan. 1858 c. Günzel (JMBl. f. 123; G. A. 6. f. 280; beil.). Es kann daher auch der Nachweis, daß die Verletzung von einem Andern (z. B. von einem Streitgenossen des Verletzten) ausgegangen sei, sowie die Bestrafung desselben für die Uebrigen keine Straflosigkeit zur Folge haben.

13. Dagegen wird selbstredend eine Betheiligung zur Zeit der Zufügung der betreffenden Verletzung vorausgesetzt; wer sich vorher entfernt hatte, oder später erst hinzukam, fällt nicht unter den §: K.-B. II. K. f. 111.

14. Auch bezieht sich die Strafandrohung nicht mit auf denjenigen, welcher seinerseits allein die Mißhandlung erlitten hat; seine Betheiligung an der Schlägerei reicht dazu nicht aus: V. I. 13. Mai 1859 c. Borczyn (429; JMBl. f. 187; G. A. 7. f. 549).

15. Das „Hineinziehen ohne eignes Verschulden", welches Straflosigkeit zur Folge haben soll, setzt voraus, daß dadurch die Ueberzeugung von der Unschuld begründet wird; es ist dabei vorzugsweise an solche zu denken, welche als Friedensstifter, oder zur Wegschaffung von Verletzten dazwischen traten: Bes. f. 377 IV c. Dagegen ist die Bestimmung nicht auf diejenigen auszudehnen, welche anfänglich ohne Verschulden hineingezogen, demnächst freiwillig an der Schlägerei sich betheiligt haben.

16. Es bedarf nicht der Feststellung, daß der Angeklagte nicht ohne sein Verschulden hineingezogen sei, vielmehr ist beim Fehlen einer entgegenstehenden Feststellung die Strafe zu verhängen: Z. (V.) 7. Juli 1854 c. Fischer (G. A. 2. f. 673); Z. II. 7. Jan. 1858 c. Mecklenbrauk.

17. Bei einem Angriffe wird das Hineinziehen eines der Angreifenden ohne sein Verschulden schwer denkbar sein.

18. Dem in einem schwurgerichtlichen Verfahren auf Stellung einer das „Hineinziehen ohne eignes Verschulden" betreffenden Frage gerichteten Antrage muß bei Nichtigkeitsstrafe (Einf.-Ges. Art. XXIV; Ges. v. 3. Mai 1853 Art. 84) stattgegeben werden: V. I. 7. Juli 1854 c. Fischer (G. Arch. 2. f. 673).

19. Auch wenn ein unverschuldetes Hineinziehen festgestellt, und daher eine Bestrafung nach § 195 ausgeschlossen ist, kann doch jeder wegen der gegen ihn persönlich festgestellten besondern Handlungen nach § 187 2c. bestraft werden; Absatz 3

ist auf die dort ausdrücklich genannten Fälle nicht zu beschränken: Z. (V.) I. 18. Okt. 1856 c. Ganbera (G. A. 4. s. 840).

20. Ueberall, wo der erste Absatz zutrifft, können mildernde Umstände nur als Strafzumessungsgründe Berücksichtigung finden, da § 196 hier keine Anwendung erleidet; eine Strafermäßigung bis unter 3 Monat Gefängniß greift daher nicht Platz: Z. I. 4. Okt. 1854 c. Demuth; Z. I. 20. Jan. 1858 c. Güntzel (JMBl. s. 123; G. A. 6. s. 280). Das gilt auch in Betreff derjenigen bei der Schlägerei Betheiligten, welche als Urheber einer erheblichen Körperverletzung (Abs. 3) schuldig sind; zwar gestattet § 196 in Beziehung auf diesen letztern Thatbestand eine Strafermäßigung bis auf vierwöchentliches Gefängniß, da aber die damit konkurrirende Betheiligung an der Schlägerei nothwendig eine dreimonatliche Strafe nach sich zieht, so kann in diesem Falle jene Vorschrift des § 194 keine Anwendung finden: B. II. 14. Febr. 1861 c. Schwenke (JMBl. s. 110; RdO. 1. s. 251; G. A. 9. s. 282). Die Annahme des Gegentheils würde dazu führen, daß der Urheber einer erheblichen Körperverletzung mit einer geringeren Strafe belegt werden könnte, als derjenige, welcher sich nur an der Schlägerei betheiligt hatte; vgl. § 196 n. 6; Abh. in G. Arch. 7. s. 550. — In den Fällen, in welchen bei einer Schlägerei eine schwere Körperverletzung oder eine Tödtung stattgefunden haben, fällt der obige Zweifel weg, da für sie die Strafandrohung des § 196 nicht unter 3 Monate Gefängniß hinabgeht.

21. Die Vorschrift des ersten Absatzes ist auf den Fall, wo Jemand bei einer Schlägerei oder einem Angriffe eine leichte Körperverletzung ꝛc. erleidet, nicht auszudehnen; in diesem Falle kann die bloße Betheiligung an der Schlägerei ꝛc. die Verhängung einer Strafe nicht rechtfertigen, es bedarf vielmehr dann der Feststellung der Begriffsmerkmale der Theilnahme im Sinne des § 34 an der That des Urhebers jener Verletzung: B. 20. Okt. 1852 c. Oczipka.

Zum Absatz 2.

22. Dieser Abs. 2 setzt ebenso wie Abs. 1 voraus, daß die betreffenden Handlungen bei einer Schlägerei, oder bei einem von Mehreren verübten Angriffe stattgefunden haben; wo ein solcher Fall nicht vorliegt, kann Jeder nur nach Maßgabe des ihm persönlich zur Last fallenden bestraft werden, nur bei einem gemeinschaftlichen Handeln hat Jeder auch das von den Mitthätern Verübte mit zu vertreten: B. II. 19. Mai 1859 c. Holtey (G. A. 7. s. 713).

23. In dem hier vorgesehenen Falle ist es wesentlich, daß der Tod oder die Körperverletzung ꝛc. durch mehrere, von verschiedenen Urhebern herrührende, Verletzungen in ihrer Gesammtheit, d. h. also durch ihr Zusammenwirken herbeigeführt worden sei; die Urheber solcher Verletzungen, welche zur Herbeiführung jener Folge nicht mitgewirkt haben, können daher nicht von der Strafe des zweiten, sondern nur von der des ersten Absatzes betroffen werden; wäre also z. B. nur eine einzige Verletzung die Todesursache gewesen, so würden die ermittelten Urheber aller andern Verletzungen, die zur Herbeiführung des Todes nicht mitgewirkt haben, nur der Strafe des ersten Absatzes unterliegen, ohne Unterschied, ob der Urheber der Hauptverletzung ermittelt worden sei, oder nicht.

24. Der Absatz zwei setzt unzweifelhaft die Vorsätzlichkeit der zugefügten Verletzungen voraus: Temme Gll. s. 253 n. 11; id. Lehrb. s. 805.

25. Liegen mehrere Verletzungen vor, welche nicht einzeln, sondern nur in ihrer Gesammtheit den Tod ꝛc. zur Folge hatten, sind aber nur die Urheber einzelner derselben, nicht aller ermittelt, so unterliegen die ermittelten unbedenklich der Strafe des Absatzes zwei. *Contra* ohne zutreffende Gründe: Temme Gll. s. 253 n. 9.

Zum Absatz 3.

26. Die Vorschrift dieses Absatzes ist unbedenklich auch auf den Fall des § 194 anzuwenden, wenngleich seine Fassung ihn nicht umfaßt. Dasselbe gilt vom § 187; vgl. oben n. 19.

27. An sich würde auch der Fall, wo die Tödtung oder Verletzung durch Fahrlässigkeit geschah, hier nicht ausgeschlossen sein; da aber der auf jeden Betheiligten, also auch auf den ermittelten Urheber anwendbare Absatz eins, eine höhere Strafe als § 184 und 198 androht, der wirkliche Urheber aber doch nicht gün-

§. 196. *) War bei einer Mißhandlung oder Körperverletzung der Thäter ohne eigne Schuld durch eine ihm selbst, oder seinen Angehörigen zugefügte Mißhandlung oder schwere Beleidigung von dem Verletzten zum Zorn gereizt, und dadurch auf der Stelle zur That hingerissen worden, oder wird festgestellt, daß andere mildernde Umstände vorhanden sind, so ist im Falle der Tödtung (§ 194. 195.) auf Gefängniß nicht unter sechs Monaten, im Falle einer schweren Mißhandlung oder Körperverletzung (§ 193.) auf Gefängniß nicht unter drei Monaten, und im Falle der erheblichen Mißhandlung oder Körperverletzung (§ 192 a.) auf Gefängniß nicht unter vier Wochen zu erkennen.

Diese Ermäßigung der Strafe bleibt ausgeschlossen, wenn das Verbrechen gegen leibliche Verwandte in aufsteigender Linie begangen wird.

[Entw. § 179]. Vgl. § 177. 41. 191; Einf.-Ges. Art. XXIV; Ges. v. 3. Mai 1852 Art. 84; AKO. v. 21. April 1856 (GS. s. 220).

---

*) Seine jetzige Fassung erhielt der § durch das Gesetz vom 14. April 1856 (GS. s. 210); die ursprüngliche Fassung lautete:

§ 196. War bei einer Mißhandlung oder Körperverletzung der Thäter ohne Schuld durch eine ihm selbst oder seinen Angehörigen zugefügte Mißhandlung oder schwere Beleidigung von dem Verletzten zum Zorne gereizt, und dadurch auf der Stelle zur That hingerissen worden, oder wird festgestellt, daß andere mildernde Umstände vorhanden sind, so ist im Falle einer schweren Körperverletzung (§ 193) auf Gefängniß nicht unter sechs Monaten und im Falle der Tödtung (§ 194 und § 195) auf Gefängniß nicht unter Einem Jahre zu erkennen.

Diese Ermäßigung der Strafe bleibt aber ausgeschlossen, wenn das Verbrechen gegen leibliche Verwandte in aufsteigender Linie begangen wird.

---

stiger gestellt sein kann, als der Dritte, der sich nur an der Schlägerei betheiligt hat, so muß auch er der Strafe des ersten Absatzes unterliegen. Vgl. Temme GU. s. 252 n. 6.

28. Der § hat den Fall nicht ausdrücklich berührt, wo verschiedene tödtliche Verletzungen von verschiedenen, demnächst ermittelten Personen zugefügt worden sind, es aber nicht feststeht, welche von ihnen in Wirklichkeit den Tod herbeigeführt hat. Koch (n. 34) will in diesem Falle gegen jeden die Strafe des § 194 zur Anwendung bringen. Temme (GU. s. 253 n. 10; id. Lehrb. s. 805 Note) will dagegen jeden nur nach Absatz eins bestrafen, ebenso G. Matt. 2. s. 421 III 1. b. Für diese Ansicht spricht, daß es nicht darauf ankommen kann, ob irgend eine Folge herbeigeführt werden konnte, sondern ob sie objektiv herbeigeführt worden ist. Dieselben Grundsätze sind bei schweren rc. Körperverletzungen anzuwenden.

29. Ueber die Berücksichtigung mildernder Umstände vgl. n. 20.

30. Ueber den Fall eines gemeinschaftlichen Handelns Mehrerer vgl. oben n. 1.

§ 196.

1. Dieser § stimmt im Allgemeinen mit dem § 177 überein; es sind daher die zu letzterem gemachten Bemerkungen hier zu vergleichen, Unterschiede finden nur insofern statt, als § 196 außer dem Reize auch noch die Berücksichtigung anderer mildernder Umstände gestattet, und als seine Wirksamkeit bei der einem Ascendenten zugefügten Körperverletzung ausgeschlossen ist.

§. 197. Wer vorsätzlich einem Andern Gift oder andere Stoffe beibringt, welche die Gesundheit zu zerstören geeignet sind, wird mit Zuchthaus bis zu zehn Jahren bestraft.

Hat die Handlung eine schwere Körperverletzung (§ 193.) zur Folge gehabt, so besteht die Strafe in Zuchthaus von zehn bis zu zwanzig Jahren.

Hat die Handlung den Tod zur Folge gehabt, so tritt lebenslängliche Zuchthausstrafe ein.

Diese Bestimmungen berühren nicht den Fall, wo der Thäter die Absicht zu tödten hatte.

[Entw. § 180]. Vgl. § 304. 175 fgg.

---

2. „Schwere Beleidigung“ ist hier nicht als Gegensatz gegen „einfache Beleidigung“ aufzufassen; es gehören daher nicht alle Ehrverletzungen, mit alleinigem Ausschlusse der im § 343 vorgesehenen hierher; vielmehr ist in jedem Einzelfalle nach den Umständen thatsächlich zu prüfen, ob die Beleidigungen als „schwere“ bezeichnet zu werden verdienen.

3. Die andern mildernden Umstände, deren Berücksichtigung das Gesetz hier gestattet, sind nicht an bestimmte Thatsachen geknüpft, sondern aus einer Gesammt Anschauung des Falles zu entnehmen; ist daher Stellung einer hierauf bezüglichen Frage an die Geschwornen beantragt, so ist dem Antrage in der eignen Fassung des Gesetzes statt zu geben: B. 2. April 1852 c. Böhm (G. A. 1. f. 87).

4. Wenn auch für die Fälle der [erheblichen und] schweren Körperverletzung nur auf den § [192a und] 193 verwiesen ist, so gehören doch unbedenklich auch die Fälle hierher, wo wegen einer derartigen Verletzung die Strafe nach § 195 (Absatz 2) zu bemessen ist: G. Matt. 2. f. 425; Temme Gll. f. 254; Koch n. 36.

5. Im Falle des § 192 bleibt § 196 ausgeschlossen: Z. I. 4. Nov. 1859 c. Dobot.

6. Ebenso findet der § auf die im § 195 vorgesehenen Fälle keine Anwendung, vielmehr wird jeder bei einer Schlägerei Betheiligte, wenn die Voraussetzungen des cit. § Abs. 1 vorliegen, nothwendig von der dort angedrohten Strafe (mindestens 3 Monate Gefängniß) betroffen; zwar verweist § 196 für den Fall der Tödtung selbst auf § 195 mit, dann geht aber die angedrohte Strafe schon über das Maaß des § 195 Abs. 1 hinaus. Das Nähere vgl. § 195 n. 20.

7. Der zweite Absatz bezieht sich nicht nur auf den Fall, wo die That ein Verbrechen, sondern auch auf den Fall, wo sie ein Vergehen (§ 192a) darstellt.

§ 197.

1. Temme (Lehrb. f. 838) definirt Gift als einen Stoff, welcher chemisch, nicht mechanisch auf die Zerstörung des menschlichen Organismus wirkt.

2. Ob ein Stoff diese Eigenschaft habe, und also als Gift anzusehen sei, hat der Richter der Thatsachen festzustellen: Z. I. 11. April 1856 c. Licht (Entsch. 33. f. 214; G. A. 4. f. 841).

3. Im Begriffe des „Gifts“ liegt es, daß es geeignet sei, die Gesundheit zu zerstören; wo daher die Qualität eines Stoffs als Gift festgestellt ist, bedarf es der fernern Feststellung jener Eigenschaft nicht mehr: Z. I. 11. April 1856 c. Licht (cit. n. 2); Z. I. 5. Nov. 1856 c. Schleicher.

4. Das (unter n. 2 cit.) Z. I. 11. April 1856 c. Licht hielt Beibringung einer jeden Quantität Gift, als eines an sich zur Zerstörung der Gesundheit tauglichen Mittels für genügend, um die Anwendung des § zu rechtfertigen; „es bedürfe daher der Feststellung nicht, daß diese Quantität zur Tödtung oder Körperbeschädigung hingereicht habe.“ Da indessen ein giftiger Stoff in durchaus unschädlicher Quantität nicht als „Gift“ im gesetzlichen Sinne angesehen werden kann, so ist es

§. 198. **Wer durch Fahrlässigkeit einen Menschen körperlich verletzt, oder an der Gesundheit beschädigt, soll mit Geldbuße von zehn bis zu Einhundert Thalern oder mit Gefängniß bis zu Einem Jahre bestraft werden.**

Diese Bestrafung soll nur auf den Antrag des Verletzten stattfinden, insofern nicht eine schwere Körperverletzung (§. 193.) vorliegt, oder die Verletzung mit Uebertretung einer Amts- oder Berufspflicht verübt worden ist.

[Entw. § 181]. Vgl. § 184. 203. 50 fgg.

---

gewiß richtiger, mit einem Z. II. 19. Okt. 1854 c. Rauchfuß (JMBl. 1855 s. 34; G. A. 2. s. 823) die Anwendung einer geringeren Quantität als einen Versuch mit einem relativ untauglichen Mittel, und die Frage: ob derselbe einen Anfang der Ausführung des Verbrechens enthalte, als eine solche zu betrachten, welche einen rein thatsächlichen Charakter hat, deren Bejahung daher gegen keinen Rechtsatz verstößt. Vgl. n. 9; § 31 n. 9; Böcker Abh. in der D. Strafrechtszeitg 1861 s. 254.

5. Die „Vorsätzlichkeit" der Handlung setzt die Kenntniß voraus, daß der Stoff zu den im § genannten gehöre (vgl. § 304); die bloße Kenntniß von der „Schädlichkeit" desselben genügt nicht. Das, was zum § 192a unter n. 10 gesagt ist, erleidet hier keine Anwendung: V. I. 20. Juni 1856 c. Frinke (Entsch. 33. s. 218; G. A. 4. s. 697). Die Feststellung der Vorsätzlichkeit schließt übrigens jene Kenntniß in sich: K.-B. I. K. s. 29; behauptet der Angeklagte seine Unkenntniß, so ist es seine Sache, einen hierauf bezüglichen Zusatz in der Frage an die Geschwornen zu beantragen.

6. Das in frühern Entwürfen als Begriffserforderniß enthaltene Merkmal der „Absicht zu schaden" ist später durch „vorsätzlich" ersetzt worden; es genügt daher jetzt diese Vorsätzlichkeit in dem (n. 5) angegebenen Sinne; eine weitere auf Erreichung eines bestimmten rechtswidrigen Erfolgs gerichtete Absicht wird nicht mehr erfordert: Bes. s. 380 II; Temme Gll. s. 255 n. 5; id. Lehrb. s. 839. Nach der Ausführung des letztern reicht als Dolus das Bewußtsein hin, daß eine „giftige" Substanz beigebracht werde, indem dieses bei einem zurechnungsfähigen Menschen die Absicht zu beschädigen in sich schließe; in diesem Sinne müsse der Dolus allerdings auf Gesundheitsbeschädigung gerichtet sein. Das Z. I. 11. April 1856 c. Licht (cit. n. 2) nahm in ähnlicher Auffassung an: die festgestellte „Vorsätzlichkeit" schließe die Absicht zu schaden in sich.

7. Die Heimlichkeit ist kein Begriffserforderniß dieses Verbrechens. Beispiel: gewaltsame Beibringung: Dalcke Abh. in G. Arch. 6. s. 447. *Contra:* Temme Lehrb. s. 839.

8. Ebensowenig bedarf es einer wirklich stattfindenden nachtheiligen Einwirkung auf die Gesundheit; das Verbrechen ist durch die Beibringung des Gifts vollendet: Z. I. 11. April 1856 c. Licht (cit. n. 2); Bes. s. 380 IV; Temme Lehrb. s. 839.

9. Im Uebrigen ist auch ein Versuch des im ersten Absatz vorgesehenen Verbrechens möglich, und unterliegt den allgemeinen Bestimmungen des § 31: Z. II. 16. Okt. 1854 c. Rauchfuß (JMBl. 1855. s. 34; G. Arch. 2. s. 823; vgl. n. 5). *Contra:* Dalcke Abh. in G. A. 6. s. 445, welcher sich dabei auf Zachariä Abh. in G. A. 3. s. 170 beruft. Dagegen ist ein Versuch der in Abs. 2 und 3 erwähnten Verbrechen aus den zu § 192a n. 10—13; § 193 n. 22 entwickelten Gründen undenkbar; vgl. Dalcke l. c.

10. Handelte der Thäter in der Absicht zu tödten, so kann es sich nur fragen, ob ein Mordversuch vorliege; § 197 ist dann ausgeschlossen. Bes. s. 380 I.

§ 198.

1. Ob eine Handlung eine fahrlässige sei, ist Gegenstand thatsächlicher Beurtheilung: Z. I. 10. März 1854 c. Kolbe. Vgl. § 184 n. 5.

§. 199. Wer, ohne vorschriftsmäßig approbirt zu sein, gegen Belohnung, oder einem besonderen, an ihn erlassenen polizeilichen Verbote zuwider, die Heilung einer äußeren oder inneren Krankheit oder eine geburtshülfliche Handlung unternimmt, wird mit Geldbuße von fünf bis zu funfzig Thalern oder mit Gefängniß bis zu sechs Monaten bestraft.

---

2. Temme (Lehrb. s. 840) will auch hier nur diejenigen Verletzungen für strafbar erachten, welche Folge einer gegen den Körper des Verletzten gerichteten Thätlichkeit gewesen sind; er rechnet daher z. B. die durch kulposes Erschrecken bewirkten Gesundheitsbeschädigungen nicht hierher.

3. Der Strafe des § unterliegt auch derjenige, welcher wissend, daß er an der Syphilis leidet, mit andern Personen den Beischlaf vollzieht, und diese ansteckt: Z. I. 7. März 1855 c. Renner.

4. Auch Unterlassungen können da, wo ein besondrer Rechtsgrund (Gesetz, Vertrag rc.) das Recht eines Andern auf die Thätigkeit begründet, den Thatbestand des § darstellen (z. B. Verabsäumung der gesetzlichen Pflicht eines Gastwirths, einem Reisenden die Aufnahme nicht zu versagen): Z. I. 8. Juni 1859 c. Korycki (G. A. 7. s. 551); Z. Pl. 24. Sept. 1860 c. Hollenhorst (JMBl. s. 421; G. A. 8. s. 667).

5. Demgemäß wird auch ein Arzt rc., welcher durch versäumte Hülfeleistung eine Gesundheitsbeschädigung veranlaßt, von der Strafe betroffen, unbeschadet der Vorschrift des § 200: Koch n. 41. 43.

6. Unter „schwerer Körperverletzung“ ist jetzt (nach Art. II des Ges. vom 14. April 1856) nur eine solche zu verstehen, welche dem neuen § 193 entspricht: Z. I. 22. Okt. 1856 c. Wollkopf.

7. Berufspflichten sind im Abs. 2 nur solche, deren Verletzung die Entziehung des Gewerbes oder des Berufs nach sich ziehen kann (vgl. § 184 Abs. 2), und bei welchen eine spezielle Verpflichtung zur Aufmerksamkeit und Vorsicht, welche in einer besondern Kunst oder Sachkenntniß ihren Grund hat, vorausgesetzt wird. Daher bleibt die betr. Bestimmung da außer Anwendung, wo festgestellt ist, daß zum betr. Geschäfte eine besondere Kunst oder Geschicklichkeit nicht erforderlich sei: Beschl. I. 18. Sept. 1860 c. Köhn (79. B; G. A. 8. s. 698). — Hiernach findet dieselbe z. B. auf Aeltern keine Anwendung.

8. Wäre die Strafverfolgung auf Grund des alten § 193 vor dem Gesetze v. 14. Apr. 1856 ohne Antrag des Verletzten begonnen worden, so muß es dem Angeklagten jetzt zu statten kommen, wenn festgestellt wird, daß eine Verletzung im Sinne des neuen § 193 nicht vorliege, es also jetzt eines Antrags bedurft hätte: Z. I. 22. Okt. 1856 c. Wollkopf.

9. Muß den Geschwornen eine auf eine fahrlässige Körperverletzung bezügliche Frage vorgelegt werden, so ist der Begriff der „schweren“ oder „erheblichen“ Körperverletzung in seine wesentlichen Merkmale nach § 193 und 192a aufzulösen, und nicht in der Abstraktion jener Ausdrücke allein aufzunehmen: B. I. 6. Juli 1854 c. Schmidt (G. A. 2. s. 667).

10. Auch im Falle einer erheblichen Körperverletzung läuft die Frist des § 50 von der Zufügung derselben an, da es auf fernere Folgen derselben zunächst wenigstens nicht ankommt.

11. Vgl. im Uebrigen die Noten zu § 184.

§ 199.

Inhalt.

1. Insoweit § 198 zutrifft, hat er die Vorschriften der §§ 42 und 177 der Gew.-Ordn. v. 17. Jan. 1845 beseitigt und ersetzt. Er greift weiter als die letzteren,

Diese Bestimmung findet keine Anwendung, wenn eine solche Handlung in einem Falle vorgenommen wird, in welchem zu dem dringend nöthigen Beistande eine approbirte Medizinalperson nicht herbeigeschafft werden kann.

[Entw. § 182]. Vgl. § 345 Nr. 2 u. 4; Gew.-Ordn. v. 17. Jan. 1845 § 42. 177; Sanitätspolizeil. Vorschr. gen. durch AKO. v. 8. Aug. 1835 § 17. 72. (GS. s. 240).

---

weil er auch den einzelnen nicht gewerbsmäßig, aber gegen Belohnung betriebenen Fall umfaßt; auch ist seine Strafandrohung höher: B. I. 4. Jan. 1856 c. Bieck (JMB. s. 42). Auf der andern Seite sind aber auch Fälle denkbar, welche nicht unter § 199 fallen, wohl aber den Voraussetzungen der Gew.-Ordn. entsprechen; für diese ist die letztere in Kraft verblieben; vgl. n. 2. 22.

2. Derjenige, welcher „vorschriftsmäßig approbirt“, dessen Befähigung also anerkannt ist, kann nicht nach § 199 strafbar sein, sollte er auch anderen, seine Befähigung nicht betreffenden Beschränkungen zuwider gehandelt haben; Beispiel: wenn eine mit dem Befähigungszeugnisse der Regierung versehene Hebeamme über den ihr vorgeschriebenen örtlichen Bezirk hinaus geht: Z. I. 16. Nov. 1860 c. Käfer (RdO. 1. s. 131; G. A. 9. s. 71). Dagegen dürfte in einem solchen Falle die Strafe des § 177 der Gew.-Ordn. zutreffen; vgl. n. 1; Antr. des Gen.-St.-Anw. zum cit. Z. 16. Nov. 1860 (l. c.).

3. Aehnlich verhält es sich mit ausländischen Aerzten, welche die Ermächtigung erlangt haben, in einem begränzten Bezirke des Inlandes die Heilkunde auszuüben; die Strafbarkeit erkannte nach der früheren Gesetzgebung ein V. Kass.-Hof 23. Nov. 1840 c. Mayrisch (Rh. A. 30. 2. A. s. 109) an.

4. Dagegen wird § 199 unbedenklich da anwendbar, wo Jemand über die seiner Approbation hinzugefügten Beschränkungen hinausgeht, insofern dieselben auf einem geringeren Grade seiner präsumtiven Befähigung beruhen. Vgl. n. 7; G. Matt. 2. s. 432 n. 3.

5. Aus dem Gesagten (n. 3. 4) folgt, daß für einen vorschriftsmäßig approbirten Arzt die Vornahme von Kuren nicht von einem an ihn ergangenen polizeilichen Verbote abhängig gemacht werden kann: K.-B. II. K. s. 112. Anders verhält sich dagegen die Sache, sobald ihm die Approbation wieder entzogen worden ist; von diesem Augenblicke an ist er als nicht approbirt anzusehen: Z. II. 8. Jan. 1857 c. Herzberg; Z. I. 7. Okt. 1857 c. Niegelsohn. *Contra:* Temme Lehrb. s. 842 Note. Die Gerichte sind auch nicht befugt über die Rechtsbeständigkeit einer solchen Entziehung zu entscheiden: Z. 8. Jan. 1857 cit.

6. Wundärzte erster Klasse sind an sich zur Ausübung der inneren Heilkunde qualifizirt, es findet daher § 199 auf sie keine Anwendung. Die AKO. v. 17. Juni 1837 ist in Verbindung mit den Min.-Verfggn. v. 24. Aug. 1825 (AKO. v. 28. Aug. 1825) und v. 30. Juni 1837 (v. Kamptz Ann. 21. s. 558) dahin auszulegen, daß jenen Wundärzten erster Klasse nicht die Heilung innerer Krankheiten, sondern nur, bei Verlust ihrer Approbation, die Domizilirung in Orten, in welchen ein promovirter Arzt wohnt, untersagt ist. Erst wenn in einem solchen Falle nach Anleitung der cit. Verf. v. 30. Juni 1837 ihre Approbation in die eines Wundarztes zweiter Klasse umgeschrieben worden ist, beginnt, mit dem Mangel der Approbation zur ärztlichen Praxis, auch die Strafbarkeit nach § 199. Folgerichtig steht es „den „Wundärzten erster Klasse, welche sich an einem Orte niederlassen, an welchem ein „promovirter und approbirter Arzt nicht ansässig ist, zu, von diesem Orte aus, auch „an solchen Orten, an welchen promovirte und approbirte Aerzte ansässig sind, die „innere ärztliche Praxis zu betreiben“: Z. II. 10. Febr. 1853 c. Kuhle (Präj. n. 17; Entsch. 24. s. 495; 25. s. 343; G. Arch. 1. s. 244); ähnlich: B. 27. Sept. 1852 c. Schmidt (G. Arch. l. c.); Z. II. 20. Okt. 1853 c. Weitzmann (G. Arch. 2. s. 121); vgl. § 105 n. 13.

7. Dagegen sind Wundärzte zweiter Klasse zur Ausübung der innern Heilkunde nicht qualifizirt; sie unterliegen daher geeigneten Falles der Strafe des §: B. Kass.-H. 16. Dez. 1837 c. Bauduin (Rh. A. 26. 2. A. s. 63).

8. Personen, welche die Approbation als praktischer Arzt nicht besitzen, können nur ausnahmsweise die Erlaubniß erhalten, Wasserkuren innerhalb der von ihnen errichteten Anstalten anzuwenden. Außerhalb der Anstalt ist diesen Personen die gesetzliche Erlaubniß zur Anwendung von Wasserkuren gänzlich versagt: Regl. vom 15. Juni 1842 (GS. s. 243). Eine Zuwiderhandlung fällt unter die Bestimmung des § 199: B. I. 4. Jan. 1856 c. Bieck (JMBl. s. 42).

9. Zur Ausübung der Thierheilkunde bedarf es einer Approbation nicht, indem die Gewerbe-Ordnung die thierärztliche Praxis ganz frei geben wollte. Vgl. Verf. d. Min. d. Med.-Ang. v. 31. März 1847 (MBl. f. d. i. V. s. 52), und eine Erklärung des Regierungs-Kommissars in der Kommission der zweiten Kammer für Handel und Gewerbe in der Sitzungs-Periode 18⁵⁶/₅₇, relatirt im Berichte III. dieser Kommission (n. 239). Ausübung dieser Heilkunde ohne Approbation ist daher weder nach § 199, noch nach § 177 der Gewerbe-Ordnung strafbar. Vergl. § 105 n. 15.

10. Der § setzt ein vorsätzliches Handeln voraus, d. h. ein solches, welches mit der wirklichen oder vorgegebenen Absicht zu heilen unter dem Bewußtsein der mangelnden Approbation 2c. geschieht: Z. II. 20. Sept. 1860 c. Brakelmann (G. A. 8. s. 836). Es kann daher unter Umständen derjenige, welcher mit Ermächtigung seiner vorgesetzten Behörde, aber ohne die vorgeschriebene ministerielle Approbation gehandelt hat, straflos bleiben, wenn ihm jenes Bewußtsein fehlte; es läßt sich nicht behaupten, daß es ihm obgelegen habe, sich über die Legalität seiner Approbation Gewißheit zu verschaffen: B. I. 17. März 1858 c. Ginschor.

11. Die Heilung muß gegen Belohnung unternommen sein; es wird daher eine (wenigstens stillschweigende) Uebereinkunft darüber, daß eine Belohnung geleistet werden solle, vorausgesetzt: Bes. s. 382. Demgemäß ist es nicht erforderlich, daß eine Belohnung bereits gegeben, oder gefordert sei, vielmehr genügt es, wenn die Heilung in der Erwartung einer solchen, also ohne die Absicht der Unentgeltlichkeit unternommen ist. Dagegen kann dem Angeklagten der Beweis der Absicht der unentgeltlichen Behandlung nicht auferlegt werden, da das Gegentheil zu dem ihm nachzuweisenden Thatbestande gehört: Z. I. 11. Mai 1855 c. Hanko. Ein nachträgliches freiwilliges Geschenk macht die unentgeltlich vorgenommene Handlung nicht strafbar: G. Matt. 2. s. 431.

12. Damit die Heilung gegen Belohnung unternommen sei, genügt es, wenn sie als Mittel zum Zwecke einer Bereicherung benutzt wird; es braucht daher die Gegenleistung nicht ausdrücklich als Lohn bezeichnet, oder gar als solche empfangen zu sein; es reicht hin, wenn der Gewinn in dem hohen Preise des verabreichten Mittels gesucht wird: B. I. 8. Febr. 1861 c. Erbe (Entsch. 44. 2. s. 59; RdO. 1. s. 211; G. Arch. 9. s. 285); ähnlich: Z. II. 20. Sept. 1860 c. Baunscheidt, nach welchem jedenfalls der Instanzrichter in einem solchen übermäßigen Preise die gegebene Belohnung finden kann.

13. Die Motive (s. 52) scheinen anzudeuten, als wenn die Worte „gegen Belohnung" gleichbedeutend mit „gewerbsmäßig" seien; jene Worte haben indessen einen weitern Begriff, indem hiernach auch eine einmalige Handlung unbedingt strafbar ist, und eine Mehrheit von Fällen reale Konkurrenz begründet, welches beides nicht zutreffen würde, wenn Gewerbsmäßigkeit gefordert würde: Bes. s. 382. *Contra:* Temme Gll. s. 255 n. 2, welcher die Strafbarkeit hiernach nur annimmt, wenn Gewerbsmäßigkeit festgestellt wird; vgl. n. 23.

14. Das polizeiliche Verbot kann sowohl von der Orts-, als von der Provinzial- oder Centralbehörde ausgehen: Z. II. 8. Jan. 1857 c. Herzberg. Ein solches Verbot gilt allgemein, und nicht blos für den Verwaltungsbezirk der betr. Behörde: Z. II. 18. Okt. 1860 c. Heilmann.

15. Jede Thätigkeit, durch welche in Beziehung auf die Behandlung einer Krankheit Mittel oder Wege an die Hand gegeben werden, sind als Unternehmung der Heilung anzusehen, sobald sie sich äußerlich als solche kund geben, welche auf Herbeiführung der Heilung oder auf Erleichterung des Zustandes abzielen; es ist daher gleichgültig, ob der Handelnde selbst von der Nutzlosigkeit dieser Mittel 2c. überzeugt war. Auch bedarf es der wirklichen Verabreichung von Mit-

teln nicht; jeder mündliche oder schriftliche Rath, jedes Rezept reicht aus. Hiernach kann einem B. II. 24. Sept. 1857 c. Theile (G. A. 5. f. 854) nicht beigepflichtet werden, welches den hier erforderlichen Dolus da vermißte, wo derjenige, welcher einem Heilungsbedürftigen ein Rezept gab, ihn aber gleichzeitig anwies, dasselbe vor der Benutzung durch einen Arzt prüfen und genehmigen zu lassen, vorausgesetzt daß diese Anweisung seinem wahren Willen entsprach, und nicht etwa blos zum Scheine geschah.

16. Demgemäß ist die Vorschrift keineswegs auf Heilungen durch pharmazeutische Mittel beschränkt: Z. I. 17. Sept. 1858 c. Petsch (G. A. 7. f. 104); vielmehr gehört die Benutzung jedes auf den Körper einwirkenden Mittels, insbesondre auch die eines diätetischen Mittels hierher: Z. I. 16. Febr. 1859 c. Strozyk (G. A. 7. f. 390). Vgl. n. 20.

17. Ebenso ist die Anwendbarkeit des § keineswegs durch eine vorgängige Untersuchung bedingt; es genügt, wenn bei der Handlung ein bestehender Krankheitszustand als vorhanden vorausgesetzt wurde: Z. II. 20. Sept. 1860 c. Brakelmann (G. A. 8. f. 836).

18. Hiernach ist der Richter der Thatfrage befugt, auch in der Zusendung von wirklichen oder vermeintlichen Heilmitteln an Hülfsbedürftige mit der gleichzeitigen Anweisung über den Gebrauch oder die Anwendung des Mittels das Unternehmen einer Heilung, und nicht ein bloßes Kaufgeschäft, zu finden: Z. II. 28. Juni 1860 c. Baunscheidt.

19. Die Schwierigkeit der Befolgung des Raths, oder der Beschaffung der verordneten Arznei kann eine Straflosigkeit nicht herbeiführen, insofern nicht eine vollständige Unmöglichkeit vorliegt. Zu vergleichen ist ein Z. II. 4. März 1858 c. Theile (G. A. 5. f. 854).

20. Ein Unternehmen der Heilung einer äußern oder innern Krankheit liegt nur da vor, wo es sich von wirklichen Einwirkungen auf den Körper des Leidenden handelt, da auch die ertheilten Approbationen nur auf solche sich beziehen. Angebliche Heilversuche durch bloße Gebete oder dgl. fallen daher nicht unter den §.

21. Das Setzen von Schröpfköpfen ist eine chirurgische Operation, und nur denjenigen gestattet, welche dazu die Approbation erlangt haben: B. Rh. Kass.-Hof 15. Sept. 1838 c. Marx (Rh. A. 27. 2. A. f. 51). Vgl. n. 22.

22. Schröpfen, Aderlassen und Blutegelsetzen ohne Approbation oder trotz eines polizeilichen Verbots (n. 21) sind selbst dann strafbar, wenn sie auch nur auf jedesmalige Anweisung eines Arztes geschehen, da der § nicht nur der zweckwidrigen Vornahme solcher chirurgischer Operationen, sondern auch der kunstwidrigen Ausführung derselben vorbeugen will: Z. I. 2. Febr. 1855 c. Kühne. *Contra:* B. I. 28. Juni 1854 c. Kaminsky, welches es nicht als Unternehmung der Heilung einer Krankheit, wenigstens nicht ohne besondere thatsächliche Voraussetzungen, ansehen wollte, wenn Jemand, nach Anleitung eines Arztes, bei der von diesem übernommenen Heilung irgend einen Dienst (z. B. Aderlaß ꝛc.) verrichtet; ebenso: B. I. 9. März 1860 c. Stolpien (G. A. 8. f. 416), welches dagegen in einem solchen Falle die Anwendbarkeit der §§ 42 und 177 der Gew.-Ordn. annahm, sobald ihre Voraussetzungen vorhanden seien; vgl. n. 1.

23. Die successive Anwendung verschiedener Mittel zur Hebung eines und desselben Krankheitszustandes wird in der Regel nur als ein einheitliches Heilungs-Unternehmen anzusehen sein. Dagegen macht sich derjenige, welcher bei verschiedenen Personen, zu verschiedenen Malen und zu verschiedenen Zeiten die Heilung von Krankheiten unternimmt, des wiederholten Vergehens schuldig, und unterliegt den Vorschriften des § 56: Z. 24. Nov. 1852 c. Reining; Z. II. 11. Nov. 1858 c. Heilmann; vgl. n. 13.

24. Eine frühere Verurtheilung auf Grund des § 707. II, 20. des ALR. rechtfertigt jetzt die Anwendung der Rückfallsstrafe (§ 58): Z. 24. Nov. 1852 c. Reining.

25. Die Vorschrift des zweiten Absatzes stellt sich deutlich als eine solche dar, welche einen vom Angeklagten zu behauptenden und zu beweisenden Einwand enthält: Z. I. 11. Mai 1855 c. Hanko.

§. 200. **Medizinalpersonen, welche in Fällen einer dringenden Gefahr ohne hinreichende Ursache ihre Hülfe verweigern, sollen mit Geldbuße von zwanzig bis zu fünfhundert Thalern bestraft werden.**

[Entw. § 183]. Vgl. § 340 Nr. 7; Gew.-Ordn. v. 17. Jan. 1845 § 71.

§. 201. **Hebeammen, welche verabsäumen, einen approbirten Geburtshelfer herbeirufen zu lassen, wenn bei einer Entbindung Umstände sich ereignen, die eine Gefahr für das Leben der Mutter oder des Kindes besorgen lassen, oder wenn bei der Geburt die Mutter oder das Kind das Leben einbüßt, werden mit Geldbuße bis zu funfzig Thalern oder mit Gefängniß bis zu drei Monaten bestraft.**

[Entw. § 184]. Vgl. Gew.-Ordn. v. 17. Jan. 1845 § 71.

---

§ 200.

1. Zu den „Medizinalpersonen" gehören unbedenklich auch Hebeammen: G. Matt. 2. f. 433 n. 3; Temme Lehrb. f. 843 Note 3.

2. Dagegen gehören Apotheker nicht dazu: Temme Lehrb. f. 843 Note 3. *Contra*: id. Gll. f. 256 n. 1.

3. Ebensowenig sind Thierärzte als „Medizinalpersonen" zu betrachten, da die thierärztliche Praxis grundsätzlich freigegeben ist; vgl. § 199 n. 9.

4. Die dringende Gefahr muß objektiv, nicht etwa blos nach der Ansicht des Hülfe suchenden vorhanden sein; außerdem muß der Arzt 2c. das Vorhandensein derselben, und die Nothwendigkeit der Hülfe erkannt haben: Temme Lehrb. f. 843.

5. Das „Verweigern" der Hülfe setzt voraus, daß dieselbe gefordert worden sei: Temme Lehrb. f. 843. Im Uebrigen ist das unmotivirte Nichtleisten einer als nothwendig erkannten Hülfe als Verweigerung derselben anzusehen, sie liegt im thatsächlichen Nichtkommen. So: Z. 25. Juni 1852 c. Munk (ind.).

6. Der Angeklagte muß das von ihm behauptete Vorhandensein hinreichender Ursachen zur Verweigerung beweisen: Z. 25. Juni 1852 c. Munk (ind.).

7. Daß für den Kranken ein Nachtheil entstanden sei, ist zur Anwendung des § nicht erforderlich: K.-B. II. K. f. 113. Ist ein solcher eingetreten, so liegt auch der Thatbestand der in den §§ 184 oder 198 vorgesehenen Vergehen in idealer Konkurrenz vor: G. Matt. 2. f. 433 n. 2.

8. Auf einen bestimmten Dolus des Thäters kommt Nichts an, da eben Pflichtverletzung, unterlassene Erfüllung der Berufspflicht, den Thatbestand ausmacht: Z. 25. Juni 1852 c. Munk; Temme Lehrb. f. 843; id. Gll. f. 256 n. 3.

§ 201.

1. Das bloße Verlangen der Herbeirufung beseitigt die Strafbarkeit nicht; auf der andern Seite kann aber auch nicht gefordert werden, daß die Hebeamme die Herbeiholung wirklich bewirke: G. Matt. 2. f. 434; Temme Gll. f. 256 n. 2; Koch n. 44.

2. Bedingung der Strafbarkeit ist, daß die Hebeamme die Gefahr erkannt habe: Temme Gll. f. 256 n. 1.

3. Nach erfolgtem Tode der Mutter oder des Kindes ist die Herbeiholung des Geburtshelfers deshalb für nöthig erachtet worden, um die Schuld oder Schuldlosigkeit der Hebeamme constatiren zu lassen: G. Matt. 2. f. 434.

4. Auch hier trifft die Strafe den Dolus wie die Culpa: Temme Gll. f. 256 n. 3.

5. Treffen beide im § vorgesehenen Fälle der Verabsäumung zusammen, so liegen zwei selbstständige Vergehen in realer Konkurrenz vor: G. Matt. 2. f. 434; Temme Gll f. 256 n. 1.

§. 202. Baumeister und Bauhandwerker, welche bei der Ausführung eines Baues wider die allgemein anerkannten Regeln der Baukunst dergestalt gehandelt haben, daß hieraus für Andere Gefahr entsteht, sollen mit Geldbuße von funfzig bis zu dreihundert Thalern oder mit Gefängniß von sechs Wochen bis zu sechs Monaten bestraft werden.

Im Rückfalle können sie zugleich der Befugniß zur selbstständigen Betreibung ihrer Kunst oder ihres Gewerbes verlustig erklärt werden.

[Entw. § 185]. Vgl. § 345 Nr. 11. 12.

§. 203. Wenn bei einer vorsätzlich verübten Körperverletzung der Thäter die ihm vermöge seines Amtes, Berufes oder Gewerbes obliegenden besonderen Pflichten übertreten hat, so soll derselbe zugleich auf eine bestimmte Zeit, welche die

---

6. Vgl. im Allgemeinen Verf. der Regierung zu Arnsberg v. 26. Juli 1852 (MBl. f. d. i. V. 1852 f. 216; v. Rönne f. 129).

§ 202.

1. Ob Jemand Bauhandwerker sei, ist eine wesentlich thatsächliche, nach dem Umfange des betriebenen Gewerbes und der ertheilten Konzession zu beantwortende Frage: Z. I. 18. Jan. 1854 c. Böhme.

2. Da hier nicht blos von Baumeistern, sondern allgemein von Bauhandwerkern die Rede ist, so kann der Mangel der Konzession als Meister und der Berechtigung zur selbstständigen Ausführung von Bauten der Anwendbarkeit des § nicht entgegenstehen: Z. I. 18. Jan. 1854 c. Böhme.

3. Die Bauhandwerker sind hier nicht nur für solche Handlungen, welche ihrem eignen Gewerbe angehören, sondern für jede Zuwiderhandlung wider die anerkannten Regeln der Baukunst im Allgemeinen verantwortlich gemacht; sie unterliegen daher auch dann diesem Gesetze, wenn sie die ihnen durch ihre Konzession gestellten Gränzen überschreiten: Z. I. 18. Jan. 1854 c. Böhme.

4. Die Gefahr muß für Leben oder Gesundheit vorhanden sein: Temme Lehrb. f. 844; id. Gll. f. 256.

5. Die bloße Möglichkeit einer Gefahr genügt nicht, es ist ihr wirklicher Eintritt erforderlich: Temme Lehrb. f. 844; id. Gll. f. 256. Dagegen unterscheidet der § zwischen einer gegenwärtigen, d. i. unmittelbar drohenden, oder einer erst künftig entstehenden [durch gewisse leicht eintretende Eventualitäten bedingten] Gefahr nicht: Beschl. I. 9. Mai 1855 c. Krebs.

6. Eine Gefahr im Sinne des § beginnt erst mit dem Augenblicke, wo das Gebäude zu seinem Zwecke (das Haus also zum Bewohnen) benutzt werden darf; wenn daher nach baupolizeilichen Vorschriften jeder Rohbau vor seiner Vollendung zunächst von einem Bauverständigen geprüft werden muß, so können die bei dieser Revision entdeckten Mängel, wenn ihnen sofort vollständig abgeholfen, und jeder daraus drohenden Gefahr vor Vollendung des Baues vorgebeugt wird, den Thatbestand dieses § nicht darstellen: Z. I. 9. Jan. 1856 c. Krebs (G. Arch. 4. f. 252). Dagegen greift das Gegentheil dann Platz, wenn die Mängel der Art sind, daß daraus für die beim Baue beschäftigten Arbeiter eine Gefahr entsteht: Z. I. 9. Sept. 1859 c. Laudien.

7. Daß der Bauherr die Ausführung des Baues in der stattgehabten Weise verlangt habe, schließt die Strafbarkeit nicht aus: Temme Lehrb. f. 844.

8. Ob Dolus oder Culpa vorliege, ist gleichgültig: Temme Gll. f. 257.

§ 203.

1. Vgl. die Bemerkungen zu § 184 n. 10. 11.

Dauer von fünf Jahren nicht übersteigen darf, oder für immer zu einem solchen Amte für unfähig, oder der Befugniß zur selbstständigen Betreibung seiner Kunst oder seines Gewerbes verlustig erklärt werden.

Auch bei fahrlässig verübten Körperverletzungen kann der Thäter wegen Vernachlässigung der besonderen Amts-, Berufs- oder Gewerbspflichten, wenn sich derselbe im Rückfalle befindet, zugleich auf eine bestimmte Zeit, welche die Dauer von fünf Jahren nicht übersteigen darf, oder für immer zu einem solchen Amte für unfähig, oder der Befugniß zur selbstständigen Betreibung seiner Kunst oder seines Gewerbes verlustig erklärt werden.

[Entw. § 186]. Vgl. § 184.

Siebenzehnter Titel.

Verbrechen und Vergehen wider die persönliche Freiheit.

§. 204. Wer einen Menschen durch List oder Gewalt entführt, um ihn entweder in hülfloser Lage auszusetzen, oder ihn in Sklaverei oder Leibeigenschaft, oder in auswärtige Kriegsdienste oder Schiffsdienste zu bringen, begeht einen Menschenraub und soll mit Zuchthaus von fünf bis zu zwanzig Jahren bestraft werden.

[Entw. § 187]. Vgl. § 69 Nr. 1. 3; 111. 210.

---

§ 204.

1. Auf Alter und Selbstständigkeit des entführten Menschen kommt Nichts an: Motive s. 54; Bes. s. 393 IV; Temme Gll. s. 258 n. 2.

2. List ist hier Willensbestimmung durch falsche Vorspiegelungen, und andre Irreleitung: Temme Gll. s. 258 n. 4.

3. Gewalt umfaßt auch die Drohung: Beseler s. 393 III; Temme Glossen s. 258 n. 4.

4. Gewalt ist auch ohne die Ueberwindung eines geleisteten Widerstandes, oder ohne daß ein entgegengesetzter Wille des Entführten obgewaltet habe, möglich (z. B. bei Personen, welche keinen Willen haben). Vgl. Temme Gll. s. 258 n. 4.

5. Durch das Wort „Entführen" soll die vollendete Bemächtigung der Person bezeichnet werden: Motive s. 55.

6. Das „Entführen" setzt die Entfernung vom jeweiligen Aufenthaltsorte voraus: Bes. s. 393 II; Temme Gll. s. 258 n. 3; Lehrb. s. 873; Goltd. Matt. 2. s. 439 n. 3; s. 444 n. 7; Koch n. 52. Die bloße Bemächtigung zum Zweck der Entführung stellt einen Versuch dar: Temme l. c.

7. Entfernung aus dem Preußischen Staatsgebiete ist nicht erforderlich: Motive s. 54.

8. Die „hülflose Lage" ist nicht im Sinne des § 190 auf den Fall zu beschränken, wo Jemand ohne fremde Hülfe seine Existenz nicht ferner fristen kann; wohl aber verlangt Temme (Lehrb. s. 874) irgend eine erhebliche Gefahr für Leib oder Leben.

9. Die Erreichung der verbrecherischen Absicht, also z. B. des Menschenverkaufs, der Aussetzung ꝛc. gehört nicht zum Thatbestande dieses Verbrechens. Motive s. 55. Daher ist die Freigebung vor Erreichung der Absicht nicht als ein freiwillig aufgegebener Versuch zu betrachten: Koch n. 48.

§. 205. Wer einen Menschen unter sechszehn Jahren durch List oder Gewalt entführt, um ihn zum Betteln oder zu gewinnsüchtigen oder unsittlichen Zwecken oder Beschäftigungen zu gebrauchen, wird mit Zuchthaus bis zu funfzehn Jahren bestraft.

[Entw. § 188]. Vgl. § 118. 147. 341. 206.

§. 206. Wer eine minderjährige Person durch List oder Gewalt ihren Eltern oder Vormündern entführt, wird mit Gefängniß nicht unter Einem Jahre bestraft.

[Entw. § 189]. Vgl. § 138. 204. 205. 207 fgg.

---

10. Das Verbrechen besteht hier wesentlich in der Freiheitsberaubung, setzt sich also so lange fort, als diese dauert; erst mit dem Ende derselben kann daher der Lauf der Verjährung beginnen: Goltd. Matt. 2. S. 439 n. 5; 1. S. 435; Koch n. 48; Berner Grdss. § 109. Vgl. § 46 n. 11. *Contra:* Gilb. C. d'Instr. Art. 637 n. 23. 24. Vgl. § 208 n. 13. Ein Gleiches gilt aber nicht von der Dauer der hülflosen Lage; mit Beendigung der Aussetzung ist das Verbrechen vollendet und die Verjährung beginnt.

§ 205.

1. Die Ausdrücke: „List oder Gewalt" sind nicht lediglich auf eine Willensbestimmung der entführten Person zu beziehen, sondern objektiv aufzufassen; es reicht daher hin, wenn sie überhaupt als Mittel, die Entführung ins Werk zu setzen gedient haben, sollten sie auch gegen eine dritte Person ausgeübt worden sein. So: Z. (B.) I. 4. Jan. 1860 c. Donat (G. A. 8. S. 279). Vgl. aber n. 4.

2. Ob die Entführung aus der Obhut der Eltern, Vormünder &c. geschehe, ist gleichgültig: Temme Lehrb. S. 876.

3. Ebenso gleichgültig ist, ob Eltern oder Vormünder &c. eingewilligt haben: G. Matt. 2. S. 440; Temme Lehrb. S. 876; Koch n. 49.

4. Da List oder Gewalt erheischt wird, so schließt eine freie Einwilligung des Entführten die Strafbarkeit aus, insofern nach dem Alter desselben überhaupt von seiner Einwilligung die Rede sein kann. So: Temme Lehrb. S. 876; vgl. G. Matt. 2. S. 440; Koch n. 49. Vgl. aber n. 1.

5. Der Dolus muß dahin gehen, die entführte Person nicht als Mittel zur Erreichung anderweiter gewinnsüchtiger Zwecke (z. B. um dadurch von den Eltern &c. etwas zu erpressen), sondern als das eigentliche Objekt der strafbaren That zu gebrauchen, und dadurch ihr Wohlergehen namentlich in sittlicher Beziehung zu gefährden (vgl. Entw. v. 1843 § 356 Nr. 2); B. I. 4. Jan. 1860 c. Donat (G. A. 8. S. 279).

6. Im Uebrigen sind die Bemerkungen zu § 204 zu vergleichen.

§ 206.

1. Hier wird die Entführung mit Strafe bedroht, welche lediglich zum Zwecke der Vereitelung des Erziehungs- und Beaufsichtigungsrechts der Eltern und Vormünder verübt wird: Motive S. 55.

2. Daher schließt die Einwilligung der Eltern &c. die Anwendbarkeit des § aus, sollte auch das Kind gezwungen, oder durch List zur Einwilligung gebracht sein: Temme Gll. S. 259 n. 2, welcher diese Ansicht im Lehrb. S. 876 mit Unrecht zurücknimmt, da die Eltern &c. das Recht haben, über den Aufenthalt des Minderjährigen zu verfügen.

3. Den Minderjährigen sind hier Blödsinnige und andre unter Vormundschaft oder Curatel stehende Personen nicht gleich zu achten: Temme Gll. S. 259 n. 5.

4. Nicht jede momentane Entfernung aus der Gewalt der Eltern &c. ist eine Entführung; es wird vielmehr vorausgesetzt, daß jene Gewalt auch nicht unter Benutzung der zu Gebote stehenden obrigkeitlichen Hülfe sofort wiederhergestellt wer-

§. 207. **Wer eine Frauensperson durch List oder Gewalt entführt, um sie zur Unzucht oder zur Ehe zu bringen, wird mit Zuchthaus bis zu zehn Jahren bestraft.**

[Entw. § 190]. Vgl. § 208. 209.

§. 208. **Wer eine minderjährige unverehlichte Frauensperson mit ihrem Willen, jedoch ohne die Einwilligung ihrer Eltern oder ihres Vormundes entführt, um sie zur Unzucht oder zur Ehe zu bringen, wird mit Gefängniß nicht unter drei Monaten bestraft.**

[Entw. § 191]. Vgl. § 207. 209.

---

den kann. Daher ist der Instanzrichter berechtigt, eine in Gegenwart des Vormunds bewirkte Einschließung in einem Gemache des nämlichen Hauses für keine Entführung zu erachten. Vgl. Z. I. 23. Juni 1858 c. Wesener (G. A. 6. s. 707).

5. Auf den weitern Zweck der Entführung kommt hier Nichts an: Temme Gll. s. 259 n. 4.

§ 207.

1. Subjekt dieses Verbrechens kann auch eine Frauensperson sein, z. B. eine Kupplerin: Temme Gll. s. 260 n. 5. *Contra*: id. Lehrb. s. 734; Koch n. 52. Vgl. n. 9.

2. Daß die entführte Frauensperson unbescholten sei, wird nicht erfordert: Bes. s. 395 1; G. Matt. 2. s. 443 n. 3; Koch n. 52. *Contra*: Temme Lehrb. s. 734.

3. Dagegen will Goltdammer (Matt. 2. s. 443 n. 2) diesen § nur auf die Entführung von selbstständigen oder doch großjährigen Frauenspersonen beschränken. *Contra*: Koch n. 52.

4. Jedenfalls sind Ehefrauen dritter Personen nicht ausgeschlossen: Goltd. Matt. 2. s. 443 n. 2; Temme Lehrb. s. 734.

5. Die eigne Ehefrau kann nicht Gegenstand dieses Verbrechens sein, wohl aber die eigne Braut: G. Matt. 2. s. 443 n. 4; Temme Gll. s. 262 n. 12; id. Lehrb. s. 735.

6. Vorausgesetzt wird ein Entführen durch List oder Gewalt, d. h. ein ohne freie Einwilligung der Entführten bewirktes: G. Matt. 2. s. 444 n. 6; Temme Lehrb. s. 735. Eine freie Einwilligung liegt da nicht vor, wo die Entführte durch falsche Vorspiegelungen dazu gebracht worden ist. Vgl. § 208 n. 8. *Contra*: Beschl. App.-Ger. Glogau 19. Jan. 1858 c. Finger. Ueber die Erfordernisse der List oder Gewalt vgl. § 204 n. 2—4.

7. Ueber den Begriff der Entführung vgl. § 204 n. 5—7.

8. Goltdammer (Matt. 2. s. 445 n. 9; s. 287 n. 1) nimmt an, daß der Begriff „Unzucht“ hier (wie im § 141) ein weiterer sei, als der des „Beischlafs.“ Vgl. oben § 141 n. 1; Temme Lehrb. s. 736; Koch n. 52.

9. Ein „Bringen zur Unzucht“ bleibt auch da noch möglich, wo derselbe Zweck früher bereits ohne Entführung erreicht war; es ist Gegenstand der thatsächlichen Beurtheilung, ob solches anzunehmen sei. *Contra*: Beschl. App.-Ger. Glogau 19. Jan. 1858 c. Finger.

10. Es wird nicht erfordert, daß der Zweck des Entführers dahin gehe, für sich selbst die Entführte zur Unzucht oder Ehe zu bringen. Vgl. n. 1; G. M. 2. s. 443 n. 5; Temme Gll. s. 261 n. 8.

11. Das Verbrechen ist vollendet durch die Wegführung, ob der geschlechtliche Zweck erreicht sei, ist gleichgültig: Bes. s. 395 I; Temme Gll. s. 261 n. 9; id. Lehrb. s. 736.

12. Verjährung vgl. § 204 n. 10.

§ 208.

1. Die Frage der Minderjährigkeit ist nach dem an jedem Orte gelten-

§. 209. Hat der Entführer (§§. 207., 208.) die Entführte geheirathet, so kann gegen denselben nur auf den Antrag derjenigen Personen verfahren werden, welche auf die Ungültigkeitserklärung der Ehe anzutragen befugt sind; auch darf derselbe nicht eher verurtheilt werden, als bis die Ehe vorher für ungültig erklärt worden ist.

[Entw. § 192]. Vgl. § 50—54; ALR. II, 1 § 44—58; 984—988; Rh. BGB. Art. 182. 183.

---

den Civilrechte zu beurtheilen; die Verschiedenheit in der Anwendung rechtfertigt sich dadurch, daß hier eben die Verletzung der Rechte der Eltern ꝛc. geahndet werden soll: Bes. s. 396 II a.

2. Als minderjährig ist diejenige Person nicht anzusehen, welche nach Rheinischem Rechte emanzipirt worden ist: Gilb. C. pén. Art. 354 n. 11.

3. Zu den „unverehelichten“ Frauenspersonen gehören hier auch die Wittwen: Temme Gll. s. 261 n. 10; id. Lehrb. s. 736.

4. Die Entführung einer minderjährigen Ehefrau mit ihrem Willen soll nur als Ehebruch strafbar sein: Motive s. 57.

5. Die einwilligende Entführte ist nicht etwa als Theilnehmerin anzusehen, und überhaupt nicht strafbar: Bes. s. 396 II c; Temme Gll. s. 262 n. 10.

6. Unter „Eltern“ sind alle diejenigen zu verstehen, welche elterliche Rechte ausüben: Motive s. 57. Das gilt also namentlich von Adoptiveltern: Bes. s. 396 II b; G. Matt. 2. s. 447 n. 4; Temme Lehrb. s. 736.

7. Temme (Glossen s. 262 n. 10; Lehrb. s. 736) glaubt, daß auch die Einwilligung eines der beiden Eltern, oder eines von mehreren Vormündern, oder endlich der Mutter, welche nicht Vormünderin ist, allein, die Strafbarkeit ausschließe.

8. Eine genügende, die Strafbarkeit ausschließende Einwilligung der Eltern ꝛc. ist nicht anzunehmen, wenn dieselbe nur durch listige Täuschung herbeigeführt worden ist. Vgl. § 207 n. 6; Gilb. C. pén. Art. 354 n. 5.

9. Ueber den Begriff des „Entführens“ vgl. § 204 n. 5—7.

10. Temme (Gll. s. 262 n. 10) erachtet hier ein bloßes Weggehen mit der einwilligenden Frauensperson nicht für genügend, verlangt vielmehr ein „Entfliehen,“ eine Flucht, wodurch die Entführte dem Bereiche der Gewalt der Eltern ꝛc. entzogen wird.

11. Eine Entführung ist nicht anzunehmen, wenn Jemand die Frauensperson nicht selbst weggebracht, sondern sie nur beredet hat, allein ihren Eltern ꝛc. zu entfliehen: Gilb. C. pén. Art. 354 n. 9.

12. Ueber den Begriff der „Unzucht“ vgl. § 207 n. 8; § 141 n. 1.

13. Bei dem hier vorgesehenen Vergehen liegt das Strafbare wesentlich in dem Eingriffe in das Recht der Eltern ꝛc. (vgl. § 206 n. 1). Dieser wird indessen nicht nur durch die Wegführung, sondern auch durch die Vorenthaltung der Entführten verübt, so lange daher letztere andauert, kann auch die Verjährung des Vergehens nicht laufen. Vgl. Gilb. C. d'Instr. cr. Art. 637 n. 23. 24 und oben § 204 n. 10. Hat der Entführer die Entführte geheirathet, so muß (arg. § 209) die Verjährung gänzlich ruhen, so lange die Ehe nicht für ungültig erklärt worden ist.

§ 209.

1. Unter „denjenigen Personen, welche auf die Ungültigkeitserklärung der Ehe anzutragen befugt sind,“ sind hier nur diejenigen zu verstehen, deren bezügliches Recht darin beruht, daß es zur Verheirathung der Entführten ihrer Einwilligung bedurft hätte. Daher ist die Vorschrift des § auf die Staatsanwaltschaft nicht auszudehnen, sollte ihr auch ein derartiges Recht zustehen.

2. Kann die Entführte selbst, nachdem sie den Entführer geheirathet hat, auf Ungültigkeitserklärung der Ehe antragen, so ist sie — wenigstens im Falle des § 207 unbestreitbar — auch zur Beantragung der Bestrafung befugt.

§. 210. **Wer vorsätzlich und widerrechtlich einen Menschen einsperrt, oder auf andere Weise des Gebrauchs der persönlichen Freiheit beraubt, wird mit Gefängniß nicht unter drei Monaten bestraft.**

---

3. Sind hiernach mehrere Personen zur Beantragung des Strafverfahrens befugt, so genügt der Antrag einer einzelnen; es brauchen nicht alle dabei zu konkurriren.

4. Die Klage auf Ungültigkeitserklärung der Ehe schließt nicht stillschweigend den Antrag auf Bestrafung in sich. Vgl. Gilb. C. pén. Art. 357 n. 4.

5. Der Antrag auf Bestrafung kann auch von einem Andern als demjenigen ausgehen, welcher die Klage auf Ungültigkeitserklärung angestellt hat.

6. Die dreimonatliche Frist, in welcher (nach § 50) der Antrag auf Bestrafung gestellt sein muß, beginnt erst von dem Tage der Kenntniß von der stattgefundenen Heirath, weil erst von diesem Augenblicke an die Nothwendigkeit und Statthaftigkeit eines Antrags eintritt: K.-B. I. K. s. 29. Vgl. Temme Gll. s. 262 n. 2.

7. Dagegen ist die Stellung des Antrags durch die Ungültigkeitserklärung der Ehe nicht bedingt; der Lauf der dreimonatlichen Frist beginnt daher, sollte auch die Ungültigkeitserklärung noch nicht erfolgt, und selbst die betr. Klage noch nicht angestellt sein.

8. Ist der Antrag rechtzeitig gestellt, so schadet es nicht, wenn die Klage auf Ungültigkeitserklärung auch erst nach Ablauf der dreimonatlichen Frist angehoben worden ist. Vgl. aber G. Matt. 2. s. 447.

9. Der § erklärt zwar nur die Verurtheilung so lange, als die Ehe noch nicht für ungültig erklärt worden, für unstatthaft; es gilt aber dasselbe überhaupt von der Strafverfolgung und dem Einschreiten der Staatsanwaltschaft, weil erst nach rechtskräftiger Ungültigkeitserklärung eine That vorliegt, welche von dem Gesetze mit Strafe bedroht ist. Es kann daher früher auch nicht zur Verhaftung des Entführers geschritten werden: Bes. s. 396 III; Temme Gll. s. 263 n. 3; id. Lehrb. s. 737. Dasselbe lehrte, in Beziehung auf die wörtlich gleichlautende Vorschrift des Art. 357 des C. pén., Mangin act. publ. n 147.

10. Die Strafverfolgung ist in Betreff der Theilnehmer des Entführers an dieselben Bedingungen geknüpft, wie in Betreff des letztern selbst: Gilb. C. pén. Art. 357 n. 2. 3.

§ 210.

1. Es genügt nicht, daß die Handlung an sich eine vorsätzliche, im Gegensatze gegen eine fahrlässige, und daß sie objektiv widerrechtlich sei, d. h. daß sie sich nachträglich als widerrechtlich ausgewiesen habe: der Vorsatz muß auch auf das Widerrechtliche mit gerichtet gewesen sein (vgl. § 317): B. 25. Febr. 1852 c. Herder (G. Arch. 1. s. 87); B. 28. April 1852 c. Posner (G. Matt. 2. s. 449 Note); Z. I. 12. Jan. 1853 c. Dietrich; Z. I. 6. Jan. 1858 c. Hillert; B. I. 26. Jan. 1859 c. Bernstein (G. A. 7. s. 393); u. ö. Hierbei reicht dann aber das Bewußtsein der Widerrechtlichkeit hin, ein weiterer Vorsatz wird nicht verlangt: Z. I. 27. Mai 1857 c. Dorzewski; Z. I. 7. Mai 1858 c. Hirsch; Z. I. 11. Mai 1860 c. Maichereck; u. ö. Temme Gll. s. 263 n. 1.

2. Ob dieses Bewußtsein als vorhanden anzusehen sei, ist eine thatsächliche Frage: B. I. 27. Mai 1857 c. Dorzewski.

3. Ist die Vorsätzlichkeit im Allgemeinen festgestellt, so bedarf es einer besondern Feststellung jenes Bewußtseins nicht, insofern nicht der Angeklagte die Unbekanntschaft mit seinem Unrechte als einen Grund der Straflosigkeit behauptet hat: Z. II. 5. Dez. 1857 c. Zacher; Z. I. 28. Sept. 1860 c. Wendenburg; B. I. 7. Nov. 1860 c. Schulz (G. A. 8. s. 839).

4. Bestreitet der Angeklagte dieses Bewußtsein, so muß es ihm nachgewiesen und festgestellt werden; es läßt sich nicht aufstellen, daß ihm der Beweis des Gegentheils obliege. *Contra* wie es scheint: Z. II. 5. Dez. 1857 c. Zacher.

Die Strafe ist Zuchthaus bis zu funfzehn Jahren:

1) **wenn für den der Freiheit Beraubten die Freiheitsentziehung oder die ihm während derselben widerfahrene Behandlung eine schwere Körperverletzung (§ 193.) zur Folge gehabt hat;**
2) **wenn die Freiheitsberaubung über einen Monat gedauert hat;**
3) **wenn das Verbrechen gegen leibliche Verwandte in aufsteigender Linie verübt worden ist.**

[Entw. § 193]. Vgl. § 211. 317; Ges. v. 12. Febr. 1850 (GS. s. 45).

---

5. Eines weitergehenden Dolus, als des unter n. 1 erwähnten, bedarf es nicht; insbesondere ist es nicht erforderlich, daß der Vorsatz auch noch dahin gegangen sei, dem Damnifikaten außer der Freiheitsberaubung noch einen andern positiven Nachtheil zuzufügen: Z. I. 26. April 1861 c. Soeppliet (RdO. 1. s. 362). Es kommt sonach auf den entfernteren Zweck der Handlung gar nicht an. Demgemäß wird der § anwendbar, wenn Jemand einen Beamten einsperrt, um ihn an der Vornahme einer Amtshandlung zu verhindern, sollte er auch eine anderweitige Beeinträchtigung der Rechte desselben nicht beabsichtigt haben: Gilb. C. pén. Art. 341 n. 6. *Contra:* Z. I. 14. Nov. 1856 c. Barz. In einem solchen Falle liegt außerdem in idealer Konkurrenz auch noch der Thatbestand des § 89 oder 90 vor; vgl. § 89 n. 41.

6. Ebendeshalb trifft der § auch da zu, wo der verfolgte Zweck ein erlaubter war, oder wenigstens vom Angeklagten für einen erlaubten gehalten wurde: B. I. 26. Jan. 1859 c. Bernstein (G. A. 7. s. 393).

7. Der § setzt zu seiner Anwendung nicht nothwendig ein völlig freies Verhältniß voraus, vielmehr ist auch die mittelst Ueberschreitung einer vorhandenen Befugniß vorgenommene Freiheitsberaubung eine widerrechtliche im Sinne dieses §: Motive s. 57; B. I. 19. Okt. 1855 c. Thilow; Z. I. 17. Juli 1857 c. Rieger. *Contra* scheint zu sein: B. 19. März 1852 c. v. Rudowski. Jedenfalls muß dann der Vorsatz (das Bewußtsein) auf diese Ueberschreitung gerichtet sein: G. Matt. 2. s. 448 n. 2; auch kann ein Rechtsirrthum über die Ausdehnung der eignen Befugnisse die Strafbarkeit (selbst bei einem Beamten) ausschließen: Z. I. 6. Jan. 1858 c. Hillert.

8. Ebenso begreift der § auch den Fall, wo gegen Personen, deren Freiheit in gewisser Hinsicht schon beschränkt ist, mittelst Ueberschreitung zustehender Befugnisse diese Beschränkung in widerrechtlicher Weise ausgedehnt wird: Z. I. 17. Juli 1857 c. Rieger.

8a. Ein Einsperren liegt im Allgemeinen überall da vor, wo dem in einem umschlossenen Raume Befindlichen das Verlassen desselben durch Versperren der zum Ausgange bestimmten Oeffnungen unmöglich gemacht wird. Dieser Zustand muß insofern objektiv vorhanden sein, als es nicht genügt, wenn der im Raume Befindliche irriger Weise vermeint, die Ausgänge seien versperrt, es wird vielmehr vorausgesetzt, daß er sich nicht einem passiven Dulden überlassen, sondern sich auch die Ueberzeugung verschafft habe, daß er sich in einem Zustande des rechtswidrigen Zwanges befinde: B. I. 20. Mai 1859 c. Jakobi (431; G. A. 7. s. 714; dessen Motivirung jedoch etwas zu weit geht). Jedenfalls ist einem B. I. 26. Jan. 1859 c. Bernstein (G. A. 7. s. 393) nicht beizupflichten, welches grundsätzlich Einsperrung da nicht annehmen wollte, wo zwar der dem Betreffenden allein bekannte Ausgang versperrt, außerdem aber noch ein anderer ihm unbekannter unverwehrter Ausgang vorhanden war, den er weder gesucht noch zu benutzen versucht hatte. Es kann nur der thatsächlichen Prüfung unterliegen, ob bei dem Vorhandensein eines solchen unbekannten Ausganges ein Einsperren anzunehmen sei; dasselbe gilt von der Frage, inwiefern der Ausgang ohne Gefahr auf anderem Wege, z. B. durch ein unverwahrtes Fenster möglich gewesen sei.

§. 211. Eine widerrechtliche Freiheitsberaubung ist nicht vorhanden, wenn eine Person vorläufig ergriffen und festgenommen wird, welche, bei Ausführung einer strafbaren Handlung oder gleich nach derselben betroffen oder verfolgt, die Flucht ergreift oder der Flucht dringend verdächtig ist, oder wenn in einem solchen Falle Grund zu der Besorgniß vorliegt, daß die Identität der Person sonst nicht festzustellen sein werde. Der Ergriffene muß sofort einer Polizeibehörde oder

---

9. In welcher Weise eine Freiheitsberaubung ausgeübt wird, ist an sich gleichgültig; insbesondere kann eine solche auch durch Einwirkung eines psychologischen Zwanges erfolgen: Z. I. 16. Dez. 1859 c. Bernis.

10. Welches Maaß des Zwanges für erforderlich zu erachten, unterliegt im Allgemeinen der thatsächlichen Beurtheilung; es kommt dabei darauf an, ob der Angriff überhaupt nicht, oder nicht ohne persönliche Gefahr abgewendet werden konnte, ob diese Gefahr nicht eine blos eingebildete war, und ob sie auch auf einen Beherzten Eindruck machen konnte oder mußte: Z. I. 16. Dez. 1859 c. Bernis.

11. Vorausgesetzt wird ein Berauben der Freiheit, eine blos momentane Beschränkung derselben reicht nicht hin; es ist daher nicht jede Nöthigung zu einem bestimmten Thun oder Unterlassen, nicht jede Art des körperlichen oder psychologischen Zwanges für eine Aufhebung der Freiheit zu erachten; es unterliegt vielmehr die Frage, ob letzteres anzunehmen sei, der thatsächlichen Beurtheilung: B. I. 23. Febr. 1859 c. Wolff (G. A. 7. s. 391); ähnlich: Z. (B.) I. 7. Nov. 1860 c. Schulz (G. A. 8. s. 837), welches nicht jedes Festhalten von kurzer Dauer, nicht jedes Fortbewegen auf eine kurze Strecke für eine Freiheitsberaubung erachtete, vielmehr erforderte, daß die betr. Handlung „eine Form annehme, welche der Einsperrung analog sei."

12. Im Uebrigen ist aber der Thatbestand der Freiheitsberaubung mit dem, die freie Willensbestimmung des Andern ausschließenden Akte vorhanden: B. I. 17. Juni 1859 c. Werner. Es kann dann auf die Dauer derselben nicht mehr ankommen; daher gehört auch eine unbefugte augenblickliche Haftnahme hierher: G. Matt. 2. s. 450 n. 3.

13. Auch derjenige macht sich des Vergehens schuldig, welcher durch falsche Angaben die ungerechtfertigte Arretirung, oder die ungerechtfertigte Aufnahme eines Andern in ein Irrenhaus bewirkt. Hierbei kann das im § 133 vorgesehene Vergehen ideell konkurriren. Vgl. § 34 n. 32; G. Matt. 2. s. 450 n. 3. *Contra:* Temme Gll. s. 262 n. 2, und, wie es scheint, B. 25. Febr. 1852 c. Herder (G. Arch. 1. s. 87).

14. Der Zwang oder die Nöthigung zu einer Handlung oder Unterlassung fällt nicht unter den § 210, sondern unter § 212, dessen Voraussetzungen also auch Bedingungen der Strafbarkeit sind: B 22. März 1852 c. Kühn.

Zu Nr. 1 und 2.

15. In den unter Nr. 1 und 2 vorgesehenen Spezialfällen ist der Thatbestand des Verbrechens bedingt durch das wirkliche Eintreten der gemachten Voraussetzungen; es ist also hier ein strafbarer Versuch eben so wenig denkbar, wie bei einer schweren Körperverletzung. Vgl. 192a n. 10. 11; § 193 n. 20—22; Temme Lehrb. s. 879. Anders im Falle der Nr. 3.

Zu Nr. 2.

16. In Ermangelung einer die Dauer eines „Monats" für den ganzen Umfang des Staats gleichmäßig bestimmenden Vorschrift, ist der Kalendermonat maaßgebend; § 15 erleidet hier keine analoge Anwendung. *Contra:* Temme Gll. s. 263, welcher nach dem ALR. I, 9 § 550 eine dreißigtägige Dauer annimmt.

§ 211.

1. Die Freiheitsberaubung hört auf strafbar zu sein, wenn sie eine be-

einem anderen Beamten, welchem nach den Gesetzen die Pflicht obliegt, Verbrechen oder Vergehen nachzuforschen, behufs der Bestimmung über die vorläufige Festnahme übergeben, oder einer Wachtmannschaft zugeführt werden.

Ebenso ist eine widerrechtliche Freiheitsberaubung nicht vorhanden, wenn die Fürsorge für einen Geisteskranken die Beschränkung seiner Freiheit nothwendig macht. Versäumt in einem solchen Falle derjenige, welcher diese Maaßregel trifft, der Polizeibehörde ohne Verzug von der getroffenen Maaßregel Anzeige zu machen, so soll er mit Gefängniß bis zu sechs Monaten oder mit Geldbuße bis zu Einhundert Thalern bestraft werden.

[Entw. § 194]. Vgl. § 210. 317; Ges. v. 12. Febr. 1850 § 2. 3 (GS. S. 45).

§. 212. Wer einen Anderen zu einer Handlung oder Unterlassung dadurch zwingt oder zu zwingen versucht, daß er denselben schriftlich oder mündlich mit der Verübung eines Verbrechens oder Vergehens bedroht, hat Gefängniß bis zu Einem Jahre verwirkt.

[Entw. § 195]. Vgl. § 34. 83. 84. 90. 213. 234. 236. 315.

---

rechtigte war, oder wenn dem Handelnden das Bewußtsein der Widerrechtlichkeit, also der im Falle des § 210 erforderliche Dolus abgeht: Temme Gll. S. 264 n. 1. 2; id. Lehrb. S. 878. Ebendeshalb ist § 211 nicht als limitativ aufzufassen, und andere Fälle, wo Widerrechtlichkeit nicht anzunehmen, bleiben sehr wohl denkbar, z. B. Fälle der Nothwehr, oder die bona mente bewirkte Einsperrung eines hülfsbedürftigen oder gefährlichen Menschen, welche zur Verhinderung von Aergernissen und Freveln geschieht: K.-B. I. K. S. 30; Bes. S. 399 c; Temme Lehrb. S. 878.

2. Die Freiheitsbeschränkung, welche nach Art und Dauer auf der eignen fortwährenden Willensbestimmung des Beschränkten selbst beruht, kann auch, wenn zu ihrer Herbeiführung eine andere Person mit thätig war, in Betreff der letztern nicht den Thatbestand einer widerrechtlichen Freiheitsberaubung darstellen; dagegen kann die Einwilligung einer Person, sich für bestimmte oder unbestimmte Zeit unfrei dem Willen eines Andern zu unterwerfen, eine demnächst wider sie verhängte wirkliche Freiheitsberaubung nicht straflos machen. Hälschner 1. S. 232.

3. Nur im Falle der Betreffung bei Ausführung einer strafbaren Handlung gestattet der § 211 die Festnahme, nicht also im Falle einer blos beabsichtigten strafbaren That [insofern nicht Nothwehr anzunehmen ist]: G. Matt. 2. S. 451.

4. Ein Z. I. 25. Okt. 1854 c. Slopnick nahm an: der § lasse die Freiheitsberaubung nur dann zu, wenn ein Verbrechen oder Vergehen, nicht aber wenn nur eine Uebertretung verübt worden sei.

5. Wird Jemand bei Verübung eines Ehebruchs betroffen, so ist seine Festnahme nicht deshalb für widerrechtlich zu erachten, weil zur Zeit die thatsächlichen Voraussetzungen nicht vorliegen, von welchen § 140 die Verhängung der Ehebruchsstrafe abhängig macht: B. II. 6. April 1854 c. Wölfel (G. Arch. 2. S. 693).

6. Wird die am Schlusse des ersten Absatzes vorgeschriebene sofortige Uebergabe des Festgehaltenen an die Polizeibehörde verabsäumt, so nimmt die Fortsetzung der ursprünglich rechtmäßigen Freiheitsberaubung den Charakter des im § 210 vorgesehenen Vergehens an. Bes. S. 399 a.

§ 212.

1. Der Unterschied dieses Vergehens der Nöthigung von dem der Er-

§. 213. **Wer einen Anderen mit Brand oder Ueberschwemmung bedroht, wird mit Gefängniß von zwei Monaten bis zu Einem Jahre bestraft.**

[Entw. § 196]. Vgl. § 212. 234. 236.

---

pressung (§ 234) liegt in dem bei der letztern erforderlichen Zwecke der Verschaffung eines rechtswidrigen Vortheils. G. Matt. 2. f. 453.

2. Gleichgültig ist, welcher Art die Handlung oder Unterlassung ist, zu welcher genöthigt wird: Z. I. 6. Juni 1860 c. Adomeit.

3. Da es sich hier von der strafbaren Einwirkung auf den Willen eines Andern handelt, so braucht der „Versuch zu zwingen“ nicht den Voraussetzungen des § 31 zu entsprechen, vielmehr wird hier nur ein absichtliches Handeln in der bestimmten Richtung vorausgesetzt: B. I. 12. Sept. 1855 c. Kunde (JMBl. f. 356; G. A. 3. f. 816. 845). Vgl. § 31 n. 38; Temme Lehrb. f. 880.

4. Durch die Worte: „mündlich oder schriftlich“ werden Bedrohungen durch Handlungen nicht ausgeschlossen: Beschl. I. 20. Okt. 1858 c. Lange (193 B; G. A 6 f. 845); vgl. § 234 n. 17.

5. Ueber den Begriff der Bedrohung vgl. § 89 n. 48—51.

6. Der § ist nicht auf die Bedrohung mit solchen Verbrechen ꝛc. zu beschränken, welche schon an und für sich und unmittelbar (also nicht etwa erst in ihren weiteren Folgen) dem Bedrohten einen Nachtheil in Aussicht stellen; es kann daher auch eine Bedrohung mit einer falschen Anschuldigung hierher gerechnet werden: Z. II. 20. Dez. 1860 c. Haape.

7. Die Bedrohung, und der dadurch bezweckte Einfluß auf den Willen eines Andern setzen die Kenntniß des Letztern von der zu verübenden That voraus; erfolgt daher die Bedrohung durch einen versendeten Brief, so wird das Vergehen erst da vollendet, wo der Brief in die Hände des Bedrohten gelangt: B. I. 25. Apr. 1856 c. Krause (G. A. 4. f. 572). Vgl. § 3 n. 4; § 213 n. 6.

8. Die durch Gewalt bewirkte Nöthigung fällt nicht unter diesen §; ihre Strafbarkeit ist daher nach andern Gesetzesstellen zu bemessen: G. Matt. 2. f. 452.

9. Wer zuerst einen Zwangsversuch durch Bedrohung mit einem Verbrechen ꝛc. macht, und dann zum Zwecke derselben Erzwingung das Verbrechen ꝛc. selbst begeht, macht sich in realer Konkurrenz zweier strafbarer Handlungen schuldig. *Contra* mit Unrecht: Erk. Kamm.-Ger. 2. Dez. 1852 c. Heere (G. A. 1. f. 87); John d. fortges. Verbr. f. 93.

§ 213.

1. Temme (Lehrb. f. 881) erachtet die hier genannten Mittel (Brand und Ueberschwemmung) nur für Beispiele, und definirt hiernach das hier vorgesehene Vergehen des Landzwangs als „Androhung einer durch Verübung eines gemeingefährlichen Verbrechens zu bewirkenden Störung der öffentlichen Ruhe und Sicherheit.“

2. Der Vorsatz besteht hier in dem Bewußtsein der dadurch eintretenden Störung oder Beunruhigung des Rechtsfriedens eines Andern: Z. I. 26. Okt. 1853 c. Reuschel; Z. II. 18. Mai 1854 c. Nagel (G. A. 2. f. 690). Ein Z. I. 4. Nov. 1859 c. Reimann (G. A. 7. f. 836) erachtete es im Falle der Bedrohung mit einem gemeingefährlichen Verbrechen für genügend, wenn dieselbe entweder den Bedrohten selbst oder andere durch die Gemeingefährlichkeit der Handlung gleichfalls beunruhigte und in ihrem Rechtsfrieden gestörte Personen die Ausführung besorgen läßt. Dem ist indessen nur da beizupflichten, wo die andern Personen als mitbedroht anzusehen sind; vgl. n. 6.

3. Dagegen ist es nicht erforderlich, daß der Drohende auch den Vorsatz habe, die Drohung auszuführen: Z. I. 26. Okt. 1853 c. Reuschel. Es genügt, wenn der Bedrohte dieselbe für ernstlich gemeint halten konnte.

4. Geschieht die Bedrohung schriftlich, so ist es nicht erforderlich, daß der Angeklagte die Schrift eigenhändig geschrieben habe: Z. I. 5. Juni 1857 c. Teichmann.

5. Die Strafe wird durch die Bedrohung verwirkt, ohne daß es auf einen

§. 214. Wenn mehrere Personen sich zusammenrotten und in die Wohnung, das Geschäftszimmer oder das befriedigte Besitzthum eines Anderen, oder in abgeschlossene Räume, welche zum öffentlichen Dienste bestimmt sind, widerrechtlich eindringen, so werden dieselben mit Gefängniß von Einer Woche bis zu Einem Jahre bestraft.

[Entw. § 197]. Vgl. § 91. 284. 318. 346 Nr. 1.

---

unerlaubten Nebenzweck ankäme; insbesondere ist es nicht erforderlich, daß (wie im Falle des § 212) der Bedrohte zu irgend Etwas genöthigt werden solle: B. 18. Okt. 1852 c. Febram (G. A. 1. s. 88); Z. I. 10. Jan. 1853 c. Keßler; Z. I. 26. Okt. 1853 c. Neuschel; Z. II. 18. Mai 1854 c. Nagel (G. A. 2. s. 690). Sic: Temme Gll. s. 266; id. Lehrb. s. 881. Das Gegentheil kann auch nicht aus der Stellung des § im Titel „von den Verbrechen 2c. gegen die persönliche Freiheit" gefolgert werden: Z. II. 24. April 1856 c. Rudolph.

6. Die Drohung muß entweder in Gegenwart des Bedrohten, oder doch in der Voraussetzung geschehen sein, daß sie zur Kenntniß desselben gelangen werde: Z. I. 10. Jan. 1853 c. Keßler. Waltet beim Angeklagten zur Zeit der That die zuletzt erwähnte Voraussetzung ob, so bedarf es der persönlichen Anwesenheit des Bedrohten nicht: Z. II. 24. April 1856 c. Rudolph; vgl. Z. II. 18. Mai 1854 c. Nagel (G. A. 2. s. 690); dagegen muß in einem solchen Falle festgestellt werden, daß die Bedrohung demnächst wirklich zur Kenntniß des Bedrohten gelangt sei, indem sonst nur ein (strafloser) Versuch vorliegt. Vgl. n. 2; § 212 n. 4.

§ 214.

1. Auch hier werden mehrere Personen vorausgesetzt, zwei genügen nicht: vgl. § 91 n. 1.

2. Ueber den Begriff des „Zusammenrottens" vgl. § 91 n. 2.

3. Vorsätzlichkeit der Handlung ist erforderlich (vgl. § 318); der ausdrücklichen Feststellung derselben bedarf es aber nicht, da man von der Ansicht ausging, ein kulposes Handeln dieser Art sei undenkbar: G. Matt. 2. s. 457 n. 8. Das „Zusammenrotten" schließt unzweifelhaft den Vorsatz in sich.

4. Unter „Wohnung" sind hier die zum Bewohnen bestimmten Räumlichkeiten zu verstehen; es gehört daher unter der gedachten Voraussetzung auch ein Schiff dazu; ebenso kann das Vergehen unbedenklich auch zwischen den verschiedenen Bewohnern desselben Hauses begangen werden: G. Matt. 2. s. 455 n. 3.

5. Ein „befriedigtes Besitzthum" setzt eine Befriedigung, d. h. eine Vorrichtung voraus, welche den Zweck und die Bestimmung hat, das Besitzthum von andern daran gränzenden abzuschließen, und welche gleichzeitig sich als dieser Bestimmung dienend äußerlich darstellt. Es genügt in dieser Beziehung, wenn durch äußere Kennzeichen die Ausdehnung des Hausfriedens auf besondere Räume erkennbar ist: Z. I. 23. Nov. 1853 c. Müller (G. A. 2. s. 122). Ob dieses der Fall, ist eine thatsächliche Frage: Beschl. I. 16. Jan. 1856 c. Knaack (G. A. 4. s. 253). Vgl. G. Matt. 2. s. 455 n. 5.

6. Die Vorschriften des § 221 gelten nur für den Diebstahl; zur Bestimmung des Begriffs eines „befriedigten Besitzthums" oder „abgeschlossenen Raums" können sie zwar im Allgemeinen berücksichtigt, aber nicht als maaßgebend betrachtet werden: Bes. s. 404 III.

7. Demgemäß ist unter dem „befriedigten Besitzthum" nicht nur der zur Wohnung gehörige Hof und Garten, sondern auch ein getrennt liegender umschlossener Raum z. B. ein eingehegter Garten zu verstehen: Bes. s. 404 III; Koch n. 62.

8. Ebenso kann ein Hofraum, welcher, wenn auch nicht durchaus umschlossen, doch durch äußere Kennzeichen als ein zu besonderen Zwecken vorbehaltener Raum bezeichnet ist, für ein befriedigtes Besitzthum erachtet werde: Z. I. 23. Nov. 1853 c. Müller (G. A. 2. s. 122).

Achtzehnter Titel.
Diebstahl und Unterschlagung.

§. 215. Einen Diebstahl begeht, wer eine fremde bewegliche Sache einem Anderen in der Absicht wegnimmt, dieselbe sich rechtswidrig zuzueignen.

[Entw. § 198]. Vgl. § 28. 228. 229. 265. 271. 349 Nr. 3; Ges. v. 22. Mai 1852 Art. III (GS. f. 251); Ges. v. 14. April 1856 Art. I § 3 (GS. f. 208); FPO. v. 1. Nov. 1847 § 41—45.

---

9. Der Begriff des „Eindringens" in Verbindung mit der „Zusammenrottung" hat hauptsächlich nur die gewaltsame Form im Auge; dazu genügt es aber z. B., wenn die gewaltsame Besitzentsetzung der, wenn auch nur eventuelle Zweck des Erscheinens mit einem zusammengerotteten Haufen war: Z. I. 23. Nov. 1853 c. Müller (cit. n. 8). Vgl. G. Matt. 2. f. 456 n. 6, welcher hier auch hervorhebt, daß zum „Eindringen" ein gewaltsamer Charakter, eine gewaltsame Form erfordert werde; diese könnten aber schon bei einem Eindringen gegen ausdrückliches Verbot, oder mit ruhestörendem Lärm, oder durch ungewöhnliche Eingänge vorliegen; es sei dagegen nicht erforderlich, daß wirklich Gewalt an Sachen oder Personen geübt werde; ähnlich: Koch n. 63.

10. Widerrechtlichkeit des Eindringens kann vorliegen, ohne daß dieses gegen den Willen des Berechtigten geschehen sei, z. B. wenn es stattfand, noch ehe der Bewohner über seine Zustimmung irgendwie zum Entschlusse gekommen ist, oder diesen kund gegeben hat. *Contra:* Temme Lehrb. f. 882.

11. Im Falle des berechtigten Eindringens kann das Verweilen gegen den kundgegebenen Willen des Bewohners nur unter § 346 Nr. 1, nicht unter § 214 fallen. *Contra:* Temme Lehrb. f. 882.

§ 215.

Inhalt.

1. Der Begriff „Diebstahl" (Stehlen) ist an sich ein allgemein bekannter; die im gemeinen Leben demselben beigelegte Bedeutung stimmt mit der gesetzlichen Definition überein. Daher ist es nach Rheinischem Verfahren durchaus zulässig,

diesen Ausdruck auch in der richterlichen Feststellung des Thatbestandes, sowie in den Fragen an die Geschwornen beizubehalten. Ein Gleiches ist dagegen in den Provinzen, in welchen das Gesetz v. 3. Mai 1852 Geltung hat, nicht statthaft, weil hier die Artt. 31 u. 81 die Aufnahme der zu den wesentlichen Merkmalen des betr. Straffalls gehörenden Thatsachen in die Fest- und Fragstellung ausdrücklich vorschreiben, und die im Art. 81 angedrohte Nichtigkeitsstrafe nach den Materialien auch im Falle des Art. 31 als selbstverständlich anzunehmen ist; vergl. Strafverf. Art. 31 n. 22. Es ist sonach unerläßlich, den Begriff „Diebstahl" rc. in seine wesentlichen Merkmale nach Anleitung des § 215 aufzulösen; insbesondere ist dabei festzuhalten, daß Art. 82 l. c. hier nicht zutrifft, da er sich nur auf die fernere Auflösung dieser wesentlichen Merkmale in die thatsächlichen Umstände des Einzelfalls bezieht. *Contra:* Z. II. 11. Jan. 1855 c. Hosse; Z. I. 12. Jan. 1855 c. Probst; ähnlich in Beziehung auf den Ausdruck: „Entwenden": Z. I. 18. März 1853 c. Birkholz; Z. II. 3. Jan. 1860 c. Beisemann. Vgl. in Betreff des Näheren Strafverf. Art. 81 n. 19a; Art. 82 n. 3.

2. Jedenfalls liegt eine Abweichung von der auf „Diebstahl" lautenden erstrichterlichen Feststellung nicht vor, wenn der Appellationsrichter dieselbe auch auf die diebische Absicht bezieht: Z. I. 30. März 1855 c. Schreiber; ähnlich: Z. I. 28. Apr. 1854 c. Günther.

3. Als „Sache" ist hier jeder körperliche Gegenstand zu betrachten; daß er einen nach Geld schätzbaren Werth habe, ist nicht erforderlich; an werthlosen Gegenständen ist ein Diebstahl möglich, insoweit dabei das Bewußtsein der Rechtswidrigkeit obwaltet; vgl. FPO. § 42 Nr. 1. *Contra:* Temme Lehrb. s. 898.

4. Hiernach ist auch an einer Urkunde, selbst wenn sie nicht als geldwerthes Papier oder als merkwürdige Handschrift einen Werth hat, ein Diebstahl sehr wohl möglich: B. I. 24. Juni 1853 c. Lantzke (Kuhn u. Gen.; D. einer telegraphischen Depesche); Z. I. 8. Jan. 1857 c. Kuhn; Z. I. 13. Febr. 1854 c. Benze (D. einer Paßkarte); Z. I. 24. Febr. 1858 c. Lehmann (D. eines Wechsels); Z. (B.) I. 16. Mai 1860 c. Beer; vgl. n. 64; § 225 n. 12. *Contra:* Temme Lehrb. s. 899; Koch n. 65 IV, welche hier Betrug annehmen wollten. — Wenn dagegen die Wegnahme der Urkunde nicht in der Absicht rechtswidriger Zueignung geschieht, sondern in der, sie dem Andern zu entziehen, und sonach zu „unterdrücken", so wird § 243 Nr. 8 anwendbar: B. I. 16. Mai 1860 c. Beer.

5. Ebenso können Wasser, Luft (z. B. Leuchtgas) gestohlen werden. *Contra:* Temme Lehrb. s. 900.

6. Unkörperliche Sachen können nicht Gegenstand eines Diebstahls sein: G. Matt. 2. s. 458 n. 2; Gilb. C. pén. Art. 379 n. 24.

7. In der thatsächlichen Feststellung bedarf es einer konkreten Bezeichnung der Sache nicht; die Feststellung nach dem Wortlaute des § genügt: Z. I. 21. Dez. 1860 c. Pinkert.

8. Ebenso genügt die Feststellung, daß die Sache eine fremde gewesen, sollte es im Uebrigen auch zweifelhaft gelassen sein, wem sie gehörte: Z. I. 17. Apr. 1857 c. Hähnchen; Z. II. 23. Apr. 1857 c. Elias.

9. An der eignen Sache ist ein Diebstahl nicht möglich; wird sie dem Nutznießer, Pfandgläubiger, und demjenigen, der an ihr ein Zurückbehaltungsrecht hat, in rechtswidriger Absicht weggenommen, so liegt das im § 271 vorgesehene Vergehen vor. Vgl. auch § 265 und G. Matt. 2. s. 458 n. 1. Dagegen ist die Wegnahme von Früchten aus dem eignen, aber an einen Dritten verpachteten Garten, Diebstahl, weil jene Früchte dem Pächter gehören.

10. Auch der Miteigenthümer oder Miterbe kann an der ihm mit andern Personen gemeinschaftlichen Sache einen Diebstahl begehen: Z. I. 5. Apr. 1854 c. Krause; B. I. 25. Sept. 1857 c. Figge (G. Arch. 5. s. 653); B. I. 4. Nov. 1857 c. Ruddigkeit (JMBl. 1858 s. 26; G. A. 6. s. 118; eine Frau hatte eine zur Gütergemeinschaft gehörige, der Verfügung des Mannes unterworfene Sache weggenommen); Z. I. 19. März 1856 c. Kowski; Z. I. 30. April 1860 c. Koch. Vorausgesetzt wird nur, daß sich die Sache nicht in der Gewahrsam des Angeklagten befand (weil sonst das Wegnehmen nicht denkbar wäre): Beseler s. 408; G. Matt. 2. s. 458 n. 1; Temme Gll. s. 269 n. 4; id. Lehrb. s. 900. Befand sich die gemeinschaftliche Sache

auch nur in seinem Mitbesitze, so kann seine eigenmächtige Verfügung über dieselbe möglicher Weise eine Unterschlagung, nicht aber Diebstahl sein: B. 2. Juli 1852 c. Joseph; Z. II. 26. Jan. 1854 c. Materuns (beil.). Vgl. § 225 n. 7. Ein Erk. App.-Ger. Halberstadt 9. Nov. 1852 c. Reißner (G. A. 1. s. 397) nahm in einem solchen Falle mit Unrecht weder Unterschlagung noch Diebstahl an, weil die Sache „für ihn keine fremde gewesen sei“.

11. Beweglich ist jede Sache, die eben weggenommen oder weggetragen werden kann; die civilrechtlichen Vorschriften sind hier nicht maßgebend: Temme Gll. s. 268 n. 3. Es gehören daher auch alle nach dem Civil-Gesetz für unbeweglich erachteten bewegbaren Pertinenzstücke eines Immobiles hierher.

12. Insbesondere gilt das unter n. 11 Gesagte auch von solchen Gegenständen, welche Theile einer unbeweglichen Sache, und erst durch den Wegnehmenden selbst von jener getrennt sind; z. B. von den Ziegeln eines Dachs, und dgl.: Bes. s. 408; G. Matt. 2. s. 458 n. 2; Temme Lehrb. s. 899; Koch n. 65 l. Vgl. eine analoge Frage bei der Unterschlagung § 225 n. 9.

13. Ebenso ist das Ausmelken einer fremden Kuh und die widerrechtliche Zueignung der gemelkten Milch Diebstahl, und nicht Vermögensbeschädigung im Sinne des § 281, obgleich bis dahin die Milch als eine von der Kuh getrennte Sache noch gar nicht existirte; zur selbstständigen Sache wird der abgetrennte Theil nicht etwa nur dann, wenn die Trennung von der Natur oder auf Veranlassung des Eigenthümers bewirkt wird, vielmehr hat die Handlung des Diebes dieselbe Wirkung: Z. II. 7. Juli 1853 c. Lehmann.

14. Dagegen gehören ähnliche Handlungen, welche gegen das Eigenthum an Grundstücken verübt werden, nicht hierher; z. B. das Verrücken von Grenzsteinen (§ 243 Nr. 7), Abgraben und Abpflügen (§ 349 Nr. 1). Ebenso ist es kein Diebstahl, wenn der Grundeigenthümer Bäume in seinem Walde veräußert und sie dann, noch ehe der Käufer sie vom Boden trennt, zum zweiten Male an einen andern verkauft, der letztere sie dann fällt, und an sich nimmt: Beschl. I. 18. Jan. 1854 c. Schiemang (G. A. 2. s. 257). Vgl. § 225 n. 10. 31; § 241 n. 67.

15. Vorausgesetzt wird, daß die Sache einem Andern weggenommen werde, der sie also in diesem Augenblicke in seiner Gewahrsam (Detention) hatte (B. II. 5. März 1857 c. Meyer; B. I. 17. Okt. 1860 c. Puder); die Aufnahme jenes Ausdrucks („Gewahrsam“) in die Definition ist hauptsächlich deshalb unterblieben, um nicht mit Rücksicht auf die im Allg. Landrechte in Betreff der Lehre vom Besitze herrschende Unklarheit, zu Zweifeln Anlaß zu geben: Motive s. 59; K.-B. I. K. s. 31. Zur Gewahrsam an einer Sache gehört, daß man sie thatsächlich in seiner Gewalt habe, oder wenn man will, in seine Gewalt nehmen könne: Temme Gll. s. 269 n. 5. Vgl. n. 45.

16. Mit Rücksicht auf das unter n. 15 Bemerkte genügt die Feststellung nicht: der Angeklagte habe eine fremde Sache von einem dritten Orte, wo sie der Eigenthümer niedergelegt, und wieder mit zu nehmen vergessen hatte, weggenommen, weil es dann zweifelhaft gelassen ist, ob sie dem Eigenthümer (aus dessen Gewahrsam) weggenommen worden sei: B. I. 8. Okt. 1856 c. Meyer; vgl. n. 46.

17. Daß die Sache in der Gewahrsam des rechtmäßigen Eigenthümers gewesen sei, ist nicht erforderlich; überhaupt kommt es auf die Rechtmäßigkeit derselben gar nicht an: Z. I. 19. März 1858 c. Kowski; auch dem Diebe kann die Sache wieder gestohlen werden (Z. I. 23. Nov. 1860 c. Koschke; RdO. 1. s. 43; G. A. 9. s. 137); und zwar selbst von demjenigen, der sich an jenem Diebstahle betheiligt hatte; dieser stiehlt dieselbe Sache dann zweimal: Temme Lehrb. s. 902.

18. Wegnahme der Sachen, welche einer Leiche mit ins Grab gegeben sind, ist Diebstahl; vgl. § 137 n. 2.

19. Als Verletzter ist beim Diebstahl in der Regel derjenige zu betrachten, gegen welchen die Besitzentziehung statt findet; das findet namentlich im Falle des § 217 Nr. 4 statt (vgl. dort n. 55); unter demjenigen, gegen welchen ein Diebstahl verübt worden, kann aber auch die durch denselben in ihrem materiellen Rechte gekränkte Person, also vorzugsweise der Eigenthümer der Sache verstanden werden; von dieser Auffassung geht § 229 aus: Z. Pl. 14. Sept. 1857 c. Helm (G. Arch. 5. s. 651). Vgl. § 229 n. 14; Abh. in G. A. 5. s. 643.

20. In der thatsächlichen Feststellung bedarf es nicht nothwendig der namentlichen Bezeichnung des Bestohlenen: Z. I. 23. Nov. 1860 c. Koschke (cit. n. 17).

21. Sachen, die in Niemandes Gewahrsam stehen, können nicht gestohlen werden, sollte auch Jemand zu ihrer Besitzergreifung eine ausschließliche Berechtigung haben. Das gilt namentlich von den im Thl. II Tit. 16 des ALR. behandelten Regalien; Eingriffe in diese können nur nach den sie betreffenden Spezialgesetzen geahndet werden: G. Matt. 2. s. 460. Vgl. Z. Pl. 28. März 1859 c. Stolze (das Bernstein-Regal betr.; JMBl. s. 170; Entsch. 40. 2. s. 482; G. Arch. 7. s. 821). *Contra:* Erk. App.-Ger. Hamm 16. Sept. 1853 (G. Arch. 2. s. 553; in Betreff der Wegnahme von Mineralien aus einem fremden Bergwerke, arg. ALR. I, 9 § 4; II, 16 § 359—361). Vgl. B. 7. Apr. 1852 c. Zibulski (Entsch. 22. s. 464); und jetzt Ges. v. 26. März 1856 § 2 (GS. s. 203). Vgl. E.-G. Art. II n. 29; § 226 n. 9.

22. Aus demselben Grunde gehört die unbefugte Besitznahme der dem Jagd- und Fischerei-Rechte unterworfenen Thiere nicht hierher, ist vielmehr zum Gegenstande besonderer Strafvorschriften in den §§ 273—277 gemacht worden: G. Matt. 2. s. 461 c; Temme Gll. s. 269 n. 5; id. Lehrb. s. 902. Dagegen ist es Diebstahl, wenn Wild aus umzäunten Gehegen, oder Fische aus Teichen oder Behältern, d. h. also aus der Gewahrsam eines Andern weggenommen werden (vgl. § 217 Nr. 1). Dasselbe gilt von den Fischen, welche sich in einer fremden Reuse rc. gefangen hatten, Wegnahme derselben rc. ist Diebstahl und nicht als Fischereifrevel (§ 273) zu bestrafen: B. I. 11. Dez. 1855 c. Quillisch (G. A. 6. s. 116; arg. ALR. I, 9 § 129. 116; I, 7 § 1. 3. 138); Z. I. 19. März 1858 c. Kowski (weil der Eigenthümer der Reuse durch das Legen derselben den animus possidendi zu erkennen gegeben habe, und daher mit dem darauf folgenden factum possessionis alle Voraussetzungen für den Besitz vorhanden seien, ohne daß dieser durch die Wissenschaft des Inhabers bedingt werde; auf die Möglichkeit, daß sich der Fisch wieder habe befreien können (vgl. L. 55. D. de aquir. rer. dom.) komme es nicht an, da dieser Fall nicht eingetreten sei). *Contra:* Erk. Kamm.-Ger. 17. Nov. 1852 c. Busse (G. A. 1. s. 88). Vgl. § 217 n. 11.

23. Das Fangen von Blutegeln in einem fremden See ist kein Diebstahl; anders verhält es sich, wenn es in einem zur Zucht besonders bestimmten Teiche geschieht: Beschl. I. 29. Nov. 1854 c. Segebarth (G. Arch. 3. s. 133); Z. I. 21. März 1855 c. Beyer (G. Arch. 3. s. 718); Z. I. 20. April 1855 c. Tetzerow. Vergl. § 273 n. 7.

24. Der Honig und das Wachs wilder Bienen sind ebenso wie diese selbst, und die Nester und Eier der dem freien Thierfang nicht entzogenen Vögel der freien Okkupation unterworfen; jene werden durch die mehr oder minder feste Verbindung der Wachszellen mit einem Baume nicht zu einem Zuwachse des Baumes, und gelangen dadurch nicht in den Besitz des Eigenthümers des letztern. Daher ist daran weder Diebstahl noch Unterschlagung möglich, so lange nicht der Eigenthümer des Bodens in Gemäßheit der §§ 125 und 116. I, 9 des ALR. Anstalten zum Einfangen gemacht hat: Z. I. 2. Okt. 1857 c. Dibezies (G. A. 5. s. 856).

25. Tauben, welche aus dem Schlage des Eigenthümers auf ein benachbartes Gehöfte fliegen, sind nicht mehr in der Gewahrsam des erstern und können daher, selbst wenn sie angelockt sind, nicht gestohlen werden. Hatte der Eigenthümer das Recht Tauben zu halten, so begründet das Wegfangen nur einen Civilanspruch, hatte jener das Recht nicht, so sind die im Freien betroffenen Tauben Gegenstand des Thierfangs (ALR. I, 9 § 111); der dort gebrauchte Ausdruck: „im Freien" bezieht sich nicht blos auf das freie Feld, sondern auf alle Orte, mit Ausschluß des Aufbewahrungsortes: Z. I. 23. Jan. 1857 c. Gerlach (G. A. 5. s. 565). Vgl. FPO. v. 1. Nov. 1847 § 40. Für das linke Rheinufer sind zu vergleichen: Dekr. v. 4. — 11. Aug. 1790 Kap. 3 Art. 2. (v. Daniels Samml. 1. s. 114); Instr. v. 20. Aug. 1790 Kap. 3 Art. 7 (ibid. 1. s. 114 Note 3); Rur.-Ges. v. 28. Sept. — 6. Okt. 1791 Tit. 2 Art. 12.

26. Die im Walde zum Aufsetzen der Klafter benutzten, und nach dem Abfahren der letztern zurückgelassenen Unterlagen und Pfähle verbleiben in der Gewahrsam des Berechtigten und können nicht als derelinquirt betrachtet werden: So: Z. I. 9. Sept. 1857 c. Knaack. (Die Frage ist überwiegend thatsächlich; vgl. n. 45).

27. Die Wegnahme des auf der Straße von einem Andern zusammengekehrten, und so in Besitz genommenen Kehrichts in der Absicht 2c. ist Diebstahl, und fällt daher weder unter § 349 Nr. 2 des StGB., noch unter § 41 Nr. 6 (früher Nr. 7) der FPO. v. 1. Nov. 1847: Erk. Kamm.-Ger. c. Hammersky (G. A. 1. f. 89).

28. Sachen, welche eine Gefängnißverwaltung einem Gefangenen zum Gebrauche in der Anstalt, ein Gastwirth einem in sein Gasthaus eingekehrten Fremden zum Gebrauche im Zimmer des Gasthauses, eine Dienstherrschaft dem in ihrer Wohnung dienenden Gesinde zum Gebrauche im Dienste unter Händen läßt, verbleiben nichtsdestoweniger in der Gewahrsam jener Verwaltung 2c., und sind keineswegs in die des Gefangenen 2c. übergegangen (ALR. I, 7 § 111); daher können Gefangener, Gast und Dienstbote allerdings daran einen Diebstahl, nicht aber eine Unterschlagung begehen: B. II. 12. April 1855 c. Karlsheim. So in Betreff eines Gefangenen: B. 2. Juli 1852 c. Rettig (G. A. 1. f. 91); B. II. 27. Jan. 1853 c. Hellborn; Z. I. 14. Nov. 1856 c. Werner (Ziegert u. Gen.; G. A. 5. f. 101) u. ö.; in Betreff eines Dienstboten: B. I. 6. Dez. 1854 c. Kipke (G. A. 3. f. 133); Z. I. 21. Dez. 1859 c. Sauer; u. ö.; und in Betreff eines zum Verkauf von Waaren ermächtigten Gehülfen: Z. I. 20. Mai 1859 c. Latzel (319; JMBl. f. 291); Z. I. 25. Nov. 1859 c. Bräuer. Dasselbe nahm ein Z. I. 23. Sept. 1859 c. Bolin (G. A. 7. f. 837) rücksichtlich einer vom Dienstboten gegen das Verbot der Herrschaft in Gebrauch genommenen Sache an. *Sic:* Abegg Abh. in G. Arch. 4. f. 302. *Contra* in Betreff des Gefangenen: Temme Lehrb. f. 901 Nr. 6; f. 950 Note 3, und in Betreff eines Dienstboten: B. 8. Dez. 1852 c. Zauder, welches hier Unterschlagung annahm. Vgl. n. 29 fgg. 33. 60; § 225 n. 21.

29. Das Gesagte (n. 28) gilt insbesondere auch von Dreschern, welche Getreide in den Gelassen des Arbeitsgebers ausdreschen: Z. (B.) I. 10. Jan. 1853 c. Sauermann; Z. I. 2. Febr. 1853 c. Lüttich u. Gen. (G. A. 1. f. 397); Z. II. 24. Febr. 1853 c. Rentzsch (G. A. 1. f. 398); Z. I. 20. Okt. 1858 c. Drapatz; u. ö. Vgl. G. A. 1. f. 397.

30. Aehnlich verhält es sich mit der Uebergabe von Stoffen oder sonstigen Gegenständen zur Bearbeitung innerhalb der Wohnung oder der Gelasse des Arbeitsherrn; auch sie ist als eine Entäußerung der Gewahrsam nicht anzusehen. Wegnahme dieser Gegenstände durch den Arbeiter ist daher Diebstahl, nicht Unterschlagung: Z. 8. Okt. 1852 c. Breßler; Z. I. 2. April 1856 c. Pirsich; Z. II. 18. Okt. 1860 c. van Deelen; Z. II. 14. Febr. 1861 c. Makrodt; u. ö.

31. Dasselbe gilt von den Gegenständen eines Eisenbahn-Transports, welchen die Eisenbahnverwaltung in ihren Lokalen durch ihren Lademeister beaufsichtigen läßt; dieser erlangt dadurch nicht die Gewahrsam: Z. I. 26. Sept. 1856 c. Grasse.

32. Der entwickelte Grundsatz (n. 28 fgg.) erleidet auch dadurch keine Abänderung, daß dem Dienstboten oder Hausoffizianten 2c. die Schlüssel zu den betreffenden Gelassen innerhalb der Wohnung des Herrn 2c. anvertraut sind; dadurch allein wird die Gewahrsam auf jenen noch nicht übertragen: B. I. 25. Jan. 1861 c. Siewert (RdO. 1. f. 186; G. Arch. 9. f. 209); Z. I. 31. Mai 1861 c. Walter; ähnlich: B. II. 4. Dez. 1856 c. Otto.

33. Anders gestaltet sich die Sache, wenn einem der in den vorigen Bemerkungen genannten Personen, z. B. einem Gefangenen von der Gefängnißverwaltung, Sachen zum Verbrauche (z. B. Oel) ohne Kontrolle übergeben werden; dann wird Gewahrsam übertragen, und der Betreffende kann die Sache unterschlagen, aber nicht stehlen: Z. I. 27. März 1857 c. Müller.

34. Das unter n. 28 fgg. Gesagte gilt überall, wo der Dienstherr die in seiner Gewahrsam befindlichen Sachen in seinen eignen Räumlichkeiten unter den Händen der Dienstboten 2c. läßt. Ob dasselbe auch da Platz greife, wo der Letztere die Sachen mit Zustimmung des Herrn aus jenen Räumlichkeiten hinausbringt und auswärts benutzt, oder über sie verfügt, hängt davon ab, ob nach den Umständen, namentlich nach der Entfernung anzunehmen sei, daß das Verfügungsvermögen des Dienstherrn 2c. dadurch ausgeschlossen werde. Diese Frage wird

wesentlich thatsächlich sein. Das Ober-Tribunal hat sich gleichwohl gelegentlich in eine Prüfung derselben eingelassen, und beispielsweise entschieden:

35. .... die Gewahrsam des Dienstherrn daure fort, wenn der Dienstbote eine Sache (einen Regenschirm) zum augenblicklichen Gebrauche aus den Räumen des Herrn mitnahm und draußen benutzte: Z. I. 23. Sept. 1859 c. Bolin (G. A. 7. s. 837).

36. .... ebenso, wenn ein Arbeiter die im Eisgange weggetriebenen Hölzer eines Flosses seines Herrn berge und aufstapele: Z. I. 16. Febr. 1859 c. Azmon.

37. .... ebenso, wenn der Eigenthümer einer Heerde diese der Obhut eines Schäfers anvertraue: Z. I. 11. März 1857 c. Bergmann.

38. .... ebenso, wenn Jemand seine Sachen einem gedungenen Fuhrmanne zum Transport an einen andern Ort übergebe: Z. I. 22. Febr. 1860 c. Dziodeck; vgl. n. 39.

39. Dagegen ward das Gegentheil in Betreff eines Ackerknechts angenommen, welcher Garben vom Felde seines Dienstherrn einfuhr: Z. I. 2. März 1853 c Gawelleck (G. Arch. 1. s. 710; diese Entscheidung ist grundsätzlich mit der unter n. 38 angeführten schwerlich in Einklang zu bringen).

40. .... ebenso in Betreff des Handlungsdieners, welcher auswärts für seinen Prinzipal Gelder erhebt; die Bei-Seiteschaffung der letztern ward für eine Unterschlagung erachtet: Z. I. 17. Juli 1857 c. Färber.

41. Der Eigenthümer eines Waldes verliert dadurch, daß er durch dritte Personen Holz in demselben fällen und bearbeiten läßt, die Gewahrsam an diesem Holze nicht: Z. I. 2. Jan. 1857 c. Jettke.

42. Wer in den Besitz eines Grundstücks gesetzt wird, erlangt dadurch gleichzeitig die Gewahrsam der darauf lagernden beweglichen Gegenstände, z. B. des gefällten Holzes, sollte sich auch der Verkäufer das Eigenthum an demselben vorbehalten, und einen Wächter darüber gestellt haben, insofern er nicht das Holz von der Besitzübertragung ausgeschlossen hatte: Z. I. 8. Apr. 1857 c. Pallas (G. A. 5. s. 564).

43. Ueberhaupt wird durch die Bestellung eines Wächters über eine an einem dritten Orte lagernde Sache die Gewahrsam auf denselben nicht übertragen: Z. I. 3. Juli 1857 c. Müller; Z. II. 9. Juli 1860 c. Drömer (G. A. 8. s. 700); u. ö.

44. Wenn daher ein Forstaufseher (allein oder in Betheiligung Anderer) in dem seiner Obhut anvertrauten Walde Bäume frevelt, so begeht er keine Unterschlagung, sondern einen Holzdiebstahl; findet er dagegen im Walde Bäume, welche von Andern, ohne sein Zuthun, gefrevelt sind, so begeht er durch Aneignung derselben ebenfalls weder eine Unterschlagung, noch einen derselben gleichgestellten s. g. Funddiebstahl (§ 226), sondern einen einfachen Diebstahl, weil der Besitz oder die Gewahrsam nicht von selbst vom Waldeigenthümer auf den Förster überging, mit der Zueignung aber sogleich der Thatbestand des Diebstahls vorliegt: B. II. 12. Apr. 1855 c. Wirtz (Präj. n. 149; Entsch. 30. s. 353; G. A. 3. s. 840). Vgl. § 217 n. 38.

45. Ueberhaupt setzt die Gewahrsam nicht nothwendig die unmittelbare Nähe des Inhabers voraus (vgl. § 217 Nr. 1—3). Man kann vielmehr auch an Sachen, welche sich nicht mehr in unserem Gesichtskreise befinden, die Gewahrsam haben: Z. I. 10. Sept. 1858 c. Gallinat; B. I. 17. Okt. 1860 c. Puder. Daher verbleiben Sachen, welche an einem allgemein zugänglichen Orte mit der erkennbaren Absicht zurückgelassen sind, sie später wieder in Besitz zu nehmen, in der Gewahrsam dessen, der sie zurückgelassen hat: Z. II 6. Dez. 1855 c. Korte; z. B. die an einer Arbeitsstelle zurückgelassenen Arbeitsgeräthe (Beschl. App.-Ger. Ratibor 2. Okt. 1852 c. Mielczareck; G. A. 1. s. 246); oder das von einem Fuhrmanne angebundene Pferd (Z. I. 17. April 1857 c. Häbuchen); oder die auf der Eisenbahn liegen gebliebenen Eisenstücke (Z. I. 28. Nov. 1856 c. Kloß). Vgl. ALR. I, 7 § 113. 116. 117. Zu bemerken ist indessen, daß es hier wesentlich auf den Dolus des Wegnehmenden ankommt; hielt er die Sachen für verloren und glaubte er sie gefunden zu haben, so liegt nicht der Thatbestand des Diebstahls, sondern des Funddiebstahls (§ 226) vor.

46. Ebenso geht die Gewahrsam nicht verloren, wenn es nur vergessen worden ist, die Sachen von einem nahen Ort mitzunehmen; das würde vielmehr nur dann eintreten, wenn zugleich der Ort, wo die Sachen geblieben, aus dem Gedächtnisse des Eigenthümers entschwunden ist (B. I. 8. Okt. 1856 c. Meyer; Z. (B.) I. 19. Juni 1857 c. Meyer); oder wenn äußere Hindernisse obwalten, die Sachen zurückzuholen (Z. I. 8. Okt. 1858 c. Kittlitz; Z. I. 9. März 1860 c. Bernert). Vgl. aber § 217 Nr. 80. Es wird hier Vieles der thatsächlichen Beurtheilung (in Betreff der Nähe) anheimfallen.

47. „Die Handlung desjenigen, der in rechtswidriger Absicht aus einem verschlossenen Behältnisse, welches ihm mit der Verpflichtung, dasselbe zu verwahren, zurückzugeben oder abzuliefern, anvertraut worden war, fremde bewegliche Sachen sich aneignet, beziehungsweise solche veräußert, verpfändet, verbraucht, oder bei Seite schafft, ist, selbst wenn die Anvertrauung des verschlossenen Behältnisses ohne besondere Uebergabe der darin befindlichen einzelnen Sachen erfolgt war, Unterschlagung, nicht Diebstahl“: Z. Pl. 12. Dez. 1853 c. Benkert (Präj. n. 68; JMBl. 1854 s. 90; Entsch. 26. s. 411; G. Arch. 2. s. 122 und 213); B. I. 12. April 1854 c. Krüger (G. Arch. 2. s. 425). *Contra* früher: B. I. 6. April 1853 c. Rieck (Entsch. 25. s. 247; G. Arch. 1. s. 573), welches Diebstahl annahm, weil der Deponent durch den Verschluß des Behältnisses zu erkennen gegeben habe, daß er auf die darin befindlichen Sachen dem Depositar weder eine faktische noch eine rechtliche Einwirkung habe einräumen wollen. Vgl. Koch n. 65. 5; Abh. in G. A. 2. s. 211.

48. Damit ein „Wegnehmen“ angenommen werden könne, muß der Dieb die Sache in seine wirkliche körperliche Gewahrsam gebracht haben: Temme Lehrb. s. 902; vgl. n. 53.

49. Von einer Wegnahme kann da nicht die Rede sein, wo der Inhaber (sollte dieser auch nur im Namen eines Andern die faktische Detention ausüben) in das Nehmen, sei es ausdrücklich, sei es stillschweigend, eingewilligt hat: Motive s. 61; B. I. 31. Okt. 1860 c. Schlacheit (G. Arch. 8. s. 840); Abh. in G. Arch. 5. s. 694; vgl. Erk. Kamm.-Ger. 17. Jan. 1852 c. Bochow (G. Arch. 1. s. 89), und unten n. 65; nur darf das bloße Wissen und Geschehenlassen nicht mit einer Einwilligung verwechselt werden; der Umstand, daß der Inhaber der Sache das Treiben des Diebes von Anfang an beobachtet hat, und geschehen läßt, um ihn zu ertappen und zu überführen, schließt den Diebstahl nicht aus. *Contra:* Temme Lehrb. s. 905. Der obige Satz erledigt übrigens auch die von Beseler (s. 409) angeregte Frage, ob der die Wegnahme gegen den Willen des Eigenthümers gestattende Inhaber Theilnehmer am Diebstahle sei, da hier überhaupt kein Diebstahl, sondern nur etwa eine Unterschlagung des Inhabers vorliegen kann. Temme Lehrb. s. 904. Vgl. n. 65.

50. Das unter n. 49 Bemerkte gilt selbst da, wo die Einwilligung des Inhabers erzwungen worden ist; die Annahme des gezwungen Hingegebenen kann nur etwa Erpressung, nicht aber Diebstahl sein: Z. II. 13. Nov. 1856 c. Schorn (Teitscheid u. Gen.; G. A. 5. s. 64).

51. In den erwähnten Fallen (n. 49. 50) wird indessen vorausgesetzt, daß die Einwilligung von einer dispositionsfähigen Person ausgegangen sei; die von einem Unmündigen bewirkte thatsächliche Uebergabe ist nicht als Uebergabe im Sinne des § 58. I, 7 des ALR. anzusehen; die Annahme einer so übergebenen Sache ist daher immer als einseitige Besitzergreifung zu betrachten, und kann geeigneten Falls einen Diebstahl, nicht aber Unterschlagung darstellen: Z. II. 18. Juni 1857 c. Hasse (G. A. 5. s. 697). Vgl. § 218 Nr. 5 n. 56.

52. Heimlichkeit der Handlung ist kein Begriffserforderniß des Diebstahls, und zwar weder in objektiver (vgl. n. 49), noch auch in subjektiver Beziehung. Vom Falle des gewaltsamen Diebstahls abgesehen ist es sehr wohl denkbar, daß der Dieb entweder durch die Offenkundigkeit seiner Handlungsweise jeden Verdacht von sich abzulenken, oder durch seine Schnelligkeit sich und die öffentlich weggenommene fremde Sache in Sicherheit zu bringen suchte. *Contra:* Temme Lehrb. s. 903, „weil der nicht mit Gewalt ausgeführte Diebstahl nur auf eine hinterlistige, also auch in irgend einer Beziehung nur auf heimliche Weise geschehen könne.“

53. Vollendet wird die Wegnahme durch das Bringen in die eigne Gewahrsam (n. 48), welches mit der Herausnahme aus der fremden Gewahrsam zusammenfällt, indem dadurch die willkürliche Einwirkung des Besitzers ausgeschlossen wird: G. Matt. 2. S. 462; Temme Lehrb. S. 902. Dagegen ist nicht erforderlich, daß der Dieb die Sache schon aus den Räumen (dem Bereiche) des Bestohlenen herausgebracht habe: Z. I. 12. Okt. 1853 c. Hülsbach; Z. I. 29. Sept. 1854 c. Lange (in beiden Fällen hatte der Dieb mit der Wegschaffung der Sachen bereits begonnen, war aber ergriffen worden, ehe er das betr. Gebäude und seine Zubehör verlassen hatte); Z. I. 25. Jan. 1860 c. Gamm; Zachariä Abh. in G. A. 3. S. 292D.

54. Ob hiernach im Einzelfalle die Wegnahme bereits vollendet oder doch versucht sei, ist eine wesentlich thatsächliche Frage; das gilt namentlich auch dann, wenn die Sache einstweilen in den Räumlichkeiten des Inhabers belassen, dort aber an eine andre Stelle gebracht ist, von wo sie später weggeholt werden soll. Man darf jedenfalls grundsätzlich einen wenigstens versuchten Diebstahl da annehmen, wo die Sache in den Räumen des Inhabers so versteckt worden ist, daß ihr Auffinden durch einen günstigen Zufall bedingt erscheint, indem dann die Möglichkeit der willkürlichen Einwirkung für den Inhaber beseitigt, und nur dem den Versteck kennenden Diebe gewährt ist. Umgekehrt liegt jedenfalls ein vollendeter Diebstahl da nicht vor, wo nur ein Zurechtlegen zur demnächstigen leichtern Fortschaffung, ohne jedes Verstecken, stattgefunden hat. Ein B. I. 14. Jan. 1853 c. Wuttig (vgl. § 31 n. 25) wollte hierin nicht einmal einen Versuch, sondern nur eine vorbereitende Handlung erkennen, weil jene Thätigkeit mit dem beabsichtigten Wegnehmen nicht in unmittelbarem Zusammenhange stehe; während ein Z. (B.) I. 10. Jan. 1853 c. Sauermann einen Versuch in einem Falle annahm, wo Drescher von dem ausgedroschenen Getreide eine Quantität aus der Scheune in einen Stall des Arbeitsgebers geschafft hatten, in der Absicht, sie am Abende dort abzuholen; ein B. I. 19. Jan. 1853 c. Zigeuner erachtete es endlich für vollendeten Diebstahl, wenn der Dieb die Sache aus den Räumlichkeiten des Eigenthümers heraus in die eines Dritten bringt, um sie später von da abzuholen. Vgl. aber § 31 n. 21 fgg.

55. Ob ein strafbarer Diebstahlsversuch da vorliegt, wo zwar ein Diebstahl beabsichtigt war, aber nur deshalb nicht zur Ausführung kam, weil an der betreffenden Stelle der zu stehlende Gegenstand gar nicht existirte, darüber vgl. § 31 n. 7. Jedenfalls bedarf es zur Bestrafung eines Diebstahlversuchs nicht der Ermittelung und Feststellung desjenigen, was der Angeklagte zu stehlen Willens gewesen sei; es genügt die Feststellung: „daß er zu stehlen versucht habe rc.“: Z. II. 15. Nov. 1855 c. Hürter; Z. II. 1. März 1857 c. Krämer; Z. I. 24. April 1857 c. Kern; Z. II. 4. Juni 1857 c. Grube; u. ö.

56. Es gehört zur thatsächlichen Beurtheilung, inwiefern Einsteigen, Einbruch und Einschleichen für sich allein den Thatbestand eines Diebstahlversuchs darstellen. Vgl. § 31 n. 17 fgg. 22 fgg.

57. Ist festgestellt, daß ein Diebstahl von zwei Personen in der Weise verübt worden sei, daß der eine die fremde Sache allein aus dem Gebäude, in welchem sie sich befand, geholt, und daß beide sie darauf weggetragen haben, so liegt keine Gesetzesverletzung vor, wenn der Instanzrichter einen durch gemeinschaftliche Handlungen verübten Diebstahl annimmt, und den zweiten nicht blos als Theilnehmer an dem durch den erstern allein verübten Vergehen ansieht: Z. (B.) I. 12. Jan. 1855 c. Hartphiel (Entsch. 29. S. 418; G. A. 3. S. 706). Vgl. n. 53.

58. Die Absicht muß auf eine rechtswidrige Zueignung der fremden Sache gerichtet sein; es bedarf daher des Bewußtseins, daß die Sache eine fremde sei, welche zu nehmen man kein Recht hat. Daher ist derjenige kein Dieb, welcher selbst Eigenthümer der Sache zu sein behauptet, und die Wegnahme zur Geltendmachung dieses angeblichen Rechts vornimmt, sollte er auch das letztere als ein gefährdetes oder bestrittenes betrachten. Selbst das Bewußtsein der Rechtswidrigkeit in anderer Beziehung (z. B. als Selbsthülfe oder Gewalt) genügt nicht: B. II. 9. Sept. 1858 c. Koch (JMBl. S. 323; G. A. 7. S. 105).

59. Damit die Absicht sich die Sache zuzueignen angenommen werden könne, ist erforderlich, daß sie dahin gerichtet sei, die Sache in sein Eigenthum zu bringen; wer dieselbe blos zum momentanen Gebrauche (z. B. eine Leiter, um da-

mit einen andern Diebstahl zu verüben) wegnimmt, stiehlt sie nicht, vorausgesetzt, daß der beabsichtigte Gebrauch nicht einen gänzlichen oder theilweisen Verbrauch in sich schließt: Z. I. 21. Sept. 1860 c. Zilkowski. Vgl. Temme Lehrb. s. 905.

60. Ebenso kann es, wegen Mangels der erforderlichen Absicht, nicht als Diebstahl angesehen werden, wenn ein entweichender Gefangener Gegenstände mitnimmt, welche zwangsweise mit seinem Körper so in unmittelbare Verbindung gesetzt waren, daß er sich ihrer nicht entledigen konnte (z. B. die Fesseln, oder die Gefangnentracht, wenn er keine andre Kleidung besaß): Abegg Abh. in G. Arch. 4. s. 289 fgg. Jedenfalls würde es in einem solchen Falle einer besondern Feststellung bedürfen, daß er den erforderlichen Dolus gehabt habe.

61. Die Absicht muß dahin gehen, die Sache sich selbst zuzueignen; dagegen braucht sie nicht auf ein Behalten für immer gerichtet zu sein. Daher trifft der Begriff des Diebstahls auch da zu, wo die Wegnahme für und im Auftrage eines Dritten geschah (um diesem demnächst die Sache zuzueignen); der Zueignung des Dritten muß die eigne des Wegnehmenden vorhergehen: Motive s. 60; G. M. 2. s. 467b; Z. I. 14. April 1858 c. Wendriner; ähnlich: Z. 19. Mai 1852 c. Häusler. Dagegen ist es kein Diebstahl, wenn Jemand eine fremde Sache einem Dritten verkauft, und diesen so veranlaßt, dieselbe in gutem Glauben wegzunehmen und sich zuzueignen; eine solche Handlung stellt vielmehr einen Betrug dar: B. I. 14. Mai 1858 c. Bertz (G. A. 6. s. 567); vgl. § 241 n. 67.

62. Aus dem angegebenen Grunde (n. 61) ist auch die Wegnahme einer fremden Sache, um sie sofort zu verschenken, ein Diebstahl: G. Matt. 2. s. 467b; Temme Lehrb. s. 906.

63. Die Absicht ist auch dann auf rechtswidrige Zueignung gerichtet, wenn sie auf eine rechtswidrige [einen Verbrauch in sich schließende] Verfügung über die Sache ging, z. B. um eine fremde Urkunde für sich zur Verwerthung zu benutzen. Das gilt selbst dann, wenn die Absicht nicht auf Aneignung des ganzen Betrags, über welchen die Urkunde lautete, sondern nur eines Theiles desselben gerichtet war, und dieser Absicht gemäß die Urkunde nach Abschreibung des erhobenen Betrags zurückgegeben ist, weil dann nicht ein bloßer Gebrauch der Sache, sondern eine Verfügung über die ganze Urkunde beabsichtigt war; wenigstens liegt kein Widerspruch vor, wenn in einer solchen Handlungsweise die diebische Absicht gefunden wird: Z. I. 8. Jan. 1857 c. Kuhn (Präj. n. 221; Entsch. 34. s. 333; G. A. 5. s. 424; die Angeklagte hatte ein auf den Inhaber lautendes Sparkassenbuch weggenommen, um einen Theil des betreffenden Betrags zu erheben, und dasselbe dann zurückzubringen, und hatte dieses Vorhaben zur Ausführung gebracht).

64. Wegnahme einer Sache in der Absicht sie zu zerstören ist kein Diebstahl: B. I. 14. Sept. 1860 c. Beer. Dasselbe nahm ein B. I. 11. Febr. 1859 c. Stöhrer (G. A. 7. s. 394) in einem Falle an, wo Jemand einen, einem Andern gehörenden Wechsel weggenommen hatte, in der Absicht, sich dadurch der eignen Zahlungspflicht zu entziehen; hier treffe § 243 Nr. 8 zu; vgl. n. 4; § 243 n. 46.

65. Die Einwilligung des Eigenthümers beseitigt die Rechtswidrigkeit und damit den Thatbestand des Diebstahls. Das gilt auch dann, wenn die Wegnahme aus der Gewahrsam eines dritten Inhabers bewirkt wird: Z. Pl. 14. Sept. 1857 c. Helm (G. A. 5. s. 651; beil.); Abh. in G. Arch. 5. s. 644; Hälschner 1. s. 232. 236; Böhlau Abh. in G. Arch. 5. s. 493 (welcher übrigens den Sinn der vorstehenden Bemerkung mißverstanden hat). Jene Wirkung tritt selbst da ein, wo der Wegnehmende jene Einwilligung nicht kennt, seinerseits also mit dem zum Diebstahle erforderlichen Dolus handelt: B. I. 4. Nov. 1859 c. Rohde (G. A. 8. s. 132; der Angeklagte hatte einen Dienstboten zu bestimmen gesucht, ihm Abends Sachen seines Herrn aus dem Fenster zuzuwerfen; der Dienstbote theilte dieses seinem Herrn mit, und warf dann auf Anweisung des letztern dem Angeklagten die Sachen wirklich zu). Man muß sich nur hüten, das Geschehenlassen, um den Dieb zu ertappen, mit einer Einwilligung zu verwechseln; vgl. n. 49.

66. Auch derjenige, welcher vom Berechtigten die Erlaubniß erhalten hat, mit der Sache irgend eine Maßnahme vorzunehmen (z. B. einen Baum zu fällen), begeht einen Diebstahl, wenn er jene Handlung vornimmt, nicht in der Absicht

jenen Auftrag zu vollziehen, sondern sich die Sache zuzueignen: B. I. 11. Nov. 1859 c. Kanter (G. A. 8. s. 129).

67. Die im § enthaltene Definition des Diebstahls weicht insofern von der des Römischen und des gemeinen Rechts ab, als hier nicht von einer gewinnsüchtigen, sondern nur von der Absicht rechtswidriger Zueignung die Rede ist. Aus der Entstehungsgeschichte des § geht indessen hervor, daß man keineswegs beabsichtigte, den gemeinrechtlichen Begriff, wie er auch ganz in das Verständniß des gemeinen Lebens übergegangen war, zu verlassen, und einen andern an die Stelle zu setzen. Daher muß die Absicht der rechtswidrigen Zueignung, als auf rechtswidrige Gewinnung der Sache gerichtet, gedacht werden, so daß der Begriff da nicht zutrifft, wo durch die rechtswidrige Handlung zwar die Aneignung der Sache, jedoch nur gegen vollständigen Entgelt, bezweckt wurde: Z. II. 14. Juni 1860 c. Knoop. Es ist daher kein Diebstahl, wenn Jemand seinem Schuldner etwas wegnimmt, um sich damit bezahlt zu machen (vgl. Erk. Kamm.-Ger. 17. Jan. 1852 c. Bochow; G. A. 1. s. 89), oder wenn Jemand sich einer fremden nicht käuflichen Sache bemächtigt, zugleich aber ihren vollen Werth als Preis derselben an die Stelle legt. Wenn gleichwohl die Definition von dieser »Gewinnsucht« Nichts enthält, so geschah es nur, um auszudrücken, daß es da, wo die Absicht der rechtswidrigen Zueignung obwaltet, der ausdrücklichen Feststellung, daß diese Absicht im angegebenen Sinne eine gewinnsüchtige gewesen, nicht bedürfen solle, daß vielmehr bei festgestellter Absicht rechtswidriger Zueignung, die Gewinnsucht als Motiv derselben zu unterstellen sei: B. I. 18. März 1857 c. Barz (Kleist u. Gen.; G. Arch. 5. s. 397); Z. I. 3. Dez. 1858 c. Perlick; B. II. 11. Okt. 1860 c. Fleitmann; u. ö. Hiernach ist ein Eingehen in diese Frage nur da erforderlich, wo der Angeklagte die Abwesenheit jener »Gewinnsucht« behauptet; so im Allgemeinen: Z. 26. Mai 1852 c. Hüthe; B. I. 29. Juni 1853 c. Freudenthal; B. I. 24. April 1854 c. Reichenstein; u. ö. Wird demgemäß festgestellt, daß der Angeklagte ohne Gewinnsucht gehandelt habe, so liegt kein Diebstahl vor: Z. I. 24. Sept. 1858 c. Wunschmann. Daraus darf indessen nicht gefolgert werden, daß dem Angeklagten der Nachweis des von ihm behaupteten Mangels einer gewinnsüchtigen Absicht obliege: Beschl. I. 2. Juni 1858 c. Woiczeschke. Zu vergleichen sind: Bes. s. 409; G. Matt. 2. s. 465; Temme Lehrb. s. 905. — Wenn § 349 Nr. 3 in der neuen Fassung des Ges. v. 14. April 1856 die »Entwendung« von Früchten ꝛc. von unbedeutendem Werthe oder in unbedeutender Quantität nur dann mit der Strafe des Diebstahls bedroht, wenn sie unter den erschwerenden Umständen des § 218, oder in gewinnsüchtiger Absicht geschieht, so soll durch den Ausdruck »Entwenden« nicht etwa ein andrer Thatbestand als der des Diebstahls angedeutet werden (weil sonst von der Anwendbarkeit des § 218 keine Rede sein könnte); der Unterschied liegt vielmehr nur darin, daß bei der Wegnahme der dort genannten Lebensmittel der gewinnsüchtige Charakter der obwaltenden Absicht der rechtswidrigen Zueignung nicht ohne Weiteres vermuthet, oder als selbstverständlich vorausgesetzt werden soll, daß es vielmehr in jedem Falle der ausdrücklichen Feststellung seines Vorhandenseins bedarf, um die Diebstahlsstrafe zu rechtfertigen, was wiederum da wegfällt, wo einer der erschwerenden Umstände des § 218 vorliegt: Z. I. 3. Dez. 1858 c. Perlick. Aehnlich verhält es sich mit dem in den §§ 41—43 und 45 der F.-P.-O. vom 1. Nov. 1847 (in der veränderten Fassung des Ges. v. 13. April 1856) vorgesehenen Wegnehmen; vgl. n. 82; § 271 n. 8, und die Bemerkungen zu § 319 Nr. 3.

68. Aus dem unter n. 67 Gesagten folgt, daß einem Antrage auf Befragung der Geschwornen, ob die gewinnsüchtige Absicht obgewaltet habe, stattgegeben werden muß, und daß die Verneinung einer solchen mit der festgestellten Absicht rechtswidriger Zueignung nicht im Widerspruche steht: B. I. 18. März 1857 c. Barz (Kleist u. Gen.; G. A. 5. s. 397). Die Fragstellung erfolgt dann zweckmäßig in negativer Form.

69. Gewinnsucht kann darin gefunden werden, wenn die Wegnahme geschieht, um dadurch einen anderweitig erlittenen Verlust zu ersetzen; die Meinung: »das sei erlaubt« ist dann ein auf das Dasein des Strafgesetzes bezüglicher und daher nicht entschuldigender Irrthum: Z. II. 14. Juni 1860 c. Knoop.

70. Nach den unter n. 67 und 68 entwickelten Grundsätzen ist auch die Frage nach der Strafbarkeit des s. g. Futter-Diebstahls zu beantworten. Die Wegnahme von Futter rc., welche ohne eigne gewinnsüchtige Absicht zum Zwecke der Verfutterung an das Vieh des Eigenthümers wider den Willen des letztern bewirkt wird, stellt keinen Diebstahl dar, ist vielmehr jetzt nach § 349 Nr. 7 zu bestrafen; während beim Vorhandensein der gewinnsüchtigen Absicht unbedenklich der volle Thatbestand des Diebstahls vorliegt. Vor Verkündung jener Nr. 7 des § 349 durch das Ges. v. 30. Mai 1859 hat das Ober-Tribunal angenommen, daß die Feststellung: „die Wegnahme des Futters sei geschehen zum Zwecke der Verfutterung an das Vieh des Eigenthümers“ den zum Diebstahle erforderlichen Dolus weder in sich, noch aus-schließe, daß es daher in jedem Einzelfalle der ausdrücklichen Feststellung der „Absicht rechtswidriger Zueignung“ bedürfe: B. I. 16. Febr. 1853 c. Ammerpohl (Präj. n. 12; JMBl. s. 267; G. A. 1. s. 245); Z. I. eod. c. Neuenfeld (Entsch. 24. s. 449); Beschl. I. 15. Juli 1857 c. Bergmann; Z. I. 22. Sept. 1858 c. Schröder; u. ö. (*Contra* früher: Z. 8. Dez. 1851 c. Kubo; Entsch. 22. s. 72; G. A. 1. s. 91; Z. 30. Juni 1852 c. Lengner; G. Matt. 2. s. 467 c; Temme Gll. s. 272 Note 1; Koch n. 65 IV). Das neue Gesetz hat jetzt jeden Zweifel gehoben, und die Verhängung der Diebstahlsstrafe von der ausdrücklichen Feststellung der „gewinnsüchtigen Absicht“ abhängig gemacht. Diese Gewinnsucht darf überall als vorhanden angenommen werden, wo der Angeklagte nicht blos aus Fürsorge für die Thiere, sondern auch in irgend einer Weise im eignen Interesse handelte, sollte dieses letztere auch nur in der Befriedigung seiner Eitelkeit (durch das bessere Aussehen der von ihm gepflegten Thiere) oder dgl. bestanden haben. Ueber die Form der Feststellung vgl. n. 68. In der großen Mehrzahl der Fälle ist die Behauptung: „die Wegnahme sei zum Zweck der Verfutterung rc. geschehen“ gewiß nur ein leerer Vorwand; der Instanzrichter hat daher alle Veranlassung, ihre Richtigkeit sorgfältig zu prüfen, und die Abwesenheit der gewinnsüchtigen Absicht nur da anzunehmen, wo feste Anhaltspunkte dafür vorliegen, daß der Angeklagte das vom Eigenthümer bestimmte Futterquantum für ungenügend gehalten, und deshalb lediglich aus Fürsorge für die Thiere gehandelt habe. Dagegen läßt sich nicht aufstellen, daß demselben der Nachweis seiner Behauptung obliege.

71. Das unter n. 70 Gesagte trifft nur da zu, wo die Absicht der Wegnahme auf Verfutterung an das Vieh des Eigenthümers des Futters gerichtet war; fand daher die Wegnahme vom Grundstücke eines Dritten Statt, so schließt die Absicht der Verfutterung an das Vieh des Dienstherrn die Diebstahlsstrafe nicht aus; es wird vielmehr dann das unter n. 54. 55 Gesagte anwendbar. *Contra:* Beschl. I. 19. Sept. 1855 c. Tietze, welcher in einem solchen Falle nur den § 42 Nr. 6 (jetzt Nr. 2) der FPO. v. 1. Nov. 1847 für zutreffend erachtete.

72. Der Dieb, sowie der Theilnehmer am Diebstahle können nicht neben der hierdurch verwirkten Bestrafung auch noch mit der Strafe der Hehlerei belegt werden; vgl. § 237 n. 43. 44.

73. Wenn ein Diebstahl an Früchten, Eßwaaren oder Getränken in Frage ist, so muß, um die Anwendung der §§ 215 fgg. als gerechtfertigt erscheinen zu lassen, die thatsächliche Feststellung ergeben, daß nicht diejenigen Voraussetzungen zutreffen, von welchen § 349 Nr. 3 die Verhängung einer geringern Strafe abhängig macht; vgl. n. 67. 82. 85.

74. Ueber die fortdauernde Gültigkeit der Vorschriften der Feld-Polizei-Ordnung v. 1. Nov. 1847 und des Rh. Rural-Gesetzes v. 28. Sept. — 6. Okt. 1791 in Betreff der Entwendung von Früchten und andern Bodenerzeugnissen vgl. Ges. v. 22. Mai 1852 Art. III. Nur insoweit die Bestimmungen der FPO. in das StGB. übergegangen, oder mit den Vorschriften des letztern unvereinbar sind, müssen sie als aufgehoben [illegible]chtet werden: Z. II. 14. Febr. 1856 c. Ehrlich.

75. Wo die FPO. [illegible]Anwendung der Diebstahlsstrafe ausschließt, sind ihre Bestimmungen Ausna[illegible]n, welche nicht ausdehnend erklärt werden dürfen: Z. II. 14. Febr. 1856 c. [illegible]lich.

76. Die in der FPO. [oder dem Rh. Rural-Ges.] vorgesehenen Entwendungen unterliegen den Strafen dieser Spezial-Gesetze auch dann, wenn sie unter den Umständen des schweren Diebstahls begangen sind: Beschl. I. 22. Juni 1853

c. Johr; B. (Z.) I. 8. Febr. 1854 c. Gutfeld (arg. Ges. v. 22. Mai 1852 Art. III, welcher die §§ 215—224 ausschließt); vgl. § 230 n. 18; K.-B. Herren-H. zu FPO. § 42 Nr. 2 (G. A. 4. S. 150).

77. Die Vorschrift der FPO. v. 1. Nov. 1847 § 42 Nr. 2 (früher Nr. 6), die Entwendung von Gartenfrüchten, Feldfrüchten und andern Boden-Erzeugnissen von unbedeutendem Werthe oder in geringer Quantität betreffend, findet nur da Anwendung, wo beide Umstände (unbedeutender Werth und geringe Quantität) konkurriren; fehlt einer von beiden, so greift die Diebstahlsstrafe Platz. So: Z. II. 29. März 1860 c. Retting.

78. Die erwähnte Vorschrift des § 42 Nr. 2 der FPO. bezieht sich auch auf bereits geerntete und gesammelte Früchte. So: die feste Praxis des Ober-Tribunals: V. Pl. 30. Nov. 1857 c. Wördehoff (Präj. n. 242; JMBl. 1858 S. 45; Entsch. 37. 2. S. 1); V. I. 29. Okt. 1856 c. Dossow; Z. I. 22. Mai 1857 c. Richter (G. Arch. 5. S. 546); B. I. 8. Juli 1857 c. Rohde; B. I. 10. Juli 1857 c. Damm; B. I. 4. Sept. 1857 c. Zarling; B. II. 17. Dez. 1857 c. Hacheney. Vgl. eine Abh. in G. A. 5. S. 762, und Z. II. 7. Febr. 1856 c. Voget (G. A. 4. S. 253).

79. Auch durch das Ausdreschen der geernteten Feldfrüchte wird die Anwendbarkeit des § 42 Nr. 2 cit. noch nicht beseitigt; insbesondere kann dann das übrigbleibende Stroh nicht als ein Produkt weiterer Bearbeitung der Früchte angesehen werden, vielmehr bleibt es nach wie vor ein Boden-Erzeugniß: Z. I. 21. Dez. 1860 c. Gillert (RdO. 1. S. 194; G. A. 9. S. 124).

80. Ebenso wird § 42 Nr. 2 cit. nicht dadurch ausgeschlossen, daß die betr. Boden-Erzeugnisse von dem Orte, wo sie geerntet wurden, weggeschafft und in den Verkehr gebracht sind; derselbe bleibt vielmehr anwendbar, so lange sich diese noch auf einem Felde rc. befinden: B. I. 16. Juli 1858 c. Schubert (G. Arch. 6. S. 689).

81. Dasselbe gilt endlich selbst dann noch, wenn die Früchte (auf dem Felde) in Schober (Mieten, Gruben oder dgl.) untergebracht sind, sobald dieses nur geschehen ist, um dieselben vor den Einflüssen der Witterung zu bewahren. Die Diebstahlsstrafe greift daher nur dann Platz, wenn festgestellter Maaßen jenes Unterbringen geschah, um die Früchte rc. gegen Dritte zu schützen: Z. I. 22. Okt. 1858 c. Gruhn (G. A. 7. S. 92); Z. I. eod. c. Strehmel; Z. I. 2. Febr. 1859 c. Klose; Z. I. 21. Dez. 1860 c. Gillert (RdO. 1. S. 194; G. A. 9. S. 124); vgl. § 217 n. 26.

81a. Dagegen darf diese Nr. 2 nicht auf andere als die darin genannten Oertlichkeiten ausgedehnt werden; sie ist daher auf einen aus einem Hofraume verübten Diebstahl unanwendbar: B. II. 25. Apr. 1861 c. Simon (RdO. 1. S. 327).

82. Ueber die Bedeutung des Ausdrucks „Entwenden" im cit. § 42 Nr. 2 vgl. n. 67. Auch hier ist derselbe nicht auf einen vom Diebstahle verschiedenen Thatbestand zu deuten, der Gesetzgeber hat vielmehr hier nur die im Allgemeinen zutreffende Vermuthung beseitigt, daß die „Absicht rechtswidriger Zueignung" auch die Gewinnsucht in sich schließe, und hat demgemäß zur Anwendung der Diebstahlsstrafe die Feststellung des Thatbestandes des § 215, insbesondere die der Absicht rechtswidriger Zueignung nicht für genügend erachtet, hierzu vielmehr die ausdrückliche Feststellung der Gewinnsucht für unerläßlich erklärt (§ 45 l. c.): B. II. 11. Sept. 1856 c. Dieckhoff (Präj. n. 215; Entsch. 33. S. 481; G. A. 4. S. 325); Z. II. 16. Apr. 1857 c. Knocke; B. II. 21. Jan. 1858 c. Merschhaus (G. A. 4. S. 365); B. II. 29. Apr. 1858 c. Baum; u. ö. *Contra* früher: Z. I. 5. Apr. 1854 c. Krause; vgl. n. 85.

83. Vor dem Ges. v. 13. Apr. 1856 (GS. S. 205) hatte das Ober-Tribunal angenommen, daß „der unter Nr. 2 des § 43 [jetzt § 42 Nr. 3] der FPO. erwähnte Fall auch dann vorhanden sei, wenn das Abhauen, oder Abbrechen von „Blumen oder Sträuchern in diebischer Absicht vorgenommen sei." So: Z. I. 12. Jan. 1853 c. Mattern (Präj. n. 5; JMBl. S. 172; Entsch. 24. S. 438); B. Pl. 12. Dez. 1853 c. Manthe (Präj. n. 73; JMBl. 54. S. 92; Entsch. 26. S. 440); u. ö. Sodann sprach ein B. II. 9. Okt. 1856 c. Mann (Goßmann u. Gen.) aus, daß vom Absägen dasselbe gelte, wie vom Abhauen. Ebenso entschieden Z. I. 17. Mai 1854 c. Hegermann (G. Arch. 2. S. 685); Z. I. 17. Juli 1854 c. Hohenwald, in Be-

treff der Fälle des § 43 Nr. 3 und 4 [jetzt Nr. 1. 2], während B. (Z.) I. 8. Febr. 1854 c. Gutfeld (JMBl. s. 151), und B. I. 10. März 1854 c. Ueberschaer (G. A. 2. s. 417) das Gegentheil da annahmen, wo ein Baum oder Strauch mit der Wurzel ausgerissen war. Die durch das Gesetz v. 13. Apr. 1856 bewirkte Abänderung der §§ 41—43. 45 der FPO. bezweckte ausdrücklich die Beseitigung jener Auffassung; die Anwendbarkeit der Diebstahlsstrafe ist jetzt durch das Vorhandensein der gewinnsüchtigen Absicht bedingt. So: Beschl. II. 5. Juni 1856 c. Weber; B. II. 9. Okt. 1856 c. Mann (cit.).

84. „Die Entwendung von Bäumen oder Sträuchern, welche in Gärten, „Obstanlagen, Alleen, auf Aeckern oder sonst außerhalb eines Forstes stehen, oder „aus Hecken, oder sonst zur Einfassung von Grundstücken dienenden Anpflanzungen „ist nicht nach § 216, sondern nach § 43 Nr. 2 [jetzt nach § 42 Nr. 3] der FPO. „zu rügen.“: Z. I. 12. Jan. 1853 c. Mattern (Präj. n. 6; JMBl. s. 172; Entsch. 24. s. 438). Auch hier greift jetzt die Unterscheidung des neuen § 45 der FPO. Platz; vgl. n. 76.

85. In allen Fällen, wo das Gesetz die „Wegnahme in der Absicht rechtswidriger Zueignung“ zur Verhängung der Diebstahlsstrafe nicht für ausreichend erachtet, diese vielmehr von der ausdrücklichen Feststellung der gewinnsüchtigen Absicht abhängig gemacht, beim Mangel derselben aber eine geringere Strafe angedroht hat, d. h. also in den Fällen des § 349 Nr. 3 und 7, sowie der §§ 41—43 der FPO., muß der Instanzrichter, wenn er im Uebrigen den Thatbestand des § 215 feststellt, sich auch ausdrücklich über das Vorhandensein der gewinnsüchtigen Absicht aussprechen; es tritt daher Nichtigkeit ein nicht nur, wenn ohne die Feststellung der letztern wegen Diebstahls bestraft ist, sondern auch da, wo nur auf die geringere Strafe erkannt ist, ohne daß die Gewinnsucht für ausgeschlossen erklärt worden wäre: B. II. 11. Okt. 1860 c. Fleitmann; vgl. § 349 n. 19.

86. Wenn sich in den Fällen der §§ 41—43 der FPO. v. 1. Nov. 1847 oder des § 349 Nr. 3 des StGB. nach Eröffnung der Untersuchung ergiebt, daß die Sachen, deren Wegnahme in diesen Gesetzen unter Strafe gestellt ist, in gewinnsüchtiger Absicht entwendet sind, also die Diebstahlsstrafe verwirkt ist, so kann auch der Einzelrichter diese Strafe nach § 216 oder 217 verhängen, insofern mildernde Umstände vorliegen, und Staatsanwaltschaft und Richter darüber einverstanden sind, daß das passende Strafmaaß drei Monate nicht übersteige: Ges. v. 14. April 1856 Art. 1 § 3 (oben bei Art. XIII des Einf.-Ges. s. 23). Vgl. Strafverf. § 27 n. 15. Dasselbe dürfte jetzt auch im Falle des § 349 Nr. 7 gelten.

87. Soweit das Holz-Diebstahl-Gesetz vom 2. Juni 1852 für die dort vorgesehenen Fälle besondere Strafvorschriften enthält, bleiben die Bestimmungen des StGB. ausgeschlossen. Es ist daher der Diebstahl von Kiefernpflanzen aus einem s. g. Saatkamp, wenn dieser zu den im § 1 des HDG. erwähnten Grundstücken zu zählen ist, nach dem HDG. strafbar: Z. I. 19. Nov. 1856 c. Budach (G. A. 5. s. 81).

88. Wenn der Eigenthümer eines Waldes einen durch einen Dritten im Frevel abgehauenen und liegen gelassenen Baum zurichtet, so nimmt er ihn dadurch in Besitz; demnächstige Wegholung desselben durch den früheren Frevler ist dann nicht etwa Fortsetzung des früher begonnenen Holzdiebstahls, sondern wirklicher Diebstahl im Sinne des § 215 oder 217 Nr. 3; will der Angeklagte behaupten, er habe keine Kenntniß von der durch den Eigenthümer begonnenen Bearbeitung gehabt, so muß er dieses beweisen: Z. I. 30. Sept. 1857 c. Buß. Vgl. n. 44; § 217. Wenn dagegen Jemand Holz, welches ein Dritter in einem fremden Walde vom Boden getrennt hatte, stiehlt, ehe es vom Waldeigenthümer durch seine Bearbeitung oder die Art der Behandlung und Aufbewahrung zum perzipirten Theile der Forstnutzung gemacht ist, so liegt nur ein einfacher Diebstahl vor.

89. Ueber den Begriff von geschlagenem Holze vgl. § 217 n. 31 fgg.

§. 216. Der Diebstahl und der Versuch des Diebstahls wird mit Gefängniß nicht unter Einem Monate und mit zeitiger Untersagung der Ausübung der bürgerlichen Ehrenrechte bestraft. Der Schuldige kann zugleich unter Polizei-Aufsicht gestellt werden.

Wird festgestellt, daß mildernde Umstände vorhanden sind, so kann die Strafe bis auf Eine Woche Gefängniß ermäßigt werden.

[Entw. § 199]. Vgl. § 319 Nr. 2. 3. 7.

§. 217. In folgenden Fällen soll die Gefängnißstrafe nicht unter drei Monaten sein:

1) wenn Ackergeräthschaften oder Thiere, welche zum Ackerbau gebraucht werden, von dem Felde, Thiere von der Weide, Wild aus umzäunten Gehegen, Fische aus Teichen

---

§ 216.

1. Die Geringfügigkeit des Objekts kann unbedenklich als mildernder Umstand angesehen werden: K.-B. II. K. s. 117.

2. Die Bestimmungen in den letzten Absätzen der §§ 216 und 217, daß bei mildernden Umständen die Strafe des einfachen Diebstahls bis auf acht resp. vierzehn Tage Gefängniß ermäßigt werden kann, sind weder dahin aufzufassen, daß neben dieser Gefängnißstrafe auf zeitige Untersagung der Ausübung der Ehrenrechte erkannt werden müsse, noch dahin, daß auf jene Untersagung nicht erkannt werden dürfe, sondern dahin, daß es dem Ermessen des Richters anheimfalle, ob in dem gegebenen Falle neben der Gefängnißstrafe noch jene Untersagung auszusprechen sei: Z. I. 10. Juni 1853 c. Klebeck (G. A. 1. s. 573); Hälschner 1. s. 488. Daß hiernach auf Untersagung der Ausübung der bürgerlichen Ehrenrechte auch beim Vorhandensein mildernder Umstände erkannt werden könne, sprach Z. I. 11 Mai 1853 c. Colmsee (Gruhn u. Gen.) aus; daß aber auch von dieser Strafe abgesehen werden dürfe, nahmen an: Z. 9. Juli 1852 c. Eschment; Z. I. 11. Mai 1853 c. Dabers (G. A. 1. s. 398); Z. I. 6. Juli 1853 c. Sempert u. ö. Vgl. K.-B. II. K. s. 117; K.-B. I. K. s. 33; G. A. 1. s. 91. Temme hat seine entgegenstehende in den Glossen (s. 273) ausgesprochene Ansicht, später berichtigt (Lehrb. s. 909).

3. Ueberhaupt ist die Ermäßigung der Strafe im Falle des Vorhandenseins mildernder Umstände fakultativ. Es bleibt daher dem Instanzrichter unbenommen, nach den Umständen auch die Stellung unter Polizeiaufsicht auszusprechen. Temme Lehrb. s. 909. Vgl. n. 4.

4. Dagegen ist im angedeuteten Falle der Feststellung mildernder Umstände dem Richter die Verhängung des höchsten Maaßes der nach dem § zulässigen Strafe nicht gestattet. Das muß insbesondere auch dann gelten, wenn jene Feststellung von Geschwornen ausgegangen ist.

5. Auf Wertherjatz hat der Strafrichter nicht zu erkennen, insoweit nicht in besondern Fällen diese Befugniß gesetzlich begründet ist; vgl. das Nähere § 217 n. 45.

§ 217.

1. In den durch diesen § vorgesehenen Fällen ist die ordentliche Diebstahlsstrafe des § 216 nur in der Weise abgeändert, daß das geringste Maaß der Gefängnißstrafe erhöht worden ist; hiernach ist neben der letztern auch auf zeitige Untersagung der Ausübung der Ehrenrechte und geeigneten Falles auf Stellung unter Polizei-Aufsicht zu erkennen. Vgl. § 216 n. 2—4.

oder Behältern, Bienenstöcke von dem Stande, Tuche, Linnen, Gewebe oder Garne von dem Rahmen oder von der Bleiche gestohlen werden;

[Entw. § 200 Nr. 1]. Vgl. § 215. 216. 273—277.

Schlußsatz: Wird festgestellt, daß mildernde Umstände vorhanden sind, so kann die Strafe bis auf vierzehn Tage Gefängniß ermäßigt werden.

---

2. Analoge Ausdehnung des § auf andre den speziell aufgezählten ähnliche Fälle ist nicht statthaft: G. Matt. 2. s. 470; Temme Lehrb. s. 910.

Zu Nr. 1.

3. Es ist hier nur an die Entwendung solcher Sachen gedacht, welche nicht unter genauer Aufsicht und Verwahrung gehalten werden können: Z. 12. Mai 1852 c. Eschau.

4. Wenn gleich hier von Ackergeräthen, Thieren rc. in der Mehrzahl die Rede ist, so fällt doch schon der Diebstahl eines einzelnen Stückes unter den §: Gilb. C. pén. Art. 388 n. 10.

5. Ob etwas eine Ackergeräthschaft sei, ist Gegenstand der thatsächlichen Beurtheilung: Gilb. l. c. n. 13.

6. In Betreff der Ackergeräthschaften ist jetzt nicht mehr (wie nach ALR. II, 20 § 1143) zwischen solchen, welche auf dem Felde stehen zu bleiben pflegen, und andern zu unterscheiden: G. Matt. 2. s. 470. Auch ist es unerheblich, ob sie grade zur Arbeit gebraucht, und nur einstweilen auf dem Felde zurückgelassen sind: Z. I. 14. Dez. 1855 c. Bluhm; ebensowenig kommt etwas auf die An- oder Abwesenheit eines Wächters an: Gilb. C. pén. Art. 388 n. 11.

7. Zur thatsächlichen Beurtheilung gehört es auch, ob ein Thier zum Ackerbau gebraucht werde.

8. Unter Feld ist jedes ländliche Besitzthum zu verstehen, auf welchem Gegenstände der fraglichen Art der öffentlichen Treue anvertraut werden, also namentlich auch Wiesen, Holzungen u. s. w.: Gilb C. pén. Art. 388 n. 3.

9. „Thiere auf der Weide“ umfaßt alle Arten von Vieh, ohne Beschränkung auf Zug- oder Nutzvieh.

10. Als „auf der Weide“ befindlich kann man weder futtersuchende Hühner, noch Enten auf dem Wasser ansehen: Temme Lehrb. s. 911 Note. *Contra:* G. Matt. 2. s. 471; Koch n. 66.

11. Wild in umzäunten Gehegen, Fische in Teichen und Behältern befinden sich in der Gewahrsam des Inhabers dieser Gehege rc. Das gilt auch von einem großen aus Planken gezimmerten, mit dem Erdboden verbundenen s. g. Aalfange: Z. I. 15. Jan. 1858 c. Weißschnur (G. A. 6. s. 129), welches gleichzeitig aussprach, daß die Gewahrsam des Besitzers des Aalfanges an den gefangenen Fischen nicht durch seine Kenntniß von dem Fange bedingt sei. Demgemäß ist Wegnahme solcher Thiere Diebstahl, und nicht blos ein Eingriff in das Okkupationsrecht eines Andern (§ 273 fgg.). Vgl. n. 22; § 273 n. 1; ALR. I, 9 § 176 fgg.

12. Das Wort „Wild“ ist hier auf jagdbare Thiere nicht zu beschränken: G. Matt. 2. s. 471.

13. Ein Gehege ist nur dann umzäunt, wenn es rings umschlossen ist; ein solches ist daher nicht anzunehmen, wenn z. B. eine offene Landstraße hindurchführt; dagegen braucht dasselbe nicht den Bedingungen eines umschlossenen Raumes (§ 221) zu entsprechen, da in ein umzäuntes Gehege Thüren führen können, welche Menschen den Eintritt ohne den Gebrauch eines Schlüssels gestatten: Z. II. 17. Dez. 1857 c. Gericke (G. A. 6. s. 117); Z. I. 8. Juli 1859 c. Thienemann.

14. Ein Gehege hört deshalb nicht auf umzäunt zu sein, weil eine in dasselbe führende Thür wohl einmal Nachts offen geblieben ist: Z. I. 8. Juli 1859 c. Thienemann.

§. 217. In folgenden Fällen soll die Gefängnißstrafe nicht unter drei Monaten sein:

2) wenn Früchte oder andere Bodenerzeugnisse, welche bereits geerndtet sind, von Feldern oder Wiesen oder aus Gärten gestohlen werden;

[Entw. § 200 Nr. 2]. Vgl. § 215. 216. 349 Nr. 3; FPO. v. 1. Nov. 1847 § 42 Nr. 2.

---

15. Führt der Dieb eine Waffe bei sich, so ist er, auch wenn die Waffe nur zur Erlegung des Wildes ꝛc. bestimmt war, nach § 218 Nr. 6 zu bestrafen, vergl. dort n. 64.

16. Unter „Teichen“ sind solche Wasserräume zu verstehen, welche entweder künstlich angelegt, oder, wenn sie von Natur entstanden sind, in ihrem Zustande als Aufbewahrungsort zur Hegung und zur Zucht von Fischen, besonders unterhalten werden: B. I. 21. März 1855 c. Laurent (G. A. 3. S. 427); Z. Pl. 11. März 1858 c. Wolle (cit. n. 17).

17. Den Teichen sind andre geschlossene Gewässer, welche sich nicht über die Gränze des Grundstücks erstrecken, in welchem sie liegen (ALR. I, 9 § 176) z. B. Privatseen, oder ein Wasserpfuhl nicht gleich zu stellen. Es hat daher der Eigenthümer eines solchen Privatgewässers nicht die Gewahrsam an den in demselben befindlichen Fischen und die unbefugte Wegnahme derselben ist nur nach § 273 zu bestrafen, obgleich der § 177. I, 9. l. c. auch solche Fische für das Eigenthum des Grundeigenthümers erklärt: Z. Pl. 11. Jan. 1858 c. Wolle (Präj. n. 247; JMBl. S. 98; Entsch. 37. 2. S. 86; 39. 2. S. 17). *Contra* früher: B. I. 21. März 1855 c. Laurent (G. A. 3. S. 427).

18. Konkurrirt beim Diebstahle eines Bienenstocks vom Stande einer der im § 218 erwähnten erschwerenden Umstände, so kommt der letztere als der strengere zur Anwendung, ohne daß ihn § 217 ausschlösse: B. 4. Juli 1852 c. Zemla.

19. In Betreff des Diebstahls an dem im Bienenstocke befindlichen Honig vgl. n. 22.

20. Die die Gewebe ꝛc. auf der Bleiche ꝛc. betreffende Bestimmung ist nicht auf Wäsche auszudehnen, welche im Betriebe gewöhnlicher Hauswirthschaft zum Trocknen oder auch zum Bleichen ausgelegt, oder ausgehängt wird: Z. 12. Mai 1852 c. Eschau; Z. I. 28. Jan. 1853 c. Märtin; Z. I. eod. c. Schmeja; Z. I. 2. März 1853 c. Rösner (G. A. 1. S. 710).

21. Dadurch, daß eine Bleiche sich in einem hinter dem Hause des Bestohlenen liegenden Garten befindet, und daher sehr wohl zu beaufsichtigen ist, wird die Anwendbarkeit des ganz allgemein lautenden § nicht beseitigt. *Contra:* Z. 12. Mai 1852 c. Eschau.

22. Was von den der öffentlichen Treue übergebenen Sachen gilt, muß auch von den wesentlichen Bestandtheilen derselben gelten: B. I. 28. Okt. 1853 c. Milde; z. B. von dem im Bienenkorbe sich findenden Honig: B. I. 29. April 1853 c. Krafczyk (G. A. 1. S. 574); B. I. 10. Sept. 1856 c. Schmidt (G. A. 4. S. 834); B. I. 29. Okt. 1856 c. Lerche; u. ö.; ebenso von der Wolle eines auf der Weide ꝛc. sich findenden Schafes. *Contra:* Z. I. 12. Juli 1854 c. Riqué.

§ 217 Nr. 2.

23. Die Vorschrift ist auf andere Gegenstände, welche nicht zu den Boden-Erzeugnissen zu zählen, z. B. auf gestochenen und auf dem Moore stehenden Torf nicht auszudehnen, da dieser kein Erzeugniß, sondern vielmehr ein Bestandtheil des Bodens ist, eine Ernte dabei nicht stattfindet, und ein Torfmoor den Feldern ꝛc. nicht gleich steht: Z. 15. Sept. 1852 c. Kompatischkies; Z. I. 26. Okt. 1853 c. Arnaszus (G. Arch. 2. S. 122). In Betreff der Erde, Plaggen ꝛc. vgl. § 349 Nr. 2.

24. Der Begriff der „geernteten“ Früchte ꝛc. ist nicht auf die schon zusammen gebrachten, d. h. in Haufen (Schober, Mandeln ꝛc.) gesetzten oder gesam-

3) wenn geschlagenes Holz aus dem Walde oder von der Ablage, oder wenn Schwemm- oder Floßholz gestohlen wird;

[Entw. § 200 Nr. 3]. Vgl. § 215. 216; HDG. v. 2. Juni 1852 § 1; Rh. AKD. v. 26. Sept. 1845 (GS. s. 777; Rh. Samml. 9 s. 53).

Schlußsatz: Wird festgestellt, daß mildernde Umstände vorhanden sind, so kann die Strafe bis auf vierzehn Tage Gefängniß ermäßigt werden.

---

melten Früchte zu beschränken, umfaßt vielmehr alle vom Halme oder Boden durch eine Handlung des Berechtigten getrennten Früchte, welche sich noch auf Feldern, Wiesen, oder in Gärten befinden, mögen sie nur abgemäht, abgeschnitten oder sonst vom Boden getrennt daliegen, oder schon durch eine fernere Behandlung oder Bearbeitung weiter zum Einernten vorbereitet sein: B. 24. Mai 1852 c. Jäger; Z. 25. Juni 1852 c. Dönike; Z. II. 7. Febr. 1856 c. Voget (G. A. 4. s. 253). *Contra*: Koch n. 68.

25. Daher gehören Getreide, und geschnittenes Gras, wenn sie auf der Schwad liegen, ebensowohl zu den geernteten Früchten, als wenn sie schon zu Haufen zusammen gebracht sind: B. 24. Mai 1852 c. Jäger; Z. II. 7. Febr. 1856 c. Voget (G. A. 4. s. 253); dasselbe gilt von getrocknetem Heu: Z. I. 22. Mai 1857 c. Richter; ebenso von Kartoffeln, sobald sie aus der Erde genommen sind, sollten sie auch noch nicht in Haufen gebracht sein.

26. Umgekehrt steht der Umstand, daß die Früchte sich bereits in einer Miete befunden haben, der Anwendbarkeit des § nicht entgegen: B. I. 27. Mai 1853 c. Kemp. Ebenso verhält es sich, wenn die geernteten Kartoffeln auf dem Felde in eine Grube (Kaule) gebracht und zugedeckt waren: Z. I. 17. April 1857 c. Groth. Vgl. § 215 n. 81.

27. Es macht keinen Unterschied, ob die getrennten Früchte noch auf demselben Felde rc. liegen, auf welchem sie gewachsen sind, oder ob sie auf ein anderes Feld gebracht sind: B. 10. März 1852 c. Schweitzer (G. A. 1. s. 92); Temme Lehrb. s. 912 Note 1; vgl. n. 40.

28. Den Feldern, Wiesen und Gärten können hier andere Grundstücke, z. B. Wälder nicht gleich gestellt werden: G. Matt. 2. s. 472 n. 2. Dagegen behält ein Feld diesen Charakter auch dann, wenn es sich an einer gerodeten Stelle eines Waldes, und ganz von diesem umgeben, finden möchte.

29. Der Umstand, daß die gestohlenen Früchte bereits geerntet waren, schließt die Anwendbarkeit des § 42 Nr. 2 der FPO. nicht aus (vgl. § 215 n. 78). Insoweit daher dieser § zutrifft, ist § 217 Nr. 2 unanwendbar.

§ 217 Nr. 3.

30. Den Gegensatz gegen „geschlagenes" Holz bildet zunächst das noch nicht vom Stamme und Boden getrennte, sonach das durch Zufall abgebrochene oder umgeworfene, mit dessen Zurichtung noch nicht der Anfang gemacht worden, endlich Spähne, Abraum oder Borke, von welchen das HDG. vom 2. Juni 1852 § 1 spricht.

31. Unter geschlagenem Holze ist dasjenige zu verstehen, was der Berechtigte durch seine Arbeit, oder durch die Art der Behandlung und Aufbewahrung zu einem perzipirten Theile der Forstnutzung gemacht hat, d. h. also das durch eine berechtigte Arbeit vom Boden oder Stamme getrennte Holz: B. I. 25. Febr. 1857 c. Bernhardt (JMBl. s. 135; G. A. 5. s. 269); Z. I. 8. Juni 1860 c. Miram. Daß dasselbe bereits aufgeklaftert, oder zugerichtet sei, ist nicht erforderlich: Z. I. 11. Mai 1861 c. Pagel (RdO. 1. s. 395).

32. Es kommt Nichts darauf an, wozu das Holz vom Nutzungs-Berechtigten bestimmt worden ist. Es gehören daher auch die zum Zwecke der Verpflanzung ausgenommenen Bäume hierher: Z. II. 21. Febr. 1861 c. Wittekopf (RdO. 1. s. 244).

33. Ebenso gehören hierher Wurzelstöcke, sobald sie ausgerodet, jedenfalls

aber, sobald sie „zurechtgemacht“ (behauen) und aufgesetzt sind: B. I. 25. Febr. 1857 (cit. n. 31).

34. Dasselbe gilt von allen Holztheilen, welche sich nicht als zufällige Abfälle der Holzbearbeitung (Spähne, Abraum, Borke als Abfall) darstellen, sondern durch die Arbeit des Berechtigten zu selbstständigen Produkten der Forstnutzung absichtlich hergestellt sind, z. B. aufgeklaftertes Astholz, oder absichtlich abgelöste Borke oder Baumrinde, welche als Lohe oder Lohrinde bei der Gerberei verwendet werden soll: B. I. 25. Febr. 1857 c. Bernhardt (cit. n. 31); B. 24. Sept. 1851 c. Gerlach; B. II. 21. Dez. 1854 c. Schmitz (Präj. n. 128; JMBl. 1855 s. 79; Entsch. 29. s. 435; Rh. A. 50. 2. A. s. 58; G. A. 3. s. 254).

35. Die Aeste 2c. eines „geschlagenen“ Baumes theilen die Natur desselben; das Abhauen und Entwenden solcher Aeste fällt daher unter diesen §: B. I. 2. Nov. 1859 c. Kaminski. Das gilt selbst dann, wenn die betr. Theile da, wo sie in Folge der regelmäßigen Bearbeitung des Baumes abgefallen und ungesammelt liegen geblieben sind, als Abraum anzusehen sein würden; so lange diese Voraussetzung nicht zutrifft, bleibt der § 217 anwendbar: Z. I. 5. Okt. 1859 c. Irrgang. *Contra* früher: Z. 15. Dez. 1852 c. Ridzick.

36. Unter „Spähnen“ und „Abraum“ (HDG. v. 2. Juni 1852 § 1 Nr. 3) sind nur die Abfälle zu verstehen, welche der Wald-Eigenthümer noch nicht als bereits gewonnene Objekte seiner Nutzungsberechtigung betrachtet, und zum Verarbeiten oder zur Verwerthung eingesammelt hat. Sobald dagegen der Berechtigte durch äußere Handlungen es gekennzeichnet hat, daß er diese Gegenstände als bereits gewonnene Früchte ansehe, wenn er sie also bearbeitet, zugerichtet, oder gesammelt und aufgestellt hat, so scheidet das HDG. aus, und § 217 Nr. 3 wird anwendbar, sollten sich die Gegenstände auch auf einer nicht umschlossenen Holzablage befinden: B. 23. Jan. 1852 c. Stephan (Entsch. 22. s. 83); B. I. 1. Apr. 1859 c. Hollstein.

37. Aehnlich verhält es sich mit den Windbrüchen. Sie nehmen durch die Perzeption des Berechtigten den Charakter des geschlagenen Holzes an: Z. I. 6. Apr. 1859 c. Lücke. Das gilt da nicht, wo die Bearbeitung von einem Holzdiebe ausgegangen ist; dagegen greift dasselbe Platz, sobald der Berechtigte über das so bearbeitete Holz verfügt, und damit die von unberechtigter Hand vorgenommene Bearbeitung genehmigt hat; behauptet der Angeklagte: er habe diese Verfügung nicht gekannt, so muß er dieses beweisen: Z. I. 18. März 1859 c. Stärke. Vgl. n. 38.

38. Das im Frevel gefällte im Walde zurückgelassene Holz gehört zunächst nicht zu dem „geschlagenen“. Derjenige, welcher die Fällung im Frevel vorgenommen hat, begeht, wenn er das Holz erst nach einiger Zeit abholt, dennoch nur einen Holzdiebstahl: B. I. 11. Nov. 1859 c. Kanter (G. Arch. 8. s. 129). Der Dritte, welcher das so noch da liegende Holz entwendet, begeht dagegen nur einen einfachen Diebstahl (§ 216): Z. I. 1. Juni 1859 c. Krull. Erst von dem Augenblicke an, wo der Berechtigte in erkennbarer Weise von jenem Holze Besitz genommen hat, nimmt dasselbe die Natur des „geschlagenen“ an, und es tritt damit für jede demnächstige Entwendung die Strafvorschrift des § 217 in Kraft: Z. I. 28. Okt. 1853 c. Kuznick; B. I. 11. Nov. 1859 cit. Vgl. n. 37; § 215 n. 44. 88.

39. Gleichgültig ist es, ob das Holz bereits in Klafter aufgestellt war: Z. I. 3. Okt. 1860 c. Biegaß.

40. Ebenso kommt Nichts darauf an, ob das Holz noch in demselben Walde lagere, in welchem es gefällt worden; das Gegentheil kann nicht aus der Fassung: „aus dem Walde“ (statt: „aus einem Walde“) gefolgert werden; heißt es doch auch: „von der Ablage“: Z. I. 23. Nov. 1860 c. Koschke (RdO. 1. s. 44; G. A. 9. s. 137). Vgl. n. 27.

41. Das aus dem Walde bereits abgefahrene und zu Brettern geschnittene Holz ist nicht mehr zu dem „geschlagenen“ im Sinne des § zu zählen: Z. I. 29. April 1853 c. Rohloff.

42. Unter Ablage ist ein unbefriedigter Ort zu verstehen, wohin bestimmungsmäßig geschlagenes Holz zur vorläufigen Aufbewahrung und zum Zwecke des demnächstigen Weitertransports gebracht wird; auf die Art der Aufstellung kommt dabei Nichts an, ebensowenig ist es für den Begriff wesentlich, ob sich der Ort in der Nähe von Forsten, Flüssen oder Landstraßen befinde, und ob das Holz dorthin

§. 217. In folgenden Fällen soll die Gefängnißstrafe nicht unter drei Monaten sein:

4) **wenn eine Person, welche für Lohn oder Kost dient, den Diebstahl gegen ihre Herrschaft oder gegen einen Dritten verübt, welcher sich in der Wohnung der Herrschaft befindet; ingleichen wenn ein Arbeiter, Geselle oder Lehrling den Diebstahl in der Wohnung, der Werkstätte oder dem Waarenlager des Meisters oder Arbeitgebers begeht, oder wenn eine Person, welche in einer Wohnung gewöhnlich arbeitet, in dieser Wohnung stiehlt;**

[Entw. § 200 Nr. 4]. Vgl. § 215. 216. 217 Nr. 5.

Schlußsatz: Wird festgestellt, daß mildernde Umstände vorhanden sind, so kann die Strafe bis auf vierzehn Tage Gefängniß ermäßigt werden.

---

unmittelbar aus dem Walde, oder aus größerer Entfernung gebracht worden sei: Z. I. 17. März 1858 c. Lenkait (Plogsties u. Gen.); vgl. G. A. 1. S. 92. Analoge Ausdehnung des Begriffs der Ablage ex ratione legis über die gewöhnliche Bedeutung hinaus, ist unstatthaft: Z. 7. Juli 1852 c. Grüter. Insbesondere ist nicht jede „Abladestelle" als eine Ablage zu betrachten: V. I. 5. Jan. 1853 c. Zick.

43. Wird geschlagenes Holz weder aus dem Walde, noch von der Ablage, sondern von einem andern Grundstücke gestohlen, auf welchem es hauptsächlich der Holznutzung wegen gezogen war (HDG. v. 2. Juni 1852 § 1), so ist § 216 anwendbar: G. Matt. 2. S. 472 n. 3.

44. Als Schwemm- oder Flöß-Holz ist nur dasjenige zu betrachten, welches sich in dem zur Flößung rc. dienenden Wasser findet; das auf dem Ufer liegende Holz gehört nur dann hierher, wenn die betreffende Stelle als Ablage anzusehen ist; vgl. n. 42.

45. Auf den Werth-Ersatz des gestohlenen Holzes hat der Strafrichter nur da zu erkennen, wo besondere gesetzliche Bestimmungen (z. B. HDG. v. 2. Juni 1852 § 18) dieses vorschreiben; nur auf diese Fälle ist auch die betr. Anweisung im FMR. v. 8. Juni 1854 (JMBl. S. 306) zu beziehen: Z. I. 4. Febr. 1859 c. Lokowandt. Eine solche Vorschrift hat die AKO. v. 26. Sept. 1845 für den Bezirk des Appellationsgerichtshofes zu Köln gegeben, nach welcher die Beamten der Staatsanwaltschaft in Untersuchungen wegen Entwendung gefällten Holzes aus Staatswaldungen neben der Bestrafung auch die Verurtheilung des Beschuldigten zum Ersatze des Werthes des entwendeten Holzes in Antrag bringen, und die Gerichte über diesen Antrag erkennen sollen.

§ 217 Nr. 4.

Inhalt.

46. Zur Anwendung des § genügt nicht die Feststellung: der Diebstahl sei zum Nachtheile des „Dienstherrn" verübt, es muß vielmehr auch gesagt werden, daß der Angeklagte gegen Lohn oder Kost gedient habe: V. I. 15. Febr. 1856 c. Händler (Ullmann u. Gen.); V. II. 30. Juni 1859 c. Pfeiffer.

47. Dagegen genügt jedes Dienst-Verhältniß gegen Lohn oder Kost; daß dieses Verhältniß unter den Begriff des Gesindedienstes falle, und daß die Bestimmungen der Gesindeordnungen darauf anwendbar seien, kann nicht gefordert

werden: Z. I. 27. Mai 1859 c. Sczyska (G. A. 7. s. 552). Dagegen fällt ein vorübergehendes Tagelöhnerverhältniß nicht unter den Begriff des „Dieners.“

48. Einer Hausgenossenschaft, oder einer Beköstigung im Hause der Herrschaft bedarf es nicht; ein dauerndes Lohnverhältniß, also die Zahlung eines gleichmäßigen fortlaufenden Lohnes für häusliche oder wirthschaftliche Dienste und für eine vorbestimmte Zeit ist ausreichend: B. I. 8. Dez. 1854 c. Kammer.

49. Demgemäß gehören auch kaufmännische Kommis hierher: Z. I. 27. Mai 1859 c. Szyska (G. A. 7. s. 552); ebenso Wirthschafts-Inspektoren, Schreiber rc.: Gilb. C. pén. Art. 386 n. 16 fgg.

50. Dagegen ist der § auf einen Oekonomielehrling, welcher selbst ein Kostgeld zahlt, nicht anwendbar: B. II. 7. Mai 1857 c. Otto.

51. Ebenso verhält es sich mit den Instleuten in der Provinz Preußen (vgl. AKO. vom 8. Aug. 1837, Königsbg. Amtsbl. s. 215; Ges. v. 24. April 1854 § 2 c): Z. I. 31. März 1854 c. Porschke (G. A. 9. s. 114); Z. I. 14. Dez. 1860 c. Roszinski (G. A. 9. s. 115).

52. Ob der Dienstvertrag civilrechtlich für beide Theile rechtsbeständig sei, oder nicht, ist für die Anwendbarkeit des § unerheblich; er trifft daher auch da zu, wo ein minorenner Dienstbote das Verhältniß ohne Einwilligung seines Vormunds rc. eingegangen ist: Z. I. 2. Dez. 1853 c. Hruby.

53. Ueber die Möglichkeit eines Diebstahls an solchen Sachen, welche eine Dienstherrschaft in ihren Wohnungsräumen einem Dienstboten rc. zu einer wirthschaftlichen Verrichtung unter Händen läßt, vgl. § 215 n. 28—40.

54. Ueber den s. g. Futterdiebstahl vgl. § 215 n. 70. 71; § 349 Nr. 7.

55. Der Diebstahl ist auch gegen die Herrschaft verübt, wenn dieser eine ihr vom dritten Eigenthüme anvertraute Sache aus ihrer Gewahrsam weggenommen wird: Z. Pl. 14. Sept. 1857 c. Helm (Präj. n. 240; JMBl. s. 410; Entsch. 36. s. 480; 37. 2. s. 10; G. A. 5. s. 651). Anders im Falle des § 229, vgl. dort n. 14.

56. Umgekehrt fällt die Wegnahme einer der Herrschaft gehörigen Sache aus der Gewahrsam eines Dritten, dem sie anvertraut war, nicht unter den §, weil dann die Gründe der Strafverschärfung (der Mißbrauch des Zutrauens, und die größere Schwierigkeit der Beaufsichtigung) nicht zutreffen.

57. Geschieht der Diebstahl zum Nachtheile der Herrschaft, so ist es gleichgültig, wo derselbe verübt ward: Vgl. Gilb. C. pén. Art. 386 n. 28.

58. Dagegen wird vorausgesetzt, daß der zum Nachtheile eines Dritten begangene Diebstahl in der Wohnung der Herrschaft, in welcher sich der Dritte befindet, stattgefunden habe; gleichwohl bedarf es der unmittelbaren Anwesenheit des Bestohlenen im Hause zur Zeit des Diebstahls nicht, es genügt, wenn er sich zur fraglichen Zeit dort aufzuhalten pflegt.

59. Ueber den Begriff der Wohnung vgl. § 220 n. 9 fgg. Derselbe umfaßt hier auch den zu der Wohnung gehörigen umschlossenen Raum: B. II. 23. Mai 1861 c. Wagner (RdO. 1. s. 408); noch weiter ging ein B. I. 24. Nov. 1858 c. Jorsczick (G. A. 7. s. 107), welches jedes zum Wohnhause gehörige befriedigte Besitzthum hierher rechnen wollte, ohne daß es darauf ankomme, ob dasselbe einen umschlossenen Raum im Sinne des § 221 bilde. Auch bewohnte Schiffe gehören hierher. Dagegen scheiden die im § 221 Nr. 2 und 9 aufgezählten Gebäude hier aus.

60. Unter Arbeitern sind nur solche Personen zu verstehen, welche zum Arbeitgeber in einem Verhältnisse stehen, in welchem dieser die Arbeit jener zu Erwerbszwecken empfängt; daher ist der § auf solche Verhältnisse nicht anwendbar, in welchen ohne solchen Zweck, von der Arbeit des Arbeiters ein vorübergehender, nur unter den Gesichtspunkt des Vertrags über Handlungen fallender Gebrauch gemacht wird; das folgt aus der Gleichstellung mit „Gesellen und Lehrlingen,“ und aus dem Gegensatze gegen die gewöhnlich in einer Wohnung arbeitenden Personen: B. II. 17. März 1853 c. Sprecker (G. A. 1. s. 398). Vgl. n. 67.

61. Daher gehören landwirthschaftliche Arbeiter, z. B. Drescher, nicht hierher: Z. 27. Okt. 1852 c. Stirkatis; B. I. 19. Jan. 1853 c. Zigeuner. *Contra*: B. I. 10. Jan. 1853 c. Sauermann; Z. II. 24. Febr. 1853 c. Rentzsch, in welchen indessen diese Frage nicht ausdrücklich zur Sprache kam. Vgl. n. 65.

62. Zum Begriffe des Arbeiters gehört eine dauernde Beschäftigung beim Arbeitgeber, weil hier wegen des mißbrauchten Vertrauens eine strengere Strafe eintreten soll: Z. I. 9. Sept. 1853 c. Diekow. *Contra*: Z. 8. Okt. 1852 c. Breßler ohne näheres Eingehen auf diese Frage.

63. Der § setzt ein durch freie Uebereinkunft zu Stande gekommenes Verhältniß voraus; der Gefangene, welcher in der Anstalt beschäftigt wird, und an den ihm zu diesem Zwecke anvertrauten Sachen einen Diebstahl begeht, unterliegt deshalb nicht der strengeren Strafe des § 217.

64. Als „Werkstätte" ist jede Räumlichkeit zu betrachten, wo die gewerblichen Arbeiten des Arbeiters rc. regelmäßig verrichtet zu werden pflegen; daß dieselbe mit der Wohnung in räumlicher Verbindung stehe, ist nicht erforderlich: B. II. 23. Mai 1861 c. Wagner (RdO. 1. s. 408; beil.). Es kann daher auch ein offener Platz, oder der zu einem Werkstattsgebäude gehörende Hof unter Umständen hierher gerechnet werden. *Contra*: Koch n. 70, welcher darunter die Stelle verstehen will, wo der Arbeiter, welcher auch ein gewöhnlicher Handarbeiter sein könne, in den Räumen des Arbeitgebers wirke (z. B. der Speicher, wo Getreide umgestochen, das Gemach, in welchem Flachs gebrochen wird).

65. „Bei Diebstählen, welche von Dreschern während ihrer Beschäftigung in der Scheune verübt werden, ist diese weder als Waarenlager, noch als „Werkstätte zu betrachten": B. Pl. 9. Okt. 1854 c. Schibolski (Präj. n. 116; Entsch. 28. s. 377; 29. s. 260; G. A. 3. s. 97); Z. 27. Okt. 1852 c. Stirkatis; Z. I. 24. Nov. 1854 c. Radau (G. Arch. 3. s. 258); Abh. in G. Arch. 3. s. 95. *Contra*: Koch n. 70. Vgl. n. 61.

66. Beim Mangel besonderer faktischer Feststellungen kann eine Kohlengrube für sich nicht als Werkstätte oder Waarenlager angesehen werden: Z. I. 27. Sept. 1854 c. Neuhaus (G. A. 2. s. 831).

67. Unter „Arbeitgeber" ist, — wie aus der Gleichstellung mit „Meister", und aus der besondern Erwähnung der in einer Wohnung gewöhnlich arbeitenden Person hervorgeht, — nicht jeder zu verstehen, der eine Handwerksarbeit in seiner Wohnung verrichten läßt; vielmehr ist dieser Ausdruck in dem technischen engern Sinne aufzufassen, in welchem er auch in der Vdn. vom 9. Febr. 1849 § 5 (GS. s. 93), und in der Vdn. v. 9. Febr. 1849 § 4 (GS. s. 110) zur gemeinsamen Bezeichnung der Handwerksmeister und Fabrikinhaber gebraucht wird, und in welchem die Gew.-Ordn. vom 17. Jan. 1845 mehrfach von „Arbeitsherrn" spricht. Daher „fällt der Diebstahl, welcher von einem Handwerksgesellen oder Lehrlinge, bei einer „im Auftrage seines Meisters in der Wohnung eines Kunden des letztern verrichteten „Arbeit verübt wird, nicht unter die Strafbestimmung des § 217 Nr. 4": Z. II. 11. Okt. 1855 c. Schneiderling (Präj. n. 167; Entsch. 31. s. 248; G. A. 4. s. 254).

68. Zum Begriffe des „gewöhnlich Arbeiten" ist es nicht erforderlich, daß die Person dort täglich beschäftigt sei; umgekehrt rechtfertigen aber einzelne geringfügige, nur nach längeren Zwischenräumen, wenn auch regelmäßig wiederkehrende Dienstleistungen die Anwendung des § nicht. Gilb. C. pén. Art. 368 n. 46. 47.

69. Im Uebrigen kommt es bei den gewöhnlich in einer Wohnung arbeitenden Personen auf die Natur der Arbeit weiter nicht an: Gilb. l. c. n. 48—50.

70. Gleichgültig ist es auch, ob der Dieb zu einer Zeit, wo er in der Wohnung arbeitete, den Diebstahl verübte: Gilb. l. c. n. 46.

71. Der fremde Theilnehmer an dem von einem Dienstboten gegen seine Herrschaft rc. verübten Diebstahle wird wie dieser von der Strafe des § betroffen: Z. I. 24. Nov. 1854 c. Radau (G. A. 2. s. 258). Vgl. § 35 n. 1.

72. Ebenso ist der Dienstbote, welcher an dem Diebstahle, den ein Dritter gegen die Herrschaft verübt, Theil nimmt, auch nur nach dem auf jenen anwendbaren Gesetze zu bestrafen. Vgl. § 35 n. 1.

§. 217. In folgenden Fällen soll die Gefängnißstrafe nicht unter drei Monaten sein:

5) **wenn ein Gastwirth oder ein Dienstbote desselben Sachen eines aufgenommenen Gastes, oder wenn ein aufgenommener Gast in dem Gasthause stiehlt;**

[Entw. § 200 Nr. 5]. Vgl. 215. 216. 217 Nr. 4.

---

§ 217 Nr. 5.

73. Unter „Gastwirth" ist nur derjenige zu verstehen, welcher aus der Beherbergung von Fremden ein Gewerbe macht: Bes. s. 414 II b; Temme Lehrb. s. 913. „Daher kann diese Vorschrift nicht auf den Fall bezogen werden, wo in „einem bloßen Schanklokale von einem Trink- oder Zehrgaste gestohlen wird": Z. II. 13. Juli 1854 c. Manz (Präj. n. 104; Entsch. 28. s. 379; G. A. 2. s. 831); ähnlich: Z. Kass.-H. 8. Sept. 1820 (Rh. Arch. 2. 2. s. 95); Z. II. 15. Sept. 1854 c. Nolte; Z. II. 10. Nov. 1855 c. Vollrath (G. A. 3. s. 840). In den beiden Sachen gegen Nolte und Vollrath war festgestellt, daß der Angeklagte in ein Gast- und Schanklokal eingekehrt war, jedoch nur um einen Schnaps zu trinken. Vgl. n. 79. *Contra:* B. 21. Mai 1852 c. Klar; Z. 10. Dez. 1852 c. Heinrich; B. Kass.-H. 23. Juni 1820; id. 21. Juli 1820; id. 29. Sept. 1820 (Rh. Arch. 2. 2. s. 59 u. 97). Vgl. Abh. in G. A. 3. s. 530; Gilb. C. pén. Art. 386 n. 53. 54. 57.

74. Die französische Rechtsprechung stellt die s. g. *hôtels garnis* den Gasthäusern gleich: Gilb. C. pén. Art. 386 n. 52.

75. Als Dienstbote ist derjenige, welcher nur die Ausführung einer einzelnen dienstlichen Verrichtung übernimmt, nicht anzusehen; dagegen ist es nicht erforderlich, daß das Verhältniß zwischen Gastwirth und Dienenden ein länger dauerndes sei.

76. Als „Sachen des Gastes" sind auch diejenigen zu betrachten, welche ihm von einem Dritten anvertraut sind, und sich in seiner Gewahrsam befinden; vgl. § 217 n. 55.

77. Immer aber wird vorausgesetzt, daß die Sachen, als Sachen des Gastes, in das Gasthaus gebracht sind.

78. Damit der § anwendbar sei, bedarf es der ausdrücklichen Feststellung, daß der Gast als solcher aufgenommen gewesen: Z. I. 24. Juni 1853 c. Schulz. Die zufällige Anwesenheit genügt nicht, damit Jemand als aufgenommener Gast angesehen werden könne; es gehören noch wesentlich Thatsachen dazu, durch welche jene Aufnahme konstatirt wird: Z. II. 10. Nov. 1855 c. Baumann. Selbstredend bedarf es aber zur Annahme dieses Umstandes nicht einer ausdrücklichen Erklärung des Wirths oder seiner Stellvertreter; die Aufnahme kann auch stillschweigend durch Handlungen erfolgen.

79. Es liegt kein Rechts-Irrthum vor, wenn der Instanzrichter aus dem Umstande, daß ein Dieb in das Gasthaus, in welchem er gestohlen, zum Zweck der Verzehrung eines Schnapses eingekehrt sei, nicht den Schluß gezogen hat, daß er ein „aufgenommener" Gast gewesen: Z. II. 15. Sept. 1854 c. Nolte; ebenso: Z. II. 10. Nov. 1855 c. Vollrath (G. A. 3. s. 840), wo aber jene Auffassung grundsätzlich gebilligt wird. Vgl. n. 1.

80. Trifft dieser § auch dann zu, wenn der Wirth eine vom Gast bei der Abreise aus Irrthum zurückgelassene Sache findet, und sich zueignet? Für die Bejahung: Gilb. C. pén. Art. 386 n. 61. Da aber der Gast, vom Augenblicke an, wo er das Gasthaus verlassen hat, nicht mehr als „aufgenommen" betrachtet werden kann, er auch von jenem Augenblicke an wohl nicht mehr die Gewahrsam der zurückgelassenen Sachen hat, so kann nicht Diebstahl, sondern nur Unterschlagung im Sinne des § 226 vorliegen. Vgl. aber § 215 n. 46.

81. Ebenso tritt nicht die Diebstahls-, sondern die Unterschlagungsstrafe ein, wenn der Wirth sich eine ihm vom Gaste zur Aufbewahrung übergebene Sache aneignet. Vgl. Gilb. C. pén. Art. 386 n. 58. 59.

6) *) **wenn der Diebstahl in einem bewohnten Gebäude entweder zur Nachtzeit oder von zwei oder mehreren Personen begangen wird.**

[Entw. § 201 Nr. 2]. Vgl. § 215. 216. 220. 221; AKO. v. 21 Apr. 1856 (GS. s. 220).

Schlußsatz: Wird festgestellt, daß mildernde Umstände vorhanden sind, so kann die Strafe bis auf vierzehn Tage Gefängniß ermäßigt werden.

---

*) Diese Bestimmung fand sich in der ursprünglichen Fassung im § 218 unter Nr 2; ihre jetzige Stelle erhielt sie durch Ges. v. 14. April 1856 (GS. s. 210).

---

§ 217 Nr. 6.

82. Ueber den Begriff des bewohnten Gebäudes, und der ihm gleichgestellten Räumlichkeiten vgl. § 220 und 221, und die Bemerkungen zu denselben.

83. Der § setzt voraus, daß der Diebstahl in einem bewohnten Gebäude verübt sei; „er findet daher keine Anwendung, wenn der Dieb sich während des Diebstahls nicht innerhalb des Gebäudes befunden, ihn vielmehr mittelst Hineinlangens in dasselbe von außen hin ausgeführt hat“: B. I. 15. Juni 1853 c. Borczykowski (Präj. n. 43; Entsch. 26. s. 150; G. A. 1. s. 574). Daher genügt die Feststellung: „der Diebstahl sei aus einem rc. Gebäude verübt“, nicht: B. 7. April 1852 c. Hühne; B. I. 7. Sept. 1855 c. Liebig; B. II. 3. Jan. 1856 c. Müller; B. I. 15. Febr. 1856 c. Pech (G. A. 4. s. 216); Z. II. 28. Febr. 1856 c. Gerst; u. ö. *Contra:* B. Kass.-H. 28. Sept. 1852 c. Trautes (Rh. Arch. 47. 2. A. s. 120; „es genüge, wenn nur die gestohlenen Sachen sich im Gebäude befunden hätten“). Ueber das Erforderniß, daß sich die beiden den Diebstahl verübenden Personen innerhalb des Gebäudes befinden, vgl. unten n. 88. 89.

84. Ob ein Diebstahl zur Nachtzeit verübt worden, ist, insofern sämmtliche zur Beurtheilung dieser Frage erforderlichen thatsächlichen Momente festgestellt sind, und es sich davon handelt, ob sie den gesetzlichen Erfordernissen entsprechen, eine Rechtsfrage: Z. II. 9. Juni 1855 c. Kuntze (Entsch. 30. s. 473).

85. Für die Feststellung des Begriffs der Nachtzeit ist die Bestimmung des § 28 nicht maaßgebend, da dieser nur eine Fiktion für einen bestimmten Fall aufstellt: Z. 2. Jan. 1852 c. Stitz (JMBl. s. 110; Entsch. 21. s. 392; 22. s. 65); Z. 28. April 1852 c. Reißmann; B. I. 24. Febr. 1854 c. Geschke; u. ö.; G. Matt. 2. s. 477; Temme GA. s. 277; id. Lehrb. s. 918; Koch n. 74. *Contra:* Bes. 419.

86. Der Grund der Vorschrift des § liegt in der größern Gefahr, welcher der Bestohlene und seine Hausgenossen nicht blos in Folge ihrer eignen nächtlichen Ruhe, sondern auch in Folge der größeren Sicherheit des Thäters bei dem Mangel bereiter Hülfe ausgesetzt sind. „Ob daher eine bestimmte Stunde im Sinne des § als Nachtzeit zu betrachten sei, hängt nicht von den zufälligen Umständen des einzelnen Falles, und von den speziellen Lebensgewohnheiten der Bewohner des Hauses ab, in welchem der Diebstahl begangen worden, sondern ist nach der Jahreszeit und nach den Gewohnheiten des Orts und der Gegend zu prüfen und festzustellen“: Z. II. 9. Juni 1855 c. Kunze (Präj. n. 157; Entsch. 30. s. 473; 31. s. 250; G. A. 3. s. 568); B. I. 10. Okt. 1855 c. Stock (G. A. 3. s. 842). Daher können zwar allgemeine örtliche Gewohnheiten und Einrichtungen die Annahme der Nachtzeit für einen bestimmten Zeitpunkt begründen oder ausschließen; stets wird aber ihre Bedeutung für die betreffende Gegend oder den betreffenden Ort eine alles umfassende sein, so daß nicht etwa in einer und derselben Gegend, oder gar in einem und demselben Hause es für einen Theil der Bewohner eine Nachtzeit geben kann, die es für die andern nicht ist. Sonach kann die Nachtzeit in einem starkbeschäftigten Gasthofe oder einem Schenklokale, in welchem sich zu später Stunde noch

Wird festgestellt, daß mildernde Umstände vorhanden sind, so kann die Strafe bis auf vierzehn Tage Gefängniß ermäßigt werden.

[Entw. § 200].

Gäste aufzuhalten pflegen, nicht anders bestimmt werden, als in jedem andern Hause: cit. B. I. 10. Okt. 1855 c. Stock; B. I. 10. Okt. 1855 c. Schneider (G. A. 3. S. 841); ähnlich: Z. II. 24. Aug. 1854 c. Gelbach; Beschl. I. 23. Mai 1855 c. Dreysel. *Contra*: Koch n. 74.

87. Mit Rücksicht auf das unter n. 86 Ausgeführte, ist unter Nachtzeit die Nachtschlafenszeit der betreffenden Gegend zu verstehen, d. h. also diejenige Zeit der Dunkelheit, welche die Bewohner jener Gegend in ihrer Allgemeinheit der nächtlichen Ruhe zu widmen pflegen. Vgl. Temme Lehrb. S. 918; G. Matt. 2. S. 477.

88. Erfordert wird, daß die zwei Personen sich als Urheber (Thäter) am Diebstahle betheiligt haben; daher reicht es nicht hin, wenn einer allein als Thäter den Diebstahl verübte, und ein zweiter an diesem Vergehen im Sinne des § 34 Nr. 2 (z. B. durch Wache halten) Theil nahm. So: B. I. 18. Febr. 1853 c. Jankowski (G. A. 1. S. 399); Z. I. 5. Mai 1855 c. Günther (Schlag u. Gen.; G. A. 3. S. 666). Vgl. n. 89. *Contra*: die französische Rechtsprechung, sie hält zwar nicht Anstiftung oder sonstige Beförderung, wohl aber die Theilnahme an der Ausführung selbst für genügend. Vgl. Gilb. C. pén. Art. 381 n. 10. 11; Chauv. et Hél. Th. du C. p. 4. p. 46 (ed. Belge). — Mit Rücksicht hierauf bedarf es in Beziehung auf jeden einzelnen Angeklagten der Feststellung, daß er „gemeinschaftlich" mit einem Andern den Diebstahl verübt habe. Vgl. Abh. in JMBl. 1852 S. 53.

89. Noch weiter gingen Z. 14. Juli 1852 c. Victor; B. 3. Sept. 1852 c. Geisler; Z. I. 27. Mai 1853 c. Kamille (G. A. 1. S. 399); Z. I. 22. März 1858 c. Türck (G. A. 6. S. 282), welche den § nur da für anwendbar erachteten, wo beide den Diebstahl gemeinschaftlich verübende Personen sich auch wirklich im Gebäude befanden. Von derselben Auffassung scheint Z. I. 18. Jan. 1854 c. Müller (Tietz u. Gen.) auszugehen. Vgl. § 215 n. 57.

90. Zur Strafverhängung genügt die Feststellung, daß „ein Angeklagter gemeinschaftlich mit einem Andern in einem bewohnten Gebäude" einen Diebstahl ausgeführt habe, sollte auch ein Mitangeklagter gleichzeitig von der gleichlautenden Anklage freigesprochen werden, weil dadurch in Betreff jenes die Möglichkeit, daß er gemeinschaftlich mit einem Dritten gehandelt habe, nicht ausgeschlossen wird: Z. II. 1. Febr. 1855 c. Abraham (G. A. 3. S. 545); Z. II. 31. Mai 1855 c. Kohnert.

91. „Das StGB. legt, abweichend von dem ALR. (II, 20 § 1166) kein Gewicht darauf, ob der Dieb in der Absicht zu stehlen, des Nachts in ein bewohntes Gebäude eingedrungen, oder dort aus einer andern Ursache anwesend ist, „sondern erachtet jeden in einem bewohnten Gebäude zur Nachtzeit verübten Diebstahl für einen schweren," sollte auch die Anwesenheit des Diebs im Gebäude eine durchaus berechtigte sein, z. B. wenn er selbst Mitbewohner desselben ist: Z. I. 25. Febr. 1853 c. Hillert (Präj. n. 15); Z. Pl. 9. Mai 1853 c. Ihrke (Präj. n. 33; JMBl. 54. S. 12; Entsch. 25. S. 335; G. A. 1. S. 398). *Sic*: B. I. 25. Febr. 1853 c. Mani; Z. II. 8. Sept. 1853 c. Roth; Beschl. II. 20. Okt. 1853 c. Siekermann; B. I. 5. Mai 1854 c. Rauch; Z. I. 29. Sept. 1854 c. Iden u. Gen. (G. A. 2. S. 832); Z. I. 19. Dez. 1855 c. Scholz; u. ö. *Sic*: G. Matt. 2. S. 475 und die Rechtsprechung des französischen Kassationshofs (vgl. Gilb. C. pén. Art. 368 n. 3). Früher hatte das Ob.-Tribunal in einer ganzen Reihe von Fällen sich im entgegengesetzten Sinne ausgesprochen z. B. durch Z. 9. Jan. 1852 c. Becker (Entsch. 22. S. 72); B. 2. Juli 1852 c. Rettig (Dahme u. Gen.; G. A. 1. S. 92); B. 27. Sept. 1852 c. Schlamm (Entsch. 23. S. 471); u. ö. Das letztere suchte die aus dem K.-B. II. K. für die entgegenstehende Ansicht entlehnten Gründe zu widerlegen. Die letzte Entscheidung in diesem Sinne erfolgte durch Beschl. I. 16. Febr. 1853 c. Schädel. *Sic*: Temme Gl. S. 277; id. Lehrb. S. 917.

92. Aus dem in n. 91 aufgestellten Grundsatze folgt auch, daß es gleichgültig ist, ob der Eintritt in das Gebäude in der Absicht um zu stehlen geschah; auch

§. 218. **Zuchthausstrafe bis zu zehn Jahren und Stellung unter Polizei-Aufsicht tritt in folgenden Fällen ein:**

1) wenn aus einem zum Gottesdienste bestimmten Gebäude Gegenstände gestohlen werden, welche dem Gottesdienste gewidmet sind;

[Entw. § 201 Nr. 1]. Vgl. § 217 Nr. 6; 221 Nr. 2. 4; AKO. v. 21. Apr. 1856 (GS. S. 220).

Schlußsatz: Wird festgestellt, daß mildernde Umstände vorhanden sind, so ist auf Gefängniß nicht unter sechs Monaten, sowie auf zeitige Untersagung der Ausübung der bürgerlichen Ehrenrechte zu erkennen.

---

wenn diese Absicht erst nach dem Eintritte entstand, greift der § Platz: Z. I. 28. März 1856 c. Böhning; ähnlich: B. 29. Okt. 1852 c. Richlewski.

Zum Schlußsatze.

93. Ueber die Statthaftigkeit der Untersagung der bürgerlichen Ehren-Rechte, sowie der Verhängung der Polizei-Aufsicht beim Vorhandensein mildernder Umstände vgl. § 216 n. 2—4.

§ 218.

1. Auch hier ist eine Ausdehnung der einzelnen Bestimmungen auf analoge Fälle unstatthaft: Temme Lehrb. S. 914.

2. Konkurriren bei einem Diebstahle mehrere der hier unter verschiedenen Nummern vorgesehenen erschwerenden Umstände, so kommt das nur als Strafzumessungsgrund in Betracht: Bes. S. 418 I; Temme Lehrb. S. 914.

3. Es ist statthaft, eine Frage an die Geschwornen alternative dahin zu richten, ob ein schwerer Diebstahl in einer oder der andern der durch § 218 vorgesehenen verschiedenen Weisen begangen worden sei, z. B. ob der Angeklagte den Diebstahl mittelst Einsteigens oder mittelst Gebrauchs eines falschen Schlüssels begangen habe, sobald die Fassung es klar macht, daß von den Geschwornen gar keine Entscheidung darüber verlangt wird, welche dieser Alternativen vorliege, daß vielmehr nur darüber ein Ausspruch erwartet wird, ob sie überzeugt seien, daß der Diebstahl nicht anders als in einer der erwähnten Weisen ausgeführt sein könne. Vgl. Strafverf. n. 80 n. 12. Für die Statthaftigkeit sprechen sich aus (wegen der gleichen Strafandrohung): Z. I. 6. Juli 1853 c. Langhoff (G. A. 1. S. 537); Z. I. 11. Juni 1858 c. Schmidt. Vgl. G. Arch. 2. S. 668 IV. So auch die Praxis des Pariser Kassationshofs, vgl. Rej. (Cass.) 27. Jan. 1827; Rej. 8. Juli 1830 (Sir. Coll. nouv. 8. 1. p. 512; 9. 1. p. 554); Gilb. C. d'Inst. Art. 337 n. 65. Vgl. indessen § 34 n. 67, und für das französische Recht: Sirey Coll. nouv. 5. 1. p. 105 Note; 8. 1. p. 512 Note 3.

4. Ueber die Kompetenz und das Verfahren, vgl. Ges. v. 22. Mai 1852 Art. I (GS. S. 250; oben bei Art. XIII S. 22).

§ 218 Nr. 1.

5. Es wird hier zwischen den verschiedenen Religionsgesellschaften nicht unterschieden; der Gottesdienst einer jeden im Staate befindlichen Gesellschaft (vgl. § 136) wird hier geschützt: Temme Lehrb. S. 916. Insbesondere kommt Nichts darauf an, ob die Religionsgesellschaft Korporations-Rechte habe: Bes. S. 418 I.

6. Durch die Wortfassung „aus einem rc. Gebäude“ sind die allgemeinen in Betreff der Vollendung eines Diebstahls geltenden Grundsätze (vgl. § 215 n. 53. 54) nicht abgeändert; daher fällt auch der in einer Kirche verübte Diebstahl unter diesen §: G. Matt. 2. S. 474 I.

7. Umgekehrt genügt es hier auch, wenn der Dieb selbst gar nicht im kirchlichen Gebäude gewesen, sondern den Diebstahl durch Hineinlangen in dasselbe von außen her verübt hat. Vgl. § 217 n. 83.

8. Gleichgültig ist auch, ob die Gegenstände mittel- oder unmittelbar dem Gottesdienste gewidmet sind: Bes. S. 418 I; G. Matt. 2. S. 473 I. Jedenfalls wird aber erfordert, daß sie zu einem liturgischen Zwecke bestimmt sind; Gegenstände, welche blos zur Bequemlichkeit der die Kirche Besuchenden dienen, gehören nicht hierher, z. B. Kirchensitze und alle Zubehör derselben.

§. 218. Zuchthausstrafe bis zu zehn Jahren und Stellung unter Polizei-Aufsicht tritt in folgenden Fällen ein:

2) *) wenn in einem Gebäude oder in einem umschlossenen Raume vermittelst Einbruchs oder Einsteigens gestohlen wird;

[Entw. § 201 Nr. 3]. Vgl. § 215. 220—223; **AKO. v. 21. April 1856** (GS. s. 220)

Schlußsatz: Wird festgestellt, daß mildernde Umstände vorhanden sind, so ist auf Gefängniß nicht unter sechs Monaten, sowie auf zeitige Untersagung der Ausübung der bürgerlichen Ehrenrechte zu erkennen.

*) In der ursprünglichen Fassung fand sich diese Vorschrift unter Nr. 3; die Abänderung erfolgte durch Ges. v. 14. April 1856 (GS. s. 210).

§ 218 Nr. 2.

9. Ueber den Begriff des Gebäudes vgl. die §§ 220. 221, und die Noten.

10. Daß das Gebäude bewohnt, oder auch nur zum Bewohnen bestimmt sei, wird hier nicht verlangt: Bes. s. 419 III.

11. Des Nachweises und der Feststellung, daß das Gebäude zur Zeit des Einbruchs ꝛc. gehörig befriedigt oder verschlossen gewesen sei, bedarf es nicht: Z. I. 1. März 1854 c. Kosmella; Z. II. 6. Juli 1854 c. Schulze; Z. I. 30. März 1855 c. Winklewski; Z. I. 14. Jan. 1859 c. Gartner (G. A. 7. s. 236); Beschl. I. 9. Febr. 1859 c. Ermich (13. B; G. A. 7. s. 714). *Sic:* Temme Lehrb. s. 920; vgl. n. 19.

12. In Betreff des umschlossenen Raums vgl. § 221 n. 6 fgg. „Die „Strafbestimmung des § bezieht sich auf jeden, auch den nicht zu irgend einem Ge„bäude gehörigen umschlossenen Raum im Sinne des § 221 am Schlusse“: Z. II. 16. März 1854 c. Tübbesing (Präj. n. 90; JMBl. s. 236; Entsch. 27. s. 404); B. (Z.) I. 8. Febr. 1854 c. Gutfeld. Vgl. G. A. 1. s. 247.

13. Es genügt nicht etwa ein verschließbarer Raum, vielmehr muß er wirklich verschlossen gewesen sein: Temme Lehrb. s. 920.

14. Ebensowenig reicht es hin, wenn der Dieb irriger Weise einen offenen Raum für ver- oder umschlossen haltend, in denselben eingestiegen ꝛc. ist: G. M. 2. s. 492 n. 5.

15. Der Diebstahl kann nicht vermittelst Einbruchs oder Einsteigens verübt sein, wenn die letztern erst nach Vollendung des erstern statt fanden; vgl. § 223 n. 13.

16. Ueber den Begriff des Einbruchs vgl. § 223 und die Noten.

17. Einem Einbruche steht es nicht gleich, wenn der Dieb vor Verübung des Diebstahls die zum Verschlusse bestimmten Vorrichtungen beschädigt, und dadurch den demnächstigen Verschluß unmöglich macht: B. I. 3. Juli 1857 c. Schirdewahn (G. A. 5. s. 698). Anders verhält sich die Sache, wenn die frühere Beschädigung selbst schon den Charakter eines Einbruchs an sich trägt, der Diebstahl dann aber erst nach einem Zwischenraume unter Benutzung des früher bewirkten Einbruchs erfolgt; dadurch wird § 218 nicht ausgeschlossen.

18. Der § spricht von einem in einem Gebäude ꝛc. verübten Diebstahle; gleichwohl ist im Falle eines Einbruchs nicht erforderlich, daß der Dieb sich innerhalb des Gebäudes ꝛc. befunden habe, vielmehr ergiebt § 223 Nr. 1 a. E., daß es genügt, wenn die Sache sich in dem Gebäude befand, und der Dieb etwa mittelst Durchgreifens durch eine gemachte Oeffnung dieselbe wegnahm, vgl. § 223 n. 10.

19. Ein Z. I. 5. Mai 1854 c. Gellhorn (G. A. 2. s. 555) entschied, daß der Einbruch in ein Gebäude den Diebstahl nur dann zu einem schweren mache, wenn in demselben Gebäude auch die Wegnahme der Sache stattgefunden habe; es nahm daher nur einen einfachen Diebstahl in einem Falle an, wo der Dieb mittelst Einbruchs in einen Viehstall, und aus diesem in einen (nicht umschlossenen) Hof gelangt war, und hier den Diebstahl aus einem isolirt gelegenen nicht verschlossenen Stalle verübt hatte. Das Gegentheil hätte aber Platz greifen müssen, wenn der Hof zum

3) *) wenn der Diebstahl dadurch bewirkt wird, daß zur Er-

*) In der ursprünglichen Fassung fand sich diese Bestimmung unter Nr. 4; die Abänderung erfolgte durch Ges. v. 14. April 1856 (GS. s. 210).

Gebäude gehörig und umschlossen gewesen wäre (arg. § 221 Nr. 4). Vgl. aber auch n. 24.

20. Ein Beschl. Pl. 14. Sept. 1857 c. Wessel (Präj. n. 239); Entsch. 36. s. 480; G.A. 5. s. 700) nahm an, ein Diebstahl sei nur dann mittelst Einbruchs verübt, „wenn der Dieb oder ein Theilnehmer am Diebstahle die gewaltsame Erbrechung von „Einfriedigungen ꝛc. in der Absicht einen Diebstahl auszuführen, vorgenommen habe," es müsse also der Dieb ꝛc. im Augenblicke des Einbruchs sich desselben als Mittels zu dem beabsichtigten Diebstahle bewußt gewesen sein. *Sic:* B. II. 10. Febr. 1859 c. Röse (G. A. 7. s. 214). *Contra:* Z. II. 12. April 1856 c. Fromm (G. A. 3. s. 546), welches es für genügend erachtete, wenn nur die gewaltsame Erbrechung das vom Diebe bewußter Weise benutzte Mittel der Ausführung gewesen sei. Nach dieser letztern Ansicht fiele es unter § 218 Nr. 2, wenn Jemand die von einem Andern ohne sein Zuthun bewirkte Erbrechung seinerseits zur Verübung eines Diebstahls benutzte; ähnlich: Z. I. 19. Sept. 1856 c. Mühle; es muß zugegeben werden, daß in diesem Falle der Diebstahl auch „vermittelst" des fremden Einbruchs stattgefunden hat. Vgl. übrigens n. 25. 26; § 230 n. 4; G. Arch. 8. s. 391.

21. Auch derjenige, welcher befugt ist, unter gewissen Voraussetzungen ein Behältniß zu öffnen, um vom Inhalte Kenntniß zu nehmen (z. B. ein Eisenbahnlademeister in Beziehung auf die seiner Beaufsichtigung in den Räumen der Eisenbahn-Gesellschaft überwiesenen Transportgegenstände), begeht einen schweren Diebstahl im Sinne des § 218 Nr. 2, wenn er die Eröffnung gewaltsam und in diebischer Absicht vornahm: Z. I. 26. Sept. 1856 c. Grasse.

22. Ein Diebstahl ist auch dann mittelst Einbruchs verübt, wenn nur das einen Schlüssel enthaltende Behältniß ꝛc. erbrochen, mit diesem Schlüssel aber andere Gelasse geöffnet worden sind, aus welchen demnächst der Diebstahl bewirkt wurde. Vgl. n. 36.

23. Ueber den Begriff des Einsteigens vgl. § 222 und dort die Bemerkungen.

24. Im Falle des Einsteigens bedarf es des Eintritts in ein Gebäude ꝛc.; vgl. § 222 n. 3 fgg. Dagegen ist es nicht erforderlich, daß der Diebstahl aus demselben Gebäude, in welches eingestiegen worden, bewirkt werde; es ist daher der § auch dann anwendbar, wenn der Dieb in einen umschlossenen Garten einstieg, und von da aus den Diebstahl durch Ueberlangen in einen andern, gleichfalls umschlossenen Raum verübte: Z. II. 24. Apr. 1856 c. Rebecker (G. A. 4. s. 542). Vgl. n. 10, und § 221 n. 13.

25. Ist der Diebstahl mittelst Einsteigens verübt worden, so ist es gleichgültig, ob das letztere zum Zwecke der Verübung des Diebstahls stattfand, oder ob der Gedanke zu stehlen, erst nach dem (aus einer andern Veranlassung bewirkten) Einsteigen entstand: B. 29. Okt. 1852 c. Richlewski. *Sic:* Gilb. C. pén. Art. 397 n. 10. *Contra* im Grundsatze: der oben (n. 11) cit. Beschl. Pl. 14. Sept. 1857 c. Wessel. Vgl. G. A. 1. s. 711, und unten § 230 n. 4.

26. Ist der Diebstahl von mehreren Personen gemeinschaftlich verübt, so genügt es, wenn auch nur eine derselben zum Zwecke der Verübung eingebrochen oder eingestiegen ist: Z. I. 27. Febr. 1856 c. Raabe. Es bedarf aber in einem solchen Falle der ausdrücklichen Feststellung der gemeinschaftlichen Ausführung des Diebstahls. Dasselbe gilt, wenn nicht der Dieb, sondern ein Theilnehmer am Diebstahle eingebrochen oder eingestiegen ist: Beschl. Pl. 14. Sept. 1857 c. Wessel (Präj. n. 239; Entsch. 36. s. 480; G. A. 5. s. 700). Vgl. n. 20.

27. Inwieweit Einbruch oder Einsteigen in der Absicht zu stehlen für sich allein als Versuch des Diebstahls angesehen werden könne, darüber vgl. § 31 n. 17. 22. 23; § 222 n. 23.

§ 218 Nr. 3.

28. Die Eröffnung durch einen falschen Schlüssel muß hier durch den Dieb

öffnung eines Gebäudes oder der Zugänge eines umschlossenen Raumes, oder zur Eröffnung der im Innern befindlichen Thüren oder Behältnisse falsche Schlüssel angewendet werden;

[Entw. § 201 Nr. 4]. Vgl. § 215. 216. 218 Nr. 4. 221. 224; AKO. v. 21. Apr. 1856 (GS. s. 220).

---

selbst oder einen Theilnehmer bewirkt, oder das jenem bekannte und von ihm benutzte Mittel zur Ausführung des Diebstahls gewesen sein. Es genügt daher nicht die Feststellung: der Angeklagte habe den Diebstahl verübt, „nachdem die Thüre durch einen falschen Schlüssel eröffnet worden war“: B. II. 27. Apr. 1854 c. Lenzer (G. A. 2. s. 533). Vgl. n. 20.

29. Hat sich der Thäter zur Oeffnung mittelst falschen Schlüssels eines Andern in gutem Glauben Handelnden als seines Werkzeugs bedient, so ist er strafrechtlich so anzusehen, als habe er diese Handlung selbst vorgenommen: Z. II. 23. Febr. 1860 c. Sattler.

30. Ist der Diebstahl von mehreren gemeinschaftlich verübt, so genügt es, wenn die Eröffnung mittelst falschen Schlüssels durch einen von ihnen erfolgte; vgl. n. 26.

31. Ueber den Begriff des Gebäudes vgl. § 220 n. 1 fgg.

32. Ueber den Begriff des umschlossenen Raumes vgl. § 221 n. 6 fgg.

33. Das „Innere“ bezieht sich hier sowohl auf die umschlossenen Räume als auf die Gebäude: Temme Lehrb. s. 927.

34. Unter „Behältnissen“ sind nicht blos solche zu verstehen, welche mit dem Gebäude in Verbindung, sondern auch solche, welche den Kisten gleich stehen (vgl. § 223 Nr. 2); zu diesen ist auch ein Nachtsack zu zählen: Z. I. 23. Febr. 1853 c. Levy.

35. Ein B. I. 6. April 1853 c. Rieck (Entsch. 25. s. 247; G. A. 1. s. 573) nahm an, die Anwendbarkeit des § sei dann ausgeschlossen, wenn sich die Behältnisse in den eigenen Räumen des Diebes befanden. Es handelte sich von einem Falle, wo Jemand einen ihm zur Aufbewahrung verschlossen übergebenen fremden Koffer erbrochen, und sich den Inhalt angeeignet hatte; damals ward diese Handlung als Diebstahl angesehen, während das Ober-Tribunal in spätern Fällen sie nur als Unterschlagung betrachtete; vgl. § 215 n. 47; G. A. 2. s. 691.

36. Ein Diebstahl ist auch dann mittelst falschen Schlüssels verübt, wenn durch denselben nur das Behältniß geöffnet wurde, welches den richtigen Schlüssel enthielt, und wenn dann mit diesem das die gestohlenen Sachen enthaltende Behältniß geöffnet worden ist: Beschl. I. 7. Sept. 1853 c. Freede (G. Arch. 2. s. 124); Beschl. I. 29. August 1856 c. Janowski; Z. I. 11. August 1859 c. Karpa (G. Arch. 7. s. 715); B. II. 27. Sept. 1860 c. Probst. Vgl. § 218 n. 22.

37. Ueber den Begriff des falschen Schlüssels vergl. § 224, und die Noten.

38. Die Eröffnung durch einen falschen Schlüssel setzt einen Verschluß (vgl. § 224) voraus, zu dessen Oeffnung ein Schlüssel bestimmt ist; ob ein solcher Verschluß vorhanden war, gehört zur thatsächlichen Feststellung. Vgl. § 223 n. 9. Es genügt indessen die Feststellung: „der Diebstahl sei in einem Gebäude mittelst Anwendung eines falschen Schlüssels verübt“: Z. II. 8. Dez. 1859 c. Faust. Dagegen reicht die Feststellung: der Diebstahl sei aus einer verschlossenen Stube „mittelst Eröffnung derselben durch ein anderes Instrument als den dazu gehörigen Schlüssel“ nicht hin, weil darin nicht ausgesprochen ist, daß ein Schloß geöffnet worden sei. So: B. I. 18. Okt. 1854 c. Zirbel, vgl. § 224 n. 5.

39. Behauptet der Angeklagte, daß er den gebrauchten Schlüssel für den richtigen gehalten, ihm also seine Eigenschaft als falscher Schlüssel unbekannt gewesen sei, so wird § 44 und die Bemerkung n. 8 zu demselben anwendbar; es bedarf daher der Feststellung seiner Unbekanntschaft, um die Anwendbarkeit des § zu beseiti-

§. 218. **Zuchthausstrafe bis zu zehn Jahren und Stellung unter Polizei-Aufsicht tritt in folgenden Fällen ein:**

4) *) wenn auf einem öffentlichen Wege, einer Straße, einem öffentlichen Platze, einer Wasserstraße oder Eisenbahn, oder in einem Postgebäude oder dem dazu gehörigen Hofraume, oder auf einem Eisenbahnhofe, eine zum Reisegepäck oder zu anderen Gegenständen des Transports gehörende Sache, mittelst Abschneidens oder Ablösens der Befestigungs- oder Verwahrungsmittel oder durch Anwendung falscher Schlüssel gestohlen wird;

[Entw. § 201 Nr. 5]. Vgl. § 218 Nr. 4; 224; AKO. v. 21. Apr. 1856 (GS. s. 220).

Schlußsatz: Wird festgestellt, daß mildernde Umstände vorhanden sind, so ist auf Gefängniß nicht unter sechs Monaten, sowie auf zeitige Untersagung der Ausübung der bürgerlichen Ehrenrechte zu erkennen.

---

*) In der ursprünglichen Fassung fand sich diese Vorschrift unter Nr. 5; die Abänderung erfolgte durch Ges. v. 14. April 1856 (GS. s. 210.)

---

gen: Z. II. 11. Okt. 1855 c. Deitenbeck; Z. II. 6. Nov. 1856 c. Schero. *Contra* früher: Z. 8. März 1852 c. Fiesel (JMBl. s. 292). Vgl. G. Matt. 2. s. 498 Note 1; G. A. 3. s. 37 a. E.

§ 118 Nr. 4.

40. Der Eisenbahnhof umfaßt auch die Bahnhofsgebäude mit: G. Matt. 2. s. 417 IV; Koch n. 79.

41. Es ist nicht erforderlich, daß der Diebstahl an Gegenständen verübt werde, welche augenblicklich auf der Reise sind; der § ist anwendbar, wenn auch das Schiff, von welchem die zum Transporte bestimmte Sache gestohlen wurde, vor Anker lag und nicht im Fahren begriffen war: Z. Kass.-H. 30. Sept. 1851 c. Hoffmann (JMBl. s. 364); Temme Gll. s. 278 Note 2; ingleichen wenn der Diebstahl von einem beladenen Wagen erfolgt, welcher nach zurückgelegter Fahrt eben am Orte seiner Bestimmung angekommen, noch auf dem Marktplatze steht: Z. I. 19. Okt. 1853 c. Mizerka (G. A. 1. s. 714).

42. Es sind daher die zum Transporte bestimmten Sachen als Gegenstände des Transports auch schon vor dem Beginne desselben anzusehen.

43. Temme (Lehrb. s. 929) will zwischen den Gegenständen des Transports, und den Transportmitteln unterscheiden, und nur einfachen Diebstahl annehmen, wenn auf der Landstraße ein Wagen mit Pferden und allem Gepäck gestohlen wird. Freilich wird ein solcher Diebstahl nicht leicht mittelst Abschneidens 2c. der Verwahrungsmittel geschehen.

43 a. Jedenfalls gehört zu den Gegenständen des Transports auch das eigene Reisegepäck des Fuhrmanns, z. B. das zum Verfuttern auf der Reise bestimmte Futter: B. II. 25. Apr. 1861 c. Küster (RbO. 1. s. 357).

44. Das Abschneiden und Ablösen der Befestigungs- und Verwahrungs-Mittel erfordert nicht nothwendig eine auf die gedachte Art erfolgende Trennung des Gegenstandes aus seiner Verbindung mit dem Transportmittel selbst, z. B. dem Wagen, ist vielmehr auch in der Trennung oder Entfernung des Gegenstandes von und resp. aus seinem Befestigungs- oder Verwahrungsmittel zu finden, z. B. im Aufschneiden des die Gegenstände verwahrenden Sacks, weil aus der Entstehungsgeschichte des § eine beschränktere Auffassung des Thatbestandes der §§ 1178 II, 20. des ALR., und 15 der Cirk.-Verordn. v. 26. Febr. 1799 nicht erhellt: Z. II. 10. März 1853 c. Hünteler (G. Arch. 1. s. 711); B. I. 2. Nov. 1853 c. Rutkowski. (G. A. 1. s. 714); B. I. 12. Apr. 1854 c. Hintz; Beschl. I. 18. Juli 1856 c. Sommer

§. 218. Zuchthaus bis zu zehn Jahren und Stellung unter Polizei-Aufsicht tritt in folgenden Fällen ein:

5) *) wenn Sachen, welche eine blödsinnige Person oder ein Kind unter zwölf Jahren an oder bei sich führt, gestohlen werden;

[Entw. § 201 Nr. 6]. Vgl. AKO. v. 21. April 1856 (GS. s. 220).

---

*) In der ursprünglichen Fassung fand sich diese Vorschrift unter Nr. 6; die Abänderung erfolgte durch Ges. v. 14. April 1856 (GS. s. 210).

(G. A. 4. s. 845); Z. I. 18. Nov. 1857 c. Rothenburg; ebenso: Z. I. 19. Okt. 1853 c. Mizerka (G. A. 1. s. 714; der Dieb hatte einen Strick, mit welchem die betr. Kiste zugebunden gewesen, zerschnitten); Z. 22. März 1852 c. Schedantzky (G. A. 1. s. 714; der Dieb hatte ein auf einem Wagen transportirtes Collo mit den Fingern geöffnet, und daraus Gegenstände entwendet), „das Oeffnen der das Collo umschließenden Verwahrungsmittel müsse für ein Ablösen im Sinne des Gesetzes gehalten werden.“ *Contra:* Z. 13. Okt. 1852 c. Hempel, welches unter Ablösen nur die Handlung verstehen wollte, wodurch die am Transportmittel befestigte, oder darauf verwahrte Sache von demselben ganz getrennt wird; der § ward daher in einem Falle für unanwendbar erachtet, wo der Dieb Salz aus einer transportirten Salztonne gestohlen, nachdem er dieselbe durch Aufschlagen geöffnet hatte. Vgl. n. 48; B. I. 18. Juli 1855 c. Grapenthin (G. A. 3. s. 704).

45. Dagegen ist der § nicht anwendbar, wenn der gestohlene Gegenstand auf einer Karre sich in der Art verpackt befunden hatte, daß er mit einem Leinwandplan und mit Säcken umstopft war, und die letztern zur Begehung des Diebstahls entfernt worden sind: Beschl. I. 13. Sept. 1854 c. Bennin.

46. Der Ausdruck „Verwahrungsmittel“ umfaßt alle Arten der Verschlußmittel, insbesondere auch ein zur Verwahrung von Flüssigkeiten bestimmtes Faß: Beschl. I. 16. März 1855 c. Ewert (G. Arch. 3. s. 569). Dasselbe gilt von Kisten und andern Transportbehältnissen: Z. I. 26. Sept. 1856 c. Grasse; vgl. § 223 n. 15.

47. Auch die „zur Verwahrung des Wagens“ angebrachten Stricke dienen zur Verwahrung der Transportgegenstände: Z. I. 19. Juni 1856 c. Gelbig.

48. Mit Rücksicht auf die dem Worte „Verwahrungsmittel“ beigelegte Bedeutung (vgl. n. 44—47) und den Zweck der ganzen Bestimmung sind auch die Ausdrücke „Abschneiden und Ablösen“ zu deuten, und auch auf andere Arten der Eröffnung der Verschlußmittel zu beziehen, z. B. auf ein Erbrechen (Z. I. 10. März 1853 c. Hünteler, G. Arch. 1. s. 711; Z. I. 26. Sept. 1856 c. Grasse; G. Matt. 2. s. 480 IV. *Contra:* Koch n. 80); oder auf das Anbohren eines Fasses (Beschl. I. 16. März 1855 c. Ewert, G. A. 3. s. 569); oder auf ein Losknoten (Temme Lehrb. s. 929). *Contra:* B. I. 18. Juli 1855 c. Grapenthin (G. Arch. 3. s. 704), welches wenigstens ein bloßes Aufbinden von Säcken nicht für ausreichend hielt, da „diese Auslegung durch den einer ausdehnenden Erklärung nicht zu unterwerfenden Wortsinn der Gesetzesausdrücke nicht begründet werde.“

49. Gleichgültig ist, ob der Diebstahl von einem Mitreisenden, oder einem Dritten verübt wird: Z. I. 19. Okt. 1853 c. Mizerka (G. A. 1. s. 714).

§ 218 Nr. 5.

50. Hier soll die Widerstandsunfähigkeit oder Verstandesschwäche gegen ein auch nicht gewaltsames Wegnehmen geschützt werden: Z. II. 3. Novbr. 1853 c. Trubig (G. Arch. 2. s. 125); G. Matt. 2. s. 480 V. 1.

51. Den blödsinnigen sind andere geistesschwache Personen gleichzustellen, bei welchen mit Rücksicht auf diesen Zustand ebenfalls eine Widerstandsunfähigkeit gegen Diebstahl ohne Gewalt oder dergl. angenommen werden muß. Vgl. Temme Lehrb. s. 930.

52. Dagegen ist die Vorschrift auf Personen, welche nur durch Alter oder

6) *) wenn der Dieb oder einer der Diebe, oder einer der Theilnehmer am Diebstahle Waffen bei sich führt;

[Entw. § 201 Nr. 7]. Vgl. § 230. 231 Nr. 1; AKO. v. 21. April 1856 (GS. s. 220).

Schlußsatz: Wird festgestellt, daß mildernde Umstände vorhanden sind, so ist auf Gefängniß nicht unter sechs Monaten, sowie auf zeitige Untersagung der Ausübung der bürgerlichen Ehrenrechte zu erkennen.

---

*) In der ursprünglichen Fassung fand sich diese Vorschrift unter Nr. 7; die Abänderung erfolgte durch Ges. v. 14. April 1856 (GS. s. 210).

Krankheit in eine hülflose Lage versetzt sind, nicht auszudehnen. Beseler s. 343 VI.

53. Temme (Lehrb. s. 930; id. GU. s. 279) will die Anwendbarkeit des § von der Bedingung abhängig machen, daß sich der Blödsinnige ꝛc. in einer schutzlosen Lage befinde. Davon sagt indessen der § Nichts, vielmehr ist es Gegenstand der thatsächlichen Prüfung im einzelnen Falle, ob die Sachen, welche der unter dem faktischen Schutze eines Andern stehende Blödsinnige ꝛc. an oder bei sich führt, nicht eben deshalb auch in der Gewahrsam des Andern sind, so daß also der Diebstahl gegen ihn begangen wird.

54. Die Worte „an oder bei sich führt“ bezeichnen eine engere Verbindung mit der Sache, als der allgemeine Begriff der Gewahrsam. Ob eine solche enge Verbindung der Person mit der Sache anzunehmen, daß nur durch einen Mißbrauch der Widerstandslosigkeit die Zueignung möglich geworden, ist Gegenstand der thatsächlichen Beurtheilung: Z. II. 3. Nov. 1853 c. Trubig (G. A. 2. s. 125; die Angeklagte hatte eine Gießkanne weggenommen, welche ein eilfjähriger Knabe augenblicklich niedergesetzt, und sich auf drei Schritte davon entfernt hatte). Vgl. G. A. 1. s. 94. Jedenfalls wird es, damit der § für anwendbar zu erachten, nicht genügen, wenn blos festgestellt wird: die Sache sei einem ꝛc. Kinde weggenommen worden; es bedarf auch der Feststellung, daß dieses die Sache an oder bei sich geführt habe. G. A. 1. s. 212.

55. Bei nachgewiesener Unkenntniß des Diebs vom Zustande des Bestohlenen wird die Vorschrift des § 44 anwendbar; dagegen bedarf es nicht umgekehrt des Beweises, daß der Angeklagte jenen Zustand gekannt habe: G. Matt. 2. s. 481. *Contra* in Betreff des letztern Punktes: Temme Lehrb. s. 930. Vgl. § 44 n. 8.

56. Unmündige Kinder ꝛc. können (arg. ALR. I, 4 § 21 fgg.) Sachen, welche bisher in ihrem oder eines Andern Besitz oder Gewahrsam waren, zwar thatsächlich einem Dritten übergeben; das ist dann aber keine Uebergabe im Sinne des § 58. I, 7. l. c. es liegt vielmehr, wenn der Dritte die ihm vom Unmündigen übergebene Sache annimmt, immer nur eine einseitige Ergreifung vor; deshalb ist es „ein schwerer Diebstahl nach § 218 Nr. 5, und nicht bloße Unterschlagung, wenn „Jemand Sachen, die ein Blödsinniger oder ein Kind unter zwölf Jahren an oder „bei sich führt, sich von demselben schon in der Absicht, sich dieselben rechtswidrig „zuzueignen, unter dem Vorwande, sie für ihn zu tragen oder zu halten ꝛc., geben „läßt, und nun dieselben in solcher Absicht fortschafft“: Beschl. Pl. 29. Sept. 1856 c. Winneguth (Präj. n. 211; JMBl. s. 331; Entsch. 33. s. 480; 34. s. 341; G. A. 4. s. 776); Z. II. 18. Juni 1857 c. Hasse (G. A. 5. s. 697); B. II. 21. Jan. 1858 c. Lieb (Entsch. 37. 2. s. 17; G. A. 6. s. 281); Temme GU. s. 279. *Contra:* Z. I. 25. Mai 1853 c. Körner (G. A. 1. s. 400), welches nur Unterschlagung annahm; damals aber stand nicht fest, daß der Angeklagte gleich von vorne herein die diebische Absicht gehabt habe; wo diese bei der Annahme der Sache fehlte und später erst entstand, kann unzweifelhaft nur Unterschlagung (im Sinne des § 226) angenommen werden. Vgl. Abh. in G. Arch. 4. s. 769.

§ 218 Nr. 6.

57. Unter den hier bezeichneten Theilnehmern können nur solche verstanden werden, welche bei der That gegenwärtig gewesen sind: K.-B. II. K. s. 118.

58. Inwieweit den nicht bewaffneten Betheiligten das Waffenführen der übrigen zuzurechnen, ist nach § 44 zu beurtheilen: Beseler S. 425b; Goltd. Matt. 2. S. 484 n. 3. Vgl. Thl. I Tit. 3 (§ 34 fgg.) n. 8.

59. Bei Bestimmung des Begriffs „Waffen" ist daran festzuhalten, daß ihr Besitz als Zeichen des gefährlicheren Willens, und als Mittel, den Entschluß zum Widerstande zu entkräften, den Grund der erhöhten Strafbarkeit bildet (Goltd. Matt. 2. S. 483 n. 2). Hiernach fallen unter diese Bezeichnung nicht allein solche Werkzeuge, welche nach ihrer Bestimmung zu einer Zufügung lebensgefährlicher Verletzungen beim Angriffe oder der Vertheidigung gebraucht werden, sondern es können unter Umständen hierher auch solche Werkzeuge gezählt werden, mit welchen nach ihrer gewöhnlichen Wirkung derartige Verletzungen zugefügt werden können. Hierbei tritt nur der Unterschied ein, daß die ersteren (welchen die betr. Bestimmung beiwohnt, also alle Schuß-, Hieb- und Stoßwaffen) unbedingt und überall ihren Charakter bewahren, während die letzteren denselben nur durch die Absicht des Thäters, sich ihrer eventuell zum Angriffe, zur Bedrohung oder zur Vertheidigung zu bedienen, oder durch die Umstände annehmen, nach welchen sie nach außen hin auf eine solche Absicht des Diebs hindeuten. Letzteres wird ebenfalls genügen, und der Knittel, oder das blanke Messer in der Hand des Diebs auch dann unzweifelhaft als Waffe gelten, wenn er sich desselben auch nur zur Verübung des Diebstahls selbst, d. h. der Wegnahme, zu bedienen Willens war, sobald nur für den Dritten die Sache das Ansehen gewann, als könne ein Gebrauch als Waffe in der Absicht des Diebes liegen, und wenn der Angeklagte sich dieser Möglichkeit bewußt war. Vgl. Temme Lehrb. S. 931; G. Matt. 2. S. 484 n. 4; Koch n. 82; K.-B. II. K. S. 119. Aus dem Gesagten folgt, daß es wesentlich zur thatsächlichen Beurtheilung gehört, ob ein Werkzeug den Charakter als Waffe im einzelnen Falle an sich getragen habe, oder nicht: Z. I. 14. Nov. 1855 c. Klose (G. Arch. 3. S. 818); Z. I. 12. Sept. 1856 c. Genske; Bes. S. 425. Vgl. n. 8 und G. A. 1. S. 55; 3. S. 818 cit.

60. Schußwaffen sind, auch wenn nicht geladen, stets als Waffen anzusehen.

61. Als „Führen" von Waffen ist in der Regel jeder thatsächliche Besitz derselben zu betrachten: Beschl. II. 29. Sept. 1853 c. Horn (siehe n. 64); insbesondre läßt sich nicht mit Temme (Lehrb. S. 932) sagen, daß es dazu auch noch des Vorsatzes beim Diebe bedürfe, erforderlichen Falles von den Waffen zu Angriff oder Vertheidigung Gebrauch zu machen; oder mit Koch (n. 82, 3), daß das Instrument zu dem Zwecke, um beim Diebstahle bewaffnet zu sein, mitgenommen sein müsse; es ist vielmehr dem Erfordernisse des Dolus in Beziehung auf den erschwerenden Umstand genügt, wenn der Angeklagte sich des Besitzes der Waffe, sowie der Möglichkeit bewußt war, daß daraus der Dritte auf einen beabsichtigten Gebrauch der Waffe schließen könne (vgl. n. 59). Nur diejenigen Fälle sind auszuscheiden, wo nicht nur dem Diebe jeder Vorsatz von der Waffe, sei es zum Angriffe, sei es zur Bedrohung oder endlich zur Vertheidigung Gebrauch zu machen fremd ist, sondern wo auch der Mangel dieser Absicht und die vollständige Unverfänglichkeit jenes Besitzes äußerlich so erkennbar ist, daß jedem moralischen Eindrucke des Anblicks der Waffe auf den Bestohlenen oder dritte Personen dadurch vorgebeugt wird; wenn z. B. eine zum Wegbringen eines Uniformdegens ausgesendete Dienstmagd im Vorbeigehen einen Diebstahl begeht (angeführt vom Justiz-Min. v. Savigny; Verhh. d. vereinigten ständ. Aussch. IV S. 185). Vgl. Bes. S. 425; G. Matt. 2. S. 482; G. A. 1. S. 247; 3. S. 817; und unten n. 64.

62. Daß der Dieb die Waffen an seinem Körper getragen, ist nicht erforderlich, es genügt, wenn er sie nur so in seine Nähe gebracht hatte, daß er sich ihrer sofort bemächtigen konnte: Temme Lehrb. S. 932.

63. Auch der Fall ist hierherzurechnen, wo der Dieb während der Ausübung zu einer nicht mitgebrachten Waffe greift: G. Matt. 2. S. 483; G. A. 1. S. 248. *Contra*: Koch n. 82, 2. Hätte der Dieb zuerst die Waffe gestohlen, und diese dann bei der Fortsetzung des Diebstahls bei sich geführt, so wird das unter n. 59 und 61 Bemerkte anwendbar: vgl. G. A. 1. S. 247.

64. Mit Rücksicht auf das unter n. 59 und 61 Gesagte fällt auch der Diebstahl an Wild aus umzäunten Gehegen (§ 217 Nr. 1) unter den § 218 Nr. 6, wenn der Dieb bei der Verübung eine Waffe bei sich führte, sollte dieselbe auch nur zur Er-

§ 218. Zuchthaus bis zu zehn Jahren und Stellung unter Polizei-Aufsicht tritt in folgenden Fällen ein:

7) *) wenn zu dem Diebstahle zwei oder mehrere Personen als Urheber oder Theilnehmer mitwirken, welche sich zur fortgesetzten Verübung von Raub oder Diebstahl verbunden haben;

[Entw. § 201 Nr. 8]. Vgl. § 232 Nr. 2; AKO. v. 21. April 1856 (GS. s. 220).

8) **) wenn der Diebstahl während einer Feuers- oder Wassersnoth an den gefährdeten oder geflüchteten Sachen begangen wird.

[Entw. § 200 Nr. 6]. Vgl. AKO. v. 21. April 1856 (GS. s. 220).

Schlußsatz: Wird festgestellt, daß mildernde Umstände vorhanden sind, so ist auf Gefängniß nicht unter sechs Monaten, sowie auf zeitige Untersagung der Ausübung der bürgerlichen Ehrenrechte zu erkennen.

---

*) In der ursprünglichen Fassung fand sich diese Vorschrift unter Nr. 8; die Abänderung erfolgte durch Ges. v. 14. April 1856 (GS. s. 210).

**) In der ursprünglichen Fassung fand sich diese Vorschrift unter Nr. 9; die Abänderung erfolgte durch Ges. v. 14. April 1856 (GS. s. 210).

---

legung des Wildes bestimmt gewesen sein und gedient haben: Beschl. II. 29. Sept. 1853 c. Horn (G. A. 2. s. 122); Beschl. I. 29. Nov. 1854 c. Pürschel. *Contra:* B. 1. Dez. 1852 c. Mohr (G. A. 1. s. 398); G. Matt. 2. s. 471.

§ 218 Nr. 7.

65. Der Strafe dieser Nr. unterliegen auch diejenigen Thäter oder Theilnehmer, welche an der Verbindung zur fortgesetzten Verübung 2c. sich nicht betheiligt haben, sobald nur wenigstens zwei der so verbundenen zum Diebstahle mitwirkten, und jenen dieser letztere Umstand nicht unbekannt war (§ 44): K.-B. I. K. s. 33; Goltd. Matt. 2. s. 486; Temme Lehrb. s. 934. *Contra:* K.-B. II. K. s. 119, welcher mit Unrecht davon ausging, daß bei den nicht zur Verbindung gehörenden Betheiligten die höhere Strafe ausgeschlossen bleibe; ebenso: Hälschner 1. s. 429.

66. Die an der Verbindung Betheiligten, welche zum Diebstahle nicht mitwirkten, werden von der Strafe nicht betroffen: G. Matt. 2. s. 487 n. 3; Hälschn. 1. s. 428.

67. Ein B. I. 14. Jan. 1859 c. Schuster (Röhrborn u. Gen. 1166; G. A. 7. s. 395) führt aus, die Nr. 7 sehe nur den Diebstahl 2c. in Banden vor; der Begriff der Bande sei aber wesentlich beschränkt auf die Verbindung Mehrerer zur Verübung verschiedener einzeln noch unbestimmter Verbrechen derselben oder verschiedener Art, wogegen die Verbindung Mehrerer zur gemeinschaftlichen Verübung eines oder mehrerer bestimmter Verbrechen ein „Komplott" darstelle, so daß also das unterscheidende Kriterium in der individuellen Bestimmtheit oder Unbestimmtheit des verbrecherischen Zwecks liege; eine Beschränkung der Verabredung nach Zeit und Ort (Raum) schließe den Begriff der Bande aus, deren bedrohliche Gefährlichkeit wesentlich durch den Mangel der Beschränkung begründet werde. Hiernach ward die „Verabredung und Verbindung Mehrerer zu fortgesetzten Diebstählen auf einem bestimmten Markte" nicht für eine solche erachtet, welche die Anwendbarkeit der Nr. 7 begründe, es liege nur ein Komplott vor, welches nach dem StGB. den Diebstahl nicht qualifizire. Vgl. G. Matt. 2. s. 487 n. 2.

§ 218 Nr. 8.

68. Eine Ausdehnung auf andre Nothstände als die genannten ist unstatthaft: G. Matt. 2. s. 487 n. 1; Temme Lehrb. s. 936.

Wird festgestellt, daß mildernde Umstände vorhanden sind, so ist auf Gefängniß nicht unter sechs Monaten, sowie auf zeitige Untersagung der Ausübung der bürgerlichen Ehrenrechte zu erkennen. *)

[Entw. § 201].

---

*) Der Schlußsatz erhielt seine jetzige Fassung durch das Ges. v. 14. April 1856 (GS. S. 210); ursprünglich lautete derselbe:

Wird festgestellt, daß mildernde Umstände vorhanden sind, so ist auf Gefängniß nicht unter Einem Jahre, sowie auf zeitige Untersagung der Ausübung der bürgerlichen Ehrenrechte zu erkennen.

---

69. Das Vorhandensein einer Feuersnoth hängt nicht davon ab, wie nahe das Haus, aus welchem die Sachen geflüchtet werden, der wirklichen Brandstätte gelegen, und ob dasselbe bereits der Gefahr vom Feuer ergriffen zu werden, ausgesetzt war oder nicht; es genügt vielmehr die Thatsache, daß, mit Bezug auf die am Orte vorhandene Feuersnoth, man sich veranlaßt sah, die Sachen zu flüchten: Z. II. 31. Jan. 1856 c. Brandt.

70. Unter Wassersnoth ist unzweifelhaft nicht blos Ueberschwemmung, sondern z. B. auch Strandung, Schiffbruch, Eisgang u. dgl. zu verstehen: Temme Lehrb. S. 936; G. Matt. 2. S. 487 n. 2; Koch n. 84. *Sic:* Z. I. 6. Dez. 1854 c. Grünwald (Weiß u. Gen.; G. Arch. 3. S. 263; ein Fall der Strandung).

71. Die Noth ist für den Bestohlenen so lange vorhanden, als ihn die durch das Unglück entstandene Verwirrung, die öffentliche Unruhe hindert, sein Eigenthum zu sammeln und zu beaufsichtigen. G. Matt. 2. S. 487 n. 2. Daher ist eine Feuersnoth nicht nothwendig mit dem Augenblicke beseitigt, wo ein weiteres Um-sich-Greifen des Feuers nicht mehr zu befürchten ist, dieselbe kann vielmehr, so lange die erforderliche Ruhe, um die geflüchteten Sachen anderweit in Sicherheit zu bringen, nicht eingekehrt ist, fortdauern: Z. II. 31. Jan. 1856 c. Brandt.

72. Ob ein Nothstand im Sinne des Gesetzes vorliege, ist im Uebrigen Gegenstand thatsächlicher Beurtheilung: Temme Gll. S. 280.

73. Eine Sache ist gefährdet nicht nur, wenn das drohende Uebel in einer Vernichtung, sondern auch, wenn es in einer bloßen Beschädigung bestehen würde; es gehört daher auch das aus einer Feuersbrunst gerettete Metall-Geld hierher, wenngleich das Metall im Feuer zwar schmilzt, aber nicht zu Grunde geht: Z. II. 31. März 1853 c. Dietrich.

74. Gleichgültig ist es auch, ob das „Flüchten“ der Sachen bereits vollendet war, oder nicht: Z. II. 31. März 1853 c. Dietrich.

Zum Schlußsatze.

75. „Wegen schweren Diebstahls muß auch, wenn mildernde Umstände festgestellt werden, nach § 218 nothwendig auf Stellung unter Polizei-Aufsicht erkannt werden“: B. Pl. 11. April 1853 c. Salmen u. Feilschen (Präj n. 29; JMBl. S. 226; Entsch. 24. S. 498; 25. S. 250; G. A. 1. S. 574); Z. 2. April 1852 c. Steinike (Heinrich u. Gen.; JMBl. S. 195; Entsch. 22. S. 73); B. II. 8. Jan. 1857 c. Oster (Rh. Arch. 52. 2. A. S. 51); B. II. 2. Sept. 1858 c. Brandenburger (feste Praxis); *Sic:* G. M. 2. S. 488 IX; Temme Lehrb. S. 915. *Contra* früher: Z. Kass.-H. 5. Okt. 1852 c. Wagner-Leinweber (Rh. Arch. 47. 2. A. S. 115); Temme Gll. S. 280. Der obige Grundsatz ist auch weder in Folge der dem § durch das Ges. v. 14. April 1856, noch der durch Ges. vom 9. März 1853 dem § 219 Nr. 2 gegebenen anderweitigen Fassung abgeändert worden: B. I. 12. Sept. 1856 c. Luschner; B. I. 7. Nov. 1856 c. Hoffmeister; u. ö.

§. 219. *) **Wer bereits zweimal oder mehrere Male rechtskräftig durch einen Preußischen Gerichtshof wegen Diebstahls oder Raubes verurtheilt worden ist, soll wegen neuen Diebstahls bestraft werden, wie folgt:**

---

*) Fassung des Ges. v. 9. März 1853 (GS. s. 78); die ursprüngliche Fassung lautete:

§ 219. Wer bereits zweimal oder mehrere Male rechtskräftig durch einen Preußischen Gerichtshof wegen Diebstahls oder Raubes verurtheilt worden ist, soll wegen neuen einfachen Diebstahls (§§ 216 und 217) mit Zuchthaus bis zu funfzehn Jahren und wegen schweren Diebstahls (§ 218) mit Zuchthaus von fünf bis zu zwanzig Jahren, sowie in beiden Fällen mit Stellung unter Polizei-Aufsicht bestraft werden.

Die Straferhöhung tritt nicht ein, wenn seit dem Zeitpunkte, an welchem die Strafe des zuletzt begangenen früheren Verbrechens oder Vergehens abgebüßt oder erlassen worden ist, zehn Jahre verflossen sind.

---

§ 219.

Inhalt.

1. Im Allgemeinen sind die Bemerkungen zu den Art. VI und XXVI des Einf.-Gesetzes, und zu den §§ 58 bis 60 des StGB. zu vergleichen.

2. „Das Gesetz v. 9. März 1853 enthält keine Deklaration des Schlußsatzes „des § 219 (§ 15 der Einl. zum ALR.). ist vielmehr als neues, jene Vorschrift ab„änderndes Gesetz anzusehen“: Z I. 15. Juli 1853 c. Richter (Präj. n. 47; Entsch. 25. s. 351; G. A. 1. s. 575). Daher findet jenes Gesetz an und für sich auf vorangegangene Fälle keine Anwendung: Z. I. 2. Nov. 1853 c. Gellrich.

3. Damit der § Anwendung erleide, muß die zweite Bestrafung den Charakter des thatsächlichen Rückfalls an sich tragen; er fällt also da weg, wo die Handlung, wegen welcher die zweite Verurtheilung erfolgte, vor der Rechtskraft der ersten Verurtheilung begangen war, wegen derselben also die Rückfallsstrafe gar nicht verhängt werden durfte: B. 14. Juni 1852 c. Liedtke (JMBl. s. 351; Entsch. 23. s. 235; G. A. 1. s. 95); B. 29. Okt. 1852 c. Wawrczyn-Rychlewski (G. A. 1. s. 95); B. II. 8. Sept. 1853 c. Schunner (Rh. Arch. 49. 2. A. s. 47); Z. I. 14. Juni 1854 c. Effner (G. A. 2. s. 832); B. I. 3. Jan. 1855 c. Schneider; Z. I. 21. Febr. 1855 c. Blever. Es ist daher gleichgültig, ob im zweiten Falle ausdrücklich die Verurtheilung wegen „Rück- oder zweiten Falles“ erfolgt, oder ob damals wirklich die wegen Rückfalls geschärfte Strafe verhängt worden ist; es genügt, daß thatsächlich die zweite Verurtheilung einen nach rechtskräftiger Verurtheilung wegen des ersten Falles verübten Diebstahl ꝛc. zum Gegenstande hatte, daß also damals wegen Rückfalls hätte erkannt werden können oder sollen: B. I. 23. Jan. 1856 c. Gabriel (G. A. 4. s. 833); Z. (B.) II. 19. April 1860 c. Peters (Rh. Arch. 55. 2. A. s. 78). Dasselbe gilt da, wo das den zweiten Fall betr. Erkenntniß die erste Verurtheilung gänzlich unberücksichtigt gelassen hatte: Z. I. 25. März 1857 c. Lüdtke.

4. Bei Prüfung der Frage, ob die früher bestraften Thaten wirklich Raub, resp. Diebstahl darstellten, sind für jeden Fall lediglich die früher ergangenen Entscheidungen maaßgebend; der jetzt befaßte Richter hat daher nur unter Zugrundelegung jener früheren Entscheidungen zu prüfen, ob danach der jetzt vorliegende Fall im zweiten Rückfalle begangen sei. Das Nähere vgl. Einf.-Ges. Art. VI n. 4.

5. Ueber die Form der Feststellung der Voraussetzungen des Rückfalls vgl. § 58 n. 20; Strafverf. Art. 31 n. 9. Insbesondere muß aus derselben hervorgehen, daß der zweite Diebstahl erst nach rechtskräftiger Entscheidung wegen

1) Wenn der neue Diebstahl ein einfacher ist (§§ 216, 217.), mit Zuchthaus bis zu funfzehn Jahren.

Wird festgestellt, daß mildernde Umstände vorhanden sind, so ist auf Gefängniß nicht unter sechs Monaten, sowie auf zeitige Untersagung der Ausübung der bürgerlichen Ehrenrechte zu erkennen.

2) Wenn der neue Diebstahl ein schwerer ist (§ 218.), so ist die Strafe Zuchthaus von fünf bis zu zwanzig Jahren.

Wird festgestellt, daß mildernde Umstände vorhanden sind, so ist auf Zuchthaus bis zu fünf Jahren oder auf Gefängniß nicht unter Einem Jahre und auf zeitige Untersagung der Ausübung der bürgerlichen Ehrenrechte zu erkennen.

---

des ersten stattgefunden habe, und daß weder in Beziehung auf den zweiten, noch auf den jetzt vorliegenden Fall inzwischen die Frist des § 60 verstrichen gewesen sei: B. I. 7. Dez. 1859 c. Dubdeck (JMBl. 60. S. 92).

6. Ueber den Eintritt der Rechtskraft einer Verurtheilung vgl. § 58 n. 14. 15.

7. Auch die von Einzelrichtern verhängten Diebstahlsstrafen begründen den Rückfall: B. 19. März 1852 c. Biermann; Z. 14. Juni 1852 c. Boost; u. ö. *Sic:* G. Matt. 2. S. 489. Vgl. § 58 n. 10; Gesetz vom 14. April 1856 Art. I § 3 (oben S. 23).

8. Auch eine früher während der Strafunmündigkeit erlittene Verurtheilung begründet die Rückfallsstrafe, vgl. § 43 n. 7.

9. Da der Raub alle Begriffserfordernisse des Diebstahls in sich schließt, so ist bei Anwendung des § 219 eine frühere Verurtheilung wegen Raubes der wegen Diebstahls völlig gleich zu achten: Z. I. 14. Mai 1858 c. Dombrowski; Z. I. 7. Sept. 1859 c. Stüte. Das gilt aber selbstredend nicht umgekehrt im Falle des § 233 Nr. 1: G. M. 2. S. 448 n. 2; vgl. § 58 n. 2. Dem Raube steht die gewaltsame Erpressung gleich, vgl. § 236 n. 7.

10. Gleichgültig ist, ob die frühern Verurtheilungen Fälle des einfachen oder des schweren Diebstahls zum Gegenstande hatten; § 219 Nr. 2 wird bei einem neuen schweren Diebstahle auch dann anwendbar, wenn die frühern Fälle nur einfache Diebstähle betrafen: Z. I. 14. April 1858 c. Stolzmann. Vgl. § 58 n. 1; Abh. in JMBl. 1852 S. 214.

11. Auch Vorbestrafungen wegen Versuchs, selbst die unter der frühern Gesetzgebung ergangenen, kommen bei Anwendung des § in Betracht (§ 59): Z. 5. Sept. 1851 c. Teichert (Entsch. 22. S. 73); Z. II. 8. Sept. 1853 c. Wegener. Vgl. Einf.-Ges. Art. VI n. 14; § 58 n. 4.

12. Die als bloße Uebertretungen (nach StGB. § 349 Nr. 3) zu ahndenden Entwendungen begründen den Rückfall nicht. Dasselbe gilt von ähnlichen unter dem alten Rechte ergangenen Verurtheilungen: Temme Lehrb. S. 942.

13. Insbesondre ist eine nach ALR. II, 20 § 1122. 1123 bestrafte Entwendung von Eßwaaren, welcher die im § 1108 vorausgesetzte gewinnsüchtige Absicht nicht untergelegt werden kann, hier nicht für einen Diebstahl zu erachten: Z. 9. Jan. 1852 c. Müller (Entsch. 22. S. 74); Z. I. 4. Okt. 1854 c. Schimoreck; B. I. 19. Juli 1857 c. Schimoreck; u. ö. Das gilt selbst von einem nach § 1170 ibid. bestraften gewaltsamen Diebstahle an Eßwaaren: B. 18. Juni 1852 c. Pietsch (Entsch. 23. S. 279); B. II. 19. Juli 1855 c. Pfützenreuter. Dagegen begründet eine Verurtheilung wegen eines gewaltsamen Diebstahls von Eßwaaren gegen einen Kameraden, welche auf Grund des 61. Kriegsartikels ausgesprochen ist, den Rückfall: Z. 16. Juni 1852 c. Nerger.

In allen Fällen (Nr. 1. und 2.) soll zugleich Stellung unter Polizei-Aufsicht eintreten.

Die vorstehenden Bestimmungen finden keine Anwendung, wenn entweder in Ansehung des letzten oder in Ansehung des früheren Verbrechens oder Vergehens die Straferhöhung wegen Rückfalls gesetzlich ausgeschlossen ist (§ 60.).

[Entw. § 202]. Vgl. § 58—60. 233 Nr. 1; Einf.-Ges. Art. VI. XXVI; AKO. v. 21. April 1856 (GS. s. 250); Ges. v. 22. Mai 1852 Art. I. (GS. s. 250); Holzdiebst.-Ges. v. 2. Juni 1852 § 16; (Rh.) Ges. v. 4. Mai 1853 (GS. s. 176).

§. 220. Die strengere Strafe des in einem bewohn-

---

14. Die nach dem ALR. II, 20 § 1350 als Hausdiebstahl „anzusehenden“ und zu bestrafenden „Veruntreuungen“ des Gesindes „durch Unterschlagung“ sind als Diebstähle zu betrachten, und begründen später eventuell die Anwendung des § 219: B. 8. Juli 1852 c. Schubert; B. I. 28. April 1854 c. Müller; Beschl. I. 8. Mai 1857 c. Langer. *Contra:* G. Matt. 2. s. 488 n. 2, und Temme Lehrb. s. 942, welche die den Thatbestand des Diebstahls nicht herstellenden, aber mit der Strafe desselben bedrohten Verbrechen des ALR. z. B. II, 20 § 1350. 1356 und 1384 hier ausscheiden wollen.

15. Vorbestrafungen wegen kleinen Diebstahls nach § 1124. II, 20 des ALR., welcher polizeimäßige Untersuchung und Bestrafung mit Gefängniß von acht Tagen bis vier Wochen anordnete, begründen den Rückfall: B. I. 23. Mai 1856 c. Gabriel (indirekt).

16. Frühere Holzdiebstähle (selbst die im dritten oder fernern Rückfall begangenen) werden bei Anwendung des § 219 nicht in Betracht gezogen. HDG. v. 2. Juni 1852 § 16. Vgl. früher JMBl. 1852 s. 207. Dasselbe muß von frühern auf Grund der Feld-Polizei-Ordnung erfolgten Verurtheilungen gelten.

17. Liegen mehrere im wiederholten Rückfalle begangene Diebstähle vor, so tritt die Strafschärfung für jeden einzelnen ein (vorbehaltlich der Bestimmungen des § 56). Vgl. § 56 n. 23.

18. „Nach der Fassung des Schlußsatzes des § 219 in Gemäßheit des Gesetzes „v. 9. März 1853 ist es nur erforderlich, daß zwischen der vorletzten und letzten „Verurtheilung wegen Diebstahls, sowie seit der letzten Verurtheilung und dem „jetzt zu bestrafenden Falle jedesmal ein zehnjähriger Zeitraum nicht verflossen „sei; nicht aber ist es erforderlich, daß die beiden Verurtheilungen vor dem jetzt „zu bestrafenden Falle innerhalb der zehn letzten Jahre liegen“: B. II. 11 Juli 1853 c. Ostmeier (Präj. n. 46; Entsch. 25. s. 444; G. A. 1. s. 576); Z. I. 4. März 1857 c. Hellmann; Z. I. 14. Sept. 1860 c. Stielka. Vgl. Motive s. 62. Unter dem „letzten“ Verbrechen rc. ist nicht der neue zur Gesetzanwendung vorliegende, sondern nur der demselben vorhergegangene Diebstahl zu verstehen: B. I 1. Juni 1853 c. Stief (G. A. 1. s. 576). *Sic:* B. I. 1. Juli 1853 c. Schneider; B. II. 8. Sept. 1853 c. Schmines (Tr. Ann. 7. s. 289); Z. I. 13. Mai 1856 c. Freitag; Z. (B.) II. 27. Nov. 1856 c. Düster; Z. II. 10. Sept. 1857 c. Willigmann; u. ö.

19. Ueber die Unstatthaftigkeit eines neuen Strafverfahrens, wenn früher bereits über denselben Fall rechtskräftig abgeurtheilt, damals aber die Rückfälligkeit aus irgend einem Grunde unermittelt geblieben ist, vgl. § 58 n. 21.

20. In Betreff des Strafmaaßes, welches den Theilnehmer am Diebstahle eines rückfälligen Thäters trifft, wenn bei ihm selbst die Voraussetzungen der Rückfälligkeit nicht zutreffen, vgl. § 35 n. 2.

§ 220.

1. Ob eine Räumlichkeit als Gebäude zu betrachten sei, ist keine blos thatsächliche Frage. Vgl. Strafverf. Art. 82 n. 4.

2. Nicht jedes für sich bestehende zur Wohnung oder zum zeitweisen Aufenthalte von Menschen, oder zur Aufbewahrung von Sachen bestimmte Bauwerk ist

ten Gebäude begangenen Diebstahls wird dadurch nicht ausgeschlossen, daß zur Zeit desselben die Bewohner in dem Gebäude nicht anwesend waren.

[Entw. § 203]. Vgl. § 217 Nr. 6; 218 Nr. 2; 285.

---

ein Gebäude, vielmehr wird als wesentliches Merkmal auch seine unmittelbare feste, oder dauernde Verbindung mit dem Boden, und die durch diese Verbindung bedingte Eigenschaft der Unbeweglichkeit erfordert: Z. I. 4. Mai 1853 c. Schwarz (Präj. n. 38; JMBl. s. 367; Entsch. 25. s. 347; G. A. 1. s. 575); Z. I. 8. Juli 1853 c. Klein (JMBl. s. 368); Z. I. 15. Sept. 1858 c. Roszinski; ähnlich: Z. II. 18. Dez. 1856 c. Boßdorf. Es ist darunter jede Baulichkeit zu verstehen, welche auf Grund und Boden ruhend die Benutzung eines ganz oder theilweise abgeschlossenen inneren Raumes gewährt: Z. I. 22. März 1854 c. Mörke (vgl. n. 6).

3. Demgemäß ist eine zum Gebrauche für einen Schäfer hergestellte, und als Schlafstelle für denselben eingerichtete bewegliche Bretterbude (Schäferkarre) kein Gebäude: Z. I. 4. Mai 1853 c. Schwarz; Z. I. 8. Juli 1853 c. Klein (beide cit. n. 2). *Contra:* G. Matt. 2. s. 490 n. 1.

4. Dasselbe gilt von einer beweglichen Marktbude: Z. 12. Mai 1852 c. Born; ähnlich: B. I. 5. Mai 1854 c. Gorall (G. A. 2. s. 533), welches die Frage aber mehr als eine rein thatsächliche auffaßte. Vgl. § 221 n. 17.

5. Windmühlen sind dagegen im ständischen Ausschusse ausdrücklich als Gebäude anerkannt worden: G. Matt. 2. s. 490 n. 1.

6. Nach der unter n. 2 a. E. gegebenen Definition ist auch ein Backofen ein Gebäude: Z. I. 22. März 1854 c. Mörke.

7. Ein zum Fangen und Aufbewahren von Aalen bestimmter großer hölzerner aus Planken gezimmerter, mit dem Erdboden fest verbundener s. g. Aalfang ist kein Gebäude, sondern nur ein Behältniß. So: B. I. 15. Jan. 1858 c. Weißschnur (G. A. 6. s. 120). Vgl. § 217 n. 11.

8. Da ein bewohntes Schiff einem bewohnten Gebäude nach § 221 Nr. 1 gleichgestellt ist, so hat es jedenfalls auch den Charakter eines Gebäudes im Allgemeinen: B. II. 29. Sept. 1859 c. Giensch (G. A. 7. s. 838); Temme Lehrb. s. 920.

9. Auch die Beurtheilung, welchen Sinn das Gesetz mit dem Ausdrucke „bewohntes Gebäude“ verbunden hat, und verbinden wollte, ist eine Frage der Gesetzesauslegung, mithin eine Rechtsfrage, und nur die nach dem Vorhandensein der faktischen Voraussetzungen, unter welchen das Gesetz ein „bewohntes Gebäude“ annimmt, ist thatsächlich: Z. Pl. 23. Jan. 1854 c. Krause (Präj. n. 82; Entsch. 27. s. 102; G. A. 2. s. 527); Z. I. 22. März 1854 c. Röser. *Contra:* Zachariä (Abh. in G. Arch. 5. s. 579 Note 3; beil.), welcher auf v. Kräwels Abh. in G. A. 3. s. 213, sowie auf das Arch. des Crim.-Rechts 1854 s. 403 fgg. verweist.

10. Als bewohnt ist jedes Gebäude zu betrachten, welches von den Hausgenossen zum Aufenthalte und insbesondere zur Nachtruhe benutzt wird: B. I. 1. Juli 1853 c. Pagel (G. A. 1. s. 574). Aehnlich definirt Temme (Lehrb. s. 918) das bewohnte Gebäude als ein zum häuslichen Aufenthalte bestimmtes und auch thatsächlich dazu dienendes Gebäude, gleichviel, ob zur Zeit des Diebstahls sich Jemand darin befindet, oder nicht. Vgl. Bes. s. 419 n. 5, nach welchem ein Gebäude bewohnt ist, wenn es Bewohner hat. Jedenfalls genügt es nicht, daß ein Gebäude zum Bewohnen bestimmt sei: G. Matt. 2. s. 489. Vgl. § 285 Nr. 1.

11. Das Arbeiten und Schlafen in einem Gebäude macht dasselbe nur dann zu einem bewohnten, wenn es anhaltend oder gewöhnlich geschieht: B. II. 31. Mai 1855 c. Kohnert.

12. Das Vorhandensein eines Feuerheerds, Schornsteins und Ofens ist zum Begriffe des bewohnten Gebäudes keineswegs unerläßlich: Beschl. I. 15. April 1853 c. Gregorczyk (JMBl. s. 231); B. I. 1. Juli 1853 c. Pagel (G. A. 1. s. 574). *Contra* mit Unrecht: Beschl. App.-Ger. Ratibor 30. Dez. 1852 (G. A. 1. s. 93).

13. Die Feststellung: der Diebstahl sei aus dem „Wohnhause“ des Bestohlenen bewirkt, ward für genügend erachtet durch: Z. I. 10. Juni 1853 c. Schmidt; Z. (B.) II. 11. Okt. 1855 c. Meisterfeld (G. Arch. 3. s. 816), „indem darunter nach

§. 221. **Den bewohnten Gebäuden werden gleichgestellt:**
1) Schiffe, welche bewohnt werden;
2) die zum Gottesdienste bestimmten Gebäude;
3) diejenigen öffentlichen Gebäude, welche zum Geschäftsbetriebe oder zur Aufbewahrung von Sachen bestimmt sind;

---

dem Sprachgebrauche nur das von jenem bewohnte, nicht auch ein ihm gehöriges, zum Wohnen bestimmtes augenblicklich aber vielleicht unbewohntes Haus verstanden werde.« Gleichwohl ist der im § gebrauchte Ausdruck »bewohntes Gebäude« als genauer vorzuziehen. Vgl. § 285 n. 15.

14. Ein mit einem Wohngebäude unter einem Dache liegender Stall ist nur dann als ein Theil des erstern (und deshalb für mit bewohnt) zu erachten, wenn auch im Innern eine Verbindung vorhanden ist: Z. I. 5. Okt. 1853 c. Kaschubs (G. A. 1. f. 710); Z. I. 4. Jan. 1854 c. Neugebauer; Z. I. 2. Juni 1858 c. Zirkler. Dagegen wird auch ein getrennt liegender Stall einem bewohnten Gebäude gleich geachtet, sobald die Voraussetzungen des § 221 Nr. 4 bei ihm zutreffen.

15. »Ein Pferdestall, in welchem die Knechte ihre gewöhnliche Schlafstelle »haben, ist für ein bewohntes Gebäude im Sinne des § 218 Nr. 2 (jetzt § 217 »Nr. 6) zu achten«: Z. Pl. 23. Jan. 1854 c. Krause (Präj. n. 82; Entsch. 27. f. 102; G. A. 2. f. 527). *Sic:* Beschl. I. 15. Apr. 1853 c. Gregorczyk (JMBl. f. 231); B. I. 1. Juli 1853 c. Pagel (G. A. 1. f. 574); Z. II. 8. Sept. 1853 c. Roth; Z. I. 17. Jan. 1855 c. Lienung; G. Matt. 2. f. 489; Temme Lehrb. f. 918 Note 1.

16. In ähnlichem Sinne entschied Z. II. 15. Dez. 1853 c. Voigt in Betreff eines Futterganges, in welchem ein Knecht zu schlafen pflegte, wobei gleichwohl auf die übrigen konkurrirenden thatsächlichen Momente gerücksichtigt und erwogen wurde, daß nach allen diesen Umständen der Instanzrichter jenen Gang ohne Rechtsverletzung für ein bewohntes Gebäude habe erachten können.

17. Ist das Gebäude als ein bewohntes zu betrachten, so ist es gleichgültig, in welcher Beziehung der Bestohlene oder der Dieb zur Wohnung steht, wo der Diebstahl verübt worden; namentlich ob jener sich nur augenblicklich und ohne eine Berechtigung in derselben aufgehalten, während letzterer sie in erlaubter Weise, oder gar aus einem rechtlichen Titel inne hatte: Z. I. 29. Sept. 1854 c. Volkmann (der Diebstahl war hier in der Wohnung des einen der beiden Diebe zum Nachtheile eines nur augenblicklich eingekehrten und dort eingeschlafenen Dritten verübt worden). *Contra:* G. Matt. 2. f. 489; Temme Lehrb. f. 918 Note 1, welche den § 218 Nr. 2 da für unanwendbar erachteten, wo der Diebstahl in der Wohnung des Diebes selbst geschehen ist, und Koch (n. 90), welcher verlangt, daß das Gebäude außer dem Diebe auch noch Bewohner habe.

§ 221.

Zu Nr. 1.

1. Ueber den Begriff »bewohnt« vgl. § 220 n. 9 fgg.

2. Haben mehrere Winterlage haltende Schiffe nur einen Wächter, so ist nur dasjenige Schiff bewohnt, auf welchem er sich gewöhnlich aufhält und namentlich seine Schlafstelle hat; K.-B. II. K. f. 120.

Zu Nr. 2.

3. Vgl. § 218 Nr. 1.

Zu Nr. 3.

4. Auf Privat-Speicher, Magazine und Kaufmannsgewölbe ist diese Bestimmung nicht auszudehnen: Bes. f. 418 II. 3; G. Matt. 2. f. 490 n. 3.

Zu Nr. 4.

5. Als zu einem rc. Gebäude »gehörig« ist nur der in räumlicher Verbindung bei demselben befindliche umschlossene Raum, nicht auch der davon getrennte, aber ein Pertinenzstück desselben bildende zu betrachten: K.-B. I. K. f. 33. Es wird

4) der zu einem bewohnten oder demselben gleichgestellten (Nr. 2. und 3.) Gebäude gehörige umschlossene Raum und alle darin befindliche Gebäude jeder Art.

Ein Raum ist umschlossen, wenn man in denselben nur durch den Gebrauch von Schlüsseln oder durch Einbrechen oder Einsteigen gelangen kann.

[Entw. § 204]. Vgl. § 217 Nr. 6; 218 Nr. 1 bis 3.

---

daher vorausgesetzt, daß die Umschließung eine räumliche Verbindung mit dem rc. Gebäude vermittle.

6. Die am Schlusse dieser Nr. 4 gegebene Definition des „umschlossenen Raumes" bezieht sich nicht nur auf den zu einem bewohnten Gebäude gehörigen, sondern auf jeden Raum dieser Art: B. (Z.) I. 8. Febr. 1854 c. Gutfeld; Z. II. 16. März 1854 c. Tübbesing (JMBl. S. 236; Entsch. 27. S. 404). Vgl. § 218 n. 12; G. A. 1. S. 247.

7. Die Auflösung des Begriffs „umschlossener Raum" in der den Geschwornen vorgelegten Frage ist [wenn derselbe im Einzelfalle nicht bestritten ist] nicht unerläßlich; ihre Unterlassung begründet dann keine Nichtigkeit. So: Z. I. 25. Juni 1858 c. Radtke. Vgl. indessen Strafverf. Art. 81 n. 19a; Art. 82 n. 3.

8. Nach der hier gegebenen Begriffsbestimmung genügt die Einfriedigung durch Gräben, Bäche und Flüsse nicht, um die Einschließung eines Raumes zu bewirken: G. Matt. 2. S. 492 n. 5.

9. Die Umschließung des Raumes muß eine vollständige sein, sie darf also keine Unterbrechung erleiden, durch welche Jemand Zutritt zum Innern hat. Dagegen nimmt bei vorhandener vollständiger Umschließung eine in derselben befindliche Oeffnung, welche ein unter den Begriff des Einsteigens (§ 222) fallendes Eindringen zuläßt, dem Raume nicht den Charakter eines umschlossenen. Das gilt z. B. von einer mehrere Fuß über der Erde befindlichen Oeffnung in dem den Raum umgebenden Schaalzaune: Z. I. 11. März 1857 c. Klampe (G. A. 7. S. 396); ähnlich: Beschl. II. 7. Juli 1859 c. Zänker (45 II. B); Beschl. II. 6. Okt. 1859 c. Zänker (60 B). In derartigen Fällen kommt Vieles auf die thatsächliche Beurtheilung, besonders auf die Natur der Umschließung und auf die Größe und Höhe der Oeffnung an.

10. Gleichgültig ist, ob der durch eine gemeinschaftliche, oder eine unmittelbar vom Hause ausgehende Umschließung mit dem letztern verbundene Raum außerdem noch eine besondere Umfriedigung hat: G. Matt. 2. S. 491 n. 4.

11. Auch dann, wenn das Wohnhaus und die dazu gehörigen Gebäude in unmittelbarer Verbindung selbst die Umfriedigung bilden, liegt ein, die Gebäude selbst mit umfassender, umschlossener Raum vor: G. Matt. 2. S. 491.

12. Als Schlüssel ist hier (wie im § 224) nur ein zum Oeffnen eines Schlosses geeignetes Instrument zu verstehen; es schließt daher einen Rechts-Irrthum nicht in sich, wenn der Instanzrichter einen Raum nicht für einen umschlossenen erachtet, dessen Zugang nur durch das Verschieben eines Riegels oder durch das Vorstecken eines Pflocks versperrt ist, so daß das Verschlußmittel durch Anwendung irgend eines andern Instruments leicht zu beseitigen war: Beschl. II. 3. Jan. 1861 c. Stähr (3. B; RdO. 1. S. 198; G. A. 9. S. 139).

13. Sind die Merkmale des Schlußsatzes des § vorhanden, so begründet es weiter keinen Unterschied, wenn der umschlossene Raum mehreren Eigenthümern in abgetrennten Parzellen gehört; auch dann muß die Umschließung gegen Eingriffe dritter von Außen eindringender Personen den vom Gesetz ihr gewährten höhern Schutz genießen: Beschl. I. 25. April 1855 c. Frese (G. Arch. 3. S. 569). Vergl. § 218 n. 24.

14. Die Voraussetzungen des Schlußsatzes des § müssen im Augenblicke des Diebstahls zutreffen, damit der Raum als umschlossen gelten könne; es müssen daher alle Zugänge verschlossen gewesen sein, damit durch das stattgehabte Ein-

§. 222. **Einsteigen ist vorhanden, wenn der Eintritt in Gebäude oder umschlossene Räume über Dachwerk, Thüren, Mauern, Hecken oder andere Einfriedigungen, oder durch Fenster, Kellerlöcher oder andere nicht zum Eingang bestimmte, unter oder über der Erde befindliche Oeffnungen bewirkt wird.**

[Entw. § 205]. Vgl. § 218 Nr. 2.

---

steigen die Straferhöhung herbeigeführt werde; es genügt nicht, wenn der Dieb irriger Weise die Zugänge für verschlossen hielt: Z. 10. März 1852 c. Runschke; B. 17. Dez. 1852 c. Müller; u. ö. Daher ist die Umschließung nicht anzunehmen, wenn zur Zeit des Diebstahls der Zugang durch das unverschlossene Gebäude selbst offen stand: Z. I. 10. Febr. 1860 c. Schmiehl.

15. Die Anwesenheit von wachenden Personen in einem unverschlossenen Zimmer, durch welches allein der Eingang ohne Einbruch oder Einsteigen möglich ist, kann als Schließung des Eingangs im Sinne des § nicht betrachtet werden: Z. I. 14. Sept. 1853 c. Strzelski. Vgl. Temme Lehrb. f. 921 Note 1.

16. Ein Fischbälter (d. h. ein mit einer festverschlossenen Bretterwand umgebenes Bassin) ist ein umschlossener Raum: Z. I. 14. Mai 1858 c. Welke (Noack u. Gen.); vgl. n. 20.

17. Dasselbe gilt von einer verschlossenen hölzernen Bude, welche an Chausseen, Promenaden ꝛc. zur Aufbewahrung der Arbeitsutensilien der angestellten Wärter dient. *Contra*: Temme Lehrb. f. 918 Note 2.

18. Eine Marktbude, welche von einer Seite wenigstens insoweit offen ist, daß man vor derselben stehend, Gegenstände vom Auslegebrett, oder auch wohl noch tiefer, ohne vorgängige Oeffnung eines Zugangs, heraus greifen kann, ist nicht als umschlossener Raum anzusehen: Z. 12. Mai 1852 c. Born. Vgl. § 220 n. 4.

19. Ein verschlossener (mit Lehm verklebter) Bienenkorb ist ein Behältniß (§ 223 Nr. 2), nicht aber ein umschlossener Raum: Z. (V.) 28. Okt. 1853 c. Milde (G. A. 2. f. 133).

20. Dasselbe soll von einem aus Planken gezimmerten, mit dem Erdboden fest verbundenen f. g. Aalfange gelten. So: V. I. 15. Jan. 1858 c. Weißschnur (G. A. 6. f. 120); vgl. n. 16; § 217 n. 11.

§ 222.

Inhalt.

1. Die Frage, ob ein „Einsteigen" im Sinne des § stattgefunden, gehört hauptsächlich, als ein Akt der Gesetzesauslegung nicht zur thatsächlichen Feststellung, sondern zur rechtlichen Beurtheilung: V. II. 13. Juli 1854 c. Brinkert. Es müssen daher in die den Geschwornen vorzulegenden Fragen die wesentlichen Merkmale der im § enthaltenen Begriffsbestimmung aufgenommen werden. Diese Regel ist da, wo das Ges. v. 3. Mai 1852 Geltung hat, für eine wesentliche zu erachten, da Art. 81 l. c. die Aufnahme der wesentlichen Merkmale bei Nichtigkeitsstrafe vorschreibt. *Contra*: Z. I. 10. Juni 1853 c. Schmidt; Just.-Min.-Verf. v. 14. Mai 1856 (G. A. 4. f. 541). Jedenfalls ist dieselbe da unerläßlich, wo sie von irgend einer Seite in Antrag gebracht ist. *Contra*: Z. I. 20. Sept. 1854 c. Güttschow (G. A. 3. f. 398), welches die betr. Frage aus dem Gesichtspunkte des Art. 82 l. c., und nicht aus dem allein zutreffenden Art. 81 beurtheilte. Vgl. das Nähere Strafverf. Art. 81 n. 19a.

2. Das den Diebstahl beim Einsteigen qualifizirende Moment ist hier im „Hausfriedensbruche", nicht in der größern Gefährlichkeit zu suchen; es fragt sich daher immer, ob eine Verletzung des Hausfriedens (Haus im weitern Sinne von Haus und Hof genommen, vergl. § 214 n. 5) vorliege. Von einer besondern „Gefährlichkeit" oder „Verwegenheit" ist dabei gänzlich abzusehen: Vgl. K.-B. I. K.

f. 34; Bes. f. 423; G. Matt. 2. f. 492 n. 1. *Contra:* Temme Gll. f. 283, welcher aber (Lehrb. f. 920) hiervon stillschweigend wieder abgeht.

3. Das Gesetz giebt genau an, was hier unter „Einsteigen“ verstanden werden soll; es wird dazu ein „Eintritt“, nicht also nothwendig ein Steigen erheischt, von welchem z. B. da keine Rede sein kann, wo der Eintritt durch eine in der Mauer befindliche nicht zum Eingange bestimmte Oeffnung genommen wird. *Contra:* Temme Gll. f. 283; id. Lehrb. f. 921.

4. Noch weniger ist erforderlich, daß zum Eintritte irgend ein Hülfsmittel, z. B. eine Leiter benutzt worden sei; auch das Einsteigen durch ein niedriges Fenster gehört hierher: Temme Gll. f. 283.

5. Nur der von außen in ein Gebäude, oder einen umschlossenen Raum bewirkte Eintritt kann ein „Einsteigen“ darstellen, nicht das im Innern eines dem Diebe zugänglichen Gebäudes bewirkte Eindringen in eine verschlossene Abtheilung desselben: B. 23. April 1852 c. Theel (JMBl. f. 239; Entsch. 22. f. 458); Beschl. I. 18. April 1855 c. Bugge; B. II. 3. Mai 1855 c. Röder; Beschl. I. 5. Febr. 1861 c. Tietze (61 B); u. ö. Insbesondere kann auch eine solche verschlossene Abtheilung im Innern eines Gebäudes nicht als ein „umschlossener Raum“ angesehen werden, weil dieser letztere Ausdruck einen Gegensatz gegen „Gebäude“ ausdrücken soll: B. I. 16. Jan. 1853 c. Nieczick; Beschl. I. 31. Jan. 1855 c. Lintow (G. Arch. 3. f. 262); Beschl. I. 30. Jan. 1856 c. Thiel. *Sic:* G. Matt. 2. f. 493 n. 2; Temme Gll. f. 283; id. Lehrb. f. 921. Dasselbe gilt auch von den Abtheilungen eines Schiffes oder Kahnes: B. II. 29. Sept. 1859 c. Giensch (G. A. 7. f. 838). Etwas Andres greift aber Platz, wenn der Dieb in eine abgesondert gelegene Scheune auf dem übrigens nicht umschlossenen Vorwerkshofe, also in ein ganz für sich bestehendes Gebäude einsteigt: Z. 29. Sept. 1852 c. Tunnas (G. A. 1. f. 94); ähnlich: Beschl. I. 12. Okt. 1855 c. Staude (G. A. 3. f. 842), wo der Dieb aus einem Gebäude in ein anderes anstoßendes in verschiedenen Umfassungsmauern liegendes eingedrungen war.

6. Ein Heransteigen von außen bis an eine Oeffnung, und Verübung des Diebstahls vermittelst Durchgreifens durch letztere ist kein „Eintritt in ein Gebäude“, also kein Einsteigen: B. 7. Apr. 1852 c. Pohl (G. A. 1. f. 94); G. Matt. 2. f. 494 n. 3. *Contra:* Temme Gll. f. 283, welcher aber später (Lehrb. f. 921) diese Ansicht wieder aufgegeben hat. Vgl. aber § 218 n. 24. Dagegen liegt ein Einsteigen vor, wenn der Dieb auch nur mit einem Fuße in das Gebäude ꝛc. eingetreten ist, den andern z. B. noch auf der Leiter hat, und in dieser Stellung stiehlt: G. Matt. 2. f. 494 n. 3; vgl. Koch n. 95.

7. Noch weniger ist ein Einsteigen anzunehmen, wo blos ein Hinaufsteigen von außen statt gefunden hat, um etwas von den äußern Bestandtheilen des Gebäudes, z. B. das Blei der Dachrinnen zu stehlen: Gilbert C. pén. Art. 397 n. 2.

8. In Betreff eines Gebäudes ist es gleichgültig, ob zur betr. Zeit die Zugänge zu demselben verschlossen waren oder nicht: Z. I. 10. Febr. 1860 c. Schmiehl; anders in Betreff des „umschlossenen Raumes“, vgl. § 221 n. 11.

9. Ueber die Bedeutung des Ausdrucks „umschlossener Raum“ vergl. § 221 und die Bemerkungen dazu n. 6 fgg.

10. Unter „Einfriedigungen“ sind hier nur solche Anstalten zu verstehen, welche das „Einsteigen“, d. h. das mittelst Uebersteigens zu bewirkende Eindringen von Menschen zu verhindern bezwecken: Beschl. I. 1. April 1853 c. Blank (G. A. 1. f. 714); Beschl. I. 17. Juli 1854 c. Maciak (G. A. 2. f. 692). Es kann sich daher nur von solchen Hindernissen handeln, welche auch in der That im gewöhnlichen Leben als solche gelten, durch welche jener Zweck erreicht werden könne: K.-B. II. K. f. 34. *Sic:* Bes. f. 423. Daher genügt eine nur zur Bezeichnung der Gränze hingesetzte Umschließung nicht: Bes. l. c. Ob hiernach eine genügende Einfriedigung im Sinne des Gesetzes vorliege, ist Gegenstand thatsächlicher Beurtheilung im Einzelfalle; es ist statthaft einem Zaune wegen seiner geringen Höhe jene Eigenschaft abzusprechen: cit. Beschl. I. 1. Apr. 1853 und I. 17. Juli 1854 (im letztern Falle ward auch noch besonders darauf gerücksichtigt, daß der betreffende mit einem drei Fuß hohen Zaune umgebene Garten gar keinen Zugang habe, so daß auch der Eigenthümer nur durch Uebersteigen hineingelangen könne). *Contra:* Koch n. 93; er er-

achtet es für gleichgültig, ob der Zaun hoch oder niedrig, ob er fest oder leicht zu beseitigen sei.

11. Dagegen ist es nicht erforderlich, daß eine solche Schutzwehr von der Art sei, daß sie dem Eindringenden ein schwer zu beseitigendes physisches Hinderniß bereite; es genügt, wenn aus der Art und Weise der Einrichtung der Zweck erkannt werden kann: Z. I. 1. März 1854 c. Kosmella; K.-B. II. K. s. 120; Beseler s. 423; G. Matt. 2. s. 494 n. 5.

12. Ob hiernach ein Graben eine genügende Umschließung darstelle, fällt der thatsächlichen Beurtheilung anheim: K.-B. II. K. s. 120. Vgl. aber § 221 n. 8. Einen zugefrorenen Bach betrachtete der französische Kassations-Hof nicht als Einschließung, vgl. Gilb. C. pén. Art. 397 n. 8.

13. Fenster sind selbst dann nicht als zum Eingange bestimmte Oeffnungen anzusehen, wenn sie auch von den Bewohnern des Hauses zeitweise des persönlichen Nothbehelfs wegen (z. B. weil der Thürschlüssel verloren gegangen war) zum Eingange benutzt werden: Z. 17. Sept. 1852 c. Schalthöfer.

14. Als zum „Eingange" bestimmt sind nur solche Oeffnungen anzusehen, welche zum Eingange von Menschen bestimmt sind; Stallthüren, welche diese Bestimmung nicht haben, gehören nicht hierher: Z. II. 27. Mai 1858 c. Zuschlag (ind.).

15. Besteht eine Thüre aus zwei horizontal von einander geschiedenen Theilen, so ist, wenn der untere Theil verschlossen ist, der unverschlossene obere Theil nicht eine zum Eintritt in das Haus bestimmte Oeffnung; das Uebersteigen über den unteren stellt daher ein Einsteigen dar: Z. I. 6. Jan. 1854 c. Jetschmann (G. Arch. 2. s. 258).

16. Dasselbe gilt, wenn eine Thüre nicht bis zur Erde hinab reicht, vielmehr, wenn geschlossen, unten noch einen offen bleibenden Raum läßt; ein Hineinkriechen durch denselben kann daher ohne Rechtsirrthum als ein Einsteigen betrachtet werden: Z. II. 12. Aug. 1857 c. Borgmann (Wolkenforth u. Gen.; G. A. 5. s. 750). Vgl. n. 10. 18.

17. Ein ausgebrochenes Feld einer verschlossenen Thüre ist nicht zum Eingange bestimmt: Z. I. 19. Sept. 1856 c. Mühle (G. A. 4. s. 810).

18. Nur wenn die Oeffnung, durch welche der Eingang bewirkt worden, überhaupt nicht den Zweck hat, zum Eingange für Menschen zu dienen, kann ihre Benutzung als Einsteigen gelten; eine Thüre oder ein Thor verliert aber diese Bestimmung durch zeitweise Verschließung nicht; daher trifft der § nicht zu, wenn der Eingang in der Weise bewirkt wird, daß die beiden Thorflügel durch Gegenstämmen so weit von einander gedrückt werden, daß ein Durchkriechen möglich wird: B. I. 12. Jan. 1855 c. Hartphiel (Entsch. 29. s. 418; G. A. 3. s. 706); B. I. 15. Juni 1855 c. Ristow (G. A. 3. s. 705). Vgl. n. 15. 16; § 223 n. 5; G. Arch. 2. s. 123.

19. Ist aber eine Oeffnung wirklich nicht zum Eingange bestimmt, so ist ihre Benennung gleichgültig, sollte sie auch Thüre genannt worden sein: Z. I. 16. Dez. 1853 c. Preugszas (G. A. 2. s. 124).

20. Ebenso gleichgültig ist, ob diese Oeffnung nach der Konstruktion des Gebäudes vorhanden, aber nicht zum Eingange bestimmt, oder ob sie ohne Zuthuen des Diebs durch Zufall oder Nachlässigkeit des Besitzers entstanden ist: B. II. 17. Febr. 1859 c. Brochwitz (JMBl. s. 123; G. Arch. 7. s. 236); vgl. G. Arch. 2. s. 124.

21. Das Besteigen eines Schiffes oder Kahnes durch Uebersteigen des Bords stellt ein Einsteigen nicht dar: B. II. 29. Sept. 1859 c. Giensch (G. Arch. 7. s. 838); vgl. n. 5.

22. Inwiefern das Einsteigen als ein Diebstahls-Versuch angesehen werden könne, vgl. § 31 n. 17. 22. Jedenfalls irrt Temme (Lehrb. s. 922), wenn er glaubt, das noch nicht vollendete, sonach erst versuchte Einsteigen könne als Versuch eines Versuchs nicht strafbar sein, vielmehr kann unter Umständen auch das noch nicht vollendete Einsteigen, als Anfang der Ausführung des Diebstahls selbst, und sonach als ein Versuch des letztern angesehen werden, da das Gesetz keineswegs sagt, daß erst das vollendete Einsteigen einen Versuch darstellen könne.

§. 223. Einbruch ist vorhanden:

1) wenn der Thäter mittelst Gewalt an den Einfriedigungen oder an Gegenständen oder Vorrichtungen, welche das Eindringen verhindern, einen vorher nicht vorhanden gewesenen oder einen verschlossenen Eingang sich öffnet,

---

§ 223.

Inhalt.

1. Was zum § 222 n. 1 über den Begriff des „Einsteigens“, und die Nothwendigkeit, denselben in seine gesetzlichen Merkmale aufzulösen, gesagt ist, findet in gleicher Weise auf den Begriff des Einbruchs Anwendung. Das dort cit. Z. I. 10. Juni 1852 c. Schmidt bezog sich gleichmäßig auf Einsteigen und Einbruch.

Zu Nr. 1.

2. Einbruch ist nur anzunehmen, wenn es geschah, um Zugang zu der zu stehlenden Sache zu erlangen; er liegt also nicht vor, wenn nach vollbrachtem Diebstahl der Dieb die Gewalthandlungen vornimmt, um sich einen Ausgang zu verschaffen, oder wenn ein Abbrechen stattfand, nur um sich dadurch der abgebrochenen Gegenstände zum Zweck der Wegnahme zu bemächtigen: G. Matt. 2. s. 495 n. 2; s. 496 n. 6.

3. Gewalt ist die Anwendung von Körperkräften, um dadurch unmittelbar, oder mittelbar (z. B. durch Instrumente rc.) den Widerstand, welchen eine Person oder eine Sache (Einrichtung) dem eignen Willen entgegenstellt, zu überwinden: Z. 1. 15. Aug. 1860 c. Kollmorgen. Sie muß als thatsächliches Moment vom Richter der Thatsachen festgestellt werden: Z. (B.) I. 21. Sept. 1853 c. Neuendorff. Es kann dieses nicht durch die Feststellung ersetzt werden, daß die Eröffnung „mittelst eines Instruments“ geschehen sei. *Contra:* Z. (B.) 18. Okt. 1852 c. Kirchhof. Vgl. n. 6. Das Maaß der erhöhten Kraftanstrengung ist übrigens mit Rücksicht auf den zu bewältigenden Gegenstand zu bemessen; das Zerbrechen einer Fensterscheibe schließt unzweifelhaft Gewalt in sich: V. 5. Sept. 1851 c. Ritter; Z. I. 4. Juni 1856 c. Freede (Terrenberg u. Gen.); Z. I. 24. Febr. 1860 c. Lehmann; vgl. n. 5 fgg.

4. Zur Anwendung von Gewalt ist die Benutzung eines Instruments nicht unerläßlich: Temme Lehrb. s. 925; Koch n. 96.

5. Erforderlich ist, daß die Gewalt an den Einfriedigungen rc. verübt, und daß dadurch ein verschlossener Eingang geöffnet worden sei rc.; dagegen darf man bei dem Vorhandensein der gesetzlichen Begriffsbestimmung, über diese nicht hinausgehen, und nicht etwa aus dem Worte „Einbruch“ schließen, daß es dazu nothwendig einer Verletzung der Einfriedigungen bedürfe; vielmehr ist es dem Richter der Thatfrage unverwehrt, auch ohne eine solche die Voraussetzungen des §, und sonach einen Einbruch festzustellen; er kann daher unbedenklich auch in dem Ausheben eines verschlossenen Thorflügels, welches ohne alle Beschädigung erfolgte, das mittelst Gewalt an den Einfriedigungen bewirkte Eröffnen eines verschlossenen Eingangs erkennen. So: Beschl. Pl. 5. Mai 1856 c. Lein (Präj. n. 203; JMBl. s. 183; Entsch. 32. s. 478; 33. s. 224; G. A. 4. s. 352); Beschl. II. 8. Mai 1856 c. Würzig; Beschl. I. 13. Juni 1856 c. Kleist; Z. I. 10. Sept. 1856 c. Riebel; Z. I. 20. Mai 1857 c. Rutkowski. Dasselbe ist anzunehmen, wo z. B. das Schloß durch Loslösung der Befestigungsnägel oder Schrauben ohne Beschädigung abgenommen, oder wo eine Fensterscheibe durch Zurückbiegung der Blei-Einfassung herausgenommen, oder wo eine Thüre durch anhaltendes Rütteln geöffnet worden ist. Aehnlich: Z. (B.) I. 5. Jan. 1853 c. Zick. Vor jener Plenar-Entscheidung hatte das

oder eine schon vorhandene Oeffnung zum Eindringen erweitert, oder sonst eine Oeffnung macht, mittelst welcher er den Eingang zum Eindringen sich öffnet, oder auch ohne einzudringen, den Diebstahl vollbringen kann;

2) wenn der Thäter im Innern eines Gebäudes in vorstehender Weise Thüren, Wände, Eingänge oder Durchgänge, Schränke, Kisten oder andere Behältnisse eröffnet.

[Entw. § 206]. Vgl. § 218 Nr. 2.

Ober-Trib. mehrfach eine Verletzung der Einfriedigungen für erforderlich erachtet, und deshalb z. B. Einbruch da nicht angenommen, wo der Dieb die beiden Flügel eines verschlossenen Scheunenthors durch Gegenstämmen, ohne Zerstörung so weit auseinander gedrückt hatte, daß ein Durchkriechen möglich wurde: B. I. 12. Jan. 1855 c. Hartphiel (Entsch. 29. s. 418; G. Arch. 3. s. 706); B. I. 15. Juni 1855 c. Ristow (G. Arch. 3. s. 705); und ein Z. 4. Juni 1852 c. Vogel hielt in einem (nach § 1163. II, 20. des ALR. zu beurtheilenden) Falle das Auslösen einer Fensterscheibe aus der Bleieinfassung nicht für einen Einbruch; ebenso B. 27. Okt. 1852 c. Hermann die Eröffnung einer Thüre „durch einiges Rütteln.“ Vgl. oben § 222 n. 18; G. Matt. 2. s. 495 n. 3; G. Arch. 2. s. 123; Koch n. 75a; Abh. in G. Arch. 4. s. 347.

6. Nach dem unter n. 5 aufgestellten Grundsatze kann der Richter der Thatsache auch in dem Zerreißen eines Gazefensters, oder der Papierverklebung, welche den leeren Raum einer fehlenden Fensterscheibe verschließt, einen Einbruch erkennen, sobald er sie für eine das Eindringen verhindernde Vorrichtung erachtet. *Contra* grundsätzlich: B. 5. Sept. 1851 c. Ritter; B. 22. März 1852 c. Rumpelt; Temme Gl. s. 284; id. Lehrb. s. 925.

7. Auch im Durchschneiden eines Stricks, durch welchen eine Eingangsthüre verschlossen war, kann ein Einbruch im Sinne des § gefunden werden. Vgl. G. Matt. 2. s. 496 n. 3; Koch n. 96. Ob das Ausziehen eines Fadens als Gewalt anzusehen sei, unterliegt der thatsächlichen Beurtheilung: B. I. 8. Jan. 1858 c. Retzat.

8. Dasselbe gilt, wenn Jemand den Beschuß eines Kornbodens, auf welchem Getreide lagert, mit einem Bohrer durchbohrt und so eine Oeffnung macht, durch welche das Getreide durchsickert: Z. II. 15. Sept. 1853 c. Buddenbieck (G. Arch. 1. s. 711); ähnlich: Z. II. 14. Juli 1853 c. Welter (der Dieb hatte in den Fußboden seiner Wohnung ein Loch gebrochen, und mittelst Durchgreifens durch dasselbe, aus dem unten befindlichen fremden Keller Gegenstände gestohlen). In beiden Fällen ward die die Besitzthümer trennende Scheidung mit Gewalt theilweise zerstört. Vgl. n. 10.

9. Ein Z. 8. März 1852 c. Polke erachtete eine blos zugekettete Thüre nicht für einen verschlossenen Eingang im Sinne dieses §, und Eröffnen derselben durch bloßes Rütteln nicht für Einbruch; ähnlich: B. 27. Okt. 1852 c. Herrmann. Die Frage ist indessen unzweifelhaft eine thatsächliche; vgl. n. 5.

10. Daß der Dieb durch die gemachte Oeffnung selbst in die so geöffnete Räumlichkeit eingedrungen sei, oder dieses auch nur beabsichtigt habe, ist nicht erforderlich; es genügt, wenn der Diebstahl mittelst Durchgreifens oder dgl. beabsichtigt resp. ausgeführt wurde: B. I. 10. Okt. 1855 c. Taube (G. A. 3. s. 843); Z. II. 28. Febr. 1856 c. Gerst; Z. I. 24. Febr. 1860 c. Lehmann; u. ö.; Bes. s. 420; G. Matt. 2. s. 495 n. 1; Temme Lehrb. s. 925. Vgl. n. 8; § 218 n. 18.

Zu Nr. 2.

11. Diese Nr. thut der umschlossenen Räume keine Erwähnung; die hier erwähnten Handlungen gelten daher nur dann als Einbruch, wenn sie im Innern eines Gebäudes, oder einer diesem gleichgestellten Räumlichkeit (§ 221) geschehen sind; dazu ist ein umschlossener Raum nur dann zu rechnen, wenn er zu einem

§. 224. Unter falschen Schlüsseln werden verstanden: nachgemachte, veränderte oder solche Schlüssel, welche für das Schloß, bei welchem der Thäter sie anwendet, nicht bestimmt sind, sowie Dietriche, Haken und andere zum Oeffnen von Schlössern brauchbare Werkzeuge.

[Entw. § 207]. Vgl. § 218 Nr. 3; 348 Nr. 1.

bewohnten oder demselben gleichgestellten Gebäude gehört: G. Matt. 2. s. 496 n. 4; Temme Gll. s. 284.

12. Erbrechung eines an der Außenseite eines Gebäudes angebrachten, mit dem Innern des letztern in keiner Verbindung stehenden Schaukastens ist kein Einbruch: Z. I. 8. Juli 1853 c. Perplies.

13. Es ist kein den Diebstahl erschwerender Einbruch, wenn verschlossene Kisten, Behältnisse rc. in diesem Zustande gestohlen, und erst später nach vollbrachtem Diebstahle gewaltsam eröffnet werden: Beschl. I. 21. Dez. 1855 c. Flasch; Beschl. I. 4. Juni 1858 c. Jänike; (der Diebstahl ist dann nicht „vermittelst" des Einbruchs verübt; § 218 Nr. 2). Temme Gll. s. 284.

14. Gleichgültig ist es, ob das Behältniß ein transportables ist oder nicht: Temme Gll. s. 284.

15. Bei den Behältnissen macht es keinen Unterschied, ob sie nur zur Aufbewahrung von Sachen, oder zum Schutz gegen den Diebstahl dienen sollen; daher ist auch ein Faß als ein solches anzusehen und Einbruch liegt vor, wenn ein Weindiebstahl durch Anbohrung des Fasses ins Werk gesetzt worden ist: Z. I. 7. April 1854 c. Thiele (G. Arch. 2. s. 555); Z. I. 16. Febr. 1855 c. Schulze; Z. I. 7. Juni 1855 c. John. Vgl. § 218 n. 46.

16. Erbrechung eines mit Lehm zugeklebten Bienenkorbs mit einem Stemmeisen ist Einbruch, wenn sie in einem Gebäude statt fand: B. I. 28. Okt. 1853 c. Milde (G. A. 2. s. 123).

17. Auch ein Nachtsack kann als Behältniß betrachtet werden: Z. I. 23. Febr. 1853 c. Lewy.

18. Dasselbe gilt von einem mit Bindfaden zugeschnürten (versiegelten) Sacke: Beschl. I. 16. Sept. 1859 c. Klose (182 B); G. Matt. 2. s. 459 n. 3.

19. Dagegen gehören bloße Zeugumhüllungen, welche lediglich zur Versendung dienen, oder das Auseinanderfallen verhindern sollen, nicht hierher: Z. I. 12. Okt. 1859 c. Sattelberg (G. A. 7. s. 839).

20. In Betreff der Frage, ob Erbrechung eines verschlossen anvertrauten Behältnisses in der eignen Wohnung, und Aneignung der darin enthaltenen Gegenstände Diebstahl (mit Einbruch), oder Unterschlagung sei, vergl. § 215 n. 47.

21. Inwiefern ein Einbruch für sich allein den Thatbestand eines Diebstahlsversuchs darstelle, vgl. § 31 n. 17. 23.

§ 224.

1. Ein für alle Schlösser eines Hauses bestimmter Hauptschlüssel kann nicht als falscher Schlüssel angesehen werden, sollte er auch bei einem Schlosse angewendet sein, für welches er nicht zum gewöhnlichen Gebrauche bestimmt ist: Z. (B.) I. 21. Dez. 1853 c. Kublicka (G. A. 2. s. 125); G. M. 2. s. 498 n. 2.

2. Der vorher entwendete rechte Schlüssel ist einem falschen nicht gleich zu achten, zumal da sich schwer ermessen läßt, wieviel Zeit zwischen der Wegnahme des Schlüssels und der Begehung des Diebstahls verflossen sein müsse, um anzunehmen, daß der Schlüssel vorher entwendet sei: Motive s. 62. Sobald dagegen der Eigenthümer durch eine äußerlich erkennbare Kundgebung seinen Willen, daß jener Schlüssel nicht mehr für das Schloß bestimmt sein solle, geäußert hat, nimmt derselbe den Charakter eines falschen Schlüssels an: Z. I. 14. Dez. 1860 c. Zimpel (RdO. 1. s. 178; G. A. 9. s. 140), welches gleichwohl die Anfertigung eines neuen Schlüssels nicht für eine genügende Kundgebung jenes Willens erachtete; das letztere dürfte indessen nur der thatsächlichen Beurtheilung unterliegen. Vgl. n. 3.

§. 225. **Wer eine fremde bewegliche Sache, deren Besitz oder Gewahrsam er mit der Verpflichtung erlangt hat, sie zu verwahren, zu verwalten, zurückzugeben oder abzuliefern, zum**

---

3. Aehnlich verhält es sich mit einem verlornen, vom Eigenthümer durch einen andern ersetzten Schlüssel: Z. (B.) I. 19. Jan. 1855 c. Peichert (G. A. 3. S. 263; hier hatte der frühere Eigenthümer den Schlüssel verloren und ersetzen lassen; der jetzige Eigenthümer hatte jenen nie besessen). *Contra:* Z. I. 28. Juni 1854 c. Knätsch (G. A. 2. S. 691), welches als falschen Schlüssel nur denjenigen betrachten wollte, welcher nie für das Schloß bestimmt worden sei. Wäre dem so, so würde auch der vom ursprünglichen Anfertiger oder Verkäufer des Schlosses oder dem Vorbesitzer des Hauses rc. zum Zwecke des Diebstahls zurückbehaltene Duplikatschlüssel kein falscher sein. Es kommt alles darauf an, ob der Schlüssel der vom jeweiligen Herrn der Räumlichkeiten zur Zeit für das Schloß bestimmte ist, oder nicht, und das kann bei einem verlorenen (oder gestohlenen) von dem Augenblicke an verneint werden, wo derselbe durch einen neuen ersetzt worden ist. Vergleiche n. 2.

4. Als ein Haken oder ein zum Oeffnen von Schlössern brauchbares Werkzeug ist unbedenklich auch ein Nagel zu betrachten, da jeder Gegenstand, der in geschickter Hand zur Eröffnung dienen kann, den Charakter des Werkzeugs annimmt. Hierfür spricht Z. (B.) I. 18. Okt. 1854 c. Zirbel, welches aus der Feststellung: „daß ein verschlossenes Thürschloß mittelst eines Instruments geöffnet worden“ folgerte, daß dieses Instrument zum Oeffnen brauchbar gewesen, obgleich letzteres nicht ausdrücklich festgestellt war.

5. Dasselbe B. I. 18. Okt. 1854 c. Zirbel (vgl. § 218 n. 38) hielt dagegen eine Feststellung: der Diebstahl sei verübt „aus einer verschlossenen Stube mittelst Eröffnung derselben durch ein anderes Instrument als den dazu gehörigen Schlüssel“ deshalb nicht für ausreichend, weil das Instrument nicht näher in Gemäßheit des § 224 bezeichnet sei.

6. In Betreff der Nothwendigkeit, den Begriff des falschen Schlüssels in der den Geschwornen vorzulegenden Frage in seine wesentlichen Merkmale aufzulösen, gilt hier der § 222 n. 1 ebenfalls.

7. Ein Z. I. 2. Jan. 1857 c. Urmoneit (Bartschat u. Gen.) erachtete den in der Fragstellung gebrauchten Ausdruck „Nachschlüssel“ für gleichbedeutend mit „falscher Schlüssel“; es ist indessen, in Ermanglung einer Auflösung des Begriffs, jedenfalls am zweckmäßigsten, den gesetzlichen Ausdruck selbst beizubehalten.

§ 225.

Inhalt.

1. Der Begriff der „Unterschlagung“ ist kein so allgemein bekannter, in den Sprachgebrauch des gemeinen Lebens übergegangener, so daß nach Rheinischem

Nachtheile des Eigenthümers, Besitzers oder Inhabers veräußert, verpfändet, verbraucht oder bei Seite schafft, macht sich einer Unterschlagung schuldig.

[Entw. § 208]. Vgl. § 226—229. 324. 325. 237. 241.

Prozeß-Rechte jener technische Ausdruck in den Frag- und Feststellungen die Angabe der Begriffsmerkmale ersetzen könnte; es bedarf vielmehr der ausdrücklichen Aufnahme der letztern. So: B. II. 15. Juli 1854 c. Görwitz (Rh. Arch. 50. 2. A. s. 10; in Betreff der Fragstellung). Dasselbe gilt noch unzweifelhafter nach altländischem Verfahren, da die Artt. 31 und 81 des Ges. vom 3. Mai 1852 die Feststellung der Begriffs-Merkmale ausdrücklich vorschreiben; so: B. I. 9. März 1855 c. Schaffran (G. A. 3. s. 400); B. II. 19. Juni 1856 c. Spartus (ind.). *Contra:* Z. I. 20. Sept. 1854 c. Viol (G. A. 2. s. 801). Vgl. § 324 n. 3; Strafverf. Art. 31 n. 22; Art. 81 n. 19a.

2. Unter „fremden" Sachen sind nicht blos solche zu verstehen, welche gesetzlich vindicirt werden können: B. I. 12. Sept. 1855 c. Tempski; B. I. 19. Dez. 1855 c. Schalla (G. A. 4. s. 255). Daher steht auch Art. 2279 des Rh. BGB. der Anwendung des § 225 nicht entgegen. Vgl. n. 4.

3. Umgekehrt nahm ein B. II. 15. Febr. 1856 c. Schmahl (G. A. 4. s. 570) an, eine Unterschlagung könne auch an solchen Sachen verübt werden, zu deren Rückgabe man obligatorisch nicht verpflichtet sei, welche aber vom dritten Eigenthümer vindicirt werden könnten; (zwei Personen hatten mit einander einen Vertrag über unerlaubte Handlungen geschlossen, und der eine dem andern zu diesem Zwecke eine Sache zur Benutzung übergeben; es ward angenommen, dann entstehe zwischen beiden nach ALR. I, 5 § 68; I, 3 § 35. 36 ein obligatorisches Verhältniß nicht, wohl aber behalte der eine sein Eigenthum an der Sache, und könne dasselbe durch Vindikation geltend machen, indem die Vorschrift des § 205. I. 16 ALR., nach welcher das zu einem unerlaubten Zwecke Gegebene nur vom Fiskus zurückgefordert werden könne, nur auf Zahlungen und auf Rückforderung des Gezahlten sich beziehe; daraus ward die Möglichkeit einer Unterschlagung an der fraglichen Sache gefolgert). Im Grundsatze unterliegt diese Auffassung erheblichen Bedenken.

4. Eine Sache, welche Jemand mit der Verpflichtung der Erstattung in genere erhalten, geht als Spezies in sein Eigenthum über, ist also in seiner Hand keine fremde. Das gilt aber nicht ohne Weiteres von jeder empfangenen fungibeln Sache, z. B. von unverschlossen übergebenen baaren Geldbeträgen; auch in Betreff ihrer kann vielmehr die Verpflichtung der Erstattung in specie sehr wohl bestehen, und es ist dann unzweifelhaft auch an ihnen eine Unterschlagung möglich: B. I. 12. Sept. 1855 c. Tempski; B. I. 9. Dez. 1855 c. Schalla (G. A. 4. s. 255); Z. I. 10. Sept. 1856 c. Borchardt; Z. I. 6. Febr. 1861 c. Herz; u. ö. Zur Annahme des Gegentheils genügt es auch nicht, festzustellen, daß es dem Erstattungs-Berechtigten gleichgültig gewesen sei, ob diese Erstattung in denselben oder in andern gleichwerthen Geldspezies erfolge, da aus diesem (bei allen fungibeln Sachen regelmäßig zutreffenden) Umstande keineswegs zu folgern ist, daß der Berechtigte das Eigenthum an der Spezies habe übertragen, und sich dagegen mit einem persönlichen Forderungs-Rechte auf Rückzahlung des gleichen Betrags habe begnügen wollen; vielmehr konnte die beiderseitige Absicht sehr wohl dahin gehen, daß der Verpflichtete das Geld rc. als fremde Sache verwahren rc. und demnächst abliefern solle, jedoch mit der Maaßgabe, daß eine Umwechslung desselben in andere gleichwerthe nicht untersagt sei, vorausgesetzt, daß wirklich sofort die gleichwerthen neuen Stücke an die Stelle der alten treten, und sofort in das Eigenthum des Berechtigten übergehen, so daß von nun an diese die fremde zu verwahrende rc. Sache darstellen. Ebendeshalb ist auch der ausdrückliche Auftrag: die empfangenen Gelder gegen andere leichter versendbare umzuwechseln, nicht geeignet, das Eigenthum auf den Erstattungsverpflichteten zu übertragen [nur die wirklich bewirkte Umwechslung könnte den Eigenthumsübergang bewirken]: Z. II. 25. Sept. 1856 c. Althof (JMBl. s. 330); Z. II. 15. Nov. 1860 c. Balthasar. Hiernach ist die Frage eine wesentlich thatsächliche, nach der in

jedem Einzelfalle zu ermittelnden Absicht der Parteien zu lösende. Wer einem bemittelten Freunde zur Besorgung eines ertheilten Auftrags einen geringen Geldbetrag unverschlossen einhändigt, wird in der Regel damit einverstanden sein, daß dieser die empfangenen Stücke mit den seinigen vermischt, und darüber verfügt, ohne sofort andere gleichwerthe an ihre Stelle zu setzen, welche als sein, des Auftraggebers Eigenthum anzusehen seien; es war vielmehr von Anfang eine Restitution in genere beiderseits beabsichtigt. Dagegen wird unzweifelhaft das Gegentheil da gelten, wo Jemand einen größern Betrag zu einem ähnlichen Zwecke einem bezahlten Boten übergiebt; der letztere kann sich daher sehr wohl einer Unterschlagung an diesem Betrage schuldig machen, wenn er dabei mit dem im § vorausgesetzten Dolus (vgl. n. 53 fgg.) handelte. *Sic:* Z. I. 2. März 1853 c. Engel; B. II. 31. Jan. 1856 c. Berends. Vgl. n. 21. Gegen diese Auffassung kann nicht geltend gemacht werden, daß der von der Beamten-Unterschlagung handelnde § 325 ausdrücklich auch „Gelder“ neben den „andern“ Sachen als Gegenstand der Unterschlagung nennt, indem daraus keineswegs folgt, daß im § 225 unter dem allgemeinen Ausdrucke „Sache“ Gelder nicht mit zu verstehen seien: Z. I. 1. Mai 1857 c. Müller. Das Nähere vgl. § 324 n. 4. Eine andre Ansicht findet sich in G. A. 3. s. 134 ausgesprochen. Vgl. Köstlin Abh. in G. A. 4. s. 155.

5. Geld, welches Jemandem versiegelt mit der Verpflichtung, es in gleichem Zustande abzuliefern, übergeben worden ist, hat für denselben nicht den Charakter einer fungibeln Sache: Z. I. 25. Mai 1859 c. Neumann.

6. Ein durch Giro ꝛc. auf einen Andern übertragener Wechsel geht formell in das Eigenthum desselben über; nichtsdestoweniger kann zwischen den Parteien ein Anderes verabredet werden (z. B. wenn der Indossatar den Wechsel aufbewahren, und demnächst in natura zurückgeben sollte, insofern nicht eine gewisse Bedingung eintrete); in diesem Falle gilt der Indossatar dem Andern gegenüber nicht als Eigenthümer; der Wechsel bleibt für ihn eine fremde Sache, an welcher er eine Unterschlagung (durch unbefugte Weitergebung) begehen kann: Z. I. 4. März 1859 c. Haller; Z. II. 13. Juni 1861 c. Römmer; ähnlich im Grundsatz: B. I. 2. Jan. 1857 c. Fischer (G. A. 5. s. 74). *Contra:* Z. I. 16. Juli 1858 c. Schmiedeck (G. A. 6. s. 709). Vgl. n. 24.

7. Ein Miterbe oder Miteigenthümer kann an den in seinem Besitze befindlichen Gemeinschafts-Sachen in Betreff des Antheils der übrigen eine Unterschlagung begehen: B. (Z.) 2. Juli 1852 c. Joseph; Z. II. 26. Jan. 1854 c. Maternus; B. II. 16. Febr. 1854 c. Klein (Entsch. 27. s. 408; G. A. 2. s. 561). Im letztern Falle ward die Bei-Seite-Schaffung in der Nichtaufnahme eines Gegenstands in das über die Gemeinschafts-Masse aufgenommene Inventar gefunden. Dasselbe nahm Z. 2. Juli 1852 c. Joseph auch in einem Falle an, wo sich die Sache im gemeinschaftlichen Besitze der mehreren Miterben befunden hatte.

8. Haben zwei Personen gemeinschaftlich die Gewahrsam einer Sache, so kann jeder von ihnen daran eine Unterschlagung begehen: Z. II. 24. Nov. 1859 c. Theves.

9. Die Sache muß beweglich sein. Temme Lehrb. s. 949. Es ist jedoch das oben zu § 215 n. 11—13 Bemerkte hier analog anzuwenden. Als beweglich sind daher auch solche Sachen anzusehen, welche als Pertinenzstücke oder als mobil zu machende Theile einer unbeweglichen Hauptsache durch Besitzergreifung der letztern in den Besitz des Gebrauchenden mit der Verpflichtung kommen, sie mit der Hauptsache zurückzugeben (z. B. die zur Bedielung in einem vermietheten Hause dienenden Bretter); daß diese Sachen dem Betreffenden speziell übergeben worden seien, ist nicht erforderlich: B. II. 3. Nov. 1855 c. Spiller (G. A. 3. s. 844).

10. Wegen des Erfordernisses der Beweglichkeit der Sache können noch nicht gefällte Bäume, welche also noch Theile des Grundstücks sind, nicht Gegenstand einer Unterschlagung sein; als solche ist es sonach nicht anzusehen, wenn der Grundeigenthümer die bereits einmal verkauften Bäume in seinem Walde, bevor sie gefällt wurden, nochmals an einen Andern verkauft: Beschl. I. 18. Jan. 1854 c. Schiemang (G. A. 2. s. 257), vgl. n. 31; § 215 n. 14.

11. Daß die Sache einen nach Geld abzuschätzenden Werth haben müsse, kann auch hier nicht verlangt werden; vgl. § 215 n. 3. Es kann daher die Verbringung eines zur Besorgung anvertrauten Briefs unter den geeigneten Voraus-

setzungen eine Unterschlagung darstellen: Z. II. 7. März 1861 c. Kobold. Dagegen fällt der Begriff der Unterschlagung weg, sobald festgestellt wird, daß die Sache gänzlich werthlos gewesen sei, weil dann eine Benachtheiligung nicht möglich war: Z. II. 13. Sept. 1860 c. Volk.

12. Auch Schulddokumente und andere schriftliche Beweismittel können unterschlagen werden: B. I. 19. Dez. 1855 c. Schmidt (G. A. 4. f. 256). Vgl. § 215 n. 4. Das gilt z. B. von einem Pfandscheine; vgl. § 226 n. 19; ein B. I. 14. März 1856 c. Fickewirth nahm an, daß in der Veräußerung eines anvertrauten Pfandscheins die Unterschlagung der verpfändeten Sache selbst gefunden werden könne.

13. Dagegen kann eine bloße Idee nicht Gegenstand des Vergehens sein; sie kann nicht zurückgegeben rc. werden. Es ist daher keine Unterschlagung, wenn Jemand ein anvertrautes Geheimniß (z. B. eine gemachte Erfindung betreffend) weiter verbreitet oder sonst mißbraucht: Gilb. C. pén. Art. 408 n. 64.

14. Es genügt, wenn Jemand unvollständiger Besitzer einer Sache nach § 6. I, 7 ALR. geworden ist, um die Anwendbarkeit des § zu begründen: Z. I. 26. Sept. 1860 c. Fischer.

15. Vorausgesetzt wird, daß Besitz und Gewahrsam nicht durch eine strafbare Handlung, z. B. durch Betrug, erlangt sind, indem sonst nur wegen dieser letztern, nicht etwa außerdem auch noch wegen der demnächstigen Bei-Seite-Schaffung der Sache, Bestrafung eintreten kann: Z. I. 16. Jan. 1860 c. Witt (G. A. 8. f. 282); Z. I. 8. März 1861 c. Klapper. Vgl. Temme Lehrb. f. 949.

16. Dagegen ist es nicht erforderlich, daß der Besitz in Folge eines besondern Vertrauens und eines mit dem Eigenthümer rc. abgeschlossenen Rechtsgeschäfts erlangt worden sei; der § trifft auch da zu, wo die Verpflichtung lediglich auf gesetzlicher Vorschrift beruht (z. B. wenn es sich von Vieh handelt, welches auf Grund des § 4 der Feld.-Pol.-Ordn. v. 1. Nov. 1847 gepfändet worden): Z. I. 14. Sept. 1855 c. Jastock; G. Matt. 2. f. 500 n. 2. *Contra* mit Unrecht: Bes. f. 430.

17. Ebensowenig wird erfordert, daß der Besitz durch eine heimliche, dem Eigenthümer unbekannte Handlung erworben worden sei: Z. II. 15. Dez. 1853 c. Rieseberg.

18. Die Verpflichtung der Rückgabe rc. braucht nicht gleichzeitig mit der Erlangung des Besitzes rc. entstanden zu sein; die Strafbestimmung hat auch den Fall im Auge, wo jene durch ein späteres Ereigniß begründet worden ist; z. B. wenn ein Wechsel-Inhaber nach erlangter Bezahlung den augenblicklich in seinen Händen verbliebenen Wechsel nicht, seiner Verpflichtung gemäß, dem Zahlenden aushändigt, sondern weiter girirt: Gilb. C. pén. Art. 408 n. 40. Vgl. n. 6.

19. Eine Besitzerlangung mit der Verpflichtung der Rückgabe liegt auch da vor, wo die Besitznahme in der redlichen aber irrigen Meinung der Berechtigung erfolgt war. Nach erkanntem Irrthume kann an solchen Sachen sehr wohl eine Unterschlagung verübt werden; Beisp. Besitznahme einer Erbschaft als nächster Erbe, wenn man später erst Kenntniß vom Vorhandensein eines nähern Erben erlangt. *Contra* mit Unrecht: G. Matt. 2. f. 508 n. 3.

20. Auch der Fall gehört hierher, wo eine Sache zur Verarbeitung und demnächstigen Rückgabe in veränderter Gestalt hingegeben worden ist. Der Arbeiter erlangt durch die Verarbeitung nicht etwa Eigenthumsrechte an der Sache, weil die Grundsätze von der Spezifikation nur auf die außerhalb eines Vertrags stattfindende Verarbeitung fremder Materialien Anwendung finden [wer im fremden Auftrage verarbeitet, könnte höchstens für den Auftraggeber, nicht für sich spezifiziren]. Ein Müller erlangt daher durch die ihm in Auftrag gegebene Vermahlung fremden Korns nicht das Eigenthum des gewonnenen Mehls, und kann daran sehr wohl eine Unterschlagung begehen: Z. II. 25. Okt. 1855 c. Däumichen. Vgl. K.-B. I. K. f. 35.

21. Sachen, welche die Herrschaft einem Dienstboten, der Arbeitgeber dem Arbeiter, eine Gefängnißverwaltung einem Gefangenen, ein Gastwirth einem bei ihm eingekehrten Gaste zum Gebrauche oder zu einer Verrichtung in den Räumlichkeiten der ersteren unter Händen läßt oder anvertraut, verbleiben in der Gewahrsam derselben, und gehen nicht in die des Dienstboten rc. über. Wegnahme durch den letztern kann daher nur Diebstahl, nicht Unterschlagung

sein. Das Nähere vgl. § 215 n. 28 fgg. Das Gegentheil tritt ein, wenn dem Dienstboten eine Veräußerungsbefugniß eingeräumt war; daher ist es Unterschlagung, wenn derselbe das zum Zwecke eines Einkaufs gegen Baarzahlung eingehändigte Geld verzehrt, und etwa die zu kaufende Sache beim Verkäufer für den Herrn auf Credit entnimmt: Z. I. 2. März 1853 c. Engel.

22. Die Vorschrift des § ist keineswegs auf den Fall beschränkt, wo die Rückgabe der empfangenen Sache an denjenigen, von welchem man sie erhalten, erfolgen soll; es genügt, wenn dieselbe an eine dritte Person abzuliefern war, z. B. wenn Jemand Geld empfängt, um dafür Waaren zu kaufen: B. I. 20. Febr. 1856 c. Ochmann (G. A. 4. f. 396). Vgl. n. 21.

23. Gleichgültig ist es auch, ob die Verpflichtung auf unmittelbare Ablieferung der Sache an einen Dritten, oder auf Aufbewahrung derselben gerichtet war, ob also ein Mandats- oder ein Depositumsverhältniß vorlag: Z. Kass.-Hof 22. Juni 1852 c. Birkhäuser.

24. Nach der Natur des Auftraggeschäfts muß ein Bevollmächtigter, seinem Machtgeber gegenüber, die für denselben eingezogenen Gelder als eine ihm selbst fremde bewegliche Sache, deren Besitz oder Gewahrsam er mit der Verpflichtung der Ablieferung erlangt hat, betrachten; Beiseiteschaffung dieser Gelder ist daher Unterschlagung: B. I. 13. April 1853 c. Töpfer; Z. II. 27. Okt. 1853 c. Rückhardt; Z. II. 25. Sept. 1856 c. Althof (JMBl. f. 330); Z. I. 30. Juni 1859 c. Hoffmann; Z. II. 15. Nov. 1860 c. Balthasar; u. ö.; ähnlich: B. 3. Nov. 1852 c. Fröhndrich, welches näher ausführt, daß, wenn auch der Bevollmächtigte bei Vollziehung des ihm aufgetragenen Geschäfts (z. B. Versilberung eines mit Blankogiro versehenen Wechsels) dem Dritten gegenüber in eignem Namen handle und handeln dürfe, doch das aus dem Verkaufe gelöste Geld nach ALR. I, 13 § 62 nicht sein, sondern des Auftraggebers Eigenthum werde; dabei ward zugleich bemerkt, daß der mittelst Plenarbeschlusses des Ober-Tribunals vom 2. Okt. 1848 (Entsch. 17. f. 19) ausgesprochene Rechtssatz, nach welchem: „der Machtgeber, dessen Bevollmächtigter auf Grund des erhaltenen Auftrags eine Sache von einem Dritten in eignem Namen erkauft hat, durch die in Folge eines solchen Vertrags an den Bevollmächtigten geschehene Uebergabe nicht sofort das Eigenthum derselben erwirbt, sondern nur das persönliche Recht erlangt, von dem Bevollmächtigten die Uebertragung des Eigenthums zu fordern“ — auf den vorliegenden Fall, wo umgekehrt der Bevollmächtigte für einen veräußerten Wechsel Geld empfangen habe, nicht bezogen werden könne. In gleichem Sinne sprach sich aus: Z. 1. Dez. 1852 c. Altmann, welches in einem ganz gleichliegenden Falle noch erwägt, daß es auch gleichgültig sei, ob durch das Blankogiro, welches dem zur Versilberung übergebenen Wechsel hinzugefügt worden, das Eigenthum des letztern auf den Bevollmächtigten übergegangen sei, da es für die Frage, wer Eigenthümer des gelösten Geldes geworden, nur auf das zwischen Auftraggeber und Bevollmächtigten obwaltende Vertragsverhältniß ankomme; vgl. n. 6. *Contra:* B. 26. Mai 1852 c. Wanning in einem nach Tit. 20 Thl. II des ALR. zu beurtheilenden Falle. — Im Uebrigen ist hierbei das oben unter n. 4 Ausgeführte zur Anwendung zu bringen, indem unzweifelhaft durch (ausdrückliche oder stillschweigende) Uebereinkunft das Gegentheil ausbedungen werden kann.

25. Handelt es sich von Geldern, welche der Bevollmächtigte von einem Dritten für den Auftraggeber in Empfang nimmt, so erlangt der Letztere an denselben das Eigenthum sofort im Augenblicke der Auszahlung an den Erstern. Sollte er demnächst auch aus irgend einem Grunde sich weigern, dieses Geld vom Bevollmächtigten anzunehmen, so würde, selbst wenn hierin ein Aufgeben des Eigenthums zu finden wäre, dieses in Ermanglung eines andern Rechtsgrunds doch noch nicht auf den Bevollmächtigten übergehen, vielmehr bliebe das Geld in seiner Hand nach wie vor eine fremde Sache: B. I. 4. Nov. 1859 c. Groß (G. A. 7. f. 841).

26. Das Verhältniß des Kommissionärs, selbst des Kommissionärs del credere zu seinem Kommittenten ist im Allgemeinen nach den Grundsätzen vom Mandate zu beurtheilen: Z. I. 21. Jan. 1857 c. Bitborn. Daher gilt das in n. 24 Ausgeführte auch hier, und es ist in jedem Einzelfalle thatsächlich zu prüfen, ob nach der Vereinbarung der Parteien der Kommissionär selbst das Eigenthum an den für den Kommittenten empfangenen Gegenständen erworben, und daher

obligatorisch nur zur Ablieferung an jenen (in genere oder in specie) verpflichtet sei, oder ob das Eigenthum sofort durch ihn für den Kommittenten erworben sein sollte. Das Letztere wird bei gekauften Waaren (sollten diese auch fungibler Natur sein) nicht leicht einem Bedenken unterliegen; dasselbe kann aber auch in gleicher Weise bei erhobenen Geldern Platz greifen, und es wird dieses im Zweifel anzunehmen sein: Z. I. 9. Mai 1860 c. Stern; Z. I. 31. März 1854 c. Oldekop (ind.); Z. II. 24. Jan. 1861 c. Dietz (ind.). *Contra:* Köstlin Abh. in G. Arch. 4. S. 155, welcher glaubt: nach der Natur des Kommissionsgeschäfts könne hier von einer Unterschlagung nie die Rede sein.

27. Der Neben-Erwerb, welchen ein Gewerbegehülfe ohne Auftrag seines Meisters 2c. durch Handlungen derselben Art, wie die speziell aufgetragenen macht, wird dadurch nicht von Rechtswegen Eigenthum des Meisters, und Bei-Seite-Schaffung desselben durch den Gehülfen stellt noch nicht nothwendig eine Unterschlagung dar; § 367 II, 8 ALR. (auch wenn er neben der Gew.-Ordn. v. 17. Jan. 1845 noch geltend wäre) rechtfertigt eine solche Annahme nicht: Z. I. 2. Juni 1858 c. Berndt. Ebensowenig kann es in dieser Beziehung genügen, wenn der Gehülfe nach dem bestehenden Vertragsverhältnisse verpflichtet war, jeden derartigen Neben-Erwerb an den Meister abzuliefern, weil dadurch eben nur eine persönliche Verbindlichkeit begründet wird. *Contra:* Z. I. 30. März 1859 c. Hopf. Es kommt vielmehr darauf an, ob der Gehülfe bei Uebernahme des Geschäfts als Vertreter des Meisters handeln, und für diesen den Lohn in Empfang nehmen wollte; war dieses der Fall, so hat der letztere durch ihn das Eigenthum erworben, und eine nachträgliche Bei-Seite-Schaffung 2c. stellt Unterschlagung dar.

28. Der Ehemann überkommt die von seiner Frau mit der Verpflichtung der Rückgabe erlangten Sachen, wenn er selbst nur durch das eheliche Verhältniß in ihren Besitz gelangt, und Kenntniß von jener Verpflichtung hat, nur mit derselben der Sache anklebenden Verpflichtung; dabei ist es gleichgültig, welches Güterverhältniß zwischen den Eheleuten besteht und ob der Mann das betr. Rechtsgeschäft der Frau hätte anfechten können (z. B. wegen des Mangels seiner Zustimmung), sobald er nur von dieser Befugniß keinen Gebrauch gemacht hat: Z. II. 19. Juni 1856 c. Rösing (die Frau hatte eine von ihr in die allgemeine Gütergemeinschaft eingebrachte Sache verkauft, aber miethweise im Besitz behalten, und darauf der Mann, obgleich das Geschehene kennend, dieselbe Sache an einen Dritten verkauft; er ward wegen Unterschlagung bestraft).

29. Die Zahlung einer Nichtschuld begründet den Uebergang des Eigenthumes an den gezahlten Geldstücken und nur die Pflicht zur Erstattung in genere (§ 179. 180. I, 16. ALR.); wissentliche Annahme einer solchen Zahlung und der Verbrauch des Geldes stellt daher keine Unterschlagung (§ 225. 226) dar, wenn gleich die Erlangung der Gewahrsam für den Empfänger auf einem Zufalle beruhte: B. II. 3. Febr. 1859 c. Becker (JMBl. S. 114; Entsch. 40. 2. S. 52; G. A. 7. S. 397). Anders verhält sich die Sache, wenn Jemand eine fremde (nicht fungible), durch Zufall in seinen Besitz gelangte Sache einem Dritten in der irrigen Meinung, dieser sei der Eigenthümer einhändigt, weil er dann auf diesen Eigenthum übertragen weder konnte noch wollte; vgl. § 226 n. 13.

30. „Die Handlung desjenigen, der in rechtswidriger Absicht aus einem ver„schlossenen Behältnisse, welches ihm mit der Verpflichtung, dasselbe zu ver„wahren, zurückzugeben oder abzuliefern, anvertraut worden war, fremde beweg„liche Sachen sich aneignet, beziehungsweise solche veräußert, verpfändet, verbraucht „oder bei Seite schafft, ist, selbst wenn die Anvertrauung des verschlossenen Behält„nisses ohne besondre Uebergabe der darin befindlichen einzelnen Sachen erfolgt war, „Unterschlagung, nicht Diebstahl“: Z. Pl. 12. Dez. 1853 c. Benkert (Präj. n. 68; JMBl. 1854 S. 90; Entsch. 26. S. 411; G. A. 2. S. 122 u. 213); Z. I. 26. Okt. 1860 c. Unger. Vgl. das Nähere § 215 n. 47.

31. Ein Grundeigenthümer, welcher die auf dem Stamme stehenden Bäume verkauft, überkommt dadurch noch nicht die Verpflichtung zur Verwahrung, Verwaltung oder Ablieferung, und begeht deshalb durch einen nochmaligen Verkauf an einen Dritten keine Unterschlagung: Beschl. I. 18. Jan. 1854 c. Schiemang (G. A. 2. S. 257; vgl. n. 10; § 215 n. 14).

32. Der Käufer eines Grundstücks erlangt zwar durch die Besitzergreifung desselben auch die Gewahrsam an dem darauf lagernden gefällten Holze, dessen Eigenthum sich der Verkäufer vorbehalten hat, er überkommt aber dadurch nicht gleichzeitig die Verpflichtung der Verwahrung 2c. desselben, und kann deshalb daran so wenig eine Unterschlagung als einen Diebstahl begehen. So: Z. I. 8. Apr. 1857 c. Pallas (G. A. 5. f. 564). In einem solchen Falle ist aber unbedenklich der Thatbestand des § 226 als vorhanden anzunehmen.

33. Zehnten haben die Natur öffentlicher Abgaben; Einfahren des zehntpflichtigen Gegenstandes ohne vorgängige Verzehntung ist eine Zuwiderhandlung gegen diese Verpflichtung, nicht aber Unterschlagung, da der Zehntberechtigte nicht als Miteigenthümer der vom Boden getrennten Sachen anzusehen ist: Z. II. 26. Jan. 1854 c. Maternus (es handelte sich von einem zehntpflichtigen Steinbruche).

34. Die Worte „zum Nachtheile“ bezeichnen jede Beeinträchtigung der Rechte eines Andern. Auch der Eintritt der Gefahr einer dereinstigen Beschädigung kann einen solchen „Nachtheil“ darstellen: Z. I. 21. Jan. 1853 c. Leiser. Vgl. Abh. in G. A. 3. f. 536.

35. Auch der entgangene Gewinn schließt eine Benachtheiligung des Vermögens in sich (§ 5. I, 6. ALR.): Z. I. 15. Febr. 1860 c. Markau.

36. Es ist keineswegs erforderlich, daß der Nachtheil in einer dauernden Beschädigung, also in der gänzlich unterbleibenden Erstattung bestehe; auch die Entziehung der augenblicklichen Verfügung schließt einen solchen in sich: Z. I. 16. Jan. 1857 c. Demuth (G. A. 5. f. 270); Z. I. 27. Juni 1860 c. Bulwien; u. ö.; daher ist die Verwendung von Kassengeldern zum eignen Nutzen des Kassenbeamten unzweifelhaft, als „zum Nachtheile“ der Kasse, oder ihres Eigenthümers geschehen, anzusehen, sollte auch die vom Beamten gestellte Kaution vollständig ausreichen, jeden bleibenden Schaden abzuwenden: Z. I. 21. Jan. 1853 c. Leiser; Z. II. 18. Jan. 1855 c. Rohden (JMBl. f. 102; G. A. 3. f. 264); Z. I. 13. Okt. 1858 c. Siegroth: u. ö.

37. Hiernach schließt die Möglichkeit der Erstattung des angerichteten Schadens aus dem Vermögen des Unterschlagenden die Benachtheiligung nie aus: Z. II. 25. Okt. 1855 c. Däumichen; Z. II. 22. Jan. 1857 c. Schmitz. Dasselbe gilt auch dann, wenn etwa der Unterschlagende Maßregeln getroffen haben möchte, welche eine künftig erst zu realisirende Sicherstellung der Erstattung darstellen sollen, z. B. wenn ein Beamter in die Kasse, statt des entnommenen Geldes, eine antezipirte Quittung über künftig zu erhebendes Gehalt legt.

38. Ebenso kann die später wirklich erfolgende Erstattung die früher zugefügte Benachtheiligung nicht beseitigen, und sonach die früher vollständig begangene Unterschlagung nicht straflos machen: Z. I. 21. Jan. 1853 c. Leiser; Z. I. 16. Jan. 1857 c. Demuth (G. A. 5. f. 270). Den französischen Entscheidungen, welche das Gegentheil, und überhaupt erst dann Unterschlagung annahmen, wenn fruchtlos zur Erstattung aufgefordert worden ist (Gilb. C. pén. Art. 408 n. 4 fgg.), ist in keiner Weise beizupflichten.

39. Immer aber ist es erforderlich, daß der Instanzrichter thatsächlich feststelle, daß die Handlung „zum Nachtheile“ des Eigenthümers 2c. geschehen sei; das gilt namentlich auch bei der Verpfändung einer fremden Sache: V. I. 10. Febr. 1854 c. Elvers (G. A. 2. f. 555). Hiernach genügt es nicht, festzustellen: der Angeklagte habe zur Kasse einzuzahlende Gelder erhoben, zur Kasse nicht abgeliefert, sondern zu seinem Nutzen verwendet (V. I. 31. Jan. 1855 c. Schalla; G. A. 4. f. 255), und es würde einen Rechtsirrthum in sich schließen, wenn der Instanzrichter blos aus dieser Verwendung zum eignen Nutzen den Schluß zöge, es sei damit auch nothwendig die Benachtheiligung eingetreten: V. II. 15. Juli 1854 c. Görwitz (Rh. Arch. 50. 2. A. f. 10).

40. Der Instanzrichter verstößt gegen keinen Rechtsgrundsatz, wenn er annimmt: ein angebliches Zurückbehaltungsrecht an den zu restituirenden Sachen, wegen erst später erwachsener Forderungen, sei unstatthaft, und könne die Unterschlagung nicht beseitigen: Z. I. 27. Okt. 1858 c. Brennicke.

41. Die Ausdrücke: „Eigenthümer, Besitzer oder Inhaber“ sind nicht limitativ aufzufassen; es ist vielmehr darunter jeder Berechtigte zu verstehen.

42. Goltdammer (Matt. 2. S. 501 n. 3) nimmt an: die Ausdrücke „veräußert, verpfändet, verbraucht, oder bei Seite schafft" seien nicht etwa beispielsweise, sondern limitativ gebraucht; Ausdehnung auf andere ähnliche Handlungen sei unstatthaft. *Contra:* Temme Lehrb. S. 950, welcher auch andre die Behandlung der Sache als einer eigenen enthaltende Verfügungen über dieselbe hierher rechnen will.

43. Jedenfalls muß die betreffende Handlung eine solche sein, welche dahin gerichtet ist, die Sache ihrem Eigenthümer zu entziehen; Temme (Gll. S. 285) meint offenbar dasselbe, wenn er ein „Verbrauchen" erheischt. Die unbefugte Benutzung der fremden Sache, deren Gewahrsam man hat, ist keine Unterschlagung. Die bei Gilb. C. pén. Art. 408 n. 50. cit. Entscheidungen, welche abus de confiance in einem Falle annahmen, wo ein Lithograph von einer ihm zu einem bestimmten Zwecke anvertrauten Platte, unbefugter Weise für dritte Personen Abdrücke nahm — würden hiernach unter Zugrundelegung des StGB. nicht zu rechtfertigen sein. Das Gegentheil kann nur da gelten, wo die Benutzung eines Gegenstandes nothwendig in der Verfügung über seine Substanz besteht (z. B. bei baarem Gelde): Z. I. 16. Jan. 1857 c. Demuth (G. A. 5. S. 270). Vgl. n. 45. 48.

44. Eine Verpfändung ist, selbst wenn sie mit der Absicht späterer Wiedereinlösung und Rückgabe stattfindet, immer eine Verfügung über die Substanz, und nicht etwa blos ein unbefugter Gebrauch; sie ist daher auch dann strafbar, wenn später Wiedereinlösung und Rückgabe wirklich erfolgen. Das Alles fällt natürlich weg, wenn der Eigenthümer in die weitere Verpfändung gewilligt hat. Vgl. n. 39; ALR. I, 20 § 89. 127 fgg.; G. Matt. 2. S. 501.

44a. Goltdammer (Arch. 9. S. 360) will (gestützt auf die Verhh. des Staatsraths und auf § 89. I, 20. ALR.) die Verpfändung als eine Form der Unterschlagung nur da anerkennen, wo die Sache als eine eigene verpfändet wird, weil die Verpfändung, bei welcher die Sache ausdrücklich als eine fremde bezeichnet worden sei, den Eigenthümer nach § 17 fgg. I, 15. ALR. an der unentgeltlichen Rückforderung nicht hindern könne. Das kann indessen grundsätzlich nicht als richtig anerkannt werden, zumal da die Vorschriften des ALR. für die Auslegung des im ganzen Staate gleichmäßig anzuwendenden StGBs. nicht maßgebend sein können (vgl. S. 44 n. 1), § 89 I, 20 l. c. aber auch unzweifelhaft durch § 225 StGB. seine Geltung verloren hat; es wird vielmehr jedesmal auf eine thatsächliche Prüfung im Einzelfalle ankommen, ob ein Verpfänden „zum Nachtheile" des Eigenthümers anzunehmen sei.

45. Unter „Verbrauchen" ist nur ein solcher Gebrauch zu verstehen, durch welchen die Sache verzehrt oder zerstört wird: Z. II. 20. Novbr. 1856 c. Gerke. Vgl. n. 43. 48.

46. Verwendung zum eignen Nutzen ist ein „Verbrauchen": Z. I. 21. Jan. 1853 c. Leiser.

47. Das bloße Ableugnen wider besseres Wissen stellt an und für sich, und vom Spezialfalle des § 226 abgesehen, den Thatbestand der Unterschlagung nicht dar; vgl. K.-B. I. K. S. 225; G. Matt. 2. S. 502; Koch n. 3; Köstlin Abh. in G. Arch. 4. S. 160. Dagegen kann unbedenklich aus einem solchen Ableugnen auf ein bereits stattgehabtes Bei-Seite-Schaffen geschlossen werden; inwiefern dieses anzunehmen sei, gehört zur thatsächlichen Beurtheilung des Einzelfalls und der dabei obwaltenden Umstände. Vgl. § 226 n. 23; § 243 n. 47.

48. Der Ausdruck „bei Seite schaffen" bezeichnet die Handlung, mittelst welcher eine Sache der Wahrnehmbarkeit für den Eigenthümer ꝛc. in der Art entzogen wird, daß ihm die Geltendmachung seiner Rechte unmöglich gemacht oder wesentlich erschwert wird: B. I. 19. Dez. 1855 c. Schmidt; Z. II. 17. Okt. 1857 c. Bös (G. A. 6. S. 121); Z. I. 6. Juli 1859 c. Labusch; u. ö. Es wird daher nicht erfordert, daß die Sache den Nachforschungen örtlich entzogen oder verborgen worden sei; noch weniger bedarf es der Unmöglichkeit der Rückgabe (cit. Z. II. 17. Okt. 1857). Umgekehrt genügt aber auch nicht die Wegnahme zu einem vorübergehenden, wenn auch unbefugten Gebrauche: B. I. 21. Sept. 1860 c. Donnerstag (634; RdO. 1. S. 28; G. A. 9. S. 70); vgl. n. 43. — Zur Erläuterung jenes Begriffs darf nicht auf den einen ganz andern Thatbestand behandelnden § 186 zurückgegangen werden.

49. Zum „Bei-Seite-Schaffen“ genügt nicht die Absicht der Zueignung, des Behaltens der bereits besessenen Sache, es bedarf vielmehr dazu auch noch einer äußern Handlung außer dem bloßen Besitze, also einer Verfügung über die Sache; die Unterlassung der verschuldeten Rückgabe, wenn gleich sie gegen den Willen des Eigenthümers geschieht, reicht dazu nicht hin: B. I. 20. Jan. 1860 c. Wendriner; B. I. 15. Juni 1860 c. dens. (G. A. 9. s. 385). — Jene Verfügung braucht indessen nicht nothwendig mit einem Aufhören der Gewahrsam auf Seiten des Angeklagten verbunden zu sein; vielmehr kann jede äußere Handlung in dieser Beziehung für genügend erachtet werden, sobald sie geeignet ist, die Sache der berechtigten Erwerbung des Eigenthümers zu entziehen, und in der Absicht geschieht, um dieselbe für sich rechtswidrig zu behalten; eine solche Handlung kann in der Mitnahme der Sache an einen andern Ort gefunden werden: Z. I. 22. Dez. 1858 c. Fehrendorff; Z. I. 22. Juni 1860 c. Mösgen (639). Vgl. § 226 n. 26 a. E.

50. Ebenso kann im Verstecken der Sache, welches in der Absicht geschieht, sich dieselbe zu sichern, sie zu behalten, unbedenklich ein Bei-Seite-Schaffen gefunden werden, sollte jene Absicht auch nicht erreicht worden sein: Z. II. 14. Okt. 1858 c. Trolsch (G. A. 7. s. 108).

51. Ob ein Umwechseln von Geldstücken als ein Bei-Seite-Schaffen derselben anzusehen sei, ist Gegenstand der thatsächlichen Beurtheilung, welche nicht der Prüfung des Nichtigkeits-Richters unterliegt: Z. II. 13. Sept. 1860 c. Volk.

52. Gleichgültig ist, ob der zur Rückgabe rc. Verpflichtete die Sache unmittelbar selbst bei Seite schafft, oder ob er dieses durch dritte Personen, Diener rc. thun läßt; auch dann ist er selbst, und nicht etwa der beauftragte Dritte der Unterschlager, weil dieser nicht die Verpflichtung der Rückgabe hatte: Z. I. 3. Febr. 1860 c. Albrecht.

53. Als Dolus wird „zum Thatbestande der Unterschlagung neben der „Wissentlichkeit der Schadenszufügung nicht noch die besondere Beabsichtigung der„selben erfordert; jene den Vorsatz der Handlungsweise überhaupt, und das Be„wußtsein der Schadenszufügung als Wirkung davon enthaltende Wissentlichkeit ist „dazu vielmehr genügend“: Z. II. 14. Juli 1853 c. Steinbecker (Präj. n. 52; Entsch. 26. s. 152; G. A. 2. s. 126); Z. (V.) I. 20. Mai 1857 c. Hibsch. Es wird daher der Nachweis einer besondern auf Beschädigung gerichteten Absicht nicht erfordert: Z. I. 17. Juli 1854 c. Maleike; ähnlich: B. I. 21. Juni 1854 c. Elliot (G. A. 2. s. 692); Z. (V.) II. 16. Sept. 1858 c. Herzog; Z. I. 27. Juni 1860 c. Bulwien; u. ö.; ebensowenig bedarf es des besondern Nachweises der Absicht zu unterschlagen: Beschl. II. 23. Mai 1861 c. Ehrling (RhO. 1. s. 406), vielmehr genügt es, wenn der Thäter mit dem Bewußtsein, und auf die Gefahr hin handelte, daß dadurch der Eigenthümer rc. benachtheiligt werden könne: Z. II. 18. Jan. 1855 c. Rohden (JMBl. s. 102; G. A. 3. s. 264); Z. II. 25. Sept. 1856 c. Althoff (G. A. 5. s. 102); Z. I. 13. Okt. 1858 c. Siegroth; u. ö. Vgl. § 324 n. 19; K.-B. I. K. s. 35; Bes. s. 430; G. Matt. 2. s. 502 n. 4. Dagegen genügt eine bloße Unaufmerksamkeit (Fahrlässigkeit) nicht: Z. I. 7. März 1860 c. Schulz.

54. Neben dem Bewußtsein der Schadenszufügung bedarf es einer auf Erlangung eines eignen Gewinnes gerichteten Absicht nicht: Z. (V.) II. 16. Sept. 1858 c. Herzog; Z. I. 23. Sept. 1859 c. Zahn. *Contra:* Z. II. 18. Jan. 1855 c. Rohden (cit. n. 53, welches beiläufig aussprach: der Dolus sei zunächst auf Erlangung eines unrechtmäßigen Gewinnes oder Vortheils gedacht); ähnlich: B. II. 19. Mai 1855 c. Limberg; Z. II. 13. Sept. 1860 c. Volk, welche eine wenigstens indirekte Richtung des Willens auf einen unrechtmäßigen Vortheil erheischten; vergl. G. Matt. 2 s. 503. Jedenfalls braucht der gesuchte Gewinn nicht in der endgültigen Aneignung der fremden Sache zu bestehen; es muß dann vielmehr jeder augenblickliche durch die unbefugte Verfügung über die Sache gesuchte Vortheil genügen: Z. I. 16. Jan. 1857 c. Demuth (G. Arch. 5. s. 270). Noch weniger ist erforderlich, daß dem Angeklagten wirklich demnächst ein Vortheil verblieben sei: Z. I. 18. Juli 1860 c. Kübler.

55. Daraus folgt, daß die Absicht dereinstiger Wiedererstattung, sollte sie auch von Anfang an obgewaltet haben, und ernstlich gemeint sein, den Dolus

§. 226. Einer Unterschlagung wird es gleich geachtet, wenn derjenige, welcher eine fremde bewegliche Sache gefunden oder durch Zufall in seine Gewahrsam bekommen hat, dieselbe zum Nachtheile des Eigenthümers, Besitzers oder Inhabers veräußert, verpfändet, verbraucht oder bei Seite schafft, oder die Gewahrsam derselben der Obrigkeit wider besseres Wissen ableugnet.

[Entw. § 209]. Vgl. § 225. 227—229; 349 Nr. 5; ALR. I, 9 § 19 fgg.

---

nicht beseitigt: Z. I. 21. Jan. 1853 c. Leiser; Z. I. 12. Sept. 1855 c. Bönisch. *Contra:* Köstlin Abh. in G. A. 4. s. 157. Vgl. bes. § 324 n. 19.

56. Eine den Worten des § entsprechende thatsächliche Feststellung schließt an sich die Feststellung des erforderlichen Dolus in sich: Z. I. 16. Januar 1857 c. Schmalstich; Z. I. 26. Febr. 1858 c. Ruppin; insbesondere bedarf es in der Regel auch nicht der Feststellung des Vorhandenseins der gewinnsüchtigen Absicht (n. 54): Z. I. 10. Sept. 1856 c. Borchardt. Nur dann, wenn der Angeklagte das Vorhandensein einzelner Begriffsmerkmale des erforderlichen Dolus bestreitet, bedarf es einer ausdrücklichen Feststellung, in schwurgerichtlichen Sachen sonach einer Befragung der Geschwornen über dieselben: B. II. 15. Juli 1854 c. Görwitz (Rh. Arch. 50. 2. A. s. 10). *Contra:* Z. I. 17. Nov. 1854 c. Biernath (G. A. 3. s. 142), welches (schwerlich mit Recht) es für überflüssig erachtete, den Geschwornen eine vom Vertheidiger beantragte Frage über das Vorhandensein der erforderlichen Willensrichtung (Bewußtsein) vorzulegen. Vgl. Strafverf. Art. 82 n. 8.

57. Die von einem Individuum zum Nachtheile derselben Person zu verschiedenen Zeiten wiederholten Unterschlagungen bilden ebenso viele selbstständige Vergehen, sollte auch die Besitzerlangung des Angeklagten in Betreff aller unterschlagenen Gegenstände auf demselben dauernden Verhältnisse beruhen, z. B. die wiederholten Unterschlagungen, welche ein Dienstbote zum Nachtheile seines Herrn vornimmt. Vgl. Gilb. C. pén. Art. 408 n. 117.

58. Liegt reale oder ideale Konkurrenz vor, wenn Jemand zur Verdeckung einer Unterschlagung eine Urkundenfälschung begeht? vgl. § 247 n. 15.

59. Die französische Rechtsprechung und Rechtslehre haben durchweg an dem Grundsatze festgehalten, daß da, wo der Thatbestand eines Vergehens ꝛc. die Existenz eines vertragsmäßigen Verhältnisses voraussetzt, oder in sich schließt, der erforderliche Beweis des letztern auch im Strafverfahren nur in derjenigen Weise statthaft sei, wie er vor dem Civilrichter geführt werden könnte; daß also z. B. der Zeugenbeweis über dieses civilrechtliche Verhältniß von dem Strafrichter nur da zugelassen werden dürfe, wo er auch vor dem Civilrichter statthaft sein würde: Gilb. C. pén. Art. 408 n. 93 fgg. 98 fgg. Die Rheinischen Gerichte haben diesen Grundsatz aber mit Recht nie anerkannt, und die Zulässigkeit der Beweismittel überall nur nach den für das Strafverfahren geltenden allgemeinen Regeln beurtheilt, sonach stets den Zeugenbeweis unbeschränkt zugelassen. Vgl. über die Frage § 125 n. 24; § 157; Strafverf. § 22 n. 10. 73—75.

60. Die Verjährung des Vergehens der Unterschlagung beginnt erst mit der Vollendung desselben, d. h. also mit dem wirklichen Verbrauchen ꝛc., nicht aber mit dem Augenblicke, wo der Thäter den Besitz der Sachen erlangt hatte. Vgl. Gilb. C. pén. Art. 408 n. 116.

§ 226.

Inhalt.

1. Die hier behandelten Fälle (der s. g. „Funddiebstahl“) werden der Unter-

schlagung gleich geachtet; wenn gleich sie daher an und für sich einen andern Thatbestand voraussetzen, so begründen sie doch für eine spätere Unterschlagung den Rückfall im Sinne des § 58. *Contra:* G. Matt. 2. s. 500 n. 1.

2. Vorausgesetzt wird eine fremde Sache; über den Begriff derselben vgl. § 215 n. 8 — 10. Die Feststellung muß ausdrücklich besagen, daß die Sache eine fremde gewesen sei: B. I. 4. Mai 1860 c. Hübner (G. A. 8. s. 565; welches in dieser Beziehung die Feststellung: die Sache sei eine verlorne gewesen nicht für genügend erachtete).

3. An herrenlosen und derelinquirten Sachen ist ein Funddiebstahl nicht möglich: B. 7. April 1852 c. Zibulski (Entsch. 22. s. 464). Ob eine Sache derelinquirt sei, oder vom Finder für eine solche erachtet werden konnte, ist Gegenstand thatsächlicher Beurtheilung: G. Matt. 2. s. 507; vgl. n. 10. 16.

4. Eine verlorene, demnächst von einem Dritten gefundene Sache ist, selbst wenn später im vorgeschriebenen Aufgebotsverfahren (§ 31 fgg. I, 9. ALR.) der Eigenthümer derselben nicht ermittelt wird, darum nicht von Anfang als eine derelinquirte zu betrachten; sie nimmt vielmehr diesen Charakter durch die im Zuschlagserkenntniß auszusprechende Präklusion an, und wird erst von diesem Augenblicke an für den redlichen Finder zum Gegenstande einer Eigenthumserwerbung durch die nunmehr wirksam werdende Besitznahme: Z. II. 17. März 1859 c. Radunz (JMBl. s. 139; G. A. 7. s. 552).

5. Die Vorschrift des § ist nicht auf solche Sachen zu beschränken, welche früher schon in der Gewahrsam eines Andern gewesen sind: B. I. 30. Okt. 1857 c. Adam (G. A. 5. s. 844).

6. Ueberhaupt ist es gleichgültig, wer Eigenthümer der Sache sei: Z. I. 19. Mai 1858 c. Seydell.

7. Ein Schatz ist eine fremde Sache im Sinne des §, da, wenn auch der Eigenthümer desselben noch nicht ermittelt worden, doch der Eigenthümer des Orts der Auffindung die Gewahrsam desselben hatte (ALR. I, 7 § 1), also Inhaber war, und seine Benachtheiligung zum Begriffe des § genügt: Z. I. 14. Febr. 1855 c. Behrendt (Präj. n. 137; Entsch. 29. s. 473; 30. s. 359; G. A. 3. s. 707). *Contra:* Köstlin Abh. in G. A. 4. s. 159. Vgl. n. 7; G. Matt. 2. s. 508 n. 3.

8. Die Vorschrift des ALR. I, 9 § 103 die Nichtanzeige eines auf dem eignen Boden gefundenen Schatzes betreffend, ist nicht aufgehoben. Wenzel Ergg. s. 66.

9. Der Bernstein ist in Ost-Preußen Eigenthum des Staates, er mag gefunden werden, wo er will; daher bleibt § 74. II, 16. ALR. hier ausgeschlossen: Ost-Preuß. Prov.-Recht Zus. Nr. 228; B. Pl. 10. Okt. 1859 c. Bussas (Präj. n. 261; G. A. 7. s. 819); B. I. 13. Jan. 1860 c. Thieß. In West-Preußen ist nur der am Meeresstrande gefundene Bernstein Regal: West-Pr. Prov.-R. § 73. 74; B. 7. Apr. 1852 c. Zibulski (Entsch. 22. s. 464). Im Kreise Bromberg ist derselbe nicht Regal: Z. I. 24. Okt. 1860 c. Kucharski. Hier und in allen andern Provinzen gehört daher der Bernstein nach § 106. I, 9; § 72. II, 16 ALR. dem Eigenthümer des Grundes und Bodens, wo er gefunden wird; er hat daher ein ausschließliches Recht zur Besitzergreifung; ein Dritter, welcher ohne seine Ermächtigung gefundenen Bernstein in Besitz nimmt, und darüber verfügt, macht sich des Funddiebstahls schuldig. So: cit. B. 7. April 1852. In Ost-Preußen sind dagegen die Strafbestimmungen des Ost.-Pr. Prov.-R. Zus. 228 § 8—10 in Kraft verblieben; vgl. Einf.-Ges. Art. II n. 29. Der Bernstein ist auch nicht als „anstehendes“ Mineral im Sinne des Ges. v. 26. März 1857 (cit. B. I. 30. Apr. 1857; B. Pl. 25. März 1861 c. Bussas; Präj. n. 270; JMBl. s. 96; RdO. 1. s. 316) und ebensowenig als Inflammabilie (§ 71. II, 16 ALR.; cit. Z. I. 24. Okt. 1860) zu betrachten, und die Anwendbarkeit des § 226 sonach nicht durch das cit. neuere Gesetz beseitigt. Vgl. n. 349 n. 11.

10. Ein Fund im Sinne dieses § wird durch ein zufälliges Entdecken und Ergreifen solcher Sachen gemacht, die entweder ihrem Eigenthümer dergestalt entkommen sind, daß er nicht weiß, wo sie sind, wie bei verlornen Sachen, oder auch solcher, die ihrem dermaligen Eigenthümer ganz verborgen geblieben sind (wie z. B. bei einem Schatze), deren Eigenthümer zwar existirt, jedoch ohne alle Kenntniß von denselben, wo also der Eigenthumsberechtigte keinen Besitz hat, weil er ihn verloren, oder wo er den Besitz nicht ausüben kann, weil er von der Sache keine Kenntniß

hat: B. 7. April 1852 c. Zibulski (Entsch. 22. s. 464). Vergl. n. 7. Inwiefern ein Verlieren und Finden anzunehmen sei (z. B. wenn ein Dienstbote in der Wohnung des Herrn eine verlegte Sache ermittelt) ist Gegenstand thatsächlicher Beurtheilung.

11. Das Finden braucht nicht nothwendig ein rein zufälliges zu sein; insbesondere schließt ein auf eine gewisse Möglichkeit hin stattgehabtes Suchen jenen Begriff nicht aus; das Gegentheil darf nicht aus den Worten: „oder durch Zufall in seine Gewahrsam bekommen hat" gefolgert werden, da diese Worte nicht das „Finden" erläutern, sondern einen selbstständigen Fall neben dem Finden hinstellen: B. 7. April 1852 c. Zibulski (Entsch. 22. s. 464).

12. Bei den „durch Zufall in die Gewahrsam gekommenen Sachen" ist vorzugsweise an zugelaufene Thiere, angeschwemmte Sachen u. dgl. gedacht: G. Matt. 2. s. 507.

13. Den Gegensatz der „Erlangung durch Zufall" bildet nicht die Erlangung durch menschliches Zuthun überhaupt, sondern der durch absichtliche Uebertragung der Gewahrsam durch einen Andern bewirkte Erwerb; eine nicht beabsichtigte Besitzübertragung ist als eine zufällige anzusehen: Z. I. 6. Jan. 1860 c. Reinike; ähnlich: B. I. 14. Juli 1858 c. Wieprecht. Dagegen bleibt § 226 ebenso wie § 225 da ausgeschlossen, wo die Besitzübertragung von dem sie Bewirkenden, wenn auch nur in Folge eines Irrthums über seine Verpflichtung beabsichtigt worden war, z. B. im Falle der Zahlung einer Nichtschuld; vgl. § 225 n. 29. Nach dieser Unterscheidung ist der Fall zu behandeln, wo aus Irrthum eine andere Sache übertragen wird, als eigentlich zu leisten war. Wird aus Versehen eine andere Sache übertragen, als der Uebergebende übertragen wollte (z. B. Hingabe eines Werthpapiers von höherem Betrage), so wird eventuell § 226 anwendbar: Z. I. 25. Mai 1853 c. Langner; B. I. 14. Juli 1858 c. Wieprecht; wogegen derselbe ausgeschlossen bleibt, wenn Jemand bewußter Weise eine Sache überträgt, weil er sich irriger Weise dazu für verpflichtet erachtete: Z. I. 30. März 1859 c. Hentschel (G. Arch. 7. s. 399; ein Gewerbtreibender hatte auf einen ihm gezahlten Fünfthalerschein über neun Thaler herausgegeben, weil er irriger Weise annahm, es sei ihm eine Zehnthaler-Note gegeben worden).

14. Wenn eine Handlung, welche in der Absicht einen Diebstahl zu begehen, vorgenommen wird, deshalb nicht als Diebstahl angesehen werden kann, weil der Eigenthümer in die Wegnahme willigte (sie freiwillig hingab), so kann auch von einem Erlangen durch Zufall nicht die Rede sein: B. I. 4. Nov. 1859 c. Rohde vgl. § 215 n. 65.

15. War die Besitznahme in der irrigen Meinung einer vorhandenen Berechtigung erfolgt, so ist dieselbe nicht als eine zufällige anzusehen, und § 226 bleibt ausgeschlossen; dagegen wird eventuell § 225 anwendbar; vgl. dort n. 19.

16. Der Unterschied des hier vorgesehenen Falles von dem Diebstahle liegt darin, ob die Sache sich in der Gewahrsam eines andern befunden habe, und aus dieser weggenommen worden sei, oder nicht. Da nun die Gewahrsam nicht immer nothwendig die unmittelbare Nähe der betr. Personen voraussetzt, vielmehr unter Umständen auch an Gegenständen, die an dritten Orten zurückgelassen sind, fortdauern kann, so ist in jedem Einzelfalle thatsächlich zu untersuchen, ob dieses der Fall sei, und ob der Angeklagte, nach den obwaltenden Umständen die Sache für eine verlorene, d. h. aus der Gewahrsam entkommene habe halten können. Das gilt insbesondere von Geräthschaften und Materialien, welche am Orte der Arbeit (auf Feldern, Bauplätzen, in Steinbrüchen, auf Landstraßen &c.) nicht selten zurückgelassen werden, ohne daß der Besitz als aufgegeben anzusehen wäre. Vgl. § 217 Nr. 1; § 215 n. 45. 46; Antr. des Ober-Staats-Anwalts zu Ratibor in Sachen c. Wilhelm (G. A. 1. s. 245).

17. Wenn Jemand eine Sache, welche sich in Wahrheit noch in der Gewahrsam eines Andern befindet, in der irrigen Meinung, sie sei verloren, als gefunden bei Seite schafft, so liegt unzweifelhaft ein Erlangen der Gewahrsam durch Zufall vor, und es wird § 226 anwendbar; dagegen ist der Thatbestand des Diebstahls nicht vorhanden, weil es an dem bewußten „Wegnehmen" fehlt.

18. Ueber die Begriffe „veräußern, verpfänden, verbrauchen oder bei Seite schaffen“ vgl. § 225 n. 42—52. Das bloße Nichtabliefern genügt nicht, es wird eine wirkliche Disposition verlangt: K.-B. II. K. s. 122.

19. Unterschlagung eines gefundenen Pfandscheins wird dadurch verübt, daß der Finder desselben die verpfändete Sache einzulösen versucht: B. I. 19. Dez. 1855 c. Schmidt (G. A. 4. s. 256); vgl. § 225 n. 12.

20. Als Obrigkeit im Sinne des Schlußsatzes ist jeder im Amte handelnde Polizei-Beamte anzusehen: Z. II. 14. Okt. 1858 c. Trolsch (G. A. 7. s. 108); z. B. ein Schutzmann: Z. 15. Sept. 1852 c. Dietrich; oder ein Polizei-Sergeant: Z. I. 25. Mai 1853 c. Langner.

21. Dagegen ist unter Obrigkeit hier nicht der Strafrichter zu verstehen, dem gegenüber der wegen Unterschlagung Verfolgte den Fund ableugnet, sondern nur diejenige Behörde, deren Beruf es ist, den Finder verlorner Sachen auszumitteln. Vgl. G. Arch. 2. s. 556. Es würde die Freiheit der Vertheidigung beschränken, wollte man in demjenigen, was nur zu diesem Zwecke vorgebracht wird, den Thatbestand eines Vergehens finden. Zu vergleichen ist der Grundsatz des § 154.

22. Die Vorschrift des ALR. I, 9 § 73, welcher einen Fundbiebstahl nur da annimmt, wo das Ableugnen auf Befragen des Richters stattfand, ist aufgehoben: Z. II. 14. Okt. 1858 (cit. n. 10). *Contra:* Wenzel Ergg. s. 66.

23. Das Ableugnen dem Verlierer gegenüber stellt an und für sich den Thatbestand des § 226 nicht dar: B. I. 21. Juni 1854 c. Elliot (G. A. 2. s. 693); Z. I. 8. Juli 1859 c. Schekel. Es kann indessen unter Umständen aus einem solchen Ableugnen auf ein stattgehabtes Bei-Seite-Schaffen geschlossen werden; vgl. § 225 n. 47.

24. Daß die betr. Handlungen „zum Nachtheile“ des Eigenthümers *rc.* geschehen seien, bedarf der ausdrücklichen Feststellung, insbesondere ist die rechtliche Annahme, daß jede Verpfändung, weil sie möglicher Weise den Eigenthümer *rc.* objektiv in die nachtheilige Lage des Einlösens versetze, auch subjektiv in Beziehung auf den Thäter, als zum Nachtheile [des Eigenthümers] verübt anzusehen sei, nicht richtig: B. I. 10. Febr. 1854 c. Elwers (G. Arch. 2. s. 555). Vergl. n. 25; § 225 n. 39.

25. Was zum § 225 n. 53—56 über den erforderlichen Dolus gesagt worden, gilt auch für den hier vorgesehenen Fall, insbesondere ist es auch hier keineswegs erforderlich, daß die Absicht des Thäters darauf gerichtet gewesen sei, dem (ihm meistentheils unbekannt gebliebenen) Eigenthümer der verlornen Sache Nachtheil zuzufügen; es genügt vielmehr, wenn derselbe sich bewußt war, daß unter den vorwaltenden Umständen aus seiner Disposition über die gefundene Sache dem Eigenthümer ein Nachtheil erwachsen werde oder erwachsen könne: B. I. 21. Juni 1854 c. Elliot (G. A. 2. s. 692); B. I. 5. Juni 1857 c. Beschorner (G. A. 2. s. 701); Z. II. 17. März 1859 c. Radunz (JMBl. s. 139; G. A. 7. s. 552); Z. I. 8. Juli 1859 c. Scheckel; ähnlich: B. I. 10. Febr. 1854 c. Elwers (G. A. 2. s. 555). Vgl. n. 24.

26. Wenn Jemand eine gefundene Sache ankauft, wissend, daß sie gefunden sei, so liegt nicht der Thatbestand der Hehlerei einer unterschlagenen Sache vor, insofern die Unterschlagung erst durch den Ver- und Ankauf vollendet wird, da die Hehlerei ein selbstständiges, demjenigen Vergehen *rc.*, durch welches der Hauptthäter die Sache erlangt hat, nachfolgendes Vergehen ist. In einem solchen Falle kann daher der Ankauf nur als Theilnahme an der Unterschlagung, d. h. an der Handlung angesehen werden, durch welche die Unterschlagung (der Fundbiebstahl) vollendet wird. So: B. I. 21. April 1854 c. Dittrich (Herrmann u. Gen.; G. A. 2. s. 558); B. I. 16. Febr. 1855 c. Ernst (G. A. 3. s. 710); Z. I. 28. Febr. 1855 c. Bielschowski (Bonk u. Gen.; G. A. 3. s. 264); B. I. 25. April 1855 c. Lippmann (Rzepinski u. Gen.); Z. I. 11. Febr. 1857 c. Hein (Dobs u. Gen.; G. A. 5. s. 271); B. I. 13. Jan. 1860 c. Gierth (1005); Erk. App.-Ger. Frankfurt 18. Jan. 1853 c. Buggisch (G. A. 1. s. 408). Daß in einem solchen Falle Theilnahme an der Unterschlagung vorliege, entschied auch Z. I. 27. Febr. 1856 c. Lippmann (Rzepinski u. Gen.); *contra:* cit. Erk. App.-Ger. Frankf. 18. Jan. 1853, aus welchen Gründen ist nicht ersichtlich. Anders verhält sich die Sache, sobald der Finder schon vor dem Ver- und Ankaufe eine Hand-

§. 227. Die Unterschlagung, sowie der Versuch der Unterschlagung wird mit Gefängniß nicht unter Einem Monate und mit zeitiger Untersagung der Ausübung der bürgerlichen Ehrenrechte bestraft.

Wird festgestellt, daß mildernde Umstände vorhanden sind, so kann die Strafe bis auf Einen Tag Gefängniß ermäßigt werden.

[Entw. § 210]. Vgl. § 228. 229.

§. 228. Entwendungen oder Unterschlagungen, welche von Eltern oder Großeltern gegen ihre Kinder oder Enkel, oder von einem Ehegatten gegen den anderen begangen werden, sollen nicht bestraft werden.

---

lung vorgenommen hatte, welche ein Bei-Seite-Schaffen darstellte; als eine solche kann unter Umständen auch das Anbieten zum Verkaufe unbedenklich angesehen werden; wo der Instanzrichter dieses, sowie die Kenntniß des Käufers von der sonach früher vollendeten Unterschlagung ausdrücklich feststellt, muß er wegen Hehlerei, und nicht wegen Theilnahme an der Unterschlagung strafen. *Contra:* Z. I. 11. Febr. 1857 c. Hein cit., welches eine vollendete Unterschlagung nur da annehmen wollte, wo die Sache aus der Hand des Verkäufers herausgegangen ist; gleichwohl wird auch dort anerkannt, daß in der Verabredung eines Verkaufs „ein Bei-Seite-Schaffen" gefunden werden könne. Vgl. indessen § 225 n. 48; und im Allgem. § 237 n. 21; G. A. 1. f. 53.

§ 227.

1. Der zum Thatbestande des strafbaren Versuchs einer Unterschlagung erforliche Anfang der Ausführung (§ 31) kann angenommen werden, auch wenn für den Andern noch kein Nachtheil eingetreten ist: Z. I. 24. März 1854 c. Fuhrmann.

2. Dagegen ist ein Anfang der Ausführung nicht denkbar, so lange die Sache noch nicht in die Gewahrsam des Angeklagten gekommen ist; daher ist ein Versuch, eine fremde Sache mit der Pflicht der Rückgabe in seine Gewahrsam zu bekommen, um sie demnächst zu unterschlagen, nicht strafbar: Z. Pl. 28. März 1859 c. Stolzke (JMBl. f. 170; Entsch. 40. 2. f. 482; G. A. 7. f. 821); B. I. 17. Okt. 1860 c. Fridrichowicz (G. A. 8. f. 841); vgl. § 31 n. 7.

3. Beim Vorhandensein mildernder Umstände kann von der Untersagung der Ausübung der bürgerlichen Ehrenrechte abgesehen werden; der Richter bleibt aber auch dann befugt, sie zu verhängen, wo er es für angemessen erachtet: Z. 15. Sept. 1852 c. Kalthöfer.

4. An den im § 174 der Gew.-Ordn. vom 17. Jan. 1845 erwähnten Gewerbtreibenden ist die Verübung einer Unterschlagung mit dem Verluste der Befugniß zum selbstständigen Gewerbebetriebe zu bestrafen, weil dieselbe nach § 227 die zeitige Untersagung der Ausübung der Ehrenrechte nach sich zieht, und daher als ein von ehrloser Gesinnung zeugendes Vergehen anzusehen ist, und weil nach dem ALR. die Unterschlagung unter den allgemeinen Begriff des Betrugs fiel: B. II. 24. Mai 1856 c. Buhl.

§ 228.

1. Unter „Entwendung" sind jedenfalls alle Diebstähle, auch die schweren, zu verstehen; G. Matt. 2. f. 511 n. 2; Temme Lehrb. f. 939; außerdem muß aus dem Umstande, daß hier (abweichend von der Fassung des § 229) der allgemeinere Ausdruck „Entwendung" gebraucht ist, gefolgert werden, daß auch der Raub und die Hehlerei hierher zu rechnen seien. Die Ausdehnung der Vorschrift auf den

Diese Bestimmung findet keine Anwendung auf andere Personen, welche als Theilnehmer oder Hehler schuldig sind.

[Entw. § 211]. Vgl. § 229. 37. 271.

Betrug ist dagegen nicht für gerechtfertigt erachtet worden: K.-B. I. K. s. 39; G. Matt. 2. s. 558.

2. Ebensowenig findet eine Bestrafung der Ascendenten wegen Theilnahme an einer zum Nachtheile des Descendenten von einem Dritten verübten „Entwendung“ statt: Temme Lehrb. s. 898 Note 2.

3. „Begehen Aeltern gegen Kinder als Vormünder der letztern eine Untreue durch Diebstahl oder Unterschlagung, so findet der § 228 Abs. 1 Anwendung“: B. (Z.) II. 23. Febr. 1854 c. Klein (Präj. n. 79; Entsch. 27. s. 408; G. A. 2. s. 561). *Contra:* G. Matt. 2. s. 511 n. 4 und s. 562 n. 4.

4. Dagegen ist die Vorschrift auf andre, von einem Ascendenten zum Nachtheile seines Descendenten verübte Verbrechen &c. nicht auszudehnen, z. B. nicht auf Fälschung.

5. Beim Diebstahle kann als Verletzter im Allgemeinen sowohl der Eigenthümer, als derjenige, aus dessen Gewahrsam die Sache weggenommen wird, angesehen werden; wenn daher das Gesetz der Frage, gegen wen der Diebstahl begangen worden sei, eine besondere Bedeutung beilegt, so kommt es darauf an, zu ermitteln, von welchem Gesichtspunkte dasselbe dabei ausgegangen ist. Im Falle der § 228. 229 ist unbedenklich der Eigenthümer als solcher zu betrachten: Z. Pl. 14. Sept. 1854 c. Helm (JMBl. s. 410; Entsch. 36 s. 480; 37. 2. s. 10; G. A. 5. s. 651); Beschl. II. 31. Mai 1855 c. Wachendörfer (Präj. n. 160; Entsch. 30. s. 261; G. A. 3. s. 708; 5. s. 648); G. Matt. 2. s. 511. n. 7; G. A. 2. s. 693. Das gilt selbst dann, wenn der Eigenthümer gegen den gewesenen Inhaber einen Ersatzanspruch hat: Z. II. 9. Febr. 1860 c. Schladitz; B. II. 9. Febr. 1860 c. Pesch (Rh. A. 55. 2. A. s. 42; G. A. 8. s. 417). Daher ist § 228 da unanwendbar, wo eine Ehefrau die einem Dritten gehörende Sache aus der Gewahrsam ihres Ehemannes, dem solche übertragen worden war, wegnimmt (z. B. die Frau eines Soldaten stiehlt die dem letztern vom Militärfiskus gelieferten Militäreffekten): B. I. 19. Nov. 1856 c. Sperling (G. A. 5. s. 101). Neben dem Eigenthümer ist aber auch der Inhaber als Verletzter zu betrachten: B. II. 9. Febr. 1860 c. Pesch (cit.); B. I. 19. Nov. 1856 c. Sperling cit. (indirekt). *Contra:* Z. Pl. 14. Sept. 1854 cit. (beiläufig). Das muß jedenfalls da gelten, wo durch den Diebstahl auch der Inhaber in seinen Rechten gekränkt wird, z. B. wo dieser dem Eigenthümer ersatzpflichtig ist. Im Uebrigen kommt hier wesentlich der Dolus des Thäters in Betracht, d. h. ob er wußte, daß die Sache einem Andern als dem Inhaber resp. wem sie gehöre. Vgl. § 229 n. 14. 15; Abh. in G. Arch. 5. s. 643; G. Matt. 2. s. 511 n. 7.

6. Das unter n. 5 Gesagte gilt ebenso von der Unterschlagung, bei ihr ist es noch unbedenklicher, den benachtheiligten Besitzer oder Inhaber ebenfalls als denjenigen anzusehen, gegen welchen das Vergehen verübt wurde, da die Fassung des § 225 darauf ausdrücklich hinweist.

7. Unter Eltern und Großeltern sind hier, zumal mit Rücksicht auf die abweichende Fassung des § 229, nur die leiblichen Ascendenten zu verstehen: Besel. s. 435 I a; jedoch sind auch die unehelichen Ascendenten hierher zu rechnen: G. M. 2. s. 511 n. 3; Koch n. 5.

8. Auf Adoptiveltern ist daher der § nicht anzuwenden: K.-B. I. K. s. 36; Bes. s. 435 I a; G. Matt. 2. s. 511 n. 3.

9. Zwischen Ehegatten wird der § wirksam, sobald die betreffende Handlung zur Zeit des Bestehens der Ehe statt fand, sollte die letztere auch seitdem aufgelöst worden sein: Bes. s. 436 I b; G. Matt. 2. s. 511 n. 6.

10. Die Ehescheidung beseitigt für die Zukunft die Anwendbarkeit des § 228. Dasselbe nimmt G. Matt. 2. s. 511 n. 6 für den Fall einer zwischen katholischen Ehegatten erkannten beständigen Trennung von Tisch und Bett an. Für diese Ansicht kann angeführt werden, daß die Vorschrift des § 228 auf der zum Wesen der Ehe gehörigen individua vitae consuetudo beruht, welche bei einer sol-

§. 229 **Wer sich eines Diebstahls oder einer Unterschlagung gegen Eltern oder Großeltern, Stiefeltern oder Stiefkinder, gegen Schwiegereltern oder Schwiegerkinder, gegen Geschwister, ingleichen gegen Pflegeeltern, Vormünder oder Erzieher schuldig macht, ist nur auf Antrag des Verletzten zur Untersuchung zu ziehen.**

[Entw. § 211 a]. Vgl. § 228. 37. 50—54. 271.

---

chen Trennung aufgehoben wird; auf der andern Seite spricht für das Gegentheil das Fortbestehen des Bandes der Ehe, und die dadurch begründete Möglichkeit einer Wiedervereinigung. Jedenfalls wird die nach Art. 306 fgg. des Rh. BGB. statthafte Trennung von Tisch und Bett nach gleichen Grundsätzen zu beurtheilen sein. Dagegen steht die unter protestantischen Ehegatten als zeitweise Maaßregel angeordnete Trennung der Anwendbarkeit des § nicht entgegen. Goltd. l c.

11. Der § 228 bleibt ausgeschlossen, wenn der Descendent oder Ehegatte nicht alleiniger, sondern nur Miteigenthümer der gestohlenen ꝛc. Sache war, außer ihm also noch andere Personen in ihren Rechten gekränkt sind: Z. I. 25. Sept. 1857 c. Figge (G. A. 5. s. 653); B. II. 9. Febr. 1860 c. Pesch (cit. n. 5). Vgl. § 229 n. 11.

12. Wenn auf den Grund des § 228 (229) ein Diebstahl straflos bleibt, so kann auch ein denselben begleitender und qualifizirender Umstand, z. B. der Einbruch nicht als selbstständiges Vergehen, (Vermögensbeschädigung) bestraft werden, sollte dieses Vergehen auch gegen eine dritte Person (z. B. den fremden Eigenthümer des vom Bestohlenen bewohnten Gebäudes) verübt sein. So: Z. I. 24. Sept. 1858 c. Hensel (G. A. 6. s. 845).

13. Die hier vorgesehenen Fälle haben an sich den Charakter eines Verbrechens oder Vergehens keineswegs verloren, das Gesetz hat nur ausnahmsweise hier Straflosigkeit vorgeschrieben. Vgl. K.-B. II. K. s. 124. Es ist daher ganz konsequent, wenn Abs. 2 diese Bestimmung auf dritte Personen, welche als Theilnehmer oder Hehler schuldig sind, nicht ausdehnt: Z. II. 23. Febr. 1854 c. Klein (Entsch. 27. s. 408; G. A. 2. s. 561). *Contra:* mit Unrecht: Temme Lehrb. s. 938. 939. 965 Note 5.

14. Aus demselben Grunde ist die Vorschrift des Absatz 2 nicht auf Theilnehmer und Hehler zu beschränken, vielmehr ist auch die Begünstigung des Thäters durch einen Dritten, wenn sie geschieht, um jenem die Vortheile des Verbrechens ꝛc. zu sichern, nach § 37 strafbar, ohne daß der Umstand, daß die andre Art der Begünstigung (um den Thäter der Bestrafung zu entziehen) hier nicht vorkommen kann, — dabei einen Unterschied hervorbringen könnte: B. II. 24. Apr. 1856 c. Söchting (G. A. 4. s. 691).

15. Die Vorschrift dieses § steht der Statthaftigkeit einer Privatentschädigungsklage in keiner Weise entgegen: Bes. s. 439 l c.

§ 229.

1. „Diebstahl“ umfaßt alle Arten des Diebstahls, also auch den schweren Diebstahl: Temme Lehrb. s. 939.

2. Was hier von Diebstahl und Unterschlagung gesagt ist, gilt auch von der Theilnahme an diesen Vergehen ꝛc.

3. Ebenso verhält es sich mit dem Versuche des Diebstahls ꝛc.; derjenige, gegen welchen ein solcher Versuch gerichtet war, ist hier ebenfalls als ein „Verletzter“ anzusehen, wenngleich er keinen wirklichen Nachtheil erlitten hat: G. Matt. 1. s. 276 n. 2; Temme Gll. s. 97.

4. Dagegen kann (zumal mit Rücksicht auf die abweichende Fassung des § 228, und den dort gebrauchten Ausdruck „Entwendungen“) eine Ausdehnung auf andre Verbrechen und Vergehen, z. B. auf Raub, Hehlerei u. s. w. nicht stattfinden. In Betreff des Betrugs vgl. K.-B. I. K. s. 39; G. Matt. 2. s. 558.

5. Auf Feldfrevel findet der § nur dann Anwendung, wenn die betreffende Handlung den Thatbestand eines Diebstahls oder einer Unterschlagung darstellt,

welcher nur ausnahmsweise nicht nach dem StGB., sondern nach den betreffenden Spezialgesetzen zu beurtheilen ist; dasselbe gilt von Holzdiebstählen.

6. Ueber die Strafbarkeit der den Diebstahl ꝛc. qualifizirenden Umstände, diese als selbstständige Vergehen aufgefaßt, vgl. § 228 n. 12.

7. Auch uneheliche Verwandtschaft reicht hin, um den § 229 auf die entsprechenden Verhältnisse anwendbar zu machen; insbesondere kann es dabei nicht darauf ankommen, inwiefern die verschiedenen, in den einzelnen Theilen des Staats geltenden Civilgesetzgebungen ein solches Verwandtschaftsverhältniß anerkennen, da das StGB. für den ganzen Staat gleichmäßig zur Anwendung zu bringen ist. Vgl. § 141 n. 4; § 228 n. 7; G. A. 1. s. 542 und 577.

8. Ein B. I. 15. Mai 1857 c. Ulke (G. A. 5. s. 566) nahm an, daß ein schwägerschaftliches Verhältniß (arg. ALR. II, 1 § 6) auch nach Auflösung der dasselbe begründenden Ehe als bestehend anzusehen sei, hielt sonach einen Strafantrag des vom Stiefsohn bestohlenen Stiefvaters auch da noch für erforderlich, wo die betreffende Ehe bereits vor Begehung des Diebstahls durch den Tod der Frau aufgelöst war. *Contra:* Z. 2. April 1852 c. Schmidt. Vgl. § 141 n. 8. 9; § 228 n. 9. 10.

9. Der Ausdruck Geschwister umfaßt auch Halbgeschwister: B. (Z.) I. 11. März 1857 c. Stechy (G. A. 5. s. 273); Z. I. 29. Mai 1861 c. Quassowski (RdO. 1. s. 411).

10. Unter „Erziehern“ sind Lehrherrn und Lehrmeister nicht mit zu verstehen, wenn gleich das ALR. II, 8 § 292—294 den Handwerkslehrherrn gewisse mit der Erziehung der Lehrlinge in Verbindung stehende Rechte und Pflichten beilegt. Schon der Umstand, daß § 217 Nr. 4 den Diebstahl des Lehrlings gegen den Lehrherrn strenger bestraft, spricht gegen eine solche Auslegung. Vgl. G. Matt. 2. s. 511 n. 5; Koch n. 7.

11. Des Antrags bedarf es nicht, wenn der Verwandte nur Miteigenthümer neben dritten Personen war, z. B. wenn eine der Schwester des Diebs gemeinschaftlich mit ihrem Ehemanne gehörige Sache gestohlen wurde: B. I. 25. Sept. 1857 c. Figge (G. A. 5. s. 653); Z. I. 3. Mai 1861 c. Kaspareit; Z. I. 29. Mai 1861 c. Quassowski (RdO. 4. s. 411). Vgl. § 228 n. 11.

12. Auf dritte Personen, welche sich an einem von einem Verwandten begangenen Diebstahle ꝛc. als Mitthäter oder Theilnehmer betheiligen, oder später die betreffenden Gegenstände verhehlen, bezieht sich § 229 nicht mit; es bedurfte hier der Wiederholung des Schlußabsatzes des § 228 nicht, weil hier von einer Straflosigkeit der Handlungen überhaupt keine Rede ist, sondern nur von einem durch ein subjektives Verhältniß bedingten Strafantrage, dessen Nichtanwendbarkeit auf dritte Personen sich von selbst versteht: K.-B. I. K. s. 30; B. 21. Jan. 1852 c. Büttner (JMBl. s. 111; G. A. 1. s. 233); Z. I. 23. Dez. 1853 c. Goslinski (v. Pradcynski; G. A. 2. s. 255). Temme hat seine frühere (Gll. s. 126 n. 2) entgegengesetzte Ansicht später (Lehrb. s. 940) wieder aufgegeben.

13. In Beziehung auf die Stellung des Antrags sind die Grundsätze der §§ 50 bis 54 maaßgebend; das gilt namentlich auch von der Untheilbarkeit desselben, wenn mehrere Personen konkurriren, bei welchen es eines Antrags bedurfte.

14. „War der Ascendent des Diebes, aus dessen Gewahrsam letzterer die „Sache wegnahm, bloßer Bewahrer derselben, so ist der Eigenthümer der Sache „als der Verletzte, gegen den der Diebstahl verübt worden, anzusehen. Die Eröff„nung der Untersuchung gegen den (mit diesen Verhältnissen bekannten) Dieb ist „daher in diesem Falle nicht davon abhängig, daß jener Ascendent auf Bestrafung „des Diebs anträgt“: Beschl. II. 31. Mai 1855 c. Wachendörfer (Präj. n. 160; Entsch. 30. s. 361; G. A. 3. s. 708; welcher gleichzeitig erwägt, daß das Gesagte auch da Anwendung finde, wo der Grundsatz gilt „Hand muß Hand wahren“, weil dieser Satz nur dem Eigenthümer das Recht versage, die Sache in der Hand eines Dritten zu vindiziren, ohne im Uebrigen dem Eigenthume seine Bedeutung und Wirkung zu entziehen); B. II. 9. Febr. 1860 c. Pesch (Rh. Arch. 55. 2. A. s. 42; G. A. 8. s. 417). Vgl. im Uebrigen § 228 n. 5; G. Matt. 2. s. 511 n. 7.

15. Aus dem unter n. 14 angeführten Präjudiz darf nicht gefolgert werden, als bedürfe es eines Antrags auch dann, wenn der Diebstahl ꝛc. gegen einen Dritten verübt ist, der Dieb aber irriger Weise glaubte, daß die Sachen einer der im

Neunzehnter Titel.
Raub und Erpressung.

§. 230. Einen Raub begeht, wer mit Gewalt gegen eine Person, oder unter Anwendung von Drohungen mit gegenwärtiger Gefahr für Leib oder Leben, eine fremde bewegliche Sache einem Anderen in der Absicht wegnimmt, sich dieselbe rechtswidrig zuzueignen.

Wer, bei einem Diebstahl auf frischer That betroffen, gegen eine Person Gewalt verübt oder Drohungen mit gegenwärtiger Gefahr für Leib oder Leben anwendet, um sich im Besitze des gestohlenen Gutes zu erhalten, ist einem Räuber gleich zu achten.

[Entw. § 212]. Vgl. § 215. 231—233. 236. 28. 39; Ges. v. 31. März 1837 (GS. s. 67); Ges. v. 4. Juni 1851 § 10 (GS. s. 453).

---

§ genannten Personen gehörten, weil dann dieser Letztere in Wahrheit nicht der Verletzte ist. *Contra:* Z. I. 17. Mai 1858 c. Hohensee (G. A. 6. s. 710). Anders verhält es sich mit einem Falle des § 228 Abs. 1.

16. Darüber, ob ein genügender Antrag auf Bestrafung vorliege, haben nie die Geschwornen, sondern nur der Schwurgerichtshof zu entscheiden. Vgl. § 50 n. 12. G. Arch. 1. s. 542.

§ 230.

Inhalt.

1. Das Strafgesetzbuch qualifizirt den gewaltthätigen Diebstahl als Raub; das Verbrechen wird daher erst mit der vollbrachten Entwendung vollendet: Beseler s. 440. 443 III; G. Matt. s. 517 n. 6; Temme Gll. s. 287.

2. Die hier verlangte „Gewalt" muß eine solche sein, welche den Zwang oder die Nöthigung in sich schließt, die Wegnahme der Sache zu dulden: G. M. 2. s. 514 n. 2. Die Gewalt (oder Drohung) muß das Mittel zur Ausführung des Diebstahls gewesen sein: Beschl. I. 9. Juni 1854 c. Marcinkowski; Koch n. 9 III.

3. Daher ist es nicht als Gewalt im Sinne dieses § anzusehen, wenn eine Sache einer Person entrissen wird, bevor sie dieselbe schützen kann: G. Matt. 2. s. 514 n. 2, welcher in einem solchen Falle nur eine an der Sache, nicht aber eine gegen die Person angewendete Gewalt annimmt.

4. Dagegen ist es nicht nothwendig erforderlich, daß die Gewalt von vornherein zum Zwecke des Diebstahls angewendet worden sei; vielmehr ist Raub auch dann anzunehmen, wenn jene zunächst zu einem andern strafbaren Zwecke stattfand, sie gleichwohl demnächst das benutzte Mittel war, durch welches der Diebstahl möglich wurde. *Contra*: G. Matt. 2. s. 517 n. 7. Vgl. auch § 218 n. 20. 25. 26.

5. Die Gewalt muß gegen eine Person angewendet sein; es ist aber keineswegs nothwendig, daß diese Person grade der zu Beraubende sei, wenn nur der Kausalnexus feststeht: Beseler s. 443 I; G. Matt. 2. s. 514 n. 2. *Contra:* Temme Lehrb. s. 955; Koch n. 9.

6. Es ist nicht erforderlich, daß die Gewalt mit gegenwärtiger Gefahr für Leib oder Leben verbunden gewesen sei; dieses Merkmals bedarf es nur bei der Drohung: Z. I. 12. März 1858 c. Grieger.

7. In der Regel wird es in der den Geschwornen vorzulegenden Frage der Auflösung des Begriffs Gewalt nicht bedürfen, dieser Ausdruck vielmehr füglich beizubehalten sein. Vgl. G. A. 1. s. 362.

8. Ueber den Begriff der Drohung vgl. § 89 n. 48—53.

9. Es reicht hin, wenn durch den Spruch der Geschwornen festgestellt wird, daß die Drohungen mit gegenwärtiger Gefahr für Leib oder Leben verbunden gewesen; der Angabe der speziellen Thatsachen, aus welchen die Gefahr zu folgern, bedarf es nicht: Z. I. 23. Juni 1854 c. Meißner.

10. Eine Drohung kann auch stillschweigend durch Handlungen stattfinden: G. Matt. 2. f. 515 n. 3.

11. Ein von Mehreren gemeinschaftlich verübter Diebstahl nimmt den Charakter des Raubes an, wenn auch nur einer von ihnen (selbst ohne eine vorgängige, hierauf gerichtete Verabredung) Gewalt [oder Drohungen] anwendet, sollte dieser auch nicht einmal Mitthäter am Diebstahle, sondern, eben wegen dieser seiner Thätigkeit Gehülfe sein, sobald nur feststeht, daß diese Gewalt ꝛc. das Mittel war, durch welches der Diebstahl möglich wurde; inwiefern dann jedem der übrigen dieser von ihnen nicht ausgegangene, und von ihnen vielleicht nicht einmal gewollte erschwerende Umstand anzurechnen sei, ist nach § 44 zu beurtheilen: B. 13. Sept. 1852 c. Kowsky; ähnlich: Z. I. 3. April 1857 c. Kietzer; Z. II. 8. Sept. 1859 c. Kühne. *Contra:* Temme Lehrb. f. 857; vgl. § 232 Nr. 1, und Thl. I. Tit. 3 (§ 34 fgg.) n. 5—8. Aus demselben Grunde kommt Nichts darauf an, ob die von den Einzelnen ausgegangenen Gewaltthätigkeiten oder Drohungen für sich allein als Mittel zur Begehung des Diebstahls hingereicht haben würden, wenn nur die von den verschiedenen gemeinschaftlich handelnden Betheiligten ausgegangenen Thätigkeiten ꝛc. zusammen genommen jenen Charakter an sich trugen: Z. I. 23. Juni 1854 c. Meißner. Vgl. § 1 n. 8; § 91 n. 7; § 233 n. 9.

12. Abgesehen von der Anwendung von Gewalt oder Drohungen gehört zum Raube genau der Thatbestand des Diebstahls: Z. I. 2. Jan. 1856 c. Großmann (G. A. 4. f. 207). Es sind daher die zum § 215 entwickelten Grundsätze anzuwenden.

13. Das gilt namentlich auch von der Frage, inwieweit es zu diesem Verbrechen der gewinnsüchtigen Absicht als eines wesentlichen Merkmals bedürfe. Vgl. § 215 n. 67. Das dort citirte B. 26. Nov. 1852 c. Rembiok (Hahn n. 241) betraf eine Anklage auf Raub.

14. Nach dem unter n. 12 Gesagten nehmen beim Raube die Gewalt oder Drohungen den Charakter eines die Hauptthat begleitenden Umstandes im Sinne des Art. 91 des Ges. v. 3. Mai 1852 an, es muß daher der Spruch der Geschwornen des Ergebnisses der besondern Abstimmung über diesen Umstand bei Nichtigkeitsstrafe ausdrücklich Erwähnung thun: arg. B. Pl. 29. Okt. 1855 c. Schulz (Präj. n. 180; JMBl. f. 398). *Sic:* B. I. 8. Mai 1857 c. Michalk; B. I. 15. Juli 1857 c. Szymankiewicz (G. A. 5. f. 663); B. I. 16. Dez. 1857 c. Reich (G. A. 6. f. 84).

15. Wird bei einer auf Raub lautenden Frage an die Geschwornen durch den Spruch der letztern die angewendete Gewalt beseitigt, dagegen der Thatbestand des einfachen Diebstahls festgestellt, so ist die Strafe des letztern zu verhängen, ohne daß es hierzu (nach Art. 86 des Ges. v. 3. Mai 1852) der Stellung einer auf Diebstahl lautenden Eventualfrage bedurfte, da dieser Artikel den Fall voraussetzt, wo die That nach dem Ergebnisse der Hauptverhandlung die Begriffserfordernisse eines andern in der Anklage nicht enthaltenen Verbrechens ꝛc. in sich schließt, nicht aber den Fall, wo die in Gemäßheit der Anklage gestellte Hauptfrage zugleich schon alle wesentlichen Merkmale des andern Verbrechens ꝛc. enthält: Z. I. 2. Jan. 1856 c. Großmann (G. A. 4. f. 207). Vgl. Strafverf. Art. 86 n. 7.

16. Diebstahl und Raub liegen da nicht vor, wo der bisherige Inhaber selbst, wenn auch nur gezwungen, die Gewahrsam aufgiebt, und auf den Handelnden überträgt, weil es dann an der „Wegnahme" fehlt. Dagegen ist dieser Fall durch § 236 dem Raube gleichgestellt worden: G. Matt. 2. f. 515 n. 4.

17. Die gewaltsame Besitznahme unbeweglicher Sachen kann nie Raub, und jetzt nur dann strafbar sein, wenn die wesentlichen Merkmale eines andern Vergehens ꝛc. vorliegen, z. B. der §§ 214 oder 284: G. Matt. 2. f. 515 n. 4.

18. Auch Abs. 2 setzt einen wirklichen Diebstahl voraus; auf das unbefugte Halten einer Nachlese auf Feldern und Aeckern, welches durch § 41 Nr. 1 der FPO. v. 1. Nov. 1847 nicht als Diebstahl, sondern nur als Uebertretung charakterisirt ist, erleidet er daher keine Anwendung, und es ist unerheblich, ob diese

§. 231. Der Raub wird mit Zuchthaus von fünf bis zu funfzehn Jahren, sowie mit Stellung unter Polizei-Aufsicht bestraft.

[Entw. § 213].

§. 232. *) Der Raub wird mit Zuchthaus von zehn bis zu zwanzig Jahren, sowie mit Stellung unter Polizei-Aufsicht bestraft:

1) wenn der Räuber, oder einer der Räuber oder Theilnehmer am Raube Waffen bei sich führt;
2) wenn zu dem Raube zwei oder mehrere Personen als Urheber oder Theilnehmer mitwirken, welche sich zur fortgesetzten Verübung von Raub oder Diebstahl verbunden haben;
3) wenn der Raub auf einem öffentlichen Wege oder Platze verübt wird;

---

*) Fassung des Ges. v. 14. April 1856 (GS. s. 210); in der ursprünglichen Fassung fehlte die Nr. 4.

Handlung alle im § 215 angegebenen Kriterien des Diebstahls in sich vereinigt, da sie durch den in Kraft verbliebenen § 41 l. c. aus dem Begriffe des Diebstahls ausgeschieden worden ist: Z. 21. Mai 1852 c. Favre (G. A. 1. s. 95). Vgl. § 215 n. 76.

19. Im Falle des Abs. 2 muß der Thäter bei dem Diebstahle auf frischer That betroffen sein, ein Anhalten bei der Verfolgung genügt daher nicht. G. Matt. 2. s. 516 n. 5. Gleichwohl ist der Begriff der „frischen That“ (vgl. § 178) nicht dahin zu beschränken, daß das Betreffen vor vollendeter Wegnahme, und noch während der Dieb mit dem Stehlen beschäftigt gewesen, statt gefunden haben müsse, es ist vielmehr der Fall, wo im Augenblicke des Betreffens der Diebstahl bereits verübt war, nicht ausgeschlossen, vorausgesetzt nur, daß dasselbe unmittelbar nach der Entwendung noch am Orte der That geschah, und dann — wenn auch erst bei unmittelbar darauf stattfindender Verfolgung — Gewalt rc. verübt wird, um den Besitz des Bestohlenen zu erhalten. Es wird hier immer Vieles in das Gebiet der thatsächlichen Feststellung fallen; ein Beispiel gewährt Beschl. II. 12. Apr. 1855 c. Bullert (der Angeklagte hatte aus einem Salinengebäude Salz gestohlen, und ward erst beim Hinausgehen aus dem rings umschlossenen sehr ausgedehnten Salinen-Raume an dem mehrere Minuten entfernten Thore vom Thorwärter angehalten und durchsucht; die Instanzrichter hatten ein Betreffen auf frischer That nicht angenommen, das Ober-Tribunal erkannte hierin keinen Rechts-Irrthum). Jedenfalls ist der Begriff der „frischen That“ nicht nach Maaßgabe des § 2 des Ges. v. 12. Febr. 1850 zum Schutze der persönlichen Freiheit (GS. s. 45) aufzufassen: Temme Lehrb. s. 956 c; vgl. G. A. 2. s. 557.

20. Der Fall, wo die Gewalt rc. nur zum Schutze der eignen Person, z. B. gegen eine beabsichtigte Verhaftung, und nicht deshalb geschah, um sich im Besitze des gestohlenen Guts zu erhalten, gehört nicht hierher: Beschl. I. 7. Jan. 1857 c. Knoll; G. Matt. 2. s. 517 n. 5; Temme Lehrb. s. 956; Koch n. 10.

§ 231.

— — — — — — — — — — — — — — — —

§ 232.

Zu Nr. 1.

1. Dem Raube stehen auch hier die Fälle des § 230 Abs. 2 gleich: B. I. 16. Sept. 1857 c. Auer (G. A. 5. s. 702).

4) wenn bei einem Raube einem Menschen eine erhebliche Mißhandlung oder Körperverletzung (§ 192 a.) zugefügt wird.

[Entw. § 214]. Vgl. § 218 Nr. 6. 7. 4; 192a; AKO. v. 21. April 1856 (GS. s. 220).

§. 233.*) Der Raub wird mit lebenslänglichem Zuchthaus bestraft:

1) wenn der Räuber schon einmal wegen Raubes oder gewaltsamer Erpressung durch einen Preußischen Gerichtshof rechtskräftig verurtheilt worden ist; der § 60. findet hier keine Anwendung;

---

*) Fassung des Ges. vom 14. April 1856 (GS. s. 210); in der ursprünglichen Fassung lautete:

§. 233. Der Raub wird mit lebenslänglichem Zuchthaus bestraft:

1) wenn der Räuber schon einmal wegen Raubes oder gewaltsamer Erpressung durch einen Preußischen Gerichtshof rechtskräftig verurtheilt worden ist; der §. 60. findet hier keine Anwendung;

2) wenn bei dem Raube ein Mensch gemartert oder verstümmelt, der Sprache, des Gesichts, des Gehörs oder der Zeugungsfähigkeit beraubt, oder durch Mißhandlung oder Körperverletzung in eine Geisteskrankheit versetzt, oder länger als zwanzig Tage krank oder arbeitsunfähig geworden ist;

3) wenn bei dem Raube der Tod eines Menschen durch Mißhandlung oder Körperverletzung verursacht ist.

---

2. Vgl. § 218 Nr. 6 und dort die Bemerkungen.

Zu Nr. 2.

3. Vgl. § 218 Nr. 7 und dort die Bemerkungen.

Zu Nr. 3.

4. Vgl. § 218 Nr. 4; ALR. I, 22 § 63; II, 15 § 1—37.

5. Der Begriff eines öffentlichen Wegs im Gegensatze gegen einen bloßen Privatweg ist nicht rein thatsächlicher Natur; jedenfalls ist es zulässig, in den den Geschwornen vorgelegten Fragen diesen Begriff durch gleichbedeutende Ausdrücke zu ersetzen: Z. I. 2. März 1855 c. Schmidt (G. A. 3. s. 389).

6. „Unter einem öffentlichen Wege im Sinne des § sind nicht blos die „im Eigenthume des Staats befindlichen Land- und Heerstraßen, von welchen das „ALR. II, 15 § 1—37 handelt, sondern alle zu Jedermanns Benutzung stehenden „Wege, auch wenn sie über ein Privatgrundstück führen, zu verstehen,“ sollte es auch nur ein Fußweg sein: Z. II. 7. Juli 1853 c. Küper (Präj. n. 53; Entsch. 26. s. 157; G. A. 2. s. 126); Z. I. 2. März 1855 c. Schmidt. Vgl. G. Matt. 2. s. 518 n. 2; Temme Lehrb. s. 957; Koch n. 11; Gilb. C. pén. Art. 383 n. 1. 2.

7. Als öffentliche Wege sind auch Straßen anzusehen: G. Matt. 2. s. 518 n. 2; Temme GU. s. 287; Koch n. 11. *Contra:* die französische Rechtsprechung, welche die entsprechende Strafbestimmung des Art. 383 des C. pén. da ausschließt, wo ein öffentlicher Weg von Häusern eingefaßt ist. Vgl. Gilb. C. pén. Art. 383 n. 3.

8. Auch Eisenbahnen gehören hierher: G. Matt. 2. s. 519. Vgl. Koch n. 11.

9. Auf Wasserstraßen ist dagegen der § nicht anzuwenden: K.-B. II. K. s. 125; G. Matt. 2. s. 519. *Contra:* Temme Lehrb. s. 957.

Zu Nr. 4.

10. Vgl. § 292a und § 233 n. 8. 9.

§ 233.

Zu Nr. 1.

1. Vgl. § 58—60. 219 und die Bemerkungen zum letztern.

2) wenn bei dem Raube ein Mensch gemartert oder verstümmelt, der Sprache, des Gesichts, des Gehörs oder der Zeugungsfähigkeit beraubt, oder durch Mißhandlung oder Körperverletzung in eine Geisteskrankheit versetzt worden ist;

3) wenn bei dem Raube der Tod eines Menschen durch Mißhandlung oder Körperverletzung verursacht ist.

[Entw. § 215]. Vgl. § 58—60. 219. 193. 194. 175 fgg; AKO. v. 21. Apr. 1856 (GS. s. 220).

---

2. Eine Vorbestrafung nach § 1206. 1198. II, 20 des ALR. ist als Bestrafung wegen Straßenraubs aufzufassen: Z. II. 22. Okt. 1857 c. Gierlichs.

3. Unter „gewaltsamer Erpressung“ ist hier die im § 236 vorgesehene Handlung zu verstehen: Bes. s. 445; G. Matt. 2. s. 519 n. 1; Koch n. 12.

4. Ein früherer Diebstahl, wäre es auch ein schwerer, begründet hier die Rückfallsstrafe nicht. Ueber ein hiernach eintretendes Mißverhältniß in Betreff der Höhe des Strafmaaßes vgl. G. Matt. 2. s. 519 n. 1.

Zu Nr. 2 und 3.

5. Die betr. Handlung muß „bei“ dem Raube verübt sein, dagegen macht es keinen Unterschied, wenn der Erfolg (die Verstümmelung 2c.) nur als demnächstige unmittelbare oder mittelbare Folge jener Handlung eingetreten ist: Z. I. 14. Dez. 1859 c. Langer (G. A. 8. s. 93); vgl. § 193 n. 1.

6. Der § wird auch da anwendbar, wo der Raub nur versucht worden, wenn die Gewaltthätigkeiten gegen Personen die hier vorgesehene Wirkung gehabt haben.

Zu Nr. 2.

7. Vgl. § 293 und die Bemerkungen zu demselben.

8. Es bedarf hier nicht der Feststellung, daß die Mißhandlung zum Zwecke des Raubes verübt sei; eine Feststellung nach den Worten des § genügt: Z. I. 4. Jan. 1856 c. Jalocha.

9. In dem hier vorgesehenen Falle trifft die Strafverschärfung auch diejenigen am Raube Betheiligten, von welchen die Thätlichkeiten gegen Personen selbst nicht ausgegangen sind [unbeschadet jedoch der Vorschrift des § 44]: Z. I. 1. März 1854 c. Langner; ähnlich: Z. I. 3. April 1857 c. Kietzer. Vgl. n. 14; Thl. I Tit. 3 (§ 34 fgg.) n. 5—8; § 230 n. 11.

10. Temme (Glossen s. 288) will unter „Martern“ jede schwerere Mißhandlung verstehen; zu diesem Begriffe gehört aber auch wesentlich, daß die Mißhandlungen in der Absicht der Schmerzenszufügung stattgefunden haben, sei es, daß diese alleiniger Zweck gewesen, oder daß durch sie der Mißhandelte zu irgend einem Thun oder Lassen gezwungen werden sollte.

11. Die Geisteskrankheit muß hier durch die Körperverletzung oder Mißhandlung veranlaßt worden sein. Hieraus folgern Goltdammer (Matt. 2. s. 519 n. 2) und Koch (n. 13), daß der Fall, wo die Geisteskrankheit Folge der psychischen Einwirkung ist (der Drohungen oder des Schreckens), nicht hierher gehöre. *Contra*: Temme Lehrb. s. 958 Note 2. Vgl. § 193 n. 18.

Zu Nr. 3.

12. Vgl. § 175 fgg. 194 und die Bemerkungen zu diesem.

13. Auch hier wird die Abwesenheit der Absicht zu tödten vorausgesetzt, weil sonst ein mit dem Raube ideell konkurrirender Mord oder Todtschlag vorliegt: K.-B. I. K. s. 37.

14. Zur Bestrafung des Theilnehmers am Raube nach Anleitung dieser Nr. 3 genügt es, wenn bei der Ausübung des Raubes, und in Folge der von einem der Betheiligten bewirkten Körperverletzungen ein Mensch das Leben verliert, die Tödtung mag gegen einen der Betheiligten speziell erweisbar sein oder nicht, und sie mag für den Fall des Nachweises der Schuld gegen den wirklichen Thäter

§. 234. Wer, um sich oder Dritten einen rechtswidrigen Vortheil zu verschaffen, einen Anderen zu einer Handlung oder Unterlassung dadurch zwingt oder zu zwingen versucht, daß er denselben schriftlich oder mündlich mit der Verübung eines Verbrechens oder Vergehens bedroht, macht sich der Erpressung schuldig.

[Entw. § 216]. Vgl. § 83. 84. 90. 212. 213. 215; Ges. v. 4. Juni 1851 § 10 (GS. s. 220).

Mord, Todtschlag oder nur durch Körperverletzung verursachte Tödtung sein: Z. (V.) I. 25. Jan. 1855 c. Beyersdorf (Cabuß u. Gen.; G. A. 2. s. 357). Es handelte sich damals von einer durch Wachehalten verübten Theilnahme. Vgl. oben n. 9.

§ 234.

Inhalt.

1. Die gewinnsüchtige Absicht unterscheidet das hier vorgesehene Vergehen von der durch § 212 mit Strafe bedrohten Nöthigung.

2. Daß der Vortheil auch für Dritte gesucht sein dürfe, hielt man auszudrücken für nöthig, weil die Zuwendung an andre Personen hier unmittelbar bewirkt werden kann, während beim Diebstahle die Zueignung des Diebes vorhergehen müsse, ehe Zuwendung an einen Dritten möglich sei: G. Matt. 2. s. 521 n. 1. Temme (Lehrb. s. 962 Note 2) hält diese Unterscheidung für eine irrige.

3. Der gesuchte Vortheil braucht nicht nothwendig ein Vermögensvortheil zu sein; daß das Vergehen hier unter den gegen das Vermögen gerichteten strafbaren Handlungen seine Stelle gefunden hat, ist nicht maaßgebend, da in den bei weitem meisten Fällen nur Vermögensvortheile in Frage stehen; es sind daher keineswegs diejenigen ausgeschlossen, wo z. B. Abschließung einer Ehe oder eines Verlöbnisses erzwungen werden sollte: Z. II. 7. Juli 1859 c. Meitsch; Koch n. 15. *Contra:* G. Matt. 2. s. 522; Temme Lehrb. s. 962 Note 3.

4. Der Vortheil ist rechtswidrig, sobald derjenige, für den er gesucht wird, kein Recht hat, die Erlangung desselben zu fordern. Wo dagegen ein Recht auf den gesuchten Vortheil besteht, kann nur etwa das Vergehen der Nöthigung oder der Bedrohung (des Landzwangs) nach § 212 oder 213 vorliegen: G. Matt. 2. s. 523 n. 2.

5. Als rechtswidriger Vortheil kann es auch angesehen werden, wenn zur Abschließung eines Kaufs oder Tausches gegen vollständiges Aequivalent gezwungen wird; die Erlangung des Eigenthums an einer fremden Sache, welche sonst nicht zu erwerben gewesen wäre, kann unbedenklich einen Vortheil darstellen: G. Matt. 2. s. 522; Koch n. 15. Dasselbe ist ebenso unbedenklich im Falle eines Zwangs zur Hergabe eines Darlehns anzunehmen, sollte auch wirklich der Zwingende die spätere Rückerstattung beabsichtigen, und demnächst leisten, und selbst das höchste Maaß der statthaften Zinsen gewähren. *Contra:* Berner Lehrb. s. 302 Note 4.

6. Wo nur eine Beschädigung, nicht aber Verschaffung eines Vortheils beabsichtigt wird, kann wiederum nur das Vergehen der Nöthigung, oder etwa der Vermögensbeschädigung vorliegen: G. Matt. 2. s. 523 n. 2.

7. Gleichgültig ist es, ob der Zwang ein direkter oder indirekter war; es genügt, wenn durch die Bedrohung die Freiheit des Bedrohten hinsichtlich der Handlung oder Unterlassung aufgehoben wird: Z. I. 5. Juni 1857 c. Kühnel.

8. Es liegt in der Natur der Sache, daß derjenige, welcher durch Bedrohung 2c. gezwungen werden soll, Kenntniß von demjenigen haben muß, was von ihm verlangt wird; dagegen ist es keineswegs erforderlich, daß der Zweck im Augenblicke der Drohung oder beim Beginne der Gewalt angekündigt werde; es genügt, wenn der zu Zwingende im Augenblicke der gewährenden oder

ablehnenden Willensäußerung die Bedingung kennt, unter welcher er sich von dem angekündigten Uebel oder der Gewalt befreien kann; dieses Erforderniß wird durch eine dem Wortlaute des § entsprechende Feststellung genügend ausgedrückt: Z. I. 13. April 1860 c. Sasse.

9. Ueber die durch versuchten Zwang bewirkte Erpressung siehe n. 21.

10. Die Bedrohung muß der Art sein, daß sie nach den vorwaltenden Umständen den Bedrohten zur Einräumung des verlangten Vortheils bestimmen konnte: Temme Gll. S. 289.

11. Nur die Bedrohung mit der Verübung eines Verbrechens rc. kommt hier in Betracht; es gehört daher die Bedrohung mit der Anstellung einer Civilklage oder mit der Anbringung einer (begründeten) Denuntiation, nicht hierher: Bes. S. 447: G. Matt. 2. S. 524; wohl aber die Bedrohung mit einer falschen Anschuldigung (§ 133): Z. I. 1. März 1861 c. Lindner; vgl. n. 20.

12. Bedrohung mit einer Verhaftung stellt, wenn die letztere eine gerechtfertigte gewesen sein würde, den Thatbestand der Erpressung nicht dar: B. II. 6. April 1854 c. Wölfel (G. A. 2. S. 693); vgl. § 211 n. 5.

13. Auch eine Bedrohung des Vermögens gehört hierher; vgl. § 235; G. Matt. 2. S. 523 n. 3.

14. Ob die Drohung wirklich die Verübung eines Verbrechens rc. zum Gegenstande habe, ist wesentlich Gegenstand der thatsächlichen Beurtheilung. Es ist keineswegs erforderlich, daß ganz klar und speziell ausgesprochen sei, welches Verbrechen rc. beabsichtigt werde, vielmehr genügt es, wenn aus dem Zusammenhange und den obwaltenden Umständen dem Bedrohten klar wird, daß und welches Verbrechen rc. ihm in Aussicht gestellt werde.

15. In schwurgerichtlichen Sachen reicht es hin, wenn die Geschwornen feststellen, welche Handlung angedroht worden; es ist dann Sache des Richter-Amts zu prüfen, ob diese Handlung ein Verbrechen sei: Z. I. 23. Juni 1854 c. Meißner; Z. I. 13. April 1860 c. Sasse.

16. Gleichgültig ist, ob das Verbrechen rc. gegen denjenigen, von welchem der Vortheil erpreßt wird, oder gegen einen Dritten verübt werden sollte; der § erheischt nur, daß die Drohung gegen den erstern gerichtet, und daß sie zur Ausübung eines Zwanges gegen diesen geeignet war: Z. II. 9. April 1857 c. Aschert; G. Matt. 2. S. 523; Temme Gll. S. 289.

17. Durch die Worte „mündlich oder schriftlich“ soll nur die gleiche Strafbarkeit der schriftlichen Bedrohungen ausgesprochen, keineswegs aber eine stillschweigend durch drohende Handlungen verübte ausgeschlossen werden; der § ist daher auch dann anwendbar, wenn z. B. Jemand unter Vorhaltung einer gefährlichen Waffe zur Ablieferung seines Geldes aufgefordert wird; vgl. § 212 n. 4.

18. Bei jeder Drohung wird das Vorhandensein des Willens, dieselbe zu verwirklichen, präsumirt: B. I. 24. Sept. 1856 c. Lenz (G. A. 4. S. 811). Es kommt daher Nichts darauf an, ob die Drohung ernstlich gemeint gewesen sei, sobald sie nur auf den Bedrohten den Eindruck einer ernstlich gemeinten machte, d. h. für ihn in Wirklichkeit eine Drohung enthielt.

19. Eben deshalb stellt die Drohung „zu tödten“ eine Drohung mit „Mord“ dar, und es bedarf der Feststellung nicht, daß die Drohung eine vorsätzliche und überlegte Tödtung zum Gegenstande gehabt, noch weniger ist erforderlich, daß der Drohende das Letztere ausgesprochen habe: B. I. 24. Sept. 1856 c. Lenz (G. A. 4. S. 811; die Geschwornen hatten die Drohung zu tödten festgestellt, es aber für nicht erwiesen erklärt, daß dieselbe auf ein vorsätzliches rc. Tödten gelautet habe; das freisprechende Erkenntniß des Schwurgerichtshofs ward vernichtet, und der Angeklagte nach § 234 verurtheilt).

20. Der Umstand, daß eine angedrohte falsche Anschuldigung sich als falsch habe widerlegen lassen, und der Bedrohte keinen Nachtheil erlitten haben würde, beseitigt die Anwendbarkeit der §§ 234 fgg. nicht, da auch der Versuch des Zwanges strafbar, mithin ein Erfolg der beabsichtigten Erpressung nicht erforderlich ist, wenn nur die Bedrohung im Falle, wo sie Erfolg gehabt hätte, die Beschädigung nach sich gezogen haben würde: Z. I. 4. April 1855 c. Tetzlaff (Preiß u. Gen.). Vgl. n. 11.

21. Das Vergehen wird durch die Vorbringung der Drohung gegen den An-

§. 235. Die Erpressung wird mit Gefängniß nicht unter drei Monaten und zeitiger Untersagung der Ausübung der bürgerlichen Ehrenrechte bestraft. Der Schuldige kann zugleich unter Polizei-Aufsicht gestellt werden.

Besteht das angedrohte Verbrechen in Mord, Brandstiftung oder Verursachung einer Ueberschwemmung, so wird der Thäter mit Zuchthaus bis zu fünf Jahren und Stellung unter Polizei-Aufsicht bestraft.

[Entw. § 217]. Vgl. § 212. 213; Ges. v. 4. Juni 1851 § 10 (GS. s. 453).

§. 236. Geschieht die Erpressung durch Drohungen mit gegenwärtiger Gefahr für Leib oder Leben, oder durch Gewalt gegen eine Person, so ist der Thäter gleich einem Räuber (**§§ 231, 232, 233**) zu bestrafen.

[Entw. § 218]. Vgl. § 230—233. 234; Ges. v. 4. Juni 1851 § 10 (GS. s. 453).

---

dern vollendet, da nach der gegebenen Begriffsbestimmung auch der Versuch des Zwanges eine „Erpressung", und nicht etwa nur einen Versuch derselben darstellt, im § 235 auch nur jene und nicht dieser mit Strafe bedroht wird. Wenn § 234 (und ebenso § 212) den Zwang und den Zwangsversuch gleichstellen, so deutet letzteres nicht auf die Erfordernisse eines strafbaren Versuchs nach § 31 hin, weil sich hier die Erreichung des beabsichtigten Zwecks mit Bestimmtheit nicht berechnen läßt, in Ansehung des Erfolgs Vollendung und Versuch im Sinne des § 31 nicht genau von einander unterschieden werden können, und das Gesetz auch beim versuchten Zwange durch Drohung die wirkliche Vorbringung der letztern erfordert: B. I. 12. Sept. 1855 c. Kunde (JMBl. s. 356; G. A. 3. s. 816. 845). Es wird sonach weder vorausgesetzt, daß der rechtswidrige Vortheil erreicht sei, noch daß die Bedrohung die bezweckte Handlung oder Unterlassung wirklich herbeigeführt habe; daher bedarf es beim Zwangsversuche nicht der Feststellung der Merkmale des § 31: Z. I. 29. Juni 1855 c. v. Köller; Z. I. 3. Sept. 1856 c. Lammich; Z. II. 9. April 1857 c. Aschert. *Contra:* G. Matt. 2. s. 525 n. 5; Temme Gll. s. 290; id. Lehrb. s. 963; Koch n. 15. Vgl. § 31 n. 38.

22. Erfolgt die Bedrohung in einem versendeten Briefe, so ist das Vergehen erst vollendet, wenn der Addressat den Brief erhalten und gelesen hat. Vgl. § 3 n. 4.

§ 235.

1. Ueber den Versuch der einfachen Erpressung vgl. § 234 n. 21.

§ 236.

1. Den hier vorgesehenen Fall bezeichnet § 233 Nr. 1 als „gewaltsame Erpressung." Vgl. § 233 n. 3.

2. Da der § eine „Erpressung" voraussetzt, so müssen die Begriffserfordernisse des § 234 vorliegen; insbesondere ist es erforderlich, daß die Bedrohung die Verübung eines Verbrechens ꝛc. zum Gegenstande gehabt habe; es genügt daher eine Feststellung nicht, welche nur auf „Bedrohung mit gegenwärtiger Gefahr für Leib oder Leben" lautet, sonst würde auch der Fall hierher gehören, wo Jemand einen in Lebensgefahr Schwebenden dadurch zu irgend einer Handlung ꝛc. zu zwingen versucht, daß er denselben mit Versagung der begehrten Hülfeleistung bedroht, was offenbar unstatthaft ist. *Contra:* Z. II. 28. April 1859 c. Gaspers, welches eine „Drohung mit gegenwärtiger Gefahr ꝛc." für genügend erachtete.

3. Dagegen ist die im § 234 gegebene Begriffsbestimmung der Erpressung hier insoweit erweitert, als auch Gewalt gegen eine Person als Mittel des Zwanges genügt, so daß es also dann der Bedrohung mit der Verübung eines Verbre-

Zwanzigster Titel.
Hehlerei.

§. 237. *) Wer Sachen, von denen er weiß, daß sie gestohlen, unterschlagen oder mittelst anderer Verbrechen oder Vergehen erlangt sind, verheimlicht, ankauft, zum Pfande nimmt,

*) Neue Fassung des Ges. v. 14. April 1856 (GS. s. 210); die ursprüngliche Fassung lautete:

§. 237. Wer Sachen, von denen er weiß, daß sie gestohlen, unterschlagen oder mittelst anderer Verbrechen oder Vergehen erlangt sind, ankauft, zum Pfande nimmt oder verheimlicht, ingleichen wer Personen, die sich eines Diebstahls, einer Unterschlagung oder eines ähnlichen Verbrechens oder Vergehens schuldig gemacht haben, in Beziehung auf das ihm bekannte Verbrechen oder Vergehen um seines eigenen Vortheils willen begünstigt, ist mit Gefängniß nicht unter Einem Monate und mit zeitiger Untersagung der Ausübung der bürgerlichen Ehrenrechte zu bestrafen; auch kann derselbe zugleich unter Polizei-Aufsicht gestellt werden.

Wird festgestellt, daß mildernde Umstände vorhanden sind, so kann die Strafe bis auf Eine Woche ermäßigt werden.

chens ꝛc. nicht bedarf; die Gewalt stellt dann das schon verübte Vergehen dar, resp. sie wird als stillschweigende Bedrohung mit ferneren Gewaltthätigkeiten angesehen; gleichwohl bedarf es nicht der Feststellung, daß die Gewalt wirklich diesen letztern Charakter gehabt habe.

4. Ueber das Erforderniß der hier erheischten qualifizirten Drohungen, sowie der Gewalt vgl. § 230 n. 2—11.

5. Die Gewalt braucht keine vorher überlegte zu sein: Z. I. 7. Sept. 1859 Ramm (G. A. 7. s. 802).

6. Ob eine und dieselbe Gewalthandlung, durch welche verschiedene Erpressungen ausgeführt sind, als ein einziges oder als mehrere Verbrechen anzusehen sei, ist Gegenstand der thatsächlichen Beurtheilung: Z. I. 7. Sept. 1859 c. Ramm (G. A. 7. s. 802).

7. Wenngleich der § nur besagt, daß in dem vorgesehenen Falle der Thäter gleich einem Räuber bestraft werden solle, so geht doch aus § 238 hervor, daß auch die Handlung selbst dem Raube gleich zu achten ist; vgl. auch § 233 Nr. 1. Daher begründet eine frühere gewaltsame Erpressung auch für einen folgenden Diebstahl den Rückfall, sollte jene auch nicht die Hingabe einer fremden beweglichen Sache zum Gegenstande gehabt haben. *Sic*: Temme GU. s. 289, welcher den Satz aber auf den zuletzt erwähnten Fall beschränken will.

8. Die gewaltsame Erpressung kann in derselben Weise wie der Raub (§ 232. 233) qualifizirt werden, das ward anerkannt durch Z. II. 28. April 1859 c. Gaspers.

§ 237.

Inhalt.

1. Es wird ein Wissen vorausgesetzt, d. h. eine mit der objektiven Wahrheit übereinstimmende Ueberzeugung: Z. II. 30. Okt. 1856 c. Paß (Grös u. Gen.; G.

oder sonst an sich bringt, oder zu deren Absatze bei Andern mitwirkt, es sei um seines eigenen Vortheils willen oder nicht, ingleichen wer Personen, die sich eines Diebstahls, einer Unterschlagung oder eines ähnlichen Verbrechens oder Vergehens schuldig gemacht haben, in Beziehung auf das ihm bekannte Verbrechen oder Vergehen um seines eigenen Vortheils willen begünstigt, ist mit Gefängniß nicht unter Einem Monate und mit zeitiger Untersagung der Ausübung der bürgerlichen Ehrenrechte zu bestrafen; auch kann derselbe zugleich unter Polizei-Aufsicht gestellt werden.

Wird festgestellt, daß mildernde Umstände vorhanden sind, so kann die Strafe bis auf Eine Woche Gefängniß ermäßigt werden.

[Entw. § 34. 218a]. Vgl. § 238—240. 37. 38. 28. 228; Einf.-Ges. Art. XXI. XXV; Holzdiebst.-Ges. v. 2. Juni 1852 § 6; AKO. v. 21. April 1856 (GS. s. 220).

A. 5. s. 103). Gleichgültig ist es, ob diese Ueberzeugung auf eignen Sinneswahrnehmungen oder auf Schlußfolgerungen beruht: Z. I. 1. Juli 1859 c. Ugoreck. Eine bloße Vermuthung kann dagegen, selbst wenn sie durch mehrfache Verdachtsgründe hervorgerufen ist, nicht genügen: Z. II. 16. Febr. 1854 c. Erhard und Gen.; Z. II. 27. Nov. 1856 c. Linder.

2. Ein Z. I. 4. Febr. 1857 c. Gempf nahm an, in der Feststellung: „es sei eine gestohlene Sache wissentlich verhehlt“ könne das im § erheischte Wissen gefunden werden; eine genauere, den Worten des Gesetzes entsprechende Fassung der Feststellung ist indessen jedenfalls sehr zu empfehlen.

3. Da die Hehlerei nach dem StGB. ein selbstständiges Vergehen ꝛc., und nicht Theilnahme am Vergehen ꝛc. des Thäters darstellt, so genügt es, wenn das Wissen nur im Allgemeinen die strafbare Art der Erlangung der Sache zum Gegenstande hat; es ist daher „zum Thatbestande derselben die Kenntniß des bestimmten Verbrechens ꝛc., oder der Art von Verbrechen ꝛc., mittelst deren die betreffenden Sachen erlangt sind, nicht erforderlich, es genügt vielmehr die Kenntniß, „daß die Sachen überhaupt von einem Verbrechen oder Vergehen herrühren“: B. II. 3. Jan. 1856 c. Röstel (Präj. n. 197; Entsch. 31. s. 477; 32. s. 279; G. A. 4. s. 572); Z. I. 17. April 1857 c. Beyer (Feierabend u. Gen.); Z. I. 7. Okt. 1857 c. Kottlarczyk (Seiffert u. Gen.); B. I. 13. Jan. 1860 c. Gierth (1005); Z. I. 10. Okt. 1860 c. Raabe. Noch weniger ist es erforderlich, daß der Hehler die nähern Umstände, unter welchen die Hauptthat begangen wurde (Zeit, Ort, Person des Benachtheiligten u. s. w.) gekannt habe. Vgl. G. A. 1. s. 219. Es genügt sonach bei der einfachen Hehlerei, wenn der Hehler wußte, daß die Sache durch eine vom Strafgesetze verpönte Handlung, und bei der schweren (§ 238), wenn er wußte, daß sie von einem der im § 238 genannten Verbrechen herrühre: B. I. 8. April 1857 c. Wisniewski (Kemczynski u. Gen.; G. A. 5. s. 403); ebenso reicht zur Anwendung des § auch eine alternative Feststellung vollständig hin, z. B. der Hehler habe gewußt, daß die Sache gestohlen oder unterschlagen sei: Z. I. 23. Mai 1855 c. Hoffmann (Reimann u. Gen.); Z. I. 8. April 1857 c. Selig (Schulz u. Gen.). Vgl. G. A. 5. s. 703.

4. Nach dem unter n. 3 entwickelten Grundsatze ist es unerheblich, wenn der Hehler sich über die Natur des Vergehens ꝛc., durch welches die Sache erlangt war, im Irrthume befindet, „es liegt daher Hehlerei auch dann vor, wenn der, „welcher gestohlene, unterschlagene oder mittelst anderer Verbrechen ꝛc. erlangte Sa„chen verheimlicht ꝛc., irrig annimmt, daß sie mittelst eines bestimmten Verbrechens „oder Vergehens anderer Art, als wirklich der Fall, erlangt seien“, z. B. wenn er

glaubte, die gestohlene Sache sei unterschlagen worden: B. Pl. 23. März 1857 c. Böttcher (Präj. n. 232; JMBl. f. 172; Entsch. 35. f. 477; 36. f. 409; G. A. 5. f. 241); Z. I. 8. Apr. 1857 c. Selig (Schulz u. Gen.); Z. I. 7. Okt. 1857 c. Kottlarczyk (Seiffert u. Gen.); B. I. 14. Okt. 1859 c. Geske; B. I. 13. Jan. 1860 c. Gierth (1005). Dagegen muß freilich objektiv die Thatsache feststehen, daß die Sache, so wie es die §§ 237 und 238 voraussetzen, durch ein Vergehen ꝛc. erlangt sei; es genügt nicht, wenn der Angeklagte dieses irriger Weise glaubte; es trifft daher nur § 237, nicht § 238 zu, wenn Jemand eine von einem einfachen Diebstahle herrührende Sache in der irrigen Meinung verhehlte, sie sei durch einen schweren Diebstahl erlangt: B. I. 8. April 1857 c. Wisniewski (Kemczynski u. Gen.; G. A. 5. f. 403); ähnlich: Z. II. 17. Okt. 1857 c. Zorn; vgl. n. 8. Nach allem diesem kann nur der Fall Bedenken erregen, wo Jemand eine gestohlene ꝛc. Sache in der irrigen Meinung verhehlt, sie sei gefunden. Dann würde er, nach seiner Auffassung der Sache, sich nicht der Hehlerei, sondern der Theilnahme an der Unterschlagung im Sinne des § 226 (dem s. g. Fundbiebstahle) schuldig gemacht haben, es kann ihn daher weder die Strafe der einen noch der andern treffen, nicht die der Hehlerei, weil der dazu erforderliche Dolus (das Wissen, daß die Sache durch ein zur Zeit bereits vollendetes Vergehen ꝛc. erlangt war) fehlt, und ebensowenig die der Unterschlagung, weil eine solche nicht stattgefunden hat: B. I. 21. April 1854 c. Dittrich (Hermann u. Gen.; G. A. 2. f. 559). Vgl. n. 21 und § 226 n. 26.

5. Ob mit Rücksicht auf das unter n. 3 u. 4 Gesagte die Frage an die Geschwornen auf die Kenntniß von dem speziellen Verbrechen, durch welches die Sache erlangt ist, zu richten, oder ob generell zu fragen sei: „. . . von welcher er wußte, daß sie durch ein Verbrechen erlangt war . . .“ unterliegt der thatsächlichen Beurtheilung: Z. I. 16. Juli 1858 c. Bosemann (G. A. 6. f. 676).

6. Inwiefern die unter n. 2 u. 4 entwickelten Grundsätze in Betreff der Wissentlichkeit auch bei der durch Begünstigung verübten Hehlerei maßgebend sind, darüber vgl. unten n. 38.

7. Die Wissenschaft von dem Verbrechen ꝛc. muß im Augenblicke des Erwerbs obgewaltet haben; daher „unterliegt der Käufer einer Sache, welcher erst „nach dem redlichen Erwerbe derselben erfahren hat, daß sie gestohlen, unterschlagen „oder durch ein anderes Verbrechen ꝛc. erlangt sei, wenn er dieselbe verheimlicht, „nicht der Strafe der Hehlerei“: Z. I. 20. Jan. 1854 c. Rauth (Präj. n. 74; Entsch. 26. f. 479; 27. f. 119; G. A. 2. f. 559); Z. I. 23. Sept. 1853 c. Schröder (G. A. 2. f. 559); B. I. 13. Jan. 1858 c. Levy (G. A. 6. f. 123); vgl. n. 27. Hierbei ist indessen zu berücksichtigen, daß zwischen „empfangen“ und „an sich bringen“ der Unterschied besteht, daß das letztere einen Erwerb mit der Absicht auf die Sache ein Recht auszuüben bezeichnet, welchem sonach ein früherer „Empfang“, welcher nur die Detention zur Folge hatte, vorhergegangen sein kann; es kommt dann auf die zur Zeit des „An sich Bringens“ obwaltende Wissenschaft an: B. I. 14. Okt. 1859 c. Tautenhahn (1026). Vgl. n. 22.

8. Das Wissen muß der objektiven Wahrheit entsprechen, es muß daher objektiv auch festgestellt werden, daß die Handlung, durch welche die Sache erlangt war, ein Vergehen ꝛc. in sich schließe: B. I. 28. Febr. 1855 c. Bielschowski (Bonk u. Gen.; G. Arch. 3. f. 264). Vgl. n. 4. In dieser Beziehung ist hier Alles anwendbar, was zu § 34 n. 18—21 gesagt ist. Vgl. Strafverf. Art. 80 n. 2. 8. 9. 19. Es kann daher nicht genügen, festzustellen, die Sache sei „gestohlen“ oder „unterschlagen“, vielmehr bedarf es der ausdrücklichen Aufnahme aller Begriffs-Merkmale des betr. Vergehens. *Contra:* Z. I. 26. Nov. 1858 c. Wohlgemuth (in Betreff eines Diebstahls); Z. I. 9. März 1855 c. Lüdtke (in Betreff einer Unterschlagung); vgl. § 215 n. 1; § 225 n. 1.

9. Der Ermittlung und Feststellung, wer das betreffende Verbrechen ꝛc. begangen und wer durch dasselbe benachtheiligt worden sei, wer also z. B. der Dieb und wer der Bestohlene gewesen, bedarf es nicht: Z. I. 23. Mai 1855 c. Hoffmann (Reimann); Z. I. 11. April 1856 c. Glatzer; Z. I. 30. April 1856 c. Schulz. Vgl. n. 3. 39. 40; § 37 n. 14.

10. Es genügt, wenn das Verbrechen ꝛc. das Mittel zur Erlangung der verhehlten Sache gewesen ist; es ist keineswegs erforderlich, daß der Besitz oder die

erlangte Gewahrsam als unmittelbare Folge oder Frucht eines Verbrechens ꝛc., dieses letztere also als alleinige und ausschließlich wirkende Ursache derselben angesehen werden müsse. Daher kann Hehlerei auch an einer vermittelst einer Fälschung (Bezahlung mit einem falschen Wechsel) erlangten Sache begangen werden: Z. II. 21. Dez. 1854 c. Falke (Lichtenhagen u. Gen.).

11. Hiernach läßt sich grundsätzlich nicht mit Temme (Lehrb. s. 966) behaupten, daß unter den „andern Verbrechen ꝛc." nur Delikte gegen das Vermögen in gewinnsüchtiger Absicht verübt verstanden werden können; vgl. n. 42.

12. Es ist keineswegs erforderlich, daß derjenige, von welchem der Angeklagte die Sache zunächst empfing, sie durch ein Verbrechen ꝛc. erlangt habe, vielmehr liegt Hehlerei auch dann vor, wenn einer der Vorbesitzer des letztern durch ein Verbrechen in den Besitz gelangt war: Z. I. 1. April 1857 c. Beyer (Feierabend u. Gen.).

13. War die Sache nur durch eine Uebertretung erlangt, so ist die Verhehlung derselben nicht strafbar: Z. I. 20. Jan. 1858 c. Düntzel. In Betreff des Holzdiebstahls ist indessen das HDG. v. 2. Juni 1852 § 6 maßgebend.

14. In der ursprünglichen Fassung war die Bedeutung des Worts: „Verheimlichen" eine allgemeine und umfassende, sie begriff jede Handlung in sich, durch welche die Existenz der durch ein Verbrechen ꝛc. erlangten Sache verborgen, und die Rückerstattung derselben an den Eigenthümer, oder die Beschlagnahme vereitelt werden soll: V. I. 26. Jan. 1853 c. Biermann (Spitzer u. Gen.; G. Arch. 1. s. 401); vgl. Funke Abh. in G. Arch. 2. s. 613. Das gilt im Allgemeinen auch noch jetzt, insoweit nicht die Handlung unter einen der andern mit angeführten Begriffe fällt.

15. Das bloße Verschweigen, und die Unterlassung der Anzeige von dem Verbrechen ꝛc., selbst die Weigerung, den Ort des gestohlenen Guts anzugeben, ist noch keine Verheimlichung: V. I. 26. Jan. 1853 c. Biermann (Spitzer u. Gen.; G. A. 1. s. 405); Funke Abh. in G. A. 2. s. 612. Auf der andern Seite läßt sich aber auch nicht aufstellen, daß eine Verheimlichung nur durch körperliche Besitznahme denkbar sei; eine solche muß vielmehr auch da angenommen werden, wo z. B. der Dieb ꝛc. die Sache im Hause eines Andern mit Vorwissen desselben verbirgt, und dieser letztere der die Herausgabe fordernden Behörde den Besitz bestreitet: Z. I. 21. Jan. 1857 c. Seiffert.

16. Im Uebrigen gehört der Begriff des Verheimlichens dem gemeinen Leben an, und die Frage, ob eine Verheimlichung anzunehmen, ist überwiegend thatsächlicher Natur: Z. I. 8. Sept. 1854 c. Gallas; Z. (V.) II. 30. Nov. 1854 c. Ferchland (Lange u. Gen.); Z. I. 25. Sept. 1857 c. Zomack. Es bedarf daher einer Auflösung des Begriffs in der den Geschwornen vorgelegten Frage nicht (Z. II. 20. Okt. 1853 c. Jüling; G. Arch. 2. s. 101), und die betreffende Entscheidung des Instanzrichters unterliegt dem Angriffe durch die Nichtigkeitsbeschwerde nur insoweit, als nachzuweisen ist, daß derselbe gleichwohl diesen zugleich rechtlichen Begriff verkannt habe.

17. Daß der Verheimlichung eine darauf gerichtete Verabredung mit dem Diebe ꝛc. vorhergegangen sei, wird nicht erfordert: Z. I. 27. Mai 1853 c. Haase (Pfeiffer u. Gen.; G. A. 1. s. 408). Vgl. n. 33.

18. Die durch Ankauf oder Pfandannahme bewirkte Hehlerei setzt nicht ein rechtsgültiges Geschäft dieser Art voraus; auf civilistische Rechtsbeständigkeit und Klagbarkeit kommt dabei gar Nichts an: Z. 12. Dez. 1852 c. Opet (G. Arch. 1. s. 408).

19. Zur Hehlerei durch Ankauf reicht die Abschließung des Kaufvertrags nicht hin; der Angeklagte muß vielmehr auch die Gewahrsam der Sache erlangt haben; so: Z. I. 9. Juli 1858 c. Reimer (Entsch. 39. 2. s. 25; G. Arch. 6. s. 847). In dieser Beziehung genügt es indessen, wenn dem Käufer die Sache zur Verfügung gestellt ist; insbesondere ist es unstatthaft, hier auf die nur in einem Theile des Staates geltenden civilrechtlichen Bestimmungen über Gewahrsam, Besitz und Uebergabe zurückzugehen: Z. II. 28. Okt. 1858 c. Neumann (336; G. A. 7. s. 109; der verkaufende Dieb hatte dem Käufer die Stelle angegeben, wo die Sache im

Walde versteckt sei; als dieser sie abholen wollte, ward er angehalten, ehe er sich noch hatte in Besitz setzen können).

20. Jeder Ankauf rc., nicht allein der vom Urheber der betr. strafbaren Handlung stattgehabte, genügt zur Herstellung des Thatbestandes: Z. I. 6. Mai 1853 c. Behnfeld (Eichler u. Gen.); Z. I. 23. Mai 1855 c. Hoffmann (Reimann u. Gen.); Z. I. 31. Okt. 1856 c. Graveur (Rassel u. Gen.); Z. I. 5. Dez. 1856 c. Mader (Sockel u. Gen.).

21. Hehlerei setzt, als selbstständiges Vergehen, voraus, daß die strafbare Handlung, durch welche die Sache erlangt worden, bereits vollendet war, ehe sie Platz greifen konnte; jede frühere Thätigkeit eines Dritten in Beziehung auf die Sache, kann nur dann strafbar sein, wenn sie den Begriffserfordernissen der Theilnahme an der Hauptthat entspricht. Daher kann der wissentliche Ankauf einer gefundenen Sache keine Hehlerei, sondern nur Theilnahme an der Unterschlagung sein, vorausgesetzt, daß eben erst durch die Veräußerung der gefundenen Sache Seitens des Finders diese Unterschlagung begangen wird. Vgl. n. 4; § 226 n. 26.

22. „An sich bringen" ist nicht gleichbedeutend mit „Empfangen", vielmehr deutet es auf einen Erwerb mit der Absicht auf die Sache ein Recht auszuüben: B. I. 14. Okt. 1858 c. Tautenhahn (1026). Vgl. n. 7.

23. Ebensowenig ist der Ausdruck: „an sich bringen" gleichbedeutend mit „in Besitz nehmen", oder „zueignen"; er deutet vielmehr nur auf eine abgeleitete Erwerbsart, die ihren Grund im frühern fehlerhaften (weil durch ein Verbrechen erlangten) Besitze eines Andern hat; wer daher eine gestohlene Sache findet, und mit Kenntniß vom Diebstahle sich aneignet, wird dadurch nicht zum Hehler, sondern kann nur nach § 226 bestraft werden; dasselbe gilt von demjenigen, welcher eine gestohlene Sache dem Diebe wieder stiehlt, er ist nur als Dieb, nicht als Hehler der früher gestohlenen Sache zu strafen, sollte er dieselbe auch demnächst weiter veräußern: B. II. 26. Nov. 1857 c. Lückmann (JMBl. 1858 s. 4; G. A. 6. s. 121).

24. Da jetzt jedes „An sich Bringen" den Thatbestand der Hehlerei darstellen soll, so unterliegt es keinem Zweifel, daß auch das Eintauschen, und die Annahme an Zahlungsstatt hierher gehören. Das nahm auch schon vor dem Ges. v. 14. Apr. 1856 ein Z. I. 16. Juni 1854 c. Fernstadt an. *Contra*: Z. 18. Febr. 1852 c. Noack; G. Matt. 2. s. 529 n. 5.

25. Dasselbe gilt von der Annahme der Sache als Geschenk (Z. I. 13. Apr. 1860 c. Tomnitz), vom Verzehren und Veräußern (B. I. 25. Juni 1858 c. Müller). Auch in diesen Handlungen hatte das Ober-Tribunal schon vor dem Ges. v. 14. Apr. 1856 eine Verheimlichung gefunden, so: B. I. 26. Jan. 1853 c. Biermann (Spitzer u. Gen.; G. A. 1. s. 401); Z. I. 27. Mai 1853 c. Haase (Pfeiffer u. Gen.; G. A. 1. s. 408); Beschl. I. 8. März 1854 c. Rickel (Röstell u. Gen.; G. A. 2. s. 560). *Contra*: G. Matt. 2. s. 529 n. 5; Temme Lehrb. s. 966. In Betreff des Verkaufs sprach dagegen ein B. II. 3. Jan. 1856 c. Röstel (Entsch. 32. s. 279; G. A. 4 s. 572) sich dahin aus, daß er nicht nothwendig eine Verheimlichung darstelle.

26. Dagegen ist die bloße Theilnahme an den Vortheilen, insofern nicht eine selbstständige Handlung der Verheimlichung darin zu finden ist, nicht als Hehlerei zu betrachten. Vgl. § 37 n. 1. Ob das Mitgenießen von einer gestohlenen Sache eine Verheimlichung durch Geschenknahme oder nur eine Theilnahme an den Vortheilen darstelle, soll nach Beschl. I. 17. Juli 1857 c. Bothe Gegenstand thatsächlicher Beurtheilung sein.

27. Nur die Mitwirkung zu dem im Interesse eines Andern (desjenigen, der die Sache durch ein Vergehen rc. erlangt hat, oder seines Nachfolgers) unternommenen Absatze, nicht auch der selbstständige Absatz, durch welchen Jemand über die Sache als seine eigne verfügt, stellt den Thatbestand der Hehlerei dar; im letzteren Falle kann nur die Art und Weise, wie man die Sache an sich gebracht hat, eine Strafbarkeit begründen: B. II. 26. Nov. 1857 c. Lückmann (JMBl. 1858 s. 4; G. A. 6. s. 121). Wer die Sache in gutem Glauben an sich gebracht hat, wird nicht dadurch zum Hehler, daß er, nach erlangter Kenntniß von dem verbrecherischen Erwerbe des Vorbesitzers dieselbe veräußert; vgl. n. 7. 33.

28. Daß dagegen Hülfeleistung zu der durch den Dieb rc. bewirkten Ver-

äußerung hierher gehöre, ist jetzt unzweifelhaft. Früher *Contra:* Erk. App.-G. Frankfurt c. Schiemang (G. A. 1. s. 408).

29. Auch im Versetzen einer gestohlenen Sache, resp. in dem einem Dritten ertheilten Auftrage zu versetzen, kann ein Absatz gefunden werden.

30. Es ist nicht erforderlich, daß der zum Absatze Mitwirkende die Gewahrsam der Sache gehabt habe: B. I. 9. März 1860 c. Radtke (G. A. 8. s. 422).

31. Ein „Mitwirken zum Absatze" kann auch da angenommen werden, wo es gar nicht zum wirklichen Absatze gekommen ist, z. B. wenn die Mitwirkung in einer erfolglosen Aufforderung zum Ankaufe bestand: B. I. 9. März 1860 c. Radtke (G. A. 8. s. 422).

32. Vor der durch das Ges. v. 14. April 1856 bewirkten Abänderung des § hat das Ober-Tribunal durchweg angenommen, daß die Hehlerei als selbstständiges Vergehen, auch nothwendig eine von der Absicht des Hauptverbrechers unabhängige selbstsüchtige Absicht des Hehlers voraussetze, wenn gleich dieses in den §§ 237. 238 in Betreff der durch Ankauf, Pfandnahme und Verheimlichung bewirkten Hehlerei nicht ausdrücklich ausgesprochen sei; es bedürfe daher bei der durch Verheimlichung verübten Hehlerei der ausdrücklichen Feststellung der Absicht sich Gewinn zu verschaffen. So: B. I. 26. Jan. 1853 c. Popielska (68; Präj. n. 10; Entsch. 24. s. 493; G. A. 1. s. 400); u. ö.; ebenso: Bes. s. 425; G. M. 2. s. 528 n. 3. *Contra:* Temme Lehrb. s. 966. Das neue Gesetz hat hier jeden Zweifel gehoben: Z. I. 17. April 1857 c. Beyer (Feierabend u. Gen.).

33. Die (durch Ankauf ꝛc. der durch das Verbrechen ꝛc. erlangten Sachen bewirkte) Hehlerei ist nicht eine bloße Spezies der Begünstigung; es bedarf daher neben den im § angegebenen Begriffserfordernissen, nicht auch noch der wesentlichen Merkmale der strafbaren Begünstigung; insbesondere ist es nicht erforderlich, daß bei der Verheimlichung bezweckt worden sei, den Vortheil des Diebes zu befördern, ihm die verhehlte Sache zu sichern: Z. I. 27. Mai 1853 c. Haase (Pfeiffer u. Gen.; G. A. 1. s. 408). *Contra:* Z. 11. Okt. 1851 c. Scheurich; Z. 18. Febr. 1852 c. Noack; Temme Lehrb. s. 966. Ebenso sprach sich ein B. I. 27. Mai 1859 c. Bernau aus, und folgerte aus diesem Satze, daß es keine Hehlerei sei, wenn Jemand den Besitz einer in gutem Glauben erworbenen Sache, nach erlangter Erkenntniß von dem strafbaren Erwerbe seines Autors, einer Behörde ableugne; der Grund der Unanwendbarkeit des § liegt dann aber in dem oben (n. 7) Gesagten. Vergl. n. 17. 27. Zu vergleichen ist auch B. I. 16. Febr. 1853 c. Kroll (Gubert u. Gen.).

34. Die durch Verheimlichung ꝛc. bewirkte Hehlerei kann nicht dadurch straflos werden, daß sie verübt ward, um einen nahen Angehörigen der Strafe zu entziehen (§ 37), weil diese Hehlerei sich auf die Sachen, nicht auf die Person bezog: Z. I. 9. Dez. 1857 c. Dreesen; Z. (B.) I. 1. Juli 1859 c. Teichel (628).

35. Der im § 37 aufgestellte Begriff der Begünstigung liegt der im § 237 gedachten zum Grunde: Z. II. 16. Juni 1853 c. Freitag (Luxem u. Gen.; G. A. 1. s. 578). Vgl. n. 36.

36. „Auf die in Beziehung auf Diebstahl, Unterschlagung oder ähnliche Ver-„gehen ꝛc. um eignen Vortheils willen dem Thäter gewährte Begünstigung sind die „§§ 237. 238 des StGB. auch dann anwendbar, wenn die Begünstigung bezweckt hat, dem Thäter die Vortheile des Vergehens ꝛc. zu sichern": Z. Pl. 9. Okt. 1854 c. Cornelius (Präj. n. 109; Entsch. 28. s. 475; 29. s. 252); Z. II. 16. Juni 1853 c. Freitag (G. Arch. 1. s. 578); Z. I. 27. Jan. 1858 c. Maaß (Plön u. Gen.). *Contra* früher: Z. I. 11. Febr. 1853 c. Thomas (Präj. n. 11; Entsch. 24. s. 493; G. A. 1. s. 406), welches die §§ nicht auf jede, sondern nur auf diejenige Begünstigung beziehen wollte, „welche den Dieben und ähnlichen Verbrechern ꝛc., um sie der „Strafe zu entziehen, geleistet wird." In diesem Sinne sprach sich auch aus: B. (Z.) I. 5. Apr. 1854 c. Kühl (Ernst u. Gen.). Vgl. Abh. in G. A. 2. s. 777.

37. Die in Folge einer vor der Hauptthat genommenen Abrede gewährte Begünstigung (§ 38) ist, auch wenn die Voraussetzungen des § 237 fgg. vorliegen, immer gleich der Hülfeleistung als Theilnahme, also nicht als Hehlerei zu bestrafen. Vgl. n. 44.

38. Auch bei der durch Begünstigung des Diebes ꝛc. verübten Hehlerei reicht es zur Begründung der Strafbarkeit hin, wenn dem Angeklagten nur im Allgemeinen bekannt war, daß sich der Begünstigte eines der hier gedachten Verbrechen ꝛc. schuldig gemacht habe; spezielle Kenntniß von der Natur dieses Verbrechens kann auch hier nicht verlangt werden. *Contra:* das (unter n. 3 cit.) B. II. 3. Jan. 1856 c. Röstel (Entsch. 32. S. 279; G. A. 4. S. 472) beil. Es hat schwerlich in der Absicht des Gesetzgebers gelegen für diesen Fall einen andern Grundsatz aufzustellen, als für die durch Verheimlichung ꝛc. der Sachen verübte Hehlerei; vgl. n. 3 fgg.

39. Die Strafbarkeit der Begünstigung, insbesondere auch der im § 237 fgg. gedachten, ist weder durch die Bekanntschaft des Begünstigenden mit der Person des Begünstigten, noch durch die Ermittlung des letztern bedingt; vgl. n. 9; § 37 n. 14.

40. Ebensowenig ist es erforderlich, daß der Begünstiger wisse, wer der Bestohlene ꝛc. sei. Z. I. 30. Jan. 1856 c. Neumann; vgl. n. 9.

41. Inwieweit es zur Vollendung der Begünstigung der Erreichung des beabsichtigten Zweckes bedarf, darüber vgl. § 37 n. 13.

42. Unter „ähnlichen Vergehen“ und Verbrechen sind hier Delikte gegen das Vermögen in rechtswidriger gewinnsüchtiger Absicht verübt, zu verstehen: Temme GA. S. 291; id. Lehrb. S. 965; ähnlich: Goltd. Matt. 2. S. 528 n. 2. Vgl. n. 11.

43. Nur dritte Personen können sich der Hehlerei schuldig machen, nicht auch derjenige, welcher das Verbrechen ꝛc., durch welches die fremde Sache erlangt worden, selbst verübt hat: Z. II. 15. Sept. 1853 c. Terstappen; V. Pl. 29. Okt. 1855 c. Frieseke (G. A. 3. S. 751); V. Pl. 29. Okt. 1855 c. Burchardt (Weidehase u. Gen.; G. A. 3. S. 751).

44. Auch „derjenige, welcher als Theilnehmer an einem Diebstahle bestraft „wird, kann mit Bezug auf den nämlichen Diebstahl nicht noch außerdem mit der „Strafe der Hehlerei belegt werden“: V. Pl. 29. Okt. 1855 c. Burchardt (Weidehase u. Gen.; Präj. n. 181; G. A. 3. S. 758); V. Pl. cod. c. Frieseke (G. A. ibid.); ähnlich: Z. II. 16. März 1854 c. Bröker (G. Arch. 2. S. 403); Z. I. 28. Sept. 1860 c. Müller (587); vgl. § 34 n. 26. *Contra* früher: Z. I. 6. Okt. 1854 c. Jockisch Hoffmann u. Gen.; G. A. 3. S. 753; Z. I. 20. Juni 1858 c. Kairies (Dischereit u. Gen.; G. A. 3. S. 753), welche im Falle einer Theilnahme durch Anstiftung, und demnächstiger Hehlerei reale Konkurrenz annahmen, und den § 56 zur Anwendung brachten. *Sic:* Antr. d. Gen.-St.-Anw. zum cit. V. Pl. (G. A. 3. S. 757). Vgl. Abh. in G. Arch. 3. S. 753.

45. Da die Hehlerei im StGB. als selbstständiges Vergehen aufgefaßt ist, so ist es grundsätzlich bedeutungslos, welche Strafe der Hauptthäter verwirkt hat; es kann sonach leicht geschehen, daß seine Handlung unter ein milderes Strafgesetz falle. Vgl. Hartmann Abh. in G. A. 2. S. 773.

46. Aus demselben Grunde ist es unerheblich, wenn der Hauptthäter vielleicht gar nicht dem Strafgesetze anheimfallen möchte (vgl. § 228), oder wenn seine Handlung, z. B. weil sie im Auslande von einem Ausländer verübt worden, wenigstens in Preußen und nach Preußischen Gesetzen nicht zu bestrafen wäre: Z. I. 7. Sept. 1853 c. Riemann (G. A. 1. S. 579).

47. Ein Versuch der einfachen Hehlerei ist nicht strafbar: Z. I. 9. Juli 1858 c. Reimer (G. A. 6. S. 848; beil.); Beseler S. 453. Insoweit aber dieselbe durch Begünstigung des Thäters verübt werden sollte, ist dasjenige zu berücksichtigen, was zu § 37 n. 13 über die Vollendung der Begünstigung gesagt ist. Vgl. auch Temme Lehrb. S. 965.

48. Dagegen ist Theilnahme an einer Hehlerei, selbst im Sinne des § 34 Nr. 2 jetzt sehr wohl denkbar. *Contra:* Temme Lehrb. S. 965.

§. 238. *) Wer Sachen, von denen er weiß, daß sie von einem Raube oder einer dem Raube gleich zu achtenden Erpressung (§ 236.) oder einem schweren Diebstahle (§ 218.) herrühren, verheimlicht, ankauft, zum Pfande nimmt oder sonst an sich bringt, oder zu deren Absatz bei Andern mitwirkt, es sei um seines eigenen Vortheils willen oder nicht, ingleichen, wer Personen, die sich eines der genannten Verbrechen schuldig gemacht haben, in Beziehung auf das verübte und ihm bekannte Verbrechen um seines eigenen Vortheils willen begünstigt, ist mit Zuchthaus bis zu zehn Jahren und Stellung unter Polizei-Aufsicht zu bestrafen.

Wird festgestellt, daß mildernde Umstände vorhanden sind, so ist auf Gefängniß nicht unter sechs Monaten, sowie auf zeitige Untersagung der Ausübung der bürgerlichen Ehrenrechte zu erkennen.

[Entw. § 34. 218 b]. Vgl. § 237; Ges. v. 22. Mai 1852 Art. I (GS. s. 250); AKO. v. 21. April 1856 (GS. s. 220).

---

*) Neue Fassung des Ges. vom 14. April 1856 (GS. s. 210); die ursprüngliche Fassung lautete:

§ 238. Wer Sachen, von denen er weiß, daß sie von einem Raube oder einer dem Raube gleich zu achtenden Erpressung (§ 236) oder einem schweren Diebstahle (§ 218) herrühren, ankauft, zum Pfande nimmt oder verheimlicht, ingleichen wer Personen, die sich eines der genannten Verbrechen schuldig gemacht haben, in Beziehung auf das verübte und ihm bekannte Verbrechen um seines eignen Vortheils willen begünstigt, ist mit Zuchthaus bis zu zehn Jahren und Stellung unter Polizei-Aufsicht zu bestrafen.

Wird festgestellt, daß mildernde Umstände vorhanden sind, so ist auf Gefängniß nicht unter Einem Jahre, sowie auf zeitige Untersagung der Ausübung der bürgerlichen Ehrenrechte zu erkennen.

---

§ 238.

1. Die Vorschrift dieses § ist auf andere Fälle, in welchen die Sachen durch sonstige schwer bestrafte Verbrechen erlangt waren, nicht auszudehnen: G. Matt. 2. s. 531.

2. Die abweichende Fassung des Schlusses des ersten Absatzes dieses § im Vergleiche zu der des § 237, nach welcher es hier heißt: — „in Beziehung auf das verübte und ihm bekannte Verbrechen“ — ändert an der Bedeutung der Vorschrift Nichts, da auch § 237 ein vorher vollendetes Vergehen voraussetzt, vgl. dort n. 21.

3. Auch hier wird nicht erfordert, daß der Hehler speziell gewußt habe, ob die Sache von einem Raube, oder einer gewaltsamen Erpressung, oder einem schweren Diebstahle herrühre, wenn ihm nur allgemein bekannt war, daß die Sache durch eins dieser Verbrechen erworben sei. Vgl. § 237 n. 3 fgg.

4. Beim Vorhandensein mildernder Umstände muß auch hier nothwendig auf Stellung unter Polizei-Aufsicht erkannt werden. Vgl. § 218 n. 75; B. I. 5. Nov. 1858 c. Nickel (G. A. 7. s. 110); B. I. 26. Nov. 1858 c. Borkowski.

§. 239. Wer die Hehlerei (§§ 237. und 238.) gewohnheitsmäßig betreibt, soll mit Zuchthaus bis zu funfzehn Jahren und Stellung unter Polizei-Aufsicht bestraft werden.

[Entw. § 34. 218 c]. Vgl. Ges. v. 22. Mai 1852 Art. I (GS. s. 250).

---

§ 239.

1. Das in den früheren Entwürfen gebrauchte Wort „gewerbsmäßig" ist später durch „gewohnheitsmäßig" ersetzt worden. Beide Ausdrücke sind keineswegs, wie Beseler (s. 454) und Temme (Gll. s. 292; id. Lehrb s. 966 Note 3) glauben, gleichbedeutend, wie das namentlich aus der verschiedenen Fassung der §§ 146 und 147, und dem Gegensatze im letztern: „gewohnheitsmäßig oder aus Eigennutz" hervorgeht. Bei der Gewerbsmäßigkeit ist vorzugsweise auf die Erzielung eines Gewinnes gedacht, weshalb denn auch schon eine einmalige Handlung diesen Charakter an sich tragen kann (vgl. § 146 n. 4. 5; § 266 n. 6—11), wogegen die Gewohnheitsmäßigkeit nur durch eine Mehrheit von Fällen begründet werden kann: B. I. 9. Nov. 1859 c. Baumann; vgl. § 263 n. 36. 37 und Bes. selbst s. 454. 455.

2. Aus dem Beweise zweier Fälle kann eine Gewohnheitsmäßigkeit gefolgert werden: Z. II. 12. Okt. 1854 c. Ihlow; B. II. 30. Nov. 1854 c. Hölters. Vgl. § 263 n. 39.

3. Zur Annahme der Gewohnheitsmäßigkeit bedarf es nicht nothwendig der Einlassung mit mehreren Personen: B. II. 30. Nov. 1854 c. Hölters; Z. I. 30. April 1856 c. Schulz; vgl. § 263 n. 2. 38.

4. Ebensowenig läßt sich behaupten, daß in Betreff verschiedener von einem einzigen Diebstahle ꝛc. herrührender Sachen nicht eine wiederholte, und also auch (in Ermangelung sonstiger Fälle) nicht eine gewohnheitsmäßige Hehlerei möglich sei; das Gegentheil folgt vielmehr daraus, daß jetzt die Hehlerei ein selbstständiges Vergehen ꝛc. darstellt.

5. Bei Feststellung der Gewohnheitsmäßigkeit darf der Instanzrichter auch auf solche Fälle rücksichtigen, welche wegen Ablaufs der zehnjährigen Frist des § 60 und 240 zur Begründung des Rückfalls nicht dienen könnten: Z. II. 12. Okt. 1854 c. Ihlow. Dasselbe gilt von solchen Fällen, wegen deren, weil sie von einem Ausländer im Auslande verübt waren, in Preußen eine Strafverfolgung unzulässig sein würde. Vgl. § 3 n. 7; § 263 n. 43. Ebenso ist es unbedenklich, auch solche Fälle zu berücksichtigen, wegen welcher früher bereits eine Verurtheilung erfolgt ist: Z. II. 12. Nov. 1857 c. Schäfer (Frank u. Gen.).

6. Da, wo die Gewohnheitsmäßigkeit ein wesentliches Merkmal des Thatbestandes eines Straffalles darstellt, bilden alle vorkommenden Einzelhandlungen in ihrer Gesammtheit das einmalige Vergehen ꝛc., und § 56 bleibt nothwendig ausgeschlossen, vgl. § 263 n. 61; § 147 n. 7. Wollte man diesen Grundsatz auch hier zur Anwendung bringen, wo die Gewohnheitsmäßigkeit einen erschwerenden Umstand der auch ohne denselben strafbaren Einzelhandlung bildet, so würde daraus folgen, daß eine zwei- oder mehrmalige schwere Hehlerei, welche nicht gewohnheitsmäßig stattgefunden, höher (nach § 238 mit Zuchthaus bis zu zwanzig Jahren) bestraft werden könnte, als wenn das erschwerende Moment der Gewohnheitsmäßigkeit hinzuträte. Gleichwohl haben ein Z. I. 17. März 1858 c. Schenk (Schulz und Gen.), und, wie es scheint, auch Z. I. 5. Dez. 1856 c. Möpert (Sockel u. Gen.) angenommen, daß auch hier die Gesammtheit aller Fälle nur als ein einziges Verbrechen anzusehen sei, und nur einmalige Verhängung der im § angedrohten Strafe nach sich ziehen könne.

7. Trifft die Gewohnheitsmäßigkeit mit der Rückfälligkeit zusammen, so ist die Strafe des § 239 in Gemäßheit des § 58 zu verschärfen. *Contra:* Bes. s. 456. Liegt ein zweiter Rückfall (§ 239. 240) vor, so werden die Grundsätze von der idealen Konkurrenz anwendbar.

8. Bei Anwendung des § 239 kann es nur als Strafzumessungsgrund von Erheblichkeit sein, ob Fälle der schweren oder leichten Hehlerei vorliegen.

§. 240. *) Wer bereits zweimal oder mehrere Male rechtskräftig durch einen Preußischen Gerichtshof wegen Hehlerei verurtheilt worden ist, soll, wenn er sich von Neuem der Hehlerei schuldig macht, bestraft werden, wie folgt:

1) Wegen einfacher Hehlerei (§ 237.) mit Zuchthaus bis zu funfzehn Jahren.

Wird festgestellt, daß mildernde Umstände vorhanden sind, so ist auf Gefängniß nicht unter sechs Monaten, sowie auf zeitige Untersagung der Ausübung der bürgerlichen Ehrenrechte zu erkennen.

2) Wenn die Hehlerei eine schwere ist (§. 238.), so ist die Strafe Zuchthaus von fünf bis zu zwanzig Jahren.

Wird festgestellt, daß mildernde Umstände vorhanden sind, so ist auf Zuchthaus bis zu fünf Jahren oder auf Gefängniß nicht unter Einem Jahre und auf zeitige Untersagung der Ausübung der bürgerlichen Ehrenrechte zu erkennen.

In allen Fällen (Nr. 1. und 2.) soll zugleich Stellung unter Polizei-Aufsicht eintreten.

Die vorstehenden Bestimmungen finden keine Anwendung, wenn entweder in Ansehung des letzten oder in Ansehung des früheren Verbrechens oder Vergehens die Straferhöhung wegen Rückfalls gesetzlich ausgeschlossen ist (§ 60.).

[Entw. § 34. 218 d]. Vgl. § 58—60. 290. 233 Nr. 1; Ges. v. 22. Mai 1852 Art. I (GS. S. 250); AKO. v. 21. April 1856 (GS. S. 220).

---

*) Neue Fassung des Ges. vom 9. März 1853 (G.-S. S. 78); die ursprüngliche Fassung lautete:

§ 240. Wer bereits zweimal oder mehrere Male rechtskräftig durch einen Preußischen Gerichtshof wegen Hehlerei verurtheilt worden ist, soll, wenn er sich von Neuem der einfachen Hehlerei (§ 237) schuldig macht, mit Zuchthaus bis zu funfzehn Jahren, und wenn er sich der schweren Hehlerei (§ 238) schuldig macht, mit Zuchthaus von fünf bis zu zwanzig Jahren, sowie in beiden Fällen mit Stellung unter Polizei-Aufsicht bestraft werden.

Die Straferhöhung tritt nicht ein, wenn seit dem Zeitpunkte, an welchem die Strafe des zuletzt begangenen früheren Verbrechens oder Vergehens abgebüßt oder erlassen worden ist, zehn Jahre verflossen sind.

---

§ 240.

1. Nur frühere Verurtheilungen wegen Hehlerei, nicht auch solche wegen Diebstahls, Raubes oder dgl. können hier den Rückfall begründen: Temme Lehrb. S. 967.

2. Im Uebrigen finden die Bemerkungen zu § 219 hier analoge Anwendung.

3. Ueber den Fall wo die Gewohnheitsmäßigkeit mit dem Rückfalle konkurrirt vgl. § 239 n. 7.

Einundzwanzigster Titel.

Betrug.

§. 241. Wer in gewinnsüchtiger Absicht das Vermögen eines Anderen dadurch beschädigt, daß er durch Vorbringen falscher oder durch Entstellen oder Unterdrücken wahrer Thatsachen einen Irrthum erregt, begeht einen Betrug.

[Entw. § 219]. Vgl. § 242—245; Ges. v. 8. Mai 1837 § 17. 28.

---

§ 241.

Inhalt.

1. Der hier aufgestellte **Begriff des Betrugs** weicht von der Bedeutung, welche jenem Ausdrucke im gemeinen Leben beigelegt wird, wesentlich ab; er ist daher als ein positiv rechtlicher zu betrachten, und es bedarf auch nach Rheinischem Rechte sowohl bei den Anklagen oder Beschuldigungen, als bei den thatsächlichen Feststellungen, insbesondere aber bei den Fragstellungen der ausdrücklichen Hervorhebung aller wesentlichen Begriffs-Merkmale: B. II. 5. Okt. 1854 c. Kniprath (G. A. 2. f. 807). *Contra:* Z. II. 24. Mai 1856 c. Scheib (eine zuchtpolizeiliche Sache). Da, wo das Ges. v. 3. Mai 1852 Geltung hat, folgt die Nothwendigkeit der angegebenen Verfahrungsweise aus Art. 31 u. 81 cit.

2. Der Begriff der „**gewinnsüchtigen Absicht**" ist ein rechtlicher: Z. I. 28. März 1856 c. Wenner (G. A. 4. f. 700; 5. f. 751); ob seine Voraussetzungen vorliegen, ist dagegen eine thatsächliche Frage: B. I. 3. Febr. 1854 c. Sawade; Z. I. 29. Okt. 1856 c. Lück; vgl. § 247 n. 2.

3. Der strafrechtliche Begriff des **Gewinnes** setzt (vom Falle einer durch Täuschung erweckten Freigebigkeit abgesehen, vgl. n. 26—29) eine unerlaubte Bereicherung durch den Empfang einer Leistung ohne entsprechende Gegenleistung voraus; so: Z. I. 28. März 1856 c. Wenner (G. A. 4. f. 700; 5. f. 751), welches einen Betrug in einem Falle nicht annahm, wo ein Handwerker durch Täuschung es zu Wege brachte, daß ihm die einem Andern zugedachte Arbeit zugewendet, und so dem letztern der Arbeitsverdienst entzogen wurde. *Contra:* Z. I. 19. Nov. 1858 c. Krug; Z. I. 27. Juni 1860 c. Aronssohn, welche annahmen, in der Absicht eines Kaufmannes, seine gewinnbringende Kundschaft zu erhalten, einen schnelleren Umsatz der Waaren zu erzielen, könne die Gewinnsucht gefunden werden. Vgl. n. 12.

4. Es ist unbedenklich für einen „Gewinn" zu erachten, wenn ein **Zahlungsunfähiger** eine Sache auf **Kredit** erhält, welche er ohne die vorgenommene Täuschung nicht erhalten haben würde: Z. I. 14. Dez. 1859 c. Hake. Vgl. n. 8.

5. Die gewinnsüchtige Absicht muß eine dolose d. h. auf einen Gewinn gerichtet sein, den der Andre nicht selbst zu gewähren bereit ist, ohne daß es darauf ankäme, ob letzteres in einer civilrechtlich bindenden Weise ausgesprochen sei oder nicht. Es liegt kein Betrug vor, wenn Jemand sich durch Täuschung einen Vermögensvortheil verschafft, welchen ihm der Andere bei Abschließung eines schriftlichen Vertrags durch eine blos mündliche und ebendeshalb unverbindliche Nebenabrede versprochen hatte, sobald er seinerseits glaubt, es liege im Willen des Letztern, ihm diesen Vortheil wirklich zu gewähren: B. II. 12. März 1857 c. Clemens. Vgl. n. 22.

6. Gleichgültig ist, ob der Betrüger den Gewinn für sich oder für einen Andern sucht: Z. 23. Jan. 1852 c. Rawers; Z. I. 18. Febr. 1853 c. Seyffert; Z. I. 6. Jan. 1860 c. Buddrius (G. A. 8. s. 283); Z. I. 12. Dez. 1860 c. Fischer; u. ö.; G. Matt. 2. s. 549 n. 9.

6a. Auch in der Abwendung eines Schadens kann ein Gewinn gefunden werden: Z. I. 5. Okt. 1860 c Marcusy; z. B. in der Befreiung von einer anhängigen Untersuchung: Z. I. 14. Mai 1858 c. Stern (Berger u. Gen.). *Contra:* Z. 23. Jan. 1852 c. Rawers, welches das Gegentheil in Betreff der Befreiung von einer drohenden Bestrafung (mit Geld- oder anderen Strafen) annahm. Vgl. n. 7; § 247 n. 13.

7. Darüber, ob Gewinnsucht in der Absicht liege, bei einem eingeleiteten Exekutionsverfahren einen Aufschub zu erlangen, und ob es daher als Betrug anzusehen sei, wenn Jemand diesen Zweck durch Täuschung des Exekutors (z. B. durch Vorlegung einer erschlichenen Postquittung über eine angeblich an den Gläubiger bewirkte Geldsendung) zu erreichen sucht, — hat die Rechtsprechung des Ober-Tribunals eine Zeit lang geschwankt. Es bejahten unbedingt: Z. 9. Juli 1852 c. Grabert; Z. I. 15. Juni 1853 c. Wölff; Z. I. 9. Sept. 1853 c. Lampe; andre Erkenntnisse, z. B. Z. 26. Sept. 1852 c. Klaußwitz; Z. I. 22. Febr. 1854 c. Prosé; Z. I. 2. Febr. 1855 c. Prietzel; Z. II. 8. Febr. 1855 c. Brinks wollten dagegen diese Frage als eine rein thatsächliche, vom Instanzrichter nach den obwaltenden Umständen endgültig zu lösende, ansehen; in diesem Sinne erging schließlich: B. Pl. 29. Jan. 1855 c. Weidner (Präj. n. 138; Entsch. 29. s. 473; 30. s. 380; G. A. 3. s. 196), welches sich in einem nach § 247 zu beurtheilenden Falle dahin aussprach: daß bei „unternommener Täuschung des mit der Exekutionsvollstreckung beauftragten Exekutors „die Absicht des Exequendus einen Aufschub der verhängten Exekution zu erlangen, „noch nicht unter allen Umständen eine gewinnsüchtige Absicht enthalte.“ Auf dieser Auffassung beruht auch: Z. I. 29. Febr. 1856 c. Müller. Vgl. n. 25; § 247 n. 18. Boitus Abh. in G. Arch. 1. s. 488. In Betreff des Betrugs hat für die große Mehrzahl der Fälle das Ges. v. 14. April 1856 (GS. s. 210) durch Einschiebung der Nr. 6 in den § 243 die Frage positiv entschieden.

8. Die Absicht, sich ein Darlehen zu verschaffen, kann vom Instanzrichter unbedenklich als eine gewinnsüchtige angesehen werden, ohne daß es darauf ankäme, ob die spätere Rückzahlung beabsichtigt sei, sowie ob das Vermögen des Thäters für die Erstattung genügende Sicherheit gewähre oder nicht: Z. I. 12. Juni 1857 c. Boschan. Vgl. n. 4. 17.

9. Auf die Erlangung des beabsichtigten Gewinnes kommt jedenfalls Nichts an. G. Matt. 2. s. 546 § 5. Deshalb ist es auch gleichgültig, ob der gesuchte Gewinn von der Gegenseite in einer unbedingt verpflichtenden Weise zugesichert worden sei: Z. II. 11. Okt. 1860 c. Schramm. Vgl. n. 14.

10. Einer auf Beschädigung des Vermögens eines Andern gerichteten Absicht bedarf es beim Betruge nicht, wohl aber muß der Thäter, um strafbar zu sein, sich des Erfolgs der Vermögensbeschädigung bewußt gewesen sein: B. II. 29. Nov. 1855 c. Täger; Z. I. 12. Jan. 1859 c. Berndes; Bes. s. 460; G. Matt. 2. s. 539 n. 5; ähnlich: B. I. 22. März 1854 c. Fizur (G. A. 2. s. 694).

11. Ebensowenig ist es erforderlich, daß der beabsichtigte Gewinn, und der dem Andern verursachte Schaden in einer Wechselbeziehung stehen, daß also dem Betrüger der Vortheil aus dem Vermögen des Betrogenen zufließe: Z. II. 11. Okt. 1860 c. Schramm. *Contra:* B. I. 22. März 1854 c. Fizur (G. A. 2. s. 694), welches jene Wechselbeziehung für erforderlich erachtete und deshalb einen Betrug da nicht

annahm, wo Jemand gegen Belohnung sich zur Abbüßung der einem Andern zuerkannten Freiheitsstrafe unter dem Namen des Letztern gestellt, und durch seine Verpflegung dem Fiskus Auslagen veranlaßt hatte. Vgl. übrigens § 252 n. 18.

12. Eine Vermögensbeschädigung setzt eine Verringerung oder Verschlimmerung des Vermögenszustandes durch Entziehung oder Vorenthaltung bereits vorhandener Vermögensbestandtheile voraus. Im Uebrigen ist es aber gleichgültig, ob dieselbe in der Zufügung eines positiven Schadens (damnum emergens) oder in der Entziehung eines Gewinnes (lucrum cessans) besteht, sobald nur das Recht auf den zu machenden Gewinn erworben war: Z. I. 23. Juni 1858 c. Karpinsky. Dagegen reicht die Entziehung einer bloßen spes, z. B. die Nichterlangung eines nur zugedachten Geschenks (Z. I. 8. Sept. 1859 c. Riedel; G. A. 7. s. 716), oder die Entziehung der Möglichkeit, ein in das getriebene Gewerbe einschlagendes Geschäft abzuschließen, und dadurch demnächst vielleicht einen Gewinn zu machen, nicht hin: Z. II. 25. März 1858 c. Henke; vgl. n. 3.

12a. Im Uebrigen braucht der erlittene Nachtheil nicht nothwendig ein pekuniärer zu sein: B. I. 7. Juli 1854 c. Rauchhaupt (G. A. 5. s. 761; Abschließung eines einen pekuniären Gewinn nicht darbietenden Jagdpachtvertrages); Z. II. 1. Juni 1861 c. Dange.

13. Hiernach ist eine Benachtheiligung in Beziehung auf einen bereits erworbenen Erbanspruch unbedenklich als Beschädigung des gegenwärtigen Vermögens aufzufassen.

14. Ob das verletzte Vermögensrecht ein klagbares gewesen sei, ist gleichgültig: Z. I. 23. Juni 1858 c. Karpinsky. Vgl. n. 9.

15. Als Beschädigung ist nicht blos die Entziehung, sondern auch eine blos zeitweilige Vorenthaltung eines Rechts, z. B. Hinausschiebung der Erfüllung anzusehen: B. I. 27. Juni 1857 c. Reuschel (G. A. 5. s. 425); es kann daher in der Verzögerung der Zahlung unbedenklich eine Vermögensbeschädigung gefunden werden: Z. I. 4. Juli 1860 c. Zimmermann; ebenso in der Nichtzahlung einer Schuld zur Verfallzeit: Z. I. 5. Okt. 1860 c. Marcusy. *Contra:* B. I. 25. Febr. 1859 c. Klingberg (G. A. 7. s. 400), welches hier den Begriff des Vermögens auf seine substantiellen Bestandtheile beschränken, und die Verzögerung der Zahlung nicht an und für sich, sondern nur, wenn sie andere substantielle Verluste zur Folge habe, als Vermögensbeschädigung ansehen wollte, indem die exzeptionelle Vorschrift des § 243 Nr. 6 eine Ausdehnung auf andere Fälle nicht zulasse.

16. Auch die Uebernahme einer Verbindlichkeit ist als Vermögensbeschädigung aufzufassen, da sie, so lange das betr. Geschäft nicht wieder aufgehoben worden ist, das Vermögen verringert. Erfolgte aber auch die Aufhebung (z. B. im Wege einer Rescissions-Klage), so würde dadurch nur der durch die Ueberkommung der Schuld entstandene Schaden nachträglich wieder abgewendet, das früher bereits vollendete Vergehen aber nicht beseitigt; daher ist die durch Täuschung veranlaßte Ausstellung oder Acceptation eines Wechsels ein Betrug: Z. Pl. 30. Nov. 1857 c. Mulert (Präj. n. 243; JMBl. 1858 s. 43; Entsch. 37. 2. s. 29; G. A. 5. s. 761); Z. II. 19. März 1857 c. Edelbruck (G. A. 5. s. 732); Z. I. 13. März 1857 c. Raymond (JMBl. s. 200; G. A. 5. s. 426); Z. II. 25. Okt. 1860 c. Lichtenfeld; Z. I. 14. Dez. 1860 c. Hoppsteck; u. ö. Temme Lehrb. s. 980. *Contra:* Beschl. I. 11. März 1857 c. Meyer (G. A. 5. s. 425 u. 753), welcher in einem solchen Falle eine Vermögensbeschädigung nicht annahm, so lange nicht die Erfüllung der übernommenen Verbindlichkeit hinzugekommen sei; dagegen wollte er in der fraglichen Handlung einen Betrugsversuch, und den Anfang der Ausführung in der Anstellung der Wechselklage, oder auch in der Girirung des Wechsels finden. In ähnlichem Sinne spricht sich G. Matt. 2. s. 546 n. 5 aus. Vgl. Abh. in G. A. 5. s. 751.

17. Auch derjenige, welcher seinerseits eine Forderung erwerben will, kann sehr wohl dabei eine Vermögensbeschädigung erleiden, wenn er z. B. statt eines zahlungspflichtigen einen zahlungsunfähigen Schuldner erhält: Z. I. 14. Dez. 1859 c. Hake. Es kann daher auch in der Hergabe eines Darlehens eine Vermögensbeschädigung gefunden werden; vgl. n. 8.

18. Nichterlangung desjenigen, was man zu fordern berechtigt ist, kann unbedenklich als Vermögensbeschädigung angesehen werden; daher ist es sehr

möglich, daß bei einem Vertragsabschlusse sich beide Parteien wechselseitig durch Täuschung beschädigen, und sich also beide des Betrugs schuldig machen; es ist dann nicht etwa nur derjenige strafbar, welcher seinerseits den größeren Schaden zugefügt hat. Vgl. n. 19.

19. Demgemäß liegt eine Vermögensbeschädigung unbedenklich vor, wenn man eine Waare für den richtigen Preis kauft, sobald man ein größeres Maaß oder eine bessere Waare kaufen wollte und zu kaufen glaubte, weil darin eine Verkürzung der vertragsmäßigen Rechte liegt: Z. I. 19. Nov. 1858 c. Krug; Z. I. 27. Juni 1860 c. Aronsjohn. In einem solchen Falle kommt auch Nichts darauf an, ob zur Zeit die Zahlung noch nicht erfolgt ist: Z. II. 1. Juni 1861 c. Dange.

20. Gleichgültig ist, ob die als Folge der Täuschung eingetretene Vermögensbeschädigung unvermeidlich war: Z. I. 19. Sept. 1855 c. Baum. Insbesondere kann nicht gefordert werden, daß die Handlung, durch welche die letztere bewirkt wurde, für den Getäuschten als rechtliche Nothwendigkeit sich dargestellt habe; auch derjenige, welcher durch Täuschung bewogen sich freiwillig entschloß, kann betrogen werden: Z. II. 15. Mai 1856 c. Fels; G. Matt. 2. s. 543.

21. Ebensowenig beseitigt sich die Vermögensbeschädigung durch die Möglichkeit, daß der Beschädigte dasselbe Vermögensrecht durch irgend ein anderes künftiges Ereigniß gleichfalls hätte verlieren müssen: Z. I. 11. Mai 1859 c. Wasielewski.

22. Eine Vermögens-Beschädigung setzt ihre Rechtswidrigkeit voraus: Temme Lehrb. s. 979; vgl. n. 5 und 27. Erlangung desjenigen, was man vom Andern zu fordern berechtigt ist, kann daher nie Betrug sein: Z. I. 2. Okt. 1857 c. Wolf; G. Matt. 2. s. 576 n. 6; vorausgesetzt wird freilich, daß die Erlangung nicht in einer für den Andern nachtheiligeren Weise stattfand, als es in seiner Verpflichtung begründet war; geschähe sie daher früher, als solches hätte gefordert werden können, so dürfte darin eine Vermögensbeschädigung gefunden werden. Dasselbe gilt da, wo Jemand, der eine Sache gegen eine von ihm selbst zu bewirkende Gegenleistung zu fordern hat, sich jene Sache durch Täuschung verschafft, während er sich selbst in die Unmöglichkeit versetzt hatte, die Gegenleistung zu machen: V. I. 17. Febr. 1860 c. Szafran (Entsch. 44. 2. s. 93; G. A. 8. s. 535). *Contra:* G. Matt. l. c.

23. Die Frage, ob eine Vermögensbeschädigung vorliege, darf nicht nach den strengen Regeln des Civilrechts beurtheilt werden; es liegt keine Beschädigung vor, wo derjenige, dem ein Vermögensrecht entzogen wird, selbst damit einverstanden ist, sollte er auch nicht verpflichtet gewesen sein, das betreffende Versprechen zu halten. Daher begeht derjenige keinen Betrug, welcher sich durch Täuschung dasjenige verschafft, was ihm ein Anderer in einer nicht rechtsverbindlichen Weise zu gewähren versprochen hatte, und auch jetzt noch zu gewähren Willens ist: V. II. 12. März 1857 c. Clemens. Vgl. n. 4.

24. Auch in der Entziehung eines Beweismittels für ein Vermögensrecht kann eine Vermögensbeschädigung gefunden werden; vgl. § 243 n. 44.

25. Darüber, ob die durch Täuschung des Exekutors herbeigeführte Hinausschiebung einer verhängten Exekution nothwendig eine Vermögensbeschädigung in sich schließe, hat die Rechtsprechung des Ober-Tribunals in ähnlicher Weise, wie rücksichtlich der gewinnsüchtigen Absicht im gleichen Falle (vgl. n. 7) geschwankt. Es bejahten unbedingt: Z. 9. Juli 1852 c. Grabert; Z. I. 9. Sept. 1853 c. Lampe; während auch hier Z. 26. Sept. 1852 c. Klaußwitz; Z. I. 22. Febr. 1854 c. Prosé; Z. I. 2. Febr. 1855 c. Prietzel und V. II. 4. April 1861 c. Knecht das Ganze in das Gebiet der thatsächlichen Beurtheilung verwiesen, das Letztere mit dem Zusatze, daß zwar für den Fall des § 243 Nr. 6 das Gegentheil anzunehmen sei, daß aber diese Vorschrift auf andere Fälle nicht analog angewendet werden dürfe; ähnlich: Z. I. 25. Febr. 1859 c. Klingberg (G. A. 7. s. 400).

26. Es ist Rechtsgrundsätzen nicht zuwider, wenn der Instanzrichter eine Vermögensbeschädigung darin findet, daß Jemand durch Täuschung veranlaßt wird, einem Andern freie Kost, freies Logis und kleine Geschenke zu geben, da dieses immerhin eine Verringerung des Vermögensbestandes zur Folge hat: Z. II. 6. März 1856 c. Jaspert (JMBl. s. 115; G. A. 4. s. 573). Vgl. n. 27; Temme Lehrb. s. 979.

27. Bettelei unter einer falschen Vorspiegelung wird nach § 118 bestraft; „eine durch bloße Täuschung mittelst Vorbringens falscher Thatsachen herbeigeführte „Mildthätigkeit ist daher noch kein Betrug im Sinne des § 241“: B. II. 22. Sept. 1853 c. Großekettler (Präj. n. 55; Entsch. 26. s. 155; G. A. 2. s. 127); Z. II. 6. März 1856 c. Jaspert (cit. n. 26; beil.); Z. I. 12. Sept. 1856 c. Ansorge. *Sic*: G. M. 2. s. 544; Koch n. 21; Temme (Gll. s. 292), welcher später (Lehrb. s. 979) hiervon wieder abgegangen ist. Anders verhält sich die Sache, wenn Jemand nicht wegen Armuth, sondern unter dem fälschlichen Vorgeben einer vorübergehenden Verlegenheit eine Unterstützung zu einem bestimmten Zwecke begehrt; da dieses den Thatbestand der Bettelei nicht darstellt (vgl. § 118 n. 1), so kann darin ein Betrug gefunden werden; so: Z. I. 14. Sept. 1860 c. Günther.

28. Das unter n. 27 Gesagte bleibt auch da außer Anwendung, wo die Täuschung sich nicht auf den Beweggrund zur Mildthätigkeit, sondern auf die Persönlichkeit desjenigen bezieht, welchem das Geschenkte zugewendet werden soll. Wenn daher Jemand nicht für sich, sondern als angeblicher Vertreter eines anderen Hülfsbedürftigen die Mildthätigkeit in Anspruch nimmt, um sich selbst das Gegebene zuzueignen, so ist unbedenklich ein Betrug anzunehmen: Z. I. 22. Febr. 1854 c. Czeckay (G. A. 2. s. 424); Z. I. 8. Juli 1859 c. Riedel (G. A. 7. s. 716); Z. II. 6. Sept. 1860 c. Dietz. *Contra*: Z. Pl. 29. Okt. 1855 c. Suchrow (Präj. n. 182; Entsch. 31. s. 223; G. A. 3. s. 797).

29. Das unter n. 27 und 28 Bemerkte findet auch da Anwendung, wo es sich von einem Kollektiren unter falschen Vorspiegelungen handelt; vgl. G. M. 2. s. 544; Abh. in G. Arch. 3. s. 793.

30. Ein Kommissionsgeschäft ist als ein Mandatsverhältniß zu betrachten (Erk. v. 30. Jan. 1846; id. v. 23. März 1846; Präj. n. 1687; Entsch. 23. s. 308); es darf daher nach ALR. I, 13 § 61. 63 der Kommissionär den Auftrag nicht dazu benutzen, sich ohne Einwilligung des Machtgebers dadurch eigne Vortheile zu verschaffen, und noch weniger sich mit dem Schaden des letztern zu bereichern, sollte er auch das credere übernommen haben (Erk. v. 22. Febr. 1850; id. v. 30. Okt. 1850; Entsch. 19. s. 185; 20. s. 159). Wenn daher ein Kommissionär den Auftrag, eine demnächst zu liefernde Waare zu verkaufen, nicht erfüllt hat, so kann er weder die vorbedungene Provision, noch (im Falle der unterbliebenen Lieferung) die Preisdifferenz [etwa unter dem Vorgeben, er habe selbst gekauft] fordern; macht er den Kommittenten glauben, er habe wirklich an einen Dritten verkauft, und veranlaßt er diesen dadurch zur Zahlung des einen oder des andern, so erzielt er einen unrechtmäßigen Gewinn, und beschädigt das Vermögen des Andern; es kann daher in dieser Handlung sehr wohl ohne Gesetzesverletzung ein Betrug gefunden werden. Insbesondere kann der Nachweis einer bestehenden Börsen-Usance, wonach ein solcher Kommissionär del credere selbst als Käufer ohne Wissen des Kommittenten eintreten könnte, um so die Vortheile des Kommissionärs und des Käufers zu vereinigen, jene Annahme nicht widerlegen, weil eine solche dem Wesen des Mandatsvertrags zuwider, und rechtsungültig sein würde: Z. I. 29. Okt. 1856 c. Lück.

31. Ziehung eines Wechsels auf eine nicht existirende Person, und Hingabe desselben an Zahlungsstatt, kann unter Umständen eine Vermögensbeschädigung herbeiführen, und den Charakter des Betrugs annehmen; es braucht das aber nicht nothwendig der Fall zu sein, und ist in jedem Einzelfalle vom Instanzrichter festzustellen. Vgl. § 251 n. 41; G. A. 2. s. 562.

32. Die Weiterbegebung eines bereits bezahlten Wechsels ist Vermögensbeschädigung: Z. I. 10. Nov. 1858 c. Kroll; vgl. n. 58.

33. Die betrügliche Erlangung einer Quittung von einem Wechselgläubiger schließt auch dann eine Vermögensbeschädigung in sich, wenn der Letztere vorher schon dem Schuldner den Wechsel ausgehändigt hatte, weil letzteres nicht die Tilgung der Schuld zur Folge hat, sondern nur eine möglicher Weise zu widerlegende Vermuthung der Tilgung begründet: B. I. 18. Juni 1858 c. Kneffel.

34. Eine Vermögensbeschädigung der Konkursmasse (der Gläubigerschaft) liegt vor, wenn der (in gemeinen Konkurs gerathene) Gemeinschuldner einen Theil seines Vermögens, nach § 2 der Konk.-Ordn. v. 8. Mai 1855, der Gesammtheit der Gläubiger entzieht, sollte auch anzunehmen sein, daß schließlich durch diese Hand-

lung nur ein bestimmter Gläubiger Nachtheil erleide, welcher selbst an der Entziehung 2c. Theil genommen, seine Beschädigung also außer Betracht bleiben muß: B. I. 16. Mai 1860 c. Höpner (G. A. 8. s. 701).

35. Im Uebrigen ist auch der Begriff der Vermögensbeschädigung thatsächlicher Natur: Z. I. 22. Febr. 1854 c. Prosé; Z. I. 2. Febr. 1855 c. Prietzel; Z. I. 29. Okt. 1856 c. Lück.

36. Die Vermögensbeschädigung ist vollendet, sobald in der angegebenen Weise eine Verringerung oder Verschlimmerung des Vermögenszustandes stattgefunden hat, insbesondere sobald Vermögensstücke dem Besitze oder der Verfügung des Eigenthümers 2c. entzogen oder vorenthalten sind [Z. (B.) II. 11. Okt. 1855 c. Adams (Geswein)], oder wenn Jemand eine Zeit lang das vertragsmäßige Aequivalent einer von ihm gemachten Leistung entbehren muß (B. II. 29. Nov. 1855 c. Täger); die Möglichkeit des spätern Ersatzes ist dabei ebenso gleichgültig, als die etwa später erfolgende Ausgleichung des Nachtheils: Z. 9. Juli 1852 c. Grabert; B. I. 18. Juni 1858 c. Kneffel; vgl. n. 12—15.

37. Mit Rücksicht auf das unter n. 12 und 36 Bemerkte kann den Gründen eines B. II. 23. April 1853 c. Gäbler nicht beigepflichtet werden, welches die Simulation eines Vertrags, um dadurch einem Gläubiger ein Exekutionsobjekt zu entziehen, deshalb nicht für Betrug erachtete, weil jene Handlung eine Vermögensbeschädigung nicht zur Folge haben könne, indem die Rechte des Gläubigers dadurch völlig unberührt blieben, und durch Anfechtung des Scheinvertrags selbst das Objekt desselben der Exekution wieder unterworfen werden könne; vgl. n. 68.

38. Simulation eines niedrigern Kaufpreises als des vereinbarten in einem schriftlichen Kaufvertrage, um dadurch die Zahlung der vollen Stempelabgabe zu umgehen, ist kein zum Nachtheile des Fiskus begangener Betrug [Z. II. 3. Mai 1856 c. Walter (G. A. 5. s. 214)]; ebensowenig ist es als Stempelsteuerdefraude anzusehen: Z. Pl. 9. März 1857 c. Hartung (Präj. n. 233; Entsch. 35. s. 478; 36. s. 430; G. A. 5. s. 221); Z. I. 7. Sept. 1855 c. Bernhardt (G. A. 3. s. 687; 5. s. 213).

39. Zur Bestrafung des Betrugs bedarf es der Feststellung nicht, um welchen Betrag das Vermögen des Andern beschädigt worden sei: Z. 9. Juli 1852 c. Grabert; Z. II. 3. Mai 1855 c. Panse; Z. I. 16. Dez. 1859 c. Kliche.

40. Auf die Beschädigung anderer persönlicher Rechte, welche nicht zum Vermögen gehören, ist der § nicht auszudehnen, z. B. auf die durch Täuschung herbeigeführte Abschließung einer Ehe: Bes. s. 460; G. Matt. 2. s. 539 n. 4; Koch n. 21; vgl. Temme Lehrb. s. 979 Note 2.

41. Zum Begriffe der Theilnahme an einem Betruge ist nicht erforderlich, daß auch der Theilnehmer in gewinnsüchtiger Absicht gehandelt und das Vermögen des Andern direkt beschädigt habe: Z. I. 12. Dez. 1855 c. Ziegler (Kallweit u. Gen.); Z. I. 14. Juni 1861 c. Blaschke. Vgl. § 34 n. 3.

42. Die Vermögensbeschädigung muß dadurch herbeigeführt worden sein, daß ein Irrthum erregt wurde; es muß sonach ein Kausalzusammenhang zwischen der Täuschung und der Beschädigung festgestellt werden, wenn der § anwendbar sein soll: Z. (B.) 13. Sept. 1852 c. v. Taubenheim; Z. II. 23. Febr. 1854 c. Hoppe (G. Arch. 3. s. 611); B. II. 29. Okt. 1860 c. Neuhaus; Abh. in G. Arch. 3. s. 608. Hiervon kann selbst dann nicht abgesehen werden, wenn festgestellt wird, daß der Angeklagte durch die Täuschung den beschädigenden Erfolg habe herbeiführen wollen, da hieraus nicht zu folgern ist, daß nun bis zum Beweise des Gegentheils der Erfolg als mit der Täuschung im Zusammenhange stehend anzusehen sei; selbst ein Betrugsversuch könnte in einem solchen Falle nur dann angenommen werden, wenn die Tauglichkeit des angewendeten Mittels zur Herbeiführung des Erfolgs feststände: B. I. 18. Febr. 1853 c. Appel. Vgl. n. 69.

43. Es reicht hin, wenn das Vorhandensein eines „mittelbaren" Kausalzusammenhanges festgestellt ist: Z. I. 17. Sept. 1858 c. Taubenheim.

44. Ob ein Kausalzusammenhang zwischen der betrügerischen Handlung und dem entstandenen oder beabsichtigten Schaden des Andern vorhanden sei, gehört im Allgemeinen zur thatsächlichen Beurtheilung: Z. I. 4. Mai 1855 c. Singer.

45. Wenn das Gesetz (ALR. I, 5 § 31—36; I, 4 § 21. 22; II, 2 § 131—138) den mit einem Minderjährigen ohne Konkurrenz seines Vormunds abgeschlossenen Vertrag dem Minderjährigen gegenüber selbst dann für wirkungslos erklärt, wenn dieser sich für großjährig ausgegeben hatte, so kann ein solches „Ausgeben für großjährig“ nicht als ein vom Minderjährigen verübter Betrug betrachtet werden, weil das Gesetz selbst hier den vom Andern erlittenen Schaden auf seine eigne Handlungsweise, und nicht auf die vom Minderjährigen ausgegangene Täuschung zurückfallen läßt; auch kann das Gesetz da, wo es im Civilwege die exceptio doli versagt, nicht im Strafwege eine Anklage wegen Betrugs gestatten: Z. I. 13. Febr. 1857 c. Lehne.

46. Die Irrthumserregung muß durch das Vorbringen oder Unterdrücken ꝛc. von Thatsachen bewirkt worden sein. Durch dieses Erforderniß wollte man allgemeine täuschende Urtheile und Anpreisungen gewisser, Personen oder Sachen vorgeblich beiwohnender, nicht äußerlich durch die Sinne wahrnehmbarer Eigenschaften und Vorzüge aus dem Begriffe beseitigen: V. I. 28. Apr. 1854 c. Hirschstein; V. II. 7. Dez. 1854 c. Voß; Bes. S. 459; G. Matt. 2. S. 538 n. 2 und S. 542; Temme Gll. S. 292; id. Lehrb. S. 978. Dagegen kann unbedenklich in der Versicherung bestimmter angeblich vorhandener Eigenschaften, welche, wenn sie Sachen betreffen, Gegenstand der Gewährleistung sein würden, das Vorbringen einer solchen Thatsache gefunden werden: Z. I. 10. Sept. 1858 c. Neubauer; G. Matt. 2. S. 542. *Sic:* Z. I. 18. Jan. 1854 c. Hirschberg; Z. II. 4. Juni 1857 c. Koch; Z. I. 5. Okt. 1860 c. Marcusy, u. ö. (wahrheitswidrige Versicherungen über die eigne Vermögenslage, oder über die Zahlungsfähigkeit eines Dritten); ebenso: Z. II. 9. März 1854 c. Weinberg; Z. II. 2. Nov. 1855 c. Ehrenberg (G. A. 4. S. 257); Z. II. 22. Jan. 1857 c. Gerothwohl; Z. I. 18. Jan. 1860 c. Neumann; u. ö. (unwahre Angaben über spezielle Qualitäten, Ursprung, Beschaffenheit, Werth einer Waare, z. B. über die Gesundheit eines verkauften Pferdes). Es gilt dieses namentlich da, wo es sich von speziellen, den Werth der Sache erhöhenden Eigenschaften handelt, deren Mangel nicht sofort in die Sinne treten muß: Z. I. 11. März 1857 c. Abraham. — Auch in solchen Fällen bleibt es jedoch Gegenstand der thatsächlichen Beurtheilung, ob wirklich durch die Versicherungen ein Irrthum erregt, und ob dadurch die Vermögensbeschädigung bewirkt worden sei; beim kleinen kaufmännischen Verkehr kommen unzählige Anpreisungen und Empfehlungen unter Hervorhebung bestimmter falscher Eigenschaften und Thatsachen vor, welche kaum auf Glauben Anspruch machen, und sicher nicht geglaubt werden, deshalb also auch eine Vermögensbeschädigung nicht herbeiführen können.

47. Thatsache ist hier nur dasjenige, was als solches in die Außenwelt tritt, oder bereits getreten ist; es muß etwas Fertiges, Realisirtes („Factum“) sein, ein zum äußern Dasein gekommenes Verhältniß oder Ereigniß. Daher gehören bloße Verheißungen künftiger Erfolge oder Leistungen nicht hierher; insbesondere fällt das unwahre Vorgeben einer beim Versprechenden angeblich vorwaltenden Absicht, z. B. vertragsmäßige Uebernahme einer Verpflichtung, welche nicht zu erfüllen man von vorne herein Willens ist, nicht unter den Begriff des Betrugs: Z. I. 17. Juni 1853 c. Schultz (G. Arch. 1. S. 579); V. II. 30. Juni 1853 c. Richter (G. Arch. 1. S. 580); Z. II. 24. Nov. 1853 c. Bretzmann (Entsch. 26. S. 418); Z. II. 9. Okt. 1856 c. Wirtz; Z. I. 22. Mai 1857 c. Luchterhand (G. Arch. 5. S. 567); V. I. 24. Sept. 1858 c. Blumenreich; G. Matt. 2. S. 543; ähnlich: Z. (B.) 13. Sept. 1852 c. Taubenheim (G. A. 1. S. 579). Dagegen kann die wahrheitswidrige Versicherung „ein Dritter werde demnächst Zahlung leisten“ als Vorbringen einer falschen Thatsache (daß der Dritte sich zur Zahlung verpflichtet habe) angesehen werden: V. I. 18. Juni 1858 c. Kneffel.

48. Die „Thatsache“ braucht nicht nothwendig in die Vergangenheit zu fallen, auch etwas Gegenwärtiges, erkennbar noch Bestehendes genügt vollkommen: Z. II. 17. Sept. 1857 c. Harff; V. I. 12. Okt. 1860 c. Günther; Beschl. I. 14. Nov. 1860 c. Otto (204 B).

48 a. Auch die Nichtkenntniß irgend eines dem Gebiete des Thatsächlichen angehörigen Umstandes kann selbst als eine Thatsache angesehen werden, deren Unterdrückung geeignet ist, den Thatbestand des Betrugs darzustellen: Z. I. 12. April 1861 c. Dahlström.

49. Ebenso ist auch das Bestehen einer Rechtsregel eine Thatsache; es kann daher unter Umständen auch durch Erregung eines Rechts-Irrthums ein Betrug verübt werden; die Vermuthung, daß Jedem das Gesetz bekannt sei, greift hier nicht Platz: B. I. 13. März 1857 c. Raymond (JMBl. s. 200; G. A. 5. s. 426); Z. I. 14. Okt. 1857 c. Raymond; Z. I. 11. Mai 1859 c. Wasielewski; K.-B. I. K. s. 38.

50. Die Thatsachen müssen objektiv falsch sein; wer eine wahre Thatsache, in der irrigen Meinung, sie sei falsch, vorbringt, begeht, selbst wenn er dadurch täuscht, keinen Betrug: G. Matt. 2. s. 548 n. 7.

51. Dem Vorbringenden muß die Falschheit der Thatsachen bekannt sein; insoweit indessen diese Kenntniß nicht bestritten wird, bedarf es einer ausdrücklichen Feststellung rücksichtlich derselben ebensowenig als in Betreff des Fürwahrhaltens derselben durch den Betrogenen; vielmehr genügt eine Feststellung nach der Fassung des §: Z. I. 19. Jan. 1855 c. Schneider; Z. I. 18. Febr. 1859 c. Ransch.

52. Besteht die vorgebrachte falsche Thatsache in der Annahme eines falschen Namens, so liegt ein Fall der idealen Konkurrenz (§ 55) vor, und es kann nicht neben der Strafe des Betrugs auch die des § 105 verhängt werden.

53. Das Vorbringen der falschen Thatsachen kann unter Umständen auch in einem bloßen Handeln (ohne begleitende Aeußerungen) gefunden werden: Z. I. 27. März 1857 c. Peters (Betsch u. Gen.); Z. II. 19. März 1857 c. Edelbruck (G. Arch. 5. s. 752; der Angeklagte hatte an einem Orte, wo die Kohlenhändler ortsgebräuchlich die bestellten Kohlen in Karrenladungen von einem bestimmten Gewichte ablieferten, stillschweigend eine Ladung von geringerem Werthe abgeliefert). Dasselbe würde anzunehmen sein, wenn ein Apotheker statt der vom Arzte verschriebenen, andere schlechtere und wohlfeilere Droguen dispensirt, sie aber nach dem Preise der echten taxirt, und sie sich auch wie solche bezahlen läßt. Dagegen wird die äußere Zurichtung einer verkäuflichen Waare, wodurch sie den Schein einer bessern Qualität erlangt, für sich allein noch nicht dazu genügen.

54. Nicht blos das Vorbringen, sondern auch das Unterdrücken oder Entstellen von Thatsachen setzt ein positives Handeln voraus; ein blos negatives Verhalten, ein Unterlassen, ein Verschweigen von Thatsachen kann für sich allein als ein Unterdrücken 2c. derselben nicht angesehen werden: Z. I. 26. Okt. 1853 c. Bentzmann (G. A. 2. s. 126); Z. I. 15. Sept. 1854 c. Baranowitz (Scholz u. Gen.; G. A. 2. s. 833); Z. (B.) II. 5. Juni 1858 c. Begrich; u. ö. *Sic*: Bes. s. 462 IV; G. Matt. 2. s. 545 n. 4. *Contra*: Temme GU. s. 292. „Wer daher bei einem Gast-, „Speise- oder Schenkwirthe zehrt, und ohne seine Zeche zu bezahlen unbemerkt sich „entfernt, begeht, auch wenn er bei dem Fordern der Beköstigung sich bewußt war, „daß er die Mittel zur Bezahlung nicht habe, und diesen Mangel dem Wirthe nicht „anzeigt, dadurch allein noch keinen strafbaren Betrug“: Z. II. 24. Nov. 1853 c. Bretzmann (Präj. n. 69; Entsch. 26. s. 418; G. A. 2. s. 127); Z. II. 17. Nov. 1853 c. Jakob; Z. II. 8. Dez. 1853 c. Jakobs; vgl. auch n. 47. Das Verschweigen einer Thatsache kann nur dann als ein Unterdrücken derselben angesehen werden, wenn sich positive Handlungen daran anschließen, und hierdurch der erregte Irrthum bestätigt oder unterhalten wird: B. I. 28. Okt. 1853 c. Krause; Z. I. 17. Dez. 1858 c. Rebotten; vgl. Z. II. 19. März 1857 c. Edelbruck (cit. n. 53).

55. Das „Unterdrücken“ kann sowohl durch Handlungen im engern Sinne als durch Worte bewirkt werden: Z. I. 24. Nov. 1858 c. Wobrick; Z. I. 14. Dez. 1860 c. Hopfstett (G. A. 9. s. 141).

56. Das Verlesen einer Schrift, bei welcher ein Theil des Inhalts verschwiegen oder ausgelassen wird, stellt unbedenklich ein Unterdrücken dar: Z. I. 7. Juli 1858 c. Meinecke.

57. Dasselbe gilt von der Hingabe unrichtiger Würfel durch den Inhaber einer Glücksbude: Z. I. 7. Juli 1858 c. Studer.

58. . . . ebenso von der Weiterbegebung eines bereits bezahlten Wechsels: Z. I. 15. Nov. 1854 c. Maaß; vgl. n. 32.

59. Goltdammer (Matt. 2. s. 546 n. 4) will die Annahme einer Nichtschuld nicht als ein positives Handeln betrachten. *Contra*: Köstlin Abh. in der Zeitschr. f. Civ.-Recht und Proz.; Neue Folge 15. s. 74. Der Begriff des Betruges

scheidet hier aus, weil durch die bloße Annahme nicht leicht eine Irrthumserregung bewirkt werden kann.

60. Durch das Vorbringen resp. Unterdrücken der Thatsachen muß ein Irrthum erregt sein; die bloße Benutzung eines bei dem Andern schon bestehenden Irrthums genügt daher nicht: Z. I. 5. Jan. 1853 c. Kuhn (G. Arch. 1. s. 248); B. I. 15. Sept. 1854 c. Baranowitz (Scholz u. Gen.; G. Arch. 2. s. 833); Z. II. 25. Febr. 1858 c. Fischer; Z. I. 8. Apr. 1859 c. Berg; Bes. s. 461 IV; Goltd. Matt. 2. s. 538 n. 3; s. 545 n. 4; Temme Lehrb. s. 977.

61. Ein Z. 13. Sept. 1852 c. Saling Lazarus wollte in dem Ableugnen des Besitzes einer Sache, zu deren Herausgabe man verpflichtet ist, nicht die zum Begriffe des Betruges erforderliche Täuschung finden; vgl. aber n. 68.

62. Ebenso nahm ein Z. II. 23. Febr. 1854 c. Hoppe (G. A. 3. s. 611) ein Unterdrücken der Wahrheit in einem Falle nicht an, wo der befriedigte Gläubiger, ohne die Thatsache, durch welche die Schuld getilgt worden, anzugeben, die Klage auf Zahlung anstellte, auch jene Thatsachen ableugnete, und sich zur eidlichen Diffession der vorgelegten Quittung erbot. Vgl. n. 58. 68.

63. Eine Irrthumserregung, und sonach ein Betrug, liegen nicht vor, wenn ein Chausseegelderheber, zum Nachtheile der betreffenden Kasse, es unterläßt, von einzelnen die Chaussee passirenden Fuhrwerken das verschuldete Chausseegeld zu erheben: Z. I. 26. Okt. 1853 c. Bentzmann (G. A. 2. s. 126); ähnlich: B. I. 15. Sept. 1854 c. Baranowitz (Scholz u. Gen.; G. A. 2. s. 833; in Betreff eines Eisenbahnschaffners, welcher mehreren Personen heimlich gegen Belohnung die freie Fahrt gestattet hatte). In beiden Fällen ward das positive Handeln vermißt, und in dieser Beziehung die vertragsmäßig bestehende Verpflichtung des Schaffners zur Anzeige für unerheblich erachtet. Vgl. aber § 310 n. 6.

64. Einer besondern Arglist bedarf es bei der Entstellung der Wahrheit nicht; es genügt, wenn diese geeignet war, in Irrthum zu versetzen: Z. I. 15. Okt. 1856 c. Heinsius; G. Matt. 2. s. 543; Temme GA. s. 292; id. Lehrb. s. 978.

65. Gleichgültig ist es auch, ob der Irrthum ein leicht vermeidlicher gewesen, sobald nur feststeht, daß er durch die Entstellung der Wahrheit erregt worden ist: Z. I. 12. Okt. 1853 c. Gutzeit (G. Arch. 2. s. 127); Z. II. 29. Nov. 1860 c. Stein; u. ö.; G. Matt. 2. s. 544 n. 3.

66. Es ist keineswegs erforderlich, daß durch die Irrthumserregung die Eingehung eines Rechtsgeschäfts herbeigeführt worden sei, vielmehr kann ein Betrug auch in Beziehung auf ein schon abgeschlossenes Rechtsgeschäft und das hieraus hervorgehende Rechtsverhältniß vorkommen: V. I. 26. Okt. 1853 c. Neils (G. A. 2. s. 832); Z. I. 4. Mai 1855 c. Singer; Beschl. I. 31. Okt. 1860 c. Jänichen; u. ö. Sonach kann nicht allein ein dolus causam dans, sondern auch ein dolus incidens den Thatbestand des Betrugs darstellen: G. Matt. 2. s. 537. 542.

67. Ebensowenig ist erforderlich, daß derjenige, in welchem der Irrthum erregt worden, auch der Beschädigte sei: Z. 5. März 1852 c. Trogisch; Z. II. 23. Febr. 1854 c. Hoppe (G. A. 3. s. 611); V. II. 4. Okt. 1855 c. Maisborn (JMBl. s. 269); Z. I. 18. Jan. 1856 c. Bluhm; Z. I. 8. Juli 1859 c. Riebel; Z. I. 23. Sept. 1859 c. Münzel; G. Matt. 2. s. 548 n. 8; Abh. in G. Arch. 3. s. 607; vgl. Motive zum Entw. v. 1847 § 293 s. 77, und G. Arch. 1. s. 96. *Contra*: Temme Lehrb. s. 978; id. in G. A. 3. s. 808. Hiernach ist es unbedenklich als Betrug zu betrachten, wenn Jemand eine fremde, nicht in seiner Gewahrsam befindliche Sache einem Dritten verkauft, und diesen so veranlaßt, in gutem Glauben die Sache wegzunehmen: B. I. 14. Mai 1858 c. Bertz (G. A. 6. s. 567). Es liegt dann nicht ein vom Ersten durch Benutzung des Andern als Werkzeug (§ 34 n. 28) verübter Diebstahl vor, weil die Sache nicht ihm, sondern dem Wegnehmenden selbst zugeeignet wird). Vgl. § 225 n. 61.

68. Das einseitige Vorbringen einer Partei im Prozesse ist für den erkennenden Richter nicht bestimmend, da er den Versicherungen keiner der Parteien Glauben schenkt, sondern überall Beweise fordert, und schließlich nach feststehenden gesetzlichen oder logischen Grundsätzen entscheidet. Es läßt sich daher selbst bei einer materiell unrichtigen Entscheidung nicht von einem durch eine Partei bei dem Richter erregten Irrthum, und ebensowenig von einer dadurch dem Gegner zugefügten

Vermögensbeschädigung sprechen (vgl. n. 34). Ebenso wird es nicht leicht vorkommen, daß die Aufstellungen einer Partei vor dem Prozeßrichter auf die Willensbestimmung des Gegners zu einer für diesen nachtheiligen Handlung oder Unterlassung von Einfluß seien. Hiernach stellen (in der Regel) die Behauptungen, Aufstellungen, Anträge und Anerbieten einer Partei vor dem Prozeßrichter den Thatbestand des Betrugs nicht dar: B. 17. Sept. 1852 c. Genthe; Z. II. 23. Febr. 1854 c. Hoppe (G. A. 3. f. 611); B. I. 16. Sept. 1857 c. Wemberg; G. Matt. 2. f. 548 n. 8; Voitus Abh. in G. Arch. 1. f. 490; Abh. ibid. 3. f. 605. Es werden vielmehr das „frevelhafte Leugnen" und die „muthwilligen Chikanen" nur von den durch die AGO. I, 23 § 52. 53; I, 24 § 40 angedrohten Civilstrafen betroffen. Vgl. Einf.-Ges. Art. II n. 9. Es beruht indessen dieses Alles mehr auf der thatsächlichen Sachlage als auf einem rechtlichen Grundsatze; es kann daher keineswegs daraus hergeleitet werden, daß dasjenige, was außerhalb des Prozesses einen Betrug darstellen würde, deshalb straflos bleiben müsse, weil es im Prozesse vorgekommen ist. Sobald daher thatsächlich der vollständige Thatbestand des Betrugs, insbesondere eine Irrthumserregung beim Richter oder Prozeßgegner ohne Rechtsirrthum festgestellt wird, so unterliegt die Strafbarkeit keinem Bedenken: Z. I. 6. Jan. 1860 c. Buddrius (G. A. 8. f. 283; Irrthumserregung durch Antedatirung eines Wechsels); ähnlich: Z. I. 16. Sept. 1856 c. Lehmann (der Angeklagte hatte gegen die Vollstreckung eines rechtskräftigen Erkenntnisses einen genügend „bescheinigten" aber unwahren Einwand vorgebracht, und so die einstweilige Aussetzung nach § 38. I, 24 AGO. veranlaßt; das Ober-Tribunal erwog: die betr. Maßregel habe hier nur auf einer vorläufigen einseitigen Würdigung der betr. Thatsachen durch den Richter, nicht auf einer erschöpfenden Prüfung derselben beruht). Vgl. n. 37. 61. 62; § 247 n. 56.

69. Wenn bei der Abschließung eines notariellen rc. Vertrags nicht der Mitkontrahent, welcher den Sachverhalt genau kennt, sondern nur der Notar rc. in Irrthum versetzt wird, so liegt ein Betrug nicht vor, da der letztere nur als Werkzeug der beiden Kontrahenten anzusehen ist, es auch an dem nöthigen Kausalzusammenhange zwischen der Täuschung und der dem andern Kontrahenten zugefügten Beschädigung fehlt: B. I. 22. Mai 1857 c. Sander. Dagegen kann es in einem solchen Falle in Frage kommen, ob das im § 252 vorgesehene Verbrechen der ideellen Urkundenfälschung anzunehmen sei.

70. Nach dem Ges. vom 8. Mai 1837 § 17 und 28 zieht die in böslicher Absicht erfolgende Aufstellung einer den wirklich erlittenen Verlust übersteigenden Brandentschädigungsforderung bei der betr. Mobiliarfeuerversicherungsgesellschaft die Strafe des Betrugs nach sich; es brauchen dann aber die Begriffserfordernisse des Betrugs nach § 241 weiter nicht vorzuliegen, vielmehr genügt es, wenn der Thatbestand des § 28 cit. festgestellt wird: Z. II. 28. Okt. 1858 c. Meusel; Z. I. 19. Jan. 1859 c. Kirchner; Z. I. 19. April 1861 c. Seyler (RdO. 1. f. 354; G. Arch. 9. f. 410). Ebensowenig bedarf es der Feststellung, daß die wesentlichen Merkmale eines Betrugs-Versuchs im Sinne des § 31 vorhanden sind: Z. Pl. 26. Nov. 1855 c. Torges (Entsch. 31. f. 344; G. A. 4. f. 45); ähnlich: B. II. 18. Sept. 1856 c. Rohr (G. A. 4. f. 829). Ein Erk. App.-Ger. Marienwerder 27. März 1857 c. Kriegel nahm übrigens an, daß der in jenen §§ gebrauchte Ausdruck „in böslicher Absicht" auf den strafrechtlichen Dolus des Betrugs, d. h. also jetzt auf den im § 341 erforderten zu beziehen sei.

71. Die Vorschriften der Gef.-Ordn. v. 8. Nov. 1810 § 31 und der Rhein. Gef.-Ordn. v. 19. Aug. 1844 § 12, welche das gleichzeitige Vermiethen eines Dienstboten bei mehreren Herrschaften mit Strafe bedrohen, sind nicht aufgehoben (vgl. Einf.-Ges. Art. II n. 10); sie schließen indessen die Betrugsstrafe nicht aus, wenn der Thatbestand dieses Vergehens festgestellt wird: Beschl. II. 24. Nov. 1859 c. Niewind (72 B).

§. 242. Der Betrug, sowie der Versuch des Betruges wird mit Gefängniß nicht unter Einem Monate und zugleich mit Geldbuße von funfzig bis zu Eintausend Thalern, sowie mit zeitiger Untersagung der Ausübung der bürgerlichen Ehrenrechte bestraft.

Wird festgestellt, daß mildernde Umstände vorhanden sind, so kann die Strafe bis auf Eine Woche Gefängniß oder auch auf bloße Geldbuße von mindestens fünf Thalern ermäßigt werden.

[Entw. § 220]. Vgl. § 241. 245.

§. 243.*) Mit Gefängniß nicht unter drei Monaten und zugleich mit Geldbuße von funfzig bis zu Eintausend Thalern, sowie mit zeitiger Untersagung der Ausübung der bürgerlichen Ehrenrechte wird bestraft:

*) Fassung der Gess. v. 14. April 1856 und v. 30. Mai 1859 (GS. 56. s. 210; 59. s. 320); in der ursprünglichen Fassung fehlten die jetzige Nr. 6. und der Schlußsatz; die Nummern 7. und 8. waren damals als Nr. 6. und 7. aufgeführt.

§ 242.

1. Um einen Versuch des Betruges annehmen zu können, bedarf es weder der Vollbringung der Täuschung, noch des Anfangs des Erfolgs der Vermögensbeschädigung, sondern nur des Anfangs der Ausführung der in gewinnsüchtiger Absicht unternommenen Handlung der Täuschung, welche zur Beschädigung des Vermögens eines Andern geführt haben würde: Z. II. 19. Mai 1855 c. Elkan; Z. II. 14. Juni 1855 c. Bienert. Es kann daher auch in der bloßen Vorbringung der falschen Thatsache der Anfang der Ausführung des Betrugs gefunden werden: Z. II. 31. Mai 1855 c. Wirtz; Z. II. 6. Jan. 1859 c. Gerlach; Z. I. 2. März 1860 c. Müller. Vgl. § 31 n. 13. 14.

2. Der Versuch eines Betrugs wird dadurch nicht ausgeschlossen, daß der zu Täuschende vorher schon die Wahrheit, also das Gegentheil der falschen Angaben, kennt, weil es dann immer noch auf die Stärke der Ueberzeugung von der Wahrheit, und auf die Kraft der Ueberredung desjenigen, welcher täuschen will, ankommt, somit nie von einem absolut untauglichen Mittel die Rede sein kann: Z. I. 15. Febr. 1861 c. Hoff (RdO. 1. s. 255; G. Arch. 9. s. 211); B. I. 26. April 1861 c. Gregor (RdO. 1. s. 338).

3. Beim Vorhandensein mildernder Umstände kann der Richter auf Untersagung der Ausübung der bürgerlichen Ehrenrechte erkennen, er ist aber nicht dazu verpflichtet: Z. 21. Nov. 1852 c. Fitschulsky.

§ 243.

1. Der Kommissions-Bericht der ersten Kammer (s. 39) spricht es beiläufig aus, daß auch in den hier vorgesehenen Fällen die allgemeinen Begriffserfordernisse des Betruges nach § 241 vorhanden sein müßten; hiermit stimmen überein: Bei. s. 464; G. Matt. 2. s. 550; Temme Gll. s. 293; Koch n. 22, welche alle diese Fälle eben nur als besonders ausgezeichnete Arten des Betrugs betrachten (zu vergleichen das Rubrum des Titels, und § 245). Gegen diese Auffassung läßt sich anführen, daß der § selbst durchaus keine Hinverweisung auf jene Begriffsbestimmung oder den § 241 enthält, daß die Nrn. 1. 7 und 8 das Erforderniß des Nachtheils noch besonders hervorheben, welches im entgegengesetzten Falle schon in der allgemeinen Begriffsbestimmung liegen würde, daß die Nrn. 3 und 4 noch besonders die Strafbarkeit des Versuchs aussprechen, welche eventuell schon aus § 242

1) wer sich wissentlich unrichtiger, zum Messen oder Wiegen bestimmter Werkzeuge zum Nachtheile eines Anderen bedient;

---

folgte, und daß die Nrn. 3. 4. 7 und 8 in den frühern Entwürfen sich gleichlautend an andern Stellen fanden, und erst im letzten Entwurfe von 1850 aus bloßer Rücksicht auf die Zweckmäßigkeit der Anordnung hier ihre Stelle gefunden haben, ohne daß es irgend wie beabsichtigt wäre, durch diese Platzveränderung auch den Begriff zu modifiziren, welches nothwendig der Fall wäre, wenn jetzt hier auch alle Erfordernisse des § 241 vorhanden sein müßten. Die Frage kam in Beziehung auf einzelne der unter Nr. 1 bis 8 vorgesehenen Fälle zur Entscheidung des Ober-Trib., und hat da nicht überall dieselbe Lösung gefunden; das Nähere siehe unten n. 4. 19. 21. 32. 39. Im Allgemeinen geht die Ansicht dahin, daß zwar die hier vorgesehenen Handlungen als Betrugsfälle anzusehen seien, so daß also auch die Begriffserfordernisse des Betrugs dabei vorausgesetzt würden, daß es aber einer ausdrücklichen Feststellung dieser Erfordernisse nicht bedürfe, daß vielmehr eine der Fassung des § 243 entsprechende Feststellung jene Erfordernisse in sich schließe und daher genüge; so: Z. I. 8. Okt. 1856 c. Blütchen (G. A. 5. s. 104); Z. I. 27. Nov. 1857 c. Seffler; und was den ersten Theil des aufgestellten Satzes betrifft: Z. Pl. 12. Juni 1854 c. Ramm (cit. unten n. 4). Ein Z. I. 6. Dez. 1854 c. Steffenhagen erwog dabei, daß diese Fälle nur bei einer klar nachgewiesenen Abwesenheit der allgemeinen Merkmale des Betrugs aus dem Kreise dieses Vergehens ausschieden, und dadurch straflos bleiben würden. Vgl. dagegen n. 39, und im Allgemeinen Abh. in G. A. 2. s. 643.

2. Da die Fälle des § 243 nur für gesetzlich ausgezeichnete Arten des Betrugs zu erachten, und deshalb mit einer strengeren Strafe bedroht sind, so ist mit Rücksicht auf § 242, auch der Versuch eines der hier vorgesehenen Fälle strafbar, und ist insbesondere daraus, daß in Nr. 3—5 die Strafbarkeit des Versuchs ausdrücklich ausgesprochen worden, das Gegentheil für die übrigen Fälle nicht zu folgern; das letztere erklärt sich vielmehr daraus, daß diese Nrn. 3—5 in den frühern Entwürfen ihre Stelle im Titel von den Münzverbrechen gefunden hatten: Z. I. 23. März 1853 c. Broß; Z. II. 14. Juni 1855 c. Bienert; B. I. 4. Juli 1856 c. Collier G. A. 4. s. 701); vgl. n. 12; Bes. s. 465.

3. Mildernde Umstände können bei den hier vorgesehenen Fällen (von dem der Nr. 6 abgesehen; vgl. Schlußsatz) nur als Strafzumessungsgründe in Betracht kommen; die Bestimmung am Schlusse des § 242 ist auf die Fälle des § 243 nicht zu beziehen: Z. II. 14. Juni 1855 c. Bienert; Z. I. 11. Nov. 1858 c. Hisgen.

Zu Nr. 1.

4. Ein Z. Pl. 12. Juni 1854 c. Ramm (Präj. n. 98; Entsch. 28. s. 174; G. A. 2. s. 650) ging von der Ansicht aus, daß die Strafbestimmung dieser Nr. 1 zu ihrer Anwendung die sämmtlichen Erfordernisse des § 241 voraussetze, nahm sodann aber als Präjudiz an: daß „die im § 241 erforderte gewinnsüchtige Absicht „in den Worten der Nr. 1: „„wer sich wissentlich unrichtiger Werkzeuge zum Nachtheile eines Andern bedient,““ enthalten sei, und neben derselben nicht noch besonders festgestellt zu werden brauche.“ Eine der Fassung der Nr. 1 entsprechende Feststellung ward hiernach für ausreichend erachtet. *Sic:* Z. II. 14. Juni 1855 c. Bienert; B. I. 17. Okt. 1855 c. Becker; Z. I. 24. Febr. 1858 c. Stöhr. *Contra* früher: B. I. 18. Nov. 1853 c. Teschner (G. A. 2. s. 127), welches auch in diesem Falle ausdrückliche Feststellung der gewinnsüchtigen Absicht erheischte. In Uebereinstimmung mit dem obigen Grundsatze nahm sodann Z. I. 3. Febr. 1858 c. Hamscher an, daß da, wo festgestellter Maßen weder Irrthumserregung noch ein Kausalzusammenhang zwischen Täuschung und Vermögensbeschädigung vorliege, der § 243 Nr. 1 ausgeschlossen bleibe. Vgl. n. 1. 39.

5. Die bereits unter n. 4 angeführten Z. Pl. 12. Juni 1854 c. Ramm und Z. II. 14. Juni 1855 c. Bienert erwägen außerdem: daß die in dieser Nr. 1 geforderte „Wissentlichkeit“ die Merkmale des Betrugs auch in Beziehung auf die Irrthumserregung ausdrücke. Vgl. n. 12.

6. Vorausgesetzt wird ein zum Messen 2c. bestimmtes Werkzeug, d. h. ein solches, welchem diese Bestimmung im Allgemeinen objektiv beiwohnt, welches also zu diesem Behufe angefertigt ist, und äußerlich erkennbare Merkmale dieser Bestimmung an sich trägt. Es reicht daher nicht hin, wenn irgend ein anderer beliebig gewählter Gegenstand, z. B. ein Stein, durch Uebereinkunft der Parteien als Einheit und als Meß- 2c. Werkzeug gebraucht und das so gefundene Resultat demnächst durch Reduktion auf die gebräuchliche Einheit zurückgeführt wird. Eine hierdurch bewirkte Täuschung und Benachtheiligung kann nur nach § 241 strafbar sein: B. I. 6. Juli 1859 c. Lessing (627; G. A. 7. s. 717); vgl. n. 7.

7. Als ein zum Messen 2c. bestimmtes Werkzeug kann nur dasjenige betrachtet werden, welches der geltenden Maaß- oder Gewichts-Ordnung entweder wirklich entspricht, oder doch nach der Voraussetzung des Getäuschten entsprechen soll, da die strengere Strafandrohung wesentlich darauf beruht, daß hier ein unter der Kontrolle der Staatsgewalt stehendes Werkzeug als Mittel der Täuschung benutzt wird. Wenn daher im Einverständnisse beider Parteien, insbesondere auch des Getäuschten ein veraltetes oder ausländisches Werkzeug benutzt wird, so erlangt dasselbe seine ihm objektiv nicht mehr beiwohnende Bedeutung als ein zum Messen 2c. bestimmtes Werkzeug, nur durch diese Uebereinkunft der Parteien, und es kann ev. nur § 241 Platz greifen. Dagegen ist es nicht erforderlich, daß der Getäuschte das Werkzeug auch für ein geaichtes gehalten habe. *Contra:* Z. Pl. 10. Mai 1858 c. Wunsch (Entsch. 39. 2. s. 31), welches (beil.) als unrichtiges Meß- 2c. Werkzeug jedes betrachtete, „welches nicht ist, wofür es ausgegeben wird, oder nach seiner Beschaffenheit und Erscheinung gehalten werden darf.“

8. Unrichtig ist das Werkzeug, wenn es demjenigen Quantum nicht entspricht, welches augenblicklich durch seine Benutzung ermittelt und festgestellt werden soll, wenn also die ihm beiwohnende Vermuthung seiner Richtigkeit zur Hervorbringung der Täuschung benutzt wird. Es ist daher nicht erforderlich, daß sein Maaß- oder Gewichts-Inhalt von der an demselben angebrachten Bezeichnung abweiche, daß also das Werkzeug objektiv unrichtig sei; vielmehr genügt es, sobald bei seiner Benutzung bei dem Anderen der Glaube erregt wird, daß dadurch ein anderes Quantum repräsentirt werde, als wirklich der Fall ist; wenn z. B. ein richtig bezeichnetes und geaichtes Ein-Fünftel-Quart-Maaß gebraucht wird, um damit angeblich ein Viertel-Quart zuzumessen: B. II. 5. Juni 1858 c. Begrich (G. A. 6. s. 711); Z. I. 16. Sept. 1859 c. Oppenheim. Der § wird also auch da anwendbar, wo nicht sowohl das Meßwerkzeug selbst, als das Messen mit demselben unrichtig ist.

9. Demgemäß trifft der § auch da zu, wo Jemand die Ansicht erregt, er gewähre ein Uebergewicht, wenn gleich nominell das verlangte Gewicht gewährt wird: B. I. 26. Jan. 1853 c. Rock (G. Arch. 1. s. 580); Z. I. 23. April 1858 c. Gelbrich.

10. Ist das Meß- 2c. Werkzeug selbst unrichtig, so ist es gleichgültig, ob es früher einmal richtig war oder nicht, ob die daran vorgenommenen Veränderungen größer oder geringer, ob sie für längere Zeit oder nur ganz vorübergehend vorgenommen sind: Z. I. 26. Okt. 1859 c. Goyke (G. A. 7. s. 842).

11. Eine an sich richtige Waage wird, wenn eine Schaale beim Verwiegen durch ein mechanisch angebrachtes Hülfsmittel erschwert wird oder dgl., zum unrichtigen Meßwerkzeuge: Z. I. 24. Febr. 1858 c. Stöhr.

12. Ein Z. I. 25. März 1857 c. Karp nahm an: die Feststellung des Gebrauchs unrichtiger Werkzeuge zum Nachtheile Anderer enthalte gleichzeitig die Feststellung der stattgehabten Vermögensbeschädigung, indem es gleichgültig sei, zu wessen Nachtheil dieses geschehe; es hat sonach die Worte „zum Nachtheile“ dahin aufgefaßt, daß dadurch eine wirklich eingetretene Vermögensbeschädigung bezeichnet werde. *Contra:* Z. II. 14. Juni 1855 c. Bienert, welches den oben (n. 2) ausgesprochenen Grundsatz von der Strafbarkeit des Versuchs durch die positive Vorschrift der Nr. 1 dahin für modifizirt erachtete, daß das wissentliche „Sich Bedienen“ unrichtiger Werkzeuge zum Nachtheile eines Andern zum selbstständigen Vergehen erhoben worden sei, so daß die Voraussetzungen des Versuchs (§ 31) auch da, wo die Erregung des Irrthums [und also auch eine durch diese herbeigeführte Vermögensbe-

§. 243. Mit Gefängniß nicht unter drei Monaten und zugleich mit Geldbuße von funfzig bis zu Eintausend Thalern, sowie mit zeitiger Untersagung der Ausübung der bürgerlichen Ehrenrechte wird bestraft:

2) wer einen Ankäufer von Gold oder Silber über die Eigenschaften dieser Waare hintergeht, indem er ihm geringhaltigeres Gold oder Silber für vollhaltigeres verkauft;

3) wer echte, zum Umlauf bestimmte Metallgeldstücke durch Beschneiden, Abfeilen oder auf andere Art verringert und als vollgültig ausgiebt oder auszugeben versucht;

4) wer solche verringerte Münzen gewohnheitsmäßig oder im Einverständnisse mit dem, welcher sie verringert hat, als vollgültig ausgiebt oder auszugeben versucht;

5) wer Geldpackete, die mit einem öffentlichen Siegel verschlossen und mit Angabe des Inhaltes versehen sind, zu ihrem vollen Inhalte ausgiebt oder auszugeben versucht, obgleich er weiß, daß sie eröffnet und ihr Inhalt verringert worden;

---

schädigung] nicht gelungen sei, nicht festgestellt zu werden brauche, wenn nur das wissentliche „Sich Bedienen“ vollendet sei. Hier werden also die Worte „zum Nachtheile“ als gleichbedeutend mit „in der Absicht zu benachtheiligen“ aufgefaßt. Die erstere Auslegung entspricht mehr dem unter n. 1 an die Spitze gestellten Grundsatze, daß die Fälle des § 243 nur besonders hervorgehobene Fälle des Betrugs seien, bei welchen daher alle Begriffserfordernisse des § 241 vorliegen müßten; ist dem aber so, so bedarf es, wenn Täuschung und Vermögensbeschädigung nicht gelungen sind, zur Bestrafung der Feststellung, daß die wesentlichen Merkmale eines strafbaren Versuchs (§ 31) vorliegen.

13. Die Vorschrift dieser Nr. ist nicht auf Gewerbtreibende beschränkt, auch unterliegt ihr geeigneten Falles der Käufer ebensowohl wie der Verkäufer: Z. I. 24. Febr. 1858 c. Stöhr; Temme Gll. s. 294; id. Lehrb. s. 980 Note 2.

14. Wenn gleich § 1 der Mühlen-Ordn. v. 28. Okt. 1810 die Bestimmung des Mahllohnes der freien Uebereinkunft zwischen Müller und Mahlgästen überlassen hat, so unterliegt doch der Müller, welcher sich bei Abmessung des Lohnes wissentlich eines unrichtigen Meßwerkzeuges bedient, der Strafe des § 243, sobald dieser Lohn nach dem Uebereinkommen der Parteien in einem bestimmten Quantum von Getreide bestehen sollte: Z. Pl. 10. Mai 1858 c. Wunsch (Entsch. 39. 2. s. 31). Vgl. § 348 n. 9.

Zu Nr. 2.

15. Auch diese Vorschrift ist nicht auf Gewerbtreibende zu beschränken: Temme Gll. s. 294; id. Lehrb. s. 980 Nr. 3.

16. Die Bestimmung dieser Nr. ist unbedenklich auch auf den Fall anzuwenden, wo im Innern der Waare schlechteres oder geringhaltigeres Metall angebracht ist.

Zu Nr. 3. Vgl. Nr. 4; § 122. 123.

Zu Nr. 4. Vgl. Nr. 3; § 122. 123.

17. Ueber den Begriff „gewohnheitsmäßig“ vergl. § 239 n. 1; § 263 n. 36—43.

Zu Nr. 5. Vgl. AKO. v. 20. Sept. 1826 (GS. s. 122).

18. Unter „Geld-Packeten“ sind nicht blos Geld-Tuten und Beutel, sondern auch verschlossene Papiergeld-Packete zu verstehen: K.-B. I. K. s. 39.

§. 243. Mit Gefängniß nicht unter drei Monaten und zugleich mit Geldbuße von funfzig bis zu Eintausend Thalern, sowie mit zeitiger Untersagung der Ausübung der bürgerlichen Ehrenrechte wird bestraft:

6) wer in der Absicht, eine verhängte Exekution abzuwenden oder hinauszuschieben, von einem Postscheine über eine Versendung von Geld oder andern Werthgegenständen Gebrauch macht, obgleich er weiß, daß der versendete Brief, oder das versendete Packet dasjenige nicht enthält, was durch den Postschein als abgesendet nachgewiesen werden soll;

Schlußsatz: Wird in dem Falle der Nr. 6 festgestellt, daß mildernde Umstände vorhanden sind, so kann die Strafe bis auf Eine Woche Gefängniß oder auch auf bloße Geldbuße von mindestens fünf Thalern ermäßigt werden.

Zu Nr. 6.

19. Diese Bestimmung ist durch das Ges. vom 14. April 1856 in den § 243 eingeschoben worden, nicht allein um den hier vorgesehenen Fall der verschärften Strafe des § zu unterwerfen, sondern auch und zwar vorzugsweise, um seine unbedingte Strafbarkeit zu begründen, und den in der Praxis hierüber laut gewordenen Zweifeln (vgl. § 241 n. 7 und 25) ein Ende zu machen. Vgl. Motive des Entw. zum Ges. v. 14. April 1856 s. 22 (G. Arch. 3. s. 859). Es kann daher hier einem Bedenken nicht unterliegen, daß eine Feststellung nach den Worten des Gesetzes zur Strafanwendung genügt, und daß es der fernern Feststellung der Begriffserfordernisse des § 241, insbesondere der gewinnsüchtigen Absicht, und der erfolgten Vermögensbeschädigung hier nicht bedarf: Z. II. 18. Dez. 1856 c. Köbel (JMBl. 1857 s. 35); Z. I. 1. Juli 1858 c. Schneider; Z. I. 3. Dez. 1858 c. Kuschel; Z. I. 3. Mai 1861 c. Wasservogel; u. ö. In dieser Beziehung erwogen Z. I. 13. Mai 1857 c. Sanden (G. Arch. 5. s. 568); Z. I. 14. April 1858 c. Rönneberg; Z. II. 15. Mai 1858 c. Schulze ausdrücklich: der strafbare Dolus (die gewinnsüchtige Absicht) sei hier in der Absicht zu finden, eine verhängte Exekution abzuwenden oder hinauszuschieben; wo diese feststehe, bedürfe es einer weitergehenden Gewinnsucht nicht; ebenso sei die Vermögensbeschädigung als eine unmittelbare und nothwendige Folge der betr. Handlung vom Gesetzgeber angesehen, so daß eine besondere Feststellung derselben nicht erforderlich sei; ähnlich: Z. I. 15. Mai 1857 c. Grünthal; Z. I. 18. Febr. 1859 c. Abomeit; Z. II. 8. Okt. 1857 c. Rick (Entsch. 37. 2. s. 34), das letztere mit dem Zusatze: das Gesetz betrachte hier schon die Verletzung des Rechts des Exekutionssuchers: auf dem Wege der jetzt verhängten Exekution und mittelst ungehemmten Fortgangs derselben seine Befriedigung zu erlangen, als eine Vermögensbeschädigung, sollte diese Befriedigung demnächst auf anderm Wege auch wirklich erfolgen. Hiernach ist es auch gleichgültig, ob der Angeklagte selbst ein mittelbares oder unmittelbares Interesse bei der Exekutionsabwendung hat: Z. (V.) II. 8. April 1858 c. Schröder; vgl. n. 22.

20. Steht hiernach der volle Thatbestand der Nr. 6 fest, so ist es unerheblich, ob der Angeklagte zur Zeit der Vollstreckung der Exekution Gegenforderungen an den Extrahenten gehabt, und sich zu deren Abzuge von der vollstreckbaren Forderung für befugt erachtet hat: Z. II. 15. Mai 1858 c. Schulze.

21. Demgemäß erachtete ein Z. I. 2. Febr. 1859 c. Fornacon die Anwendung des § für gerechtfertigt, obgleich der Instanzrichter ausdrücklich festgestellt hatte: der Angeklagte (welcher nicht selbst der Schuldner war) habe ohne gewinnsüchtige Absicht gehandelt. In anderen Fällen hat indessen das Ober-Tribunal wiederholt ausgesprochen, daß an und für sich auch hier die Begriffsmerkmale des § 241 vorausgesetzt würden, und daß also bei einem ausdrücklich festgestellten Mangel eines dieser Merkmale die Strafbarkeit wegfalle; z. B. wenn der Gläubiger vorher ganz befriedigt, also durch die Handlung nicht benachtheiligt war (Z. II. 8. Okt. 1857 c. Rick; Z. I. 14. April 1858 c. Rönneberg); oder wenn der Gläubiger mit der Verfahrungsweise des Schuldners einverstanden war, ihm also durch die letztere eine

Vermögensbeschädigung nicht zugefügt wurde (B. II. 8. April 1858 c. Schräder); ähnlich: B. II. 29. Sept. 1859 c. Bombach (G. A. 7. f. 843), welches als die wesentliche Grundlage der Nr. 6 das gekränkte Recht des Exekutionssuchers und es ebendeshalb für unerläßlich erachtete, daß dem Letzteren gegenüber die allgemeinen Bedingungen und Merkmale des Betrugs (§ 241) insbesondere die dolose Absicht, vorwalteten; es könne daher da, wo Alles im Einverständnisse mit dem Gläubiger geschah, ein dem Gerichte oder dem Exekutor gegenüber bestehender Dolus nicht genügen.

22. Der § unterscheidet in Betreff der Person des Thäters nicht; es kann daher auch ein Anderer als der mit der Exekution bedrohte Schuldner das Vergehen verüben: Z. I. 15. Mai 1857 c. Grünthal (G. A. 5. f. 568); Z. II. 1. Okt. 1857 c. Griesemann; B. I. 30. Okt. 1857 c. Ehrenbaum; Z. I. 11. Dez. 1857 c. Kramer; Z. (B.) II. 8. April 1858 c. Schröder. Auch bedarf es bei dem Dritten eines eignen Vermögens-Interesses nicht: Z. I. 2. Febr. 1859 c. Fornaçon.

23. Es ist nicht erforderlich, daß der Getäuschte zugleich auch der Beschädigte sei: Z. I. 4. Juni 1858 c. Völkel (Seffler u. Gen.); vgl. § 241 n. 67. Es ist daher gleichgültig, ob der Gläubiger selbst getäuscht, oder ob ihm, z. B. im Briefe, der Sachverhalt vollständig aufgeklärt wird: Z. I. 18. Febr. 1859 c. Adomeit.

24. Ebensowenig ist es erforderlich, daß der Gebrauch des Postscheins einem Beamten (dem vollstreckenden Gerichte oder dem Exekutor) gegenüber stattfinde; es genügt, wenn derselbe bei dem Gläubiger selbst oder dem von ihm mit der Besorgung der betr. Angelegenheit Beauftragten erfolgt.

25. Wesentlich ist nur, daß der Postschein etwas Anderes besagt, als die Sendung enthält; gleichgültig ist es daher, ob vielleicht die Inhaltsdeklaration auf der Adresse der Sendung anders lautete, und diese den Inhalt richtig bezeichnete: Z. II. 11. Nov. 1857 c. Hisgen; B. II. 26. Nov. 1857 c. Sefert. Sonach ist es unerheblich, ob der Angeklagte die Ausstellung des unrichtigen Postscheins irgend wie veranlaßt hat, oder ob der Vorwurf nur den Postbeamten trifft; vielmehr wird der § auch dann anwendbar, wenn jener bei Einsendung eines Wechsels statt baaren Geldes auf der Adresse den Inhalt als: „— Thlr. Werth" oder dgl. angab, sobald nur der demnächst ausgefertigte und vom Angeklagten benutzte Postschein den Inhalt als Baarsumme bezeichnete. *Sic:* Z. I. 2. Juni 1858 c. Klemm; Z. I. 3. Dez. 1858 c. Kuschel; Z. I. 8. Mai 1861 c. Wasservogel.

26. Vorausgesetzt wird dagegen, daß der Angeklagte von diesem Inhalte des Postscheins Kenntniß hatte: B. II. 26. Nov. 1857 c. Sefert. Gleichwohl bedarf es einer ausdrücklichen Feststellung dieser Kenntniß nicht, vielmehr reicht eine der Fassung des § entsprechende Feststellung hin: Z. II. 1. Okt. 1857 c. Griesemann. Nur dann, wenn der Angeklagte seine Unkenntniß behauptete, würde es einer ausdrücklichen Feststellung in Betreff dieses Punktes bedürfen.

27. Der Postschein ist unbedingt als ein zur Verübung des Vergehens taugliches Mittel anzusehen, sobald er nur überhaupt über die Versendung von Geld oder andern Werthgegenständen lautet; insbesondere kommt in dieser Beziehung Nichts darauf an, ob der Gegenstand der abzuwendenden Exekution dieser oder jener war, und ob sonach der angeblich versendete Gegenstand mit demjenigen, auf welchen sich die Exekution bezog, übereinstimmte: Beschl. I. 4. Febr. 1859 c. Krüger (30. B; JMBl. f. 98); vgl. n. 28.

28. Auch auf den Erfolg des Gebrauchs des Postscheins kommt Nichts an; es ist unerheblich, ob nach der Vorschrift der §§ 45. 46. I, 24 AGO. und § 38 der Instr. v. 2. Aug. 1850 der Exekutor dadurch genügende Veranlassung erlangte, von der Exekution abzustehen: Z. II. 1. Okt. 1857 c. Griesemann; Beschl. I. 4. Febr. 1859 c. Krüger (cit. n. 27).

29. Die Strafbarkeit tritt auch dann ein, wenn der Exekutor, welchem der Schein vorgelegt ward, den wahren Sachverhalt kannte, und nur das Auftrag gebende Gericht getäuscht wurde: Erk. App.-Ger. Frankf. 16. Juni 1857 c. Kramer.

30. Liegen mildernde Umstände vor (Schlußf.) so kann jetzt von der Untersagung der Ausübung der Ehrenrechte gänzlich abgesehen werden; geschieht dieses, so fällt damit auch der (nach § 174 der Gew.-Ord. v. 17. Jan. 1845 auszusprechende) Verlust der Konzession zum selbstständigen Gewerbebetriebe weg: Z. II. 19. Jan. 1860 c. Herget.

§. 243. **Mit Gefängniß nicht unter drei Monaten und zugleich mit Geldbuße von funfzig bis zu Eintausend Thalern, sowie mit zeitiger Untersagung der Ausübung der bürgerlichen Ehrenrechte wird bestraft:**

7) **wer Grenzsteine oder andere zur Bezeichnung einer Grenze oder des Wasserstandes bestimmte Merkmale zum Nachtheile eines Anderen wegnimmt, vernichtet, unkenntlich macht, verrückt oder fälschlich setzt;**

Zu Nr. 7.

31. Es läßt sich nicht aufstellen, daß dieses Vergehen nur zwischen Grenz-Nachbarn vorkommen könne: Z. I. 6. Juli 1859 c. Czwielung.

32. Ein B. II. 7. Febr. 1856 c. Broicher (JMBl. s. 74) nahm an, bei dem hier vorgesehenen Vergehen müßten die allgemeinen Erfordernisse des § 241, insbesondere gewinnsüchtige Absicht, und die Absicht der Erregung eines Irrthums vorhanden sein. *Contra:* Z. I. 6. Juli 1859 c. Czwielung, welches aussprach: die allgemeinen Merkmale des § 241 kämen hier nur insoweit in Betracht, als ihre konstatirte Abwesenheit mit den Voraussetzungen der besondern Strafbestimmung nach Wort und Sinn derselben in Widerspruch treten würde.

33. Es wird nicht vorausgesetzt, daß die Grenzmerkmale unter amtlicher Autorität gesetzt gewesen seien; nur bei den nach dem Ges. vom 15. Nov. 1811 (GS. s. 352) zur Bezeichnung der Höhe des Wasserstandes gesetzten Merkpfählen ist dieses erforderlich: G. Matt. 2. s. 554.

34. Damit indessen ein von Privatleuten gesetzter Stein &c. als ein solcher gelten könne, welcher „zur Bezeichnung der Grenze bestimmt" ist, wird vorausgesetzt, daß er mit Zustimmung der beiderseitigen Grenznachbarn zum fraglichen Zwecke hingesetzt, oder beiderseits als ein solches Merkmal einmal anerkannt gewesen sei; ein von einem Grenznachbar einseitig gesetzter Stein &c. hat jenen Charakter nicht, zumal wenn die Grenze selbst zwischen den Parteien streitig ist. Auch würde die Wegnahme eines solchen einseitig gesetzten Zeichens nicht „zum Nachtheile" des Nachbarn geschehen sein: Gilb. C. pén. Art. 456 n. 19. *Contra:* Z. I. 6. Juli 1859 c. Czwielung, welches annahm: wenn ein Grenznachbar (i. c. der Fiskus) seines konstatirten langjährigen Besitzes nicht entsetzt sei, so habe der andere kein Recht, die von jenem mitten auf den Grenz-Rain ohne nachgewiesenen Widerspruch gesetzten Grenzzeichen eigenmächtig zu entfernen (ALR. I, 17 § 383; I, 7 § 141 fgg.); in einem solchen Falle könne daher Strafbarkeit angenommen und der erbotene Eigenthumsbeweis beseitigt werden. — Das oben Gesagte gilt selbst dann, wenn es sich von der Grenze zwischen einem Grundstücke und dem benachbarten Wege handelt; die einseitig von der Ortsbehörde erfolgende Bezeichnung der streitigen Grenze durch einen Stein giebt diesem nicht den Charakter eines Grenzsteins, insofern nicht besondre Gesetze jener Behörde ausdrücklich das fragliche Recht ertheilt haben. Auf dem linken Rheinufer steht ein solches Recht (nach Arr. 23. mess. V; Ges. v. 9. Vent. XIII Art. 6; Min.-Instr. v. 7. prair. XIII; Dekr. v. 16. Okt. 1813; StRG. v. 8. Nov. 1813; Ress.-Regl. v. 20. Juli 1818 § 2) nicht den Bürgermeistern, sondern nur den Regierungen zu, da nur sie die Breite der Gemeindewege ohne Einwilligung der Angrenzenden festzustellen, folglich auch den die festgestellten Grenzen bezeichnenden Steinen die Eigenschaft von Grenzsteinen beizulegen berufen sind: B. II. 7. Febr. 1856 c. Broicher (JMBl. s. 74).

35. Zu den zur Bestimmung einer Grenze bestimmten Merkmalen ist auch unbedenklich ein Grenzgraben zu zählen.

36. Diese Nr. 7 will die Verletzung der Treue und des Glaubens zwischen Grenznachbarn ahnden, deren Wahrung durch die Grenzzeichen gesichert wird; das Vergehen kann daher von demjenigen nicht begangen werden, welcher das Eigenthum an beiden Grundstücken besitzt, und nun die Bezeichnung der Grenze zwischen beiden wegnimmt &c., da er ein Recht zu dieser Handlung hat. Der Umstand, daß dritte Personen Realrechte (im Gegensatze gegen Eigenthums- oder Miteigenthums-Rechte) an der Sache haben, welche durch jene Handlung beeinträchtigt werden kön-

8) wer Urkunden, welche ihm entweder gar nicht, oder nicht ausschließlich gehören, zum Nachtheile eines Anderen vernichtet, beschädigt oder unterdrückt.

Wird in dem Falle der Nr. 6 festgestellt, daß mildernde Umstände vorhanden sind, so kann die Strafe bis auf Eine Woche Gefängniß oder auch auf bloße Geldbuße von mindestens fünf Thalern ermäßigt werden.

[Entw. § 221]. Vgl. § 341. 342. 344. 345. 347. 106.

---

nen, ändert daran Nichts; für den Eigenthümer kann daher die Handlung nur dann strafbar sein, wenn sie die Begriffserfordernisse des § 241 in sich vereinigt, und diese festgestellt werden: B. I. 18. Dez. 1857 c. Schönitz (G. A. 9. f. 127).

37. Ein Handeln „zum Nachtheile“ eines Andern ist überall da anzunehmen, wo durch dasselbe dem Nachbarn diejenigen Vortheile entzogen werden, welche für seinen Besitzstand aus einem bestehenden Grenzzeichen herzuleiten sind; auf ein Mehr braucht daher auch der Dolus des Handelnden nicht gerichtet zu sein. Hiernach ist es für die Strafbarkeit gleichgültig, ob die frühere Grenzbestimmung die richtige gewesen, und ob der Vertrag, auf welchem sie beruhte, wegen formeller oder materieller Mängel als nichtig hätte angegriffen werden können. *Contra:* B. I. 14. Mai 1858 c. Blum.

38. Auch hier kann die Frage entstehen, ob die Worte „zum Nachtheile“ auf einen wirklich eingetretenen, oder auf einen nur beabsichtigten Nachtheil hindeuten. Das oben zu Nr. 1 (n. 12) Bemerkte findet daher hier analoge Anwendung.

Zu Nr. 8. Vgl. § 106. 323. 281. 282.

39. Wenn es richtig ist, daß bei allen in diesem § vorgesehenen Fällen die Begriffserfordernisse des § 241 vorausgesetzt werden, so ist die Vorschrift dieser Nr. 8 da unanwendbar, wo durch die Vernichtung 2c. der Urkunde nicht ein Irrthum erregt worden ist, obgleich dieses Merkmal unzweifelhaft früher, als die Bestimmung bei gleicher Fassung in den frühern Entwürfen bei einer andern Rechtsmaterie ihre Stelle fand, nicht erheischt wurde. Das Ober-Tribunal hat in Betreff dieser Frage seine hinsichtlich der Nr. 1 angenommene Auffassung (vgl. n. 1. 4. 19. 21. 32) nicht in allen Theilen festgehalten, vielmehr sprechen Z. I. 4. Okt. 1854 c. Fleischer und Z. II. 21. Sept. 1858 c. Koch unbedingt aus, daß zum Begriffe der strafbaren Zerstörung 2c. einer Urkunde eine Irrthumserregung überall nicht gehöre (das letztere mit dem Zusatze: ein solches Erforderniß stehe mit dem Zwecke der Nr. 8 im direktesten Widerspruche, und würde dieselbe fast illusorisch machen); und ein Z. II. 19. Mai 1855 c. Krüger führt aus: der Trug, welchen Nr. 7 (jetzt Nr. 8) voraussetze, brauche nicht grade darin zu bestehen, daß derjenige, zu dessen Nachtheil eine Urkunde vernichtet 2c. werde, durch diese Handlung in Irrthum versetzt werde; vielmehr solle durch diese Strafbestimmung derjenige Trug, diejenige Verdunkelung der Wahrheit getroffen werden, welche der Gesetzgeber durch die zum Nachtheile eines Andern geschehene Vernichtung 2c. der Urkunde darum als sofort bewirkt ansehe, weil die Urkunde nun nicht mehr als Beweismittel existire oder gebraucht werden könne. *Sic:* Z. I. 30. März 1859 c. Semmler; Z. I. 6. Juni 1860 c. Schommer. Dagegen nahm ein Z. I. 8. Okt. 1856 c. Blütchen (G. A. 5. f. 104) an, das Erforderniß der Irrthumserregung liege im Thatbestande, den die Nr. 8 ausdrücklich erfordere, von selbst mit, und es bedürfe daher nun der besondern Feststellung derselben nicht mehr; ebenso wollte Z. I. 21. Jan. 1857 c. Többike nur von der Nothwendigkeit des Nachweises der wesentlichen Merkmale des § 241 absehen, und betrachtete sogar die Behauptung eines seinen Schuldtitel vernichtenden Schuldners: er habe keinen Gewinn dabei beabsichtigt, als eine protestatio facto contraria; ähnlich: Z. I. 18. Juni 1858 c. Kienast; Z. I. 10. Febr. 1860 c. Forst. Wäre indessen diese Auffassung die richtige, so würde (wie in den Fällen der n. 4 und 21) die Behauptung des Angeklagten: durch seine Handlung sei bei Niemand ein Irrthum erregt worden, einer ausdrücklichen Prüfung bedürfen, und es müßte da, wo

§. 244. **Wer in betrügerischer Absicht eine gegen Feuersgefahr versicherte Sache in Brand setzt, oder ein Schiff, welches als solches oder in seiner Ladung versichert ist, sinken oder**

---

diese Behauptung sich als richtig herausstellte, die Strafe wegfallen; in diesem Sinne scheint wirklich das oben (n. 1) cit. Z. I. 6. Dez. 1854 c. Steffenhagen die Sache aufgefaßt zu haben. Der Gesetzgeber hat indessen hier zum Thatbestande des Vergehens nichts Anderes als die Vorsätzlichkeit der Handlung gefordert, es kann daher überhaupt einer Irrthumserregung, folgerichtig also auch einer Feststellung derselben nicht bedürfen, und selbst der Nachweis: eine solche sei nicht erfolgt, kann die Strafe nicht ausschließen.

40. Ebensowenig bedarf es der Feststellung einer gewinnsüchtigen Absicht: Z. II. 12. Okt. 1854 c. Holzerland.

41. Der Begriff der „Urkunde" ist hier unbedenklich aus § 247 zu erläutern: Z. II. 3. März 1854 c. Hönecke (G. A. 1. s. 409; 2. s. 261); Z. II. 12. Okt. 1854 c. Holzerland.

42. Ein schriftliches Anerkenntniß über eine begangene Steuerdefraude ist eine Urkunde: Z. II. 12. Okt. 1854 c. Holzerland.

43. Ein nur vom Verpächter, nicht vom Pächter unterschriebener Pachtvertrag, ist, wenn der Pächter in den Besitz des verpachteten Grundstücks gekommen ist, nach ALR. I, 21 § 268. 289 und mit Rücksicht auf I, 5 § 116. 117 zum Beweise des zwischen ihnen bestehenden Rechtsverhältnisses erheblich, daher eine Urkunde: Z. II. 3. März 1853 c. Hönecke (G. A. 1. s. 409; 2. s. 261).

44. Das „zum Nachtheile" setzt nicht nothwendig eine bereits eingetretene Vermögensbeschädigung voraus, vielmehr genügt eine formale Beschränkung oder Verhinderung der Geltendmachung eines Rechts: Z. I. 13. März 1861 c. Puder (RdO. 1. s. 307; G. A. 9. s. 421). Es ist dabei vorzugsweise an den Nachtheil zu denken, welcher durch die Entziehung des Beweismittels für ein Recht zugefügt wird: Z. II. 18. Mai 1855 c. Krüger; Z. I. 23. März 1859 c. Matthei; Z. I. 8. Febr. 1861 c. Karo; u. ö.

45. Die spätere Abwendung des drohenden Nachtheils beseitigt die Strafbarkeit nicht: Z. II. 2. Sept. 1858 c. Koch; z. B. wenn ein zerrissener Schuldschein wieder zusammengeklebt und zur Geltendmachung der betr. Gerechtsame benutzt werden kann: Z. I. 18. Mai 1857 c. Kienast.

46. Die Löschung der Unterschrift kann unbedenklich als Beschädigung oder Vernichtung der Urkunde angesehen werden: Z. I. 30. März 1859 c. Semmler; vgl. § 247 n. 30.

47. Der Thatbestand der „Unterdrückung" der Urkunde kann in jeder Handlung gefunden werden, durch welche dieselbe dem Berechtigten als Beweismittel entzogen wird: Z. I. 19. April 1861 c. Heinze (RdO. 1. s. 350; G. A. 9. s. 386). Es ist daher durchaus statthaft, die bloße Wegnahme einer fremden Urkunde für eine Unterdrückung zu erachten, z. B. wenn sie geschah, um sich dadurch der eignen Zahlungsverbindlichkeit zu entziehen: B. I. 11. Febr. 1859 c. Stöhrer (G. A. 7. s. 394). In einem solchen Falle ist es auch gleichgültig, ob der Angeklagte sich noch im Besitze der Urkunde befindet, und im Exekutionswege zur Herausgabe gezwungen werden könnte: cit. Z. I. 19. April 1861. Ebenso kann eine Unterdrückung darin gefunden werden, wenn der Besitz der Urkunde dem Berechtigten gegenüber wirksam abgeleugnet wird: Z. II. 18. Mai 1855 c. Krüger. *Contra:* Abh. in G. A. 9. s. 384.

48. Ueber den Unterschied zwischen der „Vernichtung oder Beschädigung einer Urkunde" und einer durch theilweises Auslöschen der Schrift bewirkten Urkundenfälschung vgl. § 247 n. 30.

Zum Schlußsatze.

49. Vgl. n. 30.

§ 244.

1. In vielen Fällen, welche an sich den Voraussetzungen dieses § entsprechen, werden auch die wesentlichen Merkmale eines der in den §§ 285—287, 289 und 303

standen macht, wird mit Zuchthaus bis zu zehn Jahren und zugleich mit Geldbuße von Einhundert bis zu zweitausend Thalern bestraft.

[Entw. § 222]. Vgl. § 283. 285—289. 303.

---

vorgesehenen Verbrechen vorliegen; es ist dann unzweifelhaft ideale Konkurrenz vorhanden. Das ward anerkannt durch: Beschl. II. 15. (22.) Sept. 1853 c. Fißmer (G. A. 2. s. 560); B. I. 6. Jan. 1858 c. Müller (Eggert u. Gen.; G. A. 6. s. 135). Ebendeshalb bedarf es bei der einen solchen Fall betreffenden Verhandlung vor den Geschwornen einer den Thatbestand des § 244 enthaltenden Zusatzfrage nicht, wohl aber kann unbedenklich hierauf eine Eventualfrage gerichtet werden. Vgl. § 285 n. 7; G. Arch. 1. s. 261.

2. Nach dem unter n. 1 Gesagten ist hier eben [vorzugsweise] an solche Fälle gedacht, in welchen in concreto eine gemeine Gefahr nicht entstehen konnte, z. B. wenn die übrige Mannschaft das Schiff bereits verlassen hatte: K.-B. I. K. s. 39.

3. Auch hier entsteht die Frage, ob die That nur als ein ausgezeichneter Fall des Betrugs anzusehen, und ob daher die Begriffserfordernisse des Betrugs nach § 241 vorausgesetzt werden. Vgl. § 243 n. 1 und 39. Es ist indessen festzuhalten, daß dieser § nur ein In-Brand-Setzen rc. in betrügerischer Absicht erheischt, und daß das Verbrechen durch diese Handlung vollendet wird (vgl. unten n. 9), so daß also jedenfalls weder eine gelungene Täuschung noch eine wirklich eingetretene Vermögensbeschädigung vorausgesetzt wird, vielmehr das vollendete Verbrechen auch ohne stattgehabte Irrthumserregung anzunehmen ist. In etwa anders sah ein Z. 10. Dez. 1852 c. Alberts die Sache an, indem es in jenem Falle die Erregung eines Irrthums schon dadurch für festgestellt erachtete, daß die Entstehung des Brandes durch eigne Veranlassung — im Gegensatze der Entstehung durch Zufall rc. — festgestellt worden sei, wobei es dann der richterlichen Beurtheilung anheimfalle, ob danach die betrügerische Absicht angenommen werden müsse; die bejahende Entscheidung schließe keinen Rechtsirrthum in sich. Vgl. Zachariä Abh. in G. Arch. 3. s. 293.

4. Es ist nicht erforderlich, bei einer Befragung der Geschwornen die im § erforderte „betrügerische Absicht" mit Rücksicht auf die Begriffsbestimmung des § 241 aufzulösen: Z. 10. Dez. 1852 c. Alberts, welches eine Fragstellung: ob die Brandstiftung geschehen sei, „in der betrügerischen Absicht, die Brandversicherungsgelder ganz oder theilweise zu gewinnen", für ausreichend erachtete.

5. Die Absicht muß aber auf rechtswidrige Gewinnung der Versicherungs-Gelder gerichtet sein: Zachariä Abh. in G. Arch. 3. s. 293. Daher kann derjenige der Strafbestimmung nicht unterliegen, welcher die Brandstiftung aus einer ganz andern Ursache, z. B. zur Verdeckung einer begangenen Unterschlagung verübt, vielleicht ohne von der bestehenden Versicherung irgend wie Kenntniß zu haben: Z. I. 6. Mai 1853 c. Laser Saul.

6. Temme (Lehrb. s. 981 Note 4) nimmt an, es werde nicht nothwendig vorausgesetzt, daß grade die versicherte Sache selbst in Brand gesetzt sei; der § finde vielmehr auch dann Anwendung, wenn z. B. das Gebäude angezündet werde, in welchem sich die versicherten Mobilien befinden, sollten diese auch sämmtlich gerettet, ja sollten sie auch früher bei Seite geschafft sein, um für sie, als angeblich mitverbrannt, die Versicherungsgelder zu gewinnen. Vgl. n. 9.

7. Auch das betrügerische Anzünden einzelner Holzstücke von einem Gebäude fällt, da auf diese sich die Versicherung des Gebäudes mit erstreckt, geeigneten Falles unter § 244: Z. II. 5. Febr. 1857 c. Müller (G. A. 5. s. 272).

8. Gleichgültig ist es, ob die Brandstiftung an einer eignen oder fremden Sache geschah, und ob die Versicherungssumme für sich selbst, oder für einen Dritten gewonnen werden sollte: Z. 10. Dez. 1852 c. Alberts; G. Matt. 2. s. 557; Temme Lehrb. s. 981. *Contra*: Koch n. 23.

9. Das Verbrechen wird durch die „In-Brandsetzung" rc. vollendet, es ist keineswegs erforderlich, daß die versicherte Sache beschädigt worden, es genügt vielmehr die äußerliche faktische Lage der Sache, wonach die Rechtsverbindlichkeit des

§. 245. In allen Fällen des Betruges (§§ 241. bis 244.) kann auf Stellung unter Polizei-Aufsicht erkannt werden.

[Entw. § 222a]. Vgl. § 241—244.

Zweiundzwanzigster Titel.
Untreue.

§. 246. Wegen Untreue werden mit Gefängniß nicht unter drei Monaten, sowie mit zeitiger Untersagung der Ausübung der bürgerlichen Ehrenrechte bestraft:

1) Vormünder, Kuratoren, Sequester, Testaments-Exekutoren und Verwalter von Stiftungen, wenn sie vorsätzlich zum Nachtheile der ihrer Aufsicht anvertrauten Personen oder Sachen handeln;

2) Mäkler, Güterbestätiger, Schaffner und andere Gewerbtreibende, welche zur Betreibung ihres Gewerbes von der Obrigkeit besonders verpflichtet sind, wenn sie bei den ihnen übertragenen Geschäften vorsätzlich diejenigen benachtheiligen, deren Geschäfte sie besorgen.

Versicherers an sich begründet ist, sollten auch die versicherten Sachen anderweitig bei Seite geschafft sein. So: Temme Lehrb. s. 981. *Contra* zum Theil: G. Matt. 2. s. 558 n. 4, welcher jedenfalls einen zur Vergütung durch die Feuerversicherungsanstalt geeigneten wirklichen Schaden an der Sache erheischt, und sonst nur Versuch annehmen will. Vgl. Zachariä Abh. in G. Arch. 3. s. 293.

10. Jedenfalls ist es nicht erforderlich, daß der Versicherungsbetrag eingefordert oder gar schon gezahlt worden sei. Vgl. oben n. 3.

11. Ist der Brandstiftung eine Ueberversicherung vorhergegangen und ist eine in böslicher Absicht bewirkte Aufstellung einer zu hohen Entschädigungsforderung auf dieselbe gefolgt (Ges. v. 8. Mai 1837 § 20. 28), so bildet jede dieser drei Handlungen, wenn sie auch alle aus derselben strafbaren Absicht, eine zu hohe Versicherungssumme unrechtmäßiger Weise zu gewinnen, hervorgingen, eine selbstständige That, und es liegt reale Konkurrenz vor; von einem s. g. fortgesetzten Verbrechen kann hier keine Rede sein: Beschl. II. 15. (22.) Sept. 1853 c. Fißmer (G. A. 2. s. 560). *Contra*: Beschl. II. 15. Jan. 1857 c. Roth (G. A. 5. s. 406), welches da, wo Jemand eine versicherte Sache in Brand steckte, und den Schaden in böslicher Absicht zu hoch liquidirte, wenn sein Vorsatz von vorne herein zugleich auf dieses Alles gerichtet war, das Ganze nur als den Fortgang einer und derselben verbrecherischen That auffaßte, und deshalb dem mit einer dieser Handlungen befaßten Untersuchungsrichter es gestatten wollte, das Verfahren auf die andere Handlung ohne einen hierauf bezüglichen Antrag des Staatsanwalts auszudehnen. *Sic*: John fortges. Verbr. s. 97. Vgl. § 56 n. 4. 5.

§ 245.

1. Hiernach fällt die Verhängung der Polizei-Aufsicht in das Gebiet der Strafzumessung, es bedarf daher einer besondern Motivirung derselben nicht: Z. II. 29. Nov. 1860 c. Stein.

2. Die Befugniß, auf Stellung unter Polizei-Aufsicht zu erkennen, ist auch im Falle der Feststellung mildernder Umstände nicht ausgeschlossen: Z. II. 29. Nov. 1860 c. Stein.

§ 246.

1. Temme (Lehrb. s. 984) definirt die Untreue als ein treuloses, d. h. vor-

Wird die Untreue in der Absicht verübt, sich oder Anderen Gewinn zu verschaffen, so soll neben der Freiheitsstrafe zugleich auf Geldbuße von funfzig bis zu Eintausend Thalern erkannt werden.

Ist durch die Handlung eine härtere Strafe begründet, so tritt nach den Grundsätzen des § 55. diese härtere Strafe ein.

[Entw. § 222b]. Vgl. § 314; Gew.-Ordn. v. 17. Jan. 1845 § 174.

---

sätzliches rechtswidriges Handeln einzelner, in einem bestimmten Rechtsverhältnisse stehender Personen zum Nachtheile des Vermögens derjenigen Personen, denen sie vermöge des bestimmten Rechtsverhältnisses zu einer besondern Treue verpflichtet sind. Vgl. G. Matt. 2. s. 561.

2. Die Benachtheiligung, von welcher der § spricht, muß das Vermögen zum Gegenstande haben; dafür spricht die Stelle des Titels unter den Vergehungen gegen das Vermögen und seine historische Bedeutung. Andre Vergehen ꝛc. z. B. Körperverletzung, Freiheitsberaubung, Unzucht u. dgl. [sollten sie auch wie die beiden erstern in der Eigenschaft als Vormund ꝛc. verübt werden können] gehören nicht hierher: Temme Gll. s. 295; id. Lehrb. s. 984. 985; Berner Lehrb. s. 262 Note 2. *Contra*: G. Matt. 2. s. 561. n. 2.

3. Auch durch Unterlassungen kann das Vergehen begangen werden, z. B. durch vorsätzliche Verabsäumung einer Hypothekeneintragung, eines Rechtsmittels ꝛc. G. Matt. 2. s. 562 n. 3; Temme Lehrb. s. 985.

4. Vollendet wird das Vergehen durch wirkliche Zufügung des Nachtheils; der Versuch wird nicht bestraft: Temme Lehrb. s. 985.

Zu Nr. 1.

5. Die Nr. 1 ist auf andre Personen als die dort genannten, insbesondere auf solche, welche in einem blos vertragsmäßigen, eine freie Wahl der Personen gestattenden Privatverhältnisse stehen, z. B. auf Haus- und Wirthschafts-Beamte, Beamte von Aktien-, Handels- und anderen Gesellschaften, Gewerbsgehülfen und Dienstboten nicht auszudehnen: K.-B. II. K. s. 128; Bes. s. 469; Temme Lehrb. s. 985.

6. Ebensowenig ist diese Nr. 1 auf Rechtsbeistände anwendbar. Temme Lehrb. s. 985 Note 2, welcher die Untreue dieser Personen als Amtsdelikt nach § 314 behandelt wissen will; vgl. aber zu diesem § n. 2 und § 329.

7. Auch der Vater, insofern er nicht Vormund ist, und als solcher handelt, unterliegt dieser Vorschrift nicht. Temme irrt, wenn er (Gll. s. 295) vermeint, der Vater sei nie Vormund; nach Rheinischem Rechte wird er beim Tode der Mutter von Gesetzeswegen zur Vormundschaft berufen.

8. Die Untreue setzt die Verletzung solcher Pflichten voraus, welche dem Vormunde als solchem obliegen; es muß daher zwischen den amtlichen Pflichten als Vormund, und den Pflichten als Privatmann unterschieden werden; hiernach ist die contraktwidrige Weigerung, eine Schuld zu zahlen, für welche jetzt der Mündel angegangen werden kann, noch keine Untreue, und würde es nur durch besondere Umstände werden, z. B. durch die absichtliche Verabsäumung der Fürsorge für eine andere Vertretung des Mündels: Z. I. 6. Nov. 1857 c. Hellwig (G. A. 6. s. 130).

9. Die in Nr. 1 geforderte Vorsätzlichkeit braucht nicht in der Bezweckung der Benachtheiligung zu bestehen; es genügt das Bewußtsein der Widerrechtlichkeit und des daraus hervorgehenden Nachtheils für das Vermögen des Mündels: Z. I. 6. Nov. 1857 c. Hellwig (G. A. 6. s. 130); Z. I. 25. März 1859 c. Stonner.

10. „Begehen Aeltern [oder Großältern] gegen Kinder als Vormünder „der letztern eine Untreue durch Diebstahl oder Unterschlagung, so findet der § 228 „Abs. 1 Anwendung“, da die gleichzeitige Eigenschaft als Vormund die Anwendbarkeit dieses § nicht beseitigen kann: V. (Z.) II. 23. Febr. 1854 c. Klein u. Gen. (Präj. n. 79; Entsch. 27. s. 408; G. A. 2. s. 561); Bes. s. 470. *Contra*: G. M. 2. s. 562 n. 4. Vgl. K.-B. I. K. s. 40. Die Bestrafung der Theilnehmer wird dadurch nicht

Dreiundzwanzigster Titel.
Urkundenfälschung.

§. 247. Wer in der Absicht, sich oder Anderen Gewinn zu verschaffen oder Anderen Schaden zuzufügen, eine Urkunde verfälscht oder fälschlich anfertigt, und von derselben zum Zwecke der Täuschung Gebrauch macht, begeht eine Urkundenfälschung.

---

ausgeschlossen, weil § 228 die That zwar für straflos erklärt, nicht aber ihren Begriff beseitigt: cit. Z. (B.) II. 23. Febr. 1854 c. Klein. Der oben ausgesprochene Grundsatz ist auf solche Fälle der Untreue nicht auszudehnen, welche nicht durch Entwendung oder Unterschlagung begangen werden.

Zu Nr. 2.

11. Ueber die Anstellung der Mäkler, Güterbestätiger und Schaffner vgl. ALR. II, 8 § 1305 fgg.; Rh. HGB. Art. 74 fgg.; Edict v. 2. Nov. 1810 § 21 Nr. 9. 15 (GS. S. 84); Gew.-Ges. v. 7. Sept. 1811 § 110. 113 (GS. S. 274); AKO. v. 9. Dez. 1822 (GS. 1823 S. 2); Gew.-Ordn. v. 17. Jan. 1845 § 51. 52 (GS. S. 51).

12. Als Mäkler sind nur die für die Vermittlung kaufmännischer Geschäfte förmlich angestellten und vereideten Personen zu betrachten; eine bloße Konzessionirung oder Anstellung durch die Lokal-Polizei-Behörden genügt dazu nicht: B. II. 24. Mai 1856 c. Buhl (vgl. ALR. II, 8 § 1305 fgg. 1311; Arr. 29. germ. IX. Art. 9). Im Uebrigen beziehen sich die Worte: „welche .... besonders verpflichtet sind" nur auf die andern Gewerbtreibenden, nicht auch auf die Schaffner rc.

13. Bei den übrigen, nicht speziell aufgezählten Gewerbtreibenden wird dagegen vorausgesetzt, daß sie zur Betreibung ihres Gewerbes von der Obrigkeit besonders verpflichtet sind; das Erforderniß einer vorgängigen Konzession reicht dazu also nicht aus: Temme Lehrb. S. 985 Note 1. Vgl. Gew.-Ordn. v. 17. Jan. 1845 § 174, in Verbindung mit § 42 fgg.

14. Auktionatoren gehören unbedenklich zu den in Nr. 2 gedachten Personen: B. 26. Mai 1852 c. Mannig. In Betreff ihrer steht auch § 33 des Regl. vom 15. April 1848, nach welchem sie in eine Ordnungsstrafe verfallen, wenn sie nicht den Auktions-Erlös binnen 8 Tagen abliefern, der Anwendbarkeit des § nicht entgegen, wenn festgestellt wird, daß sie das empfangene Geld zu andern Zwecken verwendet haben: Z. I. 25. März 1859 c. Stonner.

15. Kaufmännische Kommissionäre gehören nicht hierher: Erk. Kammer-Ger. 12. Nov. 1853 c. Oldekop (G. Arch. 3. S. 137).

16. Die Worte: „bei den übertragenen Geschäften" sind nicht gleichbedeutend mit: „durch die rc. Geschäfte." Es ist daher nicht erforderlich, daß die Benachtheiligung durch die Art und Weise herbeigeführt werde, in welcher das übertragene Geschäft ausgeführt wird, es genügt, wenn sie in anderer Weise bei der aufgetragenen Handlung und in Betreff des Gegenstandes erfolgte, auf welche sich die Gewerbsthätigkeit bezog, und zu welchem der Zutritt grade durch den ertheilten Auftrag ermöglicht wurde; es kann dann sehr wohl geschehen, daß das Vergehen ideell mit einem andern, z. B. mit Diebstahl konkurrirt: B. I. 22. Juni 1859 c. Rayer (G. A. 7. S. 557; der Angeklagte, ein verpflichteter Kornmesser, hatte einen Theil des zu vermessenden Getreides gestohlen).

17. In der Disposition über erhobene Gelder und in ihrer geraume Zeit dauernden Vorenthaltung kann der Instanzrichter unbedenklich eine Benachtheiligung des Auftraggebers finden: Z. I. 25. März 1859 c. Stonner.

18. Die „gewinnsüchtige Absicht" schließt die Vorsätzlichkeit der Handlung in sich, ist daher jene festgestellt, so bedarf es der besondern Feststellung der letztern nicht mehr: Z. I. 4. Juli 1855 c. Mund.

§ 247.

Inhalt.

Unter Urkunde ist jede Schrift zu verstehen, welche zum Beweise von Verträgen, Verfügungen, Verpflichtungen, Befreiungen oder überhaupt von Rechten oder Rechtsverhältnissen von Erheblichkeit ist.

[Entw. § 223]. Vgl. § 249. 250—252. 254—256. 121—124. 259 Nr. 4; 269. 243 Nr. 8.

---

1. Das Gesetz verlangt hier die Absicht, sich oder Anderen Gewinn zu verschaffen, oder Anderen Schaden zuzufügen; diese Absicht für sich allein kann indessen nicht genügen, wenn nicht auch die objektive Möglichkeit für den Thäter vorhanden ist, durch die rechtswidrige Handlung den bezweckten Erfolg herbeizuführen; wo daher der Instanzrichter eine solche objektive Unmöglichkeit einer Gewinnverschaffung oder Schadenszufügung feststellt, da bleibt der § außer Anwendung. So: Z. I. 22. April 1853 c. Schröder (der Angeklagte hatte ein zum Vortheile seines Schwiegervaters sprechendes Hypothekendokument einem Dritten als Faustpfand übergeben, und zur Auslösung desselben einen gefälschten Verbürgungsschein des Schwiegervaters übergeben; der Instanzrichter nahm hier die Unmöglichkeit der Schadens-

zufügung an, weil durch die Verpfändung der Dritte gar kein Recht erlangt gehabt habe). Hieraus darf indessen nicht gefolgert werden, als müsse der Wortinhalt der gefälschten Schrift der Absicht des Angeklagten, sich rc. Gewinn zu verschaffen rc., entsprechen, und als müsse dieser für den Beweis eines von ihm für sich in Anspruch genommenen Rechts von Erheblichkeit sein; es genügt vielmehr, wenn die betr. Handlung (Fälschung und Gebrauch der Schrift) ein zur Täuschung und dadurch zur Erzielung eines Gewinnes [an sich] geeignetes Mittel war: Z. II. 27. Nov. 1856 c. Rauch (der Angeklagte hatte eine auf den Namen eines Andern lautende Quittung, welche die Berechtigung begründete, an einem bestimmten Tage eine Quantität Holz aus einem fremden Walde abzufahren, im Datum gefälscht und benutzt; er machte geltend, für ihn sei dadurch gar kein Anspruch begründet worden; zur Beseitigung dieses Einwands ward darauf hinverwiesen, daß er von der Ansicht ausgegangen sei, die Vorzeigung eines vom betreffenden Tage datirten Scheins werde zu seiner Legitimation genügen, und daß er diesen Zweck erreicht haben würde, wenn der betr. Beamte auf die bloße Vorzeigung, und ohne den Inhalt näher zu prüfen, denselben habe passiren lassen). Jedenfalls genügt aber die objektive Möglichkeit; auf die Wahrscheinlichkeit des Gelingens kommt dabei Nichts an: Z. I. 15. Juni 1860 c. Langer. Vgl. im Allg. Goltd. Matt. 2. s. 566; Bes. s. 476; Gilb. C. pén. Art. 145 n. 65 sgg. Der erstere betrachtet den Fall der Unmöglichkeit, den beabsichtigten Zweck zu erreichen, als einen Versuch mit einem untauglichen Mittel. Vgl. n. 55.

2. Die Frage, ob die im § geforderte Absicht vorgewaltet habe, ist an sich thatsächlicher Natur und daher durch die Geschwornen zu lösen: B. I. 22. Febr. 1854 c. Nagurny; Z. I. 29. Okt. 1856 c. Lück; Z. I. 9. Juli 1858 c. Merenski (G. A. 6. s. 675).

3. Ist der Thatbestand der Urkundenfälschung davon abhängig, daß der bei derselben vorwaltende Dolus unmittelbare Beziehung auf dasjenige Rechtsverhältniß habe, für dessen Beweis die Schrift von Erheblichkeit ist? Nach einigem Schwanken hat sich die Praxis des Ober-Tribunals schließlich dahin festgestellt, daß die Handlung der Fälschung nothwendig nach Absicht und Zweck auf das gedachte Rechtsverhältniß von Einfluß sein, und daß sich auch der Gebrauch auf dasselbe Rechtsverhältniß beziehen müsse; daraus folge indessen nicht, daß das Gebrauchmachen auch gegen diejenige Person gerichtet sein müsse, welche nach der Schrift in diesem Rechtsverhältnisse stehe, oder daß durch den Gebrauch nothwendig zwischen demjenigen, dem gegenüber der Gebrauch gemacht wurde, und dem Rechtsverhältnisse, für dessen Beweis die Urkunde von Erheblichkeit ist, ein bestimmter Rechtsnexus geschaffen werde; vielmehr könne sich das Gebrauchmachen auch in andrer Weise auf dasselbe beziehen, z. B. wenn Jemand falsche Schulddokumente dritter Personen einem Andern vorlege, um ihn glauben zu machen, er könne sich, wenn ihm aus andern Privatverhältnissen mit dem Thäter ein Schaden erwachse, an die durch jene Dokumente begründeten Forderungen halten. So: Beschl. Pl. 13. Juli 1857 c. Hellwitz (Entsch. 36. s. 424; G. A. 5. s. 608); ähnlich: Beschl. Pl. 30. Juni 1856 c. Meyer (Präj. n. 207; Entsch. 33. s. 479; 34. s. 346; G. A. 4. s. 530), welcher indessen den aufgestellten Grundsatz anscheinend noch enger fassen wollte. Dagegen hatte das Ober-Tribunal früher von jenem Erfordernisse mehr oder weniger abgesehen, jedenfalls bei der Annahme von Urkundenfälschungen solche besonderen Umstände nicht in Betracht gezogen, wie sie der cit. Beschl. Pl. 13. Juli 1857 c. Hellwitz hervorhebt. So ward ohne Weiteres als Urkundenfälschung angesehen: die Vorlegung einer falschen Urkunde, um die Herabsetzung einer Klassensteuereinschätzung, oder um die Einwilligung des Vaters zur Verheirathung seiner Tochter herbeizuführen: Z. II. 11. Mai 1854 c. Maestrup (G. A. 2. s. 659); B. II. 7. Dez. 1854 c. Naumann; dasselbe nahm ein Z. II. 22. Juni 1854 c. v. Semmern in einem Falle an, wo von einer gefälschten Quittung über angebliche Zahlung des Kaufpreises eines gefallenen Stücks Vieh nur der Viehversicherungsgesellschaft gegenüber Gebrauch gemacht war, um sie glauben zu machen, das Thier sei krepirt; ebenso: B. II. 19. Okt. 1854 c. Wölke (ein Grenzaufseher hatte unter fremdem Namen Waaren bestellt, und ihre Einschwärzung über die Grenze verlangt, nur in der Absicht, dann seinerseits die Beschlagnahme vorzunehmen); ein Z. II. 26. Juni 1856

c. Wieschmann erwog endlich allgemein: der Thatbestand der Urkundenfälschung sei nicht davon abhängig gemacht, in Beziehung auf welches Rechtsgeschäft oder Recht von der Schrift Gebrauch gemacht sei. Vgl. n. 9 und im Allgemeinen Abh. in G. A. 4. s. 524; 5. s. 598).

4. Die Begriffe »Gewinn« und »Schaden« sind keine reinen Rechtsbegriffe, sondern solche, welche wesentlich in thatsächlichen Voraussetzungen beruhen, und eine allgemein bekannte Bedeutung haben; sie sind daher nicht unter allen Umständen, sondern nur dann, wenn zugleich über die rechtliche Bedeutung dieser thatsächlichen Voraussetzungen Streit obwaltet, der Kognition durch die Geschwornen zu entziehen, und dadurch, daß den letztern nur die Feststellung der zum Grunde liegenden Thatsachen überlassen wird, der Kognition des Gerichtshofs zu überweisen: Z. II. 20. Okt. 1853 c. Stäcker (G. A. 2. s. 97); Z. (B.) I. 14. Sept. 1853 c. de Peterse (JMBl. 1854 s. 67; G. A. 2. s. 97); Z. I. 16. Juni 1854 c. Krüger; Z. II. 26. Juni 1856 c. Wieschmann. Wird demgemäß die Frage nach den Worten des Gesetzes gestellt, so bedarf es der Feststellung der Thatsachen nicht, durch welche der Gewinn erlangt [oder der Schaden zugefügt] werden sollte: Z. I. 24. Okt. 1855 c. Marschall.

5. Umgekehrt ist es aber auch unbedenklich zulässig, in den Fällen, wo das Gesetz zum Thatbestande des Verbrechens die Absicht, sich oder Andern Gewinn zu verschaffen, oder Andern Schaden zuzufügen, erfordert, diese Absicht bei der Fragstellung an die Geschwornen in die thatsächlichen Merkmale des konkreten Falles aufzulösen: B. Pl. 29. Jan. 1855 c. Weidner (Präj. n. 138; Entsch. 29. s. 473; 30. s. 380). Die Auflösung muß dann aber die Absicht unzweideutig ergeben, und nicht noch eine anderweitige thatsächliche Erwägung der vorhandenen Umstände und Verhältnisse erfordern, um erst mit Hülfe dieser die Existenz der gewinnsüchtigen rc. Absicht anzunehmen: B. I. 12. Dez. 1855 c. Hoffmann (G. A. 4. s. 213); Z. II. 36. Juni 1856 c. Wieschmann; vgl. n. 16. Insbesondere muß ein Schuldbekenntniß vor dem Schwurgerichtshofe, wenn nicht in den Worten des Gesetzes, dann doch in solchen Worten erfolgen, daß darin unter allen Umständen, und ohne irgend einem Bedenken Raum zu geben, eine auf Erlangung eines Gewinnes rc. gerichtete Absicht gefunden werden muß: B. I. 2. April 1856 c. Hanslewitz (JMBl. s. 122). Ueber die Zweckmäßigkeit der Auflösung im Allgemeinen vgl. Min.-Verf. im JMBl. 1852 s. 187; Min.-Verf. v. 29. März 1853 A Nr. 6 (JMBl. s. 136); id. v. 5. Jan. 1853 (G. A. 1. s. 210). Vgl. Strafverf. Art. 81 n. 5.

6. Die Auflösung der erwähnten Begriffe in die im Einzelfalle vorliegenden thatsächlichen Momente ist unerläßlich, wenn dieselbe von irgend einer Seite beantragt, oder wenn es bestritten ist, daß in den vorliegenden Momenten die betr. Absicht zu finden sei, vorausgesetzt, daß dabei für den Antragsteller oder den Bestreitenden ein rechtliches Interesse obwaltet. *Contra:* Z. I. 23. Jan. 1857 c. Majewski, welches von der Annahme ausging, jene Auflösung unterliege nur dem der Kritik der Nichtigkeitsrichter nicht unterliegenden Ermessen des Instanzrichters. Vgl. in Betreff des Näheren Strafverf. Art. 82 n. 8.

7. Gewinn ist hier nicht auf Vermögensvortheile beschränkt: B. I. 12. Dez. 1855 c. Hoffmann (G. A. 4. s. 213); Z. I. 9. Juli 1858 c. Merensky (G. A. 6. s. 675); Beschl. I. 18. Jan. 1860 c. Beigel (9. B.); derselbe erstreckt sich vielmehr auch auf Freiheit, Ehre, Familien- und andre Rechte: B. I. 15. Juli 1853 c. Ritter (G. A. 2. s. 265); B. I. 9. Dez. 1853 c. Ritter (G. A. 2. s. 265); B. II. 7. Dez. 1854 c. Naumann; Beschl. I. 6. Febr. 1856 c. Lesnick; Z. I. 14. Mai 1858 c. Stern (Berger u. Gen.; G. A. 6. s. 536); B. I. 1. April 1859 c. Elias (G. A. 7. s. 387); Beschl. I. 1. Juli 1859 c. Lüdtke (129. B.); Berner Lehrb. s. 267. Vgl. n. 22.

8. Möglichkeit der Gewinnverschaffung vgl. n. 1.

9. Der beabsichtigte Gewinn muß durch die betreffende Urkunde, resp. ihren Gebrauch gesucht worden sein; daher genügt zur Feststellung dieses Merkmals nicht die Annahme, daß Jemand für einen Andern, und um von diesem dafür eine Belohnung zu erhalten, eine Fälschung vorgenommen habe: B. 10. März 1852 c. Geiling (G. A. 2. s. 266); vgl. n. 3.

10. Ein B. II. 8. Sept. 1853 c. Böddecker (G. A. 3. s. 97) verlangte zum Thatbestande der Fälschung auch, daß der gesuchte Gewinn ein unrechtmäßiger gewesen sein müsse, und fand die Anwendung des § nicht gerechtfertigt, weil bei einer

Urkundenfälschung nur festgestellt war: „sie sei geschehen, um aus der Gemeinde-Kasse statt 15 Sgr. den Betrag von 1 Thlr. 15 Sgr. zu erhalten," daraus aber nicht zu ersehen sei, ob der Angeklagte den Mehrbetrag von einem Thaler nicht rechtmäßig zu fordern gehabt habe.

11. Die Strafbarkeit der Urkundenfälschung wird dagegen dadurch nicht ausgeschlossen, daß der vom Angeklagten gesuchte Gewinn anderweitig auf gesetzlichem Wege durch ihn zu erlangen gewesen wäre, z. B. wenn die Fälschung geschah, um einen Vater zur Gestattung der Verheirathung seiner Tochter zu bewegen, diese Zustimmung aber möglicher Weise auf einem gerichtlichen Wege hätte erwirkt oder ersetzt werden können: B. II. 7. Dez. 1854 c. Naumann.

12. 13. Ein Beschl. I. 3. März 1854 c. Buchal nahm an, daß die Absicht, einen Schaden von sich abzuwenden, für sich allein noch keine gewinnsüchtige sei; ähnlich ein B. I. 2. April 1856 c. Hanslewitz (JMBl. s. 122), welches das Eingeständniß einer Urkundenfälschung, „um sich vor dem Verluste seines Dienstes zu bewahren, und um sich behufs Erstattung eines Defekts Aufschub zu verschaffen", nicht für ausreichend erachtete, die gewinnsüchtige Absicht unter allen Umständen festzustellen. *Contra:* Z. I. 14. Mai 1858 c. Stern (Berger u. Gen.; G. A. 6. s. 536), welches die Absicht: „einem Andern Befreiung von einer wider ihn anhängigen Untersuchung zu verschaffen", unbedingt für eine gewinnsüchtige erachtete. Vgl. § 241 n. 6a.

14. Jedenfalls ist aber die Absicht, sich von einer gesetzlich begründeten Verpflichtung zu befreien, eine gewinnsüchtige, z. B. die Absicht, der gesetzlichen Verpflichtung zur Entrichtung einer Geldbuße zu entgehen, weil die Befreiung von einer Schuld für den Verpflichteten ein Gewinn ist: Z. II. 8. Febr. 1855 c. Friedhoff (G. A. 3. s. 845).

15. Die Absicht, den durch ein früher begangenes Vergehen, z. B. Betrug oder Unterschlagung, bereits erlangten Vortheil sich zu sichern, oder auch nur die Aufklärung des betr. Sachverhalts zu verzögern, oder endlich sich gegen den Anspruch auf Zurückgabe der in betrüglicher Weise erhobenen Gelder zu schützen, ist als eine gewinnsüchtige anzusehen: Beschl. 6. Okt. 1852 c. Werner; Z. II. 8. Sept. 1853 c. Peter; B. I. 18. Jan. 1854 c. Max (G. A. 2. s. 265); Beschl. I. 24. März 1854 c. Strenge; Z. I. 28. Apr. 1854 c. Krüger; Beschl. I. 6. Sept. 1854 c. Schulz; Z. I. 8. Juli 1855 c. Friedhoff (G. A. 3. s. 845). Dagegen sprach ein Z. I. 10. Jan. 1855 c. Jenssen aus, daß eine Fälschung „zur Verdeckung oder Sicherung einer Unterschlagung die gewinnsüchtige Absicht zwar vielfach einschließen werde, daß aber selbige nicht in jedem Falle von vornherein zu unterstellen sei"; zu bemerken ist aber, daß die Geschwornen die „gewinnsüchtige Absicht" damals, trotz des Geständnisses der Angeklagten, sie habe die That zur Verdeckung einer Unterschlagung begangen, verneint hatten; die Nichtigkeitsbeschwerde des Staats-Anwalts behauptete deshalb auch nur Verletzung der Artt. 81. 82 des Ges. v. 3. Mai 1852, weil überhaupt den Geschwornen jene Frage vorgelegt war. Sodann nahm ein B. 2. Aug. 1852 c. Bösing (G. A. 2. s. 265) an: daß in einem solchen Falle, wo eine Fälschung nur zur Verdeckung eines früher begangenen Betrugs begangen worden war, nicht zwei verschiedene strafbare Handlungen, sondern nur eine denselben verbrecherischen Zweck weiter verfolgende Thätigkeit vorliege, und bestrafte deshalb nur wegen des Betrugs; ähnlich: B. I. 24. Juni 1853 c. Hilgendorf (G. A. 1. s. 576), wo aber die Strafe der Urkundenfälschung als die schwerere verhängt wurde. Vgl. § 56 n. 4. 14. Diese Auffassung hat aber das Ober-Tribunal in den oben citirten spätern Entscheidungen unzweifelhaft aufgegeben, und auch in solchen Fällen verschiedene selbstständige Handlungen angenommen; insbesondere hat Z. I. 28. April 1854 c. Krüger in einem Falle, wo wegen Unterschlagung und Fälschung das Strafmaaß nach § 56 bemessen war, die Gesetzesanwendung als richtig anerkannt. Nur dann würde die frühere Beurtheilung des Ober-Tribunals gerechtfertigt sein, wenn der Betrug eben durch den Gebrauch 2c. der falschen Urkunde erst begangen oder vollendet wäre. Zu vergleichen ist auch G. A. 1. s. 409.

16. Ob die Erlangung einer qualitativen Verbesserung der Lage ein Gewinn sei, ist Gegenstand der thatsächlichen Beurtheilung; z. B. die Erzielung „der Möglichkeit, als Landwehr-Offizier einzutreten": B. I. 22. Dez. 1855 c. Hoffmann

(G. A. 4. f. 213); oder die Erlangung der Qualifikation als Arzt: Beschl. I. 18. Jan. 1860 c. Beigel (9 B; G. A. 8. f. 426); oder die Erlangung des Preußischen Indigenats: Z. I. 18. Okt. 1854 c. Budzynski; ähnlich wie es scheint: B. I. 22. Febr. 1854 c. Nagurny in Betreff der Absicht, sich der Meisterprüfung zu entziehen.

17. Dasselbe nahmen B. I. 15. Juli 1853 c. Ritter (G. A. 2. f. 265) und B. I. 9. Dez. 1853 c. Ritter (G. A. l. c.) an, in Betreff der bei der Fälschung eines gerichtlichen Heiraths-Konsenses obwaltenden Absicht, „um auf Grund desselben getraut zu werden“; ähnlich: Z. I. 21. Dez. 1855 c. Thieme in Betreff der Absicht: sich behufs der Aufnahme in ein Bordell als großjährig auszuweisen. Dagegen ward die bei der Fälschung eines Taufzeugnisses vorwaltende Absicht, „einen Mann dadurch leichter zur Abschließung einer Ehe zu bewegen“, durch ein Z. I. 7. April 1853 c. Dietrich für eine gewinnsüchtige erachtet, weil dadurch ein Unterkommen, eine Versorgung erzielt werde, während umgekehrt ein Z. 13. Okt. 1852 c. Breß (G. A. 2. f. 267) das Gegentheil in Betreff der Absicht: „auf Grund eines gefälschten Attestes in eine Hebeammen-Lehranstalt aufgenommen zu werden“, annahm, weil es sich hier nur um „die Verschaffung eines Unterkommens oder die Beförderung des bessern Fortkommens gehandelt habe“ (vgl. § 255 Nr. 1 frühere Fassung). Vgl. § 254 n. 25.

18. „Bei unternommener Täuschung des mit der Exekutionsvollstreckung beauf„tragten Exekutors enthält die Absicht des Exequenden, einen Aufschub der verhängten „Exekution zu erlangen, noch nicht unter allen Umständen eine gewinnsüchtige Absicht.“ So: B. Pl. 29. Jan. 1855 c. Weidner (Präj. n. 138; Entsch. 29. f. 473; 30. f. 380; G. A. 3. f. 196); Z. I. 25. Jan. 1854 c. Schiller (G. A. 2. f. 266); B. I. 24. Febr. 1854 c. Wolff; B. I. 31. März 1854 c. Hensel; Z. I. 16. Juni 1854 c. Krüger (G. A. 2. f. 536). *Contra:* Z. 22. Sept. 1852 c. Strache (Haberland u. Gen.; ind.); Z. II. 7. Mai 1853 c. Palm. — Hiernach unterliegt die Frage jedesmal der thatsächlichen Prüfung des Einzelfalls, eventuell also der Entscheidung der Geschwornen: Beschl. I. 27. Juni 1860 c. Kapitzki (109 B); B. II. 4. Apr. 1861 c. Knecht. Vgl. § 241 n. 7. 20; Min.-Verf. v. 5. Jan. 1853 (G. A. 1. f. 210); id. v. 29. März 1853 A. Nr. 6 (JMBl. f. 136); Voitus Abh. in G. Arch. 1. f. 488; — sowie jetzt § 243 Nr. 6, und die Bemerkungen n. 19 fgg. zu demselben.

19. Nach denselben Grundsätzen ist die entsprechende Frage zu lösen, ob die beim Gebrauche einer falschen Urkunde vorwaltende Absicht, dadurch eine drohende Klage abzuwenden, und so eine Zahlungsfrist zu erlangen, eine gewinnsüchtige sei. Die in G. A. 2. f. 833 mitgetheilte verneinende Entscheidung eines Appellationsgerichts kann jedenfalls als eine grundsätzliche nicht gebilligt werden.

20. Die Absicht, sich einen Reisepaß zu verschaffen, ist als eine gewinnsüchtige nicht anzusehen: Beschl. I. 8. Juli 1859 c. Lüdtke (129 B); vgl. § 254 n. 2.

21. Es ist zulässig, die Frage an die Geschwornen alternative dahin zu richten, ob der Angeklagte in der Absicht sich oder Andern Gewinn zu verschaffen gehandelt habe: Z. I. 8. Sept. 1858 c. Brömel.

22. Bei der beabsichtigten Schadenszufügung ist es nicht erforderlich, daß es sich von einem Vermögensschaden handle: Z. I. 28. Jan. 1853 c. Wehrmeister (G. A. 2. f. 264); B. I. 15. Juli 1853 c. Ritter (G. A. 2. f. 265); Z. (B.) I. 12. Dez. 1855 c. Hoffmann (G. A. 4. f. 213); Beschl. I. 6. Febr. 1856 c. Lesnick; G. Matt. 2. f. 571 II; Temme Lehrb. f. 991. Vgl. n. 7.

23. Möglichkeit der Schadenszufügung vgl. n. 1.

24. Es bedarf der Feststellung nicht, wem ein Schaden zugefügt werden sollte, sobald nur feststeht, daß dieses irgend ein Dritter war: Z. 24. Sept. 1852 c. Weitzker (Eckner u. Gen. cit. bei Hahn n. 312 f. 149).

25. Auch die Verletzung eines öffentlichen Interesses, z. B. wenn ein Militärpflichtiger sich dem Militärdienste zu entziehen sucht, gehört hierher: Besel. f. 476; G. Matt. 2. f. 571 II. *Contra:* Temme Lehrb. f. 991. Vgl. oben n. 16; Gilb. C. pén. Art. 145 n. 49; Art. 147 n. 41 fgg.

26. Auch hier hat die Frage, ob die Absicht des Exequenden, einen Aufschub der verhängten Exekution zu erwirken, als eine auf Schadenszufügung gerichtete mit Nothwendigkeit anzusehen sei, ähnliche Lösungen erfahren, wie die entsprechende

die Gewinnsucht betreffende (vgl. n. 18); Z. I. 25. Jan. 1854 c. Schiller (G. A. 2. S. 266) und B. I. 31. März 1854 c. Hensel erachteten ausdrücklich auch hier die Feststellung jener speziellen Absicht für nicht genügend.

27. Einer weiter gehenden Absicht als der im § ausdrücklich erwähnten, bedarf es nicht; insbesondere nicht der Absicht, eine „Urkunde“ anzufertigen: Beschl. I. 5. Dez. 1852 c. Weidle (219 B; RdO. 1. S. 159; ind.); in dieser Beziehung genügt ein bewußtes Handeln.

28. Das Wort „Verfälschen“ setzt die Existenz einer Urkunde voraus, deren Inhalt in irgend einem erheblichen Punkte abgeändert wird; gleichgültig ist es, ob die Abänderung durch ein Auslöschen, Hinzufügen oder Verändern bewirkt wird: G. Matt. 2. S. 573 n. 2; vgl. Bes. S. 475 II. Dagegen ist es wesentlich, daß durch die Aenderung der Charakter der Schrift als einer Urkunde nicht aufgehoben werde; vgl. n. 30, und in Betreff des umgekehrten Falles § 248 n. 3. 5.

29. Daß die verfälschte Urkunde eine ächte gewesen, kann nicht gefordert werden, auch eine verfälschte Urkunde kann weiter verfälscht werden: G. Matt. 2. S. 573 n. 2, welcher aber ein Gleiches von einer fälschlich angefertigten Urkunde nicht annehmen will. Vgl. Gilb. C. pén. Art. 147 n. 24.

30. Nach den unter n. 28 angegebenen Kriterien einer Verfälschung ist auch die Frage zu entscheiden, ob in der gänzlichen oder theilweisen Auslöschung oder Verstümmelung der Schrift eine Verfälschung oder eine Vernichtung (Beschädigung) der Urkunde zu finden sei. Jenes ist anzunehmen, wenn durch die Auslöschungen der Charakter der Schrift als einer Urkunde nicht gänzlich beseitigt wird: Z. I. 14. Dez. 1859 c. Puhlmann (G. A. 8. S. 285; ohne näher auf die Frage einzugehen); Beschl. I. 1. Mai 1861 c. Milling (552. Cr. I; RdO. 1. S. 409). Wenn dagegen die Schrift in Folge der gänzlichen oder theilweisen Auslöschung &c. aufgehört hat, eine Urkunde zu sein (z. B. wenn die Unterschrift gelöscht oder der ganze Inhalt der Schrift unleserlich gemacht ist), so liegt Vernichtung (Beschädigung) derselben und keine Urkundenfälschung vor: Z. I. 30. März 1859 c. Semmler; Beschl. I. 13. Jan. 1860 c. Zlotawski (13 B). Im Uebrigen ist es gleichgültig, ob jenes Auslöschen &c. durch eine nur die Schriftzüge selbst betreffende Aenderung, oder durch eine gegen den Körper des Schriftstücks gerichtete Handlung bewirkt worden ist; in dem cit. Z. I. 14. Dez. 1859 lag der letztere Fall vor. *Contra:* Goltdammer Abh. in G. Arch. 7. S. 746; id. in G. Arch. 8. S. 285 und 9. S. 385, welcher hiernach die Fälle des § 243 Nr. 8 und des § 247 unterscheiden wollte.

31. Ob eine durch Auslöschen bewirkte Verfälschung als vollendet anzusehen sei, wenn der ursprüngliche Inhalt mehr oder weniger erkennbar geblieben ist, ist Gegenstand der thatsächlichen Beurtheilung: Gilb. C. pén. Art. 147 n. 12.

32. Nicht jede vielleicht ganz gleichgültige Aenderung in einer ächten Urkunde stellt eine Fälschung dar, sondern nur eine solche, welche, wie die Urkunde selbst, für den Beweis eines Rechtsverhältnisses von Erheblichkeit ist: B. I. 30. Sept. 1857 c. Brettschneider (G. A. 5. S. 832); es muß sonach der Inhalt oder die Bedeutung der Schrift in irgend einem erheblichen Punkte eine Modifikation erlitten haben, sollte die Aenderung selbst im Uebrigen auch noch so geringfügig sein; es kann unter Umständen genügen, wenn dieselbe auch nur die Interpunktion betrifft. So nahm Z. I. 10. Febr. 1854 c. Klaußmann Fälschung in einem Falle an, wo ein wegen Mangels der Jahreszahl in der Angabe des Zahlungstages nichtiger Wechsel (vgl. Wechs.-Ordn. v. 6. Jan. 1849 Art. 4 Nr. 4; Art. 96 Nr. 3) durch Zusetzung des Buchstabens c. hinter der Monatsangabe geändert, und so formell gültig gemacht war (vgl. indessen hiermit Erk. IV Civ.-Sen. v. 16. Febr. 1854; Str. A. 11. S. 313, nach welchem in einem solchen Falle die Beziehung auf den betr. Monat desselben Jahres als selbstverständlich betrachtet wird, insofern dieser Monat zur Zeit der Ausstellung noch nicht verstrichen war). Umgekehrt erachtete ein Z. I. 13. Jan. 1860 c. Ballentin die Aenderung des in Ziffern angegebenen Betrages in einem Wechsel nicht für eine Verfälschung, weil es nach Art. 5 der Wechs.-Ordn. nur auf den in Buchstaben angegebenen Betrag ankomme, dieser aber unverändert geblieben sei.

33. Ebenso kann die Hinzufügung einer Wohnungsangabe (z. B. des Trassaten in einem Wechsel) für die Bedeutung des Inhalts (z. B. in Betreff der

Identität) wesentlich sein, und demgemäß für eine Verfälschung erachtet werden: Z. I. 22. Dez. 1858 c. Reisewitz (G. A. 7. s. 114). Vgl. n. 43—46.

34. Wenn es zweifelhaft ist, ob eine bewirkte Veränderung einen wesentlichen Punkt des Inhalts der Schrift betroffen habe, so gehört es zur Aufgabe des Richters der Thatsachen, also der Geschwornen, festzustellen, in welcher Weise die Aenderung vorgenommen worden sei, und welche Bedeutung dieselbe habe; hiernach hat sodann der Schwurgerichtshof zu entscheiden, ob die festgestellte Aenderung für den Beweis erheblich sei oder nicht. Wenn dagegen die betreffende Frage in den Verhandlungen nicht Gegenstand eines Streitpunkts geworden, und insbesondere ein Antrag auf Abänderung der Frage nicht gestellt worden ist, so ist es keineswegs unstatthaft, dieselbe dahin zu richten, ob der Angeklagte die betr. Schrift „verfälscht“ habe. *Contra:* B. I. 30. Sept. 1857 c. Brettschneider (G. Arch. 5. s. 832); B. I. 16. Juli 1858 c. Czeppan (JMBl. s. 316; G. A. 6. s. 673); „weil durch die gedachte Frage nicht festgestellt werde, worin die Abänderung der Urkunde bestanden, und so dem Gerichtshofe die Prüfung der Erheblichkeit unmöglich gemacht worden sei“. Vgl. Strafverf. Art. 83 n. 5.

35. Unter „fälschlicher Anfertigung“ ist der Fall zu verstehen, wo eine bis dahin noch nicht existirende Urkunde durch einen nicht dazu Berechtigten erst geschaffen wird. Die Anfertigung einer Schrift durch diejenige Person, deren Namen sie trägt, ist daher (von den Fällen der § 252 und 223 abgesehen) keine Urkundenfälschung, sollte auch der Inhalt derselben ein unwahrer sein: Z. I. 24. April 1857 c. Schöler (G. A. 5. s. 570). Das gilt selbst dann, wenn Jemand durch Täuschung veranlaßt wird, eine Schrift mit anderm Inhalte als er gewollt, mit seiner Unterschrift zu versehen: Beschl. I. 7. Jan. 1857 c. Witt (G. Arch. 5. s. 273); Beschl. II. 5. März 1857 c. Welter (G. Arch. 5. s. 570); G. Matt. 2. s. 574; vgl. § 252 n. 13. Eine solche Handlung kann nur als Betrug strafbar sein: Z. I. 24. Sept. 1858 c. Weinberg. *Contra:* die (nicht unbestrittene) Praxis des französischen Kassationshofs, welcher die Sache so auffaßte, als wenn der täuschende Dritte die betr. Handlung (der Unterschrift) selbst vorgenommen, und sich dabei des Getäuschten nur als willenlosen Werkzeuges bedient habe; vergl. Gilb. C. pén. Art. 150 n. 13 fgg; Sir. Coll. nouv. 2. 1. 501; 9. 1. 339 und dort die Noten. Inwiefern der hier aufgestellte Grundsatz bei amtlichen Urkunden eine Ausnahme erleide, darüber siehe § 251 n. 12; § 252 n. 6; und im Allg. Temme Lehrb. s. 990 fgg.

36. Als „Anfertiger“ ist in der Regel derjenige zu betrachten, welcher der Schrift die Unterschrift des angeblichen Ausstellers ohne dessen Einwilligung hinzufügt, während derjenige, welcher den Kontext geschrieben hat, nur etwa als Theilnehmer an der Fälschung verfolgt werden kann: Z. II. 3. Febr. 1853 c. Kampfhenkel (G. A. 2. s. 264); B. I. 29. Apr. 1857 c. Tietz. Hiernach ist es auch gleichgültig, ob der zu Täuschende selbst den Kontext geschrieben hat: B. II. 4. Okt. 1855 c. Hybotter (JMBl. s. 377; G. A. 3. s. 789); B. II. 29. Mai 1856 c. Nießen; Beschl. II. 13. Nov. 1856 c. Pulferich. Im Uebrigen ist auch derjenige Anfertiger, welcher die betr. Schriftzeichen zwar nicht selbst macht, sich aber dazu eines ohne Dolus handelnden Dritten als Werkzeug bedient: B. I. 24. Febr. 1860 c. Krüger.

37. Gleichwohl kann unter Umständen auch derjenige als Anfertiger gelten, welcher einer falschen Namensschrift den betreffenden Text hinzufügt. Hätte z. B. Jemand (ohne Dolus) eine fremde Namensschrift gefertigt, und ein Dritter setzte nun über dieselbe eine Schrift, welche in Verbindung mit jener sich als Urkunde darstellte, so wäre unbedenklich der letztere der Anfertiger, und nach § 247 strafbar, indem § 248 die Echtheit der Namensschrift voraussetzt, hier also nicht zutrifft: B. II. 29. Okt. 1857 c. Schäfski (G. A. 6. s. 135). Hätten dagegen die beiden oben genannten Personen gemeinschaftlich dolose gehandelt, und der eine zunächst die Namensschrift, sodann der andere den Text geschrieben, so wären beide als gemeinschaftliche Anfertiger zu betrachten; wäre dagegen erst der Text geschrieben, und dann erst vom Andern die falsche Unterschrift hinzugefügt, so würde es zweckmäßiger sein nur diesen als den Anfertiger, und den erstern als den Gehülfen zu betrachten, gleichwohl stände grundsätzlich Nichts im Wege auch beide als Anfertiger anzusehen.

38. Eine fälschliche Anfertigung kann auch in der Weise erfolgen, daß zunächst nur die falsche Namensschrift bewirkt, und demnächst ein Dritter veranlaßt wird, in

gutem Glauben den Text auszufüllen; z. B. Setzen eines falschen Accepts auf ein Wechsel-Formular, welches demnächst vom Getäuschten selbst durch Vollziehung des Wechsels als Trassant ausgefüllt wird. Das Nähere vgl. 251 n. 38.

39. Auch dann liegt die Anfertigung einer falschen Urkunde vor, wenn Jemand unter Annahme eines falschen Namens mit einem Andern kontrahirt, und die ganz der Vereinbarung gemäß abgefaßte Schrift mit jenem falschen Namen unterzeichnet, weil die geschaffene Urkunde nicht so, wie sie vom Mitkontrahenten gewollt war, zu Stande gekommen, sondern ihrem ganzen Inhalte nach falsch und ungültig ist, da als Mitkontrahent und Verpflichteter darin eine Person figurirt, mit welcher der Vertrag nicht abgeschlossen war; es gehört keineswegs zum Begriffe der Urkundenfälschung, daß die Schrift ohne Wissen und Zuthun des dadurch zu Täuschenden zu Stande komme, und ebensowenig, daß der Inhalt der Schrift etwas anderes besage, als vorher vereinbart worden war: B. II. 4. Okt. 1855 c. Hybotter (JMBl. s. 377; G. A. 3. s. 789); Beschl. II. 13. Nov. 1856 c. Pulserich; Abh. in G. A. 3. s. 786.

40. Die Feststellung: „der Angeklagte habe eine Urkunde mit einem fremden Namen unterzeichnet“ genügt nicht, um den Thatbestand der Fälschung herzustellen, da es möglich bliebe, daß der Inhaber des Namens dazu seine Einwilligung gegeben habe: B. I. 19. Juni 1857 c. Mannigel; B. I. 4. Febr. 1858 c. Schulze (G. A. 6. s. 244); es muß daher in irgend einer Weise angedeutet werden, daß es an einer solchen Einwilligung fehle (vgl. G. A. 1. s. 211); dazu bedarf es nicht nothwendig der Wortfassung: „es sei ohne Wissen und Willen des Inhabers des Namens“ geschehen; die Bezeichnung der Namensunterschrift als einer „falschen“ oder „fälschlichen“ reicht dazu vollständig aus: Z. I. 18. Dez. 1857 c. Goger (G. A. 6. s. 82).

41. Auch die Unterzeichnung mit dem Namen einer gar nicht existirenden Person reicht hin, um eine „fälschliche Anfertigung“ darzustellen: B. 26. Mai 1852 c. Orschinsky; B. I. 7. Mai 1858 c. Krüger (G. A. 6. s. 429); Z. I. 7. Sept. 1860 c. Below (G. A. 8. s. 676); u. ö.; G. Matt. 2. s. 573 n. 1; G. A. 3. s. 785.

42. Ebenso genügt der Gebrauch eines falschen Vornamens: Z. II. 4. Okt. 1855 c. Trommen; B. II. 29. Mai 1856 c. Nießen; Z. II. 16. Juli 1857 c. Beisen; Z. II. 17. Okt. 1857 c. Hollerbach; Z. II. 24. März 1859 c. Bongard; G. Matt. 2. s. 573 n. 1; G. A. 3. s. 785.

43. Selbst die Unterzeichnung mit dem richtigen Namen kann den Thatbestand der Fälschung herstellen, wenn dieser richtigen Namensschrift eine unrichtige Qualifizirung (nach Stand, Wohnort rc.) hinzugefügt wird, wonach jene auf eine andere Person zu beziehen sein würde. Ja es ist nicht einmal nothwendig, daß diese unrichtige Qualifizirung der Unterschrift hinzugefügt sei; es genügt, wenn sie anderweitig im Schriftstücke enthalten ist, so daß sie auf den darunter gesetzten Namen zu beziehen ist, wenn z. B. ein Wechsel auf eine nach Namen und Charakter (Wohnort rc.) genau bezeichnete (existirende oder nicht existirende) Persönlichkeit gezogen ist, und nun eine andere gleichnamige Person, auf welche aber jener Charakter rc. nicht paßt, ein Accept hinzufügt, und dasselbe blos mit seiner Namensschrift unterzeichnet: Z. I. 5. Jan. 1859 c. Bauer (G. A. 7. s. 114); Z. I. 7. Sept. 1860 c. Below (G. A. 8. s. 676). Vgl. n. 33.

44. Ebenso kann eine Verfälschung in der Weise bewirkt werden, daß der richtigen Namens-Unterschrift nachträglich eine auf den Unterzeichner nicht passende Charakterisirung hinzugefügt wird, so daß jetzt das Ganze auf einen Andern gedeutet werden muß. Auch hier ist es gleichgültig, ob dieser Andere wirklich existirt oder nicht: Z. I. 5. Jan. 1849 c. Bauer (G. A. 7. s. 114).

45. Aus demselben Grunde kann auch die Hinzufügung eines falschen Siegels den Thatbestand der fälschlichen Anfertigung darstellen, wenn dadurch die Identität der Person geändert wird: G. Matt. 2. s. 573 n. 1.

46. Nach dem Gesagten (n. 43—45) liegt die fälschliche Anfertigung einer amtlichen Urkunde auch da vor, wo Jemand dieselbe zwar unter seinem richtigen Namen ausstellt, sich aber in derselben eine ihm nicht zustehende amtliche Qualität beilegt, vermöge welcher er zur Ausstellung amtlich berufen sein würde.

47. Gleichgültig ist es, ob der falschen Unterschrift ein täuschender Schein

der Echtheit gegeben ist: B. I. 7. Dez. 1854 c. Naumann; G. Matt. 2. s. 570; G. Arch. 3. s. 785.

48. Ebenso kommt Nichts darauf an, ob die Person, deren Namen fälschlich gebraucht ist, überhaupt schreiben kann oder nicht: Gilb. C. pén. Art. 147 n. 9.

49. Die Urkundenfälschung wird erst durch den stattgehabten Gebrauch der falschen Schrift durch den Fälscher vollendet; der Fälscher, welcher von der Schrift keinen Gebrauch gemacht hat, kann unter den geeigneten Voraussetzungen als Theilnehmer (§ 34 Nr. 2) am Verbrechen desjenigen, welcher demnächst Gebrauch gemacht hat (§ 249) bestraft werden; ob auch wegen Versuchs der „Urkundenfälschung" vgl. n. 62.

50. Was als ein „Gebrauchmachen" anzusehen sei, ist Gegenstand thatsächlicher Beurtheilung; es läßt sich nicht aufstellen, daß es dazu solcher Handlungen bedürfe, durch welche einem Dritten in gesetzlicher Form ein wirksames Recht auf die angeblichen in der Urkunde ausgedrückten Forderungen übertragen werde, zumal da das Gesetz keine Beschädigung, sondern nur eine Täuschung voraussetzt. Demgemäß bedarf es in der Fragstellung nicht nothwendig der näheren Angabe der Thatsachen, in welchen das Gebrauchmachen gefunden wird, und der Schwurgerichtshof kann dieselben aus der Frage selbst dann weglassen, wenn sie im Anklagebeschlusse enthalten waren: Z. I. 5. Jan. 1859 c. Bauer (G. A. 7. s. 75).

51. Der Gebrauch muß zum Zwecke der Täuschung geschehen; vorausgesetzt wird also, daß derjenige, dem gegenüber der Gebrauch gemacht wird, dadurch getäuscht werden soll; demgemäß liegt dieses Begriffserforderniß nicht vor, wenn derjenige, welcher die Urkunde für einen Andern fälschlich angefertigt hat, sie diesem einhändigt, wissend, daß er sie gegen dritte zu täuschende Personen gebrauchen wolle, weil in diesem Falle der im Einverständnisse stehende Empfänger der Urkunde nicht getäuscht wird: Z. II. 7. Dez. 1854 c. Limberg; ähnlich: B. I. 12. Dez. 1855 c. Hoffmann (G. Arch. 4. s. 213), welches zur Herstellung des Thatbestandes der vollendeten Urkundenfälschung nicht jeden Gebrauch der gefälschten Urkunde für genügend erachtete, sondern nur denjenigen, welcher dem zu Täuschenden gegenüber gemacht wird.

52. Mit Rücksicht auf das Begriffserforderniß der bezweckten Täuschung ist eine Urkundenfälschung als vorliegend nicht anzunehmen, wenn ein Betrug mittelst mündlicher falscher Vorspiegelungen und Gebrauchs eines falschen Namens stattgefunden hat, und nebenbei auch eine falsche Urkunde gebraucht worden ist, sobald dieser Gebrauch die fragliche Täuschung weder bezweckte noch zur Folge hatte: B. 26. Mai 1852 c. Orschinsky (G. A. 2. s. 264; der Angeklagte hatte eine selbstgefertigte Waare einem Bedienten, als angeblich vom Herrn des letztern angekauft, ausgehändigt, und sich den verlangten Preis dafür zahlen lassen, sodann aber über diese Zahlung eine Quittung mit einem falschen Namen unterzeichnet).

53. Dagegen ist es gleichgültig, ob neben der Urkunde zum Zwecke der Täuschung auch noch andre Mittel gebraucht sind oder nicht, sowie ob die Täuschung vorzugsweise durch diese oder durch jene bewirkt worden sei: Beschl. I. 5. Dez. 1860 c. Pilz (RdO. 1. s. 171; G. A. 9. s. 143).

54. Inwieweit es erforderlich sei, daß der zum Zweck der Täuschung gemachte Gebrauch sich auf dasselbe Rechtsverhältniß beziehe, für dessen Beweis die Urkunde von Erheblichkeit ist, siehe oben n. 3. Danach kann es nicht verlangt werden, daß dieser Gebrauch grade die Realisirung des gedachten Rechtsverhältnisses herbeiführen sollte.

55. Jedenfalls ist es gleichgültig, ob durch den Gebrauch für den Getäuschten nach dem Civilrechte hätten Rechte entstehen können: Z. I. 11. Juli 1855 c. Spitzbarth (der Angeklagte hatte einen gefälschten auf den Namen eines Andern als Trassanten lautenden, auf eigne Ordre gezogenen, mit keinem Giro versehenen Wechsel einem Dritten zum Unterpfande gegeben.) Vgl. n. 1.

56. Es ist keineswegs erforderlich, daß der zu Täuschende identisch mit derjenigen Person sein müsse, welche beschädigt werden soll, oder von welcher der Thäter Gewinn zu ziehen hofft. Es reicht sonach hin, wenn der mit einer Exekutionsvollstreckung beauftragte Exekutor getäuscht, der Gewinn aber vom extrahirenden Gläubiger gesucht, resp. diesem ein Schaden zugefügt werden soll: Z. II.

7. Mai 1853 c. Palm (vgl. § 241 n. 67); hiernach bedarf es auch nicht der namentlichen Feststellung der getäuschten Person: Z. I. 25. April 1855 c. Manzau. Auch entspricht hier der zum Zwecke der Täuschung des Gerichts gemachte Gebrauch vollständig dem gesetzlichen Thatbestande: Z. II. 30. Septbr. 1854 c. Schmuck; Z. I. 18. Dez. 1857 c. Goger (anders im Falle des Betrugs; vgl. § 241 n. 68; der Unterschied liegt darin, daß es sich hier von einem Beweisstücke handelt, auf welches das Gericht Rücksicht nehmen muß).

57. Noch weniger wird vorausgesetzt, daß der Gebrauch der Urkunde gerade derjenigen Person gegenüber erfolgt sein müsse, welche durch die Urkunde — ihre Aechtheit unterstellt — das Rechtsverhältniß eingegangen sein würde: Beschl. II. 4. Okt. 1855 c. Spielberg. Vgl. n. 3. 55.

58. Zur Vollendung des Verbrechens ist nicht erforderlich, daß die Absicht der Beschädigung oder der Erlangung des Vortheils oder auch nur der Täuschung erreicht worden sei: Z. I. 28. Jan. 1853 c. Wehrmeister (G. A. 2. s. 264); Z. I. 12. März 1856 c. Vork; Temme Gll. s. 296; id. Lehrb. s. 992.

59. Geschieht der Gebrauch der falschen Urkunde zur Ausführung eines Betrugs, so liegt ideale Konkurrenz vor; wenn aber durch die Urkundenfälschung der vollendete Betrug verdeckt, oder der dadurch gezogene Gewinn sicher gestellt werden soll, so sind beide Handlungen selbstständig, und § 56 kommt zur Anwendung. Vgl oben n. 15. Zum Theil andrer Ansicht ist G. Matt. 2. s. 575, welcher auch im erstern Falle reale Konkurrenz annimmt.

60. Macht der Verfälscher oder Anfertiger einer falschen Urkunde von derselben zu verschiedenen Malen Gebrauch, so ist, wenn dieses jedes Mal durch eine selbstständige Handlung geschieht, unbedenklich ein wiederholtes, kein s. g. fortgesetztes Verbrechen anzunehmen; z. B. wenn Jemand auf Grund einer falschen Bevollmächtigungsurkunde auf den Namen des angeblichen Vollmachtgebers successive bei verschiedenen Kaufleuten Waaren entnimmt; zwar wird nicht jedesmal eine neue Urkunde angefertigt 2c., es kommt darauf aber nicht an, da auch der bloße wissentliche Gebrauch mit gleicher Strafe bedroht ist. *Contra:* B. I. 9. Febr. 1853 c. Seemann. Etwas Anderes gilt natürlich, wenn die einzelnen Akte der Gebrauchmachung nicht selbstständige Handlungen darstellen; z. B. wenn im oben mitgetheilten Falle zum Zwecke der Erlangung derselben Waare die Urkunde hinter einander mehreren Personen vorgelegt wird. Die Frage, ob die verschiedenen Handlungen selbstständige waren, ist wesentlich thatsächlicher Natur.

61. Die unter der Herrschaft des Thl. II Tit. 20 des ALR. erfolgte Verurtheilung wegen eines unter Benutzung einer falschen Privatschrift verübten Betrugs steht einer Verurtheilung wegen Urkundenfälschung nach dem StGB. gleich, und begründet daher bei einer jetzt wegen der letztern erfolgenden Bestrafung den Rückfall: Z. I. 17. Juni 1853 c. Petroll; Z. I. 6. Juni 1860 c. Köhler.

62. Ein Versuch des Verbrechens kann unter Umständen unbedenklich in der Verfälschung oder fälschlichen Anfertigung einer Urkunde gefunden werden, sollte auch noch gar keine Gebrauchshandlung begonnen worden sein: ob dieses anzunehmen, ist Gegenstand der thatsächlichen Beurtheilung; insbesondere können die Geschwornen hierin den Versuch des vollständigen Thatbestandes des § 247 finden, und feststellen, ohne daß es der ferneren Feststellung bedürfte, daß der Angeklagte auch den Versuch gemacht habe, von der Schrift Gebrauch zu machen: Z. I. 13. Mai 1857 c. Wustrow (Stoßmeister u. Gen.; G. A. 5. s. 666); Z. I. 11. Mai 1859 c. Neumann (G. A. 7. s. 558); vgl. n. 64 und § 31 n. 13. Vorausgesetzt wird aber, daß bei jener Handlung die Absicht des spätern Gebrauchs vorgewaltet habe, und daß sie nicht etwa blos deshalb verübt sei, um einem Dritten das Werkzeug zum Gebrauche zu liefern. Daher gehen Goltdammer (Matt. 2. s. 575 VI) und Temme (Lehrb. s. 992) zu weit, wenn sie unbedingt die fragliche Handlung als einen Versuch des Verbrechens ansehen. Ebensowenig läßt sich mit Goltdammer (l. c.) sagen, daß ein durch Verfälschung 2c. stattgehabter Versuch durch freiwilligen Rücktritt vom Gebrauche nur dann straflos werde, wenn gleichzeitig die falsche Urkunde vernichtet wird; vgl. Temme l. c. Note 3.

63. Um einen Versuch im Sinne des § 31 anzunehmen, bedarf es nicht einmal der vollendeten Verfälschung, oder fälschlichen Anfertigung; es steht nichts im

Wege, daß der Richter der Thatsache auch in der erst begonnenen Verfälschung ꝛc. eine Handlung erkenne, welche einen Anfang der Ausführung des ganzen Verbrechens enthalte. *Contra*: Temme Lehrb. s. 992; er will hierin nur eine vorbereitende Handlung erkennen, übersieht aber, daß die Frage keine rechtliche, sondern nur eine thatsächliche ist.

64. Sobald eine Handlung den Anfang der Ausführung eines beabsichtigten Gebrauches darstellt, steht Nichts im Wege, hierin einen wirklichen Gebrauch, also das vollendete Verbrechen zu finden; gleichwohl ist es auch nicht unstatthaft, in einem solchen Falle nur den Versuch eines Gebrauches anzunehmen: Z. I. 11. Mai 1859 c. Neumann; ähnlich: B. I. 12. Dez. 1855 c. Hoffmann.

Urkunde.

65. Der Begriff der Urkunde ist ein Rechtsbegriff; er hat die Bedeutung des betr. Aktenstücks zum Zweck des Schriftenbeweises, also als eines Beweismittels im Auge, welches im weiteren prozessualischen Sinne geeignet ist, als die Quelle von Rechten oder Verbindlichkeiten, oder als das Mittel zu ihrer Erhaltung oder Auflösung zu dienen; die diesen Begriff betreffende Frage gehört mithin nicht zur Feststellung der Thatsachen, welche die wesentlichen Merkmale des zur Sprache gebrachten Verbrechens bilden (Ges. v. 3. Mai 1852 Art. 81). Demgemäß ist den Geschwornen eine dahin lautende Frage: ob eine Schrift „eine Urkunde“, oder ob sie „zum Beweise von Rechten oder Rechtsverhältnissen von Erheblichkeit sei“ — nicht zu stellen, vielmehr steht die Entscheidung hierüber nur dem Schwurgerichtshofe zu: Z. II. 3. Febr. 1853 c. Badhoff (G. A. 1. s. 209); Z. 2. Jan. 1852 c. Lüllow (G. A. 2. s. 260); B. 25. Febr. 1852 c. Baumgarten (JMBl. s. 187); Z. 16. Juni 1852 c. Sander (G. A. 2. s. 260); Z. (B.) 30. Juni 1852 c. Kohtz (G. A. 2. s. 262); Z. II. 3. Febr. 1853 c. Kümmelmann (G. A. 2. s. 262); Z. II. 10. März 1853 c. Laacke (G. A. 2. s. 262); Z. (B.) I. 14. Sept. 1853 c. de Peterse (JMBl. 1854 s. 67; G. A. 2. s. 127); Z. I. 14. Mai 1858 c. Fröse (G. A. 6. s. 775); Z. I. 5. Okt. 1860 c Boas; u. ö. (feststehende Praxis). Vgl. Min.-Verf. im JMBl. 1852 s. 187; Min.-Verf. v. 5. Jan. 1853 (G. A. 1. s. 209. 210); v. Krävel Abh. in G. Arch. 9. s. 219 (z. Theil anderer Ansicht). Wenn daher den Geschwornen gleichwohl eine derartige Frage vorgelegt worden ist, so muß der Schwurgerichtshof nichts destoweniger diese Rechtsfrage noch selbst prüfen, und es steht dabei Nichts im Wege, daß er dieselbe, trotz der frühern Verneinung durch die Geschwornen, bejahe: B. II. 14. April 1853 c. Gladigow; B. I. 2. Nov. 1853 c. Jung; u. ö.

66. Dagegen müssen die thatsächlichen Unterlagen für die Lösung dieser Rechtsfrage vom Richter der Thatsachen festgestellt werden, es muß daher durch den Spruch der Geschwornen eine solche, den Umständen des konkreten Falls entsprechende, nähere und bestimmte Bezeichnung der in Rede stehenden Schrift insbesondere nach ihrem Inhalte erfolgen, daß aus dieser der Richter des Rechtspunkts entnehmen kann, ob dieselbe zum Beweise von Rechten oder Rechtsverhältnissen von Erheblichkeit ist; in dieser Weise ist sonach in der den Geschwornen gestellten Frage der Begriff der Urkunde in die der konkreten Sachlage des Einzelfalls entsprechenden thätsächlichen Momente aufzulösen: Z. (B.) I. 14. Sept. 1853 c. de Peterse (JMBl. 1854 s. 69; G. A. 2. s. 127); Z. I. 31. März 1853 c. Könnecke, und die meisten der in der vorigen n. citirten Erkenntnisse. Es darf daher unter keinen Umständen auf den Inhalt der Akten zurückgegangen werden, um danach den Charakter eines Schriftstücks als Urkunde festzustellen. *Contra*: Z. I. 14. Mai 1858 c. Fröse (G. A. 6. s. 775). Vgl. Strafverf. § 122 n. 6.

67. Hiernach muß die den Geschwornen vorgelegte Frage den Inhalt der fraglichen Schrift, soweit es auf ihn bei der Begriffsbestimmung der Urkunde ankommt, genau wiedergeben; gleichwohl ist es, zumal wenn an und für sich über die Bedeutung dieses Inhalts ein Streit nicht obwaltet, nicht unstatthaft, die betr. Bezeichnung nach dem Gattungsbegriffe des betreffenden Rechtsgeschäfts vorzunehmen, und zu fragen, ob z. B. eine „Quittung“, ein „Bestellzettel“, ein „Schuldschein“, ein „schriftlicher Kaufvertrag“ u. s. w. verfälscht worden sei, weil diese Begriffe, wenn auch rechtlicher Natur, doch auch dem gemeinen Leben angehören, und dort nicht anders als in der Rechtssprache aufgefaßt werden: Z. I. 8. April 1857 c. Ziemann; Z. I. 4. Sept. 1857 c. Döring (Rosenberg u. Gen.). In dieser Weise ist

selbst, wenn es sich von einer Wechselfälschung (§ 251 Nr. 5) handelt, die Aufnahme des Worts „Wechsel" in die Frage nicht unbedingt unstatthaft. Vgl. § 251 n. 29; Strafverf. Art. 82 n. 5.

68. Sehr häufig wird es durchaus zweckmäßig sein, den Inhalt einer kürzern Schrift in der Frage wörtlich wiederzugeben. Das gilt namentlich dann, wenn zum Wesen und zur Gültigkeit der betreffenden Art der Urkunde gewisse formelle Voraussetzungen gehören, deren Vorhandensein ebensowohl wie der übrige Inhalt Gegenstand der thatsächlichen Feststellung sein muß, also namentlich wenn es sich von Wechseln handelt. Hierbei ist indessen zu bemerken, daß diese Art der Fragstellung dann nicht ausreichen kann, wenn der Sinn der Schrift einem Zweifel unterliegt, oder zum Gegenstande eines Bestreitens gemacht worden ist; in einem solchen Falle gehört es ebenfalls zur thatsächlichen Feststellung, ob und welcher Sinn den niedergeschriebenen Worten beizulegen sei, und die von den Geschwornen hierüber gegebene Deutung ist dem Richterspruche zum Grunde zu legen: Z. II. 27. Jan. 1859 c. Rosenthal; B. II. 3. Jan. 1861 c. Gude (RdO. 1. s. 133; G. A. 9. s. 185). *Contra:* Z. (B.) I. 1. April 1859 c. Gewiß. Vgl. unten n. 74. Das Ober-Tribunal ist gleichwohl mehrfach in die Prüfung einer solchen Frage eingegangen, z. B. durch B. II. 15. Mai 1853 c. Ritter; B. II. 7. Juli 1855 c. Mund (Entsch. 30. s. 364; Rh. Arch. 51. 2. A. s. 15; G. A. 3. s. 711); B. I. 1. Febr. 1856 c. Witte; B. II. 7. Febr. 1856 c. Schmidt; B. I. 21. Juni 1861 c. Will.

69. Mit Rücksicht auf das unter n. 67 u. 68 Gesagte kann es nicht genügen, wenn statt der genauen Bezeichnung des Inhalts der Schrift, in der den Geschwornen vorgelegten Frage sich nur eine Hinverweisung auf andre Aktenstücke findet. Das hat ein B. II. 29. Sept. 1853 c. Schrader anerkannt, indem es aussprach, daß die Bezugnahme auf Bleistiftstriche in einem Exemplare der Schrift, welche den Thatbestand der strafbaren Handlung enthalten sollte, zur genauen Bezeichnung des Thatbestandes nicht geeignet sei. Dasselbe muß dann aber auch von der so häufig vorkommenden Hinverweisung auf das Folium der Akten gelten, wo sich die angeblich verfälschte Schrift findet; jedenfalls ist diese Art der Bezeichnung in keiner Weise zu empfehlen. Vgl. Strafverf. Art. 80 n. 7.

70. Das befaßte Strafgericht hat selbstständig zu entscheiden, ob die angeblich gefälschte Schrift eine Urkunde, und eventuell, ob sie eine öffentliche Urkunde, ein Wechsel rc. sei, und ist durch vorgängige, in Betreff derselben Schrift ergangene civilgerichtliche Entscheidungen nicht gebunden: Z. I. 18. April 1855 c. Helle.

71. Der Begriff der Urkunde verlangt eine Schrift; als solche sind ein Kerbholz, ein eingeschlagener Waldhammer, Stempel und Siegel (auf Waaren), und Grenzsteine, selbst wenn diese besondre Zeichen tragen, welche unmittelbar erkennbar die Grenze wirklich anzeigen, nicht zu betrachten. *Contra:* Temme Lehrb. s. 989; Berner Lehrb. s. 267.

72. Zur Feststellung des Thatbestandes der Urkundenfälschung ist die jeweilige Existenz der gefälschten Schrift keineswegs unerläßlich, sobald nur in anderer Weise der Nachweis der frühern Existenz geführt wird: Beschl. II. 12. Juli 1855 c. Lindner; Z. I. 22. Juni 1860 c. Schmidt.

73. Der Charakter der Schrift als einer Urkunde ist objektiv zu beurtheilen; ist sie dann eine Urkunde, so kann für den Einzelfall, mit Rücksicht auf besondere Umstände, unter denen sie zu Stande gekommen oder benutzt ist, nicht das Gegentheil angenommen werden: Beschl. I. 8. Okt. 1856 c. Kaselow (JMBl. s. 339); Z. (B.) I. 1. April 1859 c. Elias; B. I. 21. Juni 1861 c. Will. *Contra:* Z. (B.) I. 14. Mai 1858 c. Fröse (G. A. 6. s. 775); vgl. n. 78. 80. 88.

74. „Unter einer Urkunde im Sinne des § 247 ist nur eine solche Schrift „zu verstehen, welche für sich allein einen allgemein verständlichen Sinn, und eine „Unterschrift hat, nicht aber ein solches Scriptum, welches nur einzelne Wörter, „Zahlen, Buchstaben oder sonstige Zeichen enthält, die nur durch eine Uebereinkunft „der Interessenten eine Bedeutung haben": B. II. 7. Juli 1855 c. Mund (Präj. n. 163; Entsch. 30. s. 474; 31. s. 256; Rh. Arch. 51. 2. A. s. 50; G. A. 3. s. 711; es handelte sich hier von Zetteln, welche nur einzelne Buchstaben und Ziffern, sowie statt der Unterschrift auch nur zwei Anfangsbuchstaben enthielten, und vom Geschäftsführer einer Fabrik den einzelnen Arbeitern als Anweisung auf den bei der Kasse zu er-

hebenden Arbeitslohn ertheilt zu werden pflegten, welche daher an und für sich unverständlich, nur einen conventionellen Sinn hatten; sie wurden nicht für Urkunden erachtet). In demselben Sinne ergingen: Z. I. 26. Sept. 1855 c. Weiß (G. A. 3. s. 712); Z. I. 28. Nov. 1855 c. Moores (G. A. 4. s. 258, ein nicht unterzeichnetes Theaterbillet betreffend); B. I. 1. Febr. 1856 c. Witte (ibid.); B. II. 7. Febr. 1856 c. Schmidt (G. A. 4. s. 259); B. I. 21. Juni 1861 c. Will; ähnlich: Z. I. 5. Juni 1857 c. Kippnase (G. A. 5. s. 569), welches den auf einem Posteinlieferungsschein, jedoch an einer besondern Stelle und außer allem Zusammenhange mit dem sonstigen Inhalte sich findenden, für sich allein unverständlichen Vermerk: „f" unter Hinzufügung einer Ziffer, welche den Betrag des bezahlten Portos ausdrücken sollte, nicht für eine Urkunde erachtete, und es auch für gleichgültig erklärte, daß der Sinn der Bezeichnung allgemein bekannt, und daß dieselbe den Postbeamten instruktionsmäßig vorgeschrieben sei, auch der Post gegenüber als Quittung für den gezahlten Portobetrag gelte. Ebenso erachtete ein Beschl. I. 12. März 1856 c. Dubnack ein Schriftstück, welches überall eine sichere Hindeutung auf einen dafür haftbaren Aussteller nicht enthielt, nicht für eine Urkunde. Sobald es in einem derartigen Falle zweifelhaft wird, ob die Schrift einen allgemein verständlichen Sinn, und welchen habe, muß auch diese Frage durch die Geschwornen gelöst werden; vgl. n. 68.

75. Dagegen ist es nicht erforderlich, daß die Schrift ausdrücklich die zum Beweise eines Rechtsverhältnisses erhebliche Verfügung ausspreche, es genügt, wenn der ganze Zusammenhang eine andere Auslegung als die jener Verfügung nicht zuläßt: Z. II. 23. April 1853 c. Krause. Vgl. n. 150.

76. Eine Schrift, welche nicht zum Zwecke des Beweises des darin erwähnten Vertrags angefertigt, und auch nicht dazu geeignet ist, zum Beweise des Vertrags zwischen den angeblichen Contrahenten zu dienen, weil sie die wesentlichen Erfordernisse desselben nicht enthält, die sich vielmehr als bloße Anzeige oder Bescheinigung über ein angeblich abgeschlossenes Rechtsgeschäft dritten Personen gegenüber darstellt, die also, wenn unwahr, nur als eine schriftliche Lüge zu betrachten wäre, ist keine Urkunde: B. II. 1. Okt. 1857 c. Cremer (Koll u. Gen.; Rh. Arch. 53. 2. A. s. 47; G. A. 6. s. 132); ähnlich: Beschl. I. 18. April 1855 c. Hardt, vgl. aber n. 145. 156. Inwieweit bei amtlichen Schriften etwas Anderes gilt, darüber vgl. § 251 n. 12; § 252 n. 6.

77. Die Rechtsverhältnisse, für deren Beweis die Schrift erheblich sein muß, brauchen nicht nothwendig privatrechtlicher Natur zu sein, vielmehr kommen auch Verhältnisse des öffentlichen Rechts, zu welchen im Allgemeinen auch die das Strafrecht betreffenden zu rechnen sind, in Betracht: Beschl. I. 28. Juli 1855 c. Burchardt (G. A. 3. s. 712). Insbesondere ist auch eine zum Beweise der Befreiung von einer öffentlichen Verpflichtung erhebliche Schrift (z. B. die Bescheinigung eines Steuerbeamten über die von ihm bei einer Revision der Mehlvorräthe eines Bäckers vorgefundenen Bestände) eine Urkunde: Z. I. 23. Nov. 1859 c. Streit (G. A. 8. s. 139). Aus dem Gesagten folgt auch, daß eine Beschränkung auf vermögensrechtliche Verhältnisse in keiner Weise stattbaft ist. Vgl. n. 7. 22.

78. Ebensowenig wird erfordert, daß die Urkunde sich auf Rechtsverhältnisse des Angeklagten [oder des zu Täuschenden] speziell beziehe; es genügt die objektive Erheblichkeit für den Beweis von Rechtsverhältnissen im Allgemeinen: Z. I. 11. Juli 1855 c. Spitzbarth; Z. II. 27. Nov. 1856 c. Rauch (cit. n. 1). Vgl. n. 73.

79. Bei der Beurtheilung der Erheblichkeit einer Schrift für den Beweis muß sich der Strafrichter auf den Standpunkt des Civilrichters stellen, also die am Orte der Entstehung der Schrift geltende Civilgesetzgebung zum Grunde legen, und danach die Bedeutsamkeit derselben — ihre Aechtheit vorausgesetzt — prüfen: Z. (Pl.) 29. Jan. 1855 c. Tellien (Entsch. 30. s. 308); Z. (B.) I. 1. April 1859 c. Elias; vgl. n. 73.

80. Erheblich ist eine Schrift für den Beweis von Rechtsverhältnissen selbst dann, wenn sie auch nicht für sich allein den vollständigen Beweis eines Rechtsgeschäfts liefert: Z. Pl. 29. Jan. 1855 c. Tellien (Präj. n. 136, welches aber den obigen Satz nur in der Form ausspricht: „eine Schrift kann auch dann als eine Urkunde im Sinne des § 247 angesehen werden, wenn sie auch nicht für sich allein den vollständigen Beweis eines Rechtsgeschäfts liefert": Entsch. 29. s. 473; 30. s. 308;

G. A. 3. ſ. 569); B. I. 21. Febr. 1855 c. Rudolph (G. A. 3. ſ. 714); B. I. 20. Jan. 1858 c. Hirſch (G. A. 6. ſ. 133); Z. II. 2. Sept. 1858 c. Koch; B. I. 22. Febr. 1860 c. Müller; B. I. 31. Mai 1861 c. Schulze (RdO. 1. ſ. 420). *Contra* früher: Z. I. 7. Dez. 1853 c. Kaſten (G. A. 2. ſ. 262); Z. I. 28. April 1854 c. Jung; Z. I. 12. Mai 1854 c. Fritzſch (G. A. 2. ſ. 695), welche übereinſtimmend verlangten, daß der Schrift die Erheblichkeit für die Beweisführung an und für ſich, reſp. ſelbſtſtändig beiwohne, da ſich der Geſetzgeber ſonſt des Ausdrucks „.... von Erheblichkeit ſein können" bedient haben würde. Dieſe Auffaſſung iſt durch das citirte Plenar-Erkenntniß aufgegeben. Vgl. n. 118. 130; G. A. 2. ſ. 259. — Hiernach genügt es, wenn die Schrift geeignet iſt, in Verbindung mit andern Umſtänden das Daſein eines Rechtsverhältniſſes zu beſcheinigen (Z. II. 10. März 1853 c. Laake; G. A. 2. ſ. 262), vorausgeſetzt, daß jenes Rechtsverhältniß aus ihr erkennbar, oder doch wenigſtens durch ſie indizirt ſei (ſo: B. I. 15. Juli 1859 c. Fiſcher; G. A. 7. ſ. 848). Es kann auch nicht gefordert werden, daß die Schrift nach der Abſicht des Thäters zu jener Beſcheinigung dienen ſollte, da der objektive Charakter der Schrift (n. 73) und das Bewußtſein des Thäters von demſelben unbedingt hinreichen. *Contra:* cit. Z. II. 10. März 1853.

81. In keinem Falle kann verlangt werden, daß eine Schrift, um als Urkunde zu gelten, ein Rechtsverhältniß begründe und daſſelbe beweiſe: Z. 2. Aug. 1852 c. Mahn (G. A. 2. ſ. 261); Z. II. 10. März 1853 c. Laake (G. A. 2. ſ. 262); Beſchl. I. 22. März 1854 c. Zippel.

82. Dagegen reicht zur Annahme der Eigenſchaft einer Urkunde die Feſtſtellung nicht hin, daß durch die Schrift ein Rechtsverhältniß habe angebahnt werden ſollen: Z. I. 2. Aug. 1852 c. Mahn (G. A. 2. ſ. 261).

83. Es iſt nicht erforderlich, daß die Erheblichkeit der Schrift für den Beweis ſich auf ein ganzes Rechtsgeſchäft beziehe, vielmehr genügt es, wenn ſie ſich auf einen Theil deſſelben erſtreckt, wenn z. B. daraus die Willenserklärung einer einzelnen Perſon in Beziehung auf die Abſchließung eines zweiſeitigen Vertrags enthalten iſt. Beiſpiele vgl. n. 147.

84. Dagegen iſt nur diejenige Schrift für eine Urkunde zu erachten, welche an ſich und ſelbſtſtändig den in ihr enthaltenen Umſtand darzuthun geeignet iſt: B. I. 6. Jan. 1854 c. Görs (G. A. 2. ſ. 262; es handelte ſich von der Verfälſchung eines unter einer Rechnung befindlichen ununterſchriebenen Vermerks über eine geſchehene Abſchlagszahlung, welcher eben des Mangels der Unterſchrift wegen für keine Urkunde erachtet wurde, obgleich der Umſtand, daß ſich die mit einem ſolchen Vermerke verſehene Quittung in den Händen des Schuldners befand, eine Vermuthung der ſtattgehabten Zahlung begründete, welche ſonach nicht ſowohl auf dem Vermerke als auf dem Beſitze des Schuldners an dem Schriftſtücke beruhte). *Contra:* Z. II. 4. April 1861 c. Steubing (RdO. 1. ſ. 331); vgl. n. 145.

85. Nach gemeinem Rechte ſind Abſchriften von Urkunden nur unter gewiſſen Bedingungen, insbeſondere bei eintretender Unterſtützung ihres Inhalts durch andre Beweismittel, für den Beweis erheblich; mit Rückſicht hierauf wollte B. I. 28. Jan. 1853 c. Gutzmann (G. A. 2. ſ. 260) eine ſolche auch nur dann, wenn das Vorhandenſein jener Bedingungen feſtgeſtellt ſei, für eine Urkunde erachten. Vgl. n. 80.

86. Ein in jeder Beziehung nichtiger oder wirkungsloſer Akt hat, wenn er ſich äußerlich als ein ſolcher darſtellt, für Rechtsverhältniſſe keine Erheblichkeit, iſt alſo keine Urkunde; das gilt z. B. von einer Anweiſung fixirter Beſoldungen (vgl. AGO. Anh. § 163), oder der Genehmigung einer ſolchen durch den vorgeſetzten Beamten: Beſchl. I. 29. Febr. 1856 c. Wilkens (G. A. 4. ſ. 397); vgl. n. 1. 55. Das Gegentheil iſt anzunehmen, ſobald die Schrift nicht mit einem äußerlich erkennbaren ſo weſentlichen Mangel behaftet iſt, daß ſie in jeder Beziehung als nichtig und wirkungslos ſich darſtellt: Antr. des GStA. 9. Juli 1859 c. Quednow (142. B.; G. A. 6. ſ. 853). In dieſem Falle kommt weiter Nichts darauf an, ob der Akt wegen Formfehlers oder eines Mangels in der Rechtsfähigkeit der disponirenden Perſon angefochten, vernichtet oder für ungültig erklärt werden kann. Vgl. G. Matt. 2. ſ. 568 fgg. Auf dieſer Unterſcheidung beruhen folgende Entſcheidungen:

87. Der Begriff der Urkunde iſt keineswegs dadurch bedingt, daß das Rechts-

geschäft, über welches dieselbe errichtet worden, seinem ganzen Umfange nach **rechtsverbindlich** sei, es genügt, wenn demselben eine Erheblichkeit in einer andern Richtung beiwohnt, z. B. wenn auch jenes Rechtsgeschäft wegen eines Qualifikationsmangels in der Person eines der Paciscenten nichtig war, sobald dadurch gegen diesen ein Garantie-Anspruch oder eine Restitutionspflicht begründet wird: Z. II. 22. April 1853 c. Hohmann; B. I. 5. Mai 1854 c. Schädel (G. A. 2. s. 694); Z. I. 18. April 1855 c. Haase. Hätte z. B. ein Sohn im fingirten Auftrage seines Vaters Geld erhoben, und den darüber ausgestellten Schuldschein statt mit dem seines Vaters mit dem eignen Namen unterzeichnet, so wäre er für die Erstattung des Geldes haftbar, und die Schrift für einen ihm gegenüber zu führenden Beweis erheblich; daher ist fälschliche Anfertigung einer solchen Schrift durch einen Dritten Urkundenfälschung: Beschl. I. 8. Okt. 1856 c. Kaselow (JMBl. s. 339); vgl. n. 159.

88. Noch weniger kann es darauf ankommen, ob dem betr. Rechtsgeschäfte irgend eine **Einrede** entgegengestellt werden kann: Z. I. 18. Juni 1858 c. Kienast.

89. Dagegen kann (in der Regel) eine Schrift nur dann als Urkunde gelten, wenn sie mit einer **Unterschrift** versehen ist, aus welcher sich der für sie haftbare Aussteller mit Sicherheit ergiebt (AGO. I, 10 § 134): B. I. 6. Jan. 1854 c. Görs (G. A. 2. s. 262); Beschl. II. 24. Nov. 1859 c. Tempel (70. B; G. A. 8. s. 286); Z. (B.) I. 18. Jan. 1860 c. Pendzialek (die Unterschrift mit den Anfangsbuchstaben des Namens genüge nicht); B. I. 30. März 1860 c. Mewis; vgl. n. 74. Jenem Erfordernisse ist nicht genügt, wenn sich zwar eine Namensunterschrift, jedoch mit dem vorgesetzten Worte: pr. (pro) vorfindet, wodurch also angezeigt wird, daß nicht der Inhaber des Namens, sondern ein Anderer in seiner Vertretung unterzeichnet haben soll; ist dann nicht auch die Namens-Unterschrift dieses letztern angeblichen Vertreters hinzugefügt, so liegt keine Urkunde vor: B. II. 12. März 1857 c. Schramm. Gleichwohl braucht die Unterschrift nicht nothwendig eine Namensunterschrift zu sein; eine andere Bezeichnung der betreffenden Persönlichkeit kann auch genügen: so: Z. I. 19. Okt. 1853 c. Hillger, wo die Schrift die Unterschrift: „die Verwaltung der Dauermühle“ trug; ähnlich verhält es sich bei Behörden: Z. 18. Okt. 1852 c. Heldge (G. A. 2. s. 260); vgl. n. 95. *Contra* im Allgemeinen: Koch n. 30.

90. Die Unterschrift braucht nicht nothwendig geschrieben zu sein, auch eine **gedruckte** kann für ausreichend erachtet werden, sobald das Schriftstück nur in einer Gestalt vorliegt, welche über die Vollziehung desselben, und die Verantwortlichkeit desjenigen, auf dessen Namen es lautet, keine Zweifel bestehen läßt: Z. I. 19. Okt. 1853 c. Hillger (cit. n. 89); Z. (B.) I. 14. Mai 1858 c. Fröse (G. A. 6. s. 775); Z. I. 5. Okt. 1859 c. Paulig (G. A. 7. s. 845); Z. II. 4. April 1861 b. Steubing (JMBl. s. 88; RtO. 1. s. 331; G. A. 9. s. 422). Daß eine gedruckte Unterschrift nicht verifizirt werden kann, ist gleichgültig; es fragt sich nur, ob dieselbe nach den obwaltenden Umständen im Civilwege für den Beweis erheblich sein könnte.

91. Findet sich die **Namensschrift über** oder **zur Seite des Textes**, so kann das Ganze nur dann als Urkunde angesehen werden, wenn [durch den Richter der Thatfrage] festgestellt ist, daß die Namensschrift zum Inhalte in einer solchen Beziehung stehe, daß sich annehmen lasse, derjenige, welcher die Schrift mit seiner Namensschrift versehen, habe durch dieselbe den Inhalt als richtig und gegen sich verbindlich anerkennen wollen: B. II. 29. Okt. 1857 c. Schäffski (G. A. 6. s. 135). *Contra:* Beschl. II. 24. Nov. 1859 c. Tempel (70. B; G. A. 8. s. 286), welches eine **Namensüberschrift** unbedingt für ungenügend erachtete.

92. Der **Mangel des Datums** nimmt der Schrift den Charakter der Urkunde nicht: Z. I. 14. Dez. 1859 c. Pohlmann.

93. Dasselbe gilt, wenn Schrift und Unterschrift nur mit **Bleistift** geschrieben sind: Z. I. 14. Dez. 1859 c. Pohlmann.

94. **Außergerichtliche öffentliche Urkunden** (z. B. die Beschlagnahmeverhandlung eines Exekutors) verlieren ihre gedachte Eigenschaft dadurch nicht, daß die ihnen beigefügten **Handzeichen** der schreibensunkundigen Parteien nicht in gleicher Weise, wie dieses bei gerichtlichen Protokollen vorgeschrieben ist, **beglaubigt** sind: Beschl. I. 9. Juli 1859 c. Quednow (142. B; Entsch. 39. 2. s. 60; G. A. 6. s. 852); vgl. § 323 n. 12.

95. Eine Schrift, welche wegen eines Formfehlers für einen Wechsel nicht gelten kann, kann doch als schriftlicher Zahlungsauftrag, oder als acceptirte Anweisung eine rechtliche Bedeutung haben, und daher eine Urkunde darstellen: Z. I. 10. Dez. 1856 c. Nietsche; Z. I. 30. Jan. 1857 c. Ulrich.

96. Verträge der Ehefrauen sind, auch wenn ohne Mitwirkung des Mannes abgeschlossen, nicht ganz bedeutungslos; es kann Rückforderung des vom Andern gegebenen, wenn es noch vorhanden, oder nützlich verwendet ist, gefordert werden (ALR. II, 1 § 334) [auch zählt das Gesetz eine Reihe von Fällen auf, (l. c. § 321 bis 327), wo die Frau allein den Mann mit verpflichtet; jedenfalls kann sie ihr vorbehaltenes Vermögen einseitig belasten]; daher sind die von einer Ehefrau vollzogenen Schriften, wenn sie dem § 247 sonst entsprechen, als Urkunden anzusehen: Beschl. II. 17. Juli 1856 c. Werner; B. II. 3. Okt. 1860 c. Bennemann (G. A. 9. f. 71). Das gilt z. B. von einer durch die Frau ohne Zuziehung des Mannes ausgestellten Vollmacht, sollte es auch nicht feststehen, daß einer der Spezialfälle vorliegt, in welchen die Frau dazu berechtigt war: Z. II. 23. April 1853 c. Krause; Z. II. 19 Mai 1855 c. Hornung; vgl. n. 155.

97. Der unter n. 96 aufgestellte Satz erleidet eine Ausnahme bei Schriften, durch welche sich eine Frau verbürgt hat: sie sind keine Urkunden, wenn es an der vorgeschriebenen Verwarnung fehlt (ALR. I, 14 § 221—226). So: B. I. 6. Nov. 1853 c. Weber (G. A. 2. f. 261); Beschl. II. 17. Juli 1856 c. Weber (beiläufig).

98. Ein von einem Minderjährigen (oder einem Haussohne) unterzeichneter Vertrag ist eine Urkunde: Z. I. 26. Okt. 1859 c. Schrammeck (G. A. 7. f. 845).

99. Ein gerichtlicher Vorladungs-, Erscheinungs-, Verwahr- oder Haftbefehl ist eine Urkunde. Dagegen wollte ein Beschl. I. 28. Juli 1855 c. Burchardt u. Gen. (G. A. 3. f. 712) eine gerichtliche Verfügung, durch welche Jemand aufgefordert wurde, sich zur Verbüßung einer gegen ihn erkannten Freiheitsstrafe zu gestellen, beziehungsweise ein Gerichtsdiener mit der Verhaftung beauftragt wurde — nicht für eine Urkunde erachten; diese Auffassung unterliegt indessen, zumal rücksichtlich des dem Gerichtsdiener ertheilten Auftrags, erheblichen Bedenken. Vgl. n. 103.

100. Ebenso ist als (öffentliche) Urkunde die amtliche Ausfertigung einer gerichtlichen Vorladung in bürgerlichen Streitsachen anzusehen: (Z. (B.) 2. Jan. 1852 c. Lülow (G. A. 2. f. 260).

101. ..... ebenso gerichtliche Untersuchungsakten, insbesondere auch die über eine gerichtliche Voruntersuchung geführten: B. I. 14. Sept. 1853 c. de Peterse (JMBl. 1854 f. 67; G. A. 2. f. 97. 127; Z. I. 14. Mai 1858 c. Stern (Berger u. Gen.).

102. Ist es Fälschung, wenn ein Beschuldigter das Protokoll über seine Vernehmung durch den Untersuchungsrichter mit einem falschen Namen unterzeichnet? Es verneinen: Cass. 29. April 1826; Cass. 1. Sept. 1826; Chauv. et Hél. Th. du C. pén. 2. p. 337 cit. bei Gilb. C. pén. Art. 145 n. 17, weil jenes Protokoll nicht die Bestimmung habe, die Richtigkeit des angegebenen Namens festzustellen. Vgl § 252 n. 10.

103. Die unter der Unterschrift eines Gerichts ergangene Aufforderung zur Zahlung eines Kostenvorschusses ist eine Urkunde, da auf den Grund einer solchen Exekution verfügt werden kann: Z. I. 27. Jan 1858 c. Dittmann (G. A. 6. f. 430).

104. ..... ebenso eine gerichtlich ausgestellte Kostenliquidation (Z. 18. Okt. 1852 c. Heldge; G. A. 2. f. 260); insbesondere die f. g. Sofort-Kosten-Zettel, welche die Aufforderung an den Debenten enthalten, die liquidirten Beträge bei Vermeidung der Exekution an den Exekutor zu zahlen: Z. II. 25. Juni 1859 c. Dieckmann.

105. ..... ebenso eine richterliche Verfügung, durch welche Kalkulaturgebühren festgestellt werden: Z. (B.) I. 14. Sept. 1860 c. Hopff.

106. ..... ebenso die Eintragung eines Gebührenbetrags in den Soll-Einnahme-Beleg für eine bei einem Gerichte anhängige Sache, da dieser Beleg nicht blos den inneren Kassenverkehr berührt, sondern auf Grund desselben der betr. Betrag selbstständig eingetrieben wird: Z. (B.) I. 14. Sept. 1860 c. Hopff.

107. ..... ebenso eine gerichtliche Stempelverbrauchsnachweise, wenn

sie vom Gerichtsdirigenten abgeschlossen, mit der Zahlungsanweisung versehen und unterschrieben ist; dasselbe gilt aber nicht von den Vorarbeiten zu einer solchen Nachweise: B. I. 9. Febr. 1853 c. Eckert.

108. Ein B. I. 18. April 1853 c. Neumann (Entsch. 25. s. 261) hielt einen Deposital-Annahme-Befehl, und die Anzeige des Rendanten über die nicht erfolgte Zahlung der im Befehle bezeichneten Summe, nicht für eine Urkunde, weil sie ausschließlich den innern amtlichen Verkehr des Gerichts, beziehungsweise seines Depositorii betreffe, also für Rechte &c. nicht erheblich sei. *Contra*: Z. II. 12. Juni 1856 c. Holzmann, welches die von einem Gemeindevorstande an den Gemeinde-Empfänger ergangene Annahme-Ordre für eine Urkunde erachtete. Vgl. § 323 n. 4.

109. Eine unter dem Namen eines richterlichen Beamten abgefaßte Schrift, durch welche bescheinigt wird, „daß in einer speziell angegebenen Nachlaßsache der Schlußtermin vorüber, und daß dadurch gewisse Personen erblegitimirt seien,“ und welche die fernere Aeußerung enthält, „daß Jedermann, welcher dem X. etwas borge, hinlänglich gesichert sei, indem derselbe als Miterbe sein Geld binnen Kurzem erhalten werde“, — ist eine Urkunde: B. I. 17. Febr. 1854 c. Himmer (Kalter u. Gen.; G. A. 2. s. 263).

110. Dagegen ist eine amtliche Benachrichtigung über die Lage eines Prozesses, und ein schriftlicher Rath über die zu dessen günstiger Beendigung dienlichen Maaßregeln keine Urkunde: B. 25. Jan. 1852 c. Baumgarten.

111. Ein gerichtlicher Heirathsconsens ist eine Urkunde: B. I. 15. Juli 1853 c. Ritter; B. I. 9. Dez. 1853 c. Ritter (G. A. 2. s. 265; beide indirekt).

112. ..... ebenso die Verhandlung eines Exekutors, wodurch eine Pfändung vorgenommen, oder dem Exequendus bei Vermeidung gesetzlicher Strafen die Verpflichtung auferlegt wird, sich jeder Disposition über Pfandstücke zu enthalten, oder wodurch er dieselben den zur Pfändung zugezogenen dritten Personen in Verwahrung giebt, zumal wenn die letzteren diese Gegenstände darin übernehmen, oder der Debent darin ein Anerkenntniß seiner Kostenschuld abgiebt: B. I. 20. Nov. 1857 c. Schwartz (G. A. 6. s. 138); Z. I. 8. Sept. 1858 c. Klimang (G. A. 6. s. 717). Vgl. § 323 n. 12.

113. .... ebenso die von einem Magistratsdirigenten aufgenommene Auktionsverhandlung, welche zum Beweise der abgegebenen Gebote, und überhaupt des ganzen Kaufgeschäfts dient: Z. I. 25. Sept. 1857 c. Kordenat.

114. .... ebenso eine Liquidation über vorgekommene Arbeiten, nebst einem von einem Beamten ausgegangenen Atteste über die Nothwendigkeit und erfolgte Ausführung derselben, und einer amtlichen Zahlungsanweisung auf eine Königliche Kasse: B. I. 9. Okt. 1857 c. Burgas.

115. .... ebenso die von den Pfarrern aus den Kirchenbüchern ausgestellten Zeugnisse über geschehene Taufen, Trauungen u. s. w.: B. 10. März 1852 c. Geiling (G. A. 2. s. 266); Z. 13. Okt. 1852 c. Breß (G. A. 2. s. 267); Z. II. 7. Apr. 1853 c. Dietrich; Z. I. 21. Dez. 1855 c. Thieme; Z. II. 26. Juni 1856 c. Wieschmann. Vgl. § 251 n. 24. Das gilt nicht in der Rheinprovinz, wo die Führung der Civilstandsregister andern Beamten übertragen ist, und die Bücher der Pfarrer keine beweisende Kraft haben. Vgl. Gilb. C. pén. Art. 145 n. 23. 30.

116. .... ebenso der auf einer Bankobligation sich findende Kassationsvermerk: Z. 22. Sept. 1852 c. Krause (G. A. 1. s. 79).

117. .... ebenso die Flurkataster- und Grundsteuer-Mutterrolle; der § 251 Nr. 3 setzt diese Qualität voraus, und bestimmt nur, daß dieselbe als öffentliche Urkunde anzusehen sei; daher sind auch die amtlich ausgestellten Steuer-Mutterrollen-Auszüge Urkunden: B. II. 1. Febr. 1855 c. Kappert.

118. .... ebenso der von einem Brandweinbrenner aufgestellte, von einer Steuerhebestelle festgestellte Betriebsplan einer Branntweinbrennerei: Z. II. 6. Apr. 1854 c. Beckmann. Vgl. § 323 n. 10. 11.

119. .... ebenso der von einem Steuerbeamten in dem (zum Zwecke der Kontrolle der Mahlsteuerzahlungen geführten) Quittungs- und Revisionsbuche eines Bäckers oder Mehlhändlers eingetragene Vermerk über die bei der Revision vorgefundenen Mehlbestände: Z. I. 24. Okt. 1855 c. Marschall. Vgl. § 323 n. 10. 11.

120. .... ebenso ein Privatverzeichniß, welches ein Schiffer über seinen und seiner Leute Proviantbestand aufgestellt, ge- und unterschrieben hat, sobald auf seinen Grund die Proviantdeklaration stattgefunden hat, und [mit Bezugnahme auf dasselbe] das Verzeichniß der Steuergefälle vom Zoll-Amte aufgestellt, und ausgefertigt ist; es bildet dann jenes Privatverzeichniß einen Theil der von der Behörde ausgefertigten Urkunde: Z. II. 7. Juli 1855 c. Thürnagel; ähnlich: Z. II. 12. Juni 1856 c. Holzmann.

121. .... ebenso eine nach § 83 und 87d der Zoll-Ordn. v. 23. Jan. 1838 von der Ortsbehörde auszustellende Versendungs-Legitimations-Bescheinigung; sie befreit von der Erlegung des Eingangszolls: B. II. 14. Dez. 1854 c. Lennartz u. Gen. (G. A. 3. s. 137).

122. .... ebenso die unter einem Versicherungsantrage sich findende Bescheinigung der Ortsbehörde, daß sich gegen die beantragte Versicherung in polizeilicher Hinsicht Nichts zu erinnern finde, weil dadurch die Richtigkeit des Eigenthumsrechts des Antragstellers indirekt bestätigt, und die Werthsangabe beglaubigt wird, so daß sie für Eigenthum und Werth der Versicherungsgesellschaft gegenüber von Erheblichkeit ist; so: Z. (V.) I. 6. Jan. 1856 c. Ebel Eggert u. Gen.; G. A. 6. s. 135).

123. Dagegen ist die von einem Ortsrichter aufgestellte Steuerrolle vor erfolgter Bestätigung durch die vorgesetzte Behörde keine Urkunde. So: Beschl. I. 14. Nov. 1855 c. Kittelmann (G. A. 4. s. 266).

124. Ein Passirschein für Wild, welcher nur den Zweck hat, den Inhaber der Polizei gegenüber als zum Transporte berechtigt zu legitimiren, und ihm die Möglichkeit zu gewähren, durch ein Stadtthor zu gelangen, ist keine Urkunde: B. II. 26. Jan. 1854 c. Berbig. Vgl. aber § 254 n. 12.

125. Dasselbe gilt von s. g. Holzattesten, welche nur die Legitimation derjenigen, welche Holz transportiren oder in Ortschaften einbringen, bezwecken, und lediglich auf die Verhütung des Holzdiebstahls abzielen (vgl. Forst-Ordn. für Ost-Preußen &c. vom 3. Dez. 1775 § 24 n. 14; Publ. v. 4. Juni 1783; Verordnung vom 30. Juni 1839; GS. s. 223): Beschl. I. 14. Nov. 1855 c. Steppat. Vgl. § 254 n. 12; G. A. 1. s. 249.

126. .... ebenso von einem nach Anleitung der Verordn. v. 13. Febr. 1843 § 5 und 7 (GS. s. 75) ausgestellten Pferde-Legitimations-Atteste, da auch diese Verordn. nur polizeiliche Zwecke im Auge hat, und durch Beaufsichtigung des Verkehrs mit Pferden den Pferdediebstahl verhüten will: B. I. 1. Juni 1855 c. Grigat (G. A. 3. s. 570). Vgl. § 254 n. 12; G. A. 1. s. 249.

127. .... ebenso von dem nach dem Ges. v. 7. März 1850 § 14 (GS. s. 168) erforderlichen Jagd-Scheine, da derselbe nie das Recht giebt, auf irgend einem Reviere die Jagd auszuüben, sondern nur beurkundet, daß polizeiliche Gründe, dem Inhaber die Jagd nicht zu gestatten, nicht vorwalten, er also nur zur Legitimation der Polizei gegenüber dient: Beschl. I. 23. Mai 1855 c. Winkler (G. A. 4. s. 261). Vgl. § 254 n. 12.

128. Ein ohne Unterschrift oder sonstige Beglaubigung ausgefülltes Formular eines Postauslieferungsscheins ist keine Urkunde, erlangt vielmehr diesen Charakter erst durch die Unterschrift resp. Untersiegelung, und hat, bis diese erfolgt sind, nur den Zweck einer Benachrichtigung für den Empfänger und der Vorbereitung einer reglementsmäßigen Quittung für die Postanstalt; hieran wird auch durch den Umstand Nichts geändert, daß auf einem solchen Scheine die Porto-, Botenlohn- und Postvorschußbeträge notirt sind, da diese Notirung nur als die Aufstellung einer Rechnung anzusehen ist: B. 3. Dez. 1852 c. Schlever (G. A. 2. s. 261). Vgl. n. 89.

129. Dagegen ist ein solcher Postauslieferungsschein, sobald er unterzeichnet ist, eine Urkunde, da er eine Quittung darstellt, welche der Postbehörde als Beweis der Erfüllung der ihrerseits gegen Aufgeber und Adressaten übernommenen Verpflichtung dient: Z. I. 11. März 1853 c. Haarschütz (G. A. 2. s. 261); B. I. 21. Dez. 1853 c. Stüber; Beschl. I. 6. Sept. 1854 c. Schulz. Vgl. § 251 n. 23.

130. Ein Posteinlieferungsschein d. h. eine Bescheinigung der Postbehörde über die erfolgte Aufgabe eines Briefs, welcher nach der Adresse mit Geld beschwert sein soll, ist eine Urkunde, da auf Grund desselben die Postbehörde im

Falle des Verlusts des Briefs nach Maaßgabe der Werthdeklaration Ersatz leisten muß, wenn sie nicht beweist, daß jene Deklaration unrichtig war: Z. (B.) Pl. 29. Jan. 1855 c. Weidner (Entsch. 30. s. 380). Vgl. § 251 n. 21.

131. Dasselbe gilt von einer Postbescheinigung über Einzahlung eines Geldbetrags zum Zweck der Wiederauszahlung an einen Dritten: Beschl. I. 4. Juli 1856 c. Scheibe.

132. Auch der vom Aufgeber eines zur Post gegebenen Briefs auf diesem gemachte Vermerk über die Belastung desselben mit Postvorschuß stellt, zumal wenn er mit einer Unterschrift versehen ist, eine Urkunde dar, weil er nicht nur den der Post ertheilten Auftrag zur Einziehung der vermerkten Summe dokumentirt, sondern auch im Falle der Annahme und Auslösung des Briefs durch den Adressaten diesem zum Beweise der geschehenen Zahlung, und auch schon (in Ermangelung einer andern Bescheinigung) der Postanstalt als Beweis der bei der Einlieferung geschehenen Auszahlung an den Aufgeber dient; dabei ist es gleichgültig, ob instruktionsmäßig die Post auf einen so bezeichneten Brief den Vorschuß leistet, oder erst abwartet, ob der Adressat den Brief durch Zahlung des Vorschusses einlöst; zwar enthält in einem solchen Falle die Vorschußquittung dann, wenn der Adressat nicht zahlt, nichts unmittelbar Obligirendes, dadurch kann aber der Charakter einer Urkunde nicht beseitigt werden; auch ist das Verbrechen durch den Gebrauch perfekt, ob es seinen Zweck erreicht, ist unwesentlich; gleichgültig ist es endlich auch, ob bei der Abfassung des Quittungsvermerks die reglementarischen Vorschriften (z. B. Schreiben der Zahlen mit Buchstaben) beobachtet sind: B. Pl. 20. Dez. 1858 c. Meusel (Präj. n. 254; JMBl. 59. s. 67; Entsch. 39. 2. s. 178; 40. 2. s. 26; G. A. 7. s. 401); Z. 18. Okt. 1852. c. Heldge (G. A. 2. s. 260); Z. I. 2. Nov. 1853 c. Schmidt. *Contra* früher: Beschl. I. 8. Febr. 1854 c. Jagusch; Z. I. 13. Sept. 1854 c. Hoffmann (G. A. 2. s. 694). Vgl. n. 74. 80 159. 142; Voitus Abh. in G. Arch. 1. s. 488.

133. Die zur Kontrolle der Einnahmen und Ausgaben bestimmten Bücher eines Beamten sind eben wegen jenes Zwecks an und für sich noch keine Urkunden, insofern ihnen nicht durch eine Unterschrift ein Anerkenntniß oder ein Beglaubigungsvermerk hinzugefügt ist: B. I. 11. März 1859 c. Lindt. Das gilt z. B. von der zur Kontrolle des Transports der Geldbriefe dienenden Postgeldkarte: Z. I. 19. Dez. 1856 c. Bratsch.

134. Ein mit dem Vertreter einer Gemeinde abgeschlossener, von diesem unterzeichneter Vertrag, welcher über ein Gemeinde-Eigenthum Verfügung trifft, ist selbst dann eine Urkunde, wenn ihm der nach der Land-Gem.-Ordn. v. 14. April 1856 § 10 erforderliche Gemeindebeschluß noch fehlt, durch welchen derselbe für die Gemeinde nach allen Richtungen hin als formell gültig qualifizirt werden würde: Z. I. 20. Jan. 1858 c. Hirsch (G. A. 6. s. 133). Vgl. n. 73. 80.

135. Ist die Angabe des Inhalts auf einem mit einem öffentlichen Siegel verschlossenen Geldpackete (vgl. § 243 Nr. 5) eine Urkunde? Temme Lehrb. s. 980 Note 6 bejaht.

136. Lohnschreiberbogen, welche zur Kontrolle und Berechnung des Arbeitsverdienstes der Lohnschreiber geführt werden, sind nur dann für Urkunden zu erachten, wenn sie, behufs der Anweisung der verdienten Lohnsätze auf die betr. Kasse, mit dem amtlichen Atteste ihrer Richtigkeit versehen sind: Z. I. 3. Febr. 1854 c. Masur.

137. Ein ärztliches Rezept ist keine Urkunde; die Fälschung eines solchen, um sich dadurch Gift zum Zwecke einer Vergiftung zu verschaffen, fällt daher nicht unter § 247: Bes. s. 474.

138. Handelsbücher sind, wenn ihnen eine Beweiskraft Dritten gegenüber beiwohnt, Urkunden: G. Matt. 2. s. 568. 578. Vgl. § 259 Nr. 3. 4.

139. Ein Gleiches gilt nicht von den im § 592. II, 8. des ALR. erwähnten Gegenbüchern der dort genannten Gewerbtreibenden, weil denselben nur unter gewissen Voraussetzungen eine beweisende Kraft beiwohnt, zum Begriffe der Urkunde aber erforderlich ist, daß sie an und für sich selbstständig für den Beweis von Erheblichkeit sei. So: Z. I. 12. Mai 1854 c. Fritzsch (G. A. 2. s. 605). Vgl. aber über diese letztere Frage n. 80. 84. 143.

140. Eine Schrift, durch welche sich Jemand eines von ihm begangenen Vergehens (z. B. einer Steuerdefraude) schuldig bekennt, ist eine Urkunde: Z. II. 12. Okt. 1854 c. Holzerland (die betreffende Schrift war dem die Defraude constatirenden Steuerbeamten eingehändigt worden).

141. Führungsatteste fingirter Personen für Dienstboten, wodurch diesen zugleich die Erlaubniß ertheilt wird, sich anderweitig zu vermiethen, sind keine Urkunden: Z. I. 9. Febr. 1853 c. Roose; Z. I. 8. Juli 1853 c. Rogge; Gilb. C. pén. Art. 145 n. 97. Vgl. § 254 und dort n. 14. 15.

142. Dasselbe gilt von Dienstentlassungsattesten: Z. 26. März 1852 c. Meyer.

143. Ebenso ward nicht für eine Urkunde erachtet: eine Schrift, durch welche ein Privater bescheinigte, daß ein genanntes Individuum zu einer bestimmten Zeit bei ihm in Condition treten werde: Z. I. 11. Febr. 1854 c. Blachmann.

144. Eine Schrift, welche als Anfang eines Schriftenbeweises im Sinne des Art. 1347 des Rh. BGB. gelten kann, ist darum noch nicht als eine „Urkunde" anzusehen, weil ihr die eventuell eintretende Erheblichkeit für den Beweis nicht objektiv (vgl. n. 73) beiwohnt, es vielmehr in jedem Einzelfalle erst Gegenstand des Ermessens des Richters ist, ob die Schrift unter den obwaltenden Umständen die zu beweisende Thatsache wahrscheinlich mache. Vgl. G. Matt. 2. s. 566; Cass. 27. Sept. 1816 (Sir. Coll. nouv. 5. 1. s. 239 und die Note).

145. Aehnlich verhält es sich mit schriftlichen Zeugnissen (Bescheinigungen), welche Thatsachen zum Gegenstand haben, die nur für die Rechtsverhältnisse dritter Personen von Erheblichkeit sind. Wenn auch nach § 158 a. b. I, 10. AGO. eine solche Schrift als ein unbeeidetes Zeugniß gelten, und unter gewissen Umständen eine die Zulassung zum Erfüllungseide rechtfertigende Vermuthung begründen soll, so wohnt deshalb derselben doch objektiv noch gar keine Beweiskraft bei, es kann vielmehr derselben eine solche nur unter anderen Voraussetzungen nach dem Ermessen des Richters zuerkannt werden. *Contra:* Z. II. 4. April 1861 c. Steubing (JMBl. s. 88; RdO. 1. s. 331; G. A. 9. s. 422), welches ein Gewicht darauf legte, daß die Ertheilung der damals in Frage stehenden Bescheinigungen im Interesse des öffentlichen Verkehrs eingeführt, unter polizeiliche Kontrolle gestellt, und allgemein als eine für das Gewerb- und Handeltreibende Publikum Norm gebende anerkannt gewesen sei. Vgl. n. 76. 84.

146. Der schriftliche Auftrag an einen Andern zur Zahlung einer Summe an einen erst zu benennenden Dritten (d. h. also: an eigne Ordre) ist keine Anweisung im Sinne des § 251. I, 16. des ALR.; die Annahme dieses Auftrags von Seiten des so Beauftragten (durch den der Schrift hinzugefügten unterschriebenen Vermerk „angenommen") begründet die Zahlungsverpflichtung desselben dem Auftraggeber gegenüber; demnächstige Verfälschung jenes Auftrags fällt daher unter § 247: Z. I. 18. April 1855 c. Bolze (G. A. 3. s. 713).

147. Bestellzettel, welche den Ueberbringer zur Empfangnahme der darin bestellten Waaren ermächtigen, sind für den Verabfolger der letztern bei Geltendmachung seines Anspruchs auf Zahlung von Erheblichkeit, also Urkunden: Z. Pl. 29. Jan. 1855 c. Tellien (Entsch. 29. s. 473; 30. s. 308; G. A. 3. s. 569); ähnlich: Z. II. 8. März 1853 c. Röthig (G. A. 2. s. 260); Z. (B.) I. 23. März 1853 c. Schulz; B. I. 5. Mai 1854 c. Schädel (G. A. 2. s. 694); in diesen Sachen ward ausdrücklich mit erwogen, daß die Schrift auch den Auftrag für den Ueberbringer enthalte, die Waaren in Empfang zu nehmen. Ein Gleiches nahmen sodann aber Z. 2. Aug. 1852 c. Mahn (G. A. 2. s. 261); Z. I. 4. Febr. 1853 c. Burow (ibid.); B. II. 19. Okt. 1854 c. Wölke und Z. I. 22. Okt. 1856 c. Anzian unbedingt von Bestellbriefen an, ohne daß einer darin ertheilten Bevollmächtigung zur Empfangnahme Erwähnung geschah, „weil Bestellbriefe die Absicht des angeblichen Unterzeichners bekunden, daß er die Waaren zu kaufen Willens sei", und weil bei hinzutretender, der Bestellung entsprechender Lieferung ein Kaufvertrag zu Stande komme: dasselbe sprach ein Beschl. II. 12. Juli 1855 c. Lindner aus, und hob dabei hervor, daß es auf eine gleichzeitige Bevollmächtigung nicht ankomme (die Schrift lautete nur dahin: „Ich bitte um — — Pfund Kaffee. Unterschrift."); vgl. auch Z. I. 8. Mai 1861 c. Guttmann. *Contra:* Z. I. 28. April 1854 c. Jung, aus dem (seitdem vom Ober-

Tribunal fallen gelassenen) Grunde, „daß der Schrift die Erheblichkeit an und für sich (selbstständig) beiwohnen müsse.“ Vgl. n. 80. Mit Rücksicht auf das cit. Z. Pl. 29. Jan. 1855 c. Tellien muß ein Bestellbrief unbedingt als Urkunde betrachtet werden, weil bei hinzutretender Lieferung von der andern Seite, die beiderseitige Einwilligung, also ein perfekter Vertrag vorliegt, und der Besteller die Annahme der der Bestellung gemäß gelieferten Waare nicht ablehnen kann. Dabei ist es auch gleichgültig ob die Bestellung auch mündlich hätte ausgedrückt werden können: Beschl. I. 5. Dez. 1860 c. Weidle (219. B; RdO. 1. S. 159; G. A. 9. S. 142).

148. Der Bestellbrief verliert die Eigenschaft einer Urkunde auch dadurch nicht, daß darin eine gesetzwidrige Erfüllungsart (z. B. durch Einschwärzung) ausbedungen wird, weil einmal dadurch der Kaufvertrag selbst nicht zum unerlaubten wird, andern Theils aber auch, wenn letzteres der Fall wäre, der Begriff der Urkunde von der Klagbarkeit des dadurch zu begründenden Rechtsanspruchs nicht abhängt: B. II. 19. Okt. 1854 c. Wölke (vgl. n. 3).

149. Ein Bestellbrief (auch ohne gleichzeitige Bevollmächtigung) ist selbst dann eine Urkunde, wenn es ihm an einer Addresse fehlt: B. II. 3. Jan. 1861 c. Gude (RdO. 1. S. 133); ähnlich: Z. I. 4. Febr. 1853 c. Burow; Beschl. II. 12. Juli 1855 c. Lindner (beide cit. n. 147; beide ind.). *Contra:* Beschl. I. 4. Jan. 1856 c. Brehmer, weil in Ermangelung einer Adresse, durch einen solchen Brief oder Zettel nicht erwiesen werden könne, daß der Schreiber derselben von einem bestimmten Andern die Uebersendung einer Waare verlangt habe. [Ob letzteres der Fall, wird indessen regelmäßig nur in das Gebiet der thatsächlichen Prüfung fallen.]

150. Eine Bevollmächtigung, selbst wenn sie auf einen nicht genannten Ueberbringer lautet, ist unzweifelhaft eine Urkunde: Z. II. 23. Apr. 1853 c. Krause; Z. II. 19. Mai 1853 c. Hornung; Z. I. 2. Mai 1856 c. Strauß; B. II. 3. Jan. 1861 c. Gude (RdO. 1. S. 133). Dabei ist es auch unerheblich, ob aus der Schrift die Annahme des Auftrags durch den Bevollmächtigten hervorgeht oder nicht: Beschl. I. 22. Apr. 1854 c. Zippel. Auch wird keineswegs verlangt, daß die Bevollmächtigung ausdrücklich ausgesprochen sei, es genügt, wenn sich dieselbe aus dem ganzen Zusammenhange unzweifelhaft ergiebt: Z. II. 23. April 1853 c. Krause; B. I. 27. Mai 1859 c. Dobradies.

151. Mit Rücksicht auf das unter n. 147 und 150 Gesagte ist als Urkunde auch eine Schrift zu betrachten, durch welche ein Handwerker angewiesen wird, einen ihm zum Repariren 2c. anvertrauten Gegenstand dem Ueberbringer auszuhändigen: Z. 16. Juni 1852 c. Sander (G. A. 2. S. 260); B. I. 11. Febr. 1853 c. Wache (G. A. 2. S. 263); ähnlich: Z. I. 2. Mai 1856 c. Strauß.

152. Ein schriftliches Darlehnsgesuch, wenn es gleichzeitig die Bevollmächtigung eines Dritten zur Empfangnahme des Darlehns enthält, ist unbedenklich eine Urkunde: Z. II. 19. Mai 1853 c. Hornung. Dasselbe muß aber auch von einem bloßen Darlehnsgesuche, ohne gleichzeitige Bevollmächtigung, gelten, weil dadurch — zwar nicht die stattgehabte Hergabe des Darlehns — wohl aber im Falle der wirklich erfolgten Hergabe einer Summe, dargethan werden kann, daß dieselbe als Darlehn verabreicht worden ist: Z. 2. Aug. 1852 c. Mahn (G. A. 2. S. 261); Z. I. 3. Febr. 1853 c. Kümmelmann (G. A. ib.); B. I. 22. Jan. 1860 c. Müller (G. A. 8. S. 425); Beschl. I. 1. Febr. 1861 c. Wruck (40 B; G. A. 9. S. 211); Z. I. 10. April 1861 c. Mokrasche. *Contra* früher: B. I. 23. März 1853 c. Nadler; Z. I. 7. Dez. 1853 c. Kasten (G. A. 2. S. 262), „weil der Urkunde die Erheblichkeit für den Beweis an sich beiwohnen müsse“, eine Ansicht, von welcher das Ober-Tribunal später grundsätzlich abgegangen ist; vgl. n. 80.

153. Ein schriftliches Gesuch um ein Almosen ist, mit Rücksicht auf die, die Erzeugung eines Rechtsverhältnisses ausschließende, Natur des Almosens, keine Urkunde: Z. I. 16. Febr. 1853 c. Fey u. Gen. (G. A. 2. S. 261). Vgl. § 241 n. 27—29.

154. Eine Schrift, welche eine Verbürgung enthält, ist unzweifelhaft eine Urkunde: Z. 16. Juni 1852 c. Sander (G. A. 2. S. 260); Z. II. 10. März 1853 c. Laacke (ibid.); B. II. 28. Mai 1853 c. Ritter. Ueber die ohne die vorgeschriebene gerichtliche Verwarnung (ALR. I, 14 § 221 fgg.) stattgehabte Verbürgung einer Frau vgl. n. 97.

155. Auch ein nur vom Verpächter, nicht auch vom Pächter unterschriebener Pachtvertrag, oder ein nur vom Käufer unterzeichneter Kaufvertrag ist eine Ur-

§. 248. **Einer Urkundenfälschung wird es gleich geachtet, wenn Jemand in der Absicht, sich oder Anderen Gewinn zu verschaffen oder Anderen Schaden zuzufügen, ein mit der Unterschrift eines Anderen versehenes Papier ohne dessen Willen ausfüllt und von einer solchen Urkunde Gebrauch macht.**

[Entw. § 224]. Vgl. § 249. 250.

---

kunde: Z. II. 3. März 1853 c. Hönecke (G. A. 1. s. 409; 2. s. 261); Z. II. 12. Juni 1856 c. Holzmann.

156. Dasselbe gilt von einer über ein abgeschlossenes Kaufgeschäft vom Verkäufer allein ausgestellten und unterzeichneten Bescheinigung: Z. (V.) I. 14. Mai 1858 c. Fröse (wo aber gleichzeitig in Betracht gezogen wird, daß diese Bescheinigung der Steuerbehörde gegenüber zum Nachweise der geschehenen Versteuerung habe dienen sollen; vgl. hierüber n. 73. 80). Vgl. dagegen n. 76.

157. Eine Rechnung ist eine blos einseitig aufgestellte Behauptung eines Rechtsanspruchs, und daher keine Urkunde: Z. I. 19. Okt. 1853 c. Behrendt (G. A. 2. s. 261). Dasselbe gilt von einem Mahnbriefe: Z. I. 27. Jan. 1858 c. Wiegand (G. A. 6. s. 138); B. I. 27. Mai 1859 c. Dobradies.

158. Die Rechnung wird aber zur Urkunde, wenn ihr eine Quittung hinzugefügt wird: Z. (V.) 26. Mai 1852 c. Orschinsky (G. Arch. 2. s. 262); Z. (V.) 30. Juni 1852 c. Kobs (ibid.). Vgl. aber n. 84.

159. Eine Quittung (selbst wenn sie nur als Rechnungsbeleg gefordert war) ist eine Urkunde: Z. I. 12. März 1856 c. York; Z. I. 16. Mai 1860 c. Vallentin; das gilt auch dann, wenn sie ein zur Empfangnahme der Zahlung nicht Berechtigter unter dem Namen des wirklich Berechtigten ausgestellt hat, weil sie immer eine geschehene Zahlung beweist, und eventuell zur Begründung einer Rückforderungsklage gegen den Empfänger dienen kann: Z. I. 23. März 1855 c. Wegner (die verfälschte Quittung war vom Sohne des Gläubigers unter dem Namen seines Vaters ausgestellt, und weder eine Bevollmächtigung des erstern, noch eine nachträgliche Genehmigung des letztern dargethan); ähnlich: V. I. 7. Mai 1858 c. Grieben (in Betreff einer von der Ehefrau des Gläubigers ohne Ermächtigung des letztern ausgestellten Quittung). *Contra* früher: V. I. 27. Okt. 1854 c. Ohlrich (G. Arch. 2. s. 833; „weil eine solche Quittung die Tilgung der Schuld nicht beweisen könne“); mit Recht hat das Ober-Tribunal diese Auffassung aufgegeben; vgl. n. 80, und B. I. 21. Febr. 1855 c. Rudolph (G. A. 3. s. 714; hier hatte der Angeklagte unter Vorlegung einer gefälschten Quittung vorgegeben, die Schuld eines Dritten an den Gläubiger entrichtet zu haben, und auf Grund derselben vom Schuldner den betreffenden Betrag erstattet erhalten; das Ober-Tribunal nahm auch hier Urkundenfälschung an).

160. Dasselbe gilt von einer schriftlichen Ausstandsbewilligung in Beziehung auf eine bereits der Exekutionsvollstreckung unterworfene Forderung, sollte auch eine Frist gar nicht hinzugefügt, der Widerruf also jeden Augenblick statthaft sein: Z. I. 8. Sept. 1858 c. Brömel.

161. Die Feststellung: eine Schrift habe als Einnahmebeleg, mithin zum Nachweise der Höhe des in Rechnung aufgeführten Einnahmebetrags gedient, reicht nicht hin, um die Qualität derselben als einer Urkunde zu begründen: Z. II. 12. Juni 1856 c. Holzerland.

162. Eine Schrift, durch welche Jemand einseitig bescheinigt, daß ein früher mit einem Andern geschlossener zweiseitiger Vertrag wieder aufgelöst, und jener von seinen Verbindlichkeiten befreit sei, ist eine Urkunde; die §§ 131. 134. 185 fgg. I, 5. des ALR. beseitigen die Erheblichkeit derselben für den Beweis nicht: Z. II. 27. Mai 1854 c. Meyer (Pfahl u. Gen.).

§ 248.

1. In Betreff der „Absicht, sich oder Andern Gewinn zu verschaffen, oder Andern Schaden zuzufügen“ sind die betreffenden Bemerkungen zu § 247 zu vergleichen.

§. 249. Wer von einer falschen oder verfälschten Urkunde, wissend, daß sie falsch oder verfälscht ist, in der Absicht

---

2. Vorausgesetzt wird, daß die Namensschrift echt sei, d. h. daß sie von demjenigen herrühre, welcher den Namen führt; wo dieses nicht vorliegt, ist eine Fälschung im Sinne des § 247 anzunehmen, vgl. dort n. 37.

3. Als ein „mit der Unterschrift eines Andern versehenes Papier" (Blankett) ist jedes die echte Namensschrift eines Andern enthaltende Schriftstück anzusehen, ohne Unterschied, ob es noch andere schriftliche Aufzeichnungen enthält, auf die sich die Namensschrift bezieht oder nicht; vorausgesetzt wird nur, daß diese anderweitigen Aufzeichnungen nicht den Charakter einer Urkunde besitzen [weil, wenn letzteres der Fall ist, anderweitige Zusätze oder Veränderungen geeigneten Falles unter § 247 fallen]: Beschl. I. 17. Sept. 1856 c. v. d. Recke (JMBl. s. 320; G. A. 4. s. 845); Z. I. 6. Okt. 1858 c. Budow (949; G. A. 6. s. 850; 7. s. 849). Hiernach ist es ganz gleichgültig, zu welchem Zweck das Papier mit der Namensschrift versehen worden ist.

4. Ebenso ist es gleichgültig, ob das Papier dem Angeklagten anvertraut oder ob es unmittelbar aus der Hand des Unterzeichners in die des Ausfüllenden übergegangen ist: B. I. 9. Febr. 1859 c. Rosenbaum (G. Arch. 2. s. 408). Vgl. Motive s. 252; C. pén. Art. 407.

5. Ein Ausfüllen ist in jedem Hinzufügen von Schriftzeichen zu finden, wodurch das Ganze den ihm früher nicht beiwohnenden Charakter einer Urkunde erlangt: Beschl. I. 17. Sept. 1856 c. v. d. Recke (cit. n. 3). Vgl. die Schlußworte des §.

6. Daher fällt die widerrechtliche Ausfüllung eines Wechsel-Formulars, unter welchem sich ein von einem Dritten unterzeichneter Annahmevermerk findet, unter diesen §, wenn auch der jetzt erst entstehende Wechsel selbst vom Ausfüllenden mit dem eigenen Namen unterzeichnet wird, weil sich das Accept des Dritten jetzt auf den Inhalt des Wechsels mit bezieht, also gleichzeitig mit ausgefüllt wird; gleichgültig ist es dabei, ob sich die Ausfüllung des Formulars räumlich über der dem Accepte zugefügten Unterschrift befindet: Beschl. I. 17. Sept. 1856 c. v. d. Recke (cit. n. 3); Z. I. 6. Okt. 1858 c. Budow (cit. n. 3); ähnlich: Z. II. 27. Nov. 1856 c. Kemper; Z. I. 13. Mai 1857 c. Wustrow (Stoßmeister u. Gen.; G. Arch. 5. s. 667). *Contra*: B. I. 9. Aug. 1856 c. Pucher, welches in einem solchen Falle nicht die Strafe des § 251, resp. der §§ 247 fgg., sondern nach Lage des Falles nur die des Betrugs oder der Unterschlagung für zutreffend erachtete, die Anwendbarkeit des § 248 indessen nicht speziell erörterte.

7. Ein Ausfüllen ohne den Willen des Unterzeichners liegt auch da vor, wo der zur Ausfüllung Bevollmächtigte über seinen Auftrag hinausgeht, z. B. wenn er einen höhern Betrag einschreibt: Beschl. I. 17. Sept. 1856 c. v. d. Recke (cit. n. 3); ähnlich: Z. I. 18. März 1857 c. Astmann; B. I. 9. Febr. 1859 c. Rosenbaum (G. A. 7. s. 408).

8. Inwiefern es einen Unterschied begründe, wenn die so zu Stande gekommene Urkunde wegen eines Form- oder Qualifikationsmangels des Unterzeichneten nichtig ist, darüber vgl. § 247 n. 86 fgg.

9. Im Falle dieses § ist es nicht erforderlich, daß der Gebrauch zum Zwecke der Täuschung stattgefunden habe: Beschl. I. 17. Sept. 1856 c. v. d. Recke (cit. n. 3); ähnlich: Z. I. 5. Okt. 1859 c. Paulig (G. A. 7. s. 845; welches eben nur die Feststellung jenes Zwecks für unnöthig erachtete). Der Grund des Unterschiedes von § 247 liegt darin, weil hier die Benachtheiligung in der Regel den Unterzeichner des Blanketts, nicht den Dritten trifft, dem gegenüber ein Gebrauch gemacht worden ist.

10. Ueber die Strafbarkeit der Ausfüllung eines Blanketts ohne hinzutretenden Gebrauch vgl. § 247 n. 49. 62.

§ 249.

1. Unter einer „falschen" Urkunde ist hier eine fälschlich angefertigte (§ 247) zu verstehen.

Gebrauch macht, sich oder Anderen Gewinn zu verschaffen oder Anderen Schaden zuzufügen, wird dem Fälscher gleich geachtet.

[Entw. § 225]. Vgl. § 247. 248. 250.

§. 250. *) Die Urkundenfälschung wird mit Zuchthaus bis zu fünf Jahren und zugleich mit Geldbuße von funfzig bis zu Eintausend Thalern bestraft.

Wird festgestellt, daß mildernde Umstände vorhanden sind, so ist die Strafe Gefängniß nicht unter drei Monaten und zugleich Geldbuße nicht unter fünf Thalern; auch kann auf zeitige Untersagung der Ausübung der bürgerlichen Ehrenrechte erkannt werden.

[Entw. § 226]. Vgl. § 247—249; AKO. v. 21. April 1856 (GS. s. 220).

*) In der ursprünglichen Fassung des § fehlte der zweite Absatz, welcher durch das Ges. v. 9. März 1853 (GS. s. 78) zugesetzt worden ist.

2. Es genügt, wenn die Urkunde objektiv den Charakter einer fälschlich angefertigten, oder verfälschten an sich trägt; es ist keineswegs erforderlich, daß derjenige, von welchem die Verfälschung ꝛc. ausging, mit Dolus gehandelt habe. Daher trifft die Strafe des § auch denjenigen, welcher die Fälschung selbst ohne Dolus verübt hat, demnächst aber von dem so entstandenen Schriftstücke in strafbarer Absicht Gebrauch macht.

3. Auch hier ist der falschen oder verfälschten Urkunde diejenige gleich zu stellen, welche durch unbefugte Ausfüllung eines mit einer fremden Unterschrift versehenen Papiers (§ 248) zu Stande gebracht ist.

4. Aus der Feststellung: „der Angeklagte habe von einer Schrift, wissend, daß sie durch — — verfälscht war, Gebrauch gemacht“ geht mit genügender Klarheit hervor, daß die Schrift objektiv wirklich eine verfälschte gewesen sei; es ist daher die besondere Feststellung dieses letztern Umstandes nicht unerläßlich: Z. II. 29. April 1858 c. Schröder. Gleichwohl ist eine genaue Fragstellung nach der Fassung des § sehr zu empfehlen.

5. Gleichgültig ist es, ob der Gebrauchende die Urkunde als echt empfangen hatte; die Unterscheidung der §§ 122. 123 greift hier nicht Platz: Bes. s. 477 VI; G. Matt. 2. s. 576; Koch n. 32.

6. Ueber die erforderliche Absicht, und den Gebrauch sind die betreffenden Bemerkungen zu § 247 zu vergleichen.

7. Auch hier wird an sich vorausgesetzt, daß der Gebrauch „zum Zwecke der Täuschung“ (§ 247) geschehe (V. II. 1. Febr. 1855 c. Kappert); gleichwohl „bedarf es zur Feststellung des Thatbestandes des hier vorgesehenen Verbrechens „keiner ausdrücklichen Erklärung, daß von der Urkunde zum Zwecke der Täuschung „Gebrauch gemacht sei“: Z. II. 10. Nov. 1855 c. van Gansewinkel (Präj. n. 185; Entsch. 31. s. 260; G. A. 4. s. 214); vielmehr ist anzunehmen, daß dieses Merkmal hier durch das Erforderniß, daß der Gebrauch in gewinnsüchtiger ꝛc. Absicht (welche § 247 nur bei der Verfälschung ꝛc. selbst verlangt) geschehen sei, genügend mit ausgedrückt werde. Würde freilich im Einzelfalle vom Angeklagten das Vorhandensein dieses Merkmals bestritten, so würde es auch hier der ausdrücklichen Feststellung desselben bedürfen. Vgl. G. Matt. 2. s. 576.

8. Handelt es sich von einer Urkunde der in dem § 251 erwähnten Arten, so trifft den Gebrauchmacher auch die Strafe dieses letztern §: Z. I. 23. Nov. 1859 c. Streitz (G. A. 8. s. 139).

§ 250.

1. Das Gesetz vom 9. März 1853 enthält keine Deklaration der davon berührten §§, ist vielmehr als neues abänderndes Gesetz anzusehen: Z. I. 15. Juli 1853 c. Richter (Präj. n. 47; G. A. 1. s. 575); Z. I. 2. Nov. 1853 c. Gellrich.

§. 251. *) Die Urkundenfälschung wird mit Zuchthaus bis zu zehn Jahren und zugleich mit Geldbuße von Einhundert bis zu Zweitausend Thalern bestraft, wenn das Verbrechen eine der folgenden Arten von Urkunden zum Gegenstande hat:

1) Urkunden, welche mit der Unterschrift des Königs oder mit dem Königlichen Insiegel ausgefertigt sind;
2) Urkunden, welche von Staatsbehörden, Gemeinden oder Korporationen des Inlandes oder Auslandes, von inländischen oder ausländischen Beamten, oder von solchen Personen, welche nach den Gesetzen des Inlandes oder Auslandes öffentlichen Glauben haben, aufgenommen, ausgefertigt oder beglaubigt werden;

---

*) In der ursprünglichen Fassung dieses § fehlte der letzte Absatz, welcher durch das Ges. v. 14. April 1856 (GS. s. 210) zugesetzt worden ist.

---

2. In dem hier vorgesehenen Falle kann nicht auf Polizei-Aufsicht erkannt werden [der § 245 erleidet keine Anwendung]: B. II. 14. Juli 1853 c. Drügpott; B. I. 7. Nov. 1856 c. Emig.

§ 251.

Inhalt.

1. Der § setzt voraus, daß die gefälschten Schriften Urkunden im Sinne des § 247 sind: Bes. s. 478 II; B. I. 22. Febr. 1854 c. Nagurny; u. ö.

2. Ob die Urkunden im In- oder im Auslande, sowie eventuell von in- oder ausländischen Behörden aufgenommen sind, macht keinen Unterschied; vgl. § 252 n. 3.

3. Derjenige, welcher von einer gefälschten rc. Urkunde der hier erwähnten Art in strafbarer Absicht wissentlich Gebrauch macht, unterliegt nach § 249 ebenfalls der Strafe des § 251: Z. I. 23. Nov. 1859 c. Streitz (G. A. 8. s. 139).

Zu Nr. 1.

4. Der Ausdruck „ausgefertigt" ist nicht auf eine bestimmte äußere Form zu beziehen; auch Königliche Kabinets- oder Handschreiben, wenn sie die wesentlichen Merkmale einer Urkunde an sich tragen, gehören hierher. Vgl. n. 5.

Zu Nr. 2.

5. Auch hier sind die Ausdrücke „aufgenommen, ausgefertigt oder beglaubigt" nicht dahin zu deuten, daß nur solche Urkunden gemeint seien, welche unter Mitwirkung einer Behörde zum Zwecke einer erhöhten Beglaubigung zu Stande gekommen sind, vielmehr ist, auch mit Rücksicht auf die Fassung von Nr. 3, anzunehmen, daß hier überhaupt jede Urkunde gemeint sei, welcher der Cha-

rakter der **Amtlichkeit** beiwohnt. *Contra:* B. I. 4. Juni 1856 c. Drachmann, welches die Verfügung eines Stadtmagistrats an die Kommunalkasse, wonach eine gewisse Summe für die Verpflegung eines Armen in Rechnung passiren sollte, nicht zu den in Nr. 2 vorgesehenen Urkunden zählte, weil eine „Aufnahme, Ausfertigung oder Beglaubigung“ dabei weder erforderlich, noch so weit ersichtlich geschehen sei; jene Verfügung sei nur eine Anweisung, welche als Rechnungsbeleg dienen solle, ihre Verfälschung sei daher nur nach § 247. 250 strafbar. Vgl. aber n. 6. 14. 17.

6. Der Begriff der **öffentlichen Urkunde** ist nach Anleitung der betreffenden civilrechtlichen Bestimmungen festzustellen, d. h. also nach AGO. I, 10 § 127 fgg., insoweit diese Gesetzeskraft hat: Z. I. 3. März 1854 c. Tabel.

7. Es wird daher wesentlich vorausgesetzt, daß der Beamte, von welchem die Schrift ausgegangen sein soll, zur **Aufnahme** ꝛc. einer derartigen Urkunde im Allgemeinen **qualifizirt** gewesen sei, oder daß wenigstens die Schrift sich als eine solche darstelle, welche einem qualifizirten Beamten ihre Entstehung verdanke; daher ist z. B. eine unter dem Namen eines Distrikts-Polizei-Kommissarius abgefaßte Schrift, durch welche der erfolgte Tod eines Menschen attestirt wird, keine Urkunde, da ein solcher Beamter nicht berufen ist, hierüber Atteste in beweisender Form auszustellen: Z. I. 3. März 1854 c. Tabel.

8. Trägt eine Schrift zwar die Unterschrift eines Beamten, ohne daß aber bei derselben, oder im Kontexte der **amtliche Charakter** ausdrücklich angegeben wäre, so gehört es zur thatsächlichen Beurtheilung, ob dieselbe als eine in amtlicher Eigenschaft ergangene anzusehen sei; aus der Beidrückung des Amtssiegels ist letzteres noch nicht mit Nothwendigkeit zu schließen: Beschl. I. 18. Apr. 1855 c. Hardt; vgl. § 247 n. 46.

9. Ueber die fälschliche **Annahme** einer nicht vorhandenen **amtlichen** Qualität vgl. § 247 n. 46.

10. Inwiefern die **Nichtbeobachtung** der für Urkunden der fraglichen Art **vorgeschriebenen Form** einer Schrift den urkundlichen Charakter nehme, vgl. § 247 n. 86 fgg.; Gilb. C. pén. Art. 145 n. 27 fgg.

11. Die **Untersiegelung** ist für den Begriff einer öffentlichen Urkunde nicht wesentlich (vgl. AGO. I, 10 § 123): Z. (B.) II. 8. Sept. 1853 c. Böddeker (G. A. 2. S. 97); Z. II. 26. Juni 1856 c. Wieschmann.

12. Da auch amtliche Schriften nur dann hierher gehören, wenn ihnen der Charakter einer Urkunde im Sinne des § 247 beiwohnt (vergl. n. 1), so scheiden solche aus, welche nur eine **schriftliche Lüge** enthalten, sollten sie sich auch in amtlichen Berichten und Anzeigen finden; das Gegentheil tritt aber da ein, wo das Gesetz solchen Anzeigen oder Berichten irgend eine **formelle Beweiskraft** beilegt; das gilt namentlich, unter der angegebenen Voraussetzung, von den schriftlichen Anzeigen und Protokollen solcher Beamten, welche zur Ermittelung und Konstatirung begangner strafbarer Handlungen berufen sind, insbesondere nach Rheinischem Rechte von den Protokollen der Förster, Waldhüter (auch der in Privatdiensten stehenden, sobald sie vorschriftsmäßig bestätigt und vereidet sind), Feldhüter u. s. w., ohne Unterschied, ob dieselben bis zum Beweise des Gegentheils, oder bis zur Fälschungsklage Beweiskraft haben.

13. Urkunden, welche mit einer amtlichen **Beglaubigung**, **Feststellung** oder **Genehmigung** versehen sind, haben den amtlichen Charakter auch rücksichtlich derjenigen Thatumstände, welche in der beglaubigten ꝛc. Privatschrift enthalten sind, sollte diese an und für sich und ohne den amtlichen Zusatz auch gar nicht den Erfordernissen einer Urkunde entsprochen haben, z. B. ein steueramtlich festgestellter Brennerei-Betriebs-Plan, das Quittungs- und Revisionsbuch eines Bäckers, die Proviant-Deklaration eines die Zollgränze passirenden Schiffers, und überhaupt jede von einem Privaten den Zoll- oder Steuerbehörden eingereichte Deklaration ꝛc.; vgl. § 247 n. 118—120.

14. Ein B. I. 21. Dez. 1853 c. Stüber wollte diese Nr. 2 nur auf solche Urkunden anwenden, welche ihrer **Bestimmung** gemäß der Ausfertigung oder **Beglaubigung** bedürfen, um denjenigen Zweck zu erfüllen, zu welchem sie aufgenommen oder errichtet werden, und danach einen gefälschten mit der falschen **Beglaubigung** des Schulzenamts versehenen, über den Empfang eines Geldbriefs

lautenden Geldauslieferungsschein, zwar für eine Urkunde, nicht aber für eine öffentliche Urkunde erachten, weil solche Scheine, auch wenn sie von schreibensunkundigen Personen ausgestellt würden, einer derartigen Beglaubigung nicht bedürften. Die Richtigkeit dieser Entscheidung unterliegt indessen großen Bedenken, man darf vielmehr derartigen Beglaubigungen, sobald sie von an sich dazu qualifizirten Beamten ausgegangen sind, den amtlichen Charakter nicht absprechen, sollte im Einzelfalle die Urkunde zur Erreichung ihres Zwecks derselben auch nicht bedurft haben; vgl. n. 5.

15. Ob eine Staatsbehörde in einer gefälschten Schrift genau mit ihrem richtigen Titel bezeichnet worden, ist, wenn die gewählte Bezeichnung nur eine derartige Stellung angiebt, gleichgültig; z. B. wenn die Unterschrift „Ober-Post-Amt" lautet, obgleich am betreffenden Ort nur ein Post-Amt existirt: Z. I. 30. Juni 1854 c. Weiß.

16. Das Königliche Leih-Amt ist eine Staatsbehörde, ihre Pfandscheine sind daher öffentliche Urkunden: Z. I. 11. Okt. 1854 c. Elnain.

17. Die von Gemeinden und Korporationen ausgegangenen Urkunden sind hierher auch dann zu rechnen, wenn sie bloße Privatangelegenheiten derselben zum Gegenstande haben: Bes. s. 478.

18. Zu den Korporationen sind unbedenklich auch Aktien-Gesellschaften, nicht aber andere Handelsgesellschaften zu rechnen, sollten sie auch als juristische Personen zu betrachten sein.

19. Die von Gemeinden und Korporationen ausgehenden Urkunden bedürfen, um als öffentliche Urkunden zu gelten, nur der Unterzeichnung des Vorstandes derselben. Bes. s. 478. Sind zur Verwaltung einer Gemeinde-Anstalt, z. B. eines städtischen Leihhauses, besondre Beamten angestellt, so genügt ihre Unterschrift, um den betreffenden Urkunden den erhöhten Schutz des § 251 zu gewähren.

20. Als Beispiele öffentlicher Urkunden können die zu § 247 in den Bemerkungen n. 99—121 genannten angeführt werden. — Insbesondere ist

21. ein Postschein, durch welchen die Post den Empfang eines zu versendenden Briefes bescheinigt, eine öffentliche Urkunde, und verliert diese Eigenschaft auch dann nicht, wenn die Vertretung der Postbehörde für die dokumentirte Sendung durch Ablauf der vorschriftsmäßigen Garantiefrist erloschen ist: Z. 24. Nov. 1852 c. Oberndorff (G. A. 2. s. 266). Vgl. § 247 n. 130.

22. Dasselbe gilt von einer Post-Bescheinigung über die geschehene Einzahlung eines an einen Andern wieder auszuzahlenden Betrags, sollte auch die Annahme jener Einzahlung reglementarischen Vorschriften zuwider sein: Beschl. I. 4. Juli 1856 c. Scheibe.

23. Dagegen ist ein unterzeichneter Postauslieferungsschein zwar eine Urkunde, aber keine öffentliche: B. 22. Okt. 1851 c. Konitzki. Vgl. § 247 n. 129.

24. Die von den Pfarrern aus den Kirchenbüchern ausgestellten Zeugnisse sind in denjenigen Gegenden, wo nicht die Civilstandsgesetzgebung gilt, öffentliche Urkunden: Z. II. 26. Juni 1856 c. Wieschmann; vgl. § 247 n. 115. Vorausgesetzt wird aber, daß sie sich als Auszüge aus den Kirchenbüchern zu erkennen geben; von andern Bescheinigungen gilt nicht dasselbe: Z. I. 3. Nov. 1854 c. Hoppe (G. Arch. 3. s. 140); vgl. ALR. I, 10 § 128. Ebenso sind öffentliche Urkunden die solchen Auszügen beigefügten Atteste öffentlicher Behörden, durch welche die Unterschrift und die amtliche Eigenschaft des Ausstellers beglaubigt werden: cit. Z. II. 26. Juni 1856.

25. Ein Z. 3. Dez. 1852 c. Pieper erachtete auch einen zur Versendung von Waaren im Grenzbezirke dienenden, von einer Privatperson ausgestellten Legitimationsschein deshalb für eine öffentliche Urkunde, weil diese Privatperson [nach § 87 d. der Zollordnung v. 23. Jan. 1838] von einer öffentlichen Behörde ermächtigt war, Urkunden nach gedruckten und gestempelten Formularen zu vollziehen, und mit einem Stempel zu bedrucken, und diese dann von den Behörden als öffentliche Bescheinigungen angesehen werden.

26. Die Zeugnisse der Handwerker-Prüfungs-Kommissionen (Gew.-Odn. v. 9. Febr. 1849 § 39. 43) sind öffentliche Urkunden: Z. II. 8. Febr. 1855 c. Friedhoff; Z. I. 27. Juni 1856 c. Krempin (G. A. 4. s. 703). Erfolgt die Fälschung

3) Bücher, Register, Kataster und Inventarien, welche unter amtlichem Glauben geführt werden;
4) Verfügungen von Todeswegen;
5) Wechsel.

---

eines solchen Zeugnisses ohne gewinnsüchtige Absicht, so greift jetzt § 254 (neue Fassung) Platz.

Zu Nr. 2 und 3.

27. Auch Steuermutterrollen-Extrakte sind, wenn sie von einem öffentlichen Beamten ausgestellt sind, Urkunden im Sinne des § 251 Nr. 2: Z. II. 1. Febr. 1855 c. Kappert. Dagegen soll nach einem Beschl. I. 14. Nov. 1855 c. Kittelmann (G. Arch. 4. S. 260) die von einem Ortsrichter entworfene Steuerrolle keine Urkunde sein, weil sie vor der Bestätigung durch die höhere Behörde für sich allein einen Beweis nicht liefere.

Zu Nr. 4.

28. Zu den Verfügungen von Todeswegen gehören auch Erbverträge: K.-B. II. K. S. 130.

Zu Nr. 5.

29. Die Frage, ob eine Schrift als Wechsel anzusehen, ist unzweifelhaft rechtlicher Natur, und nicht durch die Geschwornen, sondern durch den Schwurgerichtshof zu lösen, nachdem die bei Beantwortung dieser Frage in Betracht kommenden thatsächlichen Momente durch die Geschwornen festgestellt worden sind: Z. II. 5. Jan. 1854 c. Springmann (G. A. 2. S. 267); Z. I. 11. Apr. 1855 c. Helle; Z. II. 14. Juni 1855 c. Cleff; B. I. 14. Nov. 1855 c. Meisel. Wenn jedoch bei der Fragstellung an die Geschwornen weder der Schwurgerichtshof die Natur der Schrift als eines Wechsels zweifelhaft findet, noch Staatsanwaltschaft oder Vertheidigung einen Zweifel anregen, und deshalb die Fassung der Urkunde nicht in die Frage aufgenommen, vielmehr der Rechtsbegriff „Wechsel“ [ohne Widerspruch von irgend einer Seite] zur Bezeichnung des Inhalts der Urkunde gebraucht wird, so begründet das keine Nichtigkeit; es ist vielmehr dann in der Bejahung der so wegen Wechselfälschung gestellten Frage die Feststellung des Daseins der faktischen Erfordernisse des Wechsels zu finden, und ein Angriff gegen diese Feststellung in der Nichtigkeitsinstanz nicht mehr statthaft: Z. II. 12. Apr. 1855 c. Herrmann; Z. I. 2. Jan. 1857 c. Fischer; Z. I. 14. Jan. 1857 c. Alexander; Z. II. 5. Nov. 1857 c. Schmitz; Z. I. 24. Sept. 1858 c. Lange; ähnlich: Z. I. 21. Dez. 1855 c. Bölzke. *Contra:* B. I. 30. Mai 1856 c. Leitt (G. Arch. 4. S. 500), wo indessen gleichzeitig darauf gerücksichtigt wurde, daß der Staatsanwalt die Auflösung des Begriffs „Wechsel“ beim Schwurgerichtshofe beantragt hatte. Vgl. Strafverf. Art. 82 n. 5. Wenn übrigens der thatsächliche Inhalt des angeblichen Wechsels durch die Geschwornen festzustellen ist, damit die rechtliche Natur desselben demnächst durch den Schwurgerichtshof gewürdigt werden könne, so ist es am zweckmäßigsten, den ganzen Wortlaut der Schrift einschließlich der Unterschriften buchstäblich in die den Geschwornen vorzulegende Frage aufzunehmen. Vgl. § 247 n. 67. 68.

30. Unter „Wechseln“ sind hier sowohl die eigenen, als die gezogenen zu verstehen: Z. I. 18. April 1855 c. Helle; Bes. S. 479.

31. Die Frage, ob eine Schrift einen Wechsel darstelle, ist nur nach ihrem objektiven Inhalte zu beurtheilen; auf die Wechselfähigkeit der darin benannten Personen kommt hier Nichts an, insofern nicht der betr. Mangel aus der Schrift zu erkennen ist. Vgl. n. 34. Jedenfalls kann aber eine sich äußerlich als Wechsel darstellende, von einem Minderjährigen ausgestellte Schrift für den großjährigen Acceptanten eine wechselmäßige Verpflichtung begründen: Z. I. 25. Februar 1859 c. Paul.

32. Ein Wechsel, welcher sich als „Prima-Wechsel“ qualifizirt, gehört selbst dann hierher, wenn auch ein Sekunda-Wechsel rc. gar nicht existirt: Z. II. 20. Nov. 1856 c. Reichert (G. A. 5. S. 105).

33. Ein auf eigne Ordre gezogener Wechsel ist auch dann, wenn sich noch kein Giro [und kein Accept] darunter befindet (nach der Wechs.-Ordn. vom 6. Jan.

Wird festgestellt, daß mildernde Umstände vorhanden sind, so ist auf Gefängniß nicht unter sechs Monaten und zugleich Geldbuße nicht unter zehn Thalern, sowie auf zeitige Untersagung der Ausübung der bürgerlichen Ehrenrechte zu erkennen.

[Entw. § 227]. Vgl. § 247; AGO. I, 10 § 123 fgg.; Rh. BGB. Art. 1317 fgg. AKO. v. 21. April 1856 (GS. s. 220);

1849 Art. 6. 18), eine Urkunde im Sinne des § 251 Nr. 5: Z. I. 11. Juli 1855 c Spitzbarth. *Contra:* Z. I. 15. Febr. 1856 c. Bocke; Z. II. 19. Juni 1856 c. Müller. sie sprechen einem solchen Wechsel jede Beweiserheblichkeit für irgend ein Recht oder; eine Pflicht, und folgerecht auch die Qualität einer Urkunde ab, weil die durch Art. 18 l. c. dem bloßen Besitzer eingeräumte Ermächtigung zur Präsentation und Protesterhebung Mangels Annahme doch weder ein Recht noch eine Verpflichtung begründe. Letzteres dürfte zu bezweifeln sein, und die erstere Entscheidung den Vorzug verdienen.

34. Dagegen begründet ein auf eigne Ordre gestellter trockener Wechsel keine Wechselverbindlichkeit, und kann daher auch nicht durch Indossament übertragen werden; ja er ist gar keine Urkunde, und erlangt diese Natur auch nicht durch ein hinzugefügtes Blanko-Giro, welches nur bei einer wirklichen Urkunde Bedeutung haben könnte; So: B. II. 9. Dez. 1858 c. Becker (JMBl. 59. s. 58; G. Arch. 7. s. 112); vgl. Erk. d. Ob.-Tr. v. 22. Okt. 1857; 17. Juli 1858 (Str. A. 26. s. 298; 28. s. 371). Gleichwohl dürfte eine solche Schrift durch die Hinzufügung eines vollständigen Giro den Charakter einer (einfachen) Urkunde erlangen; vgl. n. 42.

35. Die zum Begriffe des Wechsels (Wechs.-Ordn. v. 6. Jan. 1849 Art. 4) erforderliche Angabe des Zahlungstags geschieht ausreichend durch die Bezeichnung: „Ende August 1853“: Z. II. 5. Jan. 1854 c. Springmann (G. A. 2. s. 267).

36. Es ist Wechselfälschung, wenn einem Wechsel, in welchem der Zahlungstag nur nach dem Monatsdatum, nicht auch nach der Jahreszahl angegeben ist, die letztere durch Einschiebung eines „c.“ (currentis) hinzugefügt wird, weil ohne diesen Zusatz der Wechsel nichtig war: Z. I. 10. Febr. 1854 c. Klaußmann; vgl. indessen § 247 n. 32.

37. Unter „Wechsel“ ist hier der ganze Inhalt der Urkunde zu verstehen, mit Einschluß der in dieselbe eingetragenen Nebengeschäfte: der Acceptation, des Indossaments u. s. w.: Bes. s. 479. So in Betreff der Acceptation: Z. II. 14. Juni 1855 c. Cleff; Z. I. 11. Juni 1858 c. Vetter; Z. II. 27. Jan. 1859 c. Rosenthal. Dasselbe muß auch von einem Prolongationsvermerke gelten.

38. Ein unterzeichnetes Accept auf einer zur Zeit mit keiner Unterschrift versehenen Tratte begründet an und für sich keine Verbindlichkeit, stellt also eine Urkunde nicht dar: B. I. 15. Juli 1859 c. Fischer (G. Arch. 7. s. 847; ein Fall des § 243 Nr. 8). Die Fälschung eines solchen Accepts ist daher keine Urkunden-, insbesondere keine Wechselfälschung: B. I. 14. Sept. 1859 c. Freund (G. A. 7. s. 849). Wenn dagegen zur Zeit, wo das falsche Accept hinzugefügt [und von dem Schriftstücke Gebrauch gemacht] wurde, die Parteien darüber einverstanden waren, daß die Tratte ausgefüllt, und so auch dem Acceptationsvermerke die wechselmäßige Bedeutung beigelegt werden solle, und diese Vollziehung zu jeder Zeit erfolgen konnte, und demnächst erfolgt ist, so ist jene Fälschung des Accepts für eine Wechselfälschung zu erachten. So: Z. I. 1. Dez. 1858 c. Fürstenheim (G. Arch. 7. s. 847); cit. B. I. 14. Sept. 1859 c. Freund. In einem solchen Falle ist es unbedenklich, die Sache dahin aufzufassen, daß der getäuschte Trassant, wenn er nachträglich den Wechsel vollzieht, in gutem Glauben als Werkzeug des Fälschers des Accepts handelte, und daß der letztere daher nunmehr als der Urheber des so zu Stande gekommenen vollständigen mit einem falschen Acceptationsvermerke versehenen Wechsels anzusehen sei. Ein Zweifel könnte daher nur dadurch hervorgerufen werden, daß der Gebrauch des letztern zu einer Zeit Statt fand, wo die Schrift noch kein Wechsel war.

39. Die Unterzeichnung eines Accepts mit dem richtigen Namen kann eine Wechselfälschung darstellen, wenn der Wechsel auf eine andere gleichnamige Persön-

§. 252. Wer in der Absicht, sich oder Anderen Gewinn zu verschaffen oder Anderen Schaden zuzufügen, bewirkt, daß Verhandlungen, Erklärungen oder Thatsachen, welche für Rechte oder Rechtsverhältnisse von Erheblichkeit sind, in öffentlichen Urkunden, Büchern oder Registern als abgegeben oder geschehen beurkundet werden, während sie gar nicht oder in anderer Weise oder von anderen Personen abgegeben oder geschehen sind, wird mit Zuchthaus bis zu zehn Jahren und zugleich mit Geldbuße von Einhundert bis zu zweitausend Thalern bestraft.

Dieselbe Strafe trifft denjenigen, welcher zum Nachtheil eines Anderen von solchen falschen Beurkundungen, wissend, daß sie falsch sind, Gebrauch macht.

[Entw. § 228]. Vgl. § 255. 323.

---

lichkeit gezogen war; dasselbe gilt, wenn erst nach hinzugefügtem Accepte die Adresse der Tratte auf eine andre gleichnamige Persönlichkeit ausgefüllt wird: Z. I. 7. Sept. 1860 c. Below (G. A. 8. s. 876); vgl. § 247 n. 43. 44.

40. Auch die Löschung eines unter einem Blanko-Indossament befindlichen ausgefüllten Indossaments stellt (arg. W.-O. v. 6. Jan. 1849 Art. 36) unter den geeigneten Voraussetzungen den Thatbestand einer Wechselfälschung dar.

41. Ziehung eines Wechsels auf eine nicht existirende Person ist keine Urkundenfälschung, sondern kann nur unter den Begriff des Betrugs fallen: Erk. App.-Ger. Hamm in G. A. 2. s. 562 [der Wechsel ist in diesem Falle offenbar echt, und der Zieher haftet nach Wechselrecht; die Nichtexistenz des Bezogenen hat keine andre Wirkung, als die verweigerte Acceptation durch den wirklich existirenden Bezogenen]; vgl. § 247 n. 35. Natürlich tritt das Gegentheil ein, wenn einem solchen Wechsel ein falsches Accept 2c. unter dem Namen einer nicht existirenden Person hinzugefügt wird. Vgl. § 241 n. 31.

42. Kann eine Schrift nicht als formell gültiger Wechsel gelten, z. B. weil bei einem Datowechsel der Tag des Monats der Ausstellung nicht angegeben ist, so kann sie doch noch als schriftlicher Zahlungsauftrag, oder als acceptirte Anweisung in Betracht kommen, und ihre Verfälschung nach § 247 strafbar sein: Z. I. 10. Dez. 1856 c. Nietsche; Z. I. 30. Jan. 1857 c. Ulrich.

§ 252.

Inhalt.

1. Als Dolus setzt dieser § neben der gewinnsüchtigen Absicht die Vorsätzlichkeit der Handlung im Allgemeinen und das Bewußtsein voraus, daß dadurch eine falsche Beurkundung herbeigeführt werde (Z. I. 5. Okt. 1860 c. Boas); es geht daher ein Beschl. I. 14. April 1858 c. Grotha (G. A. 6. s. 658) zu weit, wenn er verlangt, daß auch die Absicht auf Herbeiführung dieser Folge gerichtet sein müsse.

2. In Betreff der „Gewinnsucht“ vgl. § 247 n. 1—21.

2a. Ebenso ist der Ausdruck „Urkunde“ aus § 247 zu erläutern: Z. I. 3. März 1854 c. Tabel; Z. II. 14. Dez. 1854 c. Schenk; vgl. n. 29 fgg. Das Nähere über den Begriff der hier vorausgesetzten Schriftstücke vgl. § 323 n. 4 fgg.

3. Zu den hier gedachten Urkunden gehören auch die im Auslande von dortigen Beamten aufgenommenen, ausgefertigten oder beglaubigten; namentlich ist rücksichtlich solcher im Auslande aufgenommener Urkunden der Begriff derselben nicht auf diejenigen beschränkt, deren Original (Conzept, minute) bei dem Beamten oder der Behörde, durch welche die Aufnahme erfolgt ist, verbleibt, vielmehr gehören dazu auch diejenigen, welche — wo dieses gesetzlich zulässig ist — in der Urschrift ausgefertigt, und den Interessenten (en brevet) zugestellt werden: Z. II. 14. Dez. 1854 c. Schenk.

4. Auch die unter beglaubigter Form vor der Behörde erfolgten protokollarischen Erklärungen von Interessenten, welchen die im § erheischte Erheblichkeit beiwohnt, gehören hierher, ohne daß auf Grund dieser Erklärungen erst noch Einregistrirungen oder förmliche Ausfertigungen zu bewirken wären. Abh. in Goltd. Arch. 3. f. 788.

5. Auf die Qualität des mit der Aufnahme rc. beauftragten Beamten kommt Nichts an; es genügt die staatliche Bestellung desselben zu dem betr. Berufe, damit dadurch die Urkunde eine höhere Glaubwürdigkeit erlange; unter diesen Voraussetzungen ist auch die von einem Aktuar aufgenommene Verhandlung hierher zu rechnen: Beschl. I. 11. Mai 1860 c. Gaziorowski (75. B; G. A. 8. f. 703).

6. Die Strafbestimmung des § hat die Handlung desjenigen im Auge, welcher weder eine bereits existirende Urkunde verfälscht, noch selbst eine solche fälschlich anfertigt, der aber durch Täuschung eines Beamten es herbeiführt, daß ein authentisches Beweisstück für eine Unwahrheit geschaffen wird (intellektuelle Urkundenfälschung): Z. II. 9. Juli 1857 c. Flesch (G. A. 5. f. 704). Es wird mithin vor Allem vorausgesetzt, daß die beweisende Kraft der amtlichen Beurkundung sich auf etwas Unwahres beziehe. Wenn daher die Beurkundung des Beamten wahrheitsgetreu dahin geht, daß vor ihm irgend eine Erklärung abgegeben worden sei, so ist in der Regel der § nicht anwendbar, sollte auch der Inhalt jener beurkundeten Erklärung unwahr sein, z. B. ein simulirtes Geschäft zum Gegenstande haben. Es sind dann in der Schrift nicht Thatsachen als geschehen, sondern nur Erklärungen der Parteien über Thatsachen als abgegeben beurkundet worden, welche wirklich in derselben Weise abgegeben waren: Beschl. II. 3. Nov. 1855 c. Grimm (G. A. 3. f. 845); Boitus Abh. in G. Arch. 1. f. 489. *Contra:* Koch n. 34, welcher aber übersieht, daß in einem solchen Falle der der öffentlichen Urkunde gewährte höhere Glaube sich auf die Wahrheit des Inhalts der so konstatirten Erklärungen nicht mit bezieht, und daß eben deshalb die Unwahrheit derselben ebensowenig die Anwendung des § 252 rechtfertigen kann, als die Anfertigung einer Privaturkunde über ein simulirtes Geschäft durch diejenigen Parteien, deren Unterschrift sie trägt, eine Urkundenfälschung im Sinne des § 247 darstellt. Eine Handlung der fraglichen Art kann daher nur unter den geeigneten Voraussetzungen als Betrug angesehen werden. Vgl. § 247 n. 35. Ausnahmen von den hier entwickelten Grundsätzen vgl. unten n. 22 fgg.

7. Vorausgesetzt wird hierbei insbesondere auch, daß der fungirende Beamte getäuscht worden sei, er also in gutem Glauben gewissermaaßen nur das Werkzeug zum Verbrechen des Andern war; vgl. § 34 n. 28. Nimmt dagegen der Beamte wider besseres Wissen die falsche Beurkundung vor, so ist er nach § 323 strafbar, und die Handlung des Andern, der ihn zu diesem Verbrechen verleitete, ist nur als Theilnahme im Sinne des § 34 anzusehen. Vgl. G. Matt. 2. f. 579 Note.

8. Der Unterzeichnung der amtlichen Beurkundung durch den sie Veranlassenden bedarf es zum Thatbestande des § nicht. Vgl. Gilb. C. pén. Art. 147 n. 86. Tritt sie hinzu, so liegt gleichwohl nur der Thatbestand des § 252 und nicht etwa auch in idealer Konkurrenz der des § 251 vor, da die Erheblichkeit der Schrift für den Beweis nicht in dieser Unterschrift, sondern in der Thätigkeit des Beamten ihren Grund hat.

9. Mit Rücksicht auf das unter n. 6 Bemerkte fällt die Bekundung der Unwahrheit bei einer gerichtlichen Vernehmung durch eine Partei, oder einen Zeugen rc. nie unter die Bestimmungen des §: G. Matt. 2. f. 579; Abegg Abh. in G. A. 6. f. 45.

10. Gilt das auch dann, wenn ein Zeuge unter einem falschen Namen er-

scheint, und unter diesem seine Aussage abgiebt, auch das Vernehmungsprotokoll mit diesem falschen Namen unterzeichnet? Vgl. § 247 n. 102; G. Matt. 2. s. 579; letzterer bejaht die Frage. Ob Meineid vorliege, vgl. § 126 n. 9—11.

11. Die Handlung desjenigen, welcher den einem Andern gerichtlich auferlegten Eid, unter Annahme des Namens desselben ausschwört, und es so bewirkt, daß durch eine gerichtliche Verhandlung wahrheitswidrig festgestellt wird, dieser Andere habe den Eid geleistet, fällt unbedenklich unter den §. Vgl. RdO. 1. s. 70 Note.

12. Aus dem unter n. 6 angeführten Grunde gehört auch der Fall nicht hierher, wo Jemand einen Brief mit einem unwahren Vermerke, als enthalte derselbe Geld, zur Post giebt, und sich darüber eine Empfangsbescheinigung durch den Postbeamten ausstellen läßt, weil dieser Schein nicht die Wahrheit der Inhaltsangabe, sondern nur die wirklich geschehene Einlieferung eines so bezeichneten Briefs beweist. Vgl. Voitus Abh. in G. Arch. 1. s. 488.

13. Die Uebergabe eines versiegelten Testaments zum gerichtlichen Protokoll (nach ALR. I, 12 § 66 fgg.; 101 fgg.; 139) bewirkt nur, daß die Erklärung des Testators: „der übergebene Aufsatz sei sein letzter Wille, und von ihm ge- oder unterschrieben", nicht aber daß auch der Inhalt der letztwilligen Erklärung selbst beurkundet werde; es liegt daher intellektuelle Fälschung einer öffentlichen Urkunde nicht vor, wenn Jemand im Auftrage eines Andern für diesen ein Testament niederschreibt, und ohne dessen Wissen und Willen andere Verfügungen mit aufnimmt, und es sodann bewirkt, daß jener diese Schrift ohne Kenntniß von den gemachten Zusätzen unterschreibt, und versiegelt dem Gericht als sein Testament zu Protokoll übergiebt: Beschl. II. 5. März 1857 c. Welters. Vgl. § 247 n. 35.

14. Der § findet vorzugsweise auf solche Fälle Anwendung, wo die zur Beurkundung von Privatrechtsgeschäften berufenen Beamten, z. B. Notarien durch Täuschung veranlaßt werden, etwas Unwahres zu konstatiren, wenn sich z. B. vor ihnen eine Person unter falschem Namen gestellt, und unter diesem falschen Namen Verfügungen trifft und beurkunden läßt: Z. II. 14. Dez. 1854 c. Schenk; Z. II. 12. Juni 1856 c. Pechtold; oder wenn Parteien vor den Augen des Notars eine Zahlung mit Scheinmünzen bewirken und annehmen, und ihn so durch Täuschung veranlassen, die wirkliche Zahlung als in seiner Gegenwart geschehen zu beurkunden.

15. Dasselbe tritt ein, wenn der Notar die Identität der vor ihm disponirenden, ihm unbekannten Person nach Anleitung des Art. 24 der Rhein. Not.-Ordn. v. 25. April 1822 durch zwei zugezogene Rekognitionszeugen in der Verhandlung hat bescheinigen lassen. Da in diesem Falle die Identität nach dem Gesetze als festgestellt angesehen werden muß, so wird derjenige, von welchem die Täuschung ausging, von der Strafe des § betroffen. Aehnlich verhält es sich nach dem für die übrigen Provinzen erlassenen Ges. v. 11. Juli 1845 § 10 Nr. 2.

16. Ebenso trifft der § zu, wenn Jemand sich einem Rheinischen Gerichtsvollzieher als diejenige Person vorstellt, welcher derselbe eine Zustellung zu machen hat, und die behändigte Abschrift in Empfang nimmt, um dadurch zu verhindern, daß derjenige, für den sie bestimmt ist, Kenntniß davon erlange: Gilb. C. pén. Art. 147 n. 81.

17. Ein Gleiches ist anzunehmen, wenn ein mit der Vermessung eines Maischbottichs beauftragter Steuer-Beamter getäuscht, und so veranlaßt wird, eine unrichtige, bei der späteren Berechnung der Maischsteuer zum Grunde zu legende Thatsache in seinem Protokolle zu konstatiren: Z. I. 18. Febr. 1859 c. Boas (G. A. 7. s. 409); Z. I. 5. Okt. 1860 c. dens. (G. A. 8. s. 804).

18. Dasselbe gilt von demjenigen, welcher sich unter dem Namen eines Andern zur Abbüßung einer dem letztern zuerkannten Freiheitsstrafe gestellt, und es so veranlaßt, daß in den Registern oder Verhandlungen des Vorstehers der Strafanstalt, sowie der zur Vollstreckung der Strafe berufenen gerichtlichen Behörde die Abbüßung der Strafe durch den Verurtheilten wahrheitswidriger Weise beurkundet wird. In Frankreich, wo dieser Fall mehrfach vorgekommen, war die Frage mit Rücksicht auf die Fassung des Art. 147 des C. pén. streitig; vgl. Gilb. l. c. n. 87—89. Unter die Fassung des § 252 fällt dagegen die Handlung unbedenk-

lich, vorausgesetzt, daß dabei das unter n. 1 erwähnte Bewußtsein obwaltete. Vgl. § 241 n. 11.

19. Ebenso gilt dasselbe von demjenigen, welcher einen Pfarrer veranlaßt, eine wahrheitswidrige Eintragung ins Kirchenbuch über eine stattgehabte Trauung, Taufe oder Beerdigung vorzunehmen. Das ist indirekt anerkannt durch: Z. I. 3. Nov. 1854 c. Hoppe (G. A. 3. s. 140).

20. ..... ebenso von demjenigen, welcher eine Ortsbehörde durch Täuschung veranlaßt, eine thatsächlich unrichtige Versendungs-Legitimationsbescheinigung nach Anleitung der §§ 83 und 87d der Zollordnung vom 23. Jan. 1838 auszustellen: B. II. 14. Dez. 1854 c. Lennartz (G. A. 3. s. 137).

21. ..... ebenso von demjenigen, welcher sich unter dem Namen eines Andern zur Vornahme einer Prüfung vor den von Staatswegen dazu berufenen Personen gestellt, und es so bewirkt, daß durch diese in wahrheitswidriger Weise bescheinigt oder berichtet wird, als habe jener Andre die Prüfung bestanden. Vgl. Gilb. C. pén. Art. 147 n. 14.

22. Der oben (n. 6) erwähnte Grundsatz, daß der § 252 da nicht zutreffe, wo die amtliche Verhandlung ꝛc. der Wahrheit gemäß beurkundet, daß ein Individuum irgend eine Erklärung abgegeben habe, und nur der Inhalt dieser Erklärung wahrheitswidrig ist, — erleidet da eine Ausnahme, wo das Gesetz der so zu Stande gekommenen Urkunde die Kraft beilegt, auch den Inhalt jener Erklärung als wahr zu beweisen. Das tritt vorzugsweise:

23. bei den Rheinischen Civilstandsakten ein; obgleich sie nur eine vor dem Beamten abgegebene Erklärung beurkunden, so beweisen sie doch auch den Inhalt der letztern selbst bis zur Fälschungsklage (vgl. Rh. BGB. Art. 45). Aehnlich verhält es sich mit den in den übrigen Provinzen durch die Ortsgerichte erfolgten Beglaubigungen der Geburten, Heirathen und Sterbefälle in Gemäßheit der Gesetze v. 30. März 1847 § 10, und v. 23. Juli 1847 § 16 (GS. s. 127. 266). Vgl. Beschl. I. 8. Juli 1857 c. Meyer (G. A. 5. s. 695).

24. Es ist daher Urkundenfälschung im Sinne des § 252, wenn Jemand in gewinnsüchtiger ꝛc. Absicht dem Civilstandsbeamten wider besseres Wissen eine unwahre Erklärung über eine stattgehabte Geburt oder den erfolgten Tod eines Menschen abgiebt, oder wenn er eine unrichtige Person als die Mutter eines gebornen Kindes bezeichnet, oder wenn er unter Annahme eines falschen Namens ein uneheliches Kind als Vater anerkennt. Vgl. Gilb. C. pén. Art. 147 n. 50—52.

25. Dasselbe gilt von demjenigen, welcher bei Abschließung eines Trauungs-Aktes vor dem Civilstands-Beamten ꝛc. sich fälschlicher Weise für einen Ascendenten einer der sich verehelichenden Personen ausgiebt, und in dieser Eigenschaft die Einwilligung zur Heirath ertheilt. Vgl. Gilb. C. pén. Art. 147 n. 58.

26. Der in n. 22 ausgesprochene Satz trifft aber nur insoweit zu, als es sich von Thatsachen und Umständen handelt, welche durch den betreffenden Civilstandsakt beurkundet werden sollen, und für welche ebendeshalb das Gesetz den darin enthaltenen Erklärungen die authentische Beweiskraft beilegt; daher ist § 252 unanwendbar, wenn Jemand bei der Anzeige der Geburt eines Kindes die Mutter desselben der Wahrheit gemäß angiebt, dieselbe aber unrichtiger Weise als seine Ehefrau bezeichnet, während sie nur seine Konkubine ist; denn die Existenz einer Ehe wird durch den über die Abschließung derselben aufgenommenen Akt, nicht durch die Relatirung in einem Geburtsakte bewiesen: Z. II. 9. Juli 1857 c. Flesch (G. A. 5. s. 704). Dasselbe gilt von der in einem Sterbeakte sich findenden Angabe der Namen der Aeltern des Verstorbenen (insofern dadurch an der Identität des Letztern nichts geändert wird), da auch hierfür dem Sterbeakte eine Beweiskraft nicht beiwohnt. Vgl. Gilb. C. pén. Art. 145a. n. 14. 15; Art. 147 n. 53. 69. 70. 57.

27. In der Regel wird mit einer solchen bei Aufnahme eines Civilstandsaktes begangenen „Urkundenfälschung“ das Verbrechen der vorsätzlichen Veränderung oder Unterdrückung des Personenstandes (§ 138) ideell konkurriren; in diesem Falle kann nach Rheinischem Rechte (Art. 327 des Rh. BGB.) die Strafverfolgung auch wegen jenes Verbrechens nicht eher erfolgen, bis im Civilverfahren

endgültig über die Personenstandsfrage entschieden ist: Gilb. C. pén. Art. 345 n. 19. Vgl. § 138 n. 12.

28. Was in den vorstehenden Nummern von den Civilstandsakten gesagt worden, ist auf die nach Art. 71 des Rh. BGB. aufzunehmenden Notorietätsakte, welche jene unter Umständen ersetzen können, nicht auszudehnen; das Gesetz legt ihnen an und für sich keine Beweiskraft bei, vielmehr bedürfen sie vorher der Bestätigung des Gerichts, welche dieses nach Prüfung der obwaltenden Umstände gewähren oder versagen kann. Bekundung einer Unwahrheit durch die vernommenen Zeugen ist daher keine „Urkundenfälschung" im Sinne des § 252. Vgl. Gilb. C. pén. Art. 147 n. 62; und oben § 126 n. 5.

29. Immer wird auch im Falle dieses § die Erheblichkeit der unwahren Erklärungen rc. für Rechte und Rechtsverhältnisse vorausgesetzt; eine unwesentliche, das Wesen des betreffenden Rechtsverhältnisses gar nicht berührende Unrichtigkeit in einem Nebenpunkte gehört daher nicht hierher, z. B. wenn Jemand bei Aufnahme eines Aktes sich eine falsche Qualität, Rang oder Titel beilegen läßt, ohne daß diese Bezeichnung irgendwie Bezug hätte auf das betreffende Rechtsgeschäft, sowie auf die Identität der Person. Vgl. n. 34; Gilb. C. pén. Art. 147 n. 71 fgg.

30. Aus demselben Grunde fällt die Anwendbarkeit des § da weg, wo der aufgenommenen Verhandlung rc. deshalb jede Erheblichkeit abgeht, weil sie von einer Person ohne alle Beamtenqualität, oder von einem für Geschäfte der fraglichen Art ganz inkompetenten Beamten ausgegangen ist: Gilb. C. pén. Art. 147 n. 65. 68.

31. Hierher gehören in der Rheinprovinz die Kirchenbücher der Pfarrer, da sie zum Beweise der Civilstandsverhältnisse durchaus unerheblich sind: Gilb. C. pén. Art. 147 n. 66.

32. Ein Gleiches gilt, wenn z. B. ein Polizei-Kommissar eine Bescheinigung über das erfolgte Absterben eines Menschen ausgestellt hat: Z. I. 3. März 1854 c. Tabel.

33. Dasselbe ist da anzunehmen, wo eine Urkunde in formeller Beziehung denjenigen Bedingungen nicht entspricht, von welchen das Gesetz ihre Beweiskraft abhängig gemacht hat, z. B. wenn die ein Civilstandsverhältniß betreffende Bescheinigung eines Pfarrers sich selbst als eine solche darstellt, welche nicht aus dem Kirchenbuche entlehnt sein kann (ALR. I, 10 § 128; II, 11 § 504): Z. I. 3. Nov. 1854 c. Hoppe (G. A. 3. S. 140; hier lautete das vom Pfarrer erschlichene Zeugniß dahin, „daß ein Individuum gestorben sei, und nach zwei Tagen beerdigt werden solle"; dasselbe konnte sich daher auf eine die geschehene Beerdigung betreffende Eintragung im Kirchenbuche nicht stützen).

34. Der Ausdruck „Person" ist hier gleichbedeutend mit Rechtssubjekt; der § wird daher anwendbar, wenn die amtliche Beurkundung zwar dasjenige Individuum bezeichnet, von welchem die betr. Erklärung rc. wirklich ausgegangen ist, diese Bezeichnung aber gleichzeitig von unrichtigen Qualifikationen begleitet wird, welche die Rechtsfähigkeit jenes Individuums, und hiernach die rechtliche Gültigkeit der abgegebenen Erklärungen wesentlich modifiziren, z. B. wenn eine Ehefrau als unverehelicht und nach ihrem Elternnamen aufgeführt wird. *Contra:* Z. I. 12. Mai 1858 c. Kalesse (Schöneck u. Gen.; G. A. 6. S. 712).

35. Der § 252 setzt nicht, wie § 247, zur Vollendung des Verbrechens voraus, daß der Urheber der Fälschung auch Gebrauch von dem so zu Stande gebrachten Schriftstücke gemacht habe; Bes. S. 480; käme ein solcher Gebrauch von seiner Seite hinzu, so könnte darin doch nicht ein zweites selbstständiges Verbrechen im Sinne des zweiten Absatzes des § gefunden werden, da dieser offenbar sich nur auf dritte Personen bezieht („wissend daß rc."): Bes. l. c.; G. Matt. 2. S. 580 n. 2; Koch n. 35.

36. Ist die intellektuelle Urkundenfälschung zum Zwecke einer Steuerdefraudation begangen, so liegt, wenn demnächst die Defraudation selbst stattfindet, ein Fall der realen Konkurrenz vor; beide Strafen sind daher zu kumuliren. (St.-Ordn. v. 8. Febr. 1819 § 86): Z. I. 18. Febr. 1859 c. Boas (G. A. 7. S. 409); Z. I. 5. Okt. 1860 c. dens. (G. A. 8. S. 804).

37. Der Absatz zwei spricht von dem Gebrauche zum Nachtheile eines Andern, ohne auch, wie Absatz eins, der gewinnsüchtigen oder auf Beschädigung

§. 253. Wer unächtes Stempelpapier anfertigt, oder ächtes Stempelpapier verfälscht, ingleichen wer wissentlich von falschem oder verfälschtem Stempelpapier Gebrauch macht, wird mit Gefängniß nicht unter drei Monaten, so wie mit zeitiger Untersagung der Ausübung der bürgerlichen Ehrenrechte bestraft.

Eine gleiche Strafe hat derjenige verwirkt, welcher sich einer dieser Handlungen in Beziehung auf Postfreimarken oder gestempelte Briefcouverts schuldig macht.

[Entw. § 229].

§. 254. *) Wer ohne die Absicht, sich oder Anderen

*) Dieser § ist durch das Ges. vom 14. April 1856 (GS. S. 210) an die Stelle der ursprünglichen §§ 254 und 255 gesetzt worden, welche folgender Maaßen lauteten:

gerichteten Absicht Erwähnung zu thun; es bedarf daher auch nicht der besondern Feststellung einer solchen Absicht, dieselbe ist vielmehr für eingeschlossen zu erachten, wenn der Gebrauch zum Nachtheile ꝛc. festgestellt worden ist: Z. I. 18. Juli 1855 c. Skelnick (G. A. 3. S. 714; hier hatte die Vertheidigung Aufnahme jener Absicht in die Frage an die Geschwornen beantragt, der Schwurgerichtshof dieselbe aber abgelehnt); vgl. Strafverf. Art. 81 n. 21—23.

§ 253.

1. Die Vorschrift dieses § ist auf inländisches Stempelpapier (Postfreimarken und Briefcouverts) nicht zu beschränken: Bes. S. 481. Von der entgegengesetzten Ansicht scheint ein Z. I. 17. Juni 1857 c. Berg auszugehen.

2. „Der § findet Anwendung, wenn der Kassationsvermerk auf bereits „verwendetem Stempelpapier zu dem Zwecke wegradirt worden ist, um von dem „Stempelpapier anderweitigen Gebrauch zu machen, resp. wenn der Gebrauch ge„macht ist“: Z. I. 27. Jan. 1854 c. v. Tempski (Präj. n. 76; Entsch. 26. S. 479; 27. S. 124; G. A. 2. S. 268; hier ward angenommen: bei gebrauchtem Stempelpapier bilde der gedruckte Stempel und der darauf gemachte Kassationsvermerk ein Ganzes, Wegradiren des letztern sei daher ein Verfälschen des echten Stempelpapiers). *Sic:* Z. I. 27. Juni 1856 c. Neumann; Z. II. 25. März 1858 c. Binternagel. Ebenso verhält es sich mit gebrauchten und als solchen bezeichneten Postfrankostempeln und Postfreimarken: Z. I. 11. Febr. 1857 c. Schmidt (JMBl. S. 115; G. A. 5. S. 275); Z. I. 17. Juni 1857 c. Berg.

3. Dasselbe gilt in dem Falle, wo von einem bereits gebrauchten Stempelbogen der obere weiß gebliebene Theil mit dem Stempelabdrucke abgeschnitten, auf einen leeren Bogen aufgeklebt, und so nochmals benutzt wird: Z. I. 15. Juni 1855 c. Ahlwardt (G. Arch. 3. S. 716).

4. Der Feststellung einer betrügerischen oder gewinnsüchtigen Absicht bedarf es hier nicht; dieses Erforderniß kann nicht aus § 247 hierher übertragen werden: Z. I. 11. Febr. 1857 c. Schmidt (JMBl. S. 115); Z. II. 25. März 1858 c. Binternagel.

5. Der Anfertiger oder Verfälscher von Stempelpapier ꝛc. ist, (ebenso wie im Falle des § 252) strafbar, sollte er auch von diesem Papier ꝛc. noch keinen Gebrauch gemacht haben. Das ward indirekt anerkannt durch: Z. I. 27. Jan. 1854 c. v. Tempski (cit. n. 2), indem es sich dort von noch nicht gebrauchtem verfälschten Stempelpapiere handelte. *Contra:* Temme Lehrb. S. 993 Note 3 und 996.

§ 254.

Inhalt.

Gewinn zu verschaffen oder Anderen Schaden zuzufügen, jedoch zu dem Zwecke, Behörden oder Privatpersonen zu täuschen, einen Reisepaß, einen Legitimationsschein, ein Wanderbuch oder eine andere öffentliche Urkunde oder ein auf Grund bestehender Vorschriften auszustellendes sonstiges Zeugniß, oder ein Führungs- oder Fähigkeitszeugniß falsch anfertigt oder verfälscht, oder von einer solchen falschen oder verfälschten Urkunde wissentlich Gebrauch macht, ist mit Gefängniß bis zu sechs Monaten oder mit Geldbuße bis zu Einhundert Thalern zu bestrafen.

Auf dieselbe Strafe ist gegen den zu erkennen, welcher zu gleichem Zwecke von solchen für einen Anderen ausgestellten ächten Urkunden, als seien sie für ihn ausgestellt worden, Gebrauch macht, oder welcher solche für ihn ausgestellte Urkunden einem Andern zu dem gedachten Zwecke überläßt.

[Entw. § 330. 331]. Vgl. § 247. 249. 251. 256. 269; AKO. v. 21. April 1838 (v. Kamptz Jahrbb. 52. s. 438); Min.-Verf. v. 11. Febr. 1828 (Jahrbb. 31. s. 198); Ges. v. 14. Apr. 1856 Art. I. (GS. s. 208); AKO. v. 21. Apr. 1856 (GS. s. 220).

---

§. 254. Mit Gefängniß von Einer Woche bis zu drei Monaten wird bestraft:

1) wer einen falschen Reisepaß anfertigt, einen ächten Reisepaß verfälscht, oder von einem falschen oder verfälschten Reisepasse wissentlich Gebrauch macht;
2) wer sich einen Reisepaß auf einen falschen Namen ausstellen läßt, von einem auf einen anderen Namen ausgestellten Reisepasse, als sei er für ihn ausgestellt, wissentlich Gebrauch macht, einen für ihn ausgestellten Reisepaß einem Anderen zum Gebrauche überläßt oder als Zeuge dazu mitwirkt, daß ein Reisepaß unter falschem Namen verabfolgt wird.

Dieselbe Strafe tritt ein, wenn die vorstehend bezeichneten Handlungen in Beziehung auf Wanderbücher oder sonstige Legitimationspapiere, welche die Stelle der Reisepässe vertreten, begangen werden.

§. 255. Mit Gefängniß von vierzehn Tagen bis zu sechs Monaten wird bestraft:

1) wer unter dem Namen eines Beamten oder einer Behörde ein Zeugniß über gute Aufführung, Armuth oder sonstige Umstände anfertigt, welche geeignet sind, die darin bezeichnete Person dem Wohlwollen Anderer zu empfehlen, und ihr Unterkommen oder Unterstützung zu verschaffen;
2) wer ein ursprünglich ächtes Zeugniß dieser Art verfälscht, um es für eine andere Person, als für welche es ausgestellt war, passend zu machen;
3) wer von einem derartigen falschen oder verfälschten Zeugnisse wissentlich Gebrauch macht.

---

1. Bei der Revision des Strafgesetzbuchs (1856) erachtete man die frühere Fassung der §§ 254 und 255 aus dem Grunde für ungenügend, weil durch die gewählte Aufzählung einzelner Urkunden der Kreis der Fälle, wo eine strafbare Urkundenfälschung ohne betrügerische Absicht vorliege, nicht erschöpft sei; deshalb wählte

man die allgemeinere Fassung des jetzigen §: Motive zum Ges. v. 14. April 1856 S. 23 (G. A. 3. S. 860).

2. In Betreff der Absicht, sich oder Andern Gewinn zu verschaffen oder Andern Schaden zuzufügen, sind die Bemerkungen zu § 247 n. 1—21 und 22—26 zu vergleichen. Hier ist nur hervorzuheben, daß die Absicht, sich durch den falschen Reisepaß 2c. einen Ausweis, und die Möglichkeit einer unbehinderten Reise zu verschaffen, als eine gewinnsüchtige nicht angesehen worden ist: Beschl. I. 8. Juli 1859 c. Lübtke (129. B).

3. Die Abwesenheit der schaden- oder gewinnsüchtigen Absicht ist nicht in dem Sinne Begriffserforderniß, daß bei ihrem Vorhandensein der § nothwendig unanwendbar wäre; vielmehr greift derselbe auch beim Vorhandensein einer solchen Absicht Platz, wenn nicht eine schwerere Strafe verwirkt ist; z. B. wenn der § 247 darum ausgeschlossen ist, weil die verfälschte Schrift keine Urkunde ist; vgl. n. 9.

4. Als Dolus genügt hier die Absicht, Behörden oder Privatpersonen zu täuschen.

5. Zu einem Reisepasse gehören auch die demselben beigefügten Visa; daher fällt Verfälschung eines solchen auch unter den §: Gilb. C. pén. Art. 153 n. 2.

6. Als Legitimationsscheine sind nur solche anzusehen, welche zum Ausweise der Person dienen, und einen Reisepaß vertreten sollen.

7. Eine Paßkarte verliert durch den Ablauf der Frist, für welche sie ertheilt worden, nicht den Charakter eines Legitimationsscheins: Z. I. 14. Sept. 1860 c. Günther.

8. Ein militärischer Urlaubspaß ist, wenn auch kein Reisepaß, doch ein Legitimationspapier. Vgl. Erk. Kamm.-Ger. 2. März 1852 c. Schulze (G. A. 1. S. 248).

9. Der § nennt außer den Reisepässen 2c. und andern öffentlichen Urkunden, auch noch sonstige auf Grund bestehender Vorschriften auszustellende, sowie Führungs- und Fähigkeits-Zeugnisse; daraus folgt, daß diese Zeugnisse den Charakter einer Urkunde nicht zu haben brauchen; vgl. n. 3; es darf daher auf die Worte: „oder von einer solchen — — Urkunde wissentlich Gebrauch machen — —“, sowie auf die entsprechende Bezeichnung in den Motiven (G. A. 3. S. 860) kein zu großes Gewicht gelegt werden. In diesem Sinne erging Z. I. 23. Okt. 1854 c. Grickscheit. Vgl. § 323 n. 4.

10. Dagegen setzt ein „Zeugniß“ voraus, daß es zu Gunsten eines Dritten, oder doch überhaupt über einen Dritten, oder über Thatsachen dritter Personen ausgestellt sei; schriftliche Versicherungen in Betreff einer eigenen Handlung gehören sonach nicht hierher: Beschl. I. 30. Jan. 1861 c. Spiegelthal (37. B; RdO. 1. S. 234; G. A. 9. S. 291); vgl. n. 17.

11. Zu den „auf Grund bestehender Vorschriften auszustellenden Zeugnissen“ sind nicht nur die von Beamten ausgestellten, sondern auch solche, welche von Privatpersonen ausgehen, zu zählen. Vgl. n. 14. 15.

12. Zu den amtlichen Zeugnissen dieser Art gehören unter andern Jagdscheine, Passirscheine für Wild, Holz-Transport-Atteste, Pferde-Legitimations-Scheine u. dgl. Vgl. § 247 n. 124—127; die dort citirten Erkenntnisse nahmen an, daß alle diese Scheine unter den Begriff des § 254 (frühere Fassung) nicht fielen.

13. Auf ärztliche Zeugnisse, welche dem im § 256 aufgestellten Begriffe entsprechen, ist der § nicht anwendbar.

14. Unter den „Führungs- und Fähigkeits-Zeugnissen“ sind hier vorzugsweise die von Privatpersonen ertheilten zu verstehen; andre Privatschriften, sollten es auch Urkunden sein, gehören nicht hierher: Motive S. 23 (G. A. 3. S. 860).

15. Insbesondre fällt jetzt die Verfälschung eines von einem Privaten ausgestellten Dienstzeugnisses unter die Vorschrift des §. *Contra* früher: die feststehende Praxis des Ober-Tribunals mit Rücksicht auf die ursprüngliche Fassung, (z. B. Z. 26. März 1852 c. Meyer; V. I. 22. Nov. 1854 c. Wenngatz); das galt selbst da, wo ein verfälschtes Gesindebuch eine mit dem Signalement des Dienstboten versehene Erlaubniß der Polizeibehörde in den Gesindedienst zu treten, enthielt (V. II.

28. Mai 1853 c. Bernstein); oder wo die Verfälschung des Zeugnisses der Herrschaft erst nach der polizeilichen Attestirung desselben stattgefunden hatte (Z. 9. Juni 1852 c. Gothan); vgl. § 247 n. 141. 142.

16. Ebenso entschied ein B. 15. Okt. 1852 c. Breß (G. A. 2. s. 267), daß ein Taufzeugniß nicht zu den im § 254 (frühere Fassung) erwähnten Schriften gehöre, (wohl aber als Urkunde zu betrachten sei). Vgl. n. 25. 28; § 247 n. 115.

17. Eine Anzeige, welche Jemand für sich selbst, um einer polizeilichen Vorschrift zu genügen, bei der Behörde macht, ist, wenn sich dieselbe auch auf einen Dritten mit bezieht, darum noch kein „Zeugniß", insofern nicht besondere Gründe obwalten, aus welchen dieselbe auch für jenen Dritten zu irgend einem amtlichen Nachweise dient (z. B. die Anzeige eines Schlafstellen-Vermiethers &c. über die Aufnahme eines eingezogenen Miethers &c.; sie stellt ein Zeugniß für den letztern dar, wenn dadurch nachgewiesen werden soll, daß er ein Unterkommen gefunden habe): Beschl. I. 27. Febr. 1861 c. Wegener (59. B; RdO. 1. s. 269; G. A. 9. s. 287). Vgl. n. 10.

18. Ueber die Begriffe des „falsch Anfertigens" oder „Verfälschens" vgl. § 247 n. 35—48 und 28—34.

19. Als falsch ist ein Zeugniß nicht anzusehen, wenn es wirklich so, wie es vorliegt, von dem Betreffenden ausgestellt ist, sollte auch sein Inhalt ein wahrheitswidriger, und diese Wahrheitswidrigkeit vom Angeklagten verschuldet sein: Z. 11. Juni 1852 c. Pindel. Es kann dann nur etwa der Thatbestand des § 252 oder 255 vorliegen; vgl. § 247 n. 35.

20. Auch hier kann der Gebrauch eines falschen Vornamens die Verfälschung darstellen; vgl. § 247 n. 42. *Contra*: G. Matt. 2. s. 586 n. 2; Koch n. 37.

21. Der Anfertiger oder Verfälscher der Schrift ist hier selbst dann strafbar, wenn er keinen Gebrauch von derselben gemacht hat: G. Matt. 2. s. 585; Erk. Kamm.-Ger. 8. Nov. 1852 c. Weiße (G. A. 1. s. 248).

22. Wenn ein Beamter, welchem die Aufnahme der hier genannten Schriftstücke vermöge seines Amtes obliegt, dieselben wissentlich falsch ausstellt, so ist er nicht nach diesem §, sondern nach § 323 strafbar: B. I. 29. April 1857 c. Tietz (Klinikowski; G. A. 5. s. 498); Z. I. 25. Sept. 1857 c. Korbenat; vgl. § 323 n. 4.

23. Die Handlungen desjenigen, welcher sich einen Reisepaß auf einen falschen Namen ausstellen läßt, sowie desjenigen, welcher als Zeuge dazu mitwirkt, fällt jetzt nicht mehr unter § 254, sondern unter den neuen § 255 (und 34). Vgl. § 255 n. 2.

24. Kompetenz und Verfahren vgl. Ges. v. 14. April 1856 Art. I (oben bei Art. XIII des Einf.-Ges. s. 22).

Zum § 255 (frühere Fassung).

25. Der § war nur auf solche Schriften anwendbar, welche nach Inhalt und Fassung bloße Zeugnisse über gute Aufführung &c. waren, geeignet, um die betr. Person dem Wohlwollen anderer zu empfehlen, und ihr Unterkommen, oder Unterstützung zu verschaffen, die also nach Inhalt und Fassung lediglich den Zweck hatten, als ein solches Zeugniß zu dienen: B. II. 7. Dez. 1854 c. Naumann; wirkliche Urkunden gehörten also, da ihre Bestimmung nothwendig eine andere war, nicht hierher; ähnlich: Z. II. 7. April 1853 c. Dietrich. *Contra* früher: Z. 15. Okt. 1852 c. Breß (G. A. 1. s. 267. 564), welches auch wirkliche Urkunden (z. B. einen Taufschein), wenn sie unter Umständen zu dem gedachten Zwecke benutzt werden konnten, hierher rechnete.

26. Aus dem unter n. 25 Gesagten folgte, daß der betreffenden Schrift der gedachte Charakter an und für sich beiwohnen mußte, damit der § passe; es genügte nicht, daß sie unter besondern Umständen zur Erreichung jenes Zwecks dienen konnte.

27. Ein Z. I. 21. Dez. 1855 c. Thieme nahm an, das Wort „und" am Schlusse der Nr. 1 sei konjunktiv zu fassen, so daß beide durch dieses Wort verbundene Erfordernisse gleichzeitig vorliegen müßten.

28. Ein Taufschein ward an und für sich nicht als ein Zeugniß der hier erwähnten Art angesehen, wohl aber ein Militär-Entlassungsschein. So:

§. 255. *) Wer vorsätzlich, jedoch nicht in der Absicht, sich oder Anderen Gewinn zu verschaffen, oder Anderen Schaden zuzufügen, bewirkt, daß Verhandlungen, Erklärungen oder Thatsachen in öffentlichen Urkunden, Büchern oder Registern als abgegeben oder geschehen beurkundet werden, während sie gar nicht oder in anderer Weise oder von anderen Personen abgegeben oder geschehen sind, wird mit Gefängniß bis zu sechs Monaten oder mit Geldbuße bis zu Einhundert Thalern bestraft.

Vgl. § 252.

*) Dieser § ist durch das Ges. v. 14. April 1856 (GS. s. 210) zugesetzt, und der ursprüngliche § 255 durch den abgeänderten § 254 ersetzt worden; seinen Wortlaut siehe zu § 254.

Z. I. 21. Dez. 1855 c. Thieme (G. A. 4. s. 261). Vgl. n. 16; B. II. 19. Jan. 1854 c. Moll (JMBl. s. 149).

29. Die Nr. 2 des frühern § 255 that nur derjenigen Verfälschung eines ursprünglich ächten Zeugnisses ausdrückliche Erwähnung, welche geschah, um es für eine andere Person, als für welche es ausgestellt war, passend zu machen. Gleichwohl ward der § auch auf solche Verfälschungen für anwendbar erachtet, welche andre Thatsachen in dasselbe hineinbrachten, ohne in Betreff der Person etwas zu ändern, weil dann in Betreff dieser andern Thatsachen ein neues Zeugniß angefertigt werde, also Nr. 1 Platz greife. So: B. Kass.-H. 12. Okt. 1852 c. Rinzel (JMBl. 53. s. 41; Rh. Arch. 48. 2. A. s. 11); B. II. 19. Jan. 1854 c. Moll (JMBl. s. 149; G. A. 2. s. 564); Z. I. 30. April 1856 c. Schöpke; so auch: Min.-Verf. v. 3. April 1852; Verf. d. Min. d. Innern v. 15. April 1852 (JMBl. s. 119).

30. Nach dem unter n. 29 Bemerkten verstand es sich von selbst, daß auch die Nr. 3 auf den Gebrauch aller unter die Bestimmung der Nr. 1 fallender verfälschter (ursprünglich ächter) Zeugnisse zu beziehen sei, ohne eine Beschränkung auf die unter Nr. 2 erwähnte Art der Verfälschung. Das nahmen denn auch B. 14. Juli 1852 c. Wehmeier; Z. 13. Okt. 1852 c. Breß (G. A. 2. s. 267. 564); Z. I. 20. Jan. 1854 c. Spielhagen (G. A. 2. s. 564) an, jedoch aus dem selbstständigen Grunde, daß das Wort »derartigen« in der Nr. 3 sich nicht auf die Falschheit oder Verfälschung wie sie in Nr. 1 und 2 erwähnt sei, sondern nur auf die Natur der Zeugnisse beziehe, wie sie die Nr. 1 bezeichne; so daß also hier die Strafbarkeit des Gebrauchs aller verfälschten Zeugnisse der fraglichen Gattung ausgesprochen sei, ohne alle Rücksicht auf die Strafbarkeit der Verfälschung selbst.

§ 255.

1. Der Thatbestand dieses § entspricht genau dem des § 252 unter Beseitigung der gewinn- oder schadensüchtigen Absicht und des Erfordernisses der Erheblichkeit der betr. Thatsachen 2c. für Rechte und Rechtsverhältnisse. Es sind daher die dort gemachten Bemerkungen auch für diesen § passend.

2. Nach diesem § ist jetzt auch derjenige zu bestrafen, welcher sich einen Reisepaß auf einen falschen Namen ausstellen läßt, da ein Paß für den ausstellenden Beamten als eine Urkunde anzusehen (vgl. § 323 n. 4), und die angebliche Identität der Person die unwahre Thatsache ist, welche beurkundet wird. Wer als Zeuge zur Ausstellung und Verabfolgung eines solchen Passes mitwirkt, ist offenbar Theilnehmer im Sinne des § 34 Nr. 2. Vgl. früher § 254 Nr. 2.

§. 256. *) Wer unter dem Namen eines Arztes, Wundarztes oder einer anderen Medizinalperson ein Zeugniß über seinen oder eines Andern Gesundheitszustand ausstellt, oder ein derartiges ächtes Zeugniß verfälscht und davon zur Täuschung von Behörden oder Versicherungs-Gesellschaften Gebrauch macht, wird mit Gefängniß von Einem Monate bis zu Einem Jahre bestraft; auch kann gegen denselben auf zeitige Untersagung der Ausübung der bürgerlichen Ehrenrechte erkannt werden.

[Entw. § 232]. Vgl. § 241. 247. 257. 258; Ges. v. 21. April 1856 (GS. s. 220).

§. 257. Aerzte, Wundärzte oder andere Medizinalpersonen, welche unrichtige Zeugnisse über den Gesundheitszustand eines Menschen zum Gebrauche bei einer Behörde oder Versicherungsgesellschaft wider besseres Wissen ausstellen, werden mit Gefängniß von drei bis zu achtzehn Monaten, sowie mit zeitiger Untersagung der Ausübung der bürgerlichen Ehrenrechte bestraft.

[Entw. § 233]. Vgl. § 258.

---

*) Fassung des Ges. v. 14. April 1856 (GS. s. 210); ursprünglich lautete der §. 256. Wer unter dem Namen eines Arztes, Wundarztes oder einer anderen Medizinalperson ein Zeugniß über seinen oder eines Anderen Gesundheitszustand ausstellt, und davon zur Täuschung von Behörden oder Versicherungsgesellschaften Gebrauch macht, wird mit Gefängniß von Einem Monate bis zu Einem Jahre bestraft; auch kann gegen denselben auf zeitige Untersagung der Ausübung der bürgerlichen Ehrenrechte erkannt werden.

---

§ 256.

1. Vorausgesetzt wird hier, daß das Zeugniß als Unterschrift den Namen eines wirklichen Arztes rc. trage, es gehört daher der Fall nicht hierher, wo ein Andrer ein solches Zeugniß unter seinem wahren Namen ausstellt, sich aber fälschlicher Weise dabei den Charakter als Arzt beilegt. Vgl. Gilb. C. pén. Art. 159 n. 2.

2. Nach der ursprünglichen Fassung des § war es auch hier zweifelhaft, ob die Verfälschung eines derartigen ächten Zeugnisses unter denselben falle; auch diese Frage ward durch E. 10. Mai 1852 c. Jordan (JMBl. s. 278; Entsch. 23. s. 237; G. A. 1. s. 253) bejaht. Vgl. G. Matt. 2. s. 588 n. 1. Jetzt hat die neue Fassung diesen Zweifel beseitigt.

3. Das Verfälschen setzt die Aenderung des Inhalts in irgend einem erheblichen Punkte voraus; so auch E. 10. Mai 1852 c. Jordan (cit. n. 2). Vgl. § 247 n. 32.

4. Sind die im formell falschen Zeugnisse bekundeten Thatsachen wahr, so ist ein Gebrauch „zur Täuschung“ nicht denkbar, und der § unanwendbar. G. Matt. 2. s. 588 n. 2.

§ 257.

1. Das Zeugniß muß materiell unrichtig sein; Bezeugung einer Wahrheit, welche der Aussteller irriger Weise für unwahr hielt, gehört nicht hierher. G. M. 2. s. 588 n. 2.

2. Gleichgültig ist es, ob das Zeugniß von der Behörde selbst, oder von einem Privaten zum Zwecke des Gebrauchs bei der Behörde erfordert worden ist: Beschl. I. 1. März 1861 c. Stich (60. B; RdO. 1. s. 272; G. A. 9. s. 288; beil.).

§. 258. Wer, um eine Behörde, oder eine Versicherungsgesellschaft über seinen oder eines Anderen Gesundheitszustand zu täuschen, von einem Zeugnisse der in den §§ 256 und 257. erwähnten Art Gebrauch macht, wird mit Gefängniß von Einem Monate bis zu Einem Jahre bestraft; auch kann gegen denselben auf zeitige Untersagung der Ausübung der bürgerlichen Ehrenrechte erkannt werden.

[Entw. § 234]. Vgl. § 256. 257.

Vierundzwanzigster Titel.
Bankerutt.

§. 259. Handelsleute, Schiffsrheder und Fabrikbesitzer, welche ihre Zahlungen eingestellt haben, werden, als des betrüglichen Bankerutts schuldig, mit Zuchthaus bis zu funfzehn Jahren bestraft:

---

3. Dagegen muß der Arzt 2c. wissen, daß das Zeugniß zum Gebrauche bei einer Behörde 2c. bestimmt sei: Beschl. I. 1. März 1861 c. Stich (cit. n. 2).

4. Der Thatbestand dieses § ist nicht aus § 247 zu ergänzen; es ist daher nicht erforderlich, daß das Zeugniß für und im Interesse eines Dritten, um diesem einen Vortheil zu verschaffen, resp. Schaden von ihm abzuwenden, ausgestellt sei; vielmehr genügt die wissentlich unwahre Ausstellung zu dem im § angegebenen Zwecke: Beschl. I. 1. März 1861 c. Stich (cit. n. 2).

§ 258.

— — — — — — — — — — — — — — — — —

§ 259.

Inhalt.

1. Die Ausdrücke: „Handelsleute, Schiffsrheder und Fabrikbesitzer“ sind durch das mit dem 1. März 1862 in Geltung tretende Einführungsgesetz zum Deutschen Handelsgesetzbuche vom 24. Juni 1861 (siehe unten s. 469) anderweitig deklarirt. Nach der bis dahin in Kraft verbleibenden ursprünglichen Fassung waren unter „Handelsleuten“ diejenigen zu verstehen, welche gewerbsmäßig Handel treiben, ohne daß dieses auf den Ein- und Wiederverkauf von Waaren zu beschränken gewesen wäre: Z. I. 10. Dez. 1856 c. Hürbe (Verkauf selbstgemachter Putzwaaren); Z. II. 23. Mai 1857 c. Aßmann; G. M. 2. s. 591. Vgl. die ursprüngliche

1) wenn sie ihr Vermögen ganz oder theilweise verheimlicht oder bei Seite geschafft haben;

Fassung des Art. XII § 2 des Einf.-Ges. („Handeltreibende"); es stimmt sonach dieser Begriff mit demjenigen überein, welcher nach Art. 4 des D. HGB. dem künftig maaßgebenden Ausdrucke: „Kaufleute" beiwohnt.

2. Nach der ursprünglichen Fassung war der Begriff eines Handelsmanns nicht durch diejenigen Voraussetzungen bedingt, an welche der (mit dem 1. März 1862 außer Geltung tretende) § 475. II, 8. ALR. die Eigenschaft eines **Kaufmanns** geknüpft hatte: Beschl. I. 20. Sept. 1854 c. Franke; Z. II. 23. Mai 1857 c. Aßmann; Z. I. 5. Feb. 1860 c. Blümmer. Demgemäß konnte der gewerbsmäßige Kauf von Waaren, um sie verarbeitet wieder zu verkaufen, genügen: Z. I. 17. Mai 1858 c. Herkloß. Vgl. KB. II. K. S. 132; Temme Lehrb. S. 1007.

3. Der Handel muß als eignes Gewerbe betrieben sein; Gehülfen eines Handelsmanns, Kommis rc. sind nicht Handelsleute: Temme Lehrb. S. 1008.

4. Dagegen braucht der Handel nicht das ausschließliche, selbst nicht einmal das Haupt-Geschäft zu sein, sobald er nur gewerbsmäßig betrieben wird: Z. II. 19. Nov. 1857 c. Richter; Z. I. 11. März 1859 c. Schier; u. ö. Vgl. n. 12.

5. Ob ein solches gewerbmäßiges Handeln vorliege, ist Gegenstand der thatsächlichen Beurtheilung: Beschl. I. 20. Sept. 1854 c. Franke; Z. I. 10. Dez. 1856 c. Hürbe; Z. I. 20. Nov. 1857 c. Döring.

6. Die Gewerbesteuerpflichtigkeit (nach dem betr. Ges. v. 30. Mai 1820 § 2 fgg.) kann als Kriterion eines Handeltreibenden (Kaufmanns) nicht angesehen werden; jedenfalls ist die Höhe der gezahlten Gewerbesteuer, resp. ob das Geschäft zur Gewerbesteuer angemeldet sei, ganz gleichgültig: Z. II. 23. Mai 1857 c. Aßmann; Z. II. 19. Nov. 1857 c. Richter. Vgl. Koch zu ALR. II. 8 § 475 n. 3.

7. Der Begriff des „Handelsmanns" (Kaufmanns) ist nicht auf die Zahl derjenigen beschränkt, welche einer kaufmännischen Korporation angehören: Bes. S. 489. Vgl. künftig Einf.-Ges. z. D. HGB. v. 24. Juni 1861 Art. 3 § 4.

8. Banquiers, Spediteure, Lieferanten sind Handelsleute: Temme GU. S. 300; id. Lehrb. S. 1008.

9. Dasselbe gilt von Buchhändlern und Apothekern: Beschl. I. 19. Sept. 1860 c. Banke (168 B.; JMBl. S. 391; G. A. 8. S. 842); G. Matt. 2. S. 591.

10. Nicht minder von Versicherern: G. M. 2. S. 591. *Contra*: Koch n. 46.

11. Desgl. von kleinen Krämern: Z. I. 4. Mai 1860 c. Goldmann; Temme Lehrb. S. 1008. Vgl. D. HGB. Art. 10 (unten S. 469).

12. Pfandleiher, Kommissionäre und Gutsbesitzer gehören ebenfalls hierher, wenn ihre Geschäfte unter den Begriff des Handels fallen, und sie im gewerbsmäßigen Umfange getrieben werden. Vgl. K.-B. I. K. S. 42; Bes. S. 490; G. Matt. 2. S. 591. Gleichwohl sind Gutsbesitzer, welche das Handelsgeschäft nur als landwirthschaftliches Nebengewerbe betreiben, auszuschließen; vgl. Ges. v. 8. Mai 1855 Art. XIV (GS. S. 320); Einf.-Ges. z. D. HGB. v. 24. Juni 1861 Art. 31.

13. Ueberhaupt ist der Verkauf selbstgezogener Naturprodukte nie als Handel zu betrachten.

14. Auch Handwerker können, wenn sie Waaren im gewerbsmäßigen Umfange verkaufen, als Handelsleute angesehen werden, z. B. der s. g. marchand tailleur u. s. w. *Contra*: Temme Lehrb. S. 1007. Vgl. D. HGB. Art. 10 (S. 469).

14a. Dasselbe gilt von einem Gastwirth oder Restaurateur; die grundsätzliche Annahme des Gegentheils verletzt das Gesetz: B. I. 3. Mai 1861 c. Radau (RdO. 1. S. 372; G. A. 9. S. 572). Vgl. künftig D. HGB. Art. 10 (S. 469).

15. Die Mitglieder einer Handelsgesellschaft sind sämmtlich als Handelsleute anzusehen, das ist gleichwohl auf Kommanditisten und stille Gesellschafter, sowie auf die Theilhaber an einer Aktiengesellschaft nicht auszudehnen. Vgl. Bes. S. 489; Temme Lehrb. S. 1008 Note 2. Vgl. Konk.-Ordn. v. 8. Mai 1855 § 307, und künftig D. HGB. Art. 112. 122. 165. 207. 252. 256.

16. Das Gesagte (n. 15) gilt selbst dann, wenn die für die Errichtung von solchen Gesellschaften vorgeschriebenen Förmlichkeiten nicht beobachtet worden sind; die Mitglieder können sich dann zwar der Rechte einer Handelsgesellschaft gegen Dritte

2) wenn sie Schulden oder Rechtsgeschäfte anerkannt oder aufgestellt haben, welche ganz oder theilweise erdichtet sind;

---

nicht bedienen, machen sich aber durch die Geschäfte gegen Dritte verbindlich (ALR. II, 8 § 625. 626), und sind Handelsleute, können sich daher auch eines Bankerutts schuldig machen: Z. II. 23. Mai 1857 c. Aßmann; Z. (V.) I. 16. Feb. 1859 c. Träger. Dasselbe muß unbedenklich auch künftig mit Rücksicht auf das D. HGB. gelten.

17. Ein Kaufmannschaft treibendes Frauenzimmer, welches nach § 491. 492. 497. II, 8. ALR. einen Disponenten bestellt, und sich des Rechts, selbst Geschäfte abzuschließen, begeben hat, ist selbst nicht „handeltreibend", und kann sich eines Bankerutts nicht schuldig machen. Dagegen reicht dazu der Umstand, daß sie [eine General-Vollmacht ausgestellt, oder] selbst keine Geschäfte gemacht hat, nicht hin: Z. I. 8. Mai 1857 c. Geiser. Vgl. § 261 n. 31. — Der ganze Grundsatz fällt künftig nach Art. 6 des D. HGB. weg.

18. Minderjährige können nur dann als Handelsleute sich eines Bankerutts schuldig machen, wenn die Bedingungen erfüllt sind, von welchen das Gesetz die Zulässigkeit eines Handelsbetriebs durch sie abhängig macht: Gilb. C. de Comm. Art. 591 n. 3. Vgl. Einf.-Ges. z. D. HGB. v. 24. Juni 1861 Art. 37. 38.

19. In der ursprünglichen Fassung bildeten „Schiffsrheder" und „Fabrikbesitzer" keinen Gegensatz zu „Handelsleuten", (vgl. Einf.-Ges. Art XII § 2 frühere Fassung: „andere Handelsleute"); auch bei ihnen müssen daher dieselben Voraussetzungen zutreffen, wie bei letztern.

20. Für den Begriff einer Fabrik ist die Definition des § 407. II, 8. ALR. nicht mehr maaßgebend, da in Betreff des Gewerbebetriebs jetzt ganz andere Grundsätze maaßgebend sind, insbesondere das Erforderniß einer staatlichen Erlaubniß zur Anlegung einer Fabrik (§ 410 l. c.) im Allgemeinen weggefallen, und nur noch nach Maaßgabe der neueren Gewerbegesetze zu beurtheilen ist; es kann daher jetzt jedes Gewerbe fabrikmäßig betrieben werden; so: Schr. d. Hand.-Min. an d. Just.-Min. v. 6. Juli 1851 (IV, 5583). Hiernach ist es für den Begriff einer Fabrik nicht mehr wesentlich, ob Rohstoffe (Naturprodukte) verarbeitet werden, vielmehr kann jetzt auch an Fabrikaten eine weitere fabrikmäßige Verarbeitung Statt finden.

20a. Nur die im Großen betriebene Verarbeitung stellt ein Fabrikgeschäft dar: V. I. 16. Feb. 1859 c. Träger.

20b. Dagegen ist es gleichgültig, ob die verarbeiteten Rohstoffe Eigenthum des Fabrikunternehmers sind: Z. I. 7. Juni 1861 c. Röseler (RdO. 1. s. 430).

20c. Ebenso wird der Begriff der Fabrik nicht dadurch ausgeschlossen, daß die betreffenden Waaren handwerksmäßig ohne Theilung der Arbeit und ohne Hülfe mechanischer Vorrichtungen angefertigt werden: V. II. (Int. d. Ges.) 6. Okt. 1859 c. d'Outrelepont (JMBl. s. 438; G. A. 8. s. 104).

20d. Im Uebrigen ward die Frage, was eine Fabrik sei, für wesentlich thatsächlich erachtet; so: Z. II. 10. Jan. 1856 c. Schäfer: Z. II. 7. Feb. 1856 c. Wolff; Z. II. 6. Mai 1858 c. Kirschner; Z. I. 7. Juni 1861 c. Röseler (RdO. 1. s. 430).

21. Es ist statthaft, in der den Geschwornen vorgelegten Frage den Begriff des „Fabrikbesitzers" in diejenigen thatsächlichen Merkmale aufzulösen, aus welchen das Vorhandensein dieser Eigenschaft zu entnehmen ist; in dieser Beziehung reicht die Feststellung hin: „der Angeklagte habe eine von ihm gepachtete Bierbrauerei für eigne Rechnung im Großen betrieben": Z. II. 9. Mai 1855 c. Eysen (G. A. 3. s. 573; vgl. dort die Bemerkungen).

22. Zahlungseinstellung ist nicht mit Zahlungsunfähigkeit zu verwechseln; in den Fällen der Nrn. 1 und 2 kann füglich der Thatbestand des Bankerutts bei vollständiger Zahlungsfähigkeit und nur fingirter Unfähigkeit vorliegen: Z. I. 11. Juli 1856 c. Schweitzer (G. A. 4. s. 574); Z. I. 17. Juli 1857 c. Richter (Klose u. Gen.; G. Arch. 5. s. 707); Z. I. 29. Nov. 1857 c. Döring; Bes. s. 489 II. III; G. M. 2. s. 593; 599 n. 1; Koch s. 1056 n. 56; Temme Lehrb. s. 1009.

23. Hiernach kann auch das augenblickliche Unvermögen den begründeten Anforderungen zu genügen, die Annahme einer „Zahlungseinstellung" rechtfertigen: Z. I. 17. Juli 1857 c. Richter (cit. n. 22). *Contra* wie es scheint: Temme Lehrb. s. 1017 Note 1. Vgl. Konk.-Ordn. v. 8. Mai 1855 § 113 fgg.; Erk. IV. Civ.-Sen.

3) **wenn sie in der Absicht, ihre Gläubiger zu benachtheiligen, Handelsbücher zu führen unterlassen haben, obgleich deren Führung gesetzlich vorgeschrieben, oder nach der Beschaffenheit ihres Geschäfts erforderlich war;**

---

31. Mai 1856 (Str. A. 20. S. 351). — Ebendeshalb darf aus einzelnen nachträglichen Zahlungen nicht der Schluß hergeleitet werden, daß früher eine Zahlungseinstellung nicht vorgelegen haben könne: Z. I. 14. Dez. 1855 c. Manowsky; Z. I. 30. Jan. 1861 c. Cohn.

24. Umgekehrt kann trotz einer vorhandenen Insuffizienz das Begriffserforderniß der Zahlungseinstellung fehlen, wenn z. B. der Angeklagte noch vollen Kredit hat. Es genügt daher nicht, wenn nach der thatsächlichen Feststellung die passiva die activa übersteigen; es ist vielmehr erforderlich, daß ein Gläubiger vergeblich auf Zahlung gedrungen habe; dem steht die „Bewilligung eines Ausstandes durch einen Gläubiger" oder die Thatsache: daß eine fällige Schuld nicht bezahlt worden sei, nicht gleich: B. I. 3. Febr. 1860 c. Opfer (G. A. 8. S. 565); ähnlich: Z. I. 30. Jan. 1861 c. Cohn.

25. Dagegen bedarf es entschieden nicht einer Erklärung, noch auch irgend eines stillschweigenden Verhaltens des Angeklagten, aus welchem (nach seiner Absicht) entnommen werden soll, er sei insolvent. *Contra:* Temme Lehrb. S. 1009.

26. Im Gebiete des Rheinischen Rechts wird eine vorgängige Falliterklärung Seitens des Handelsmanns, oder die Eröffnung des Falliments durch das Handelsgericht (Rh. HGB. Art. 440. 441) nicht erfordert, und ebensowenig im Gebiete der altländischen Gesetze, daß der Handelsmann rc. sein Zahlungsunvermögen dem Gerichte anzeige, sich zur Abtretung seines Vermögens an seine Gläubiger erbiete, und dagegen auf Verschonung mit dem Personalarreste antrage, oder daß über sein Vermögen der Konkurs eröffnet sei (vgl. Konk.-Ordn. v. 8. Mai 1855 § 113. 118 fgg.): Beschl. 22. Okt. 1852 c. Honerlagen-Grete (JMBl. 1853 S. 218); G. A. 1. S. 253); Z. I. 11. Juli 1856 c. Schweitzer (G. A. 4. S. 574); ähnlich: Z. 5. Dez. 1851 c. Simonsohn; Z. I. 19. Dez. 1860 c. Möwius; *Sic:* Bes. S. 489 II.; G. M. 2. S. 593; Gilb. C. pén. Art. 402 n. 12. 15; id. C. de Comm. Art. 591 n. 4. 5.

27. Es darf hiernach der Strafrichter das Strafverfahren nicht aussetzen, bis im Civilverfahren der Zustand der Zahlungseinstellung festgestellt worden sei (Gilb. C. pén. Art. 402 n. 14), und Verfolgung und Bestrafung wegen Bankerutts ist auch dann unbedenklich zulässig, wenn der Civil-Richter den Konkurs nicht für statthaft erachtet hat (z. B. weil er eine Person nicht als Theilhaber am Geschäfte betrachtete); vgl. Z. II. 23. Mai 1857 c. Aßmann.

28. Ebenso folgt aus dem Gesagten, daß trotz einer erfolgten civilgerichtlichen Falliments- oder Konkurs-Eröffnung im Strafverfahren noch immer ausdrücklich und selbstständig festgestellt werden muß, daß und zu welcher Zeit die Zahlungs-Einstellung erfolgt sei: B. II. 17. Febr. 1859 c. Krüger. *Contra:* Z. I. 15. Febr. 1859 c. Blümmer, welches die Erwähnung des ausgebrochenen kaufmännischen Konkurses für genügend erachtete.

29. Nicht minder bleibt eine Strafverfolgung, sowie die Feststellung der Zahlungs-Einstellung auch dann statthaft, nachdem ein Akkord (Vergleich) zum Zwecke der Wiederaufhebung des Konkurses gerichtlich geschlossen (Konk.-Ordn. v. 8. Mai 1855 § 181 fgg.), oder ein dem Falliten nach Rheinischem Rechte von seinen Gläubigern bewilligtes Konkordat vom Handelsgerichte bestätigt, oder seine Entschuldbarkeit anerkannt worden ist: Gilb. C. pén. Art. 402 n. 18; id. C. de Comm. Art. 584 n. 3.

30. Es ist nicht erforderlich, daß die Zahlungs-Einstellung durch die im § (Nr. 1—4) besonders hervorgehobenen Handlungen herbeigeführt worden sei. Vgl. § 261 n 3—5. 10. *Contra:* Temme Lehrb. S. 1009 III, welcher aber (S. 1013 III) selbst anerkennt, daß Nichts darauf ankomme, ob jene Handlungen vor oder nach der Zahlungs-Einstellung vorgenommen worden seien. Dagegen sprach ein Z. I. 17. Juni 1859 c. Krause (G. A. 7. S. 496) aus, daß jene Handlungen, falls sie der Zahlungs-

4) **wenn sie in gleicher Absicht ihre Handelsbücher verheimlicht oder vernichtet oder so geführt oder verändert haben, daß dieselben keine Uebersicht des Vermögenszustandes gewähren.**

Einstellung vorhergegangen seien, zur Zeit der letztern entweder überhaupt oder in ihren Folgen noch fortdauern müßten; daher stelle die Bei-Seite-Schaffung von Vermögensstücken, welche vor der Zahlungs-Einstellung wieder herbeigeschafft würden, nicht den Thatbestand der Nr. 1, sondern nur etwa den eines Versuchs dar.

31. 32. Aus den vorstehenden Bemerkungen folgt, daß in jedem Einzelfalle, sowohl die thatsächlichen Momente, aus welchen die Qualität des Angeklagten als eines Handelsmanns ꝛc. rechtlich zu folgern ist, als auch seine Zahlungseinstellung ausdrücklich durch den Spruch der Geschwornen festgestellt werden müssen. Vgl. G. Matt. 2. s. 596 n. 10; Gilb. C. de Comm. Art. 591 n. 7. 8.

33. Wenn auch die Bankerottstrafen in Wechselbeziehungen zu den civilrechtlichen Begünstigungen des Kredits beim Handelsbetriebe stehen (Motive s. 66), so gehört doch eine Mehrheit von Gläubigern nicht zum Thatbestande; ebensowenig bedarf es eines „Mißbrauchs des öffentlichen Kredits". *Contra:* Temme Lehrb. s. 1008.

34. Das Gesetz hat als betrüglichen Bankerutt grundsätzlich nur solche Handlungen ansehen wollen, welche darauf ausgehen, die Gesammtheit der Gläubiger zu benachtheiligen, nicht also solche, durch welche nur einzelne Gläubiger beeinträchtigt werden, z. B. Unterschlagung anvertrauter Gegenstände, oder betrügerische Verleitung zum Kreditgeben: Motive s. 67. Vgl. n. 36.

35. Neben den Erfordernissen des § bedarf es der Feststellung der wesentlichen Merkmale des Betrugs nach § 241 nicht: Z. I. 29. März 1854 c. Szameitke (G. A. 2. s. 565); Z. I. 19. Febr. 1856 c. Kämmlitz.

36. Insbesondere bedarf es nicht der ausdrücklichen Feststellung einer „betrügerischen Absicht", vielmehr geht das Gesetz beim Vorhandensein der thatsächlichen Merkmale des § 259 von der Voraussetzung einer den Bankerutt als einen betrüglichen charakterisirenden dolosen Absicht des Gemeinschuldners aus: Z. I. 29. März 1854 c. Szameitke (G. Arch. 2. s. 565); G. Matt. 2. s. 596 n. 8. *Contra* wie es scheint: Temme Lehrb. s. 1013. Dagegen schließt die ausdrückliche Verneinung der betrügerischen Absicht die Strafbarkeit aus: Z. I. 4. Juli 1856 c. Rabe (G. A. 4. s. 699); Beschl. II. 24. Nov. 1859 c. Engelhardt (71 B). Einem Antrage auf Stellung einer hierauf bezüglichen Frage muß daher mit Nothwendigkeit entsprochen werden: V. I. 5. Jan. 1859 c. Eichenberg (G. A. 7. s. 214).

37. Ebenso wenig erfordert das Gesetz den besonderen Nachweis einer gewinnsüchtigen Absicht: Z. I. 4. Apr. 1855 c. Friedrich (Entsch. 30. s. 365).

38. Eine wirklich eingetretene Beschädigung des Vermögens der Gläubiger wird zum Thatbestande des § nicht vorausgesezt; es kann daher auch der Feststellung einer auf eine solche Beschädigung gerichteten Absicht nicht bedürfen: Z. II. 11. Dez. 1856 c. Lechtenfeld (Beckmann u. Gen.); vgl. § 261 n. 1. In dieser Beziehung tritt nur in den Fällen der Nrn. 3 u. 4 eine Ausnahme ein. Vgl. n. 51.

39. „Bankerutt" ist ein Rechtsbegriff, der in den Fragen an die Geschwornen in seine thatsächlichen Merkmale aufgelöst werden muß: Gilb. C. pén. Art. 402 n. 24; id. C. de Comm. Art. 591 n. 20.

40. Ein Versuch des betrüglichen Bankerutts ist sehr wohl denkbar, wenn z. B. nach erfolgter Zahlungseinstellung eine der unter Nr. 1. 2 u. 4 gedachten Handlungen versucht wird: Gilb. C. de Comm. Art. 591 n. 5. *Contra:* Temme Lehrb. s. 1010 Note 1.

41. Die Aufzählung der Einzelhandlungen, durch welche im Falle einer Zahlungseinstellung der betrügliche Bankerutt begangen wird, ist limitativ; Ausdehnung auf andere ähnliche Fälle ist unstatthaft: Motive s. 69; G. Matt. 2. s. 597 n. 11; Temme Gll. s. 300.

42. Ob diese Einzelhandlungen vor oder nach der Zahlungseinstellung stattgefunden haben, ist gleichgültig; die unter Nr. 3 aufgeführte Unterlassung kann füg-

Wird festgestellt, daß mildernde Umstände vorhanden sind, so ist die Strafe Gefängniß nicht unter drei Monaten; zugleich kann auf zeitige Untersagung der Ausübung der bürgerlichen Ehrenrechte erkannt werden.

[Entw. § 235]. Vgl. § 260—262; Einf.-Ges. Art. XII § 2; Cr.-O. § 201; Konk.-Ordn. v. 8. Mai 1855 § 307—309 und § 340. 341; Einf.-Ges. z. D. HGB. v. 24. Juni 1861 Art. 18; D. HGB. Art. 4. 10. 28—40.

---

lich derselben nur vorhergegangen sein: B. I. 5. Jan. 1859 c. Eichenberg (G. A. 7. s. 214; ein Fall der Nr. 1); Temme Lehrb. s. 1013; G. Matt. 2. s. 596 n. 9. Vgl. n. 30.

43. Auch dann, wenn ein Kaufmann, welcher seine Zahlungen eingestellt hat, sich mehrerer der hier vorgesehenen Handlungen (1—4) schuldig macht, liegt nicht ein Fall der realen Konkurrenz, sondern stets nur ein einziger Bankerutt vor: Z. II. 15. März 1860 c. Steinbeck; Z. I. 18. Mai 1860 c. Härtter.

Zu Nr. 1.

44. Als ein „Verheimlichen" ist die Abschließung simulirter Geschäfte zu betrachten, welche dahin abzwecken, Vermögensstücke den Gläubigern zu entziehen.

45. Ueber Verheimlichung vgl. im Uebrigen § 261 n. 18—22.

46. Das „Bei-Seite-Schaffen" ist hier gleichbedeutend mit „den Gläubigern entziehen". Daher gehört eine Handlung nicht hierher, welche dahin abzielt, die Sache der Gesammtheit der Gläubiger dadurch zu erhalten, daß eine von einem Einzelgläubiger versuchte Exekutionsvollstreckung verhindert wird: G. Matt. 2. s. 594 n. 4; Koch n. 48 Vgl. n. 34.

Zu Nr. 2.

47. Durch die Worte „ganz oder theilweise" soll auch der Fall übertriebener Forderungen mit umfaßt werden: G. Matt. 2. s. 594 n. 5; Knoch n. 49.

47a. Die Anklage muß die Erdichtung, also die Nichtexistenz der Schuld rc. beweisen: Beschl. II. 4. April 1861 c. Poettgen.

Zu Nr. 3.

48. Die früher nur durch Art. 8 des Rh. HGB. vorgeschriebene Führung von Handelsbüchern, ist für die Zukunft durch Art. 28 des D. HGB. allen Kaufleuten, mit Ausnahme der im Art. 10 (unten s. 469) erwähnten zur Pflicht gemacht. Einem Antrage auf Stellung einer Frage über die Voraussetzungen des Art. 10 muß nothwendig Statt gegeben werden.

49. Außerhalb des Gebiets des Rheinischen Rechts fiel bisher die Prüfung, ob eine Buchführung erforderlich gewesen sei, dem Richter der Thatfrage anheim, welcher dabei an das Gutachten von Sachverständigen in keiner Weise gebunden war: Z. 5. Sept. 1851 c. Simonsohn; er konnte daher die betr. Feststellung auch auf den Grund anderer Beweismittel treffen: Z. II. 4. Apr. 1861 c. Schirmer. Die Worte: „nach der Beschaffenheit des Geschäfts" beziehen sich wesentlich auch auf den Umfang desselben: Z. II. 1. Juli 1858 c. Topf.

Zu Nr. 3 und 4.

50. Unter Handelsbüchern sind ordnungsmäßig eingerichtete, der kaufmännischen Praxis entsprechende zu verstehen: Z. I. 6. März 1861 c. Holzinger.

51. In den hier vorgesehenen Fällen genügt als Dolus die „Absicht, die Gläubiger zu benachtheiligen". Als eine solche ist unbedenklich auch die Absicht zu betrachten, den Gläubigern die Liquidirung der Masse, und die Verfolgung und Flüssigmachung der Aktiva zu erschweren. Natürlich darf aber aus der bloßen Unterlassung der Buchführung, oder aus der unrichtigen Führung rc. nicht eine Präsumtion jener Absicht hergeleitet werden: Vgl. Temme Lehrb. s. 1015.

Zu Nr. 4.

52. „Zur Anwendung dieser Nr. genügt die Feststellung, daß der Angeklagte „in der Absicht, seine Gläubiger zu benachtheiligen, seine Handlungsbücher, — „d. i. diejenigen, welche er geführt hat — verheimlicht, oder vernichtet, oder so ge- „führt oder verändert habe, daß dieselben keine Uebersicht des Vermögenszustandes

Die §§ 259 bis 262 dieses Titels sind deklarirt durch das am 1. März 1862 in Geltung tretende:

Einführungs-Gesetz zum Deutschen Handelsgesetzbuche vom 24. Juni 1861 (G. S. s. 458):

Art. 18. Unter der Bezeichnung: „Fabrikbesitzer, Schiffsrheder und Handelsleute" in den §§ 259 bis 262 des Strafgesetzbuchs sind fortan diejenigen Personen zu verstehen, welche nach der Bestimmung des Artikels 4. des Handelsgesetzbuchs als Kaufleute anzusehen sind.

Deutsches Handelsgesetzbuch (G. S. s. 480).

Art. 4. Als Kaufmann im Sinne dieses Gesetzbuchs ist anzusehen, wer gewerbemäßig Handelsgeschäfte treibt.

Art. 10. Die Bestimmungen, welche dieses Gesetzbuch über die Firmen, die Handelsbücher und die Prokura enthält, finden auf Höker, Trödler, Hausirer und dergleichen Handelsleute von geringem Gewerbebetriebe, ferner auf Wirthe, gewöhnliche Fuhrleute, gewöhnliche Schiffer, und Personen, deren Gewerbe nicht über den Umfang des Handwerksbetriebs hinausgeht, keine Anwendung. Den Landesgesetzen bleibt es vorbehalten, im Falle es erforderlich erscheint, diese Klassen genauer festzustellen.

Vereinigungen zum Betriebe eines Handelsgewerbes, auf welches die bezeichneten Bestimmungen keine Anwendung finden, gelten nicht als Handelsgesellschaften.

Vgl. Einf.-Ges. z. D. HGB. v. 24. Juni 1861 Art. 31.

„gewähren; es ist dann der Nachweis nicht erforderlich, daß — wie die Nr. 3 voraussetzt, — der Angeklagte seine Handlungsbücher gesetzlich zu führen verpflichtet, „oder die Führung der Handlungsbücher nach der Beschaffenheit des Geschäfts erforderlich gewesen sei": Z. I. 4. April 1855 c. Friedrich (Präj. n. 145; Entsch. 30. s. 365; G. A. 3. s. 574). Gleichwohl dürfte die bloße unordentliche Führung der Bücher durch einen nicht dazu Verpflichteten nicht ausreichen; vgl. § 261 n. 18.

53. Es ist statthaft, die Geschwornen alternative zu befragen, ob der Angeklagte seine Bücher verheimlicht oder vernichtet habe: Z. I. 15. Sept. 1858 c. Schlesinger; vgl. Strafverf. Art. 80 n. 12.

54. Die Anwendbarkeit der Nr. 4 wird dadurch nicht ausgeschlossen, daß die Bücher dem Angeklagten selbst eine Uebersicht seines Vermögenszustandes gewähren; sie müssen vielmehr eine solche auch objektiv einem sachverständigen Dritten möglich machen: Z. I. 2. Okt. 1857 c. Hering; Z. I. 14. Okt. 1859 c. Held; Z. I. 22. Febr. 1861 c. Huth; Z. II. 11. April 1861 c. Cohn.

Zum Schlußsatze.

55. Die Unbedeutendheit des betriebenen Geschäfts kann als mildernder Umstand gelten: Motive s. 67; G. Matt. 2. s. 591; Koch n. 53.

Einf.-Ges. zum D. Hand.-Ges.-Buch Art. 18.

1. Auch die im Art. 10 des D. HGB. genannten Personen sind als Kaufleute anzusehen; nur die Pflicht zur Führung der Handelsbücher 2c., und damit die Anwendbarkeit des § 261 Nr. 2. 3 fällt bei ihnen weg.

§. 260. Mit Zuchthaus bis zu zehn Jahren wird bestraft:

1) wer im Interesse eines Handelsmannes, Schiffsrheders oder Fabrikbesitzers, welcher seine Zahlungen eingestellt hat, dessen Vermögen ganz oder theilweise verheimlicht oder bei Seite geschafft hat;

2) wer im Interesse eines solchen Gemeinschuldners, oder um sich oder Anderen Vortheil zu verschaffen, erdichtete Forderungen im eigenen Namen oder durch zwischengeschobene Personen geltend gemacht hat.

Wird festgestellt, daß mildernde Umstände vorhanden sind, so ist die Strafe Gefängniß nicht unter drei Monaten; zugleich kann auf zeitige Untersagung der Ausübung der bürgerlichen Ehrenrechte erkannt werden.

Hat der Thäter im Einverständnisse mit dem Gemeinschuldner gehandelt, so kommen die allgemeinen Vorschriften über die Theilnahme an Verbrechen zur Anwendung.

[Entw. § 236]. Einf.-Ges. z. D. HGB. v. 24. Juni 1861 Art. 18; D. HGB. Art. 4. (s. 469).

---

§ 260.

1. Die Ausdrücke: „Handelsmann, Schiffsrheder oder Fabrikbesitzer" sind durch den mit dem 1. März 1862 in Geltung tretenden Art. 18 des Einf.-Ges. z. D. HGB. deklarirt; siehe s. 469. Im Uebrigen sind über die betr. Begriffe § 259 n. 1—21 zu vergleichen.

2. Hier wird die Kenntniß des Angeklagten von der Zahlungseinstellung vorausgesetzt; gleichwohl bedarf es einer ausdrücklichen Feststellung dieser Kenntniß nur dann, wenn sie bestritten worden ist. Vgl. Gilb. C. de Comm. Art. 593 n. 5.

3. Es wird hier eine betrügerische, auf Benachtheiligung der Gläubiger gerichtete Absicht vorausgesetzt; es bedarf daher der Aufnahme dieses Moments in die Fragstellung, sobald in dieser Beziehung ein Antrag gestellt worden ist: B. I. 5. Jan. 1859 c. Castan (1108; G. A. 7. s. 214). Vgl. § 259 n. 36. 38.

4. Eine konkurrirende Strafbarkeit des Kaufmanns selbst ist nicht erforderlich, (vgl. Abs. 3); daher bildet bei gleichzeitiger Verfolgung Beider die Freisprechung des letztern kein Hinderniß für die Bestrafung des in seinem Interesse handelnden Dritten.

5. Geschah die unter Nr. 1 erwähnte Handlung nicht im Interesse des Handelsmanns, wohl aber in der Absicht, sich oder Andern Vortheil zu verschaffen, so könnte nur die Diebstahlsstrafe Platz greifen: G. Matt. 2. s. 598.

6. Der Schlußsatz enthält lediglich eine Verweisung auf die allgemeinen Vorschriften über die Theilnahme, wobei die Worte „im Einverständnisse" nur den Gegensatz gegen die beiden unter Nr. 1 und 2 gedachten Fälle bezeichnen, so daß es bei der Feststellung dieser Theilnahme sich nicht um eine ausdrückliche Feststellung dieses „Einverständnisses", sondern nur um eine solche Feststellung handelt, nach welcher die Handlung nach den allgemeinen Regeln des § 34 über die Theilnahme strafbar wird; es wird dann das Einverständniß mit dem Hauptthäter vorausgesetzt, und durch die im § 34 (Nr. 1 oder 2) angeführten Umstände erwiesen: Z. I. 4. Juli 1855 c. Rosenbaum (G. A. 3. s. 549); Z. II. 11. Dez. 1856 c. Lechtenfeld (Beckmann u. Gen.); Z. (V.) I. 8. April 1857 c. Krems (Schulz u. Gen.; G. A. 5. s. 401); Z. I. 13. April 1859 c. Kosterlitz (373).

§. 261. **Handelsleute, Schiffsrheder und Fabrikbesitzer, welche ihre Zahlungen eingestellt haben, werden wegen einfachen Bankerutts mit Gefängniß bis zu zwei Jahren bestraft:**

1) wenn sie durch Ausschweifungen, Aufwand, Spiel oder Differenzhandel mit Waaren oder Börsen-Effekten übermäßige Summen verbraucht haben oder schuldig geworden sind;

---

§ 261.

Inhalt.

1. Deklaration der Ausdrücke: „Handelsleute rc." durch den mit dem 1. März 1862 ins Leben tretenden Art. 18 des Einf.-Ges. z. D. HGB. (s. 469).

1a. Auch hier wird nur eine Zahlungseinstellung nicht eine Zahlungsunfähigkeit vorausgesetzt (vgl. § 259 n. 22); wenn auch die Nr. 4 die letztere erheischt, so ist das doch auf die Fälle der Nrn. 1 bis 3 nicht auszudehnen: Z. I. 11. Juli 1856 c. Schweitzer (G. A. 4. s. 574); Z. I. 16. Juli 1858 c. Fürstenheim; Temme Lehrb. s. 1016, III. *Contra*: G. Matt. 2. s. 599 n. 1; Temme Gll. s. 361; Koch n. 56, welche dem Angeklagten wenigstens den Nachweis der Suffizienz gestatten wollen, weil nur bei wirklicher Zahlungsunfähigkeit eine Beschädigung der Gläubiger möglich sei; dieselben übersehen aber, daß das Gesetz eine solche Beschädigung zum Thatbestande gar nicht verlangt; vgl. § 559 n. 38; Konk.-Ordn. v. 8. Mai 1855 § 113 fgg.; Erk. IV. Civ.-Sen. 31. Mai 1856 (Str. A. 20 s. 361); Abh. in G. A. 4. s. 798.

2. In den einzelnen Fällen 1—4 präsumirt das Gesetz eine Fahrlässigkeit; es bedarf daher nicht der besonderen Feststellung einer solchen: Z. I. 7. Okt. 1857 c. Hanke (ein Fall der Nrn. 2 und 3). *Contra* zum Theil: Temme Lehrb. s. 1016. 1020. Vgl. n. 17.

3. Noch weniger kann verlangt werden, daß die Zahlungs-Einstellung durch die speziell aufgezählten Handlungen rc. herbeigeführt worden sei: Z. II. 4. Apr. 1861 c. Schirmer (RbO. 1. s. 346; G. A. 9. s. 423). Es ist sogar kaum denkbar, wie dieselbe durch Verheimlichung der Handelsbücher herbeigeführt werden könne. Vgl. n. 4. 5. 10; § 259 n. 30; Abh. in G. A. 2. s. 657. *Contra*: Temme Lehrb. s. 1016. 1020; Köstlin Abh. in G. A. 5. s. 743 und Note 3; id. 6. s. 294.

Zu Nr. 1.

4. Mit Rücksicht auf n. 3 bleibt die Nr. 1 auch da anwendbar, wo neben den Ausschweifungen rc. auch andere Ursachen zum Vermögensverfalle mitgewirkt haben: Z. II. 23. Mai 1857 c. Aßmann.

5. Ebendeshalb ist es auch nicht wesentlich, ob der Schuldner habe voraussehen können oder müssen, daß die Ausschweifungen rc. die Zahlungs-Einstellung herbeiführen würden. *Contra*: Temme Lehrb. s. 1017.

6. Der Ausdruck „Aufwand" ist nicht auf das außergeschäftliche Leben zu beschränken; auch solche Aufwendungen können hierher gerechnet werden, welche aus Anlaß der geschäftlichen Verhältnisse gemacht werden, z. B. Reisekosten, Bewirthungen von Geschäftsfreunden: Z. I. 2. Juli 1858 c. Schröder (Entsch. 39. 2. s. 35).

7. Für den Begriff des „Differenzhandels" ist es gleichgültig, ob die Differenz durch Berechnung festgestellt, oder ob die Waare geliefert und gleich wieder verkauft wird: Erk. IV. Civ.-Sen. 24. Febr. 1859 (G. A. 8. s. 775). *Contra*: Abh. in G. A. l. c.

2) wenn sie Handelsbücher zu führen unterlassen haben, obgleich deren Führung gesetzlich vorgeschrieben oder nach der Beschaffenheit ihres Geschäfts erforderlich war oder wenn sie die Handelsbücher verheimlicht oder vernichtet oder so unordentlich geführt haben, daß dieselben keine Uebersicht des Vermögenszustandes gewähren.

3) wenn sie unterlassen haben, die Bilanz ihres Vermögens jährlich zu ziehen, obgleich dies gesetzlich vorgeschrieben oder nach der Beschaffenheit ihres Geschäfts erforderlich war;

---

8. Als Differenzhandel kann auch der Abschluß eines einzigen Differenzgeschäfts angesehen werden: Z. I. 7. Mai 1858 c. Heideprim.

9. Die Uebermäßigkeit der verbrauchten ꝛc. Summen ist vorzugsweise mit Rücksicht auf die Vermögenslage des Angeklagten zu bemessen: Z. I. 10. Febr. 1858 c. Sittig. *Contra*: Temme (Lehrb. S. 1017), welcher nur den Umfang des Geschäfts als Maaßstab zum Grunde legen will. Im Uebrigen ist die betr. Frage thatsächlicher Natur: Z. II. 23. Mai 1857 c. Aßmann; Z. I. 10. Febr. 1858 c. Sittig.

Zu Nr. 2. 3.

10. Im Falle der Nrn. 2. 3 braucht die Zahlungs-Einstellung nicht durch die fraglichen Unterlassungen herbeigeführt zu sein: Z. I. 14. Okt. 1859 c. Held; vgl. n. 3.

Zu Nr. 2.

11. Ueber die gesetzliche Nothwendigkeit der Buchführung, sowie eventuell den Beweis derselben, wo sie durch die Beschaffenheit des Geschäfts bedingt ist, vgl. § 259 n. 48—50.

12. Die zu führenden Bücher müssen eine vollständige Uebersicht über die Vermögenslage gewähren; die Führung darf sich daher nicht auf einen Theil der betriebenen Geschäfte beschränken, [sollten dieselben auch von einander ganz unabhängig sein]: Beschl. I. 19. Sept. 1860 c. Banke (168B; JMBl. S. 391: G. A. 8. S. 842).

13. Es ist gleichgültig, ob das die Buchführung nothwendig machende Geschäft als Haupt- oder als Nebengeschäft betrieben wird: Z II. 11. Okt. 1860 c. Neuwald.

14. Auch s. g. Gefälligkeitswechsel unterliegen der Nothwendigkeit der Buchung: Z. II. 11. Okt. 1860 c. Neuwald.

15. Die „unterlassene“ Buchführung begreift auch den Fall, wo nur eins der zur vollständigen Vermögensübersicht erforderlichen Bücher nicht geführt worden ist: Z. I. 17. Mai 1858 c. Herklotz; Z. I. 17. Mai 1859 c. Lewin.

16. Liegt der Thatbestand dieser Nr. vor, so ist es gleichgültig, ob die Handelsbücher nach den Vorschriften der AGO. Beweiskraft haben: Z. I. 9. Mai 1856 c. Panke. Vgl. Einf.-Ges. z. D. HGB. Art. 22. 8; D. HGB. Art. 34.

17. Die Strafbarkeit der unterlassenen oder unordentlichen Buchführung ist weder durch Dolus noch durch Fahrlässigkeit bedingt: Z. I. 4. Mai 1860 c. Goldmann; dieselbe kann daher auch nicht durch den Mangel der dazu erforderlichen Kenntnisse und Fähigkeiten entschuldigt werden; wer diese Fähigkeit nicht besitzt, soll kein Geschäft treiben, wodurch er Andern Schaden zufügen kann: Z. I. 7. Okt. 1857 c. Hanke; Z. I. 27. Mai 1859 c. Lewin (G. A. 7. S. 560); Z. I. 9. Dez. 1860 c. Möwius; Z. I. 19. Apr. 1861 c. Sommerfeldt (RdO. 1. S. 356). Vgl. n. 2.

18. Die Verheimlichung und Vernichtung der Handelsbücher ist selbst dann strafbar, wenn es an sich der Buchführung nicht bedurft hätte (vgl. § 259 Nr. 4 und dort n. 52; K.-B. II. K. S. 133). *Contra:* Temme Lehrb. S. 1018. — Dagegen kann die unordentliche Führung nur in Beziehung auf die vorgeschriebenen Bücher strafbar sein. Vgl. § 259 n. 33.

19. Demgemäß liegt bei der Verheimlichung ꝛc. der Handelsbücher der

4) wenn sie, obgleich das Vermögen nach der lezten Bilanz nicht die Hälfte der Schulden deckte, neue Schulden gemacht oder Waaren oder Kreditpapiere unter dem Werthe verkauft haben.

[Entw. § 237]. Vgl. § 259. 262; Rh. HGB. Art. 586 Nr. 2. 3; 587; 8 fgg.; Konk.-Ordn. v. 8. Mai 1855 § 307—309. 340. 341; Einf.-Ges. z. D. HGB. v. 24. Juni 1861 Art. 18; D. HGB. Art. 4. 10. 28—40 (s. 469).

Unterschied vom Falle des § 259 Nr. 4 nur darin, daß hier von der Absicht, die Gläubiger zu benachtheiligen, abgesehen wird: Köstlin Abh. in G. A. 6. s. 294.

20. Der Begriff des „Verheimlichens“ ist wesentlich ein thatsächlicher: Z. I. 17. Juli 1854 c. Oppitz (G. A. 2. s. 658).

21. Ein Verheimlichen der Handelsbücher kann unbedenklich angenommen werden, wenn der Gemeinschuldner dieselben nicht in der vom Gesetze vorgeschriebenen Frist vorlegt (vgl. Konk.-Ordn. v. 8. Mai 1855 § 116): Z. I. 8. Juni 1859 c. Katzer. Wo es an einer solchen Vorschrift fehlt, darf der Richter auch in einer nur temporären Vorenthaltung ein Verheimlichen finden. Vgl. Abh. in G. A. 2. s. 657.

22. Daß die Verheimlichung oder Vernichtung der Handelsbücher vor der Zahlungseinstellung stattgefunden haben müsse, kann nicht gefordert werden; sie wird im Gegentheile in der Regel der letztern erst nachfolgen. Vgl. n. 3; Abh. in G. Arch. 2. s. 657. *Contra:* Temme Lehrb. s. 1016 II.

23. Die Buchführung muß in der Art erfolgen, daß dadurch objektiv (nicht blos dem Angeklagten persönlich) eine Uebersicht des Vermögenszustandes gewährt werde. Vgl. § 259 n. 54.

24. Der Kaufmann steht auch dann, wenn er die Buchführung Andern überläßt, für die Ordnungsmäßigkeit derselben ein; die Unterlassung der Ueberwachung ist selbst durch den Mangel der eigenen Kenntniß nicht zu entschuldigen (vgl. n. 17): Z. II. 1. Juli 1858 c. Topf; Z. I. 27. Mai 1859 c. Lewin (G. A. 7. s. 560).

25. Inwiefern dieses auch von einem handeltreibenden Frauenzimmer gelte, welches ordnungsmäßig einen Prokuristen bestellt hat, vgl. n. 31.

26. Der Ausdruck: „so unordentlich“ deutet nicht auf ein für sich bestehendes Merkmal, welches von der Mangelhaftigkeit der Bücher, vermöge deren sie keine Uebersicht des Vermögenszustandes gewähren, verschieden wäre; vielmehr ist da, wo letzteres der Fall, eine Unordentlichkeit der Buchführung selbstverständlich: Z. I. 29. April 1859 c. Grünbaum.

27. Der Strafbestimmung dieser Nr. 2 unterliegen geeigneten Falles alle Theilhaber eines Geschäfts, sollten dieselben die Arbeiten auch in der Weise zwischen sich vertheilt gehabt haben, daß einer allein die Buchführung zu besorgen hatte: Z. I. 9. Mai 1856 c. Panke; Z. I. 16. Juli 1858 c. Fürstenheim (G. A. 6. s. 714); vgl. n. 24; § 259 n. 15; § 639. II, 8. ALR., und für die Zukunft: D. HGB. Art. 112.

Zu Nr. 3.

28. Die früher nur durch Art. 9 des Rh. HGB. vorgeschriebene jährliche Ziehung der Bilanz ist für die Zukunft durch die Artt. 29—31 des (am 1. März 1862 in Geltung tretenden) D. HGB. jedem Kaufmanne zur Pflicht gemacht. Ausgenommen sind nur die im Art. 10 l. c. (s. 469) genannten Personen; („Handelsbücher“ bezieht sich dort auf die Bilanz mit; vgl. l. c. Tit. 4. Art. 28. 29.). Vgl. Konk.-Ordn. § 116.

29. Nur die Unterlassung der alljährlich zu ziehenden Bilanz ist strafbar; es trat daher früher Straflosigkeit ein, wenn nach der Beschaffenheit des Geschäfts die Bilanz nur alle zwei Jahre zu ziehen war: B. II. 30. Juni 1859 c. Schüller (JMBl. s. 331; G. A. 7. s. 851); Z. I. 21. Okt. 1859 c. Walter; u. ö. Das fällt künftig weg (vgl. n. 28); insbesondere bedarf es auch dann, wenn ausnahmsweise die alle zwei Jahre erfolgende Inventur eines Waarenlagers genügt (D. HGB. Art. 29), doch der alljährlichen Ziehung der Bilanz selbst in Betreff dieses Waarenlagers.

30. Die Ziehung der Bilanz muß am Jahresschlusse erfolgen; der Instanzrichter kann dafür eine angemessene Frist belassen, darf aber auch eine erst

§. 262. Wenn Mäkler oder Notarien Handelsgeschäfte betreiben, so sollen dieselben, im Falle sie ihre Zahlungen einstellen und der in diesem Titel erwähnten Handlungen schuldig sind, denselben Strafen, wie Handelsleute, unterliegen.

[Entw. § 239]. Vgl. § 259—261; Rh. HGB. Art. 85. 89; Einf.-Ges. z. D. HGB. v. 24. Juni 1861 Art. 18; D. HGB. Art. 4 (s. 469).

---

mehrere Monate nach dem Jahresschlusse erfolgende für ungenügend erachten: Z. I. 18. Mai 1860 c. Härtter; ähnlich: Z. I. 2. Juli 1858 c. Schröder (Entsch. 39. 2. s. 45).

31. Ein Handlung treibendes Frauenzimmer, welches ordnungsmäßig einen Prokuristen bestellt hatte, war selbst (nach § 492. 497. II, 8. ALR.) zur Buchführung und zur Ziehung der Bilanz nicht verpflichtet; unterlag daher im Verabsäumungsfalle nicht der Strafe des §. B. I. 23. März 1860 c. Zyronska (G. A. 8. s. 566); vgl. n. 25; § 259 n. 17. Für die Zukunft fällt dieser Grundsatz fort; vgl. HGB. Art. 6.

32. Als „Bilanz" ist nur ein förmlicher Abschluß anzusehen, welcher den Vermögenszustand des Kaufmanns vor Augen stellt, und in den Büchern, oder wenn auch abgesondert, doch in der gehörigen Vollständigkeit und Uebersichtlichkeit (also schriftlich) aufgezeigt werden kann: Z. I. 20. Okt. 1858 c. Hintze; ein Abschluß der übrigen Conti genügt daher nicht: Z. I. 2. Juli 1858 c. Schröder (Entsch. 39. s. 35); und ebenso wenig eine Ziehung im Kopfe (vgl. Konk.-Ordn. § 116): Z. I. 21. Okt. 1857 c. Lange. Vgl. künftig D. HGB. Art. 29—31.

33. 34. Daraus folgt auch, daß eine bewußter Weise unrichtig aufgestellte Bilanz vor der Strafe nicht schützen kann. Vgl. künftig D. HGB. Art. 31.

35. Die Bilanz muß endlich so gezogen werden, daß sie objektiv, d. h. also auch andern befähigten Personen und Behörden eine Uebersicht über die Vermögenslage gewähren könne: Z. I. 8. Juni 1859 c. Katzer; vgl. § 259 n. 54.

Zu Nr. 4.

36. Als ein Machen von „neuen Schulden" ist es anzusehen, wenn neue Waaren-Ankäufe auf Kredit stattfinden. Motive s. 68; G. M. 2. s. 601.

37. Gleichgültig ist es, ob die älteren Gläubiger mit dem Machen der neuen Schulden einverstanden waren, da durch eine solche Handlungsweise auch die neuen Gläubiger gefährdet werden.

38. Ebenso ist es gleichgültig, ob die neuen Schulden mit Verheimlichung der Vermögens-Umstände (§ 1466. II, 12. ALR.) gemacht worden sind: Z. I. 6. Juli 1860 c. Voß (G. A. 8. s. 704).

39. Das Machen neuer Schulden gehört selbst dann hierher, wenn der Kaufmann gegründete Hoffnung zu haben glaubt, seine Insolvenz zu heben: Köstlin Abh. in G. Arch. 6. s. 293; vgl. K.-B. II. K. s. 134.

40. Als Werth der Kreditpapiere ist hier nicht der nominelle, sondern nur der wahre Werth zu betrachten: K.-B. II. K. s. 134; Bes. s. 496.

41. Nicht jeder Verkauf unter dem zeitlichen Werthe, welcher vielleicht in der Befürchtung bevorstehender schlimmer Konjunkturen stattfindet, soll hiernach geahndet werden, sondern nur ein wahrhaft leichtsinniges unwirthschaftliches Verfahren. So: K.-B. I. K. s. 42.

42. Im Uebrigen sind hier die Bemerkungen zu § 259 zu vergleichen.

§ 262.

1. Bei Mäklern und Notarien wird nur überhaupt ein Treiben von Handelsgeschäften verlangt, nicht auch, daß sie daraus ihr gewöhnliches Gewerbe gemacht haben (vgl. § 259 n. 1): G. Matt. 2. s. 601; Koch n. 62. *Contra*: Temme Lehrb. s. 1006 Note 3.

2. Auch die Vorschriften des § 260 sind unter den geeigneten Voraussetzungen beim Handeln dritter Personen im Interesse eines Mäklers oder Notars anwendbar: G. Matt. 2. s. 602 n. 2.

3. Die Vorschrift des Art. 89 des Rh. HGB. (Rh. StGB. Art. 404) ist durch § 262 für beseitigt zu erachten.

Fünfundzwanzigster Titel.
Strafbarer Eigennutz.

§. 263. Wer sich von seinen Schuldnern höhere Zinsen, als die Gesetze zulassen, vorbedingt oder zahlen läßt und entweder diese Ueberschreitung gewohnheitsmäßig betreibt oder das Geschäft so einkleidet, daß dadurch die Gesetzwidrigkeit versteckt wird, ist wegen Wuchers mit Gefängniß von drei Monaten bis zu Einem Jahre und zugleich mit Geldbuße von funfzig bis zu Eintausend Thalern, so wie mit zeitiger Untersagung der Ausübung der bürgerlichen Ehrenrechte zu bestrafen.

[Entw. § 240]. Vgl. Einf.-Ges. Art. XI; ALR. I, 11 § 803 fgg. 855 fgg.; (Rh.) Ges. v. 3. Sept. 1807; (Berg.) Dekr. v. 12. Nov. 1809; Vdn. v. 27. Nov. 1857 (GS. S. 884).

---

§ 263.

Inhalt.

1. Die Entwürfe von 1830 (§ 383) und von 1836 hatten ausdrücklich den Fall vorgesehen, wo Jemand nicht für sich selbst, sondern z. B. für seinen Mündel oder Machtgeber und auf deren Namen, aber ohne ihr Vorwissen Wuchergeschäfte betreibe. Wenngleich die betreffenden Bestimmungen in das StGB. nicht übergegangen sind, dieses vielmehr nur von einem „sich Verbedingen rc.“ spricht, so erscheint es doch statthaft, die Strafandrohung auf jene Fälle auszudehnen. Das ist jedenfalls da unbedenklich, wo ein Vater das wucherische Darlehen zwar aus dem Vermögen seiner Kinder giebt, er aber selbst vermöge seiner väterlichen Gewalt als Darleiher auftritt, und die Zinsen als gesetzlicher Nießbraucher bezieht: Z. I. 6. Febr. 1857 c. Tzschaschel.

2. Wenn der § sich auch des Ausdrucks „von seinen Schuldnern“ bedient, so folgt daraus doch keineswegs, daß nothwendig eine Mehrheit von Personen erforderlich sei, welche zu hohe Zinsen versprochen oder geleistet hätten; das ergiebt sich schon daraus, daß es beim versteckten Wucher zur Strafbarkeit nur eines einzigen Falles bedarf (so: Z. II. 24. Sept. 1857 c. Mutschler), von einer Mehrheit der Schuldner also keine Rede sein kann, und weil auch beim gewohnheitsmäßigen Wucher von „dieser Ueberschreitung“ in der Einzahl gesprochen wird. Es steht daher Nichts entgegen, einen strafbaren gewohnheitsmäßigen Wucher auch da anzunehmen, wo der Angeklagte mit einem Schuldner mehrere wucherische Geschäfte gemacht hat: Z. (V.) II. 31. Jan. 1856 c. Wilhelm; V. II. 5. Mai 1859 c. Belke (G. A. 7. S. 560); V. II. 8. Dez. 1859 c. dies. (G. A. 8. S. 567); Koch n. 63 b; vgl. n. 38.

3. Die Worte „von seinen Schuldnern“ sind nicht abstrakt aufzufassen, als käme hier das zwischen Gläubiger und Schuldner bestehende Schuldverhältniß nur in seiner Gesammtheit in Betracht, und als bleibe der Begriff des Wuchers da ausgeschlossen, wo der Schuldner an Zinsen wirklich soviel, wie verschrieben worden, wenn auch aus andern Rechtsverhältnissen würde zahlen dürfen; es ist vielmehr jener Ausdruck im konkreten Sinne zu nehmen, so daß sich derselbe nur auf das spezielle Geschäft bezieht, bei welchem mehr verschrieben oder gezahlt ist, als das Gesetz gestattet: Z. I. 25. Febr. 1857 c. Neumann (G. A. 5. S. 276). Vgl. aber n. 22.

4. Die Strafbestimmung bezieht sich keineswegs blos auf Darlehnsschulden, das Wort Schuldner ist vielmehr auf Schuldner jeder Art zu beziehen: V. II. 22. März 1855 c. Simon; Z. I. 17. Juni 1859 c. Blumenthal; Z. I. 26. Okt. 1860 c. Zindars. Mit Rücksicht auf den Begriff der „Zinsen“ wird nur eine solche Schuld vorausgesetzt, welche fungible Sachen zum Gegenstande hat: Temme Lehrb. S. 1024 fgg.

5. Es gehört daher unbedenklich auch das uneigentliche Darlehn hierher: Z. II. 13. Sept. 1855 c. Heimann (beiläufig); G. Matt. 2. S. 606; Temme Lehrbuch S. 1025 Note 5.

6. Selbst gegen einen Real-Schuldner kann ein Wucher ausgeübt werden: Z. I. 21. Dez. 1859 c. Gutknecht.

7. Beim Darleben ist es gleichgültig, ob dasselbe mit eignem oder mit fremdem Gelde gemacht sei; auch im letztern Falle hört der Betreffende nicht auf, Darleiher zu sein: Z. I. 13. Okt. 1858 c. Leubuscher. Vgl. n. 1.

8. Ebenso ist es gleichgültig, ob das abgeschlossene Darlehnsgeschäft ein formell rechtsbeständiges und klagbares gewesen sei; vgl. n. 28; der Wucher ist auch dann strafbar, wenn der Anleiher, z. B. als Subaltern-Offizier zum Abschlusse eines Darlehnsvertrags unfähig war: Z. I. 15. Febr. 1854 c. Jacobson; oder wenn das Zinsversprechen nur mündlich neben einem schriftlichen Darlehnsvertrage abgegeben ist (§ 729. I, 11. ALR.): Z. I. 20. Okt. 1858 c. Schröder. Es genügt daher auch eine vom schreibensunkundigen Schuldner nur unterkreuzte Schrift, um den Thatbestand eines eingekleideten Wuchers darzustellen: Z. I. 21. Jan. 1857 c. Birnbaum; Z. II. 15. März 1860 c. Scharf. *Contra:* Erk. Schw.-G.-H. Bartenstein 20. Jan. 1858 c. Jakoby.

9. Nicht minder ist es gleichgültig, ob die Sache noch in der Lage ist, daß sich der Schuldner durch einen Einwand (z. B. der nicht vollständig gezahlten Valuta) gegen den Anspruch des zuviel Versprochenen schützen kann: Z. I. 6. Juni 1856 c. Wuttke.

10. Umgekehrt wird die Strafbarkeit des Wuchers auch dadurch nicht ausgeschlossen, daß das formell abgeschlossene Geschäft, in welches er eingekleidet worden, durch die Vorschriften des Civilrechts gegen Anfechtung geschützt ist: Z. 30. Juni 1852 c. Hirschfeld; Z. 5. Nov. 1852 c. Goldberg.

11. Auf den Ankauf eines Wechsels, insofern derselbe als solcher von den Parteien von vorne herein beabsichtigt und gewollt ist, findet das Wuchergesetz keine Anwendung, da der Wechsel eine Waare ist, deren Werth und Preis sich nach den Umständen richtet. Wenn dagegen die Form des Wechselkaufs nur gewählt ist, um ein wirkliches Darlehn zu verstecken, wenn also der Wechsel nur geschaffen oder nur deshalb übertragen wird, damit Jemand in den Besitz des von ihm gesuchten baaren Geldes gelange, so ist das Geschäft wesentlich ein Darlehn, welches in die Form des Wechselkaufs eingekleidet ist, d. h. also im Falle einer Zinsenüberhebung unzweifelhaft ein versteckter Wucher: V. II. 26. Juni 1856 c. Rother (G. A. 4. S. 703); Z. II. 1. Dez. 1858 c. Allerdt; n. 6. Vgl. Bes. S. 504 III. Diesen Thatbestand kann der Instanzrichter auch da annehmen, wo der Wechsel von einem Dritten ausgestellt und erst nachträglich auf den Angeklagten girirt ist, oder wenn der Dritte nur Bevollmächtigter des Darlehnsuchers und dieses dem Angeklagten bekannt war: Z. I. 10. Febr. 1860 c. Schärpke.

12. Gleichgültig ist es, ob das Vorbedingen &c. zu hoher Zinsen für die Hingabe eines Darlehens, oder für die Bewilligung eines Ausstandes in Betreff der Rückzahlung einer (aus einem Darleben oder aus einem andern Rechtsgeschäfte) verschuldeten Summe stattfand: Z. I. 23. Dez. 1853 c. Michaelis; V. II. 11. Jan.

1855 c. Wolff; Z. (B.) II. 15. April 1858 c. Glaser; Z. I. 26. Okt. 1860 c. Zinbars; u. ö. Vgl. n. 19; Min.-Verf. v. 13. Aug. 1798 (v. Rabe 5. S. 181); Koch n. 63b.

13. In Betreff des Maaßes der Zinsen ist auf die bestehenden Gesetze verwiesen; daraus folgt, daß auch der Begriff der „Zinsen“ nach den betreffenden civilrechtlichen Vorschriften zu bestimmen ist: Z. II. 24. Jan. 1856 c. Herzfeld; Z. II. 21. Febr. 1856 c. Saligmann. Mit Rücksicht auf § 803. I, 11. des ALR. hat daher jeder Vortheil, welchen ein Gläubiger für den Gebrauch des Geldes sich vorbedingt oder zahlen läßt, den Charakter der Zinsen im Sinne des § 263: Z. I. 6. Jan. 1854 c. Schüller; B. II. 22. März 1854 c. Simon; Z. II. 14. April 1858 c. Glaser; Z. I. 9. Nov. 1859 c. Sänger; ähnlich: B. II. 11. Jan. 1855 c. Wolff für den Bereich des Rheinischen Rechts: der Begriff der Zinsen umfaßt hier alle Vortheile, welche sich der Gläubiger von seinem Schuldner für die Hergabe oder Belassung baaren Geldes vorbedingt oder zahlen läßt. Vgl. G. Matt. 2. S. 605; Temme Lehrb. S. 1025; Koch n. 66. Dabei darf auch nicht unterschieden werden zwischen demjenigen, was zur Sicherung der geliehenen Summe und der pünktlichen Rückzahlung gegeben, und demjenigen, was zur Erzielung eines höhern Gewinnes aus dem Kapitalvermögen stipulirt wird; alles zusammen darf das gesetzliche Zinsenmaaß nicht übersteigen: Z. I. 12. Okt. 1858 c. Schröder; vgl. n. 19.

14. Auf die von den Parteien gewählte Bezeichnung der in der vorigen n. 13 gedachten Vortheile kommt ebensowenig etwas an, als auf die Form, in welcher sie dem Gläubiger zugewendet werden. Wenn daher z. B. bei Bewilligung eines Darlehns zugleich die Entnahme einer gewissen Quantität von Waaren [zum gewöhnlichen Verkaufspreise] zur Bedingung gemacht wird, so ist der durch den Waarenverkauf erzielte Vortheil für die Bewilligung des Darlehns ausbedungen, und hat die Natur der Zinsen; ob dieser Vortheil so hoch anzuschlagen sei, daß er mit Hinzurechnung der stipulirten „Zinsen“ den erlaubten Zinsfuß überschreite, gehört zur thatsächlichen Beurtheilung: Z. II. 25. Okt. 1855 c. Hölscher. Vgl. ALR. I, 11 § 715 fgg. Ebenso ist es Wucher, wenn Jemand bewußter Weise Andern Darlehen gegen das höchste Maaß der zulässigen Zinsen giebt, zugleich aber diese Personen bestimmt, um die fraglichen Darlehen zu erhalten, ihm Grundstücke zu Preisen abzukaufen, welche den wahren Werth derselben übersteigen; dann nimmt auch der durch die Kaufgeschäfte erlangte Vortheil die Natur von Zinsen an, und es verschlägt dabei Nichts, wenn auch angenommen wird, die Absicht des Beschuldigten bei Eingehung der Geschäfte sei nicht dahin gegangen, für die Hergabe der Kapitalien durch den beim Kaufgeschäfte gemachten außergewöhnlichen Gewinn versteckter Weise höhere als die gesetzlichen Zinsen zu erlangen, er habe vielmehr nur beabsichtigt, als Güterhändler für seine Grundstücke den höchst möglichen Preis dadurch zu erzielen, daß er darlehnsbedürftigen Ankäufern diese Darlehen gegen gesetzliche Zinsen herschoß: B. II. 11. Jan. 1855 c. Wolff.

15. Ebenso unzweifelhaft gehört auch der s. g. Kapitalswucher hierher, bei welchem die Schuldverschreibung über eine höhere Kapitalssumme spricht, als wirklich gegeben worden ist, vorbehaltlich jedoch der Vorschrift des § 817. I, 11. des ALR. Auch in einem solchen Falle nimmt der dem Gläubiger durch die Verschreibung einer höhern Kapitalssumme, als er hingegeben, zugesicherte Gewinn den Charakter der Zinsen, und das ganze Geschäft eventuell den des Wuchers an, so daß es hier nicht in Betracht kommen kann, daß die diesen Satz ausdrücklich aussprechenden §§ 1278. 1279. II, 20. des ALR. nicht zu denjenigen gehören, welche durch Art. XI des Einf.-Ges. aufrecht erhalten worden sind: Z. I. 22. April 1853 c. Reppen (G. Arch. 2. S. 128); Z. II. 13. Febr. 1855 c. Heymann; Z. II. 24. Jan. 1856 c. Herzfeld; Z. I. 17. April 1857 c. Heinrici; u. ö. Vgl. Motive S. 69; G. Matt. 2. S. 605; Koch n. 66; Abh. in G. Arch. 3. S. 803. Dabei ist es gleichgültig, ob geradezu mehr verschrieben, als gegeben wurde, oder ob der Gläubiger anfänglich die volle verschriebene Summe dem Schuldner hinzählte oder übergab, sodann aber einen Theil derselben zurücknahm oder sich zurückzahlen ließ: Z. I. 5. Nov. 1856 c. Ulrich; Z. I. 1. Dez. 1858 c. Bürger. In den meisten der oben citirten Fälle war das letztere Verfahren beobachtet worden, gleichwohl ward unbedenklich Wucher angenommen. Wenn dagegen das Gesetz (ALR. I, 11 § 817) es unter Umständen gestattet, einjährige Zinsen vom dargeliehenen Kapital vorweg abzuziehen, so wird dadurch das

Kapital nicht um ebensoviel verringert, weil sonst jenen „Zinsen“ der fragliche Charakter genommen würde; es muß daher das volle Kapital der Berechnung der zulässigen Zinsen zum Grunde gelegt werden: Z. I. 12. März 1858 c. Borsutzki.

16. Als Zinsen ist auch dasjenige anzusehen, was für die Beschaffung des Darlehns als Mühwaltung und Unkosten in Abzug gebracht wird. Vgl. Rescr. v. 26. Mai 1804 (v. Rabe 8. S. 63; Neues Arch. 3. S. 257). *Contra:* Abh. in G. Arch. 8. S. 840.

17. Dasselbe gilt vom Versprechen einer Konventionalstrafe für den Fall verspäteter Rückzahlung (ALR. I, 11 § 825 fgg.): G. Matt. 2. S. 606. *Contra:* Erk. III. Civ.-Sen. 11. Sept. 1857 (Str. Arch. 27. S. 24); id. 15. Sept. 1857 (ib. S. 32).

18. ...... ebenso von jedem andern genommenen oder zugesicherten Vortheile, sollte er auch als „freiwilliges Geschenk“ charakterisirt worden sein, wenn nur anzunehmen ist, daß in Wahrheit die Zahlung in Folge der [ausdrücklichen oder stillschweigenden] Vereinbarung der Parteien, nicht also als Akt der unabhängigen einseitigen Willensbestimmung des Schuldners erfolgte: Z. (B.) II. 31. Jan. 1856 c. Wilhelm; Z. (B.) I. 24. Okt. 1856 c. Mai (Wagenknecht u. Gen.; G. A. 5. S. 707); vgl. n. 30.

19. Der für die Bewilligung eines Zahlungsausstandes gewährte Vortheil nimmt selbst dann den Charakter von Zinsen an (vgl. n. 12), wenn der Gläubiger durch jene Bewilligung zugleich auf ein (durch eine begonnene Exekutionsvollstreckung erworbenes) Pfandrecht verzichtet, und grade hierfür ausdrücklich jener Vortheil ausbedungen worden war: Z. (B.) II. 15. April 1858 c. Glaser. Vgl. n. 13 a. E.

20. Der § bleibt ausgeschlossen, insoweit ausnahmsweise gewissen Personen oder Anstalten (z. B. einem Leihhause) das Nehmen höherer Zinsen gesetzlich gestattet ist.

21. Ebenso ist der § auf die vom Staate selbst contrahirten Anleihen nicht anwendbar.

22. Bei der Prüfung, ob zu hohe Zinsen vorbedungen worden seien, ist jedes zu Stande gekommene Rechtsgeschäft seinem ganzen Umfange nach ins Auge zu fassen; wenn daher z. B. bei Berechnung eines Saldo zum Theil zu hohe Zinsen, zum Theil aber solche, welche das zulässige Maaß nicht erreichen, in Ansatz gebracht sind, und bei Berechnung der Zinsen für das Ganze dieses Maaß nicht überschritten ist, so liegt kein Wucher vor. So: B. Pl. 30. Nov. 1857 c. Mulert (JMBl. 1858 S. 43; G. A. 5. S. 857). Vgl. aber n. 3.

23. Ein Kaufmann darf sich in den zu seinen Gunsten ausgestellten Schuldverschreibungen nicht nur für die in der Schuld steckenden baaren Vorschüsse (Darlehen), sondern auch von den darin enthaltenen Waarenforderungen sechs Prozent Zinsen verschreiben lassen, insofern darin keine Hypothekenverschreibung enthalten ist (ALR. I, 11 § 805. 808. 868): B. Pl. 30. Nov. 1857 c. Mulert (JMBl. 1858 S. 43; G. A. 5. S. 857).

24. Das schlesische Provinzialrecht gestattet bei Darlehen, selbst bei hypothekarischer Verpfändung, sechs Prozent Zinsen zu nehmen: B. I. 17. Juni 1857 c. Borsutzki (G. A. 5. S. 708).

25. Im gemeinen deutschen Rechte waren, soweit nicht Landesgesetze und Gewohnheitsrechte ein Anderes zuließen, durch die Reichs-Pol.-Ordn. v. 1577 Tit. 17 § 9, und den J. R. A. § 174 für Darlehen fünf Prozent als höchster Satz der zulässigen Zinsen bestimmt; das war für Hohenzollern (Hechingen) durch die Landes-Ordnung von 1698 Tit. 35 allgemein bestätigt, und weder durch spätere Gesetze, noch durch neueres Gewohnheitsrecht abgeändert. Es konnte daher auch die Konzessionirung zur Haltung eines Kommissionsbüreaus nicht das Recht geben, höhere Zinsen zu nehmen: Z. II. 24. Sept. 1857 c. Mutschler.

26. Als „Vorbedingen“ ist jede Einigung über den Zinsenpunkt zu betrachten: Z. I. 16. März 1860 c. Göbel. Es genügt, wenn dieselbe der Zahlung vorherging; daß sie auch der Hingabe des Kapitals vorhergegangen sei, ist nicht erforderlich.

27. Zum „Vorbedingen“ bedarf es nicht unbedingt eines ausdrücklichen Forderns der Zinsen durch den Gläubiger; dasselbe kann vielmehr auch durch stillschweigende Willensäußerungen desselben erfolgen: Z. I. 20. Okt. 1853 c. Müller (G.

A. 2. s. 129); Z. I. 2. Febr. 1859 c. Eckard; u. ö.; z. B. durch die Annahme des die höhern Zinsen versprechenden Schuldscheins: Z. I. 20. April 1860 c. Horn. Ueberhaupt macht es keinen Unterschied, ob zunächst vom Gläubiger ein Fordern, oder vom Schuldner ein Anbieten ausging, insofern nur jener an den vom Schuldner angebotenen Vortheil die Hergabe des Darlehens oder die Gewährung des Ausstandes geknüpft hat: Z. II. 9. Febr. 1860 c. Ohrenschall; Z. I. 7. Juni 1861 c. Petri; u. ö. Inwiefern eine solche Einigung (n. 25) anzunehmen sei, unterliegt der thatsächlichen Beurtheilung: cit. Z. I. 20. Okt. 1853; vgl. n. 30.

28. Gleichgültig ist es, ob das Vorbedingen in einer rechtsverbindlichen Form geschah, z. B. bei Summen über 50 Thlr. schriftlich; vgl. n. 8. *Contra* wie es scheint: Z. I. 2. Febr. 1859 c. Eckard.

29. Das Vorbedingen des unzulässigen Vortheils stellt an und für sich den Thatbestand des Vergehens dar; es ist keineswegs erforderlich, daß die noch nicht gezahlten Zinsen eingeklagt worden seien: Z. 31. März 1852 c. Ulbrich.

30. Das „sich zahlen lassen" setzt ein positives Handeln voraus, ein blos passives Verhalten genügt dazu nicht: Z. I. 16. Mai 1856 c. Steinmeier; daher reicht das bloße Annehmen höherer Zinsen dazu nicht hin, es sollen vielmehr jene Worte, wie sich aus einem Vergleiche mit den §§ 309 und 310 ergiebt, andeuten, daß das Empfangen höherer Zinsen mindestens die stillschweigende Bedingung des Geldgeschäfts oder seiner Verlängerung gewesen sein müsse: Z. (V.) I. 9. Febr. 1853 c. Schulze. Auch hier ist sonach nicht erforderlich, daß der Gläubiger den Vortheil gefordert habe: Z. (V.) II. 21. Febr. 1856 c. Saligmann; vgl. n. 27. Dagegen kann die Annahme eines wirklich freiwilligen Geschenks den Thatbestand des Wuchers nicht darstellen, sollte es auch mit Rücksicht auf ein erhaltenes Darlehn gegeben sein; ein solches Geschenk könnte auch unmöglich unter den Begriff von Zinsen fallen: G. Matt. 2. s. 607 n. 4. So ist es auch zu verstehen, wenn Koch (n. 64) ein faire payer und nicht ein bloßes laisser payer fordert. Vgl. n. 18.

31. Im Falle des „Zahlen-Lassens" ist es gleichgültig, ob die Zahlung durch den Schuldner des Kapitals oder durch einen Dritten geleistet wurde, sobald der letztere nur durch diese Zahlung die Schuld jenes Schuldners tilgen wollte, und der Angeklagte sie behufs Befriedigung seines Anspruchs an den letztern annahm: Z. I. 20. April 1860 c. Horn.

32. Bei einer auf Wucher lautenden Anklage bildet jedes als wucherisch bezeichnete Geschäft als Ganzes den Gegenstand dieser Anklage; hat daher der Richter erster Instanz den Wucher dabei als erwiesen angenommen und deshalb bestraft, so kann auf die alleinige Appellation des Angeklagten der zweite Richter jene Verurtheilung bestätigen, sollte er das Wucherische des Geschäfts auch nur in solchen Umständen finden, in welchen der erste Richter diesen Charakter nicht erkannt hatte; es kann dann, da immer nur das eine Darlehnsgeschäft, also dieselbe Handlung in Frage steht, nicht eine Freisprechung von diesem Umstande angenommen werden: Z. II. 25. Okt. 1855 c. Hölscher.

33. Ein Z. II. 6. Sept. 1860 c. Belke erwog beiläufig: beim Wucher bestehe der Dolus im Bewußtsein der Rechtswidrigkeit. Hierbei ist indessen festzuhalten, daß die die Höhe des zulässigen Zinsfußes bestimmenden civilgesetzlichen Bestimmungen als ein Theil der strafrechtlichen Vorschrift des § 263 anzusehen sind, und daß daher Unkenntniß oder irrige Auffassung jener ebensowenig, wie die Unkenntniß des Strafgesetzes, eine Straflosigkeit zur Folge haben kann, zumal da jene Bestimmungen einen polizeilichen Charakter an sich tragen, welcher jede Berücksichtigung eines „guten Glaubens" ausschließt. Wenn es sich daher nicht von der gesetzlich bestimmten Höhe des Zinsfußes, sondern von einer „Provision" handelt, welche (im Gebiete des Rheinischen Rechts) durch kein Gesetz geregelt, gleichwohl aber in einem gewissen Maaße den Bankiers neben den Zinsen durch Handels- und Gerichtsgebrauch bewilligt wird, so ist eine Ueberschreitung des hiernach statthaften Provisionssatzes als Wucher anzusehen, sollte der Beschuldigte auch in dem guten, aber irrigen Glauben gehandelt haben, er dürfe soviel nehmen, als er gethan.

34. Der Feststellung einer gewinnsüchtigen Absicht bedarf es beim Wucher nicht.

35. Beim Wucher ist eine gemeinschaftliche Betheiligung mehrerer Thä-

ter sehr wohl möglich, auch ohne daß zwischen ihnen ein Sozietätsverhältniß wie zwischen Handeltreibenden stattfindet: Z. I. 20. Okt. 1858 c. Schröder.

36. Ueber den Begriff der „Gewohnheitsmäßigkeit“ vgl. § 239 n. 1. Auch hier ist das in den frühern Entwürfen sich findende „gewerbsmäßig“ durch jenen Ausdruck ersetzt, und zwar mit Recht, da das im Begriffe der Gewerbsmäßigkeit liegende Erforderniß der auf Gewinn gerichteten Absicht beim Wucher denkbarer Weise kaum fehlen kann, dasselbe also zur besonderen Charakterisirung der Handlung nicht mehr geeignet war. *Contra:* Temme Gll. s. 303; id. Lehrb. s. 1025; Koch n. 65. Auch letzterer betrachtet beide Ausdrücke als gleichbedeutend.

37. Die Gewohnheitsmäßigkeit ist durch das Vorhandensein einer Mehrheit von wucherischen Geschäften bedingt. Dazu genügt die wiederholte Erhebung der ein für alle Male für ein und dasselbe Schuldverhältniß vorbedungenen Zinsen für sich allein nicht; vielmehr wird vorausgesetzt: entweder ein Vorbedingen oder Annehmen wucherischer Zinsen in von einander verschiedenen, durch verschiedene Rechtsgeschäfte begründeten, Schuldverhältnissen, oder doch, wo beides in Beziehung auf ein und dasselbe Schuldverhältniß stattfindet, eine Mehrheit darauf bezüglicher Geschäfte, die als verschiedene selbstständige Handlungen jede einen Wucherfall darstellen: V. I. 8. Dez. 1859 c. Belke (G. A. 8. s. 567); vgl. B. Pl. 26. Nov. 1855 c. Krüger (Entsch. 31. s. 271; G. A. 3. s. 807).

38. Dagegen ist es zum Begriffe der Gewohnheitsmäßigkeit nicht erforderlich, daß die mehreren Wucherfälle gegen verschiedene Personen verübt seien: vgl. n. 2.

39. Wieviel Fälle genügen, um eine Gewohnheit darzustellen, unterliegt der thatsächlichen Beurtheilung: Z. I. 13. Dez. 1854 c. Gartenmeister. Die Feststellung zweier Fälle kann in dieser Beziehung für genügend erachtet werden: Z. II. 30. Sept. 1854 c. Rieth; Z. I. 6. Febr. 1861 c. Hardt; vgl. § 239 n. 2.

40. Einer Vorbestrafung wegen [eingekleideten] Wuchers bedarf es zur Annahme des Gewohnheitswuchers entschieden nicht: Z. I. 6. Febr. 1861 c. Hardt.

41. Da bei den Vergehen, bei welchen die Gewohnheitsmäßigkeit zum Thatbestande gehört, die Gesammtheit der betreffenden Thätigkeit Gegenstand der Anklage ist, so darf der befaßte Richter auf alle bei der Beweisaufnahme sich herausstellenden Handlungen der fraglichen Art rücksichtigen, und sie mit in den Kreis der Entscheidung ziehen, sollten sie auch selbst in der Anklage nicht mit erwähnt sein: Z. I. 13. März 1857 c. Ebell. Vgl. n. 61.

42. Aus demselben Grunde ist nach erfolgter Aburtheilung über eine Anklage wegen Gewohnheitswuchers eine neue Verfolgung wegen desselben Vergehens in Beziehung auf andere früher unermittelt gebliebene Fälle nicht statthaft, weil dieselbe sich doch wieder nur auf dieselbe Gewohnheit, also denselben konkreten Thatbestand beziehen könnte, wie die früher erledigte. *Sic:* Berner Abh. in G. A. 3. s. 491. *Contra:* Z. I. 22. Febr. 1859 c. Zacharias. Anders gestaltet sich die Sache, wenn nach erfolgter Aburtheilung (wäre sie auch nur in erster Instanz erfolgt) neue Wucherfälle begangen werden, weil dann ein erneuerter Gewohnheitswucher, also eine neue selbstständige Handlung angenommen werden kann. Vgl. § 146 n. 7. Das Gesagte ist auf versteckten Wucher nicht auszudehnen, da bei diesem jeder Fall selbstständig dasteht.

43. Bei Beurtheilung der Frage, ob in den nach Einführung des StGB. vorgekommenen Wucherfällen ein gewohnheitsmäßiger Betrieb zu erkennen sei, kann auch auf frühere Wucherfälle gerücksichtigt werden, wenn auch das damals geltende (gemeine) Strafrecht den Zinswucher immer nur mit Geldstrafe, und nicht darum, weil er gewohnheitsmäßig betrieben wurde, ahndete: V. II. 22. März 1854 c. Simon; ähnlich: Z. I. 23. Dez. 1853 c. Michaelis (G. A. 2. s. 128); Abh. in G. A. 7. s. 312. Ebenso ist es statthaft, behufs Feststellung der Gewohnheitsmäßigkeit auf Fälle zu rücksichtigen, wegen welcher früher bereits eine Bestrafung stattgefunden hat (ohne daß hierbei das unter n. 42 Bemerkte entgegenstände), oder welche an und für sich — weil von einem Ausländer im Auslande verübt — durch einen Preußischen Richter nicht mit Strafe belegt werden könnten; ja selbst der Ablauf der zehnjährigen Frist des § 60 steht grundsätzlich nicht im Wege, einen solchen frü-

dern Fall mit in Anschlag zu bringen, da es sich hier nicht von einem „Rückfalle“ handelt. Vgl. § 239 n. 5; § 3 n. 7; § 266 n. 10; G. Arch. 7. s. 312.

44. Das Wesen der Einkleidung des Wuchers besteht darin, daß der eigentliche, beiden Theilen wohl bekannte innere Gehalt des Geschäfts der ist, daß von einer dargeliehenen oder sonst kreditirten Summe höhere Vortheile, denn die Gesetze als Zinsen gestatten, bedungen oder gezahlt werden, und daß Alles, was statt dessen als ostensibles Geschäft geschlossen wird, grade darum geschlossen wird, um den innern Gehalt zu verstecken. In dieser Beziehung muß also scheinbar Etwas Anderes stipulirt sein, was in Wahrheit Zinsen sein soll: B. II. 8. Dez. 1859 c. Belke (G. A. 8. s. 567). Im Uebrigen aber wird keineswegs vorausgesetzt, daß das ostensible Geschäft nicht so, wie es sich äußerlich darstellt, zur Ausführung gebracht werden soll, und also gar nicht ernstlich gemeint sei; vielmehr besteht der Unterschied zwischen der Einkleidung des Wuchers und der Simulation darin, daß bei dieser das Scheingeschäft nur vor den Augen Anderer erscheinen, zwischen den Parteien aber nicht rechtlich bestehen, bei jener aber grade das, was die Einkleidung besagt, zwischen den Parteien wirksam werden soll, während beide, oder doch der Wucherer weiß, daß, wenn statt der Einkleidung der wahre innere Gehalt zum Vorschein käme, der Schuldner zu demjenigen, was darin gesetzwidrig ist, nicht gezwungen werden könnte: B. II. 26. Jan. Juni 1856 c. Rother. Hiernach ist es nicht erforderlich, daß für das verabredete Geschäft eine andere als die seiner Natur entsprechende Form gewählt werde, vielmehr liegt eine Versteckung durch Einkleidung da vor, wo nach der äußern Form des Geschäfts der in den nähern Sachverhalt nicht Eingeweihte nicht zu erkennen vermag, daß hier eine Zinsenüberhebung vorliege: Z. (B.) II. 21. Febr. 1856 c. Saligmann (G. A. 4. s. 848); Z. I. 12. Mai 1858 c. Eisenhardt; Z. I. 20. Okt. 1858 c. Schröder. Das gilt namentlich von dem Falle, wo in dem ausgestellten Schulddokumente ein Theil der gezahlten oder versprochenen Vortheile verschwiegen ist, oder wo gleich beim Abschlusse des Geschäfts dem Gläubiger in irgend einer Form eine Leistung gemacht war, deren in dem Dokumente keine Erwähnung geschah: Z. II. 13. März 1856 c. Spiegel. Daß hierbei eine Einkleidung in ein andres Rechtsgeschäft stattgefunden habe (wie § 1273. II, 20. des ALR. andeutete), ist in keiner Weise erforderlich. Vgl. n. 57.

45. Hiernach muß die Willensrichtung des Angeklagten auf die Einkleidung gegangen sein; gleichwohl bedarf es der ausdrücklichen Feststellung derselben nicht: Z. I. 9. Nov. 1860 c. Otto.

46. Ist bei einer nur mündlich getroffenen Verabredung an „Zinsen“ zwar nur das gesetzliche Maaß, daneben aber unter einer andern Bezeichnung noch ein jenes Maaß übersteigender Vortheil gewährt, so liegt ein eingekleideter Wucher nicht vor, weil die nicht zu trennende mündliche Verabredung in ihrer Gesammtheit erkennen läßt, daß die zugesicherten Vortheile (mit Rücksicht auf die Vorschriften der §§ 803. 810. I, 11. des ALR.) im Ganzen das gesetzliche Zinsenmaaß übersteigen, ohne daß dabei die unrichtige Benennung ein Hinderniß abgäbe, weshalb diese für sich allein auch nicht als Einkleidung angesehen werden kann. So: B. II. 21. Febr. 1856 c. Saligmann (G. A. 4. s. 848); B. I. 14. Okt. 1856 c. Mai (Wagenknecht u. Gen.; G. A. 5. s. 106). Daraus darf indessen nicht gefolgert werden, als bedürfe es zur Annahme eines eingekleideten Wuchers nothwendig der schriftlichen Form; das Gesagte gilt vielmehr nur von solchen mündlichen Vereinbarungen, welche die Zuwendung von Vortheilen für den Gebrauch ꝛc. des Geldes als solche erkennen lassen, und es sonach dem Rechtskundigen möglich machen, aus der gesammten Verabredung die Natur derselben als Zinsen zu erkennen; wenn dagegen das Ganze in die Form eines onerosen Geschäfts eingekleidet, und also nicht ohne Weiteres zu erkennen ist, daß es sich hier von einem dem Gläubiger zugewendeten Vortheile handle (z. B. in den oben n. 14 erwähnten Fällen), so steht Nichts entgegen, auch den mündlichen Vertrag für einen eingekleideten Wucher zu erachten. *Sic:* Z. II. 15. März 1860 c. Scharf.

47. Darin, daß der mündlich erfolgten Vorbedingung zu hoher Zinsen in dem über das Kapital ausgestellten Schuldscheine keine Erwähnung geschieht, ist noch kein Verstecken durch Einkleidung zu finden, da ein solches Nebenversprechen keine Klage begründet: B. II. 8. Dez. 1859 c. Belke (G. A. 8. s. 567).

48. Bei einem schriftlich verbrieften Geschäfte genügt es zum Verstecken des Wuchers, sobald demselben in der Schrift der Schein eines andern, oder doch eines anders verabredeten Geschäfts gegeben wird: Z. I. 21. Jan. 1857 c. Birnbaum. Auch hier muß eine angebliche mündliche Nebenabrede, nach welcher ein Theil der Summe unverzinst bleiben sollte oder dgl., weil civilrechtlich unverbindlich, unberücksichtigt bleiben: Z. I. 12. Dez. 1856 c. Ziegler.

49. Liegen die Erfordernisse der n. 44—48 vor, so ist es gleichgültig, ob das Geschäft vor Zeugen abgeschlossen wurde, welche von dem wahren Sachverhalte Kunde erlangten: Z. II. 13. Sept. 1855 c. Heymann.

50. Ebenso ist es klar, daß die Einwilligung des Schuldners die Einkleidung nicht beseitigen kann, sie wird vielmehr regelmäßig vorhanden sein müssen: Z. II. 21. Febr. 1856 c. Saligmann; Z. I. 27. Jan. 1858 c. Wittke (Fischer u. Gen.); Z. I. 25. Juni 1858 c. Melzig; vgl. n. 66. Hierbei kommt auch Nichts darauf an, von wem der Vorschlag zur Einkleidung ausging, der Gläubiger, welcher auf einen derartigen Vorschlag eingeht (z. B. den betr. Schuldschein annimmt), betheiligt sich an der Einkleidung: Z. II. 28. Febr. 1856 c. Spanier; Z. I. 20. Apr. 1860 c. Horn; vgl. n. 27. 30.

51. Nicht minder ist es gleichgültig, ob das vom Angeklagten zur Einkleidung benutzte Mittel von einem Dritten vorbereitet und angeboten worden ist: B. I. 30. Apr. 1860 c. Krams (G. A. 8. s. 704).

52. Im Uebrigen ist auch die Frage, ob eine Zinsenüberhebung durch Einkleidung versteckt worden sei, im Allgemeinen thatsächlicher Natur: Z. I. 6. Jan. 1854 c. Schüller. Der Instanzrichter hat dieselbe nach den allgemeinen für die Beweisführung in Strafsachen geltenden Grundsätzen zu lösen; insbesondere sind die Vorschriften der §§ 322 fgg. I, 11. ALR. für ihn in keiner Weise maßgebend: Z. I. 12. Okt. 1860 c. Kirsten (RdO. 1. s. 73).

53. Der s. g. Kapitalswucher, d. h. Verschreibung einer höhern Kapitalsumme als wirklich gegeben worden, kann unbedenklich als versteckter Wucher angesehen werden: Z. I. 6. Jan. 1854 c. Schüller; Z. II. 24. Jan. 1856 c. Herzfeld; Z. I. 1. Dez. 1858 c. Bürger; B. II. 8. Nov. 1860 c. Löwenstein (in Beziehung auf einen Wechsel); u. ö. Vgl. n. 15; Abh. in G. A. 3. s. 803; Koch n. 66.

54. Es liegt keine Gesetzesverletzung vor, wenn der Instanzrichter eingekleideten Wucher in der Handlung desjenigen findet, welcher sich für die Bewilligung eines Zahlungs-Ausstandes (Ausstellung eines neuen Wechsels für denselben Betrag) eine besondere Vergütung sofort zahlen läßt, ohne daß davon in der Urkunde Etwas gesagt wird: Z. I. 16. Dez. 1860 c. Jebens (896).

55. Auch in einem abgeschlossenen Differenz-Geschäfte, in welchem Gewinn und Verlust vom Zufalle abhängig gemacht sind, kann ein verstecktes wucherisches Geschäft erkannt werden: Z. I. 12. April 1854 c. Reinbach.

56. Dasselbe gilt, wenn ein Darlehns-Geschäft in die Form des Verkaufs eines Staatspapiers, Pfandbriefs rc. eingekleidet, und der Preis nach dem Nennwerthe berechnet wird, obgleich der Courswerth weit geringer war: Z. I. 25. Nov. 1857 c. Schmidt. *Contra:* B. I. 19. Sept. 1855 c. Parlow (G. Arch. 3. s. 716, „weil die Deklaration v. 4. April 1811 (G. S. s. 169) in einem solchen Falle das Rechtsverhältniß genau regulire, und deshalb auf die stattgehabte Einkleidung weiter Nichts ankomme").

57. Es ist gleichgültig, ob bei einem versteckten Wuchergeschäfte die gewählte Rechtsform die Wirkungen eines Darlehns zu begründen geeignet sei, oder von diesem verschiedene Folgen mit sich führe: Z. II. 30. Nov. 1854 c. Hoffmann.

58. Die Verübung eines jeden wucherischen Geschäfts dauert so lange fort, als der Wucherer die Früchte des Wuchers vom Schuldner zieht: Z. II. 16. Nov. 1854 c. Herzberg. Ist daher die Vorbedingung wucherischer Zinsen in versteckter Weise vor Einführung des StGB. zu einer Zeit erfolgt, wo diese Einzeln-Handlung noch nicht mit Strafe bedroht war, so wird § 263 doch anwendbar, wenn nach Einführung des StGBs. das Geschäft fortgesetzt, und durch „Zahlen lassen" der Zinsen ausgeführt worden ist: Z. II. 30. Sept. 1854 c. Rieth (Rh. S.); Z. I. 5. Nov. 1856 c. Ulrich; Z. I. 14. Jan. 1858 c. Knepper; auf derselben Auffassung beruht B. Pl. 26. Nov. 1855 c. Krüger (cit. n. 59); vgl. Abh. in G. Arch. 3.

f. 808. *Contra:* G. Matt. 2. f. 437 IV, und früher B. I. 16. Juni 1854 c. Werkmeister (G. Arch. 2. f. 696); diese letztere Ansicht ist indessen vom Ob.-Trib. in dem cit. Pl. 26. Nov. 1855 entschieden aufgegeben worden.

59. Aus dem in der vorigen Nummer an die Spitze gestellten Grundsatze folgt auch, daß „beim verkleideten Wucher (ALR. I, 11 § 810) die Verjährung „erst mit dem Tage beginnt, wo der ungesetzliche Vortheil zuletzt eingefordert, oder „angenommen ist“: B. Pl. 26. Nov. 1855 c. Krüger (Präj. n. 192; Entsch. 31. f. 271; G. A. 3. f. 807); Z. II. 16. Nov. 1854 c. Herzberg; Z. II. 8. Nov. 1860 c. Löwenstein; u. ö.; Abh. in G. Arch. 7. f. 313. *Contra:* G. Matt. 2. f. 437 IV. Vgl. § 46 n. 7. 8.

60. Beim gewohnheitsmäßigen Wucher beginnt die Verjährung für jedes einzelne wucherische Geschäft nicht mit dem Abschlusse desselben (siehe n. 59), sondern erst mit dem Augenblicke, wo die Gewohnheit aufhört, also mit der gänzlichen Aufgabe solcher Geschäfte: Z. II. 30. Sept. 1854 c. Rieth; Berner Lehrb. f. 225; Abh. in G. Arch. 7. f. 312; auf derselben Auffassung beruht auch Z. I. 22. Mai 1857 c. Michaelis, wenn es erwägt: zur Beurtheilung der Frage, ob gewohnheitsmäßiger Wucher vorliege, könnten auch verjährte Fälle in Betracht gezogen werden. *Contra:* G. Matt. 2. f. 437 IV. Vgl. § 46 n. 7. 8; Gilb. C. d'Instr. Art. 637 n. 35 fgg.

61. Beim gewohnheitsmäßigen Wucher, bei welchem die Mehrheit der Fälle Begriffserforderniß ist, bilden alle vorgekommenen Fälle nur ein Vergehen, der § 56 bleibt ausgeschlossen, und nur einmalige Strafverhängung ist statthaft: Z. I. 15. Mai 1857 c. Grambsch; Berner Abh. in G. A. 3. f. 491. Vgl. n. 41. 42; § 146 n. 7; § 239 n. 6. Dagegen wird bei einer Mehrheit versteckter Wucherfälle, da hier jeder Einzelfall strafbar ist, sonach reale Konkurrenz eintritt, § 56 unbedenklich anwendbar. Gleichwohl kann auch beim versteckten Wucher das Vorbedingen, und das spätere (ein- oder mehrmalige) „sich zahlen lassen“ der vorbedungenen Zinsen in derselben Sache nicht jedesmal als ein selbstständiges Vergehen angesehen werden; ist die strafbare Handlung auch schon durch die Vorbedingung vollendet, so erneuert dasselbe sich doch durch jede Zahlungsannahme, ohne den Charakter der Einheit der Handlung zu verlieren. Von einem „fortgesetzten Vergehen“ kann dagegen auch hier nicht die Rede sein.

62. Auch am gewohnheitsmäßigen Wucher ist eine Theilnahme, insbesondere auch durch Hülfeleistung sehr wohl denkbar: Z. II. 14. Febr. 1856 c. Haupt; Z. I. 10. Febr. 1858 c. Pohl (Wittig u. Gen.). Selbstverständlich genügt aber eine nur dem Schuldner geleistete Hülfe nicht, da § 34 eine dem Thäter, hier also dem Gläubiger geleistete Hülfe erfordert: Z. I. 16. Sept. 1859 c. Grünberg (767).

63. Zur Theilnahme am Wucher bedarf es nicht eines eignen selbstständigen Geld-Interesses: Z. I. 21. Dez. 1859 c. Gutknecht; vgl. § 34 n. 3.

64. Der Theilnahme am Wucher kann sich auch derjenige schuldig machen, welcher selbst Mitschuldner des betr. Betrages ist (z. B. als Girant des zur Verdeckung des Wuchers dienenden Wechsels); auch kommt es gar nicht darauf an, ob er selbst später zur Zahlung angehalten worden ist oder nicht: Z. I. 12. Jan. 1859 c. Kaiser (1120).

65. Da das einzelne nicht versteckte wucherische Geschäft, für sich allein betrachtet, kein Vergehen ist, so kann derjenige, der durch ein solches benachtheiligt worden, nach Rheinischem Verfahren nicht als Civilkläger auftreten, um vor dem Strafrichter seinen Civilersatzanspruch zu verfolgen, sollte auch wirklich Gewohnheitsmäßigkeit des Wucherbetriebs behauptet, und bewiesen werden können: Gilb. C. d'Instr. Art. 3 n. 4 fgg. Daraus folgt, daß die Klage auf Erstattung der gezahlten wucherischen Zinsen hier nicht gleichzeitig mit der öffentlichen Klage wegen Gewohnheitswuchers (nach Einf.-Ges. Art. XII § 1) verjährt: Mangin Act. publ. n. 368. Gelten dieselben Grundsätze auch dann, wenn der Gewohnheitswucher gegen eine und dieselbe Person getrieben worden ist? Es bejaht ein Cass. 5. Sept. 1840 (Sir.. 40. 1. 914). *Contra:* Rauter Dr. crim. 1. p. 588. — Beim versteckten Wucher ist dagegen Verfolgung durch den Civilkläger statthaft.

66. Eine und dieselbe Handlung wird in der Regel nicht gleichzeitig den Thatbestand des Wuchers und des Betrugs (in idealer Konkurrenz) in sich schließen, weil jener ein Einverständniß mit dem Schuldner in Betreff der Zinsenüberhebung,

§. 264. **Wer ohne Erlaubniß der Behörde gewerbsmäßig auf Pfänder leiht, wird mit Gefängniß von Einer Woche bis zu zwei Monaten bestraft.**

[Entw. § 241]. Vgl. § 349 Nr. 6; Pfand-Leih-Reglement v. 13. März 1787; ALR. I, 20 § 263 fgg; Gew.-Ordn. v. 17. Jan. 1845 § 49. 57. 61; (Rh.) Ges. v. 16. pluv. XII.

---

also gerade in Betreff desjenigen voraussetzt, in welchem das Gesetzwidrige und Rechtsverletzende liegt, während beim Betruge die Benachtheiligung durch Täuschung herbeigeführt wird. So: Z. I. 19. Sept. 1855 c. Baum. Gleichwohl bleibt auch die ideale Konkurrenz beider denkbar, wenn jenes Einverständniß grade durch Täuschung herbeigeführt worden ist (z. B. durch Täuschung über das gesetzlich zulässige Zinsen-Maaß); vgl. John, das fortges. Verbr. s. 98, welcher hier nicht ganz klar ist.

67. Derjenige, welcher ohne Erlaubniß der Behörde gewerbsmäßig auf Pfänder leiht, kann sich, wenn er auch die den konzessionirten Pfandleihern gestatteten höheren Zinsen nimmt, gegen die Strafe des Wuchers nicht durch den Einwand schützen, daß er als Pfandleiher zur Erhebung der höheren Zinsen berechtigt gewesen, und nur insofern strafbar sei, als er jenes Gewerbe unbefugter Weise ausgeübt habe. Er hat vielmehr durch seine Handlung in idealer Konkurrenz sowohl gegen § 263 als gegen § 264 verstoßen, die Strafe gegen ihn ist sonach mit Rücksicht auf § 55 abzumessen: B. I. 9. Febr. 1853 c. Schulze.

68. Durch die Vdn. v. 27. Nov. 1857, welche zeitweise die Beschränkung des Zinsfußes aufhebt, ist die Strafbarkeit des Wuchers in Betreff früherer Fälle nicht beseitigt: Z. (V.) Pl. 30. Nov. 1857 c. Mulert (JMBl. 1858 s. 43; G. A. 5. s. 857). Z. I. 5. Febr. 1858 c. Herrmann; u. ö.

§ 264.

1. In Beziehung auf das Pfandleihgeschäft ist § 264 vollständig an die Stelle der §§ 177 und 179 der Gew.-Ordn. v. 17. Jan. 1845 getreten: Beschl. I. 26. Jan. 1859 c. Landsberger (28 B; G. A. 7. s. 412); B. I. 9. Nov. 1859 c. Landsberger (G. A. 8. s. 140).

2. In Betreff des Erfordernisses einer obrigkeitlichen Erlaubniß zum betr. Gewerbebetriebe vgl. jetzt Gew.-Ordn. v. 17. Jan. 1845 § 49. 57. 61. Diese Erlaubniß muß eine ausdrückliche sein; sie kann durch ein Geschehenlassen der Behörde nicht ersetzt werden: B. I. 9. Nov. 1859 c. Landsberger (G. A. 8. s. 140).

3. Für die Anwendung des § macht es keinen Unterschied, ob ein Gewerbebetrieb als selbstständiger, oder als der eines Stellvertreters für einen Andern stattgefunden habe, da auch der Stellvertreter der polizeilichen Erlaubniß bedarf (cit. Gew.-Ordn. § 61): B. I. 9. Nov. 1859 c. Landsberger (G. A. 8. s. 140).

4. Auch hier unterliegt dem Begriffe des „Gewerbes" jede fortgesetzte auf Erzielung eines Gewinns abzielende Beschäftigung; es kommt Nichts darauf an, ob dieselbe zur Gewährung des Lebensunterhalts, oder zur Erhöhung der Einnahme, oder zur Vergrößerung des Vermögens bestimmt ist: Z. I. 25. Febr. 1857 c. Rudolph. **Vgl. § 146 n. 4—7; § 266 n. 6—11.**

5. Im Uebrigen ist der Begriff der Gewerbsmäßigkeit ein thatsächlicher: Z. I. 13. März 1854 c. Gartenmeister; insbesondere ist § 266. I, 20. ALR., nach welchem hier zur Annahme des Gewerbes eine dreimalige Handlung in Jahresfrist gehörte, nicht mehr als maßgebend anzusehen: Z. I. 25. Febr. 1857 c. Rudolph; B. II. 14. Okt. 1858 c. Naßmacher.

6. Wenn gleich das Gesetz hier des Erfordernisses einer gewinnsüchtigen Absicht keine Erwähnung thut, so ist doch ein „gewerbsmäßiges" Leihen auf Pfänder nur da denkbar, wo dasselbe auf Erzielung eines Zinsgewinnes abzielt; daher fällt die Strafe fort, wo weder Zinsen ausbedungen, noch bei der Auslösung des Pfandes nicht vorbedungenen Zinsen angenommen, noch endlich ein zinsloses Darlehen in der Erwartung einer demnächstigen Zinsvergütung gegeben worden ist: B. I. 1. Nov. 1854 c. Rieck. Dagegen fällt jeder vom Pfandgeber für den Gebrauch des Geldes dem Pfandleiher gewährte Vortheil unter den Begriff des Zinsgewinnes (§ 803. I, 11. ALR.; vgl. § 263 n. 12); insbesondere kann ein solcher auch darin gefunden

§. 265. Oeffentliche Pfandleiher, welche die von ihnen in Pfand genommenen Gegenstände unbefugt in Gebrauch nehmen, werden mit Gefängniß von Einem Monate bis zu Einem Jahre und zugleich mit Geldbuße von zwanzig bis zu fünfhundert Thalern bestraft.

[Entw. § 242].

§. 266. Wer vom Hazardspiel ein Gewerbe macht, soll mit Gefängniß von drei Monaten bis zu zwei Jahren und zugleich mit Geldbuße von Einhundert bis zu zweitausend Thalern, sowie mit zeitiger Untersagung der Ausübung der bürgerlichen Ehrenrechte bestraft werden.

Ist der Angeschuldigte ein Ausländer, so kann zugleich auf Landesverweisung erkannt werden.

[Entw. § 243]. Vgl. § 267. 340 Nr. 11; Dekl. v. 8. Febr. 1817 (GS. s. 31); Vdn. v. 22. Dez. 1843 (GS. s. 16).

---

werden, wenn der dargeliehene Betrag nicht ganz in Geld, sondern zum Theil in Waaren gegeben, und grade hierin ein Gewinn ngesucht war; dem steht auch § 265. I, 20. ALR. nicht entgegen, welcher sich überhaupt nicht auf ein gewerbsmäßiges Leihen auf Pfänder bezieht: Z. I. 22. März 1860 c. Feldmeyer. Vgl. § 266 n. 8; § 267 n. 4.

7. Die Absicht, einen unerlaubten Gewinn zu ziehen, gehört in keiner Weise zum Begriffe des Vergehens: Temme GK. s. 303.

8. Die Strafandrohung ist nicht auf den Fall zu beschränken, wo ein heimlicher Gewerbebetrieb stattgefunden hat: B. I. 9. Nov. 1859 c. Landsberger (G. A. 8. s. 140); vgl. n. 2.

9. Der Instanzrichter kann unbedenklich auch in einem Geschäfte, welches in eine andere Rechtsform eingekleidet ist, ein Leihen auf Pfänder erkennen, z. B. in einem Geschäfte, welches sich äußerlich als Kauf auf Rückkauf darstellt: Gilb. C. pén. Art. 411 n. 4.

10. Ueber die Möglichkeit der idealen Konkurrenz des Leihens auf Pfänder, und des Wuchers vgl. § 263 n. 67.

§ 265.

1. Einer gewinnsüchtigen Absicht bedarf es zu diesem Vergehen nicht; auch derjenige, welcher z. B. um Selbsthülfe auszuüben, die Handlung vornimmt, verfällt der Strafe: Temme GK. s. 303; id. Lehrb. s. 1033 Note 6.

2. Ist der Gebrauch mit einem Verbrauchen verbunden, so wird Unterschlagung im Sinne des § 225 vorliegen: G. Matt. 2. s. 608 n. 2.

§ 266.

1. Unter Hazardspiel sind nach einem Beschl. 26. Nov. 1851 c. Thieleke alle diejenigen Spiele mit Karten, Würfeln und dgl. zu verstehen, bei welchen der Spieler das Spiel nicht durch überlegende Anordnung und Leitung nach einem auf bestimmte Regeln gegründeten Plane, mit gleichem Vortheile unter gleich geschickten, oder gleich ungeschickten Spielern spielt, sondern wo der Ausgang des Spiels und der davon zu hoffende Gewinn lediglich vom Zufalle abhängt; ähnlich: Z. I. 12. März 1858 c. Mann. Vgl. Temme Lehrb. s. 1026 I; Koch n. 69.

2. Das Unterscheidende zwischen einer Lotterie (Ausspielung, § 268) und dem Hazardspiele dürfte darin zu suchen sein, daß es sich bei jener stets um ein vorher genau bestimmtes und begränztes Objekt handelt, und daß dem entsprechend auch die Einsätze des Spielers sich in bestimmten Gränzen bewegen, während diese beim Hazardspiele nach der Idee des Spiels ungemessen sind, vielmehr von der

Willkür des Spielenden abhängen und ebendeshalb eine erhöhte Gefahr großer Verluste mit sich führen. Dagegen läßt sich nicht aufstellen, daß bei der Lotterie dem Unternehmer nothwendig gleichzeitig eine Mehrheit von Spielern gegenüberstehen müsse, und daß die Objekte unter allen Umständen an einzelne der Spieler fallen müßten, während der Unternehmer durch die Gesammtbeträge der Einsätze abgefunden werde: Z. II. 27. Okt. 1859 c. Hedermann (JMBl. 60. S. 23; G. A. 8. S. 568); vgl. n. 4.

3. Als Beispiele von Hazardspielen führt Koch (n. 69) auf: Pharo, Rouge et noir, Bassette, Schnitt, Landsknecht, Grobhans, Paschen, Roulette, Biribi, Cinq et neuf, Vingt un, Onze et demi, Quinze, Passe à dix, Lotto, Trischacken.

4. Glücksbuden sind nicht als „Hazardspiel" sondern als Ausspielungen zu betrachten; vgl. § 268 n. 9.

5. Wetten fallen nicht unter den Begriff des Hazardspiels: G. Matt. 2. S. 610 n. 4. *Contra:* Temme Lehrb. S. 1026.

6. Ueber den Begriff des „Gewerbe-machens" vgl. § 146 n. 4—6; § 239 n. 1. Das in jenen §§ erforderte Merkmal der „Gewerbsmäßigkeit" ist gleichbedeutend mit demjenigen, was § 266 ein „Gewerbe machen" nennt: Z. II. 2. Okt. 1856 c. Rössing.

7. Dem Begriffe des Gewerbes unterliegt hiernach jede fortgesetzte auf Erzielung eines Gewinnes abzweckende Beschäftigung, ohne daß es darauf ankommt, ob dieser Gewinn zur Gewährung des Lebensunterhalts, oder bei anderweitiger Deckung desselben, zur Erhöhung der Einnahme, oder Vergrößerung des Vermögens bestimmt ist: Z. I. 18. April 1853 c. Gensichen (Buchwald u. Gen.); Z. II. 10. März 1859 c. Otto; Z. I. 21. Dez. 1859 c. Stern; u. ö. *Contra:* Temme Lehrb. S. 1026 l. 2, welcher den Begriff der Gewerbsmäßigkeit grade darauf zurückführen will, daß der Spieler dadurch einen Theil seines Lebensunterhalts zu erwerben suche, und eine weitere gewinnsüchtige Absicht des Spielers nicht erfordert. Ebensowenig ist erforderlich, daß der Spieler überall und mit Jedermann zu spielen bereit sei.

8. Ohne gewinnsüchtige Absicht ist Gewerbsmäßigkeit einer Handlung nicht denkbar: Z. I. 22. April 1857 c. Pohse; ebendeshalb bedarf es einer besondern Feststellung dieser Absicht neben der Gewerbsmäßigkeit nicht: Z. I. 14. Jan. 1857 c. Weidemann. Auf einen unerlaubten Gewinn braucht die Absicht nicht gerichtet zu sein: Temme GU. S. 303.

9. Dagegen reicht die Gewinnsucht für sich allein nicht aus, um einem einmaligen Spiele den Charakter der Gewerbsmäßigkeit beizulegen: B. II. 22. Apr. 1858 c. Otto; es genügt daher nicht, wenn nur ein Spielen „des Erwerbs wegen", oder ein Spielen „aus Eigennutz oder Gewinnsucht" festgestellt wird: B. I. 8. Febr. 1856 c. Lorenz; Z. II. 12. Febr. 1857 c. Reiche (Löffler u. Gen.).

10. Gleichwohl bedarf es zur Annahme der Gewerbsmäßigkeit nicht nothwendig der Feststellung mehrerer Fälle: B. I. 8. Febr. 1856 c. Lorenz; vielmehr kann der Instanzrichter aus den obwaltenden Umständen auf ein „Gewerbe machen" selbst dann schließen, wenn augenblicklich auch nur ein einzelner Fall vorliegt: B. II. 21. Dez. 1854 c. Trinkauf; B. II. 22. Apr. 1858 c. Otto; Z. I. 21. Dez. 1859 c. Stern; ähnlich: Z. (B.) II. 21. Febr. 1856 c. Salignmann (wo es sich von einem Gewerbebetriebe im Sinne der Gew.-Ordn. v. 17. Jan. 1845 handelte). Insbesondere kann, um eine einzelne jetzt zur Beurtheilung vorliegende Handlung als eine gewerbsmäßige zu charakterisiren, auf frühere Handlungen gerücksichtigt werden, welche nicht unter der Herrschaft des StGB. begangen sind, oder wegen welcher bereits früher eine Bestrafung erfolgt ist: Z. II. 19. Okt. 1854 c. Petzold (G. Arch. 2. S. 834); Z. Pl. 30. Nov. 1857 c. Mulert (JMBl. 58. S. 43; G. A. 5. S. 857); u. ö. Es kann sonach nicht auf Grund des § 266. I, 20. des ALR. verlangt werden, daß in Jahresfrist wenigstens drei Fälle vorgekommen seien; vgl. § 264 n. 4.

11. Nach den vorstehenden Bemerkungen ist es, insoweit nicht der oben aufgestellte Begriff in Frage steht, der thatsächlichen Beurtheilung überlassen, in welchen Fällen nach den obwaltenden Umständen ein Hazardspiel den Charakter des Gewerbes an sich trage: Z. I. 8. Febr. 1854 c. Lanoch; Z. II. 21. Dez. 1854 c. Trinkauf; Z. I. 22. April 1857 c. Pohse; u. ö.

12. Das Strafverbot trifft nicht etwa nur Bankhalter, sondern auch Crou-

§. 267. Inhaber öffentlicher Versammlungsörter, welche Hazardspiele an diesen Orten gestatten oder zur Verheimlichung solcher Spiele mitwirken, sind mit Geldbuße von zwanzig bis zu fünfhundert Thalern zu bestrafen.

Im zweiten Rückfalle ist zugleich auf den Verlust der Befugniß zum selbstständigen Betriebe des Gewerbes zu erkennen.

[Entw. § 244]. Vgl. § 266. 340 Nr. 11; Dekl. v. 8. Febr. 1817 (GS. s. 31).

---

piers und Mitspieler: Bes. s. 506 I; G. Matt. 2. s. 610 n. 3; Temme Lehrb. s. 1026. Insbesondere fallen der Croupier und seine Thätigkeit beim Spiele nicht blos unter den strafrechtlichen Gesichtspunkt der Theilnahme am Vergehen des Bankhalters, vielmehr kann sie auch ein selbstständiges Vergehen darstellen, und es kann dann in Betreff des Croupiers Gewerbsmäßigkeit des Spiels angenommen werden, während ein Gleiches in Beziehung auf den Bankhalter nicht geschieht: Z. I. 11. Juni 1856 c. Horn (Fürstenberg u. Gen.).

13. Außer den im § angedrohten Strafen greift auch die Konfiskation nach der allgemeinen Vorschrift des § 19 Platz; derselben unterliegen diejenigen Gelder, welche als Mittel zur Ausübung des gewerbsmäßigen Spiels gedient haben, nicht also (wie im Falle des § 340 Nr. 11) alle auf dem Spieltische und in der Bank befindlichen Gelder: K.-B. II. K. s. 136.

14. Hat Jemand öffentlich Hazardspiel gehalten, und dabei das Spiel aus Gewinnsucht gewerbsmäßig betrieben, so liegt der Thatbestand sowohl des § 266 als des § 340 Nr. 11 in idealer Konkurrenz vor, es muß daher nach § 55 die Strafe des erstern § verhängt werden: B. I. 21. Nov. 1855 c. Wenig.

15. Ueber die Verjährung vgl. § 46 n. 7. 8.

16. Die Vdn. v. 22. Dez. 1843 (G.-S. 1844 s. 16) betreffend die Bestrafung des Spielens an der Spielbank zu Köthen ist nicht für aufgehoben zu erachten. G. Matt. 2. s. 609 Note 2; Wenzel Ergänzz. 1. s. 376.

§ 267.

1. Unter „Inhabern öffentlicher Versammlungsörter“ sind, wie sich aus dem zweiten Absatze und der Dekl. v. 8. Febr. 1817 Nr. 2 ergiebt, solche zu verstehen, welche gewerbsmäßig ein solches, dem Publikum geöffnetes, Lokal halten, also vorzugsweise die Wirthe.

2. Begriff des Hazardspiels vgl. § 267 n. 1. 2.

3. Die Vorschrift dieses § ist nicht, wie § 266 auf gewerbsmäßiges Hazardspiel zu beschränken, bezieht sich vielmehr auf jedes Hazardspiel: K.-B. II. K. s. 136; B. Pl. 12. Dez. 1853 c. Hinterlach (Entsch. 27. s. 134; G. A. 2. s. 268); Z. I. 30. Jan. 1856 c. Bartsch (JMBl. s. 68); Z. II. 12. Febr. 1857 c. Martini (Reiche u. Gen.); Z. I. 12. März 1858 c. Guidon; u. ö. (feste Praxis); Temme Lehrb. s. 1027; Koch n. 70.

4. Mit dem Erforderniſſe der Gewerbsmäßigkeit fällt hier auch das einer beim Spiele vorwaltenden gewinnsüchtigen Absicht (vgl. § 266 n. 8) hinweg; ein Wirth macht sich daher auch dann strafbar, wenn er ein blos zur Unterhaltung oder zum geselligen Vergnügen gespieltes Glücksspiel gestattet, vorausgesetzt, daß es sich dabei um irgend ein Objekt handelt, welchem ein wirklicher (wenn auch geringer) Werth beiwohnt, da ohne ein solches Objekt das Spiel nicht als „Hazardspiel“ anzusehen wäre. In diesem Sinne hatten sich Beschl. 26. Nov. 1851 c. Thieleke; Z. I. 8. Juni 1853 c. Fersenheim ausgesprochen; ebenso: Temme Lehrb. s. 1027 Note 5. Seitdem hat das Ober-Tribunal aber diese Ansicht aufgegeben, und an dem Grundsatze festgehalten, daß: „zum Thatbestande des § 267 ein aus Gewinnsucht gespieltes Hazardpiel gehöre.“ So: B. Pl. 12. Dez. 1853 c. Hinterlach (Präj. n. 72; Entsch. 27. s. 134; G. A. 2. s. 268); Z. 27. Okt. 1852 c. Reiße (G. A. 1. s. 254); B. II. 17. März 1853 c. Winkler; Z. II. 12. Febr. 1857 c. Martini (Reiche u. Gen.); B. I. 1. Juli 1857 c. Kettinger (G. A. 5. s. 708); B. I. 4. März 1859 c. Eckert; u. ö. *Sic*: Koch n. 69. Zur Begründung dieser Ansicht wird auf den allgemeinen Sprachgebrauch, auf die

§. 268. Wer ohne obrigkeitliche Erlaubniß öffentliche Lotterien veranstaltet, wird mit Geldbuße bis zu fünfhundert Thalern bestraft.

Den Lotterien sind hierbei alle öffentlich veranstaltete Ausspielungen beweglicher oder unbeweglicher Sachen gleich zu achten.

[Entw. § 245]. Vgl. § 266; 340 Nr. 11; ALR. I, 11 § 547—576; Vdn. v. 7. Dez. 1816 (GS. 1817 s. 4); AKO. v. 26. März 1825 (GS. s. 22); AKO. v. 20. März 1827 (GS. s. 29); AKO. v. 6. Juni 1829 (GS. s. 53); AKO. v. 5. Nov. 1835 (GS. s. 236); AKO. v. 27. Juni 1837 (GS. s. 129); Vdn. v. 5. Juli 1847 (GS. s. 261).

Entstehungsgeschichte der §§ 266. 267 und 340 Nr. 11 und auf das Rubrum des Tit. 25 verwiesen; die beiden erstern rechtfertigen indessen eine solche Schlußfolgerung keineswegs, während das Ob.-Trib. in Betreff mehrerer zu demselben Titel gehöriger §§ anerkannt hat, daß das Rubrum desselben nicht zur Ergänzung eines Begriffsmerkmals benutzt werden dürfe (vgl. § 268 n. 12; § 270 n. 13; § 274 n. 9; § 278 n. 3; § 280 n. 3; siehe auch § 271 n. 8). — Wird nichts desto weniger an dieser Auslegung festgehalten, so muß der Instanzrichter in jedem Einzelfalle prüfen und feststellen, ob mit Rücksicht auf die Bedingungen des Spiels und auf die Verhältnisse der Spieler bei diesen ein Spielen „aus Eigennutz" anzunehmen sei; zugleich bedarf es dann aber auch der Feststellung, daß der das Spiel duldende Wirth von dieser gewinnsüchtigen Absicht der Spieler Kenntniß gehabt habe (vgl. n. 7).

5. Ob ein „Gestatten" des Spiels durch den Wirth stattgefunden habe, und ob er in genügendem Maße dem Beginnen der Gäste entgegengetreten sei, gehört an sich zur thatsächlichen Beurtheilung: Z. I. 28. Nov. 1856 c. Krause; jedenfalls reicht aber die bloße Erklärung: „er könne das Spiel nicht gestatten", nicht hin, und noch weniger ein rein passives Verhalten; er muß vielmehr die ihm zu Gebote stehenden Mittel zur Verhinderung des Spiels aufwenden. Vgl. § 342 n. 7.

6. Die Mitwirkung zur Verheimlichung des Spiels ist auch dann strafbar, wenn dasselbe nicht an einem öffentlichen Orte stattfand, sobald jenes nur durch den Inhaber eines öffentlichen Versammlungsortes geschah, z. B. wenn ein Wirth dazu ein besondres, dem Publikum sonst nicht allgemein zugängliches Zimmer (z. B. ein Logirzimmer) hergiebt: V. I. 1. Juli 1857 c. Kettinger (G. Arch. 5. s. 708); vgl. § 1305. II, 20. ALR. (die Quelle des § 267). Hätte freilich ein Wirth ein Zimmer in einem andern ihm gehörigen Privathause eingeräumt, so wäre der § nicht anwendbar, weil jener dort nicht als „Wirth" gehandelt hätte.

7. Die Strafbarkeit des das Spiel gestattenden 2c. Wirths ist bedingt durch seine Kenntniß, daß das Spiel ein Hazardspiel sei, denn wenn hier auch eine negative Handlung, ein Unterlassen, mit Strafe bedroht ist, so setzt doch auch eine solche die Kenntniß von den Eigenschaften der geduldeten Handlung, welche sie zu einer strafbaren oder verbotenen machen, voraus. Vgl. n. 4 a. E.

8. Das Gewerbe, dessen Betrieb ihm zu untersagen, ist dasjenige, vermöge dessen er das öffentliche, dem Publikum zugängliche Lokal hält.

§ 268.

1. Die hier erforderte obrigkeitliche Erlaubniß kann nach einer Verf. der Min. d. Inn. u. d. Fin. v. 6. Dez. 1852 (VMBl. 53. s. 39) weder von den Ortspolizeibehörden, noch von den Bezirks-Regierungen, sondern nur von den gedachten Ministerien ertheilt werden; so auch früher Vdn. v. 5. Juli 1847 § 1.

2. Der Ausdruck Lotterie umfaßt hier jede Veranstaltung, nach welcher gegen Zahlung eines Preises das Anrecht gewährt wird, je nach dem Ausfalle einer Loosenziehung entweder einen vorausbestimmten größeren Gewinn zu erlangen, oder aber den Einsatz ganz oder theilweise zu verlieren. Vgl. Koch Recht der Forderungen § 326 II (III s. 779).

3. In Betreff des Unterschiedes der Lotterien (Ausspielungen) von „Hazardspielen“ vgl. n. 7; § 266 n. 2.

4. Die durch den Besitz auswärtiger auf jeden Inhaber lautender Werthpapiere bedingte Theilnahme an der, wenn auch mit einer Prämienziehung verbundenen Ausloosung derselben, bei welcher jedenfalls der Nennwerth der Obligation dem Inhaber zu Theil wird, ist keine Lotterie: Z. I. 8. Okt. 1858 c. Behrendt (JMBl. s. 351; ind.); vgl. AKO. v. 27. Juni 1837.

5. Dagegen ist es als die Veranstaltung einer Privat-Lotterie anzusehen, wenn Jemand Obligations-Loose einer auswärtigen mit einer Prämienziehung verbundenen Staatsanleihe zu festen Preisen und mit der Zusicherung zum Kaufe ausbietet, daß er dasselbe Loos zu einem geringeren Preise zurückkaufen werde, insofern auf dasselbe bei irgend einer bestimmten Ziehung ein Gewinn nicht falle; in einem solchen Falle ist das Lotteriegeschäft nur in die Form eines Kaufs und Rückkaufs eingekleidet: Z. I. 8. Okt. 1858 c. Behrendt (JMBl. s. 351); Beschl. I. 19. Nov. 1858 c. v. Foris; B. II. 3. Febr. 1859 c. Bauer (JMBl. s. 91); vgl. Verf. Min. d. Inn. u. d. Fin. v. 17. Okt. 1848; 28. Febr. 1851; 31. Jan. 1853 (BMBl. 48. s. 352; 51. s. 65; 53. s. 71).

6. Dasselbe gilt noch unzweifelhafter von dem Verkehr mit s. g. Promessen zu solchen mit Prämienziehungen verbundenen Staatsanleihen; vgl. AKO. v. 27. Juni 1837. Als „Promesse“ ist hier das schriftliche Versprechen zu verstehen, durch welches der Aussteller in Beziehung auf einen bestimmten Prämien-Anleihe-Schein und für eine bestimmte Prämienziehung einem Dritten gegen einen von diesem zu bezahlenden Betrag die Zusicherung ertheilt, demselben für den Fall, daß dieser Schein in der gedachten Ziehung gezogen werde, entweder den Schein selbst behufs eigener Realisirung des darauf gefallenen Gewinnes zu verschaffen, oder selbst die Auszahlung des letzteren zu bewirken; dabei ist es gleichgültig, ob der Versprechende den Schein selbst besitzt oder nicht: B. II. 3. Febr. 1859 c. Bauer (JMBl. s. 91).

7. In Betreff des Unterschiedes öffentlicher Lotterien, und erlaubter Privat-Ausspielungen ist die AKO. v. 20. März 1827 (GS. s. 29) zu vergleichen, nach welcher zu den letztern nur die in Privatzirkeln zum Zwecke eines geselligen Vergnügens oder der Mildthätigkeit veranstalteten zu zählen, alle Ausspielungen von Grundstücken aber, als in Privatzirkeln unausführbar verboten sind. Vgl. Verf. d. Min. d. Inn. v. 12. Jan. und 15. Okt. 1848 (BMBl. s. 41; 346); G. Matt. 2. s. 612 n. 2.

8. Oeffentliche Ausspielungen von Theaterbillets unterliegen den Vorschriften des § 268: Verf. d. Min. d. Inn. u. d. Fin. v. 15. Juli 1853 (BMBl. s. 224).

9. Zu den Ausspielungen gehören auch die s. g. „Glücksbuden“: B. I. 24. Mai 1854 c. Meyer (G. A. 2. s. 834). Das gilt selbst dann, wenn dabei kein eigentliches Ausspielen unter mehreren Spielern Statt findet, bei ihrem Betriebe vielmehr der Unternehmer mit jedem einzelnen Spieler wettet; selbst der Umstand, daß dem gewinnenden Spieler von Anfang an die Wahl gelassen wird, statt der gewonnenen Sachen eine vorher bestimmte Geldsumme zu fordern macht ein solches Spiel nicht zum „Hazardspiel“: Z. II. 27. Okt. 1859 c. Hedermann (JMBl. 60. s. 23; G. A. 8. s. 568); vgl. Vdn. v. 5. Juli 1847, welche die Glücksbuden ausdrücklich neben den Lotterien nannte. *Contra*: G. Matt. 2. s. 612 n. 1; Temme GA. s. 304; id. Lehrb. s. 1028 Note 3; Koch n. 72. Im Uebrigen haben sich zwei Verff. der Min. d. Inn. u. d. Fin. v. 18. Mai und 2. Juli 1852 (BMBl. s. 120 und 222) dahin ausgesprochen, daß Würfelspiele um Eßwaaren und andere unbedeutende Gegenstände in Verbindung mit einem kleinen Handel auf Jahrmärkten und dgl. von den Orts-Polizeibehörden gestattet werden können. Vgl. Cirk.-Erl. vom 21. April 1817; 14. Juli 1818; 12. Jan. und 15. Okt. 1848 (BMBl. 1848 s. 41. 346).

10. Verloosungen, behufs der Auseinandersetzung und Theilung gemeinschaftlicher Sachen, fallen nicht unter das Strafverbot: AKO. v. 20. März 1827 Nr. 4.

11. Eine Lotterie oder Ausspielung ist „veranstaltet“ und die Strafe verwirkt, wenn das Objekt derselben bezeichnet, die Loose der Zahl nach bestimmt sind,

§. 269. Wer Waaren oder deren Verpackung fälschlich mit dem Namen oder der Firma und mit dem Wohn- oder Fabrikorte eines inländischen Fabrik-Unternehmers, Produzenten oder Kaufmanns bezeichnet, oder wissentlich dergleichen fälschlich bezeichnete Waaren in den Verkehr bringt, soll mit Geldbuße von funfzig bis zu Eintausend Thalern, und im Rückfalle zugleich mit Gefängniß bis zu sechs Monaten bestraft werden.

---

auch der Preis eines jeden Looses festgestellt ist und derselbe eingefordert wird, sollten auch die Bezeichnung des Orts und die Bestimmung der Zeit der Ausspielung einer besonderen Bekanntmachung vorbehalten sein: B. Kass.-Hof 8. Juni 1833 c. Kleutgen (Rh. Arch. 18. 2. A. f. 28). Es reicht dazu auch das In-Umlauf-Setzen einer Lotterieliste hin, sollte dasselbe auch weiter noch gar keinen Erfolg gehabt haben: B. Rh. Kass.-Hof 5. Juli 1841 c. Hülser (Rh. Arch. 31. 2. A. f. 51). Hiernach ist der Verkauf einer Anzahl von Loosen, und die Empfangnahme des Preises unbedenklich als die Veranstaltung einer Lotterie, nicht blos als ein Versuch zu betrachten: Z. I. 5. Mai 1854 c. Rasch u. Gen.; Z. II. 8. Jan. 1857 c. Hirschmann.

12. Der § setzt nicht voraus, daß die Veranstaltung einer Ausspielung in gewinnsüchtiger Absicht stattgefunden habe; aus der Stellung desselben im Tit. 25, welcher „strafbarer Eigennutz“ überschrieben ist, kann das Erforderniß dieses Merkmals nicht hergeleitet werden: Z. I. 30. Nov. 1855 c. Bönigk (G. A. 4. f. 263); ähnlich: Z. I. 5. Mai 1854 c. Rasch (hier stützte sich die Nichtigkeitsbeschwerde des verurtheilten Angeklagten auf die Behauptung, die Ausspielung sei zu einem wohlthätigen Zwecke veranstaltet worden, und rügte, daß der Instanzrichter den darüber angebotenen Beweis nicht aufgenommen hatte).

13. Durch diesen § 268 ist die Vdn. v. 5. Juli 1847 (GS. f. 261), soweit sich diese auf das Spielen in auswärtigen nicht durch Königliche Genehmigung in Preußen zugelassenen Lotterien bezog, nicht aufgehoben worden: K.-B. II. K. f. 6; Z. 9. Jan. 1852 c. Römmer (JMBl. f. 103; Entsch. 22. f. 74); B. Rh. Kass.-Hof (Int. d. Ges.) 9. Juni 1852 c. Krapp (JMBl. f. 314; Rh. Arch. 47. 2. A. f. 90); Z. II. 27. März 1856 c. Rosenfeld; Z. I. 16. Juli 1856 c. Block; u. ö.; Koch n. 72. Vgl. Verf. d. Min. d. Inn. u. d. Fin. v. 4. Sept. 1851 (BMBl. f. 214) und Ges. v. 7. Mai 1853 (GS. f. 180) durch welches jene Verordnung in den Hohenzollernschen Landen eingeführt wird. Ebensowenig ist die AKO. v. 27. Juni 1837 aufgehoben: B. Kass.-H. 16. Juni 1852 c. Kuhlenkamp; Z. II. 27. März 1856 c. Rosenfeld. Anderer Ansicht ist Wenzel Ergänzz. f. 246.

§ 269.

1. Vorausgesetzt wird, daß die Bezeichnung nicht nur mit dem Namen :c., sondern auch mit dem Wohnorte :c. eines Andern bewirkt sei; dagegen ist es nicht erforderlich, daß beide falsch seien, daß also der Angeklagte weder selbst den betr. Namen führe, noch an dem genannten Orte wohne, weil es sonst an jedem Schutze gegen alle Gleichnamigen und gegen alle Mitbewohner desselben Orts fehlen würde; es genügt daher, wenn auch nur eins von beiden falsch ist.

2. Die Einwilligung dessen, der selbst einen Namen mit Recht führt, kann einem Dritten nie das Recht geben, sich dieses Namens zu Waarenbezeichnungen zu bedienen: Z. II. 28. Febr. 1861 c. Hahn (RdO. 1. f. 283); vgl. n. 4.

3. Unter Firma soll nach Erk. des Ober-Trib. v. 17. Juni 1843 (Entsch. 9. f. 325) nur eine solche Bezeichnung zu verstehen sein, welche eine oder mehrere Personen benennt, nicht aber Benennungen nach der in denselben bezeichneten Waare, sollte diese auch ihre Bezeichnung nach einer Person erhalten haben. Vgl. G. Matt. 2. f. 613 n. 1.

4. Das Recht, einen fremden Namen als Firma zu führen, kann nicht durch die Gestattung eines dritten diesen Namen Führenden erworben werden, wenn dieser nicht selbst ein derartiges Geschäft betrieb, und die Firma mit dem letzteren übertrug: Z. II. 28. Febr. 1861 c. Hahn (RdO. 1. f. 283); vgl. n. 2.

Dieselbe Strafe tritt ein, wenn die Handlung gegen die Angehörigen eines fremden Staates gerichtet ist, in welchem nach publizirten Verträgen oder Gesetzen die Gegenseitigkeit verbürgt ist.

Die Strafe wird dadurch nicht ausgeschlossen, daß bei der Waarenbezeichnung der Name oder die Firma, und der Wohn- oder Fabrikort mit geringen Abänderungen wiedergegeben werden, welche nur durch Anwendung besonderer Aufmerksamkeit wahrgenommen werden können.

[Entw. § 247]. Vgl. AKO. v. 16. Okt. 1831 (GS. s. 247); (Ges. v. 4. Juli 1840; GS. s. 224); Ges. v. 18. Aug. 1847 § 12—14 (GS. s. 335); Ges. v. 24. April 1854 (GS. s. 213).

---

5. Eine örtliche Bezeichnung kann sehr wohl einen Theil der Firma bilden, und gleichzeitig den Wohn- oder Fabrik-Ort benennen. Das gilt auch nach Rheinischem Rechte; Art. 21 des Rh. HGB. verbietet nur die Mitaufnahme der Namen solcher Personen in der Firma, welche nicht zu den solidarisch mit haftenden Gesellschaftern der Gesellschaft unter einem Gesammtnamen gehören, nicht aber auch Zusätze einer örtlichen Bezeichnung: Z. II. 29. Sept. 1859 c. Aldenbrück.

6. Eine Bezeichnung mit fremdem Namen oder Firma ist auch da anzunehmen, wo dieselbe mit einem den Namen oder die Firma wiedergebenden Stempel oder Siegel bewirkt ist: G. Matt. 2. s. 613 n. 6.

7. Eine fälschliche Bezeichnung mit fremdem Namen rc. liegt auch da vor, wo echte Fabrikzeichen, Etiketten rc. von der echten Waare abgenommen, und einer andern angeheftet rc. sind: Temme Lehrb. s. 1034 Note 2. *Contra:* G. Matt. 2. s. 614 n. 3; Koch n. 73.

8. Sind amtliche Stempelungen gefertigter Waaren gesetzlich angeordnet oder gestattet (z. B. durch Ges. v. 16. Mai 1816 § 32; Ges. v. 3. Juli 1818; Vdn. v. 5. Jan. 1823; Vdn. v. 2. Jan. 1827; GS. 1816 s. 142; 1818 s. 153; 1823 s. 2. 1827 s. 87), so fällt ihre Nachbildung nicht unter den §; es kann vielmehr nur § 340 Nr. 3. 4 zur Anwendung kommen: G. Matt. 2. s. 613 n. 2; Temme Lehrb. s. 1034 Note 2.

9. Im zweiten Absatze ist das Wort „publizirten" nur auf die Verträge nicht auch auf die Gesetze zu beziehen, durch welche der auswärtige Staat die Reziprozität gewährt; die letzteren bedürfen der Publizirung in Preußen nicht: B. II. 12. Okt. 1854 c. Wilms (JMBl. 1855 s. 4; G. A. 3. s. 93). Vgl. § 78 n. 6; Abh. in G. A. 3. s. 91.

10. Das Wort „Gesetz" im zweiten Absatze setzt nur einen nach der Verfassung des betreffenden Landes mit Gesetzeskraft versehenen legislatorischen Erlaß voraus, ohne daß derselbe nothwendig den Namen „Gesetz" führen müßte; ob jenes im Einzelnen der Fall, und ob durch diesen Erlaß die Reziprozität wirklich verbürgt sei, ist eine thatsächliche von den Instanzrichtern zu lösende Frage: B. II. 12. Okt. 1854 c. Wilms (JMBl. 1855 s. 4; G. A. 3. s. 93). Vgl. § 78 n. 6.

11. Ob die Abänderungen den Voraussetzungen des Abs. 3 entsprechen, ist eine thatsächliche Frage: Z. II. 28. Febr. 1861 c. Hahn.

12. Für Westphalen und die Rheinprovinz sind die Vdn. v. 18. Aug. 1847 und das Gesetz v. 24. April 1854 zum Schutze der Fabrikzeichen an Eisen- und Stahlwaaren maaßgebend. An die Stelle der im § 12 jener Vdn. für anwendbar erklärten Strafbestimmungen des Ges. v. 4. Juli 1840 ist jetzt § 269 getreten.

13. In Betreff der Bestrafung des eigenmächtigen Gebrauchs und der Abbildung des Königlichen Wappens zur Bezeichnung von Waaren auf Aushängeschildern oder Etiketten vgl. AKO. v. 16. Okt. 1831 (GS. s. 247).

§. 270. Wer Andere vom Mitbieten oder Weiterbieten bei den von öffentlichen Behörden oder Beamten vorgenommenen Versteigerungen, dieselben mögen Verkäufe, Verpachtungen, Lieferungen, Unternehmungen oder Geschäfte irgend einer Art betreffen, durch Gewalt oder Drohung, oder durch Zusicherung oder Gewährung eines Vortheils abhält, wird mit Geldbuße bis zu dreihundert Thalern oder mit Gefängniß bis zu sechs Monaten bestraft.

[Entw. § 248]. Vgl. Ges. v. 14. Juli 1797 (Ed.-Samml. 10. f. 1313; v. Rabe 4. f. 204).

---

§ 270.

1. Die Worte „Wer Andere — — abhält“ sind nicht dahin zu deuten, als bedürfe es hier einer Mehrheit von Personen; auch die Abhaltung eines Einzelnen fällt unter die Strafvorschrift. Vgl. Gilb. C. pén. Art. 412 n. 8.

2. Ob die Versteigerung eine nothwendige oder freiwillige, eine von Amtswegen oder auf den Antrag einer Privatperson veranlaßte gewesen, ist gleichgültig, sobald sie nur von einer Behörde oder einem Beamten, also unter öffentlicher Autorität statt fand: Bes. f. 509; Temme Lehrb. f. 1035.

3. Als eine solche ist jede Versteigerung zu betrachten, welche von einem Notar, Auktions-Kommissar, Gerichtsschreiber oder Gerichtsvollzieher vorgenommen wird.

4. Auch eine Verdingung ist, wie aus den Worten „Lieferungen, Unternehmungen oder Geschäfte ꝛc.“ folgt, als Versteigerung anzusehen: Z. I. 28. Jan. 1857 c. Rawitzscher.

5. Daß die Versteigerung öffentlich vorgenommen werde, ist nicht erforderlich.

6. Die Erregung eines Irrthums steht der Gewalt oder Drohung nicht gleich; sie war in den frühern Entwürfen mit aufgezählt, ward aber später absichtlich beseitigt: Bes. f. 509 I; G. Matt. 2. f. 615 n. 4. Hiernach ist ein durch Irrthumserregung bewirktes Abhalten nie nach diesem §, sondern nur geeigneten Falles als Betrug zu strafen.

7. Der zugesicherte oder gewährte Vortheil muß ein solcher sein, welchen der Abhaltende selbst, oder durch einen Andern für sich gewährt: Z. II. 24. Febr. 1853 c. Fahrenholz (G. A. 1. f. 411); vgl. n. 15.

8. Auch die Zusicherung eines Ersatzes für den bei einer Versteigerung zu besorgenden Verlust, z. B. die Zusicherung der theilweisen oder gänzlichen Befriedigung eines Realgläubigers fällt, wenn dadurch der letztere vom Mitbieten abgehalten wird, unter das Strafverbot: K.-B. II. K. f. 137.

9. Es wird ein wirklich erfolgtes Abhalten gefordert, der bloße Versuch ist nicht strafbar. Vgl. Gilb. C. pén. Art. 412 n. 7.

10. Auf die Zeit, wo die betreffende Handlung statt fand, kommt Nichts an, sie kann namentlich der Versteigerung sehr wohl vorhergehen: Bes. f. 509 III; G. M. 2. f. 615 n. 5; Temme Gl. f. 304; id. Lehrb. f. 1035.

11. Wenn die Gesetze nach beendigtem Versteigerungsakte noch die Abgabe eines Uebergebots gestatten (z. B. Rh. HGB. Art. 565), so findet § 270 auch auf das Abhalten von diesem Anwendung. Vgl. Gilb. C. pén. Art. 412 n. 15. Das ist gleichwohl auf den Fall des Art. 2185 des Rh. BGB. nicht auszudehnen, weil hier eine Versteigerung in der Regel noch gar nicht statt gefunden hat, und erst durch das Uebergebot nothwendig wird. Vgl. Gilb. C. pén. Art. 412 n. 12 fgg.

12. Da die Anwendung des Strafgesetzes, außer den subjektiven Bedingungen, auch die objektive eines des strafbaren Erfolges fähigen Objektes hat, so kann ein Abhalten vom Bieten da nicht angenommen werden, wo die betreffenden Personen vorher schon die Absicht hatten nicht mitzubieten; dagegen ist ein solches Abhalten nicht nur bei Personen denkbar, welche bereits den festen Entschluß zum Mitbieten

§. 271. Wer seine eigne bewegliche Sache dem Nutznießer, Pfandgläubiger oder demjenigen, welchem an der Sache das Zurückbehaltungsrecht zusteht, in rechtswidriger Absicht wegnimmt oder wegzunehmen versucht, wird mit Gefängniß von Einer Woche bis zu drei Jahren bestraft; auch kann gegen denselben auf zeitige Untersagung der Ausübung der bürgerlichen Ehrenrechte erkannt werden.

Die Bestimmungen der §§ 228. und 229. finden hier gleichfalls Anwendung.

[Entw. § 249]. Vgl. 215. 265. 228. 229.

---

gefaßt haben, sondern auch bei solchen, bei welchen derselbe nur relativ, und in Beziehung auf einen möglichst geringen Preis entstehen könnte. Ob blos ein solcher Mangel eines gereiften Entschlusses, oder die feststehende Absicht nicht zu bieten vorlag, ist Gegenstand der thatsächlichen Beurtheilung: Z. 13. Sept. 1852 c. Völker (G. A. 1. s. 410). Vgl. G. Matt. 2. s. 615 n. 5; Koch n. 74.

13. Einer gewinnsüchtigen Absicht bedarf es beim Vergehen nicht nothwendig; es kann z. B. auch die Beschädigung eines Andern Zweck des Vergehens sein: Temme Lehrb. s. 1035. Aus dem Rubrum des betr. Titels des StGB. ist das Gegentheil nicht zu folgern.

14. Gleichgültig ist es auch, ob die bewirkte Abhaltung auf das Endergebniß der Versteigerung von irgend einem Einflusse gewesen sei. Vgl. Gilb. C. pén. Art. 412. n. 9.

15. Die Einigung zwischen mehreren Bietlustigen, bei einer Versteigerung durch einen Einzigen, als Bevollmächtigten der Uebrigen, Gegenstände für gemeinschaftliche Rechnung (etwa um sie später unter sich zu vertheilen, oder nochmals zu versteigern) anzusteigern, bildet, auch wenn der Bietende sich nicht als Bevollmächtigter der Uebrigen kund giebt, einen Gesellschaftsvertrag, und fällt nicht unter § 270, weil Niemand vom Bieten abgehalten wird, vielmehr alle als gemeinschaftliche Bieter anzusehen sind. Aeltere diesen Fall vorsehende Strafvorschriften, z. B. die Vdn. v. 14. Juli 1797 Nr. 5, sind durch § 270 beseitigt: Z. II. 24. Febr. 1853 c. Fahrenholz (G. A. 1. s. 411); B. II. 21. April 1853 c. Straube-Kögler (G. A. ibid.); G. Matt. 2. s. 615 n. 6; und Motive zum Entw. v. 1833 s. 133. Das Gesagte gilt aber nur da, wo zwischen den betreffenden Personen eine Gemeinschaft im gesetzlichen Sinne des Worts (also ein Vertrag zur Erlangung eines gemeinschaftlichen Endzwecks; ALR. I, 17 § 169) entsteht; es trifft also z. B. da nicht zu, wo es sich von der Verdingung einer Lieferung handelt, und nun die Lieferungen nicht von allen gemeinschaftlich besorgt werden, der Abgehaltene vielmehr nur einen Theil der Lieferungen übernehmen, und Vortheil und Schaden aus diesem Theile allein tragen soll. So: Z. I. 28. Jan. 1857 c. Rawitzscher.

16. Derjenige, welcher sich durch die Zusicherung oder Gewährung eines Vortheils vom beabsichtigten Bieten abhalten läßt, macht sich dadurch nicht strafbar, insbesondere kann er nicht als Theilnehmer am Vergehen des Abhaltenden angesehen werden.

17. Das französische Dekret vom 17. Mess. XI, welches Strafen gegen den Beamten androhte, welcher sich an einem solchen Vergehen betheiligte, war schon durch den Art. 412 des C. pén. beseitigt. Vgl. Gilb. C. pén. Art. 412 n. 18.

§ 271.

1. Dieser § bestraft das früher s. g. furtum possessionis, welches jetzt unter den Begriff des Diebstahls, wie er im § 215 bestimmt ist, nicht mehr fällt.

2. Die Vorschrift trifft nur den Eigenthümer, welcher die eigene Sache, nicht also auch den Dritten, welcher dieselbe im Interesse des Eigenthümers (also ohne eigne gewinnsüchtige Absicht) wegnimmt; da dieser nun auch nicht der Diebstahlsstrafe unterliegt, so enthält hier das Gesetz eine Lücke.

3. Temme (Gl. S. 305; id. Lehrb. S. 1035) nimmt an, es müßten hier alle Begriffserfordernisse des Diebstahls vorliegen, mit der Ausnahme, daß die Sache keine fremde sei, und daß die Entwendung die Rechte der im § genannten Personen verletze. Das läßt sich indessen, da der Begriff des Diebstahls hier unbedingt aufgegeben worden ist, grundsätzlich nicht rechtfertigen; vgl. n. 8.

4. Vorausgesetzt wird, daß ein vollständig existentes, nicht also ein erst zu erwerbendes Nutznießungs-, Pfand- oder Zurückbehaltungs-Recht vorliege. Hieraus folgerte ein B. I. 19. März 1858 c. Singer (G. A. 6. S. 569), der § finde keine Anwendung, wenn ein unter väterlicher Gewalt stehendes Kind ein solches Recht ohne Einwilligung des Vaters (ALR. II, 2 § 125) bestellt habe, weil dieses gesetzliche Erforderniß der Gültigkeit als aufschiebende Bedingung angesehen werden müsse (vgl. I, 5 § 11. l. c.; Erk. des Ob.-Trib. 13. April 1847; Entsch. 14. S. 177), und wenn auch § 103. I, 4. l. c. dem bedingungsweise Verpflichteten, bis zum Eintritte jener Bedingung, die Vornahme jeder dem Andern nachtheiligen Handlung untersage, so habe diese Vorschrift doch nur civilrechtliche, nicht auch strafrechtliche Wirkungen. Die Richtigkeit dieser Entscheidung ist keineswegs zweifellos.

5. Der Vermiether erlangt durch die (ohne Mitwirkung des Gerichts bewirkte) Zurückbehaltung der Sachen des Miethers ein wirkliches Pfandrecht, und den Schutz des § 271 (vgl. ALR. I, 21 § 395; den jetzt aufgehobenen § 382 a. I, 50. der AGO.; Konk.-Ordn. v. 8. Mai 1855 § 33 Nr. 4); nur wenn ein Streit über den Werth der Sachen und das Quantum der zurückzubehaltenden Sachen entsteht, tritt nach Anh. z. AGO. § 302 die Mitwirkung des Gerichts ein: Z. I. 20. Juni 1856 c. Rösler (G. A. 4. S. 849); vgl. B. I. 29. Okt. 1858 c. Müller (G. A. 7. S. 115). Vgl. n. 7. 10.

6. Durch eine nützliche Verwendung wird gesetzlich kein Zurückbehaltungsrecht begründet: B. I. 19. März 1858 c. Singer (cit. n. 4).

7. Aus der Zusammenstellung im § 271 ist zu entnehmen, daß das Gesetz hier das im ALR. I, 20 § 536 fgg. erwähnte Zurückbehaltungsrecht auf Sachen im Sinne hat, welche vermöge eines zur Zurückgabe verpflichtenden Titels, nicht aber durch den einseitigen Akt einer Pfändung in die Gewahrsam desjenigen gelangt sind, der dieselben zurückzubehalten für befugt erachtet ist; auf die eigenmächtige Wiederbesitznahme einer durch eine Privatperson abgepfändeten Sache ist daher der § nicht anzuwenden, zumal da der § 272 den Eingriff in die von einem Beamten bewirkte Pfändung mit einer weit geringern Strafe bedroht, als im § 271 bestimmt ist, der Eingriff in eine Privatpfändung aber jedenfalls ein leichteres Vergehen ist. Nach diesen Grundsätzen ist der Fall zu beurtheilen, wo ein Holzfrevler die ihm von einem Privatwaldhüter abgepfändeten Transportmittel, noch ehe sie (nach dem H.-D.-Ges. v. 2. Juni 1852 § 22. 23) der nächsten Ortsobrigkeit überliefert worden sind, ohne Gewaltthätigkeiten wieder in Besitz nimmt (vgl. F.-P.-O. v. 1. Nov. 1847 § 53 fgg.); es ist dann, bei Berücksichtigung der §§ 462—465. I, 14. des ALR., und der F.-P.-O. v. 1. Nov. 1847 § 75, nur der Thatbestand einer jetzt straflosen eigenmächtigen Selbsthülfe anzunehmen: B. I. 2. Jan. 1856 c. Roszeck (G. A. 4. S. 264); B. I. 12. Sept. 1856 c. Rehfeld (G. A. 4. S. 850); Z. I. 4. Sept. 1857 c. Heller; Z. I. 9. Okt. 1857 c. Smolewski (G. A. 6. S. 283). *Contra:* Koch n. 79. Vgl. n. 5.

8. Die rechtswidrige Absicht, welche der § verlangt, braucht keine gewinnsüchtige (eigennützige) zu sein; das Gegentheil ist nicht aus dem Rubrum des Titels („strafbarer Eigennutz") zu folgern (vgl. § 267 n. 4), zumal da der Entwurf von 1847 (§ 335) die gewinnsüchtige Absicht als einen erschwerenden strafverschärfenden Umstand aufführte, und die stattgehabten Verhandlungen darthuen, daß die im Entwurfe von 1850 bewirkte Beseitigung jenes Moments keineswegs deshalb erfolgt ist, um nun jene Gewinnsucht als allgemeines Begriffserforderniß des Vergehens hinzustellen; vgl. G. Matt. 2. S. 617. In diesem Sinne erging: Z. I. 24. Nov. 1858 c. Tackmann (G. A. 7. S. 116). *Contra:* Z. 26. April 1852 c. Klesczinski (JMBl. S. 284; G. A. 1. S. 255); Z. I. 2. Okt. 1857 c. Mendheim-Mendelssohn.

9. Dagegen faßte das unter n. 8 cit. Z. I. 24. Nov. 1858 den Begriff der „rechtswidrigen Absicht" dahin auf, daß sie auf Verkürzung oder Gefährdung des fremden materiellen Rechts gerichtet sein müsse, so daß also das Bewußt-

§. 272. *) **Wer Sachen, welche durch die zuständigen Behörden oder Beamten gepfändet oder in Beschlag genommen**

*) Fassung des Gesetzes v. 14. April 1856 (GS. s. 210); in der ursprünglichen Fassung lautete:

§. 272. Wer Sachen, welche durch die zuständigen Behörden oder Beamten gegen ihn gepfändet oder in Beschlag genommen worden sind, vorsätzlich ganz oder theilweise der Pfändung oder Beschlagnahme entzieht, bei Seite schafft, verbringt oder zerstört, wird mit Gefängniß bis zu Einem Jahre bestraft.

sein der formellen Verletzung des fremden Pfandrechts ꝛc. nicht genüge; demgemäß ward Straflosigkeit angenommen, wenn das Bewußtsein feststehe, daß durch die betr. Handlung der Andere materiell einen Schaden nicht erleiden könne oder werde; gleichzeitig ward indessen anerkannt, daß das materielle Recht auch durch die vorübergehende Aufhebung der Sicherheit der Forderung verletzt werden könne. Diese ganze Ansicht unterliegt indessen erheblichen Bedenken, da auch das Pfandrecht nicht blos eine formelle Seite darbietet, sondern einen Gegenstand des materiellen Rechtes bildet, und ein Handeln mit dem Bewußtsein der Verletzung dieses Rechts sich schwerlich ohne die gleichzeitige Absicht dieser Rechtsverletzung denken läßt. Es darf daher zum Begriffe des Vergehens ein Mehr als die Absicht, das betr. Pfandrecht ꝛc. zu verletzen, nicht gefordert werden, insbesondere braucht diese Absicht nicht dahin zu gehen, den Berechtigten um diejenige Forderung zu bringen, zu deren Sicherstellung jenes Recht dienen sollte. In diesem Sinne erging: Z. I. 2. Okt. 1857 c. Mendheim-Mendelssohn. Hiernach wird also die Strafbarkeit auch dadurch nicht ausgeschlossen, daß der Angeklagte im Besitze ausreichender Mittel sich befindet, um jene Forderung zu decken, es auch eventuell nicht an andern Exekutionsobjekten bei ihm fehlen würde; vgl. § 272 n. 24.

10. Auch dieser § verlangt eine Wegnahme, d. h. ein Entfernen der zurückbehaltenen Sache aus dem Naturalbesitze des Zurückbehaltenden. Wegschaffen der eignen Sachen aus einer gemietheten Wohnung in der Absicht, dem Vermiether sein Zurückbehaltungsrecht unmöglich zu machen, fällt, so lange dieses Recht noch nicht ausgeübt, und die Sache in die Gewahrsam des Vermiethers übergegangen ist, nicht unter diese Vorschrift: Z. I. 22. Nov. 1854 c. Comouth (G. A. 3. s. 140). *Sic*: K.-B. I. K. s. 44; Bes. s. 510; G. Matt. 2. s. 618 n. 4; Temme Lehrb. s. 1035; Koch n. 75. Vgl. n. 5; § 215 n. 48 fgg.

11. Dagegen ist eine Wegnahme auch in denjenigen Fällen möglich, wo in einem durch das Gesetz zugelassenen Falle eine symbolische Uebergabe statt gefunden hat (vgl. ALR. I, 20 § 271 fgg.), weil auch in diesen Fällen der Besitz auf den Empfänger übergeht (§ 272 l. c.); vgl. Koch zu § 388 l. c. n. 33. Die für einen solchen Fall im cit. § 388 vorgeschriebene Bekanntmachung der Verurtheilung eines Kaufmanns fällt jetzt weg. Koch l. c.

12. Erschwerende Umstände des Diebstahls kommen, wenn sie bei der hier vorgesehenen Handlung obwalten, nur als Strafzumessungsgründe in Betracht: G. Matt. 2. s. 618 n. 3.

13. Ebenso liegt, wenn das Vergehen mit Gewalt verübt wird, kein Raub vor; es ist daher immer nur § 271 anwendbar, wenn nicht die Handlung durch den Hinzutritt der Gewalt noch den Charakter eines andern (dann ideell konkurrirenden) Vergehens ꝛc. z. B. der Körperverletzung ꝛc. annimmt. Wird die Herausgabe der Sache durch Bedrohung mit der Verübung eines Verbrechens ꝛc. in der Absicht, sich oder Andern einen rechtswidrigen Vortheil zu verschaffen, erzwungen, so liegt unbedenklich Erpressung (§ 234) vor. G. Matt. 2. s. 618 n. 3. Vgl. Temme Lehrb. s. 1035 Note 6.

§ 272.

Inhalt.

worden sind, vorsätzlich bei Seite schafft, verbringt oder zerstört, oder in anderer Weise der Pfändung oder Beschlagnahme ganz oder theilweise entzieht, wird mit Gefängniß bis zu Einem Jahre bestraft.

[Entw. § 251]. Vgl. § 271; Rh. BPC. Art. 600; (AKO. v. 11. Dez. 1833 (GS. s. 296); AKO. v. 21. April 1856 (GS. s. 220).

Mit der nämlichen Strafe werden bestraft:

1) der Ehegatte des Gepfändeten, dessen Verwandte oder Verschwägerte in auf- oder absteigender Linie, welche mit Kenntniß der Pfändung oder Beschlagnahme sich einer der gedachten Handlungen schuldig machen;
2) der von der Behörde oder dem Beamten bestellte Hüter, welcher im Interesse des Gepfändeten eine der gedachten Handlungen selbst verübt, oder, daß sie von einem Dritten verübt wird, gestattet;
3. ein Dritter, welcher im Interesse des Gepfändeten, mit Kenntniß der Pfändung oder Beschlagnahme, eine der gedachten Handlungen verübt.

---

1. Nach der neuen ganz allgemeinen Fassung des § wird Jeder von der Strafe betroffen, ohne daß es auf das Verhältniß, in welchem er zur Sache oder zu ihrem Eigenthümer steht, ankäme: Z. I. 28. Okt. 1857 c. Schönherr. Insbesondre gilt das Strafverbot auch für den Eigenthümer selbst, sollte auch die Sache nicht gegen ihn, sondern mit Unrecht gegen einen Dritten, in dessen Hand sie sich zeitweise befand, gepfändet sein; er muß im geeigneten gerichtlichen Verfahren zunächst die Aufhebung der Pfändung erwirken, ehe er sich einen Eingriff in die letztere erlauben darf.

2. Es kann daher den Gepfändeten nicht straflos machen, wenn er die gegen ihn gepfändete fremde Sache dem zurückfordernden Eigenthümer zurückgiebt, er muß vielmehr diesen zum gerichtlichen Wege verweisen: B. II. 4. Okt. 1855 c. Maisborn (Präj. n. 173; JMBl. s. 369; Entsch. 31. s. 282; G. A. 4. s. 265); ähnlich: Z. I. 25. Nov. 1859 c. Ruthsatz; Z. I. 6. Juni 1860 c. Schirmer. Das gilt selbst dann, wenn das Gericht bei demjenigen, an den der Angeklagte die Sache abgegeben hatte, eine neue Beschlagnahme verhängen könnte: Z. II. 9. Okt. 1856 c. Maisborn. Vgl. aber n. 23.

3. Unter „Sachen" sind hier nur bewegliche zu verstehen, die unbefugte Wiederbesitznahme eines unter Sequester gestellten Grundstücks gehört nicht hierher: Z. 22. Dez. 1851 c. Rabe (Entsch. 22. s. 75; G. A. 1. s. 256); Z. I. 24. Okt. 1855 c. Schulz (G. A. 4. s. 266). *Sic*: G. Matt. 2. s. 620; Temme Lehrb. s. 1036.

4. Dagegen ist der § auf bewegliche Pertinenzstücke eines Grundstücks allerdings anwendbar: Z. I. 24. Okt. 1855 c. Schulz (G. A. 4. s. 266).

5. Dasselbe gilt von den auf einem in Beschlag genommenen Grundstücke sich findenden Früchten auf dem Halme, von dem Holz auf dem Stamme, wenn sie von dem Boden getrennt, und so der sie mit umfassenden Beschlagnahme entzogen werden: Z. I. 27. Mai 1853 c. Jeltsch; Erk. LG. Köln 30. Juni 1853 c. Müller.

6. „Unter den Sachen im Sinne des § 272 sind auch Aktivforderungen zu verstehen": B. Pl. 31. März 1856 c. Meißner (Präj. n. 200; JMBl. s. 146; Entsch. 32. s. 477; 33. s. 229; G. A. 4. s. 344). Der Fall, daß sie einer angelegten Beschlagnahme entzogen werden, kann nach Preußischem Rechte bei der Beschlagnahme von Hypothekenforderungen vorkommen, sobald die darüber sprechenden Dokumente nicht (nach AGO. I, 24 § 101) zum gerichtlichen Depositum abgeliefert sind; Cessio-

nen, welche der Inhaber unter Verschweigung der stattgehabten Beschlagnahme an einen redlichen Dritten vornimmt, haben dann volle Wirkung (vgl. ALR. I, 11 § 395. 397; I, 10 § 23—25; Hyp.-Ordn. § 234); eine solche Handlung, wenn sie trotz der durch den cit. § 101 vorgeschriebenen Dispositionsuntersagung stattfindet, fällt unter den § 272. Früher *Contra:* B. 27. Sept. 1852 c. Grunow (Entsch. 22. s. 474; G. A. 1. s. 256); B. I. 2. Nov. 1855 c. Wagner (G. A. 4. s. 328); Koch n. 78. Aehnlich kann sich die Sache gestalten, wenn ein in Beschlag gelegter Gehaltstheil trotz des behändigten Inhibitoriums erhoben wird; vgl. Z. I. 8. Juni 1859 c. Lübke (G. A. 7. s. 561). Nach Rheinischem Rechte sind derartige Fälle undenkbar, weil dort an den Gepfändeten gar kein Dispositionsverbot ergeht, die Beschlagnahme vielmehr direkt beim Drittschuldner erfolgt, und dieser, wenn er dessen ungeachtet an seinen Gläubiger zahlt, dem Extrahenten der Beschlagnahme gegenüber forthaftet, in Wahrheit also der Beschlagnahme Nichts entzogen wird.

7. Es ist nicht erforderlich, daß sich die Sache früher einmal im Besitze des Angeklagten befunden habe: Z. II. 4. Dez. 1856 c. Deerberg (JMBl. 1857 s. 11; indirekt); vgl. n. 13.

8. Unter „zuständigen Behörden oder Beamten“ sind die in abstracto zur Vornahme einer solchen Maaßregel berufenen zu verstehen; die Kompetenz für den Einzelfall ist nicht entscheidend: G. Matt. 2. s. 619 n. 3; vgl. Erk. Kamm.-Ger. 27. Sept. 1852 c. Bechholz (G. A. 1. s. 255). *Contra:* Temme Lehrb. s. 1036. Für die letztere Ansicht könnte ein Z. 20. Febr. 1852 c. Steinhauer angeführt werden, welches es anerkannte, daß ein Förster außerhalb seines Forsts zur Vornahme von Beschlagnahmen nicht berufen sei, dann aber ausführte, daß, wenn er zur Haussuchung nach Anleitung des Ges. v. 12. Febr. 1850 den Ortsschulzen zuziehe, die von ihm bei dieser Gelegenheit bewirkten Beschlagnahmen gefundenen Holzes, als unter der amtlichen Autorität des Schulzen geschehen, zu betrachten seien, insofern der letztere Eines oder Anderes nicht ausdrücklich untersagt habe.

9. Ein Z. II. 9. Nov. 1854 c. Klocke (Entsch. 29. s. 263; G. A. 3. s. 141) nahm indirekt an, daß ein Gerichtsbote als ein zur Vornahme einer Beschlagnahme zuständiger Beamte nur insoweit anzusehen sei, als er vom Gerichte die Ermächtigung im Einzelfalle erlangt habe; ähnlich: B. II. 19. Juli 1855 c. Blattner (G. A. 3. s. 718); vgl. n. 19.

10. Einem Gemeindediener und Nachtwächter wohnt nicht nothwendig und unbedingt die Qualität als Polizeidiener bei; er ist daher als solcher nicht zuständig, ein im Felde frevelndes Hausthier zu pfänden: Z. II. 19. April 1860 c. Wegener.

11. Landschaftsbeamten können auf Grund eines Beschlusses der General-Landschaft für befugt erachtet werden, Beschlagnahmen vorzunehmen: Z. I. 22. Jan. 1858 c. Wuttke.

12. Auf Privatpfändungen (ALR. I, 14 § 413 fgg.) ist § 272 nicht anwendbar; Eingriffe in dieselben sind nur geeigneten Falles nach § 271, 214 oder 346 Nr. 1 zu strafen: G. Matt. 2. s. 620 n. 7; Koch n. 79.

13. Der § unterscheidet nicht, ob die Pfändung rc. zur Sicherung eines Privat- oder eines öffentlichen Interesses, z. B. als Vorbereitung zu einer strafgerichtlichen Verfolgung bewirkt sei; das Gegentheil kann weder aus dem Rubrum des Tit. 25, noch aus der engern Fassung der AKO. v. 11. Dez. 1833 gefolgert werden: Beschl. I. 23. Jan. 1856 c. Fäcknitz (G. A. 4. s. 265); Z. I. 10. März 1858 c. Kuba. Es gehört daher auch der Fall hierher, wo ein Ortsvorsteher eine Sache, zur Sicherstellung des Ergebnisses einer etwa einzuleitenden Untersuchung, irgendwo unterbringen läßt, damit sie als Vergleichungsstück mit den bei dem Angeklagten gefundenen angeblich gestohlenen Sachen dienen, indem es genügt, daß die Behörde durch obrigkeitliches Einschreiten Hand an oder auf die Sache gelegt hat: Z. II. 4. Dez. 1856 c. Deerberg (JMBl. 1857 s. 11).

14. Die Beschlagnahme eines Gegenstandes durch die Polizeibehörde ist an keine bestimmte Form gebunden, es genügt daher der ausdrücklich erklärte Wille, eine solche Beschlagnahme vorzunehmen, verbunden mit der Wegnahme oder Sicherung des Gegenstandes selbst; im Uebrigen ist die betreffende Frage eine thatsächliche: Z. I. 26. März 1858 c. Krafft.

15. Die Stellung einer Sache unter Sequester ist als eine Beschlagnahme anzusehen. Das ward anerkannt durch: B. Pl. 31. März 1856 c. Meißner (JMBl. s. 146; Entsch. 33. s. 229; G. A. 4. s. 334); Z. I. 27. Mai 1853 c. Zeltsch.

16. Die Instanzrichter können es als eine gültige (gerichtliche) Beschlagnahme ansehen, wenn ein Exekutor aus einer größeren Heerde eine geringere Anzahl nicht individuell bezeichneter Häupter zwar im Besitze des Schuldners läßt, aber unter die Observation eines Dritten stellt: Z. I. 24. Okt. 1860 c. Gensichen (G. A. 8. s. 843).

17. Auch das Verbot, eine Sache zu veräußern (AGO. I, 24 § 71 und Anh. § 155. 156), ist als eine Beschlagnahme im Sinne des § zu betrachten: Z. I. 9. Nov. 1854 c. Klocke (Präj. n. 119; Entsch. 29. s. 263; G. A. 3. s. 141). Der Gerichtsbote, welcher zur Abpfändung einer Sache vom Gerichte angewiesen ist, muß auch für ermächtigt angesehen werden, statt dessen die Sache nur als Pfand zu notiren, sie in der Gewahrsam des Gepfändeten zu belassen, und ihm die Veräußerung zu untersagen; ibid. Vgl. G. Matt. 2. s. 620 n. 6; dieser citirt ein Erk. Kamm.-Ger. c. Möllmann, welches für diesen Fall eine schriftliche Warnung nach cit. § 71 fordre, und eine mündliche für nicht genügend erachte. *Sic:* Koch n. 80. *Contra:* Temme Lehrb. s. 1036 Note 5. Vgl. n. 19.

18. Die Wirksamkeit eines solchen Veräußerungsverbots ist nicht durch die Einsetzung eines Sequesters (§ 116. I, 24. AGO.) bedingt: Z. I. 5. Dez. 1860 c. Hagen (G. A. 9. s. 144).

19. Sobald formell eine wirkliche Pfändung rc. vorliegt, ist die Anwendbarkeit des § nicht dadurch bedingt, daß bei derselben überall die gesetzlichen Voraussetzungen zutreffen, und daß bei der Anlegung alle vorgeschriebenen Förmlichkeiten beobachtet sind, da auch im entgegengesetzten Falle die Pfändung zu respektiren, und jene Mängel und Formverstöße nur im gerichtlichen Wege geltend zu machen sind: Z. I. 27. Mai 1853 c. Zeltsch; Erk. Kamm.-Ger. 27. Sept. 1852 (G. A. 1. s. 255); id. App.-Ger. Frankf. 20. Jan. 1853 (G. A. 1. s. 256); es wird daher die Strafbarkeit dadurch, daß die Beschlagnahme vom Gerichte den gesetzlichen Vorschriften zuwider angeordnet war, nicht ausgeschlossen, ebendeshalb darf der Strafrichter gar nicht prüfen, ob die betr. Gegenstände dem Angeklagten gegenüber in Beschlag genommen werden durften: Z. II. 1. Juni 1861 c. Hartung (RdO. 1. s. 422). *Contra:* B. 27. Sept. 1852 c. Grunow (Entsch. 23. s. 474; G. A. 1. s. 256); Z. I. 11. Mai 1855 c. Hahn (G. A. 3. s. 717); B. I. 27. Mai 1859 c. Bernsee (G. A. 7. s. 562); insbesondere erachtete das letztere den Einwand: die Beschlagnahme sei nicht in der gesetzlich vorgeschriebenen Form (AGO. I, 24 § 71—73; Instr. v. 2. Aug. 1850 § 70) bewirkt, für erheblich; jedenfalls ist aber dieser Satz auf die wesentlichen Förmlichkeiten zu beschränken, d. h. auf diejenigen, welche das Wesen der Maaßregel betreffen oder dahin abzielen, den Gepfändeten von der Vornahme derselben in Kenntniß zu setzen, so daß es also genügt, wenn nur die gepfändeten Gegenstände in ein Verzeichniß gebracht, und dem Gepfändeten jede Disposition zu Protokoll untersagt ist, wogegen die Verabsäumung reglementarischer Vorschriften nicht schadet, wenn z. B. die Angabe der Gründe fehlt, aus welchen der Exekutor von der Regel abgewichen ist, und die gepfändeten Sachen nicht aus der Gewahrsam des Gepfändeten weggenommen hat, oder wenn es unterlassen ist, die gepfändeten Sachen mit dem Dienstsiegel zu belegen: B. I. 2. Sept. 1859 c. Moritz (G. A. 7. s. 717); ähnlich: B. I. 6. Juli 1860 c. Marisch (G. A. 8. s. 707). Ebenso ist die Aufnahme eines Pfändungsprotokolls durch den die Beschlagnahme bewirkenden Exekutor nicht als eine unerläßliche Bedingung der Gültigkeit der letzteren anzusehen; dasselbe ist vielmehr nur als Beweismittel anzusehen, welches durch andere Beweise ersetzt werden kann: B. I. 15. Mai 1861 c. Willkommen (RdO. 1. s. 404).

20. Noch weniger kann der Angeklagte mit dem Einwande gehört werden, daß die Forderung, wegen welcher die Pfändung rc. in der vorgeschriebenen Weise erfolgt war, nicht begründet oder getilgt sei; die formell bestehende Pfändung rc. konnte dadurch nicht ungültig, sondern nur im gesetzlichen Wege die Wiederaufhebung nachgesucht werden. Selbst durch eine nach der Beschlagnahme bewirkte Zahlung wird das Pfandstück nicht ohne Weiteres frei; es kann daher auch dann noch das Vergehen begangen werden: Z. I. 13. Febr. 1861 c. Michael (RdO. 1. s. 260). Da-

gegen tritt Straflosigkeit ein, wenn der Angeklagte in einem solchen Falle in dem guten Glauben handelte, er sei jetzt in seinen Verfügungen über die Sache nicht weiter beschränkt: Z. I. 4. Juli 1860 c. Hilse (G. A. 8. s. 706).

21. Die Beschlagnahme muß vollständig stattgefunden haben, ehe von dem Vergehen des § 272 die Rede sein kann; während der Vornahme jener könnte nur das Vergehen des § 89 verübt werden. So: B. I. 14. Jan. 1859 c. Silber.

22. Die von einer unzuständigen Behörde ausgesprochene Aufhebung der Beschlagnahme macht die Bei-Seite-Schaffung &c. der Sachen nicht straflos, wenn der Angeklagte Kenntniß von jener Inkompetenz hatte: Z. I. 18. Mai 1860 c. Löwenberg.

23. Es kann Niemand wider seinen Willen genöthigt werden, eine gepfändete fremde Sache aufzubewahren; ein ihm gegen seinen Willen ertheilter derartiger Auftrag verpflichtet ihn nicht, die Wegnahme der Sache durch den wahren Eigenthümer zu verhindern, und kann ihn im Falle der Nichthinderung nicht strafbar machen: Z. II. 18. Sept. 1856 c. Pentz (die Sache war hier gegen den Ehemann der Angeklagten gepfändet, und ihr persönlich die Verbringung untersagt, sie hatte die Unterschrift unter dem Protokolle des Exekutors verweigert; später hatte ein Dritter die Sache als ihm gehörig weggenommen). Vgl. n. 2.

24. Die Vorsätzlichkeit der Handlung besteht hier in der Kenntniß von der Untersagung jeder Verfügung über die Sache, verbunden mit dem Bewußtsein, daß durch die getroffene Verfügung eine Hinderung der Beschlagnahme eintrete oder doch eintreten könne: B. II. 10. Dez. 1860 c. Pabst (RdO. 1. s. 111); ähnlich: Z. II. 9. Okt. 1856 c. Maisborn; B. I. 10. März 1858 c. Kuba (G. A. 6. s. 284); Z. II. 1. Juni 1861 c. Hartung (cit. n. 19). Ein weiter gehender Dolus, als der, die Sache der Pfändung zu entziehen, kann nicht gefordert werden: Z. I. 7. März 1855 c. Wilke; Z. I. 3. Juli 1857 c. Lemke; Z. I. 21. Okt. 1857 c. Kalkowski. Ebendeshalb kann auch ein wirkliches oder vermeintliches Recht auf die Sache die Handlung nicht straflos machen: B. II. 5. Jan. 1854 c. Baur (G. A. 7. s. 717). — Da, wo der Dolus weiter geht, wird oft ein anderes Vergehen (z. B. Diebstahl) vorliegen. Vgl. § 271 n. 9; Temme Lehrb. s. 1036.

25. Hiernach bedarf es einer eigennützigen oder gewinnsüchtigen Absicht nicht: Z. I. 1. April 1853 c. Lech; Z. I. 9. Nov. 1860 c. Landsberger; Z. I. 14. Dez. 1860 c. v. Itzenplitz (RdO. 1. s. 181; G. A. 9. s. 212).

26. Ebensowenig wird die Absicht, einen Andern (z. B. den Arrestsucher) zu benachtheiligen, erheischt; es genügt das unter n. 24 erwähnte Bewußtsein: Z. I. 21. Okt. 1857 c. Kalkowski; Z. I. 4. Juli 1860 c. Hilse (G. A. 8. s. 706); Z. I. 14. Dez. 1860 c. v. Itzenplitz (cit. n. 25). *Contra* früher: Z. I. 24. Mai 1854 c. Krüger (G. A. 2. s. 696, wo indessen anscheinend auch das Bewußtsein einer möglichen Benachtheiligung negirt werden sollte).

27. Der Eigenthümer in Beschlag genommener Mobilien, welcher seinen Wohnort wechselt, darf diese Mobilien nicht mit sich nehmen, wenn sie dadurch der Beschlagnahme entzogen werden: B. Kass.-H. 19. Mai 1842 c. v. Schellard (Rh. Arch. 33. 2. A. s. 34).

28. Der Eigenthümer kann zwar eine in Beschlag genommene Sache verkaufen, nicht aber auch körperlich dem Käufer übergeben, weil er sie sonst der Beschlagnahme entziehen würde; eine solche Uebergabe ist selbst ohne Ortsveränderung dann anzunehmen, wenn sie gleichzeitig mit dem Gebäude, worin sie sich befinden, an den neuen Erwerber abgetreten werden: B. I. 14. Mai 1858 c. Tresper (G. A. 6. s. 715).

29. Für den Gepfändeten ist die Beschlagnahme von dem Augenblicke an verbindlich, wo er sichere Kenntniß von derselben erlangt hat, sollte sie ihm auch noch nicht (nach Art. 602 der Rh. BPO.) förmlich notifizirt sein: Gilb. C. pén. Art. 400 n. 12.

30. Als ein „Entziehen aus der Beschlagnahme“ ist jede willkürliche Handlung zu betrachten, durch welche die erfolgte Beschlagnahme mehr oder weniger, für immer oder zeitweise beeinträchtigt oder unwirksam gemacht, oder durch welche die Sache in ihrer Integrität oder Identität der Verfügung der Behörde, es sei dauernd oder auch nur vorübergehend, entfremdet wird: B. I. 14. Mai 1858 c. Tresper (G.

§. 273. **Wer unberechtigt fischt oder krebst, soll mit Geldbuße bis zu funfzig Thalern oder mit Gefängniß bis zu drei Monaten bestraft werden.**

Die polizeilichen Bestimmungen der besonderen Fischerei-Ordnungen werden dadurch nicht berührt.

[Entw. § 252]. Vgl. § 217 Nr. 1; ALR. I, 9 § 170—192; II, 15 § 73—78; (Rh.) Ges. v. 14. flor. X; (Rh.) Staatsrathsgutachten v. 30. pluv. XIII; (Rh.) Ges. v. 23. Juni 1833 (GS. s. 78); (Ges. v. 14. April 1856 Art. I (GS. s. 208; oben s. 22).

A. 6. s. 715). Hiernach gehört auch die Wegnahme einer als ungeicht in Beschlag genommenen Waage hierher, sollte sie auch nur zu dem Zwecke geschehen sein, die letztere nachträglich eichen zu lassen und dann zurückzubringen, weil dadurch die Waage, wie sie in Beschlag genommen war, von der Beschlagnahme frei gemacht wird: B. I. 10. März 1858 c. Kuba (G. A. 6. s. 284).

31. Dasselbe gilt, wenn Jemand über die in Beschlag genommene Sache in der Weise verfügt, daß sie dadurch dem Pfand- oder Retentionsrechte eines Dritten unterworfen wird: B. I. 10. Dez. 1860 c. Palst (RbO. 1. s. 111).

32. Steht der Thatbestand des § fest, so ist es unerheblich, ob die Sache später zur Beschlagnahme zurückgebracht, und ob der Gläubiger, in dessen Interesse die Beschlagnahme erfolgt war, nachträglich befriedigt worden ist: B. I. 14. Mai 1858 c. Tresper (G. A. 6. s. 715).

33. Die Strafbarkeit der im § vorgesehenen Handlung wird dadurch, daß die Wegnahme oder Bei-Seite-Schaffung &c. der Sache mittelst Einbruchs oder Einsteigens oder dgl. bewirkt worden war, nicht erhöht. Insbesondere wird dadurch noch nicht die Anwendung der Strafe des schweren Diebstahls gerechtfertigt, insofern nicht der volle Thatbestand des Diebstahls vorliegt. Vgl. Gilb. C. pén. Art. 400 n. 15. 16.

Zur frühern Fassung des §.

34. Als Gepfändeter war hier nicht nur derjenige anzusehen, gegen welchen eine Exekution vollstreckt wurde, sondern auch derjenige, welchem die Disposition über die Sache untersagt worden war. So: Z. I. 27. Mai 1853 c. Jeltsch.

35. Ob der Gepfändete aus eignem Antriebe, oder im Auftrage eines Dritten (z. B. des angeblichen Eigenthümers) handelte, war gleichgültig: B. II. 5. Jan. 1854 c. Baur.

36. Die Nr. 1 erwähnte nicht, wie Nr. 2 und 3, daß die Handlung im Interesse des Gepfändeten geschehen sein müsse; gleichwohl glaubte der K.-B. I. K. s. 44, daß dieses Erforderniß zu subintelligiren sei. *Sic:* Temme GU. s. 306; id. Lehrb. s. 1036. *Contra:* Bes. s. 513; G. Matt. 2. s. 620 n. 5.

37. Goltdammer (l. c.) hält dafür, daß, wenn in den Fällen Nr. 2 und 3 die Handlung nicht im Interesse des Gepfändeten geschehen sei, Unterschlagung oder Diebstahl vorliege; es wird dabei aber selbstredend der zu diesen Vergehen erforderliche Dolus vorausgesetzt.

§ 273.

1. Dieser § bestraft die Verletzung des bloßen Okkupationsrechts durch Ausübung der Fischerei, während § 217 Nr. 1 die Verletzung des Eigenthums und der Gewahrsam an Fischen vorsieht: B. I. 21. März 1855 c. Laurent (G. A. 3. s. 427). Vgl. § 217 n. 11. 17.

2. Das unberechtigte Aneignen von Fischen, aus geschlossenen im Privateigenthume eines Andern stehenden Gewässern, welche keine Teiche sind, fällt nicht unter § 217 n. 1, ist vielmehr nur nach § 273 zu bestrafen, obgleich das ALR. I, 9 § 177 auch solche Fische für das Eigenthum des Grundeigenthümers erklärt: Z. Pl. 11. Jan. 1858 c. Wolle (Präj. n. 247; JMBl. s. 98). Vgl. das Nähere § 217 n. 16. 17.

3. Das Entwenden von Krebsen aus Teichen und Behältnissen kann, da § 217 Nr. 1 darauf keine Anwendung erleidet, nur nach § 215 und 216 bestraft werden. Vgl. Temme GU. s. 306.

§. 274. Wer auf seinem eigenen Grundstücke, auf dem

---

4. Fischen und Krebsen bezeichnet hier die Vornahme von Handlungen zur unmittelbaren Besitznahme von Fischen oder Krebsen in einem offenen Gewässer. Namentlich bedarf es hierzu des wirklichen Einfangens (oder Erlegens) der Fische ꝛc. ebensowenig, wie zum Begriffe der Jagd das Erlegen des Wildes gehört: Temme Lehrb. s. 1030.

5. In Beziehung auf die Berechtigung zu fischen sind das ALR. I, 9 § 172—192, und II, 15 § 73—78, und für das linke Rheinufer das Gesetz vom 14. flor. X, das StRG. v. 30. pluv. XIII und das Ges. v. 23. Juni 1833 zu vergleichen.

6. Wer mit Erlaubniß des Fischereipächters (in einem schiffbaren Strome, in welchem dem Staate das Fischereirecht zusteht) fischt, macht sich dadurch nicht strafbar, sollte auch dem Pächter im Pachtvertrage die Uebertragung des Rechts auf Dritte untersagt sein; es kann dieses nur privatrechtliche Folgen für den Pächter haben: B. II. 16. Nov. 1854 c. Schäfer (Rh. S.).

7. Der § 273 bedroht nicht jede Beeinträchtigung der Fischereigerechtigkeit, sondern nur das unberechtigte Fischen und Krebsen mit Strafe; wenn daher auch der Blutegelfang zur Fischereigerechtigkeit gehört (ALR. I, 9 § 170), so ist doch die unbefugte Ausübung desselben ebensowenig ein Vergehen gegen diesen §, als ein Diebstahl: Beschl. I. 29. Nov. 1854 c. Segebarth (G. Arch. 3. s. 133); Z. I. 21. März 1855 c. Beyer (G. Arch. 3. s. 718); Z. I. 20. April 1855 c. Tetzerow; vgl. § 215 n. 23.

8. Die Konfiskation der Fischereigeräthe ist nach Maßgabe des § 19 auszusprechen: Bes. s. 515.

9. Mit den im zweiten Absatze aufrecht erhaltenen polizeilichen Bestimmungen der besondern Fischerei-Ordnungen, sind auch die auf diese Bestimmungen bezüglichen Strafandrohungen in Kraft geblieben, soweit der Thatbestand der Handlung nicht unter den § 273 fällt. Das hat das Ober-Tribunal z. B. durch Z. I. 18. Nov. 1853 c. Kolipost (Entsch. 26. s. 437), durch B. II. 16. Nov. 1854 c. Schäfer, und durch Z. II. 18. Nov. 1855 c. Beckers anerkannt, indem es derartige Strafvorschriften zur Anwendung brachte. *Contra:* Koch n. 82.

10. In Betreff der Kompetenz und des Verfahrens ist jetzt das Ges. v. 14. April 1856 Art. I (oben bei Art. XIII des Einf.-Ges. s. 22) maßgebend.

11. Kompetenz der Polizeirichter in der Rheinprovinz für die durch besondere Fischerei-Ordnungen vorgesehenen strafbaren Handlungen, vergl. Einf.-Gesetz Art. XX n. 7.

12. Macht der Angeklagte die Einrede: er habe die Berechtigung zu der ihm als strafbar zur Last gelegten Handlung, so hat der Strafrichter darüber zu entscheiden, das Ges. v. 31. Jan. 1845 (GS. s. 65; eingeführt im ganzen Lande durch Ges. v. 14. Apr. 1856 Art. II, GS. s. 208, oben s. 23) findet hier keine Anwendung. So: Z. I. 1. Juni 1859 c. Hoppe (G. Arch. 7. s. 526); vgl. Z. I. 1. Juni 1859 c. Großmann (G. A. 7. s. 485). Für das Gebiet des Rheinischen Rechts dürfte das Gegentheil gelten, da es hier als allgemeiner Grundsatz anerkannt war, daß die Einreden einer dinglichen Berechtigung an einem Immobile durch den Civilrichter zu lösen seien; vgl. Mang. Act. publ. n. 200 sqq.

§ 274.

Inhalt.

die Jagd an einen Dritten verpachtet ist, oder auf dem ein Jäger für gemeinschaftliche Rechnung der bei einem Jagdbezirke betheiligten Grundbesitzer die Jagd zu beschießen hat, ohne Einwilligung des Jagdpächters oder der Gemeindebehörde jagt, oder wer auf fremden Grundstücken, ohne eine Berechtigung dazu zu haben, die Jagd ausübt, wird mit Geldbuße bis zu Einhundert Thalern oder mit Gefängniß bis zu drei Monaten bestraft.

[Entw. § 252a]. Vgl. § 275—277; 347 Nr. 11. 12; 217 Nr. 1; 345 Nr. 7; ALR. I, 9 § 107 fgg.; II, 16 § 30 fgg.; Ges. v. 9. Dez. 1842 (GS. f. 1843 S. 2); Dekl. v. 7. März 1843 (GS. S. 92); Ges. v. 31. Jan. 1845 (GS. S. 95); Ges. v. 31. Okt. 1848 (GS. S. 343); Jagd-Pol.-Ges. v. 7. März 1850 (GS. S. 165); Ges. v. 31. Jan. 1845 (GS. S. 95); Ges. v. 14. Apr. 1856 Art. II (GS. S. 208; oben S. 23); Ges. v. 14. Apr. 1856 Art. I (GS. S. 208).

1. Auch hier wird die Verletzung des Okkupationsrechts eines Dritten bestraft, während § 217 Nr. 1 die Verletzung des Eigenthums und der Gewahrsam an den Thieren rc. vorsieht: B. 7. Aug. 1851 c. Bitzky (Entsch. 22. S. 72). Vgl. § 273 n. 1; § 217 n. 11.

2. Hiernach dürfte der § da unanwendbar sein, wo der Jagdberechtigte das betr. Stück Wild in Besitz genommen, und also zu seinem Eigenthum gemacht hat, sollte der Angeklagte auch in der Unkenntniß von jener Besitznahme sich das Wild in der Absicht der unbefugten Jagd angeeignet haben. *Contra:* B. II. 15. März 1860 c. Rieser.

3. Ueber die Berechtigung zur Jagd sind das Ges. v. 31. Okt. 1848 § 1—3, über ihre Ausübung das Jagdpol.-Ges. v. 7. März 1850 § 2—13, über die Verpachtung der Jagd dasselbe Ges. v. 7. März 1850 § 10—13. 25. 26, und über die Beschießung der Jagd durch einen gemeinschaftlichen Jäger ibid. § 10 zu vergleichen. Aus dem Ges. v. 7. März 1850 § 17 Abs. 3 ist § 274 fast wörtlich übernommen.

4. Wer selbst Jagdpächter auf dem betreffenden Bezirke geworden, und dadurch in den Pachtbesitz gekommen ist, verstößt durch Ausübung der Jagd nicht gegen § 274, sollte auch die Gemeinde bei der Verpachtung gesetz- oder vorschriftswidrig verfahren sein, und die (durch Ministerial-Instruktion vorgeschriebene) höhere Genehmigung fehlen; die unterlassene Einholung dieser Genehmigung könnte zwar die Gemeinde verantwortlich machen, würde aber den Handlungen des Pächters nicht den Charakter einer Beeinträchtigung des Jagdnutzungsrechts des Eigenthümers verleihen, wie es dieser § voraussetzt: B. I. 5. April 1854 c. Dräger. Wenn dagegen dem Pachtvertrage die darin vorbehaltene landräthliche Genehmigung versagt, und dieses dem Pächter bekannt gemacht worden ist, so hat der Vertrag seine Bedeutung und der Pächter sein Recht verloren, sollte er auch das Pachtgeld bereits im Voraus bezahlt haben;, Ausübung der Jagd ist dann strafbar, ohne daß es bei einer so klaren Sachlage der Verweisung der Sache vor den Civilrichter bedürfte; so: B. I. 6. Juli 1859 c. Makullik.

5. Auch derjenige, welcher über die Gränzen der ihm ertheilten beschränkten Erlaubniß hinaus die Jagd ausübt, fällt unter die Strafbestimmungen des §: B. II. Okt. 1852 c. Meyer.

6. Die Ausdrücke „jagt" und „die Jagd ausübt" sind als gleichbedeutend zu betrachten.

7. Das Jagdrecht besteht nach ALR. II, 16 § 30 in dem Rechte, jagdbare wilde Thiere aufzusuchen und sich zuzueignen; ähnlich (mit Rücksicht auf die Bestimmungen des gemeinen Rechts): Beschl. I. 25. Jan. 1856 c. Brunnemann (G. A. 4. S. 267): es sei das Recht jagdbare Thiere zu verfolgen und zu tödten. Strafbares Jagen besteht daher in der vorsätzlichen rechtswidrigen Vornahme solcher Handlungen, durch welche jagdbare Thiere unmittelbar erlegt oder eingefangen wer-

den sollen, auf einem fremden offenen Jagd-Reviere: Temme Lehrb. s. 1029. Vgl. unten n. 12.

8. Das Ausnehmen (aus dem Lager), oder das Aufgreifen von Jungen von jagdbaren vierfüßigen wilden Thieren auf fremdem Jagdgebiete stellt ein strafbares Jagen dar; der § 347 Nr. 12, welcher das Ausnehmen der Jungen von jagdbarem Federwild als Uebertretung qualifizirt, ist nur eine Ausnahme, und es folgt daraus nicht, daß dieselbe Handlung in Beziehung auf die Jungen vierfüßigen Wildes straflos sei: Beschl. I. 2. Jan. 1852 c. Beck (G. A. 1. s. 261); B. I. 26. Jan. 1855 c. Bründlow.

9. Einer gewinnsüchtigen Absicht bedarf es (trotz des Rubrums des Tit. 25) hier entschieden nicht. Vgl. K.-B. II. K. s. 139; Bes. s. 515; Temme Lehrb. s. 1029.

10. Daher ist auch das bloße Erlegen des Wildes, ohne Aneignung desselben, strafbar: Temme Lehrb. s. 1029.

11. Aus demselben Grunde darf auch der nicht jagdberechtigte Grundbesitzer, zur Wahrung seiner Felder gegen Wildschaden, keine Handlung vornehmen, welche als Verfolgung oder Erlegung des Wildes sich darstellt, denn sein Recht, die Thiere von seinen Feldern abzuhalten, darf nicht durch Handlungen ausgeübt werden, welche für sich den Thatbestand eines Vergehens darstellen (vgl. Jagdpol.-Ges. v. 7. März 1850 § 21. 22. 24): Beschl. I. 25. Jan. 1856 c. Brunnemann (Goltd. Arch. 4. s. 267).

12. Vollendet wird das Vergehen schon durch die Verfolgung oder durch das Aufsuchen solcher Thiere zum Zwecke der Aneignung; der wirklichen Okkupation, oder auch nur der Abfeuerung eines Schusses 2c. bedarf es daher nicht: Beschl. I. 2. Jan. 1852 c. Beck (G. A. 1. s. 261); Z. II. 13. Sept. 1855 c. Streubel; Z. I. 10. Sept. 1858 c. Steinweg. Es genügt daher das Verfolgen oder Hetzen des Wildes für sich allein, ohne daß es auf den mit der Jagd verbundenen Zweck ankäme, sollte dieser auch nur dahin gehen, sich des Thieres vorübergehend zu bemächtigen, und es dann sofort wieder in Freiheit zu setzen (Parforcejagd, Reiherbeize): Z. I. 20. Juni 1855 c. v. Sulkowsky. Hierbei ist § 128. I, 9. des ALR. in keiner Weise maßgebend, da er nur civilrechtlich darüber Bestimmung trifft, von welchem Augenblicke an der Besitz der Thiere als erworben anzusehen ist: G. Matt. 2. s. 622 IV. 2. Dagegen ist ein Verfolgen oder Aufsuchen des Wildes erforderlich; ein bloßes „Sich Aufstellen“ genügt nicht, würde vielmehr nur unter § 347 Nr. 11 fallen: B. I. 3. Okt. 1855 c. Knabe.

13. Der Dolus besteht hier in dem Bewußtsein der Widerrechtlichkeit; eine weiter gehende Absicht der rechtswidrigen Ausübung der Jagd ist nicht erforderlich: Z. II. 7. Apr. 1859 c. v. Martels; Z. I. 2. Sept. 1859 c. Gawlick. *Contra* beiläufig: Z. I. 10. Sept. 1856 c. Lehmann; Z. I. 19. Juni 1857 c. Krüger. Demgemäß liegt der Thatbestand des § da nicht vor, wo Jemand im guten Glauben seiner Berechtigung handelt, z. B. unbewußt über die Gränzen seines Reviers hinausgeht, oder wo er sich aus einem thatsächlichen Irrthume für speziell berechtigt erachtet, die Jagdfolge auszuüben: B. II. 6. Sept. 1860 c. Schrader. Dagegen kann der Instanzrichter jenen Dolus darin finden, wenn Jemand eigennütziger oder frevelhafter Weise sich selbst in Unkenntniß über die Gränzen seines Reviers erhält, und es darauf ankommen läßt, ob er dieselben überschreitet: Z. II. 14. Sept. 1854 c. Roßkotten (Carstanjen u. Gen.; G. A. 2. s. 835).

14. Eines besonderen Nachweises: daß der Kontravenient absichtlich das fremde Grundstück bejagt habe, bedarf es zur Anwendung des § nicht: Z. I. 20. Juni 1855 c. v. Sulkowsky. Nur dann, wenn der Angeklagte ein Handeln in gutem Glauben behauptete, würde der Richter sich über die Richtigkeit dieser Behauptung, und das Vorhandensein des Dolus aussprechen müssen.

15. In Betreff der Frage, welche Thiere jagdbar sind, verweist ALR. II, 16 § 31 auf die Gesetze einer jeden Provinz. Mit Rücksicht hierauf nahm Z. I. 15. Febr. 1854 c. Lasse an, die Entscheidung falle in das Gebiet der thatsächlichen Feststellung des Instanzrichters. Diese Annahme rechtfertigt sich indessen durch den cit. § keineswegs, auch haben das Ober-Tribunal und früher der Rheinische Kassationshof in den unter n. 17—23 citirten Erkenntnissen sich auf eine Prüfung jener Frage

eingelassen; ebenso: Z. Pl. 31. März 1856 c. Fischer (cit. n. 24), welches in Ermangelung provinzieller Vorschriften alle Raubthiere zu den nicht jagdbaren Thieren rechnete.

16. Aus § 23 des Jagd-Pol.-Ges. v. 7. März 1850 ist nicht zu folgern, daß das Kaninchen ein jagdbares Thier sei, es wird vielmehr als ein schädliches Thier dem Wilde entgegengesetzt. Im Herzogthum Magdeburg links der Elbe giebt es auch keine provinzialrechtlichen Vorschriften, nach welchen dasselbe als jagdbar anzusehen wäre: B. II. 12. Juli 1859 c. Lauenroth (G. A. 7. s. 603).

17. Der Dachs ist [im Gebiete der Oestr.-Baierischen (Wormser) Jagd-Vdn. vom 20. Sept. 1815] ein jagdbares Thier, das Dachsgraben ein Jagdfrevel: B. Kass.-Hof 17. Jan. 1835 c. Doppelmann (Volkmar s. 391).

18. Der Hamster ist kein jagdbares Thier: ALR. II, 16 § 35; das gilt auch in der Provinz Sachsen, da das im entgegengesetzten Sinne sich aussprechende Kursächsische Mandat v. 8. Sept. 1717 kein, in der Provinz Sachsen geltendes Provinzial-Gesetz ist: Beschl. II. 17. April 1856 c. Stöcklein.

19. Der Krametsvogel ist auf dem linken Rheinufer im Bezirke der Gen.-Gouvernements-Verordnung v. 18. Aug. 1814 (vgl. § 7 b derselben) jagdbar, der Krametsvögelfang ist Jagd. Ebendeshalb darf er nur von demjenigen ausgeübt werden, welcher im Besitze eines Jagdscheins, nach dem Jagd-Pol.-Ges. v. 7. März 1850 § 14 ist, da dieses Gesetz sich nicht blos auf die Jagdnutzung durch Schießgewehre beschränkt: B. II. 16. Febr. 1854 c. Sieken. Dasselbe gilt für das ehemalige Herzogthum Berg (vgl. Berg. Forst- und Jagd-Satzungen v. 8. Mai 1761 Cap. 1 § 16. 31. Taxa 2c.): B. II. 4. März 1858 c. Franzen (G. A. 6. s. 265). In gleichem Sinne sprach sich ganz allgemein eine Verf. d. Min. d. Inn. vom 25. März 1852 (BMBl. s. 102) aus.

20. Lerchen sind in der Rheinprovinz nicht jagdbar: Z. Kass.-Hof 27. Okt. 1830 c. Kantzler (Volkm. s. 388).

21. In der Mark Brandenburg ist die Fischotter jagdbar: Beschl. I. 28. Juni 1861 c. Thiele (RdO. 1. s.); das Gegentheil gilt im Kanton Wadern (Reg.-Bez. Trier): Z. Kass.-Hof 4. Nov. 1837 c. Hoff (Volkm. s. 390). Vgl. ALR. I, 9 § 172.

22. In Pommern gehören die Füchse nach der Forst-Ordn. v. 24. Dez. 1777 Tit. XII § 2) nicht zu den jagdbaren, sondern zu den Raubthieren: B. I. 26. April 1856 c. Lüpke.

23. .... dasselbe gilt von Mardern: Z. I. 10. Sept. 1856 c. Lehmann.

24. Das Jagdrecht bezieht sich nach dem ALR. (I, 9 § 127; II, 16 § 30. 39 fgg.) nur auf jagdbare wilde Thiere, während die nicht jagdbaren Gegenstand des freien Thierfangs sind (II, 16 § 33); wenn § 35 ibid. bestimmt, daß nicht jagdbare wilde Thiere in fremden Jagdrevieren nicht aufgesucht und daß noch weniger Jagden darauf angestellt werden sollen, so ist dieses nur eine jagdpolizeiliche Vorschrift um anderweitige Beeinträchtigungen des Jagdrechts unter dem Vorwande der Verfolgung nicht jagdbarer Thiere zu verhüten (ALR. I, 9 § 148; II, 17 § 10), das Jagdrecht wird dadurch nicht auf die letzteren ausgedehnt; daher bildet das Aufsuchen und Fangen oder Schießen nicht jagdbarer wilder Thiere auf fremdem Jagdreviere kein nach § 274 (275) zu bestrafendes Vergehen: Z. Pl. 31. März 1856 c. Fischer (Präj. n. 205; Entsch. 32. s. 478; 34. s. 355; G. A. 4. s. 510). *Sic:* Z. I. 17. Okt. 1855 c. Schröter; Beschl. II. 17. Apr. 1856 c. Stöcklein; B. I. 23. Apr. 1856 c. Lüpke; Z. I. 10. Sept. 1856 c. Lehmann; Z. (B.) I. 19. Juni 1857 c. Krüger. *Contra* früher: Z. II. 15. Sept. 1853 c. Hering (Präj. n. 51; Entsch. 25. s. 445); Z. 13. Sept. 1852 c. Reulecke. Vgl. Abh. in G. A. 4. s. 505.

25. Die Jagdfolge ist durch das Ges. v. 31. Okt. 1848 § 4 aufgehoben, und durch das Jagd-Pol.-Ges. v. 7. März 1850 nicht wieder hergestellt; wer daher ein, in seinem Reviere angeschossenes Wild bis in ein andres Revier hin verfolgt, begeht einen Jagdfrevel: B. I. 11. Mai 1853 c. Schmidt; B. I. 19. Okt. 1853 c. Görlitzer (G. A. 2. s. 129); Z. I. 12. März 1856 c. Worm; B. II. 14. Juni 1860 c. Kochs. Vgl. n. 13.

26. Noch unzweifelhafter ist es, daß ein Dritter, welcher „ein verwundetes „noch lebendes Stück Wild auf einem Jagdreviere tödtet, und sich zueignet, die „Jagd im Sinne des § 274 ausübt“: B. II. 16. Juni 1853 c. Piper (Präj. n. 44; Entsch. 25. s. 443; 26. s. 161; G. A. 2. s. 129).

27. Dasselbe gilt von demjenigen, welcher auf einem fremden Jagdreviere ein von einem Hunde ergriffenes Stück Wild diesem abnimmt und sich zueignet; obgleich in diesem Falle das Wild sich nicht mehr im Zustande der Freiheit befand, so unterlag es doch noch dem ausschließlichen Okkupationsrechte des Jagdberechtigten: B. I. 14. Juni 1852 c. Schendzielorz (G. A. 1. s. 261).

28. Der Begriff des Jagens ist nicht dahin begränzt, daß absichtlich auf Okkupation noch lebender jagdbarer wilder Thiere ausgegangen, diese aufgesucht, denselben nachgestellt werden müßte; dasselbe begreift vielmehr auch die Aneignung von Fallwild in sich, da auch dieses dem ausschließlichen Okkupationsrechte des Jagdberechtigten unterliegt (vgl. ALR. I, 9 § 127). Beeinträchtigung dieses Rechts stellt daher ein nach § 274 strafbares Vergehen dar: B. I. 25. Febr. 1853 c. Mahnkopf (G. A. 1. s. 260); B. I. 19. Okt. 1853 c. Görlitzer (G. A. 2. s. 129); B. I. 27. Juni 1856 c. Janke (Entsch. 33. s. 236); B. I. 13. Jan. 1860 c. Gierth. Das gilt selbst dann, wenn der Angeklagte selbst das Wild auf seinem eigenen Jagdgebiete angeschossen hatte: Z. II. 19. Mai 1859 c. Wolff. *Contra:* G. Matt. 2. s. 623. IV. 3; Koch n. 83; Temme Lehrb. s. 1030 Nr. 1. Die beiden erstern halten die Handlung für straflos, Temme will wegen Unterschlagung strafen. Die obigen Grundsätze sind auch im Gebiete des gemeinen Rechts maaßgebend: Beschl. I. 4. Okt. 1854 c. Dähn (G. Arch. 2. s. 835); nicht minder in dem Gebiete des Rheinischen Rechts: B. II. 26. März 1857 c. Felten (Rh. Arch. 52. 2. A. s. 76; G. A. 5. s. 573); Z. II. 17. Juli 1859 c. Schneider; vgl. Erk. L.-G. Köln 10. Mai 1855 (Rh. Arch. 51. 2. B. s. 9).

29. Ebenso stellt es einen Jagdfrevel dar, wenn Jemand sich auf einem fremden Jagdreviere Wild aneignet, welches sich in Schlingen gefangen hatte, die von einer dritten nicht jagdberechtigten Person gelegt waren, weil in diesem Falle weder diese letztere Person, noch der Jagdberechtigte selbst die Gewahrsam an diesem Wilde erlangt hatte, also ein Diebstahl an demselben noch nicht möglich war: B. II. 10. Nov. 1853 c. Heyer.

30. Das Fortschaffen des im Frevel getödteten Wildes aus dem Jagdreviere, in welchem es getödtet worden, ist, wenn es selbstständig von einem Andern, als demjenigen, welcher es getödtet hat, geschieht, ein selbstständiger Jagdfrevel; wenn es aber von demjenigen, welcher es unberechtigt getödtet, oder in dessen Auftrage durch einen Dritten geschieht, eine weitere Fortsetzung des begangenen Jagdfrevels, beziehungsweise im letztern Falle eine Hülfeleistung im Sinne des § 34 Nr. 2: Z. II. 26. Jan. 1854 c. Jahr (Berbig u. Gen.).

31. Wenn Jemand unberechtigt, und zugleich ohne Lösung eines Jagdscheins (Ges. v. 7. März 1850 § 14. 16) jagt, so liegt ideale Konkurrenz vor, und es kann nur die schwerere Strafe des § 274 nach § 55 Platz greifen: Z. I. 8. Febr. 1854 c. Zwicknapp (G. A. 2. s. 416); ähnlich: B. Kass.-H. 27. Dez. 1834 c. Becker; B. Kass.-H. 9. Mai 1837 c. Erdmann (Rh. Arch. 26. 2. A. s. 4).

32. Macht der Beschuldigte den Einwand, er sei zur Ausübung der Jagd berechtigt, so kommen die Vorschriften des Gesetzes v. 31. Jan. 1845 (GS. s. 95, eingeführt im ganzen Staate durch Ges. v. 14. Apr. 1856 Art. II; GS. s. 208, oben s. 23) zur Anwendung. Vgl. in dieser Beziehung oben n. 3.

33. Durch die §§ 274—277 u. 347 Nr. 11 sind nur diejenigen Handlungen vorgesehen, welche eine Verletzung der Ausschließlichkeit des Jagdrechtes durch unbefugtes Jagen, oder Anstalten zum unbefugten Jagen enthalten, nicht aber Uebertretungen der Vorschriften, welche nur die Schonung der Jagden (vgl. Gesetz vom 7. März 1850 § 18), und die Jagdpolizei im Allgemeinen betreffen, daher sind die hierauf bezüglichen besonderen Strafbestimmungen in Kraft verblieben, z. B. die Vorschrift der Verordnung des General-Gouvernements des Nieder- und Mittelrheins vom 18. Aug. 1814 § 9 Nr. 3, das freie Umherlaufen der Hunde betreffend: B. II. 19. Mai 1853 c. Roßbach (Rh. Arch. 48. 2. A. s. 60); B. II. 7. Juli 1859 c. Bongen.

§. 275. Die Strafe kann bis zu sechs Monaten erhöht werden, wenn dem Wilde nicht mit Schießgewehr oder Hunden, sondern mit Schlingen, Netzen, Fallen oder andern Vorrichtungen nachgestellt, oder wenn das Vergehen während der gesetzlichen Schonzeit oder in Wäldern oder zur Nachtzeit oder gemeinschaftlich von zwei oder mehreren Personen begangen wird.

[Entw. § 252 b]. Vgl. § 274. 276. 277; Jagd-Pol.-Ges. v. 7. März 1850 § 18 (GS. S. 169); AKO. v. 18. Nov. 1841 (Rh. Samml. 8. S. 3); Vdn. v. 9. Dez. 1842 § 1. 2 (GS. 1843 S. 2); Publ. v. 7. März 1843 (GS. S. 92); Ges. v. 2. Mai 1853 (für Hohenzollern; GS. S. 178); Ges. v. 14. April 1856 Art. I (GS. S. 208).

---

34. In Betreff der Kompetenz und des Verfahrens vgl. Ges. v. 14. Apr. 1856 Art. I (oben bei Art. XIII des Einf.-Ges. S. 22).

35. Kompetenz der Polizei-Gerichte in der Rheinprovinz für die Zuwiderhandlungen gegen Spezial-Jagd-Gesetze, vgl. Einf.-Ges. Art. XX n. 7.

§ 275.

1. Unter „Wild“ sind jagdbare wilde Thiere zu verstehen. Vgl. § 274 n. 24.

2. Mit Rücksicht auf die fakultative Fassung dieses § bleibt es auch statthaft, auf bloße Geldstrafe zu erkennen: Z. (V.) 15. Sept. 1852 c. Hill.

3. In Betreff der „Schonzeit“ sind die oben angeführten besondern gesetzlichen Bestimmungen zu vergleichen.

4. Wenn § 275 wegen unberechtigten Jagens während der Schonzeit Platz greift, so kann selbstredend nicht außerdem die Strafe des § 18 des Ges. v. 7. März 1850 verhängt werden: G. Matt. 2. S. 623 V.

5. Die hier für die Jagdfrevler als Strafschärfungsgründe hervorgehobenen Handlungen sind — mit Ausnahme der Verletzung der Schonzeit — für den Jagdberechtigten erlaubt. Es kann sonach z. B. der Eigenthümer eines dauernd und vollständig eingefriedigten Grundstücks (Ges. v. 7. März 1850 § 2 b.), welcher ebendeshalb zur eigenen Ausübung der Jagd auf demselben befugt ist, dem Wilde mit Schlingen 2c. nachstellen. Auch sind die durch ältere Vorschriften in Betreff der Ausübung der Jagd für den Jagdberechtigten eingeführten Beschränkungen (soweit sie nicht den Schutz der öffentlichen Sicherheit, und die Schonung der Feldfrüchte bezwecken) durch das Ges. v. 31. Okt. 1848 § 4 u. 8 (GS. S. 344) aufgehoben, und durch das Ges. v. 7. März 1850 § 18 (GS. S. 169) nur in Betreff der Schon- und Hegezeit wieder hergestellt worden. Daher ist das „Publ. v. 27. Okt. 1784 (sowie das Edikt v. 30. Juli 1749), wonach die Ricken gänzlich zu allen Zeiten bei zehn Thaler Strafe geschont werden sollen, aufgehoben“: Z. I. 7. Dez. 1853 c. Reimer (Präj. n. 67; Entsch. 26. S. 446). Dasselbe gilt von den in der Gen.-Gouv.-Vdn. f. d. Nieder- u. Mittelrhein v. 18. Aug. 1814 § 9 Nr. 1 u. 2 enthaltenen Verboten der Erlegung von Rothwild weiblichen Geschlechts, sowie des Jagens mit Bracken: Z. II. 15. Jan. 1857 c. Herrmann (Rh. Arch. 52. 2. A. S. 53); Z. II. 9. Sept. 1858 c. Reimbold (Rh. Arch. 54. 2. A. S. 7). Aus demselben Grunde ist eine in Folge des Ges. v. 11. März 1850 erlassene Polizeivorschrift, welche neuerdings eine Beschränkung in der Ausübung der Jagd anordnet, z. B. das Jagen mit Bracken verbietet, und nicht angiebt, daß der Schutz der öffentlichen Sicherheit oder Schonung der Feldfrüchte dabei bezweckt werde, so anzusehen, als habe sie die Schonung des Wildes zum Zwecke, und steht mit den nicht aufgehobenen Bestimmungen des Ges. v. 31. Okt. 1848 im Widerspruche, sie ist daher unverbindlich: Z. II. 6. Sept. 1855 c. Dresing (Präj. n. 166; Entsch. 30. S. 475).

6. Kompetenz und Verfahren vgl. Ges. v. 14. April 1856 Art. I (oben bei Art. XIII des Einf.-Ges. S. 22).

§. 276. Wird das Vergehen (§ 274. und § 275.) gewerbsmäßig betrieben, so tritt Gefängniß nicht unter drei Monaten, so wie zeitige Untersagung der Ausübung der bürgerlichen Ehrenrechte ein. Zugleich ist auf Stellung unter Polizei-Aufsicht zu erkennen.

[Entw. § 252c]. Vgl. § 274. 275. 277.

§. 277. Das Gewehr, das Jagdgeräth und die Hunde, welche der Thäter bei dem unberechtigten Jagen bei sich geführt hat, ingleichen die im § 275. erwähnten Schlingen, Netze, Fallen oder anderen Vorrichtungen sind dem Fiskus im Strafurtheile zuzusprechen, ohne Unterschied, ob sie dem Angeschuldigten gehören oder nicht.

[Entw. § 252d]. Vgl. § 274—276. 19.

---

§ 276.

1. Ueber den Begriff der „Gewerbsmäßigkeit“ vgl. § 146 n. 4—7; § 266 n. 6—11. Danach ist die betr. Frage wesentlich thatsächlicher Natur; insbesondere kann auch einem einzelnen Falle der Charakter der Gewerbsmäßigkeit beigelegt werden: Z. I. 20. Juni 1860 c. Engel; ebenso steht Nichts im Wege, die Gewerbsmäßigkeit daraus zu folgern, daß die betr. Handlung des Erwerbs (des pekuniären Gewinns wegen) vorgenommen worden sei: Z. I. 17. Juni 1859 c. Roggenthin.

2. Zur Begründung der Gewerbsmäßigkeit kann unbedenklich auch auf bereits abgeurtheilte Fälle und auf solche Bestrafungen gerücksichtigt werden, welche vor mehr als zehn Jahren erfolgt sind, da der Grundsatz des § 60 hier außer Anwendung bleibt: B. 15. Sept. 1852 c. Burghardt.

3. Die Gewerbsmäßigkeit ist hier ein erschwerender Umstand der an sich schon strafbaren That; ob mit Rücksicht hierauf bei einer Mehrheit von Fällen jeder derselben mit der verschärften Strafe des § zu belegen, oder ob die Gesammtheit aller Fälle nur als ein einziges Vergehen zu betrachten und zu bestrafen sei, ist nach denselben Grundsätzen zu entscheiden, wie im Falle einer gewohnheitsmäßigen Hehlerei; vgl. § 56 n. 21; § 239 n. 6; § 146 n. 7.

§ 277.

1. Die betr. Konfiskationen sind für die in den §§ 274—276 vorgesehenen Vergehen unbedingt angeordnet. Es ist daher gleichgültig, ob eine Abnahme (Pfändung) der betr. Gegenstände auf frischer That stattgefunden hat oder nicht, und ob sonach die demnächstige Ausführung des Spruchs schwierig oder leicht ist: B. 15. Sept. 1852 c. Hill (G. Arch. 1. S. 562); B. 17. Dez. 1852 c. Dreyer. Die Konfiskation greift selbst dann Platz, wenn die betr. Gegenstände gar nicht in das fremde Jagdrevier gebracht worden sind, da es denkbar bleibt, daß ein Jagdfrevel auch ohne Betreten des fremden Jagdreviers verübt werde: Z. I. 4. Nov. 1859 c. Benske.

2. Die Abweichung von der Regel des § 19, nach welcher die zur Begehung des Vergehens gebrauchten Gegenstände nur wenn sie dem Thäter oder einem Theilnehmer gehören, zu konfisciren sind, ward von der Kommission der II. K. (Bericht S. 141) durch die „Erfahrung“ gerechtfertigt, daß Jagdfrevler sich gegenseitig ihre Geräthschaften zum Gebrauche überlassen, und weil den Jagdfreveln am wirksamsten dadurch gesteuert werden könne, daß denjenigen, welche sich damit befassen, die Mittel zur fernern Ausübung solcher Vergehen genommen werden. Mit Rücksicht hierauf wird man in Fällen, wo festgestellter Maßen der Jagdfrevler sich eines fremden Gewehrs ohne Einwilligung des Eigenthümers bedient, z. B. wo er dieses Gewehr vorher gestohlen hat, und er gleichzeitig wegen des Diebstahls bestraft wird, von dieser Konfiskation absehen müssen. Das gilt jedenfalls da, wo eine andere gesetzliche

§. 278. Reisende oder Schiffsleute, welche ohne Vorwissen des Schiffers, ingleichen Schiffer, welche ohne Vorwissen des Rheders Gegenstände an Bord nehmen, welche das Schiff gefährden, indem sie dessen Konfiskation oder Beschlagnahme veranlassen können, sind mit Gefängniß bis zu zwei Jahren zu bestrafen.

[Entw. § 253]. Vgl. Preuß. Seerecht Kap. 4 Art. 31.

§. 279. Ein Schiffsmann, der mit der empfangenen Heuer entläuft oder sich verborgen hält, um sich dem übernommenen Dienste zu entziehen, soll mit Gefängniß bis zu Einem Jahre bestraft werden.

Es macht hierbei keinen Unterschied, ob das Vergehen im Inlande oder im Auslande begangen ist.

[Entw. § 253a]. Vgl. § 4 Nr. 3; ALR. II, 8 § 1542; Ges. v. 20. März 1854 § 1. 2. (GS. s. 137).

§. 280. Wer versiegelte Briefe oder andere versiegelte Urkunden, die nicht zu seiner Kenntnißnahme bestimmt sind, vor=

Vorschrift (z. B. Art. 366 des Rh. StPO.) die Rückgabe der in Beschlag genommenen Sache an den Eigenthümer anordnet. Vgl. Erk. Ger.-Hof z. Entsch. d. Komp.-Konfl. 30. Mai 1857 (JMBl. 1858 s. 15).

3. In Betreff der Vollstreckung der die Konfiskation aussprechenden Erkenntnisse vgl. Min.-Verf. v. 28. Nov. 1860 (JMBl. s. 435), und in Betreff der über die confiscirten Gewehre rc. zu treffenden Verfügungen: Min.-Verf. v. 6. Juli 1854 (JMBl. s. 294).

§ 278.

1. Es ist hier vorzugsweise an die Mitnahme von Kontrebande gedacht.

2. Es handelt sich hier um ein reines Polizeidelikt, auf einen Dolus des Gefährdenden kommt daher Nichts an; so: Temme Lehrb. s. 1037. Man muß indessen auch hier das Bewußtsein des Handelnden fordern, daß die betr. Gegenstände nicht an Bord genommen, oder nicht in denjenigen Hafen gebracht werden können, wohin das Schiff bestimmt ist.

3. Einer eigennützigen Absicht (vgl. Rubrum des Tit. 25) bedarf es jedenfalls nicht: Temme Gll. s. 307.

§ 279.

1. Mit Rücksicht auf § 1534. II, 8. des ALR. und §§ 136 und fgg. der Gesinde-Ordn. v. 8. Nov. 1810 darf ein Schiffsmann unter gewissen Voraussetzungen (z. B. wegen Mißhandlung) den Dienst ohne vorherige Aufkündigung, und trotz der empfangenen Heuer verlassen. Kann daher der Angeklagte beweisen, daß er aus einem solchen gesetzlichen Aufhebungsgrunde, und nicht um sich dem Dienste aus eigennütziger Absicht zu entziehen, das Schiff verlassen habe, so ist er straflos; ein hierauf bezüglicher Einwand desselben ist daher vom Instanzrichter thatsächlich zu prüfen: B. 15. Sept. 1852 c. Lenz.

2. Der Schlußsatz des § stellt eine Ausnahme von § 4 Nr. 3 dar; die Strafbarkeit der von einem Preußen im Auslande begangenen That, ist hier nicht dadurch bedingt, daß dieselbe auch am Orte ihrer Verübung strafbar sei: K.-B. I. K. s. 44.

§ 280.

1. So lange nicht auf Grund des Art. 33 der Verfassung neue die Beschränkung des Briefgeheimnisses regelnde Gesetze ergehen, sind die frühern hierauf bezüglichen Vorschriften in Kraft geblieben; die Krim.-Ordn. hat in den §§ 123 fgg

sätzlich und unbefugterweise eröffnet, soll mit Geldbuße bis zu Einhundert Thalern oder mit Gefängniß bis zu drei Monaten bestraft werden.

[Entw. § 254]. Vgl. § 328; Verf. v. 31. Jan. 1850 Art. 33; Krim.-Ordn. § 123 fgg.

Sechsundzwanzigster Titel.

Vermögens-Beschädigung.

§. 281. Wer vorsätzlich und rechtswidrig fremde Sachen beschädigt oder zerstört, wird mit Gefängniß bis zu zwei Jahren bestraft.

Wird festgestellt, daß mildernde Umstände vorhanden sind, so ist auf Geldbuße bis zu funfzig Thalern zu erkennen.

[Entw. § 255]. Vgl. § 282—284. 301; FPO. v. 1. Nov. 1847 § 43. 45.

---

den Untersuchungsrichter allgemein für befugt erklärt, die zur Verfolgung der Spuren eines Verbrechens geeigneten Maaßregeln, insbesondere auch Beschlagnahmen vorzunehmen, ohne hiervon in Betreff der Briefe eine Ausnahme zu machen: Beschl. 2. 17. Febr. 1854 c. Loepp (JMBl. s. 138; G. A. 2. s. 247). *Contra:* Temme Arch. 2. s. 464. Vgl. Strafverf. § 4 n. 7; § 43 n. 35.

2. Als Dolus genügt hier die Vorsätzlichkeit der Handlung des Eröffnens, insbesondere bedarf es nicht eines, auf Verletzung des Briefgeheimnisses durch Kenntnißnahme vom Inhalte gerichteten Dolus: Z. I. 15. März 1854 c. Stößel (G. A. 2. s. 839; ein nach § 328 zu beurtheilender Fall). *Contra:* Koch n. 88.

3. Es bedarf hiernach auch in keiner Weise des Nachweises einer eigennützigen Absicht (vgl. Rubrum des Tit. 25): Z. I. 30. Sept. 1853 c. Bredull.

4. Der Ehemann ist befugt, die von seiner Frau geschriebenen Briefe, so lange sie noch nicht in die Hand des Adressaten gelangt sind, zu öffnen, ohne Unterschied, wie er in ihren Besitz gelangt ist; ebenso kann er die Briefe derselben von der Postbehörde reklamiren und an sich behalten, Alles ohne dazu der Mitwirkung einer Behörde zu bedürfen: Z. II. 21. Okt. 1858 c. Baute (G. A. 7. s. 118).

§ 281.

1. Der strafbare Vorsatz muß hier auf die Beschädigung oder Zerstörung der fremden Sache gerichtet sein; der § ist daher nicht anwendbar, wenn die Beschädigung zufällig bei Gelegenheit eines rechtswidrigen Gebrauchs der fremden Sache stattgefunden hat: Beschl. 9. Okt. 1851 c. Dubbeck.

2. Dieser Vorsatz braucht indessen nicht in der bestimmten Absicht zu bestehen, gewisse spezielle Sachen oder den Eigenthümer derselben zu beschädigen, es reicht vielmehr ein wissentliches Handeln hin, d. h. ein Handeln mit der Kenntniß, daß die Sachen nach dem natürlichen Laufe der Dinge der Gefahr des wirklich eingetretenen Erfolges ausgesetzt waren: Z. I. 5. Okt. 1853 c. Mehlberg; Z. I. 17. März 1858 c. Leonhardt. *Contra:* Temme Lehrb. s. 1039 III. Vgl. § 282 n. 11.

3. Es braucht daher die Beschädigung 2c. in keiner Weise der Endzweck der Handlung zu sein; auch wenn sie nur Mittel zum Zwecke ist, trifft der § zu, sobald nur von diesem eine rechtswidrige Beschädigung oder Zerstörung fremder Sachen in sich schließenden Mittel vorsätzlich und mit dem Bewußtsein der Beschädigung Gebrauch gemacht worden ist: Z. 25. Nov. 1851 c. Kuckuck; z. B. Beschädigung der Gefängnißutensilien, um dadurch einen Ausbruch möglich zu machen: B. I. 19. Sept. 1860 c. Radill (G. A. 8. s. 844); oder Beschädigung einer Sache, um dadurch den Diebstahl derselben möglich zu machen. In solchen Fällen ist ideale Konkurrenz beider Vergehen anzunehmen; vgl. § 55 n. 1; § 282 n. 12.

4. Die Vorsätzlichkeit setzt auch das Bewußtsein der Rechtswidrigkeit voraus: Z. II. 14. Jan. 1858 c. Springorum. Ein Handeln im Glauben an eine vermeintliche Befugniß ist straflos: Z. I. 10. Mai 1860 c. Vollrath.

5. Die Frage nach der **Rechtswidrigkeit** muß nach den civilrechtlichen Grundsätzen beurtheilt werden: Z. II. 14. Jan. 1858 c. Springorum; vgl. § 210 n. 1.

6. **Rechtswidrigkeit** ist auch dann anzunehmen, wenn die Handlung in Ueberschreitung einer vermeintlichen Rechtsvertheidigung geschah: Z. II. 21. Jan. 1858 c. Oberste-Berg.

7. Nach diesen Grundsätzen ist auch der Fall zu behandeln, wo eine **Selbsthülfe** durch Beschädigung einer fremden Sache ausgeführt wird; insoweit die Selbsthülfe durch die Gesetze gestattet ist (ALR. Einl. § 77. 78; I, 7 § 142. 143), muß auch die zur Vornahme der berechtigten Selbsthülfe erforderliche Beschädigung fremder Sachen straflos sein, weil es dann an der Rechtswidrigkeit fehlt: Z. I. 10. Sept. 1858 c. Sommer. Insoweit dagegen die Selbsthülfe nicht ausdrücklich für statthaft erklärt ist, kann auch die Beschädigung fremder Sachen nicht deshalb straflos bleiben, weil sie stattfand, um sich (oder die Gemeinde, welcher der Angeklagte angehört) im Besitze eines vermeintlichen Rechts zu erhalten: Z. II. 9. Juni 1853 c. Bußmann; Z. II. 14. Jan. 1858 c. Springorum (Zerstörung eines fremden, die Ausübung einer angeblichen Wegedienstbarkeit hindernden Schlagbaums); Z. II. 10. April 1861 c. Stachcinska. Dabei ist es gleichgültig, ob die zum Zwecke der Selbsthülfe zerstörte Sache den polizeilichen Anordnungen entsprach oder nicht: Z. I. 21. Dez. 1855 c. Swabina.

8. Im Uebrigen ist es gleichgültig, ob die Beschädigung &c. aus **Muthwillen**, **Bosheit**, oder zu welchem andern Zwecke stattgefunden habe: Bes. S. 518. 519 I; G. Matt. 2. S. 626; Temme Gll. S. 307.

9. Dagegen schließt die **vorausgesetzte**, wenn auch später nicht erfolgte Billigung des Eigenthümers den strafbaren Vorsatz aus.

10. Die **fahrlässige** Beschädigung einer fremden Sache ist nicht strafbar: Beschl. I. 27. Jan. 1858 c. Totzke.

11. Wo eine besondre gesetzliche Vorschrift (vgl. ALR. II, 16. § 64—67) dem Jagdberechtigten gestattet, unter gewissen Voraussetzungen die in seinem Reviere umherlaufenden Hunde zu erschießen, fällt eine solche Handlung nicht unter § 281: Z. I. 4. Okt. 1854 c. Supplieth. Das ALR. (l. c.) gestattet es nur, die ungeknüppelt umherlaufenden gemeinen Hunde zu tödten; es verbietet das Tödten der überlaufenden Jagdhunde, sollten sie auch vom Eigenthümer nicht zurückgerufen worden sein: Z. II. 29. Nov. 1860 c. Dieckmann. Im ehemaligen Großherzogthume Berg und auf dem linken Rheinufer hat der Jagdberechtigte eine solche Befugniß gar nicht; eine derartige Handlung ist daher dort nach § 281 strafbar: V. Kass.-Hof 12. Okt. 1840 c. Zahn (Rh. Arch. 30. 2. A. S. 75; Volkmar S. 389); Erk. App.-Ger.-Hof zu Köln vom 15. März 1853 c. Schillings (Tr. Ann. 7. S. 278). *Contra:* Z. K.-H. 31. Mai 1834 c. v. den Bosch (Volkmar S. 392). Die Gen.-Gouv.-Verordn. für den Nieder- und Mittel-Rhein v. 18. Aug. 1814 § 9 Nr. 3 gestattet das Erschießen der frei umherlaufenden Hunde nur den Förstern. Die Ost-Preuß. Forst-Ordn. v. 3. Dez. 1775 Tit. 10 § 10 und Tit. 14 § 32 gestattet das Erschießen der ledig in fremden Jagddistrikten umherlaufenden Hunde nur den Forstbedienten und Jagdberechtigten: V. I. 11. Mai 1861 c. Feller (RdO. 1. S. 375).

12. Vorausgesetzt wird eine **fremde** Sache; der Eigenthümer selbst, oder seine Stellvertreter (zu welchen auch der Ehemann hinsichtlich der Sachen seiner Frau zu zählen ist), können das Vergehen nicht verüben: V. 5. Nov. 1851 c. Leinung; vgl. § 286 n. 9. Das Gesagte gilt selbst da, wo dritte Personen Realrechte an der Sache haben, welche durch die Beschädigung der letztern gekränkt werden: V. I. 8. Dez. 1857 c. Schönitz.

13. Dagegen kann sich auch ein **Mit-Eigenthümer** des hier vorgesehenen Vergehens schuldig machen. Vgl. § 286 n. 10.

14. Ein Z. II. 9. Juni 1853 c. Bußmann deutet beiläufig an: daß eine im ruhigen Besitze eines Andern sich befindende Sache als eine fremde anzusehen sei.

15. Die **Beschädigung** &c. der Sache muß durch eine Einwirkung auf dieselbe bewirkt sein; es wird daher eine (körperliche) Beschädigung **an der Sache** vorausgesetzt; ob eine solche anzunehmen sei, ist Gegenstand der thatsächlichen Beurtheilung: Beschl. II. 4. Okt. 1860 c. Wüste (61. B; eine fremde Sache war in einen Teich geworfen, aus diesem aber unbeschädigt wieder hervorgeholt worden). Da-

§. 282. Wer Gegenstände der Verehrung einer im Staate bestehenden Religionsgesellschaft, oder Sachen, die dem Gottesdienste gewidmet sind, oder Grabmäler, öffentliche Denkmäler, Gegenstände der Kunst, der Wissenschaft oder des Gewerbes, welche in öffentlichen Sammlungen aufbewahrt werden oder öffentlich aufgestellt sind, oder Gegenstände, welche zum öffentlichen Nutzen oder zur Verschönerung öffentlicher Wege oder Anlagen dienen, vorsätzlich zerstört oder beschädigt, wird mit Gefängniß nicht unter vierzehn Tagen bestraft. Auch kann auf zeitige Untersagung der Ausübung der bürgerlichen Ehrenrechte erkannt werden.

[Entw. § 256]. Vgl. § 281. 106. 135; FPO. v. 1. Nov. 1847 § 42. 43. 45.

---

gegen gehören Eingriffe in fremde Berechtigungen (z. B. Nachdruck) nicht hierher: G. Matt. 2. s. 627 n. 4; Temme Gll. s. 607; id. Lehrb. s. 1039.

16. Die Beschädigung ꝛc. muß die Folge der eignen körperlichen Thätigkeit des Angeklagten sein; es gehört daher der Fall nicht hierher, wo Jemand den Eigenthümer der Sache in einen Irrthum versetzt, und ihn so selbst zur Beschädigung ꝛc. veranlaßt. Temme Lehrb. s. 1039.

17. Die Beschädigung muß eine solche sein, daß sie einen Vermögensnachtheil herbeiführt (vgl. Rubr. des Titels): Temme Lehrb. s. 938 II, 3.

18. Als Zerstörung kann auch ein Verbringen der Sache angesehen werden, welches zwar die Substanz unversehrt läßt, sie aber der Nachforschung und Wiedererlangung gänzlich entzieht (z. B. Werfen in einen tiefen Fluß).

19. Ueber das Verhältniß dieses § zu den Bestimmungen der Feld-Pol.-Ordn. v. 1. Nov. 1847 § 41—43 vgl. § 45 ibid.

§ 282.

1. Der § bezieht sich auf die Gegenstände ꝛc. aller im Staate bestehenden Religionsgesellschaften, ohne Unterschied, ob dieselben Korporationsrechte erlangt haben oder nicht: K.-B. II. K. s. 142.

2. Der § setzt nicht, wie § 281, voraus, daß die betr. Sachen fremde seien; es kann daher auch die Beschädigung der eignen Sache, wegen des dadurch gefährdeten öffentlichen Nutzens, strafbar sein; ebendeshalb thut der § auch der Rechtswidrigkeit keine Erwähnung: Z. I. 10. Sept. 1858 c. Sommer (G. A. 7. s. 119); Z. II. 18. Okt. 1860 c. Mork; vgl. n. 13.

3. Bei den dem Gottesdienste gewidmeten Gegenständen bedarf es einer Weihe nicht: G. Matt. 2. s. 629 n. 3; s. 268 III; vgl. § 135 n. 16.

4. Kirchen sind unbedenklich als dem Gottesdienste gewidmet zu betrachten: Z. I. 17. Okt. 1860 c. Kelch (G. A. 8. s. 845).

5. Theile eines solchen Gegenstandes werden nach den Rechten, die das Ganze hat, beurtheilt; es ist daher kein Rechtsirrthum, wenn der Instanzrichter den § auf die Beschädigung eines Kirchenfensters anwendet: Z. I. 17. Okt. 1860 c. Kelch (G. A. 8. s. 845).

5a. Zu den Grabmälern gehören auch die Grabhügel: B. I. 8. April 1853 c. Göldner (Entsch. 25. s. 236).

6. Ueber das Verhältniß dieser die Grabmäler betreffenden Bestimmung zu § 137 vgl. zu diesem n. 3.

7. Ob im Abpflücken einiger Blumen von einem Grabhügel ein Beschädigen des letztern zu finden sei, gehört zur thatsächlichen Beurtheilung: Beschl. I. 4. Sept. 1857 c. Schneider.

8. Insoweit es sich von Gegenständen der Kunst ꝛc. handelt, ist rücksichtlich des Verhältnisses dieses § zu § 106 die Bemerkung zu § 106 n. 7 zu vergleichen.

§. 283. Wer vorsätzlich ein Gebäude, ein Schiff, eine Brücke, einen Damm, eine gebaute Straße, eine Eisenbahn oder ein sonstiges Bauwerk, welche fremdes Eigenthum sind, ganz oder theilweise zerstört, soll mit Gefängniß nicht unter zwei Monaten bestraft werden.

[Entw. § 257]. Vgl. § 281. 244. 285. 289. 301. 303.

---

9. Die vorsätzliche Beschädigung oder Zerstörung von Bäumen, Sträuchern rc. an öffentlichen Wegen oder in öffentlichen Anlagen ist jetzt nach diesem § strafbar; der § 42 Nr. 3 (früher § 43 Nr. 2) der Feld-Pol.-Ordn. vom 1. Nov. 1847 ist hiernach rücksichtlich jener nur insofern anwendbar, als es sich von Bäumen in Privatanlagen handelt: B. 10. Febr. 1852 c. Podach (G. A. 2. s. 565); Beschl. I. 4. Dez. 1857 c. Wunschmann (G. A. 6. s. 430); Z. II. 11. Febr. 1858 c. Hasenkamp; G. Matt. 2. s. 629 n. 5; vgl. K.-B. II. K. s. 142.

10. Das vollständige Abbrechen eines abgestorbenen und umgebrochenen Baumes ist keine Zerstörung rc. im Sinne des §: Z. I. 19. Jan. 1859 c. Müller.

11. Unter der „Vorsätzlichkeit“ ist hier außer dem Gegensatze gegen die bloße Fahrlässigkeit das Bewußtsein zu verstehen, daß durch die Handlung der Erfolg einer Beschädigung der im § genannten Sachen herbeigeführt werde; der Absicht den Erfolg herbeizuführen bedarf es nicht: Beschl. I. 4. Sept. 1857 c. Schneider; Beschl. I. 4. Dez. 1857 c. Wunschmann (G. A. 6. s. 430); B. I. 28. Jan. 1859 c. Stober (Entsch. 40. 2. 21; G. A. 7. s. 413); u. ö. Daher stellt die vorsätzliche Entfernung eines für unzulässig erachteten Grabsteins nicht ohne Weiteres die vorsätzliche Beschädigung eines Grabmals dar: Z. I. 9. Juli 1857 c. Pestachowski. Vgl. § 281 n. 2.

12. Vorsätzlichkeit der Handlung liegt auch da vor, wo der letzte Zweck nicht auf Beschädigung rc., sondern auf etwas Anderes, z. B. auf widerrechtliche Zueignung gerichtet war; es kann daher das Vergehen des § 282 ideell mit Diebstahl konkurriren: Z. II. 11. Febr. 1858 c. Hasenkamp; Beschl. I. 16. Mai 1860 c. Lehmann (JMBl. s. 273; G. A. 8. s. 558); vgl. § 281 n. 3.

13. Der § thut (abweichend von § 281) der Rechtswidrigkeit der Handlung nicht Erwähnung, offenbar um dadurch anzudeuten, daß die Beschädigung rc. der hier genannten Gegenstände nie durch eine Selbsthülfe (selbst nicht durch eine an sich nach § 78 der Einl. und § 142. 143. I, 7. ALR. statthafte Selbsthülfe) gerechtfertigt werden könne, daß vielmehr die Qualität der betr. Gegenstände denjenigen Rechten gegenüber, welche durch die Selbsthülfe geschützt werden sollen, überwiegend, und daß ein angebliches besseres Recht nur im Rechtswege oder im Wege der Beschwerde geltend zu machen sei, insofern nicht ein förmlicher Nothstand eintritt: Z. I. 10. Sept. 1858 c. Sommer (G. A. 7. s. 119); B. I. 28. Jan. 1859 c. Stober (Entsch. 40. 2. s. 21; G. A. 7. s. 413); ähnlich: Z. II. 18. Okt. 1860 c. Mork („die Rechtswidrigkeit liege dann wegen des gefährdeten oder beeinträchtigten Gemeinwohls vor“). Vgl. n. 2.

§ 283.

1. Die Anwendbarkeit dieses § ist dadurch bedingt, daß nicht die besondern Voraussetzungen vorliegen, nach welchen einer der §§ 244. 285. 289 oder 301 auf den Fall passen würde.

2. Im Allgemeinen, insbesondere rücksichtlich der Vorsätzlichkeit, sind die Bemerkungen zu § 281 n. 1—9 zu vergleichen.

3. Theilweise Zerstörung des Gefängnisses zum Zwecke der Selbstbefreiung Seitens eines Gefangenen fällt unter diesen §; vgl. § 281 n. 3; § 94 n. 3.

4. Als „Bauwerk“ kann nur eine unbewegliche Sache angesehen werden: G. Matt. 2. s. 630 n. 2. Eine bewegliche, auf einem Schlitten ruhende Hirtenbude fällt daher nicht unter diesen Begriff. Vgl. Beschl. I. 24. Nov. 1854 c. Olszewski (G. A. 3. s. 141); § 286 n. 2; § 220 n. 3.

§. 284. **Wenn sich mehrere Personen zusammenrotten und bewegliche oder unbewegliche Sachen eines Andern plündern, verwüsten oder zerstören, so werden dieselben mit Zuchthaus bis zu funfzehn Jahren bestraft; zugleich kann auf Stellung unter Polizei-Aufsicht erkannt werden.**

[Entw. § 258]. Vgl. § 91. 92. 96. 214; Ges. v. 4. Juni 1851 § 10 (GS. f. 453).

---

5. Im Uebrigen gehört es zur thatsächlichen Beurtheilung, was als „Bauwerk“ zu betrachten sei; es kann unbedenklich ein Mühlenwehr hierher gerechnet werden: Z. I. 21. Dez. 1855 c. Swabina. Gleichwohl nahm ein (einen Kompetenzkonflikt schlichtender) Beschl. I. 24. Nov. 1854 c. Olzewski (G. A. 3. f. 141) an, aus der Gleichstellung mit Gebäuden, Schiffen ꝛc. folge, daß nur Sachen, welche ihrem Werthe oder ihrer Bestimmung nach von erheblicher Bedeutung sind, zu den Bauwerken gezählt werden könnten.

6. Nicht jede unbedeutende Beschädigung an einem Gebäude ꝛc., z. B. Zerschlagen einer Fensterscheibe, Ausbrechen einiger Steine kann als ein „theilweises Zerstören“ des Gebäudes angesehen werden, es wird vielmehr vorausgesetzt, daß das Gebäude ꝛc. ganz oder theilweise zu seiner Bestimmung unbrauchbar gemacht worden sei; bei kleineren Beschädigungen kann nur § 281 Platz greifen. Ob das eine oder das andere vorliege, ist Gegenstand der thatsächlichen Beurtheilung. *Contra:* B. 30. Juni 1852 c. Bauer, welches ein Brückengeländer als Theil der Brücke, und seine Zerstörung als theilweise Zerstörung der Brücke ansah. Vgl. G. Matt. 2. f. 630 n. 3.

7. Ein B. II. 31. Mai 1860 c. Weiß (Rh. S.) nahm an: daß das Eigenthum eines zum Zwecke einer Straßenanlage im Wege der Eigenthumsentziehung expropriirten Grundstücks noch nicht durch die im polizeilichen Wege erfolgte Besitzergreifung übergehe, daß dasselbe vielmehr bis zur Zahlung des Preises im Eigenthum des Expropriirten verbleibe, und daß die von ihm vorgenommene Beschädigung des Wegs, weil derselbe nicht als fremdes Eigenthum anzusehen sei, nicht unter § 283 falle.

§ 284.

1. In Betreff des hier aufgestellten Thatbestandes (des f. g. „Landfriedensbruchs“) sind namentlich § 91 und die Bemerkungen zu demselben zu vergleichen.

2. Zwei Personen genügen auch hier nicht, da der § „mehrere“ verlangt; vgl. § 91 n. 1.

3. Ueber den Begriff des „Zusammenrottens“ vergl. § 91 n. 2—4; § 96 n. 7—12.

4. Daß die Zusammenrottung auch hier, wie im Falle des § 91, öffentlich stattgefunden habe, wird nicht erfordert; es läßt sich nicht mit Temme (Lehrb. f. 1040) behaupten, daß ein Zusammenrotten ohne Oeffentlichkeit sich nicht denken lasse.

5. Das Zusammenrotten ist hier in eine wesentliche Verbindung mit den rechtsverletzenden Handlungen gesetzt, welche im § mit Strafe bedroht sind; diese Handlungen müssen vermittelst der Zusammenrottung verübt sein; dazu genügt es indessen, wenn nur Einer im Beisein der zusammengerotteten Menge die Handlungen begeht: Z. II. 20. Dez. 1855 c. Niermann (Präj. n. 195; JMBl. 1856 f. 18; Entsch. 31. f. 476; 32. f. 284; G. A. 4. f. 208). Ein Handeln mit vereinten Kräften, wie es § 91 voraussetzt, ist sonach hier nicht erforderlich. *Contra:* Temme Lehrb. f. 1040. Vgl. G. Matt. 2. f. 631 n. 4.

6. Ob das Verbrechen gegen öffentliches oder Privateigenthum gerichtet sei, ist für den Thatbestand gleichgiltig: G. Matt. 2. f. 631 n. 1.

7. Es ist nicht unstatthaft, die verschiedenen im § vorgesehenen Handlungen des Plünderns, Verwüstens oder Zerstörens alternative in der den Geschwornen vorgelegten Frage zusammen zu fassen, und es genügt, wenn die letztere in dieser alternativen Fassung einfach bejaht wird, weil hier eine und dieselbe Thatäußerung nur in verschiedene Beziehung auf den Erfolg gesetzt ist in der Art, daß nur eine

Siebenundzwanzigster Titel.

Gemeingefährliche Verbrechen und Vergehen. *)

§. 285. Wegen Brandstiftung wird mit zehnjähriger bis lebenslänglicher Zuchthausstrafe, und wenn durch den Brand ein Mensch das Leben verloren hat, mit dem Tode bestraft:

---

dieser Beziehungen zum Thatbestande erfordert wird, und weil die Auffassung dieser Beziehungen bei den einzelnen Richtern der That subjektiv verschieden sein kann, ohne daß der Eine darum ein anderes Thun als der Andre bestrafen will: Z. II. 20. Dez. 1855 c. Niermann (JMBl. 1856 s. 18; Entsch. 32. s. 284; G. A. 4. s. 208). Vgl. § 34 n. 67; Strafverf. Art. 81 n. 12.

8. Dem Plündern, Verwüsten, Zerstören steht ein bloßes Beschädigen nicht gleich: K.-B. II. K. s. 143; ein solches kann daher, auch wenn es von mehreren zusammengerotteten Personen bewirkt wird, nur nach § 281 bestraft werden.

9. Ein Landfriedensbruch kann leicht in einen Aufruhr (§ 91) übergehen, wenn der Zweck der Plünderung rc. mit Widerstand gegen die einschreitende öffentliche Macht verfolgt wird: G. M. 2. s. 630 n. 1. Vgl. § 91 n. 3.

*) **Siebenundzwanzigster Titel.**

1. Der Begriff der Gemeingefährlichkeit der in diesem Titel zusammengefaßten Verbrechen rc. ist nicht bestimmt genug, um den gesetzlichen Thatbestand der einzelnen Verbrechen rc. danach abzumessen; wo daher nicht ausdrücklich zu diesem Thatbestande des Einzel-Verbrechens rc. erfordert wird, daß dasselbe mit Gefahr für das Leben oder Eigenthum Andrer verübt worden sei (§ 290. 291. 292. 294. 301. 303), bedarf es der Feststellung des Vorhandenseins einer solchen Gefahr nicht: Bes. s. 523. *Contra:* Temme s. 1045; vgl. § 39 n. 3. Ja selbst der Nachweis, daß im Einzelfalle eine wirkliche Gemeingefahr nicht obgewaltet, z. B. im Falle des § 285 Nr. 2, daß zur Zeit der Brandstiftung sich kein Mensch in dem Gebäude aufgehalten habe, beseitigt die Anwendbarkeit des Strafparagraphen nicht, wenn die Voraussetzungen desselben vollständig vorliegen.

2. Der Vorsatz braucht stets nur auf die Vornahme der Handlung selbst gerichtet zu sein, nicht auch auf die Herbeiführung der Gefahr, sollte auch die objektive Gefährlichkeit ein wesentliches Merkmal des betr. Verbrechens sein. Vergl. § 294 n. 1; K.-B. II. K. zu § 302 [Entw. § 274] s. 150. Es genügt daher in diesen Fällen beim Angeklagten das Bewußtsein dieser Gefährlichkeit: B. I. 7. Jan. 1857 c. Lubeck (JMBl. s. 44; G. A. 5. s. 69); ja es bedarf selbst einer besondern Feststellung jenes Bewußtseins nicht, insofern das Vorhandensein desselben nicht bestritten worden ist. Vgl. § 287 n. 1. 2; Riedel Abh. in G. A. 2. s. 339; Zachariä Abh. in G. A. 3. s. 294.

§ 285.

1. Der Begriff der „vorsätzlichen Brandstiftung“ hat eine allgemein bekannte und unbestrittene Bedeutung, kann also in die den Geschwornen vorgelegte Frage aufgenommen werden: B. II. 10. Apr. 1856 c. Görner (Schellenberg u. Gen.; JMBl. s. 124).

2. Der Feststellung der speziellen Handlung oder des Mittels, durch welche der Brand herbeigeführt worden, bedarf es nicht: Z. I. 11. April 1856 c. Marode. Dasselbe gilt von der Fragstellung: Z. II 23. Nov. 1854 c. Schrör (G. A. 3. s. 114).

3. Die Brandstiftung wird vollendet, sobald der Brand von dem Zündstoffe dem zu entzündenden Gegenstande mitgetheilt ist; daß derselbe in eine Flamme ausgebrochen sei, kann nicht verlangt werden; vgl. § 288 n. 4. Dagegen verlangt Temme (Lehrb. s. 1055) noch, daß der angezündete Gegenstand vom Feuer wenigstens zum Theil zerstört sei; ohne irgend eine Beschädigung dürfte freilich die Mittheilung des Brandes nicht denkbar sein. Die Feststellung, es sei Feuer angelegt worden, genügt jedenfalls nicht: B. I. 3. Febr. 1853 c. Gartmann (Hartmann und Gen.; G. A. 2. s. 242). Bei der vorsätzlichen Brandstiftung ist die ganze Frage minder erheblich, da sie ein Verbrechen, der Versuch also mit der gleichen Strafe bedroht ist.

1) wer vorsätzlich ein Gebäude, ein Schiff oder eine Hütte, welche zur Wohnung von Menschen dienen, oder ein zum Gottesdienste bestimmtes Gebäude in Brand setzt;

---

4. Dagegen ist zur Vollendung des Verbrechens der Eintritt einer Gemeingefährlichkeit entschieden nicht erforderlich. *Contra:* Temme Lehrb. s. 1055. Vgl. Tit. 27 (§ 285 fgg.) n. 1.

5. Der Vorsatz braucht hier nur auf das »in Brand setzen«, d. h. darauf, daß das Gebäude brenne, gerichtet zu sein: B. I. 7. Jan. 1857 c. Lubeck (JMBl. s. 44; G. A. 5. s. 69); auf den fernern Zweck kommt Nichts an; der § ist daher auch dann anwendbar, wenn Jemand einen Brand stiftet, nur in der Absicht, in der dadurch hervorgerufenen Unordnung einen Diebstahl zu vollführen. Hiernach läßt sich nicht mit Temme (Lehrb. s. 1053) sagen: der Vorsatz müsse dahin gerichtet sein, den anzuzündenden Gegenstand durch das Feuer ganz oder theilweise zu zerstören. Vgl. Tit. 27 (§ 285 fgg.) n. 1. 2.

6. Inwiefern beim Thäter das Bewußtsein der Gemeingefährlichkeit vorausgesetzt werde und festzustellen sei, vgl. Tit. 27 (§ 285 fgg.) n. 2.

7. Erfolgt die Brandstiftung in betrügerischer Absicht an einer gegen Feuersgefahr versicherten Sache der im § 285 (286 oder 287) erwähnten Art, so liegt ideale Konkurrenz mit dem im § 244 vorgesehenen Verbrechen vor, und § 55 wird anwendbar: Beschl. II. 15. (22.) Sept. 1853 c. Fißmer (G. A. 2. s. 560); B. I. 6. Jan. 1858 c. Müller (Eggert und Gen.; G. A. 6. s. 135). Das scheinen Temme (Lehrb. s. 1054 Note 3) und John (Abh. in G. A. 3. s. 58; id. fortges. Verbr. s. 96) mit Unrecht zu bezweifeln; vgl. § 244 n. 1.

8. »Wird auf Grund des § auf zeitige Zuchthausstrafe erkannt, so darf »dieselbe (nach § 10) zwanzigjährige Dauer nicht übersteigen«: B. I. 18. April 1853 c. Bartusch (Präj. n. 32; Entsch. 25. s. 253; G. A. 1. s. 581). Vgl. auch § 305.

9. Begeht ein Strafunmündiger die im § vorgesehene Handlung mit Unterscheidungsvermögen, so ist nicht § 43 Nr. 2, sondern Nr. 3 anwendbar, weil aus der Gleichstellung der lebenslänglichen Zuchthausstrafe mit der Todesstrafe hervorgeht, daß Nr. 2 jenes § sich nur auf solche Fälle bezieht, wo die lebenslängliche Strafe unbedingt angedroht ist: B. 28. April 1852 c. Bußmann (JMBl. s. 246; Entsch. 22. s. 455; G. A. 1. s. 74).

10. Neben der zeitigen Zuchthausstrafe kann auch auf Stellung unter Polizeiaufsicht erkannt werden. Vgl. § 305.

11. Damit die Todesstrafe eintrete, genügt der unmittelbare Zusammenhang zwischen Brand und Tod, sollte der Verunglückte auch schon in Sicherheit gewesen, dann aber zurückgekehrt sein, z. B. um seine Sachen zu retten, oder sollte eine zum Retten herbeigeeilte Person dabei ihren Tod gefunden haben: Z. I. 1. Juli 1857 c. Schröder; Z. I. 27. Jan. 1858 c. Kumm. Daß der Tod durch das Feuer selbst herbeigeführt worden sei, ist nicht erforderlich, vielmehr gehört auch das Verunglücken durch herabstürzende Balken, durch Springen aus dem Fenster und dgl. hierher, nicht aber wenn Jemand beim Wasserholen ertrinkt: G. Matt. 2. s. 650 IV. Vgl. K.-B. II. K. s. 145.

12. Vorausgesetzt wird, daß der Vorsatz nicht auf die Tödtung gerichtet gewesen sei, weil sonst Mord oder Todtschlag vorliegen würde; es genügt sonach zur Verhängung der Todesstrafe, wenn der Angeklagte neben dem allgemeinen bei der Brandstiftung erforderlichen Dolus (vgl. n. 5) das Bewußtsein hatte, daß dadurch Gefahr für Menschenleben herbeigeführt werde, und wenn sodann wirklich ein Mensch durch den Brand sein Leben verloren hat; selbst der Nachweis, daß eine Absicht den Tod herbeizuführen nicht obgewaltet habe (z. B. wenn die Geschwornen erklären: »der Angeklagte sei nicht schuldig, daß durch den Brand ein Mensch das Leben verloren habe«), kann dann von der Todesstrafe nicht befreien: B. I. 7. Jan. 1857 c. Lubeck (JMBl. s. 44; G. A. 5. s. 69); ähnlich: Z. I. 13. März 1857 c. Jankowsky. Vgl. Tit. 27 (§ 285 fgg.) n. 2; G. Matt. 2. s. 632 fgg. Das erwähnte Bewußtsein, daß durch den Brand Gefahr für Menschenleben herbeigeführt werde, braucht dabei sich nicht speziell auf das später umgekommene Individuum zu

2) wer vorsätzlich ein Gebäude, ein Schiff oder eine Hütte, welche zeitweise zum Aufenthalt von Menschen dienen, zu einer Zeit in Brand setzt, in welcher darin Menschen sich aufzuhalten pflegen;

3) wer vorsätzlich Eisenbahnwagen, Bergwerke oder andere zum Aufenthalt von Menschen zeitweise dienende Räumlichkeiten zu einer Zeit in Brand setzt, zu welcher sich Menschen darin aufzuhalten pflegen.

In allen diesen Fällen macht es keinen Unterschied, ob die in Brand gesetzten Gegenstände im Eigenthum des Thäters sind oder nicht.

[Entw. § 259]. Vgl. § 286 fgg. 289. 305. 244. 213. 347 Nr. 4—9; Ges. v. 4. Juni 1851 § 8. 9. (GS. s. 452).

---

beziehen; selbst wenn der Angeklagte sich die Möglichkeit, daß dieses seinen Tod finden könnte, gar nicht gedacht hätte, bliebe beim Vorhandensein des allgemeinen Bewußtseins die Todesstrafe verwirkt: Z. I. 13. Mai 1857 c. Mönch. Noch weiter geht ein Z. (V.) Pl. 26. April 1858 c. Raden (JMBl. s. 203), welches erwägt: das Gesetz erachte hier bei der Eigenschaft der Sache die Gefahr für Menschenleben für eine so offenkundige, daß sie dem Thäter nicht habe verborgen bleiben können; es nahm also dem Anscheine nach eine gesetzliche Vermuthung jenes Bewußtseins an. Im Uebrigen ist in Betreff der Feststellung des Bewußtseins die Note 2 zu Tit. 27 (§ 285 fgg.) zu vergleichen.

Zu Nr. 1. 2. 3.

13. Wenn hier auch stets vom Aufenthalte von Menschen in der Mehrzahl die Rede ist, so genügt doch der Aufenthalt eines einzigen Menschen.

14. Die unter Nr. 1. 2 und 3 aufgezählten Umstände sind nicht erschwerende (begleitende) im Sinne des Art. 91 des Ges. vom 3. Mai 1852, da es kein allgemeines Verbrechen der Brandstiftung giebt, welches sich durch den Hinzutritt der betr. besondern Umstände verschieden gestaltete, vielmehr bildet jeder der vorgesehenen Fälle einen für sich bestehenden Thatbestand, für welchen jeder Umstand ein wesentliches Merkmal darstellt; es bedarf daher einer besondern Abstimmung über jene Umstände nicht, vielmehr wird Art. 91 l. c. nur da anwendbar, wo ein Mensch durch den Brand das Leben verloren haben soll: Z. I. 24. Febr. 1858 c. Riegel (G. A. 6. s. 229); Z. I. 15. Aug. 1858 c. Jakobus (G. A. 8. s. 679).

Zu Nr. 1.

15. Das Gebäude rc. muß hier augenblicklich wirklich zur Wohnung dienen, es muß also ein „bewohntes Gebäude" sein, ein zum Bewohnen bestimmtes genügt nicht: Z. 30. Juni 1852 c. Rettig; B. II. 4. Dez. 1856 c. Wahl; G. Matt. 2. s. 642 n. 4. Vgl. § 220 n. 9 fgg. Es soll indessen hinreichen, wenn in der den Geschwornen vorgelegten Frage das Gebäude als das „Wohnhaus" eines Menschen bezeichnet wird; so: Z. 30. Juni 1852 c. Rettig; Z. Kass.-Hof 7. Sept. 1852 c. Völker (JMBl. s. 379); Z. I. 19. Jan. 1859 c. Rohde; vgl. § 220 n. 13; zweckmäßiger ist es aber jedenfalls, die Fassung des § in der Fragstellung beizubehalten.

16. Ebenso genügt es, wenn das Gebäude auch nur dem Angeklagten allein zur Wohnung dient: Z. Kass.-Hof 7. Sept. 1852 c. Völker (JMBl. s. 379); G. Matt. 2. s. 643 n. 4. *Contra:* Temme Lehrb. s. 1050 Note 6. Vgl. n. 18.

17. Auch in Betreff des gottesdienstlichen Gebäudes muß verlangt werden, daß es dieser Bestimmung wirklich diene, da offenbar eben die Heiligkeit des Orts und nicht allein die aus dem Brande einer Kirche entspringende große Gefahr das Motiv für die Vorschrift abgegeben hat: Temme Lehrb. s. 1051.

Zu Nr. 1 und 2.

18. Es muß durch den Spruch der Geschwornen ausdrücklich festgestellt wer-

§. 286. **Wer vorsätzlich Schiffe, Gebäude, Hütten, Bergwerke, Magazine, Vorräthe von landwirthschaftlichen Erzeugnissen, Bau- oder Brennmaterialien, Früchte auf dem Felde, Waldungen oder Torfmoore, welche fremdes Eigenthum sind, in Brand steckt, wird mit Zuchthaus bis zu zehn Jahren bestraft.**

[Entw. § 260]. Vgl. § 284. 286. 289. 305. 313. 347 Nr. 4—9; Ges. v. 4. Juni 1851 § 8. 9 (GS. s. 452).

---

den, daß die Brandstiftung an einem zur Wohnung von Menschen dienenden, oder an einem solchen Gebäude ꝛc. stattgefunden habe, in welchem sich zur Zeit Menschen aufzuhalten pflegen; ein Z. I. 7. Dez. 1853 c. Kühn (G. A. 2. s. 102) hielt es für nicht genügend, wenn festgestellt werde: „es sei ein Gebäude, in welchem der Angeklagte selbst seine Schlafstelle hatte, in der Nacht in Brand gesetzt worden.“ Vgl. n. 16.

Zu Nr. 2 und 3.

19. Ebenso reicht es zur Anwendung der Nr. 2 [oder 3] nicht hin, wenn nur festgestellt ist: „es sei ein einem Andern zeitweise zum Aufenthalte dienendes Gebäude ꝛc. eines Tages, als dieser in demselben nächtigte, vorsätzlich in Brand gesetzt worden“, weil daraus nicht hervorgeht, daß zur Zeit sich ein Mensch darin aufzuhalten pflegte: B. I. 8. Nov. 1854 c. Quast (G. A. 3. s. 113); B. I. 18. Apr. 1856 c. Gruhn.

20. Ist dagegen der Thatbestand, wie ihn die Nrn. 2 und 3 voraussetzen, festgestellt, so ist es gleichgültig, ob sich zur Zeit der That wirklich ein Mensch im fraglichen Gebäude ꝛc. aufhielt, oder nicht: G. Matt. 2. s. 642 n. 4; Temme Lehrb. s. 1051. Vgl. Tit. 27 (§ 285 fgg.) n. 1.

§ 286.

1. In Betreff des Vorsatzes vgl. Tit. 27 (§ 285 fgg.) n. 2; § 285 n. 5.

2. Der § hat nur Sachen im Auge, welche ihrem Werthe oder ihrer Bestimmung nach von erheblicher Bedeutung sind, also Sachen, deren Zerstörung, insofern sie nicht durch Feuer bewirkt wird, unter die Vorschrift der qualifizirten Beschädigung oder Zerstörung (§ 283) fallen würde; daher ist eine auf einem Schlitten ruhende hölzerne Hirtenbude, von einem Werthe weniger Thaler, wenn sie auch dem Hirten zur Schlafstelle dient, keine Hütte im Sinne des § 286, sowie sie nicht als Bauwerk im Sinne des § 283 anzusehen wäre. So: Beschl. I. 24. Nov. 1854 c. Olszewski (G. A. 3. s. 141). Vgl. § 283 n. 4; § 220 n. 3.

3. Durch die Gleichstellung der Vorräthe von Früchten, Brenn- und Bau-Materialien mit Gebäuden, Schiffen und Magazinen wird angedeutet, daß als solche nur erhebliche Quantitäten derartiger Gegenstände zu verstehen sind, wogegen das Anzünden einer geringeren Quantität (insofern nicht § 287 zutrifft) nur als gewöhnliche Vermögensbeschädigung anzusehen ist: K.-B. II. K. s. 147; B. 16. Jan. 1852 c. Springstubbe (Entsch. 22. s. 75; G. Arch. 1. s. 262). Mit Rücksicht hierauf ist jedesmal durch den Spruch der Geschwornen festzustellen, daß die in Brand gesteckte Quantität den Charakter eines „Vorraths“ habe. Natürlich kommt es dabei aber nicht auf die wirklich verbrannte sondern auf diejenige in unmittelbarem Zusammenhange sich findende Quantität an, welcher das Feuer mitgetheilt worden ist.

4. Der Ausdruck „landwirthschaftliche Erzeugnisse“ ist gewählt, um sowohl Feld- und Wiesen- als Gartenfrüchte, insbesondere auch Heu und Stroh zu umfassen: K.-B. II. K. s. 146.

5. Als Gegensatz gegen die „Vorräthe landwirthschaftlicher Erzeugnisse“ sollen die „Früchte auf dem Felde“ hier nicht die noch auf dem Felde befindliche aber vom Boden bereits abgesonderte und zusammengebrachte Frucht, sondern nur solche Früchte bezeichnen, welche noch nicht vom Boden getrennt, noch stehend, oder doch wenigstens noch nicht zusammengebracht sind: B. 16. Jan. 1852 c. Springstubbe (Entsch. 22. s. 75; G. A. 1. s. 262).

§. 287. Wer vorsätzlich eigene oder fremde Sachen, welche vermöge ihrer Beschaffenheit und Lage geeignet sind, den in den §§ 285. und 286. genannten Gegenständen das Feuer mitzutheilen, in Brand setzt, soll ebenso bestraft werden, wie derjenige, welcher jene Gegenstände unmittelbar in Brand setzt.

[Entw. § 261]. Vgl. § 289. 305. 347 Nr. 7.

---

6. Der Ausdruck „Waldungen“ umfaßt hier kleinere Holzungen mit: K.-B. II. K. S. 146.

7. Die Aufzählung der einzelnen Gegenstände, welche der § enthält, ist auf andre Gegenstände als die genannten nicht auszudehnen, sollte auch ein gleicher Grund für sie sprechen; es ist daher der § auf Vorräthe anderer Waaren, welche sich nicht in Gebäuden oder Magazinen befinden, nicht anwendbar. *Contra:* Temme Lehrb. S. 1052 Note 2.

8. Der § setzt eine fremde Sache, also die Verletzung des Eigenthumsrechts eines Andern voraus; er ist daher unanwendbar, wenn die Handlung zwar durch einen Dritten, aber im Einverständnisse mit dem Eigenthümer, oder gar in seinem Auftrage erfolgte; die Sache ist dann nicht als eine fremde zu betrachten, gleichzeitig fehlt aber auch der zum Verbrechen gehörige Dolus: Beschl. I. 21. Nov. 1855 c. Beidel (G. A. 4. S. 267).

9. Auch wenn der Stellvertreter des Eigenthümers, der also ein Recht hat, über die Sache zu verfügen (z. B. der Ehemann in Betreff der Sachen der Frau), die Handlung vornimmt, bleibt der § ausgeschlossen. Vgl. § 281 n. 12.

10. Dagegen kann sich der Miteigenthümer der Sache sehr wohl des Verbrechens schuldig machen: Z. I. 24. Febr. 1860 c. Ziehe (G. A. 8. S. 205).

11. Die Existenz eines einem Dritten an der Sache zustehenden dinglichen Rechts oder eine im Wege der Exekution erfolgte Beschlagnahme derselben, hebt das Eigenthum nicht auf; eine durch den Eigenthümer erfolgende Brandstiftung kann daher auch in einem solchen Falle nicht strafbar sein: G. Matt. 2. S. 645 n. 6; vgl. § 281 n. 12.

12. Ueber den Begriff und die Vollendung des „in Brand Steckens“ (Setzens) vgl. § 285 n. 3.

13. Der Feststellung einer eingetretenen Gemeingefährlichkeit bedarf es nicht: vgl. Tit. 27 (§ 285 fgg.) n. 1. *Contra:* Temme Lehrb. S. 1052.

14. In Betreff der Statthaftigkeit der Stellung unter Polizei-Aufsicht neben der zeitigen Zuchthausstrafe vgl. § 305.

§ 287.

1. Der Vorsatz braucht hier nicht dahin gerichtet zu sein, den in den §§ 285 und 286 genannten Gegenständen das Feuer mitzutheilen; eine diese Absicht ausdrücklich erheischende Bestimmung des Entwurfs von 1843 § 529 ist aus dem StGB. beseitigt worden: Z. I. 29. Juni 1853 c. Weinert (G. Arch. 2. S. 836); Z. (B.) I. 20. Sept. 1854 c. Böhmke (G. Arch. ibid.); Z. I. 22. Febr. 1856 c. Weinert; V. Pl. 26. Apr. 1858 c. Raden (Präj. n. 250; JMBl. S. 203; Entsch. 38. 2. S. 477; 39. 2. S. 44; G. A. 6. S. 337); Beschl. II. 20. Jan. 1859 c. Webling; Z. I. 30. Juni 1860 c. Hent. Diese Ansicht scheint Goltdammer (Matt. 2. S. 649 III) zu theilen. *Contra:* Temme Lehrb. S. 1054; John Abh. in G. Arch. 3. S. 58 (unter Bezugnahme auf den erwähnten Fall c. Böhmke) und Zachariä Abh. in G. Arch. 3. S. 294. John sucht vorzugsweise den oben angeführten, der Entstehungsgeschichte des § 287 entlehnten Grund zu widerlegen, und folgert aus dem Worte „unmittelbar“ am Schlusse des §, daß die Absicht des Thäters „über den objektiven Thatbestand des § 287 hinaus, in den der §§ 285 und 286 hinein zu ziehen sei“, so daß auch hier die Absicht: die in diesen §§ genannten Gegenstände anzuzünden, als Begriffserforderniß angesehen werden müsse. Zachariä dagegen will die Vorschrift des § 287 dahin auffassen, daß ein besonders gefährlicher Fall des Versuchs in Betreff der in den §§ 285 und 286

§. 288. Wer durch Fahrlässigkeit einen Brand der in

erwähnten Objekte der Brandstiftung habe hervorgehoben und unter Ausschluß der für die Versuchsstrafe im § 32 gegebenen Moderation, ganz der nämlichen Strafe habe unterworfen werden sollen, wie derjenige, „welcher jene Gegenstände unmittelbar in Brand setzt“. Hierauf gestützt verlangt er, wie bei jedem Versuche, auch hier dieselbe Absicht, wie John, wobei es sich von selbst verstehe, daß dieser Dolus, wie in andern Fällen, aus den Umständen (ex re) entnommen werden müsse. Diese letztere Ausführung dürfte in der Entstehungsgeschichte, und in der Fassung des § am wenigsten eine Begründung finden. Sieht man aber von dieser Deutung ab, so würde der § nach der ihm von John und Zachariä gegebenen Auslegung ganz überflüssig sein, da beim Vorhandensein jener Absicht unzweifelhaft ein Versuch des in den vorhergehenden §§ vorgesehenen Verbrechens vorläge. Vgl. Abh. in G. A. 6. s. 307.

2. Der Entwurf von 1847 (§ 360) hatte neben der Vorsätzlichkeit der Handlung auch noch die Kenntniß (das Bewußtsein) des Angeklagten davon, daß die betr. Sachen geeignet seien, den in den §§ 285 und 286 genannten Gegenständen das Feuer mitzutheilen, als ein wesentliches Merkmal des Thatbestandes hingestellt. Das ist im StGB. beseitigt worden, offenbar, weil man annahm, dieses Merkmal sei in dem Begriffe der „Vorsätzlichkeit“ mit enthalten. Ebendeshalb bedarf es in der Regel einer besondern Feststellung desselben neben der Vorsätzlichkeit nicht: V. Pl. 26. April 1858 c. Raden (Präj. n. 250; cit. n. 1); Z. I. 27. Sept. 1854 c. Jaworski (G. A. 6. s. 312); Z. I. 9. Jan. 1861 c. Gläsmer. Dagegen ist es unerläßlich, auch dieses Moment in die Fragstellung mit aufzunehmen, sobald ein ausdrücklicher Antrag darauf gerichtet, oder auch nur das Vorhandensein desselben bestritten worden ist: V. I. 15. Aug. 1860 c. Potempa. Vgl. Tit. 27 (§ 285 fgg.) n. 2; Strafverf. Art. 81 n. 21—23; G. Matt. 2. s. 633; Abh. in G. A. 6. s. 338.

3. Da die unter n. 2 erwähnte Kenntniß ein wirkliches (in der „Vorsätzlichkeit“ mit enthaltenes) Begriffserforderniß des Verbrechens ist, so muß eventuell die Frage an die Geschwornen direkt auf ihr Vorhandensein mit gerichtet werden, und es genügt nicht, nach Anleitung des § 44 (n. 8) dieselbe dahin zu fassen: ob dem Angeklagten die Gefahr für die anderen Gegenstände „unbekannt“ gewesen sei. *Contra:* Z. I. 13. Juni 1860 c. Hent; Z. I. eod. c. Zawadda (G. A. 8. s. 527), welche annehmen: „die negative Fassung genüge hinreichend den Requisiten“; ähnlich ind.: Z. II. 26. Nov. 1857 c. Backhove (JMBl. 58. s. 28); V. Pl. 26. Apr. 1858 c. Raden (cit. n. 1); Z. I. 12. Mai 1858 c. Müller; Z. I. 9. Sept. 1859 c. Hoppe. Vgl. Strafverf. Art. 81 n. 23.

4. Der Ausdruck „Sachen“ ist hier nicht im Gegensatze gegen die in den §§ 285 und 286 aufgezählten Gegenstände zu deuten, umfaßt vielmehr auch diese und namentlich auch Gebäude mit: Z. 19. Sept. 1851 c. Peters (Entsch. 22. s. 76); Z. 20. Okt. 1852 c. Zick.

5. Goltdammer (Matt. 2. s. 646 n. 7) will die Worte „vermöge ihrer Beschaffenheit und Lage“ kumulative auffassen, und deshalb Anzündung eines Strohhaufens, von welchem der Wind das Flugfeuer entfernteren Gegenständen zutragen könnte, nicht hierher zählen; es kommt indessen hier alles auf eine thatsächliche Beurtheilung an, wobei nicht nur Lage und Beschaffenheit, sondern auch die Natur der angezündeten Gegenstände rc. zu berücksichtigen sind.

6. Daß den in den §§ 285 u. 286 gedachten Gegenständen das Feuer wirklich mitgetheilt worden sei, ist zur Vollendung des hier vorgesehenen Verbrechens nicht erforderlich: Z. I. 4. Jan. 1856 c. Harms (G. A. 4. s. 268).

7. Bewirkt ein freiwilliges Löschen des Feuers durch den Thäter Straflosigkeit desselben? Es bejaht Zachariä Abh. in G. A. 3. s. 297, gestützt auf seine oben n. 1 erwähnte Ausführung, nach welcher § 287 nur einen besonders gefährlichen Fall des Versuchs vorsähe.

8. Statthaftigkeit der Stellung unter Polizei-Aufsicht neben der zeitigen Zuchthausstrafe vgl. § 305.

§ 288.

1. Der § umfaßt jede Fahrlässigkeit, ohne zu unterscheiden, ob dabei

den §§ 285. bis 287. erwähnten Art verursacht, wird mit Gefängniß bis zu sechs Monaten, und wenn durch den Brand ein Mensch das Leben verloren hat, mit Gefängniß von zwei Monaten bis zu zwei Jahren bestraft.

[Entw. § 262]. Vgl. § 285—287. 347 Nr. 4—9.

§. 289. Die in den §§ 285. bis 288. bestimmten Strafen kommen nach den dort aufgestellten Unterscheidungen auch gegen denjenigen zur Anwendung, welcher durch Gebrauch von Pulver oder anderen explodirenden Stoffen Gebäude, Hütten, Schiffe, Magazine oder andere Räumlichkeiten zerstört.

[Entw. § 263]. Vgl. § 345 Nr. 3. 4.

---

besondere Verbotsgesetze übertreten worden, oder nicht: Z. I. 18. Jan. 1860 c. Eisenstädt.

2. Im Uebrigen gehört es zur thatsächlichen Beurtheilung, ob eine Fahrlässigkeit anzunehmen sei: Z. I. 25. Mai 1859 c. Nickien.

3. Der § 288 bezieht sich nach seiner allgemeinen Fassung auch auf den Fall des § 287: In-Brand-Setzung einer Sache, welche 2c. geeignet ist, den in den §§ 285 und 286 genannten Gegenständen das Feuer mitzutheilen. Diese Eigenschaft wohnt indessen unzweifelhaft jeder im Innern eines Gebäudes befindlichen Sache bei, so daß also jede fahrlässige In-Brand-Setzung eines solchen Gegenstandes, selbst die unbedeutendste, nach diesem § mit Gefängniß zu bestrafen wäre. Da dieses unmöglich in der Absicht des Gesetzgebers gelegen haben kann, so ist es richtiger, hier die Anwendbarkeit des § von der wirklich erfolgten Mittheilung des Feuers an einen der in den §§ 285 und 286 genannten Gegenstände abhängig zu machen. *Contra:* Z. I. 1. Juli 1857 c. Kleyer; und ind.: Z. II. 4. März 1858 c. Bomheuer (JMBl. s. 172).

4. Zur Vollendung des Vergehens genügt die Mittheilung des Feuers an einen der im § gedachten Gegenstände, sollte dasselbe auch nur glimmen (schwehlen); es ist nicht erforderlich, daß dasselbe in eine Flamme ausgebrochen sei, zumal da bei manchen brennenden Gegenständen ein Flammenausbruch nicht erfolgt: B. II. 4. März 1858 c. Bomheuer (Präj. n. 259; JMBl. s. 172); Bes. s. 524 I; G. Matt. 2. s. 648 n. 1. 2. 4; Berner Lehrb. s. 423. *Contra:* Z. 17. Nov. 1852 c. Kemnitz (Entsch. 24. s. 196); vgl. § 285 n. 3.

5. Der Feststellung einer Gemeingefährlichkeit bedarf es auch hier nicht; vgl. Tit. 27 (§ 285 fgg.) n. 1. *Contra:* Temme GA. s. 310.

6. Auch hier wird, damit die höhere Strafe des Schlußsatzes Platz greife, vorausgesetzt, daß durch den Brand ein Mensch sein Leben verloren habe; vergl. § 285 n. 11.

§ 289.

1. Unter „andere Räumlichkeiten“ sind die im § 285 Nr. 3 genannten zu verstehen: K.-B. II. K. s. 147.

2. Auf die im § 286 noch aufgezählten Vorräthe, Waldungen und Torfmoore ist § 289 nicht zu beziehen.

3. Hier wird eine Zerstörung vorausgesetzt, eine bloße Beschädigung reicht daher nicht hin: Z. I. 29. Juni 1853 c. Markiewicz (G. A. 1. s. 546). Dagegen genügt auch ein theilweises Zerstören; ob im Einzelfalle dieses oder nur eine Beschädigung anzunehmen sei, ist Gegenstand thatsächlicher Beurtheilung.

4. Ob die Zerstörung durch ein Anzünden, Zersprengen oder wie sonst erfolgt, ist gleichgültig: Temme Lehrb. s. 1050.

§. 290. Wer mit Gefahr für das Leben Anderer vorsätzlich eine Ueberschwemmung verursacht, soll mit zehnjähriger bis lebenslänglicher Zuchthausstrafe, und wenn in Folge der Ueberschwemmung ein Mensch das Leben verliert, mit dem Tode bestraft werden.

[Entw. § 264]. Vgl. § 285. 291—293. 301. 305; Ges. v. 28. Febr. 1843 § 4. 13. (GS. S. 41); Vdn. v. 9. Jan. 1845 (GS. S. 35); Ges. v. 4. Juni 1851 § 8. 9. 10. (GS. S. 452); (Rh.) Rural-Ges. v. 28. Sept.—6. Okt. 1791 Tit. 2 Art. 15.

§. 291. Wer mit gemeiner Gefahr für das Eigenthum jedoch nicht mit Gefahr für das Leben Anderer, vorsätzlich eine Ueberschwemmung verursacht, soll mit Zuchthaus von fünf bis zu zwanzig Jahren bestraft werden.

[Entw. § 264 a]. Vgl. § 286. 290. 292. 301. 305 und die zu § 290 citirten Gesetze.

§. 292. Gegen den, welcher eine solche Ueberschwemmung (§ 290. und § 291.) vorsätzlich, aber nur in der Absicht verursacht, sein Eigenthum vor Gefahr zu schützen, soll auf Gefängniß nicht unter zwei Jahren erkannt werden.

[Entw. § 264 b]. Vgl. § 290. 291.

---

§ 290.

1. In Betreff des Vorsatzes vgl. Tit. 27 (§ 285 fgg.) n. 2; § 294 n. 1; G. Matt. 2. S. 633 n. 1. Zu bemerken ist, daß hier die Fassung des §, welche der Vorsätzlichkeit der Handlung erst nach der (objektiven) Gefährlichkeit Erwähnung thut, entschieden für jene Auffassung spricht.

2. Das Verbrechen ist erst durch den Eintritt der Ueberschwemmung vollendet: G. Matt. 2. S. 652 n. 4. Der Durchbruch des Wassers, selbst wenn er vom Angeklagten allein nicht mehr zu bewältigen ist, genügt für sich noch nicht: Koch n. 98. *Contra*: Temme Gll. S. 311; id. Lehrb. S. 1060.

3. Ueber die Dauer der zeitigen Zuchthausstrafe vgl. § 285 n. 8.

4. Statthaftigkeit der Stellung unter Polizei-Aufsicht neben der zeitigen Zuchthausstrafe vgl. § 305.

5. Die Fassung dieses § weicht insofern von der des entsprechenden § 285 ab, als hier der Verlust eines Menschenlebens nicht durch, sondern nur in Folge der Ueberschwemmung verlangt wird; es reicht deshalb hin, wenn der Tod auch nicht sofort und unmittelbar durch die Ueberschwemmung bewirkt ist, sobald er nur in ursächlichem Zusammenhange mit derselben steht: K.-G. II. K. S. 148; Bes. S. 530; G. Matt. 2. S. 653 n. 5. Vgl. § 285 n. 11.

6. Unterschied des hier vorgesehenen Falls von dem des § 301, vgl. dort n. 1.

§ 291.

1. Unter „gemeiner Gefahr" ist die Gefährdung in unbestimmter von vorne herein nicht zu bemessender Ausdehnung, also mindestens die Gefährdung des Eigenthums Mehrerer zu verstehen: G. Matt. 2. S. 651 n. 2. Die Gefährdung des Eigenthums eines Einzelnen würde auf dem linken Rheinufer nach Art. 15 Tit. 2 des Rur.-Ges. zu bestrafen sein.

2. Rücksichtlich des Vorsatzes vgl. Tit. 27 (§ 285 fgg.) n. 2; § 290 n. 1.

3. Statthaftigkeit der Stellung unter Polizei-Aufsicht, vgl. § 305.

4. Verhältniß des § zum § 301, vgl. zu diesem n. 1.

§ 292.

1. Das Gesetz faßt den hier erwähnten Umstand nicht als Nothstand, sondern nur als einen Milderungsgrund auf: Temme Lehrb. S. 1060 Note 4.

§. 293. Wer eine Ueberschwemmung durch Fahrlässigkeit verursacht, wird mit Gefängniß bis zu sechs Monaten, und wenn in Folge der Ueberschwemmung ein Mensch das Leben verloren hat, mit Gefängniß von zwei Monaten bis zu zwei Jahren bestraft.

[Entw. § 265]. Vgl. § 288. 290. 291. 295. 301.

§. 294. Wer vorsätzlich an Eisenbahnanlagen, deren Transportmitteln oder anderem Zubehör solche Beschädigungen verübt, oder auf der Fahrbahn durch Aufstellen, Hinlegen oder Hinwerfen von Gegenständen, oder durch Verrückung von Schienen oder auf andere Weise solche Hindernisse bereitet, daß dadurch der Transport auf der Bahn in Gefahr gesetzt wird, hat Zuchthaus bis zu zehn Jahren verwirkt.

Hat die Handlung die schwere Körperverletzung eines Menschen (§ 193.) zur Folge gehabt, so tritt Zuchthausstrafe von zehn bis zu zwanzig Jahren, und hat in Folge der Handlung ein Mensch das Leben verloren, die Todesstrafe ein.

[Entw. § 266]. Vgl. § 295. 299. 300. 305. (Vdn. v. 30. Nov. 1840; GS. 1841 S. 9); Ges. v. 4. Juni 1851 § 10 (GS. S. 453); Ges. v. 14. Apr. 1856 Art. II GS. S. 219).

---

2. Im Uebrigen sind die Bemerkungen zu § 290. 291 zu vergleichen.
3. Verhältniß des § zum § 301, vgl. zu diesem n. 1.

§ 293.

1. Dieser § verweist nicht, wie § 288, auf die entsprechenden §§, welche von der vorsätzlichen Verursachung einer Ueberschwemmung handeln. Es hat indessen offenbar nicht in der Absicht des Gesetzgebers gelegen, hier jede Ueberschwemmung, auch wenn sie nicht gemeingefährlich ist, mit der angedrohten Strafe zu belegen, da ja selbst die Strafbarkeit der vorsätzlichen Handlung, durch den gemeingefährlichen Charakter derselben bedingt ist; es wird dieses auch durch die Fassung des § 295, und insbesondere durch die des § 301 (welcher für den Fall der Fahrlässigkeit dasselbe Strafmaaß bestimmt) bestätigt. Daher bedarf es auch hier der Feststellung einer eingetretenen Gefahr nach Maaßgabe der §§ 290 oder 291: B. I. 27. Febr. 1856 c. Glazidroga (G. A. 4. S. 394); vgl. auch § 288.

2. Der Verlust eines Menschenlebens braucht auch hier nicht durch die Ueberschwemmung eingetreten zu sein, es genügt, wenn er in Folge derselben stattfand. Vgl. § 290 n. 5.

3. Im Uebrigen sind die Bemerkungen zu § 288. 290. 291 zu vergleichen.

4. Verhältniß dieses § zum § 301, vgl. zu diesem n. 1.

§ 294.

1. Als Dolus genügt hier das Bewußtsein, daß aus der aus freiem Antriebe begangenen Handlung eine solche Gefahr entstehen könne: B. I. 15. Apr. 1859 c. Schwessin (399; G. A. 7. S. 683). Es wird sonach keineswegs vorausgesetzt, daß die Absicht auf Hervorbringung jener Gefahr gerichtet gewesen sei; vgl. Vdn. vom 30. Nov. 1849 (die Quelle des §), deren § 1 fast wörtlich mit § 294 übereinstimmte, während § 3 eine Steigerung der Strafe vorschrieb, wenn der Thäter die Hervorbringung der Gefahr beabsichtigt hatte. *Contra:* Erk. Kamm.-Ger. 17. März 1856 c. Freiert. Vgl. Tit. 27 (§ 285 fgg.) n. 2; § 290 n. 1.

2. Statthaftigkeit der Stellung unter Polizei-Aufsicht vgl. § 305.

§. 295. Wer fahrlässigerweise durch Handlungen der im § 294 bezeichneten Art den Transport auf einer Eisenbahn in Gefahr setzt, wird mit Gefängniß bis zu Einem Jahre, und wenn dadurch ein Mensch das Leben verloren hat, mit Gefängniß von zwei Monaten bis zu drei Jahren bestraft.

Eine gleiche Strafe haben die zur Leitung der Eisenbahnfahrten und zur Aufsicht über die Bahn und den Transportbetrieb angestellten Personen (Eisenbahnbeamten) verwirkt, wenn sie durch Vernachlässigung der ihnen obliegenden Pflichten einen Transport in Gefahr setzen.

[Entw. § 267]. Vgl. § 294. 288. 293. 299. 300 (Vdn. v. 30. Nov. 1840 GS. 1841 S. 9).

§. 296. Wer gegen eine Telegraphenanstalt des Staates oder einer Eisenbahngesellschaft vorsätzlich Handlungen verübt, welche die Benutzung dieser Anstalt zu ihren Zwecken verhindern oder stören, wird mit Gefängniß von drei Monaten bis zu drei Jahren bestraft.

Handlungen dieser Art sind insbesondere: die Wegnahme, Zerstörung oder Beschädigung der Drahtleitung, der Apparate und sonstigen Zubehörungen der Telegraphenanlagen, die Verbindung fremdartiger Gegenstände mit der Drahtleitung, die Fälschung der durch den Telegraphen gegebenen Zeichen, die Verhinderung der Wiederherstellung einer zerstörten oder beschädigten Telegraphenanlage, die Verhinderung der bei der Telegraphenanlage angestellten Personen in ihrem Dienstberufe.

[Entw. § 268]. Vgl. § 297—300; (Vdn. v. 15. Juni 1849; GS. S. 217); (Bekanntm. v. 4. Jan. 1850; GS. S. 7); Ges. v. 4. Juni 1851 § 10 (GS. S. 453).

---

3. Rücksichtlich des in Folge der Handlung eingetretenen Verlustes eines Menschenlebens vgl. § 290 n. 5. Zu bemerken ist, daß § 295 wieder die Fassung hat: „wenn dadurch ein Mensch das Leben verloren hat“; diese Ungenauigkeit erklärt sich dadurch, daß bei Eisenbahnunglücken die Unterscheidung, auf welche beim § 290 gerücksichtigt worden, nicht leicht eintreten wird.

§ 295.

1. Im Fortschaffen einer Lokomotive mit Tender ohne angehängte Wagen zur Beförderung von Personen oder Sachen kann unbedenklich ein „Transport“ gefunden werden: Z. I. 11. März 1857 c. Eitner (G. A. 5. S. 709).

2. Die Gefahr muß objektiv obwalten: B. I. 25. März 1859 c. Buschmann (G. A. 7. S. 563).

3. Ueber den ursächlichen Zusammenhang zwischen der Handlung und dem stattgehabten Verluste eines Menschenlebens vgl. § 294 n. 3; § 290 n. 5.

4. Der Begriff der „Vernachlässigung“ ist ein thatsächlicher: Z. I. 19. Nov. 1858 c. Pfeiffer.

§ 296.

1. Ueber die Vorsätzlichkeit der Handlung vgl. Tit. 27 (§ 285 flg.) n. 2; § 290 n. 1.

§. 297. Ist in Folge der vorsätzlich verhinderten oder gestörten Benutzung der Telegraphenanstalten ein Mensch am Körper oder an der Gesundheit beschädigt worden, so trifft den Schuldigen Zuchthaus bis zu zehn Jahren, und wenn ein Mensch das Leben verloren hat, Zuchthaus von zehn bis zu zwanzig Jahren.

[Entw. § 269]. Vgl. § 296. 298—300. 305; (Vdn. v. 15. Juni 1849; GS. S. 217); (Bekanntm. v. 4. Jan. 1850; GS. S. 7); Ges. v. 4. Juni 1851 § 10 (GS. S. 453).

§. 298. Wer gegen eine Telegraphenanstalt des Staates oder einer Eisenbahngesellschaft fahrlässigerweise Handlungen verübt, welche die Benutzung dieser Anstalt zu ihrem Zwecke verhindern oder stören, wird mit Gefängniß bis zu sechs Monaten, und wenn dadurch ein Mensch das Leben verloren hat, mit Gefängniß von zwei Monaten bis zu zwei Jahren bestraft.

Eine gleiche Strafe haben die zur Beaufsichtigung und Bedienung der Telegraphenanstalten und ihrer Zubehörungen angestellten Personen (Telegraphenbeamten) verwirkt, wenn sie durch Vernachlässigung der ihnen obliegenden Pflichten die Benutzung der Anstalt verhindern oder stören.

[Entw. § 270]. Vgl. § 296. 297. 299. 300; (Vdn. v. 15. Juni 1849; GS. S. 217); (Bekanntm. v. 4. Jan. 1850; GS. S. 7).

§. 299. Eisenbahnbeamte und Telegraphenbeamte, welche wegen eines der in den §§ 294. bis 298. bezeichneten Verbrechen oder Vergehen verurtheilt werden, sollen zugleich zu einer Beschäftigung im Eisenbahn- und Telegraphen-Dienste für unfähig erklärt werden.

[Entw. § 271]. Vgl. § 294—298. 300 (Vdn. v. 30. Nov. 1840 § 6; GS. 1841 S. 10); (Vdn. v. 15. Juni 1849 § 5; GS. S. 218).

---

§ 297.

1. Die Körper- oder Gesundheitsbeschädigung braucht nicht, wie im Falle des zweiten Absatzes des § 294, eine schwere zu sein; auch § 2 der Vdn. v. 15. Juni 1849 enthält nichts Aehnliches. *Contra:* Temme Lehrb. S. 1063 Note 1.

2. Statthaftigkeit der Stellung unter Polizei-Aufsicht vgl. § 305.

§ 298.

1. Ueber den ursächlichen Zusammenhang zwischen der That und dem Verluste eines Menschenlebens vgl. § 294 n. 3; § 290 n. 5.

§ 299.

1. Wer hier unter „Eisenbahn- und Telegraphen-Beamten“ zu verstehen sei, ergiebt sich aus den zweiten Absätzen der §§ 295 und 298. Danach bedarf es keineswegs einer Anstellung im mittel- oder unmittelbaren Staatsdienste.

2. Die Unfähigkeitserklärung hat selbstverständlich den Verlust der zur Zeit bekleideten Stelle zur Folge, vgl. § 300. 22.

§. 300. Die Vorsteher einer Eisenbahngesellschaft, sowie die Vorsteher der Telegraphenanstalt einer Eisenbahngesellschaft, welche die Entfernung des verurtheilten Beamten nach der Mittheilung des rechtskräftigen Erkenntnisses nicht sogleich bewirken, sollen mit einer Geldbuße von zehn bis zu Einhundert Thalern oder mit einer Gefängnißstrafe bis zu drei Monaten bestraft werden.

Gleiche Strafe trifft den für unfähig erklärten Eisenbahn- oder Telegraphen-Beamten, wenn er sich nachher bei einer Eisenbahn oder Telegraphenanstalt wieder anstellen läßt, sowie diejenigen, welche ihn wieder angestellt haben, obwohl denselben die Unfähigkeitserklärung bekannt war.

[Entw. § 272]. Vgl. § 294—299 (Vdn. v. 30. Nov. 1840 § 7; GS. 1841 s. 10); (Vdn. v. 15. Juni 1849 § 6; GS. s. 218).

§. 301. Wer vorsätzlich Wasserleitungen, Schleusen, Wehre, Deiche, Dämme oder andere Wasserbauten, oder Brücken, Fähren, Wege oder Schutzwehre zerstört oder beschädigt, oder wer in schiffbaren Strömen, Flüssen oder Kanälen das Fahrwasser stört, und durch eine dieser Handlungen Gefahr für das Leben oder die Gesundheit Anderer herbeiführt, wird mit Gefängniß nicht unter drei Monaten bestraft.

Hat in Folge einer dieser Handlungen ein Mensch eine schwere Körperverletzung (§ 193.) erlitten, so tritt Zuchthaus bis zu funfzehn Jahren, und hat in Folge einer dieser Handlungen ein Mensch das Leben verloren, zehnjährige bis lebenslängliche Zuchthausstrafe ein.

Liegt einer solchen Handlung Fahrlässigkeit zum Grunde, und ist dadurch ein Schaden entstanden, so ist auf Gefängniß bis zu sechs Monaten, und wenn in Folge derselben ein Mensch das Leben verloren hat, auf Gefängniß von zwei Monaten bis zu zwei Jahren zu erkennen.

[Entw. § 273]. Vgl. § 290—293. 283; 349 Nr. 1. 2; Ges. v. 14. April 1856 Art. II (GS. s. 219).

---

§ 300.

1. Die ganze Vorschrift dieses § bezieht sich auf Staatsbeamten nicht mit; gegen sie ist im Disciplinarverfahren einzuschreiten: Temme Lehrb. s. 1063 Note 3. 4.

§ 301.

1. Geschieht die hier vorgesehene Handlung in der Absicht, dadurch eine Ueberschwemmung herbeizuführen, so werden die §§ 290 fgg. anwendbar, indem eventuell ein Versuch der dort gedachten Verbrechen vorliegen wird: Bes. s. 534; vgl. G. Matt. 2. s. 652 n. 3.

2. In Betreff der Vorsätzlichkeit vgl. Tit. 27 (§ 285 fgg.) n. 2.

§. 302. Wer vorsätzlich die zur Sicherung der Schifffahrt bestimmten Feuerzeichen oder andere zu diesem Zwecke aufgestellte Zeichen zerstört, wegschafft oder unbrauchbar macht, oder dergleichen Feuerzeichen auslöscht, oder falsche Zeichen, welche geeignet sind, die Schiffahrt unsicher zu machen, aufstellt, insbesondere zur Nachtzeit auf der Strandhöhe Feuer anzündet, welches die Schiffahrt zu gefährden geeignet ist, wird mit Zuchthaus bis zu zehn Jahren bestraft.

Ist in Folge der Handlung ein Schiff gestrandet, so tritt Zuchthaus von zehn bis zu zwanzig Jahren, und hat dadurch ein Mensch das Leben verloren, die Todesstrafe ein.

Liegt der Handlung Fahrlässigkeit zum Grunde, und ist dadurch ein Schaden entstanden, so ist auf Gefängniß bis zu sechs Monaten, und wenn in Folge der Handlung ein Mensch das Leben verloren hat, auf Gefängniß von zwei Monaten bis zu zwei Jahren zu erkennen.

[Entw. § 274]. Vgl. § 301. 303. 305. 244. West-Preuß. Strand-Ordn. v. 31. Dez. 1801 I. § 3 (v. Rabe 6. S. 701).

---

3. Die Vorschrift des § bezieht sich auf Privatwege ebensowohl, wie auf öffentliche: Z. II. 15. Nov. 1855 c. Bittmann.

4. Hiernach darf auch der Eigenthümer eines solchen Privatwegs denselben nicht in einer Weise zerstören, oder beschädigen, daß dadurch für das Leben oder die Gesundheit Andrer eine Gefahr herbeigeführt wird. Vgl. n. 6.

5. Wenn hier auch von einer für Andere (in der Mehrzahl) herbeigeführten Gefahr die Rede ist, so genügt es doch, wenn das Leben oder die Gesundheit auch nur eines Einzigen gefährdet ist; einer Gemeingefährlichkeit (vgl. Rubr. des Tit. 27) bedarf es hier entschieden nicht.

6. Ob der Andere, für dessen Leben rc. eine Gefahr herbeigeführt wird, ein Recht zur Benutzung der betr. Anlage (z. B. des Privatwegs) hatte, ist gleichgültig: Z. II. 15. Nov. 1855 c. Bittmann.

7. Geschah die Beschädigung oder Zerstörung in diebischer Absicht, so liegt eine ideale Konkurrenz vor (§ 55): Beschl. I. 16. Mai 1860 c. Lehmann (78. B); Bes. S. 534.

8. Im Falle eines Handelns aus Fahrlässigkeit (Abs. 3) bildet der Eintritt eines Schadens (d. h. eines Schadens an Leben oder Gesundheit) die Bedingung der Strafbarkeit: Temme Lehrb. S. 1064 Note 4, der indessen (ibid. Note 5) zu weit geht, wenn er aus Abs. 2 folgert, daß auch hier mindestens eine schwere Körperverletzung erfordert werde.

§ 302.

1. Es liegt im Begriffe der Vorsätzlichkeit, daß der Thäter mit dem Bewußtsein handle, daß dadurch die Schiffahrt gefährdet werden könne; dagegen bedarf es einer auf einen bestimmten rechtswidrigen Erfolg gerichteten Absicht nicht: K.-B. II. K. S. 150. Die ausdrückliche Feststellung jenes Bewußtseins ist nur dann nothwendig, wenn das Vorhandensein desselben bestritten worden ist. Vgl. Tit. 27 (§ 285 fgg.) n. 2; § 287 n. 2.

2. Die Vorschrift dieses § bezieht sich keineswegs allein auf die Seeschifffahrt, sondern allgemein auf jede Schiffahrt: G. Matt. 2. S. 657 n. 2.

3. Statthaftigkeit der Stellung unter Polizei-Aufsicht neben der zeitigen Zuchthausstrafe vgl. § 305.

§ 303. Wer vorsätzlich die Strandung oder das Sinken eines Schiffes bewirkt, und dadurch Gefahr für das Leben eines Andern herbeiführt, wird mit Zuchthaus von zehn bis zu zwanzig Jahren, und wenn in Folge der Handlung ein Mensch das Leben verloren hat, mit dem Tode bestraft.

Liegt der Handlung Fahrlässigkeit zum Grunde, und ist dadurch ein Schaden entstanden, so ist auf Gefängniß bis zu sechs Monaten, und wenn in Folge der Handlung ein Mensch das Leben verloren hat, auf Gefängniß von zwei Monaten bis zu zwei Jahren zu erkennen.

[Entw. § 275]. Vgl. § 302. 305. 244. 283.

§. 304. Wer vorsätzlich Brunnen oder Wasserbehälter, welche zum Gebrauche Anderer dienen, oder Waaren, welche zum öffentlichen Verkaufe oder Verbrauche bestimmt sind, vergiftet, oder denselben Stoffe beimischt, von denen ihm bekannt ist, daß sie die menschliche Gesundheit zu zerstören geeignet sind, ingleichen wer solche vergiftete oder mit gefährlichen Stoffen vermischte Sachen wissentlich und mit Verschweigung dieser Eigenschaft verkauft oder feilhält, wird mit Zuchthaus von fünf bis zu funfzehn Jahren bestraft.

Hat in Folge der Handlung ein Mensch das Leben verloren, so tritt die Todesstrafe ein.

Liegt der Handlung Fahrlässigkeit zum Grunde, und ist dadurch ein Schaden entstanden, so ist auf Gefängniß bis zu sechs Monaten, und wenn in Folge der Handlung ein Mensch das Leben verloren hat, auf Gefängniß von zwei Monaten bis zu zwei Jahren zu erkennen.

[Entw. § 276]. Vgl. § 305. 197. 345 Nr. 5.

---

§ 303.

1. Wird die Strandung vorsätzlich in höchster Noth zur Rettung der Mannschaft bewirkt, so fällt der § von selbst fort, weil dann nicht durch diese Handlung die Gefahr für das Leben Anderer herbeigeführt wird. Vgl. G. Matt. 2. f. 658 n. 2; Temme Lehrb. f. 1066.

2. War das Schiff oder seine Ladung versichert, und geschah die Handlung in betrügerischer Absicht, so wird in idealer Konkurrenz auch § 244 anwendbar; vgl. § 244 n. 1; G. Matt. 2. f. 658 n. 4.

§ 304.

1. In Betreff der Vorsätzlichkeit vgl. Tit. 27 (§ 285 fgg.) n. 2.

2. Ueber den Begriff des Gifts vgl. § 197 n. 1.

3. Unter „Waaren“ sind hier nicht blos Handelswaaren, sondern alle beweglichen verkäuflichen oder verbrauchbaren Sachen zu verstehen. Vgl. G. Matt. 2 f. 660 n. 2; Riedel Abh. in G. A. 2. f. 339.

4. Es sind daher nicht etwa nur solche Sachen, welche genossen werden, sondern unbedenklich auch Kleidungsstücke, Tapeten rc. hierher zu zählen.

§. 305. Gegen diejenigen, welche wegen eines der in den §§ 285, 286, 287, 289, 290, 291, 294, 297, 301, 302, 303, 304 genannten Verbrechen zu zeitiger Zuchthausstrafe verurtheilt werden, kann zugleich auf Stellung unter Polizei-Aufsicht erkannt werden.

[Entw. § 277]. Vgl. § 26.

§. 306. Wer die Absperrungs- oder Aufsichts-Maaßregeln oder Einfuhrverbote, welche von der Regierung zur Verhütung des Einführens oder Verbreitens einer ansteckenden Krankheit angeordnet worden sind, übertritt, wird mit Gefängniß bis zu zwei Jahren bestraft.

Ist in Folge der Uebertretung ein Mensch von der ansteckenden Krankheit ergriffen worden, so tritt Gefängniß von zwei Monaten bis zu drei Jahren ein.

[Entw. § 278]. Vgl. § 307; Patent v. 2. April 1803; Vdn. v. 8. Aug. 1835 nebst Regulativ v. 28. Okt. 1835 (GS. S. 240); Vdn. v. 27. März 1836 (GS. S. 173).

---

5. Die Bestimmung, welche die zum Verkaufe ꝛc. bestimmten **Waaren** betrifft, hat den Fall vor Augen, wo ein Dritter die von einem Andern zum Verkaufe ꝛc. bestimmten Waaren vergiftet; geht dagegen die Vergiftung vom Eigenthümer der Sachen aus, welcher also jeden Augenblick die Bestimmung derselben verändern kann, so wird das Verbrechen erst durch das Feilhalten oder durch den wirklichen Verkauf vollendet; inwiefern die von ihm ausgegangene Vergiftung ohne ein hinzugetretenes Feilhalten ꝛc. als Versuch des Verbrechens angesehen werden könne, ist Gegenstand thatsächlicher Beurtheilung.

6. Eine Waare ist als zum öffentlichen Verkaufe ꝛc. **bestimmt** anzusehen, wenn sich diese ihre Bestimmung durch ihre äußere Jedem erkennbare Lage oder Beschaffenheit kund giebt: Riedel Abh. in G. Arch. 2. S. 341.

7. Durch die Bestimmung zum **öffentlichen Verkaufe** oder **Verbrauche** unterscheidet sich der Fall des § 304 von dem im § 197 vorgesehenen, resp. dem Versuche dieses Verbrechens; es bezieht sich daher das Erforderniß der Oeffentlichkeit nicht blos auf den Verkauf, sondern auch auf den Verbrauch.

8. Zum **öffentlichen Verkaufe** oder **Verbrauche** ist die Waare bestimmt, wenn sie nicht blos einer einzelnen im voraus genau erkennbaren Person, sondern jedem dazu Lusttragenden unter den geeigneten Bedingungen zugänglich gemacht ist.

9. Statthaftigkeit der Stellung unter **Polizei-Aufsicht** neben der zeitigen Zuchthausstrafe, vgl. § 305.

§ 305.

— — — — — — — — — — — — — — — — — — — —

§ 306.

1. „Unter den in den §§ 306. 307 bezeichneten Absperrungs- oder Auf-„sichts-Maaßregeln, oder Ausfuhrverboten sind nur die von den Landespolizei-„behörden erlassenen, nicht aber auch die in **frühern Gesetzen** enthaltenen „zu verstehen.“ Es sind sonach die ältern Gesetze mit ihren Strafbestimmungen, soweit diese besondere sind, und nicht blos auf das frühere allgemeine Strafrecht verweisen (vgl. Einf.-Ges. Art. III) in Kraft geblieben: Z. Pl. 26. Febr. 1855 c. Köhnk (Präj. n. 143; JMBl. S. 128; Entsch. 29. S. 474; 30. S. 314; G. A. 3. S. 265); Z. I. 12. Dez. 1856 c. Dombrowski. Früher *Contra:* B. I. 27. Mai 1853 c. Bohnstedt (G. A. 2. S. 268; 3. S. 265); B. I. 6. Jan. 1854 c. Bouvain (G. A. ibid.), welche annahmen die §§ (306 und) 307 enthielten die Strafandrohung für die Uebertretung aller, diese Materie betreffenden, Polizeiverbote; so auch: G. Matt. 2. S. 662 Note 1; Temme Lehrb. S. 1068 Note 2.

§. 307. Wer die Absperrungs- oder Aufsichts-Maaßregeln oder Einfuhrverbote, welche von der Regierung zur Verhütung des Einführens oder Verbreitens von Viehseuchen angeordnet worden sind, übertritt, wird mit Gefängniß bis zu Einem Jahre bestraft.

Ist in Folge der Uebertretung Vieh von der Seuche ergriffen worden, so tritt Gefängniß von einem Monate bis zu zwei Jahren ein.

[Entw. § 279]. Vgl. § 306; und die Citate zu § 206; (Rh.) Rur.-Ges. v. 28. Sept.—6. Okt. 1791 Tit. 2. Art. 25.

---

2. Unter „Regierung“ ist hier nach dem Sprachgebrauche des StGB. eine Landespolizeibehörde, also mindestens die Bezirksregierung, nicht aber jedes Organ der Staatsregierung im Allgemeinen, insbesondre also nicht jede Ortspolizeibehörde zu verstehen: Z. I. 13. Jan. 1854 c. Handtke (Präj. n. 75; Entsch. 26. f. 479; 27. f. 142; G. A. 2. f. 268); Z. Pl. 26. Febr. 1855 c. Köhnk (JMBl. f. 128; Entsch. 29. f. 474; 30. f. 314; G. A. 3. f. 265). *Sic:* Bes. f. 539 I; G. Matt. 2. f. 662 n. 2; Koch n. 9. Ebenso sind auch die Landräthe unter jener Bezeichnung nicht mitbegriffen. Die Lokalbehörden können die Befolgung ihrer sanitätspolizeilichen Anordnungen nur in Gemäßheit der §§ 23 und 120 des Regul. v. 8. Aug. 1835 sicher stellen. So: Z. II. 3. Mai 1856 c. Herbertz (Rh. Arch. 54. 2. A. f. 6). *Contra:* Temme Lehrb. f. 1068. Es erscheint allerdings zweifelhaft, ob das StGB. hier die Ressortverhältnisse der verschiedenen Verwaltungsbehörden für die betreffende Materie habe feststellen wollen. Vgl. Gef. v. 11. März 1850 § 6 f. (GS. f. 265).

3. Zuwiderhandlungen gegen ein Einfuhrverbot betrachtete das Zoll-Str.-Ges. v. 23. Jan. 1838 § 1 als Kontrebande, d. h. also als ein Zollvergehen, sollte auch jenes Verbot aus polizeilichen Rücksichten ergangen sein (vgl. Zoll-Gesetz vom 23. Jan. 1838 § 3). Ein B. I. 16. Juni 1858 c. Baguda (Piskorz u. Gen.) erachtete demzufolge auch bei den an sich unter § 306 oder 307 fallenden Vergehen jenen § 1 noch immer für anwendbar, und die dort angedrohte Konfiskation neben den durch die §§ des StGB. bestimmten Strafen für verwirkt, indem es davon ausging, daß die letztern als „spezielle Gesetze“ anzusehen seien, wie sie der cit. § 1 ausdrücklich vorsieht. Von einer idealen Konkurrenz kann dagegen hier in keinem Falle die Rede sein, weil die betr. Handlung nicht den Thatbestand verschiedener Vergehen in sich vereinigt, sondern derselbe Thatbestand unter zwei verschiedene Gesetze fällt, in Betreff deren es sich nur fragt, ob das ältere (nach Art. II des Einf.-Ges.) durch das jüngere beseitigt sei, oder ob beide neben einander, und als sich wechselseitig ergänzend Anwendung finden müssen.

4. Im § 306 ist nur von Krankheiten, welche Menschen befallen, die Rede; gleichgültig ist es dagegen, ob nur die Menschen denselben ausgesetzt, oder ob sie diesen und Thieren gemeinschaftlich sind, oder endlich, ob sie vielleicht nur bei Thieren entstehen, aber sei es in derselben, sei es in einer andern Form auf Menschen sich übertragen können (z. B. Milzbrand und schwarze Blatter): B. I. 14. Juli 1855 c. Dreyer (G. A. 2. f. 837).

5. Ob die Handlung vorsätzlicher oder fahrlässiger Weise geschieht, ist für den Thatbestand gleichgültig und nur Strafzumessungsgrund: Bes. f. 539 II.

6. Im zweiten Absatze bezieht sich das Wort „Uebertretung“ auf das „übertritt“ im ersten Absatze; es ist daher gleichbedeutend mit Zuwiderhandlung; an die technische Bedeutung desselben (vgl. § 1) ist dabei nicht zu denken, da die Handlung ein Vergehen darstellt.

§ 307.

1. Es sind hier die zum § 306 gemachten Bemerkungen zu vergleichen.

§. 308. Wer die mit einer öffentlichen Behörde geschlossenen Lieferungsverträge über Bedürfnisse des Heeres zur Zeit eines Krieges, oder über die Zufuhr von Lebensmitteln zur Abwendung und Beseitigung eines Nothstandes, vorsätzlich entweder nicht zur bestimmten Zeit, oder nicht in der vorbedungenen Weise erfüllt, soll mit Gefängniß nicht unter sechs Monaten bestraft werden; auch kann gegen denselben auf zeitige Untersagung der Ausübung der bürgerlichen Ehrenrechte erkannt werden.

Liegt der Nichterfüllung des Vertrages Fahrlässigkeit zum Grunde, und ist ein Schaden dadurch wirklich entstanden, so ist auf Gefängniß bis zu zwei Jahren zu erkennen.

Dieselben Strafen finden auch gegen die Unterlieferanten, Agenten und Bevollmächtigten des Lieferanten Anwendung, welche mit Kenntniß des Zwecks der Lieferung das Unterbleiben derselben vorsätzlich oder aus Fahrlässigkeit verursachen.

[Entw. § 280].

Achtundzwanzigster Titel.
Verbrechen und Vergehen im Amte.*)

---

§ 308.

1. Bei den über Bedürfnisse des Heers zur Zeit eines Kriegs abgeschlossenen Verträgen braucht nur die Lieferung der Vereinbarung gemäß in die Kriegszeit zu fallen; daß auch die Abschließung des Vertrags in derselben Zeit erfolgt sei, ist nicht erforderlich: Bes. s. 541 II.

2. Kenntniß des Zwecks der Lieferung wird beim Lieferanten vorausgesetzt: Motive s. 76. Es bedarf auch jedes Mal der ausdrücklichen Feststellung dieser Kenntniß, weil sonst für ihn kein solcher Lieferungsvertrag, wie der § voraussetzt, vorliegt.

3. Einer besondern Rechtswidrigkeit der Nichterfüllung, wie Temme (Lehrb. s. 1069) glaubt, bedarf es entschieden nicht; da der § Vorsätzlichkeit oder Fahrlässigkeit erheischt, so ist nicht zu besorgen, daß der Strafrichter in einem Falle strafen könnte, wo der Civilrichter den Fiskus mit seiner Klage auf Erfüllung zurückweisen würde.

*) Achtundzwanzigster Titel.

1. Rücksichtlich der Frage, wer als Beamter anzusehen sei, vgl. § 331, und die Bemerkungen zu demselben; zu vergleichen sind auch die Bemerkungen zu § 89 n. 1—10 und zu § 102 n. 17—48.

2. Das Disciplinarverfahren gegen richterliche und nicht richterliche Beamte ist geregelt durch die Gesetze v. 7. Mai 1851 (GS. s. 218) und v. 21. Juli 1852 (GS. s. 465).

3. Ueber die Statthaftigkeit eines Disciplinarverfahrens wegen solcher Handlungen, welche bereits Gegenstand eines strafgerichtlichen Verfahrens sind, oder gewesen sind, und umgekehrt vgl. Ges. v. 7. Mai 1851 § 3. 4; Ges. v. 21. Juli 1852 § 4. 5; Strafverf. § 1 n. 68.

4. Die disciplinarische Verfolgung wird durch den Ablauf der im Strafgesetzbuche vorbestimmten Verjährungsfrist nicht ausgeschlossen: Erk. des Ob.-Tr.

§. 309. Ein Beamter, welcher für eine in sein Amt einschlagende, an sich nicht pflichtwidrige Handlung oder Unterlassung Geschenke oder andere Vortheile annimmt, fordert oder sich versprechen läßt, zu denen er gesetzlich nicht berechtigt ist, wird mit Geldbuße bis zu Einhundert Thalern oder mit Gefängniß bis zu sechs Monaten bestraft, und zur Herausgabe des Empfangenen oder des Werths desselben an den Fiskus verurtheilt; es kann zugleich auf zeitige Unfähigkeit zu öffentlichen Aemtern erkannt werden.

[Entw. § 281]. Vgl. § 310—313. 331. 326. 327. 25.

V. Sen. 29. Mai 1855; Erk. I. Civ.-Sen. 2. Nov. 1857; Erk. I. Civ.-Sen. v. 18. Febr. 1861 (RdO. 1. s. 229); vgl. Erk. Kass.-Hof 16. März 1852 (JMBl. s. 164). G. Matt. 2. s. 667; Koch n. 58.

5. Verletzungen der Amtspflichten aus Fahrlässigkeit können, von den Fällen der §§ 320 und 322 abgesehen, nur noch im Disciplinarwege verfolgt werden: B. I. 1. Okt. 1852 c. Fischedick.

6. In Betreff der Konflikte bei gerichtlichen Verfolgungen wegen Amts- und Diensthandlungen vgl. Ges. v. 13. Febr. 1854 (GS. s. 86).

7. Ueber die Wirkung, Dauer und Berechnung der in diesem Titel mehrfach angedrohten zeitigen Unfähigkeit zu öffentlichen Aemtern vgl. § 25.

§ 309.

1. Die Annahme rc. des Vortheils rc. muß für die Amtshandlung oder ihre Unterlassung stattgefunden haben, d. h. sie muß mit derselben in einem ursächlichen Zusammenhange stehen, und der Angeklagte muß sich dieses Zusammenhangs bewußt sein: B. I. 15. Febr. 1861 c. Wendtlandt; G. Matt. 2. s. 670 n. 3; Temme Gll. s. 316. Hiernach trifft der § offenbar nicht zu, wo Unterbeamte für kleine dem Publikum geleistete Gefälligkeiten, welche, wenn auch während der Ausübung des Amts geleistet, doch in keiner Weise ins Amt einschlagen, s. g. Trinkgelder annehmen.

1a. Vorausgesetzt wird eine solche Amtshandlung, welche vom betr. Beamten unentgeltlich zu verrichten ist. So: B. I. 12. Juli 1861 c. Sabarth (RdO. 1. s.); vgl. n. 7. 8.

2. Gleichgültig ist es, ob die Amtshandlung (oder Unterlassung) eine bereits stattgehabte, oder eine noch bevorstehende, künftige ist: B. I. 8. Juli 1859 c. Wachlin (G. A. 7. s. 564); G. Matt. 2. s. 669; Temme Gll. s. 316.

3. Ebenso gleichgültig ist, ob der Beamte wirklich auf die betreffende Angelegenheit einen Einfluß auszuüben hat; es genügt daher, wenn das Geschenk rc. für eine vermeintliche amtliche Thätigkeit gegeben oder versprochen wird: Beschl. I. 11. Jan. 1861 c. Flogertzy (11. B; RdO. 1. s. 204).

4. Insofern der Charakter der Handlung, als einer in das Amt einschlagenden, nicht ausdrücklich bestritten worden ist, genügt eine allgemeine, den Worten des § entsprechende Feststellung: B. I. 18. Jan. 1860 c. Arciszewski.

5. Unter „Vortheilen" sind nicht blos Vermögensvortheile zu verstehen, vielmehr gehört dazu Alles, was zur Befriedigung der Sinnlichkeit, der Genußsucht, der Eitelkeit, des Ehrgeizes rc. beiträgt; insbesondere können auch vorübergehende Genüsse (z. B. Bewirthungen) hierher gezählt werden: G. Matt. E. s. 671; Temme Lehrb. s. 1074. *Contra:* id. Gll. s. 316; Koch n. 14.

6. Auch versteckte Vortheile, z. B. Verkauf einer Sache für einen überaus geringen Kaufpreis, sind hierher zu rechnen: G. Matt. 2. s. 671 Note 2.

7. Auf Gebührenüberhebungen ist der § nicht anwendbar, sie sind daher nur nach § 326 zu beurtheilen. *Contra:* G. Matt. 2. s. 670 n. 4; Koch n. 15. Vgl. n. 1a. 8.

8. Auf Rechts-Anwalte, welchen für ihre Verrichtungen Gebühren zustehen, findet der § überhaupt keine Anwendung. So: B. I. 12. Juli 1861 c. Sabarth

§. 310. Ein Beamter oder Schiedsrichter, welcher für eine Handlung oder Unterlassung, die eine Verletzung einer amtlichen Pflicht enthält, Geschenke oder andere Vortheile annimmt, fordert oder sich versprechen läßt, wird mit Zuchthaus bis zu fünf Jahren bestraft, und zur Herausgabe des Empfangenen oder des Werths desselben an den Fiskus verurtheilt.

Wird festgestellt, daß mildernde Umstände vorhanden sind, so soll auf Gefängniß nicht unter sechs Monaten und zugleich auf zeitige Unfähigkeit zu öffentlichen Aemtern erkannt werden.

[Entw. § 282]. Vgl. § 309. 311—313. 331. 25.

(RbO. 1. f.); vgl. n. 1a. *Contra:* Bes. f. 552b; G. Matt. 2. f. 668 n. 1. Jedenfalls bleibt die Strafverhängung ausgeschlossen, insoweit das Ges. v. 12. Mai 1851 § 9 (GS. f. 658) den Rechtsanwalten die Annahme eines ihre Gebühren übersteigenden Honorars gestattet (vgl. § 326 n. 4); ebenso fällt dieselbe bei den Honorarforderungen der Rheinischen Advokaten weg, da diese nach Art. 43. des Dekr. v. 14. Dez. 1810 ihre Honorarien, vorbehaltlich einer dem Disciplinarrathe und eventuell dem Gerichte zustehenden Ermäßigung, selbst taxiren dürfen.

9. Vorausgesetzt wird, daß der Beamte zu den betreffenden Vortheilen nicht berechtigt sei; wo also die bestehende Gesetzgebung die Annahme bei hinzutretender Genehmigung der vorgesetzten Dienstbehörde gestattet, kann von der Anwendbarkeit des § 309 keine Rede sein: K.-B. I. K. f. 47. Diese Berechtigungsfrage ist als Rechtsfrage vom Gerichtshofe, nicht von den Geschwornen zu lösen: Z. II. 15. März 1860 c. Emonds.

10. Ob die Annahme durch den Beamten selbst, oder aber mit seinem Wissen und Willen durch einen Dritten für ihn, insbesondere durch seine Angehörigen erfolgt, ist gleichgültig; selbst ein durchaus passives Dulden der Annahme durch einen Angehörigen wäre strafbar. Es ist daher als Annahme anzusehen, wenn ein Beamter das ohne sein Wissen ihm Zugewendete (an seine Angehörigen Abgegebene) nach erlangter Kenntniß nicht zurückgiebt, oder für das vor dieser Kenntnißnahme bereits Verzehrte nicht Ersatz leistet: Z. I. 2. März 1853 c. Deutsch; vgl. Bes. f. 552c; G. Matt. 2. f. 672 n. 7; Temme GU. f. 316 Note.

11. Die Verurtheilung zur Herausgabe des Empfangenen oder seines Werths an den Fiskus stellt eine Strafe (der Konfiskation) dar; es muß daher vom Strafrichter auf dieselbe erkannt, und nicht etwa der Anspruch des Fiskus einem Civilverfahren vorbehalten werden.

12. Die betreffende Vorschrift bezieht sich nur auf das Empfangene, und ist auf das Geforderte oder Versprochene nicht auszudehnen: Bes. f. 552d.

13. Auch die zeitige Unfähigkeit zu öffentlichen Aemtern hat den Charakter einer fakultativen Strafschärfung, nicht etwa blos den einer Besserungsmaaßregel: Z. I. 2. März 1853 c. Deutsch.

14. Theilnahme an dem hier vorgesehenen Vergehen durch Nichtbeamte ist nicht strafbar, vgl. § 331.

§ 310.

1. Unter den „Schiedsrichtern" sind hier auch „Schiedsmänner" mit zu verstehen: K.-B. I. K. f. 47.

2. Die Vorschrift ist auch hier nicht auf den Fall beschränkt, wo die Annahme ꝛc. in Beziehung auf eine künftige Amtshandlung stattfindet; auch wer für eine bereits stattgehabte Verletzung seiner Amtspflicht Geschenke fordert, oder annimmt ꝛc., fällt unter den §; daß § 311 sich nur auf eine künftige Handlung bezieht (vgl. dort n. 5), läßt einen Schluß auf § 310 nicht zu. *Contra:* Temme Lehrb. f. 1074 und Note 5.

3. Geschah die Annahme ꝛc. für eine künftige ꝛc. Handlung, so ist das Verbrechen vollendet, ohne daß es auch noch der wirklichen Begehung der Pflichtwidrigkeit bedürfte: G. Matt. 2. f. 673 n. 8.

§. 311. Wer durch Anbieten, Versprechen oder Gewähren von Geschenken oder anderen Vortheilen einen Beamten, ein Mitglied der bewaffneten Macht oder einen Schiedsrichter zu einer Handlung oder Unterlassung, die eine Verletzung einer amtlichen Pflicht enthält, bestimmt oder zu bestimmen versucht, wird mit Gefängniß bestraft; es kann zugleich auf zeitige Untersagung der Ausübung der bürgerlichen Ehrenrechte erkannt werden.

Die zum Zwecke der Bestechung gegebenen Geschenke oder der Werth derselben sind dem Fiskus im Urtheile zuzusprechen.

[Entw. § 283]. Vgl. § 309. 310. 312. 313. 331. 34 Nr. 1.

---

4. Ja es bedarf dazu beim Beamten nicht einmal der Absicht, die ihm zugemuthete Pflichtwidrigkeit zu begehen; der Dolus liegt hier in dem Bewußtsein der Annahme ꝛc. eines Vortheils, welcher für eine vom Bestechenden gewollte Pflichtwidrigkeit gewährt wird: Temme Lehrb. s. 1075 n. 7 (wo aber statt „Bestochenen“ „Bestechenden“ zu lesen ist). Vgl. G. Matt. 2. s. 673 n. 8. Dagegen fällt es offenbar nicht unter die Strafvorschrift, wenn der Beamte das Dargebotene nur hinnimmt, um sich ein Beweismittel gegen den Bestechenden zu sichern, weil er es in diesem Falle überhaupt nicht „annimmt.“

5. Ueber die Verurtheilung zur Herausgabe des Empfangenen ꝛc. vgl. § 309 n. 11. — Eine Verurtheilung zur Herausgabe des Werths des Empfangenen kann hier nur dann erfolgen, wenn dieser Werth durch den Geschwornenspruch festgestellt ist. *Contra:* Z. II. 15. März 1860, welches diese Werthbestimmung als Strafzumessungsgrund auffaßte, und daher dem Gerichtshofe überlassen wollte.

6. Der § ist anwendbar, wenn ein Chausseegeld-Erheber es unterläßt, von einzelnen Personen das verschuldete Chausseegeld zu erheben, und als Entgelt dafür sich von diesen Personen Dienste in seinem Privat-Interesse leisten läßt: Just.-Min.-Verf. vom 28. Jan. 1854. Vgl. Entw. von 1843 § 606, und Revision Pensum III s. 112 fgg.; vgl. § 241 n. 63; § 324 n. 23.

7. Trifft die Begehung einer den Thatbestand eines Verbrechens oder Vergehens bildenden Pflichtwidrigkeit mit einer (vorhergegangenen, oder darauf folgenden) Bestechung zusammen, so liegt in der Regel reale Konkurrenz vor, weil jede Handlung für sich selbstständig dasteht, und das Verbrechen vollendet ist, ohne daß es des Hinzutritts der andern bedürfte; nur dann, wenn zum Begriffe des durch die Pflichtwidrigkeit begangenen Verbrechens ꝛc. eine gewinnsüchtige Absicht gehört, und der gesuchte Gewinn eben nur in der Erlangung des angenommenen, geforderten oder versprochenen Vortheils liegt, ist blos ideale Konkurrenz anzunehmen. *Contra:* G. Matt. 2. s. 673 n. 9, welcher unter allen Umständen stets nur ideale Konkurrenz erkennen will.

8. Im Uebrigen sind die Bemerkungen zu § 309 zu vergleichen.

§ 311.

1. Gleichgültig ist es, ob das Anbieten ꝛc. eines Geschenks an den Beamten persönlich, oder nur mittelbar, z. B. durch Uebersendung an seine Frau, statt gefunden habe, sobald nur feststeht, daß dadurch der Beamte selbst bestimmt werden sollte: Z. I. 14. Juli 1852 c. Arndtheim.

2. Der § unterscheidet nicht zwischen mittelbaren und unmittelbaren Staatsbeamten: B. II. 14. Mai 1857 c. Schwabe.

3. Dagegen ist ein Privat-Eisenbahn-Schaffner nicht als Beamter im Sinne des § zu betrachten, wenn es sich nur von der Wahrung des gewerblichen Interesses der Gesellschaft (z. B. bei der Controlle der gelösten Billets) und nicht von einer Thätigkeit als Bahn-Polizei-Beamter handelt: B. II. 14. Mai 1857 c. Schwabe; B. II. 29. Okt. 1857 c. Schwabe.

4. Auch hier ist unter „Schiedsrichter“ ein Schiedsmann mit zu verstehen, vgl. § 310 n. 1.

5. Die Handlung rc., zu welcher bestimmt werden soll, kann hier offenbar nur eine künftige sein; wer also einem Beamten für eine bereits begangene Pflichtwidrigkeit etwas anbietet, oder gewährt, ist straflos, vgl. § 310 n. 2.

6. Es ist nicht unerläßlich, daß die zu begehende pflichtwidrige Handlung ganz individuell bezeichnet sei; es genügt, wenn nur irgend ein pflichtwidriges Handeln herbeigeführt werden soll, mochte der Bestechende es auch dem Beamten überlassen haben, wie er handeln wolle: Z. I. 11. Febr. 1859 c. Arndt (153; G. A. 7. s. 414); vgl. § 312 n. 3.

7. Ob die betreffende Handlung eine Verletzung der Amtspflichten enthalten haben würde, ist im Allgemeinen eine thatsächliche, nach den Umständen zu lösende Frage: Z. I. 5. Mai 1854 c. Liebes; Z. I. 16. April 1858 c. Janke.

8. Es bedarf der Feststellung nicht, daß der Beamte, wenn er die ihm zugemuthete Handlung rc. vorgenommen haben würde, nothwendig seine Amtspflichten verletzt hätte, sobald nur feststeht, daß die Bestechung zu dem Zwecke geschehen oder versucht ist, den Beamten für den Fall zur Vornahme jener Handlung rc. zu bestimmen, wo er sie für pflichtwidrig erkannt haben würde: Erk. App.-Ger. Arnsberg vom 24. Mai 1855 c. Siepe (Wienand und Gen.); Z. II. 11. Okt. 1855 c. dens. (ind.). Demgemäß trifft der § da zu, wo ein Beamter bestimmt werden soll, die ihm obliegende Anzeige von einer zu seiner Kunde gelangten, auf die Verübung eines Straffalles hindeutenden Thatsache zu unterlassen, ohne daß es weiter darauf ankäme, ob zur Zeit die wirkliche Verübung jenes Straffalles schon feststeht, oder ob sogar der entstandene Verdacht gänzlich widerlegt werden kann: B. I. 12. Okt. 1855 c. Kreil (G. A. 4. s. 268); Z. I. 2. Jan. 1857 c. Richter; Z. I. 3. April 1857 c. Beer; Z. I. 15. Juni 1860 c. Klose.

9. Aus demselben Grunde wird der § auch da anwendbar, wo das Ermessen des Beamten wirksam werden muß, wenn der Zweck dahin ging, daß derselbe nicht nach seinem unparteiischen Ermessen, sondern nach einer hervorzurufenden Geneigtheit zu Werke gehen sollte: Z. I. 21. Jan. 1859 c. Adler.

10. Es gehört zu den amtlichen Pflichten eines Beamten, über Gegenstände und Wahrnehmungen seines Amtes vor Gericht die Wahrheit zu sagen; das gilt namentlich von solchen Beamten, welchen das Gesetz ausdrücklich die Pflicht auferlegt, entdeckte Gesetzesübertretungen zur Anzeige zu bringen (z. B. von Feldhütern, vgl. FPO. v. 1. Nov. 1847 § 51); das Versuchen, einen Beamten durch Geschenke zu einer derartigen unwahren — wenn auch unbeeidigten — Aussage vor Gericht zu bestimmen, fällt daher unter die Strafvorschrift des §: Z. II. 4. Febr. 1858 c. Dörfler.

11. In einer den Geschwornen vorgelegten Frage bedarf es einer weiteren Spezialisirung: welcher Beamte, und zu welcher Pflichtwidrigkeit er habe bestimmt werden sollen, nicht nothwendig: Z. I. 25. Febr. 1857 c. Friedländer (Bidault u. Gen.).

12. Der Ausdruck „bestimmt“ hat den Fall im Auge, wo der Beamte zur wirklichen Begehung der Pflichtwidrigkeit veranlaßt ist: G. Matt. 2. s. 675 n. 4; Koch n. 20.

13. Damit ein strafbares „Versuchen“ zu bestimmen angenommen werden könne, bedarf es der Feststellung der Voraussetzungen des § 31 nicht, vielmehr genügt eine der Fassung des § 311 entsprechende Feststellung: Z. II. 11. Febr. 1858 c. Habsch; Z. I. 21. Jan. 1859 c. Adler; vgl. § 31 n. 38; K.-B. II. K. s. 155 I, welcher indessen sich nicht ganz klar ausspricht; Bes. s. 553; G. Arch. 1. s. 47.

14. Handelt es sich nur von einem Bestimmungsversuche, so kommt auf die Geneigtheit des Beamten zur Annahme des Angebotenen rc. Nichts an; nur der Dolus des Bestechenden ist entscheidend: Z. I. 21. Jan. 1859 c. Adler.

15. Wenn der Beamte das ihm für eine Pflichtverletzung Angebotene annimmt, und sich also des im § 310 vorgesehenen Verbrechens schuldig macht, so könnte die Handlung des Bestechenden füglich als Theilnahme an der passiven Bestechung des Beamten (§ 34 Nr. 1) angesehen werden; diese Auffassung hat § 311, welcher für jenen Fall eine besondre Strafe bestimmt, beseitigen wollen: Z. (B.) I. 20. Febr.

§. 312. Hat sich ein Richter in einem Strafverfahren, welches ein Verbrechen oder Vergehen betrifft, zu Gunsten oder zum Nachtheile des Angeschuldigten bestechen lassen, so soll derselbe mit Zuchthaus bestraft werden.

1856 c. Meyer (Janke u. Gen.; G. A. 4. s. 469); Z. I. 4. April 1855 c. Tetzlaff (beiläufig); vgl. K.-B. II. K. s. 166. Man muß sonach jetzt die Handlung des Bestechenden als ein selbstständiges Vergehen auffassen, und folgerichtig auch Theilnahme eines Dritten an diesem Vergehen für möglich erachten: cit. Z. I. 20. Febr. 1856. Vgl. § 34 n. 27; Abh. in G. A. 4. s. 165.

16. Das unter n. 15 Gesagte gilt aber nur insoweit, als es sich von demjenigen Verbrechen handelt, dessen sich der Beamte durch Annahme ꝛc. des Vortheils schuldig macht, sowie von der dem Andern zur Last fallenden „Bestimmung“ zu dieser Annahme; wenn dagegen der Beamte in Folge der Bestechung die ihm zugemuthete Pflichtwidrigkeit wirklich begeht, so nimmt, wenn die letztere den Thatbestand eines Amtsverbrechens oder Vergehens enthält, die aktive Bestechung offenbar den Charakter einer Anstiftung im Sinne des § 34 Nr. 1 an; es liegt dann unzweifelhaft ein Fall der idealen Konkurrenz vor, und die durch diese Anstiftung verwirkte Strafe greift, wenn sie schwerer als die der Bestechung ist, Platz, indem für diesen Fall § 311 keine der im § 331 Abs. 2 vorgesehenen Ausnahmen enthält: Z. I. 4. April 1855 c. Tetzlaff; Beschl. II. 15. Dez. 1859 c. v. Kotze (74. B; G. A. 8. s. 553). In einem solchen Falle wird daher § 311 nur dann anwendbar, wenn es sich von Pflichtwidrigkeiten handelt, welche nicht den Thatbestand eines Amtsverbrechens oder Vergehens darstellen. *Contra* mit Unrecht: G. Matt. 2. s. 675 n. 4; Koch n. 20; sie scheinen anzunehmen, daß nach der obigen Auslegung § 311 da, wo der Beamte zur Pflichtwidrigkeit wirklich bestimmt worden ist, gar nicht zur Anwendung gelangen könne. Goltdammers Argument, daß der K.-B. II. K. (s. 166) selbst den § 311 als eine Ausnahme von den allgemeinen Regeln der Theilnahme bezeichne, trifft nicht zu, da diese Bemerkung sich auf einen andern Fall bezieht, vgl. n. 15. 18; § 331 n. 41. Richtig ist es dagegen, daß das französische Strafrecht die Sache in diesem Sinne auffaßte, vgl. Gilb. C. pén. Art. 179 n. 2.

17. „Der § 88 der Steuer-Ordn. v. 8. Febr. 1819, das Anbieten eines Ge„schenks an einen Steuerbeamten betreffend, ist als eine in den Steuer-Gesetzen „enthaltene, und zur Durchführung der Kontroll-Maaßregeln erlassene Vorschrift, „durch § 311 nicht aufgehoben“: Z. I. 30. Mai 1857 c. Franke (Präj. n. 146; Entsch. 30. s. 471; G. A. 3. s. 559); B. I. 19. Okt. 1855 c. Busch; Z. I. 6. Nov. 1857 c. Merkel. Dieser § 88 umfaßt das Anbieten von Geschenken an einen Steuerbeamten für eine überhaupt in sein Amt einschlagende Handlung, ohne dabei zwischen pflichtwidrigen und nicht pflichtwidrigen Handlungen zu unterscheiden; er umfaßt daher auch die wirklichen Bestechungsversuche mit: V. Kass.-Hof v. 25. März 1851 c. Lazarus (Tr. Ann. 7. s. 57); B. I. 1. Juli 1859 c. John (G. A. 7. s. 702). *Contra:* Beschl. II. 15. Dez. 1859 c. v. Kotze (74. B). — Dasselbe gilt von dem entsprechenden § 25 des Zoll-Str.-Ges. vom 23. Jan. 1838; Bestechungsversuche der Zollbeamten sind daher nur nach diesem § zu bestrafen, und nicht etwa kumulative auch mit der Strafe des § 311 zu belegen: Z. II. 17. Apr. 1856 c. Wolters (JMBl. s. 175; Rh. Arch. 54. 2. A. s. 3; G. A. 4. s. 686). — Wenn dagegen ein Steuer- oder Zoll-Beamter sich durch ein solches Geschenk ꝛc. zur Vornahme eines Amtsverbrechens oder Amtsvergehens bestimmen läßt, so greifen, unter Ausschluß der citt. §§ 88 und 25, die allgemeinen Strafgesetze, insbesondere die Grundsätze von der Anstiftung Platz: Beschl. II. 15. Dez. 1859 c. v. Kotze (74. B: G. A. 8. s. 553); vgl. n. 16; § 331 n. 41.

18. Auch hier sind nur die wirklich gegebenen, nicht auch die versprochenen Geschenke dem Fiskus zuzusprechen, vgl. § 309 n. 12; dagegen ist hier die Maaßregel nicht dadurch bedingt, daß der Beamte das Gegebene angenommen habe.

§ 312.

1. Der § spricht allgemein von Richtern in einem Strafverfahren ꝛc.; es wird also zwischen dem untersuchenden und erkennenden Richter nicht unterschieden.

Gleiche Strafe wie den Richter trifft denjenigen, welcher den Richter besticht oder zu bestechen versucht.

Die zum Zwecke der Bestechung gegebenen Geschenke oder der Werth derselben sind dem Fiskus im Urtheile zuzusprechen.

[Entw. § 284]. Vgl. § 309—311. 313. 331.

§. 313. Ein Geschworener, welcher in einer Sache, in welcher er Verrichtungen als Geschworener auszuüben hat, Geschenke annimmt, wird mit Zuchthaus bestraft. Gleiche Strafe trifft denjenigen, welcher den Geschworenen zu diesem Verbrechen verleitet oder zu verleiten versucht.

Die gegebenen Geschenke oder der Werth derselben sind dem Fiskus im Urtheile zuzusprechen.

[Entw. § 287. 284a]. Vgl. § 309—311. 331.

---

2. Als Richter ist hier jeder anzusehen, welcher vom Gesetze berufen ist, in einem Strafverfahren wegen eines Verbrechens oder Vergehens die Entscheidung zu treffen, sollte er auch sonst Verwaltungsbeamter sein (z. B. wenn es sich von Erlassung einer Strafverfügung oder eines Strafresoluts handelt).

3. Die Ausdrücke: „bestechen lassen“ und „bestechen“ sind aus § 310 und 311 zu erläutern; es wird daher auch hier vorausgesetzt, daß der Richter für eine Handlung oder Unterlassung, welche eine Verletzung einer amtlichen Pflicht enthält, Geschenke oder andere Vortheile annehme, fordere oder sich versprechen lasse, oder daß ein Dritter einem Richter für eine solche pflichtwidrige Handlung oder Unterlassung Geschenke oder andere Vortheile anbiete, verspreche oder gewähre. Dabei ist es nicht nothwendig, daß die betreffende pflichtwidrige Handlung ganz genau und individuell bezeichnet worden sei; der Thatbestand muß indessen doch insofern ein konkreter, bestimmter sein, daß sich erkennen läßt: der Geschenkgeber habe, wenn auch nur allgemein, ein pflichtwidriges Verhalten vom Beamten gefordert: Beschl. I. 17. Juli 1857 c. Hennig (G. A. 5. s. 709). *Contra:* Temme Lehrb. s. 1075 und Note 2. Vgl. § 311 n. 6, und § 313 n. 1.

4. Ueber den Bestechungsversuch vgl. § 311 n. 13.

5. Im Uebrigen sind die Bemerkungen zu § 309—311 zu vergleichen.

§ 313.

1. Abweichend von der Fassung des § 312 setzt dieser § nur ein Annehmen von Geschenken in einer Sache, in welcher der Geschworne als solcher thätig sein soll, voraus; es wird daher hier gar nicht erfordert, daß es sich dabei um ein bestimmtes Thun oder Lassen von Seiten des Geschwornen handle; vielmehr genügt es, wenn nur im Allgemeinen ein ursächlicher Zusammenhang zwischen dem Geschenke und der Thätigkeit als Geschworner in einer bestimmten Sache obwaltet; vgl. § 312 n. 3.

2. Damit der § zutreffe, wird nicht vorausgesetzt, daß bereits die Bildung des Schwurgerichts für die einzelne Sache stattgefunden, und daß der Betreffende dabei als Haupt- oder Ersatzgeschworner gezogen worden sei; das Verbrechen kann vielmehr auch vor der Bildung des Schwurgerichts für die einzelne Sache von jedem auf der Dienstliste als Haupt- oder als Ergänzungsgeschworner Stehenden verübt werden.

3. Dagegen muß aus den Worten: „auszuüben hat“ gefolgert werden, daß das Verbrechen nur begangen werden kann, so lange die Thätigkeit des Geschwornen in der betreffenden Sache noch nicht vollständig erledigt ist; spätere Annahme eines Geschenks fällt nicht unter den §.

4. Die „Geschenke“ umfassen hier die in den vorhergehenden §§ erwähnten „anderen Vortheile“ mit.

§. 314. Ein Beamter, welcher bei der Leitung oder Entscheidung von Rechtssachen vorsätzlich, zur Begünstigung oder Benachtheiligung einer Partei, sich einer Ungerechtigkeit schuldig macht, wird mit Zuchthaus bis zu fünf Jahren bestraft.

Zu gleicher Strafe ist ein Schiedsrichter zu verurtheilen, welcher bei der ihm übertragenen Leitung oder Entscheidung von Rechtsstreitigkeiten vorsätzlich, zur Begünstigung oder Benachtheiligung einer Partei, sich einer Ungerechtigkeit schuldig macht.

[Entw. § 285]. Vgl. § 315. 317—321. 331.

§. 315. Ein Beamter, welcher seine Amtsgewalt mißbraucht, um Jemand zu einer Handlung, Duldung oder Unterlassung widerrechtlich zu nöthigen, wird mit Gefängniß nicht unter Einem Monate bestraft; zugleich kann auf zeitige Unfähigkeit zu öffentlichen Aemtern erkannt werden.

[Entw. § 288]. Vgl. § 90. 212. 234. 314. 319. 331. 25.

---

5. Ebenso ist der § nicht auf das bloße wirkliche „Annehmen“ eines bereits gegebenen Geschenks zu beschränken, vielmehr fällt auch jedes „Versprechen-Lassen“, d. h. also die Annahme eines geleisteten Versprechens, unter jenen allgemeinen Ausdruck; dagegen ist es bedenklich, auch das einseitige Fordern (wie im § 309) der Annahme gleich zu stellen.

6. Unter dem „Verleiten“ zu diesem Verbrechen ist hier das „Anbieten, Versprechen oder Gewähren“ eines solchen Geschenks (§ 311) zu verstehen.

7. Ueber den Verleitungs-Versuch vgl. § 311 n. 13.

§ 314.

1. Die Vorschrift bezieht sich auf alle Beamten, welche gesetzlich zur Leitung oder Entscheidung einer Rechtssache berufen sein können; sie ist also auf eigentlich richterliche Beamten nicht zu beschränken: K.-B. II. K. s. 156. Als Beispiele, wo auch Verwaltungsbeamten einen solchen Beruf haben, führt dieser Bericht das Setzen eines Merkpfahls in Vorfluthsangelegenheiten, die Regulirung eines Interimistici in Kirchenbausachen, und Temme (Lehrb. s. 1078 Note 4) die Cognitionen der Polizeibehörden in Gesindesachen, die Untersuchungen und die Strafresolute der Verwaltungsbehörden in Defraudations- und Kontraventions-, in Disciplinarsachen &c. an.

2. Auf Rechtsanwalte ist dieser §, wie aus § 329 hervorgeht, nicht anzuwenden. *Contra:* Temme Lehrb. s. 985 Note 2; vgl. id. Gll. s. 318.

3. Der Ausdruck „Rechtssachen“ umfaßt sowohl Strafsachen, als Civilstreitigkeiten: G. Matt. 2. s. 678 n. 1.

4. Unter Schiedsrichtern sind hier bloße Schiedsmänner nicht mit zu verstehen, wenn gleich auch von ihren Vergleichsvermittlungen sich sagen ließe, daß sie eine „Leitung“ der Rechtssache darstellen: Bes. s. 555 III; Koch n. 26. *Contra:* G. Matt. 2. s. 679 n. 3.

§ 315.

1. Im Allgemeinen sind hier die §§ 212. 234 und die Bemerkungen zu denselben zu vergleichen. Gleichwohl ist der Begriff der Nöthigung nicht unbedingt aus jenen §§ zu erläutern, insbesondere bedarf es hier nicht der „Bedrohung“, vielmehr reicht jede amtliche Thätigkeit als Mittel der Nöthigung hin: Temme Lehrb. s. 1076.

2. Es ist keineswegs erforderlich, daß die amtliche Thätigkeit an und für sich eine Pflichtwidrigkeit in sich schließe; zur Annahme eines „Mißbrauchs der Amtsgewalt“ genügt die Feststellung, daß durch den Gebrauch der Amtsgewalt Jemand rechtswidrig genöthigt werden sollte.

§. 316. *) Ein Beamter, welcher in Ausübung oder in Veranlassung der Ausübung seines Amtes vorsätzlich Mißhandlungen oder Körperverletzungen verübt oder verüben läßt, wird mit Gefängniß nicht unter drei Monaten bestraft, auch kann gegen denselben auf zeitige Unfähigkeit zu öffentlichen Aemtern erkannt werden.

Wird festgestellt, daß mildernde Umstände vorhanden sind, so kann auf Gefängniß auch unter drei Monaten oder auf Geldbuße bis zu dreihundert Thalern erkannt werden.

Ist die Mißhandlung oder Körperverletzung eine schwere (§ 193.), und findet keiner der im § 196. vorgesehenen Milderungsgründe statt, so tritt Zuchthaus nicht unter drei Jahren ein.
[Entw. § 289]. Vgl. § 187. 193. 196. 25; Ges. v. 14. Apr. 1856 Art. II (GS. s. 219).

*) Fassung des Ges. v. 30. Mai 1859 (GS. s. 321). In der frühern Fassung fehlte der zweite Absatz.

3. Mißbrauch der Amtsgewalt setzt nicht nothwendig eine wirkliche Ausübung der Amtsgewalt voraus; es genügt, wenn die Ausübung der Amtsgewalt zum fraglichen Zwecke vorgespiegelt wird, wenn also ein Mißbrauch der Amtsgewalt in abstracto vorliegt, z. B. wenn ein Exekutor ohne den erforderlichen Exekutionsbefehl seiner vorgesetzten Behörde und unter fälschlicher Vorspiegelung eines solchen eine Abpfändung zum Zwecke einer widerrechtlichen Nöthigung vornimmt: B. I. 30. Juli 1860 c. Drogula (G. A. 8. s. 708).

4. Ebenso kann der Mißbrauch der Amtsgewalt in der Unterlassung einer vorzunehmenden Amtshandlung gefunden werden.

5. Gleichgültig ist es, ob das Verbrechen verübt wird, um sich oder Andern einen Vortheil zu verschaffen.

6. Die Nöthigung kann auch durch eine Drohung herbeigeführt werden; diese Drohung muß dann aber mit der Amtsgewalt des Beamten in einer Wechselbeziehung, in einem Kausalzusammenhange stehn: B. I. 15. März 1861 c. Niederstetter (RdO. 1. s. 257; G. A. 9. s. 424).

7. Auf die Erreichung des Zwecks der Nöthigung kommt auch hier nichts an; der Nöthigungsversuch ist nicht durch das Vorhandensein der Voraussetzungen des § 31 bedingt; vgl. § 31 n. 38.

8. Der Dolus besteht hier im Bewußtsein des Mißbrauchs der Amtsgewalt: Erk. Komp.-G.-H. 12. Jan. 1856 (JMBl. s. 90; VMBl. s. 114).

§ 316.

1. Eine Mißhandlung kann auch in der Weise in Ausübung des Amtes verübt werden, daß der Beamte dabei die Gränzen seiner Amtsbefugnisse überschreitet, und mittelst Einmischung in fremde Funktionen zu Werke geht: Z. I. 27. Jan. 1860 c. Rentwich. Ja es ist zum Thatbestande des Vergehens insofern ein Ueberschreiten der Amtsbefugnisse unerläßlich, als dabei mit Nothwendigkeit vorausgesetzt wird, daß die Thätlichkeiten ohne rechtsgültige Ursache ausgeübt seien, daß also der Beamte nicht gesetzlich befugt und berufen gewesen sei, sie auszuüben: K.-B. II. K. s. 162. In dieser Hinsicht sind die über den Waffengebrauch gewisser Beamten ergangenen Gesetze und Instruktionen zu berücksichtigen und zwar:

für Militärpersonen: Ges. v. 20. März 1837 (GS. s. 60); Instr. v. 14. Jan. 1844 (JMBl. s. 98); Instr. für die Wachen v. 27. Juli 1850 genehmigt durch AKO. v. 8. Aug. 1850 (JMBl. s. 350).

für Gränzaufsichtsbeamten: Ges. v. 28. Juni 1834 (GS. s. 83); Instr. v. 6. Juli 1835 (Rh. Samml. 5. s. 159).

für Forst- und Jagdbeamten: Ges. v. 31. März 1837 (GS. s. 65); Instr. v. 17. Apr. 1837 (Rh. Samml. 6. s. 168); Instr. v. 21. Nov. 1837 (Rh. Samml. 6. s. 334).

§. 317. Ein Beamter, welcher mit Vorsatz eine rechtswidrige Verhaftung oder vorläufige Ergreifung und Festnahme vornimmt oder vornehmen läßt, oder die Dauer der Haft verlängert, wird mit Gefängniß nicht unter drei Monaten bestraft; auch kann gegen denselben auf zeitige Unfähigkeit zu öffentlichen Aemtern erkannt werden.

---

für Gefängnißaufsichtsbeamten: Instr. v. 11. März 1839 (JMBl. S. 114); Ges. v. 11. April 1854 § 6 (GS. S. 143).

2. In Betreff des Begriffs der Mißhandlung oder Körperverletzung vgl. die Bemerkungen zu § 187 flgg.

3. Auf die von einem Beamten in Ausübung oder in Veranlassung der Ausübung seines Amts verübten Ehrenkränkungen ist der § nicht auszudehnen; für sie gelten die allgemeinen diesen Gegenstand betreffenden Vorschriften: Temme Gll. S. 318; Koch n. 28.

4. Im Falle des Abs. 1 fällt jetzt beim Vorhandensein mildernder Umstände die Befugniß, auf zeitige Unfähigkeit zu öffentlichen Aemtern zu erkennen, weg.

5. Da der Fall einer erheblichen Körperverletzung (§ 192 a) hier nicht besonders vorgesehen, der dritte Absatz des § aber (nach Art. II des Ges. v. 14. Apr. 1856) bei einem solchen ausgeschlossen ist, so kann es sich nur fragen, ob derselbe nach Absatz 1 oder nach § 192 a zu bestrafen sei. Wenn gleich nun der erstere ein geringeres Maaß der Gefängnißstrafe zuläßt, so gestattet er doch gleichzeitig eine Schärfung derselben durch eine Ehrenstrafe (zeitige Unfähigkeit zu öffentlichen Aemtern); er muß daher als der strengere (nach § 55) zur Anwendung kommen. Gleichwohl muß hier der Instanzrichter berücksichtigen, daß der Nichtbeamte (in Ermangelung von mildernden Umständen: § 196) durch eine solche That mindestens sechsmonatliches Gefängniß verwirkt hat, er wird daher Bedenken tragen, in Betreff eines Beamten in gleichem Falle unter das gedachte Strafmaaß hinabzugehen, insofern er keine Veranlassung findet, die fakultativ angedrohte Unfähigkeit ꝛc. zu verhängen.

6. Vor der Verkündung des Ges. vom 30. Mai 1859 mußte im Falle einer unter mildernden Umständen zugefügten schweren Mißhandlung ꝛc. die Strafe nach Abs. 1 bemessen werden, weil dieser strenger als § 196 war, und eine schwere Körperverletzung selbst beim Vorhandensein mildernder Umstände nicht geringer bestraft werden konnte, als eine leichte, bei welcher das Gesetz die Berücksichtigung mildernder Umstände damals nicht gestattete: Bes. S. 356 A. *Contra:* G. Matt. 2. S. 681 n. 2; Koch n. 29. Mit Rücksicht hierauf muß auch jetzt für den angegebenen Fall die Strafandrohung des Abs. 1 als die maaßgebende betrachtet werden, so daß also auch auf zeitige Unfähigkeit zu öffentlichen Aemtern erkannt werden kann, da durch den eingeschobenen zweiten Absatz nur in Betreff der nicht schweren Mißhandlungen eine Ermäßigung bezweckt wurde, während es keineswegs in der Absicht lag, für den Fall der schweren Mißhandlung das bisher bestehende Strafmaaß zu ändern. Es ist sonach unstatthaft, im angedeuteten Falle die Strafe lediglich nach Art. 196 zu bemessen, und sonach die konkurrirende Beamtenqualität als für den Begriff unerheblich zu betrachten.

§ 317.

1. Es handelt sich hier von den im § 210 vorgesehenen Vergehen und Verbrechen, welche wegen der dabei konkurrirenden Beamtenqualität des Schuldigen strenger bestraft werden sollen. Vgl. die Bemerkungen zu § 210 und 211.

2. Der Vorsatz umfaßt auch hier das Bewußtsein der Rechtswidrigkeit: Beschl. I. 30. März 1860 c. Skrodzki (56. B); Z. I. 28. Sept. 1860 c. Wendenburg. Ueber die Feststellung dieses Vorsatzes vgl. § 210 n. 3. Im Falle einer Fahrlässigkeit tritt nur disciplinarische Ahndung ein: Motive S. 79.

3. Wegen des Erfordernisses der Vorsätzlichkeit bleibt der § da ausgeschlossen, wo die Handlung nicht zur Beeinträchtigung des Rechts des Verhafteten auf Freiheit geschah, sondern um ihn vor Gewaltthätigkeiten zu schützen. Koch n. 30.

Die Strafe ist Zuchthaus bis zu funfzehn Jahren:

1) wenn für den der Freiheit Beraubten die Freiheitsentziehung oder die ihm während derselben widerfahrene Behandlung eine schwere Körperverletzung (§ 193.) zur Folge gehabt hat;

2) wenn die Freiheitsentziehung rechtswidrig über Einen Monat gedauert hat.

[Entw. § 290]. Vgl. § 210. 211. 320. 25; Ges. v. 12. Febr. 1850 (GS. s. 45); Ges. v. 14. Apr. 1856 Art. II (GS. s. 219).

§. 318. Ein Beamter, welcher mit Vorsatz rechtswidrig in eine Wohnung eindringt, soll mit Geldbuße bis zu Einhundert Thalern oder mit Gefängniß bis zu zwei Monaten bestraft werden.

[Entw. § 290 a]. Vgl. § 214. 346. Nr. 1; Ges. v. 12. Febr. 1850 § 7—9 (GS. s. 45).

---

4. Rechtswidrig (widerrechtlich vgl. § 210) ist die Verhaftung rc., auch wenn sie mit vorsätzlicher Ueberschreitung einer an sich vorhandenen Befugniß geschah, z. B. wenn der an sich zur Haftnahme nach eignem Ermessen befugte Beamte bewußter Weise zu derselben nicht aus einer amtlichen Veranlassung, sondern lediglich zur Erreichung eines Privatzweckes übergeht: B. I. 19. Okt. 1855 c. Thilow; B. I. 17. Juni 1859 c. Werner (G. A. 7. s. 355).

5. Unter „Verhaftung" ist hier (arg. Ges. v. 12. Febr. 1850 § 1. 2) die Festnahme auf Grund eines richterlichen Befehls, unter „vorläufige Ergreifung" jede andre Festnahme zu verstehen: Z. I. 5. März 1858 c. Rohrmoser; Z. I. 7. März 1860 c. Gisevius.

6. Als Verhaftung (Ergreifung) kann es unbedenklich angesehen werden, wenn der Beamte Jemandem erklärt: „er sei arretirt", und zugleich seine Bewachung anordnet; ein Anfassen, oder körperliches Berühren ist nicht unbedingt nothwendig: Z. I. 5. März 1858 c. Rohrmoser; noch weniger bedarf es eines förmlichen Einsperrens: Z. I. 7. März 1860 c. Gisevius. Sonach genügt auch eine s. g. Sistirung.

7. Nimmt die Freiheitsberaubung den Charakter der unstatthaften Vollstreckung einer Freiheitsstrafe an, so wird § 320 anwendbar.

8. Die Wiederholung des Worts „rechtswidrig" in der Nr. 2 des zweiten Abs. will den Fall ausschließen, wo vor Ablauf des Monats die anfänglich rechtswidrige Verhaftung zu einer rechtsgülltigen wird: K.-B. II. K. s. 163.

§ 318.

1. Ueber die Befugniß der Beamten, in fremde Wohnungen einzudringen, vgl. § 27 in Verbindung mit Ges. v. 12. Febr. 1850 § 7 fgg.

2. Der § spricht, in Uebereinstimmung mit dem cit. Ges. v. 12. Febr. 1850, nur von dem Eindringen in eine Wohnung, nicht auch (wie § 214 und 346 Nr. 1) von dem Eindringen in fremde Geschäftszimmer und befriedigte Besitzthümer, auf diese ist er daher auch nicht auszudehnen; ebensowenig auf das im letztern § noch erwähnte Verweilen nach geschehener Aufforderung sich zu entfernen: Bes. s. 357 C; G. Matt. 2. s. 648. *Contra:* Temme Gll. s. 319.

3. Als „Eindringen" ist jeder Eintritt wider den Willen des Bewohners, oder mit Ueberwindung der demselben entgegengesetzten Hindernisse anzusehen: Erk. App.-Ger. Paderborn 9. Juni 1857 c. Gödsche.

4. Im Uebrigen sind die Bemerkungen zu § 214 zu vergleichen.

§ 319. Wenn ein Beamter in einer strafgerichtlichen Untersuchung Zwangsmittel anwendet oder anwenden läßt, um Geständnisse oder Aussagen zu erpressen, so wird derselbe mit Zuchthaus bis zu fünf Jahren bestraft.

[Entw. § 291]. Vgl. § 315. 316; Cr.-Ordn. § 285—297; Vdn. v. 3. Jan. 1849 § 18.

§. 320. Ein Beamter, welcher vorsätzlich zum Nachtheile einer Person, deren Unschuld ihm bekannt ist, die Eröffnung oder Fortsetzung einer strafgerichtlichen Untersuchung beantragt oder beschließt, soll mit Zuchthaus bestraft werden.

Eine gleiche Strafe trifft den Beamten, welcher vorsätzlich eine Strafe vollstrecken läßt, die entweder gar nicht, oder nicht in dem Maaße, wie er sie vollstrecken läßt, rechtskräftig ausgesprochen ist.

Ist im letzteren Falle die Handlung aus Fahrlässigkeit begangen, so tritt Gefängniß bis zu Einem Jahre ein; auch kann gegen den Beamten auf zeitige Unfähigkeit zu öffentlichen Aemtern erkannt werden.

[Entw. § 292]. Vgl. § 133. 25; Cr.-Ordn. § 312; Vdn. v. 3. Jan. 1849 § 159.

---

§ 319.

1. Die Vorschrift ist nicht auf richterliche Beamten beschränkt.

2. Eine strafgerichtliche Untersuchung liegt auch da vor, wo eine administrative Strafjustiz ausgeübt wird; dasselbe gilt von einem Disciplinarverfahren: Temme Lehrb. s. 1079.

3. Dagegen will Temme l. c. ein Gleiches von den noch in den Händen der Polizeibehörden befindlichen Voruntersuchungen nicht annehmen. Diese Ansicht unterliegt erheblichen Bedenken, zumal nach Rheinischem Rechte, wo die betreffenden Polizei-Beamten als gerichtliche Polizei-Beamten, beziehungsweise als Hülfsbeamten der Staatsanwaltschaft thätig sind.

4. Auf die Natur der Zwangsmittel kommt Nichts an, insbesondere gehören auch psychische Mittel hierher: Temme Lehrb. s. 1079.

5. Der § bezieht sich nicht blos auf die Erpressung von Geständnissen des Angeklagten, sondern überhaupt auf die Erpressung von Aussagen irgend einer vernommenen Person, insbesondere auch der Zeugen: Beschl. I. 18. Okt. 1854 c. Koch (G. A. 2. s. 838); G. Matt. 2. s. 684 n. 2; Temme Lehrb. s. 1079; Koch n. 34.

6. Dagegen verbietet der § nur die Erpressung bestimmter von dem Beamten speziell beabsichtigter, und dem Vernommenen untergelegter Aussagen, keineswegs also die Anwendung von Zwangsmitteln, deren Zweck nur dahin geht, einen Zeugen zum Erscheinen, sowie dazu anzuhalten, daß er der ihm nach § 311 der Cr.-Ordn. obliegenden Pflicht gemäß, sich überhaupt vernehmen lasse, und auf die vorgelegten Fragen Rede und Antwort stehe: Beschl. I. 18. Okt. 1854 c. Koch (G. A. 2. s. 838).

§ 320.

1. Auch hier umfaßt der Ausdruck „strafgerichtliche Untersuchung“ administrative und disciplinarische Strafverfahren mit.

2. Vorausgesetzt wird, daß die Beantragung &c. der Untersuchung zum Nachtheile des Verfolgten stattgefunden habe, weil es denkbar ist, daß absichtlich gegen einen Unschuldigen eine Untersuchung gerichtet wird, um eben seine Unschuld recht

§. 321. Ein Beamter, welcher vermöge seines Amtes bei Ausübung der Strafgewalt oder bei Vollstreckung der Strafe mitzuwirken hat, wird mit Zuchthaus bis zu fünf Jahren bestraft, wenn er in der Absicht, Jemanden der gesetzlichen Strafe rechtswidrig zu entziehen, die Verfolgung einer strafbaren Handlung unterläßt, eine Handlung oder Unterlassung begeht, welche geeignet ist, eine Freisprechung oder eine dem Gesetze nicht entsprechende Bestrafung zu bewirken, oder die Vollstreckung der ausgesprochenen Strafe nicht betreibt, oder eine gelindere als die erkannte Strafe zur Vollstreckung bringt.

Wird festgestellt, daß mildernde Umstände vorhanden sind, so tritt Gefängniß bis zu zwei Jahren ein; auch kann auf zeitige Unfähigkeit zu öffentlichen Aemtern erkannt werden.

[Entw. § 293]. Vgl. § 25.

§. 322. Ein Beamter, welchem die Aufbewahrung, Begleitung oder Bewachung eines Gefangenen anvertraut ist, wird im Falle der Entweichung oder Befreiung des Gefangenen mit Zuchthaus bis zu fünf Jahren bestraft, wenn er dieselbe vorsätzlich bewirkt oder befördert hat.

---

ins klare Licht zu stellen, oder um dadurch die Verfolgung eines Andern wegen falscher Anschuldigung (§ 133 Abs. 2) besser zu begründen.

3. Das „vollstrecken läßt“ im zweiten und resp. dritten Absatze bezieht sich nicht nur auf denjenigen, welcher den amtlichen Auftrag zur Vollstreckung ertheilt, sondern auch auf denjenigen, welcher durch seine anderweitige amtliche Thätigkeit es veranlaßt, daß der zum Strafvollzuge berufene Beamte in gutem Glauben eine unrichtige Vollstreckung bewirkt. Es gehört sonach auch die Handlung eines Sekretärs oder Gerichtsschreibers hierher, welcher nach Rheinischem Verfahren der (zum Strafvollzuge berufenen) Staatsanwaltschaft einen Urtheilsauszug verabfolgt, in welchem (vorsätzlicher oder fahrlässiger) Weise eine schwerere Strafe vermerkt ist, als gegen den Verurtheilten erkannt war, und der es so zu Wege bringt, daß diese nicht ausgesprochene Strafe vollstreckt wird. Außerdem kann dann in idealer Konkurrenz auch noch der Thatbestand des § 323 vorliegen.

4. Die Ausübung der im § 312 der Cr.-Ordn. dem Untersuchungs-Richter ertheilten Befugniß, die Zeugen durch Anwendung von Geld- oder Gefängnißstrafen dazu anzuhalten, daß sie sich vernehmen lassen, fällt nicht unter die Vorschrift des § 320 Abs. 2, einmal weil jene Maaßregel nur einen kompulsiven Charakter, nicht den einer Strafe an sich trägt, sodann aber, weil — wenn sie Strafe wäre —, der Untersuchungs-Richter die Befugniß dazu hätte: Beschl. I. 6. Dez. 1854 c. Koch.

§ 321.

1. Dieser § ist gleichmäßig auf alle Beamten der hier vorgesehenen Art anzuwenden: Z. I. 27. Febr. 1856 c. Kalender.

§ 322.

1. Vgl. im Allgemeinen § 95 und die Bemerkungen zu demselben.
2. Feststellung der Qualität als Beamter vgl. die Bemerkungen zu § 331.
3. Da die hier vorgesehene That ein Verbrechen darstellt, so ist auch der Versuch derselben strafbar; es ist daher nicht erforderlich, daß die Entweichung oder

Ist die Entweichung nur durch Fahrlässigkeit befördert oder erleichtert worden, so tritt Gefängniß bis zu sechs Monaten ein; auch kann auf zeitige Unfähigkeit zu öffentlichen Aemtern erkannt werden.

[Entw. § 294]. Vgl. § 94. 95. 25.

§. 323. Ein Beamter, welcher, um sich oder Anderen Gewinn zu verschaffen, oder um Anderen zu schaden, Urkunden, deren Aufnahme oder Ausstellung ihm vermöge seines Amtes obliegt, unrichtig aufnimmt oder ausstellt, oder ächte Urkunden, welche ihm vermöge seines Amtes anvertraut worden oder zugänglich sind, verfälscht, wird mit Zuchthaus bis zu zehn Jahren und zugleich mit Geldbuße von Einhundert bis zu zweitausend Thalern bestraft.

Dieselbe Strafe hat ein Beamter verwirkt, welcher in gleicher Absicht die ihm amtlich anvertrauten oder zugänglichen Urkunden beschädigt, vernichtet oder bei Seite schafft.

[Entw. § 295]. Vgl. § 247. 251. 252. 71 Nr. 2; 106. 243 Nr. 7; 325.

Befreiung des Gefangenen vollendet worden sei: Z. II. 15. Sept. 1853 c. Witthöft; Temme Lehrb. s. 1083.

4. Nimmt ein Nichtbeamter Theil an der durch einen Beamten im Sinne des § 322 verübten Befreiung eines Gefangenen, so trifft ihn (nach § 331) die Strafe des § 322 und nicht die des § 94: Z. I. 16. Jan. 1856 c. Lubneit (G. Arch. 4. s. 269).

§ 323.

Inhalt.

1. Der § behandelt die Urkundenfälschung, sowie die Beschädigung, Vernichtung oder Bei-Seite-Schaffung von Urkunden, deren sich ein Beamter in amtlicher Weise schuldig macht; rücksichtlich der zum Thatbestande dieses Verbrechens erforderlichen Merkmale, ist daher auf die §§ 247. 252. 254 und 106, sowie auf die zu diesen §§ gemachten Bemerkungen zu verweisen.

2. In Betreff der Absicht, sich oder Andern Gewinn zu verschaffen, oder Andern Schaden zuzufügen, vgl. § 247 n. 1—26.

3. Auch hier braucht der gesuchte Gewinn nicht nothwendig ein pekuniärer zu sein: Z. I. 18. Okt. 1854 c. Budzynski; B. I. 1. April 1859 c. Elias (G. A. 7. s. 387); vgl. § 247 n. 7.

4. „Auf die in diesem § gedachten Urkunden findet die Definition des „§ 247 Anwendung“: B. I. 18. April 1853 c. Neumann (Präj. n. 27; Entsch. 24. s. 498; 25. s. 260; G. Arch. 1. s. 581); B. I. 14. Sept. 1853 c. de Peterse (JMBl. 1854 s. 68; G. A. 2. s. 97); Z. I. 19. Dez. 1856 c. Bratsch (G. A. 5. s. 277). Demgemäß ist hier der Begriff der Urkunde derselbe wie im § 252; es fallen unter denselben alle durch einen Beamten auf den Grund seiner Amtspflicht (in amtlichen

Akten, Registern und Büchern) erfolgten Beurkundungen über Verhandlungen, Erklärungen und Thatsachen, insofern sie für Rechte und Rechtsverhältnisse erheblich sind. Das gilt von amtlichen Eintragungen in Bücher und Register über geschehene Thatsachen, insofern sie nicht blos zum Zwecke des innern amtlichen Verkehrs der Behörden unter sich erfolgen, sondern auf Grund ihrer amtlichen Aufnahme dritten Personen gegenüber beweisende Kraft haben: Z. II. 26. Apr. 1860 c. v. Kotze (JMBl. f. 362). Vgl. n. 6. Hiernach ist es keineswegs erforderlich, daß die betr. Schriftstücke als „öffentliche Urkunden“ im Sinne des § 123. I, 10. AGO. anzusehen seien; es genügt, wenn die oben erwähnten Voraussetzungen zutreffen: Beschl. I. 20. Apr. 1859 c. Feist (82 B); das Gegentheil ist auch nicht aus cit. Z. I. 19. Dez. 1856 c. Bratsch zu folgern.

5. Auf die Qualität des Beamten kommt weiter Nichts an, es genügt, wenn er für die Aufnahme der betr. Urkunden &c. staatlich bestellt ist, um ihnen dadurch eine amtliche Glaubwürdigkeit beizulegen: Beschl. I. 11. Mai 1860 c. Gazioworski (75 B; G. A. 8. f. 703).

6. Dagegen wird vorausgesetzt, daß die Schrift als Beweismittel für oder gegen Dritte dienen soll; Schriftstücke, welche nur den innern dienstlichen Verkehr des Ausstellers mit seiner vorgesetzten Dienstbehörde betreffen, gehören nicht hierher: Beschl. I. 30. Jan. 1861 c. Spiegelthal (37 B; RdO. 1. f. 332; G. Arch. 9. f. 291). Vgl. n. 4.

7. Im Uebrigen ist es für die urkundliche Bedeutung von Registern und Büchern &c. ohne Bedeutung, ob sie von dem betr. Beamten unterschrieben werden müssen oder nicht, sobald davon die beweisende Kraft nicht abhängig gemacht ist: Z. II. 26. April 1860 c. v. Kotze (JMBl. f. 362). Vgl. § 325 n. 15.

8. Untersuchungs-Akten sind Urkunden im Sinne des § 323: Z. I. 14. Mai 1858 c. Stern (Berger u. Gen.); vgl. § 247 n. 101; Goltd. Matt. 2. f. 688 n. 2.

9. Die im § 254 erwähnten Schriftstücke sind, insoweit sie von Beamten ausgestellt werden, für diese als Urkunden zu betrachten, weil sie dritten Personen als amtlich glaubhafte Beweismittel der darin bekundeten Thatsachen dienen sollen. Die wissentlich falsche Ausstellung &c. eines solchen Schriftstücks ist daher nach § 323 zu bestrafen, da für den Beamten nicht die milderen Rücksichten zutreffen, welche für die Privatpersonen die Androhung einer geringeren Strafe veranlaßt hat: Z. I. 24. Febr. 1854 c. Prehn (Präj. n. 85; Entsch. 27. f. 128; G. A. 2. f. 262); B. I. 29. Apr. 1857 c. Tietz (Klinikowski u. Gen.; G. Arch. 5. f. 575); B. I. 20. Nov. 1857 c. Schwartz (G. A. 6. f. 138); Z. I. 8. Sept. 1858 c. Klimang (G. A. 6. f. 717); Beschl. I. 9. Juli 1858 c. Quednow (142 B; Entsch. 39. 2. f. 60; G. A. 6. f. 852).

10. Die Verhandlung, welche ein Steuer-Beamter über das Resultat der ihm aufgetragenen Vermessung eines Maischbottichs aufnimmt, ist eine Urkunde: Z. I. 18. Febr. 1859 c. Boas (G. A. 7. f. 409); vgl. § 252 n. 17.

11. Dasselbe gilt von den Notirbüchern der Steuer-Beamten, welche mit der Verwiegung der zur Zuckerbereitung bestimmten Rüben beauftragt sind (Instr. des Gen.-Dir. d. St. v. 19. Aug. 1846; BMBl. f. 149): Z. II. 26. April 1860 c. v. Kotze (JMBl. f. 362). Vgl. § 247. n. 118. 119.

12. ... ebenso von einer durch einen Exekutor amtlich aufgenommenen Pfändungsverhandlung, laut deren er an Ort und Stelle den Akt der Pfändung vorgenommen, und dem Gepfändeten jede Verfügung untersagt hat; dieselbe verliert den urkundlichen Charakter auch nicht dadurch, daß die instruktionsmäßig vorgeschriebene Zuziehung von Zeugen unterblieben ist, oder daß die beigefügten Handzeichen der Parteien nicht in gleicher Art, wie es bei gerichtlichen Protokollen vorgeschrieben ist, beglaubigt sind: Z. I. 8. Sept. 1858 c. Klimang (G. A. 6. f. 717); Beschl. I. 9. Juli 1858 c. Quednow (cit. n. 9); vgl. § 247 n. 94. 112. 118. 119.

13. .... ebenso von der Verhandlung eines Exekutors über die ihm aufgetragene Versteigerung abgepfändeter Sachen: Z. I. 17. Dez. 1858 c. Schinkat (G. A. 7. f. 120); Z. I. 16. Jan. 1859 c. Schrabach.

14. .... ebenso von allen durch Rheinische Gerichtsvollzieher aufzunehmenden Akten. Es ist daher geeigneten Falles eine unter § 323 fallende Fälschung, wenn

ein Gerichtsvollzieher eine Zustellung als durch ihn selbst bewirkt beurkundet, während er die Einhändigung durch einen beliebigen Dritten hat bewirken lassen. Vgl. Gilb. C. pén. Art. 145 n. 51—53.

15. Dasselbe gilt von den Beurkundungen der Notarien, wenn sie z. B. außerhalb ihres Bezirks instrumentiren, und wahrheitswidrig in der Urkunde selbst das Gegentheil anführen; oder wenn sie sonstige erhebliche Thatsachen wahrheitswidrig als geschehen beurkunden: Gilb. C. pén. Art. 145 n. 56. 57. 62.

16. Dasselbe tritt ein, wenn ein solcher Beamter in der im § vorausgesetzten Weise in der Urkunde eine Post- oder Antedatirung vornimmt, sollte er es auch nur zum Nachtheile irgend eines fiskalischen Rechts (z. B. zur Abwendung einer verwirkten Stempelstrafe) thun: Gilb. l. c. n. 64.

17. Ebenso ist als Ausstellung einer Urkunde die von einem Beamten durch Beidrückung seines Amtssiegels bewirkte Beglaubigung eines in seinem Auftrage niedergeschriebenen Attestes zu betrachten: B. I. 29. April 1857 c. Tietz (Klinikowski u. Gen.; G. A. 5. s. 575).

18. Dagegen gehört der von einem Gerichtsschulzen an das Kreisgericht über das Ergebniß einer dem Dorfgerichte aufgetragenen, angeblich stattgehabten Auktion erstattete Bericht nicht hierher, da derselbe gar nicht als Beweisstück, sondern wenn er Unwahrheiten enthält, nur als amtliche Lüge anzusehen ist: B. 18. Okt. 1852 c. Wagner.

19. Aus demselben Grunde gehören die Berichte und Anzeigen nicht hierher, welche von einem Gerichts-Exekutor in Beziehung auf die ihm aufgetragenen Exekutionen seiner vorgesetzten Dienstbehörde erstattet werden: B. I. 7. Sept. 1853 c. Budig (G. A. 2. s. 130); Z. I. 26. Mai 1854 c. Rohr (G. Arch. 2. s. 696); Z. I. 8. Sept. 1858 c. Klimang (G. A. 6. s. 717); vgl. § 325 n. 10.

20. Auch ein Deposital-Annahmebefehl, und die Anzeige des Rendanten über die nicht erfolgte Zahlung der im Befehle bezeichneten Summe sind keine Urkunden, da sie nur den inneren amtlichen Verkehr des Gerichts betreffen. So: B. I. 18. Apr. 1853 c. Neumann (Entsch. 25. s. 260; G. A. 1. s. 581). *Contra*: Z. II. 12. Juni 1856 c. Holzmann (in Betreff der von einem Gemeindevorstande an den Gemeinde-Empfänger erlassenen Annahme-Ordre).

21. Es bedarf in jedem Falle der ausdrücklichen thatsächlichen Feststellung, daß dem Beamten die Aufnahme oder Ausstellung der Urkunden vermöge seines Amtes obgelegen habe, resp. daß sie ihm vermöge seines Amtes anvertraut oder zugänglich gewesen seien: B. I. 23. Jan. 1861 c. Gläsmer (G. A. 9. s. 182).

22. Der Unterschied zwischen „aufnehmen“ und „ausstellen“ ist darin zu suchen, daß jener Ausdruck sich auf die amtliche Konstatirung der von andern Personen abgegebenen Erklärungen oder zwischen solchen stattgehabten Verhandlungen, dieser aber auf die Beurkundung anderer Thatsachen bezieht; vgl. Goltd. Matt. 2. s. 688.

23. Eine falsche Aufnahme amtlich zu führender Register liegt auch da vor, wo eine Eintragung, welche erfolgen soll, unterlassen wird, insofern dadurch die in den Registern rc. zu konstatirenden Thatsachen unrichtig dargestellt werden: Z. II. 26. April 1860 c. v. Kotze (JMBl. s. 362).

24. Nimmt ein früherer Beamter, unter Annahme der bereits verlornen amtlichen Eigenschaft, eine in das Gebiet seines frühern Berufs einschlagende antedatirte Urkunde auf, so findet § 323 keine Anwendung. Vergl. Gilbert C. pén. Art. 145 n. 38.

25. Die zweite im Absatze 1 des § vorgesehene Alterativen, welche die Verfälschung ächter Urkunden zum Gegenstande hat, bezieht sich auf anvertraute oder zugängliche Privaturkunden: G. Matt. 2. s. 688.

26. Die Frage, ob eine Urkunde dem Beamten vermöge seines Amtes zugänglich gewesen, ist eine thatsächliche: Z. I. 4. April 1855 c. Schrödter.

27. Der Abs. 1 des § 323 setzt nicht, wie § 247, voraus, daß der betreffende Beamte von der falschen Urkunde auch Gebrauch gemacht habe: Bes. s. 559 I; G. Matt. 2. s. 689 n. 4.

§. 324. Ein Beamter, welcher Gelder oder andere Sachen, die er in amtlicher Eigenschaft empfangen oder in Gewahrsam hat, unterschlägt oder zu unterschlagen versucht, wird mit Gefängniß nicht unter sechs Monaten, sowie mit zeitiger Untersagung der Ausübung der bürgerlichen Ehrenrechte bestraft.

[Entw. § 296]. Vgl. § 225. 227. 325. 331; Vdn. v. 24. Jan. 1844 (GS. f. 52).

---

28. Wird eins der im § 323 vorgesehenen Verbrechen zur Verdeckung einer amtlichen Unterschlagung verübt, so liegt ein Fall idealer Konkurrenz mit dem im § 325 vorgesehenen Verbrechen vor, und der letztere als der strengere wird maaßgebend.

§ 324.

Inhalt.

1. Ueber die Frage, wer als Beamter anzusehen sei, sind § 331 und die Bemerkungen zu demselben zu vergleichen.

2. Die Vorschrift des § ist keineswegs auf Kassen-Beamte und Kassenverwaltungen beschränkt: Z. I. 27. Juni 1860 c. Bulwien. Temme Lehrb. f. 1081.

3. Der Begriff der „Unterschlagung“ ist hier aus § 225 zu entlehnen, es müssen daher alle Begriffserfordernisse dieses § (insbesondre auch, daß die Handlung zum Nachtheile des Eigenthümers ꝛc. geschehen sei) festgestellt werden: B. 24. März 1852 c. Cherouny; B. I. 24. März 1854 c. Fuhrmann (G. Arch. 2. f. 696); B. I. 9. März 1855 c. Schaffran (G. A. 3. f. 400); Z. II. 3. Jan. 1856 c. Münch; Z. I. 16. Jan. 1857 c. Demuth (G. A. 5. f. 270); B. II. 20. Okt. 1859 c. Meyer. Sic: G. Matt. 2. f. 693; Temme Lehrb. f. 1081. *Contra:* Goltd. Arch. 2. f. 131. Vgl. § 225 n. 1.

4. Die Fassung dieses § weicht von der des § 225 insofern ab, als hier nicht nur im Allgemeinen „Sachen“, sondern auch speziell „Gelder“ als Gegenstand des Vergehens genannt werden. Es ist dieses geschehen, offenbar nicht um anzudeuten, daß die gewöhnliche Unterschlagung (§ 225) an Geldern oder andern fungibeln Sachen nicht möglich sei, sondern um hier speziell hervorzuheben, daß die Gelder, welche ein Beamter in amtlicher Eigenschaft und mit der Verpflichtung der Verwahrung ꝛc. empfängt, nie in sein Eigenthum übergehen, daß er sie vielmehr stets in specie aufzuheben und abzuliefern hat, und daß jede Verwendung der erhaltenen Spezies zu andern Zwecken eine Pflichtwidrigkeit darstelle. Daneben kann Umwechslung des Geldes gegen anderes gleichwerthes an sich sehr wohl statthaft, und möglicher Weise sogar instruktionsmäßig geboten sein; dann muß aber die wirkliche Umwechslung jeder anderen Verwendung nothwendig vorhergehen, damit die eingewechselten Spezies sofort an der Stelle der ausgewechselten Eigenthum des Berechtigten werden. Vgl. § 225 n. 4.

5. Mit Rücksicht darauf, daß im § Gelder ausdrücklich genannt werden, kann hier der Zweifel, ob ein Beamter eine Unterschlagung an fungibeln Sachen verüben könne (vgl. § 225 n. 4) gar nicht aufkommen.

6. Gleichgültig ist es, ob es sich von „öffentlichen“ Geldern und Sachen handelte, oder ob dieselben einer Privatperson zustanden: Temme Lehrb. f. 1081; es kommt daher Nichts darauf an, ob die unterschlagenen Gelder zu einer öffentlichen Kasse fließen sollten, diese also beschädigt wurde, oder ob sie z. B. zu den Emolumenten eines andern Beamten gehörten: Z. I. 14. Febr. 1855 c. Scharff.

7. Vorausgesetzt wird, daß die Gelder ꝛc. fremde sind (§ 225); als solche sind sie auch dann zu betrachten, wenn sie dem Beamten mit einem speziellen Auf-

trage in Betreff der Verwendung übergeben sind. Das gilt namentlich von Rechts-Anwalten und Notarien, welche solche Gelder noch in das durch die Min.-Verf. v. 14. Juni 1839 (JMBl. s. 210) vorgeschriebene Rechnungsbuch eintragen müssen: Z. I. 13. Okt. c. Siegerth.

8. Die Gelder rc. sind in „amtlicher Eigenschaft“ empfangen, sobald dieses bei Gelegenheit und in Veranlassung einer Amtshandlung geschah; es ist dabei unerheblich, ob der Angeklagte derjenige Beamte war, an welchen nach dem vorschriftsmäßigen Geschäftsgange die Gelder hätten gezahlt werden müssen: Z. (V.) I. 18. Apr. 1853 c. Neumann (Entsch. 25. s. 260; G. A. 1. s. 581); Z. I. 14. Jan. 1857 c. Neumann (G. A. 5. s. 271). Ist jenes der Fall, so macht es keinen Unterschied, ob die Empfangnahme mit oder ohne (speziellen oder generellen) Auftrag, oder ob sie nur in Folge einer Amtsüberschreitung oder gar einer Täuschung des Zahlenden (eines Betrugs) erfolgte, sobald nur der Zahlende dabei einer amtlichen Aufforderung nachkam und unterstellen mußte, der Angeklagte werde das Geld auftragsmäßig abliefern: Z. I. 26. Febr. 1860 c. Witt; Z. I. 1. März 1861 c. Parpart; Beschl. II. 23. Mai 1861 c. Ehrling (34. B; RdO. 1. s. 406). Ebenso ist es gleichgültig, ob durch die geschehene Zahlung der zur Erhebung berechtigten Behörde gegenüber Rechte erworben wurden: V. I. 22. Dez. 1858 c. Fricke (G. Arch. 7. s. 121). Demgemäß liegt eine nicht amtliche Empfangnahme nur da vor, wo sowohl beim Geber als beim Empfänger die Amtseigenschaft des Letztern außer Betracht blieb: cit. Z. I. 1. März 1861.

9. Hiernach ist der § auf einen Gerichts-Exekutor anwendbar, welcher mit der Beitreibung von Geldern beauftragt, eine angebotene Zahlung annimmt, und unterschlägt, selbst wenn derselbe zu jener Empfangnahme weder verpflichtet, noch autorisirt war, und sogar wenn er durch dieselbe seine Befugnisse überschritt: Z. I. 16. Dez. 1853 c. Grzanka (G. Arch. 2. s. 132); Z. I. 21. Sept. 1860 c. Woyna; Z. II. 14. Febr. 1861 c. Petersmark; u. ö.; oder wenn er die Zahlung durch eine Täuschung (Betrug) herbeiführt: Beschl. II. 23. Mai 1861 c. Ehrling (34. B; cit. n. 8).

10. Dasselbe gilt von einem Gemeinde-Exekutor, welcher einen als Gemeindeabgabe verschuldeten Betrag in Empfang nimmt, selbst wenn ihm der Auftrag dazu weder von der qualifizirten Person, noch in der vorgeschriebenen Form (schriftlich) ertheilt war, und er sich selbst mit der Empfangnahme des Geldes nach seiner Instruktion gar nicht befassen durfte: V. I. 2. Nov. 1860 c. Dambitz.

11. ...... ebenso von einem Postillon, welcher während der Verrichtung eines Postdienstes das von einem Passagier gezahlte Fahrgeld in Empfang nimmt, obgleich er zu dieser Empfangnahme nicht berufen war, und durch dieselbe gegen seine Instruktion handelte: V. I. 15. Apr. 1859 c. Klein (G. A. 7. s. 415).

12. ...... ebenso von einem Landbriefträger, welcher, trotz eines instruktionsmäßigen Verbots, es übernommen hat, einen Geldbrief für einen Dritten mit zur Post zu nehmen: V. I. 21. Okt. 1859 c. Wircinski (G. A. 7. s. 853; es war festgestellt, der Angeklagte habe unter thatsächlicher Bezugnahme auf seinen Beruf, den Brief angenommen).

13. ...... ebenso von einem Hauptsteuer-Amts-Assistenten, welcher an der Stelle des Rendanten eine zur Kasse geleistete Zahlung annimmt.

14. ...... ebenso von allen anderen Beamten, welche bei Gelegenheit einer ihnen amtlich aufgetragenen Geld-Erhebung auch andere Gelder ohne Auftrag zur Ablieferung an die Behörde, in Empfang nehmen: Z. II. 2. Nov. 1854 c. Fahle (G. A. 3. s. 142; ein mit dem Verkaufe der Mobilien einer Nachlaßmasse gerichtlich beauftragter Büreaugehülfe, hatte außerdem von Schuldnern jener Masse Zahlungen in Empfang genommen).

15. Ist festgestellt, daß ein Exekutor in dieser Eigenschaft Gelder empfangen hat, so folgt daraus mit Nothwendigkeit, daß er dieselben an das Kreisgericht abzuliefern habe; es bedarf daher in dieser Beziehung nicht einer ausdrücklichen Feststellung: Z. I. 18. Jan. 1861 c. Räther.

16. In Betreff des Erfordernisses, daß die Handlung zum Nachtheile des Eigenthümers rc. geschehen sein müsse, vgl. § 225 n. 34—40. Auch hier ist jede zeitweise Entziehung, und die dadurch dem Eigenthümer entzogene Möglichkeit jeden Augenblick über die Sache zu verfügen unbedenklich als ein Nachtheil anzusehen. Dasselbe gilt

von der Gefahr eines möglichen Verlustes. Der Thatbestand des Vergehens wird auch nicht dadurch beseitigt, daß der Defekt rc. durch vorher geleistete Kautionsbestellung gedeckt, oder vom Beamten Maaßnahmen getroffen sind, welche eine künftige Erstattung der Gelder sicher stellen sollen: Z. II. 24. Nov. 1859 c. Theves.

17. Es ist nicht unerläßlich, in der den Geschwornen vorgelegten Frage den durch die Unterschlagung Benachtheiligten mit Namen zu nennen: Z. I. 16. Sept. 1859 c. Schrabach.

18. Hat ein Kassen-Beamter vorschriftsmäßig zur Kasse Gelder eingezogen, welche er demnächst dritten Personen auf die von ihnen an die Kasse zu zahlenden Beträge gutschreiben soll (z. B. Jagdpachtgelder, welche den betr. Grundbesitzern auf die von ihnen zu leistenden Steuern anzurechnen sind), so begeht er, wenn er diese Gelder bei Seite schafft, eine Unterschlagung zum Nachtheile der Kasse, und nicht der Steuerpflichtigen, sollte er auch demnächst von den letzteren zuviel einziehen, und so den Ausfall wieder decken, — weil für das Zuviel-Gezahlte ein Ersatzanspruch gegen die Kasse bestehen bliebe. Die Handlung fällt daher unter § 324, und nicht etwa unter § 327: Z. II. 3. Mai 1856 c. Brüggemann. [Die Unterschlagung zum Nachtheile der Kasse war selbstständig und vollendet, ehe die Ueberhebung des Steuerpflichtigen hinzutrat; letztere stellte ein neues selbstständiges Vergehen dar, wenn die zuviel erhobenen Beträge nicht zur Kasse gebracht wurden. Natürlich würde die Sache anders liegen, und nur § 327 zutreffen, wenn der Kasse die eingezahlten Beträge ganz verblieben, sodann aber von den Pflichtigen zuviel erhoben, und dieses Zuviel nicht zur Kasse gebracht, sondern bei Seite geschafft würde].

19. Als Dolus wird hier weiter Nichts erfordert, als die Vorsätzlichkeit der Handlung an und für sich, und das Bewußtsein der Schadenszufügung, d. h. daß der Beamte mit dem Bewußtsein, und auf die Gefahr hin handelte, daß dadurch der Eigenthümer (die Kasse) benachtheiligt werden könne: Z. II. 14. Juli 1853 c. Steinbecker (Präj. n. 52; Entsch. 26. S. 152; G. A. 2. S. 126); Z. II. 18. Jan. 1855 c. Rohden (JMBl. S. 102; G. A. 3. S. 264); Z. II. 3. Mai 1856 c. Brüggemann; Z. (V.) I. 16. Sept. 1858 c. Herzog. Hiernach kommt auf die Absicht einer demnächstigen Wiedererstattung gar Nichts an. Nur dann, wenn der Beamte bei dem Verbrauchen der Gelder vollständig in der Lage, und sich bewußt war, daß er die durchaus bereiten Mittel besitze, um sofort und in jedem Augenblicke die beabsichtigte Erstattung leisten zu können, und wenn ihn dabei die Ueberzeugung leitete, daß für den Eigenthümer des Geldes nicht einmal die Gefahr eines Verlusts oder auch nur einer zeitweisen Entbehrung desselben obwalte — würde der Instanzrichter das Nichtvorhandensein des erforderlichen Dolus und sonach Straflosigkeit annehmen dürfen. Das deutet ein V. II. 22. Dez. 1853 c. Heidelberger an. Natürlich setzt eine solche Annahme das Vorhandensein besonderer Umstände voraus, welche es motiviren konnten, daß der Beamte, welcher im Besitze vollständig ausreichender eigner Mittel ist, statt dieser die ihm anvertrauten fremden Gelder zu einer persönlichen Ausgabe verwendete. Als Beispiel könnte dienen, wenn ein Rheinischer Gerichtsvollzieher außerhalb seines Wohnorts für einen Requirenten Gelder einzieht, und nun auf der betreffenden Dienstreise noch begriffen, zu unvorhergesehenen persönlichen Ausgaben veranlaßt wird, während ihm in seiner Wohnung die ausreichendsten Mittel zur Erstattung zu Gebote stehen. Auch dann begeht er eine Dienstwidrigkeit, eine Unterschlagung liegt aber, wenn er in der oben gedachten Ueberzeugung handelte, nicht vor. Dagegen kann selbstredend die Ueberzeugung des Thäters, daß die Verausgabung, und sonach die zeitweilige Entziehung der Gelder im Endresultate zu einer Benachtheiligung der Kasse rc. nicht führen werde, weil ihm Mittel zur Herbeiführung einer dereinstigen Deckung zu Gebote ständen, den oben erwähnten Dolus, und sonach den Thatbestand der Unterschlagung nicht beseitigen: Z. I. 17. Nov. 1854 c. Biernath (G. A. 3. S. 142). Vgl. im Uebrigen § 225 n. 53—56.

20. Das Vergehen ist vollendet, sobald die sofort abzuliefernden Gelder nicht abgeliefert und bei Seite geschafft sind; auf den Zeitpunkt, wo sie wirklich verbraucht werden, kommt dann Nichts mehr an; es ist daher gleichgültig, ob letzteres wirklich zu einer Zeit geschah, wo der Angeklagte bereits aufgehört hatte, Beamter zu sein: Z. II. 23. Febr. 1854 c. Fillinger.

§. 325. Sind in Beziehung auf die Unterschlagung die zur Eintragung oder Kontrole der Einnahmen oder Ausgaben bestimmten Rechnungen, Register oder Bücher unrichtig geführt, verfälscht oder unterdrückt, oder sind unrichtige Abschlüsse oder Auszüge aus diesen Rechnungen, Registern oder Büchern, oder unrichtige Beläge zu denselben vorgelegt, oder ist auf den Fässern, Beuteln oder Packeten der Geldinhalt fälschlich bezeichnet, so ist die Strafe Zuchthaus von drei bis zu zehn Jahren.

[Entw. § 297]. Vgl. § 324. 247 fgg. 323. 243 Nr. 5 und 7.

---

21. Ein Beamter, welcher wider besseres Wissen die Erstattung eines von ihm in einer Amts-Angelegenheit angeblich gemachten Vorschusses erwirkt, macht sich nicht der Unterschlagung, sondern (unter den geeigneten Voraussetzungen) eines Betrugs schuldig: Beschl. I. 30. Jan. 1861 c. Spiegelthal (37 B; RdO. 1. s. 332; G. A. 9. s. 291). *Contra:* Z. K.-H. 16. Juni 1852 c. Koch.

22. Es ist keine Unterschlagung, wenn ein Forstaufseher Bäume in dem seiner Obhut anvertrauten Walde frevelt, oder Bäume, welche andre Personen ohne seine Mitwirkung gefrevelt hatten, sich aneignet, sondern Holzdiebstahl, resp. Diebstahl: B. II. 12. Apr. 1855 c. Wirtz (Präj. n. 149; Entsch. 30. s. 354; G. A. 3. s. 840). Vgl. § 215 n. 44.

23. Ebensowenig ist es Unterschlagung, wenn ein Chausseegelderheber es unterläßt, von einzelnen Personen das verschuldete Chausseegeld zu erheben, und als Entgelt dafür sich von diesen Personen Dienste in seinem Privat-Interesse leisten läßt: Z. I. 26. Okt. 1853 c. Benzmann. Vgl. § 241 n. 63; § 310 n. 6.

24. Die in Gemäßheit der Vdn. v. 24. Jan. 1844 (GS. s. 52) im Verwaltungswege erfolgte Festsetzung des bei einer Kasse 2c. entstandenen Defekts ist als eine den Strafrichter bindende Entscheidung nicht zu betrachten.

§ 325.

1. Die Worte „die Unterschlagung“ enthalten hier eine Verweisung auf den § 324: B. II. 18. Jan. 1855 c. Stallknecht (G. A. 3. s. 719); es ist daher auch der Versuch der Unterschlagung hierher zu rechnen: G. Matt. 2. s. 696.

2. Die hier erwähnten Rechnungen, Register 2c. brauchen nicht den Charakter einer Urkunde an sich zu tragen, vgl. § 323 n. 4; ist dieses aber der Fall, so liegt ideale Konkurrenz mit dem Thatbestande des § 323 vor, und § 325 als der strengere ist allein anwendbar: Koch n. 43.

3. Wenn dagegen eine andere Urkundenfälschung mit der Unterschlagung zusammentrifft, so liegt eine reale Konkurrenz vor, und es greifen die Strafen des § 324 und die des § 323, resp. des § 247 kumulative mit der Maaßgabe der §§ 56. 57 Platz: G. Matt. 2. s. 696; Temme Lehrb. s. 1082 Note 4.

4. Auch der § 325 ist nicht auf Kassenbeamten und Kassengelder, überhaupt nicht auf Gelder zu beschränken, bezieht sich vielmehr an sich auf Beamte, Gelder und Sachen jeder Art: Z. Pl. 11. Dez. 1854 c. Fischer (JMBl. 1855 s. 335; Entsch. 29. s. 421; G. A. 3. s. 143); B. II. 18. Jan. 1855 c. Stallknecht (G. A. 3. s. 719). *Contra* früher: B. I. 27. Mai 1853 c. Grenz; Beschl. I. 24. März 1854 c. Strenge; u. ö.; welche eine mit einer Rechnungslegung über Einnahme und Ausgabe verbundene Kassenverwaltung verlangten. Vgl. aber n. 5.

5. Dagegen setzt der § eine wirkliche Verwaltung von Geldern oder Sachen voraus, auf welche die Führung der Rechnungen, Register, Bücher 2c. sich bezieht, so daß in ihnen dem Beamten außer den Geldern oder Sachen selbst, welche er unterschlägt, noch etwas Besonderes, was für die Verwaltung derselben von hoher Wichtigkeit ist, anvertraut, und die Verletzung dieses besondern Vertrauens der Grund ist, warum die Strafe der Unterschlagung so bedeutend erhöht wird: Z. Pl. 11. Dez. 1854 c. Fischer (JMBl. 1855 s. 335; Entsch. 29. s. 421; G. A. 3.

s. 143); B. II. 18. Jan. 1855 c. Stallknecht (G. A. 3. s. 719). *Contra* früher: Z. II. 7. Sept. 1854 c. Weidling (Präj. n. 103; Entsch. 28. s. 454).

6. Ein Auktions-Kommissarius hat eine wirkliche Verwaltung von Sachen und Geldern, über welche er Rechnung zu legen hat, und wobei das von ihm geführte Auktions-Protokoll zur Eintragung und Kontrolle der Einnahme dient; es wird daher eventuell § 325 auf ihn anwendbar: Z. I. 16. Sept. 1859 c. Schrebach; B. I. 26. April 1861 c. Mentzel (RdO. 1. s. 360; G. A. 9. s. 425). Dabei macht es auch keinen Unterschied, ob Jemand generell als Auktions-Kommissarius bestellt oder ob er als gerichtlicher Subaltern-Beamter nur einzelne Aufträge zur Verauktionirung von Sachen erhalten hat: cit. B. 26. April 1861.

7. Die „unrichtige Führung“ der Rechnungen rc. kann nur von demjenigen Beamten ausgehen, dem die Führung überhaupt obliegt; dagegen kann die Verfälschung und Unterdrückung auch in Betreff solcher Bücher erfolgen, die der betr. Beamte nicht selbst zu führen hat; es genügt, wenn dieselben sich auf seine Verwaltung beziehen, d. h. wenn sie zur Eintragung oder Kontrolle seiner Einnahmen und Ausgaben bestimmt sind: Z. I. 8. Febr. 1861 c. Kasischke (RdO. 1. s. 247; G. A. 9. s. 212). *Contra:* B. I. 4. Nov. 1853 c. Neubert. Ebendeshalb genügt auch eine Verfälschung in den von einem Andern (z. B. vom Amtsvorgänger) geführten Stellen des Registers rc.

8. Mit Rücksicht auf das unter n. 5 Gesagte ist es eine rechtliche Frage, ob eine unrichtig geführte Liste rc. zu den im § gedachten Rechnungen, Registern rc. zu zählen sei: B. II. 18. Jan. 1855 c. Stallknecht (G. A. 3. s. 719). Gleichwohl ist es unbedenklich statthaft, die Frage an die Geschwornen dahin zu richten: „ob der Angeklagte die zur Kontrolle der Einnahme rc. zu führenden Bücher rc. unrichtig geführt habe“: Z. I. 9. Jan. 1856 c. Dannenberg (G. A. 4. s. 216).

9. Die zur Kontrolle der Einnahmen eines Orts-Steuer-Erhebers bestimmten Register gehören zu den im § erwähnten: Z. I. 11. März 1859 c. Hennig.

10. Dagegen gehört die einem Gerichtsboten oder Exekutor zugestellte Kosteneinziehungsliste nicht hierher, weil der Bote nur die eingezogenen Kosten an die Kasse abzuliefern, mit einer Verwaltung derselben sich aber nicht zu befassen hat. Jene Liste enthält vielmehr nur einen Komplexus von Kosteneinziehungsaufträgen, und demnächst, wenn der Bote diese ausgeführt hat, seine Berichte hierüber an die Kasse, namentlich auch darüber, welche Posten er zur Ablieferung an die Kasse eingenommen hat: Z. Pl. 11. Dez. 1854 c. Fischer (Präj. n. 125; JMBl. 1855 s. 335; Entsch. 29. s. 421; G. A. 3. s. 143); B. II. 18. Jan. 1855 c. Stallknecht (G. A. 3. s. 719). *Contra* früher: Z. II. 7. Sept. 1854 c. Weidling (Präj. n. 103; Entsch. 28. s. 454). Vgl. G. Arch. 1. s. 264, und § 323 n. 19.

11. Dasselbe gilt von einem Post-Geldauslieferungsscheine. Der § 325 trifft daher da nicht zu, wo ein Briefträger, welcher einen Geldbrief unterschlägt, jenen Schein fälschlich mit dem Namen des Adressaten unterzeichnet: B. I. 27. Mai 1853 c. Grenz; B. I. 4. Nov. 1853 c. Neubert; vielmehr liegt in einem solchen Falle eine gewöhnliche mit der Unterschlagung realiter konkurrirende Urkundenfälschung vor; vgl. § 247 n. 15.

12. Dagegen ist eine Postgeldkarte für die Beamten, durch deren Hände eine Geldsendung geht, ein zur Kontrolle der Einnahme und Ausgabe dienendes Register, da nur durch sie und ihre Richtigkeit der Verbleib der Geldsendung kontrollirt, und die Haftung der einzelnen Beamten dem Post-Fiskus, sowie demjenigen Beamten gegenüber, welcher die Sendung zuerst in Empfang genommen, und dem Absender den Postschein ausgestellt hat, herbeigeführt und gesichert wird: Z. I. 30. März 1859 c. Gewiß. *Contra:* Z. I. 19. Dez. 1856 c. Bratsch (G. A. 5. s. 277).

13. Ist die stattgehabte Verfälschung der Bücher rc. festgestellt, so bedarf es einer speziellen Angabe, worin die unrichtige Führung zu finden sei, ebensowenig als der Feststellung, welche Angaben ursprünglich an der Stelle der jetzt durch die Verfälschung hineingesetzten gestanden haben: Z. II. 6. März 1856 c. Lambacher; Z. I. 22. Dez. 1858 c. Weiße (G. A. 7. s. 78).

14. Die Unterlassung einer durch das Amt gebotenen Eintragung in ein zur Kontrolle der Einnahme rc. bestimmtes Buch (z. B. der Eintragung eines eingelieferten Geldbriefs in das Annahmebuch durch einen Post-Beamten) stellt eine

§. 326. Ein Beamter, welcher Gebühren oder andere Vergütungen für amtliche Verrichtungen zu seinem Vortheile zu erheben hat, wird, wenn er Gebühren oder Vergütungen erhebt oder zu erheben versucht, von denen er weiß, daß die Zahlenden sie gar nicht oder nur in geringerem Betrage verschulden, mit Geldbuße bis zu Einhundert Thalern oder mit Gefängniß bis zu Einem Jahre bestraft; es kann zugleich auf zeitige Unfähigkeit zu öffentlichen Aemtern erkannt werden.

[Entw. § 298]. Vgl. § 327. 309. 25.

---

unrichtige Führung dieses Buchs dar: Z. I. 24. Febr. 1854 c. Prehn (Entsch. 27. s. 128; G. A. 2. s. 262); Z. I. 5. Jan. 1855 c. Rubel (G. A. 3. s. 144); Z. II. 25. Jan. 1855 c. Grandam; Z. I. 22. Dez. 1858 c. Weiße (G. A. 7. s. 78). Dasselbe gilt natürlich umsomehr von der gänzlichen Unterlassung der vorgeschriebenen Buchführung.

15. Vom rechtlichen Standpunkte ist es unerheblich, ob die vom unterschlagenden Beamten unrichtig geführten Register und Bücher von ihm unterschrieben sind oder nicht: B. II. 23. Febr. 1854 c. Fillinger. Vgl. § 323 n. 7.

16. Die Worte: „auf den Fässern, Beuteln oder Paketen“ sind nur auf die in der Kasse befindlichen, zum Kassenbestande gehörigen Fässer 2c. zu beziehen; es reicht daher die Feststellung einer fälschlichen Bezeichnung „auf einem Geldpakete“ zur Anwendung des § nicht hin: Z. I. 2. März 1859 c. Koschnick.

17. Wiederholte Fälschungen 2c. der Bücher 2c. zur Verdeckung einer einmaligen Unterschlagung sind (insofern sie nicht selbstständig den Thatbestand der Urkundenfälschung darstellen) nicht geeignet, einen Fall der realen Konkurrenz darzustellen, vielmehr bleibt es stets nur ein einziges, unter mehreren erschwerenden Umständen verübtes Verbrechen.

§ 326.

1. Der Unterschied des hier vorgesehenen Falles von dem durch § 309 mit Strafe bedrohten besteht darin, daß jener sich auf das Annehmen 2c. eines freiwillig gegebenen Geschenks bezieht, von welchem also der Zahlende sehr wohl weiß, daß er zur Zahlung nicht verpflichtet ist, während § 326 solche Zahlungen voraussetzt, welche in der Meinung ihrer rechtlichen Begründetheit und einer bestehenden Verpflichtung geleistet werden. Vgl. G. Matt. 2. s. 697 n. 3.

2. Der § bezieht sich auch auf Rechtsanwalte: Z. I. 23. Mai 1856 c. Richter; vgl. n. 3. 4; § 309 n. 8.

3. Ein Rechtsanwalt, welchem die Praxis bei einem andern Gerichte als dem seines Wohnorts unter der Bedingung gestattet worden ist, den Parteien dafür keine Reiseunkosten in Rechnung zu bringen, unterliegt der Strafvorschrift des §, sobald er dieser Beschränkung zuwider handelt: Z. I. 23. Mai 1856 c. Richter; Z. I. 7. März 1860 c. Harbarth.

4. Insoweit das Gesetz v. 12. Mai 1851 § 9 (GS. s. 658) unter Aufhebung des § 116. I, 7. der AGO. den Rechtsanwalten gestattet, nach Zustellung der Liquidation ihrer Gebühren und Auslagen ein den Betrag derselben übersteigendes Honorar anzunehmen, bleibt § 326 ausgeschlossen. Jene Vorschrift setzt gleichwohl voraus, daß das Honorar freiwillig dargeboten sei; demgemäß erachtete ein Z. 21. Mai 1852 c. Krauthofer den § 326 da für zutreffend, wo der Rechtsanwalt ein s. g. palmarium gefordert, oder auch nur das Versprechen eines solchen angeregt, und die Ausstellung eines schriftlichen Reverses darüber herbeigeführt habe; dem ist gleichwohl nur da zuzustimmen, wo das palmarium nicht als freiwilliges Geschenk versprochen worden ist; vgl. n. 1.

5. Auf Rheinische Advokaten und ihre Honorarforderungen ist § 326 gänzlich unanwendbar; anders verhält es sich dagegen mit Rheinischen Anwalten, Notarien, Gerichtsvollziehern; vgl. § 309 n. 8.

§. 327. Ein Beamter, welcher Steuern, Gebühren oder andere Abgaben für eine öffentliche Kasse zu erheben hat, wird, wenn er Abgaben, von denen er weiß, daß der Zahlende sie gar nicht oder nur in geringerem Betrage verschuldet, erhebt und das rechtswidrig Erhobene ganz oder zum Theil nicht zur Kasse bringt, mit Gefängniß nicht unter drei Monaten bestraft; auch kann gegen denselben auf zeitige Unfähigkeit zu öffentlichen Aemtern erkannt werden.

Eine gleiche Strafe hat ein Beamter verwirkt, welcher bei amtlichen Ausgaben an Geld oder Naturalien dem Empfänger vorsätzlich und rechtswidrig Abzüge macht und die Ausgaben als vollständig geleistet in Rechnung stellt.

[Entw. § 299]. Vgl. § 326. 25; Ges. v. 20. März 1837 (GS. s. 57).

§. 328. Ein Postbeamter, welcher die der Post anvertrauten Briefe und Packete in anderen als den im Gesetz vorgesehenen Fällen eröffnet oder unterdrückt, oder einem Anderen bei einer solchen Handlung wissentlich Hülfe leistet, wird mit Gefängniß nicht unter drei Monaten bestraft; auch soll gegen denselben auf zeitige Unfähigkeit zu öffentlichen Aemtern erkannt werden.

[Entw. § 300]. Vgl. § 280. 25; Verf. v. 31. Jan. 1850 Art. 33; Post-Ges. v. 5. Juni 1852 § 48. 49 (GS. s. 357).

---

6. Taxüberschreitungen bei Erhebung von Mäklergebühren sind, da Mäkler keine Beamten sind (vgl. Gew.-Ordn. v. 17. Jan. 1845 § 51. 93), nicht nach § 326, sondern nach § 186 der citirten Gew.-Ordn. zu bestrafen, welcher an die Stelle der Kab.-Ordre vom 23. Nov. 1837 (GS. s. 218) getreten ist: Koch n. 44. *Contra*: G. Matt. 2. s. 697 n. 4.

7. Als Dolus genügt im Falle des § 326 das Bewußtsein, daß die betr. Gebühren nicht verschuldet werden; im Uebrigen ist es gleichgültig, ob sich der Beamte dadurch bereichert, oder ob er sich dadurch vor sonstigen Verlusten bewahren will; der § trifft daher auch da zu, wo der Beamte sich auf diesem Wege nur den Ersatz für die gemachten Auslagen verschaffen wollte: B. I. 7. März 1860 c. Harbarth. *Contra:* Temme GA. s. 320, welcher ein Handeln zum eignen Vortheile fordert.

8. Der Richter der That wird kein Bedenken tragen, auch das Abfordern zu hoher Gebühren als einen Versuch der Erhebung anzusehen. Vgl. Goltd. Matt. 2. s. 697 n. 2.

9. Die Anhäufung unnöthiger Kosten, sowie das Erheben zu hoher Gebühren zum Vortheile der Kasse ist nur im Disciplinarwege zu ahnden: G. Matt. 2. s. 697 n. 1.

§ 327.

1. Konkurrirt mit dem hier vorgesehenen Vergehen eine Urkundenfälschung, so wird § 56 anwendbar.

2. Ueber den Fall, wo ein Beamter zur Kasse eingezahlte Beträge unterschlägt, und den dadurch entstandenen Ausfall in der Weise deckt, daß er von den Zahlungspflichtigen der Kasse zu hohe Beträge einzieht, vgl. § 324 n. 18.

§ 328.

1. Der Dolus braucht hier nur auf die unbefugte Eröffnung ꝛc. gerichtet zu

§. 329. **Ein gerichtlicher Anwalt oder ein anderer Rechtsbeistand, welcher bei den ihm vermöge seiner amtlichen Eigenschaft anvertrauten Angelegenheiten in derselben Rechtssache beiden Parteien durch Rath oder Beistand pflichtwidrig dient, wird mit Gefängniß nicht unter drei Monaten bestraft.**

Handelt derselbe vorsätzlich im Einverständniß mit der Gegenpartei zum Nachtheil seines Klienten, so tritt Zuchthaus bis zu fünf Jahren ein.

[Entw. § 301]. Vgl. § 155.

---

sein; es ist keineswegs erforderlich, daß eine Verletzung des Briefgeheimnisses durch Kenntnißnahme vom Inhalte des geöffneten Briefs bezweckt sei: Z. I. 15. März 1854 c. Stöffel (G. A. 2. s. 839).

2. Die Ausnahmefälle können nicht durch ein bloßes Reglement, sondern nur durch ein Gesetz bestimmt werden: K.-B. II. K. s. 165.

3. Gleichwohl fällt die Eröffnung eines unbestellbaren Briefs zur Ermittlung des Absenders, als in den Zwecken der Versendung liegend, auch wenn sie nur auf Grund und in Gemäßheit eines Reglements erfolgt, nicht unter den §: Koch n. 45.

4. Als eine Unterdrückung ist auch die rechtswidrige, d. h. bewußte Ausantwortung an einen nicht berechtigten Dritten zu betrachten: G. Matt. 2. s. 699; dem stehen die §§ 48. 49 des Post.-Ges. v. 5. Juni 1852 nicht entgegen.

§ 329.

1. Unter den „andern Rechtsbeiständen“ sind z. B. Rheinische Advokaten, die Syndiken einer Stadtgemeinde, nicht aber, wie Temme (Lehrb. s. 1085 Note 2) glaubt, auch die Justitiarien der höhern Verwaltungsbehörden zu verstehen, welche nicht selten amtlich berufen sind, in Beziehung auf beide Parteien (z. B. auf zwei streitende Gemeinden ihres Bezirks) amtlich thätig zu sein.

2. „Rechtssachen“ sind hier solche Sachen, bei welchen zwei oder mehrere Personen mit widerstreitenden Interessen betheiligt sind: Koch n. 46. Daß sie schon an ein Gericht gebracht worden seien, oder auch nur gebracht werden sollen oder können, ist nicht erforderlich; jede rechtliche Angelegenheit, in der es überhaupt auf Rath oder Beistand ankommt, gehört hierher: Temme Lehrb. s. 1085. Vgl. G. M. 2. s. 701 n. 4.

3. Hiernach sind auch Strafsachen nicht ausgeschlossen, vorausgesetzt, daß es sich auch hier um widerstreitende Interessen handelt: Temme l. c.

4. Ein „Dienen durch Rath oder Beistand“ findet nur da statt, wo Rath oder Beistand im Interesse desjenigen, welchem gerathen rc. ist, geleistet wird; Rathschläge und Beistand, welche im Interesse des eignen Klienten dem Gegner gewährt werden, z. B. zur Herbeiführung eines Vergleichs oder einer beschleunigten Entscheidung, gehören nicht hierher: Koch n. 46.

5. Die Pflicht, dem Gegner nicht zu Dienst zu sein, beginnt erst mit der wirklichen Uebernahme der Sache für den andern; so lange daher noch die Unterhandlungen in Betreff der Uebernahme schweben, bleibt jedenfalls § 329 ausgeschlossen; läßt sich der Rechtsanwalt in einem solchen Falle mit dem Gegner ein, so kann, wenn nicht die Offenbarung eines anvertrauten Privatgeheimnisses (§ 155) vorliegt, nur das Disciplinarverfahren Anwendung finden. Vgl. Koch n. 46; G. Matt. 2. s. 701 n. 6.

6. Dagegen greift der § 329 auch da Platz, wo das pflichtwidrige Dienen für beide Parteien successive stattgefunden hat, wo also dem einen der Beistand rc. erst dann geleistet ward, nachdem das Verhältniß zum Gegner vollständig gelöst war. Hier unterscheidet das Gesetz offenbar nicht: G. Matt. 2. s. 701 n. 6. *Contra:* Koch n. 46. Nur im Falle des zweiten Absatzes wird die Fortdauer des Verhältnisses zum ersten Klienten vorausgesetzt.

§. 330. Ein Amtsvorgesetzter, welcher seine Untergebenen zu einem Verbrechen oder Vergehen im Amte vorsätzlich verleitet oder zu verleiten versucht, oder ein solches Verbrechen oder Vergehen seiner Untergebenen wissentlich geschehen läßt, soll zu der auf dieses Verbrechen oder Vergehen angedrohten Strafe verurtheilt werden; in allen Fällen ist zugleich auf zeitige Unfähigkeit zu öffentlichen Aemtern zu erkennen.

Dieselbe Bestimmung findet auch auf einen Beamten Anwendung, welchem eine Aufsicht oder Kontrole über die Amtsgeschäfte eines Mitbeamten übertragen ist, sofern das von diesem letztern Beamten verübte Verbrechen oder Vergehen die zur Aufsicht oder Kontrole gehörenden Geschäfte betrifft.

[Entw. § 302]. Vgl. § 34. 35.

§. 331. Die Vorschriften dieses Titels finden Anwendung auf alle öffentliche Beamte, sie mögen in unmittelbarem oder mittelbarem Staatsdienste stehen, auf Lebenszeit oder nur zeitweise oder vorläufig angestellt sein, einen Diensteid geleistet haben oder nicht.

---

7. Beistand kann auch durch Unterlassungen geleistet werden: G. Matt. 2. s. 702 n. 7.

8. Der Eintritt eines wirklichen Nachtheils wird nicht erfordert: G. M. 2. s. 702 n. 8; Koch n. 46; Temme Gll. s. 321. *Contra:* id. Lehrb. s. 1085, wo derselbe mit Unrecht zum Thatbestande des § 329 den vollen Thatbestand der Untreue (§ 246) verlangt.

9. Auch im Falle des zweiten Absatzes genügt ein Handeln mit dem Bewußtsein der Schädlichkeit, ohne daß ein wirklich eingetretener Nachtheil erfordert würde: G. Matt. 2. s. 702 n. 8. Jedenfalls aber kann jenes als Versuch des Verbrechens angesehen werden.

§ 330.

1. Der Verleitungs-Versuch braucht hier nicht den Bedingungen des § 31 zu entsprechen. Vgl. § 31 n. 38.

§ 331.

Inhalt.

1. Die Vorschriften dieses § finden nicht nur bei den im Amte begangenen Verbrechen, sondern auch da Anwendung, wo es sich von einem gegen einen Beamten begangenen Verbrechen 2c., d. h. also um den Schutz des Beamten handelt: J. M. 2. Juli 1857 c. Brick.

Nehmen Personen, welche keine Beamte sind, an einem der in diesem Titel bezeichneten Verbrechen oder Vergehen Theil, so sollen, soweit keine Ausnahmen bestimmt sind, die allgemeinen Grundsätze über Theilnahme gelten. Auf den im § 309. vorgesehenen Fall findet diese Bestimmung keine Anwendung.

[Entw. § 303]. Vgl. § 34. 35; ALR. II, 10 § 1 fgg.; AKO. v. 11. Aug. 1832 (GS. f. 204).

---

2. Oeffentlicher Beamter ist derjenige, welcher von der vollziehenden Gewalt im Staate unmittelbar oder mittelbar als ein Organ zur Ausführung irgend eines der unmittelbaren Zwecke des Staats bestellt ist: Temme Lehrb. f. 1072. Das Wesentliche der Beamten-Qualität besteht in der provisorischen oder definitiven Anvertrauung der Amtsgeschäfte durch die berechtigte Behörde, und in der Uebernahme derselben von Seiten des dazu Verstatteten (AKO. v. 11. Aug. 1832); auf die Dauer der Uebertragung kommt Nichts an: B. I. 17. Juni 1853 c. Fröhlich (G. A. 2. f. 566); B. I. 30. Sept. 1859 c. Nentwich (G. A. 7. f. 852); u. ö.

3. Die Bestellung (z. B. eines Ortsvorstandes) durch die dazu berufene Provinzialbehörde muß selbst dann, wenn zur Zeit die zur definitiven Ernennung erforderliche höhere Genehmigung noch fehlt, als eine provisorisch gültige angesehen werden: Z. I. 16. Juli 1858 c. Advena.

4. Die amtliche Verpflichtung wird nicht erst durch die Vornahme, oder den Inhalt einer Vereidung begründet: Z. I. 14. Febr. 1855 c. Scharff; Z. I. 17. Okt. 1856 c. Krause; Z. I. 28. Jan. 1859 c. Unger; Z. I. 20. Febr. 1861 c. Kuschte; u. ö.

5. Ebenso ist es gleichgültig, ob der Betreffende für seine Verrichtungen ein festes Einkommen oder nur Tagegelder bezieht: Z. I. 4. Okt. 1860 c. Köhn.

6. . . . . . ebenso, ob der Betreffende den Disciplinargesetzen unterliegt: Z. I. 4. Jan. 1860 c. Köhn.

7. Auch weibliche Personen können unter den geeigneten Voraussetzungen als Beamte angesehen werden: Z. I. 13. Mai 1859 c. Gerst.

8. Die Frage, ob eine Stellung oder Thätigkeit als eine amtliche, und ob sonach der damit Betraute als Beamter zu betrachten sei, ist eine rechtliche, und nur die nach dem Vorhandensein der thatsächlichen Voraussetzungen einer solchen Beamten-Qualität ist thatsächlich. Wenngleich daher an und für sich auch diese Qualität und die fernere Frage, ob der Betreffende die fragliche Handlung in dieser Eigenschaft vorgenommen habe, zu den thatsächlichen, durch die Geschwornen festzustellenden Momenten gehören, so darf doch, sobald jene rechtliche Frage streitig wird, der Begriff »Beamter« nicht in die Fragstellung aufgenommen, derselbe muß vielmehr durch die genaue Angabe der speziellen dienstlichen Beziehungen ersetzt werden, damit hiernach der Richter des Rechtspunkts die Entscheidung treffen könne: B. I. 17. Juni 1853 c. Fröhlich (G. A. 2. f. 566); Z. I. 4. April 1855 c. Schrödter; B. I. 30. Sept. 1859 c. Nentwich (G. A. 7. f. 852); B. I. 23. Jan. 1861 c. Gläsmer (G. A. 9. f. 182).

9. Ein mit einem Qualifikationsattest versehener Referendar, welcher durch Präsidialverfügung einem Gerichte überwiesen ist, um die Geschäfte kennen zu lernen, ist qualifizirt, einen gerichtlichen Termin abzuhalten: Z. I. 8. Juni 1859 c. Kittlau.

10. Rechtsanwalte, Notarien, Gerichtsvollzieher stehen im unmittelbaren Staatsdienste: Z. I. 26. Jan. 1859 c. Honsberg; Z. I. 5. Dez. 1860 c. Teßmar; Goltd. Matt. 1. f. 518; 2. f. 668; Bes. f. 565 b. Vgl. AGO. Anh. § 462.

11. Dasselbe gilt von Vorstehern und Verwaltern öffentlicher Armen-Anstalten: ALR. II, 19 § 80; Bes. f. 566 b.

12. Darüber, welche Postbedienten als Beamten zu betrachten sind, vgl. Instr. des Min. für Handel rc. v. 8. Jan. 1853 § 2 (Staats-Anz. f. 77).

13. Ein mit Genehmigung der vorgesetzten Dienstbehörde in einer Postexpedition als Privatgehülfe des Expediteurs beschäftigter Post-Expeditions-Gehülfe

ist als Beamter anzusehen, wenngleich jener ihn entlassen kann, und auch für seine Handlungen und Unterlassungen der Postbehörde unmittelbar verantwortlich bleibt: B. I. 17. Juni 1853 c. Fröhlich (G. A. 2. s. 566); Z. I. 23. Juni 1858 c. Krufsky; ähnlich: Z. 10. Sept. 1852 c. Treskow; Z. I. 5. Juli 1854 c. Hüneke; Z. I. 13. Dez. 1854 c. Albrecht. Vgl. Regl. des Gen.-Post-Amts v. 31. Jan. 1833. Dasselbe gilt von demjenigen, welcher nach abgeleistetem Diensteide, mit Genehmigung der Ober-Post-Direktion als überzähliger und unbesoldeter Arbeiter bei einer Post-Expedition beschäftigt wird: Z. I. 13. Dez. 1854 c. Lorenz. Vgl. n. 22.

14. Ein Gleiches gilt von einem Post-Briefträger, sollte er auch nur vom Post-Expedienten angenommen, und nur für gewisse Zwecke vereidet sein: Z. I. 14. Febr. 1855 c. Scharff.

15. . . . . . ebenso von Postillonen, insoweit und so lange sie Postdienste verrichten: B. Pl. 19. Nov. 1857 c. Spartus (Präj. n. 244; JMBl. 1858 s. 74; Entsch. 37. 2. s. 38; G. A. 6. s. 62); Z. I. 12. Sept. 1856 c. Lange (JMBl. s. 316; G. A. 4. s. 851); Z. II. 7. Jan. 1858 c. Melchers; B. I. 15. April 1859 c. Klein. Vgl. § 105 n. 7; AGO. I. 2 § 258; Erl. des Gen.-Post-Meisters v. 24. Juni 1831 (v. Kamptz Jahrb. 38. s. 113); Instr. v. 23. Nov. 1852 IV (St.-Anz. s. 1655); Instr. v. 8. Jan. 1853 § 2. 7 (St.-Anz. s. 77); Abh. in G. Arch. 6. s. 57.

16. Dagegen sind die Posthalter nicht mehr wie nach der Postordnung vom 26. Nov. 1782 Beamte: B. Pl. 30. Nov. 1857 c. Spartus (JMBl. 1858 s. 74; Entsch. 37. 2. s. 38; beiläufig).

17. Ueber die die gutsherrliche Polizei ausübenden Gutsbesitzer und deren Vertreter vgl. § 102 n. 25. 26.

18. Ueber Schiedsrichter und Schiedsmänner vgl. § 102 n. 23. 24.

19. Alle Lehrer der Volksschulen und der höhern öffentlichen Unterrichts-Anstalten sind Beamte: Verf. v. 31. Jan. 1850 Art. 23; G. Matt. 1. s. 518. Das gilt selbst von den Lehrern einer unter Mitwirkung der zuständigen Verwaltungsbehörden errichteten und der amtlichen Kontrolle unterliegenden Handwerkerfortbildungsschule, sollten dieselben auch weder vereidet, noch remunerirt sein: Z. II. 13. Mai 1861 c. Rostiz (RdO. 1. s. 396).

20. Dasselbe gilt von Schul-Inspektoren und Medizinal-Aufsichts-Beamten: G. Matt. 1. s. 518.

21. Feldmesser, Oekonomiekommissarien und Baukondukteure sind als Beamte anzusehen, sobald ihnen eine ihrer Qualifikation angehörige Beschäftigung von einer öffentlichen Behörde (z. B. die Ausführung eines Chausseebaues durch die Kreis-Bau-Kommission) übertragen ist, sollte dieses auch durch einen Privatkontrakt geschehen sein: B. I. 8. Juli 1857 c. Hackbarth (G. A. 5. s. 693); Z. I. 6. Juni 1860 c. Geiß; vgl. n. 26; AKO. v. 19. Jan. 1833 (GS. 34 s. 4).

22. Ein von der vorgesetzten Dienstbehörde ordnungsmäßig angenommener Civilsupernumerar ist, soweit er mit der Verrichtung an sich amtlicher Geschäfte (z. B. mit einer gerichtlichen Versteigerung in einer Nachlaß- oder Vormundschaftssache) betraut ist, ein Beamter: Z. I. 7. Sept. 1860 c. Funck; vgl. AKO. vom 19. Nov. 1849; Min.-Verf. v. 26. Nov. 1849. Dasselbe gilt von den Rheinischen Hülfsgerichtsschreibern; vgl. n. 23. 13.

23. Dagegen haben Schreiber, welche von einem Büreau-Vorstande lediglich auf den Grund einer Privat-Uebereinkunft angenommen und entlassen, und so zeitweise auf einem amtlichen Büreau beschäftigt werden, nicht die Eigenschaft eines Beamten: Beschl. I. 19. Okt. 1853 c. Helft. Vgl. n. 13. 22.

24. Hofbeamten sind keine öffentlichen Beamten: Temme Lehrb. s. 1072 Note 1. Anders verhält es sich mit dem General-Intendanten der Königlichen Schauspiele, weil das betr. Institut als öffentliche Anstalt für staatliche Zwecke zu betrachten ist: B. I. 25. Sept. 1858 c. Mecklenburg (JMBl. s. 207; G. A. 7. s. 378).

25. Geistliche sind keine Beamten: Temme Gll. s. 316; id. Lehrb. s. 1072 Note 1. Vgl. § 102 (welcher Religionsdiener neben öffentlichen Beamten nennt), und dort n. 13.

26. Dasselbe gilt von Gewerbtreibenden, welche einer besondern Approbation zc. bedürfen, z. B. Baumeister, Aerzte u. s. w., sollten sie auch von der Obrigkeit besonders verpflichtet werden: Bes. s. 564; vgl. n. 21.

27. Wenn auch nicht die Beamten aller Korporationen als mittelbare Staatsdiener gelten können (ALR. II, 10 § 69), so sind doch jedenfalls die Beamten derjenigen Korporationen dahin zu rechnen, welche für öffentliche Zwecke gestiftet sind, und unter beständiger Leitung des Staats stehen: Z. I. 15. Nov. 1854 c. Willutzki; B. I. 11. Juli 1855 c. Fährmann. Dienste, welche einer Korporation geleistet werden, sind nur insoweit als mittelbar dem Staate geleistet anzusehen, als die Korporation die Bestimmung hat, Zwecke des Staats zu erfüllen, und Rechte der Staatsgewalt auszuüben: B. II. 30. Juni 1853 c. Maasch (Präj. n. 54; Entsch. 26. s. 163; G. A. 2. s. 566). Vgl. Bes. s. 565.

28. Zu den mittelbaren Staatsbeamten gehören hiernach die Beamten der Gemeinden, mit Einschluß der Gemeinde-Vorstände (Magistrate), und ihrer Mitglieder: G. Matt. 1. s. 518. Das gilt von Bürgermeistern, Beigeordneten, Gemeinde-Empfängern, Gemeinde-Dienern, Gemeinde-Nachtwächtern, Gemeinde-Förstern, Gemeinde-Feldhütern u. s. w., vgl. § 102 n. 28—33; ebenso von den Beamten städtischer Anstalten (z. B. einer Gasanstalt), sollten sie auch nicht auf Lebenszeit angestellt sein: Z. II. 18. April 1861 c. Schulze.

29. Dasselbe gilt von dem mit Genehmigung der vorgesetzten Behörde durch die Gemeinden bestellten Erheber von Steuern, (vgl. z. B. Klassensteuer-Ges. v. 30. Mai 1820 § 9a und 6a), ohne daß es dabei auf eine durch die Regierung bewirkte förmliche Anstellung oder Vereidung ankäme; dem steht auch § 54. II, 7. des ALR., nach welchem die Steuererhebung zunächst den Schulzen obliegt, nicht entgegen, sowie es auch gleichgültig ist, ob eventuell die Gemeinde für die von ihrem Erheber unterschlagenen Beträge verantwortlich ist oder nicht: Beschl. I. 3. März 1854 c. Schröder; B. I. 26. Juni 1857 c. Janke (G. A. 5. s. 694); Z. I. 11. März 1859 c. Hennig; u. ö. Dasselbe gilt umsomehr, wenn der Schulze selbst Steuererheber ist: Z. (B.) II. 7. April 1859 c. Kaselitz.

30. Dagegen sind die einzelnen Stadtverordneten keine Beamten, vgl. § 102 n. 34. 35.

31. Zu den mittelbaren Staatsbeamten gehören auch die Beamten der ständischen Verbände und Institute, überhaupt alle verwaltenden Organe der Gemeinden, Kreise, Provinzen und anderer korporativer Verbände, z. B. der Deich- und Feuersozietäten, der Ritterschaften und Landschaften, der kommunal-ständischen Verbände zc.: G. Matt. 1. s. 518. Das gilt z. B. von den Bezirks- und Kirchspiels-Kommissarien, welche unter Leitung der betr. Regierung, resp. des Landraths für die Feuer-Sozietäten der landschaftlich nicht assoziationsfähigen ländlichen Grundbesitzer in den Regierungsbezirken Königsberg und Gumbinnen (vgl. Reglements v. 30. Dez. 1837; GS. 1838 s. 125 und 153) gewisse Funktionen auszuüben haben: Z. I. 15. Nov. 1854 c. Willutzki; B. I. 11. Juli 1855 c. Fährmann.

32. „Eine Eisenbahn-Gesellschaft ist, insoweit sie Erwerbszwecke der „Aktionäre verfolgt, keine Staatsanstalt, und nimmt diese Eigenschaft auch dadurch „nicht an, daß der Staat sich gegen Ertheilung der Konzession gewisse gegenwärtige „und eventuelle Rechte für Staatszwecke vorbehalten hat. Die bei der Verwaltung „von Einnahmen und Ausgaben derselben beschäftigten Beamten sind daher inso„weit auch nicht als mittelbare Staatsdiener anzusehen.“ Insoweit den Gesellschaften dagegen die Ausübung der Bahn-Polizei überlassen worden ist, sind auch die Bahnbeamten in Beziehung auf ihre die Bahnpolizei betreffenden Rechte und Pflichten als Beamten zu betrachten: B. II. 30. Juni 1853 c. Maasch (Präj. n. 54; Entsch. 26. s. 163; G. A. 2. s. 566); B. II. 14. Mai 1857 c. Schwabe. Diese Eigenschaft der Privateisenbahnbeamten wird auch dadurch nicht beseitigt, daß sie keinen andern Eid geleistet haben, als der Eisenbahndirektion treu und gehorsam zu sein: B. II. 29. Okt. 1857 c. Schwabe.

33. Dadurch, daß der Staat die Leitung eines Privat-Eisenbahn-Unternehmens für die Aktionäre übernimmt, sowie durch die Bestellung einer Königlichen Direktion, und durch die Beilegung des Amts-Charakters an die Mitglieder derselben, erlangen nicht auch die von dieser Direktion angenommenen oder

Dritter Theil.

Von den Uebertretungen.

Erster Titel.

Von der Bestrafung der Uebertretungen im Allgemeinen. *)

---

von der früheren Privat-Direktion übernommenen Unter-Angestellten den Charakter als „Beamte“; es kommt vielmehr darauf an, ob auch diese in den Staatsdienst übernommen worden sind. Vgl. Beschl. I. 16. Febr. 1859 c. Maja (23. B; JMBl. S. 106).

34. Ueber Privatförster und Privatfeldhüter vgl. § 102 n. 36. 37.

35. Die Rentbeamten der Standesherrn und mediatisirten Fürsten sind Beamte: G. Matt. 1. S. 517; vgl. § 102 n. 10.

36. Dagegen sind die Beamten der Zünfte, Innungen und Gewerbe keine mittelbaren Staats-Beamten (vgl. ALR. II, 8 § 190 fgg.): Z. 8. Okt. 1852 c. Pollähne (G. A. 1. S. 264); Z. 29. Okt. 1852 c. Naumann; Z. I. 9. Febr. 1853 c. Gran. Sic: Temme Lehrb. S. 1072 Note 1.

37. Die Ertheilung eines einzelnen privatrechtlichen Auftrags durch eine Behörde, z. B. die gerichtliche Bestellung eines Sequesters oder eines Aufsehers über in Beschlag genommene Sachen, giebt nicht den Charakter als Beamter: B. I. 22. Dez. 1858 c. Szmyt (Entsch. 40. 2. S. 17; G. A. 7. S. 101).

38. Im Uebrigen sind in Betreff der Frage, wer als Beamter anzusehen sei, die Bemerkungen zu § 89 n. 1—13 und zu § 102 n. 17—40 zu vergleichen.

39. Behauptet ein Nichtbeamter, welcher an einem der im Titel 28 vorgesehenen Verbrechen rc. Theil genommen hat, die Qualität des betr. Beamten nicht gekannt zu haben, so ist es nach § 44 seine Aufgabe, diese Nichtkenntniß zu beweisen; vgl. § 44 n. 8.

40. Wenngleich nach § 35 auf den Theilnehmer dasselbe Strafgesetz, wie auf den Urheber eines Verbrechens rc. anzuwenden ist, so kann doch die in einzelnen §§ angedrohte zeitige Unfähigkeit zu öffentlichen Aemtern nur den Beamten, welcher das Verbrechen rc. selbst begangen hat, nicht auch den Theilnehmer treffen, weil diese Strafe ihren Grund in der Verletzung der besondern, durch das Amt auferlegten Pflichten hat; selbst wenn daher ein andrer Beamter Theil an einem Amtsverbrechen rc. nimmt, ohne gleichwohl dadurch selbst ein solches zu begehen, kann ihn jene zusätzliche Strafe nicht treffen (unbeschadet seiner Verfolgung im Disciplinarwege). Bes. S. 566 b.

41. Die Ausnahmen, auf welche Absatz 2 hindeutet, beziehen sich auf die §§ 311 und 313, welche für den Fall der Bestechung gegen den Bestechenden eine besondre Strafe androhen, so daß seine That nicht als Theilnahme an dem Verbrechen des Beamten oder Geschwornen anzusehen ist, welcher sich bestechen läßt. Das gilt aber nur von der Theilnahme an der passiven Bestechung; wenn dagegen der Beamte in Folge der Bestechung die ihm zugemuthete Pflichtwidrigkeit wirklich begeht, und diese den Charakter eines Amtsverbrechens oder Vergehens an sich trägt, so ist der Bestechende als Anstifter nach § 34 Nr. 1 und 35 zu bestrafen: Beschl. II. 15. Dez. 1859 c. v. Kotze (74. B; G. A. 8. S. 553); vgl. § 311 n. 15. 16.

*) Erster Titel.

1. Die Frage: „ob und wie weit die im ersten Theile enthaltenen allgemeinen Bestimmungen über die Bestrafung, welchen in diesem Titel nicht ausdrücklich vorgesehen ist, auch auf Uebertretungen anzuwenden seien,“ ward in der Kommission der II. K. angeregt, aber nicht entschieden; man hielt dafür, daß bei der Anwendung der dort ausgesprochenen Regeln immer der Unterschied festgehalten werden müsse, daß im zweiten Theile die Bestrafung der Absicht, welche in der

That ihren Ausdruck finde, hier nur die Rüge einer Handlung Gegenstand des Strafgesetzes sei, und glaubte bei der großen Schwierigkeit, für die mannigfachen Arten der Uebertretungen spezielle Vorschriften aufzustellen, und bei der Gefahr, durch Exemplifikationen den eigentlichen Zweck zu verfehlen, keine ausdrücklichen Vorschriften deshalb empfehlen zu dürfen, vielmehr erwarten zu müssen, daß die Rechtsprechung die aus dem Prinzipe entspringenden Folgen ableiten werde: K.-B. II. K. s. 172. Goltdammer (Matt. 2. s. 709) und Temme (Lehrb. s. 1088) halten dafür, daß alle allgemeinen Grundsätze über Bestrafung der Verbrechen rc. auch bei den Uebertretungen Anwendung finden müßten, sofern sie nicht ausdrücklich, oder vermöge ihrer Natur auf Verbrechen rc. beschränkt, oder insofern nicht für Uebertretungen ausdrücklich andre Grundsätze aufgestellt seien. *Sic:* Z. I. 23. Febr. 1853 c. Lucht (Entsch. 25. s. 217; G. A. 1. s. 563) in Betreff der „zur Anwendung einer Strafe überhaupt erforderlichen Voraussetzungen, weil hierüber im dritten Theile keine Bestimmung getroffen sei.“ *Contra:* Beseler bei der Berathung des Gesetzes v. 3. Mai 1852 (Materialien zu diesem s. 666), welcher in der Regel die allgemeinen Bestimmungen auf Uebertretungen nicht für anwendbar erachtete. Vgl. n. 7. 8.

2. Nur Individuen, nicht juristische Personen, oder eine Mehrheit von Personen als solche, können wegen einer Uebertretung verfolgt werden; vergl. Strafverf. § 1 n. 9.

3. Bei den Verletzungen eines polizeilichen Verbots kommt es nicht auf die Absicht, sondern nur auf die That in ihrer äußern Erscheinung an: Bes. s. 577 IV. Es bedarf daher bei einer Polizei-Uebertretung der Feststellung eines Dolus, oder auch nur einer Fahrlässigkeit nicht: B. Kass.-H. 31. Mai 1834 c. Lützeler (Rh. A. 20. 2. A. s. 30); B. id. 16. Febr. 1852 c. Schlegel; B. II. 5. Jan. 1854 c. Kramer; B. II. 15. Febr. 1855 c. Birschel; B. II. 26. April 1855 c. Kirst; B. II. 20. Dez. 1860 c. Schmidts. Vgl. K.-B. II. K. s. 172 (oben n. 1). *Contra:* Temme Lehrb. s. 1089 IV. Vgl. G. Matt. 2. s. 710 n. 2. Beseler (l. c.) will diesen Grundsatz gleichwohl nicht für solche Handlungen gelten lassen, welche eine wahre Rechtsverletzung enthalten, und nur mit Rücksicht auf das Strafmaaß zu den Uebertretungen gezählt werden, z. B. für Beleidigungen, Entwendungen von Eßwaaren u. dergl. Auf eine Jagd-Polizei-Uebertretung wandte B. II. 15. Febr. 1855 c. Birschel ihn an. Vergl. § 347 n. 40.

4. Auch ein Rechtsirrthum kann eine Uebertretung nicht straflos machen. Vgl. Goltd. Matt. 2. s. 709 n. 1. Das gilt namentlich von der Unkenntniß der Strafverordnung: B. II. 26. April 1855 c. Kirst.

5. In Betreff der Zurechnungsfähigkeit kommen unbedenklich die allgemeinen Grundsätze auch hier zur Anwendung: Bes. s. 577 V; G. Matt. 2. s. 710 n. 4; Temme Lehrb. s. 1089 III; daher „finden die §§ 40—44 auch bei Uebertretungen Anwendung“: Z. I. 23. Febr. 1853 c. Lucht (Präj. n. 21; Entsch. 24. s. 496; 25. s. 217; G. A. 1. s. 563). *Contra:* Beseler (Matt. z. Ges. v. 3. Mai 1852 s. 666).

6. Auch darüber, ob für die von einem Unzurechnungsfähigen begangenen Uebertretungen derjenige zu haften habe, welchem die besondre Aufsicht über jenen oblag, gelten die allgemeinen Grundsätze: G. Matt. 2. s. 710 n. 4.

7. Auf eigentliche Polizei-Uebertretungen, d. h. auf solche Handlungen, welche wegen der durch sie bewirkten Gefährdung des gemeinen Wohls, um Beschädigungen vorzubeugen, und ohne Rücksicht auf ihren Erfolg mit Strafe bedroht sind, finden die in Betreff der Theilnahme an Verbrechen rc. geltenden Grundsätze keine Anwendung: Beseler s. 576; id. Aeußerung in der II. K. (Matt. z. Ges. v. 3. Mai 1852 s. 666); Temme Lehrb. s. 312 n. 10; s. 1089 V; Erk. App.-Ger. Frankfurt 25. Febr. 1853 c. Babeliowski (G. A. 1. s. 265). Das ist aber auf solche Handlungen nicht auszudehnen, welche eine Rechtsverletzung in sich schließen, daher eigentlich den Charakter eines Vergehens an sich tragen, und nur mit Rücksicht auf das angedrohte Strafmaaß den Uebertretungen beigezählt sind: Z. (B.) I. 23. April 1856 c. Blüchert (JMBl. s. 169; G. A. 4. s. 553); B. I. 4. Febr. 1857 c. Heck (Haase und Gen.); Z. I. 23. Nov. 1860 c. Görner; G. Matt. 2. s. 710 n. 2.

8. Demgemäß ist die Theilnahme an solchen Uebertretungen, welche in Zuwiderhandlungen gegen Finanzgesetze bestehen, unbedingt strafbar; das gilt namentlich von Zoll- und Steuer-Defraudationen (vgl. Zoll-Str.-Gesetz vom

§. 332. Als Uebertretungen sind nur solche Handlungen oder Unterlassungen zu bestrafen, welche durch Gesetze oder gesetzlich erlassene Verordnungen der Behörden unter Strafe gestellt sind.

[Entw. § 304]. Vgl. § 1. 2; Einf.-Ges. Art. VIII. XIII. XIV. XX; ALR. II, 13 § 6; II, 17 § 10 fgg.; Vdn. v. 26. Dez. 1808 § 45; Reg.-Instr. v. 23. Okt. 1817 § 11 (GS. s. 255); (Rh.) Ress.-Regl. v. 20. Juli 1818 § 32. 33; (Rh.) Ges. v. 16. bis 24. Aug. 1790 Tit. 11 Art. 2. 3. 5; (Rh.) Ges. v. 19. bis 22. Juli 1791 Tit. 1 Art. 46. 30. 31; Pol.-Ges. v. 11. März 1850 § 5 fgg. (GS. s. 265).

---

23. Jan. 1838 § 16): B. I. 4. Mai 1855 c. Rabbat; Z. (B.) I. 23. April 1856 c. Blüchert (JMBl. s. 169; G. A. 4. s. 553); B. II. 29. Jan. 1857 c. Ellinger; B. II. 8. Okt. 1857 c. Mayland; B. II. 18. Jan. 1860 c. Schuhmacher; Erk. L.-G. Saarbrücken 24. Juli 1854 c. Metzinger (Rh. Arch. 50. 2. B. s. 8).

9. Die Begünstigung einer Uebertretung ist in keinem Falle strafbar; das gilt selbst von einer als Uebertretung zu ahndenden Zoll- oder Steuer-Defraudation: B. I. 25. Jan. 1856 c. Köhring (Blankenburg u. Gen.). Vgl. § 37 n. 3.

10. Ueber die Bestrafung der im Auslande begangenen Uebertretungen vgl. § 4 und dort n. 36.

11. Allgemeine polizeiliche Verbote können, insofern die betreffende Verordnung dieses nicht ausdrücklich gestattet, durch privatrechtliche Verträge nicht aufgehoben werden; daher darf der Jagdpächter einer allgemeinen Polizei-Verordnung zuwider nicht über die in seinem Jagdreviere liegende Eisenbahn gehen, sollte diese von der Jagdverpachtung auch nicht ausgeschlossen sein, und die Eisenbahn-Gesellschaft an den Pachtgeldern Theil nehmen: B. II. 15. Febr. 1855 c. Frings.

12. Wenn Mehreren die Verabsäumung einer ihnen gemeinschaftlich obliegenden, von dem Gesetze unter Androhung einer Strafe für den Unterlassungsfall gebotenen Handlung zur Last fällt, so trifft Jeden die volle Strafe: Erk. App.-Ger. Hamm (G. A. 2. s. 566). Vgl. Einf.-Ges. Art. XII n. 39. 40.

§ 332.

Inhalt.

1. Rücksichtlich des Begriffs der „Uebertretungen“ sind § 1 und Einf.-Ges. Art. VIII, rücksichtlich der Kompetenz Einf.-Ges. Art. XIII, XIV und XX und das Gesetz v. 14. April 1856 Art. I § 1—3 (s. 22) zu vergleichen. Nach ausdrücklicher Vorschrift dieses § können auch bloße Unterlassungen den Thatbestand einer Uebertretung darstellen, vgl. § 340 Nr. 7; 345 Nr. 8—11; 347 Nr. 1. 3. 4: B. II. 15. Mai 1856 c. vom Hövel.

2. Die Befugniß der einzelnen Behörden, allgemeine Polizeiverordnungen zu erlassen, und Zuwiderhandlungen mit Strafen zu bedrohen, war früher regulirt durch ALR. II, 17 § 10 fgg.; Vdn. v. 26. Dez. 1808 § 45; Reg.-Instr. vom 23. Okt. 1817 § 11; zu vergleichen war darüber ein Staats-Min.-Beschl. v. 25. Febr. 1845 (JMBl. s. 34; Rh. Samml. 9. s. 11). Für das linke Rheinufer enthielten ein Gesetz v. 16—24. Aug. 1790 Tit. 11 Art. 2. 3. 5, und ein Gesetz v. 19—22. Juli 1791 Tit. 1 Art. 46; für das Großherzogthum Berg das Dekr. v. 18. Dez. 1808 Art. 28,

und außerdem für die ganze Rheinprovinz das Ress.-Regl. v. 20. Juli 1818 § 32. 33. die maaßgebenden Bestimmungen.

3. Jetzt richtet sich diese Befugniß der verschiedenen Behörden für den ganzen Staat nach dem (Polizei-) Gesetze v. 11. März 1850 § 5 fgg. Die betr. Bestimmungen sind weder durch den Königlichen Erlaß v. 19. Juni 1852 (GS. s. 388), noch durch das Gesetz v. 24. Mai 1853 Art. 1. 2 (GS. s. 235), noch durch das Ges. v. 14. April 1856 (GS. s. 354) außer Kraft gesetzt worden: Z. II. 7. Okt. 1858 c. Buchholtz (JMBl. s. 366).

4. Wenngleich das Pol.-Ges. v. 11. März 1850 in den Hohenzollernschen Landen nicht förmlich publizirt worden ist, so kann doch die dortige Provinzial-Regierung auf Grund der §§ 11. 12 desselben bindende Polizei-Verordnungen erlassen, weil die für jene Lande ergangene Organisations-Verordnung v. 7. Jan. 1852 die Regierungs-Instruktion vom 23. Okt. 1817 mit den zu derselben ergangenen erläuternden, ergänzenden und abändernden Bestimmungen als Verwaltungsnorm aufstellt, und zu diesen ergänzenden und abändernden Bestimmungen auch die citt. §§ 11. 12 gehören: B. II. 29. April 1858 c. Schmidt.

5. Ueber die Erlassung solcher Polizeiverordnungen, bei welchen das Militär besonders konkurrirt, vgl. Cirk. d. Min. d. J. v. 21. Aug. 1852 (MBl. s. d. i. Verw. s. 218).

6. Die Regierungen können die ihnen in dieser Beziehung zustehenden Befugnisse nicht auf die Landräthe übertragen; die letztern sind nicht befugt, bindende Polizei-Verordnungen zu erlassen: Z. Kass.-H. 5. Okt. 1852 c. Achternbusch (Rh. Arch. 47. 2. A. s. 132); Z. II. 7. Okt. 1858 c. Buchholtz (JMBl. s. 366).

7. Die Regierungen, welche für mehrere Gemeinden ihres Bezirks verbindliche Polizei-Verordnungen erlassen können, sind auch befugt, eine andere örtliche Begränzung für die Wirksamkeit derselben anzuordnen, und z. B. für einen bestimmten See oder für einen einzelnen Forst eine solche Verordnung zu erlassen: Beschl. I. 26. Sept. 1860 c. Rosenow (139. B; JMBl. s. 410).

8. Nach der Verordnung v. 28. März 1811 § 2. 6 (GS. s. 166) bedurften Erlasse der Provinzial-Verwaltungsbehörden zu ihrer Gültigkeit der Verkündung durch das Amtsblatt, selbst wenn sie sich nur auf einzelne Orte, oder auf einzelne Klassen der Einwohner bezogen: Z. I. 2. Nov. 1860 c. Post. Demnächst ordnete eine AKO. v. 8. Febr. 1840 (GS. s. 32) an, daß die Art der Publikation kreis- und lokalpolizeilicher Verordnungen durch die Regierungen bestimmt werden solle; das ist jetzt in Betreff der durch die örtliche Polizei-Verwaltung erlassenen Verordnungen durch § 5 des Ges. v. 11. März 1850 wiederholt worden; rücksichtlich der von den Bezirksregierungen ausgehenden Polizei-Verordnungen ist die Publikationsart, nach Vorschrift des § 11 ibid. durch eine Instr. d. Min. des Innern vom 6. Juni 1850 (MBl. s. d. i. Verw. s. 176) geregelt. Vor der cit. AKO. erfolgte die Verkündung lokalpolizeilicher Verordnungen nach dem Herkommen; ob sie damals genügend geschehen sei, unterliegt dem thatsächlichen Ermessen: B. II. 2. April 1857 c. Althen.

9. Aus der AKO. v. 8. Febr. 1840 [und § 5 des Ges. vom 11. März 1850] (siehe n. 8) ist nur zu folgern, daß die Regierung ein für alle Male und für alle Arten von Lokalverordnungen die Art der Publikation feststellen, nicht aber, daß sie für verschiedene Arten von Verordnungen verschiedene Publikationsarten vorschreiben könne; jedenfalls ist eine Verfügung, welche nur zur allgemeinen Kunde bringt, daß eine Polizeiverordnung ergangen sei, und Bestimmungen darüber trifft, wie sich der Einzelne Kenntniß vom Inhalte derselben verschaffen könne, nicht als eine jenen Bestimmungen entsprechende Anordnung zu betrachten: Beschl. I. 5. Dez. 1855 c. Mettke.

10. Nichtbeobachtung der für die Publikation vorgeschriebenen Förmlichkeiten zieht die Ungültigkeit der ganzen Verordnung nach sich: Z. Kass.-H. 23. Febr. 1852 c. Faaß (Rh. A. 46. 2. A. s. 109); Z. II. 15. Nov. 1855 c. Leuchtenrath.

11. Der Polizei-Richter ist berufen zu prüfen, ob die Verkündung einer Polizei-Verordnung in der vorgeschriebenen Weise erfolgt sei; diese Prüfung kann ihm durch eine allgemeine Bescheinigung der betr. Polizeibehörde: „die Publikation sei vorschriftsmäßig erfolgt“, nicht entzogen werden, vielmehr muß die Be-

scheinigung ergeben, daß und welche einzelne, zur Publikation erforderliche Akte stattgefunden haben: Z. II. 6. Jan. 1859 c. Weiß (Rh. A. 54. 2. A. s. 61).

12. Aeltere, in vorschriftsmäßiger Weise ergangene und verkündete Polizei-Verordnungen sind, insofern sie nicht Materien betreffen, welche das StGB. vorgesehen hat, in Kraft verblieben. Vgl. Gesetz v. 11. März 1850 § 19; G. Matt. 2. s. 714 n. 1c; Koch n. 51. Auch bedürfen sie nicht einer nochmaligen, in Gemäßheit der Vorschriften der §§ 5 und 11 des Ges. v. 11. März 1850 zu bewirkenden Verkündung: B. Kass.-Hof 10. April 1852 c. Paschen (Rh. Arch. 47. 2. A. s. 47). Vgl. n. 37.

13. Die in gesetzlicher Weise erlassenen Polizei-Verordnungen stehen, was ihre Wirksamkeit anlangt, den Gesetzen vollständig gleich: Temme Gll. s. 322. Die Verletzung oder unrichtige Anwendung einer solchen Verordnung kann im Wege der Nichtigkeitsbeschwerde ebenso, wie die Verletzung einer materiellen Gesetzesvorschrift, geltend gemacht werden. Vgl. Strafverf. Art. 107 n. 20.

14. Die gehörig publizirten Polizeiverordnungen sind für alle in der Gemeinde ꝛc. sich aufhaltenden Personen verbindlich; insbesondere kann auch der Fremde sich nicht auf seine Unbekanntschaft mit denselben berufen: Gilb. C. pén. Art. 471 § 15 n. 27. 28.

15. Das den polizeilichen Verbotsbestimmungen überwiesene Gebiet umfaßt jedenfalls diejenigen Materien nicht mit, deren statutarische Ordnung und Handhabung durch die zuständige oberste Verwaltungsstelle der Kommunalbehörde als solcher zugetheilt ist: B. II. 24. Sept. 1857 c. Rapp (es handelte sich von dem Zwange, einer Handwerksunterstützungskasse beizutreten, wobei das ministeriell genehmigte Statut die nähern Vorschriften der Kommunalbehörde vorbehalten hatte).

16. Hat die Regierung eine Polizeiverordnung erlassen, und es sich dabei vorbehalten, dieselbe später auf andre, zunächst nicht davon betroffene Gegenstände auszudehnen, so steht es der Ortspolizeibehörde nicht zu, diese Ausdehnung ihrerseits auf Grund des Pol.-Gesetzes v. 11. März 1850 auszusprechen: Z. II. 5. März 1857 c. Mökers.

17. Dem Bürgermeister einer Sammt-Gemeinde steht (nach der Gem.-Ordn. vom 11. März 1850) die Polizei-Verwaltung in den zur letztern gehörenden Einzel-Gemeinden nur dann zu, wenn sie ihm von der Staats-Regierung (d. i. hier der Bezirksregierung) übertragen worden ist; ist dieses geschehen, so kann er für den ganzen Umfang der Sammt-Gemeinde Polizeiverordnungen erlassen, die dann aber zu ihrer Gültigkeit der Publikation in den Einzel-Gemeinden bedürfen: B. II. 28. Apr. 1853 c. Kimpler (Rh. A. 48. 2. A. s. 55); ähnlich: B. II. 30. Sept. 1854 c. Ohligschläger; B. II. 5. Okt. 1854 c. Bruckmann; B. II. 18. Jan. 1855 c. Schmitz; B. II. 7. Jan. 1858 c. Heffs (Rh. A. 54. 2. A. s. 3).

18. Die durch das Gesetz v. 11. März 1850 § 5 angeordnete vorgängige Berathung mit dem Gemeinde-Vorstande fällt da weg, wo ein solcher neben dem die Ortspolizei handhabenden Gemeindevorsteher ꝛc. nicht existirt: B. II. 30. Sept. 1854 c. Ohligschläger; B. II. 5. Okt. 1854 c. Bruckmann; B. II. 7. Jan. 1858 c. Heffs (Rh. A. 54. 2. A. s. 3).

19. Der cit. § 5 erfordert eine vorgängige Berathung mit dem Gemeinde-Vorstande, nicht aber eine Zustimmung desselben: B. I. 3. Mai 1854 c. Kretzschmer (JMBl. s. 268; G. A. 2. s. 684); Z. II. 7. Okt. 1858 c. Buchholtz (JMBl. s. 366).

20. Dem Erfordernisse der „Berathung mit dem Gemeinde-Vorstande“ ist genügt, wenn der Entwurf der Verordnung dem letztern zur Erklärung vorgelegt worden ist, derselbe es aber unterlassen hat, eine solche Erklärung abzugeben. So: Z. II. 7. Okt. 1858 c. Buchholtz (JMBl. s. 366).

21. Die Vorschrift des § 7 des Pol.-Ges. v. 11. März 1850 (die Zustimmung der Gemeinde-Vertretung zu den über Gegenstände der landwirthschaftlichen Polizei ergehenden Polizeiverordnungen betreffend) ist selbst da maaßgebend, wo eine solche Verordnung auch nur theilweise Gegenstände der gedachten Art betrifft (insofern nicht ausdrücklich hervorgehoben ist, daß einzelne der ergangenen Bestimmungen auf rein polizeilichen Motiven beruhen): Z. II. 15. Mai 1856 c. Marquet. Vgl. n. 22.

22. Die nach § 13 des cit. Ges. v. 11. März 1850 erforderliche Zustimmung

des Bezirksraths zu den von der Bezirksregierung in Betreff der landwirthschaftlichen Polizei zu erlassenden Vorschriften fällt weg, seitdem das Gesetz vom 24. Mai 1853 (GS. f. 228) den Art. 103 der Verfassung aufgehoben hat, das Gesetz also Bezirksräthe nicht mehr kennt; insbesondere ist damit auch die durch Min.-Verf. v. 13. März 1852 angeordnete Vertretung der Bezirksräthe durch die Gen.-Kommissionen weggefallen: Beschl. I. 26. Okt. 1860 c. Rosenow (139. B; JMBl. f. 410). Derselbe Beschluß sprach im Uebrigen aus: die Gerichte hätten nicht zu untersuchen, ob es nach § 13 cit. der Zustimmung der General-Kommission bedurft habe, da ihre Prüfung sich auf die Bestimmungen der §§ 5. 11 und 15 beschränken müsse; vgl. n. 41. 21.

23. Die Ortspolizeibehörde kann verbieten, daß gewisse öffentliche Wege ihres Bezirks mit einer gewissen Gattung von Fuhrwerk befahren werden: B. K.-Hof (Int. d. Ges.) 1. Mai 1852 c. Geulen (Rh. Arch. 47. 2. A. f. 97).

24. Die Benutzung des Eigenthums und der Realrechte kann im Wege polizeilicher Verfügungen beschränkt werden, wenn dieselben die öffentliche Ordnung und Sicherheit, sowie das öffentliche Interesse überhaupt zu befördern bestimmt sind, und sich auf eine durch ein Gesetz gegebene Ermächtigung stützen: Z. II. 6. April 1854 c. Haas; B. II. 8. Jan. 1857 c. Knorsch; B. II. 1. Dez. 1859 c. Lorenz.

25. Ebenso ist es gestattet, zum Schutze zu Recht bestehender Schranken der Gerechtsame einzelner Gemeindemitglieder an den Gemeindeforsten strafandrohende Verordnungen zu erlassen; dagegen darf in gleicher Weise die Dispositionsbefugniß der Gemeindeglieder über das ihnen aus dem Gemeindeforste zugetheilte, durch sie bereits eigenthümlich erworbene Holz (z. B. durch ein Verbot: dieses Holz zu verkaufen) nicht beschränkt werden: Z. II. 22. Nov. 1855 c. Mößer; ähnlich: Z. K.-H. 25. Mai 1852 c. Endres; Z. id. 28. Sept. 1852 c. Schug (Rh. Arch. 47. 2. A. f. 128).

26. Auf dem linken Rheinufer ist die Ausübung der Stoppel- und Koppel-Weide durch Einzelhüten des Viehs gestattet (Rur.-Ges. v. 28. Sept. — 6. Okt. 1791 Tit. 1 Abschn. 4 Art. 12; Ges. v. 5. Juli 1844 § 9); eine diese Befugniß beschränkende Polizei-Verordnung ist daher nicht verbindlich: Z. II. 3. Nov. 1859 c. Becker.

27. Die Befugniß, im örtlichen Interesse Polizei-Verordnungen zu erlassen, darf nicht dahin ausgedehnt werden, der richterlichen Entscheidung über Eigenthum und Besitz-Recht vorzugreifen, wo die Gesetze eine diesfällige Ausnahme nicht begründen: Z. (B.) II. 1. Okt. 1857 c. Römerscheid (Rh. Arch. 53. 2. A. f. 35; in einem Falle, wo Eigenthum und Besitz zwischen der Gemeinde und Privaten streitig waren, hatte der Bürgermeister als Ortspolizeibehörde ein allgemeines Strafverbot erlassen, das betr. Grundstück zu betreten); ähnlich: Z. II. 15. Apr. 1858 c. Hoppe.

28. Fiskalische Maßregeln können im Wege einer Polizei-Verordnung nicht angeordnet, und Zuwiderhandlungen nicht mit Strafe bedroht werden (z. B. das Nichtzahlen einer für die Benutzung eines städtischen Schlachthauses zu entrichtenden Gebühr): Z. Kass.-H. 1. Juli 1837 c. Wischen (Volkm. f. 450); Z. Kass.-H. 20. Nov. 1849 c. Hirsch.

29. Nichtleistung der den Gemeinde-Angehörigen obliegenden Gemeindedienste kann nicht im Wege einer Polizei-Verordnung mit Strafe bedroht werden, wenn das Gesetz selbst (z. B. Rh. Gem.-Ordn. v. 23. Juli 1845 § 23. 25; vgl. Gem.-Ordn. v. 11. März 1850 § 122) für einen solchen Fall nur Beitreibung des Geldwerths im Exekutionswege angeordnet hat: Z. II. 24. Juni 1858 c. Wagner; Z. II. 8. März 1860 c. Hartmann (Rh. Arch. 55. 2. A. f. 36; Art. 7 a. E. des Ges. v. 15. Mai 1856 erleidet auf Gemeindedienste keine Anwendung).

30. Die Regierungen können nicht die Betreibung irgend eines Handelsgeschäfts (z. B. des Kleinhandels mit Spiritus) im Wege einer Polizei-Verordnung von der Erlangung einer polizeilichen Erlaubniß abhängig machen: Z. I. 26. Okt. 1860 c. Tarnowski; Z. I. eod. c. Trieglaff.

30 a. Die Funktionen, welche durch das Gesetz einer bestimmten Behörde überwiesen sind, können nicht durch Polizei-Verordnungen der Provinzialregierung auf andre Behörden übertragen werden: Z. II. 1. Juni 1861 c. Klein (RhO. 1. f.).

31. Nach dem Ges. über das Deichwesen v. 28. Jan. 1848 § 15 c. (GS. f. 57) soll für jeden Deichverband ein landesherrlich zu vollziehendes Statut abge-

faßt werden, welches unter Anderem auch die von den Grundbesitzern zu übernehmenden Beschränkungen des Eigenthums näher bestimmen soll; dadurch dürfte die Befugniß, im polizeilichen Wege weiter gehende Beschränkungen anzuordnen, ausgeschlossen sein. *Contra:* B. II. 8. Jan. 1857 c. Knorsch, weil den Ortsbehörden gestattet sein müsse, der Möglichkeit einer auf diesem Gebiete eintretenden Gefahr für Personen und Eigenthum entgegen zu wirken.

32. Ueber die Statthaftigkeit einer Polizei-Verordnung, welche allen Markthändlern 2c. die Benutzung einer städtischen Waage zur Pflicht macht, vergl. § 348 n. 16.

33. Der Umstand, daß die §§ 9 und 11 des Ges. v. 31. Dez. 1842 über die neu anziehenden Personen nur denjenigen, welche Neu-Anziehende aufnehmen, die Anmeldung derselben unter Androhung einer Polizeistrafe zur Pflicht machen, und den Neu-Anziehenden im Falle der unterlassenen Meldung nur die Erwerbung eines Armen-Domizils versagen, steht nicht entgegen, daß die Verwaltungsbehörden nach Anleitung des Pol.-Ges. v. 11. März 1850 auch gegen die die Meldung versäumenden Neu-Anziehenden selbst, namentlich gegen solche, welche erkennen lassen, daß sie einen dauernden Aufenthalt beabsichtigen, Strafandrohungen erlassen: B. II. 25. Nov. 1858 c. Heutges.

34. Schreibt eine höhere z. B. ministerielle Verfügung vor, daß irgend eine Handlung oder Unterlassung nicht durch Polizei-Verordnungen mit Strafe bedroht werden soll, so ist eine damit im Widerspruche ergehende Pblizei-Verordnung unverbindlich: Z. II. 21. Okt. 1858 c. Ackermann.

35. Den Polizeibehörden kann es nicht verwehrt werden, auch die Theilnahme an den von ihnen untersagten Handlungen mit Strafe zu bedrohen. *Contra:* Temme Lehrb. s. 312 n. 10. Vgl. Thl. III Tit. 1 n. 7.

36. Ein vom Handelsminister erlassenes Eisenbahnbetriebs-Reglement, welches der Eisenbahn-Verwaltung unter gewissen Voraussetzungen Ansprüche auf erhöhte Fahrtaxen und gewisse damit in Verbindung stehende Befugnisse dem Publikum gegenüber einräumt, stellt eine Polizei-Verordnung nicht dar; Zuwiderhandlungen gegen dasselbe sind daher nicht als strafbare Handlungen zu betrachten: Z. II. 28. Okt. 1858 c. Berkhölzer.

37. Nach dem Ges. v. 11. März 1850 § 5 u. 11, sowie nach der Fassung des § 332 genügt es jetzt nicht mehr, wenn eine Polizei-Verordnung im Allgemeinen nur ein Verbot ausspricht, es muß dieselbe vielmehr die ausdrückliche Androhung einer Strafe enthalten: G. Matt. 2. s. 714 n. 2; so auch Verf. d. Min. d. Inn. v. 6. Juni 1850 Nr. 2 (VMBl. s. 176): „es solle entweder ein bestimmtes Strafmaaß, oder ein Maximum und Minimum angedroht werden“. Das ist indessen auf ältere in gesetzlicher Weise ergangene Polizeiverordnungen nicht auszudehnen; auch wenn sie keine ausdrückliche Strafandrohung enthalten, sind sie doch wirksam geblieben, und es ist die Höhe der Strafe in solchen Fällen jetzt nach dem zum Einf.-Gesetz Art. VIII n. 3 aufgestellten Grundsatze zu bemessen; für den Bezirk des App.-Hofs zu Köln hatte das Ress.-Regl. v. 20. Juli 1818 § 33 das Strafmaaß in allen solchen Fällen auf Geldbuße von 1 bis 5 Thlr. bestimmt. Vgl. § 335 n. 1. 2.

38. In Betreff des Strafmaaßes, welches eine Polizeiverordnung androhen kann, vgl. § 333 n. 3; § 335 n. 3—5; § 344 n. 21.

39. Ueberschreitet eine Polizeiverordnung bei der Strafandrohung das zulässige Straf-Maaß, so ist sie deshalb nicht ungültig, sondern nur die Strafe in dem geringeren vom Gesetze gestatteten Maaße zu verhängen: Cass. 10. April 1819 (Sir. Coll. nouv. 6. 1. 56 und dort die Note). Vgl. § 333 n. 3.

40. Eine Polizeiverordnung kann nicht neben der Strafandrohung gegen den Urheber einer Uebertretung auch die Haftbarkeit dritter Personen für die jenen treffenden Verurtheilungen zu Geldbuße und Kosten (z. B. der Aeltern, Lehrherrn 2c.) anordnen: Z. I. 30. Mai 1856 c. Kliscz (Prox u. Gen.); Z. I. eod. c. Wybranietz (G. A. 4. s. 688).

41. Die Gerichte haben (nach § 15 des Ges. v. 11. März 1850 nur darüber zu entscheiden, ob eine Polizei-Verordnung in gültiger Form erlassen worden, und ob sie eine mit den Gesetzen oder den Verordnungen einer höheren Instanz in Widerspruch stehende Bestimmung enthalte; insbesondere steht ihnen nicht eine Kognition

§. 333. **Die Strafen der Uebertretungen sind folgende:**
1) **polizeiliche Gefängnißstrafe,**
2) **Geldbuße,**
3) **Konfiskation einzelner Gegenstände.**

[Entw. § 305]. Vgl. § 334. 341. 335. 18. 19.

§. 334. **Die polizeiliche Gefängnißstrafe besteht, insofern nicht das Gesetz ein Anderes bestimmt (§ 341.), in einfacher Freiheitsentziehung; die Dauer derselben beträgt mindestens Einen Tag, zu vierundzwanzig Stunden gerechnet, und höchstens sechs Wochen.**

[Entw. § 306]. Vgl. § 14. 15. 341.

---

darüber zu, ob das von der betr. Polizeibehörde angegebene Motiv der Verordnung richtig sei oder nicht: B. II. 5. Nov. 1857 c. Strathmann. Vgl. n. 22 a. E. Anders verhält es sich mit den in der Rheinprovinz von den Munizipalbehörden früher auf Grund der unter n. 2 cit. Gesetze erlassenen Verordnungen; in Betreff ihrer haben die Gerichte zu untersuchen, ob sie auf die Materien Bezug haben, welche den gedachten Behörden überwiesen waren.

42. Eine über Privatverhältnisse zwischen prozeßführenden Parteien ergangene Entscheidung kann (selbst wenn eine dieser Parteien der Fiskus, und dieser der unterliegende Theil war), nicht als Verordnung einer höhern Instanz im Sinne des § 17 des cit. Ges. v. 11. März 1850 angesehen werden: Z. II. 7. Okt. 1858 c. Buchholtz (JMBl. s. 366).

43. Wenn auch der Polizeirichter einer Polizeiverordnung aus dem Grunde, weil sie mit bestehenden Gesetzen im Widerspruch steht, die Anwendbarkeit versagen darf, so steht ihm doch ein Ausspruch über ihre Gesetzmäßigkeit im Allgemeinen nicht zu, er muß sich daher auf Freisprechung des Angeklagten beschränken, und darf nicht etwa gleichzeitig die Aufhebung der Verordnung oder dergl. aussprechen: B. II. 1. Okt. 1857 c. Römerscheid (Rh. Arch. 53. 2. A. s. 35).

44. Der Richter muß nicht nur die Gesetze, sondern auch die gesetzlich verkündeten Polizeiverordnungen kennen; er darf daher ihre Existenz und Anwendbarkeit nie zum Gegenstande einer Beweisauflage für irgend eine Partei im Verfahren machen, und darf ebensowenig in Ermangelung eines solchen Beweises freisprechen: Z. II. 5. Mai 1859 c. Artz.

§ 333.

1. Wo das Gesetz zwischen Geldbuße oder Gefängnißstrafe die Wahl läßt, ist auch hier auf die erstere in den milderen Fällen zu erkennen; vgl. § 18.

2. Wenn der Polizeirichter bei dem einer Uebertretung Angeschuldigten unter sechszehn Jahren ein Handeln ohne Unterscheidungsvermögen annimmt [vgl. Tit. I (§ 332 fgg.) n. 5], so kann er die Unterbringung desselben in einem Besserungshause nicht anordnen; es fehlt an jedem Grunde, die betr. Vorschrift des § 42 auf Uebertretungsfälle auszudehnen, und die Analogie des § 11 des H.-D.-Ges. vom 2. Juni 1852 (GS. s. 307) spricht unbedingt dagegen. Vgl. § 43 n. 8.

3. Die Konfiskation einzelner Gegenstände gehört nicht zu denjenigen Strafen, welche nach § 5 u. 11 des Ges. v. 11. März 1850 durch eine Polizeiverordnung angedroht werden können; wäre sie gleichwohl in Einzelfällen angedroht worden, so könnte der Richter nicht darauf erkennen. Vgl. § 332 n. 39.

§ 334.

1. Die polizeiliche Gefängnißstrafe soll in den dazu bestimmten Räumen, und nicht etwa in der Wohnung des Verurtheilten vollstreckt werden: K.-B. II. K. s. 168.

2. Eine Trennung jener Räume von den gewöhnlichen Gefängnissen ist als wenigstens sehr wünschenswerth anerkannt im K.-B. II. K. s. 168.

§. 335. Das niedrigste Maaß der Geldbuße ist zehn Silbergroschen, das höchste Maaß derselben funfzig Thaler.

An die Stelle einer Geldbuße, welche wegen Unvermögens des Verurtheilten nicht beigetrieben werden kann, soll Gefängnißstrafe treten.

Die Dauer derselben soll vom Richter so bestimmt werden, daß der Betrag von zehn Silbergroschen bis zu zwei Thalern einer Gefängnißstrafe von Einem Tage gleich geachtet wird. Die Gefängnißstrafe darf auch in diesem Falle niemals die Dauer von sechs Wochen übersteigen.

[Entw. § 307]. Vgl. § 17. 18; Einf.-Ges. Art. X; HDGes. v. 2. Juni 1852 § 12; Ges. v. 3. Mai 1852 § 132. 133.

---

3. Ein Arbeitszwang ist (vorbehaltlich des unter n. 4 Gesagten) nur im Falle des § 341 statthaft.

4. Die polizeiliche Gefängnißstrafe kann gegen solche Gefangene, welche sich auf ihre Kosten zu verpflegen außer Stande sind, auch in der Weise vollstreckt werden, daß dieselben während der für die Gefängnißstrafe bestimmten Dauer, ohne in einer Gefangenanstalt eingeschlossen zu sein, zu Arbeiten, welche ihren Fähigkeiten und Verhältnissen angemessen sind, angehalten werden; es ist statthaft, ihnen dabei ein Tagewerk zu bestimmen: Ges. v. 11. April 1854 § 7 (GS. s. 144). Vgl. H.-D.-Ges. v. 2. Juni 1852 § 14. Die Ausführung dieser Maaßregel ist den Regierungen überlassen worden: Cirk.-Verf. d. Min. d. Inn. v. 21. April 1855 n. 14 (MBl. f. d. i. V. s. 75).

§ 335.

1. Das in diesem § für Uebertretungen allgemein aufgestellte niedrigste Strafmaaß von 10 Sgr. ist in solchen Fällen unanwendbar, wo andere noch gültige Gesetze, z. B. die Feld-Pol.-Ordn. v. 1. Nov. 1847 ein geringeres Strafminimum ausdrücklich zulassen: Min.-Verf. v. 23. Mai 1854 (JMBl. s. 286; MBl. f. d. i. V. s. 118). Dasselbe gilt von dem Falle, wo ein in Kraft verbliebenes Spezial-Gesetz als niedrigstes Strafmaaß eine Geldbuße von mehr als zehn Silbergroschen androht: V. II. 13. Mai 1861 c. Göhl (RdC. 1. s. 401); V. II. 1. Juni 1861 c. Durig.

2. Dagegen nahmen ein R. Kass.-Hof v. 14. Sept. 1852 c. van Gülick (Rh. Arch. 48. 2. A. s. 22) und V. cod. c. Rolshoven an, daß da, wo eine in Kraft verbliebene ältere Polizeiverordnung eine spezielle Strafe nicht androhe, wo dieselbe also früher in der Rheinprovinz nach § 33 des Ress.-Regl. v. 20. Juli 1818 zu bemessen war (1 bis 5 Thlr.), jetzt § 335 die Höhe des Strafmaaßes regulire. Dieser Entscheidung kann indessen nicht beigepflichtet werden; die allgemeine Strafandrohung des cit. § 33 ist in einem solchen Falle als in der betr. Pol.-Vdn. mit enthalten anzusehen, und ist mit der Verordnung selbst in Kraft verblieben (vgl. V. K.-H. 21. Dez. 1833 c. Cremer; Rh. Arch. 20 2. A. s. 3); auf dieser Auffassung beruht auch V. I. 23. April 1857 c. Perlstein.

3. Bei der Erlassung von Polizei-Verordnungen dürfen die betr. Behörden zwar das in den §§ 5 und 11 des Ges. v. 11. März 1850 bestimmte Maximum der Strafandrohung nicht überschreiten, wohl aber dürfen sie das Minimum höher als zehn Silbergroschen bestimmen. So: V. I. 23. April 1857 c. Perlstein, und mit Rücksicht auf die früher in der Rhein-Provinz geltenden Grundsätze: V. Kass.-Hof 9. Sept. 1844 c. Jung (Rh. Arch. 38. 2. A. s. 26). Vgl. § 344 n. 23.

4. Enthält eine nach Publikation des StGB. ergangene Polizei-Verordnung nur die Bestimmung eines Strafmaximums, nicht aber auch die eines Minimums, so ist in Betreff dieses § 335 maaßgebend: V. I. 23. April 1857 c. Perlstein.

§. 336. Der Versuch einer Uebertretung ist straflos.

Wegen Rückfalls findet eine Erhöhung der Strafe über das höchste Maaß nicht statt.

[Entw. § 308]. Vgl. § 31—33. 58—60; HZG. v. 2. Juni 1852 § 5. 7. 8. 16. 24. 52; Post-Ges. v. 5. Juni 1852 § 34. 36 (GS. s. 354).

§. 337. Wenn eine und dieselbe Handlung die Merkmale mehrerer Uebertretungen in sich vereinigt, so kommt das Strafgesetz zur Anwendung, welches die schwerste Strafe androht.

[Entw. § 309]. Vgl. § 55.

---

5. In Betreff der Strafumwandlung kann eine Polizeiverordnung andere Grundsätze, als die im § 335 enthaltenen, nicht aufstellen; die letztern kommen vielmehr mit Nothwendigkeit zur Anwendung, selbst da, wo die Verordnung der Umwandlung gar keine Erwähnung thut.

6. Der Richter hat nach den Umständen zu ermessen, welchen der vom Gesetz zugelassenen Maaßstäbe er bei der Umwandlung zum Grunde legen will, und kann hiernach eine Geldbuße von zwei Thalern sowohl in ein- als in sechstägige Gefängnißstrafe, oder einen dazwischen liegenden Satz verwandeln. Vgl. Just.-Min.-Verf v. 2. Jan. 1854 (JMBl. s. 2; MBl. f. d. i. V. s. 16).

7. Der hier für die Strafumwandlung aufgestellte Maaßstab kommt auch bei den durch Spezialgesetze vorgesehenen Uebertretungen zur Anwendung, insofern dort nicht ausdrücklich ein andrer Satz angegeben ist: B. Kass.-H. 22. Dez. 1852 c. Herzberg (Rh. A. 47. 2. A. s. 144). Vgl. § 17 n. 1—4.

8. Die Verschiedenheit der in den §§ 17 und 335 aufgestellten Umwandlungs-Maaßstäbe kann leicht zu Inkonvenienzen führen, welche die Rechtsprechung möglichst auszugleichen bemüht sein muß. Das gilt vorzugsweise da, wo sich die Höhe des Strafmaaßes nach dem Objekte der strafbaren Handlung im Einzelfalle richtet (wie bei Steuer- und Zoll-Defrauden), und wo daher derselbe Thatbestand bald die Natur eines Vergehens, bald die einer Uebertretung annimmt (vgl. Einf.-Ges. Art. VIII n. 4). Eine Zolldefraude, durch welche eine Geldbuße von 48 Thlr. verwirkt ist, stellt sich als Uebertretung dar, die eventuell an ihre Stelle tretende Gefängnißstrafe richtet sich daher nach § 335, und das geringste zulässige Maaß derselben beträgt 24 Tage; erreicht dagegen die verwirkte Strafe 51 Thlr., so ist der Maaßstab des § 17 anzuwenden, und der strafumwandelnde Richter kann bis auf Gefängniß von 17 Tagen hinabgehen; ein Mißverhältniß, welches dadurch nicht beseitigt wird, daß es sich im erstern Falle von einer polizeilichen, im andern von einer Gefängnißstrafe des § 14 handelt, zumal da zur Vollstreckung noch immer vielfach dieselben Lokale benutzt werden müssen.

9. Auch hier darf mit Rücksicht auf § 334 und § 17 die subsidiäre Gefängnißstrafe nicht weniger als einen Tag betragen.

10. Im Uebrigen sind die Bemerkungen zu § 17 zu vergleichen.

§ 336.

1. Der Rückfall kann hiernach nur noch als Strafzumessungsgrund in Betracht kommen; es unterliegt daher hierbei alles dem richterlichen Ermessen, welches auch durch die Vorschriften der §§ 58 und 60 nicht gebunden ist. *Contra:* Beseler s. 557 VI; G. Matt. 2. s. 717; Koch n. 55. Vgl. aber § 60 n. 8; § 45 n. 3.

2. Einzelne Spezialgesetze enthalten Abweichungen von den Grundsätzen dieses §; so: HZG. v. 2. Juni 1852 und Post-Ges. v. 5. Juni 1852 in den oben cit. §§.

§ 337.

1. Der § wiederholt die Vorschrift des § 55; sie ist unbedenklich auch da anwendbar, wo eine Handlung sowohl den Thatbestand einer Uebertretung, als den eines Vergehens ꝛc. in sich vereinigt.

§. 338. Hat Jemand mehrere Uebertretungen begangen, so kommen die sämmtlichen dadurch begründeten Strafen zur Anwendung.

Die Strafe einer Uebertretung wird dadurch nicht ausgeschlossen, daß der Thäter außer der Uebertretung auch noch Verbrechen oder Vergehen begangen hat.

[Entw. § 310]. Vgl. § 56. 57.

§. 339. Die Uebertretungen verjähren, soweit nicht das Gesetz ein Anderes bestimmt (§ 343.), in drei Monaten von dem Tage gerechnet, an welchem sie begangen sind.

---

2. Enthält eine Gewerbe-Polizei-Kontravention zugleich ein Steuervergehen, so soll nach § 177 der Gew.-Ordn. v. 17. Jan. 1845 nicht neben der Strafe des cit. § auch auf die Steuerstrafe erkannt, wohl aber bei der Strafzumessung darauf gerücksichtigt werden; hiernach kommen die Grundsätze von der idealen Konkurrenz auch hier zur Anwendung, so daß die Strafe in keinem Falle geringer sein darf, als die durch das Steuervergehen verwirkte: B. 1. 6. Okt. 1854 c. Sommer (JMBl. s. 411); B. I. 18. Okt. 1854 c. Gerlach. Gleichwohl sind diese Handlungen formell als Gewerbe-Polizei-Kontraventionen zu behandeln, und gehören, insoweit nicht das Rheinische Recht Platz greift, zur Kompetenz der Polizeirichter; vgl. Einf.-Ges. Art. XX n. 6.

§ 338.

1. Nach diesem § ist bei einer realen Konkurrenz mehrerer Uebertretungen für jede die Strafe selbstständig und voll zu verhängen; sollte auch das Gesammtmaaß die in den §§ 334 und 335 aufgestellten Sätze übersteigen. Die Vorschrift des zweiten Absatzes des § 56 ist daher ebenso unanwendbar, als die Beschränkungen des § 57: Temme Lehrb. s. 1089 Note 7; Goltd. Matt. 2. s. 718; Koch n. 57.

2. Dasselbe gilt da, wo Uebertretungen mit Verbrechen oder Vergehen realiter konkurriren: Temme l. c.

3. Der Umstand, daß im Falle einer realen Konkurrenz das Gesammtmaaß der zu verhängenden Strafen das höchste zulässige Maaß einer einmaligen Uebertretungsstrafe übersteigt, ist bei der Kompetenzbestimmung durchaus einflußlos. Vgl. Art. XIII n. 6.

4. Wenn gleich die Artt. XXI und XXII des Einf.-Ges. sich unzweifelhaft auch auf Uebertretungen mit beziehen, so wird es doch, mit Rücksicht auf § 338, in der Regel an jeder Veranlassung fehlen, wegen einer vorhandenen Konnexität Uebertretungen vor einen anderen, als den nach allgemeinen Grundsätzen zuständigen Richter zu bringen. In keinem Falle kann sich der letztere, wegen einer obwaltenden Konnexität der That mit einer anderen, z. B. mit einem Vergehen, inkompetent erklären, da die fakultative Bestimmung des Art. XXI die an sich begründete Kompetenz nie beseitigt.

5. In Betreff der Kompetenz bei Zuwiderhandlungen gegen das Regulativ v. 9. März 1839 über die Beschäftigung jugendlicher Arbeiter vgl. § 1 n. 9.

§ 339.

1. Dieser § wiederholt die Vorschriften der §§ 45—48 in fast wörtlicher Fassung. Die dort gemachten Bemerkungen sind daher hier zu vergleichen.

2. Nicht wiederholt ist nur die Bestimmung des § 47 Abs. 2, den Stillstand der Verjährung während der Flucht des Angeschuldigten betreffend; die letztere hindert daher bei Uebertretungen den Lauf der Verjährung nicht.

3. Ebenso findet sich die Bestimmung des § 49, daß gegen rechtskräftig erkannte Strafen keine Verjährung laufe, hier nicht wieder. Gleichwohl ist der dort ausgesprochene Grundsatz auch hier anzuwenden, schon weil es jetzt an jeder

Wenn die Verjährung unterbrochen wird, die Untersuchung aber nicht zur rechtskräftigen Verurtheilung führt, so beginnt eine neue Verjährung nach der letzten gerichtlichen Handlung.

Jeder Antrag und jede sonstige Handlung der Staatsanwaltschaft, sowie jeder Beschluß und jede sonstige Handlung des Richters welche die Eröffnung, Fortsetzung oder Beendigung der Untersuchung betrifft, unterbricht die Verjährung.

[Entw. § 311]. Vgl. § 45—49. 343; Einf.-Ges. Art. V; Preß-Ges. v. 12. Mai 1851 § 49; Ges. v. 22. Mai 1852 Art. V; HDG. v. 2. Juni 1852 § 20.

Vorschrift fehlt, in welcher Frist die wegen einer Uebertretung erkannte Strafe verjähren könnte.

4. In Betreff der Verjährungen solcher Uebertretungen, welche eine fortdauernde Verletzung des Gesetzes enthalten, bei welchen also nicht blos die durch eine Handlung hervorgebrachte Wirkung, sondern die verpönte Handlung oder Unterlassung selbst fortdauert, vgl. § 46 n. 11; Just.-Min.-Verf. v. 28. Aug. 1852, welche als Beispiele solcher Uebertretungen den gesetzwidrigen Betrieb eines Gewerbes, das Aufbewahren entzündbarer Materialien an feuergefährlichen Orten, das fortgesetzte Beherbergen einer nicht angemeldeten Person, das Nichthalten der vorgeschriebenen Feuerlöschgeräthe u. dgl. anführt. *Sic:* in Betreff der Unterlassung einer polizeilich vorgeschriebenen Anmeldung (z. B. eines Dienstantritts 2c.): B. Pl. 11. Apr. 1853 c. Jägers (Präj. n. 25; JMBl. s. 239; Entsch. 24. s. 497; 25. s. 255; Rh. Arch. 48. 2. A. s. 57); B. II. 14. Juli 1853 c. Sauerbruch; B. II. 15. Juli 1855 c. Berrisch; B. II. 7. Febr. 1861 c. Pölz (RdO. 1. s. 241; G. A. 9. s. 202). *Contra:* Z. I. 2. Febr. 1853 c. Klose (Entsch. 25. s. 255). — Dagegen rechnete ein Z. Kass.-H. 24. Mai 1834 c. Weyer (Rh. Arch. 21. 2. A. s. 14) die Zuwiderhandlung gegen ein Verbot, neue Strohdächer aufzulegen, nicht hierher. In ähnlichem Sinne erging: Z. II. 19. Febr. 1857 c. May (Rh. S.), welches bei der verbotswidrigen Errichtung eines Gebäudes in der Nähe eines Staatswaldes (Ordonnanz v. Aug. 1669 Tit. 27 Art. 28) die Verjährung von der Vollendung des Gebäudes an rechnete, da nur diese, nicht der fortdauernde Besitz desselben im Gesetz mit Strafe bedroht sei.

5. Uebertretungen, welche durch Zuwiderhandlungen gegen die Vorschriften über die Entrichtung der Steuern, Zölle, Postgefälle, Kommunikations-Abgaben und aller übrigen öffentlichen Abgaben und Gefälle begangen werden, verjähren in 5 Jahren: Ges. v. 22. Mai 1852 Art. V.

6. Die durch die Presse begangenen Uebertretungen verjähren nach § 339 in drei Monaten. Vgl. Preß-Ges. v. 12. Mai 1851 § 49.

7. In derselben Frist verjähren auch einfache Holzdiebstähle: H.-D.-G. v. 2. Juni 1852 § 20.

8. Die Monate sind hier stets nur nach dem Kalender zu berechnen, da § 15 keine Anwendung erleidet, und § 550. I, 9. des ALR. in Beziehung auf das für den ganzen Staat gleichmäßig geltende Strafgesetzbuch nicht als maaßgebende Norm anzusehen ist. *Contra:* B. I. 2. März 1859 Horst c. Müller (G. A. 7. s. 378). Vgl. § 50 n. 24.

9. Die Verjährung wird auch durch den Erlaß einer polizeilichen Strafverfügung unterbrochen: Ges. v. 14. Mai 1852 § 9; § 48 n. 14. 15.

10. Ueber die Unterbrechung der Verjährung einer einfachen Beleidigung vgl. § 343 n. 4—6a.

11. Die Verjährung ist abgelaufen, wenn im Gebiete des Rheinischen Rechts zwischen der Anmeldung des Kassations-Rekurses durch die Staatsanwaltschaft und dem Auftrage an den Gerichtsvollzieher zur Zustellung desselben an den Beschuldigten drei Monate verstrichen sind: Z. II. 6. Juni 1861 c. Weiß (RdO. 1. s.).

12. In Betreff der Verjährung ist immer derjenige Charakter maaßgebend, welcher der That nach der ihr vom erkennenden Richter schließlich beigelegten Qua-

Zweiter Titel.

Uebertretungen in Beziehung auf die Sicherheit des Staats und die öffentliche Ordnung.

§. 340. Mit Geldbuße bis zu funfzig Thalern oder Gefängniß bis zu sechs Wochen wird bestraft:

1) wer ohne besondere Erlaubniß Risse von Festungen oder einzelnen Festungswerken aufnimmt;

[Entw. § 312 Nr. 1].

2) wer außerhalb seines Gewerbebetriebs heimlich oder wider das Verbot der Behörde Vorräthe von Waffen oder Munition aufsammelt;

[Entw. § 312 Nr. 2]. Vgl. § 66.

3) wer ohne schriftlichen Auftrag einer Behörde Stempel, Siegel, Stiche, Platten oder andere Formen, welche zur Anfertigung von Metall- oder Papiergeld, oder von solchen Papieren, welche nach § 124. dem Papiergelde gleich geachtet werden, oder von Stempelpapier, öffentlichen Bescheinigungen oder Beglaubigungen dienen können, anfertigt, oder an einen Anderen, als die Behörde, verabfolgt;

[Entw. § 312 Nr. 3]. Vgl. Ges. v. 6. Juni 1835 (GS. S. 99; Rh. Samml. 5. S. 141).

---

lifikation beiwohnt; stellt sie sich hiernach als Uebertretung dar, so ist § 339 anwendbar, sollte auch die Eröffnung der Untersuchung wegen eines Vergehens erfolgt sein. B. I. 28. Juni 1861 c. Schlegel (RdO. 1. S.   ).

§ 340.

Zu Nr. 1.

1. Die Vorschrift bezieht sich selbstredend nur auf Preußische Festungen (§ 4 a. E.): G. Matt. 2. S. 720 n. 1; Koch n. 63.

Zu Nr. 2.

2. Geschieht die Handlung zur Vorbereitung eines hochverrätherischen Unternehmens, so wird § 66 anwendbar: G. Matt. 2. S. 720 n. 2.

Zu Nr. 3.

3. Diese Bestimmung ist an die Stelle des Ges. v. 6. Juni 1835, aus welchem sie entlehnt ist, getreten; insbesondre fällt auch die Anfertigung der unter Nr. 4 des § 1 jenes Gesetzes erwähnten Stempel und Siegel (welche zur Beglaubigung öffentlicher Urkunden, sowie des Maaßes und Gewichts, oder zur amtlichen Bezeichnung oder amtlichen Verschließung gewisser Sachen und Waaren dienen können) unter diese Nr. 3: Temme Lehrb. S. 999.

4. Die Vorschrift des § 5 des cit. Gesetzes, nach welcher die Anwendung der Strafe dadurch nicht ausgeschlossen wird, daß bei der Anfertigung von Siegeln rc. die Merkmale, durch welche die Eigenschaft derselben als öffentlicher Siegel rc. bedingt ist, abgeändert worden, insofern die Abänderung von der Art ist, daß sie nur bei besonders sachkundiger Aufmerksamkeit wahrgenommen werden kann, — ist zwar hier nicht wiederholt, gleichwohl ist sie, als in der Natur der Sache liegend, auch jetzt noch als maaßgebend anzusehen. Vgl. Nr. 5.

5. Zur Ertheilung des im § verlangten schriftlichen Auftrags sind auch jetzt nur die im § 3 des Ges. v. 6. Juni 1835 genannten Behörden befugt; ein von einer unbefugten Behörde ertheilter Auftrag kann die Strafbarkeit jeden-

4) wer ohne schriftlichen Auftrag einer Behörde den Abdruck der in Nr. 3. genannten Stempel, Siegel, Stiche, Platten oder Formen, oder irgend einen Druck von Formularen zu den daselbst bezeichneten öffentlichen Papieren, Beglaubigungen oder Bescheinigungen unternimmt oder Abdrücke an einen Anderen, als die Behörde, verabfolgt;

[Entw. § 312 Nr. 3a].

5) wer Waaren-Empfehlungskarten, Ankündigungen, Etiquettes oder andere Drucksachen, welche in der Form oder Verzierung dem Papiergelde oder den dem Papiergelde nach § 124. gleich geachteten Papieren ähnlich sind, anfertigt oder verbreitet, oder wer Stempel, Stiche, Platten oder andere Formen, welche zur Anfertigung von solchen Drucksachen dienen können, anfertigt;

[Entw. § 312 Nr. 3b].

6) wer ohne Genehmigung der Staatsbehörde Aussteuer-, Sterbe- und Wittwenkassen oder andere dergleichen Gesellschaften oder Anstalten errichtet, welche bestimmt sind, gegen Zahlung eines Einkaufsgeldes oder gegen Leistung von Geldbeiträgen, beim Eintritt gewisser Bedingungen oder Termine, Zahlungen an Kapital oder Rente zu leisten;

[Entw. § 312 Nr. 3c]. Vgl. ALR. I, 11 § 651. AKO. v. 29. Sept. 1833 (GS. f. 121). Ges. v. 17. Mai 1853 (GS. f. 293).

---

falls dann nicht beseitigen, wenn dem Handelnden jener Mangel der Befugniß bekannt war.

6. Die AKO. v. 16. Okt. 1831 (GS. f. 247), welche den eigenmächtigen Gebrauch und die Abbildung des Königlichen Wappens zur Bezeichnung von Waaren auf Aushängeschildern oder Etiketten mit Strafe bedroht, ist durch diese Nr. 3 nicht außer Kraft gesetzt: G. Matt. 2. f. 721 n. 3.

Zu Nr. 4.

7. Die Strafe dieser Nr. 4 trifft auch denjenigen, welcher sich zur Anfertigung der Abdrücke solcher Platten 2c. bedient, welche im Auftrage der zuständigen Behörde angefertigt worden sind.

8. Zu den Formularen, zu deren Abdruck es hiernach eines vorgängigen schriftlichen amtlichen Auftrags bedarf, gehören auch die zu Zoll-, Steuer-, Post- und ähnlichen Quittungen, zu Pässen, sowie zur Aufnahme der Civilstandsurkunden in der Rheinprovinz benutzten; der Auftrag zum Abdrucken der letztern muß vom Ober-Prokurator ausgehen.

Zu Nr. 6.

9. Ueber die zu erwirkende Genehmigung der Staatsbehörde vergl. ALR. I, 11 § 651; Ges. v. 17. Mai 1853 § 1; AKO. v. 29. Sept. 1833 (G.-S. f. 121).

10. Zu den hier vorgesehenen Anstalten und Gesellschaften gehören keineswegs nur solche, welche Jedermann ohne alle Beschränkung zugänglich sind, und daher auch jedem gefährlich werden können; es genügt vielmehr schon ein beschränkterer Grad der öffentlichen Wirksamkeit; es findet daher der § auch auf eine nur

7) wer bei Unglücksfällen oder bei einer gemeinen Gefahr oder Noth, von der Polizeibehörde oder deren Stellvertreter zur Hülfe aufgefordert, keine Folge leistet, obgleich er der Aufforderung ohne erhebliche eigne Gefahr genügen kann;

[Entw. § 312 Nr. 4]. Vgl. § 200; Ges. v. 28. Jan. 1848 § 25 (GS. s. 54).

---

für die Handwerker oder Gewerbtreibenden einer einzelnen Stadt bestimmte Anstalt Anwendung: Z. I. 1. Okt. 1858 c. Reisemann (G. A. 7. s. 122).

11. Dagegen wird vorausgesetzt, daß der Unternehmer die Errichtung oder Fortsetzung einer solchen Anstalt als ein Gewerbe betreibe; der § paßt daher nicht auf die von Aktien-Gesellschaften blos für ihre Beamten und deren Angehörige, mit Ausschließung anderer Personen, gegründeten Anstalten, welche für die Gesellschaft keinen Gewinn abwerfen: Z. II. 11. Sept. 1856 c. v. Wittgenstein (G. A. 4. s. 853); vgl. Verf. d. Min. d. Inn. u. d. Fin. v. 9. März 1843 (BMBl. s. 265).

12. Aus demselben Grunde trifft die Nr. 6 da nicht zu, wo weder ein Einkaufsgeld gezahlt, noch bestimmte Beiträge geleistet werden, wo vielmehr der Fond der Kasse durch freiwillige Geschenke und Darlehn gebildet wird, welche auch von dritten nicht zum Vereine gehörigen Personen ausgehen können: Z. I. 1. Okt. 1858 c. Reisemann (G. A. 7. s. 122).

13. Im Uebrigen ist die Vorschrift dieser Nr. durch das Ges. v. 17. Mai 1853 § 1 auf Unternehmer von Versicherungs-Gesellschaften jeder Art, und ebenso auch auf diejenigen für anwendbar erklärt worden, welche den Geschäftsbetrieb, der vor dem 1. Juli 1851 errichteten noch nicht genehmigten Anstalten fortsetzen; es gehören daher jetzt auch diejenigen Anstalten hierher, welche nur den Schutz gegen unvorhergesehenen Schaden bezwecken, z. B. solche, welche nur auf Gegenseitigkeit beruhen. *Contra:* Koch n. 67; und früher: Z. Kass.-Hof v. 30. Dez. 1852 c. v. Jüchen.

14. Anwendbarkeit der Nr. auf Feuerversicherungs-Anstalten vergl. Ges. v. 17. Mai 1853 § 10; Ges. v. 8. Mai 1837 (GS. s. 102); AKO. v. 30. Mai 1842 (GS. s. 122).

15. Auch Sparkassen unterliegen den Vorschriften dieser Nr.; vgl. Regl. v. 12. Dez. 1838 (GS. 39. s. 5).

16. Anders verhält es sich mit den durch regelmäßige Beiträge der Vereinsmitglieder gebildeten Krankenkassen, da den erkrankten Mitgliedern weder ein Anspruch auf ein Kapital noch auf eine Rente zusteht; insbesondre kann eine solche Kasse auch nicht als Versicherungskasse aufgefaßt werden, sollte den Kranken auch außer der freien ärztlichen Hülfe in dringenden Fällen noch eine dem freien Ermessen der Vorsteher unterliegende Geldunterstützung zugesichert sein: Z. I. 1. Okt. 1858 c. Reisemann (G. A. 7. s. 122).

Zu Nr. 7.

17. Es wird hier ein Unglücksfall, oder eine gemeine Gefahr vorausgesetzt; es gehört sonach der Fall nicht hierher, wo es sich von einer bleibenden Maaßregel handelt, durch welche ein vorhergesehenes, erst aus der Ferne drohendes Uebel abgewendet werden soll, z. B. eine Gränzbewachung, um die Einschleppung einer ansteckenden Krankheit zu verhindern. Vgl. Gilb. C. pén. Art. 475 § 12 n. 10.

18. Daher kann auch der Fall nicht hierher gerechnet werden, wo Jemand der an ihn ergangenen Aufforderung, zu einer allgemeinen Landesvisitation mitzuwirken (vgl. Min.-Instr. v. 9. Okt. 1817), nicht nachkommt. Diese Unterlassung ward überhaupt für straflos erachtet durch: B. II. 11. Juli 1853 c. Krämer; Z. eod. c. Kappes (Rh. Arch. 49. 2. A. s. 29); Z. II. 22. Sept. 1853 c. Mickartz. *Contra* früher: B. Kass.-H. 7. Febr. 1835 c. Merz (Rh. Arch. 22. 2. A. s. 3), welches in einem solchen Falle die Strafe des § 33 des Rh. Ress.-Regl. v. 20. Juli 1818 für verwirkt erachtete.

19. Auch eine mündliche Aufforderung genügt: Gilb. l. c. n. 5.

8) wer den gegen die Störung der Feier der Sonn- und Festtage erlassenen Anordnungen zuwiderhandelt;

[Entw. § 312 Nr. 5]. Vgl. AKO. v. 7. Febr. 1837 (GS. s. 19); (AKO. v. 26. März 1825; v. Kamptz Ann. 9. s. 377).

---

20. Die Posthalter sind, wenn auch nach dem Postges. vom 5. Juni 1852 § 27 Postpferde und Postillone zu Staats- und Communal-Spanndiensten nicht herangezogen werden können, doch von der Pflicht ihre Pferde zur Hülfeleistung bei Unglücksfällen herzugeben, nicht befreit: B. I. 2. März 1860 c. Bohustedt (JMBl. s. 267; G. A. 8. s. 429).

21. Durch Nr. 7 ist das Deichstatut für die Warthe v. 27. März 1802 § 106, in Betreff der von gewissen Personen im Falle eintretender Unglücksfälle zu leistenden persönlichen Dienste, nicht aufgehoben: Z. I. 27. Juni 1856 c. Seiffert. Dasselbe gilt von ähnlichen Bestimmungen anderer Deichordnungen. Vgl. Ges. v. 28. Jan. 1848 § 25 (GS. s. 59).

Zu Nr. 8.

22. Die betreffenden Anordnungen sind nach der AKO. v. 7. Febr. 1837 (GS. s. 19) von den Bezirksregierungen nach den Verhältnissen der einzelnen Orte oder Gegenden ihres Bezirks zu erlassen. Diese KO. ist durch den § nicht aufgehoben, es ist vielmehr nur eine feste Strafandrohung hinzugefügt, so daß die Regierungen diese nicht mehr selbstständig zu bestimmen haben: B. II. 2. Nov. 1854 c. Leffmann; B. II. 30. Nov. 1854 c. Hansen. Zu bemerken ist gleichwohl, daß die Fassung des Entwurfs, welche von den „über die Feier der Sonn- und Festtage" erlassenen Anordnungen sprach, von der Kommission der zweiten Kammer (K.-B. II. K. s. 175) in der jetzt vorliegenden Weise abgeändert ward, weil es sich nur um die Anordnungen „gegen die Störung der Feier" handle; ein gleiches hat indessen auch die KO. v. 7. Febr. 1837 nur im Auge gehabt, da sie von der „äußeren Heilighaltung" jener Tage spricht. Vgl. Koch n. 70.

23. Die Anordnungen der Regierung müssen jetzt in der durch das (Polizei-) Gesetz vom 11. März 1850 § 11 fgg. vorgeschriebenen Weise erlassen und publizirt werden.

24. Unter den „erlassenen Anordnungen" sind nicht blos die zur Zeit der Publikation des StGB. bestehenden, sondern alle zur Zeit der Uebertretung und Strafanwendung erlassenen Anordnungen zu verstehen: B. II. 26. Okt. 1854 c. Gräf (JMBl. 55. s. 12; G. A. 2. s. 815); B. II. 2. Nov. 1854 c. Schloten (Leffmann und Gen.).

25. Gültige Festtage für alle Landestheile sind außer den Sonntagen: die beiden Weihnachtstage, Oster- und Pfingstmontag, Charfreitag, Neujahr, Christi Himmelfahrt und der Bußtag. Vgl. Rau: Pol.-Gess. § 29 Anm. 1. In der Rheinprovinz tritt als katholischer Festtag noch Allerheiligen hinzu: AKO. vom 5. Juli 1832; id. v. 7. Febr. 1837; id. v. 22. Juli 1839 (GS. 32. s. 197; 37. s. 21; 39. s. 249).

26. Eine nach Anleitung des Ges. v. 11. März 1850 erlassene Polizei-Verordnung kann nicht vorschreiben, daß ein nur kirchlicher Festtag ebenso wie ein gesetzlicher gefeiert, und daß an demselben auch außer der Zeit des Gottesdienstes keine öffentlich bemerkbaren Arbeiten gestattet sein sollen; es würde eine solche Verordnung gegen die Gesetze verstoßen, welche die gesetzlichen Festtage bestimmen: Z. II. 25. Okt. 1855 c. Herres (Rh. A. 51. 2. A. s. 55).

27. Ein B. KH. 14. Juni 1847 c. Reiß (Rh. A. 42. 2 A. s. 13), nahm an, die Benutzung öffentlicher Straßen durch Fuhrwerke jeder Art sei auch an Sonntagen gesetzlich erlaubt, und daher durch eine Polizeivorschrift nicht zu verwehren.

28. Treibjagden sollen an Sonn- und Festtagen nicht ohne ausdrückliche Erlaubniß, andre Jagden nicht während des öffentlichen Gottesdienstes gestattet werden. Vgl. Min.-Verf. v. 10. März 1818 (Ann. 2. s. 349); id. v. 1. Juli 1852 (MBl. f. d. i. V. s. 174). Damit indessen im Falle einer Zuwiderhandlung Strafbarkeit eintrete, bedarf es einer in gehöriger Weise verkündeten Polizei-Verordnung.

9) **wer ungebührlicher Weise ruhestörenden Lärm erregt oder groben Unfug verübt;**

[Entw. § 312 Nr. 6]. Vgl. § 92; Vdn. v. 17. Aug. 1835 § 1 (GS. s. 170).

10) **wer öffentlich Thiere boshaft quält oder roh mißhandelt;**

[Entw. § 312 Nr. 7].

11) **wer an öffentlichen Wegen oder Plätzen oder in öffentlichen Versammlungsorten Hazardspiele hält.**

[Entw. § 312 Nr. 8]. Vgl. § 266. 267.

Zu Nr. 9.

29. Auf einfache Reden und Aeußerungen ist diese Nr. nicht anzuwenden; sie setzt bestimmte Handlungen voraus: G. Matt. 2. s. 722 n. 8.

30. Nur solche Handlungen gehören hierher, welchen der angedeutete Charakter in Beziehung auf die Sicherheit des Staats und die öffentliche Ordnung beiwohnt (siehe Rubrum des Titels); es wird daher eine Verletzung der öffentlichen Ordnung, d. h. der rechtlichen Ordnung vorausgesetzt, welche den Bürgern die öffentliche Ruhe und den öffentlichen Frieden sichert: Z. II. 21. März 1861 c. Hagemann. Es können daher Ungebührlichkeiten eines Dienstboten gegen seinen Herrn u. dgl. nicht unter die Strafvorschrift fallen: B. I. 17. Okt. 1855 c. Meyer; B. I. 21. Okt. 1858 c. Derwig.

31. Insbesondere ist aus der Gleichstellung mit „ruhestörendem Lärm" zu schließen, daß auch unter „grobem Unfug" nur solche Handlungen zu verstehen sind, durch welche das Publikum gefährdet oder ungebührlicher Weise belästigt wird: B. I. 11. Febr. 1857 c. Dannenberg. Eine solche Belästigung kann auch in unsittlichen Handlungen gefunden werden, welche in Lokalien, die, wie ein Verkaufsladen, dem Zutritte des Publikums geöffnet sind, gegen einzelne Personen aus demselben verübt werden: Z. II. 18. Okt. 1855 c. Bosse (Präj. n. 177; Entsch. 31. s. 289; G. A. 4. s. 270); Z. I. 19. Sept. 1856 c. Begoin. Dagegen ist es nicht unerläßlich, daß der Unfug an einem öffentlichen Orte verübt sei: B. I. 21. Okt. 1858 c. Derwig.

32. Zur Erläuterung des Ausdrucks: „grober Unfug" kann auf § 1 der Vdn. v. 17. Aug. 1835 zurückgegangen werden (. . ., „wohin auch Aufregung durch Geschrei und Pfeifen zu rechnen" . . .).

33. Im Uebrigen ist der Begriff eines „groben Unfugs" ein thatsächlicher; es kann daher nicht genügen, irgend eine spezielle Handlung thatsächlich festzustellen, vielmehr muß durch den Richter der Thatsachen (ev. durch die Geschwornen) festgestellt werden, daß ein solcher Unfug vorliege: B. I. 6. Juli 1859 c. Schmidt. Diese Feststellung genügt auch für sich allein zur Anwendung des Gesetzes, ohne daß es ausdrücklich ausgesprochen zu werden brauchte, daß der Unfug den in den n. 30 und 31 erwähnten Charakter an sich getragen habe, insofern dieses nicht ausdrücklich bestritten worden ist: B. I. 21. Okt. 1858 c. Derwig.

Zu Nr. 11.

34. Oeffentlich ist hier jeder Weg und jeder Ort, welcher allgemein zugänglich ist; auf die jeweilige Anwesenheit einer Mehrheit von Personen kommt hier Nichts an.

35. Ein Kaffeehaus hört dadurch nicht auf, ein öffentlicher Versammlungsort zu sein, daß das Spiel daselbst in der Regel bei verschlossenen Thüren getrieben wird, wenn dazu die Gäste allgemein Zutritt haben (vgl. § 267, welcher den Fall vorsieht, wo die Inhaber öffentlicher Versammlungsörter zur Verheimlichung des Spiels mitwirken): Z. 26. Mai 1852 c. Krüger (Malaun u. Gen.).

36. Ein in einem Gasthofe gemiethetes Zimmer ist nicht unbedingt als öffentlicher Versammlungsort zu betrachten, kann vielmehr unter Umständen auch als Privatlokal angesehen werden; der Instanzrichter, welcher dieses annimmt, macht sich keiner Rechtsverletzung schuldig: Z. I. 17. Juli 1857 c. Witte (Guttke u. Gen.). Vgl. aber § 267 n. 6.

In den Fällen der Nummern 1., 2., 3., 4., 5. und 11. ist die Konfiskation der erwähnten Risse von Festungen oder Festungswerken, der Vorräthe von Waffen oder Munition, der Stempel, Siegel, Stiche, Platten oder anderen Formen, der Abdrücke, oder der auf dem Spieltisch und in der Bank befindlichen Gelder im Urtheile auszusprechen.

[Entw. § 312]. Vgl. § 19.

§. 341. Wer bettelt oder Kinder zum Betteln anleitet oder ausschickt, oder Personen, welche seiner Gewalt und Aufsicht untergeben sind und zu seiner Hausgenossenschaft gehören, vom Betteln abzuhalten unterläßt, wird mit Gefängniß bis zu sechs Wochen bestraft.

Der Verurtheilte kann in der Gefangenanstalt auf angemessene Weise beschäftigt werden.

[Entw. § 313]. Vgl. § 118. 334.

---

37. Daß das Hazardspiel aus Gewinnsucht gespielt werde, ist zur Anwendbarkeit des § nicht erforderlich. Vgl. § 267 n. 4. *Contra*: die Rechtsprechung des Ober-Tribunals; vgl. die l. c. angeführten Erkenntnisse; insbesondere bezogen sich: B. Pl. 12. Dez. 1853 c. Hinterlach (Entsch. 27. s. 134; G. A. 2. s. 268) und B. I. 3. Febr. 1854 c. Kubale ausdrücklich auf den Fall dieser Nr. 11 mit; ebenso: B. II. 17. Febr. 1859 c. Pfister; B. I. 4. März 1859 c. Eckert.

38. Als „Halter" des Hazardspiels ist derjenige zu betrachten, welcher dasselbe unternimmt, veranstaltet, also der Bankhalter, nicht aber derjenige, welcher nur pointirt (der „Spieler"): G. Matt. 2. s. 723 n. 10; Koch n. 73. Zwischen dem „Unternehmen" oder „Halten" eines Hazardspiels und dem Bankhalten ist ein Unterschied nicht erfindlich; auch verliert der Bankhalter dadurch diese Eigenschaft nicht, wenn er hin und wieder selbst pointirt: Z. 26. Mai 1852 c. Krüger (Malaun und Gen.).

39. Dagegen setzt der § nicht die permanente Haltung der Bank durch denselben voraus; er bleibt vielmehr auch da anwendbar, wo das Bankhalten der Reihe nach unter den Mitspielenden herumgeht: Z. I. 30. Jan. 1856 c. Bartsch (JMBl. s. 68).

40. Ueber die bedingte Statthaftigkeit von s. g. Glücksbuden vgl. § 268 n. 9. Das dort cit. B. I. 24. Jan. 1854 c. Meyer (G. A. 2. s. 834) nahm an, daß die Errichtung einer solchen nicht unter den Begriff eines Hazardspiels, also in keinem Falle unter § 340 Nr. 11, sondern eventuell nur unter § 268 falle.

§ 341.

1. Ueber den Begriff des Bettelns vgl. § 118 n. 1—3.

2. Die Strafbarkeit des Bettelns wird durch einen Zustand der momentanen Noth nicht beseitigt: B. II. 31. Jan. 1861 c. Bortscheid.

3. Zu den der Gewalt und Aufsicht untergebenen Personen gehören unzweifelhaft und zunächst die unter väterlicher Gewalt stehenden, im Hause des Vaters wohnenden Kinder: B. II. 22. Febr. 1855 c. Krölls (G. A. 3. s. 575).

4. Das „Anleiten rc." ist hier eine selbstständige Uebertretung, nicht eine Theilnahme an der der Kinder rc.; daher tritt die Strafbarkeit des Vaters auch dann ein, wenn das Kind wegen Unzurechnungsfähigkeit straflos bleibt.

5. Der zweite Theil der Vorschrift dieses § bestraft die bloße Unthätigkeit, den Mangel an Aufsicht, die unterlassene Anwendung genügender Mittel, um die betreffenden Personen vom Betteln abzuhalten; daher schließt die Thatsache, daß diese Personen gebettelt haben, den Beweis, daß sie nicht abgehalten worden, und

§. 342. Wer in Schankstuben oder an öffentlichen Vergnügungsorten zu einer von der Polizei verbotenen Zeit, ungeachtet der Wirth, sein Stellvertreter oder ein Polizeibeamter ihn zum Fortgehen aufgefordert hat, verweilt, ist mit Geldbuße bis zu fünf Thalern zu bestrafen.

---

daß derjenige, unter dessen Aufsicht sie stehen, sie nicht abgehalten hat, in sich; in diesem Falle kann nur die Annahme, daß letzterer dennoch seine Pflicht erfüllt habe, und ihm eine Unterlassung nicht zur Last falle, die Nichtanwendung der Strafe gegen ihn rechtfertigen. Freisprechung wegen mangelnden Nachweises einer positiven Theilnahme verletzt das Gesetz: B. II. 22. Febr. 1855 c. Krölls (G. A. 3. s. 575); B. I. 17. Juli 1857 c. Gröning (JMBl. s. 350; G. A. 5. s. 711).

6. Ebensowenig kann die Bestrafung davon abhängig gemacht werden, daß jene der Aufsicht untergebenen Personen schon früher einmal als Bettler bestraft seien, sich sonach als hierzu geneigt kund gegeben hätten.

7. In Betreff eines strafunmündigen Bettlers kann der Polizeirichter die Unterbringung in einer Besserungsanstalt (nach § 42) nicht anordnen.

§ 342.

1. Vorausgesetzt wird hier, daß von der zuständigen Polizeibehörde (vergl. Pol.-Ges. v. 11. März 1850 § 5. 6c) eine s. g. Polizeistunde festgesetzt und vorschriftsmäßig publizirt sei. Für den Bezirk des ehemaligen General-Gouvernements des Nieder- und Mittel-Rheins hatte eine Verordnung vom 1. Aug. 1814 § 2 (Rh. Samml. 1. s. 153) die Polizeistunde auf 10 Uhr Abends bestimmt und zugleich angeordnet, daß in solchen Orten des platten Landes, welche keinen Glockenthurm besitzen, die Einwohner durch ein anderes, dem Glockenläuten zu substituirendes Signal von dem Eintritte der Polizeistunde benachrichtigt werden sollten. Das ist indessen durch eine in den Regierungs-Amtsblättern bekannt gemachte Verf. des Min. des Inn. v. 7. April 1839 (auf Grund der AKO. v. 9. Nov. 1822; Rh. Samml. 2. s. 322) aufgehoben und angeordnet worden, daß es für den Eintritt der Polizeistunde eines besondern Signals nicht mehr bedürfen solle; dieses ist jetzt nach dem Gesetz vom 11. März 1850 um so unzweifelhafter. Jedenfalls war auch früher die Bestrafung der Ueberschreitung der Polizeistunde von der Beobachtung jener Förmlichkeit nicht abhängig: B. (Z.) Kass.-Hof 22. April 1839 c. Wolff (Klösgen u. Gen.; Rh. A. 28. 2. A. s. 79).

2. Der § unterscheidet nicht zwischen Schankstuben, welche Personen der niedern Klassen des Volks besuchen, und andern Lokalen, in welchen Getränke an Personen, die nicht zu jenen Klassen gehören, verabreicht werden: B. I. 3. Mai 1854 c. Kretschmer (JMBl. s. 268; G. A. 2. s. 684).

3. Ebenso erstreckt sich die Strafvorschrift auch auf Gastwirthschaften, da eine solche die Schankwirthschaft stets stillschweigend in sich begreift: Z. II. 23. Mai 1857 c. Brevink.

4. Dagegen bezieht sich das ganze Verbot nur auf Schankgäste, nicht auf die in einem Gasthause logirenden Reisenden: Z. II. 23. Mai 1857 c. Brevink.

5. Ebenso verbietet der § es nicht, an Reisende auf der Reise in den Eisenbahnstations-Gebäuden auch nach der Polizeistunde Erfrischungen zu verabreichen; auch kann ein solches Verbot nicht im Wege der Polizeiverordnung erlassen werden: Z. II. 19. Jan. 1854 c. Rinkens.

6. Die im ersten Absatze erforderte Aufforderung muß individuell an die in einem einzelnen Hause anwesenden Gäste gerichtet werden; das die Stunde bezeichnende Signal des Nachtwächters ist daher als eine solche Aufforderung nicht anzusehen, und kann auch diese Bedeutung nicht durch eine allgemeine Polizei-Verordnung erlangen. Dagegen bedarf es nicht einer besondern Aufforderung an den einzelnen Gast.

7. Der Wirth, welcher das Verweilen der Gäste nicht dulden darf, thut nicht genug, wenn er die Polizeistunde ankündigt, und ferner keine Getränke mehr verabreicht; er soll vielmehr zur rechtzeitigen Entfernung mitwirken, d. h. seiner

Die Wirthe, welche das Verweilen ihrer Gäste zu einer von der Polizei verbotenen Zeit dulden, haben Geldbuße bis zu zwanzig Thalern oder Gefängniß bis zu vierzehn Tagen verwirkt.

[Entw. § 314]. Vgl. Pol.-Ges. v. 11. März 1850 § 5. 6e. (GS. s. 265).

Dritter Titel.

Uebertretungen in Beziehung auf die persönliche Sicherheit, Ehre und Freiheit.

§. 343. Wer einen Anderen beleidigt, wird mit Geldbuße bis zu funfzig Thalern oder Gefängniß bis zu sechs Wochen bestraft.

Eine Beleidigung verjährt in sechs Monaten.

Aufforderung durch ein positives Verhalten Nachdruck geben, und die ihm in dieser Beziehung zu Gebote stehenden Mittel (z. B. Herbeirufen der Polizei, Auslöschen der Lichter rc.) anwenden; inwieweit er dieser Auflage genügt und die angemessenen Mittel angewendet habe, ist Gegenstand der thatsächlichen Beurtheilung. So: Z. Kass.-H. 18. Nov. 1851 c. Simons; B. II. 24. Nov. 1853 c. Bonnes (G. A. 2. s. 568); B. II. 26. März 1857 c. Hessels (G. A. 5. s. 711); B. II. 2. Juli 1857 c. Versen (JMBl. s. 335); B. I. 7. Okt. 1858 c. Bonnes; u. ö.

8. Zuwiderhandlungen gegen den § können dadurch nicht straflos werden, daß behauptet wird, die anwesenden Personen seien zu einem bestimmten andern Zwecke zusammen gekommen, oder es seien Freunde oder Verwandte des Wirths, oder sie seien nicht in demjenigen Lokale gewesen, in welchem sich die Gäste gewöhnlich aufzuhalten pflegen: Gilb. C. pén. Art. 471 n. 133.

§ 343.

1. Im Allgemeinen sind hier die Bemerkungen zum dreizehnten Titel des zweiten Theils (§ 152 fgg.) zu vergleichen.

2. Die einfache Beleidigung im Sinne dieses § ist nur im Wege des Civil-Prozesses, also nicht von der Staatsanwaltschaft zu verfolgen: Einf.-Ges. Art. XVI. Vgl. ibid. Art. XVIII. In Betreff der Kompetenz ist dabei das Ges. v. 22. Mai 1852 Art. II (vgl. s. 28) maaßgebend. Diese Vorschriften erleiden auf den Bereich des Rheinischen Rechts keine Anwendung; dem Polizei-Anwalt steht hier die Verfolgung (vor dem Polizei-Gerichte) ebensowohl als dem Civilkläger zu, sobald nur der erforderliche Antrag des Beleidigten vorliegt.

3. Wie zu verfahren sei, wenn die Staatsanwaltschaft wegen einer Ehrverletzung eingeschritten ist, und es sich erst nach der Eröffnung der Untersuchung herausstellt, daß nur eine einfache Beleidigung vorliege, darüber vgl. Einf.-Ges. Art. XVI n. 7.

4. In Betreff der Verjährung sind die Bemerkungen zu den §§ 46 und 47, sowie zu § 50 n. 20; in Betreff ihrer Unterbrechung die zum Einf.-Ges. Art. XVIII und zu § 48 zu vergleichen.

5. Die Unterbrechung der Verjährung der Privatklage richtet sich im Uebrigen nach den civilrechtlichen Grundsätzen: Z. I. 25. Febr. 1859 Hoffmann c. Stephan (Entsch. 40. 2. s. 6; G. A. 7. s. 416; Str. Arch. 32. s. 321); vgl. § 48 n. 13a.

6. Demgemäß unterbricht eine beim zuständigen Richter angebrachte Klage die Verjährung selbst dann, wenn dieselbe nicht einleitungsfähig befunden wird, wenn z. B. der Sühneversuch nicht in vorschriftsmäßiger Weise vorhergegangen ist: Z. I. 25. Febr. 1859 Hoffmann c. Stephan (cit. n. 5). *Contra:* Z. I. 5. März 1858 Menz c. Bernhardt (ind.). In einem solchen Falle beginnt der Lauf der neuen Ver-

Die Bestrafung einer Beleidigung erfolgt nur auf Antrag; dieser kann nicht mehr erhoben werden, wenn von dem Zeitpunkte, an welchem der zum Antrag Berechtigte von der Beleidigung und von der Person des Beleidigers Kenntniß erhalten hat, drei Monate ohne Rüge verflossen sind.

Im Uebrigen kommen die im dreizehnten Titel des zweiten Theils §§ 153. 160. 161. 162. gegebenen Bestimmungen auch hier zur Anwendung.

[Entw. § 315]. Vgl. § 452 fgg.; 46 fgg; 50; Einf.-Ges. Art. XVI—XVIII.

---

jährung der zur Zeit abgewiesenen Injurienklage mit der Rechtskraft des abweisenden Urtheils: Z. I. 25. Febr. 1859 cit. Vgl. n. 10; § 48 n. 10. 12.

6a. Ueber die Unterbrechung der Verjährung einer einfachen Beleidigung durch eine vom Staats-Anwalt wegen derselben Handlung angehobene Strafverfolgung vgl. Einf.-Ges. Art. XVI n. 4; § 48 n. 13. Für die Unterbrechung durch die Strafverfolgung des Staats-Anwalts hat sich Z. (V.) Pl. 25. Juni 1860 c. Ramelow (207. I; Präj. n. 265 II; Entsch. 44. 2. s. 66; G. A. 8. s. 488) ausgesprochen.

7. Auf Ehrverletzungen, welche sich als Vergehen darstellen, erleidet die sechsmonatliche Verjährung keine Anwendung: V. I. 6. Febr. 1856 Ebers c. Normann. Das gilt noch unzweifelhafter von einfachen Mißhandlungen, sollten sie auch im Wege des Civil-Prozesses verfolgt werden: Z. I. 1. Nov. 1854 Reibe c. Schröder (Strieth. Arch. 16. s. 1).

8. Rücksichtlich der Nothwendigkeit eines Antrags des Beleidigten auf Bestrafung vgl. § 50. 160—162; rücksichtlich der Zurücknahme eines solchen Antrags vgl. § 160 in Verbindung mit Einf.-Ges. Art. XVII. Beseler (s. 582 III) will die Vorschrift des § 52 über die Untheilbarkeit des Strafantrags hier nicht gelten lassen. Die Frage wird bei einfachen Beleidigungen nicht leicht praktisch werden, zumal da, wo nur Verfolgung im Wege des Civil-Prozesses statthaft ist.

9. In Betreff der für den Strafantrag bestimmten Frist und der Wahrung derselben für die Verfolgung im Wege der Privatklage vgl. § 50 n. 20.

10. Der rechtzeitig angebrachte Strafantrag wahrt das Recht der Verfolgung selbst dann, wenn auch ein vorschriftsmäßiger Sühneversuch vor dem Schiedsmanne noch nicht stattgefunden hat; z. B. wenn die Klage beim zuständigen Richter angestellt wird; selbst die zeitweilige Abweisung dieser Klage aus dem angegebenen Grunde nimmt derselben nicht den Charakter eines wirksamen Strafantrags: Z. I. 25. Febr. 1859 Hoffmann c. Stephan (cit. n. 5). *Contra:* Z. I. 5. März 1858 Menz c. Bernhardt; vgl. n. 6; § 50 n. 8.

11. In Betreff der Aufrechnung wechselseitiger Beleidigungen vgl. § 153 und dort die Bemerkungen.

12. Die Vorschrift des § 163 (die Ertheilung einer Erkenntniß-Ausfertigung an den Verletzten auf Kosten des Verurtheilten betreffend) ist hier nicht wiederholt; es kann daher eine solche Maaßregel vom Richter als Strafe (vgl. § 163 n. 3) nicht angeordnet werden. Dagegen ist es unbedenklich statthaft, dieselbe als Civilentschädigung auf den Klageantrag des Verletzten auszusprechen, in gleicher Weise kann dann auch die Bekanntmachung des Erkenntnisses dem Verletzten gestattet werden. Diese Befugniß steht ebenso unzweifelhaft dem Rheinischen Polizeirichter auf den Antrag des Civilklägers zu.

13. Inwiefern im Wege der Civilklage eine anderweitige Privatgenugthuung oder Entschädigung vom Verletzten beansprucht, und vom Richter zugesprochen werden könne, darüber vgl. § 163 n. 9.

14. Durch den Beweis der Wahrheit der ehrverletzenden Behauptungen wird die Strafbarkeit einer Beleidigung nicht beseitigt; vgl. § 158; § 156 n. 20.

§. 344. Mit Geldbuße bis zu zwanzig Thalern oder Gefängniß bis zu vierzehn Tagen wird bestraft:

1) wer in Städten oder Dörfern übermäßig schnell fährt oder reitet, oder auf öffentlichen Städten oder Plätzen der Städte oder Dörfer mit gemeiner Gefahr Pferde einfährt oder zureitet;

2) wer auf öffentlichen Straßen oder Wegen das Vorbeifahren Anderer muthwillig verhindert;

3) wer in Städten mit Schlitten ohne feste Deichsel oder ohne Geläute oder Schelle fährt;

4) wer Thiere in Städten oder Dörfern, auf öffentlichen Straßen oder Plätzen, oder an anderen Orten, wo sie durch Ausreißen, Schlagen oder auf andere Weise Schaden anrichten können, mit Vernachlässigung der erforderlichen Sicherheitsmaaßregeln stehen läßt oder führt;

5) wer Steine oder andere harte Körper oder Unrath gegen fremde Häuser, Gebäude oder Einschließungen, oder in Gärten oder eingeschlossene Räume, oder auf Pferde oder andere Zug- oder Lastthiere wirft;

---

§ 344.

Zu Nr. 1.

1. Die Bestimmung, daß hier jede Strafe wegfalle, wenn ein dem Wagenführer oder Reiter unbekannter Fehler des Pferdes die Ursache der Handlung ist, ward als selbstverständlich aus dem § gestrichen: G. Matt. 2. f. 728.

Zu Nr. 4.

2. Aus dem ganzen Zusammenhange dieses §, sowie aus § 347 Nr. 10 geht hervor, daß die Worte „auf andere Weise Schaden anrichten können" auf gewöhnliche Weidfrevel nicht auszudehnen sind.

3. Es ist nicht nothwendig, daß die „erforderlichen Sicherheitsmaaßregeln" durch besondere Polizeiverordnungen ausdrücklich angeordnet worden seien; vielmehr weist jener Ausdruck auf die nach der Natur der Sache zur Abwendung möglicher Schadensgefahr nöthigen Maaßregeln hin: B. II. 27. Nov. 1856 c. Guß.

3a. Durch diese Nr. 4 ist eine ältere Polizeiverordnung, welche für einzelne Ortschaften in Betreff der Leitung und Führung von Fuhrwerken spezielle Vorschriften aufstellt und Zuwiderhandlungen mit Strafen bedroht, nicht außer Kraft gesetzt (vgl. unten Nr. 8): B. II. 11. Apr. 1861 c. Elbertz.

Zu Nr. 5. Vgl. § 346 Nr. 3.

4. Vorsätzlichkeit der Handlung wird hier vorausgesetzt: Gilb. C. pén. Art. 475 § 8 n. 3.

5. Auch das Werfen solcher Gegenstände in fremde Häuser oder Gebäude fällt unter die Strafbestimmung.

6. Dasselbe muß von dem Falle gelten, wo die fremden Häuser mit Unrath 2c. besudelt werden, sollte es auch nicht gerade durch ein Werfen geschehen.

7. Einen Antrag, die Vorschrift auch auf das Bewerfen von Schlachtthieren auszudehnen, hat die Komm. II. K. (Ber. f. 178) abgelehnt.

8. Daß die hier erwähnte Handlung irgend eine Körper- oder Vermögensbeschädigung zur Folge gehabt habe, ist nicht erforderlich; man wollte die Ge-

6) wer nach einer öffentlichen Straße oder nach Orten hinaus, wo Menschen zu verkehren pflegen, Sachen, durch deren Umstürzen oder Herabfallen Jemand beschädigt werden kann, ohne gehörige Befestigung aufstellt oder aufhängt, oder Sachen auf eine Weise ausgießt oder auswirft, daß dadurch die Vorübergehenden beschädigt oder verunreinigt werden können;

7) wer auf öffentlichen Straßen oder Plätzen Gegenstände welche den freien Verkehr hindern, aufstellt, hinlegt oder liegen läßt;

8) wer die zur Erhaltung der Sicherheit, Bequemlichkeit, Reinlichkeit und Ruhe auf den öffentlichen Straßen, Wegen und Plätzen erlassenen Polizeiverordnungen übertritt.

[Entw. § 316].

---

fährlichkeit der Handlung bestrafen; tritt eine vom Handelnden gewollte Verletzung oder Beschädigung ein, so werden die auf sie bezüglichen Strafbestimmungen anwendbar. Vgl. G. Matt. 2. s. 727 n. 5.

Zu Nr. 6. Vgl. ALR. I, 8. § 74. 75.

9. Unter den „Orten, wo Menschen zu verkehren pflegen", sind nicht blos öffentliche Orte zu verstehen; auch Privatörtlichkeiten können unter den geeigneten Voraussetzungen hierher gerechnet werden. Vgl. § 345 n. 27.

10. Des wirklichen Eintritts einer Beschädigung oder Verunreinigung durch ausgeworfene Sachen bedarf es ebensowenig, als der Verletzung eines Menschen durch das Herabfallen 2c.

Zu Nr. 7.

11. Unter Straßen sind hier die zur Kommunikation bestimmten Räume in Städten und Dörfern zu verstehen; Landstraßen und sonstige Wege bleiben daher ausgeschlossen: B. II. 5. Jan. 1860 c. Oberwinter; G. Matt. 2. s. 728 n. 6; vergl. Zus.-Bemerk. zum Chauss.-Geld-Tarif v. 29. Febr. 1840 Nr. 11. 12 (GS. s. 98).

12. Ob durch die aufgestellten Gegenstände der freie Verkehr behindert wird, unterliegt der thatsächlichen Beurtheilung des Richters.

13. Da auch das „Liegen-Lassen" der Gegenstände mit Strafe bedroht ist, so wird von derselben auch der Eigenthümer der Sachen betroffen, wenn er es verabsäumt, dafür zu sorgen, daß die von seinen Dienstboten aufgestellten Gegenstände weggeschafft werden: B. K.-H. 9. März 1846 c. Dümmler (Rh. Arch. 41. 2. A. s. 57). Ob nach den Umständen bei ihm eine solche Verpflichtung anzunehmen sei, fällt in die thatsächliche Beurtheilung.

14. Die Sperrung einer Straße, welche nicht durch das Aufstellen 2c. von Gegenständen bewirkt wird, fällt nicht unter den §: B. II. 5. Jan. 1860 c. Oberwinter.

15. Die Verjährung dieser Uebertretung läuft nicht, so lange die hindernden Gegenstände liegen bleiben; vgl. § 46 n. 9; § 339 n. 4.

Zu Nr. 8.

16. Die hier erwähnten Polizei-Verordnungen müssen in Gemäßheit der darüber zur Zeit ihrer Verkündung bestehenden Gesetze von einer zuständigen Behörde erlassen und publizirt sein. Vgl. § 332 n. 2 fgg.

17. Vorausgesetzt wird, daß die betr. Verordnung eine allgemeine, von Allen zu beobachtende Norm aufstelle; eine individuell an eine einzelne Person gerichtete polizeiliche Verfügung gehört nicht hierher: Z. II. 10. März 1853 c. Sparla (Tr. Ann. 7. s. 235).

§. 345. Mit Geldbuße bis zu funfzig Thalern oder Gefängniß bis zu sechs Wochen wird bestraft:

1) wer den polizeiliche Anordnungen über voreilige Beerdigungen entgegen handelt;

[Entw. § 317 Nr. 1]. Vgl. § 186; Rh. BGB. Art. 77.

---

18. Zu diesen allgemeinenen Polizei-Verordnungen gehören die Dienstvorschriften für eine amtliche Stellung nicht, daher ist ein Chausseegeldempfänger, welcher in Zuwiderhandlung gegen die Fin.-Min.-Instr. v. 16. Jan. 1834 bei Nacht den Schlagbaum nicht erleuchtet, nicht nach diesem § zu bestrafen: B. II. 20. April 1854 c. Geulen.

19. Mit Rücksicht auf das unter n. 18 Bemerkte kann die Zuwiderhandlung gegen ein vertragsmäßiges Abkommen mit der Ortsbehörde, nie nach § 344 Nr. 8 strafbar sein, z. B. wenn derjenige, dem die Straßenreinigung vertragsmäßig übertragen worden ist, den dabei übernommenen Verbindlichkeiten nicht nachkommt. Vgl. Gilb. C. pén. Art. 471 § 3 n. 41—46.

20. Unterlassung der durch eine Polizei-Verordnung den Hausbesitzern zur Pflicht gemachten Straßenreinigung fällt unter diese Nr. 8: B. II. 15. Mai 1856 c. vom Hövel.

21. Eine Polizei-Verordnung kann in verbindlicher Weise das Abfließenlassen der Mistjauche auf einen öffentlichen Weg verbieten; dem stehen die Artt. 640 und 681 des Rh. BGB., wonach jedes tiefer liegende Grundstück das vom höher liegenden natürlich abfließende Wasser aufnehmen muß, nicht entgegen, sollte auch der Abfluß der Jauche nur durch starke Regengüsse und ein dadurch veranlaßtes Ueberlaufen des Jauchenbehältnisses herbeigeführt werden; es fällt daher auch ein solcher Fall unter jenes Verbot: B. II. 12. Nov. 1857 c. Kerres.

22. Die zu verhängende Strafe ist nur nach diesem § zu bemessen; die Polizeiverordnungen können nicht eine andere Strafandrohung an die Stelle setzen, und selbst da, wo dieses vor Verkündung des StGB. zulässiger Weise geschehen war, ist jetzt die Vorschrift des § allein maaßgebend: Z. II. 20. Nov. 1856 c. Gausen; Z. II. 1. Okt. 1857 c. Assemacher (G. A. 6. S. 268).

23. Etwas Anderes gilt da, wo eine nach den Vorschriften des Polizei-Ges. v. 11. März 1850 erlassene Polizei-Verordnung sich nicht darauf beschränkt, zur Erhaltung der Sicherheit, Bequemlichkeit, Reinlichkeit und Ruhe auf den öffentlichen Straßen, Wegen und Plätzen eine Anordnung zu treffen, sondern eine darüber hinausgehende Wirksamkeit von einem allgemeinen Gesichtspunkte aus in Anspruch nimmt (z. B. wegen Anzeigen der Tollwuth das Festlegen der Hunde zeitweise gebietet); in einem solchen Falle hat die betr. Behörde die Strafandrohung selbstständig nach § 5 und 11 des cit. Gesetzes abzumessen, und kann daher auch ein das Maaß des § 335 übersteigendes Strafminimum bestimmen: B. Kass.-Hof 30. Dez. 1852 c. Friese; B. II. 15. Sept. 1853 c. Dannenhöfer; vergl. § 335 n. 3.

§ 345.

Zu Nr. 1.

1. Diese Nr. 1 setzt das Bestehen besonderer diesen Gegenstand betreffender Polizeiverordnungen voraus; es wird daher das zu § 344 n. 16—18 Bemerkte auch hier wirksam. Dagegen irrt der K.-B. II. K. (S. 179), wenn er ausspricht, es habe hier gerade das Beerdigen verboten werden sollen, welches entweder der Zeit oder dem Zwecke nach, z. B. bei Fällen der Besichtigung, zu früh erfolgen möchte: Bes. S. 585.

2. Für den Bereich des Rheinischen Rechts ist die betreffende Anordnung im Art. 77 des Rh. BGB. enthalten; dieser gestattet die Beerdigung nur auf Grund einer schriftlichen Erlaubniß des Civilstandsbeamten, welcher diese Erlaubniß, insofern nicht besondere durch Polizeireglements vorgesehene Fälle vorliegen, nicht früher als 24 Stunden nach dem erfolgten Tode ertheilen darf. Eine Min.-Verf. v. 15. Juni 1822 (Rh. Samml. 2. S. 304) hat sodann angeordnet, daß die

2) wer ohne polizeiliche Erlaubniß Gift oder Arzeneien, soweit deren Handel nicht durch besondere Verordnungen freigegeben ist, zubereitet, verkauft oder sonst an Andere überläßt;

[Entw. § 317 Nr. 2]. Vgl. § 197; Regl. v. 16. Sept. 1836 und A.KO. v. 17. Okt. 1836 (GS. 37. s. 41); Gew.-O. v. 17. Jan. 1845 § 42. 49. 177; Ges. v. 22. Juni 1861 Art. I § 49 (GS. s. 442).

Autorisation zur Beerdigung entweder nur auf das Zeugniß eines approbirten Arztes über den wirklich eingetretenen Tod, oder mit der Beschränkung zu ertheilen sei, daß die Beerdigung erst nach Ablauf von 72 Stunden seit dem von den Zeugen bekundeten Momente des angeblichen Todes erfolgen dürfe. Vgl. übrigens § 186 n. 3.

3. Für die übrigen Provinzen hat eine Min.-Verf. v. 2. März 1827 (v. Kamptz Ann. 11. s. 168) angeordnet, daß die Beerdigung in der Regel nicht vor Ablauf von drei Tagen geschehen dürfe.

4. Die betr. Vorschriften sind auch für die Beerdigung todtgeborner Kinder maaßgebend, nicht aber für die einer unreifen Leibesfrucht: vgl. § 186 n. 6—8; Gilb. C. pén. Art. 358 n. 4—7.

5. Auf den Todtengräber bezieht sich die Strafandrohung nicht mit, insofern die betr. Polizeiverordnungen nicht ausdrücklich das Gegentheil vorschreiben: Gilb. C. pén. Art. 358 n. 9.

6. Ebensowenig unterliegt der Geistliche, welcher bei einer voreiligen Beerdigung, in jener seiner Eigenschaft assistirt, der Strafvorschrift, da er weder selbst beerdigt, noch auch an dieser im Sinne des § 34 Theil nimmt. Vgl. § 186 n. 12; Gilb. C. pén. Art. 358 n. 1. 8. 10. 11.

7. Auf andere die Polizei der Beerdigungen betreffende Anordnungen, und die Zuwiderhandlungen gegen dieselben ist der § nicht anzuwenden; hier können daher nur die in vorschriftsmäßiger Weise ergangenen polizeilichen Strafandrohungen Platz greifen.

Zu Nr. 2.

8. Ueber den Begriff des Gifts vgl. § 197 n. 1. 2.

9. Für den Begriff der „Arzneien" sind der Reglem.-Entw. v. 16. Sept. 1836 (AKO. v. 17. Okt. 1836), und die nach Anleitung der Nr. 5 dieses Entwurfs von den Ministerien von Zeit zu Zeit ergänzten und abgeänderten Verzeichnisse maaßgebend.

10. In Betreff der erforderlichen polizeilichen Erlaubniß sind, außer dem unter n. 9 erwähnten Reglements-Entwurfe, die §§ 42 und 49 der Gew.-Ordn. v. 17. Jan. 1845 und Ges. v. 22. Juni 1861 Art. I § 49 zu vergleichen.

11. Auch Aerzte sind nicht befugt, ohne besondere polizeiliche Erlaubniß, Arzneien zu dispensiren; der § 460. II, 8 des ALR., und § 14 der Apoth.-Ordn. v. 11. Okt. 1801 sind nicht dahin aufzufassen, daß in dem dort vorgesehenen Falle, sowie in den Fällen, wo nach der Apoth.-Ordnung die Aerzte eine Hausapotheke zu halten nicht befugt sind, ihre Befugniß zum Selbst-Dispensiren nur zu Gunsten der Apotheker beschränkt, die Strafvorschrift des § 345 Nr. 2 also auf sie nicht anwendbar sei: B. I. 5. Mai 1854 c. Ruchten (JMBl. s. 278). Vgl. die Gutachten der wiss. Deput. f. d. pharmaz. Ang. v. 4. Nov. 1851, u. d. wiss. Deput. f. d. Med.-Wesen v. 28. Jan. 1852 (JMBl. 52. s. 173).

12. Ueber die Befugniß der approbirten Medizinal-Personen zum Selbstdispensiren der nach homöopathischen Grundsätzen bereiteten Arzneimittel vgl. Regl. v. 20. Juni 1843, AKO. v. 11. Juli 1843 (GS. s. 305).

13. „Unter dem im § 8 des Regl. v. 20. Juni 1843 für strafbar erklärten „„Selbstdispensiren"" homöopathischer Aerzte, welche dazu die vorschriftsmäßige „Befugniß nicht erlangt haben, ist auch die bloße Verabreichung der zwar in einer „Apotheke, aber nicht für den bestimmten Kranken, dem sie verabreicht wurde, be„reiteten Arznei, ohne sonstige Behandlung derselben zu verstehen, und daher nach „§ 345 Nr. 2 zu ahnden": B. II. 24. Febr. 1853 c. Bolle (Präj. n. 18; Entsch. 24. s. 495; 25. s. 263). Vgl. die unter n. 11 citt. Gutachten.

3) *) wer ohne besondere Erlaubniß Schießpulver oder andere explodirende Stoffe oder Feuerwerke zubereitet oder feilhält;

[Entw. § 317 Nr. 3]. Vgl. § 289; Gew.-Ordn. v. 17. Jan. 1845 § 27. 45. 49. 177; Ges. v. 22. Juni 1861 Art. I § 49. Art. III (GS. s. 441); Ges. v. 1. Juli 1861.

4) wer bei der Aufbewahrung oder bei dem Transporte von Giftwaaren, Schießpulver oder anderen explodirenden Stoffen oder Feuerwerken, oder bei Ausübung der Befugniß zur Zubereitung oder Feilhaltung dieser Gegenstände, sowie der Arzeneien, die deshalb ergangenen Verordnungen nicht befolgt;

[Entw. § 317 Nr. 4]. Vgl. Ges. v. 10. Dez. 1800 (N. C. C. X. s. 3249); Apoth.-Ordn. v. 11. Okt. 1801 (N. C. C. XI. s. 555; v. Rabe Samml. 6. s. 664); AKO. v. 5. Okt. 1846 (GS. s. 509); Regul. v. 5. Jan. 1840 (MBl. f. d. i. V. s. 28); Min.-Verf. v. 10. Aug. 1843 (MBl. f. d. i. V. s. 261); Regl. v. 12. April 1852 (MBl. f. d. i. V. s. 223).

---

*) Die Nr. 3 ist durch das Ges. v. 22. Juni 1861 zum Theil außer Kraft gesetzt worden; das Nähere siehe unten Note 17 a.

---

14. Insofern der unbefugte Handel mit Giften gewerbsmäßig betrieben wird, fällt derselbe unter die Strafvorschrift des § 177 der Gew.-Ordn. v. 17. Jan. 1845, welche durch diesen § nicht beseitigt wird: G. Matt. 2. s. 730 n. 2.

15. Der Ausdruck „verkauft“ umfaßt hier auch das Feilbieten zum Verkaufe: V. II. 26. Febr. 1857 c. Knipping.

16. Durch diese Nr. 2 sind die Bestimmungen des das Ankündigen von Geheimmitteln auf dem linken Rheinufer verbietenden Art. 36 des Ges. vom 21. germ. XI, sowie die Strafandrohung des Ges. v. 29. pluv. XIII nicht aufgehoben. Vgl. Einf.-Ges. Art. II n. 30.

17. Ueber den Verkauf der konfiscirten Gifte vgl. Verf. d. Just.-Min. v. 22. Dez. 1852 (JMBl. 53. s. 48).

Zu Nr. 3.

17 a. Durch das Gesetz v. 22. Juni 1861 Art. I ist § 49 der Gew.-Ordn. abgeändert, und das Erforderniß einer polizeilichen Gestattung für den Handel mit Schieß-Pulver beseitigt; demgemäß ist im Art. III auch der obige § 345 Nr. 3, soweit derselbe den Handel mit Schießpulver betrifft, außer Kraft gesetzt worden. Dagegen hat die Vorschrift, soweit sie sich auf andere explodirende Stoffe oder Feuerwerke, sowie auf die Zubereitung des Schießpulvers bezieht, ihre Geltung behalten. Vgl. Ges. v. 1. Juli 1861 § 1.

18. Auch hier greift bei einem gewerbsmäßigen Betriebe § 177 der Gew.-Ordn. v. 17. Jan. 1845 Platz: G. Matt. 2. s. 730 n. 2.

Zu Nr. 4.

19. In Betreff der Gifte sind das Ges. v. 10. Dez. 1800, die Apoth.-Ordn. v. 11. Okt. 1801. die AKO. v. 5. Okt. 1846, und die Min.-Verf. v. 31. Aug. 1850 (MBl. f. d. i. V. s. 242), sowie endlich (was den Transport auf dem Rheine anlangt) das Regl. v. 5. Jan. 1840 zu vergleichen.

20. In Betreff des Pulvers vgl. Min.-Cirk. v. 14. Sept. 1846 (MBl. f. d. i. V. s. 202); Min.-Verf. v. 10. Aug. 1843 (ibid. s. 261); Regl. v. 12. April 1852 (MBl. f. d. i. V. s. 223); Regl. v. 27. Sept. 1846 (MBl. f. d. i. V. s. 188) und die verschiedenen Flußschifffahrtsordnungen.

21. Insofern die besonderen diese Materie betreffenden Verordnungen, noch Strafandrohungen für Fälle enthalten, welche in der Nr. 4 nicht erwähnt sind, ist ihre fortdauernde Gültigkeit anerkannt durch K.-V. II. K. s. 179.

5) **wer verfälschte oder verdorbene Getränke oder Eßwaaren feilhält;**

[Entw. § 317 Nr. 5]. Vgl. § 304.

6) **wer ohne polizeiliche Erlaubniß an bewohnten oder von Menschen besuchten Orten Selbstgeschosse, Schlageisen oder Fußangeln legt, oder an solchen Orten mit Feuergewehr oder anderem Schießwerkzeug schießt;**

[Entw. § 317 Nr. 6].

7) **wer Stoß-, Hieb- oder Schußwaffen, welche in Stöcken**

Zu Nr. 5.

22. Unter Verfälschung ist jede Beimischung eines fremdartigen Stoffes zu verstehen; insbesondre ist diese Vorschrift nicht auf den Fall zu beschränken, wo die Verfälschung der feilgehaltenen Waaren zum Schaden der Gesundheit gereicht. Es soll nicht geduldet werden, daß verfälschte Getränke und Eßwaaren ohne Angabe der Beimischung verkauft werden: K.-B. II. K. S. 179. Daher gehört auch Vermischung der feilgehaltenen Milch mit Wasser hierher: Gilb. C. pén. Art. 475 § 6 n. 4; ebenso das Benätzen des Salzes: B. II. 5. Juni 1858 c. Begrich.

23. Ob der Verkäufer Kenntniß von der geschehenen Verfälschung ꝛc. hatte, ist gleichgültig. Vgl. Gilb. C. pén. Art. 475 § 6 n. 1.

24. „Feilhalten" umfaßt jedes Anbieten zum Verkaufe, sollte es auch nicht gewerbsmäßig geschehen: B. II. 9. Juli 1857 c. Moses (Rh. Arch. 52. 2. A. S. 92; G. A. 6. S. 139).

25. Inwiefern der Besitz derartiger Waaren durch einen Kaufmann, welcher mit Waaren der fraglichen Gattung handelt, als ein Feilhalten derselben angesehen werden könne, gehört zur thatsächlichen Beurtheilung.

26. Auch derjenige wird von der Strafe betroffen, welcher derartige Waaren ohne ein vorgängiges Ausbieten (Feilhalten) verkauft; vgl. ALR. II, 20 § 722; C. pén. Art. 475 Nr. 6.

Zu Nr. 6.

27. Unter den „bewohnten oder von Menschen besuchten Orten" sind nicht blos öffentliche Orte zu verstehen, sondern auch solche Privat-Räumlichkeiten, welche von Menschen besucht zu werden pflegen; die eigenen Räumlichkeiten des Handelnden sind keineswegs ausgeschlossen. Vgl. § 344 n. 9.

28. Als ein „von Menschen besuchter Ort" ist dagegen hier derjenige nicht zu betrachten, wohin eben nur der die im § gedachte Handlung vornehmende Eigenthümer selbst zu kommen pflegt; dasselbe kann der Richter der Thatsachen auch da annehmen, wo außer dem Handelnden nur andere erwachsene Hausgenossen desselben den Ort besuchen, welche auf die Gefahr aufmerksam gemacht sind.

29. Bei Prüfung der Frage, ob der betr. Ort bewohnt, oder von Menschen besucht sei, ist derselbe in der Ausdehnung aufzufassen, bis wohin sich die Wirkung der Selbstgeschosse ꝛc. erstrecken kann.

30. Das „Schießen" ist nur auf ein Scharf-Schießen zu beziehen.

31. Hat das Legen eines Schlageisens ꝛc. die Körperverletzung eines Menschen zur Folge gehabt, so gehört es zur thatsächlichen Beurtheilung, ob dieselbe als eine fahrlässige oder vorsätzliche demjenigen anzurechnen sei, von welchem jenes Hinlegen ausgegangen war. Das erkannte ein Z. II. 21. Juni 1855 c. Kühnast als richtig an (der Angeklagte hatte an einer Lücke der seinen Garten vom Nachbargarten trennenden Schaalwand eine solche Vorrichtung in verdeckter Weise angebracht, weil die kleinen Nachbarkinder dort seines Verbots ungeachtet durchzukriechen und den Garten zu beschädigen pflegten; die dadurch herbeigeführte Verletzung der Kinder war als eine vorsätzliche bestraft worden).

Zu Nr. 7.

32. Das Tragen gewöhnlicher Waffen in der Tasche ist dadurch nicht unter

oder Röhren oder in ähnlicher Weise verborgen sind, feilhält oder mit sich führt;

[Entw. § 317 Nr. 6a.]

8) wer ohne polizeiliche Erlaubniß gefährliche wilde Thiere hält, oder wilde oder bösartige Thiere frei herumlaufen läßt, oder in Ansehung ihrer die erforderlichen Vorsichtsmaaßregeln zur Verhütung von Beschädigungen unterläßt;

[Entw. § 317 Nr. 7].

9) wer auf öffentlichen Straßen, Wegen oder Plätzen, auf Höfen, in Häusern oder überhaupt an Orten, wo Menschen hinkommen, Brunnen, Keller, Gruben, Oeffnungen oder Abhänge dergestalt unverdeckt oder unverwahrt läßt, daß daraus Gefahr für Andere entstehen kann;

[Entw. § 317 Nr. 8].

10) wer der polizeilichen Aufforderung, Gebäude, welche den Einsturz drohen, auszubessern oder niederzureißen, keine Folge leistet;

[Entw. § 317 Nr. 9].

Strafe gestellt; es werden Vorrichtungen vorausgesetzt, welche die Waffe selbst äußerlich als etwas Unverfängliches, Ungefährliches erscheinen lassen: Koch n. 86.

33. Auf die Anfertigung derartiger Waffen ist die Vorschrift nicht auszudehnen: G. Matt. 2. s. 731 n. 5.

34. Die konfiscirten Waffen sollen nicht verkauft, sondern vernichtet werden: Verf. d. Min. d. Inn. v. 15. März 1837 (Jahrb. 49. s. 290); Verf. d. Just.-Min. v. 22. Dez. 1852 (JMBl. 53. s. 48).

Zu Nr. 8.

35. Als bösartige Thiere sind auch solche zu betrachten, welche ihrer Gattung nach zu den zahmen gehören, wenn sie geneigt sind, zu beißen, zu stoßen rc., z. B. Stiere, beißende Hunde rc. Vgl. Koch n. 87.

36. Unter den „erforderlichen Vorsichtsmaaßregeln“ sind nicht nur die durch allgemeine Polizeiverordnungen vorgeschriebenen, sondern auch diejenigen zu verstehen, welche in jedem Einzelfalle sich als erforderlich darstellen, der aus der Bösartigkeit des Thiers drohenden Gefahr vorzubeugen; vgl. § 244 n. 3.

Zu Nr. 9.

37. Die Verpflichtung liegt dem Herrn des betr. Brunnens rc., beziehungsweise desjenigen Grundstücks ob, wo sich der Abhang öffnet. Hat nachweislich ein Dritter die angebrachten Verwahrmittel beseitigt, so ist jener nur dann strafbar, wenn ihn in Betreff der Herstellung der Vorwurf einer Versäumniß trifft.

38. Ob eine Oeffnung oder ein Abhang rc. gefahrdrohend sei, ist nach den Ortsverhältnissen thatsächlich zu beurtheilen: K.-B. II. K. s. 180.

39. Durch diese Nr. 9 haben ältere denselben Gegenstand betreffende Gesetze und Polizei-Verordnungen ihre Wirksamkeit verloren: Z. II. 13. Sept. 1860 c. Meyer.

Zu Nr. 10.

40. Die Aufforderung kann in genügender Weise von der Lokal-Polizei-Behörde ausgehen. Vgl. Pol.-Ges. v. 11. März 1860 § 5. 6 f.

41. In welcher Weise die polizeiliche Aufforderung zur Kunde des Betreffenden gebracht sei, ist gleichgültig, sobald er nur in derselben die an ihn ergangene amtliche Aufforderung erkennen konnte; vgl. Gilb. C. pén. Art. 471 § 5 n. 53.

11) wer Bauten und Reparaturen von Gebäuden, Brunnen, Brücken, Schleusen oder anderen Bauwerken vornimmt, ohne die von der Polizei angeordneten oder sonst erforderlichen Sicherungsmaaßregeln zu treffen;

[Entw. § 317 Nr. 10]. Vgl. ALR. I, 8 § 71. 72.

12) wer als Bauherr, Baumeister oder Bauhandwerker einen Bau oder eine Reparatur, wozu die polizeiliche Genehmigung erforderlich ist, ohne diese Genehmigung oder mit eigenmächtiger Abweichung von dem durch die Behörde genehmigten Bauplane ausführt oder ausführen läßt.

[Entw. § 317 Nr. 11]. Vgl. ALR. I, 8 § 67. 70.

In den Fällen der Nummern 2., 3., 4., 5., 6. und 7. ist die Konfiskation des Gifts, der Arzeneien, des Schießpulvers oder der anderen explodirenden Stoffe oder Feuerwerke, der verfälschten oder verdorbenen Getränke oder Eßwaaren, ingleichen der Selbstgeschosse, Schlageisen oder Fußangeln, sowie der verbotenen Waffen im Urtheile auszusprechen.

[Entw. § 317].

---

42. Der Ausdruck „Gebäude“ ist hier auf jedes Bauwerk, z. B. auch auf Mauern zu beziehen.

43. Die Nichtbefolgung der Aufforderung ist als solche strafbar; daher darf das erkennende Gericht nicht untersuchen, ob die angeordnete Maaßregel nach dem baulichen Zustande wirklich nothwendig war: B. K.-H. (Int. d. Ges.) v. 27. Jan. 1830 c. Hautermann (Rh. Arch. 14. 2. A. s. 11).

Zu Nr. 11.

44. Die Vorschrift ist nicht nur auf Baumeister, sondern auch auf Bauherrn anwendbar: G. Matt. 2. s. 732 n. 9. *Sic:* Z. I. Civ.-Sen. 13. Nov. 1857 (Entsch. 37. 1. s. 35; beil.).

45. Die Worte „von der Polizei angeordneten“ beziehen sich nicht blos auf allgemein verbindliche Verordnungen, sondern auch auf individuelle Weisungen.

Zu Nr. 12.

46. Ueber die Verpflichtung, zu einem Baue rc. vorher die polizeiliche Genehmigung einzuholen, vgl. ALR. I, 8 § 67. 70.

47. Auch die unvollständige Ausführung eines genehmigten Bauplans (z. B. die Errichtung eines Schornsteins in zu geringer Höhe) stellt eine Abweichung von dem letztern dar: B. I. 13. Okt. 1858 c. Krebs (ind.).

48. Der Baumeister wird dadurch nicht von der Strafe befreit, wenn ihm der Bauherr versprochen hat, für die anderweitige vollständige Ausführung des Baues Sorge zu tragen: B. I. 13. Okt. 1858 c. Krebs.

49. Im Gebiete des Rheinischen Rechts bestehen keine gesetzlichen Bestimmungen, durch welche die Zulässigkeit des Bauens an Landstraßen und Wegen von der vorgängigen Feststellung der Richtungslinie des Baues (Alignement) durch die Verwaltungsbehörden abhängig gemacht würde, da die hierauf bezüglichen älteren französischen Gesetze in den Rheinischen Departements nie publizirt sind. So in Betreff der Vicinal- oder Dorfwege: Z. II. 10. März 1853 c. Sparla (Tr. Ann. 7. s. 235). Dagegen waren nach dem Dekr. v. 7.—14. Okt. 1790 Art. 1, nach Art. 50 des Ges. v. 16. Sept. 1807 (sowie nach der Regier.-Instr. v. 23. Okt. 1817 § 11 und nach § 32 des Ress.-Regl. v. 20. Juli 1818), die Bezirks-Regierungen befugt, Polizei-Verordnungen in Beziehung auf das Bauen an Land- und Bezirksstraßen

§. 346. Mit Geldbuße bis zu funfzig Thalern oder Gefängniß bis zu sechs Wochen wird bestraft:

1) wer in die Wohnung, das Geschäftszimmer oder das befriedigte Besitzthum eines Anderen, oder in abgeschlossene Räume, welche zum öffentlichen Dienste bestimmt sind,

---

zu erlassen, und die Statthaftigkeit desselben von der Einholung des Alignements abhängig zu machen. Dieselbe Befugniß stand in Beziehung auf die städtischen und ländlichen Wege nach dem Ges. v. 16. — 24. Aug. 1790 Tit. II Art. 3 Nr. 1 und nach dem Ges. v. 19. — 22. Juli 1791 Art. 46 den Municipal-Behörden (Bürgermeistern) zu, insoweit nicht nach Anleitung des Ges. v. 16. Sept. 1807 Art. 52 für einzelne Städte vollständige Baupläne vom Staatsrathe festgestellt worden waren, nach welchen der Bürgermeister in jedem Einzelfalle das Alignement festzustellen hatte. Solche Polizeiverordnungen sind für das ehemalige Roer-Departement durch Beschlüsse des Präfekten vom 29. niv. XI Art. 5, vom 5. prair. XI und vom 3. mess. XIII Art. 2 ergangen, deren Bestimmungen durch Verfügung der Regierung zu Köln vom 25. Okt. 1833 (Kölk. ABl. 1833 s. 356) auch auf diejenigen Theile des gedachten Regierungsbezirks ausgedehnt sind, welche früher zum Rhein- und Mosel-Departement gehörten. Dagegen sind ein durch die Rheinischen Amtsblätter bekannt gemachter Ober-Präsidial-Erlaß v. 18. März 1829 (Aach. ABl. 1833. s. 147), und eine Bekanntmachung der Regierung zu Düsseldorf v. 18. Juli 1829 (Düss. ABl. s. 173 u. 340) als solche Polizeiverordnungen nicht zu betrachten, da sie selbst keine Verfügung treffen, sondern nur aussprechen, daß die Ministerien der Justiz und des Innern über das Bestehen gewisser gesetzlicher Bestimmungen einverstanden seien. — Zu bemerken ist übrigens, daß Zuwiderhandlungen gegen derartige Polizei-Verordnungen mit den in diesen selbst angedrohten Strafen, und nicht mit der Strafe des § 345 zu ahnden sind, da sie wesentlich auf der Landstraßen- oder Wege-Polizei beruhen, während die Nr. 12 sich lediglich auf die Bau-Polizei bezieht; es darf daher in jenen Verordnungen auch das Minimum der im § 345 angedrohten Strafe überschritten werden: B. II. 28. Jan. 1858 c. Kremer. — Im Uebrigen ist über die Lehre vom Alignement eine Abh. in Rh. Arch. 32. 2. B. 2. s. 7 zu vergleichen.

50. Inwiefern derartige Polizei-Verordnungen (n. 49), welche das Bauen an Landstraßen und Wegen von der Einholung einer polizeilichen Genehmigung abhängig machen, auch da Platz greifen, wo zwar das betr. Grundstück mit einem Theile an die Straße 2c. anstößt, wo aber der Bau an einer von derselben entfernt liegenden Stelle aufgeführt werden soll, — ist zunächst nach den Einzelbestimmungen der zur Anwendung kommenden Polizei-Verordnung, und im Zweifel mit Rücksicht auf den Zweck seiner Vorschriften nach den örtlichen Verhältnissen zu beurtheilen, und dabei festzuhalten, daß nicht nur Eingriffen in den bestehenden Weg vorgebeugt, sondern auch dem etwaigen Bedürfnisse einer spätern Erbreiterung des Wegs Rechnung getragen werden soll.

51. Wenn ein vorschriftswidrig errichteter Bau über die für die Straße oder den Weg bestimmte Richtungslinie hinübergreift, so hat der Rheinische Polizeirichter (nach Art. 50. 161. 189 der Rh. StPO.) neben der Strafverhängung auch die Niederreißung des Baues, soweit jener Eingriff stattfindet, anzuordnen: Z. Kass.-H. 7. März 1842 c. Weber (Rh. Arch. 32. 2. A. s. 54). Das gilt aber da nicht, wo nur gegen die formelle Vorschrift (in Betr. der Einholung der polizeilichen Genehmigung) verstoßen ist.

52. Ueber die Nothwendigkeit einer polizeilichen Erlaubniß zur Anlage oder Reparatur eines Dachs von Stroh, Rohr oder Holz vgl. für die Rheinprovinz AKO. v. 2. Juli 1836 (Rh. Samml. 5. s. 413).

Zum Schlußsatze.

53. Die Konfiskation ist auch dann auszusprechen, wenn der betr. Gegenstand (z. B. das vorschriftswidrig transportirte Pulver) nicht dem Kontravenienten, sondern einem Dritten gehört; dieser muß sich an Jenen halten.

widerrechtlich eindringt, oder, wenn er ohne Befugniß darin verweilt, auf geschehene Aufforderung sich nicht entfernt;

2) wer Hunde auf Menschen hetzt;

3) wer vorsätzlich Steine oder andere harte Körper oder Unrath auf Menschen wirft.

[Entw. § 318].

---

§ 346.

Zu Nr. 1. Vgl. § 214. 318.

1. Im Allgemeinen sind hier die Bemerkungen zu § 214 zu vergleichen; der Unterschied vom Thatbestande jenes § liegt darin, daß dort ein Handeln mehrerer zusammengerotteter Personen vorausgesetzt wird; außerdem bestraft § 346 auch im Falle des unbefugten Verweilens das Nichtentfernen auf geschehene Aufforderung.

2. Auch der Inhaber eines dem öffentlichen Verkehre und dem Zutritte eines Jeden geöffneten Privatgeschäftslokals ist befugt, dasselbe entweder ganz oder für Einzelne, welchen er den Aufenthalt nicht gestatten will, zu schließen, und damit unter den Schutz des § zu stellen: B. I. 20. Apr. 1860 Caspari c. Waske.

3. Die Widerrechtlichkeit besteht hier im Allgemeinen darin, daß eine Person unbefugter Weise gegen den Willen des Inhabers eindringt: Bes. s. 586; K.-B. II. K. s. 180. Liegt dieses vor (hatte z. B. der Inhaber seinen entgegenstehenden Willen zu erkennen gegeben), so kann ein erlaubter Zweck (z. B. die Absicht, eine widerrechtlich weggenommene Sache zurückzufordern) das Eindringen nicht zu einem berechtigten machen. *Contra:* B. 8. Okt. 1852 c. Scholz; vgl. n. 4; § 318 n. 3.

4. Auch dann, wenn Jemand sich in gerechtfertigter Weise im Besitzthum eines Andern aufhält, genügt die Aufforderung des letztern, um die Entfernung nothwendig zu machen, ohne daß es dabei auf den Grund der Aufforderung ankommt; das Länger-Verweilen berechtigt dann den Andern, von seinem Hausrechte Gebrauch zu machen: B. I. 8. Juni 1860 c. Hadack. Vgl. n. 3.

5. Der Vermiether, welcher nach dem Ablaufe der Miethzeit in die vermiethete Wohnung dringt, und Thüren und Fenster aushebt, um dadurch den Miether zum Ausziehen zu nöthigen, unterliegt nicht der Strafe der Nr. 1, weil sein Eindringen kein unbefugtes ist.

Zu Nr. 2.

6. Hier wird ein vorsätzliches Handeln vorausgesetzt. Temme Lehrbuch s. 1096.

7. Hat in Folge des Hetzens der Hund dem Andern eine Verletzung beigebracht, so wird § 187 anwendbar.

Zu Nr. 3. Vgl. § 187; 344 Nr. 5.

8. Der Unterschied der hier vorgesehenen Handlung von der Körperverletzung im Sinne des § 187 liegt darin, daß der letztere § eine vorsätzliche gewaltsame Thätlichkeit voraussetzt, welche dem davon Betroffenen ein körperliches Uebelbefinden zufügt, während der § 346 Nr. 3 jedes vorsätzliche Bewerfen mit Unrath ꝛc. ohne nähere Rücksicht auf die Quantität, und auf die damit, sowie mit der Qualität der Handlung verbundenen Wirkungen mit Strafe bedroht: Z. 24. März 1852 c. Gütte (G. Arch. 1. s. 85); Z. I. 22. Febr. 1854 c. Söderquist. *Contra:* Temme Lehrb. s. 831 und 833; er hält zum Begriffe des Schlagens ꝛc. die Stärke der Berührung für ganz unerheblich, erachtet daher den § 187 auch da für anwendbar, wo der Getroffene gar kein Gefühl der Berührung gehabt habe, und will den Unterschied vom Falle des § 346 Nr. 3 nur in der Verschiedenheit des Vorsatzes finden, welcher bei der Körperverletzung auf Beschädigung der Gesundheit oder Kränkung der Ehre gerichtet sein müsse [?]. Vgl. § 187 n. 6 fgg.

Vierter Titel.
Uebertretungen in Beziehung auf das Vermögen.

§. 347. Mit Geldbuße bis zu zwanzig Thalern oder mit Gefängniß bis zu vierzehn Tagen wird bestraft:

1) wer das Raupen, insofern dies durch gesetzliche oder polizeiliche Anordnungen geboten ist, unterläßt;
2) wer den polizeilichen Anordnungen über die Schließung der Weinberge entgegen handelt;
3) wer ohne polizeiliche Erlaubniß eine neue Feuerstätte errichtet oder eine bereits vorhandene an einen anderen Ort verlegt;
4) wer es unterläßt, dafür zu sorgen, daß die Feuerstätten in seinem Hause in baulichem und brandsicherem Zustande unterhalten, oder daß die Schornsteine zur rechten Zeit gereinigt werden;

---

§ 347.

Zu Nr. 1.

1. Für das linke Rheinufer enthält ein Gesetz vom 26. vent. IV (v. Dan. 3. S. 333) eine allgemeine, noch geltende Vorschrift, nach welcher das Abraupen alljährlich vor dem 1. ventose (20. Februar) stattfinden soll. Eine Abänderung dieser Zeitbestimmung durch örtliche Polizei-Verordnungen ward indessen vom französischen Kassations-Hofe für statthaft erachtet; vgl. Gilbert C. pén. Art. 471 § 8 n. 12.

Zu Nr. 2.

2. Für das linke Rheinufer gestattete das Rur.-Ges. v. 28. Sept. — 6. Okt. 1791 Tit. 1 Abschn. 5 Art. 1 die Erlassung einer den Anfang der Weinlese bestimmenden Polizeiverordnung, jedoch nur in den Gegenden, wo eine solche Bestimmung gebräuchlich ist, und auch nur für nicht geschlossene Weinberge. Diese Beschränkung ist mit Rücksicht auf § 15 des Pol.-Ges. v. 11. März 1850 auch jetzt noch in Kraft.

3. Die hier erwähnten „polizeilichen Anordnungen“ sind nur dann verbindlich, wenn sie nach Anleitung des Pol.-Ges. v. 11. März 1850 erlassen und vorschriftsmäßig verkündet sind: Z. II. 6. Jan. 1859 c. Weiß.

Zu Nr. 3—9.

4. Hierdurch sind anderweitige feuerpolizeiliche Vorschriften, welche bereits früher bestanden, nicht beseitigt; ebensowenig ist den Polizeibehörden dadurch die Befugniß entzogen, mit Rücksicht auf örtliche Bedürfnisse, in Beziehung auf die Errichtung und Veränderung von Feuerstätten anderweitige und selbst weitergehende Vorschriften und Verbote zu erlassen: B. II. 29. April 1858 c. Schmidt; vgl. Nr. 9 („andere feuerpolizeiliche Anordnungen“) und die Bemerkungen n. 9—13.

Zu Nr. 4.

5. Die Feuerstätten umfassen hier unzweifelhaft auch die Schornsteine mit.

6. Die Vorschrift bezieht sich nicht nur auf den Eigenthümer, sondern auf jeden, der das Gebäude bewohnt oder benutzt, namentlich also auch auf den Miether.

7. Die vorschriftswidrige bauliche Einrichtung eines Schornsteins hat der Hausbesitzer nicht zu vertreten: Z. I. 1. Febr. 1856 c. Lohr.

5) wer Waaren, Materialien oder andere Vorräthe, welche sich leicht von selbst entzünden, oder leicht Feuer fangen, an Orten oder in Behältnissen aufbewahrt, wo ihre Entzündung gefährlich werden kann, oder wer Stoffe, die nicht ohne Gefahr einer Entzündung bei einander liegen können, ohne Absonderung aufbewahrt;

6) wer Scheunen, Ställe, Böden oder andere Räume, welche zur Aufbewahrung feuerfangender Sachen dienen, mit unverwahrtem Feuer oder Licht betritt, oder sich denselben mit unverwahrtem Feuer oder Licht nähert;

---

8. Dasselbe Z. I. 1. Febr. 1856 c. Lohr nahm an: daß zur Begründung einer auf § 347 Nr. 4 gestützten Anklage der Beweis zu führen sei, daß der Angeklagte die ihm obliegende Unterhaltungspflicht vernachlässigt habe; zu diesem Zwecke sei in jedem einzelnen Falle zu erweisen, daß dem Angeklagten sowohl bei Entdeckung der Reparaturbedürftigkeit, und der hierdurch entstandenen oder zu besorgenden Brandunsicherheit, als bei Abhülfe dieser Mängel eine Verschuldung zur Last falle, und daher also schuldbar die Unterhaltungspflicht verabsäumt, d. i. unterlassen habe, dafür zu sorgen, daß die Feuerstätte in baulichem und brandsicherem Zustande unterhalten werde; ähnlich: Z. I. 28. März 1856 c. Schladweiler, welches hervorhob: die Fahrlässigkeit des Angeklagten sei nicht zu vermuthen, sondern ihm zu erweisen, und sonach darzuthun, daß ihn ein Verschulden treffe, wenn er die Brandunsicherheit seiner Feuerstätte nicht wahrgenommen, und zu ihrer Abhülfe Nichts gethan habe.

Zu Nr. 6.

9. An und für sich fällt auch das feuergefährliche Tabakrauchen unter diese Strafvorschrift: Motive S. 84; Temme Lehrb. S. 1097; Koch n. 95; Beschl. I. 30. Sept. 1853 c. Borchardt; Z. II. 26. Febr. 1857 c. Picke. Aeltere hierauf bezügliche Strafverbote, z. B. das Edikt v. 19. Jan. 1764 und die Dekl. v. 31. Aug. 1815 (GS. 16. S. 1) sind daher aufgehoben. Vgl. G. A. 1. S. 266. *Contra*: Wentzel Ergg. S. 8. 437. Jenes kann indessen nur insoweit gelten, als sich das betr. Verbot auf die in der Nr. 6 genannten Räumlichkeiten bezog; vgl. n. 12. 13.

10. Ob im Einzelfalle das Feuer als ein unverwahrtes zu betrachten sei (z. B. das Rauchen aus einer gedeckelten Pfeife), ist Gegenstand der thatsächlichen Beurtheilung: Z. Kass.-H. 22. Dez. 1852 c. Conrad (Rh. Arch. 48. 2. A. S. 16); Z. II. 26. Febr. 1857 c. Picke.

11. Dasselbe gilt von dem Begriffe „nähert“; es fragt sich, ob dadurch eine Feuersgefahr begründet wird: Z. II. 26. Febr. 1857 c. Picke; vergl. Komm.-Ber. II. K. S. 181.

12. Aeltere (gesetzliche und) polizeiliche Vorschriften, welche das Betreten von Scheunen und ähnlichen Räumen mit Feuer und Licht zum Gegenstande haben, sind durch diesen § aufgehoben, z. B. eine Polizei-Verordnung, welche das Betreten der Scheune mit brennender Pfeife unbedingt verbot: V. Kass.-H. 22. Dez. 1852 c. Conrad (Rh. Arch. 48. 2. A. S. 16). Dagegen ist es den betreffenden Polizeibehörden nicht verwehrt, unter Berücksichtigung der örtlichen Verhältnisse und Bedürfnisse, nach Anleitung des Polizei-Gesetzes v. 11. März 1850, selbst weitergehende Verbote zu erlassen, und Zuwiderhandlungen mit Strafe zu bedrohen; diese stehen dann nicht mit der Vorschrift der Nr. 6 im Widerspruche. Auf dieser Ansicht scheint ein Beschl. I. 30. Sept. 1853 c. Borchardt zu beruhen. *Contra*: cit. Z. Kass.-Hof 22. Dez. 1852, welches davon ausging, daß der § das Betreten einer Scheune mit verwahrtem Feuer als erlaubt ansehe. Jedenfalls ist eine neuerdings ergehende Polizeiverordnung, welche (im Hinblicke auf lokale Verhältnisse) allgemein bestimmt, daß der Verschluß einer brennenden Pfeife durch einen Deckel nicht als genügende

7) wer an gefährlichen Stellen in Wäldern oder Haiden, oder in gefährlicher Nähe von Gebäuden oder feuerfangenden Sachen Feuer anzündet;

8) wer in gefährlicher Nähe von Gebäuden oder feuerfangenden Sachen mit Feuergewehr schießt oder Feuerwerke abbrennt;

9) wer die polizeilich vorgeschriebenen Feuerlöschgeräthschaften entweder gar nicht oder nicht in brauchbarem Zustande hält, oder andere feuerpolizeiliche Anordnungen nicht befolgt;

10) *) wer unbefugt über Gärten oder Weinberge, oder vor völlig beendeter Erndte über Wiesen oder bestellte Aecker,

---

*) Fassung des Gesetzes v. 14. April 1856 (GS. S. 210); in der ursprünglichen Fassung lautete die Nr.

10) wer unbefugt über Gärten oder Weinberge, oder vor völlig beendeter Erndte über Wiesen oder bestellte Aecker, oder über solche Aecker, Wiesen, Weiden oder Schonungen, welche mit einer Einfriedigung versehen sind, oder deren Betreten durch Warnungszeichen untersagt ist, geht, fährt, reitet oder Vieh treibt. Die besonderen Bestimmungen, welche wegen der Pfändungen bei solchen Uebertretungen, sowie über Weidefrevel, in den Feldpolizei-Ordnungen enthalten sind, werden hierdurch nicht geändert;

„Verwahrung" anzusehen, und deshalb das Betreten jener Räume unbedingt verboten sei, — mit dem § 347 Nr. 6 sehr wohl vereinbar, und daher rechtsverbindlich: B. I. 9. Sept. 1853 c. Sattelberg (JMBl. S. 439).

13. Aeltere Polizei-Verordnungen, welche den Gebrauch des Feuers an andern als den in der Nr. 6 gedachten Orten mit Strafe bedrohen, z. B. das Rauchen aus Cigarren und ungedeckelten Pfeifen auf den Straßen, sind durch diese Nr. 6 sowenig, als durch Nr. 7 beseitigt, zumal da die Nr. 9 allgemein die Nichtbefolgung anderer feuerpolizeilicher Anordnungen mit derselben Strafe des § bedroht: B. Kass.-Hof 29. Juni 1852 c. Zander (G. A. 1. S. 267); B. II. 11. Mai 1854 c. Kohlbecker. Vgl. AKO. v. 9. Dez. 1832 (GS. 33. S. 1), welche unbedenklich noch als gültig zu betrachten ist.

Zu Nr. 7.

14. Der Kenntniß (des Bewußtseins) von der Gefährlichkeit bedarf es hier nicht; vielmehr greift beim Vorhandensein dieser Kenntniß, wenn den Gebäuden 2c. das Feuer wirklich mitgetheilt worden ist, die strengere Strafvorschrift des § 287 Platz; vgl. zu diesem § n. 2. 3.

Zu Nr. 8.

15. Da hier nur die Feuergefährlichkeit den Grund des Strafverbots bildet, so macht es keinen Unterschied, ob scharf oder nur mit Pulver geschossen wird.

16. Das Abbrennen von „Feuerwerken" umfaßt nicht nur die zum Vergnügen, sondern auch die zu bestimmten technischen Zwecken vorgenommenen Handlungen dieser Art, z. B. Sprengungen 2c.: Gilb. C. pén. Art. 471 Nr. 2 n. 3.

Zu Nr. 9.

17. Vgl. oben n. 13.

Zu Nr. 10.

18. Die Fassungsveränderung dieser Nr. 10 durch das Ges. v. 14. April 1856 ist erfolgt, um die Vorschrift des § 41 Nr. 1 der Feld-Pol.-Ordn. v. 1. Nov. 1847, aus welcher sie entlehnt war, gänzlich zu erschöpfen, und deren Streichung in jenem Gesetze möglich zu machen.

oder über solche Aecker, Wiesen, Weiden oder Schonungen, welche mit einer Einfriedigung versehen sind oder deren Betreten durch Warnungszeichen untersagt ist, oder auf einem durch Warnungszeichen geschlossenen Privatwege geht, fährt, reitet oder Vieh treibt. Die besonderen Bestimmungen, welche wegen der Pfändungen bei solchen Uebertretungen, sowie über Weidefrevel, in den Feldpolizei-Ordnungen enthalten sind, werden hierdurch nicht geändert;

---

19. Da der § ein unbefugtes Gehen ꝛc. voraussetzt, so ist die Vorschrift des Art. 41 Tit. 2 des Rh. Rur.-Ges. vom 28. Sept. — 6. Okt. 1791, nach welcher selbst das Betreten eines eingeschlossenen fremden Grundstücks dann gestattet ist, wenn der vorbeiführende öffentliche Weg nicht gebraucht werden kann, durch diese Nr. 10 nicht aufgehoben. Vgl. Gilb. C. pén. Art. 471 § 13 n. 6.

20. Ein Z. Kass.-H. 14. Sept. 1840 c. Dommerque (Rh. Arch. 30. 2. A. S. 95), und ein Z. id. 19. Okt. 1840 c. v. Mirman (Volkm. S. 388) erachteten das Betreten eines fremden bestellten Grundstücks durch den dort Jagdberechtigten (z. B. den Jagdpächter) für ein befugtes und daher nicht strafbares; der angerichtete Schaden könne nur Gegenstand einer Civilklage sein.

21. Die Ernte ist nicht eher beendigt, bis die vom Boden getrennten Früchte sämmtlich von demselben entfernt sind.

22. Bei Wiesen ist die Beendigung der Ernte nach dem zweiten (Grummet-) Schnitte anzunehmen; die Auffassung des französischen Kassationshofs (cf. Gilb. C. pén. Art. 471 § 13 n. 15), daß Wiesen als fortwährend produzirend, und die Ernte auf ihnen nie als beendigt anzusehen seien, kann nach § 347 nicht Platz greifen, da er die Beendigung der Ernte ausdrücklich als möglich voraussetzt.

23. Ein Acker ist „bestellt", sobald er gepflügt ist, sollte er auch noch nicht besäet oder bepflanzt sein.

24. Das einseitige Betreten einer Gränzfurche, welche mit Rücksicht auf Art. 666 des Rh. BGB. als gemeinschaftliches Eigenthum der Anschießenden zu betrachten ist, durch einen der letztern ist, selbst wenn dieselbe von dem andern besäet ꝛc. ist, nicht nach Nr. 10 strafbar: Z. II. 11. Nov. 1856 c. Paulen.

25. Die Verwirkung der Strafe ist nicht durch die Anrichtung eines Schadens bedingt. Vgl. Gilb. C. pén. Art. 471 § 14 n. 10.

26. Hat aber eine vorsätzliche Vermögensbeschädigung stattgefunden, so greifen selbstverständlich die diese betreffenden Strafbestimmungen (§ 281. 284) Platz. Vgl. FPO. vom 1. Nov. 1847 § 45; Rh. Rur.-Ges. v. 28. Sept. — 6. Okt. 1791 Tit. 2 Art. 24—26.

27. Was als „Warnungszeichen" anzusehen sei, ist mit Rücksicht auf den Ortsgebrauch Gegenstand der thatsächlichen Beurtheilung; die FPO. v. 1. Nov. 1847 § 41 Nr. 1, aus welcher die Nr. 10 entlehnt ist, führte als Beispiele: „Tafeln, Strohwische, Gräben u. s. w. auf. Es ist sonach keineswegs erforderlich, daß die Warnungszeichen vorher von der betr. Behörde als solche bekannt gemacht sind; es genügt, wenn die Zeichen in einer Weise angebracht waren, daß sie als allgemein bekannte Warnungszeichen angesehen werden konnten: V. II. 30. Nov. 1854 c. Knellessen.

28. Ebensowenig ist es erforderlich, daß die Warnungszeichen von der Behörde aufgestellt seien; jeder Private kann seine Grundstücke und Wege in dieser Weise in verbindlicher Weise schließen: V. I. 18. Jan. 1856 c. Haßlinger. Dagegen ist auch einem von der Polizeibehörde aufgestellten Warnungszeichen dieselbe Wirkung beizulegen, als wenn es vom Eigenthümer des Grundstücks errichtet wäre, und es bedarf in diesem Falle der Bekanntmachung dieses Polizeiverbots in Gemäßheit der diesen Gegenstand (nach dem Pol.-Ges. vom 11. März 1850 § 5) regelnden Regierungs-Verordnungen nicht: cit. V. I. 18. Jan. 1856 c. Haßlinger.

11) wer ohne Genehmigung des Jagdberechtigten auf einem fremden Jagdreviere außer dem öffentlichen, zum gemeinen Gebrauche bestimmten Wege zwar nicht jagend, aber mit Schießgewehr, Windhunden oder zum Einfangen des Wildes gebräuchlichen Werkzeugen betroffen wird;

---

29. In Betreff der bei solchen Uebertretungen statthaften Pfändungen vgl. FPO. v. 1. Nov. 1847 § 4—12; 53—67.

30. Konkurrirt mit der hier vorgesehenen Handlung ein Weidefrevel, so kommen die für diesen geltenden Strafbestimmungen allein zur Anwendung, ohne Unterschied, ob die Strafandrohung sich in einer Feld-Polizei-Ordnung, oder in einem andern Gesetze findet (Beisp.: Weidefrevel in Schonungen): Z. I. 25. Jan. 1860 c. Spolwig. Die Nr. 10 kann in einem solchen Falle nur dann Platz greifen, wenn es an einer Strafvorschrift für das unbefugte Weidenlassen fehlt.

31. Eine Zuwiderhandlung gegen Nr. 10 ist als Feldfrevel im Sinne des Ges. v. 31. Jan. 1845 anzusehen; im Falle einer vorgeschützten Berechtigungs-Einrede wird daher dieses Gesetz anwendbar: B. II. 8. Dez. 1859 c. Fessel.

32. Diese Nr. 10 bildet kein Hinderniß, im Wege einer Polizei-Verordnung weiter gehende Verbote zu erlassen, und auch das Viehtreiben über nicht bestellte Aecker ꝛc., und solche, welche nicht mit Warnungszeichen versehen sind, zu untersagen: B. II. 18. Juni 1857 c. Esser.

Zu Nr. 11. Vgl § 274—277.

33. Diese Strafbestimmung kann nur da Platz greifen, wo nicht gejagt, resp. von den Jagdwerkzeugen kein Gebrauch gemacht worden ist. Da, wo Letzteres geschehen, kommen nur die §§ 274 fgg. zur Anwendung, und es können daneben nicht auch die hier angedrohten Strafen verhängt werden: B. II. 9. Juni 1853 c. Schmitz.

34. Auch der zum Tragen von Waffen berechtigte Beamte unterliegt den allgemeinen polizeilichen Vorschriften, wenn sie nicht grade mit der gesetzlichen Ausübung seiner Dienstfunktionen kollidiren; daher darf ein Königlicher Förster ein fremdes Jagdrevier mit Schießgewehr nur dann betreten, wenn ihn sein Dienst dazu nöthigt: Z. II. 25. Okt. 1855 c. Kindt. In ähnlichem Sinne erging Erk. d. Komp.-Ger.-H. 24. Nov. 1855 (JMBl. 1856 f. 59; BMBl. 1856 f. 92), welches noch allgemeiner annahm: die Forstbeamten seien bei Ausübung ihrer Amtsbefugnisse zur Ueberwachung von Jagdkontraventionen auf das ihnen angewiesene Jagdrevier beschränkt, und könnten sich, im Falle der Betretung eines fremden Jagdreviers mit der Schießwaffe, nicht auf ihre amtliche Eigenschaft zur Abwendung der Strafe des § 347 berufen. In der cit. Sache c. Kindt hatte der Beschuldigte behauptet: er sei in der Verfolgung eines von ihm im Königlichen Forste betroffenen Holzfrevlers begriffen gewesen; der Polizei-Richter hatte aber erwogen, diese Behauptung sei durch den protokollirenden Privatjagdhüter nicht bestätigt, und vom Beschuldigten selbst nicht einmal wahrscheinlich gemacht worden; hiernach erachtete das Ober-Tribunal es als thatsächlich festgestellt, daß der Beschuldigte sich nicht im Dienste und insbesondere nicht in der Verfolgung eines Holzdiebs befunden habe. Daraus dürfte folgen, daß der ganze Einwand als ein solcher betrachtet worden sei, welchen eventuell der Beschuldigte [Angeklagte] zu erweisen habe.

35. Auch der Grundeigenthümer, welcher nicht selbst die Jagd ausübt, unterliegt diesem Verbote, insofern rücksichtlich seiner nicht durch die Jagdpachtbedingungen eine Ausnahme gemacht ist: Bes. f. 589.

36. Will der Angeklagte behaupten: er habe mit Genehmigung des Jagdberechtigten gehandelt, so muß er dieses beweisen.

37. War die Genehmigung ertheilt, so bleibt Nr. 11 ausgeschlossen, und wird auch nicht dadurch anwendbar, daß der Betreffende den der Genehmigung hinzugefügten Bedingungen entgegen gehandelt hat: Z. II. 22. März 1860 c. Rockmann (G. A. 8. f. 708).

12) wer Eier oder Junge von jagdbarem Federwild ausnimmt.

[Entw. § 319]. Vgl. AKO. v. 21. April 1856 (GS. f. 220).

§. 348. Mit Geldbuße bis zu dreißig Thalern oder Gefängniß bis zu vier Wochen werden bestraft:

1) Schlosser, welche ohne obrigkeitliche Anweisung oder ohne Genehmigung des Inhabers einer Wohnung Schlüssel

---

38. Auch dann, wenn die Grundstücke einer Feldmark zu einem gemeinschaftlichen Jagdbezirke vereinigt sind, und die Ausübung der Jagd auf demselben gänzlich ruht (Jagd-Pol.-Ges. v. 7. März 1850 § 4. 10a; GS. f. 167), greift das Strafverbot der Nr. 11 Platz, obgleich es dann an einem Jagdberechtigten, welcher die Genehmigung ertheilen könnte, gänzlich fehlt; insbesondere kann auch dann der einzelne Grundeigenthümer eine solche Erlaubniß nicht ertheilen: Z. I. 17. März 1854 c. Radeloff.

39. Unter „Wild“ sind hier jagdbare wilde Thiere zu verstehen: B. I. 23. April 1856 c. Lüpke.

40. Die Anwendbarkeit dieser Strafvorschrift ist bedingt durch das Bewußtsein des Kontravenienten, daß er sich auf einem fremden Jagdreviere befinde; wo dieses fehlt, wo z. B. Jemand nur aus Irrthum über die Gränzen seines Reviers hinaus gegangen ist, da bleibt die Strafe ausgeschlossen, weil hier nicht die Fahrlässigkeit bestraft werden soll, vielmehr der Unterschied von den Fällen der §§ 274 fgg. darin liegt, ob die Jagd wirklich ausgeübt worden ist, oder nicht: B. II. 12. Juni 1856 c. Semmer (indirekt); Z. II. 4. Sept. 1856 c. Schütte (G. A. 5. f. 108), welches aussprach, daß an sich aus der Handlung selbst zwar die strafrechtliche Schuld zu folgern, ein Gegenbeweis aber zulässig sei.

41. Die Worte „betroffen wird“ sind nicht zu wörtlich aufzufassen; jeder, welchem die Begehung der vorgesehenen Handlung nachgewiesen werden kann, unterliegt der Strafe, sollte er auch nicht auf dem Reviere selbst betroffen sein.

42. Die Spezial-Bestimmungen, welche das Mitnehmen oder Laufenlassen von Hunden in fremden Jagdrevieren mit Strafe bedrohen, sind durch diese Nr. 11 ebensowenig, wie durch das Gesetz vom 31. Okt. 1848 § 8 aufgehoben; z. B. die Gen.-Gouv.-Vdn. f. d. Nieder- und Mittel-Rhein v. 18. Aug. 1814 § 9 Nr. 3: B. II. 21. April 1853 c. Ketteler; B. eod. c. Bastian (Rh. Arch. 48. 2. A. f. 58); B. II. 19. Mai 1853 c. Roßbach (Rh. Arch. 48. 2. A. f. 60); B. II. 5. Okt. 1854 c. Broers; B. II. 17. Jan. 1861 c. Bertram. Dasselbe gilt von der Wormser Jagd-Vdn. vom 21. Sept. 1815 § 15; desgleichen von der Bergischen Jagd- und Forst-Satzung v. 8. Mai 1761 § 11 und II § 21 Deklaration n. 13. 14, und von der Bergischen Brüchten-Ordnung v. 2. Nov. 1802 B. n. 14: B. II. 16. Febr. 1854 c. Feckelsberg; B. II. 14. Dez. 1854 c. v. Oven; das Strafverbot der cit. Jagd- und Forst-Satzung ist auch nicht auf die landesherrliche „Wildbahn“ zu beschränken, findet vielmehr auch auf Privat-Jagden Anwendung: B. II. 24. Febr. 1858 c. Gladbach. *Contra:* B. Kass.-Hof 7. März 1842 c. Braun (Volkm. f. 389).

Zu Nr. 12. Vgl. § 274—277; ALR. II, 16 § 57.

43. Dieses Verbot trifft (wie sich aus der Quelle der Vorschrift, ALR. II, 16 § 57, und der Fassungsverschiedenheit von Nr. 11 ergiebt) auch den Jagdberechtigten selbst.

44. Dasselbe gilt vom Grundeigenthümer: Beschl. 2. Jan. 1852 c. Beck (G. A. 1. f. 261).

45. Von einem „Ausnehmen“ der Jungen kann nur so lange die Rede sein, als sie sich noch im Neste befinden.

§ 348.

Zu Nr. 1.

1. Auf andre Gewerbtreibende als Schlosser, z. B. auf Schmiede, Mechaniker 2c. ist die Vorschrift nicht auszudehnen: Goltd. Mat. 2. f. 737 n. 1.

zu Zimmern oder Behältnissen anfertigen, Schlösser an denselben öffnen, ohne Genehmigung des Hausbesitzers oder seines Stellvertreters einen Hausschlüssel anfertigen oder ohne Erlaubniß der Polizeibehörde Nachschlüssel oder Dietriche verabfolgen;

2) Gewerbetreibende, bei denen ein zum Gebrauche in ihrem Gewerbe geeignetes, mit dem Stempel eines inländischen Eichungsamtes nicht versehenes Maaß oder Gewicht, oder eine unrichtige Waage vorgefunden wird, oder welche sich einer anderen Uebertretung der Vorschriften über die Maaß- und Gewichts-Polizei schuldig machen;

3) Gewerbtreibende, welche in Feuer arbeiten, wenn sie die Vorschriften nicht befolgen, welche von der Polizeibehörde wegen Anlegung und Verwahrung ihrer Werkstätten, sowie wegen der Art und Zeit, sich des Feuers zu bedienen, erlassen sind.

Im Falle der Nr. 2. ist die Konfiskation des ungeeichten Maaßes und Gewichtes, sowie der unrichtigen Waage im Urtheile auszusprechen.

[Entw. § 320].

---

2. Zur Anfertigung eines Hausschlüssels genügt die Genehmigung des Inhabers, z. B. des Miethers nicht; vielmehr ist die des Hausbesitzers erforderlich; er hat zu bestimmen, ob der Miether in den Besitz eines Hausschlüssels gelangen, sowie ob ein verlorner Hausschlüssel einfach durch einen neuen ersetzt werden soll, oder ob die Veränderung des Schlosses nothwendig ist.

3. Diese, die Hausschlüssel betreffende Bestimmung ist auf Hauptschlüssel nicht auszudehnen: G. Matt. 2. f. 737 n. 1. Dabei wird natürlich vorausgesetzt, daß der Hauptschlüssel nicht gleichzeitig das Schloß der Hausthüre schließe.

4. Ebenso trifft das Verbot da zu, wo für einen Miether ein Hauptschlüssel angefertigt werden soll, welcher, außer den Schlössern seines Quartiers, auch die anderen Gelasse in demselben Gebäude schließt.

Zu Nr. 2. Vgl. § 243 Nr. 1; Maaß- u. Gew.-Ordn. v. 16. Mai 1816 § 12 (GS. f. 144); (AKO. v. 28. Juni 1827; GS. f. 83); Vdn. vom 13. Mai 1840 (GS. f. 127); Ges. v. 24. Mai 1853 (GS. f. 589); Ges. v. 17. Mai 1856 (GS. f. 545); Vdn. v. 2. Nov. 1857 (GS. f. 1030; für Hohenzollern); Ges. v. 24. April 1860 (GS. f. 381).

5. Diese Nr. 2 ist der Verordnung vom 13. Mai 1841 § 2 entlehnt; dort bezog sich das betr. Verbot aber nur auf den Verkehr mit solchen Waaren, welche dem Käufer zugewogen oder zugemessen werden, nicht also auf solche Handwerker, welche sich eines Meßwerkzeugs rc. nur bei der Anfertigung ihrer demnächst in Bausch und Bogen zu verkaufenden Waaren, als eines Hülfsmittels bedienen, z. B. auf Tischler. Auf diese ist daher die Nr. 2 nicht anzuwenden. Verf. d. Min. d. Hand. rc. v. 18. Febr. 1860; id. d. Just.-Min. v. 25. Febr. 1860.

6. Die Frage, ob ein Maaß oder Gewicht zum Gebrauche im Gewerbe des betr. Gewerbtreibenden geeignet sei, ist nach der Beschaffenheit des Gewerbes an und für sich zu beurtheilen, ob also der betr. Gebrauch gemacht werden könne; ob der Gewerbtreibende sich eines solchen Werkzeugs zu bedienen pflege, ist gleichgültig: B. II. 9. März 1854 c. Mühlenbruch.

7. Als ein fremdes, nicht geeichtes Maaß ist eine Elle auch dann zu betrachten,

wenn sie, außer der gehörig geeichten Längenangabe des Preußischen Maaßes, ein die Länge eines fremden Maaßes bezeichnendes Merkzeichen enthält; letzteres stellt dann für sich ein der Eichung ermangelndes Maaß dar. Die AKO. v. 13. Mai 1840 gestattet den Gewerbtreibenden nicht, fremde Maaße ihrem Detail-Geschäfte zum Grunde zu legen: B. II. 10. Jan. 1856 c. Patt (G. Arch. 4. f. 272).

8. Der bloße Besitz eines solchen Maaßes rc. ist strafbar, sollte auch gar nicht von demselben Gebrauch gemacht sein: G. Matt. 2. f. 737 n. 2; es kann daher auch der Nachweis, daß der Gewerbtreibende in dieser Eigenschaft einen Gebrauch weder gemacht noch beabsichtigt habe, die Strafe nicht beseitigen: B. II. 19. März 1857 c. Krempel.

9. Nach der Mühlen-Ordnung v. 28. Okt. 1810 § 1 unterliegt die Höhe des Mahllohns lediglich der freien Uebereinkunft zwischen Müller und Mahlgästen. Hiernach kann es geschehen, daß die Benutzung eines unrichtigen Maaßes bei Abmessung jenes Lohnes durch den Müller nicht unter § 243 Nr. 1 fällt (vgl. dort n. 14); in jedem Falle ist dann aber der Besitz eines ungeeichten Maaßes rc. nach § 348 strafbar: Z. I. 23. Febr. 1857 c. Hirt (G. A. 5. f. 712); Z. Pl. 10. Mai 1858 c. Wunsch (Entsch. 39. 2. f. 31).

10. Auch die Benutzung eines ungestempelten Gasometers ist durch § 12 der Maaß- und Gewichts-Ordnung vom 16. Mai 1816 untersagt [und nach § 348 strafbar]: B. Kass.-H. 12. Okt. 1852 c. Pepys (Rh. Arch. 49. 2. A. f. 117).

11. Die Benutzung ungestempelter Alkoholometer beim Verkaufe weingeistiger Flüssigkeiten, sowie die Anwendung anderer als der vom Handels-Minister vorgeschriebenen Reduktionstabellen sind jetzt ebenfalls mit der Strafe des § 348 zu ahnden: Gesetz v. 24. April 1860 § 3.

12. Das in der Maaß- und Gew.-Ordn. v. 16. Mai 1816 (§ 12) für Waarenverkäufer gegebene, durch die Vdn. v. 13. Mai 1840 § 2 auf sämmtliche Gewerbtreibende ausgedehnte Verbot, ungestempelte Maaße rc. zu besitzen, ist durch das Ges. v. 24. Mai 1853 § 7 auf Waagen ausgedehnt, und es sind im § 10 Zuwiderhandlungen mit der Strafe des § 348 bedroht worden; dabei ist gleichzeitig verfügt, daß der Besitz einer unrichtigen Waage straflos sein soll, wenn dieselbe gestempelt war. Hiernach ist also jetzt nur noch der Besitz einer ungestempelten, nicht aber der einer unrichtigen Waage strafbar.

13. Findet sich eine solche gestempelte Waage mit einem verborgenen Gewichte beschwert vor, so kann nur im Falle eines Gebrauchs zum Nachtheile eines Andern eine Bestrafung (nach § 243 Nr. 1) Platz greifen: B. I. 4. Mai 1855 c. König (G. Arch. 3. f. 720).

14. Anders verhält sich die Sache, wenn an der gestempelten Waage selbst nachträglich solche Veränderungen vorgenommen sind, daß sie dadurch zur unrichtigen Waage wird. Damit dann aber der Besitz einer solchen Waage strafbar sei, wird vorausgesetzt, daß der betr. Gewerbtreibende von dieser stattgehabten Veränderung Kenntniß gehabt habe.

15. Nichtgewerbtreibende können sich zum Privatgebrauche in ihrer Wirthschaft ungestempelter Maaße rc. bedienen (vgl. Maaß- und Gew.-Ordn. v. 16. Mai 1816 § 10); dagegen unterliegen sie, wenn sie sich beim Verkaufe eines ungestempelten Maaßes bedienen, der Strafe der Vdn. v. 13. Mai 1840 § 1, welcher in dieser Beziehung nicht durch § 348 Nr. 2 beseitigt ist: B. I. 15. April 1859 c. Kant (JMBl. f. 179; G. A. 7. f. 375). Das erstreckt sich indessen nicht auf den Gebrauch ungestempelter Waagen, obgleich § 1 des Ges. v. 24. Mai 1853 auf sie die Verbotsbestimmung jenes § ausdehnt, weil die Strafandrohung des cit. Ges. (§ 10) die Gewerbtreibenden hervorhebt, und somit die Straflosigkeit jener anerkennt: Z. II. 27. Mai 1858 c. Burg (G. A. 6. f. 557).

16. Die Konfiskation des ungeeichten Maaßes rc. muß selbst dann ausgesprochen werden, wenn die Eichung rc. im Laufe des Untersuchungsverfahrens nachgeholt worden ist; das gilt namentlich auch von einer ungestempelten, aber richtigen Waage, ohne daß dem der § 10 Abs. 2 des Ges. v. 24. Mai 1853 entgegenstände: B. I. 4. Dez. 1857 c. Kramsta (JMBl. 1858 f. 60; G. A. 6. f. 140).

17. Die Strafe dieser Nr. 2 ist an die Stelle derjenigen getreten, welche

§. 349. *) Mit Geldbuße bis zu funfzig Thalern oder Gefängniß bis zu sechs Wochen wird bestraft:

1) wer unbefugt ein fremdes Grundstück, oder einen öffentlichen oder Privat-Weg oder Grenzraine durch Abgraben oder Abpflügen verringert;

---

*) Fassung der Gesetze vom 14. April 1856 und vom 30. Mai 1859 (GS. 1856 s. 210; 1859 s. 321). In der ursprünglichen Fassung waren die Nrn. 4—6 gleichlautend, dagegen lauteten die Nrn.:

1) wer unbefugt ein fremdes Grundstück, oder einen öffentlichen oder Privat-Weg durch Abgraben oder Abpflügen verringert;

2) wer unbefugt von öffentlichen oder Privat-Wegen Erde, Steine oder Rasen, oder aus Grundstücken, welche einem Anderen zugehören, Erde, Lehm, Sand, Grand oder Mergel gräbt, oder Steine, Rasen oder ähnliche Materialien wegnimmt;

3) wer, ohne gesetzlich erschwerende Umstände des Diebstahls, Früchte, Eßwaaren oder Getränke entwendet und auf der Stelle verzehrt;

Die Nr. 7 endlich ist durch das cit. Ges. v. 30. Mai 1859 zugesetzt worden.

---

durch die Maaß- und Gew.-Ordn. v. 16. Mai 1816 § 12, die AKO. vom 28. Juni 1827 und die Vdn. v. 13. Mai 1840 § 2 bestimmt waren.

18. Es kann durch eine Polizei-Verordnung nicht angeordnet werden, daß alle zum Markte gebrachten Gegenstände vorher auf einer öffentlichen Waage verwogen werden; die Selbstverwiegung bleibt jedem verstattet. Beschränkungen dieser Befugniß würden gegen die Grundsätze der §§ 75 und 77 der Gew.-Ordn. v. 17. Jan. 1845 verstoßen. Ebenso nahm auf Grund der Rhein-Schifff.-Ordn. v. 31. März 1831 Art. 70 ein Z. II. 11. Jan. 1855 c. Siebel die Unverbindlichkeit einer Polizeiverordnung an, welche den Spediteuren zur Pflicht machte, sich der angestellten städtischen Fruchtmesser zu bedienen. Wer dagegen gewerbsmäßig für Andere das Abwägen besorgen will, bedarf dazu einer Konzession, vgl. Gew.-Ordn. vom 17. Jan. 1845 § 52.

§ 349.

Zu Nr. 1 und 2.

1. Die durch das Ges. v. 14. April 1856 bewirkte Abänderung dieser beiden Nummern erfolgte, um die früheren Vorschriften der Feld-Pol.-Ordn. v. 1. Nov. 1847 § 43 Nr. 1 und § 42 Nr. 1. 2. 3 ganz zu erschöpfen, und ihre vollständige Beseitigung zu ermöglichen. Vgl. Gesetz vom 13. April 1856 (GS. s. 205).

Zu Nr. 1. Vgl. § 243 Nr. 7.

2. Der Ausdruck „Grundstück" umfaßt auch das Bett eines fremden Flusses oder Baches, selbst wenn dasselbe im Eigenthume des Staates steht: V. II. 23. Sept. 1858 c. Schwenk.

2a. Strafbar ist die unbefugte Zueignung eines fremden Grundstücks oder Weges; es fällt daher nicht unter den §, wenn Jemand einem über sein Grundstück führenden Privatwege eine andere Lage giebt: Z. I. 5. Juni 1861 c. Anker (RdO. 1. s.).

3. Das bloße Verderben eines Wegs fällt nicht unter diese Vorschrift; anderweitige hierauf bezügliche Strafvorschriften, z. B. Art. 40 Tit. 2 des Rh. Rur.-Ges. vom 28. Sept. — 6. Okt. 1791, sind daher in Kraft verblieben.

4. Behauptet der Angeklagte, daß die angeblich vom Grundstücke des Nachbarn abgebaute Fläche sein Eigenthum sei, so ist nach Anleitung des Gesetzes vom 31. Jan. 1845 (GS. s. 95), und des Ges. v. 14. April 1856 Art. II (GS. s. 208, und oben s. 23) zu verfahren.

5. Dagegen hat das Ober-Tribunal wiederholt angenommen, daß nach Rhei-

2) wer unbefugt von öffentlichen oder Privat-Wegen Erde, Steine oder Rasen, oder aus Grundstücken, welche einem Anderen zugehören, Erde, Lehm, Sand, Grand oder Mergel gräbt, Plaggen oder Bülten haut, Rasen, Steine, Mineralien, zu deren Gewinnung es einer Verleihung, einer Konzession oder einer Erlaubniß der Behörde nicht bedarf, oder ähnliche Materialien wegnimmt;

---

nischem Rechte da, wo es sich von der Verringerung eines **öffentlichen** Weges handelt, das Gesetz vom 31. Jan. 1845 ausgeschlossen bleibe, weil die Entscheidung darüber, ob etwas als Gemeindeweg anzusehen sei, sowie über die Breite und Richtung desselben nur den Verwaltungsbehörden zustehe, und weil der angeblich in seinem Rechte gekränkte Private dann nur noch einen Ersatzanspruch geltend machen könne: *Sic*: B. K.-H. 21. Mai 1849 c. Plum (Rh. Arch. 45. 2. s. 8); Z. id. 25. Jan. 1851 c. Strauff (ibid. 46. 2. A. s. 21); B. id. 11. Nov. 1851 c. Heucher (ib. 46. 2. A. s. 95); B. II. 13. Dez. 1855 c. Schutz; B. II. 9. Dez. 1858 c. Wilms; B. II. 27. Okt. 1859 c. Meunier. *Contra* früher: B. II. 4. April 1842 c. Lürkens (Rh. Arch. 33. 2. A. s. 32); in demselben Sinne steht die Jurisprudenz des französischen Kassationshofes fest; vgl. Cass. 20. Juli 1821 (Sir. Coll. nouv. 6. 1. p. 47); Cass. 25. Sept. 1835 (Sir. 36. 1. p. 150).

Zu Nr. 2. Vgl. Gesetz vom 26. März 1856 (GS. s. 203).

6. Der französische Kassationshof hat die entsprechende Bestimmung des Art. 479 § 12 des C. pén. auch auf die Wegnahme des **Koths** von den Straßen und aus den Chausseegräben angewendet. Vgl. Gilb. C. pén. l. c. n. 4–6.

7. Vorausgesetzt wird, daß die hier aufgezählten Gegenstände zur Zeit der Wegnahme als **Theile** des betreffenden Wegs oder Grundstücks anzusehen, und nicht als selbstständige für sich bestehende Sachen in der Gewahrsam des Herrn des Grundstücks ꝛc., oder eines Dritten waren. Das beweisen der (sonst ganz überflüssige) Ausdruck „unbefugt“, und die Fassung „**aus** Grundstücken.“ Daher trifft der § da nicht zu, wo die gedachten Gegenstände vom Eigenthümer des Grundstücks eigens gesammelt und aufgehäuft, dadurch also als selbstständige Sachen in Besitz genommen sind; Wegnahme derselben in der Absicht rechtswidriger Zueignung ist dann nach § 216 strafbar: B. 17. Nov. 1852 c. Grobbe; Z. I. 12. Juni 1857 c. Petruschke; das letztere erwägt, es sei gleichgültig, zu welchem Zwecke der Eigenthümer die Steine gesammelt habe, sollte es auch geschehen sein, nicht um die Steine anderweit zu verwenden, sondern nur um die Ackerbestellung zu erleichtern [vorausgesetzt wird aber, daß die Steine nicht derelinquirt seien]. Vgl. § 215 n. 27; Ges. v. 26. März 1856 § 4 (GS. s. 203); G. Matt. 2. s. 739 n. 3; Koch n. 2.

8. Aus dem unter n. 7 an die Spitze gestellten Grundsatze folgt auch, daß die Nr. 2 auf die zur Ausbesserung der Landstraßen angefahrenen und auf denselben **aufgeschichteten** Steine, welche noch nicht über den Straßenkörper ausgebreitet, oder sonst für dieselbe verwendet sind, keine Anwendung erleidet, daß vielmehr ihre Wegnahme geeigneten Falles als Diebstahl zu bestrafen ist: Z. I. 14. April 1858 c. Wendriner; Z. I. 25. Mai 1859 c. Berndt.

9. Im Uebrigen schließt die **Absicht** rechtswidriger **Zueignung** den § nicht aus.

10. Bei **Mineralien**, zu deren Gewinnung es einer Konzession bedarf, ist jetzt das Ges. v. 26. März 1856 (GS. s. 203) anwendbar.

11. Ein B. 7. Apr. 1852 c. Zibulski (Entsch. 22. s. 464) hielt dafür, daß die Vorschrift der Nr. 2 nur auf gewöhnliche natürliche Bestandtheile des Erdbodens, welche in ihrer ursprünglichen Beschaffenheit sogleich zum ökonomischen Gebrauche, oder zu baulichen Anlagen verwendet werden können, anwendbar sei, nicht aber auf werthvolle Naturschätze, z. B. **Bernstein**. Vgl. § 226 n. 9. Insoweit indessen derartige Naturschätze unter den Begriff der Mineralien fallen, muß der §, resp. das Ges. v. 26. März 1856 allerdings Platz greifen.

3) wer Früchte, Eßwaaren oder Getränke von unbedeutendem Werthe oder in geringer Quantität entwendet, selbst wenn die Entwendung vermittelst Einbruchs oder Einsteigens in ein unbewohntes Gebäude oder in einen demselben gleichstehenden umschlossenen Raum erfolgt.

Geschieht die Entwendung unter einem andern der im § 218. bezeichneten erschwerenden Umstände oder in gewinnsüchtiger Absicht, so kommen die Strafen des Diebstahls zur Anwendung;

Zu Nr. 3. Vgl. § 220—223; FPO. v. 1. Nov. 1847 § 41—45; Ges. v. 22. Mai 1852 Art. III.

12. "Unter "Früchten" ["Eßwaaren und Getränken"] "sind hier nur solche "zu verstehen, welche im Augenblicke ihrer Entwendung [und ohne vorherige Zu-"bereitung] für Menschen genießbar sind": B. Pl. 12. Jan. 1857 c. Wisniewsky (Präj. n. 225; JMBl. s. 61; Entsch. 34. s. 473; 35. s. 253; G. A. 5. s. 58); B. II. 23. Okt. 1856 c. Boos (JMBl. s. 346); B. I. 18. März 1857 c. Barz (Kleist u. Gen.; G. A. 5. s. 397); B. II. 13. Juni 1857 c. Dellwo (Rh. Arch. 52. 2. A. s. 85); Z. I. 17. Juli 1857 c. Neumann; Beschl. II. 15. März 1860 c. Krämer (26. B). Daß dem so sei, ging aus der frühern Fassung der Nr. 3 klar hervor, und die Motive des abändernden Gesetzes vom 14. April 1856 ergeben, daß es durchaus nicht beabsichtigt ward, in Betreff des Objekts der fraglichen Entwendung eine Aenderung eintreten zu lassen. Vgl. eine (ungedr.) Just.-Min.-Verf. v. 8. Sept. 1856; Abh. in G. A. 5. s. 54.

13. Unter "Entwendung" ist hier der volle Thatbestand des Diebstahls, wie er im § 215 aufgestellt ist, zu verstehen, da sonst von der Anwendbarkeit des § 218 keine Rede sein könnte, (so schon: B. 23. Juni 1852 c. Schmidt). Die Unterscheidung des hier vorgesehenen Falles von dem des gewöhnlichen Diebstahls beruht darin, daß, während in der Regel der gewinnsüchtige Charakter der beim Diebstahle vorwaltenden Absicht rechtswidriger Zueignung vermuthet wird, und also keiner besonderen Feststellung bedarf, bei der Wegnahme geringfügiger Quantitäten ꝛc. von Lebensmitteln das Umgekehrte gelten, und die Diebstahlsstrafe nur dann Platz greifen soll, wenn jener gewinnsüchtige Charakter besonders nachgewiesen und festgestellt wird, was wiederum da wegfällt, wo einer der erschwerenden Umstände des § 218 (mit Ausschluß des Einbruchs ꝛc. in ein bewohntes Gebäude) vorliegt. Vgl. § 215 n. 67.

14. Ueber den Begriff eines bewohnten Gebäudes vgl. die Bemerkungen zu § 220; was ein unbewohntes Gebäude sei, ergiebt sich daraus von selbst.

15. Auch die Vorschrift des § 221, durch welche gewisse Räumlichkeiten den bewohnten Gebäuden gleichgestellt werden, ist hier nicht anwendbar.

16. Der Einbruch, welcher im Innern eines unbewohnten Gebäudes statt findet, schließt die Anwendung des § 349 nicht aus.

17. Der K.-B. des H. d. Abgg. (G. A. 4. s. 126) wollte hier dem Einbruche und dem Einsteigen (in ein unbewohntes Gebäude) die Anwendung falscher Schlüssel gleichstellen, ließ indessen diesen Zusatz aus der vorgeschlagenen Redaktion weg, welche demnächst (ohne weitere Bemerkung) von allen Faktoren der Gesetzgebung gut geheißen wurde. Demgemäß schließt jetzt der Gebrauch falscher Schlüssel die Anwendbarkeit des § 349 unbedingt aus: B. II. 27. Sept. 1860 c. Probst; vgl. G. A. 7. s. 855.

18. Als gewinnsüchtige Absicht (vgl. n. 13 und § 215 n. 67) würde an und für sich auch die Absicht des sofortigen Verzehrens anzusehen sein, da hierin der nächste und gewöhnlichste Gewinn zu finden ist, den eine geringfügige Sache der fraglichen Art gewähren kann. Aus der frühern Fassung der Nr. 3, sowie aus der ganzen Entstehungsgeschichte des § geht indessen hervor, daß man grade diesen

4) wer von einem zum Dienststande gehörenden Unteroffizier oder Gemeinen, ohne die schriftliche Erlaubniß des vorgesetzten Kommandeurs, Montirungs- oder Armaturstücke kauft oder zum Pfande nimmt;

Fall vorzugsweise hat ausscheiden wollen; man darf daher eine gewinnsüchtige Absicht überhaupt da für ausgeschlossen erachten, wo die Entwendung geschah, um ein augenblickliches Bedürfniß oder Gelüste zu befriedigen; im Uebrigen ist die betreffende Frage thatsächlicher Natur.

19. Ueber die Feststellung der gewinnsüchtigen Absicht vergl. § 215 n. 85. Danach muß der Richter überall, wo es sich von der rechtswidrigen Wegnahme der in der Nr. 3 erwähnten Gegenstände handelt, sich ausdrücklich darüber aussprechen, ob die gewinnsüchtige Absicht vorgewaltet habe oder nicht. Dasselbe gilt von der Frage, ob die betreffenden Gegenstände von unbedeutendem Werthe oder in geringer Quantität gewesen seien. In schwurgerichtlichen Verhandlungen muß die Fragstellung auf diese Punkte ausgedehnt werden: V. I. 18. März 1857 c. Barz (Kleist u. Gen.; G. A. 5. s. 397).

20. Auf Entwendungen von Früchten und anderen Bodenerzeugnissen, welche durch die FPO. v. 1. Nov. 1847, oder durch das Rh. Rur.-Ges. v. 28. Sept.—6. Okt. 1791 mit Strafe bedroht sind, findet § 349 ebenso wenig als die §§ 215—224 Anwendung; selbst da, wo keins dieser beiden Gesetze gilt, bleibt das StGB. ausgeschlossen, und die betr. Bestimmungen der FPO. sind anzuwenden, insoweit die fraglichen Handlungen nicht durch besondere feldpolizeiliche Strafbestimmungen vorgesehen sind: Ges. v. 22. Mai 1852 Art. III. Diese Vorschrift muß jetzt unbedenklich auch rücksichtlich der Abänderungen gelten, welche die FPO. durch das Ges. v. 13. Apr. 1856 erfahren hat. Vgl. § 215 n. 74—86.

21. Die analogen Bestimmungen der FPO. in der durch das Ges. v. 13. Apr. 1856 veränderten Gestalt sind § 42 Nr. 2 und § 45. Der Unterschied des § 42 Nr. 2 von § 349 Nr. 3 besteht darin, daß jener nicht nur auf Früchte, sondern auf alle Bodenerzeugnisse, auch die nicht genießbaren, anwendbar, daß er dagegen in Betreff des Orts der Entwendung auf die dort speziell aufgezählten beschränkt ist, sowie daß er auch da nicht ausgeschlossen wird, wo die Entwendung unter einem der erschwerenden Umstände des § 218 verübt wird; vgl. § 215 n. 76.

22. Inwiefern die FPO. v. 1. Nov. 1847 auch auf Bodenerzeugnisse anwendbar sei, welche bereits vom Boden getrennt noch auf demselben Grundstücke lagern, darüber vgl. § 215 n. 78.

23. In der frühern Fassung der Nr. 3 waren unter den „gesetzlich erschwerenden Umständen des Diebstahls“ auch die im § 217 erwähnten zu verstehen: B. I. 18. Apr. 1855 c. Striepling.

24. Das Gleiche ward jedoch nicht von der Rückfälligkeit angenommen: Z. 20. Okt. 1852 c. Zaga (Entsch. 24. s. 196; G. A. 1. s. 267).

25. Der (in der frühern Fassung vorkommende) Ausdruck „auf der Stelle“ bezweckte nicht eine örtliche Begränzung, bezog sich vielmehr vorzugsweise auf den ununterbrochenen Zusammenhang der Handlung mit dem beabsichtigten Zwecke der Zeit nach: B. 28. Jan. 1852 c. Schulze; Z. 20. Okt. 1852 c. Zaga (Entsch. 24. s. 196; G. A. 1. s. 267).

26. Damit die Nr. 3 (in der früheren Fassung) anwendbar werde, war nicht erforderlich, daß die Gegenstände auf der Stelle wirklich verzehrt seien, es genügte wenn die Entwendung in dieser Absicht geschehen war; Nichterreichung dieses Zwecks (z. B. wegen Ertappung auf der That) zog weder die Diebstahlsstrafe nach sich, noch konnte sie der Handlung den Charakter der vollendeten Uebertretung nehmen, und Straflosigkeit herbeiführen: Z. 20. Okt. 1852 c. Zaga (cit. n. 25); Z. 29. Okt. 1852 c. Einert.

27. Da die in der Nr. 3 vorgesehene Handlung eine Rechtsverletzung darstellt, so ist auch eine Theilnahme an derselben nach Maaßgabe der §§ 34. 35 strafbar; vgl. Thl. III Tit. 1 (§ 332 fgg.) n. 7. Dagegen bleibt die Hehlerei der durch jene Handlung erlangten Sachen straflos, weil nur eine Uebertretung vorliegt.

5) wer bei den Uebungen der Artillerie verschossene Eisenmunition, oder wer Bleikugeln aus den Kugelfängen der Schießstände der Truppen widerrechtlich sich zueignet;

6) ein Pfandleiher, welcher bei Ausübung seines Gewerbes den darüber gesetzlich erlassenen Anordnungen entgegen handelt.

7) wer Getraide oder andere zur Fütterung des Viehes bestimmte oder geeignete Gegenstände zum Zwecke der Verfütterung an das Vieh des Eigenthümers wider dessen Willen wegnimmt.

Geschieht die Wegnahme in gewinnsüchtiger Absicht, so kommen die Strafen des Diebstahls zur Anwendung.

[Entw. § 321].

Urkundlich unter Unserer Höchsteigenhändigen Unterschrift und beigedrucktem Königlichen Insiegel.

Gegeben Charlottenburg, den 14. April 1851.

(L. S.) Friedrich Wilhelm.

v. Manteuffel. v. d. Heydt. v. Rabe. Simons. v. Stockhausen.
v. Raumer. v. Westphalen.

Zu Nr. 5. Vgl. AKO. v. 23. Juli 1833 (GS. s. 86).

28. Kugelfang bezeichnet nur diejenigen zum Auffangen der Kugeln bestimmten gewöhnlich benutzten Vorrichtungen, welche offen und überall zugänglich sind; liegt eine solche in einem umschlossenen Raume, so wird § 221 und damit § 218 Nr. 2 anwendbar: Z. I. 4. Juli 1860 c. Gericke (G. A. 8. s. 710).

29. Durch diese Nr. 5 sind die zum Theil weiter gehenden Vorschriften der cit. AKO. v. 23. Juli 1833 beseitigt.

30. Der Schlußsatz des § ist hier unanwendbar, vgl. n. 34.

Zu Nr. 6. Vgl. § 265; Gew.-Ordn. v. 17. Jan. 1845 § 49. 57; Ges. v. 22. Juni 1861 Art. I § 49. 57. (GS. s. 441.)

Zu Nr. 7.

31. Ueber den hier vorgesehenen s. g. Futterdiebstahl und über den Charakter der im Schlußsatze erwähnten gewinnsüchtigen Absicht vgl. § 215 n. 70. 71.

32. Geschah die Wegnahme in der Absicht der Verfütterung an das Vieh eines Dritten, so bleibt diese Nr. 7 ausgeschlossen, und die Diebstahlsstrafe tritt ein; vgl. § 215 n. 71. 61. 62.

33. In Beziehung auf die Feststellung der gewinnsüchtigen Absicht gilt hier das unter n. 19 Gesagte ebenfalls.

34. Der Schlußsatz bezieht sich nur auf die Nr. 7, nicht auf die übrigen Fälle, insbesondere nicht auf Nr. 5: Z. I. 4. Juli 1860 c. Gericke (Goltd. Arch. 8. s. 710).

Allerhöchster Erlaß vom 21. April 1856.*)

(Ges.-Samml. S. 220).

Auf Ihren Bericht vom 17. April d. J. will Ich genehmigen, daß in einer neuen Ausgabe des Allgemeinen Strafgesetzbuchs die abändernden Bestimmungen der Gesetze vom 6. März 1853 und vom 14. April d. J. an Stelle der aufgehobenen Vorschriften des Strafgesetzbuchs aufgenommen werden. Von den Gerichten und Verwaltungs-Behörden ist in ihren Entscheidungen und Erlassen nur auf die Bestimmungen des Strafgesetzbuchs und nicht auf die erwähnten Spezialgesetze Bezug zu nehmen.

Es ist diese meine Ordre in der Gesetz-Sammlung bekannt zu machen.

Charlottenburg, den 21. April 1856.

Friedrich Wilhelm.

An

den Justiz-Minister Simons.

---

*) **Erlaß vom 21. April 1856.**

1. Die abändernden Bestimmungen der beiden citirten Gesetze sind auch in dem vorstehenden Abdrucke in das StGB. an Stelle der aufgehobenen Vorschriften aufgenommen, die letzteren aber unter dem Texte zur Vergleichung mitgetheilt worden.

2. Durch die Vorschrift dieses Erlasses erledigt sich für die Zukunft die durch B. l. 21. Dez. 1855 c. Reimann (G. A. 4. S. 242) ausgesprochene Ansicht des Ober-Tribunals, wonach es einer ausdrücklichen Bezugnahme auf die abändernden neuern Gesetze bedürfte, um darzuthun, daß sich der erkennende Richter der anderweitigen Gesetzesfassung bewußt gewesen sei. Jetzt würde im Gegentheile die Ausführung jener Spezial-Gesetze unbedingt fehlerhaft sein, und einen Verstoß gegen den obigen Allerh. Erlaß in sich schließen.

3. Die Ges. v. 9. März 1853 [v. 14. Apr. 1856 und v. 30. Mai 1859] enthalten keine Deklaration der davon berührten §§, sind vielmehr als neue jene Vorschriften abändernde Gesetze anzusehen: Z. I. 15. Juli 1853 c. Richter (Präj n. 47; G. A. 1. S. 575); Z. I. 2. Nov. 1853 c. Gellrich.

4. Wo in den Gesetzen und besonders im StGB. selbst bisher auf einen der durch den Art. I des Gesetzes vom 14. April 1856 abgeänderten §§ hingewiesen ist, bezieht diese Hinweisung sich fortan auf den § in seiner abgeänderten Gestalt: cit. Ges. Art. II.

5. Für das Herzogthum Anhalt-Bernburg ist ein mit dem obigen Allerh. Erlasse gleichlautendes Gesetz vom 26. Juni 1856 (Bernb. Ges.-Samml. 12. S. 188) ergangen.

Allerhöchster Erlaß vom 14. Juni 1859. *)

(Ges.-Samml. S. 339).

Auf Ihren Bericht vom 6. Juni d. J. genehmige Ich, daß die Bestimmungen des Gesetzes vom 30. Mai d. J. (GS. S. 320) in einer neuen Ausgabe des Strafgesetzbuchs an die Stelle der dadurch abgeänderten Vorschriften desselben aufgenommen werden, und bestimme zugleich, daß die Gerichte und Verwaltungsbehörden in ihren Entscheidungen und Verfügungen nur auf die Bestimmungen des Strafgesetzbuchs und nicht auf das erwähnte Spezialgesetz Bezug zu nehmen haben.

Diese Meine Ordre ist durch die Gesetz-Sammlung bekannt zu machen.

Berlin, den 14. Juni 1859.

Im Namen Sr. Majestät des Königs:

Wilhelm, Prinz von Preußen, Regent.

An
den Justiz-Minister.

Simons.

---

*) Vgl. die Bemerkungen zum Erlaß v. 21. April 1856.

Register.

Berichtigungen und Zusätze.

S. 1 Z. 22 v. u. ist am Schlusse zuzusetzen: Erk, AGH. Köln 4. Nov. 1858 c. Leisten (Tr. Ann. 10. s. 17).

" 4 " 25 v. u. ist nach: Bussas zuzusetzen: (Präj. n. 270; JMBl. s. 96; RdO. 1. s. 316).

" 27 " 14 v. u. " " : lassen " " : Vgl. ALR. I, 9 § 529; B. Pl. 25. Juni 1860 c. Ramelow (Präj. n. 265; Entsch. 44. 2. s. 66; G. A. 8. s. 488).

" 43 " 1 v. o. st. XXII l. XXVII.

" 51 " 2 v. u. st. 14. Mai 1858 l. 16. März 1859.

" 52 " 10 v. o. st. 23 l. 25.

" 52 " 12 v. u. st. Febr. l. Mai.

" 56 " 26 v. u. ist im Anfange zuzusetzen: 8.

" 58 " 1 v. u. ist am Schlusse zuzusetzen: Vgl. Gew.-Ges. v. 22. Juni 1861 Art. I § 49. 172—174.

" 59 " 5 v. o. " " " " " : Ges. v. 22. Juni 1861 Art. I § 174 (GS. s. 444).

" 65 " 10 v. u. " " " " " : *Sic:* Beschl. II. 13. Mai 1861 c. Kosthorst (27 B; RdO. 1. s. 403); Min.-Verf. v. 28. Nov. 1860 1 a. E. (JMBl s. 436).

" 66 " 18 v. o. " " " " " : Gew.-Ordn. v. 17. Jan. 1845 § 174; Gew.-Ges. v. 22. Juni 1861 Art. I § 174 (GS. s. 444).

" 67 " 19 v. u. " " " " " : Der § 174 der Gew.-Ordn. ist jetzt durch das Ges. v. 22. Juni 1861 Art. I § 174 abgeändert; nach diesem erlischt die Befugniß zum Betriebe der in den §§ 42. 43. 47. 49 und 50 der Gew.-Ordn. bezeichneten, sowie aller Gewerbe und Geschäfte, zu deren Betreibung der Gewerbtreibende besonders verpflichtet worden ist, wenn derselbe die bürgerliche Ehre verloren hat, oder wenn ihm die Ausübung der bürgerlichen Ehrenrechte auf Zeit untersagt worden ist, und zwar mit dem Tage der Rechtskraft des Straferkenntnisses.

" 85 " 15 v. u. ist nach Febr. zuzusetzen: 1856.

" 88 " 12 v. o. " " s. " " : 303.

" 92 " 20 v. o. st. 186 l. 1861.

" 103 " 25 v. u. st. 74 l. 75.

" 113 " 7 v. u. st. 1860 l. 1861.

" 114 " 17 v. u. ist am Schlusse zuzusetzen: Vgl. § 343 n. 6.

" 114 " 3 v. u. " nach: kann " " : B. Pl. 25. Juni 1860 c. Ramelow (Präj. n. 265; Entsch. 44. 2. s. 66; G. A. 8. s. 488).

Berichtigungen und Zusätze.

S. 114 Z. 3 v. u. ist am Schlusse zuzusetzen: § 343 n. 5 fgg.

= 135 = 17 v. u. st. 1851 l. 1861.

= 152 = 13 v. o. st. Mai l. April.

= 152 = 13 v. o. ist am Schlusse zuzusetzen: (RbO. 1. ſ. 362).

= 157 = 12 v. o. ist nach Eickhoff zuzusetzen: (RbO. 1. ſ. 359).

= 189 = 5 v. u. ist am Schlusse zuzusetzen: Z. II. 13. Mai 1861 c. Kuhlmann (RbO. 1. ſ. 397).

= 193 = 15 v. u. st. 8 l. 7.

= 210 = 9 v. u. st. I. l. Kass.-Hof.

= 216 = 9 v. o. ist nach: Häusler zuzusetzen: Präj. n. 268.

= 227 = 17 v. u. = = : 569) = = : Z. I. 19. Juni 1861 c. Vorloff (RbO. 1. ſ. 445).

= 232 = 7 v. u. ist am Schlusse = = : Z. I. 19. Juni 1861 c. Wollgast (RbO. 1. ſ. 450).

= 243 = 10 v. u. ist am Schlusse = : Z. I. 7. Juni 1861 c. Frost (RbO. 1. ſ. 427).

= 253 = 27 v. u. = = = = = : 378.

= 284 = 17 v. u. ist nach 1000 = = = : Beschl. I. 5. Juni 1861 c. Vortel (130 B; RbO. 1. ſ. 414).

= 286 = 28 v. o. st. § 8 l. n. 8.

= 291 = 30 v. o. ist nach ſ. zuzusetzen: 414.

= 297 = 25 v. u. = = ſ. = = : 412.

= 304 = 6 v. o. ist am Schlusse = : Ges. v. 22. Juni 1861 Art. I § 71 (GS. ſ. 442).

= 307 = 6 u. 14 v. o. ist am = = = : Ges. v. 22. Juni 1861 Art. I § 71 (GS. ſ. 442).

= 328 = 28 v. u. st. Woiczeschke l. Woiczeschke.

= 335 = 16 v. u. st. sonach l. sodann.

= 367 = 30 v. u. ist nach: Kömmer zuzusetzen: (RbO. 1. ſ. 440).

= 378 = 7 v. u. st. 4 l. 1.

= 398 = 12 v. o. st. auf l. an.

= 407 = 23 v. o. st. Werthe l. Gewichte.

= 415 = 1 v. u. ist am Schlusse zuzusetzen: Vgl. jetzt § 21 n. 7; Ges. v. 22. Juni 1861 Art. I § 174.

= 421 = 8 v. o. = = = = = : Ges. v. 22. Juni 1861 Art. I § 173. 174 (GS. ſ. 444); Einf.-Ges. z. D. HGB. v. 24. Juni 1861 Art. 9; D. HGB. Art. 66 fgg.

= 428 = 25 v. o. st. 1. Mai l. 29. Mai.

= 453 = 16 v. u. ist nach: sei zuzusetzen: daß.

= 484 = 6 v. o. = = : 61 = = : Ges. v. 22. Juni 1861 Art. I § 49. 57 (GS. ſ. 442).

= 490 = 10 v. u. ist am Schlusse zuzusetzen: Vgl. künftig D. HGB. Art. 23.

= 490 = 5 v. u. = = = = = : Vgl. künftig D. HGB. Art. 15 fgg.

= 490 = 1 v. u. = = = = = : Vgl. künftig D. HGB. Art. 23.

= 502 = 23 v. o. = = = = = : (Rh. Arch. 55. 2. A. ſ. 65).

= 569 = 3 v. u. ist nach: ſ. = = = : 436.

= 579 = 5 v. o. st. Städten l. Straßen.

FSC
www.fsc.org
MIX
Papier | Fördert
gute Waldnutzung
FSC® C083411

Kolibri 360 GmbH
Ferdinand-Jühlke-Straße 7
99095 Erfurt, Deutschland
produktsicherheit@kolibri360.de